Gustav Hegi

Illustrierte Flora
von
Mitteleuropa

Gustav Hegi

Illustrierte Flora von Mitteleuropa

Herausgeber
Hans J. Conert
Ulrich Hamann
Wolfram
Schultze-Motel
Gerhard Wagenitz

Verlag Paul Parey
Berlin · Hamburg

Pteridophyta Spermatophyta

Band I
Pteridophyta

Teil 1
1984

Dritte, völlig neubearbeitete Auflage
275 Abbildungen, 11 Tafeln, davon 9 farbig

CIP-Kurztitelaufnahme der Deutschen Bibliothek

Illustrierte Flora von Mitteleuropa : Pterido-
phyta, Spermatophyta / Gustav Hegi. Hrsg. Hans
J. Conert . . . – Berlin ; Hamburg : Parey
Teilw. im Verl. Hanser, München
NE: Hegi, Gustav [Begr.]; Conert, Hans Joachim
[Hrsg.]

Bd. I. Pteridophyta, 1.
Teil 1. [Hrsg. von Karl Ulrich Kramer. Bearb.
von Josef Dostál . . .]. – 3., völlig neubearb.
Aufl. - 1984.
ISBN 3-489-50020-2
NE: Kramer, Karl Ulrich [Hrsg.]; Dostál, Josef
[Mitverf.]

Schutzumschlag und Einband:
Christoph Albrecht, D-8399 Rotthalmünster

1. Auflage (Band I) 1906–1908, 2., neubearbeitete Auflage 1936, erschienen im J. F. Lehmanns Verlag, München; nach dem 2. Weltkrieg übernommen von Carl Hanser Verlag, München, davon unveränderter Text-Nachdruck 1965; 3., völlig neubearbeitete Auflage, erschienen 1984 im Verlag Paul Parey, Berlin und Hamburg.

Das Werk ist urheberrechtlich geschützt. Die dadurch begründeten Rechte, insbesondere die der Übersetzung, des Nachdrucks, des Vortrages, der Entnahme von Abbildungen, der Funksendung, der Wiedergabe auf photomechanischem oder ähnlichem Wege und der Speicherung in Datenverarbeitungsanlagen bleiben, auch bei nur auszugsweiser Verwertung, vorbehalten. Werden einzelne Vervielfältigungsstücke in dem nach § 54 Abs. 1 UrhG zulässigen Umfang für gewerbliche Zwecke hergestellt, ist an den Verlag die nach § 54 Abs. 2 UrhG zu zahlende Vergütung zu entrichten, über deren Höhe der Verlag Auskunft gibt.

© 1984 Verlag Paul Parey
Berlin und Hamburg
Anschriften:
Lindenstr. 44–47, D-1000 Berlin 61
Spitalerstr. 12, D-2000 Hamburg 1

Gesetzt aus der Borgis und Korpus Times-Roman

Verbreitungskarten:
Atelier Oehrlein & Partner, D-1000 Berlin 33
nach Vorlagen von Dr. S. Rauschert

Satz und Druck:
Saladruck Steinkopf & Sohn, D-1000 Berlin 36

Lithographie:
Clisché-Anstalt Excelsior Erich Paul Söhne oHG, D-1000 Berlin 61
und Carl Schütte & C. Behling
Offsetreproduktionen GmbH & Co KG, D-1000 Berlin 42

Bindung:
Lüderitz & Bauer Buchgewerbe GmbH,
D-1000 Berlin 61

ISBN 3-489-50020-2 · Printed in Germany

Adressen der Autoren:

Prof. Dr. Josef Dostál
P. O. Box 188, CSSR-111 21 Praha 1

Christopher R. Fraser-Jenkins B. Sc.
Department of Cryptogamic Botany, British Museum
(Natural History), Cromwell Road, GB-London SW7.5BD

Prof. Dr. Karl Ulrich Kramer
Botanischer Garten und Institut für Systematische Botanik
der Universität Zürich, Zollikerstraße 107, CH-8008 Zürich

Prof. Dr. Tadeus Reichstein
Institut für Organische Chemie der Universität Basel,
St. Johanns-Ring 19, CH-4056 Basel

Die Tafeln sind, unter Verwendung der alten Vorlagen von den Kunstmalern Dr. G. Dunzinger und R. E. Pfenninger, von Walter Opp, Ottobrunn, für die 2. Auflage neugestaltet und für die 3. Auflage größtenteils übernommen worden, einige unter Fortlassung gewisser Figuren. Frau C. M. Bänziger hat die Tafeln 1 und 3 ganz, Tafel 5 teilweise neu gezeichnet.

Aus folgenden neueren Büchern wurden Abbildungen (+ Karten) übernommen:

Bierhorst, D. W., 1971: Morphology of vascular plants. New York / London.

Eames, A. J., 1936: Morphology of vascular plants. Lower groups. New York / London.

Erdtman, G., 1957: Pollen and spore morphology – plant taxonomy: Gymnospermae, Pteridophyta, Bryophyta. Stockholm.

Hegi, G., 1935: Illustrierte Flora von Mitteleuropa. Band I. 2. Auflage. München. Abbildung: 42, 45, 58, 70, 72, 93, 111, 117, 163, 167, 177, 195, 210, 215.

Hess, H. E., & E. Landolt, 1967/1976: Flora der Schweiz und angrenzender Gebiete. I. Basel / Stuttgart.

Hultén, E., 1958: The amphi-atlantic plants. Stockholm.

Hultén, E., 1964: The circumpolar plants. I. Stockholm.

Hyde, H. A., & A. E. Wade, 1969: Welsh ferns. 5th ed. rev. by S. G. Harrison. Cardiff.

Jalas, J., & J. Suominen, 1972: Atlas Florae Europaeae. I. Pteridophyta. Helsinki.

Meusel, H., E. Jäger & E. Weinert, 1965: Vergleichende Chorologie der zentraleuropäischen Flora. I. Jena.

Momose, S., 1967: Prothallia of Japanese ferns. Tokyo.

Nägeli, H., 1978: Farne und Schachtelhalme. Verschönerungsverein Zürich.

Herausgegeben von

Karl Ulrich Kramer

Bearbeitet von

**Prof. Dr.
Josef Dostál**
o. Prof. am Botanischen Institut
der Karls-Universität Prag

und

**Prof. Dr.
Tadeus Reichstein**
ehem. o. Prof. am Institut für Organische Chemie der Universität Basel

Unter Mitarbeit von

**Christopher R.
Fraser-Jenkins B. Sc.**
London

und

**Prof. Dr.
Karl Ulrich Kramer**
a. o. Prof. am Institut für Systematische Botanik der Universität Zürich

Lycopodiaceae, Selaginellaceae, Isoëtaceae, Equisetaceae, Ophioglossaceae, Osmundaceae, Pteridaceae, Sinopteridaceae, Cryptogrammaceae, Parkeriaceae, Gymnogrammaceae, Adiantaceae, Dennstaedtiaceae, Hymenophyllaceae, Thelypteridaceae, Aspidiaceae, Athyriaceae, Aspleniaceae, Blechnaceae, Polypodiaceae, Marsileaceae, Salviniaceae, Azollaceae

Vorwort zur dritten Auflage von Band I Teil 1

In mancher Hinsicht fällt der vorliegende Band etwas aus dem Rahmen der HEGI'schen Flora. Wie in der Einleitung auseinandergesetzt wird, ist ein Verständnis der Systematik der Pteridophyten, insbesondere der Farne i. e. S. und besonders auf dem Artniveau, nicht möglich ohne Kenntnis der neueren biosystematischen Erkenntnisse über die genetischen Zusammenhänge zwischen den Arten. Dies gilt für die Farne in weit stärkerem Maße als für fast alle anderen Gefäßpflanzen im Hegi-Areal. Was früher häufig als Varietät einer Art betrachtet wurde, hat sich nicht selten aufgrund biosystematischer Forschung als eigenständige, nicht einmal unbedingt nahe verwandte Art erwiesen; viele andere sogenannte Varietäten dagegen werden heute als systematisch belanglose Standortmodifikationen betrachtet. Daneben wissen wir heute von einer Reihe der verbreitetsten mitteleuropäischen Farne, daß sie allotetraploide Arten sind, entstanden aus interspezifischen Hybriden. Aufgrund rein morphologischer Merkmalsbewertung wäre der solchen Taxa zugewiesene systematische Rang kaum verständlich.

☐ Das grundlegende Manuskript, hauptsächlich auf der »klassischen« Systematik fußend, aber gänzlich neu bearbeitet, wurde bereits vor einer Reihe von Jahren von Herrn Prof. Dr. J. DOSTÁL, Prag, verfaßt; s. das Vorwort zu Band I Teil 2 (1981). Für die Fertigstellung des Bandes war es hierauf von größter Bedeutung, daß für das Einfügen der biosystematischen Daten, die ja die Systematik so stark beeinflussen, Herr Prof. Dr. T. REICHSTEIN, Basel, gewonnen werden konnte; er ist einer der besten Kenner der Biosystematik der europäischen Farne. Besonders auch die Bearbeitung der Gattung *Asplenium* und ihrer nächsten Verwandten verdankt ihm ihre endgültige Form. Als dritter Mitarbeiter stellte sich Herr Chr. FRASER-JENKINS, South Kensington, London, zur Verfügung; er hat speziell seine die ganze Gattung *Dryopteris* umfassenden Kenntnisse beigesteuert und die Systematik, Nomenklatur und Synonymik dieser Gattung entscheidend ergänzt und bereinigt. Der Herausgeber war besonders um die Modernisierung der Großsystematik und die Verbesserung und Vereinheitlichung der Terminologie bemüht. Der neue Gattungsschlüssel für die eigentlichen Farne stammt ebenfalls aus der Feder des Herausgebers.

☐ Die Schwarzweiß-Abbildungen wurden zum erheblichen Teil erneuert. Zahlreiche neue Zeichnungen wurden von Frau CAROLA MAILA BÄNZIGER, Zollikerberg bei Zürich, hergestellt; weitere wurden von Frau ROBINA PASSOW-SCHINDHELM, Berlin-Dahlem, und unter der Leitung von Herrn Prof. Dr. J. DOSTÁL angefertigt. Eine Reihe neuer Illustrationen wurde verschiedenen Quellen in der Literatur entnommen. Die Herren Prof. Dr. E. LANDOLT, Zürich, Prof. Dr. H. HESS, Zürich, sowie Herr Dr. H. NÄGELI, Zürich, gestatteten freundlicherweise den Abdruck einiger Zeichnungen von der Zürcher Pflanzenzeichnerin Frau ROSEMARIE HIRZEL.

☐ Sämtliche Fotografien von Pteridophyten am natürlichen Standort wurden durch neue ersetzt. Sie stammen alle aus der hervorragenden Fotosammlung von Herrn Dr. K. und Frau Dipl.-Biol. H. RASBACH, Glottertal, die manchem schon durch die »Farnpflanzen Zentraleuropas« von den genannten Autoren und Frau Prof. Dr. O. WILMANNS bekannt sein dürften. Doch sind die vorliegenden Bilder größtenteils noch unveröffentlicht und wurden von den Herstellern aufs großzügigste für den Gebrauch im Hegi zur Verfügung gestellt. Die Silhouettenfotos von Farnblättern hat Herr A. ZUPPIGER, Zürich, nach Material aus der REICHSTEIN'schen Sammlung angefertigt. Die Mikrofotografien von Sporen sowie viele Sporenbeschreibungen hat Herr Prof. Dr. H. STRAKA, Kiel, in dankenswerter Weise zur Verfügung gestellt. Die – sämtlich neuen oder neu überarbeiteten – Verbreitungskarten stammen von Herrn Dr. S. RAUSCHERT, Halle/Saale, die Angaben zur Arealdiagnose und zum Florenelement von Prof. Dr. H. MEUSEL, Halle/Saale. Der Code für die Arealtypen entspricht dem in der »Vergleichenden Chorologie« (MEUSEL, JÄGER, WEINERT 1965, s. unten), doch wurden zwecks besserer Verständlichkeit weniger extreme Abkürzungen gewählt.

☐ Fräulein HELEN GASSNER, Walenstadt, lieferte durch das Abschreiben des überarbeiteten Manuskriptes einen wertvollen Beitrag. Zahlreiche Verbesserungen bei den geographischen Angaben und deren Namen sind Herrn Prof. E. ZOGG, Walenstadt, zu verdanken. Eine große Anzahl größerer oder kleinerer Verbesserungs- und Ergänzungsvorschläge verdanken wir folgenden Personen: Prof. Dr. G. WAGENITZ, Göttingen (allg.), Dr. K. und Frau Dipl.-Biol. H. RASBACH, Glottertal (allg.), Dr. Chr. HEITZ, Riehen bei Basel (Farnverwandte), Prof. Dr. E. OBERDORFER, Freiburg (Ökologie, Soziologie), Dr. J. SCHNELLER, Küsnacht bei Zürich (Athyrium), und den Länderspezialisten Dr. H. J. CONERT, Frankfurt/Main, Prof. Dr. L. FENAROLI†, Tavernola b. Bergamo, Dr. H. HAEUPLER, Göttingen, Dr. J. HOLUB, Prag, Konservator E. KAPP, Plobsheim bei Straßburg, Dr. S. RAUSCHERT, Halle, Dr. G. PHILIPPI, Karlsruhe. Allen genannten Damen und Herren sei hiermit aufs beste gedankt für ihre wertvollen Beiträge zur Verbesserung, Ergänzung und Fertigstellung des Manuskriptes. Durch die rasche Entwicklung besonders der biosystematischen Farnforschung hat sich der Abschluß des Bandes erheblich verzögert. ☐ Besonderer Dank sei auch dem Verlag Paul Parey ausgesprochen, der unseren Wünschen in größtmöglicher Weise entgegengekommen ist. Spezielle Erwähnung verdient, daß er es ermöglicht hat, den Text noch während des Druckes auf den letzten Wissensstand zu bringen, sowie die Bebilderung weitgehend neu zu gestalten.

Zürich, im Herbst 1983

Prof. Dr. KARL ULRICH KRAMER

Inhaltsverzeichnis

Abteilung Pteridophyta Leitbündel-Kryptogamen, Gefäß-Kryptogamen **11**

Klasse Lycopsida Bärlapp-Ähnliche **16**	Familie Cryptogrammaceae Rollfarngewächse 109
Ordnung Lycopodiales 16	1. Cryptogramma 109
Familie Lycopodiaceae Bärlappgewächse 17	Familie Parkeriaceae Hornfarngewächse 112
1. Huperzia 18	1. Ceratopteris 112
2. Lycopodiella 21	Familie Gymnogrammaceae Nacktfarngewächse 112
3. Lycopodium 23	1. Anogramma 113
4. Diphasiastrum 28	Familie Adiantaceae Frauenhaargewächse 115
Ordnung Selaginellales Moosfarnartige Pflanzen 42	1. Adiantum 115
Familie Selaginellaceae Moosfarngewächse 43	Familie Dennstaedtiaceae (Hypolepidaceae) Adlerfarngewächse 117
1. Selaginella 43	1. Pteridium 117
1. Subgen. Selaginella 44	Familie Hymenophyllaceae Hautfarngewächse 121
2. Subgen. Stachygynandrum 47	1. Hymenophyllum 121
Ordnung Isoëtales Brachsenkrautartige Pflanzen 50	Familie Thelypteridaceae Lappenfarngewächse 124
Familie Isoëtaceae Brachsenkrautgewächse 50	1. Phegopteris 124
1. Isoëtes 50	2. Thelypteris 126
	3. Oreopteris 129
Klasse Sphenopsida Schachtelhalme (Equisetopsida, Articulatae, Stachyophytina) **54**	Familie Aspidiaceae Wurmfarngewächse 132
Familie Equisetaceae Schachtelhalmgewächse 54	1. Gymnocarpium 132
Equisetum 55	2. Dryopteris 136
1. Subgen. Hippochaete 60	3. Polystichum 169
2. Subgen. Equisetum 65	Familie Athyriaceae Frauenfarngewächse 187
	1. Athyrium 187
Klasse Pteropsida Echte Farne **79**	2. Cystopteris 192
Unterklasse Filices eusporangiatae Eusporangiate Farngewächse 84	3. Woodsia 201
Familie Ophioglossaceae Rautenfarngewächse 84	4. Matteuccia 208
1. Ophioglossum 85	5. Onoclea 210
2. Botrychium 87	Familie Aspleniaceae Streifenfarngewächse 211
1. Subgen. Botrychium 89	1. Asplenium 211
2. Subgen. Phyllotrichium 95	2. Ceterach 266
3. Subgen. Osmundopteris 97	3. Phyllitis 270
Unterklasse Protoleptofilicinae **98**	Familie Blechnaceae Rippenfarngewächse 275
Familie Osmundaceae Rispenfarngewächse 99	1. Blechnum 275
1. Osmunda 99	Familie Polypodiaceae Tüpfelfarngewächse 278
Unterklasse Leptofilicinae Leptosporangiate Farngewächse . **102**	1. Polypodium 279
Familie Pteridaceae Saumfarngewächse 103	Familie Marsileaceae Kleefarngewächse 285
1. Pteris 103	1. Pilularia 285
Familie Sinopteridaceae Schuppenfarngewächse 106	2. Marsilea 287
1. Cheilanthes 106	Familie Salviniaceae Schwimmfarngewächse 289
2. Notholaena 107	1. Salvinia 289
	Familie Azollaceae Algenfarngewächse 292
	1. Azolla 292

Register **295**

1. Register der deutschen Pflanzennamen 297	3. Register der wissenschaftlichen Pflanzennamen 300
2. Register der fremdsprachigen Pflanzennamen 298	4. Register der Schädlinge 309

Abteilung
Pteridophyta Leitbündel-Kryptogamen, Gefäß-Kryptogamen

Wichtige Literatur □ Paläontologie □ GOTHAN, W. & H. WEYLAND 1973: Lehrbuch der Paläobotanik. 3. Aufl. Berlin. – HIRMER, M. 1927: Handbuch der Paläobotanik. München/Berlin. – MÄGDEFRAU, K. 1968: Paläobiologie der Pflanzen. 4. Aufl. Stuttgart. – POTONIÉ, H. 1921: Lehrbuch der Paläobotanik, München/Berlin.
Morphologie, Anatomie □ EAMES, A. J. 1936: Morphology of vascular plants. Lower groups. New York/London. – ERDTMAN, G. 1957: Pollen and spore morphology/plant taxonomy – Gymnospermae, Pteridophyta, Bryophyta. Stockholm/New York. – ERDTMAN, G. & P. SORSA 1971: Pollen and spore morphology/plant taxonomy. Pteridophyta. Stockholm. – ERDTMAN, G., B. BIBERGLUND & J. PRAGLOWSKI 1961: An introduction to a Scandinavian pollen flora. Stockholm. – FOSTER, A. S. & E. M. GIFFORD 1974: Comparative morphology of vascular plants. 2nd ed. London. – GOEBEL, K. 1930: Organographie der Pflanzen. 3. Aufl. Jena. – OGURA, Y. 1972: Comparative anatomy of vegetative organs of the pteridophytes. Handb. d. Pflanzenanat. **VII/3**. Berlin/Stuttgart. – SMITH, G. M. 1955: Cryptogamic botany II. Bryophytes and pteridophytes. 2nd ed. New York. – SPORNE, K. R. 1962: The morphology of pteridophytes. London. – STRAKA, H. 1975: Pollen- und Sporenkunde. Stuttgart. – VELENOVSKÝ, J. 1905–1913: Vergleichende Morphologie der Pflanzen. Praha.
Phylogenie, Systematik, Floristik, Cytotaxonomie □ ASCHERSON, P. & P. GRAEBNER 1912: Synopsis der mitteleuropäischen Flora. 2. Aufl., **1**: 2–255. Leipzig. – CHRIST, H. 1897: Die Farnkräuter der Erde. Jena. – GAMS, H. 1957: Kleine Kryptogamenflora. Bd. IV. Moos- u. Farnpflanzen. 4. Aufl. Stuttgart. – GREUTER, W., H. M. BURDET & G. LONG (eds.) 1981: Med-Checklist. I. Pteridophyta. Berlin. – JANCHEN, E.: Catalogus Florae Austriae. Teil **I**, Heft 1: 61–75 (1956); 4: 891–899 (1959); 1. Ergänz.-Heft: 10–17 (1963); 2: 7–12 (1964); 3: 9–13 (1966). Wien. – JERMY, A. C., J. A. CRABBE & B. A. THOMAS (eds.) 1973: The phylogeny and classification of the ferns. Bot. Journ. Linn. Soc. **67** Suppl. **1**, London. – LÖVE, Á., D. LÖVE & R. E. G. PICHI-SERMOLLI 1977: Cytotaxonomical atlas of the Pteridophyta. Vaduz. – LUERSSEN, C. 1889: Die Farnpflanzen, in: L. RABENHORST: Kryptogamenflora von Deutschland, Österreich und der Schweiz. 2. Aufl. **3**. Leipzig. – MANTON, I. 1950: Problems of cytology and evolution in the pteridophyta. Cambridge. – ROTHMALER, W. 1944: Pteridophytenstudien I. Fedde Repert. **54**: 55–82. – SADEBECK, R. 1902: Pteridophyta, in ENGLER & PRANTL: Die natürlichen Pflanzenfamilien **1/4**. Leipzig. – STRASBURGER, E. 1978: Lehrbuch der Botanik. 31. Aufl., bearb. v. D. v. DENFFER u. a. Stuttgart. – TRYON, R. M. & A. F. TRYON 1982: Ferns and allied plants with special reference to tropical America. Berlin/Heidelberg/New York 1982. – TUTIN, T. G. et al. (eds.) 1964: Flora Europaea **1**: 1–25. Cambridge. – VERDOORN, F. (ed.) 1938: Manual of Pteridology. The Hague. – WETTSTEIN, R. 1935: Handbuch der systematischen Botanik. 4. Aufl. Leipzig/Wien. – ZIMMERMANN, W. 1959: Die Phylogenie der Pflanzen. 2. Aufl. Stuttgart.
Pflanzengeographie, Verbreitungskartenwerke □ CHRIST, H. 1910: Die Geographie der Farne. Jena. – HULTÉN, E. 1958: The amphi-atlantic plants and their phytogeographical connections. Stockholm. Repr. Koenigstein/Taunus 1973. – HULTÉN, E. 1964: The circumpolar plants. I. Vascular cryptogams, etc. Kungl. Sv. Vet.-Ak. Handl. IV, **8/5**: 1–275. – JALAS, J. & J. SUOMINEN (eds.) 1972: Atlas Florae Europaeae **I**. Helsinki. – MEUSEL, H., E. JÄGER & E. WEINERT 1965: Vergleichende Chorologie der zentraleuropäischen Flora I (Text- u. Atlasband). Jena.
Biologie □ BOUILLARD, B. 1958: La mycotrophie chez les ptéridophytes. Bordeaux. – DOYLE, W. T. 1970: The biology of higher cryptogams. London. – DYER, A. F. (ed.) 1979: The experimental biology of ferns. London/New York/San Francisco. – EBERLE, G. 1970: Farne im Herzen Europas. 2. Aufl. Frankfurt/Main. – RASBACH, K., H. RASBACH & O. WILMANNS 1976: Die Farnpflanzen Zentraleuropas. Gestalt, Geschichte, Lebensraum; 2. Aufl. Stuttgart.

Einleitung[1] □ Die Pteridophyten (Farne und ihre Verwandten) gehören zwar zu den Kryptogamen (= blütenlose Pflanzen), werden in den meisten Florenwerken aber als Kormophyten (= höhere Pflanzen) zusammen mit den Samenpflanzen (Spermatophyten, Phanerogamen) behandelt. Sie zeigen wie diese eine Differenzierung in Wurzeln, Sproßachse und Blätter und unterscheiden sich dadurch von den Thallophyten (= niedere Pflanzen), die keine derartige Organdifferenzierung zeigen. Dazu kommen praktische Gründe. Die Pteridophyten fallen dem floristisch und systematisch interessierten Beobachter in der Natur ebenso auf wie die Samenpflanzen und lassen sich wie diese sammeln und konservieren. Systematisch werfen sie aber besondere Probleme auf, die von denen der Phanerogamen abweichen.

Systematik □ Die Systematik der Farne i. e. S., also ihre Einteilung in natürlich anmutende Verwandtschaftskreise, beruhte bis zur Jahrhundertwende vorwiegend auf der Struktur der Sporangiengruppen (Sori). Seither wird daneben aber auch verschiedenen vegetativen Strukturen (Nervatur, Struktur der Blattspindeln, Stele im Rhizom) zunehmende Bedeutung beigemessen. Viele der heute als wichtig betrachteten Merkmale (z. B. Ontogenese, Struktur der Spaltöffnungen, der Sporenwand, Bau des Prothalliums und der Geschlechtsorgane, Chromosomenzahl, chemische Inhaltsstoffe) sind aber nur für den Spezialisten mit Laboratoriumshilfsmitteln erkennbar. Oft kann daher nur dieser darlegen, worauf die heute üblichen Gruppierungen und Einteilungen beruhen. Daraus ergibt sich ebenfalls, daß ein künstlicher Gattungsschlüssel, wie er unten für die Pteropsida gegeben wird, für ein Bestimmungswerk ganz erheblich praktischer ist als ein »natürlicher«, der versucht, einer phylogenetischen Verwandtschaft zu folgen und zu Familien oder eventuell sogar Ordnungen führt, aber von Merkmalen Gebrauch macht, die häufig nur schwer oder im Felde gar nicht festzustellen sind. Für eine beschränkte Artenzahl, wie sie im Gebiet der Flora von Mitteleuropa vorkommt, ist die Bestimmung, die gleich zu Gattungen führt, nicht nur möglich, sondern erschien als der einzig angezeigte Weg. Hinzu kommt, daß unter den Farnsystematikern (Pteridologen) heute viel weniger Übereinstimmung über die zu unterscheidenden Familien (und sogar Gattungen) herrscht als unter den Bearbeitern der Phanero-

---

[1] Einleitung bis Geographie von T. REICHSTEIN und K. U. KRAMER.

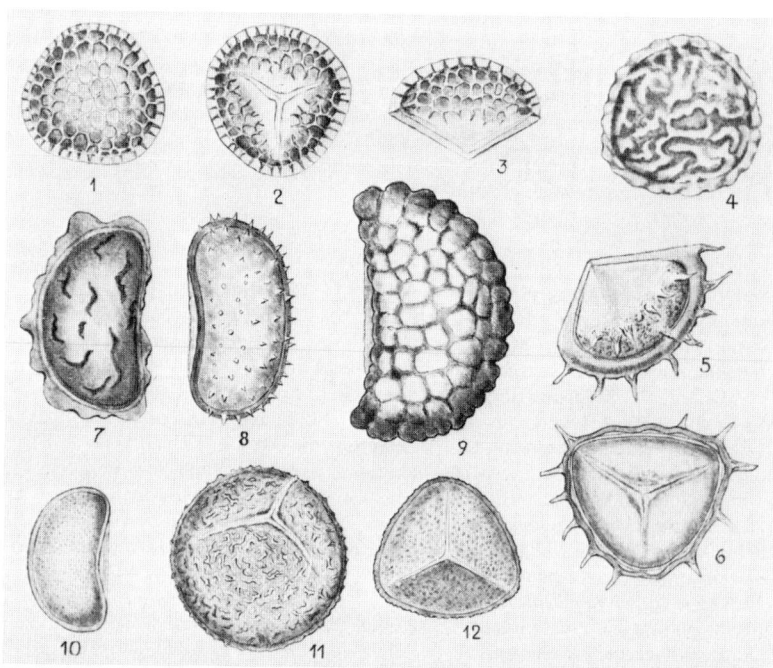

Abb. 1 □ Die wichtigsten fossil gefundenen Pteridophyten-Sporen (× 500) (Original STRAKA) □ *1–3 Lycopodium clavatum* L. □ *1* auf den distalen Pol gesehen □ *2* auf den proximalen Pol gesehen □ *3* Aequator-Ansicht □ *4 Lycopodiella inundata* (L.) HOLUB, Ansicht auf den distalen Pol □ *5–6 Selaginella selaginoides* (L.) LINK, Mikrosporen □ *5* Aequatorialansicht □ *6* Ansicht auf den proximalen Pol mit Tetradenmarke □ *7 Dryopteris filix-mas* (L.) SCHOTT □ *8 Thelypteris palustris* SCHOTT □ *9 Polypodium vulgare* L. □ *10 Athyrium filix-femina* (L.) ROTH □ *11 Osmunda regalis* L., Ansicht auf den proximalen Pol etwas oberhalb der Mitte □ *12 Pteridium aquilinum* (L.) KUHN, Ansicht auf den proximalen Pol mit Tetradenmarke

gamen; für die Ordnungen, in die diese Familien einzureihen wären, gilt das in noch viel stärkerem Maße. Darum wird im folgenden auf das Unterscheiden von Ordnungen ganz verzichtet, und auch beim Studieren der Familien und ihrer Merkmale sollte der Leser sich im klaren sein, daß hier noch sehr Vieles im Fluß ist und daß fast jeder Pteridologe wieder eine andere Einteilung bevorzugt.

Generationswechsel □ Die Pteridophyten sind meistens ausdauernde, krautige Pflanzen (in den Tropen auch Bäume, ohne sekundäres Dickenwachstum), die sich durch Sporen verbreiten und einen Generationswechsel aufweisen. Der Sporophyt (sporenbildende Generation) trägt Wurzeln (mit Wurzelhaube), Stamm (Rhizom) und Blätter (Wedel) mit geschlossenen Leitbündeln und Tracheiden, seltener Gefäßen. Er ist kräftig entwickelt, stellt die eigentliche Farnpflanze dar und bildet die Sporen. Bei der Keimung der Spore entsteht der Gametophyt (Vorkeim, Prothallium), stets klein und unscheinbar, bei einigen Gruppen unterirdisch lebend. Er ist meistens autotroph, gelegentlich heterotroph, dann in Symbiose mit Pilzhyphen lebend und bei den verschiedenen systematischen Gruppen ziemlich verschieden gestaltet (vgl. Abb. 8, 43, 59, 60). Auch in seiner Lebensdauer bestehen große Unterschiede. Die Prothallien der meisten Pteridophyten entwickeln sich im allgemeinen rasch (innerhalb weniger Wochen); nur die unterirdischen Prothallien von *Huperzia, Lycopodium* und *Diphasiastrum* haben oft einen sehr langsamen Entwicklungsgang (bis zu 20 Jahren). Die Prothallien tragen die Geschlechtsorgane (Abb. 8, 59), männliche (Antheridien), meist viele bewimperte Spermatozoiden produzierend, und weibliche (Archegonien) mit einer Eizelle. Die reife Eizelle lockt die Spermatozoiden auf chemotaktischem Wege an, die sie durch Wasser schwimmend erreichen. Für die Befruchtung ist daher Benetzung durch Wasser (Regen, Tau) erforderlich. Durch Verschmelzung der Geschlechtszellen entsteht die befruchtete Eizelle (Zygote). Sie entwickelt sich zum Embryo und weiter zum Sporophyten, welcher meistens viele Jahre ausdauert und in seinen Sporangien wieder Sporen produziert.

□ Die Sporen der Farnpflanzen haben zwei Hauptformen. Entweder sind sie mit einer dreistrahlig-sternförmigen Tetradenmarke versehen und dann entweder ± kugelig oder kugeltetraedrisch und heißen dann t r i l e t, oder aber sie haben eine Furche bzw. Leiste auf der proximalen Seite und sind dann rotationselliptisch oder eibis häufiger bohnenförmig und heißen m o n o l e t. Die Wandung ist meistens zweischichtig und besteht aus Endospor und Exospor; gewöhnlich ist ein, oft hinfälliges, Perispor als äußerste Hülle vorhanden. Das Exospor ist 2- oder 3-schichtig (Nexine und Sexine bzw. Endexine, Mesexine und Ektexine). In der Sporenbildung verhalten sich die Pteridophyten verschieden. Entweder sind sie isospor, d. h. sie produzieren nur eine Art von Sporen, die aber je nach Gruppe verschieden gestaltet sein können, oder sie sind heterospor, d. h. sie erzeugen zweierlei Sporen, größere Megasporen (Makrosporen) und kleinere Mikrosporen (Tafel 8, Fig. 4, 5, 6). Die Megasporen werden in geringer Zahl (1–4, selten mehr) in den Megasporangien (Tafel 8, Fig. 4d, 5f, 6e), die Mikrosporen aber in stets großer Zahl in den Mikrosporangien (Tafel 8, Fig. 4e, 5g, 6d) gebildet. Die Megaspore erzeugt dann ein weibliches Prothallium, das in der Spore selbst gebildet wird und nur wenig aus ihr herauswächst. Es trägt ein oder wenige Archegonien. Die Mikrospore erzeugt nur andeutungsweise ein rudimentäres Prothallium, aber stets ein Antheridium. Isospor sind die Lycopodiales, Equisetales und »Filicinae« (Farne im engeren Sinne), heterospor sind die Selaginellales, Isoëtales und die sogenannten »Hydropteridinae« (Wasserfarne, mit den Gattungen *Marsilea, Pilularia, Salvinia* und *Azolla*).

Cytologie □ Bei den Pteridophyten, die sich normal sexuell fortpflanzen (Abweichungen siehe unten), ist der Generationswechsel in der Regel von einer Änderung der Chromosomenzahl begleitet. In der Gattung *Asplenium* z. B. besitzen die Sporen, das sich daraus vegetativ entwickelnde Prothallium sowie die Gameten jeweils einen Satz (Genom) von 36 Chromosomen, die vermutlich alle voneinander verschieden sind oder (bei polyploiden Arten) ein Vielfaches davon (72, 108, 144 etc.). Dies gilt für alle bisher bekannten Arten außer für eine (*A. unilaterale*), die als aneuploid (d. h. mit vom üblichen abweichender Chromosomengrundzahl) bezeichnet wird. Bei der Befruchtung verschmilzt der Kern eines Spermatozoids mit demjenigen einer Eizelle; die so entstehende befruchtete Eizelle (Zygote) enthält im einfachsten Falle daher doppelt so viele, also 72, Chromosomen, bestehend aus zwei genau gleichen Sätzen zu je 36 Stück. Man kann dies durch die Genomformel AA ausdrücken, wobei A einen solchen Satz darstellt[1]. Dasselbe gilt für jede Zelle des Sporophyten, der sich vegetativ aus der Zygote entwickelt; er ist im einfachsten Fall diploid (bezeichnet als 2n = 72). Bei der Sporenbildung muß somit wieder eine Halbierung der Chromosomenzahl eintreten. Dies erfolgt bei der Reduktionsteilung (Meiose) in der Sporenmutterzelle. Bei einem diploiden *Asplenium* treten die 72 Chromosomen dabei zu 36 Paaren zusammen, indem jedes Chromosom eines Genoms sich mit dem gleichen (homologen) Chromosom des zweiten Genoms zu einem Paar vereinigt. Bei der folgenden Reduktionsteilung werden sie zu zwei gegenüberliegenden Polen gezogen und in zwei neue Kerne getrennt, wobei jeder Kern wieder einen gleichen Satz von 36 Chromosomen, im Prinzip somit dieselbe Erbmasse erhält. Eine weitere mitotische Teilung liefert eine Tetrade von 4 Sporen. Da jedes Sporangium in der Regel 16 Sporenmutterzellen enthält, wird es zum Schluß 64 Sporen beherbergen. Es sind aber Ausnahmen bekannt. Analog verhalten sich tetraploide Asplenien mit 144 Chromosomen im Zellkern des Sporophyten und 72 in den Sporen, Gametophyten und Gameten. Im Prinzip geschieht dasselbe bei Vertretern anderer Gattungen, nur ist die Grundzahl der Chromosomen dann oft anders, bei *Dryopteris* und *Polystichum* z. B. 41. Die sexuelle Fortpflanzung (Meiose und Befruchtung) führt zur Umkombination des chromosomalen Erbgutes, die bei ungeschlechtlicher Fortpflanzung (siehe unten) nicht eintritt.

Hybridisierung und Polyploidie □ Wie Blütenpflanzen können auch nahe miteinander verwandte Pteridophyten gelegentlich Bastarde bilden. Solche sind vor allem bei isosporen Farnen (selten bei Epiphyten) und bei den Equisetaceae bekannt. Wenn die Eizelle eines diploiden Farnes mit einem Chromosomensatz A mit dem Spermatozoid eines anderen diploiden Farnes mit einem Chromosomensatz B verschmilzt, entsteht eine Zygote der Genomformel AB und ein Sporophyt derselben Formel. Im Sporangium beim Prozeß der Entstehung der Sporen, bei der Meiose, finden die Chromosomen des A-Genoms aber keinen homologen Partner; solche ungepaarten Chromosomen nennt man Univalente, die Meiose ist gestört und die Sporen abortieren. Die Sporangien sind bei der Reife mit verkümmerten Sporen oder dunklen amorphen Massen gefüllt: ein wichtiges Merkmal zur Erkennung von Farnhybriden. Diese sind in der Regel völlig oder weitgehend steril. Gestörte Meiose und abortierte Sporen werden auch immer beobachtet, wenn ein diploider Farn sich mit einem tetraploiden kreuzt. Die Hybride ist dann triploid und auch dann steril, wenn drei gleiche Genome vorliegen, wie z. B. bei der Kreuzung eines autotetraploiden Aspleniums mit dem diploiden Cytotyp derselben Art, wie sie z. B. bei *A. trichomanes, A. ruta-muraria* etc. bekannt sind. Bei der Meiose solcher Hybriden können sich auch Trivalente bilden; meistens bleiben aber viele Chromosomen ungepaart, die Meiose ist auf jeden Fall gestört, und die Sporen abortieren völlig oder weitgehend.

□ Gelegentlich kann bei Farnhybriden eine Verdoppelung der Chromosomenzahl beobachtet werden. In der Natur dürfte dieser Vorgang recht selten stattfinden, er hat aber große Bedeutung für die Bildung der allopolyploiden Arten. Es scheint dafür verschiedene Mechanismen zu geben, z. B. Apospörie (siehe unten); auch Chromosomenverdoppelung in einzelnen Blattabschnitten oder ganzen Blättern ist beobachtet worden. Meistens handelt es sich aber um die Bildung von Diplosporen aus Restitutionskernen (s. unten) (MANTON 1950, DÖPP 1967). Bei einer diploiden Hybride der Genomformel AB werden dabei in der Sporenmutterzelle bei der Meiose die Chromosomen nicht getrennt, sondern bleiben in einem Kern vereinigt, der sich nach weiterer mitotischer Teilung zu zwei Diplosporen derselben Genomformel AB, entwickelt. Die Diplosporen enthalten somit gleich viele und genau dieselben Chromosomen wie die Kerne des Hybridsporophyten. Das aus einer Diplospore resultierende Prothallium und dessen Gameten besitzen ebenfalls die Genomformel AB, und bei der Befruchtung entsteht durch die Vereinigung der zwei Gameten eine Zygote AABB und ein Sporophyt derselben Formel, also mit verdoppelter Chromosomenzahl. Dieser ist wieder voll fertil, weil bei der Meiose jedes Chromosom eines A-Genoms wieder einen homologen Partner aus dem zweiten A-Genom findet und dasselbe für alle Chromosomen der zwei B-Genome zutrifft. Es wird daher eine völlig regelmäßige Meiose und die Bildung guter Sporen der Formel AB beobachtet[2]. Pflanzen, die so entstehen, werden als allotetraploide Arten bezeichnet. In analoger Weise können sich auch allopolyploide Arten von höherer Ploidiestufe bilden, die aber seltener sind. Ungefähr 50 % der gut untersuchten europäischen Farnflora sind allotetraploid. Wenn man die Zahl der Individuen rechnet, sind es noch mehr, denn einige der häufigsten Waldfarne sind solcher Herkunft, z. B. *Dryopteris dilatata, D. filix-mas, D. carthusiana* u. a. Die Bildung dieser weitverbreiteten allotetraploiden Arten muß schon vor langer Zeit erfolgt sein. Ihre Vorfahren sind nicht in allen Fällen bekannt. Bei *D. carthusiana* und *D. cristata* kennt man nur einen, und es ist daher unsicher, ob der zweite noch lebt. Morphologisch nehmen allopolyploide Arten ungefähr eine Mittelstellung ein, wenn man sie mit ihren Vorfahren vergleicht. Die bei der Evolution der heutigen Arten vermutete Differenzierung wird durch die Allopolyploidie teilweise rückgängig gemacht. Dies kann zur Erschwerung ihrer Erkennung beitragen. So haben sich die zwei diploiden *Polystichum*-Arten *P. lonchitis* und *P. setiferum* vermutlich einmal vor sehr langer Zeit aus einer gemeinsamen Stammform entwickelt und sind äußerlich sehr stark voneinander verschieden. Das allotetraploide *P. aculeatum* ist dann später einmal durch Chromosomenverdoppelung aus der diploiden Hybride von *P. lonchitis* x *P. setiferum* hervorgegangen und ist wegen seiner morphologischen

---

[1] Die zwei Genome AA sind nicht immer genau gleich; sie können ganz wenig voneinander verschieden sein, entsprechend der Verschiedenheit zweier Individuen derselben Art. Sie sind aber homolog, cytologisch nicht unterscheidbar, entsprechend der Tatsache, daß die Individuen einer Art in Genaustausch miteinander stehen.

[2] Vgl. LOVIS, J. D. & T. REICHSTEIN, 1968: Über das spontane Entstehen von *Asplenium adulterinum* aus einem natürlichen Bastard. Naturwiss. **55** (3): 117. LOVIS, J. D., 1968: Artificial reconstruction of a species of fern, *Asplenium adulterinum*. Nature **217**: 1163–65.

Ähnlichkeit mit *P. setiferum* lange Zeit von diesem nur als Unterart oder gar nicht unterschieden worden, während es heute mit Recht als gute Art anerkannt ist. Ökologisch und in ihrer geographischen Verbreitung können aber zwischen allopolyploiden Arten und ihren Vorfahren große Unterschiede bestehen. Dies gilt u. a. für das genannte *P. aculeatum*. Ein anderes auffallendes Beispiel ist *Dryopteris filix-mas*. Die Pflanze hat ihr Hauptverbreitungsgebiet in Europa bis W-Asien, ist als Seltenheit aber auch in Nordamerika heimisch. Sie ist durch Chromosomenverdoppelung aus der diploiden Hybride von *D. caucasica* (A. Br.) Fraser-Jenkins et Corley x *D. oreades* Fomin entstanden. Der erstgenannte Vorfahre wird nur im Kaukasus und in den feuchteren Teilen der Türkei und Persiens gefunden, als Seltenheit noch im östlichsten Randgebiet von Europa. *D. oreades* hat in W-Europa eine reliktartige Verbreitung und erscheint wieder im Kaukasus und in der Türkei. In Nordamerika ist keiner der zwei Vorfahren bekannt.

Autopolyploidie □ Ein etwas anderer Typus von Polyploiden entsteht, wenn durch irgendeinen Vorgang die Chromosomenzahl einer diploiden Art verdoppelt oder vervielfacht wird. Autotetraploide Farne sind besonders in der Gattung *Asplenium* und den verwandten Gattungen *Phyllitis* und *Ceterach* bekannt. Bezeichnet man die zwei Genome einer diploiden Rasse von *A. trichomanes* als TT, so kann dem daraus durch Chromosomenverdoppelung entstandenen Cytotyp die Genomformel TTTT zugeschrieben werden. Solche autotetraploide Pflanzen verhalten sich bei cytologischen Untersuchungen oft tatsächlich so, als ob sie vier homologe Genome enthielten. Trotzdem ziehen viele Autoren es vor, die Formel TTT'T' zu verwenden, denn gelegentlich ist es möglich zu zeigen, daß zwischen T und T' ein geringer Unterschied besteht. Dies kann dadurch verursacht sein, daß die Chromosomenverdoppelung nicht bei einem reinrassigen diploiden *Asplenium*, sondern bei einer intraspezifischen Hybride zwischen zwei wenig verschiedenen Rassen derselben Art erfolgt ist. Ein solcher geringer Unterschied zwischen T und T' kann aber auch im Laufe der Zeit durch Differenzierung entstanden sein, wenn es sich um eine relativ alte autotetraploide Pflanze handelt, ein Vorgang, der gelegentlich als »Diploidisierung« bezeichnet wurde. Autotetraploide Cytotypen sind morphologisch ihren diploiden Vorfahren (soweit diese bekannt sind) fast stets so ähnlich, daß man sie oft nur durch genaues Studium von Mikromerkmalen (z. B. Größe der Sporen, Epidermiszellen, Zahl der Chloroplasten), vor allem aber durch cytologische Kontrolle, voneinander unterscheiden kann. Solche Cytotypen werden von den meisten Experten heute (mangels einer zweckmäßigeren Kategorie) nomenklatorisch als Subspecies behandelt, was auch theoretisch durchaus richtig ist, weil sie genau, oder fast genau, dasselbe Erbmaterial enthalten. Die Anwendung des Prinzips, daß jede Art nur eine Chromosomenzahl haben darf (in anderen Fällen zu begrüßen) auf autotetraploide Rassen, d. h. daß jeder Cytotyp einen besonderen Artnamen haben muß, führt u. a. dazu, daß es auch dem Spezialisten im Feld, oft auch im Herbar, unmöglich werden kann, eine Pflanze richtig zu bestimmen.

Ungeschlechtliche Fortpflanzung, Parthenogenese, Aposporie und Apomixis □ Parthenogenese, die Bildung eines neuen Sporophyten aus einer unbefruchteten Eizelle, ist unter besonders bei *Marsilea* beobachtet worden (vgl. Döpp 1967, S. 547)[1]. Als Aposporie wird die Bildung eines Prothalliums durch vegetative Sprossung aus einem Blattabschnitt bezeichnet, wie man sie gelegentlich experimentell hervorrufen kann. Sie ist mit einer Chromosomenverdoppelung verbunden und kann in der Natur nur ausnahmsweise bei der Bildung von Polyploiden auftreten. Von erheblichem Interesse ist jedoch ein Vorgang, der heute bevorzugt als Apomixis (Döpp 1967) bezeichnet wird und früher meist Apogamie (Manton 1950) genannt wurde, weil er für manche Arten die normale Fortpflanzungsart darstellt. Die neue Farnpflanze entwickelt sich dabei nicht aus einer befruchteten Eizelle, sondern aus dem vegetativen Gewebe des Prothalliums. Man kann diesen Vorgang bei manchen Farnen, die sich normal sexuell fortpflanzen, gelegentlich auch künstlich hervorrufen, indem man ihre Prothallien lange Zeit unter Bedingungen wachsen läßt, die eine Befruchtung verhindern (Befeuchtung nur durch Nährmedium) (Manton 1950, Manton & Walker 1954, Döpp 1967, Bouharmont 1972, 1973)[2]. So erhaltene Sporophyten besitzen nur die halbe Chromosomenzahl; sie haben zwar erhebliches Interesse für die Forschung, sind aber steril und in der Natur bestenfalls sehr selten zu finden. Apomixis als natürliche Fortpflanzungsart setzt regelmäßige Verdoppelung der Chromosomen in irgendeiner Phase des Generationswechsels voraus. Es scheint auch hier verschiedene Mechanismen zu geben (Braithwaite 1964, 1969)[3]. Am häufigsten und am besten untersucht ist die Chromosomenverdoppelung in einem besonderen Typ von Sporenmutterzellen durch Bildung von Restitutionskernen, wie sie zuerst von Döpp (1927) bei *Dryopteris remota*, dann bei *D. affinis* (= *D. borreri*) und *D. x tavelii* beobachtet wurde (vgl. Manton 1950, Döpp 1967). Die Sporangien dieser Farne bilden 3–4 verschiedene Arten von Sporenmutterzellen. Zwei bis drei Typen der Sporangien bilden in normaler Weise je 16 Sporenmutterzellen, die durchwegs gestörte Meiose aufweisen und abortiertes Material liefern. Ein anderer Typ liefert nur 8 Sporenmutterzellen, die nach Restitutionskernbildung (regelmäßige Meiose, aber mit so vielen Paaren, wie der Sporophyt Chromosomen hatte) je vier gute Diplosporen produzieren. Diese liefern bei der Keimung Prothallien, deren Kerne genauso viele Chromosomen enthalten wie diejenigen des Sporophyten. Diese Prothallien tragen in der Regel zwar funktionstüchtige Antheridien, aber keine Archegonien. Die Bildung des Sporophyten findet, wie erwähnt, direkt durch Sprossung aus dem Prothallium statt. Die so entstehende Farnpflanze hat somit nicht nur genau dieselbe Chromosomenzahl wie ihr Elter, sondern stimmt mit ihm auch genetisch völlig überein. Populationen von Farnen, die sich apomiktisch fortpflanzen, können daher als Klone betrachtet werden, solange keine Mutation eintritt, denn ein Gen-Austausch durch Neukombination väterlicher und mütterlicher Erbmasse ist nicht möglich. Eine einmal eingetretene Mutation wird dafür auch konstant weiter vererbt. Von diagnostischem Wert zur Erkennung apomiktischer Farne mit Restitutionskernbildung kann die Tatsache dienen, daß sie pro Sporangium maximal 32 gute Sporen produzieren (bei sexuellen Arten meist 64; es gibt aber Ausnahmen, z. B. *Notholaena lanuginosa*) und daneben Sporangien mit abortiertem Material enthalten.

□ Viele der bisher bekannten apomiktischen Farne können als männliche Partner gelegentlich mit sexuellen Arten auch Hybriden bilden. Am besten bekannt ist *Dryopteris x tavelii* = ♀ *D. filix-mas* x ♂ *D. affinis*. Von dieser relativ häufigen Hybride sind zwei Formen bekannt, je nachdem ob bei ihrer Entstehung diploide oder triploide *D. affinis* beteiligt ist. Beide Formen haben die

---

[1] Döpp, W., 1967, posthum: Apomixis bei Archegoniaten: in W. Ruhland (ed.): Handbuch der Pflanzenphysiologie **18**: 531–550.
[2] Bouharmont, J.: Meiosis and fertility of apogamously produced diploid plants of *Asplenium trichomanes*. Chromosomes today **3**: 253–258 (1972); Origine de la polyploidie chez *Asplenium rutamuraria*. Bull. Jard. Bot. Nat. Belg. **42**: 375–383 (1973); Meiosis in apogamously produced diploid plants of *Asplenium septentrionale*. Brit. Fern Gaz. **10** (5): 237–240 (1973).
[3] Braithwaite, A. F.: A new type of apogamy in ferns. New Phytologist **63**: 293–305 (1964); The cytology of some Hymenophyllaceae from the Solomon Islands. Brit. Fern Gaz. **10** (2): 81–91 (1969) bes. S. 84.

apogame Natur von *D. affinis* geerbt, produzieren neben viel amorphem Material auch keimfähige Diplosporen und können sich daher normal durch Sporen vermehren; die Fertilität ist aber sehr gering. Für die Entstehung apomiktischer Farne gibt es noch keine sicheren Beweise; es ist aber höchst wahrscheinlich, daß alle durch Hybridisierung entstanden sind. Die sexuell nicht fortpflanzungsfähigen Hybriden haben durch die Apomixis und regelmäßige Fähigkeit zur Ausbildung von Diplosporen eine sehr leistungsfähige neue Art der Fortpflanzung gewonnen. Als Vorteile seien nur zwei hervorgehoben: Selbststerilität ist unmöglich; eine einzige Spore eines apomiktischen Farns am geeigneten Wuchsplatz kann prinzipiell eine neue Population aufbauen. Für eine Befruchtung benötigen die Prothallien sexueller Farne im richtigen Moment eine reichliche Benetzung mit Wasser, in dem die Spermatozoiden schwimmen können; für die apomiktischen ist dies unnötig. Zu den apomiktischen Farnen gehören in Europa alle Formen von *D. affinis*, ferner *D. remota*, *Phegopteris connectilis* und *Pteris cretica*.

□ Angaben über die Cytologie bei den einzelnen Arten werden wie folgt abgekürzt: n = 36 bedeutet, daß 36 Chromosomen in den Kernen der Prothallien vorhanden sind; wirklich gezählt wurde in diesen Fällen meistens die Zahl der Paare bei der Meiose in unreifen Sporangien; 2n = 72 bedeutet, daß die Kerne der somatischen Zellen des Sporophyten 72 Chromosomen enthalten, gezählt meistens in den Wurzelspitzen. Bei apomiktischen Arten, z. B. bei den triploiden Rassen von *D. affinis*, findet man in der Literatur oft Angaben wie »n« = 2n = 123. Dabei bedeutet »n« = 123, daß bei der Meiose in den 8-zelligen Sporangien 123 Paare (also 246 Chromosomen) gezählt wurden und 2n = 123 bedeutet wieder, daß die Kerne der Wurzelspitzen 123 Einzelchromosomen zeigten.

Sporenkontrolle □ Für die Erkennung von Hybriden, teilweise auch zur Untersuchung kritischer Arten, ist die Kontrolle der Sporen von großem praktischem Wert. Sie erfordert ein Mikroskop; es ist jedoch nicht unbedingt ein teures Instrument notwendig. Um eine Hybride auf den ersten Blick von einer guten Art zu unterscheiden, ist ein großes Gesichtsfeld zweckmäßig und eine 50–80fache Vergrößerung völlig ausreichend, so daß auch der interessierte Laie sich die Ausrüstung meistens beschaffen oder ausleihen kann. Für die Bewertung der Sporengröße bei kritischen Arten, verschiedenen Cytotypen von Autopolyploiden etc., ist zusätzliche Umstellung auf 200- bis 300fache Vergrößerung und ein Okular mit geeichtem Maßstab nötig. Von größter Bedeutung ist es aber, daß die Sporen richtig gesammelt wurden. Um einwandfreie Resultate zu erhalten, empfiehlt sich folgendes Vorgehen: saubere Wedel (ohne Erde) in dem Moment schneiden, wenn die Sporangien sich eben schwarz färben (später werden sie braun und haben die Hauptmenge der Sporen verloren); in sauberes Papier (notfalls Zeitungspapier) legen, das noch nie zum Pressen anderer Pflanzen benützt wurde; so falten, daß keine Sporen verloren gehen können. Das Ganze wird in der Presse zweimal zwischen normalem trockenem Preßpapier umgelegt (die Wedel bleiben also immer in der Schutzhülle). Das ausgefallene schwarze Sporenpulver wird dann zweckmäßig gleich in eine kleine, dichte Papierkapsel eingepackt, beschriftet und bleibt beim Wedel als Beleg. Es ist dann nach vielen Jahren noch qualitativ vollwertig. Material von alten Herbarbelegen ist oft auch brauchbar; gelegentlich sind aber die guten Sporen verloren und nur noch schlechte Reste zu finden. Schlimmer ist die Tatsache, daß manchmal fremde Sporen eingeschleppt sein können, die zu groben Fehlschlüssen führen können. Die Untersuchung geschieht am besten nach Einbettung in Balsam; das erhaltene Dauerpräparat kann später auch zu Vergleichszwecke dienen. Messung der Größe trockener Sporen (also in Luft) gibt wegen Beugungserscheinungen oft recht falsche Zahlen.

□ Es ist zweckmäßig, sich bei Angaben über Sporengröße auf Messung des Exospors (vgl. Abb. 192) zu einigen, mit Angabe der ungefähren Variationsbreite.

Zur Geographie der heutigen mitteleuropäischen Farnflora □ Farne und ihre Verwandten sind in der Mehrzahl Bewohner tropischer, subtropischer und südlich-gemäßigter Breiten. Im nördlich-gemäßigten Gebiet sind sie spärlicher vertreten und in Mitteleuropa sogar ausgesprochen artenarm. Man könnte daraus schließen, die mitteleuropäische Farnflora sei nur eine Art Auszug aus der weiter südlich vorkommenden. Doch trifft dies im ganzen nicht zu. Ein erheblicher Teil unserer Pteridophyten gehört Gattungen an, die das Schwergewicht ihrer Verbreitung in nördlich-gemäßigten Zonen haben, eventuell in den tropischen Gebirgen weiter nach Süden vorstoßen, aber alle große Verbreitungslücken in Trockengebieten aufweisen: *Dryopteris*, *Polystichum*, *Botrychium*, *Athyrium*, *Matteuccia*, *Cryptogramma*, *Pilularia* usw. Sehr häufig liegt das Verbreitungszentrum dieser Gruppen oder der Artengruppen, denen die mitteleuropäischen Arten angehören, in Zentral- und Ostasien. Die Familie der Thelypteridaceae ist vorwiegend tropisch verbreitet, doch sind unsere Gattungen: *Phegopteris*, *Oreopteris*, *Thelypteris* s. str., mehr nördlich-extratropisch. Fast kosmopolitisch sind Gattungen wie *Anogramma*, *Pteridium*, *Ophioglossum*, *Osmunda*, *Lycopodium*, *Selaginella* usw. Als ausgesprochen südliche Elemente kann man *Adiantum*, *Pteris*, *Cheilanthes* und *Notholaena* bezeichnen; doch erreichen sie das mitteleuropäische Florengebiet nur im Süden. Eigentliche Fremdlinge in unserer Flora, d. h. pflanzengeographisch isolierte, aber einheimische Farne, sind nicht zahlreich. Am ehesten könnte man *Polypodium* und *Blechnum* dazu rechnen, deren Wurzeln weit außerhalb Europas liegen und die in der ganzen nördlich-gemäßigten Zone nur sehr schwach vertreten sind. *Asplenium* dagegen, obwohl fast kosmopolitisch und besonders in den Tropen artenreich, hat ein Sekundärzentrum im südlichen Europa, dessen Ausstrahlungen mit einigen interessanten Arten wie *A. cuneifolium*, *A. seelosii*, *A. fissum* das südliche Mitteleuropa erreichen. In der mitteleuropäischen Farnflora gibt es auch Neophyten (= Neubürger), die meist durch den Menschen eingeschleppt wurden. An günstigen Standorten können sie als fest eingebürgert gelten. Neophyten sind z. B. die Wasserfarne *Azolla filiculoides* und *A. caroliniana* in Süddeutschland sowie *Cyrtomium fortunei* im Tessin (Südschweiz).

Phylogenie □ Durch ihre morphologischen und anatomischen Merkmale nehmen die Pteridophyten unter den Kryptogamen die höchste Stelle ein. Ihre mächtigste Entwicklung zeigten sie in früheren Erdperioden, hauptsächlich im Karbon (der Steinkohlenformation). Große, nur noch fossil erhaltene Gruppen sind die zu den Lycopsida gehörigen Lepidodendrales (Schuppenbäume und Siegelbäume) und die zu den Sphenopsida gehörigen Calamitales (Schachtelhalmbäume) und Sphenophyllales (Keilblattgewächse). Im Karbon erreichten die Pteridophyten auch ihre höchste Organisationsstufe, und zwar in der Klasse Pteridospermae (Samenfarne), deren Vertreter schon in der auf das Karbon folgenden Permzeit wieder ausstarben. Wie schon der Name sagt, besaßen diese Farne »Samen«, d. h. Sporangien, die von einer Hülle umgeben waren, mit bis zur Befruchtung darin bleibenden Megasporen, eine Struktur, die sonst nur den Samenpflanzen eigen ist. – Die meisten fossilen Pteridophyten kamen auch in Mitteleuropa vor, wo sie nun hauptsächlich in den Steinkohlenlagern erhalten sind.

□ In die Pteridophyten werden von rezenten Organismen die Bärlappgewächse (Lycopsida), Schuppenblattgewächse (Psilotopsida), Schachtelhalmgewächse (Sphenopsida oder Equisetopsida) und Farnpflanzen (Pteropsida oder Filicopsida) eingereiht.

Klasse Lycopsida Bärlapp-Ähnliche

Lepidophyta SCHWARZ 1955; Lycophyta BOIVIN 1956; Lycopodiopsida F. A. NOVÁK 1959.

Gefäßpflanzen mit Verbreitung durch Sporen und mit heterophasischem Generationswechsel, die Generationen voneinander verschieden, beide selbständig lebend. Sporophyt ausdauernd, mit Adventivwurzeln, mit ungegliedertem Stamm, daran dichtstehende, kleine, einfache, einnervige Blätter. Sporangien sehr kurz gestielt in der Achsel oder auf der Basis von oft etwas abweichend gestalteten Sporophyllen. Prothallien entweder oberirdisch und autotroph oder unterirdisch, dann ohne Chlorophyll, in Symbiose mit Pilzhyphen, knollig oder schnurartig, mit Rhizoiden (Abb. 8). Geschlechtsorgane in bestimmten Zonen des Prothalliums, eingesenkt. Antheridien mit zwei-, selten vielgeißligen Spermatozoiden. Archegonien mit mehreren Halskanalzellen. Bei den phylogenetisch einfachen Typen wechseln jährlich Trophophylle und Sporophylle am gleichen Sproß ab *(Huperzia),* bei allen anderen Arten sind die Sporangien in einem endständigen, ährenförmigen Sporophyllstand (Strobilus) angeordnet, der manchmal aus der vegetativen Zone durch einen mit kleineren, entfernt stehenden Blättern besetzten Träger herausgehoben wird. Die heterosporen Typen haben eingeschlechtige Prothallien. Das weibliche Prothallium entwickelt sich bei ihnen in der Spore, in welcher auch die Befruchtung stattfindet.

In die Klasse Lycopsida stellt man 2 fossile und 3 rezente Ordnungen: die Protolepidodendrales sind primitive Typen aus dem Silur und Devon; die Lepidodendrales waren heterospore Bäume mit Ligula am Blatt, im Karbon; sie bildeten einen wesentlichen Teil des Materials, aus dem die Steinkohle entstand. Zu den rezenten Ordnungen gehören die isosporen Lycopodiales und die heterosporen Selaginellales und Isoëtales.

Bestimmungsschlüssel zu den rezenten Ordnungen der Lycopsida

1 Isospore Pflanzen mit dichotom verzweigtem Sproß ohne sekundäres Dickenwachstum, mit dicht stehenden Blättern ohne Ligula. Spermatozoiden mit zwei Geißeln Lycopodiales (S. 16)
1* Heterospore Pflanzen mit einfachem oder dichotom verzweigtem Sproß, mit Ligula am Blatt 2
2 Achse dichotom verzweigt. Blätter klein, eiförmig bis lanzettlich. Sporangien in der Achsel von ährenförmig angeordneten kleinen Blättern. Spermatozoiden mit 2 Geißeln. Die mitteleuropäischen Arten moosähnlich . . . . . Selaginellales (S. 42)
2* Achse ganz kurz, knollig gestaucht, meist unverzweigt, dicht mit großen, lang-pfriemlichen, am Blattgrund verbreiterten Blättern besetzt, hierin die Sporangien eingesenkt. Spermatozoiden mit vielen Geißeln. Häufig untergetauchte Wasserpflanzen von binsenartigem Habitus . . . . . . Isoëtales (S. 50)

Ordnung Lycopodiales

Wichtige Literatur □ Die Ordnung Lycopodiales wurde monographisch von F. SPRING bearbeitet (Monographie de la famille des Lycopodiacées, 1842 und 1850), neuerlich durch H. NESSEL (Die Bärlappgewächse, Jena 1939); aber diese letzte Arbeit ist wegen ungenauer Terminologie und unbrauchbarer Schlüssel und Beschreibungen für eine Identifikation der Arten und Namen nicht verwendbar. Unvollendet geblieben sind die Studien von W. HERTER (Botan. Jahrb. **43,** Beih. **98:** 1908; Index Lycopodiorum: Montevideo, 1949) und von W. ROTHMALER (Fedde Repert. **54:** 55–82; 1944 und **66:** 234–236; 1962). – Die mitteleuropäischen Taxa sind sehr ausführlich beschrieben in ASCHERSON & GRAEBNER: Synopsis der mitteleuropäischen Flora; 2. Aufl. **1:** 221–236 (1912). Über Sporangien vgl. P. BARANOV: Entwicklungsgeschichte des Sporangiums und der Sporen von *Lycopodium clavatum;* Ber. Deutsch. Bot. Ges. **43:** 352–400 (1925). – Über Prothallien vgl. die klassischen Arbeiten von H. BRUCHMANN: Über die Prothallien und die Keimpflanzen mehrerer europäischer Lycopodien; Gotha (1898); Die Keimung der Sporen und die Entwicklung der Prothallien von *Lycopodium;* Flora N. F. **1:** 220–267 (1910). – Neuere Schriften: BEITEL, J. 1979: Clubmosses (*Lycopodium*) in North America. Fiddlehead Forum (Bull. Am. Fern Soc.) **6 (5):** 4–8. – KNOX, E. 1950: The spores of *Lycopodium, Phylloglossum, Selaginella* and *Isoëtes.* Trans. Proc. Bot. Soc. Edinb. **35:** 207–357. – LÖVE, Á. & D.: Cytotaxonomy and classification of Lycopods; The Nucleus **1:** 1–10 (1958). – WRABER, T.: Die Arten der Ordnung Lycopodiales in Slowenien (slow., dt. Zsfssg). Biol. Věstnik **10:** 11–25 (1962). – DOSTÁL, J.: To the taxonomy of the families Lycopodiaceae and Asteraceae and esp. to the genera *Lycopodium* and *Centaurea;* Acta Univ. Palackyan. Olomucensis, Fac. rer. nat. **31:** 5–39 (1969). – MEUSEL, W. & J. HEMMERLING: Die Bärlappe Europas; Die neue Brehm-Bücherei, Wittenberg (1969). – WILCE, J. H.: Lycopod spores. I. General spore patterns and the generic segregates of *Lycopodium;* Am. Fern J. **62:** 65–79 (1972). – ØLLGAARD, B.: Studies in Lycopodiaceae, I. Observations on the structure of the sporangium wall; Am. Fern J. **65**: 19–27 (1975). – BRUCE, J. G.: Gametophytes and subgeneric concepts in *Lycopodium*; Am. J. Bot. **63**: 919–924 (1976). – ØLLGAARD, B.: Studies in the Lycopodiaceae, II. The branching patterns and infrageneric groups of *Lycopodium* sensu lato; Am. Fern J. **69**: 49–61 (1979).

Bärlappartige Pflanzen mit Adventivwurzeln. Sproß nicht in deutliche Internodien gegliedert, dicht beblättert, gabelig (isotom oder anisotom) verzweigt. Blätter klein, schuppen- oder nadelförmig, bei den mitteleuropäischen Arten schmal-lanzettlich bis eiförmig, einnervig, entweder dicht spiralig gestellt (wechselständig), meistens dachziegelartig deckend oder kreuz-gegenständig (dekussiert). Sporangien in der Achsel von Sporophyllen auf sehr kurzen Stielchen, mit mehrschichtigen Wänden (eusporangiat), mit einer Querspalte aufspringend, isospor. Sporen zu je 4 in Tetraden, trilet, häufig mit netzartiger oder stachliger Skulptur, erst nach 6–10 Jahren keimend (Ausnahme: *Lycopodiella*). Prothallium unterirdisch, meist ohne Chlorophyll oder im oberen Teil grün (bei *Lycopodiella* fast oberirdisch, grün), heterotroph, schmal fadenförmig oder kegel- bis knollenförmig, zweigeschlechtig. Befruchtungsorgane erst nach 12–20 Jahren entstehend, meist in einer besonderen Zone des Prothalliums. Antheridien sackförmig, eingesenkt. Spermatozoiden mit 2 Geißeln. Archegonien nur mit dem Halsteil hervortretend.
☐ Die Leitbündel sind in der jungen Pflanze als Protostele ausgebildet, in den älteren aufrechten Trieben als sternförmige Protostele oder Aktinostele, in den waagerechten Sprossen als Plektostele.

Artenzahl und Verbreitung ☐ Die Ordnung umfaßt etwa 400 Arten, die über die ganze Erde mit Ausnahme der großen Trockengebiete verbreitet sind. Es sind vorwiegend humusliebende Typen oligotropher Standorte, die eine gleichmäßig feuchte Atmosphäre verlangen, weshalb sie besonders in Wäldern, Gebirgen und an entsprechenden Standorten mit ozeanischem Klima reichlich verbreitet sind. Nur einige Arten (z. B. *Diphasiastrum complanatum*) scheinen geringere Ansprüche an die Luftfeuchtigkeit zu stellen. Einige sind an die niedrige Temperatur der Polargebiete angepaßt. Damit steht bisweilen eine fleischige bis harte Konsistenz der Blätter in Zusammenhang. Im allgemeinen bevorzugen die Arten dieser Ordnung eine Unterlage, die reich an organischen Stoffen ist; nur *Lycopodiella inundata* kommt auch auf Torfschlammböden vor. In tropischen Wäldern treten die Bärlappe häufig auch in ansehnlichen Formen als Epiphyten auf. Viele Arten haben ausgedehnte, manchmal fast kosmopolitische Areale oder werden in den tropischen Gebirgen von nahe verwandten Arten oder Unterarten vertreten. Besonders formenreich sind die Gebirgswälder von Zentral- und Südamerika sowie Westindien und Südostasien; der afrikanische Kontinent ist auffallend arm an Bärlappen.
☐ Die Lycopodiales sind eine Gruppe der vielleicht ältesten rezenten Gefäßpflanzen, welche schon im Devon (Lycopodites) entstanden sind und ihre archaische Morphologie beibehalten haben.

Biochemie ☐ Es sind nur einige, meistens europäische Arten studiert; es wurden toxische Alkaloide des Curare-Typus (Lykopodin, Annotinin, Selagin) gefunden.

Einzige rezente

Familie **Lycopodiaceae** Bärlappgewächse

Typus-Gattung: *Lycopodium* L.

Ausdauernde Pflanzen mit aufrechten Sprossen oder mit kriechendem Hauptsproß, von dem aufrechte Seitensprosse abzweigen; Verzweigung gabelig (dichotom), mit gleichartigen (Isotomie) oder ungleichartigen (Anisotomie) Gabelästen. Laubblätter (Trophophylle) klein, meist schuppen- oder nadelförmig, einnervig, spiralig oder dekussiert angeordnet; Sporophylle den Laubblättern gleich oder mehr oder weniger stark davon verschieden, in letzterem Fall häufig in Strobili angeordnet. Sporangien kurz gestielt oder sitzend, einzeln in den Achseln der Sporophylle oder auf ihrer Basis innen angefügt, mit einer meist quer über den Scheitel verlaufenden Spalte aufspringend. Sporen gleich groß, trilet, abgerundet-tetraëdisch bis kugelig, mit Oberflächenskulptur. Prothallium faden- bis rübenförmig, oberirdisch und grün oder unterirdisch und chlorophyllos (Abb. 8), mit fertiler Zone. Zuweilen Paraphysen zwischen den Geschlechtsorganen vorhanden. Das Prothallium meist mehrjährig. Etwa 400 Arten, auf der ganzen Welt verbreitet. Ihre Abgrenzung bereitet oft große Schwierigkeiten, so daß es schwer ist, ihre Zahl auch nur annähernd zu schätzen. Die Zerlegung der Gattung *Lycopodium* sensu lato, die (mit Ausnahme der monotypischen, australisch-neuseeländischen Gattung *Phylloglossum*) alle Arten umfaßt, in mehrere kleinere Gattungen ist heute noch umstritten und wird gerade von Autoren, die die Gruppe als Ganzes bearbeiteten, wie WILCE, ØLLGAARD, BRUCE (s. oben), nicht angenommen. Wir folgen der Aufteilung, wie sie in der »Flora Europaea« angenommen wird; doch scheint eine Auftei-

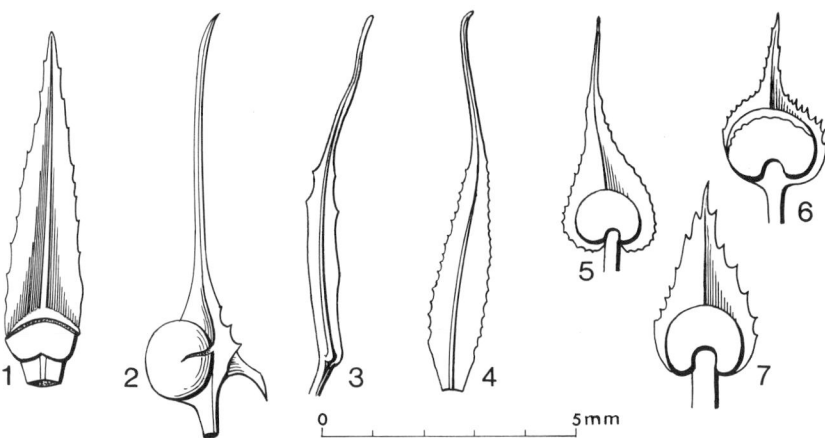

Abb. 2 □ Sporophylle von *Lycopodiaceae,* alle etwas vergrößert (Original DOSTÁL) □ *1 Huperzia selago* (L.) BERNH. □ *2–3 Lycopodiella inundata* (L.) HOLUB □ 2 Sporophyll mit Sporangium □ 3 Blatt □ *4 Lycopodium annotinum* L., Blatt □ *5 Lycopodium clavatum* L., Sporophyll mit Sporangium □ *6 Diphasiastrum complanatum* (L.) HOLUB, Sporophyll mit Sporangium □ *7 Diphasiastrum alpinum* (L.) HOLUB. Sporophyll mit Sporangium

lung der Familie für diese noch umstrittenen Gattungen verfrüht, wenn nicht ganz überflüssig.

Vermehrung □ Die Neuansiedlung der Arten der Gattung *Lycopodium* ist offensichtlich schwierig. Dem entspricht die gärtnerische Erfahrung, daß sich trotz aller Bemühungen noch keine *Lycopodium*-Pflanze durch Sporen hat vermehren lassen, während es auf vegetativem Wege durch Ableger leicht gelingt. Dies hängt wohl damit zusammen, daß die Sporenkeimung unter natürlichen Bedingungen im Boden erst nach Jahren vor sich geht (s. o.). Alle Bärlappe sind in den mitteleuropäischen Staaten geschützt und dürfen nicht gehandelt werden.

Bestimmungsschlüssel zu den Gattungen der Lycopodiaceae

1 Kriechender Hauptsproß fehlend, nur aufrechte Stengel vorhanden. Sporophylle (der europäischen Arten) nicht zu deutlich abgegrenzten Strobili vereinigt ..... 1. *Huperzia* (S. 18)
1* Kriechende Hauptachse neben aufrechten Seitensprossen vorhanden. Sporophylle zu Strobili vereinigt 2
2 Blätter dekussiert (kreuzweis gegenständig); Zweige meist deutlich dorsiventral gebaut ...... 4. *Diphasiastrum* (S. 28)
2* Blätter spiralig oder fast quirlig; Zweige nicht dorsiventral gebaut 3
3 Sporophylle den Laubblättern ähnlich, etwas breiter und am Grunde gezähnt .... 2. *Lycopodiella* (S. 21)
3* Sporophylle von den Laubblättern verschieden, mit häutigem, gezähntem Rand .... 3. *Lycopodium* (S. 23)

1. Huperzia

Huperzia[1] BERNHARDI in SCHRADER Neues Journ. f. d. Bot. 1800/**2**: 126 (1802), emend. TREVISAN Atti Soc. Ital. Sc. Nat. **17**: 243 (1874). – *Lycopodium* L. Sp. pl. 1102 (1753) p. p. – *Plananthus* PAL. BEAUV. ex LAM. et MIRB. in BUFFON Hist. nat. **68** (3): 476–477 (1805) p. p. – *Selago* BÖHMER ap. LUDWIG, Defin. gen. pl. 484 (1760), non L. (1753). – *Lycopodium* subgen. *Urostachys*[2] HERTER in Engl. Bot. Jahrb. **43**, Beih. **98**: 31 (1909). – *Urostachys* HERTER Beih. Bot. Centr.-Bl. 2/**39**: 249 (1922); Philipp. Journ. Sci. **22**: 180 (1923). – *Mirmau* ADANS. Fam. pl. **2**: 491 (1763), p. p., nom. illeg. – T e u f e l s k l a u e . Holl.: glimkruid; dän.: kragefold; engl.: fire clubmoss; franz.: lycopode sélagine; ital.: erba strega; slow.: lisić; tschech.: vranec; poln.: wroniec; russ.: баранец (baraněc).

Typus-Art: *Lycopodium selago* L. (1753).

Stauden mit gleichmäßig gabelig verzweigten Sprossen. Ä s t e aufrecht oder aufsteigend, dicht büschelig, gleich lang. S p o r o p h y l l e (bei den mitteleuropäischen Arten) den übrigen Blättern (Trophophyllen) gleich, eine fertile Zone an den Zweigen bildend (bei den meisten tropischen Arten von den Laubblättern verschieden und endständige Ähren bildend). S p o r a n g i e n auf sehr kurzen Stielchen in den Achseln der Sporophylle, mit einer über den Scheitel verlaufenden Querspalte aufspringend. S p o r e n stumpf tetraedrisch, mit grubig getüpfelter Oberfläche. P r o t h a l l i u m zylindrisch, fadenförmig, mehrere cm lang, unterseits mit Rhizoiden, oberseits mit einer deutlich begrenzten fertilen Zone, zwischen den An-

---

[1] Nach JOH. HUPERZ, Autor der Schrift »De Filicum propagatione« (1798).
[2] Ura (griech.) οὐρά = Schwanz; stachys (griech.) στάχυς = Ähre.

theridien und Archegonien viele mehrzellige sterile Fäden (Paraphysen). Archegonien mit 10–20 Halskanalzellen.

Die Adventivwurzeln entstehen endogen in dem rückwärtigen, älteren Teil des Sprosses. In der primitiven Gruppe, zu der *Huperzia selago* gehört, werden sie schon im Vegetationskegel angelegt, wachsen dann durch das Periderm des Sprosses abwärts und dringen erst an seinem unteren Teil in den Boden ein.

□ Das Prothallium lebt jahrelang im humosen Boden in Symbiose mit Pilzhyphen, die in seine äußeren Zellschichten eindringen (endotrophe Mykorrhiza). Es wird erst nach 10–12 Jahren geschlechtsreif und bis zu 20 Jahren alt.

Artenzahl und Verbreitung □ Die Gattung *Huperzia* ist kosmopolitisch verbreitet; sie enthält ca. 350 Arten, meistens in Tropenwäldern der Alten und Neuen Welt; nördlich ist sie bis zu 76° 30′ (in Grönland) verbreitet; südwärts reichen einige Arten bis in das südlichste Südamerika (Feuerland, Falkland-Inseln). Taxonomisch gehört die einzige mitteleuropäische Art zum subgen. *Huperzia* (ohne deutliche Strobili); das zweite subgen. *Phlegmaria* (BAKER) ROTHMALER [*Phlegmariurus* (HERTER) HOLUB] hat meistens deutlich abgesonderte Strobili, ist tropisch und enthält überwiegend epiphytische Pflanzen.

1. Huperzia selago

Huperzia selago[1] (L.) BERNHARDI in MARTIUS et SCHRANK, Hortus reg. Monacensis **3** (1829); TRÉVISAN, Sylloge Sporophytor. Ital., Atti Soc. Ital. Sce. Nat. **17**: 248 (1874). – Basion.: *Lycopodium selago* LINNÉ, Sp. pl. 1102 (1753). – Syn.: *Plananthus selago* (L.) PAL. BEAUV., Prodr. Aethéog. **112** (1805), nom. illeg. – *Urostachys selago* (L.) HERTER Beih. Biol. Centr.-bl. 2/**39**: 249 (1922); Philipp. Journ. Sci. **22**: 180 (1923). – *Planthus fastigiatus* OPIZ et *P. recurvus* (KIT. in WILLD.) OPIZ Seznam: 202 (1852). – *Mirmau selago* (L.) H. P. FUCHS, Verhandl. Naturf. Ges. Basel **66**: 33–48 (1955). – Tannen-Teufelsklaue. Taf. 11 Fig. 1 nach S. 288 – Abb. 2 (1), 3, 4.

---

[1] Vielleicht keltischer Name eines Nadelbaumes, von PLINIUS für den Sade-(Seven-)baum *(Juniperus sabina)* benützt, von LINNÉ für eine Art der Bärlappe, wegen der Blätter, welche an die mancher Nadelhölzer erinnern.

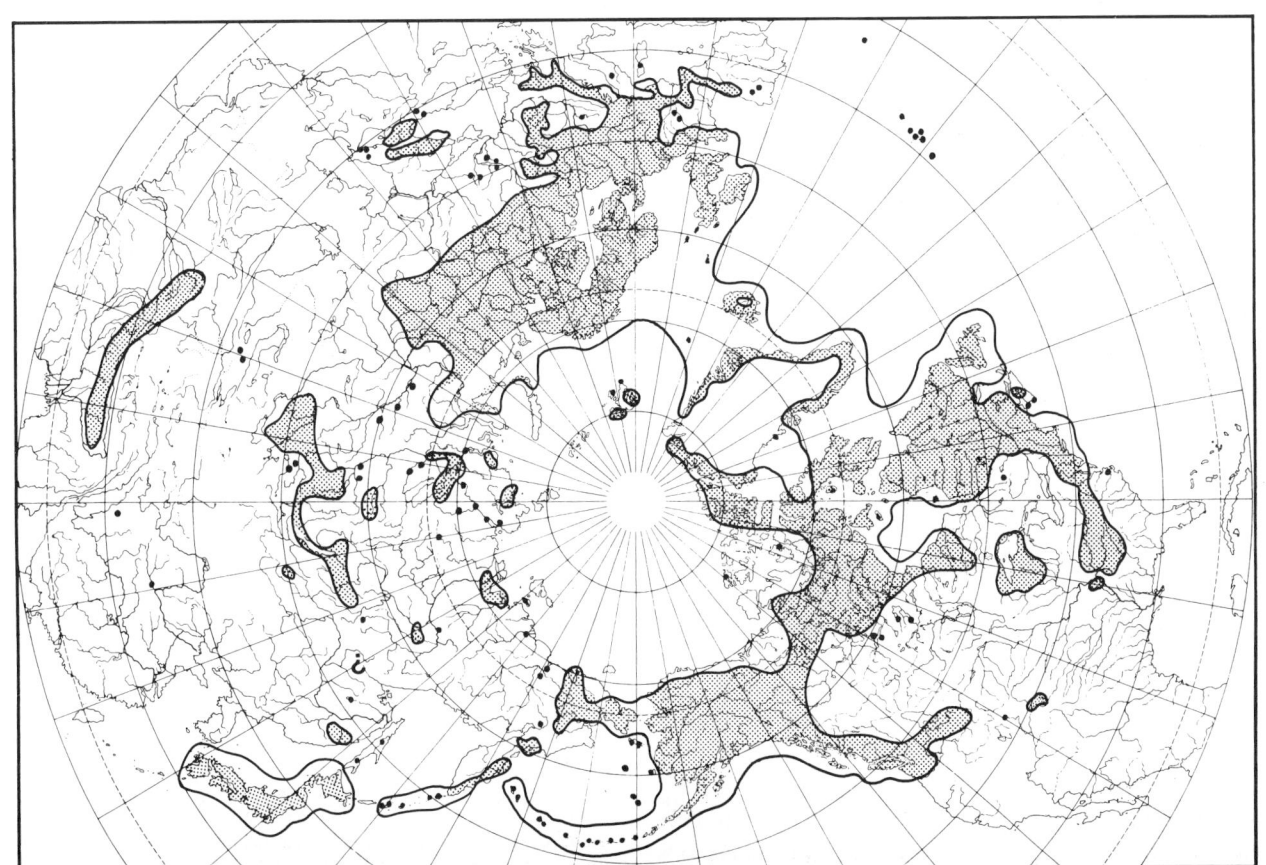

Abb. 3 □ *Huperzia selago* (L.) BERNH. Verbreitungskarte (nach HULTÉN 1964, verändert)

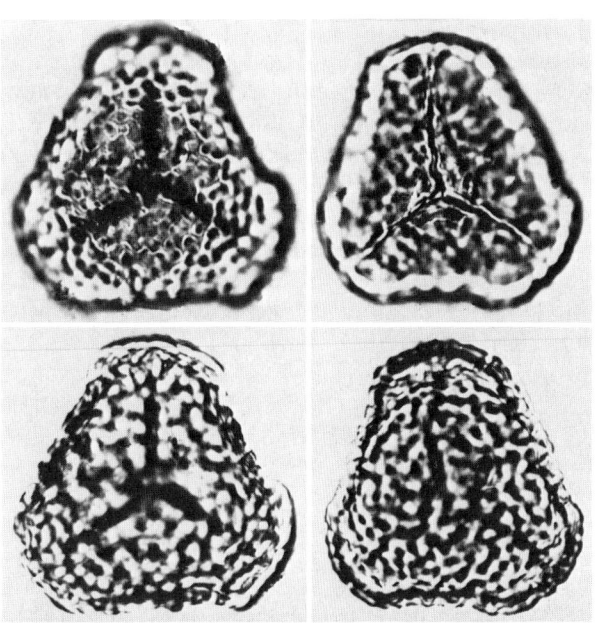

Abb. 4 □ *Huperzia selago* (L.) BERNH. Spore (× 1000), *oben* hohe Einstellung, *unten* tiefe, *links* auf den distalen, *rechts* auf den proximalen Pol (mit Tetradenmarke) gesehen. (Original STRAKA)

Ausdauernde, 3–30 cm hohe Pflanze; Hauptsproß aufrecht oder vom Grunde aufsteigend, meistens nur am Grunde wurzelnd, 2–4mal gabelig verzweigt; Äste gleichlang, parallel, öfters dicht büschelig, alljährlich am Ende weiterwachsend, nur an sehr schattigen Stellen oder in hohen Moosbeständen die Äste ausgebreitet. Blätter dicht spiralig oder scheinbar in 6 oder 8 Längsreihen angeordnet, aufrecht, dem Stengel anliegend oder bei Schattenformen abstehend bis zurückgekrümmt, schmallanzettlich, ganzrandig oder undeutlich gezähnt, spitz, 8 (4–10) mm lang, 1–2 mm breit, dunkelgrün, die Alpenformen öfters gelbgrün. S p o r o p h y l l e den Trophophyllen gleich. S p o r a n g i e n kurzgestielt, schon in der subapikalen Zone in der Achsel fast aller Blätter entstehend, aber manchmal Trophophyll- und Sporophyll-Zonen miteinander abwechselnd. Sporangien ockergelb, quer oval, etwas breiter als der Grund des Sporophylls. In den Achseln der oberen Blätter entstehen öfters B r u t k n o s p e n (Bulbillen, Taf. 11 Fig. 1 nach S. 288), die sich bei Berührung durch Tiere oder Regentropfen loslösen und eine vegetative Vermehrung der Pflanze bewirken. Sie sind besonders bei hochalpinen und arktischen Populationen ausgebildet, wo die Bedingungen für die Entwicklung der Sporen und Prothallien nicht günstig sind. Mit Regelmäßigkeit sind die Brutknospen auch an Pflanzen in den montanen Stufen z. B. des Schwarzwaldes zu beobachten, wo sie bei Berührung bis zu einem Meter weit abspringen können. – Chromosomenzahl: $n = 136$; $2n = 272$. – Sporenreife: VI–VIII.

Vorkommen □ Chamaephyt; azidophile, ökologisch anpassungsfähige (euryöke) Halbschattenpflanze, die Alpenformen auch im Licht wachsend. In Fichtenwäldern und Bergkiefernbeständen, auch in feuchten, felsigen Eichenwäldern oder in Blockmeerspalten und Matten, in dichten Moospolstern, welche Felsblöcke überziehen, in niederen Lagen in tiefen Tälern (z. B. Moldautal in Mittelböhmen), in schattigen Schluchten von Sandsteinfelsen, in Torfmooren, auf moosigen, frischen, basenarmen, sauren, modrig-torfig-humosen Sand- oder Steinböden in luftfeuchter Klimalage. Vor allem im Gebirge, von 800 m an. Charakterart der Ordnung Vaccinio-Piceetalia, öfters im Piceetum und im Pinetum mugi, in der alpinen Vegetationsstufe in Gesellschaften des Verbandes Rhododendro-Vaccinion, aber auch in Nardeten und Calluneten, auf Torfmooren in *Eriophorum vaginatum*-Gesellschaften. Bei alkalischem Boden auf alten Baumwurzeln und modernden Stämmen. In den Alpen bis 3000 m (auf der Spitze des Piz Mezdi noch bei 2924 m, am Granitgipfel des Julier noch bei 3080 m), in den Bayerischen Alpen und in Tirol bis 2080 m, in den Julischen Alpen bis 2000 m, in der Tatra bis 2630 m.

Allgemeine Verbreitung □ Zirkumpolar-ozeanisch bis subozeanisch, mit Häufung in den kühlen und gemäßigten Zonen, weiter südlich nur in Gebirgen. □ Karten: HULTÉN 1962, S. 53; MEUSEL, JÄGER, WEINERT 1965, S. 8; JALAS & SUOMINEN 1972, Karte 2.

Arealdiagnose □ submerid/mo – temperat/(mo) – boreal – arct. ozean$_{1-3}$ Circpol.

Florenelement □ (europäisches Teilareal): submedit/mo – mitteleurop/demo – nordeurop – lappon.

Verbreitung im Gebiet □ Im nördlichen Tieflande weniger häufig, früher auf den Nordseeinseln (Norderney, Juist und Spiekeroog). In Deutschland allgemein und häufig bis zerstreut in Gebirgen, im Hügelland selten. In den Alpen Süddeutschlands, Österreichs und in der Schweiz verbreitet und häufig, zerstreut in Slowenien (Julische Alpen, Karawanken). In der Tschechoslowakei und in Polen nur in Bergwäldern und Alpenmatten häufig, im Hügelland sehr zerstreut; fehlt in Südmähren und im österreichischen Burgenland.

Variabilität der Art □ Alle aus Mitteleuropa beschriebenen Taxa gehören zur typischen subsp. *selago* und stellen nur ökologisch bedingte Varianten dar.

f. r e c u r v a (KITAIBEL), Syn. *Lycopodium recurvum* KIT., *L. selago* f. *patens* DESV. □ Mit aufsteigenden oder am Grunde niederliegenden Stengeln, öfter zurückgekrümmten Ästen, tiefgrünen, waagerecht abstehenden oder abwärts gerichteten Blättern; in schattigen Bergwäldern und im Knieholz auf moosigen Böden.

f. squarrosa (BODINO) ☐ Stengel aufrecht, mit derben, kurzen (4–6 mm langen), unregelmäßig abstehenden, öfters braungrünen Blättern und vielen großen Bulbillen; in Kiefernwäldern im südlichen Teil des Gebietes.

f. sarmatica (WOŁOSZCZAK) ☐ Auffällig üppige, bis 50 cm hohe Pflanzen mit aufsteigendem oder aufrechtem, spärlich gegabeltem Stengel, derben, schräg abstehenden Blättern, die Äste mit Blättern bis 15 mm im Durchmesser; in Kiefernwäldern im Ostteil des europäischen Areals.

f. imbricata (NEILR.) (f. *alpestris* BERL., f. *appressa* auct. non DESV.) ☐ Niedrige, ein- bis zweimal gegabelte Pflanzen mit kleineren, anliegenden bis angedrückten Blättern; in Alpenmatten-Vegetationen der Caricetalia curvulae mit *Carex curvula, Juncus trifidus, Sesleria disticha* und *Festuca halleri.* – Subsp. *appressa* (DESV.) ist eine Rasse der nördlichen Tundra, die etwas an die f. *imbricata* erinnert.

Nutzen und Verwendung ☐ Die Art wurde in früheren Zeiten als Heilpflanze benutzt (Muscus catharticus, Herba selaginis, Herba musci erecti), als ein drastisches Purgans und Emeticum, ist aber wegen ihrer Alkaloide sehr gefährlich; sie wird in Ostböhmen auch als Anthelminthicum in der Veterinärmedizin angewandt. Diese Art wird wie *Lycopodium clavatum* und *L. annotinum* verwendet und zu diesem Zwecke öfters auf ziemlich weite Entfernungen versandt.

Volksnamen ☐ Teufelshand (Kärnten), Lauskraut (Tirol, Bayern), Mürzemau (Preußen), Tangelkraut, Kolbenmoos, Purgierbärlapp, Teufelsklaue (verschiedene Gebiete Deutschlands), morzybob, babimur (Polen), herbe aux porcs, mousse purgative (Belgien).

2. Lycopodiella

Lycopodiella[1] HOLUB Preslia (Praha) **36**: 20 (1964). – Syn.: *Lepidotis* PAL. BEAUV. Mag. enc. **2**: 478 (1804); Prodr. Aethéog. 101 (1805), emend. ROTHMALER in Fedde Rep. **54**: 65 (1944), p.p. – *Lycopodium* L. sect. *Inundata* BAKER ex PRITZEL in ENGL. et PRANTL Nat. Pfl.-Fam. 1/4: 601 (1902). – *Lycopodium* L. subgen. *Inundatostachys* HERTER Bot. Jahrb. Syst. **43**, Beih. **98**: 29 (1909). – Moorbärlapp. Holl.: moeraswolfsklauw; dän.: liden ulvefold; engl.: marsh clubmoss; tschech.: plavuňka; poln.: widlak torfowy; russ.: плаун болотной (plaun bolotnoj).

Typus-Art: *Lycopodium inundatum* L. (1753).

Kleine, fast moosartige Pflanze mit kriechendem, verhältnismäßig kurzem, in der ganzen Länge wurzelndem, dicht beblättertem Hauptstengel, von dem aufrechte, unverzweigte, fertile Äste aufsteigen; Blätter dicht, lanzettlich, aufwärts allmählich in eiförmige, gezähnte, in eine lanzettliche Spitze verschmälerte Sporophylle übergehend; Strobilus deutlich, Sporangien mit einer abaxial seitlichen Querspalte aufspringend, Sporen fast kugelig, Oberfläche netzartig, Prothallien oberirdisch,

Abb. 5 ☐ *Lycopodiella inundata* (L.) HOLUB. Südschwarzwald

rübenförmig, grün, oben gelappt. Die Sporen keimen schon im Herbst des ersten Jahres, und das Prothallium entwickelt Gametangien im Laufe des nächsten Jahres.

☐ 18 Arten mit zirkumborealer Verbreitung, auf Torfmooren und auf nassen Sandstellen oder Heiden.

In Mitteleuropa nur eine einzige Art:

1. Lycopodiella inundata

Lycopodiella inundata[2] (L.) HOLUB Preslia (Praha) **36**: 21 (1964). – Basion.: *Lycopodium inundatum* LINNÉ Sp. pl. 1102 (1753). Syn.: *Lepidotis inundata* (L.) OPIZ Seznam 195 (1852). – *Lepidotis S. inundatum* (sic!) C. BÖRNER Volksflora (Fl. f. d. deutsche Volk) 285 (1912). – *Lepidotis incurva* OPIZ Kratos (Praha) **4**: 15 (1819). – *Lycopodium palustre* LAM. Fl. Fr. **1**: 33 (1778). – Gemeiner Moorbärlapp. – Taf. 11 Fig. 4 nach S. 288 – Abb. 1 (4), 2 (2–3), 5, 6.

---

[1] Diminutiv von *Lycopodium*.
[2] *inundatus* (lat.) = überschwemmt, nach dem Standort.

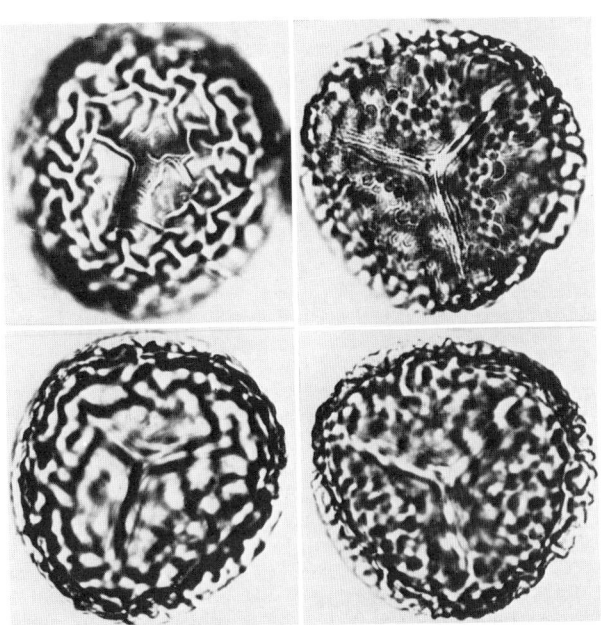

Abb. 6 □ *Lycopodiella inundata* (L.) HOLUB. Spore (× 1000), *links* auf den distalen, *rechts* auf den proximalen Pol (mit Tetradenmarke) gesehen, *oben* hohe, *unten* tiefe Einstellung (Original STRAKA)

Pflanze mit kriechenden, durch viele Wurzeln am Boden befestigten vegetativen und mit aufrechten, in einen Strobilus endenden fertilen T r i e b e n , jährlich nur einen Ast, seltener 2–3 aufrechte, 6–10 (–15) cm lange Ä s t e entwickelnd; die B l ä t t e r des kriechenden Stengels sichelförmig aufwärts gekrümmt, die der Äste aufrecht, etwas gekrümmt, leicht am Stengel anliegend, schmal-lanzettlich, am Rande durchscheinend, ganzrandig, 5–7 mm lang, bleichgrün, öfters in 5 senkrechten Reihen angeordnet; S t r o b i l i 2–3 (–5) cm lang, 5–7 mm dick, kaum deutlich von der sterilen Zone abgesondert, am Ende etwas verschmälert; S p o r o p h y l l e gelbgrün, am Rücken mit einer Querleiste, länger als die Sporangien, aus eiförmigem, gezähntem Grunde in eine lanzettliche, ganzrandige, anfangs abstehende, zuletzt aufrechte Spitze verschmälert; Sporangien queroval, hell ockergelb; S p o r e n mit undeutlich netzartig verdickter Oberfläche (Abb. 6).
□ Die älteren Teile des kriechenden Sprosses sterben jährlich ab, und die Pflanze erneuert sich aus Knospen, die an der Basis der fertilen Äste sitzen; sie überwintern und entwickeln im nächsten Jahr neue fertile Äste; der kriechende Stengel ist somit ein Sympodium. Der Strobilus und der ganze fertile Ast sterben nach der Sporenreife ab. Sehr selten entwickeln sich in den Achseln der Blätter des Hauptsprosses Bulbillen, welche erst nach dem Absterben der Pflanze austreiben. Vegetative Vermehrung durch Adventivsproßbildungen am Prothallium möglich. – Chromosomenzahl: 2n = 156. – Sporenreife: VI–X.

Vorkommen □ Chamaephyt; lichtliebende, ökologisch wie phytozönologisch stenotope Pflanze. In gestörten Hoch- und Zwischenmooren, auf Schwingrasen und in Moorschlenken oft sehr gesellig, mit *Drosera rotundifolia, D. intermedia, Utricularia intermedia* und *Rhynchospora alba*; gilt als Kennart des Rhynchosporetum (Rhynchosporion); nicht selten in frischen Ausstichen in Menge erscheinend und bei Veränderung des Standortes wieder verschwindend. Auf meist offenen, nassen, mäßig basenreichen und sauren Torfschlammböden im Rhynchosporetum albae, auch im Caricetum limosae, auch auf humosem, nassem Sand, z. B. mit *Hydrocotyle, Rhynchospora alba, Drosera rotundifolia* auf entblößten Teichböden, z. B. in Südböhmen mit *Agrostis stolonifera, Juncus articulatus, J. bulbosus, J. filiformis, Carex oederi, Hydrocotyle vulgaris, Radiola linoides, Ranunculus flammula* und *Drosera intermedia;* auf nassen, sandigen Seeufern, mit *Lobelia dortmanna*, z. B. in Dänemark und Nordpolen; in Sandgruben. – Vom Meer bis in die submontane Vegetationsstufe, in den Schweizer Alpen bis 1700 m (Svossa am San Bernardino), in der Tatra bis 1130 m.

Allgemeine Verbreitung □ Areal amphiatlantisch, in Europa nordisch-subozeanisch, in Eurasien südwärts bis zur Steppenzone; Ostasien und Nordamerika. Fehlt im ungarischen Tiefland und im Mittelmeergebiet; die Südgrenze wird durch die nordspanischen Gebirge, Nord-Italien, das nördliche Jugoslawien (Slowenien und Kroatien), Bulgarien und das westliche Rußland gebildet.
□ Karten: HULTÉN 1958, S. 217; MEUSEL, JÄGER, WEINERT 1965, S. 8; JALAS & SUOMINEN 1972, Karte 4.

Arealdiagnose □ (submerid/mo) – temperat – (boreal) · ozean$_{1-2}$ Eur+Ost+(West-)Amerika + (Ostasien).

Florenelement (europäisches Teilareal) □ (westsubmedit/mo) – atlant – zentraleurop – (sarmat – südscand).

Verbreitung im Gebiet □ Zerstreut, nur lokal häufiger; fehlt in ariden Gebieten. Im nördlichen Tiefland zerstreut und heute stark gefährdet. Auf den Friesischen Inseln, in Schleswig-Holstein und Mecklenburg auf feuchten Dünen und an Seeufern, in Niedersachsen an feuchten Stellen der Lüneburger Heide, in Westfalen und im Harz selten, zumeist verschollen, in Hochmooren und an Seeufern in Brandenburg, in der Lausitzer Niederung, im Böhmisch-Sächsischen Elbsandsteingebiet (zwischen Schmilka und der Grenze), im Vogtland (Schöneck, Kirchberg, Bärenwald, Dippoldiswalder Heide), Erzgebirge, Thüringen (bei Schwarza und bei Gehren); Rheingebiet; Luxemburg; Pfälzer Wald; Odenwald, Neckar-Gau; Bayern (Spitzingsee, Krottentalalm am Miesing);

Bayerischer Wald (bei Wiesenfelden, am Arber zwischen 1320–1400 m); Nord-Bayern (Fichtelgebirge, Frankenwald), Schwarzwald (südl. Teil, hier bis 1450 m, selten auch Nordschwarzwald); Bodenseebecken, Württemberg (häufiger im Oberland), Schwäbisches Alpenvorland; Allgäuer Alpen (Vorarlberg: im Kleinen Walsertal, Riezlern, 1100 m). Alpengebiet bis 1440 m, im Böhmerwald bis 1400 m, überall zerstreut und neuerdings selten. – In der Schweiz: Fundorte zerstreut und durch Meliorationen am Verschwinden. Heute noch im westlichen Jura, vereinzelt im Mittelland, in den Nordalpen und in Graubünden zerstreut, im Wallis und in den südlichen Alpenketten selten. – Norditalien: Veltlin, Pian di Gembro ob Aprice südl. Tirano, 1375 m. – In Österreich zerstreut bis zur Voralpenstufe, in Vorarlberg und in Kärnten und Tirol bis 1500 m, in Salzburg bis 1600 m (Niedere Tauern). – Slowenien, NW-Kroatien. – Tschechoslowakei: in Böhmen zerstreut, im Isergebirge bis 700 m, im nordböhmischen Sandsteingebiet (Böhmisches Paradies), in Südböhmen häufig (Teichgebiet um Třeboň – Wittingau), im Böhmerwald (bis 1000 m) und im Erzgebirge selten. – In Mähren selten im Hügelland, in Schlesien zerstreut, in den West-Beskiden (Babia hora), im Orava-Gebiet und auf Sandböden der Kiefernwälder des Marchfeldes (Záhorí). – In Polen im Westen häufiger, nämlich in Pommern und in der Umgebung von Warschau, Kielce und Poznań (Posen).

Variabilität der Art □ Die Art *L. inundata* ist wenig veränderlich (abgesehen von nordamerikanischen Abänderungen, welche aber öfters für selbständige Arten gehalten werden; vgl. GILLESPIE in Amer. Fern Journ. **52**: 19 [1962] und BEITEL [1979]).

3. Lycopodium

Lycopodium[1] LINNÉ Sp. pl. 1100 (1753), emend. ROTHMALER Fedde Repert. **54**: 63 (1944). – B ä r l a p p. Holl.: wolfsklauw; dän.: ulvefold; engl.: clubmoss; franz.: lycopode; ital.: erba strega; slow.: lisič; tschech.: plavuň; poln.: widlak; russ.: плаун (plaun).

Typus-Art: *Lycopodium clavatum* L. (1753).

Ausdauernde krautige Pflanzen mit kriechendem Hauptsproß-System und mehr oder minder aufrechten, meistens fertilen Ästen. Kriechendes A c h s e n s y s t e m bis über 1 m lang, dicht beblättert, in der ganzen Länge bewurzelt, im Boden nur schwach festgeheftet. B l ä t t e r dicht schraubig geordnet, gleichförmig, bei den mitteleuropäischen Arten lineal-lanzettlich, spitz. S t r o b i l i deutlich vom vegetativen Abschnitt abgesetzt, sitzend oder auf langen, spärlich beblätterten »Stielen« einzeln oder zu 2 bis 4; S p o r o p h y l l e von den Trophophyllen verschieden, kürzer; S p o r a n g i e n kugelig-nierenförmig, am Scheitel durch eine Querspalte aufspringend; S p o r e n deutlich netzartig skulpturiert. P r o t h a l l i u m breit kegelförmig, später fast scheibenförmig (Abb. 8). Die Pflanzen bilden an ihren Standorten durch reiche Verzweigung große Kolonien. Die Sporen keimen, nachdem sie 6–7 Jahre im Boden gelegen haben; die langlebigen Prothallien bilden erst nach 12–15 Jahren Gametangien. – Chromosomenzahl: $n = 34$.

Artenzahl und Verbreitung □ Die Gattung *Lycopodium* im engeren Sinne (nach ROTHMALER) enthält ca. 50 Arten (die Bewertung vieler tropischer Taxa ist noch strittig) und ist in allen Weltteilen von Grönland bis zur Subantarktis verbreitet. In Mitteleuropa zwei Arten.

Inhaltsstoffe □ Beide Arten enthalten giftige Alkaloide (Lykopodin, Chinolin, Klavatin, Klavatoxin und Annotinin), doch wurden sie in der Volksmedizin als Laxativum, Carminativum und Diureticum und gegen Rheumatismus benutzt (Herba Lycopodii seu Muscus terrestris, Muscus clavatus in älteren Kräuterbüchern).

Nutzen und Verwendung □ Die Sporen von *L. clavatum* sind als Lycopodium (oder Sporae vel Semen Lycopodii) in der Homöopathie und Allopathie offizinell. – Sie werden seit alter Zeit als »Stupp« (althochdeutsch ›stuppi‹ = Staub) zum Betupfen wunder Stellen bei Säuglingen benutzt. – Außerdem gebraucht man das Pulver zum Bestreuen der Pillen, der Formen beim Gießen der Metalle usw. – Die trockenen, schwefelartig aussehenden Sporen entzünden sich blitzartig, weshalb sie früher zur Hervorrufung von Theaterblitzen beliebt waren. – Die Sporenmasse enthält etwa 50 % fettes Öl, Spuren eines flüchtigen Alkaloids, 3 % Zucker, 1 % (die Handelsware bis 4 %) Aschenbestandteile. Die Sporen wurden meist aus Polen und Rußland eingeführt, denn in Zentraleuropa gehören die Arten zu den Seltenheiten.

Volksnamen □ Die Bärlapparten werden vom Volke meist nicht näher unterschieden, so daß die hier angeführten Namen z. T. auch für *Diphasiastrum*-Arten gelten können. Im Volke wird der Bärlapp gewöhnlich als Moos angesehen. – Der Name B ä r l a p p (althochdeutsch ›lappo‹ = flache Hand) bezieht sich auf die weichen Sproßspitzen, die mit der Tatze eines Bären verglichen werden. Ähnliche Benennungen sind B ä r e n m o o s (Pfalz), W o l f s r a n k e (Zossen), W u l f s k l a o u e n (Westfalen). Bei den am Boden hinkriechenden Stengeln denkt man an Schlangen (niederdeutsch ›Snaken‹), daher S c h l a n g e n m o o s (vielfach), S c h l a n g e n g r a s (vormals im Riesengebirge), S n a k e n m u s s, S n a k e n k r u u t (Schleswig), O t t e r n w u r z e l (vormals in Schlesien), H e i d e r a n k e n, D ü w e l s r a n k e n (Westfalen). Nach der gabelartig verzweigten Strobilusstielen nennt man das *L. clavatum* auch G ä b e l i (Schweiz: Waldstätten), J e f e l c h e s k r u t (= Gäbelchenkraut; Wuppertal), T e u f e l s k r a l l e n (vormals in Schlesien), K r e i e n f o o t (= Krähenfuß; Schleswig-Holstein), K r o a f ü s s, K r o a p f u t e, K r o a t r i t t (ehemals in Nordböhmen), H i r s c h g e w e i h (vormals in Westböhmen), D e h n k r a u t (wegen des langkriechenden Hauptstengels). Mit dem Bärlapp wurden (besonders von den Bäckern) die Öfen ausgekehrt: O f e n w i s c h (Steiermark), K e a r o c h, O f e n k e a r o c h (Gottschee), W i s c h g r a u d (Oststeiermark), B ä c k a d a a s (›Daas‹ = Reisig), B e c k a b e s e n (Allgäu), B ä k k e n g r a s (Kärnten). – In Belgien benutzte man *L. annotinum* zur Dekoration (Guirlanden) des Hauses, im Riesengebirge benutzte man diese Art zur Herstellung von Begräbniskränzen. – In Süddeutschland benutzte man früher den Bärlapp zum Abklären des Weins. – In der Eifel heißt der Bärlapp K o t h e oder K o s e n, in Preußen heißt er M u r z e m a u, M u r z e m o (aus dem polnischen ›murzemór‹ für *Huperzia*). – In der Schweiz wurde besonders *L.*

---

[1] lykos (griech.) λύκος = Wolf, podion (griech.) πόδιον = Füßchen; der Name Bärlapp bedeutet Bärentatze, abgeleitet vom althochdeutschen »Lappe« = flache Hand, Tatze; die Sprosse von *Lycopodium clavatum* erinnern an das zottige Fell eines Bären.

annotinum als primitiver Filter in die hölzernen Trichter (›Folla‹ oder ›Siena‹) gebracht, durch die die Milch geseiht wird, daher F o l l ä g r i s , F o l l ä s c h a u b , F o l l ä s c h ü b e l , S i e n ä m i e s , S i e n a s c h ü b e l , S i e n ä c h r i s (Waldstätten). – In der Volksmedizin galt der Bärlapp (unsere beiden Arten) als ein Mittel gegen Harnbeschwerden und Krämpfe, daher H a r n k r a u t (Nieder-Österreich), S e i c h k r ä u t l (Kärnten), K r o m k r a u t (= Krampfkraut; Nieder-Österreich). – Als W i r b l o c k g e k r ä u d i c h wurde früher der Bärlapp in der ehemaligen deutschen Sprachinsel Zips (Spiš, Ost-Slowakei) gegen ›Wirblock‹, einen Hautausschlag, verwendet. Auch Ungeziefer vertreibt man mit der Pflanze; daher L a u s k r a u t (Tirol: Tannheim, Weissenbach), L u u s c h r u t (St. Gallen), F l ö h k r a u t (Böhmerwald). – S a u k r a u t (bayerisches Schwaben) geht wohl auf eine Anwendung bei Schweinekrankheiten zurück. – Der Bärlapp galt früher als ein »Hexenkraut«. Man hing ihn z. B. als U n r u h e (Pfalz) oder Z a p p e l k r ä u t l i c h (Thüringen) an die Stubendecke zum Schutz gegen Hexen. In Oberfranken wird die Bezeichnung U n r u h e für den Bärlapp so gedeutet, daß man die Pflanze nicht ins Haus bringen dürfe, sonst habe man keine Ruhe mehr: H e x e n k r u i d (Zeven bei Stade), H e x e n r a n k e n (vormals in Nord-Böhmen), H e x e n r o a d e (ibidem und auch im Kuhländchen). – Nach dem Volksglauben verursacht ein Gespenst, die »Drude«, Alpdrücken; der »Drudenfuß« (Pentagramm) dient zur Abwehr: D r u d e n g r a s , D r u d e n k r a u t (vormals in Westböhmen), A l f k r a u t (Spessart). – Der Name Z a n k k r a u t (vormals in Nieder-Schlesien) kommt daher, daß nach einem auch bei den Slowaken bezeugten Glauben der Bärlapp, wenn er in eine Gesellschaft gebracht wird, Zank und Streit hervorrufen soll. – Polnische Volksnamen b a b i m u r , Sw. J a n a p a s , u z e l z a n k a ; tschechische: j e l e n í r ů ž e k (Hirschgeweih), j e l e n í s k o k (Hirschsprung), š p á r e k (Kralle), č e r t ů v s p á r (Teufelskralle), m a ř í n o h a , m e d v ě d í t l a p a (Bärentatze); slowakische: n e t á t a (= ›nicht Vater‹, im Sinne von ›kein Kind‹, in der Volksmedizin als Abortivum und Antikonzeptionsmittel gebraucht).
□ Das Sporenpulver wird bezeichnet als H e x e n m e h l , D r u d e n m e h l , F r a t t p u l v e r (»Frattsein« = Wundsein der kleinen Kinder), S t r e u p u l v e r , S t u p p , N u d e l s t u p p , P i m p e r l i m p u l v e r (ehem. im Riesengebirge), F u e s - , H e i d - , N u d e l m e l c h e n (bergisch), N u d e l m e h l (Oberösterreich), M ü c k e n s t a u b , M o o s p u l v e r usw.

Abb. 7 □ *Lycopodium annotinum* L. Schwarzwald

Bestimmungsschlüssel für die Arten

1 Alle Blätter gezähnt, spitz, ohne Granne; Strobili sitzend, meistens einzeln . . . . 1. *L. annotinum*
1* Die Astblätter ganzrandig, selten undeutlich gezähnt, in eine weiße, mehrere mm lange Granne auslaufend; Strobili meist zu zweit, langgestielt . . . . 2. *L. clavatum*

1. Lycopodium annotinum

Lycopodium annotinum[1] LINNÉ Sp. pl. 1103 (1753). – Syn.: *Lycopodium juniperifolium* LAM. Fl. Fr. **1**: 33 (1778). – *Lepidotis annotina* (L.) PAL. BEAUV. Prodr. Aethéog. 107 (1805). Taf. 11 Fig. 2 nach S. 288. – S c h l a n g e n - B ä r l a p p . – Abb. 1 (4), 7.

Ausdauernde, lebhaft grüne Pflanze; H a u p t s p r o ß am Boden bis mehrere Meter lang schlangenartig kriechend, an der unteren Seite mit gegabelten Adventivwurzeln, an der Oberseite beblättert, entfernt gabelig verzweigt. Im ersten Jahr nur mit einem kurzen, einfachen Aste, in weiteren Jahren mehrere sterile und fertile, aufsteigende, einfache bis 5mal gabelig verzweigte Ä s t e bildend, welche (5–)10–30 cm lang und mit Blättern 10–15 mm dick sind, mit deutlichen Jahrestrieben, welche durch die verschiedene Richtung der abstehenden Frühlings- und Sommerblätter und der anliegenden Spätsommerblätter auffallen. B l ä t t e r (Trophophylle) gleichförmig, am kriechenden Stengel locker, aufwärts gekrümmt, an aufrechten Ästen dicht schraubig, manchmal in 5 scheinbaren Reihen geordnet, zuerst anliegend, später (mit Ausnahme der Spätsommerblätter) abstehend, zuweilen sogar rückwärtsgerichtet, am Grunde schmal herablaufend, auf

[1] annotinus (lat.) = alljährlich; treibt alljährlich neue Sprosse.

stark hervorragenden Blattkissen aufsitzend, lineal-lanzettlich, 5–8(–11) × 1–1,5 mm groß, jung öfters ganzrandig, später gesägt, spitz bis kurz stachelig, ohne haarfeine Granne, mit einem hervorragenden Nerv, beiderseits hellgrün und glänzend. S t r o b i l i nur an einigen Ästen entwickelt, einzeln, sitzend, zylindrisch, oben etwas verschmälert, 20–30 × 3–4 mm, selten bis 40 × 5 mm groß, nach der Sporenreife abfallend. S p o r o p h y l l e am Grunde herzförmig, kurz eiförmig bis länglich-eiförmig, lang zugespitzt, 3 × 3 mm groß, dreimal länger als die Sporangien, weißhäutig berandet, ausgebissen gezähnt bis zerrissen, zuerst hellgelb, später hellbraun, mit der Spitze nach außen gekrümmt. S p o r a n g i e n nierenförmig, mit einer Querspalte über den Scheitel aufspringend. S p o r e n 33–46 µm; Exospor auf der distalen Seite regelmäßig retikulat, die polygonalen Maschen etwa 6½ µm ∅. Strahlen der Tetradenmarke bis nahe zum Rand reichend. – Chromosomenzahl: 2n = 68 (tetraploid). – Sporenreife: VII–IX.

Das Auswärtskrümmen der Sporophylle, durch das bei der Sporenreife die Sporangien freigelegt werden, wird bewirkt durch Eintrocknen eines Wassergewebes, das sich außen am Grunde des Sporophylls befindet.

Vorkommen ☐ Chamaephyt, azidophile Halbschatten- bis Schattenpflanze, Humuswurzler. Häufig in schattig-moosigen, feuchten bis torfigen Hochwäldern, bes. in Nadelwäldern, auch in Birkenbrüchen, außerhalb der Waldbestände an grasig trockenen Stellen, selten auch in Zwischenmooren, in feuchten Heiden, Alpweiden und an bewachsenen Felsen. Auf frischen, nährstoff- und basenarmen, kalkarmen, sauren, torfig-humosen Stein-, Sand- oder Torfböden. – Charakterart der Ordnung Vaccinio-Piceetalia: häufig vergesellschaftet mit *Dicranum scoparium, Pleurozium schreberi, Polytrichum formosum* und *Vaccinium myrtillus*. Meist gesellig in montanen und subalpinen Nadelwäldern, in Fichten- und Fichten-Tannenwäldern, unter Legföhren, seltener in Tannen-Fichten-Buchen-Mischwäldern mit *Luzula sylvatica, Pyrola minor, Moneses uniflora, Homogyne alpina, Soldanella montana, Listera cordata* (z. B. im Kubany-Wald im Böhmerwald), selten auch im Eichen-Hainbuchenwald oder in Erlenbrüchen. In Kalksteingebieten nur auf modernden Baumstöcken und Stämmen. – In Mitteleuropa am häufigsten zwischen 500 und 1800 m, seltener in *Sphagnum*-Mooren und Inversionslagen bis 150 m abwärts (z. B. im Marchtal in der SW-Slowakei), steigt in den Bayerischen Alpen bis 1860 m, in der Schweiz meistens von 1200 bis 1800 m, aber öfters bis 2200 m, einzeln bis über 2830 m (Flitsch), in Tirol bis 2400 m, in den Dolomiten noch bei 2600 m, im Riesengebirge bis 1400 m, im Gesenke bis 1300 m und in der Tatra bis 1650 m.

Allgemeine Verbreitung ☐ Zirkumpolar mit Häufung in den gemäßigten bis kalten Breiten; in den warmen (selten) und warmgemäßigten Zonen besonders im Gebirge. In Europa südwärts bis in die Pyrenäen, Norditalien, Kroatien und Südkarpaten. ☐ Karten: HULTÉN 1962, S. 71; JALAS & SUOMINEN 1972, K. 5.

Arealdiagnose ☐ submerid/montan · ozean$_{1-3}$ – temperat/(montan) – boreal – arkt Circpol.

Florenelement (europäisches Teilareal) ☐ submedit/montan – südsubatlant – sarmat – nordeurop – lappon.

Verbreitung im Gebiet ☐ Verbreitet durch ganz Deutschland (auf den Nordseeinseln, früher auf Norderney und Juist), vor allem in bergigen Gebieten, stellenweise häufig, nur in niederen Lagen selten (Rheinebene, Sachsen, Brandenburg, Bayern); in der Schweiz verbreitet, in höheren Lagen häufig, jedoch in den südlichen Ketten des Wallis fehlend oder selten, im Engadin und Tessin zerstreut; in Österreich zerstreut bis häufig, fehlt im Burgenland; in Slowenien mit Ausnahme von Inner-Krain und Istrien ziemlich verbreitet. In der Tschechoslowakei und Polen zerstreut, in den Bergwäldern meist häufiger, in der Ebene stellenweise fehlend.

Variabilität der Art ☐ Die Art ist in Mitteleuropa sehr wenig veränderlich, tritt nur in der typischen subsp. *annotinum* auf, mit einigen systematisch fast wertlosen Formen, welche nur durch Einwirkung von Standortsfaktoren bedingt sind (Ökomorphosen) oder Fluktuationsvarianten darstellen.

2. Lycopodium clavatum

Lycopodium clavatum[1] LINNÉ Sp. pl. 1101 (1753). – Syn.: *Lepidotis clavata* (L.) PAL. BEAUV. Prodr. Aethéog. 108 (1805). – *Lycopodium officinale* NECK. Meth. Musc. 150 (1771). – *Lycopodium vulgare* DILL. Hist. Musc. reimpr. 471 (1811). – K e u l e n - B ä r l a p p . – Taf. 11 Fig. 3 nach S. 288. – Abb. 1 (1–3), 8, 9, 10.

Ausdauernd, lebhaft grün oder gelbgrün; H a u p t - a c h s e n s y s t e m weithin (bis 4 m) auf der Bodenoberfläche kriechend, in Abständen wurzelnd, dicht beblättert, sparsam gabelig verzweigt, mit aufrechten oder am Grunde aufsteigenden, 5–15 (–30) cm hohen, oft wiederholt verzweigten Ä s t e n , manchmal mit Jahrestrieben, die durch die kleineren, gezähnten Frühlingsblätter abgrenzbar sind. B l ä t t e r (Trophophylle) dicht schraubig, zuweilen in einigen scheinbaren senkrechten Reihen gestellt, am kriechenden Stengel aufwärtsgekrümmt und undeutlich gezähnt, an den senkrechten Ästen aufrecht, ganz-

---

[1] clava (lat.) = Keule; nach der Gestalt der Strobili.

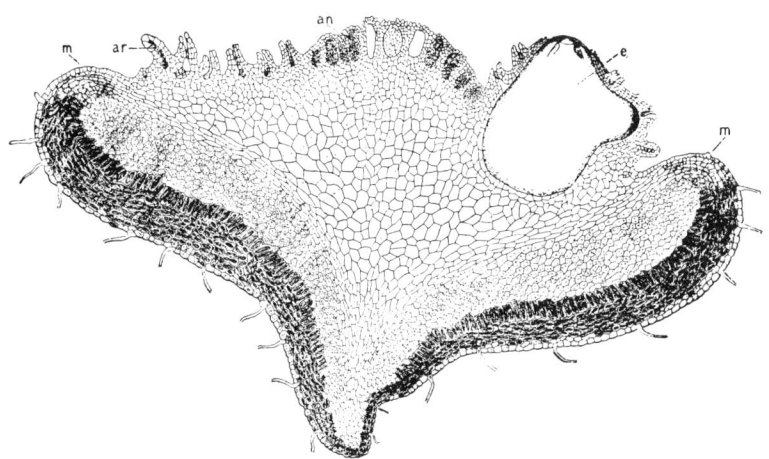

Abb. 8 □ *Lycopodium clavatum* L. Prothallium im Längsschnitt, vergr. (nach EAMES 1936, dort nach BRUCHMANN)

Abb. 9 □ *Lycopodium clavatum* L. Schwarzwald

randig, schwach bogig aufwärtsgekrümmt, anliegend (bes. die unteren) ringsum stehend, 3–4 × 1 mm groß, in eine haarfeine, ungefähr ebenso lange, farblose, zuletzt gekräuselte, zuweilen abfallende Granne zugespitzt. S t r o b i l i zu 2 (seltener einzeln oder zu 3–5), 30–60 × 3–4 mm groß, zylindrisch, oben nicht verschmälert, von einem 5–10 (–18) cm langen, mit feingezähnten, gelbgrünen, den Laubblättern ganz ähnlichen, öfters quirlig gestellten Hochblättern locker besetzten Stiele getragen; Strobili mit ihren Stielen nach der Sporenreife abfallend. S p o r o p h y l l e dachziegelartig sich deckend, dicht schraubig oder in scheinbaren Quirlen oder in 8 senkrechten Reihen gestellt, eiförmig, spitz, 3–5 × 1,5–2 mm groß, zweimal länger als die Sporangien, am Rücken keilig, gelbgrün, später hellgelb, weißhäutig gerandet, gezähnt, in eine 2–3 mm lange Haarspitze auslaufend. S p o r a n g i e n kugelig-nierenförmig, hell ockergelb (Abb. 2, 5). Am Ende der Seitenzweige des Hauptsprosses entwickeln sich zuweilen B r u t k n o s p e n (Bulbillen), welche im nächsten Frühling keimen. – An ökologisch zusagenden Stellen bildet eine Pflanze bis zu mehreren Quadratmetern große Bestände. – Chromosomenzahl: 2n = 68. – Sporenreife: VI–VIII.

Vorkommen □ Chamaephyt. Azidophile, mehr Licht- als Schattenpflanze. Vor allem in grasigen Heiden, Genistion-Verbandscharakterart, seltener in lichten Wäldern, auf Waldschlägen oder an strauchigen Berghängen. – Auf frischen, mäßig trockenen, nährstoff- und basenarmen (kalkarmen), sauren, torfig-humosen, kieselhaltigen, sandig-steinigen Lehm- und Lettenböden, auch auf Torf und Sand in Gesellschaften mit *Calluna vulgaris* oder *Vaccinium*-Arten, seltener im Piceetum subalpinum mit *Melampyrum sylvaticum, Polygala chamaebuxus* und *Scorzonera humilis;* in subalpinen Matten mit *Juniperus communis* subsp. *nana,* in Bergwiesen und Weiden (Nardeten, Vaccinio-Calluneten) mit *Campanula barbata, Danthonia decumbens* und *Festuca rubra.* In Nordostdeutschland auch auf Sanddünen oder in *Erica-*

Heiden. Verbreitet meist in der Berg- und Voralpenstufe, im Riesengebirge bis 1470 m, im Gesenke bis 1300 m, im Böhmerwald bis 1100 m, in den Bayerischen Alpen bis 1700 m, in der Schweiz bis 2300 m (Wallis), in den Vogesen bis 1300 m, in Österreich in der Steiermark bis 1760 m, in Tirol bis 2000 m und im Tatragebirge bis 1450 m.

Allgemeine Verbreitung ☐ Zirkumpolar in den Gebirgen der warmen (selten) und der warmgemäßigten Zone, Hauptverbreitung in der gemäßigten und kühlen Zone bei vorwiegend ozeanisch-subkontinentaler Bindung. In ganz Europa und Westasien mit Ausnahme der Steppengebiete und der immergrünen Region des Mittelmeergebietes verbreitet; südwärts bis Zentralspanien, Norditalien, Rumänien und zum Kaukasus. In vielen Gebirgsgegenden der Tropen und der Südhalbkugel durch nahe verwandte Sippen vertreten.

☐ Karten: HULTÉN 1962, S. 41; JALAS & SUOMINEN 1972, Karte 6.

Arealdiagnose ☐ (merid)/montan – submerid/montan – temperat – boreal · (ozean$_{1-3}$) Circpol.

Florenelement (europäisches Teilareal) ☐ submedit/montan – mittel – nordeurop.

Verbreitung im Gebiet ☐ Vom Tiefland bis in die alpine Vegetationsstufe, vom Norden (Ostfriesische Inseln: Norderney) bis an die Grenze der Mediterranflora. – In Belgien, Holland und Westdeutschland seit den letzten Dezennien schwindend, in Bergwäldern kalkarmer Gebiete häufig. In der Schweiz zerstreut und nicht häufig, in den südlichen Ketten des Wallis fehlend. Fehlt in trockenen Gebieten, z. B. in den Ungarischen und Slowakischen Tiefebenen, in Inner-Krain und in Istrien.

Variabilität der Art ☐ Die Art ist sehr wenig veränderlich. Die mitteleuropäischen Formen gehören zur typischen subsp. *clavatum* mit grünen, aufrechten oder abstehenden, ganzrandigen, lang begrannten Blättern und lang gestielten Strobili. In Nordeuropa

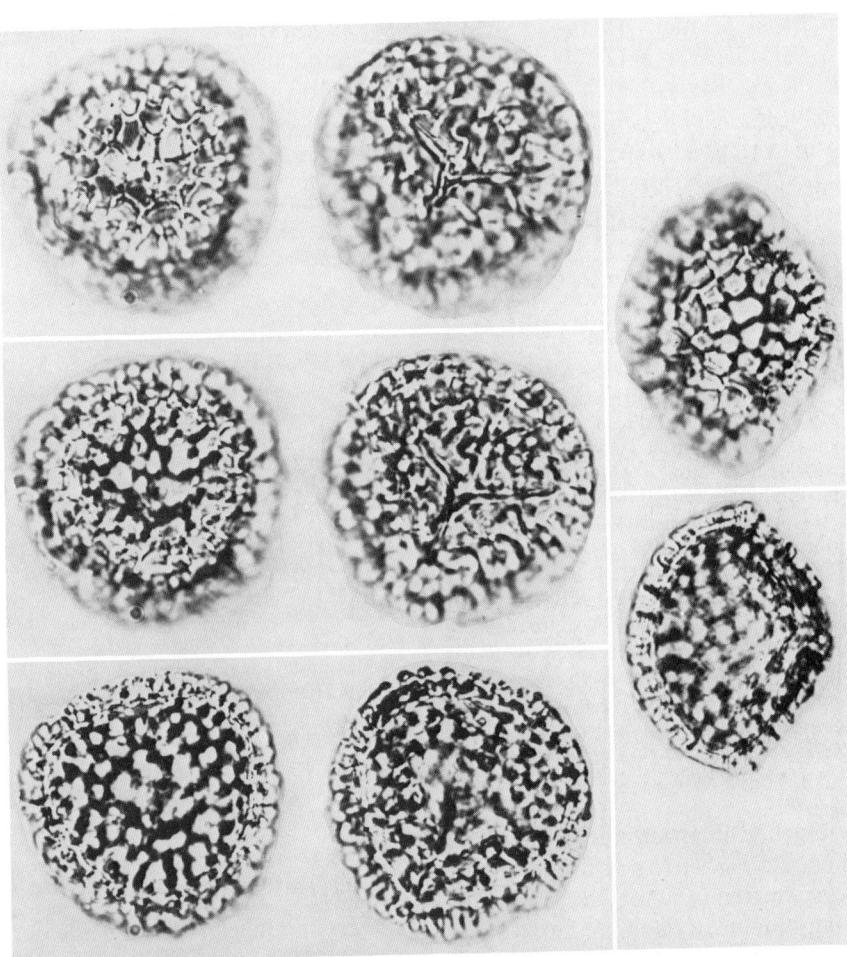

Abb. 10 ☐ *Lycopodium clavatum* L. Sporen (× 1000) ☐ *Linke Reihe* Ansicht vom distalen Pol ☐ *Mittlere Reihe* Ansicht vom proximalen Pol (mit Tetradenmarke), jeweils *oben* hohe, *Mitte* etwas tiefere, *unten* noch tiefere Einstellung ☐ *Rechte Reihe* Aequatoransicht, *oben* hohe, *unten* tiefe Einstellung (Original STRAKA)

und in der alpinen Zone der Alpen (Gurktaler Alpen und Tauern) und Karpaten (Hohe Tatra) wächst eine arktisch-alpine, zuweilen als Art betrachtete Sippe, *L. lagopus* (LAEST. in HARTM.) ZINZERL. ex KUZENEVA, Fl. Murmansk. Obl. **1**: 80, 1953 (Basion.: *L. clavatum* L. f. *lagopus* LAEST. in C. HARTMAN Handb. Skand. Fl., ed. 7: 313, 1838), die sich von *L. clavatum* L. vor allem durch die kurzen, sitzenden oder ganz kurz gestielten einzelnen Strobili sowie durch dicht angedrückte, kürzere und weniger gezähnte Blätter unterscheidet (s. H. TEPPNER: *Lycopodium lagopus* – neu für die Ostalpen, Mitt. naturw. Ver. Steierm. **105**: 172–178, 1975; nach ihm als Unterart als ssp. *monostachyum* (HOOK. & GREV.) SOL. zu bezeichnen). Diese Form wäre wohl am besten als Subspecies zu betrachten (s. H. MELZER, Mitt. Naturwissensch. Ver. Steiermark **110**: 117–118, 1980); die erforderliche nomenklatorische Neukombination ist noch nicht veröffentlicht. SOJÁK, J. 1981: Časopis Národního Musea Praha **150**: 121–123, bezeichnete sie als *L. clavatum* L. subsp. *monostachyon* (HOOK. & GREV.) SOLAND. In der alpinen Zone der mitteleuropäischen Hochgebirge ist die habituell ähnliche f. *appressum* DOMIN verbreitet. Alle anderen beschriebenen Formen haben systematisch keinen Wert.

4. Diphasiastrum

Diphasiastrum HOLUB Preslia **47**: 104 (1975). – Syn.: *Diphasium*[1] C. B. PRESL Botan. Bemerk. Abh. Böhm. Ges. Wiss. ser. 5, **3**: 153 (1844), emend. ROTHMALER Fedde Rep. **54**: 64 (1944), p. p. – *Lycopodium* L. subgen. *Diphasium* BAKER Fern Allies 22 (1887). – F l a c h b ä r l a p p. Holl.: kleine wolfsklauw, dän.: flad ulvefold; slow.: lisič; tschech.: plavuník; poln.: widłak; russ.: плаун (plaun).

Typus-Art: *Lycopodium complanatum* L. (1753).

Wichtige Literatur □ DAMBOLDT, J. 1963: Zur Kenntnis der Flachen Bärlappe in Bayern. Ber. Bayer. Bot. Ges. **36**: 25–28. – DOMIN, K. 1938: On *Lycopodium issleri* ROUY in Czechoslovakia and on the variability of our Lycopodia of the sect. *Heterophylla* SPRING. Rozpr. Čes. Akad. **47/19**: 1–28; Bull. Acad. Tchèque Sci., Cl. math.-nat. **38**: 131. – HOLUB, J. 1975: *Diphasiastrum*, a new genus in Lycopodiaceae. Preslia **47**: 97–110. – KUBÁT, K. 1974: *Diphasium issleri* (ROUY) HOLUB a *D. tristachyum* (PURSH) ROTHMALER v Čechách a bna Moravě. Preslia **46**: 310–318. – KUKKONEN, I. 1967: Studies on the variability of *Diphasium* (*Lycopodium*) *complanatum*. Ann. Bot. Fenn. **4**: 441–470. – PACYNA, A. 1972: Biometrics and taxonomy of the Polish species of the genus *Diphasium* PRESL. Fragm. Florist. Geobot. **18**: 255–297. – RAUSCHERT, S. 1967: Taxonomie und Chorologie der *Diphasium*-Arten Deutschlands (Lycopodiaceae). Hercynia **4/4**: 439–487. – ROTHMALER, W. 1962: Pteridophytenstudien I; Fedde Rep. **54**: 55–82 (1944); **64**: 234–236. – WILCE, J. 1965: Section *Complanata* of the genus *Lycopodium*. Nova Hedwigia Beih. **19**: 1–233.

Ausdauernde, immergrüne Pflanzen mit ober- oder unterirdisch kriechendem H a u p t s p r o ß und vertikalen, dichotom verzweigten Ästen. Die gabeligen aufrechten Äste übergipfelnd, sympodial verzwegt, mit vielen, von herablaufenden Blättern geflügelten, sterilen Seitenästen. B l ä t t e r schuppenartig, eiförmig bis schmal lanzettlich, entweder dicht schraubig und gleich groß oder (an den Seitenzweigen) dekussiert und dann Seitenblätter größer, herablaufend, Dorsal- und Ventralblätter kleiner, nicht herablaufend. F e r t i l e Ä s t e mit sitzenden oder gestielten S t r o b i l i, von den sterilen Ästen deutlich abgesetzt. S p o r o p h y l l e aus herzeiförmigem Grund in eine lanzettliche Spitze verschmälert, zerrissen gezähnt, öfters trockenhäutig berandet. Sporangien nierenförmig bis fast kugelförmig, sehr kurz gestielt, am Scheitel mit einer Querspalte sich öffnend. S p o r e n mit netzartigem Exospor. Prothallium unterirdisch, rübenförmig, heterotroph. – An stark beschatteten Stellen bilden die Arten dieser Gattung oft auffällige Schattenformen mit lang auswachsenden Sprossen und nadelförmigen, abstehenden, längeren, spärlichen Blättern; diese Formen sind stets steril und erinnern an Jugendformen einiger Cupressaceen (»*Retinospora*«). Die einwandfreie Bestimmung ist deshalb auch nur an fertilen Exemplaren möglich. – Chromosomenzahl: $n = 23$; $2n = 46$, u. a. (?).

Artenzahl und Verbreitung □ Die Gattung, von fast kosmopolitischer Verbreitung, enthält ca. 20 Arten, vom arktischen Sibirien und von Kanada bis Südamerika, Südafrika, Australien, Neuseeland und Neuguinea. Alle tropischen Arten wachsen nur in Gebirgen, in Südasien bis 4500 m ü. M.

Ökologie □ Ökologisch gehören sie zu den azidophilen Pflanzen, verlangen humose, genug durchlüftete Böden im Halbschatten, in lichten Nadel- oder nicht zu dichten Mischwäldern, im Gebirge auch in offenen Pflanzengesellschaften.

Systematik □ Die Gattung *Diphasiastrum* nach ROTHMALERS Begrenzung ist taxonomisch sehr heterogen. Die europäischen Arten gehören zur Sektion *Lycopodium* sect. *Complanata* (VICTORIN 1925). Die systematische Stellung mancher tropischer Arten (*Lycopodium scariosum* FORST.) und Arten der Südhalbkugel (*L. volubile* FORST., *L. casuarinoides* SPRING) ist bisher nicht geklärt. Kreuzungen zwischen Arten der Gattung *Diphasiastrum* wird von einigen Autoren für möglich gehalten, und von europäischen Taxa werden *D. issleri*, *D. zeilleri* und *D. kablikianum* als wahrscheinliche Bastarde angeführt [aus Nordamerika nennt Frau WILCE 3 weitere Hybriden], aber daß es sich um primäre Bastarde handelt, erscheint manchen zweifelhaft, da die Lebensweise der Gametophyten eine Bildung von Hybriden erschwert (siehe auch ROTHMALER 1962, RAUSCHERT 1967).

Bestimmungsschlüssel für die Arten

1 Strobili ungestielt, am Ende der Äste sitzend oder sehr selten kurz gestielt 2
1* Strobili auf langen, sehr locker beblätterten Stielen einzeln bis je 3–5 zusammen 4
2 Sterile Äste vierkantig, nicht abgeflacht; Ventral-

---

[1] di (griech.) δίς = zweimal, phásis (gr.) φάσις = Anblick, Erscheinung, Habitus; hinsichtlich der flachen, zweireihig beblätterten Sprosse.

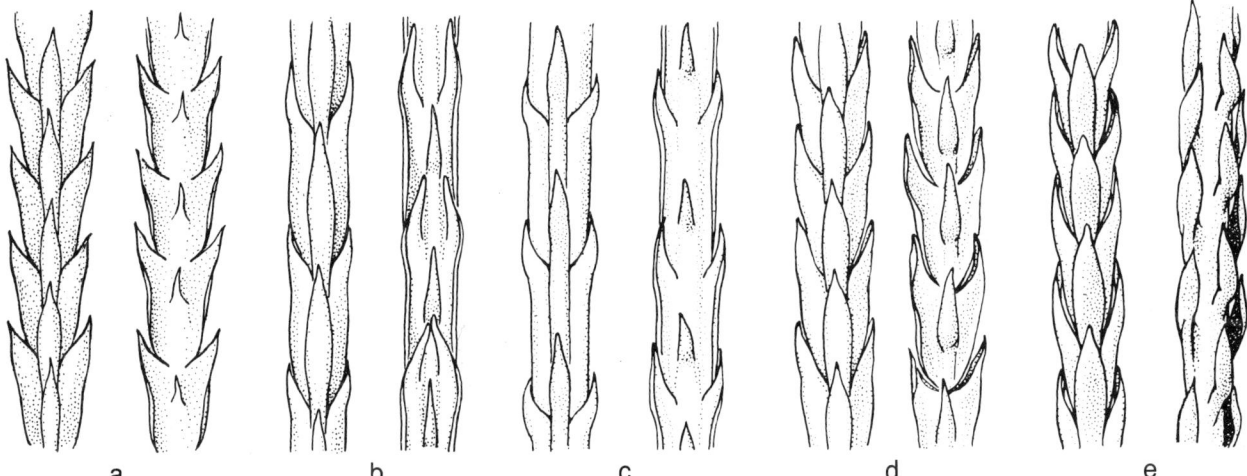

Abb. 11 □ *Diphasiastrum* spp. Vegetative Triebe verschiedener Arten, jeweils von *oben (links)* und von *unten (rechts)*, alle etwa 8 × vergr. □ a *D. complanatum* (L.) Holub □ b *D. tristachyum* (Pursh) Holub □ c *D. zeilleri* (Rouy) Holub □ d *D. issleri* (Rouy) Holub □ e *D. alpinum* (L.) Holub (Original Heitz/Bousani)

blätter der sterilen Äste deutlich in einen stiel- und einen spreitenähnlichen Teil gegliedert, Stiel fast rechtwinklig vom Stengel abstehend, mit ei-lanzettlicher bis eirhombischer Spreite, diese mit dem Stiel einen deutlichen Winkel bildend; Seitenblätter stark ventralwärts umgebogen, asymmetrisch; Dorsalblätter und Ventralblätter von gleicher Größe; Strobili ungestielt, 10–16 mm lang .... 6. *D. alpinum*
2* Sterile Äste flach vierkantig bis deutlich abgeflacht, ihre Ventralblätter ungestielt, am Grunde am breitesten, nicht gekniet, ± anliegend; Seitenblätter nicht oder kaum umgebogen, ± symmetrisch 3
3 Sterile Äste flach vierkantig oder sehr schwach abgeflacht; Lateralblätter sichelförmig abstehend, ihr herablaufender Teil (Achsenflügel) 2–3mal länger, am Rücken scharfkielig; Ventralblätter sitzend, anliegend oder schwach abstehend, relativ groß, lanzettlich, etwa ⅓ so breit wie die geflügelte Sproßachse, 1,5–2 mm lang; Strobili meist ungestielt, gelegentlich mit bis 2,5 cm langem Stiel .... 5. *D. issleri*
3* Sterile Äste stark abgeflacht, Seitenblätter flach, am Rücken mit hohem, scharfkantigem Kiel, breit und lang herablaufend, so daß die Sprosse 2,5–4 mm breit sind; Ventralblätter sehr klein, 0,5–1 mm lang, etwa ⅙ so breit wie die geflügelte Sproßachse; Strobili ungestielt ....
.... 3. *D. kablikianum*
4 Oberirdische Sprosse stark abgeflacht, 1,5–3 (–4) mm breit, oberseits grasgrün, unterseits gelblichgrün, aus langen, fächerförmig angeordneten Ästen mit spreizenden Endverzweigungen gebildet; Seitenblätter deutlich abstehend, Ventralblätter sehr klein, Dorsalblätter schmäler als die Seitenblätter; Strobili langgestielt, Stiel oben 1–2mal dichotom verzweigt; Hauptsproß oberirdisch oder flach unterirdisch ....
.... 1. *D. complanatum*
4* Oberirdische Sprosse oberseits graugrün, unterseits bereift, dicht büschelig angeordnete Äste bildend, sterile Äste vierkantig oder schwach abgeflacht, 1–2 mm breit; Seitenblätter anliegend, Rückenkiel scharf oder abgerundet, Dorsalblätter ebenso breit wie die Seitenblätter; Ventralblätter größer, breit-lanzettlich, ½–¼ so breit wie der schmäler geflügelte Sproß; Mitteltrieb durch Strobili abgeschlossen; Hauptsproß 3–15 cm tief im Boden, chlorophyllfrei 5
5 Oberirdische Sprosse schmal, ± 1,5 mm breit, rund-vierkantig, fast isophyll, oberseits dunkelgraugrün, unterseits deutlich bereift, aus dichten Astbüscheln mit relativ kurzen Internodien und mit fast parallelen Endverzweigungen gebildet, die Ventralansicht fast gleich aussehend wie die Dorsalansicht, fast abgerundet; Seitenblätter schmal, dem Sproß anliegend, am Rücken stumpf abgerundet, Dorsalblätter lanzettlich, breiter als die Seitenblätter; Ventralblätter groß, ⅓ so breit wie die schmalgeflügelte Sproßachse; Strobili langgestielt, Stiele oben 2–3mal dichotom verzweigt .... 2. *D. tristachyum*
5* Oberirdische Sprosse etwas abgeflacht, 1,7–2,4 mm breit, aus lockeren, großen Astbüscheln gebildet, mit relativ langen Internodien,

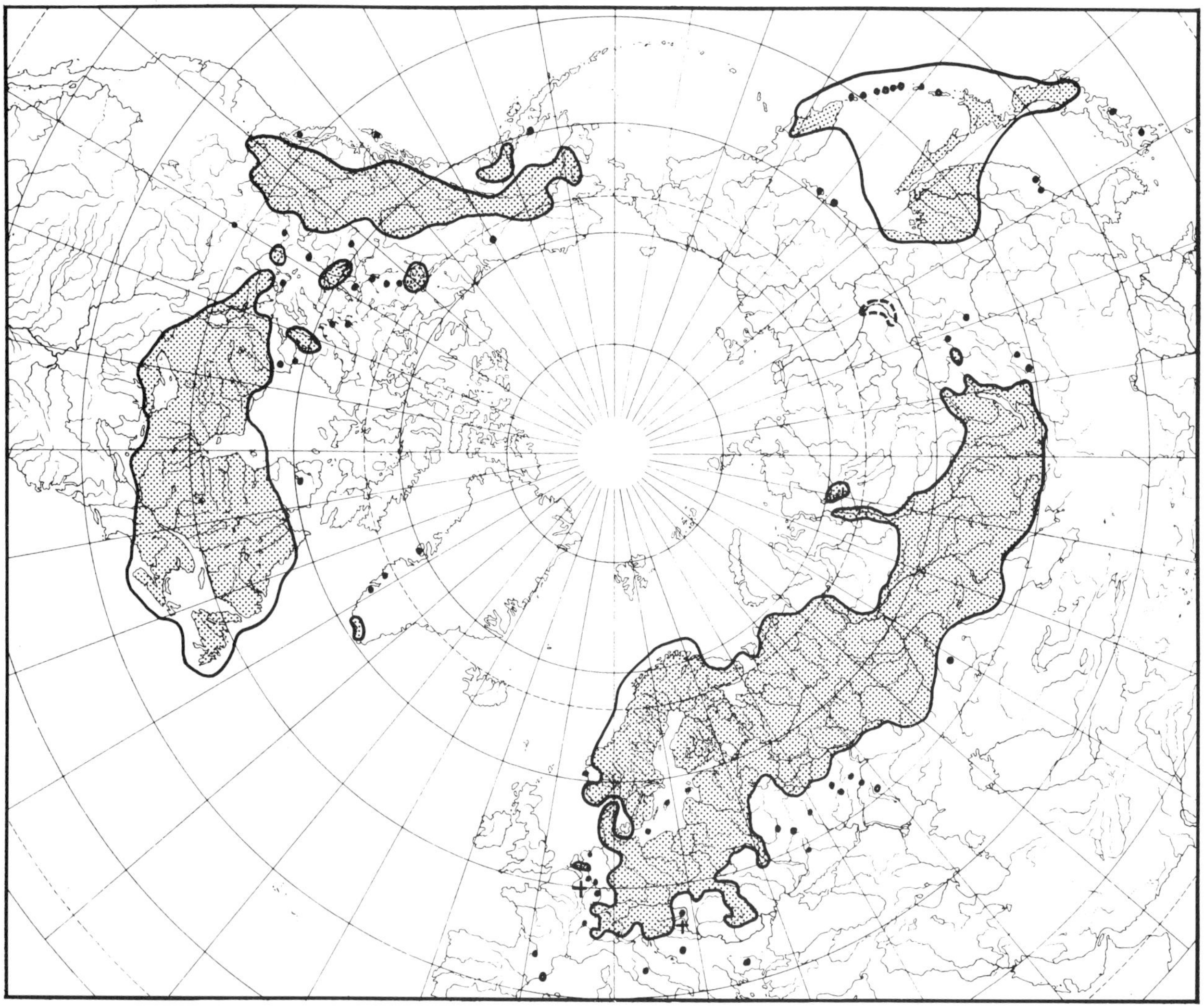

Abb. 12 □ *Diphasiastrum complanatum* (L.) HOLUB. Verbreitungskarte (nach HULTÉN 1962, verändert)

oberseits dunkelgrün, unterseits unbereift, deutlich anisophyll und dorsiventral verschieden; Seitenblätter locker anliegend, am Rücken mit scharfkantigem Kiel, Dorsalblätter schmal-lanzettlich bis fast lineal, etwa so breit wie Seitenblätter; Ventralblätter relativ klein, ¼ so breit wie die geflügelte Sproßachse; Strobili langgestielt, oben meist 2mal dichotom verzweigt . . . .
. . . . 4. *D. zeilleri*

1. Diphasiastrum complanatum

Diphasiastrum complanatum[1] (L.) HOLUB Preslia **47**: 108 (1975). – Basion.: *Lycopodium complanatum* LINNÉ Sp. pl. 1104 (1753), emend. PURSH (1814), A. BRAUN (1837) & auct. plur., non emend. WALLROTH (1841). – Syn.: *Lycopodium anceps* WALLR. Linnaea **14**: 676 (1841), non C. B. PRESL (1830). – *Diphasium wallrothii* H. P. FUCHS Acta Bot. Hungar. **9**: 13 (1963). – *Lycopodium complanatum* L. var. *anceps* (WALLR.) ASCHERS. Fl. Brandenb. **1**: 894 (1864). – *Lycopodium complanatum* L. subsp. *anceps* (WALLR.) ASCHERS. in ASCHERS. et GRAEBN. Syn. **1**: 155 (1896). – *Lycopodium complanatum* L. [var.] α *flabellatum* DÖLL Fl. Baden **1**: 79 (1857). – *Diphasium complanatum* (L.) ROTHMALER Fedde Rep. **54**: 64 (1944). – *Diphasium anceps* Á. et DORIS LÖVE Nucleus **1**: 1 (1958), nom. illegit. – G e m e i n e r F l a c h b ä r l a p p. – Taf. 11 Fig. 5 nach S. 288. – Abb. 1 (6), 11 a, 12–15.

Immergrüne Staude; H a u p t s p r o ß flach unterir-

---

[1] complanatus (lat.) = abgeflacht

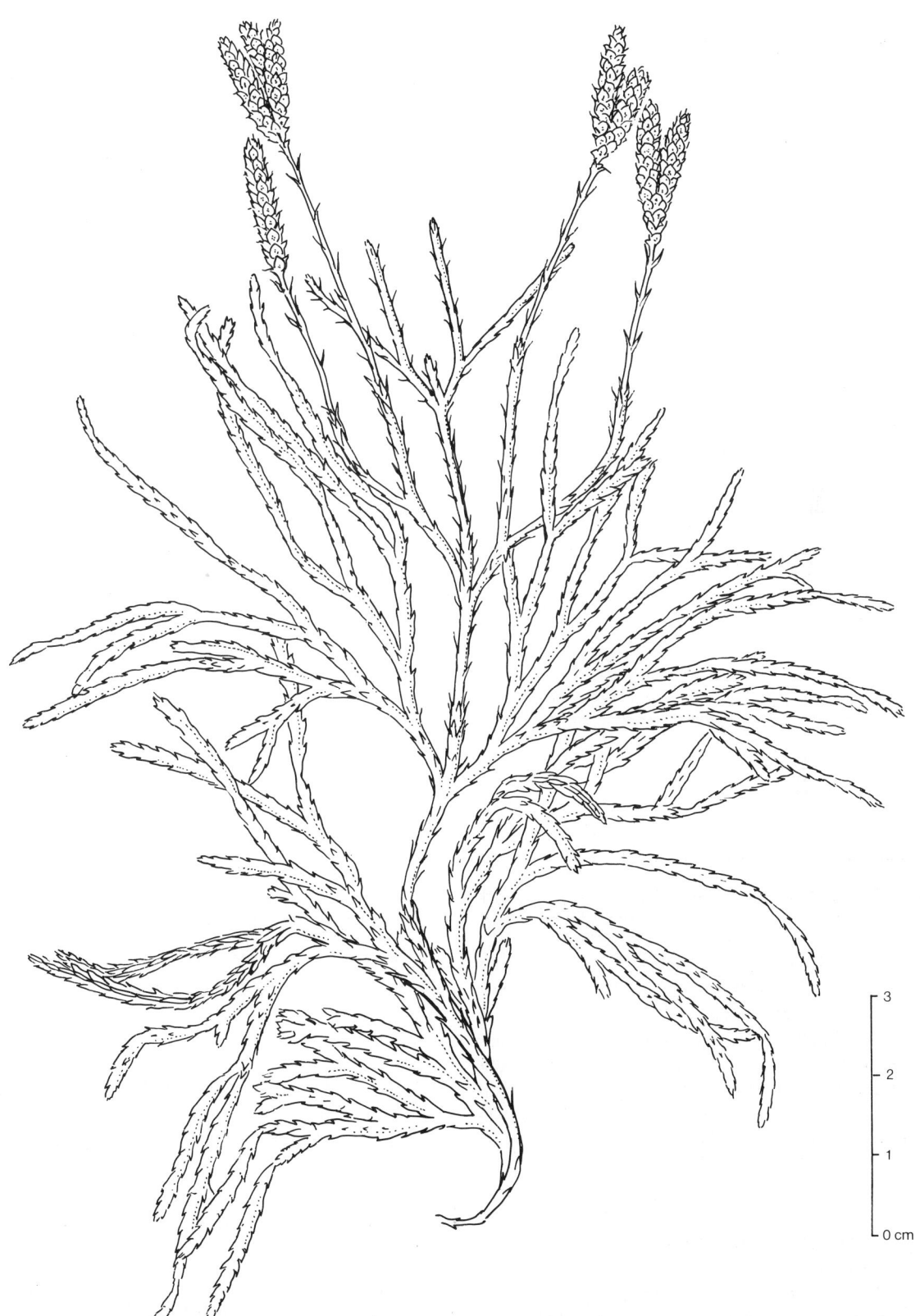

Abb. 13 □ *Diphasiastrum complanatum* (L.) Holub. Fertiler Sproß
(Original Heitz/Bousani)

Tafel 1 □ Erklärung der Figuren

Links □ *Asplenium cuneifolium* VIV.
Mitte □ *Asplenium onopteris* L.

Rechts □ *Asplenium adiantum-nigrum* L.
(Original C. M. BÄNZIGER)

disch, seltener streckenweise oberirdisch kriechend, wurzelnd, beblättert; vertikale oberirdische Seitentriebe 10–40 cm hoch, grasgrün bis gelblichgrün, nie bereift, aus langen, sparrig fächerförmig angeordneten Ästen mit divergierenden Endverzweigungen gebildet; sterile S e i t e n ä s t e sehr stark anisophyll, stark flachgedrückt, mit Blättern 2,5–3,5 (–4) mm breit, unterseits fast flach, oberseits schwach konvex; S e i t e n b l ä t t e r abstehend, gerade oder mit der Spitze einwärtsgekrümmt, adaxiale Blattfläche auf eine sehr schmale, tiefe Rinne reduziert, am Rücken mit scharfem Kiel, sehr lang und breit herablaufend, die freie Spitze 3–5mal kürzer als die herablaufenden Flügel; D o r s a l b l ä t t e r lineal-lanzettlich, schmäler als die Seitenblätter; V e n t r a l b l ä t t e r sehr klein, sitzend, dreieckig, am Grunde am breitesten, flach anliegend, 0,5 mm breit, 1,5–2 mm lang, 3–5mal kürzer als die Internodien; S t r o b i l i 2–3 cm lang, zu 2–4 (–6) auf langen, sehr locker beblätterten diesjährigen Stielen, nur auf den stärkeren Seitentrieben des Sproßbüschels entwickelt, der stets sterile Mitteltrieb dagegen unbegrenzt weiterwachsend; S p o r o p h y l l e breit eiförmig, plötzlich in eine kurze Spitze verschmälert. Sporen 30–38 µm, in Polansicht rund; Exospor auf der distalen Seite retikulat, Maschen 5- oder 6-eckig, etwa 3½ µm ∅; Tetradenmarken-Strahlen bis zum Rand. – Chromosomenzahl: $2n = 46$ (22, 44?). – Sporenreife: VII.

Vorkommen □ Chamaephyt; säureliebend, Rohhumuswurzler, Halbschattenpflanze. In lichten bis halbschattigen Kiefern-, auch Fichten- und Mischwäldern, an Waldwegrändern und auf Heiden. Auf Urgestein oder Sand, auf mäßig frischen bis mäßig trockenen, nährstoff- und basenarmen, sauren, torfig-humosen Lehmböden oder auf sandig-steinigen bis reinen Sandböden. – Verbandscharakterart des Dicrano-Pinion, wächst aber auch in anderen Gesellschaften der Vaccinio-Piceetalia. Von den Niederungen bis in die subalpine Vegetationsstufe, in den Alpentälern bis 1860 m, im Tatra-Gebirge bis 1068 m.

Allgemeine Verbreitung □ Zirkumpolar in den gemäßigten bis kühlen Zonen mit schwacher subozeanisch-subkontinentaler Häufungstendenz. – Mittel- und Nordeuropa vom Polarkreis bis Norditalien und in die Gebirge der Balkanhalbinsel, westlich bis ins Rheingebiet (Angaben von den Britischen Inseln sind zweifelhaft), östlich bis Nordwestrußland (Wolgagebiet); Nordamerika von 40° n. B. bis zum Polarkreis, Alaska, Japan und Ostsibirien.
□ Karten: JALAS & SUOMINEN 1972, Karte 7.

Abb. 14 □ *Diphasiastrum complanatum* (L.) HOLUB. Bayerischer Wald

Arealdiagnose □ (submerid/altomontan · ozean$_{(1)-2}$Euras) – temperat – boreal (ozean$_{(1)-3}$)Circpol.

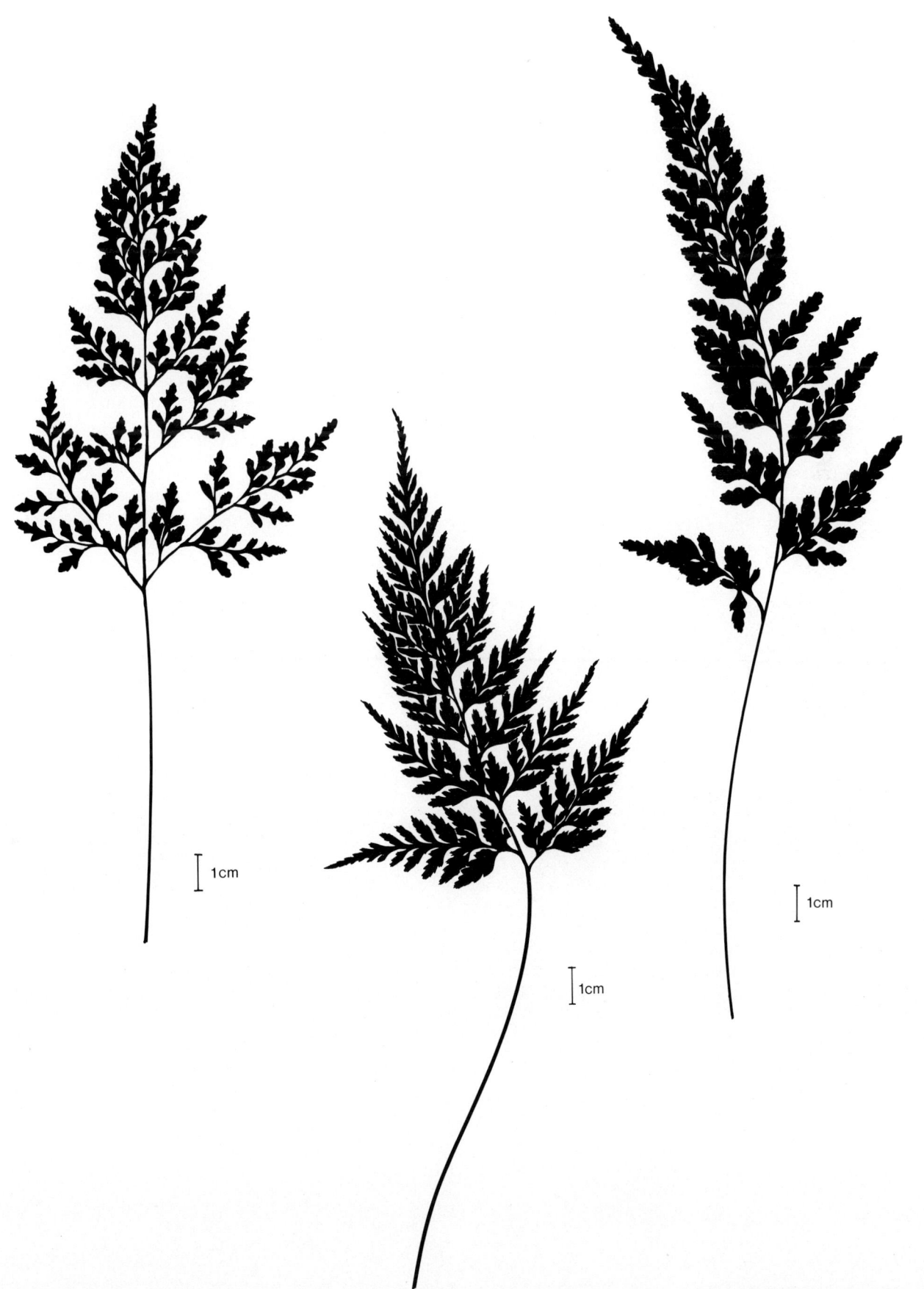

Tafel 1

Abb. 15 □ *Diphasiastrum complanatum* (L.) Holub. Bayerischer Wald

Florenelement (europäisches Teilareal) □ (submedit/altomontan) – mittel – ostalpisch – carpat – hercyn – rhenan – juet – balt – sarmat – nordeurop.

Verbreitung im Gebiet □ In ganz Mitteleuropa zerstreut; verbreitet im ganzen Alpengebiet, im Osten häufiger als im Westen. In Deutschland von Nordosten bis zur Pfalz und zum Bodenseegebiet; Schleswig-Holstein (Bissee-Diek bei Kiel); Oberrheingebiet, in der Pfalz und Hessen (Darmstadt, Neustadt a. d. H.), Nordschwarzwald (meist über Buntsandstein, fast überall erloschen), in Württemberg selten, in Bayern zerstreut, Frankenwald, Bayerischer Wald (Wiesenfelden, Geraszell, zwischen Regenhütte und Ludwigstal), Oberpfälzerwald bei Tännesberg und Weidmes, Thüringen (im Thüringer Wald verbreitet, im Hügelland selten), Harz, sehr zerstreut in Sachsen-Anhalt und Brandenburg. – In der Schweiz selten und Fundorte im Mittelland am Erlöschen. Heute mit Sicherheit noch im Engadin, im Bergell und im Puschlav. Ältere Angaben aus dem Vorder- und Hinterrheingebiet, aus Mittelbünden und dem Münstertal sind zu bestätigen, da sie oft auf einer Verwechslung mit *D. issleri* beruhen dürften. – In Österreich: Vorarlberg (Nob am Freschen, Göfnerwald, Valduna); in den österreichischen Alpen verbreitet. In Slowenien zerstreut, fehlt in Inner-Krain und Istrien. – In der Tschechoslowakei: Böhmen (selten in den Randgebirgen, in Mittelböhmen sehr selten im Brdy-Gebirge, im Moldau-Tal, Eisengebirge = Železné hory bei Čáslav); Mähren (Beskiden, Weißkarpaten); Slowakei (sehr zerstreut in der westlichen, häufiger in der mittleren Slowakei zwischen Tatra-Gebirge und Košice). – In Polen zerstreut.

Volksnamen □ Nach den am Boden kriechenden Sprossen heißt die Art in der Oberlausitz K r e u c h a u s ; Mutterkraut (Posen) bezieht sich vielleicht auf eine äußerliche Ähnlichkeit mit *Juniperus sabina*. Aus Kärnten werden die Benennungen K r a h - f u ß , J ä g e r k r a u t angegeben.

2. Diphasiastrum tristachyum

Diphasiastrum tristachyum[1] (Pursh) Holub Preslia **47:** 108 (1975). – Basion.: *Lycopodium tristachyum* Pursh Fl. Amer. Sept. **2:** 653 (1814), non Nutt. (1818). – Syn.: *Lycopodium chamaecyparissus* A. Braun in Mutel Fl. France **4:** 192 (1837). – *Lycopodium complanatum* sensu Wallr. Linnaea **14:** 676 (1840), H. P. Fuchs in Janchen Catal. Fl. Austr. **1 (1):** 62 (1956), non Linné (1753). – *Lycopodium complanatum* β *sabinaefolium* Rupr. Beitr. Pflanzenk. Russ. Reich **3:** 30 (1845). – *Lycopodium complanatum* L. var. *chamaecyparissus* (A. Braun) Döll Fl. Baden **1:** 80 (1855). – *Lycopodium complanatum* L. subsp. *chamaecyparissus* (A. Braun) Čelak. Prodr. Fl. Böhm. **1:** 14 (1867). – *Lycopodium complanatum* L. subsp. *tristachyum* (Pursh) Dost. Kv. ČSR: 6 (1950). – *Diphasium thyoides* sensu O. Schwarz Mitt. Thür. Bot. Ges. **1:** 84 (1949), non *L. thyoides* sensu orig. Humb. et Bonpl. (1810). – *Diphasium tristachyum* (Pursh) Rothmaler in Fedde Rep. **54:** 65 (1944) (»*tristachyon*«). – *Diphasium cha-*

Abb. 16 □ *Diphasiastrum tristachyum* (L.) Holub. Bei Königsfeld, Ostschwarzwald

---

[1] tri (griech.) τρί- = drei; stachys (griech.) στάχυς = Ähre; Strobili öfter zu 3 auf dem Stiel.

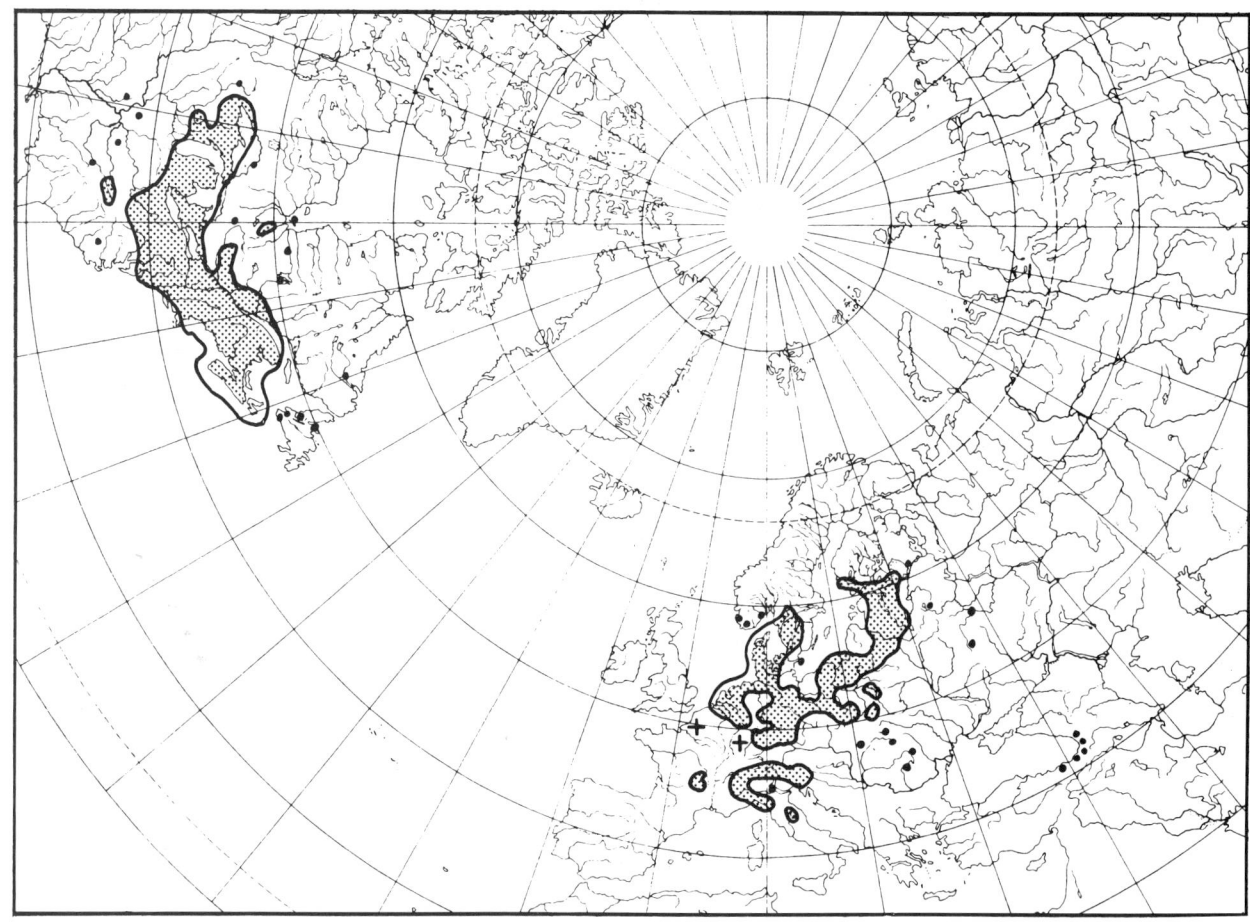

Abb. 17 □ *Diphasiastrum tristachyum* (Pursh) Holub. Verbreitungskarte (nach Hultén 1958, verändert)

maecyparissus (A. Braun) Á et D. Löve Bot. Notis. 114: 34 (1961).[1] – Zypressen-Flachbärlapp. – Abb. 11b, 16, 17, 18.

Hauptachse stets unterirdisch, 2 bis 15 (–20) cm tief kriechend, chlorophyllfrei, oberirdisches Achsensystem aus ziemlich niedrigen, reich und dicht büschelig verzweigten, aufrechten Ästen, mit öfters deutlicher Etagierung, grau- oder blaugrün; sterile Nebenäste gleich hoch, mit nur schwach ausgeprägter Anisophyllie, oberseits graugrün, unterseits deutlich bereift, mit kurzen Internodien, schmal (± 1,5 mm breit), oberseits stark, unterseits schwach konvex, im Querschnitt stumpf dreikantig, alle Blätter 2–2,5 mm lang; Seitenblätter eng anliegend, nicht auffallend breiter als die flächenständigen Blätter, mit der Spitze auf der Ventralseite einwärtsgekrümmt, abaxiale Blattfläche stumpf gekielt, in Ventralansicht den Ventralblättern fast gleichgestaltet; Dorsalblätter lanzettlich, etwas breiter als die Dorsalansicht der Seitenblätter; Ventralblätter groß, kaum kleiner als die Dorsalblätter, ungestielt, anliegend, am Sprosse weit herablaufend; Mitteltrieb fertil, über die sterilen Triebe verlängert; Strobili zu 2–7, auf 3–12 cm langen, sehr locker spiralig beblätterten diesjährigen Sprossen, welche oberseits in ca. 1 cm lange Stielchen mehrfach gegabelt sind; Strobili 1,5–3 cm lang und ca. 3 mm breit, Sporophylle aus rund-ovalem Grund plötzlich in eine lange Spitze verschmälert. – Chromosomenzahl: 2n = 46. – Sporenreife: VII.–VIII.

Wuchsform □ Die kriechenden Achsen können sich radial von der Stelle aus, wo die Pflanze entstanden ist, ausbreiten und »Hexenringe« bis 70 m im Durch-

---

[1] Á. et D. Löve (1961) halten *L. tristachyum* Pursh für eine rein amerikanische Art, aber Frau Wilce in ihrer Monographie sowie A. Lawalrée halten *L. chamaecyparissus* für identisch mit *L. tristachyum*, ebenso Holub (1960). Unserer Meinung nach sind die Verschiedenheiten nicht so bedeutend, daß zwei verschiedene Arten zu unterscheiden sind.

messer bilden. Von ihnen ist allerdings nur ein 1–2 m breiter Randstreifen mit frischen Trieben bedeckt. Chamaephyt.

Vorkommen ☐ Lichtliebende Pflanze. In Zwergstrauchheiden und Nadelwaldlichtungen. Auf frischen oder wechselfeuchten, basenarmen, sauren, torfig-humosen oder sandigen Steinböden, vor allem über Buntsandstein oder Granit. Phytozönologisch in lichten sandigen Nadel-, besonders Kiefernwäldern, gern mit *Calluna* und *Vaccinium*-Arten, oder mit *Molinia*, in den Gesellschaften des Verbandes Genistion mit *Erica cinerea* u. a., sowie in lichten Beständen von Vaccinio-Piceetalia; an den Nordküsten auch im Corynephoretum canescentis. Von den Niederungen bis in die Montanstufe.

Allgemeine Verbreitung ☐ In Europa und im östlichen Nordamerika (amphiatlantisch) in den Gebirgen der warm-gemäßigten und in der gemäßigten Zone mit ozeanisch-subozeanischer Verbreitungstendenz; nördlich bis Südskandinavien; nach WILCE auch in Westchina.
☐ Karten: HULTÉN 1958, S. 59; JALAS & SUOMINEN 1972, Karte 9.

Arealdiagnose ☐ (submerid/altomontan) – temperat/(demontan) · ozean$_{(1)-2}$Eur + Ostamer.

Florenelement (europäisches Teilareal) ☐ ceven – alpisch – carpat/sämtlich montan + colch + hercyn – nwsarmat + sund – fael – rhen – juet.

Verbreitung im Gebiet ☐ Im westlichen Teil des Areals häufiger als im östlichen. – Deutschland: in den Gebirgen der Rheinpfalz, im Schwarzwald und im Württembergischen Unterland, in Oberschwaben und in Hessen, in Westfalen, Niedersachsen, Mecklenburg und Thüringen selten, in Bayern an vielen Lokalitäten, häufiger in Sachsen und im südlichen Brandenburg, Elbhügelland, Lausitz. – In der Schweiz nur im Tessin (Locarnese, Luganese [?], Mendrisiotto [?] und Süd-Graubünden [Misox]). – In Österreich vielleicht fehlend; die Angaben über vereinzelte Vorkommen in Oberösterreich, Tirol und Salzburg haben sich durchwegs als irrig erwiesen; sie beruhen auf Verwechslungen teils mit *D. complanatum*, teils mit *D. alpinum* (JANCHEN 1956: 62). – In Slowenien selten, fehlt im südlichen Inner-Krain, im Küstenlande und in Istrien. – In der Tschechoslowakei: Böhmen und Mähren. Selten in den Randgebirgen (z. B. Erzgebirge, Böhmerwald), Böhmisch-Mährisches Hügelland (Chrbonin), Ostsudeten; aus der Slowakei bisher nicht angegeben. – In Polen zerstreut.

3. Diphasiastrum kablikianum
Diphasiastrum kablikianum (DOMIN) DOSTÁL, Comb. nova. – Basion: *Lycopodium alpinum* L. subsp. *kablikianum*[1] DOMIN, Rozpr. Čes. Akad. II, **47/19**: 13 (1937). – K a b l i k s   F l a c h b ä r l a p p .

Abb. 18 ☐ *Diphasiastrum tristachyum* (PURSH) HOLUB. Fertiler Sproß (Original HEITZ/BOUSANI)

---

[1] Nach JOSEFINE KABLIK (1787–1863), einer Floristin, welche in der OPIZschen Periode der Durchforschung der böhmischen Flora sehr fleißig im Riesengebirge gesammelt hat.

Kräftige Pflanze, vom Habitus des *D. complanatum*, aber die S t r o b i l i ungestielt, und die Sporophylle allmählich in eine stumpfe, lange Spitze verschmälert. H a u p t s p r o ß leicht unterirdisch, oberirdische S e i t e n t r i e b e grasgrün, mit 10–20 cm langen, nicht regelmäßig fächerförmigen Ästen, deren Endverzweigungen weit divergieren, sterile N e b e n ä s t e flach, sehr stark anisophyll, 2,5–3,5 mm breit; S e i t e n b l ä t t e r ± abstehend, mit der Spitze sichelförmig einwärts gekrümmt, scharfkantig gekielt, lang und breit herablaufend; D o r s a l b l ä t t e r anliegend, lineal-lanzettlich; V e n t r a l b l ä t t e r sehr klein, angepreßt, 0,5–1 mm lang; S t r o b i l i sitzend, einzeln, 2–3 cm lang und 3,5 mm breit; S p o r o p h y l l e aus ovalem Grunde allmählich in eine stumpfe, lange Spitze verschmälert, ca. 2mal so lang wie die Sporangien. – Chromosomenzahl? – Sporenreife: VIII.

Allgemeine Verbreitung □ Bisher nur aus dem Riesengebirge bekannt; da die vegetativen Äste stark an *D. complanatum* und die Strobili an *D. alpinum* erinnern, ist es möglich, daß es sich um einen alten Bastard zwischen diesen zwei Arten handelt, welche im Riesengebirge zerstreut vorkommen.

4. Diphasiastrum zeilleri

Diphasiastrum (x) *zeilleri*[1] (ROUY) HOLUB Preslia **47**: 108 (1975). – Basion.: *Lycopodium complanatum* L. Race *L. zeilleri* ROUY Fl. France **14**: 491 (1913). – Syn.: *Lycopodium complanatum* (subsp.) β *sabinaefolium* (var.) b. *majus* SANIO Verh. Bot. Ver. Prov. Brandenb. **23**: 19 (1881). – *L. complanatum* L. subsp. *chamaecyparissus* (A. BRAUN) f. *subanceps* JUNGE Mitt. Bot. Staatsinst. Hamburg 1909: 211 (1910). – *L. complanatum* L. var. *intermedium* A. BRAUN in MUTEL Fl. France **4**: 192 (1837). – *Diphasium zeilleri* (ROUY) DAMBOLDT Ber. Bayer. Bot. Ges. **36**: 26 (1963). – *Lycopodium zeilleri* (ROUY) GREUTER & BURDET Willdenowia **10**: 229 (1980). – Z e i l l e r s F l a c h b ä r l a p p. – Abb. 11 e, 19.

H a u p t s p r o ß 1–10 cm tief unterirdisch, chlorophyllfrei; oberirdische S e i t e n t r i e b e locker büschelig verzweigt, aufrecht, sterile N e b e n ä s t e deutlich anisophyll, schmal, plattgedrückt, 1,5–2,5 mm breit, oberseits graugrün, unterseits gelblichgrün, mit langen Internodien; S e i t e n b l ä t t e r locker anliegend, schmal und kurz herablaufend, adaxiale Seite schmalrinnig, abaxialer Kiel scharf; D o r s a l b l ä t t e r schmal-lanzettlich bis lineal, ebenso breit wie die Seitenblätter; V e n t r a l b l ä t t e r kleiner als die Dorsalblätter, lanzettlich, etwa ¼ so breit wie der geflügelte Sproß und 2–3mal kürzer als die Internodien; S t r o b i l i zu 2–4 auf langen, locker spiralig beblätterten diesjährigen Stielen, welche meist den Mitteltrieb, seltener auch die stärkeren Seitentriebe des Sproßbüschels abschließen; S p o r o p h y l l e plötzlich in eine mäßig lange Spitze verschmälert. – Chromosomenzahl: $2n = 46$. – Sporenreife: VII.–VIII. (–IX.).

Vorkommen □ Chamaephyt. In lichten Kiefernwäldern der Tiefland- und Hügelstufe, seltener auch submontan, öfters auf Sand.

Allgemeine Verbreitung □ Vorwiegend Mitteleuropa, südwärts bis in die Alpen, ostwärts bis Mähren und Nordwestslowakei, nordöstlich bis Leningrad, nordwärts bis Südschweden und westwärts bis in die Vogesen; in Grönland (?) und Nordamerika (?).

Verbreitung im Gebiet □ Deutschland: im ganzen Gebiet außer im Norden zerstreut, öfters in Hessen, Thüringen, Fichtelgebirge, Bayern, im Bayerischen Wald, Oberpfalz bis Oberbayern. – In Österreich bisher nur in der Umgebung von Salzburg und Innsbruck. – In der Tschechoslowakei: in Böhmen nur in den Randgebirgen, in Nordmähren und der Nordwestslowakei. – In Polen von Schlesien bis Masuren (vgl. Karte bei PACYNA 1972, S. 328).

Taxonomie □ Die intermediären Merkmale des vegetativen Sprosses und der fertilen Zweige, auch der Ähren und Sporophylle erlauben die Vermutung, *D. zeilleri* sei als hybridogene Zwischenform von *D. complanatum* und *D. tristachyum* zu deuten.

5. Diphasiastrum issleri

Diphasiastrum issleri[2] (ROUY) HOLUB Preslia **47**: 108 (1975). – Basion.: *Lycopodium alpinum* L. Race *L. issleri* ROUY Fl. France **14**: 489 et 492 (1913). – Syn.: *Lycopodium issleri* (ROUY) DOMIN Věda přírodní (Praha) **18**: 204 (1937); LAWALRÉE Bull. Soc. Bot. Belg. **90**: 114 (1957). – *Lycopodium complanatum* L. subsp. *issleri* (ROUY) DOMIN Bull. Intern. Acad. Tchèque des Sciences, cl. 2, **38**: 13 (1937); Rozpr. Čes. Ak. Tř. **47/19**: 25 (1938). – *Lycopodium complanatum* L. (var.) α *genuinum* *fallax* ČELAK. Prodr. Fl. Böhm. **1**: 14 (1867). – *L. complanatum* L. (var.) β *fallax* ČELAK. Sitz.-Ber. Kgl. Böhm. Ges. Wiss. Prag, math.-nat. Kl. 1884: 57 (1885). – *L. complanatum* L. var. *adpressifolium* MOUGEOT ex ISSLER Bot. Jahrb. **43/3**: Beibl. **99**: 52 (1909). – *L. alpinum* L. var. *thellungii* HERTER in SCHINZ et THELLUNG Exkursionsfl. Schweiz, 3. Aufl.: 14 (1909). – *Diphasium*

---

[1] Nach R. ZEILLER, einem elsässischen Floristen, welcher 1881 diese Art in den Vogesen sammelte.
[2] Nach E. ISSLER (1872–1952), einem elsässischen Botaniker, welcher die Art 1909 ausführlich beschrieb.

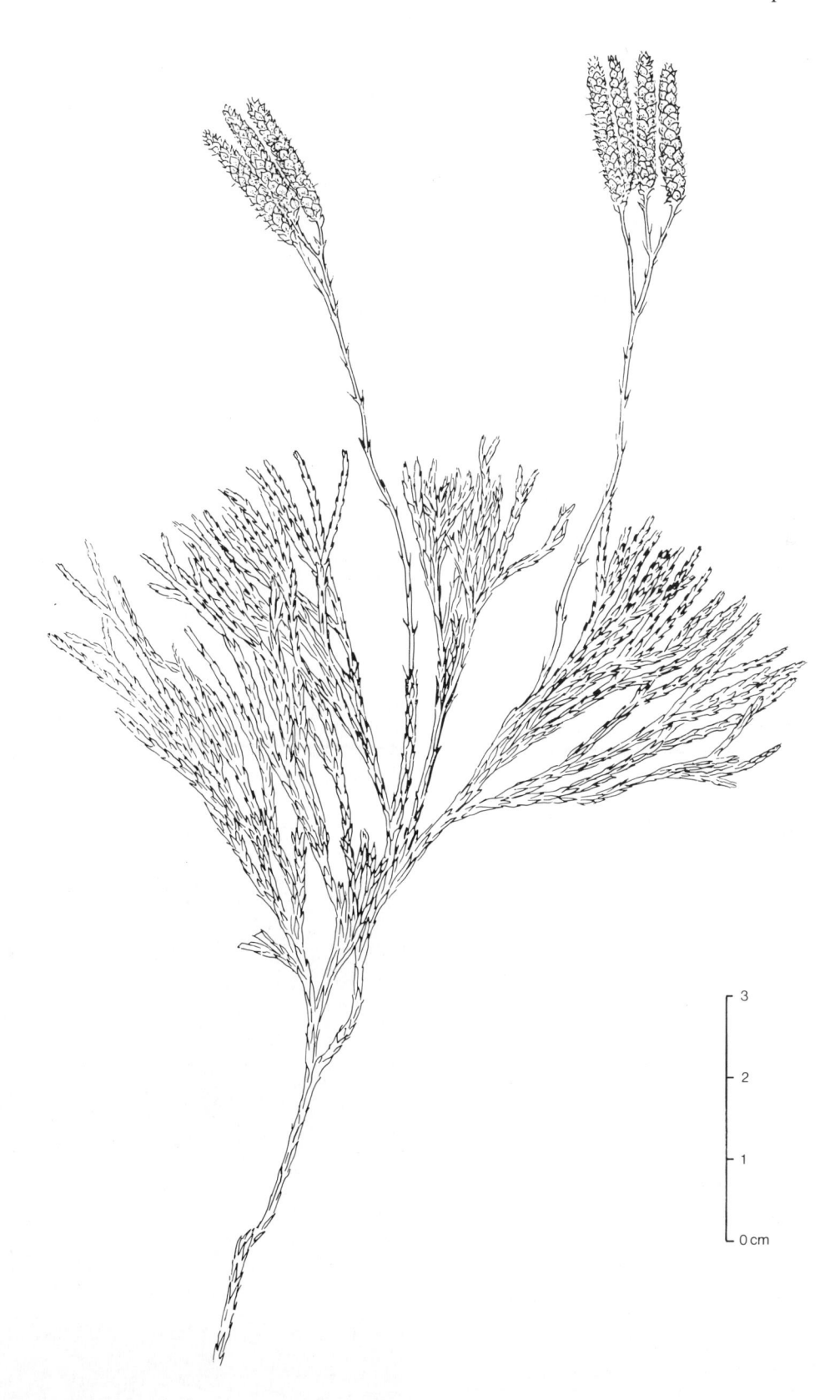

Abb. 19 ☐ *Diphasiastrum zeilleri* (Rouy) Holub. Fertiler Sproß
(Original Heitz/Bousani)

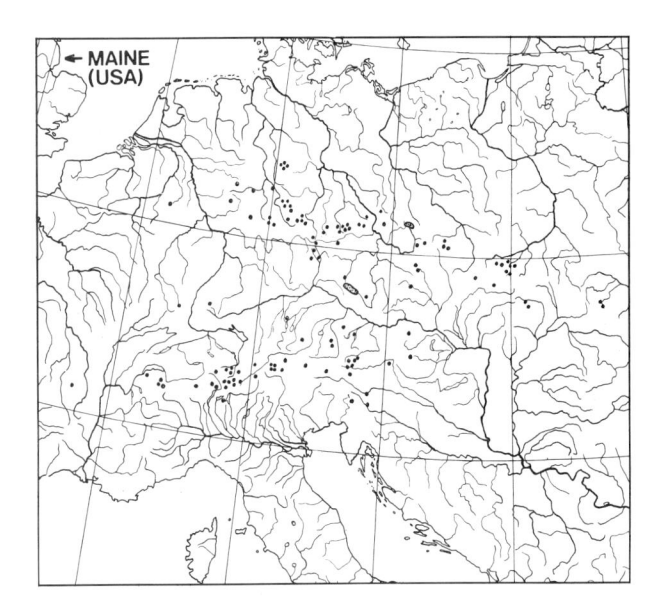

Abb. 20 □ *Diphasiastrum issleri* (Rouy) Holub. Verbreitungskarte (Original Rauschert)

issleri (Rouy) Holub Preslia **32:** 432 (1960). – Isslers Flachbärlapp. – Abb. 11d, 20–23.

Wichtige Literatur □ Damboldt, J. 1962: *Lycopodium issleri* in Bayern. Ber. Bayer. Bot. Ges. **35:** 20–22. – Ders. 1963: Zur Kenntnis der Flachen Bärlappe in Bayern. Ibid. **36:** 25–28. – Kubát, K. 1974: *Diphasium issleri* (Rouy) Holub und *D. tristachyum* (Pursh) Rothm. in Böhmen und Mähren (tschech.). Preslia **46:** 310–318. – Lawalrée, A. 1957: Un Lycopode ardennais méconnu, *Lycopodium issleri*. Bull. Soc. Roy. Bot. Belg. **90:** 109–120.

Hauptsproß kriechend, oberirdisch oder flach unterirdisch; oberirdische Seitentriebe graugrün, nur im Schatten grasgrün, unbereift, aufstrebende, lockere und langästige Büschel bildend; sterile Nebenäste etwas abgeflacht, 2–2,5 (–3) mm breit; Seitenblätter abstehend, sichelförmig gekrümmt, mit Spreite etwa halb so lang wie ihr schmal herablaufender Flügel; abaxialer, hoher, scharfkantiger Kiel deutlich ventralwärts umgebogen, so daß das Blatt bei Ventralansicht deutlich rinnig erscheint; Dorsalblätter schmal-lanzettlich, ebenso breit wie die Seitenblätter; Ventralblätter ziemlich groß, wenig kleiner als die Dorsalblätter, unten am breitesten, anliegend bis schwach abstehend, 1,5–2 mm lang, etwa ⅓ so lang wie der geflügelte Sproß; Strobili einzeln an dicht spiralig beblätter-

Abb. 21, 22 □ *Diphasiastrum issleri* (Rouy) Holub. Bei Königsfeld, Ostschwarzwald

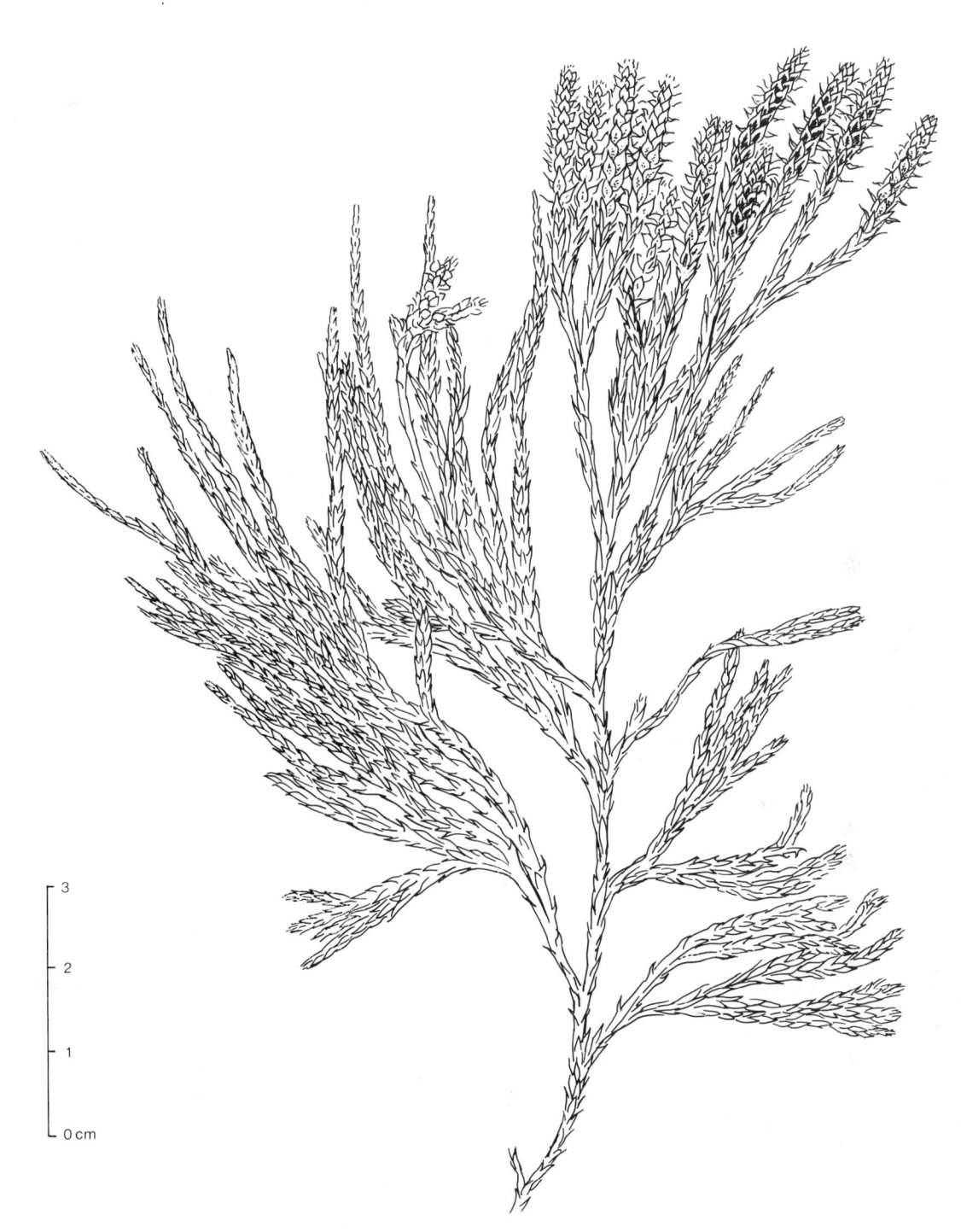

Abb. 23 ☐ *Diphasiastrum issleri* (ROUY) HOLUB. Fertiler Sproß (Original HEITZ/BOUSANI)

ten Vorjahrstrieben unmittelbar aufsitzend, ohne oder mit bis 2,5 cm langen Stielen, 2–3 cm lang und ± 3 mm breit; Sporophylle eiförmig, allmählich oder plötzlich in eine kurze Spitze verschmälert. Sporen bis über 50 % abortiert (WILCE). – Chromosomenzahl: 2n = 46. – Sporenreife: VII.–VIII. (–IX.)

Vorkommen ☐ Ökologisch wie auch phytozönologisch noch nicht ausreichend bekannte Pflanze, welche meistens zwischen 500–1500 m in lichten Nadel-, bes. Kiefernwäldern, in Vaccinio-Calluneten und Alpenmatten, in Waldlichtungen, an Waldwegen, Waldgräbern, aber auch in kurzhalmigen Bergwiesen gefunden wurde. In den Alpen selten bis 2400 m aufsteigend.

Allgemeine Verbreitung □ Temperiert-montanozeanisch, wohl nur in den Alpen, Nordkarpaten und den zentraleuropäischen subatlantischen Mittelgebirgen, südwärts bis Südwestfrankreich (Haute-Savoie), Tessin, Norditalien (Prov. Bozen: Jaufenpaß, Ahrntal) und Slowenien, ostwärts bis in die Tschechoslowakei (bis zur Mittelslowakei) und Südpolen, nördlich bis Belgien (Ardennen). Von WILCE (1965) von einem Standort im Nordosten der USA angegeben.
□ Karten: S. JALAS & SUOMINEN 1972, Karte 11.

Arealdiagnose □ temperat/montan · ozean$_2$ Eur.

Florenelement □ nordalpisch – nordeurop – hercyn – (rhenan)/sämtlich montan.

Verbreitung im Gebiet □ Deutschland: Harz (Brockengebiet), Sauerland (Kahler Asten), Hessen (Bad Wildungen), Rhön, Vogelsberg, Dillkreis, Schwarzwald (Königsfeld), Bayern (Fichtelgebirge, Oberpfalz, Alpen), Thüringen (im Thüringer Wald zerstreut, Hildburghausen), Vogtland, Sachsen (Erzgebirge). – Vogesen. – In der Schweiz in Graubünden (besonders im Unterengadin), Tessin, Wallis (Saas). – Österreich: Tirol (Stubaital, Ötztal), Kärnten, Nieder- und Oberösterreich (Wienerwald, Wechselgebiet), Steiermark (Leoben, Krankendorf), Salzburg (Lungau), Vorarlberg (?). – Tschechoslowakei: Böhmen (Randgebirge), böhmisch-mährisches Hügelland, Mähren (Ostsudeten, West-Beskiden), Karpaten. – Polen: Beskiden, Riesengebirge, Tatra und Gorce-Gebirge (West-Beskiden) nördl. Nowi Targ (= Neumarkt) (vgl. Karte bei PACYNA 1972: 327). – Slowenien: Pokljuka, Kranj.

Taxonomie □ LAWALRÉE (1957), RAUSCHERT (1967) und HOLUB (1960, 1975) halten eine weit zurückliegende hybridogene Entstehung aus *D. alpinum* × *complanatum* für möglich, denken aber nicht an einen neu entstandenen Bastard, da diese Art auch weit entfernt von den mutmaßlichen Stammeltern vorkommt und völlig konstant ist. WILCE (1965) vermutet seine Entstehung (aus *alpinum* x *tristachyum*) im Pleistozän, zu einer Zeit, wo der Alpen-Bärlapp vor dem andringenden Eis in tiefere Gebiete ausgewichen war und hier mit dem vermuteten zweiten Elter in Kontakt kam.

6. Diphasiastrum alpinum

Diphasiastrum alpinum (L.) HOLUB Preslia **47**: 107 (1975). – Basion.: *Lycopodium alpinum* LINNÉ Sp. pl. 1104 (1753). – Syn.: *L. cupressifolium* OPIZ Kratos **4**: 15 (1819). – *L. alpinum* L. subsp. *eu-alpinum* DOMIN Rozpr. Čes. Akad. Tř. 2, **47/19**: 5 (1938). – *Diphasium alpinum* (L.) ROTHMALER Fedde Rep. **54**: 65 (1944). – *L. alpinum* L. subsp. *cupressifolium* (OPIZ) DOSTÁL Květena ČSR: 8 (1948). – Alpen-Flachbärlapp. – Taf. 11 Fig. 6 nach S. 288. – Abb. 1 (7), 11 c, 24–26.

Hauptsproß oberirdisch oder flach unterirdisch, bis mehrere Dezimeter lang kriechend, grün; oberirdische Seitentriebe graugrün, etwas bereift, mit dicht gebüschelten, etwa gleichlangen, 5–10 (2–15) cm langen, 1,5–2 mm breiten, sterilen, schwach abgeplatteten Gabelästen; Blätter dekussiert, schwach anisophyll, Seitenblätter abstehend, mit sichelartig einwärts gekrümmter Spitze, auf dem Rücken mit scharfkantigem, lang und schmal herablaufendem Kiel; Spreite groß, fast so lang wie die herablaufenden Achsenflügel; der flügelartige Spreitenkiel in den ventralen Spreitenrand einmündend und das Blatt daher stark asymmetrisch; Dorsalblätter lanzettlich, etwas abstehend, ebenso breit wie die Seitenblätter; Ventralblätter deutlich in einen stielähnlichen und einen spreitenähnlichen Teil gegliedert. Stielähnlicher Teil an der Sproßachse lang herablaufend und von dieser fast rechtwinklig abstehend. Spreitenähnlicher Teil ei-lanzettlich, auf der abaxialen Seite abgerundet, ungekielt, sich bogenförmig gegen die Sproßachse krümmend und daher mit dem stielartigen Teil einen deutlichen, fast rechten Winkel bildend. Strobili am Ende der dichtbeblätterten, büschelig genäherten Vorjahrstriebe unmittelbar aufsitzend, ausnahmsweise kurz gestielt, 10–16 mm lang, ± 3 mm breit; Sporophylle eiförmig bis ei-lanzettlich, allmählich in eine stumpfliche Spitze verschmälert, 2mal länger als die Sporangien. – Chromosomenzahl: $2n = 46$. – Sporenreife: VIII.–IX.

Vorkommen □ Chamaephyt; lichtliebende, kalkfeindliche Pflanze. Auf frischen, basenarmen, sauren, torfig-humosen oder steinig-sandigen Lehmböden, in Borstgrasweiden, Zwergstrauchheiden und trockenen Matten, Bergheiden und Berg- und Alpenmatten, an Wächtenhängen und an schattigen Böschungen, gern mit *Nardus*, *Calluna* oder *Vaccinium myrtillus*. Charakterart des Eu-Nardion-Verbandes (z. B. Lycopodio-Nardetum, auch im Trifidi-Distichetum oder Vaccinio-Callunetum), seltener im Vaccinio-Piceion-Verband. Die Art wird am Maloja (Oberengadin) auch zwischen *Juniperus-Rhododendron*-Gestrüpp gefunden mit *Vaccinium uliginosum*, *V. myrtillus*, *V. vitis-idaea*, *Hypochoeris uniflora*, *Carlina acaulis*, *Campanula scheuchzeri*, *C. barbata*, *C. excisa*, *Phyteuma betonicifolium*, *Plantago serpentina*, *Gentianella ramosa*, *Euphrasia minima*, *Melampyrum pratense*, *Veronica bellidioides*, *Trifolium alpinum*, *Coeloglossum viride*, *Cladonia*- und *Cetraria*-Arten. In der hochmontanen Stufe Zentraleuropas außerhalb der Alpen siedelt der Alpen-Bärlapp heute als Glazialrelikt. Von den Mittelgebirgen bis in die alpine Stufe, meist zwischen 1300 und 2500 m, in Tirol bis 2800 m, selten herabsteigend in die Waldregion (bis 700 m).

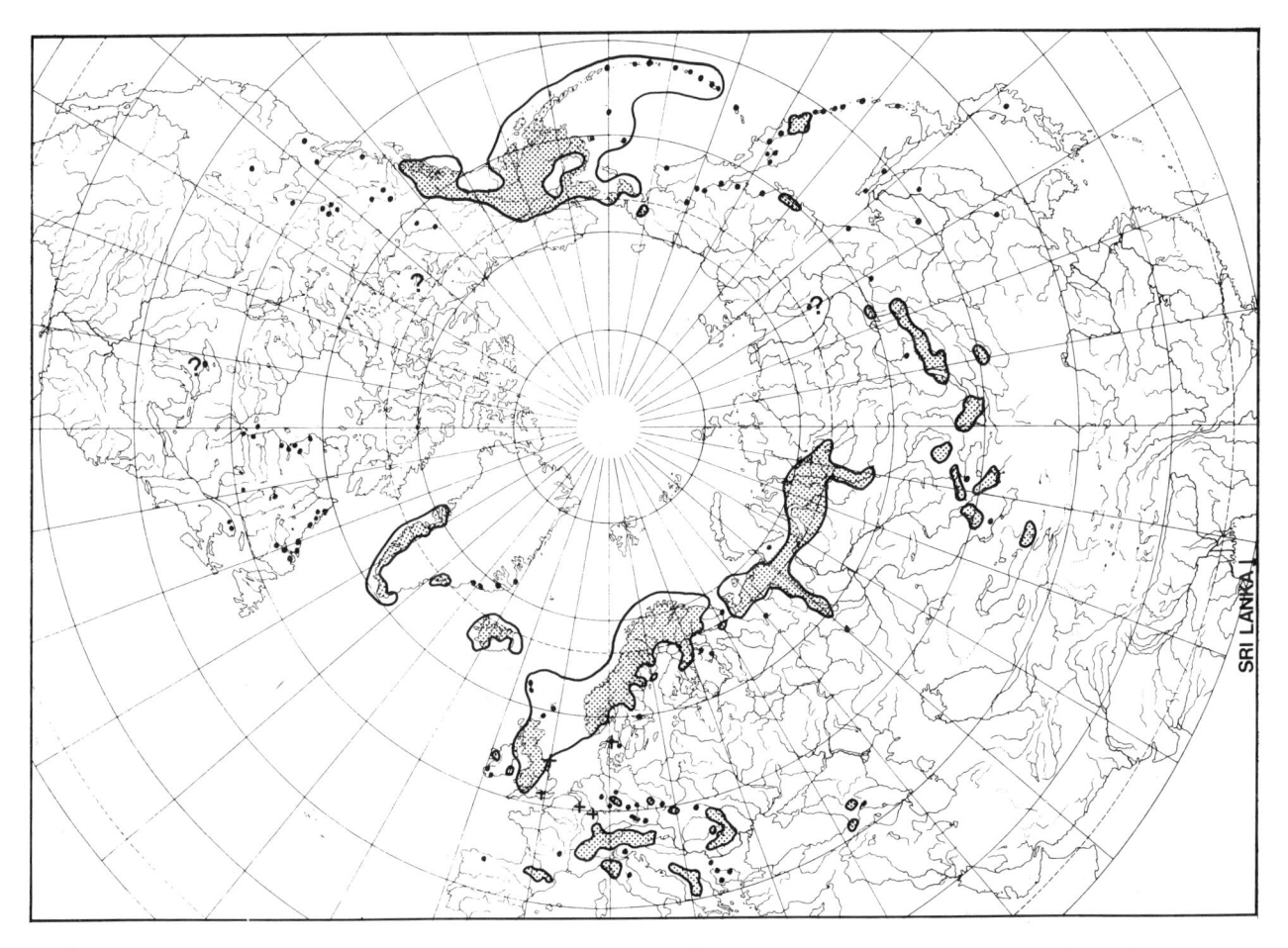

Abb. 24 □ *Diphasiastrum alpinum* (L.) HOLUB. Verbreitungskarte (nach HULTÉN 1958, verändert)

Allgemeine Verbreitung □ In den Gebirgen der temperaten Zone Eurasiens in der hochmontanen Stufe sowie zirkumpolar in den kühlen bis kalten Breiten bei ozeanisch-subozeanischer Verbreitungstendenz. In Europa: Island, Britische Inseln, Skandinavien, südwärts bis in die Pyrenäen, Alpen, Sudeten, Karpaten, Apenninen und in die nordbalkanischen Gebirge.
□ Karten: HULTÉN 1958, S. 235; MEUSEL, JÄGER, WEINERT 1965, S. 8; JALAS & SUOMINEN 1972, Karte 12.

Arealdiagnose □ (submerid/subalp) – temperat/subalpEuras – boreal – arct · ozean$_{1-3}$Circpol.

Florenelement (europäisches Teilareal) □ submedit – alpisch – carpat – hercyn/sämtlich altomontan + brit – scand/(montan) – lappon – boreoross.

Verbreitung im Gebiet □ Deutschland: selten und vereinzelt auf den höchsten waldfreien Gipfeln der Mittel- und Hochgebirge: im Schwarzwald (Feldberg, Belchen, selten auch im Nordschwarzwald), im württemb. Allgäu (Großholzleute bei Wangen, Adelegg und Schwarzer Grat), Rhön (Wasserkuppe, Schwabenhimmel, Waldeck, Hoher Meissner), Westfalen (Sauerland: Kahler Asten, 800–900 m, Hallenberg, Langewiese und Elsoff), Harz (Brocken, 1000 m), Thüringer Wald (mehrfach, z. B. Inselsberg, Schneekopf, Schmücke, Goldlauter, Oberhof, Mordfleck, Suhl, Friedrichshöhe, Steinheid, Spechtsbrunn), Bayerischer Wald und Böhmerwald (Gahhörndl, Arber), Erzgebirge (Fichtelberggebiet), in den Bayerischen Alpen bis 2110 m. – In den Vogesen bis 1200 m. – In der Schweiz im westlichen Jura (Chasseron, Chasseral, Mont d'Or, Creux-du-Van, Tête-de-Rang), in den mittleren und östlichen Teilen der Alpen verbreitet, in den westlichen Teilen zerstreut, im Tessin selten. – Österreich: in der Voralpen- und Alpenstufe zerstreut. – In Slowenien in den Alpen, Karawanken, Pohorje (Bacher-Gebirge). – Tschechoslowakei: Böhmerwald, Erzgebirge bei St. Joachimsthal (Jáchymov), Klínovec (Keilberg), Špičák (Spitzberg), ob Boží Dar (Gottesgab), Riesengebirge, Hohes Gesenke; Karpaten und Ostbeskiden. – Polen: Riesengebirge, Hohe Beskiden, Polnische Tatra. In Mittelgebirgen, insbesondere an Wald-Standorten, wird *Diphasiastrum issleri* leicht für *Diphasiastrum alpinum* gehalten, und manche floristische Mitteilung beruht auf diesem Irrtum.

Volksname □ T e u f e l s h o s e n b a n d (Zillertal und Salzburg).

42 Selaginellales
Josef Dostál

Abb. 25 (links) ☐ *Diphasiastrum alpinum* (L.) HOLUB. Fertiler Sproß (Original HEITZ/BOUSANI)
Abb. 26 ☐ *Diphasiastrum alpinum* (L.) HOLUB. Südschwarzwald

Ordnung Selaginellales Moosfarnartige Pflanzen

Heterospore, kleinblättrige Gefäßkryptogamen mit gabelig verzweigtem, meist dorsiventralem Sproß. Sporangien in Strobili, in den Achseln der Sporophylle, später deren Blattgrund angewachsen, kapselartig aufspringend, einfächerig, ungleich. Verteilung der Mega- und Mikrosporangien im Strobilus verschieden, nicht selten die Megasporangien nur im basalen Teil. Mikroprothallium auf ein einziges Antheridium und eine Rhizoidzelle reduziert. Megaprothallium in der Megaspore bleibend, nur an ihrem Scheitel herausragend. Embryo aus dem Gewebe des Megaprothalliums ernährt.

☐ Die Blätter der Selaginellales tragen eine am Grunde der Blattoberseite entspringende, kleine, häutige Schuppe, die Ligula, die angeblich einer schnellen Wasseraufnahme dient (sie beweist die verwandtschaftlichen Beziehungen sowohl zu den rezenten Isoëtales als auch zu den fossilen Lepidodendrales).

Einzige rezente Familie:

Josef Dostál Selaginellaceae 43

Familie **Selaginellaceae** Moosfarngewächse

Familie mit nur einer Gattung; Diagnose: s. unten.

Artenzahl und Verbreitung □ Annähernd 500 Arten, fast weltweit verbreitet, die Mehrzahl in den Tropen; trotz der großen Zahl im allgemeinen viel besser getrennt als die der Lycopodiaceae. In Mitteleuropa nur 2 einheimische Arten, die als ozeanisch-subozeanische Elemente der europäischen Flora anzusprechen sind.

Systematische Gliederung □ Die Arten der Selaginellaceen sind neuerdings auf 3 Gattungen verteilt worden, doch unterscheidet man heute nur zwei Untergattungen. Die Untergattung *Selaginella* enthält außer der mitteleuropäischen *S. selaginoides* auch die nordamerikanische *S. rupestris* UNDERW., die in Europa gelegentlich in Steingärten gezogen wird. Die größte Untergattung, *Stachygynandrum* PAL. BEAUV., teilt sich in 2 Sektionen: *Monostelicae* mit nur einem zentralen Gefäßbündel im Stengel, und *Pleiostelicae* mit 3 (–5) Gefäßbündeln im Stengel. Zur ersten Sektion gehören außer der mitteleuropäischen *S. helvetica* und der verwilderten *S. apoda* viele tropische Arten, von denen einige als Zierpflanzen für Teppichbeete in Glashäusern und Wintergärten wegen ihrer zarten, moosähnlichen Belaubung beliebt sind, z. B. *S. pallescens* (PRESL) SPRING (= *S. emmeliana* VAN GEERT) aus Mexiko, *S. martensii* SPRING aus Mexiko und *S. denticulata* (L.) LINK aus dem Mittelmeergebiet und von den Kanarischen Inseln. Aus der Sektion *Pleiostelicae* ist öfters *S. wallichii* SPRING aus dem tropischen Asien in Kultur. *S. lepidophylla* (HOOKER & GREVILLE) SPRING wächst in den Wüstengebieten von Zentralamerika (südwestliche USA bis Salvador). Wenn die Pflanzen trocken werden, rollen sich die rosettig angeordneten Zweige ballartig ein und breiten sich beim Anfeuchten wieder aus. Diese Eigenschaft behält die Pflanze auch bei, wenn sie bereits abgestorben ist. Solche vertrockneten Exemplare werden im Handel als »Auferstehungspflanze« oder »Rose von Jericho« angeboten. In europäischen Warmhäusern wird sie öfters gezogen. Ähnlich verhält sich die ostasiatische *S. tamariscina* (PAL. BEAUV.) SPRING. Die »echte« Rose von Jericho ist die Crucifere *Anastatica hierochuntica* L.

1. **Selaginella**

Selaginella[1] PALISOT DE BEAUVOIS Prodr. fam. Aethéog. 101 (1805), em. SPRING Flora (Regensb.) **21**: 148 (1838); nomen conservandum. – M o o s f a r n. Holl.: Engels mos; dän.: dvaergulvefold; engl.: lesser clubmoss; franz.: sélaginelle; tschech.: vraneček; poln.: wodłiczka; russ.: плаунок (plaunok).

Typus-Art: *Lycopodium selaginoides* L. (1753) = *Selaginella selaginoides* (L.) LINK (1841).

Wichtige Literatur □ GULYAS, S. 1961: Untersuchungen an der Blattepidermis der Selaginellen. Acta Biol. Szeged., pars botanica **7** (3–4): 15–24. – JERMY, A. G., K. JONES & C. COLDEN 1967: Cytomorphological variation in *Selaginella*. J. Linn. Soc. (Bot.) **60**: 147–158. – KOHLENBACH, H. W. & Th. GEIER 1970: Untersuchungen an *Selaginella kraussiana* (KUNZE) A. BR. zur Funktion der Ligula. Beitr. Biol. Pfl. **47**: 141–153. – REED, C. F. 1966: Index Selaginellarum. Mem. Soc. Brot. **18**: 1–287. – ROTHMALER, W. 1944: Pteridophyten-Studien I. Fedde Repert. **54**: 55–82. – SIEGERT, A. 1974: Die Verzweigung der Selaginellen unter Berücksichtigung der Keimungsgeschichte. Beitr. Biol. Pfl. **50**: 21–112. – SPRING, A.: Monographie de la famille des Lycopodiacées. Nouv. Mém. Acad. Roy. Sc. Bruxelles 1842 et 1850.

Zarte, ausdauernde oder einjährige, krautige Gewächse, oft niederliegend und von moosartigem Habitus, in den Tropen auch als Spreizklimmer oder als hängende Epiphyten wachsend. A c h s e schlank, oft zerbrechlich, dorsiventral, gabelig verzweigt, die Gabelzweige gleich oder ungleich lang. In der Gabelung ein Blatt und 2 farblose, blattlose Sprosse, die »Wurzelträger«, an denen Wurzeln entspringen. B l ä t t e r klein, flach, dicht stehend, zart, einnervig, am Grunde innen mit einer früh vertrocknenden Ligula, entweder rings um die Achse stehend und gleich groß oder an Flachsprossen 2- oder 4-zeilig und ungleich groß. S p o r a n g i e n am Grunde der Innenseite von kleinen Sporophyllen, diese, in Ähren, entweder am Ende einer vegetativen Achse oder auf einem Stiel mit abweichender Beblätterung. M i k r o s p o r a n g i e n kleiner, kugelig oder etwas nierenförmig, auf dem Scheitel quer aufspringend, mit zahlreichen Tetraden aus je 4 kugeligen, kleinen Mikrosporen. M e g a s p o r a n g i e n wenige, zuweilen nur eins, häufig am Grunde der Ähre, größer, vierknöpfig, mit Querspalt am Scheitel oder in 3 Lappen aufspringend, mit nur einer Tetrade aus 4 großen, kugeligen Megasporen. – Chromosomenzahl: $n = 9$; in anderen Regionen kommen auch andere Zahlen vor, z. B. $n = 10$.

Lebenszyklus □ Sporen mit stark ausgeprägter, diagnostisch sehr wichtiger Oberflächenskulptur. Während die reifen Mikrosporen frei werden, bleiben die Megasporen im Sporangium bis zur vollen Entwicklung ihres Gametophyten oder sogar ihres Embryos. Beide Gametophyten sind sehr reduziert, chlorophyllfrei und fast ganz in der aufgeplatzten Spore eingeschlossen. In der gekeimten Mikrospore entsteht ein einziges Antheridium und eine Rhizoidzelle, das als Rest des vegetativen Prothallium-Anteils gedeutet wird. Die Spermatozoiden haben 2 Geißeln. Das Megaprothallium ist mehrzellig und wächst aus der Spalte des Sporangiums mit 3 Büscheln von Rhizoiden hervor, zwischen denen einige Archegonien halb eingesenkt sitzen. Diese haben nur 3 Halskanalzellen. Das Mikroprothallium entwickelt sich erst dann, wenn eine Mikrospore auf eine Megaspore gefallen ist und dort zwischen den Rhizoidbüscheln festsitzt. In Wasser, das etwa als Tau oder Regen das Megaprothallium benetzt, bewegen sich die Spermatozoiden zu den Archegonien. Der Embryo findet im Megaprothallium ein Nährgewebe vor, in das er mit seinem Suspensor eindringt. Er gliedert sich in einen Fuß, eine Keimwurzel und 2 Keimblätter, die den Vegetationskegel umgeben.

---

[1] Diminutiv von Selago (vgl. S. 19).

44 Selaginellaceae   Josef Dostál

Artenzahl und Verbreitung □ Etwa 500 Arten, meist in tropischen und subtropischen Waldgebieten, sonst über den größten Teil der Erde verbreitet. In Europa nur 4 Arten, von welchen *S. denticulata* (L.) LINK nur im Umkreis des Mittelmeeres verbreitet ist; 2 weitere Arten gelegentlich als Gartenflüchtlinge verwildert.

Bestimmungsschlüssel der Arten

1 Sproß radial beblättert, nicht gegliedert; Blätter sämtlich gleichgestaltet, allseitig abstehend; Sporophylle spiralig angeordnet, Megasporangien mehrere oder ziemlich zahlreich – Subgen. *Selaginella* . . . . 1. *S. selaginoides*
1* Sproß dichotom in einer Ebene verzweigt, dorsiventral beblättert, abgeflacht; Blätter in zweizähligen Quirlen: auf der Rückseite zwei Zeilen kleinerer Dorsalblätter, seitlich zwei Zeilen größerer, abstehender Ventralblätter; Sporophylle dekussiert. Megasporangien mehrere oder einzeln – Subgen. *Stachygynandium* 2
2 Sproß ungegliedert; Megasporangien mehrere in jedem Strobilus, Exospor höckerig oder warzig; im Stengel nur ein zentrales Leitbündel 3
2* Sproß an der Abgangsstelle der Äste gegliedert; Strobili am Grunde mit einem einzigen Megasporangium; im Stengel 2 Leitbündel . . . .
. . . . 4. *S. kraussiana*
3 Hauptsproß reichlich verzweigt, dichte Rasen bildend; Strobili nur auf Seitenzweigen, endständig
. . . . 2. *S. helvetica*
3* Hauptsproß spärlich verzweigt, lockere Rasen bildend, an der Spitze wie die oberen Äste je einen Strobilus tragend; Blätter auffällig ungleichseitig, die vordere Seite größer . . . .
. . . . 3. *S. apoda*

1. Subgen. Selaginella

Stengel radial beblättert, nicht gegliedert, Blätter gleichgestaltet. – Ca. 40 Arten, kosmopolitisch verbreitet.

1. Selaginella selaginoides

Selaginella selaginoides (L.) LINK Filic. spec. hort. Berolin. 158 (1841). – Basion.: *Lycopodium selaginoides* LINNÉ Sp. pl. 1101 (1753). – Syn.: *Selaginella spinosa* PAL. BEAUV. Prodr. Fam. Aethéog. 112 (1806). – *Selaginella spinulosa* A. BRAUN in DÖLL Rhein. Fl. 38 (1843). – *Lycopodium ciliatum* LAM. Fl. Franc. **1**: 32 (1778). – *Selaginella ciliata* (LAM.) OPIZ Böhm. phanerog. cryptog. Gew. 114 (1823). – D o r n i g e r M o o s f a r n. – Taf. 11 Fig. 7 nach S. 288. – Abb. 1 (5–6), 27–31.

Abb. 27 □ *Selaginella selaginoides* (L.) LINK. Habitus, etwa 2 × vergr. (Original HEITZ/BOUSANI)

Ausdauernde, moosähnliche Pflanze; S p r o s s e aufsteigend, nicht weit kriechend, am unteren Ende unter den 2 bleibenden Keimblättern in eine kleine Knolle verdickt, aus der die verzweigten Wurzeln hervorgehen; T r i e b e fadenförmig, nach oben verdickt, locker beblättert, mit einigen Verzweigungen kleine, lockere Rasen bildend; sterile Zweige kurz, horizontal oder aufsteigend, abwechselnd verzweigt, unten kleinblättrig, fertile Zweige bis 20 cm hoch. **Blätter** vierreihig, schraubig oder stellenweise quirlig angeordnet, alle abstehend, gleichförmig, locker, an den Enden der nächstjährigen fertilen Triebe dichter gestellt, 2–3 (–5) mm lang und 0,5–1 (–1,5) mm breit, lanzettlich bis eiförmig-lanzettlich, spitz, schmal, einnervig, mit wenigen (1–5) abstehenden, fransenähnlichen Zähnen, öfter jederseits nur einzähnig, dunkelgrün, etwas glänzend, an den aufrechten fertilen Trieben gelblich. Untere Blätter kleiner, zuweilen ganzrandig und scharfspitzig. **Strobili** einzeln, dick-zylindrisch, 1–5 cm lang, oben ± verschmälert, Sporophylle schraubig, 3–5 (–6) × 1,5 mm groß, gelblich-grün, mit zahlreichen, langen Zähnen (Abb. 28), die unteren in Laubblätter übergehend. Megasporangien im unteren Teil des Strobilus mehrere bis viele, vierknöpfig, mit zwei unteren quer und zwei oberen median nebeneinander liegenden Megasporen, durch eine über den Scheitel verlaufende Querspalte sich öffnend, mit der sich jederseits über den unteren Sporen eine kurze Spalte rechtwinklig kreuzt. Mikrosporangien mäßig zahlreich, kleiner, kugel- bis nierenförmig, auf dem Scheitel quer aufspringend. Beide Sporangientypen gelb oder hellbräunlich. Megasporen ± 600 μm im Durchm., gelblich-weiß, warzig; Mikrosporen ± 40 μm im Durchm., schwefelgelb, stumpf-stachelig (Abb. 30, 31). – Chromosomenzahl: 2n = 18. – Sporenreife: VI.–IX.

Vorkommen □ Lichtliebender Chamaephyt. Zerstreut in subalpinen und alpinen Rieselfluren, Flachmooren und Quellmooren, auch in Borstgrasrasen, Kalkmagerrasen und Matten, in Blaugrashalden, Triften, Wiesen. Auf frischen bis feuchten, basenreichen, meist kalkhaltigen, humosen, steinigen Lehmböden mit guter Drainage und einer genügenden Schneedecke. Phytozönologisch gehört die Art zu den Tofieldietalia-Ordnungscharakterarten. In höheren Lagen wächst sie auch in den Gesellschaften des Seslerion (Caricetum firmae, Selterio-Caricetum sempervirentis, Festucetum versicoloris und Festucetum carpaticae) oder selten in den Eu-Nardion-Gesellschaften. Auch in Alpenmatten, etwa zusammen mit *Taraxacum alpinum*, *Campanula scheuchzeri*, *Crepis aurea*, *Plantago montana*, *Euphrasia picta*, *Soldanella alpina*, *Trifolium badium*, *T. pratense*, *Achillea atrata*, *Lotus corniculatus*, *Polygonum viviparum* und *Poa alpina*. Von 900 bis 2900 m, in der Tatra zwischen 770 und 2150 m; nur ausnahmsweise in niedrigen Lagen (bis 380 m).

Allgemeine Verbreitung □ Zerstreut zirkumpolar-ozeanisch-subozeanisch, besonders in den Gebirgen

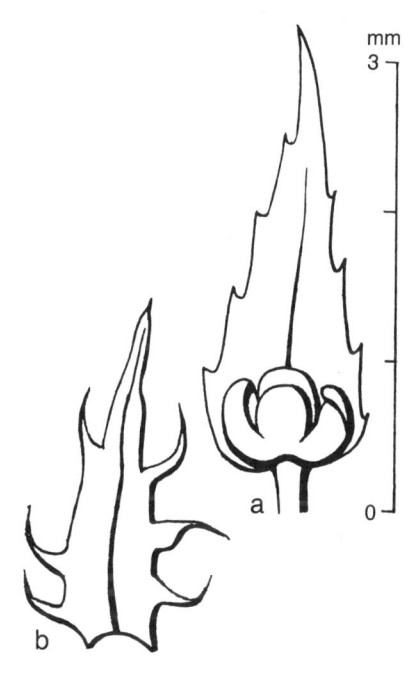

Abb. 28 □ *Selaginella selaginoides* (L.) Link □ a Sporophyll mit Megasporangium □ b Blatt (Original Dostál)

Abb. 29 □ *Selaginella selaginoides* (L.) Link. Südschwarzwald

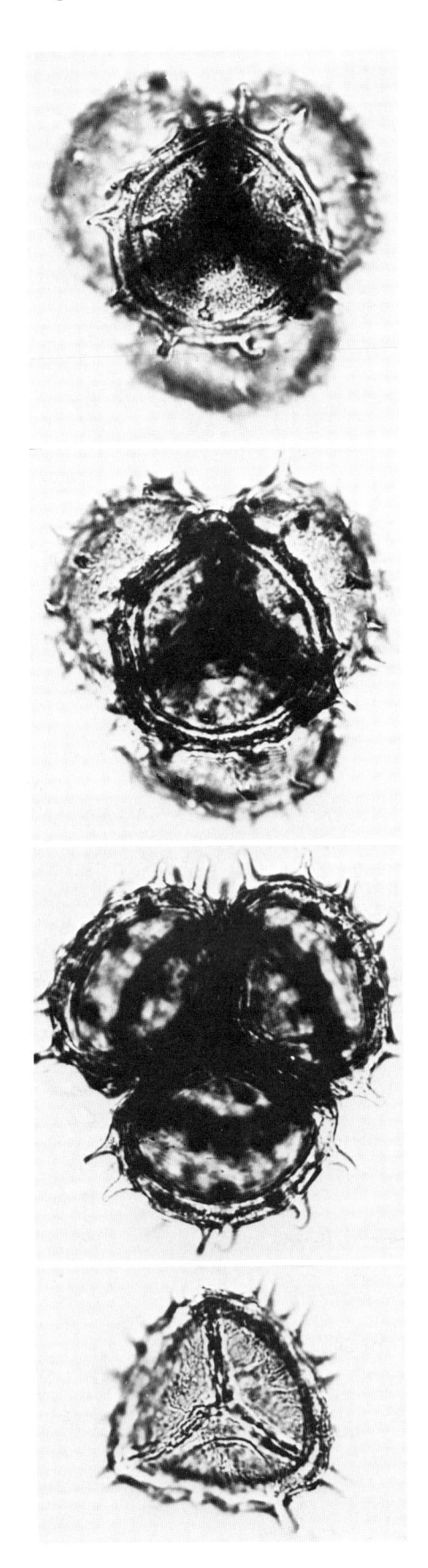

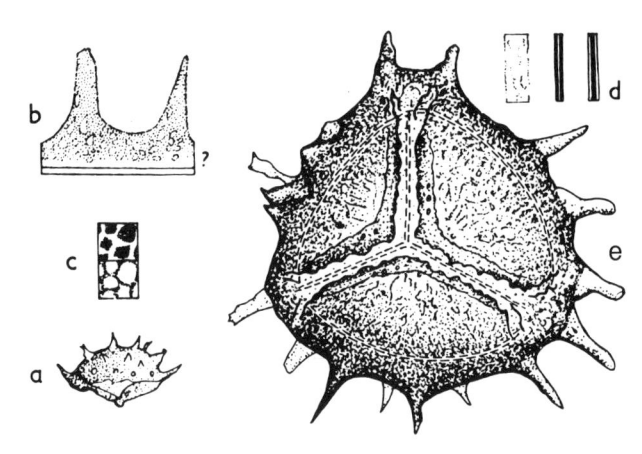

Abb. 31 □ *Selaginella selaginoides* (L.) Link. Zeichnungen von Mikrosporen □ *a* Äquatoransicht (× 250) □ *b* Schichtung der Wandung (× 2000) □ *c* Muster bei verschiedenen Einstellungen in der Aufsicht □ *d* Ausschnitt der Apertur bei verschieden hohen Einstellungen, *von links nach rechts* tiefer □ *e* Ansicht der ganzen Spore vom proximalen Pol mit Tetradenmarke (× 1000) (nach Erdtman 1957)

der gemäßigten Breiten, stellenweise auch in borealarktischen Zonen, in Europa mit ausgesprochen arktisch+boreal-alpiner Disjunktion. Von Island, den Färöer-Inseln, von Großbritannien, Skandinavien und Nordrußland bis in die Pyrenäen, Alpen, Sudeten, Karpaten und Balkan-Gebirge (auch in Montenegro); in Asien vom Kaukasus bis zum Baikal-See und in Nordjapan; in Nordamerika von Alaska bis Grönland. – Über die postglazialen Vorkommen dieser Art in Mitteleuropa vgl. H. Tralau, Botan. Notiser **114** (1961) Karte 20.

□ Karten für das rezente Areal: Hultén 1958, S. 241; Meusel, Jäger, Weinert 1965, S. 9; Jalas & Suominen 1972, Karte 13. Karten für die fossile Verbreitung bei H. Tralau, Bot. Notis. 114: 213–238 (1961) und id., Ark. f. Bot. II. **5**: 533–582 (1963).

Arealdiagnose □ (submerid/subalp) – temperat/subalp + boreal – (arct) · ozean$_{1-3}$ Zirkumpolar.

Florenelement (europäisches Teilareal) □ cantabr – pyren – ceven – alpisch – balcan – carpat – sudet/sämtlich subalp + boreoatlant – nordeurop.

Verbreitung im Gebiet □ Deutschland: im nördlichen Tiefland sehr selten und neuerdings nicht beobachtet; irrtümlich auf einem Moor bei Reinbek unweit Hamburg im J. 1860 angeführt (war eine Jugendform von *Lycopodium annotinum;* vgl. Prahl Krit. Fl.

Abb. 30 □ *Selaginella selaginoides* (L.) Link. Mikrosporen (× 1000) □ *Oben* drei Bilder einer Tetrade, *von oben nach unten in tieferen Einstellungen* □ *Unten rechts* eine einzelne Mikrospore, vom proximalen Pol gesehen, mit Tetradenmarke (Original Straka)

Schlesw.-Holst. 278 [1890]); Schwarzwald (Feldberg), Bayerische Alpen (bis 2420 m), Oberbayerische Hochebene (bei München und Augsburg), im Harz (früher Ahrensklint bei Schierke, Königsberg, Brocken, verschollen) und in Thüringen (angeblich früher im Zeitzgrund bei Ruttersdorf unweit von Jena); Bayer. Alpen. – In der Schweiz und in Österreich in den Gebirgen verbreitet, sonst seltener. Schweiz: Im Berner Jura (Mont Soleil ob Sonvilier), im Berner Mittelland (Honegg 1500 m, Schinealp 1260 m und Hohmatt bei Trub [1380 m]), im Kanton Aargau (Moos bei Boniswil und Seengen am Hallwiler See), Napf; Zürcher Oberland; am Rhein zwischen Ems und Rothenbrunnen bis 2770 m; im Wallis verbreitet bis 2400 m, am Piz Laschadunella bis 2770 m; im Tessin verbreitet, am Passo Sole bis 2430 m. – Österreich: in den Alpen verbreitet und oft häufig, z. B. in Vorarlberg (Bodenseeried bei Mehrerau bis 400 m und bei Feldkirch bis 600 m herabsteigend); in Tirol bis 2600 m, Südburgenland (Pinka-Klause bei Burg). – Italien: Südtirol (Val die Fiemme, Lago Lagorai und Mga. Conseria di sopra westlich der Cima d'Asta usw.). – In Slowenien in den Julischen Alpen, Karawanken, im nördlichen Küstenland und in Oberkrain. – Tschechoslowakei: Böhmen (Erzgebirge, Riesengebirge bis 1300 m); Mähren (Gesenke); Slowakei (höhere Karpaten). – Polen: Riesengebirge.

2. Subgen. Stachygynandrum

PAL. BEAUV.; Syn.: Subgen. *Lycopodioides* (BOEHMER) O. KUNTZE; subgen. *Heterophyllum* HIER. & SADEB.

Stengel dorsiventral beblättert, ungegliedert oder gegliedert, mit einem oder zwei Leitbündeln; Blätter dimorph, in 4 Reihen; Megasporangien mehrere in jedem Strobilus. Mehrere hundert Arten, kosmopolitisch verbreitet.

2. Selaginella helvetica

Selaginella helvetica[1] (L.) SPRING Flora (Regensb.) **21 (1)** 149 (1838). – Basion.: *Lycopodium helveticum* LINNÉ Sp. pl. 1104 (1753). – Syn.: *Lycopodium radicans* SCHRANK Baier. Fl. **2**: 493 (1789). – *Lycopodioides helveticum* (L.) O. KUNTZE Rev. gen. **2**: 824 (1891). – *Diplostachyum helveticum* (L.) PAL. BEAUV. Prodr. Aethéog. 107 (1805). – Schweizer Moosfarn. – Taf. 11 Fig. 8 nach S. 288. – Abb. 32–35.

Ausdauernde, kleine Landpflanze, flache Rasen bildend; vegetativer Stengel bis 20 cm lang, ungegliedert, kriechend, dorsiventral beblättert, in einer Ebene anisotom-dichotom verzweigt, mit einem zentralen Leitbündel; Wurzelträger 1–4 cm lang. Stengel bis 8 cm hoch; seitliche Blätter locker, stumpf oder stumpflich, mit spärlichen kleinen Sägezähnen oder ganzrandig, glänzend grasgrün, anisophyll, in zwei zweizähligen, sich schief kreuzenden Quirlen angeordnet; auf der Rückseite des Stengels zwei Zeilen kleinerer Dorsalblätter, diese schief eiförmig-lanzettlich, dem Stengel angedrückt, an der Spitze einwärtsgebogen, am Rücken dicknervig, 0,5–1 × 1–1,5 mm groß. Seitlich rechtwinklig abstehend oder rückwärts geneigt zwei Zeilen größerer Seiten-(Ventral-)blätter, diese 2–3 × 1–1,5 mm groß, länglich-eiförmig, stumpfspitzig. Strobili einzeln oder zu zweit, gestielt, d. h., von den Laubsprossen durch einen aufrechten, einfachen oder 1–3mal gegabelten, locker mit gekreuzten Paaren von gleichgestalteten, länglich-eiförmigen, stumpflich zugespitzten Blättern besetzten Sproßteil getrennt, von diesem Sproßteil nicht scharf abgesetzt, 3–5 cm lang. Sporophylle unterwärts locker, oberwärts gedrängt, eiförmig (zuweilen scharf) zugespitzt (Abb. 32). Megasporangien mehrere, meist nur im unteren Teil des Strobilus, oft an derselben Seite übereinander stehend, vierknöpfig, gelbbraun. Megasporen gelblich, dicht stumpfwarzig, ca. 400 µm im Durchm., Mikrosporen orangegelb, sehr kleinwarzig oder glatt, 30–40 µm im Durchm. (Abb. 35). – Chromosomenzahl: 2n = 18. – Sporenreife: VI.–VII. (–VIII.).

Vorkommen □ Chamaephyt. Etwas Wärme liebende Licht- bis Halbschattenpflanze. Auf frischen, basenreichen, aber nicht kalkhaltigen, oft rohhumusreichen, lockeren, steinigen Lehmböden. In Auen, Hohlwegen, an schattigen Felsen und Mauern, seltener in lückigen Magerrasen und an erdigen Böschungen. Phytozönologisch noch nicht vollständig bewertet; ist eine Pionierpflanze z. B. in Mesobromion-Gesellschaften, wächst aber auch im Eriophorion latifolii. In der Mittelslowakei an Andesitfelsen im Festucetum glaucae saxatile mit *Allium flavum, A. senescens* (= *A. montanum*), *Potentilla arenaria, Galium glaucum, Seseli osseum* und *Sempervivum hirtum,* und selten in Carpineten mit *Cardamine glandulosa, Lunaria rediviva, Carex pilosa* und *Hedera helix.* Von der Ebene bis in die untere Voralpenstufe, selten bis 2100 m aufsteigend.

Allgemeine Verbreitung □ Im warmgemäßigten und gemäßigten Eurasien mit deutlicher subozeanischer Disjunktion; in Europa meistens nur in den mittel- und südeuropäischen Gebirgsländern, selten in den Pyrenäen; in Kleinasien und im Kaukasus, weiter ostwärts im Amurgebiet und in der Mandschurei, auf den Kurilen und in Japan.
□ Karten: MEUSEL, JÄGER, WEINERT 1965, S. 9; JALAS & SUOMINEN 1972, Karte 14.

Arealdiagnose □ submerid/montan – temperat/montan · ozean$_{2-(3)}$ Europa + Ostasien.

---

[1] helveticus (lat.) = schweizerisch

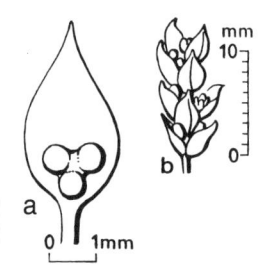

Abb. 32 □ *Selaginella helvetica* (L.) SPRING □ *a* Sporophyll mit Megasporangium □ *b* Teil eines Strobilus (Original DOSTÁL)

Abb. 34 □ *Selaginella helvetica* (L.) SPRING. Valle Cannobina, Lago Maggiore, Norditalien

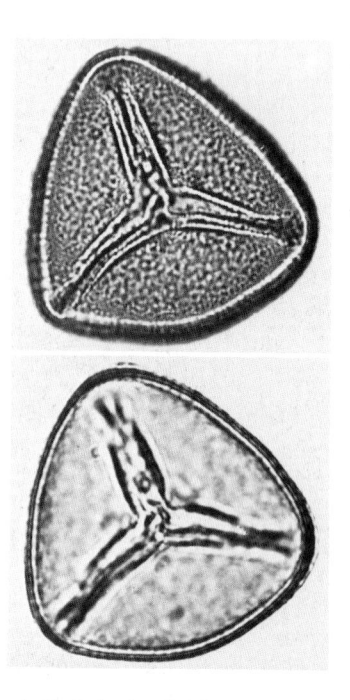

Abb. 33 □ *Selaginella helvetica* (L.) SPRING. Habitus, etwa 2 × vergr. (Original HEITZ/BOUSANI)

Abb. 35 □ *Selaginella helvetica* (L.) SPRING. Mikrospore (× 1000), Ansicht vom proximalen Pol mit Tetradenmarke, *oben* hohe, *unten* tiefe Einstellung (Original STRAKA)

Florenelement (europäisches Teilareal) □ caucas – nordanatol – balcan – alpisch – carpat/sämtlich subalpin-demontan.

Verbreitung im Gebiet □ Deutschland: im Bodenseegebiet: Argental von Gießenbrück bis zum Bodensee und Schwarzen Grat bei Laupenheim, auf der Bayerischen Hochebene (sekundär nördlich bis Augsburg), Deggendorf, Plattling und Passau, im Alpenvorland, im Fränkischen Jura (zwischen Alling und Bergmandig), in Thüringen (Thüringer Wald: früher Inselsberg, vielleicht angepflanzt, angeblich früher auch bei Schmiedefeld und im Paulinzellaer Forst), im Fichtelgebirge (zwischen Schneeberg und Rudolfstein, vielleicht angepflanzt); im Erzgebirge (Heinzebank bei Lengefeld, 1980 entdeckt); in den Bayerischen Alpen (bis 1000 m). – In der Schweiz zerstreut in den Voralpen und Alpen, von der tiefsten Zone (z. B. Noville im Kanton Waadt, 370 m) bis 1600 m, in Graubünden ob Fideris bis 1550 m, Teysachaux 1890 m (Kant. Freiburg), im Wallis bis 2100 m (Saas-Fee); im Mittelland sehr selten. – In den italienischen Südalpen. – In Österreich in den ganzen Alpen, in Steiermark noch bei Hieflau und Falkenberg ob der Theilheimer Murbrücke; bei Katzelsdorf und Lichtendorf, sowie an der Schwarza bei Hadersworth in Niederösterreich; in den Donauauen bei Wien. – In Slowenien selten, aber im ganzen Gebiet zerstreut, im Süden seltener, fehlt in Istrien. – Tschechoslowakei: fehlt in Böhmen; in Nordmähren (Schlesien) vereinzelt bei Krnov (Jägersdorf) und Opava (Troppau), aber seit 150 Jahren nicht wieder bestätigt; in der Slowakei in Auenwäldern bei Bratislava und in den südlichen Vorgebirgen der Karpaten nur längs der Flüsse Hron, Rimava und Hornád. – In Polen bei Bliszcyce (Bleischwitz) und Branice (Branitz) bei Glubczyce (Leobschütz) im polnischen Schlesien.

3. Selaginella apoda
Selaginella apoda[1] (L.) SPRING in MARTIUS Fl. Brasil. **1/2**: 119 (1840) p. p., emend. BAKER Fern Allies 71 (1887). – Basion.: *Lycopodium apodum* LINNÉ Sp. pl. 1105 (1753). – Syn.: *Selaginella denticulata* BROCKMÜLLER (1870), non LINK (1841). – F u ß l o s e r M o o s f a r n.

Ausdauernd, H a u p t s p r o ß bis 15 cm lang, ungegliedert, spärlich gabelig verzweigt, lockere Rasen bildend, am Ende wie die oberen Äste einen Strobilus tragend. Blätter auffallend ungleichseitig, lebhaft grün, V e n t r a l b l ä t t e r rechtwinklig abstehend oder etwas rückwärts geneigt, 1,5–2 (–3) × 1–1,5 mm groß, schief breitlänglich, spitzlich – die vordere Seite fast doppelt so breit wie die hintere –, am Grunde abgerundet; D o r s a l b l ä t t e r 2–3mal kleiner, angedrückt, schief länglich, zugespitzt, mit oberseits stärker hervortretendem Nerv. S t r o b i l i ungestielt, bis 3 cm lang, Sporophylle abstehend, 2 mm lang, aus eiförmigem Grunde allmählich zugespitzt. Megasporen grobnetzig-höckerig. Mikrosporangien nierenförmig, rotbraun.

Herkunft und Verbreitung □ In Nordamerika von Kanada bis Florida und Texas einheimisch, in Europa in Gärten auf Teppichbeeten kultiviert und hie und da in Gärten und Parks verwildert, z. B. in Berlin. (Die ähnliche *S. denticulata* [L.] LINK [1841] ist nur im südlichen Europa verbreitet und ist ein ausgesprochen mediterraner Typ.)
□ Karte: JALAS & SUOMINEN 1972, Karte 16.

4. Selaginella kraussiana
Selaginella kraussiana[2] (KUNZE) A. BRAUN Ind. sem. horti Berol. 22 (1859). – Basion.: *Lycopodium kraussianum* KUNZE Linnaea **18**: 44 (1844). – Syn.: *Selaginella hortensis* METTEN. Filic. horti Lips. 125 (1856). – *Didiclis kraussiana* (KUNZE) ROTHMALER Fedde Rep. **54**: 71 (1944). – *Selaginella azorica* BAKER Journ. Bot. 1883: 213 (1883); Fern Allies 50 (1887). – K r a u s s' M o o s f a r n.

H a u p t s p r o ß kriechend, 30–100 cm lang, an den Knoten gegliedert, dorsiventral beblättert, unterseits flach, oberseits halb-rund gewölbt, abstehend verzweigt. Blätter frisch-grün, vierzeilig, V e n t r a l b l ä t t e r (Seitenblätter) an den oberen Verzweigungen dichter als am Hauptsproß, dachziegelartig gelagert, abstehend, länglich-lanzettlich, zugespitzt, sehr fein gesägt bis gewimpert. D o r s a l b l ä t t e r 2–3mal kleiner, angepreßt, schief-eiförmig, am Grunde halbherzförmig, zugespitzt, kleingesägt. S t r o b i l i vierkantig, sitzend, schlank, gebogen, 10–20 mm lang und 1–2 mm im Durchm. S p o r o p h y l l e vierzeilig, eiförmig, lang zugespitzt, kleingesägt, die untersten steril und eine Art Hüllkelch um das unterste fertile, meist nur ein Megasporangium tragende Sporophyll bildend. Megasporen weiß, Mikrosporen orangefarbig.

Herkunft und Verbreitung □ Einheimisch auf den Azoren und im mittleren und südlichen Afrika, in Gärten seit 1800 gezogen, gehört zu den am meisten kultivierten Arten der Gattung. In Gewächshäusern öfters verwildert und auch im freien Land in Belgien (Villance) und in Norditalien gefunden.
□ Karte: JALAS & SUOMINEN 1972, Karte 17.

---

[1] ἀ (alpha privatum, griech.) = ohne; πούς, ποδός, pus, podos (griech.) = Fuß; wegen des »ungestielten« Strobilus; schon DILLENIUS (Hist. muscorum 467; 1741) nennt diese Art Lycopodioides denticulatum pulchrum repens spicis apodibus. – Zur Nomenklatur s. C. V. MORTON: Selaginella apus or apoda? Am. Fern. J. **57**: 104–106 (1967).
[2] Nach CHRISTIAN FERDINAND FRIEDRICH KRAUSS, Direktor des Museums in Stuttgart, welcher 1838 bis 1840 Natal bereiste und in Flora (Regensb.) **27–29** (1844–1846) einige Nachrichten darüber veröffentlichte.

Ordnung Isoëtales Brachsenkrautartige Pflanzen

Die Isoëtales stellen wahrscheinlich eine der letzten überlebenden Gruppen des phylogenetischen Astes der heterosporen Lycopsida dar. Sie leiten sich von den hohen, baumförmigen Sigillariaceae des produktiven Karbons über die niedrige *Pleuromeia* der Trias und die fast staudenartige *Nathorstia* der Kreide ab und sind heute nur als einzige Familie Isoëtaceae mit 2 Gattungen vertreten: *Stylites* (eine Art als Wasserpflanze in andinen Schneesümpfen) und *Isoëtes*.

Familie Isoëtaceae Brachsenkrautgewächse

Typus-Gattung der Familie: *Isoëtes* L.

Wichtige Literatur □ ABRAM, A. & C. A. NINAN 1958: Cytology of *Isoëtes*. Current Sci. 27: 60–61. – BERTHET, P. & M. LECOCQ 1977: Morphologie sporale des espèces françaises du genre *Isoëtes*. Pollen et Spores 19 (3): 329–359. – DONAT, A.: Verbreitung einiger Isoëtiden. In: HANNIG & WINKLER: Die Pflanzenareale 1. Reihe 8 (1928); 3. Reihe 8 (1933). – ENDRESS, P. K. & S. GRAESER 1972: *Isoëtes lacustris* L., ein Neufund in der Schweiz und seine pflanzengeographische Stellung. Jahrb. d. Vereins z. Schutze d. Alpenfl. 37: 162–175. – ERDTMAN, G. & P. SORSA 1971: Pollen and Spore Morphology / Plant Taxonomy. Pteridophyta, Stockholm. – FUCHS, H. P. 1959: Historische Entwicklung der Nomenklatur und Taxonomie der Gattung *Isoëtes*. Verh. Naturf. Ges. Basel 70: 205–232. – FUCHS, H. P. 1962: Nomenklatur, Taxonomie und Systematik der Gattung *Isoëtes* LINNAEUS in geschichtlicher Betrachtung. Beih. Nova Hedwigia 3: 1–103. – GRENDA, A. 1926: Über die systematische Stellung der Isoëtaceen. Bot. Archiv 16: 268–296. – JERMY, A. C. 1969: Brit. Fern Gaz. 10 (2): 106 (Buchbespr.). – KUBITZKI, K. & R. BORCHERT 1964: Morphologische Studien an *Isoëtes triquetra* A. BRAUN. Ber. Deutsch. Bot. Ges. 77: 227–234. – LIEBIG, J. 1931: Zur Entwicklungsgeschichte von *Isoëtes lacustris*. Flora 125: 321–358. – PFEIFFER, C. NORMA 1922: Monograph of the *Isoëtaceae*. Ann. Missouri Bot. Gard. 9: 79–232. – RAUH, W. & H. FALK 1959: *Stylites* AMSTUTZ, eine neue Isoëtacee aus den Hochanden Perus. Sitzber. Heidelberg. Akad. Wiss., Math.-Naturw. Kl. 1, 83, 87–160. – REED, C. E. 1953: Index Isoëtales. Bol. Soc. Brot. 2. ser. 27: 5–72. – WEBER, U. 1922: Zur Anatomie und Systematik der Gattung *Isoëtes*. Hedwigia 63: 219–262.

Wasserpflanzen oder Pflanzen periodisch überschwemmter Standorte mit einem unterirdischen, unverzweigten, knollenförmigen oder sehr kurz walzlichen S t a m m , mit sekundärem Dickenwachstum von einem zentralen Leitbündel aus. Unten daran gabelig verzweigte, hohle W u r z e l n , oben am Vegetationskegel dichte, spiralig angeordnete B l ä t t e r mit scheidig verbreitertem, rückseitig gewölbtem Blattgrund, den Stamm verdeckend. S c h e i d e n dreieckig-eiförmig, innen mit Ligula, bei einigen Arten die innersten jedes Jahres ohne Spreite, schuppenförmig. Normale S p r e i t e n fast stielrund, binsenartig, von einem zentralen Leitbündel und zwei ventralen und zwei dorsalen, quergefächerten Luftkanälen durchzogen. S p o r o p h y l l e zahlreich, den Laubblättern gleich. In ihrer S c h e i d e eine von Durchlüftungsgewebe umgebene, mit einem häutigen Schleier bedeckte Grube, darin eingesenkt ein gekammertes Sporangium. M e g a s p o r a n g i e n in den äußeren Blättern der Jahrestriebe, M i k r o s p o r a n g i e n in den inneren. P r o t h a l l i e n in den keimenden Sporen eingeschlossen. Megasporen trilet, Mikrosporen monolet.

□ Die Mikroprothallien bilden nur 1–2 vegetative Zellen und ein einziges Antheridium, darin 4 vielgeißlige Spermatozoiden. Das Megaprothallium entwickelt an einer Stelle, die durch Reißen der Sporenwand offen liegt, einige wenige Archegonien.

1. Isoëtes

Isoëtes[1] LINNÉ Sp. pl. 1100 (1753). – B r a c h s e n k r a u t . – Holl.: biesvaren; dän.: brasenfølde; engl.: quillwort; tschech.: šídlatka; poln.: poryblin; russ.: полушник (polušnik).

Typus-Art: *Isoëtes lacustris* L.

Ausdauernde Wasserpflanzen oder Pflanzen feuchter Standorte mit unterirdischem S t a m m , mit dunkelbrauner bis schwärzlicher Rinde, auf der Unterseite mit 2–3 Längsfurchen, aus denen die dichotom verzweigten Wurzeln entspringen, in der Mitte der schwach vertieften Oberseite den Vegetationskegel tragend. Außerdem ist der Stamm in abstehende

---

[1] Isoëtes (griech.) von etos (griech.) ἔτος = Jahr, isos (griech.) ἴσος = gleich; das ganze Jahr gleich, die Blätter sind auch im Winter grün; bei PLINIUS für eine *Sedum*-Art benützt. Der Name ist bei LINNÉ femininum.

Lappen gegliedert. Wenn diese ihre älteren Rindenschichten abstoßen, zeigen sie – artweise verschieden – eine glatte oder von 3–5 (–7) Längsfurchen durchzogene Oberfläche. B l ä t t e r mehr oder weniger zahlreich, dicht rosettig gedrängt, mit dem scheidenartig verbreiterten Grunde einander umfassend und über dem Stamm eine Art geschlossener Zwiebel bildend, ziemlich plötzlich in die binsenähnliche, lange, halbstielrunde S p r e i t e sich verschmälernd. Sporenmorphologie: heterospor; Megasporen kugelsektorförmig, trilet (mit Tetradenmarke), Oberfläche glatt oder netzig. Mikrosporen in Polansicht elliptisch, seitlich wie ein Orangenschnitz aussehend, monolet (mit einer Spalte). Wandung aus einer äußeren lamellierten Schicht und einer inneren kompakten Schicht bestehend, erstere außerhalb der Apertur wie ein Saccus vorspringend. – Sporophylle vgl. S. 50.

Artenzahl und Verbreitung □ Die Gattung *Isoëtes* hat ca. 65 Arten, welche zusammen ein fast kosmopolitisches Areal haben. Erst 1957 wurde eine zweite Gattung, *Stylites* AMSTUTZ, aus Südamerika beschrieben.

Gliederung der Gattung □ Die Arten der Gattung *Isoëtes* sind morphologisch sehr gleichförmig. Man verteilt sie auf 4 Sektionen nach der Struktur des Exospors. Die mitteleuropäischen Arten gehören in die sect. *Isoëtes* (= sect. *Cristatae* PFEIFFER; *I. lacustris*) mit warzigen Megasporen und in die sect. *Echinatae* PFEIFFER (*I. setacea*) mit dicht stacheligen Megasporen. Die Arten haben aber sehr verschiedene Karyotypen, n = 10, 11, 22, 33, 54–56 und 2n = 100 und mehr.
□ Die Gattung *Isoëtes* enthält vorwiegend ozeanische Elemente der meridionalen bis temperierten Zone, mit Mannigfaltigkeitszentren in Nord- und Südamerika und im Mediterrangebiet. – In Mitteleuropa nur 2 Arten; eine größere Artenzahl (ca. 15) bewohnt das atlantische Europa und das Mediterrangebiet; einzelne Arten kommen jedoch auch in den Tropen vor, besonders in den Gebirgen.

Morphologie und Ausbreitungsökologie □ Die Keimung und Embryobildung ist bisher nur ungenügend bekannt. Die Blätter mit Sporangien (aber auch ganze Pflanzen mit Knollen und Wurzeln) können durch Tiere, Wellenschlag und auch Eisgang losgerissen werden, und alte Blätter lösen sich auch von selbst ab. Die Pflanzen verlieren aber nicht alle Blätter eines jeden Jahres. Mit den Blättern werden zugleich auch die Sporen in den Sporangien am Blattgrunde verbreitet. Die Sporangienwand verwest allmählich; die Sporen werden dann erst frei. Da oft beide Sporophylle (mit Mikro- und Megasporen) zusammengeschwemmt werden, dürften auch die Entwicklung von Prothallien und die Befruchtung am Ufer stattfinden. Die Blätter mit Sporangien können durch Wasservögel verschleppt und die Pflanzen so verbreitet werden.

Ökologie □ Die *Isoëtes*-Arten sind Wasserpflanzen oder Pflanzen periodisch überschwemmter Standorte. In Mitteleuropa, wie aus Sporenfunden zu schließen ist, waren sie im Postglazial weit häufiger als gegenwärtig und sind als Glazialrelikte zu werten. Der Rückgang der Gattung hat zwei Gründe: die allgemeine Erwärmung des Klimas und die Eutrophierung von Seen (Abwässer, Düngerspuren).

Volksnamen □ Brachsenkraut genannt nach der Brachse *(Abramis brama)*, einem Fisch aus der Familie der Karpfen, mit dem es in Pommern oft in großen Mengen auf den Markt kam, in Westpreußen Look (= Lauch), wegen der Ähnlichkeit der Blätter mit denen von Laucharten.

Fossilfunde □ *I. lacustris* wird aus interglazialen, spät- und seltener postglazialen Schichten angegeben, *I. setacea* ist viel seltener in spät- und postglazialen Ablagerungen gefunden worden. Zumeist sind es Megasporen.

Bestimmungsschlüssel für die Arten

1 Abstoßungsflächen der Stammlappen mit 3–5 (–7) Längsfurchen; Blätter steif, dunkelgrün, kaum durchscheinend, kurz zugespitzt. Megasporen runzelig . . . . 1. *I. lacustris*
1* Abstoßungsflächen der Stammlappen nicht gefurcht; Blätter weich, hellgrün, durchscheinend, allmählich zugespitzt. Megasporen stachelig . . . .
. . . . 2. *I. setacea*

1. Isoëtes lacustris

Isoëtes lacustris[1] LINNÉ Sp. Pl. 1100 (1753). – S e e - B r a c h s e n k r a u t . – Taf. 8 Fig. 7 nach S. 240. – Abb. 36–38.

Immergrüne, ausdauernde, stets untergetauchte Pflanzen; G r u n d a c h s e niedergedrückt-kugelig, 12–15 mm dick, Abstoßungsflächen der Lappen mit 3–5 (–7) Längsfurchen. B l ä t t e r sehr zahlreich (bis 70, aber auch bis 200), 5–20 (–40) cm lang und unten 20–25 mm breit, ventral flach rinnig, an den Rändern abgerundet, oberwärts fast stielrund, kurz zugespitzt, steif aufrecht, dunkelgrün, kaum durchscheinend, ohne Spaltöffnungen und Unterhautsklerenchymbündel, Scheidenteile ca. 2 × 2 cm groß, hellbraun, S c h l e i e r (Velum) etwa das obere Drittel der Sporangiumgrube deckend, L i g u l a kaum länger als breit, Lippe fast geradlinig gestutzt. M e g a s p o r e n 500–700 µm groß, weißlich, mit niedrigen, teilweise netzartig verbundenen, feinen Runzeln dicht bedeckt. Mikrosporen hell bräunlich, ca. 26 × 43 × 29 µm groß, mit niedrigen, z. T. leistenförmig verlängerten und gebuchteten oder gebogenen Warzen, seltener glatt. – Chromosomenzahl: 2n = 110. – Sporenreife: VIII. (VII.–IX.).

Vorkommen □ Hydrophyt. Selten, aber gesellig (bis 50 Exemplare auf einem Quadratdezimeter), meist untergetaucht, in kleinen, oligotrophen bis dystrophen Seen mit Schlammgrund, selten in Teichen und

---

[1] lacus (lat.) = See, Teich

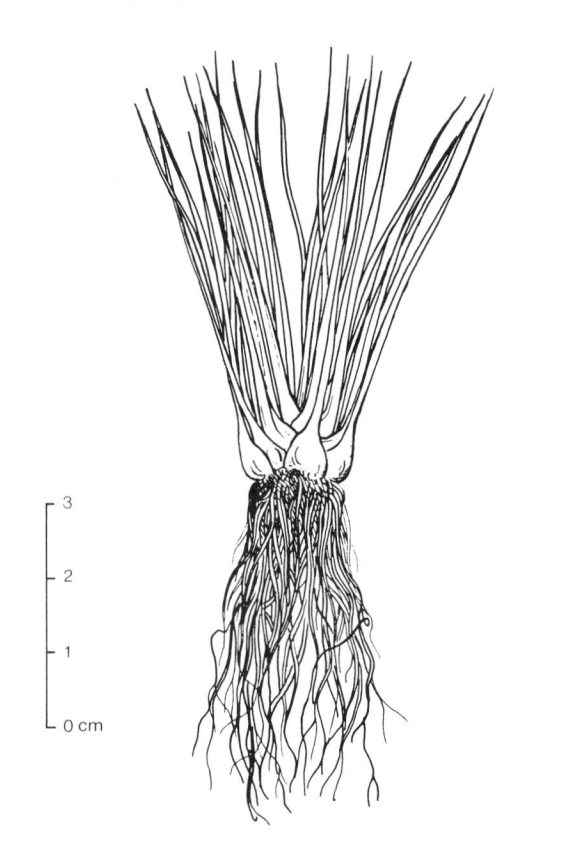

Abb. 36 □ *Isoëtes lacustris* L. Habitus (Original HEITZ/BOUSANI)

Gebirgsseen, vereinzelt in Bächen, in Wassertiefe von 0,5–10 m, auf flachem, sandigem, seltener auf moorigem, nährstoffarmem Grund, öfters in Gesellschaft von *Littorella, Lobelia dortmanna, Myriophyllum alterniflorum, Sparganium affine, Nuphar pumilum;* Charakterart des Isoëtetum echinosporae (Isoëtion, Littorelletalia).

Allgemeine Verbreitung □ Temperat-boreal-ozeanisch. In Mitteleuropa zerstreut von Großbritannien, der Bretagne, Zentralfrankreich, Deutschland, Böhmen, Polen, ostwärts bis Mittelrußland und zum mittleren Ural; Südgrenze in Nordspanien, im nördlichen Alpenvorland und in Böhmen. Häufiger in Nordeuropa (Nordwestrußland, Finnland, Skandinavien, Irland), außerdem auf Island, im südlichsten Grönland, und eine als *I. macrospora* DUR. beschriebene Form im gemäßigten östlichen Nordamerika; wenige Fundorte in Japan.
□ Karten: HULTÉN 1958, S. 267; MEUSEL, JÄGER, WEINERT 1965, S. 9; JALAS & SUOMINEN 1972, Karte 18. – Von der frühen postglazialen Wärmezeit in Mitteleuropa an belegt.

Arealdiagnose □ temperat-boreal · ozean$_{1-(3)}$ EUR-Ostamerika + (Japan).

Florenelement (europäisches Teilareal) □ atlant-zentraleurop disjunkt – (sarmat) – boreoatlant – scand.

Verbreitung im Gebiet □ Deutschland: diluviale Hochflächen des Norddeutschen Tieflandes im Küstengebiet, Insel Usedom, Schleswig-Holstein, Mecklenburg (Gardensee bei Ziethen, Priepert unweit Ratzeburg), Niedersachsen (Beverstedt, Otterstedter, Wollingster und Silber-See, bei Lauenburg, Celle, nördlich von Bremen), Schwarzwald (Feldsee 1105 m, Titisee 844 m), Oberbayern (Steinsee und Kirchsee bei Grafing, aber wahrscheinlich verschwunden), Allgäu (Oberstdorf). – Vogesen (in den Seen des Vologne-Tales bei Retournemer, 780 m, Longemer, 825 m, und Gérardmer, 640 m). – In der Schweiz: in drei kleinen Seen im Gebiet des San Bernardino-Passes (Kanton Graubünden, an der Wasserscheide zwischen Hinterrhein im Norden und Misox im Süden), Messer-See im Binna-Tal (ENDRESS), Walliser Alpen. – In Österreich: Salzburg (Jägersee im Klein-Arl-Tale, Teich bei Goldegg im Pongau und Zeller See; alle diese drei Fundorte vermutlich erloschen). – Tschechoslowakei: Böhmen; Böhmerwald: Schwarzer See bei Eisenstein (Železná Ruda), 1008 m, bis 10 m unter dem Wasserspiegel, und im Plöckensteiner-See (Plešné jezero), auf schwarzem, verschlammtem Grunde mit *Sparganium angustifolium*. – Polen: Riesengebirge, Großer Teich = Wielki Staw, 1230 m; Insel Wollin, in *Lobelia*-Seen in Nordpolen (Ostseeküste): Seen Orle bei Goszczanowo (Götzenberg), Bez. Miastko (Rummelsburg i. P.), Kamienne-See im Bez. Kartusy (Kesthaus); Szarne-See im Bez. Ostróda (Osterode); Tyrsko-See im Bez. Olsztyn (Allenstein); in Torfmooren am mittleren Bug in Ostpolen und in Masuren.

Unterscheidung und Variabilität der Art □ Diese Art (und auch die nächste) besitzt eine auffällige Ähnlichkeit mit untergetauchter, in diesem Zustand nicht blühender *Littorella*, die häufig in ihrer Gesellschaft wächst, aber sich durch die fadenförmigen Ausläufer und die weißen Wurzeln sofort unterscheidet. Die *Isoëtes*-Arten haben dunkle Wurzeln; getrocknet verbreiten sie einen charakteristischen urinösen Geruch. – Die Anwesenheit der oft vom Ufer aus nicht sichtbaren Pflanze verrät sich durch die besonders im Herbst massenhaft angespülten abgelösten Blätter (zuweilen selbst ganze Stöcke). In bezug auf Richtung und Länge der Blätter ändert diese Art ziemlich stark ab, so daß mehrere Standortformen unterschieden werden können, welche aber keinen systematischen Wert haben.

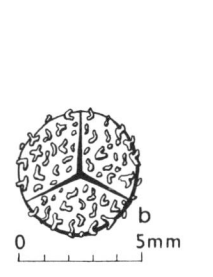

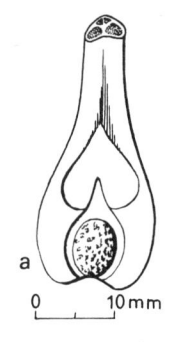

Abb. 37 □ *Isoëtes lacustris* L. □ *a* unterer Teil eines Sporophylls mit Ligula und Sporangium □ *b* Megaspore vom proximalen Pol mit Tetradenmarke (Original DOSTÁL)

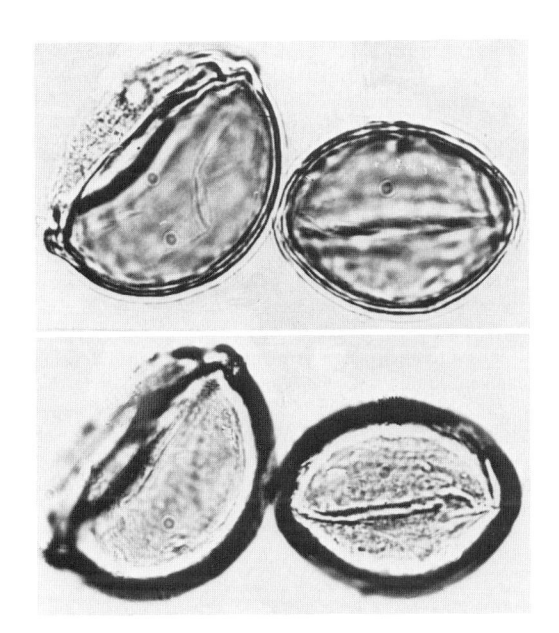

Abb. 38 □ *Isoëtes lacustris* L. Mikrosporen (× 1000), jeweils *links* in Äquator-, *rechts* in Polansicht (vom distalen Pol), *oben* tiefe Einstellung (optischer Schnitt), *unten* noch tiefere Einstellung (Durchsicht), mit Apertur (Original STRAKA)

2. Isoëtes setacea

Isoëtes setacea[1] LAMARCK Encycl. Méth. **3:** 314 (1789), non BOSC (1803) nec DELILE (1827) (vgl. H. P. FUCHS [1962]). – *I. tenella*[2] DESV. Ann. Soc. Linn. Paris Mém. **6:** (179) no. 3 (1827). – *I. echinospora*[3] DURIEU Bull. Soc. Bot. France **8:** 164 (1861). – Zartes Brachsenkraut. – Abb. 39.

Wichtige Literatur □ IVERSEN, J. 1928: Über die Species-Umgrenzung und Variation der *Isoëtes echinospora*. Bot. Tidsskrift **40:** 126–131. – LÖVE, Á. 1962: Cytotaxonomy of the *Isoëtes echinospora*-complex. Amer. Fern Journ. **52:** 113–123. – WELTEN, M. 1967: Ein Brachsenkraut, *Isoëtes setacea* LAM., fossil im schweizerischen Molasseland. Diskussionsbeitrag zu den Begriffen des Areals und des historischen Elements. Bot. Jahrb. **86:** 527–536.

Ausdauernd, der vorigen Art sehr ähnlich; G r u n d a c h s e bis 13 mm dick, Abstoßungsflächen der Lappen nicht gefurcht; B l ä t t e r nicht so zahlreich (bis 50), schlanker, hellgrün, durchscheinend, unterwärts zuweilen rötlich oder bräunlich, höchstens 18 cm lang und 1–1,5 mm breit, allmählich zu einer feinen Spitze verschmälert, abstehend oder zurückgekrümmt, schlaff, außerhalb des Wassers zu einem Büschel zusammenfallend. M e g a s p o r e n 440–540 µm im Durchm., dicht mit kegelförmigen, zerbrechlichen, bis 8 µm langen Stacheln besetzt, M i k r o s p o r e n 17 × 31 × 20 µm, mit ziemlich langen, dünnen, spitzen bis stumpfen, zerbrechlichen Stacheln. – Chromosomenzahl: 2n = 22. – Sporenreife: VI.–IX.

Vorkommen □ Hydrophyt. Wächst in der oberen Sublitoralzone im noch durchlichteten Bereich unterhalb der Niedrigwasserlinie. Ihre Tiefengrenze wird von der Lichtintensität am Seeboden und damit von der Lichtdurchlässigkeit des Wassers bestimmt. Auf weichem, flachem, sandig-schlammigem, torfigem Grunde der nährstoffarmen (oligotrophen) Seen, 0,5–2,5 m tief, sehr selten und ausnahmsweise bei niedrigem Wasserstand trocken fallend. In kühlen oligotrophen Seen kann diese Art hektargroße Unterwasserwiesen bilden, entweder fast Reinbestände, oder in Gesellschaft von *Isoëtes lacustris* und *Sparganium angustifolium*. Charakterart des Isoëtetum echinosporae (Isoëtion, Littorelletalia).

Allgemeine Verbreitung □ Areal amphiatlantisch-zirkumpolar, in Europa nordisch-subozeanisch. Im Spät- bis Frühpostglazial in Mitteleuropa weit häufiger als gegenwärtig; im Schwarzwald seit der Späteiszeit nachgewiesen. – Die Art im weiteren Sinne ist zirkumpolar-ozeanisch, in den gemäßigten und küh-

Abb. 39 □ *Isoëtes setacea* LAM. Auf dem Grund eines Sees im Südschwarzwald, 20–30 cm Wassertiefe

---

[1] setaceus (lat.) = borstenartig, von seta (Borste), wegen der sehr schmalen Blätter.

[2] tenellus (lat.) = sehr fein, sehr zart.

[3] echinos (griech.) ἐχῖνος = der Igel (Seeigel); spora (griech.) σπορά = Same, Spore; wegen der stacheligen Megasporen.

len Zonen meist ± zerstreut verbreitet, mit Teilarealen in Mittel- und Nordeuropa, auf Island, Grönland, im östlichen und westlichen Nordamerika sowie auf den Aleuten, in Japan und isoliert in Zentralsibirien.
□ Karten: HULTÉN 1958, S. 255; MEUSEL, JÄGER, WEINERT 1965, S. 9; JALAS & SUOMINEN 1972, Karte 19.

Arealdiagnose □ temperat – boreal – (arct) · ozean$_{1-3}$ Circpol.

Florenelement (europäisches Teilareal) □ (submedit/montan disjunkt) – atlant – subatlant – nordsarmat – scandinav – boreoatlant.

Verbreitung im Gebiet □ Deutschland: Holstein (Kreis Steinburg: im Teich der Lochmühle und in den zwei unteren Steinteichen beim Lockstedter Lager unweit Itzehoe); Thüringen (angeblich früher Pörmitzer Teich bei Plothen im Vogtland); Schwarzwald (Feldsee, Titisee, früher auch Schluchsee). – Vogesen: bei Longemer und Gérardmer. – In der Schweiz: Lago Maggiore (Muralto bei Locarno, in Tiefen von 40 bis 150 cm) und zwischen Roccabella und Magadino. – Lago d'Orta in Italien, westlich vom Lago Maggiore (ob noch?). – Fehlt in Österreich. – Tschechoslowakei: Böhmen (Böhmerwald: Plöckensteiner See [= Plešné jezero] 1090 m, neuerdings wieder festgestellt). – Polen: Lębork (= Lauenburg in Pommern): Sauliner (= Salinskie) See. Wejherowo (= Neustadt in Westpreußen): Wolksee und Karpionkisee bei Wahlendorf (= Niepoczołowice); Grabówka-See bei Bieszkowice (*Lobelia*-Seen).
□ Von den Mittelmeerarten erreicht die Südgrenze der mitteleuropäischen Flora nur *Isoëtes malinverniana* CESATI et DE NOTARIS (Index sem. horti Genuens. 1858: 36: 1858), verschieden von beiden obengenannten Arten durch Sporangien ohne Schleier, durch warzige Megasporen und durch bis 80 cm lange untergetauchte, im Wasser flutende Blätter; Norditalien (Vercelli und Novara).

Klasse **Sphenopsida** Schachtelhalme (Equisetopsida, Articulatae, Stachyophytina)[1]

Gefäßkryptogamen mit gegliedertem, quirlig verzweigtem, hohlem oder (bei fossilen) markerfülltem Stamm. Blätter klein, quirlständig, zu gezähnten Scheiden verbunden, ohne Lakunen an die Stele des Stammes anschließend. Sporangienträger (Sporangiophore, peltate Sporophylle) zu endständigen Ähren vereinigt, quirlständig, gestielt, schildförmig, mit mehreren Sporangien an der Unterseite des Schildes.
□ Die Klasse Sphenopsida stellt eine selbständige Evolutionslinie der Gefäßpflanzen dar, die vielleicht im Silur entstanden ist und im Karbon die größte Entfaltung und Höherentwicklung erreicht hat. Die Vorfahren der Schachtelhalme, die (teils heterosporen) Calamiten, waren besonders im Karbon durch bis 30 m hohe Bäume vertreten.

Einzige rezente Ordnung

Ordnung **Equisetales** Schachtelhalmartige Pflanzen

Einzige Familie

Familie **Equisetaceae** Schachtelhalmgewächse

Die Familie Equisetaceae enthält nur eine einzige rezente Gattung. – Diagnose: s. dort.

---

[1] Von *Sphenophyllum;* sphen (griech.) σφήν = der Keil; diese fossile Pflanze hatte keilförmige Blätter; stachys (griech.) στάχυς = Ähre, articulatus (lat.) = gegliedert.

Equisetum[1]

L. Sp. Pl. (1753) 1061; Genera Pl. 5. Aufl. (1754) 484. – Schachtelhalm. Holl.: paardestaart; dän.: padderok; engl.: horsetail; frz.: prêle, queue de cheval; ital.: coda di cavallo; slowen.: preslica; tschech.: přeslička; sorb. praskac, žabeńc; poln.: skrzyp; russ.: хвощ (chvošč).

Typus-Art: *Equisetum fluviatile* L. (s. HAUKE 1978).

Wichtige Literatur □ ASCHERSON, P. & P. GRAEBNER 1912: *Equisetaceae*. Syn. Mitteleurop. Flora, ed. 2,1: 180–223. – BERGDOLT, E. 1935: *Equisetales*. In: HEGI, G.: Ill. Fl. Mitteleuropa, ed. 2,1: 71–85 (Neudruck 1965). – BORG, P. 1967: Studies on *Equisetum* hybrids in Fennoscandia. Ann. Bot. Fenn. 4: 35–50. – DUCKETT, J. G. 1979: Comparative morphology of the gametophytes of *Equisetum* subgen. *Hippochaete* etc. Bot. J. Linn. Soc. 79 (1979): 179–203. – DUCKETT, J. G. 1979: An experimental study of the reproductive biology and hybridization in the European and North American species of *Equisetum*. Ibid.: 205–229. – HAUKE, R. L. 1963: A taxonomic monograph of the genus *Equisetum* subgen. *Hippochaete*. Beih. Nova Hedwigia 8: 1–123. – HAUKE, R. L. 1967: A systematic study of *Equisetum arvense*. Nova Hedwigia 13: 81–109. – HAUKE, R. L. 1978: A taxonomic monograph of *Equisetum* subgen. *Equisetum*. Nova Hedwigia 30: 385–455. – HIRMER, M. 1938: Articulatae. In: VERDOORN, F. (ed.): Manual of Pteridology: 511–521. The Hague. – HOLUB, J. 1972: Bemerkungen zu den tschechoslowakischen Taxa der Familie Equisetaceae. Preslia 44: 112–130 (tschech.). – KEDVES, M. 1958: Untersuchungen der Spaltöffnungsapparate von *Equisetum*. Acta Biol. Szeged. 4: 149–155. – KÖHLER, I. 1971: Verbreitung, Biologie und Bekämpfung des Saumschachtelhalmes. Paul Parey: Berlin/Hamburg. – KÜMMERLE, J. 1931: *Equisetum*-Bastarde als verkannte Artformen. Magy. Bot. Lap. 30: 146–160. – LIGNIER, O. 1903: Equisetales et Sphenophyllales, leur origine filicinéenne. Bull. Soc. Linn. Norm. Sér. 5.7: 93–139. – LUDWIG, K. 1911: Untersuchungen zur Biologie der Equiseten. Flora 103: 385–440. – MEUSEL, W., J. LAROCHE & J. HEMMERLING 1971: Die Schachtelhalme Europas. Die neue Brehm-Bücherei, Wittenberg. – MILDE, J. 1865: Monographia Equisetorum. Nova Acta Acad. Leopold.-Carol. Dresden 32/2: 1–607. – NOVÁK, F. A. 1971: Die tschechoslowakischen Equiseten (Československé přesličky). Academia, Praha: 1–101. – PAGE, C. N. 1972: An interpretation of the morphology and evolution of the cone and shoot of *Equisetum*. Bot. Journ. Linn. Soc. 65: 359–397. – PICHI-SERMOLLI, R. E. G. 1959: Pteridophyta. In: TURRILL, W. B. (ed.): Vistas in botany: 421–493. – RIEBNER, F. 1926: Über Bau und Funktion der Spaltöffnungsapparate bei den Equisetinae und Lycopodinae. Planta 1: 260–300. – ROTHMALER, W. 1951: Pteridophyten-Studien. Fedde Rep. 54: 74–82. – WEBER, H. E. 1975: Zur Unterscheidung von *Equisetum arvense* L. und *Equisetum pratense* EHRH. Gött. florist. Rundbr. 9: 35–39. – SADEBECK, R. 1902: *Equisetales*. In: ENGLER & PRANTL Nat. Pflanzenfam. 1/4: 520–548.

Ausdauernde, bis ca. 150 cm hohe, krautige Gewächse (außereuropäische Arten auch höher). Rhizom tief wurzelnd (bis über 1 m, bei *E. palustre* bis 4 m tief), schwarz, drahtig, reich verzweigt, einzelne Internodien zu kugeligen oder birnförmigen, oft rosenkranzartig aneinander gereihten Knollen verdickt. Wurzeln reich verzweigt, einzeln an den Knoten des Rhizoms. Seitenzweige des Rhizoms aufrecht, dicht unter der Bodenoberfläche zahlreiche aufrechte, meist einjährige Sprosse treibend, die oft dichte Bestände bilden. Alle Sprosse aus Gliedern aufgebaut, die oberirdischen längs gerippt und gefurcht. Sprosse mit großem, luftführendem Interzellularraum im Mark (Zentralkanal), einem Kreis von Vallekularkanälen in der Rinde (unter den Oberflächenrinnen des Stengels) und einem von Karinalkanälen (unter den Rippen) (s. Abb. 40). Blätter klein, quirlständig, einfach, einnervig, an den Knoten sitzend, zu einer geschlossenen, zylindrischen Scheide zusammengewachsen. Seitenzweige quirlständig, zwischen je 2 Blättern aus den Furchen des Scheidengrundes entspringend, die Scheide durchbrechend, meist schwächer als der Hauptsproß. Sporangienstand (Strobilus) endständig, mit vielen quirlständigen Sporangiophoren übereinander, diese gestielt, schildförmig, mit 5–12 ungestielten Sporangien am Rande der Unterseite. Sporangien mit einschichtiger Wand, ohne Ring, mit Längsriß aufspringend. Sporen gleich, kugelig oder eiförmig, mit Chlorophyll. Perispor bei der Reife in 4 schmale, hygroskopische Bänder mit spatelförmigen Enden schraubig aufgeteilt (Hapteren). Prothallien, soweit bekannt, potentiell zweigeschlechtig, tatsächlich, wohl unter dem Einfluß von Umweltfaktoren, fast immer eingeschlechtig, unregelmäßig verzweigt, grün, die männlichen kleiner als die weiblichen (s. Abb. 43). Spermatozoiden vielgeißelig. Archegonien halb eingesenkt, mit nur einer Halskanalzelle. – Chromosomenzahl: $n = 108$.

Artenzahl und Verbreitung □ Die Gattung *Equisetum* enthält 25–30, nach HAUKE nur 15 rezente Arten. Sie wachsen in fast allen Kontinenten, fehlen nur in Australien, Tasmanien und Neuseeland. Die Hauptverbreitung erstreckt sich über die temperierte Zone in Eurasien und besonders in Amerika. Im tropischen Amerika kommen hochwüchsige immergrüne Arten vor (Gruppe *Equiseta primitiva* SCHAFFNER 1930), z. B. das bis mehrere Meter hohe *E. giganteum* L. An diese Sippen schließen sich die ebenfalls immergrünen holarktischen Arten (subgen. *Hippochaete*) an, deren Vorkommen sich von der subtropischen bis in die arktische Zone erstreckt. Diese auch in Mitteleuropa vorkommenden Arten haben z. T. eine ozeanische (*E. hyemale*), z. T. eine kontinentale (*E. ramosissimum*) Verbreitungstendenz. Die höher organisierten Vertreter der Gattung sind vorwiegend holarktische Elemente, entweder temperat-boreale Sumpfpflanzen (*E. fluviatile, E. palustre*), oder subozeanisch (*E. sylvaticum*) oder subkontinental (*E. pratense*) verbreitete Waldpflanzen oder Laubwaldpflanzen mit einem ausgesprochen ozeanischen Areal (*E. telmateia*), endlich die phylogenetisch jüngste Art, *E. arvense,* mit breitem, holarktischem Areal.

Abstammung □ Die fossilen Vorfahren unserer Schachtelhalme

---

[1] equus (lat.) Pferd, seta (lat.) Borste, Haar. Die Pflanze hieß bei den alten Griechen ἵππουρις (hippuris) Pferdeschwanz. Diesen Namen benutzte LINNÉ für eine andere Gattung.

gehören zur Gattung *Equisetites* (vom Karbon bis zur Kreideformation): es waren baumartige Pflanzen mit quirlständigen, langen, linealischen Blättern, die erst in der Kreide begannen, sich zu den krautigen Typen der Gattung *Equisetum* zu entwickeln.

Unterteilung der Gattung □ Die Arten der Gattung sind taxonomisch gründlich von MILDE (1865) bearbeitet, welcher die rezenten Schachtelhalme in zwei selbständige Gattungen unterteilt hat, und zwar die Gattung *Equisetum* im engeren Sinne und *Hippochaete*. Obgleich diese beiden Taxa nach den Spaltöffnungen ganz klar zu unterscheiden sind, gleichen sie einander in der Form der Strobili, in der Form der sterilen und fertilen Sprosse, in der Variabilität, in der Chromosomenzahl (nur die Masse der Chromosomen ist bei *Equisetum* kleiner als bei *Hippochaete*). Darum ziehen es die besten Kenner der Equiseten vor, sie als *eine* Gattung zu behandeln, so auch der neueste Monograph der Gattung, HAUKE (1963–78).
□ Ökologisch gehören die europäischen Arten zu den hygrophilen Typen, aber einige treten auch an zumindest oberflächlich trockenen Standorten auf (z. B. *E. arvense* und *E. ramosissimum*).

Morphologie und Anatomie □ Die hohlen Sproßglieder sind an den Knoten durch feste Diaphragmen voneinander getrennt. Ihre Epidermiszellen besitzen, wie auch die der Blätter, eine stark verkieselte Außenwand. Die Rippen und die zwischen ihnen liegenden Furchen stehen mit dem anatomischen Bau in engem Zusammenhang, und beide wechseln sich in übereinanderstehenden Gliedern ab. Die Festigkeit des Stammes ist außer der Verkieselung der Epidermis den Bastbündeln zuzuschreiben, die in den Rippen außerhalb der kollateralen Leitbündel verlaufen. Ebenfalls unter den Rippen liegt das Chlorophyllgewebe. Am Übergang zwischen Rippe und Furche befinden sich die Spaltöffnungen, deren Anordnung in Reihen systematisch wichtig ist. Außerdem durchziehen viele Kanäle den Stamm, teils unter den Rippen – »Karinalkanäle«, teils unter den Furchen – »Vallekularkanäle«, und in der Mitte befindet sich ein großer Zentralkanal. Die Zähne der Scheiden, d. h. die Spitzen der Blätter, stehen in demselben Radius wie die Rippen des nächstunteren Internodiums. Die Verwachsungsnähte der Blätter sind anatomisch als »Kommissuralfurchen« erkennbar. Die unterste Scheide der Seitenzweige ist von den übrigen etwas verschieden, und die 1–2 obersten unter dem Sporangienstand sind zu Ringen verkürzt.
□ Bei vielen Arten sind die fruchtbaren und die vegetativen Sprosse gleich gestaltet und grün, bei anderen (z. B. *E. arvense* und *E. telmateia*), sind die fertilen Sprosse unverzweigt, blaßgelb bis rötlich. Diese werden bereits im Herbst ausgebildet und brechen im Frühling vor den vegetativen aus dem Boden hervor. Die Hapteren rollen sich bei feuchter Luft um die Spore zusammen, beim Austrocknen wieder auf. So hakt sich eine größere Anzahl Sporen in trockenem Zustand zu einer locker-wolligen Flocke aneinander, die durch den Wind verbreitet wird. Dadurch wird die Wahrscheinlichkeit größer, daß männliche und weibliche Prothallien nahe beieinander entstehen und der Weg für die Spermatozoiden verkürzt wird.

Nutzen und Verwendung □ Verschiedene Schachtelhalme werden in der Volksmedizin häufig als Diureticum und zu Bädern (bei Wassersucht und Harnbeschwerden) verwendet und sind durch Pfarrer KNEIPP wieder zu Ansehen gekommen. Offizinell waren früher *E. arvense*, *E. palustre* und *E. variegatum* als Herba equiseti maioris (Pharm. Austr.) bei Gonorrhoe und Diarrhoe. Manche Schachtelhalme sind für den Menschen giftig.[1]
□ Einige Schachtelhalme sind außerordentlich dekorativ (*E. telmateia*, *E. sylvaticum*); sie werden aber wegen der starken vegetativen Ausbreitung durch die tief im Boden kriechenden Rhizome nicht in Gärten verwendet.

□ Einige Arten sind lästige Unkräuter und entwerten in Mähwiesen das Heu wegen ihres großen Gehalts an Kieselsäure. Alle Arten sind schwach giftig (bes. *E. palustre*). Vergiftungen wurden bei Pferden, Schafen, Kühen und Gänsen beobachtet. Die Inhaltsstoffe der *Equisetum*-Arten sind bis jetzt nicht genügend bekannt; einige enthalten Alkaloide (Palustrin, Palustridin, Nikotin) oder Glykoside (Dimethylsulfon), Akonitinsäure und Saponine.

Bestimmungsschlüssel für die Arten und Bastarde

1 Oberirdischer Stengel unverzweigt 2
1* Oberirdischer Stengel verzweigt 14
2 Stengel nicht grün, weißlich, gelblich oder rötlich, am Ende einen Strobilus tragend 3
2* Stengel grün, steril oder einen Strobilus tragend 6
3 Stengelscheiden zylindrisch, öfters genähert und sich deckend, mit 20–35 lang begrannten Zähnen . . . . 9. *E. telmateia*
3* Stengelscheiden entfernt, mit 4–18 spitzen, aber nicht begrannten Zähnen 4
4 Fertile Stengel nicht furchig, ohne Chlorophyll und ohne Sklerenchym, nach der Sporenreife absterbend; Scheiden bauchig aufgeblasen . . . . 10. *E. arvense*
4* Fertile Stengel später gefurcht und rauh, mit hypodermalem Chlorenchym und Sklerenchym, nach der Sporenreife grün werdend und verzweigt; Rhizom längsfurchig 5
5 Fertile Stengel rotbraun, mit bauchigen, oben rostbraunen Scheiden, deren Zähne in (10–) 12–15 (–18) große dreieckige dünnhäutige Zipfel zusammenfließen . . . . . . 7. *E. sylvaticum*
5* Fertile Stengel weißlich bis hellbraun, mit schmal trichterförmigen Scheiden, diese mit 8–15 langen, lang zugespitzten, isolierten, am Rande breit dünnhäutigen Zähnen . . . . 8. *E. pratense*
6 Stengel glatt oder rauh, mit oberflächlichen Spaltöffnungen, welche in den Furchen in mehreren vielzeiligen Bändern gelagert sind; Strobilus stumpf 7
6* Stengel rauh, mit tief eingesenkten Spaltöffnungen, welche in zwei Zeilen an den Seiten der Furche gelagert sind; Strobilus spitzig oder stechend 9
7 Stengel stielrund, glatt, bis 9 mm im Durchm., mit schwach hervorragenden Rippen, Zentralhöhle sehr weit, Vallekularhöhlen viel kleiner; Scheiden des Stengels mit 10–20 (6–30) Zähnen

---

[1] C. E. J. LOHMANN: Über die Giftigkeit der deutschen Schachtelhalmarten, insbes. des Duwoks *(Equisetum palustre);* Berlin (1905).

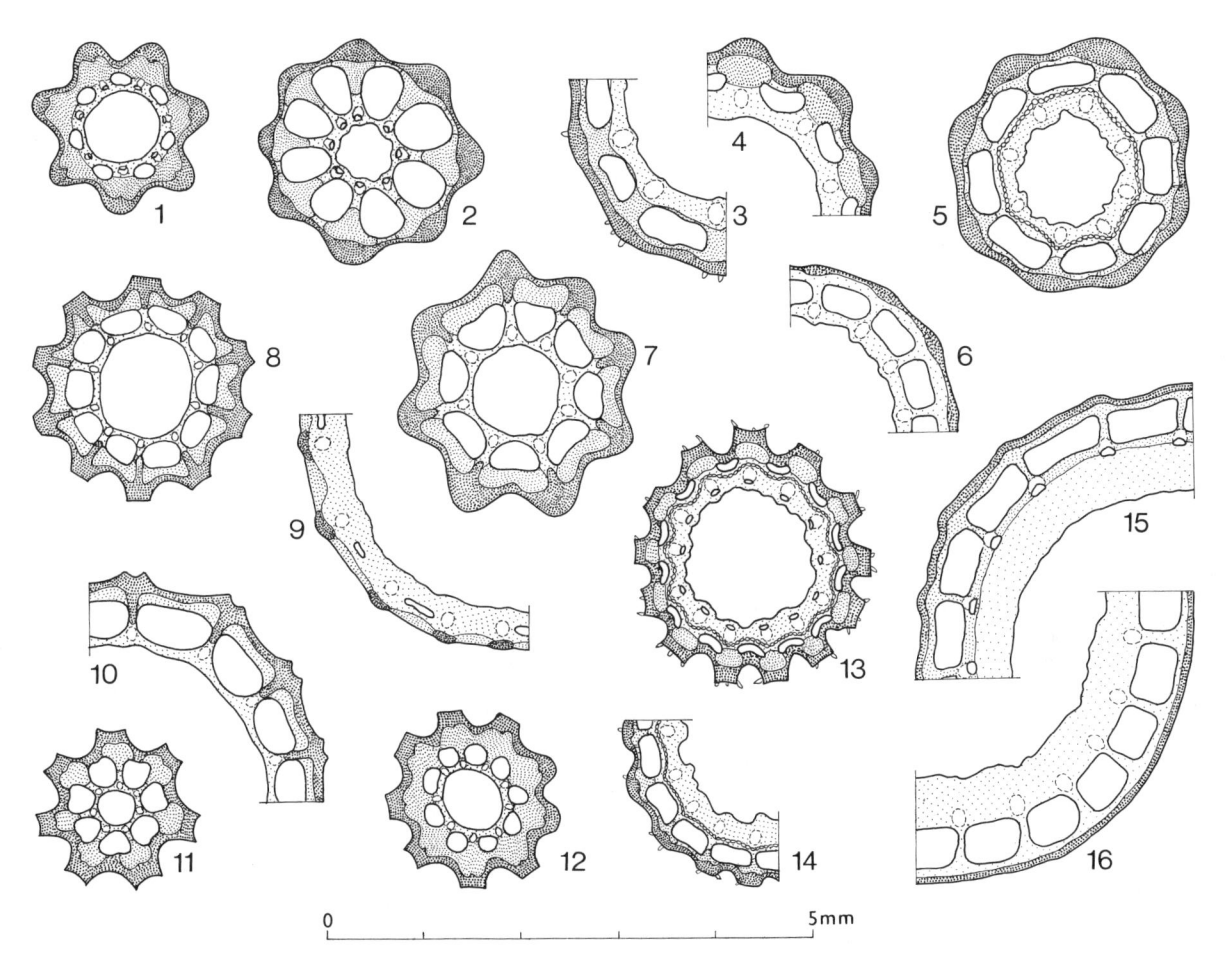

Abb. 40 □ *Equisetum* spp. Stengelquerschnitte (alle mehrfach vergr.), Sklerenchym dicht punktiert. Chlorenchym locker punktiert, Parenchym schwach punktiert, Höhlen leer □ *1 E. ramosissimum* Desf. □ *2 E. palustre* L. □ *3, 4 E. pratense* Ehrh. (*3* fertiler, *4* steriler Stengel) □ *5, 6 E. arvense* L. (*5* steriler, *6* fertiler Stengel) □ *7 E. × litorale* Kühlew. □ *8 E. × moorei* Newm. □ *9 E. fluviatile* L. □ *10 E. hyemale* L. □ *11 E. variegatum* Schleich. □ *12 E. × meridionale* (Milde) Chiov. □ *13, 14 E. sylvaticum* L. (*13* steriler, *14* fertiler Stengel) □ *15, 16 E. telmateia* Ehrh. (*15* steriler, *16* fertiler Stengel) (Original Dostál)

.... 5. *E. fluviatile*
7* Stengel tief gefurcht, Zentralhöhle so weit wie die Vallekularhöhlen; Stengelscheiden mit 4–16 Zähnen 8
8 Alle Stengelscheiden eng an den Stengel angedrückt, mit 4–12 Zähnen, welche breit weißhäutig gesäumt sind und am Rücken eine seichte Karinalrille tragen .... 6. *E. palustre*
8* Untere Stengelscheiden angedrückt, die oberen glockenförmig abstehend, mit 6–16 Zähnen, welche schmal oder gar nicht gesäumt sind, am Rücken ohne Karinalrille ....
.... 10. × 5. *E. × litorale*
9 Stengelscheiden zylindrisch, an den Stengel eng angedrückt, im Alter oft in den Kommissuralfurchen sternartig zerspalten 10
9* Stengelscheiden zylindrisch-trichterförmig bis glockenförmig, unten enger als oben, im Alter nicht zerspalten 11
10 Zähne der Stengelscheiden früh abfallend, Scheiden dann ohne Zähne, wodurch ein schwarzer, knorpeliger Rand entsteht. Zentralhöhle sehr weit, Vallekularhöhlen kleiner, im Stengel 18–24. Rippen zweikantig mit seichter Karinalrille, Stengel meist astlos ....
.... 3. *E. hyemale*
10* Zähne der Stengelscheiden nicht abfallend, Zentralhöhle nur so weit wie die 7–14 Vallekularhöhlen, Stengelrippen mit tiefer Karinalrille
.... 3. × 1. *E. × trachyodon*
11 Zähne der Stengelscheiden pfriemenförmig oder dreieckig mit undeutlicher oder, wie die Stengelrippen, ohne Karinalrille; Zentralhöhle ½ bis ¾ des Stengeldurchmessers 12

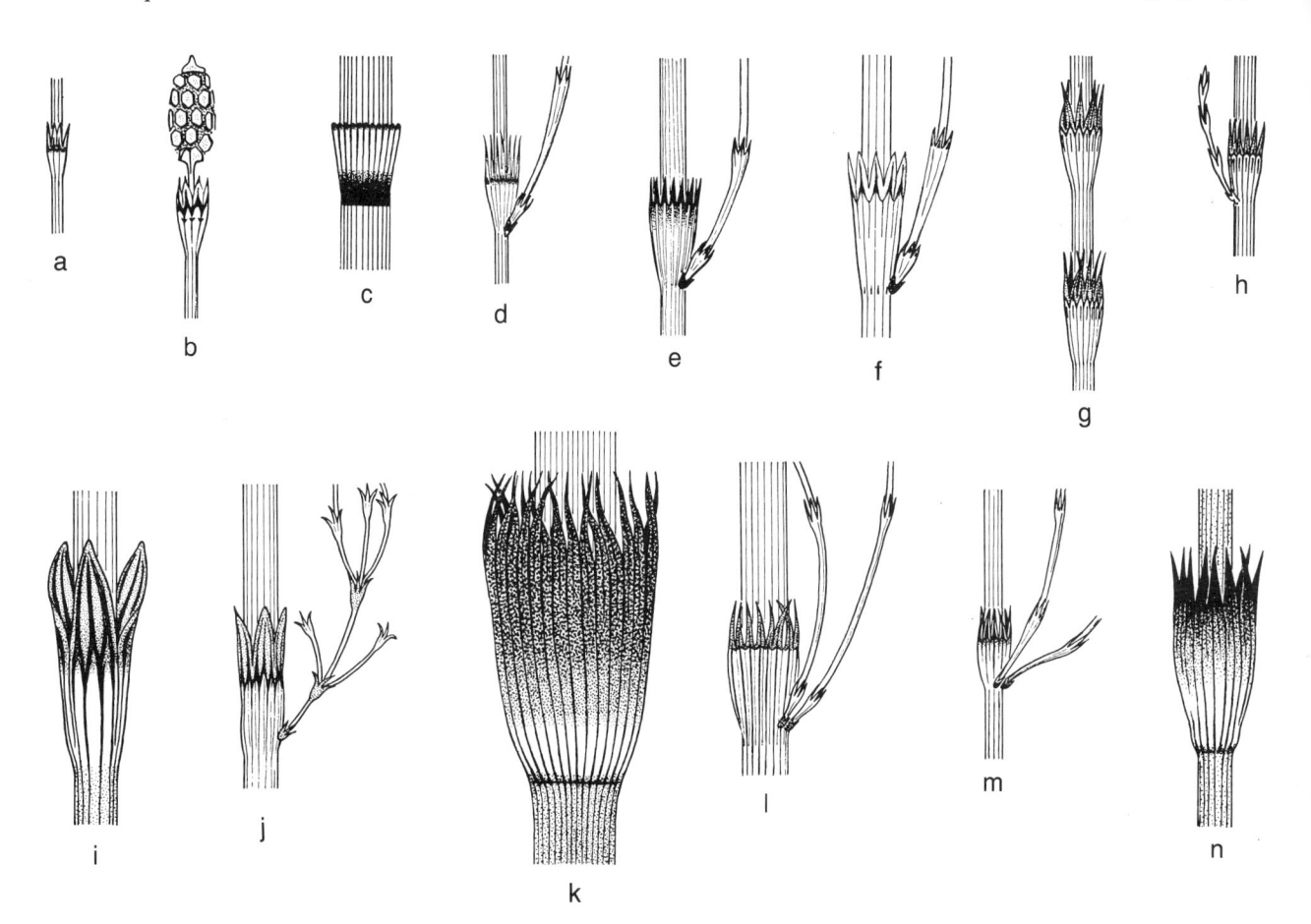

Abb. 41 □ *Equisetum* spp. Stengelglieder, alle vergr. □ *a, b E. variegatum* SCHLEICH. (*b* Strobilus) □ *c E. hyemale* L. □ *d E. ramosissimum* DESF. □ *e E. fluviatile* L. □ *f E. palustre* L. □ *g E. pratense* EHRH. (fertil) □ *h E. pratense* EHRH. (steril) □ *i E. sylvaticum* L. (fertil) □ *j E. sylvaticum* L. (steril) □ *k E. telmateia* EHRH. (fertil) □ *l E. telmateia* EHRH. (steril) □ *m E. arvense* L. (steril) □ *n E. arvense* L. (fertil) (Original HEITZ/BOUSANI)

11* (s. auch 11**) Zähne der Stengelscheiden eiförmig, mit deutlicher Karinalrille, welche auf die Stengelrippen übergeht, Zentralhöhle fehlend oder höchstens ⅓ des Stengeldurchmessers einnehmend 13
11** Zähne der Stengelscheiden lanzettlich, mit deutlicher Karinalrille, welche nicht auf die Stengelrippen übergeht; Zentralhöhle ¼ bis ⅓ des Stengeldurchmessers ....
.... 4. × 1. *E.* × *meridionale*
12 Zähne der Stengelscheiden nicht abfallend oder nur die schmal pfriemenförmige Spitze abfallend, so daß die Scheide dann dreieckige, schwarze, weißgesäumte Zähnchen hat; Stengelrippen länglichrund, querrunzelig, mit undeutlicher Karinalrille, Stengel mit ungleich langen Ästen, nicht überwinternd ....
.... 4. *E. ramosissimum*

12* Zähne der Stengelscheide teilweise nicht abfallend, teilweise abfallend, so daß die Scheide schwarzgekerbt ist; Stengelrippen teilweise länglichrund, teilweise mit undeutlicher Karinalrille, Stengel z. Teil mit Ästen ....
.... 3. × 4. *E.* × *moorei*
13 Zentralhöhle ½ bis ⅓ des Stengeldurchmessers, Vallekularhöhlen fast ebenso weit, 4–10; Stengelscheiden mit 5–10 Zähnen ....
.... 1. *E. variegatum*
13* Zentralhöhle und Vallekularhöhlen fehlend, Stengelscheiden mit 3–4 Zähnen ....
.... 2. *E. scirpoides*
14 Äste ohne Zentralhöhle 15
14* Äste mit Zentralhöhle 19
15 Sterile Sprosse mit weißen oder elfenbeinweißen Internodien, im Alter schokoladebraun; Zähne der Astscheiden mit deutlicher Karinal-

rille; Internodien glatt, Äste unverzweigt, je 20–40 in einem Quirl, das erste Astinternodium kürzer als die zu ihm gehörige Stengelscheide
.... 9. *E. telmateia*

15* Sterile Sprosse mit grünen Internodien; Zähne der Astscheiden ohne Karinalrille 16

16 Astscheiden mit breiten, eiförmigen, kurzen, ungekielten, breit dünnhäutig gesäumten Zähnen, welche 3mal kürzer als die Scheide sind, die Äste je 8–12 (–20) in einem Quirl, nicht verzweigt, die Scheidenzähne an die Internodien angedrückt .... 8. *E. pratense*; wenn die Äste hie und da verzweigt sind, siehe
.... 8. × 7. *E.* × *mildeanum*

16* Astscheiden mit schmalen, gekielten, sehr schmal dünnhäutig gesäumten Zähnen, welche so lang wie die Scheiden sind 17

17 Äste sehr dünn, verzweigt, oft bogenförmig überhängend; Zähne der Stengelscheiden in 2–4 (–6) große rostfarbige Zipfel zusammenfließend; Rippen der Internodien flach, mit 2 Zeilen von Dörnchen ...... 7. *E. sylvaticum*

17* Äste verhältnismäßig dick; Zähne der Stengelscheiden nicht zusammenfließend; Internodien sehr fein runzelig, aber nicht durch Dörnchen rauh 18

18 Rhizom filzig behaart; Stengeläste unverzweigt oder 2–3mal verzweigt, das erste Astinternodium länger als die zu ihm gehörende Stengelscheide .... 10. *E. arvense*

18* Rhizom kahl; Stengeläste einfach, unverzweigt, das erste Astinternodium kürzer als die zu ihm gehörenden Stengelscheiden; die mittleren ebenso lang wie ihre Stengelscheiden, die oberen etwas länger; Pflanze öfters steril ....
.... 10. × 5. *E.* × *litorale*

19 Spaltöffnungen oberflächlich, in der Ebene der Epidermis liegend, in den Stengelfurchen in einem vielzeiligen Band; Strobilus stumpf . . 20

19* Spaltöffnungen tief ins Periderm eingesenkt, in den Stengelfurchen in zwei entfernten Zeilen geordnet; Strobilus dornartig gespitzt; das erste Astinternodium kürzer als die zu ihm gehörende Scheide 22

20 Stengel mit 4–12 tiefen Rippen, Zentralhöhle klein, eng, nur bis ⅙ des Stengeldurchmessers, kaum größer als die Vallekularhöhlen; Zähne der Stengelscheide breit, dünnhäutig weiß gesäumt; Scheide zweimal länger als breit .....
.... 6. *E. palustre*; wenn die Äste verzweigt und mit einer engen Zentralhöhle versehen sind und der Hauptstengel seicht rippig ist, siehe ....
.... 10. × 6. *E.* × *torgesianum*

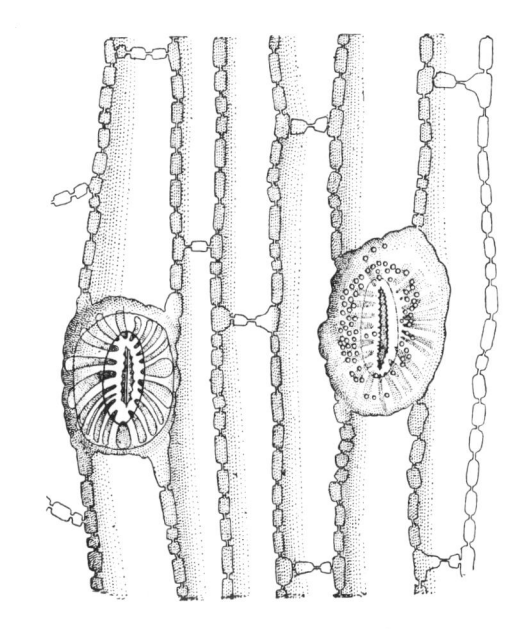

Abb. 42 □ *Equisetum fluviatile* L. Epidermis mit Einlagerungen von Kieselsäure (stark vergr.)

20* Stengel mit 6–30 Rippen, Zentralhöhle groß, ⅙ bis 9/10 des Stengeldurchmessers, größer als die Vallekularhöhlen; Zähne der Stengelscheiden sehr schmal, dünnhäutig gesäumt oder ohne Saum 21

21 Stengel glatt, undeutlich gerillt, mit 10–20 (4–30) seichten Rippen; Stengelscheiden so lang (ohne Zähne gemessen) wie breit, Äste mit großer Zentralhöhle; Scheidenzähne gekielt .... 5. *E. fluviatile*

21* Stengel rauh; Stengelscheiden (ohne Zähne gemessen) zweimal länger als breit, stärkere Äste mit einer engen Zentralhöhle; Scheidenzähne größer, viereckig ..... 10. × 5. *E.* × *litorale*

22 Stengel mit 8–15 (4–26) länglichrunden, stump-

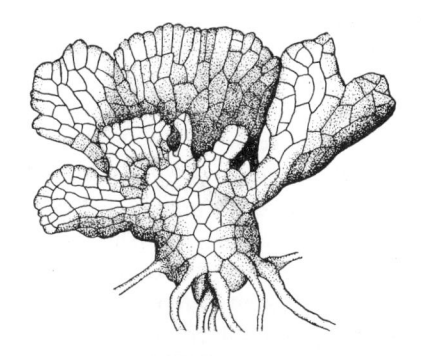

Abb. 43 □ *Equisetum telmateia* EHRH. Prothallium (× 36) (nach EAMES 1936, dort nach WALKER)

fen, quer runzligen Rippen; Astquirle oft unvollständig; Stengelscheiden schmal trichterförmig, graugrün, unter den Zähnen oft schwarz, Zähne dünnhäutig gesäumt, in eine bald abfallende Spitze ausgezogen, die Scheide hell gekerbt; nicht überwinternd . . . . 4. *E. ramosissimum*

22* Stengelrippen am Rücken flach, mit zwei Zeilen von Kieselhöckern; Stengeläste in unregelmäßigen Quirlen 23

23 Scheidenzähne eiförmig, plötzlich in eine pfriemenartige, bald abfallende Spitze verschmälert; obere Stengelscheide trichterförmig bis glockenförmig; Stengel einfach, nur ganz unten verzweigt, mit 7–9 (4–12) Rippen . . . . 1. *E. variegatum*; wenn der Hauptstengel auch bis zur Mitte regelmäßig verzweigt ist und die Zähne der Stengelscheiden hie und da nicht abfallen, siehe . . . . 10. × 1. *E.* × *hybridum*

23* Scheidenzähne lanzettlich, Scheiden schmal trichterförmig; Stengelrippen konvex, quer höckerig, oder auch konkav, mit einer Karinalrille, beiderseits mit höckerigen Kanten . . . . 4. × 1. *E.* × *meridionale*

23** Scheidenzähne pfriemenartig, öfters abfallend, Scheiden zylindrisch oder schwach trichterförmig, an den Stengel gepreßt oder schwach abstehend 24

24 Scheidenzähne alle bald abfallend, Stengel dunkelgrün, hart, überwinternd . . . . 3. *E. hyemale*

24* Scheidenzähne erst später und unregelmäßig abfallend, Stengel blaßgrün, nicht überwinternd . . . . 3. × 4. *E.* × *moorei*

1. Subgen. Hippochaete

(MILDE) BAKER Fern Allies 4 (1887). – Basion.: *Hippochaete*[1] MILDE Bot. Zeitung **23**: 297 (1865). – Syn.: *Equisetum* subgen. *Sclerocaulon* (DÖLL Fl. Baden **1**: 65; 1855 pro sect.) HAYEK Fl. Steierm. **1**: 61 (1908).

Oberirdische Sprosse überwinternd; Stengel meist sehr rauh; Strobili spitz; Prothallien groß, öfter einhäusig. In den Stengelfurchen nur zwei einfache Zeilen von Spaltöffnungen, welche in einen durch verkieselte Fortsätze der Wände der Nachbarzellen größtenteils überdeckten, durch eine unregelmäßige, quer längliche Öffnung nach außen geöffneten Vorhof münden; Neben- und Schließzellen am Boden dieses Vorhofes, also tief unter das Niveau der Nachbarzellen eingesenkt; Innenwände der Nebenzellen mit 16–24 meist einfachen Leisten.

Typus-Art: *E. hyemale* L. – Nur eine Sektion.

1.1 Sect. Hippochaete ☐ Mit zwei Subsektionen:

1.1.1 Subsect. Homocormia PFITZER ☐ Der unter- wie der oberirdische Stengel mit einer doppelten Endodermis: in der Stengelfurche zwei eng nebeneinander stehende einfache Zeilen von Spaltöffnungen.

Typus-Art: *E. variegatum* SCHLEICH. – In Mitteleuropa zwei Arten.

1. Equisetum variegatum

Equisetum variegatum[2] SCHLEICHER ex WEBER et MOHR Ann. Bot. (ed. USTERI) **21**: 124 (1796). – Syn.: *Hippochaete variegata* (WEB. & MOHR) BRUHIN Verh. Zool.-bot. Ges. Wien **18**: 760 (1868); C. BÖRNER Fl. f. d. dt. Volk 283 (1912). – *Equisetum hiemale A. tenellum* LILJEBLAD Utkast Svensk Fl. 384 (1798). – *Equisetum hiemale variegatum* (WEB. et MOHR) NEWMAN The Phytolog. **337**: 337 (1842). – Bunter Schachtelhalm. – Taf. 10 Fig. 4 nach S. 272. – Abb. 40 (11), 41 a, b, 44.

Ausdauernd; Rhizom reich verzweigt, schwarz, glänzend; oberirdische Sprosse von Anfang an dunkelgrün, dichtrasig, niederliegend bis aufsteigend, seltener aufrecht, 10–30 (–40) cm hoch, Stengel 2–3 mm dick, astlos, nur am Grunde mit 1–2 stengelähnlichen Ästen, einen kleinen Strobilus tragend; Internodien mit 7–9 (4–12) Rippen, die Rippen mit einer Karinalrille, beiderseits mit je einer Zeile von Kieselhöckern, die Stengelfurchen zweimal breiter als die Rippen; Spaltöffnungen tief unter die Epidermis eingesenkt, in den Stengelfurchen in zwei einfachen Zeilen, je 2 durch 4–10 epidermale Zellen getrennt; Zentralhöhle eng, ¼ bis ⅓ des Stengeldurchmessers, selten fehlend, die 5–10 Vallekularhöhlen etwas kleiner als die Zentralhöhle, die Karinalhöhlen sehr klein; Stengelscheiden kurz, glocken- bis trichterförmig, oberwärts erweitert und abstehend, die unteren schwarz, die oberen grün mit breiter schwarzer Querbinde, mit tiefer Karinalfurche und seichteren Kommissuralrillen, Scheidenzähne aufrecht, nicht abfallend, alle frei, aus eiförmigem Grunde grannenartig zugespitzt, mit

---

[1] hippos (griech.) ἵππος = Pferd; chaite (griech.) χαίτη = langes Haar, Mähne; Anklang an *Equisetum*.
[2] variegatus (lat.) = bunt, verschiedenfarbig, wegen der schwarzen Scheiden mit weißen Zähnen.

schwarzem Mittelstreifen und breitweiß-trockenhäutig gesäumt, die rauhe Spitze später abfallend, die Zähne mit deutlicher Karinalfurche, welche auf die Scheide und die Rippe übertritt; die unterste Scheide der Äste sehr kurz, glänzend schwarz, das erste Internodium der Äste kürzer als die zu ihm gehörende Scheide. S t r o b i l u s eiförmig, 5–7 mm lang, am Grunde von den obersten Scheiden umhüllt, am Gipfel spitz. – Chromosomenzahl: 2n = 216. – Sporenreife: IV.–VIII.

Vorkommen □ Chamaephyt, lichtliebende Pionierpflanze. Wächst in Flachmooren, Kleinseggengesellschaften, an Gräben oder in Kiesgruben und an anderen neu entstandenen Standorten, an sandigen Ufern und Flußalluvionen, auf nassen, kalkhaltigen, humosen oder moorigen Sand- und Tonböden, öfters in großen Beständen. Charakterart der Tofieldietalia-Ordnung, vor allem in Schwemmufer-Gesellschaften des Caricion bicolori-atrofuscae-Verbandes, auch in Caricion davallianae-Gesellschaften und in offenen oder gestörten Gesellschaften mit *Typha minima* oder *Juncus alpinus;* in lückigen Kalksümpfen mit *Drepanocladus* und *Pinguicula vulgaris;* auf Flußkies mit *Myricaria germanica, Calamagrostis pseudophragmites,* in *Carex juncifolia*-Gesellschaften, seltener in Quellfluren (Cratoneurion-Gesellschaften). Von den Niederungen (seltener) bis 2570 m (in den Alpentälern).

Allgemeine Verbreitung □ Zirkumpolar, in den Gebirgen der warmgemäßigten (selten) und der gemäßigten Zone, mit ozeanischer Verbreitungstendenz, sowie häufig in der kühlen und kalten Zone. – Verbreitet in Eurasien von der Arktis südwärts bis in die Pyrenäen, die Südalpen, Mittelungarn und Rumänien, Ukraine, nördliche Mongolei, Ostsibirien, Kurilen, Alaska, Arktisches Nordamerika und Grönland (bis 83°6′ n. Br.).
□ Karte: JALAS & SUOMINEN 1972, Karte 32.

Arealdiagnose □ submerid/subalp – temp/subalp · oz$_{1-3}$ + boreal – arct Circpol.

Florenelement (europäisches Teilareal) □ submedit/subalp disjunct – alpisch – carpat/subalp – balt – brit – island – scand – lappon – nordural.

Verbreitung im Gebiet □ In Mitteleuropa stellt *E. variegatum* ein arktisches Relikt aus der Würm-Eiszeit (aus der mitteleuropäischen Tundra) dar. – Deutschland: im Norddeutschen Flachlande sehr selten und heute meist verschollen, auf der Insel Borkum; Schleswig-Holstein (Ostenfeld, Öjendorf), Hannover; in Brandenburg sehr zerstreut in der Mittelmark und zwischen Finow und Oderberg, ferner bei Luckau und früher bei Frankfurt a. d. O. (fast durchweg Sekundärstandorte in Ton-, Kies- und Sandgruben); im Mittel- und Süddeutschen Bergland selten: Harz (ver-

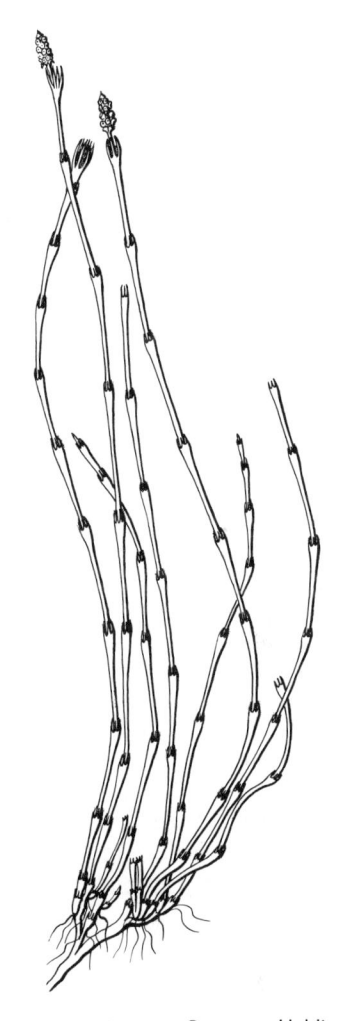

Abb. 44 □ *Equisetum variegatum* SCHLEICH. Habitus, mit Strobili, nat. Gr. (Original DOSTÁL)

schollen; früher bei Clausthal zwischen Wildemann und Lautenthal, Altenau, Wernigerode: Veckenstedter Teiche); Baden-Württemberg (Oberrheingebiet, stark zurückgehend; Oberschwaben); Jura, Donaugebiet, Oberbayern (Hochebene, ferner bei Nürnberg: am Kanal zwischen Steinach und Kronach), Oberfranken (Staffelstein); in Sachsen nur im Kreis Altenburg (neuerdings auf tertiärem Verkippungsmaterial eines Braunkohlentagebaurestloches bei Zechau entdeckt); Thüringen (Themar, Kahla: Gumperda, Heilingen); in den Tälern der Alpen verbreitet; in Bayern bis 1040 m. – Lothringen: Bitsch. – In der Schweiz im Jura und Mittelland vereinzelt, in den Alpen verbreitet und häufig, im Tessin nur im Norden; steigt im Wallis bis 2570 m (Lychenbretter). – In Österreich: in Tirol bis 2500 m auf den Alluvionen der Wild- und Gletscherbäche, von den Gebirgsflüssen oft bis in die Ebene herabgeführt; in Niederösterreich, Steiermark und Kärnten verbreitet. – In Slowenien selten bis zerstreut; Karnische Alpen und Karawanken, in Krain und im Küstenland selten. – In der Tschechoslowakei: in Böhmen im Nordböhmischen Sandsteingebiet, im Elbegebiet und bei Kladno, in Mähren zerstreut vom Nord-Haná (Olomouc = Olmütz, Prostějov = Prossnitz bis Brno = Brünn, vereinzelt am unteren Thaya-Fluß); Karpaten. – In Polen im Süden und in der nördlichen und östlichen Ebene, Kreis Löbau

(Lubawa): Wiszniewo, Stelchnosce bei Laskowice, Kr. Schwetz (Święcie), Cehleskener See bei Passenheim (Pazyme), Kreis Ortelsburg (Szczytno), Gumbinner Fichtenwald (Gussew).

Variabilität der Art ☐ Es wurden viele Formen und Varietäten beschrieben, aber fast alle sind nur ökologische oder fluktuierende Wuchsformen.

2. Equisetum scirpoides

Equisetum scirpoides[1] MICHAUX Fl. Bor. Amer. **2**: 281 (1803). – Syn.: *E. hiemale* A. *tenellum* LILJEBL. Utkast Svensk Fl. **384** (1798), p. p. – *E. reptans* WAHLENB. Fl. Lapp. **398** (1812), p. p. – *E. tenellum* LEDEB. in MILDE Mon. Equiset., Acta nova Leopold.-Carol. **32**: 596 (1865). – *Hippochaete scirpoides* (MICHAUX) FARWELL in Mem. N. Y. Bot. Gard. **6**: 467 (1916); ROTHMALER Fedde Rep. **54**: 80 (1951). – Binsenförmiger Schachtelhalm. – Abb. 45.

Ausdauernd, S t e n g e l dicht rasig, niederliegend bis aufsteigend, bis 20 cm lang und nur 1–1,5 mm dick, lebhaft grün, meist unbeastet, S t e n g e l i n t e r n o - d i e n 12–25 mm lang, ohne Zentralhöhle, mit 3–4 breit- und tiefgefurchten Rippen, die ebenso breit wie die Furchen sind, daher der Stengel regelmäßig 6–8 kantig; Rippen durch 2 weit voneinander entfernte Reihen von Kieselhöckern rauh. S t e n g e l - s c h e i d e n kurz trichterförmig, schwarz oder nur mit schwarzem Saum und mit breiter Karinalrinne, Z ä h n e nur 3, aus bleibendem, breit eiförmigem, weißem, auf dem schwarzbraunen Mittelstreifen rückseits rauhen Grunde pfriemenförmig zugespitzt. S t r o b i l u s am Grunde von der obersten, glockenförmigen Scheide umhüllt oder ganz in sie eingeschlossen. – Chromosomenzahl: $2n = 216$ (bei norwegischen und nordamerikanischen Pflanzen). – Sporenreife: V.–VII.

Allgemeine Verbreitung ☐ Zirkumpolar, von den Gebirgen der gemäßigten bis in die kalte Zone, mit kontinental-subkontinentaler Ausbreitungstendenz. Nordeuropa (Island, Bäreninsel, Spitzbergen, Skandinavien, nördliches europäisches Rußland), nördliches Asien (Sibirien), nördliches und arktisches Nordamerika.

☐ Karten: HULTÉN 1964, Karte 30; JALAS & SUOMINEN 1972, Karte 33.

Arealdiagnose ☐ temperat/montan disjunct – boreal – arct · $k_{(1)-3}$ Circpol.

Florenelement (europäisches Teilareal) ☐ scand – lappon – boreoross.

Verbreitung im Gebiet ☐ Bisher einzig auf feuchten Wiesen auf Kiesboden an der Möll bei Heiligenblut in Kärnten angegeben,

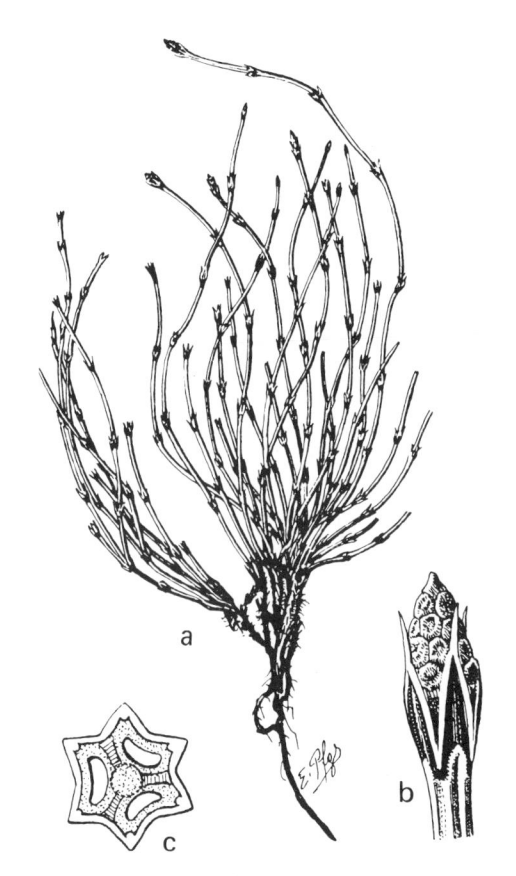

Abb. 45 ☐ *Equisetum scirpoides* MICHX. ☐ *a* Habitus (× 3/5) ☐ *b* Strobilus (vergr.) ☐ *c* Stengelquerschnitt, schematisiert (vergr.)

aber in neuerer Zeit nicht mehr beobachtet (durch Anlage eines Staubeckens wahrscheinlich vernichtet).[2] – Die Angaben aus dem Ötztal zwischen Vent und Ramoljoch und aus dem Ahrn- und Mühlwaldtal in Nord-Tirol sind irrtümlich und beziehen sich auf *E. variegatum*.

1.1.2 Subsect. Hyemalia A. BRAUN em. NOVÁK ☐ Im Rhizom jedes Gefäßbündel mit einer eigenen Endodermis, im oberirdischen Stengel doppelte Endodermis, in der Stengelfurche zwei parallele, weit nebeneinander laufende Spaltöffnungszeilen, die aus einer oder sehr selten aus 2–4 Reihen von Spaltöffnungen bestehen.

Typus-Art: *E. hyemale*. – In Mitteleuropa zwei Arten.

3. Equisetum hyemale

Equisetum hyemale[3] LINNÉ Sp. pl. 1062 (1753). –

---

[1] scirpus (lat.) = Binse; eidos (griech.) εἶδος = Aussehen; wegen der Ähnlichkeit mit einer Binse.
[2] Nach »Atlas Florae Europaeae I« ist die Angabe dieser Art aus Österreich unrichtig.
[3] hiemalis (lat.) = winterlich; LINNÉ schreibt »hyemalis« statt »hiemalis«, wie seinerzeit üblich war; diese Schreibweise muß nach den Nomenklaturregeln beibehalten werden.

Syn.: *Hippochaete hyemalis* (L.) BRUHIN Verh. Zool.-bot. Ges. Wien **18**: 760 (1868) (»hiemalis«). – *E. zonatum* (FRIW. 1845 et GRISEB. 1844 nom. nud.) KÜMMERLE Bot. Közlem. **15**: 148 (1916). – Winter-Schachtelhalm. – Taf. 10 Fig. 3 nach S. 272. – Abb. 40 (10), 41 c.

Ausdauernd, oberirdische Sprosse grün, meist aufrecht 30–150 cm hoch, nicht verzweigt, überwinternd, einen 8–15 mm langen, spitzigen Strobilus tragend. Der Stengel einfach oder sehr selten mit einigen Ästen, (2–) 4–6 mm im Durchm., hart, rauh, mit 18–24 (8–34) Rippen und Furchen, die Internodien 3–6 (–18) cm lang, die Rippen konkav, mit einer Karinalrille, diese beiderseits mit je einer Zeile von getrennten oder öfters zusammenfließenden oder zu buckelförmigen Querbändern verschmolzenen Kieselhöckern besetzt; Stengelfurchen beiderseits mit je einer Zeile von tief eingesenkten Spaltöffnungen, Stengelscheide bis 7 mm lang und ebenso breit, zylindrisch, dem Stengel anliegend, schwarz, fuchsrot oder grün und dann oben und unten mit einer schwarzen Querbinde versehen, die Zähne lineal-pfriemenförmig, oft zu 2–4 zusammenhängend, schwarzbraun, weißberändert, bald abfallend; alte Stengelscheiden öfters in den Kommissuralfurchen, sternartig zerfallend. Zentralhöhle weit, ⅔ bis ⁹⁄₁₀ des Stengeldurchmessers. Die unterste Scheide der Äste dünnhäutig, glänzend, am Grunde schwarz, das erste Astinternodium kürzer als die zu ihm gehörende Scheide, Äste dünn, 6-rinnig. Strobilus 8–15 mm lang, spitzig, die oberste Scheide unter dem Strobilus glockenförmig, mit deutlichen, schmal-dreieckigen, nicht abfallenden Zähnen. – Chromosomenzahl: $2n = 216$. – Sporenreife: VII.–VIII. (auf vorjährigem Stengel: V.–VI.).

Vorkommen ☐ Chamaephyt; Halbschattenpflanze. An sandigen, beschatteten Abhängen, in Zwergstrauchgebüsch an feuchten, wasserzügigen Hängen, an etwas feuchten Stellen in lichten Wäldern und Auenwäldern, in Waldwiesen, an Ufern, auf feuchten Wiesen, aber auch auf trockenen Waldwiesen, über wasserzügigen Bodenschichten. Auf mergeligen, lehmigen, grundfeuchten bis wechselfeuchten, basenreichen, meist kalkhaltigen Böden, auf Gleiböden, auch auf angeschwemmten Sandböden, an Bach- und Flußufern; tiefwurzelnder Wasserzug-Zeiger. Charakterart des Alno-Ulmion-Verbandes, selten auch in feuchten Carpinion-Gesellschaften (mit *Fagus, Corylus, Crataegus laevigata, Ligustrum, Hedera, Aruncus dioicus, Mercurialis perennis, Polygonatum multiflorum, Angelica sylvestris* usw.). Von der Ebene bis in die alpine Stufe, in den Alpen bis 2600 m, auch in Rhodoreten und Junipereten, an Bachufern oft mit *Equisetum variegatum, Crepis paludosa* und *Juncus*-Arten. Die Triebe des Winterschachtelhalms überdauern zwei Vegetationsperioden: ein Teil der Strobili reift bereits im ersten Jahr, ein anderer überwintert und entläßt erst im nächsten Frühjahr die Sporen. Vegetativ vermehrt sich die Pflanze durch Verzweigung des Rhizoms, das schließlich aus einer einzigen Mutterpflanze ein Rhizomnetz weit vortreiben und Herden von mehreren Ar Größe bilden kann.

Allgemeine Verbreitung ☐ Zirkumpolar, von den Gebirgen der warmen bis in die gemäßigte und (besonders auf den Westseiten der Kontinente) bis in die kühle Zone, bei einer ozeanisch-subkontinentalen Verbreitungstendenz. In Europa von den borealen Gebieten (Island, Nordskandinavien) bis in das nördliche Mittelmeergebiet (dort nur in den höheren Gebirgen), östlich bis Korea und Japan.
☐ Karte: JALAS & SUOMINEN 1972, Karte 30.

Arealdiagnose ☐ (merid/montan) – submerid/montan – temperat – (boreal) · $(oz_{(1)-3})$ Circpol.

Florenelement (in Europa) ☐ submedit/montan – mitteleurop – scand – (boreoross).

Verbreitung im Gebiet ☐ In Mitteleuropa fast überall verbreitet, stellenweise häufig, oft gesellig, sehr häufig im Oberrheintal; seltener in den Gebirgen. Fehlt auf den Nordseeinseln und ist selten in Gebieten mit xerothermischer (pontischer) Flora, aber vereinzelt im Slowenischen Küstenland.

Variabilität der Art ☐ Es wurden viele Formen und Varietäten beschrieben, die aber meistens nur ökologisch bedingte Wuchsformen darstellen. Die typische var. *hyemale* hat einen astlosen Stengel mit 18–34 Rippen. Var. *ramigerum* A. BRAUN hat den Stengel bis 130 cm hoch, Scheiden eng anliegend, Zähne der Stengelscheiden abfallend, an den mittleren Scheiden mit 2–5-zähligen Quirlen von langen (bis 25 cm) 8–10-rippigen Ästen, deren Scheidenzähne meist bleiben; vereinzelt im Areal der Art. – Manche als Formen oder Varietäten von *E. hyemale* beschriebene Taxa sind Nothomorphen der Hybriden.

Nutzen und Verwendung, Volksnamen ☐ *E. hyemale* war die einzige technisch verwendete Art der Schachtelhalme: sie eignet sich wegen ihres hohen Gehalts an Kieselsäure besonders zum Reinigen von Gefäßen und wird auch vor dem Polieren der Möbel und Parkettfußböden benutzt. Daher heißt sie Schawrusch (Lübeck, Mecklenburg), Scharpruss (Schleswig), Schawrüske (Westfalen), was soviel wie »Rusch« (niederdeutsche Bezeichnung für Binse) zum Schaben bedeutet. Auch Schürkrut (Scheuerkraut) und Ketelkrut (zum Reinigen der Kessel; Schleswig) heißt die Art. Nach dem knarrenden Ton, den man hört, wenn man die Stengelabschnitte in den Scheiden dreht, heißt die Art Klockensloetel (Mecklenburg). Auch die Volksnamen in den Niederlanden (schaafstro, schrijnmakerbiezen) und Dänemark (skavgraes) haben ähnliche Bedeutung.

Tafel 2 □ Erklärung der Figuren

Fig. 1   □ *Hymenophyllum tunbrigense* (L.) J. E. Smith
Fig. 1a □ Fieder mit Sorus
Fig. 1b □ Sorus, die Lappen des Schleiers zurückgeschlagen
Fig. 1c □ Einzelnes Sporangium
Fig. 2   □ *Cystopteris fragilis* (L.) Bernh.
Fig. 2a □ Blattsegment von unten mit Sori
Fig. 2b □ Einzelner Sorus, stark vergr.,
         mit zurückgeschlagenem Schleier
Fig. 3   □ *Matteuccia struthiopteris* (L.) Todaro.
         Steriles und fertiles Blatt
Fig. 3a □ Fertile Fieder von unten
Fig. 3b □ Fertile Fieder von oben
Fig. 3c □ Querschnitt durch eine fertile Fieder

---

4. Equisetum ramosissimum

Equisetum ramosissimum[1] Desfontaines Fl. Atl. **2**: 398 (1799). – Syn.: *E. ramosum* DC. Syn. Pl. Fl. Gall. 118 (1806). – *E. elongatum* Willd. Sp. pl. **5**: 8 (1810). – *Hippochaete ramosissima* (Desf.) Börner Fl. f. d. dt. Volk 282 (1912). – Ästiger Schachtelhalm. – Abb. 40 (1), 41 d, 46. – Taf. 10, Fig. 2 nach S. 272.

Ausdauernd; Rhizom schwarz, nicht glänzend; oberirdischer Stengel fertil, liegend bis aufrecht, einfach oder im mittleren Teile ästig, aufwärts verschmälert, graugrün, etwas rauh, nicht überwinternd, bei uns 10–100 cm hoch und 2–9 mm dick, die Internodien 3–10 cm lang, mit 8–15 (4–26) konvexen Rippen, welche von zuweilen zweiteiligen, meist mit Kieselhöckern besetzten Querbuckeln rauh sind. Furchen glatt, beiderseits an den Seiten der Furche mit 2 einfachen Zeilen vertiefter Spaltöffnungen. Zentralhöhle etwas breiter als der halbe Durchmesser des Stengels, Vallekularhöhlen kleiner, 5–25, Karinalhöhlen sehr klein, aber deutlich. Stengelscheiden grün, schmal trichterförmig, auch im Alter heil, nicht aufgefasert, 5–15 (–22) mm lang und 2–8 mm breit, mit meist deutlich 1–3-furchigen Rippen und schmalen Kommissuralrillen, die Zähne 8–15 (4–26), dreimal länger als breit, dreimal kürzer als die Scheide, dreieckig, am Rücken länglichrund, der dreieckige, in der Regel stehenbleibende Grundteil der Zähne schwarzbraun, sehr schmal weißhäutig berandet, mit einer weißen, zuletzt wie verbrannten, gekräuselten, öfters abfallenden Granne versehen. Die ungleichlangen Äste (soweit sie entwickelt sind) in armen Quirlen, bis 25 cm lang, selten verzweigt, mit 5–9 Rippen, die unterste Scheide der Äste tief braun, glänzend, kurz, drei-(sechs-)zähnig, das erste Internodium 2 (–4)mal kürzer als die zugehörige Scheide, Astscheiden anliegend, schmal trichterförmig, mit einwärts gekrümmten, kurzen Zähnen, unter der langen Spitze mit dunkelbraunem Fleck. Strobilus 6–12 (–22) mm lang, spitzig, unten von der obersten Scheide umhüllt; Sporangiophoren auf den Schildchen schwarzbraun, am Rande gelb. – Chromosomenzahl: $2n = 216$. – Sporenreife: VI.–VII.

Vorkommen □ Rhizom-Geophyt, Licht- oder Halbschattenpflanze, obligater Psammophyt. In trockenen oder etwas feuchten, feinerdearmen Sand- und Kiesböden, sandigen Äckern, in alluvialen Böden, aber auch in offenen wechseltrockenen bis wechselfeuchten, kalkhaltigen, humusarmen, sandig-kiesigen Tonböden in Flugsanden, in sandigen Kiefernwäldern, in Auen-Halbtrockenrasen, an Ufern, auf Kiesbänken, im lichten Weidengebüsch, an Dämmen: in Agropyro-Rumicion- und Mesobromion-Gesellschaften, aber auch in lichten *Salix*-Auen, selten in Feldern als Unkraut, in der Ebene, selten bis in die montane Stufe (in Tirol bis 1420 m, im Wallis, bei Binn, bis 1450 m).

Allgemeine Verbreitung □ Im gesamten warmen bis warm-gemäßigten Eurasien, in Afrika (bis Natal und dem Kapland), in Süd- und Mittelamerika; mit kontinental-subkontinentaler Verbreitungstendenz. Die europäische Nordgrenze läuft von Südengland und der Bretagne über die Niederlande, Norddeutschland (Magdeburg, Neustrelitz), Nordpolen (untere Weichsel, Warschau), Rußland (Lwów = Lemberg, Kiew, Saratow, Südural); in Südeuropa häufiger.
□ Karten: Meusel, Jäger, Weinert 1965, S. 7; Jalas & Suominen 1972, Karte 31.

Arealdiagnose □ austral – subtropisch/semiarid Amerika – Afrika – merid – submerid – (temperat) · $(kont_{1-3})$ Euras.

Florenelement (europäisches Teilareal) □ medit – submedit – pont – (mitteleurop).

Verbreitung im Gebiet □ Deutschland: im nördlichen Tiefland fast nur an der Elbe (Hamburg, früher Dornburg bei Magdeburg); früher Neustrelitz); Sachsen (Tagebaurestloch bei Zechau unweit Meuselwitz, in Menge, mit *E. variegatum* und *E. hyemale*, 1981 entdeckt); an der Wupper bei Leichlingen, in Württemberg von Fischbach bis Kressbronn und im unteren Argental (Oberdorf) auf Sand als Einstrahlung der Mittelmeerflora über den Oberrhein an

---

[1] ramosus (lat.) = ästig; ramosissimus (lat.) = sehr ästig, vielästig; elongatus (lat.) = verlängert.

Tafel 2

thurn, vereinzelt im östlichen Mittelland bis zum Bodensee; in den nördlichen Teilen der Alpen selten oder fehlend. Vor allem im Wallis (Haupttal und größere Seitentäler) sowie im Tessin und Misox (Graubünden) verbreitet. – In den italienischen Alpen bei Chiavenna. – Österreich: in Oberösterreich und Salzburg fehlend, in Vorarlberg und in Kärnten selten, in Tirol bis 1420 m, in Niederösterreich, im Burgenland (Weiden am See und Podersdorf). – In Slowenien noch im Nordosten (im Mura-Gebiet), im Küstenland und in Istrien. – Tschechoslowakei: in Böhmen im unteren Moldautal, um Písek, in der Elbeniederung und längs der Eger, bei Šluknov (= Schluckenau), Česká Lípa (Böhmisch Leipa); in Mittel- und Südmähren; Süd- und Ostslowakei. – In Polen in der Umgebung von Wrocław (Breslau), an der Oder und Weichsel.

Variabilität der Art □ In Europa nur subsp. *ramosissimum*, im wärmeren Europa sehr variabel, aber fast alle beschriebenen Formen sind nur Ökomorphosen oder Veränderungen ohne systematischen Wert. Manche Formen findet man an verschiedenen Sprossen aus demselben Rhizom.

2. Subgen. Equisetum

Syn.: *Equisetum* subgen. *Malacocaulon* DÖLL; *Equisetum* L. em. ROTHMALER (1944).

Oberirdische Sprosse sommergrün, nicht überwinternd, Stengel glatt oder wenig rauh, Strobili stumpf. Spalte der Spaltöffnungen unmittelbar nach außen mündend; ihre Nebenzellen in gleicher Höhe mit der übrigen Epidermis, ihre Innenwände mit 7–14 oft gegabelten Leisten (Abb. 42).

Typus-Art: *E. fluviatile* L.

2.1 Sect. Equisetum □ Jedes Gefäßbündel mit eigener Endodermis.

Typus-Art: *E. fluviatile* L.

5. Equisetum fluviatile

Equisetum fluviatile[1] LINNÉ Sp. pl. 1062 (1753), ampl. EHRHART Beitr. Naturkunde **1**: 68 (1787). – Syn.: *E. limosum*[2] LINNÉ Sp. pl. 1062 (1753), em. ROTH Tent. Fl. Germ. **3**: 9 (1799). – *E. heleocharis*[3] EHRH. Hannov. Magaz. **18**: 286 (1783). – *E. heleocharis* (var.) b. *fluviatile* (L.) ASCHERS. Fl. Brandenb. **1**: 900 (1864). – *E. lacustre* OPIZ Kratos **4**: 10 (1819). – T e i c h - S c h a c h t e l h a l m . – Taf. 10 Fig. 1 nach S. 272. – Abb. 40 (9), 41 e, 47.

Ausdauernd; R h i z o m orange oder rot, glänzend, kahl, oberirdische Sprosse einjährig, grasgrün,

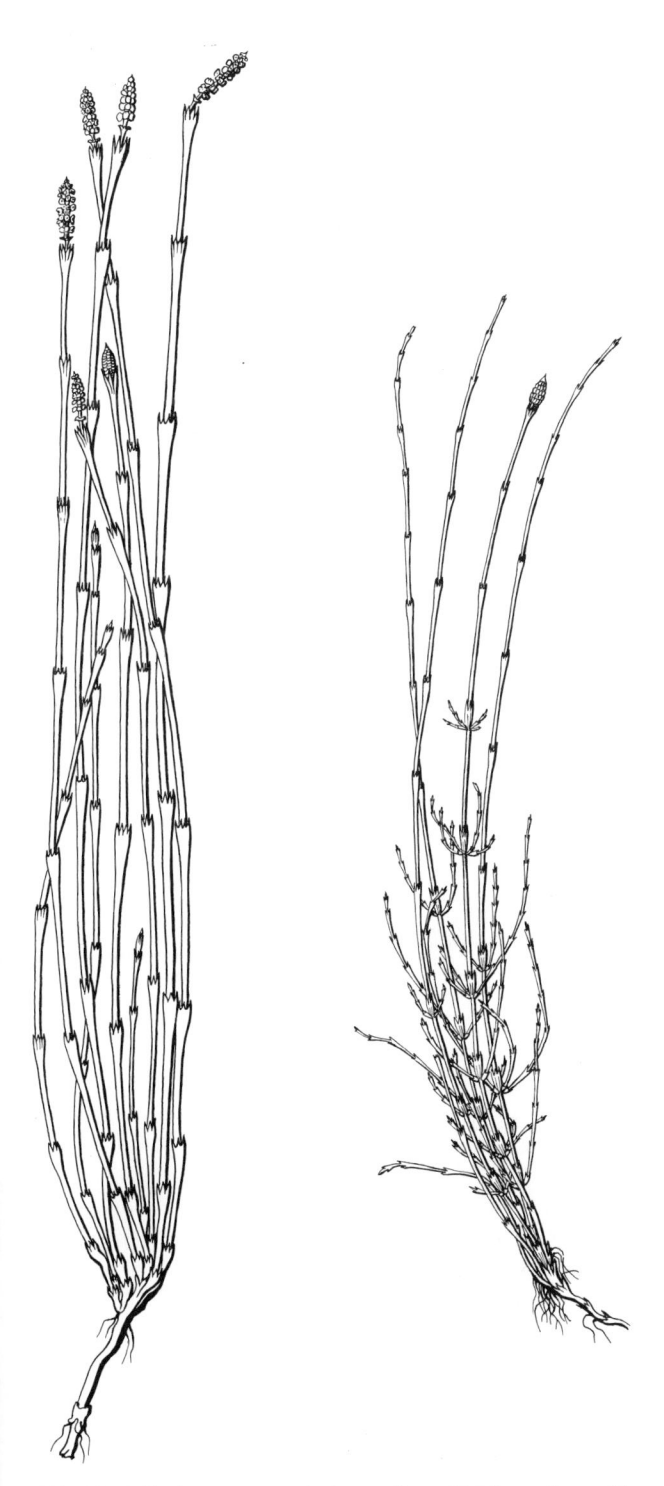

Abb. 46 □ *Equisetum ramosissimum* DESF. Habitus, etwa × ⅔, zwei verschiedene Wuchsformen (Original DOSTÁL)

den Bodensee, in der Wutachschlucht und längs des Rheines bis Duisburg. In Hessen, Rheinpfalz, in Bayern im Donaugebiet und den südlichen Zuflüssen sehr selten, nur in Oberbayern verbreitet bis ca. 500 m. – Im Elsaß: Ziegelhütte bei St. Louis. – In der Schweiz zerstreut; dem Jura entlang bis in das Gebiet von Solo-

---

[1] fluviatilis (lat.) = längs dem Flusse wachsend.
[2] limosus (lat.) = lehmig, schlammig, von limus (lat.) = Lehm, Schlamm.
[3] heleocharis (griech.) helos ἕλος = Sumpf; charis (griech.) χάρις = Anmut, Schönheit, also »Sumpfzierde«.

unverzweigt oder in der Mitte mit unregelmäßigen Quirlen von kurzen, einfachen Ästen, einen breit eiförmigen bis fast kugeligen, stumpfen Strobilus tragend. S t e n g e l 20–150 cm hoch und 4–8 (2–9) mm dick, glatt, grün, von 10–20 (6–30) schwach hervorragenden Rippen weißlich gestreift, S c h e i d e n bis 10 mm lang, eng anliegend (nur die oberste locker anliegend), die unteren schwarz, genähert, die oberen grün, entfernt, alle lackiert glänzend, ohne Karinal- und Kommissuralrillen, mit 10–20 (6–30) schmal-lanzettlichen oder pfriemenförmigen, ca. 3 mm langen anliegenden, dunkelbraunen, sehr schmal weißhäutig gesäumten Z ä h n e n; Spaltöffnungen in den Furchen in einem vielzeiligen Band, in gleichem Niveau mit der Epidermis und unmittelbar nach außen mündend; jedes Leitbündel mit eigener Scheide; Zentralhöhle weit, ¾ bis ⁹⁄₁₀ des Stengeldurchmessers breit, Vallecularhöhlen viel kleiner, tangential erweitert, oder fehlend; die unterste Scheide der Äste glockenförmig, trockenhäutig, glänzend braun, mit 3 oder 4 breit-dreieckigen Zähnen, etwas länger als das unterste Internodium, die Ä s t e mit 4–8 (–10) stumpfen Rippen, einer weiten Zentralhöhle und anliegenden, glänzend rotbraunen Scheiden, deren Zähne 2–3mal kürzer als die Scheide sind. S t r o b i l u s 10–20 mm lang, 5–12 mm dick, stumpf, dick gestielt, innen hohl. – Chromosomenzahl: $2n = 216$. – Sporenreife: V.–VI.

Vorkommen □ Hydrophyt, lichtliebend, zerstreut in Sümpfen, Flachmooren, Torfstichen, Altwassern, in Röhricht, in Großseggengesellschaften und feuchten Wiesen, an Ufern von stehenden oder in langsam fließenden Gewässern, auf nassen, meist flach überschwemmten, ± nährstoffreichen, aber nicht kalkhaltigen, meso- bis eutrophen Torfschlamm- oder Sumpf-Humus-Böden, bis 2 m tief; in montanen, winterkalten Lagen vertritt sie die im Gebirge zurücktretenden Röhrichte. Pionierpflanze in der Verlandungszone, Charakterart der Phragmitetalia-Ordnung, öfters massenhaft (*Equisetum fluviatile*-Gesellschaft); seltener in Magnocariceten zusammen mit *Carex elata*, in Phragmiteten oder in Gesellschaft von *Scirpus lacustris, Carex rostrata, C. lasiocarpa, Glyceria aquatica, Rumex hydrolapathum, Typha latifolia, T. angustifolia, Sparganium erectum, Iris pseudacorus, Ranunculus lingua* u.a. – *E. fluviatile* vermehrt sich intensiv durch unterirdische Ausläufer und spielt, wie *Carex rostrata*, bei der Verlandung eine wichtige Rolle, z.B. bildet es am Federsee große Bestände im Verlandungsgürtel, solange es frei von der mächtigen Konkurrenz des Schilfrohrs (*Phragmites*) wächst. Am Federsee handelt es sich um einen Pionierbestand in einer ehemaligen Bucht,

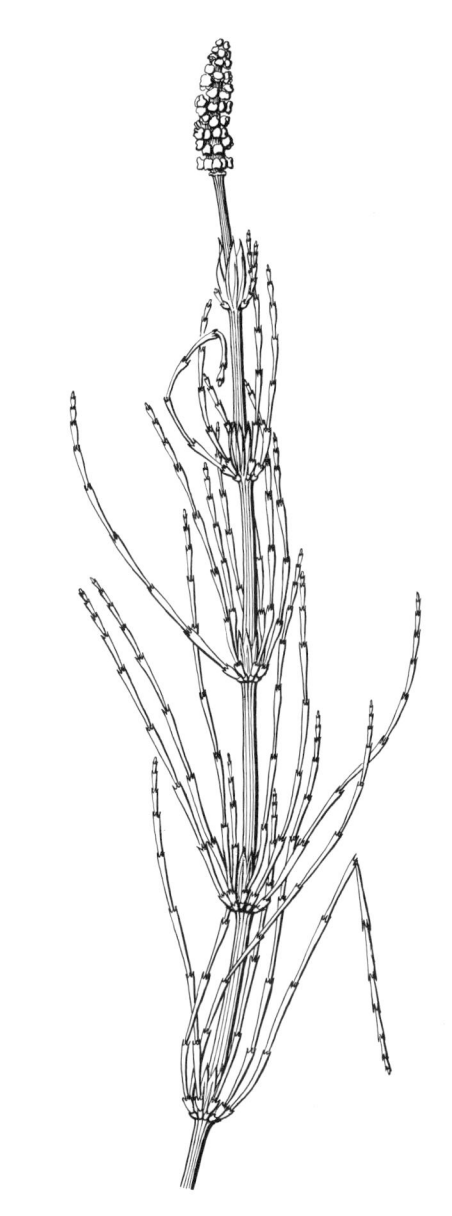

Abb. 47 □ *Equisetum fluviatile* L. Oberer Teil eines fertilen sprosses, etwa nat. Gr. (Original DOSTÁL)

welcher sehr artenreich ist (mit *Ranunculus lingua, Scrophularia umbrosa, Typha latifolia, Rumex hydrolapathum* u. a.) (RASBACH und WILMANNS, 1968). *Equisetum fluviatile* ist auch Leitpflanze des innersten Verlandungsgürtels (mit *Menyanthes trifoliata*). – Es wächst von den Niederungen bis in die montane Stufe (in den Alpen bis 2400 m).

Allgemeine Verbreitung □ Zirkumpolar, von der warm-gemäßigten (zerstreut) durch die gemäßigte und kühle und stellenweise bis in die kalte Zone, mit schwach ozeanisch-subozeanischer Verbreitungsten-

denz. In Torfmooren schon im Praeboreal festgestellt. Die Nordgrenze läuft in Eurasien am Eismeer bis Sachalin und Kamtschatka; in Nordamerika von Alaska bis Labrador; die Südgrenze läuft von Süd-Spanien über Mittelitalien, Griechenland, der Nordküste des Schwarzen Meeres zur Mongolei und nach Nordchina.
□ Karten: HULTÉN 1964, Karte 96; JALAS & SUOMINEN 1972, Karte 34.

Arealdiagnose □ (submerid) – temperat – boreal – (arct) · (oz$_{1-3}$) Circpol.

Florenelement (europäisches Teilareal) □ (submedit – pont) – mitteleurop – nordeurop – lappon.

Verbreitung im Gebiet □ In Deutschland meist häufig und verbreitet, auch auf den Nordseeinseln, im Gebirge weniger verbreitet, im Schwarzwald bis 1250 m, im Bayerischen Wald bis 1050 m, in den Bayerischen Alpen bis 1220 m. – In der Schweiz im Tiefland zerstreut, in den Alpen selten, bis 2030 m. – In Österreich nicht selten, in Tirol bis 1840 m. – In Slowenien zerstreut, im Süden selten, fehlt in Istrien, steigt in Krain bis 1800 m. – In der Tschechoslowakei und Polen verbreitet, im Riesengebirge bis 1350 m, im Gesenke (Großer Kessel) bis 1300 m, in der Tatra bis 1390 m, in der Umgebung von Štrbské Pleso häufig bei 1355 m.

Variabilität der Art □ Die Art ist sehr formenreich, aber die beschriebenen Formen und Varietäten besitzen keinen größeren systematischen Wert.

Nutzen und Verwendung □ *E. fluviatile* ist die einzige Art der Gattung, die wegen ihres geringeren Gehaltes an Kieselsäure einigen Wert als Futterpflanze besitzt. Manchmal wird sie für eine Giftpflanze gehalten; weil aber keine Alkaloide oder Glykoside in ihr festgestellt wurden, sind diese Angaben wahrscheinlich übertrieben.

Volksnamen □ Plattdeutsch: Hollrusch, Bräckbeen, Hollrippe; holländisch: breekbeen, holpijp; deutsch: Hollrusk, Hollpiepen (Schleswig), Kornpiepen (Oldenburg, Ammerland), Nadeldeisken (Westfalen), Pipanduwik (Mecklenburg), Hohlkrökeln (Westfalen), Katzenschwoaf (Niederösterreich); im Saterland heißt die Art Puddereske.

2.2 Sect. Homophyadica A. BRAUN em. NOVÁK □ Die oberirdischen Sprosse von Anfang an grün, später mit endständigen Strobili. Alle Gefäßbündel des Rhizoms und des Stengels mit einer gemeinsamen Endodermis, der Stengel mit Spaltöffnungen in zahlreichen Zeilen in den Furchen.

Typus-Art: *E. palustre* L.

6. Equisetum palustre

Equisetum palustre[1] LINNÉ Sp. pl. 1061 (1753). – Syn.: *E. nodosum* HOPPE Bot. Taschenb. 65 (1794). – *E. arenarium* OPIZ Kratos **4:** 9 (1819). – Sumpf-Schachtelhalm, Duwock. – Taf. 9 Fig. 4 nach S. 256. – Abb. 40 (5, 6), 41 m, n, 48, 49.

Ausdauernd, Rhizom kahl, glänzend, oberirdischer Sproß einjährig, von Anfang an grün, fertil oder steril, gleichgestaltet, S t e n g e l 10–50 (–100) cm hoch, 1–3 mm dick, einfach oder in der Mitte quirlig verzweigt, oben öfters peitschenförmig verlängert, tief 8–10 (4–22)-furchig, Rippen durch Ausstülpungen der einzelnen Oberhautzellen querrunzelig, wenig rauh, Spaltöffnungen in gleicher Höhe mit der Epidermis, in den Furchen in einem vielzeiligen Band aufgereiht, die Zentralhöhle sehr eng, ca. ⅙ des Stengeldurchmessers einnehmend, die Vallekularhöhlen ebenso groß wie diese, Leitbündel mit gemeinsamer Schutzscheide versehen. S t e n g e l - s c h e i d e n zweimal länger als breit, zylindrisch, dem Stengel anliegend, grün, mit Kommissuralrillen und 4–12 Zähnen, diese frei, nicht zusammenfließend, dreieckig-lanzettlich, an der Spitze braunschwarz, kürzer (⅔) als die Scheidenröhre, pfriemenartig zugespitzt, mit weißem, breitem Hautrand, die oberste Scheide sehr kurz, langzähnig. Ä s t e bogenförmig aufrecht, meist unverzweigt, 5–(4–7-)rippig, mit Zentral-, Karinal- und Vallekularhöhlen; die untersten Astinternodien kürzer als die zugehörige, dreizipfelige Scheide, die Astscheiden schwarz, glänzend, mit ei-lanzettlichen, spitzigen, braunen Zähnen; S t r o b i l u s stumpf, 10–30 mm lang, fast schwarz, kurz gestielt. – Chromosomenzahl: $2n = 216$. – Sporenreife: VI.–IX.

Vorkommen □ Geophyt, lichtliebende Pflanze. Mäßig häufig in Naßwiesen, Moorwiesen oder Verlandungs-Gesellschaften, in Flachmooren und Zwischenmooren, in Torfstichen, an Teich- und Seeufern, in Niederungswäldern, auf sickerfeuchten oder wechselfeuchten, nährstoffreichen, modrig-humosen Ton- und Sumpf-Humus-Böden, über 1 m tief wurzelnd. Von der Ebene (Meeresstrand) bis in die alpine Stufe. Überall gemeinsam mit Cyperaceen, bes. *Carex elata, C. rostrata, C. acuta, Eleocharis palustris, Eriophorum*-Arten; wichtiger Bestandteil der Flachmoore vom Typus der Magno- und Parvocariceten, in Calthion-Gesellschaften. Charakterart der Molinietalia-Ordnung, auch in (gestörten) Scheuchzerio-Caricetea-Gesellschaften, im trockenen Molinietum schon mehr zurücktretend. Sporadisch auch in Erlenbrüchen und in alten Sanddünen (Böhmen). In den Bayerischen Alpen bis 1800 m, im Wallis bis 2400 m, in Graubünden 2480 m, in Tirol bis 2200 m, in Krain bis 2150 m, im Mährischen Gesenke bis 1440 m und im Tatragebirge bis 1700 m.

---

[1] palustris (lat.) = sumpfig, in Sümpfen lebend.

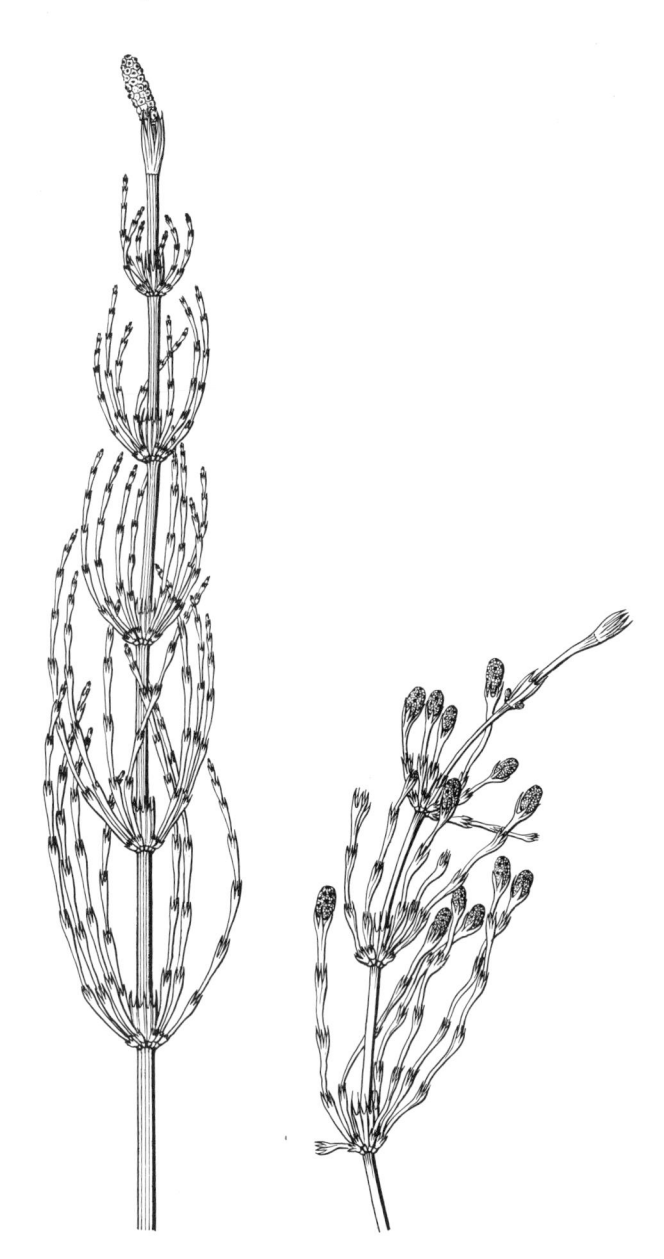

Abb. 48 (links) □ *Equisetum palustre* L. Oberer Teil eines fertilen Sprosses, etwa nat. Gr. (Original DOSTÁL)
Abb. 49 (rechts) □ *Equisetum palustre* L. Oberer Teil eines fertilen Sprosses der sogen. forma *polystachyum* WEIGEL, etwa nat. Gr. (Original DOSTÁL)

Allgemeine Verbreitung □ Zirkumpolar, von den Gebirgen der warmen Zone (vereinzelt) und der warm-gemäßigten Zone (zerstreut) bis in die kühle und kalte Zone. Verbreitet in fast ganz Eurasien (bis zum Polarkreis), im Mittelmeergebiet seltener; fehlt auf den Balearen, Sardinien und Sizilien. Die Südgrenze läuft von Nordanatolien über die Mongolei bis nach Mittelchina; in Nordamerika nur in den nördlichen Gebieten.

□ Karten: HULTÉN 1964, Karte 89; JALAS & SUOMINEN 1972, Karte 35.

Arealdiagnose □ (merid/montan – submerid) – temperat – boreal – (arctisch) · (oz_{1-3}) Circpol.

Florenelement (europäisches Teilareal) □ (medit/montan) – submedit – (pont) – mitteleurop – nordeurop – lappon.

Verbreitung im Gebiet □ Im ganzen Gebiet meist häufig.

Variabilität der Art □ Diese ungewöhnlich polymorphe Art tritt in vielen Formen von unbedeutendem systematischem Wert auf.

Volksnamen □ Die Art ist in feuchten Wiesen ein verhaßtes Unkraut und ist für Vieh und Kleinvieh (Schweine) giftig[1] (auch als Heu). Sie heißt daher K o h d o t (Schleswig), U n ä i t (? nicht eßbar) (Westfalen); D ü w e l s b i t t (Sauerland); die Frühlingstriebe heißen in der Pfalz S t o r c h e b r o t ; andere Namen: L i d d g r a s , P u r r , B r a m m (Schleswig), S c h l u c k e n (Oberlausitz), W e i h e r s c h w a n z (Bodenseegegend), K u s c h (Hinterpommern), H i a m e r s k (Westfalen).

2.3 Sect. Heterophyadica A. BRAUN em. NOVÁK □ Die fertilen Sprosse im Frühling entwickelnd, Stengel nicht verzweigt, einen Strobilus tragend. Gefäßbündel des Stengels mit einer gemeinsamen Endodermis. Äste ohne Zentralhöhle.

Typus-Art: *E. arvense* L.

2.3.1 Subsect. Metabola A. BRAUN, em. ROTHMALER □ Gefäßbündel des Rhizoms mit einer gemeinsamen, doppelten Endodermis, Stengel mit einer einfachen, äußeren Endodermis; die Spaltöffnungen in zwei Bändern, jedes aus 1–2 voneinander entfernten Zeilen.

Typus-Art: *E. sylvaticum* L.

7. Equisetum sylvaticum

Equisetum sylvaticum[2] LINNÉ Sp. pl. 1061 (1753). – Syn.: *Allostelites sylvaticum* (L.) BÖRNER Fl. f. d. dt. Volk 283 (1912). – W a l d - S c h a c h t e l h a l m . – Taf. 9 Fig. 1 nach S. 256. – Abb. 40 (13, 14), 41 i, j, 50, 51.

Ausdauernd, 10–80 cm hoch; Rhizom kahl, glanzlos, die oberirdischen Sprosse als fertile (Sporangien tragende) und sterile Stengel nebeneinander. F e r t i l e r S t e n g e l ca. 20 cm hoch, zuerst unverzweigt und hell rotbraun, nicht gefurcht, glatt, größtenteils von bauchigen, 20–30 (–35) mm langen, rostbraunen, un-

---

[1] Vgl. E. WEBER: Die Bekämpfung des Duwocks *(Equisetum palustre);* Flugblatt der Moor-Versuchsanstalt Bremen (1897), und Arbeiten der deutschen Landwirtschaftsgesellschaft, no. 62; LOHMANN: Über die Giftigkeit der deutschen Schachtelhalmarten, insbesondere des Duwocks *(Equisetum palustre);* Berlin (1905).
[2] silvaticus (lat.) = waldbewohnend (mittelalterl. lat. »sylvaticus«).

ten grünen, oben trockenhäutigen, mit 12–15 (10–18) Zähnen versehenen Scheiden umhüllt, die Scheidenzähne je 2–7, in 2–4 (–6) breit-dreieckige, am Rande trockenhäutige Zipfel zusammenfließend. Strobilus 15–25 mm lang, stumpf, von der obersten Scheide entfernt. Stengel bei der Sporenreife grün werdend und später verzweigt, Strobilus nach dem Ausstäuben der Sporen absterbend und abfallend. Sporen grün, mit sehr schmalen Hapteren. Steriler Stengel 25–80 cm hoch, ca. 1½–3 mm dick, grün. Internodien ca. 2½–6½ cm lang, mit 12–15 (5–18) seichten Furchen, die Stengelrippen am Rücken flach oder mit seichten Karinalrillen, beiderseits von 1–2 Zeilen spreizender Stachelzellen rauh; Zentralhöhle ca. ½ des Stengeldurchmessers; Stengelscheiden groß, bis 15 mm lang, glockenförmig, dünnhäutig, unten grün, oben trockenhäutig, rotbraun, ohne Karinalfurchen und mit schwachen Kommissuralfurchen, mit großen, rostbraunen, in 2–4 (–6) Zipfel zusammenfließenden Zähnen, die so lang wie die Scheide sind; Äste sehr dünn, lang abstehend und am Ende bogenförmig überhängend, 4–5-rippig, 2–3mal verzweigt, mit dreirippigen Ästchen ohne Zentralhöhle; die Astscheiden abstehend, mit engen, langen, spitzigen Zähnen. Im Frühjahr erscheinen zu gleicher Zeit grüne sterile und chlorophyllose, bereits im Herbst des Vorjahres am Rhizom angelegte fertile Triebe. Wenn die Strobili reif sind, ergrünen auch diese Triebe, verzweigen sich und sind nach Abfall der Strobili nur noch an einer Narbe an der Spitze des Stengels als ehemals fertil kenntlich. – Chromosomenzahl: 2n = 216. – Sporenreife: V.

Vorkommen □ Geophyt. Rhizomkriecher, Schatten- bis Halbschattenpflanze. Schattige, meist etwas feuchte und moosige Fichten- oder Erlen-Auenwälder in der kollinen, montanen und subalpinen Zone, in Gebüschen, auf Waldwiesen, Waldsümpfen und -quellen, auch auf Sumpfwiesen und nassen Weiden. Auf nassen, kalkarmen, humosen Böden; erscheint manchmal spontan auf sickernassen, sandigen oder reinen Tonböden. Von den Niederungen (seltener) bis in die subalpine Stufe, am häufigsten in der montanen Stufe. – Ökologisch gehört die Art zu den Versauerungs- und Vernässungszeigern und verrät auch Gleihorizonte oder Tonschichten in Sandböden. Phytozönologisch gehört sie zu den Charakterarten des Alno-Ulmion-Verbandes und kommt auch in feuchten Vaccinio-Piceion-Gesellschaften und Galio-Abietion-Beständen (Waldquellen) vor. In den Alpen steigt sie bis 1700 m hinauf, aber bei Fideris (Prättigau, Graubünden) bis 1850 m, am Eggerjoch in Tirol noch bis 1800 m, in Oberbayern auf dem

Abb. 50 □ *Equisetum sylvaticum* L. Fertiler Sproß, gerade ergrünend, etwa × ⅔ (Original DOSTÁL)

Fockenstein bis 1840 m, im Riesengebirge bis 1200 m, im Hohen Gesenke bis 1400 m und in der Tatra bis 1500 m.

Allgemeine Verbreitung □ Zirkumpolar, von den Gebirgen der warm-gemäßigten bis in die gemäßigte und kühle Zone, mit schwach subozeanisch-subkontinentaler Verbreitungstendenz. In Eurasien von der Arktis (Island, Nowaja Zemlja) bis ins europäische

Abb. 51 □ *Equisetum sylvaticum* L. Schwarzwald

Mediterrangebiet (Nordspanien, Norditalien, nördliche Gebirge der Balkanhalbinsel bis Mazedonien); Kleinasien, ostwärts durch die UdSSR und die Mongolei bis Nordchina und Korea; in Nordamerika von Alaska und Grönland südwärts bis in die nördlichen Staaten der USA.
□ Karten: HULTÉN 1964, Karte 86; MEUSEL, JÄGER, WEINERT 1965, S. 7; JALAS & SUOMINEN 1972, Karte 36.

Arealdiagnose □ submerid/montan – temperat – boreal · (oz$_{(1)-3}$) Circpol.

Florenelement (europäisches Teilareal) □ (submedit/montan) – mitteleuropäisch/montan – nordeurop.

Verbreitung im Gebiet □ In Mitteleuropa ist *Equisetum sylvaticum* eine der verbreitetsten Schachtelhalmarten und wächst in allen Gebieten mit Ausnahme von entwaldeten xerothermen Flachländern. Im südlichen Deutschland mehr auf die Gebirge beschränkt, aber auch (selten) noch in der Rheinebene. In Thüringen und Niedersachsen auf kalkarmen Böden häufiger, im allgemeinen in kalkarmen Gebieten seltener. In der Schweiz in tieferen Lagen verbreitet, jedoch stellenweise fehlend. In höheren Lagen selten oder fehlend.

Variabilität der Art □ Die Art ist wenig veränderlich, und alle bis jetzt beschriebenen Formen haben nur sehr geringen systematischen Wert.

2.3.2 Subsect. Pratensia NOVÁK □ Gefäßbündel des Rhizoms wie des Stengels mit einer gemeinsamen äußeren Endodermis; fertile Sprosse anfangs glatt, nicht grün, mit endständigem Strobilus, erst nach Ausstäuben der Sporangien grün, rauh und verzweigt, dann auch erst mit Spaltöffnungen und hypodermalem Sklerenchym, also einen assimilierenden Sproß entwickelnd.

Typus-Art: *E. pratense* EHRH.

8. Equisetum pratense

Equisetum pratense[1] EHRHART Hannover Mag. 1784/ **19**: 138 (1784); Beitr. Naturk. **3**: 77 (1788). – Syn.: *E. umbrosum* J. G. F. MEYER in WILLD. Enum. hort. Berol. 1065 (1809); Sp. pl. **5**: 3 (1810). – *Allostelites pratense* (EHRH.) BÖRNER Fl. f. d. dt. Volk 283 (1912). – W i e s e n - S c h a c h t e l h a l m. – Abb. 40 (3, 4), 41 g, h, 52.

Ausdauernd, Rhizom kahl, längs gefurcht; fruchtbare und unfruchtbare Sprosse verschieden gestaltet, jedoch gleichzeitig erscheinend. F r u c h t b a r e r S t e n g e l (an manchen Lokalitäten nur spärlich erscheinend) niedrig, 5–15 cm hoch, astlos, weißlich bis hellbraun, nicht gefurcht, mit bis 15 mm langen, eng trichterförmigen, grünlichen S c h e i d e n; S t r o b i l u s 15–40 mm lang. Fertiler Stengel sich nach der Sporenreife in einen grün und etwas rauh werdenden Sproß entwickelnd, somit den Laubstengeln ähnlich, aber nur unterwärts Äste bildend, oberwärts unvollkommen ergrünend und hier die ursprüngliche Textur fast völlig beibehaltend. V e g e t a t i v e r L a u b s p r o ß 10–60 cm hoch, grün, Stengel 1–3 mm dick, gefurcht, mit 10–12 (8–20) Rippen, oben regelmäßig, quirlig beastet, Rippenkanten beiderseits von 1–2-zeiligen Querhöckern rauh, S t e n g e l s c h e i d e n schmal trichterförmig, ca. 8 mm lang (die oberen kürzer), unten grün, oben mit einem tiefbraunen Querstreifen versehen, ohne Karinalfurche und mit engen, scharfen Kommissuralrinnen; S c h e i d e n z ä h n e so lang wie die Scheidenröhre, schmal dreieckig, kurz und scharf zugespitzt, frei (nicht zusammenfließend), mit einem braunen Mittelstreifen, ohne Karinalfurche, breit, an der Spitze verengt, trockenhäutig gesäumt; Zentralhöhle ca. die Hälfte des Stengeldurchmessers einnehmend; Spaltöffnungen in gleicher Höhe mit der Epidermis, in zwei einzeiligen Reihen beiderseits der Furchen. Die Äste je 8–12 (–20) in regelmäßigen Quirlen, graugrün, meistens unverzweigt, 3(–5)-rinnig, waagrecht abstehend oder

---

[1] pratensis (lat.) = wiesenbewohnend; umbrosus (lat.) = schattig.

am Ende etwas überhängend, die unterste Astscheide rostbraun, so lang wie oder etwas kürzer als das unterste Astinternodium, die übrigen Astscheiden dreimal länger als die Zähne, anliegend, mit kurzen, breiten, eiförmigen, stumpfen, grünen, breit trockenhäutig gesäumten Z ä h n e n . – Chromosomenzahl: $2n = 216$. – Sporenreife: IV.–V. (–VI.).

Vorkommen □ Geophyt, Halbschattenpflanze. In Auenwäldern oder in feuchten Eichen-Hainbuchenwäldern, an Waldrändern, in schattigen Hecken, besonders an Bachufern, selten auf Naßwiesen und Waldwiesen. Auf grund- oder sickerfeuchten, grundwassernahen, basenreichen, oft kalkarmen, humosen Sand- oder Tonböden. In den Niederungen selten, häufiger vom Hügelland bis in die subalpine Stufe, dort besonders in den Flußtälern. Gehört phytozönologisch zu den Charakterarten des Alno-Ulmion-Verbandes, auch im feuchten Carpinion. An vielen Orten nur sterile Sprosse bildend.

Allgemeine Verbreitung □ Zirkumpolar, von der gemäßigten bis in die kühle und stellenweise bis in die kalte Zone, mit subkontinentaler-subozeanischer Verbreitungstendenz. In Europa verläuft die Westgrenze von Island über das nördliche Großbritannien, Dänemark, Ostfrankreich (Savoyen), die Alpen und die Südgrenze über Nordwestjugoslawien bis Ungarn, Rumänien und zum Kaukasus. Fehlt in Belgien und in den Niederlanden.
□ Karten: HULTÉN 1964, Karte 83; JALAS & SUOMINEN 1972, Karte 37.

Arealdiagnose □ temp/(montan) – boreal · (kont$_{(1)-3}$) Circpol.

Florenelement (europäisches Teilareal) □ zentraleurop – nordpont – sarmat – nordeurop – lappon.

Verbreitung im Gebiet □ In Mitteleuropa hat die Art zwei Verbreitungszentren; das nördliche liegt zwischen Elbe und Oder, südlich bis Mähren, das südliche in den Ostalpen. Deutschland: im östlichen Teil der Norddeutschen Tiefebene (östlich der Elbe) zerstreut, nach Westen und Süden rasch abnehmend, in den deutschen Mittelgebirgen bis zum Rhein und Main vordringend. In Schleswig-Holstein (noch bei Albersdorf in Dithmarschen), Westfalen (Emstal bei Münster); fehlt in Oldenburg; in Hannover (Pferdeturm); in Mecklenburg zerstreut (etwa 300 Fundorte), in Brandenburg sehr zerstreut (aber nur im Jungpleistozängebiet), selten in Sachsen (Muldeland und Elbhügelland, Oberlausitz: Friedensthal bei Herrnhut) und Thüringen (oberes Saalegebiet, zwischen Uhlstädt und Partschefeld, mehrfach um Stadtroda, bei Eisenberg, an der Wöbelsburg in der Hainleite, Bermbach/Rhön), an der Elbe von Dessau bis Barby und bei Zerbst, in Niedersachsen, in der Pfalz (zwischen Speyer, Eberstadt und Schifferstadt), in Hessen, in Baden-Württemberg (Wutachschlucht), in Bayern zerstreut, Oberfranken (Gefrees und Bayreuth), bei Pappenheim an der Oberen Altmühl (?), Deggendorf (?) und Plattling in Niederbayern; im Bayerischen Wald. – In der Schweiz: im Wallis (Haupt-

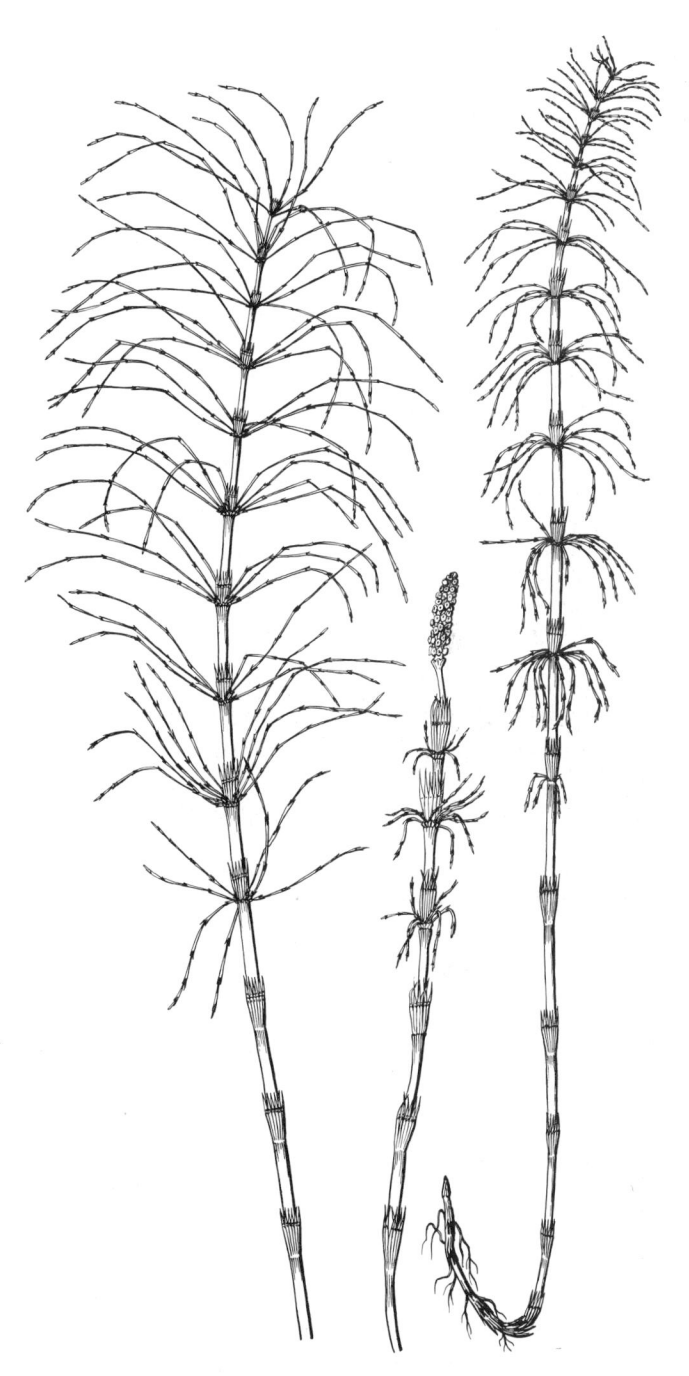

Abb. 52 □ *Equisetum pratense* EHRH. Ergrünender fertiler *(Mitte)*, älterer vegetativer *(links)* und jüngerer vegetativer *(rechts)* Sproß, etwa × ½ (Original DOSTÁL)

tal und südliche Seitentäler), im Kanton Schwyz, in Uri und in Graubünden (Oberland, Hinterprättigau, Davos, Unterengadin, Münstertal zwischen 1100 und 1600 m); im Tessin bei Piumogna und Rodi-Fiesso (Leventina). – In Österreich in Tirol (westlich bis St. Anton und im Lechgebiet), Salzburg (Salzach-Auen), Kärnten (Ossiacher Tauern), Niederösterreich (Thaya-Tal bei Hardegg, nahe der Staatsgrenze), Osttirol (Drau-Tal bei Sillian), in der

Steiermark. – In Slowenien selten im Norden, vereinzelt im Küstengebiet. – In der Tschechoslowakei: in Böhmen selten, besonders im Gebirgsgelände (fehlt im Böhmerwald), im Riesengebirge bis 650 m, im Böhmisch-Mährischen Hügelland zerstreut, in Mähren im Gesenke und sehr zerstreut im Mährischen Karst, im Thaya-Tal, in Nord- und Ostmähren; in der Slowakei zerstreut, besonders am Fuße der Tatra, aber sehr selten. – In Polen selten, östlich bis Warschau und Krakau.

Variabilität der Art □ Keine von den beschriebenen Formen hat größeren systematischen Wert, weil diese auf Grund nichtständiger Eigenschaften beschrieben wurden. – Eine phylogenetisch interessante Mißbildung ist m. *annulatum* MILDE mit Vermehrung der normalen »Ringe« am Grunde des Strobilus; diese Form erinnert an die fossile mesophytische *Phyllotheca* BRONGN.

2.3.3 Subsect. Ametabola A. BRAUN em. ASCHERSON □ Der fertile Sproß früher als der Laubsproß erscheinend, astlos, ohne Sklerenchym und Chlorophyll, nach der Sporenreife absterbend. Spaltöffnungen am Laubstengel in zwei eng nebeneinander laufenden, aus je 2–5 Linien bestehenden Zeilen.

Typus-Art: *E. arvense* L. – In Mitteleuropa zwei Arten.

9. Equisetum telmateia

Equisetum telmateia[1] EHRHART Hannover. Mag. **18**: 287 (1783). – Syn.: *E. maximum* DUVAL-JOUV. Hist. Equiset. 170 (1864), non LAM. Fl. Franç. **1**: 7 (1778), vel pro p. min. – *E. fluviatile* GOUAN Fl. Monspel. 438 (1765), non L. – *E. eburneum*[2] SCHREBER in ROTH Catalecta bot. **1**: 108 (1797); Tent. fl. Germ. **3**: 4 (1799). – *E. braunii* MILDE Verh. Zool.-bot. Ges. Wien **12**: 515 (1862). – *Allostelites maximum* BÖRNER Fl. f. d. dt. Volk 283 (1912), non *E. maximum* LAM. – R i e s e n - S c h a c h t e l h a l m. – Taf. 9 Fig. 2 nach S. 256. – Abb. 40 (15, 16), 41 k, l, 43, 53–55.

Ausdauernd, Rhizom filzig, schwarzbraun, dünn, die Rhizomscheiden mit 10 Zähnen; oberirdische Sprosse zweierlei: die f e r t i l e n S t e n g e l (an manchen Orten nur spärlich erscheinend) 10–25 (–50) cm hoch, bis 13 (10–15) mm dick, ohne Chlorophyll, Spaltöffnungen und Sklerenchym, astlos, saftig, elfenbeinweiß, selten schwach grünlich, gelblich, bräunlich oder rötlich, mit ca. 12 genäherten, bis 45 mm langen, zylindrischen, anliegenden, später etwas trichterförmig erweiterten, am Grunde hell-, oben dunkelbraunen S c h e i d e n, mit 20–35 flachen, breiten Rippen und engen Kommissuralrillen, schwach deutlichen Karinalrillen mit 20–35 engen, lanzettlich-pfriemenförmigen, grannig bespitzten, dunkelbraunen Z ä h n e n, welche 2–3mal kürzer als die Scheiden sind und deutliche Karinalrillen besitzen. Die S t r o b i l i sind 4–9 cm lang und bis 2 cm dick, hohl, kurz gestielt. Der ganze fertile Stengel nach der Sporenreife absterbend. Die L a u b s p r o s s e 50–150 cm hoch, der Stengel 10–15 (20) mm dick, elfenbeinweiß, im Alter schokoladebraun, unter Wasser schwarz, in den oberen ⅔–¾ seiner Länge beastet, mit 20–40 seichten Rippen, oberwärts mit spärlichen Spaltöffnungen und mit einer dünnen, einfachen, den Ästen ähnlichen langen Spitze. S t e n g e l s c h e i d e n 20–30 mm lang, zylindrisch, anliegend, mit Karinal- und Kommissuralrillen und 20–40 dunkelbraunen, schmal gesäumten Z ä h n e n, so lang wie die Scheidenröhre, ihre pfriemenförmigen Spitzen leicht abbrechend. Die Zentralhöhle bis ⅔ des Stengeldurchmessers. Ä s t e grün, von kleinen Zähnchen rauh, meist unverzweigt, 4–5-rippig, wegen der tiefen Karinalrille der Rippen 8–10-kantig, ohne Zentralhöhle, das erste Astinternodium kürzer als die zugehörige Stengelscheide, Astscheiden hellbraun, am Grunde meist glänzend schwarzbraun, mit 4–5 lanzettlich-pfriemenförmigen Zähnen, mit tiefer Karinalrinne; Spitze bald abbrechend. – Chromosomenzahl: $2n = 216$. – Sporenreife: VI.–VIII.

Vorkommen □ Geophyt; hydrophytische, waldbewohnende Halbschattenpflanze. Ziemlich häufig und gesellig in meist beschatteten Quellfluren und Waldsümpfen, in feuchten Waldschluchten, selten auch außerhalb des Waldes auf Flachmooren, auf sickernassen, kalkreichen, oft tuffbildenden, mehr oder minder humosen Tonböden (Gleiböden) und Mergelböden, oder in 10–20 cm tiefem stehendem Wasser, sekundär an Straßen- und Eisenbahneinschnitten und -dämmen und in Steinbrüchen. Besonders in den jüngeren Formationen (Kreide, Tertiär) am Rande von Kreideplateaus und Flyschmassiven. Bezeichnend für Kalktuff-Gesellschaften und den Bach-Eschenwald, Charakterart des Carici remotae-Fraxinetum (Alno-Ulmion), auch in Eriophorion latifolii-Gesellschaften, an feuchten Abhängen, oft Rutschböden anzeigend. Die fertilen Triebe, schon im vorhergehenden Herbst als dicke Kolben entwickelt, brechen im April hervor; sie vergehen rasch und werden abgelöst von den weit zahlreicheren sterilen, assimilierenden, sommergrünen Trieben. Die Art verbreitet sich meistens vegetativ, bildet große Bestände von sterilen Sprossen und entwickelt dann oft keine fertilen Stengel. Von der Ebene bis in die Alpen, steigt bis 1360 m, in den Schweizer Alpen bis 1530 m (Mürren).

Allgemeine Verbreitung □ Auf den Azoren, Madeira, im gesamten Mittelmeergebiet von Nordwest-

---

[1] telmateios (griech.) τελματεῖος = in Sümpfen lebend; telma (griech.) τέλμα = Sumpf.
[2] eburneus (lat.) = elfenbeinweiß.

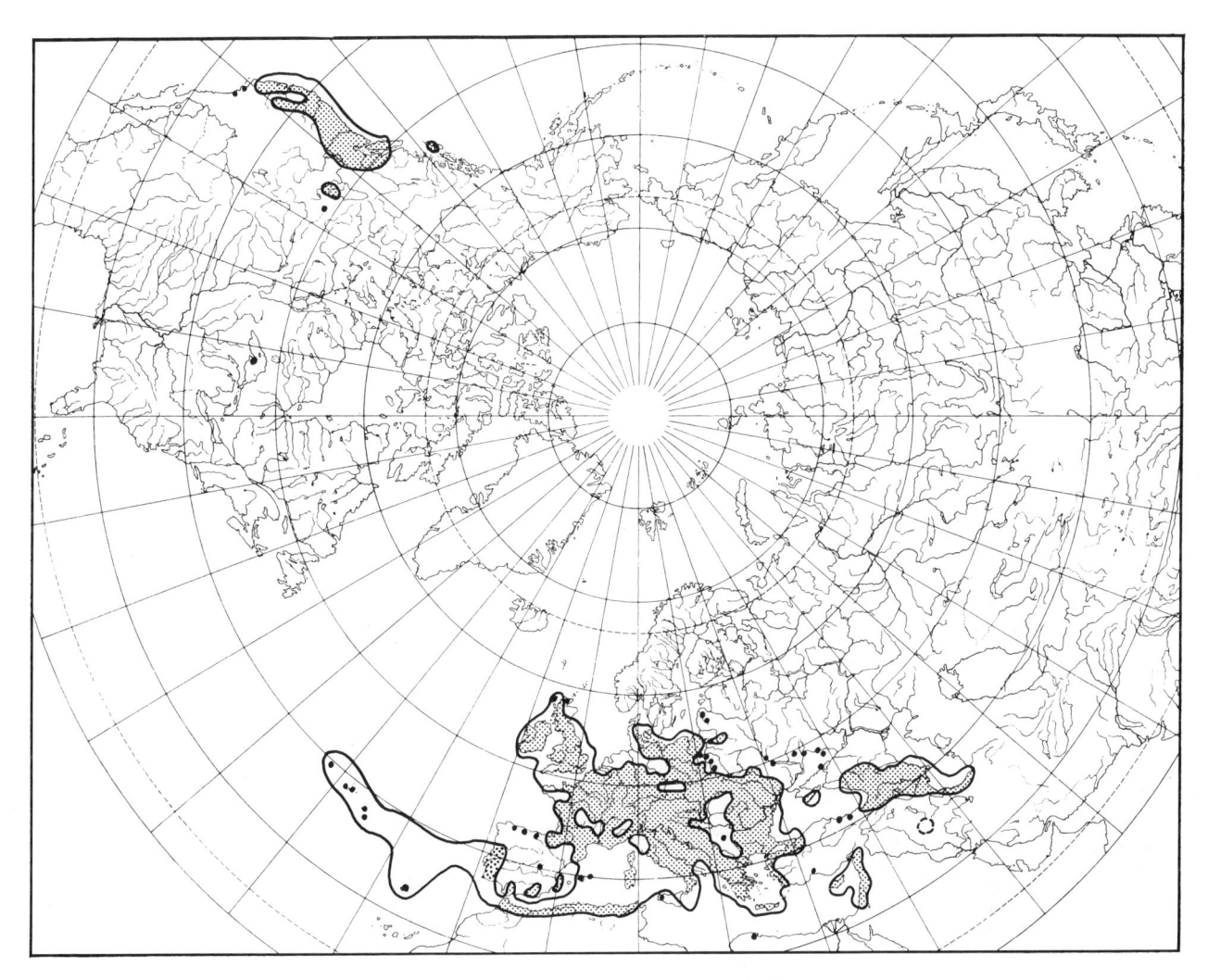

Abb. 53 □ *Equisetum telmateia* EHRH. Verbreitungskarte (nach HULTÉN 1958, verändert)

Afrika über Südeuropa bis Kleinasien, und in der ozeanisch-subozeanischen Provinz von Mitteleuropa. Im westlichen Nordamerika sehr sporadisch (var. *braunii* MILDE), in British Columbia, Kalifornien sowie an einem isolierten Fundort in Michigan.
□ Karten: HULTÉN 1958, S. 277; MEUSEL, JÄGER, WEINERT 1965, S. 7; JALAS & SUOMINEN 1972, Karte 39.

Arealdiagnose □ merid – temp · oz_{1-2} Europa + West-Amerika.

Florenelement (eurasisches Teilareal) □ azor – canar – medit – submedit – hyrcan – atlant – zentraleurop.

Verbreitung im Gebiet □ Häufig besonders in Kalkgebieten von Mittel- und Süddeutschland, mit Ausnahme der höheren Lagen der Gebirge, aber streckenweise fehlend (z. B. im Böhmischen Massiv). – In Deutschland längs der Ostseeküste in Schleswig-Holstein und mehrfach auf Rügen, in Mecklenburg selten (Dassow, Brook, mehrfach südwestlich des Malchiner Sees, früher auch Doberan, Güstrow, Nemerower Holz bei Neubrandenburg, Hohenmühl bei Greifswald), in Brandenburg sehr selten (Luckau, Eberswalde, früher auch Klinge bei Forst, meist an Sekundärstandorten: Tongruben, Tagebaurestloch), in Westfalen im Münsterschen Becken (Ostrand Egge-Gebirge); im Harz nur bei Seesen und Osterode, in Thüringen z. B. bei Triebes, Weida, Röpsen bei Gera, Waldeck, Jena, Camburg, Römhild; Pfalz selten (Jockgrim, Neulauterburg); in den Bayerischen Alpen zerstreut. – In der Schweiz in den tieferen Lagen häufig, in höheren Lagen selten oder vereinzelt; im Berner Oberland bis 1500 m (Obersimmental) und 1530 m (Mürren); in Graubünden bis 1400 m (Seewis). – In den italienischen Alpen bei Tremezzo – Balogno am Lago di Como und Era-San Pietro bei Chiavenna. – In Österreich und in Slowenien ziemlich überall verbreitet, fehlt aber in den trockenen Zentralalpentälern. – In Kroatien selten. – In der Tschechoslowakei: in Böhmen nur in der nördlichen Hälfte, in Mähren mehr im Osten (Weiße Karpaten, Beskiden), sonst sehr selten (Gesenke, Drahany-Waldgebiet, um Brünn); Karpaten. – In Polen geht die Ostgrenze von Stettin bis zum russischen Kaliningrad (Königsberg) über Warschau und Opole (Oppeln) bis in die Ukraine.

Variabilität der Art □ Die Art ist sehr formenreich, aber keine

Abb. 54 □ *Equisetum telmateia* EHRH. Fertile und junge sterile Sprosse. Kaiserstuhl bei Freiburg i. Br.

Abb. 55 □ *Equisetum telmateia* EHRH. Sterile Sprosse. Wutachschlucht, Südbaden

Form hat einen systematischen Wert, sondern es sind nur Wuchsformen oder rein ökologisch verursachte Abänderungen (cf. H. PAUL, Ber. Bayer. Bot. Ges. München **25**: 113; 1941). Neuerdings wurde eine var. *nanum* aus Kultur in den Niederlanden beschrieben (L. VAN HOEK, Acta Bot. Neerl. **28**: 225–226, 523 [1979]).

□ Die Bezeichnung A m a r i s c h g e (Baden: Achkarren) leitet sich ab von »Tamariske«, mit der dieser Schachtelhalm eine sehr entfernte Ähnlichkeit hat.

10. Equisetum arvense

Equisetum arvense LINNÉ Sp. pl. 1061 (1753). – Syn.: *E. boreale* BRONGN. Mém. Ac. Sci. Petersb. **4**/2: 174 (1831). – *Allostelites arvense* (L.) BÖRNER Fl. f. d. dt. Volk 283 (1912). – A c k e r - S c h a c h t e l h a l m. Niederl.: kattenstaart; poln.: koniogon (›Pferdeschwanz‹); sorbisch: chošet, husć, rogac; slowen.: konjski rep, poljski hrastek. – Tafel 9, Fig. 3 nach S. 256. – Abb. 40 (5, 6), 41 m, n, 56, 57.

Ausdauernd, Rhizom kantig, nicht gefurcht, rauh oder behaart, oberirdische Sprosse dimorph, im Frühling fertile, im Sommer sterile Sprosse. S p o r e n t r a g e n d e (fertile) S p r o s s e im März und April, 5–20 (–40) cm hoch, 3–5 mm dick, saftig, hellbraun bis rötlich, unverzweigt, chlorophyll- und sklerenchymlos, ohne Spaltöffnungen, mit 5 (4–6) von einander entfernten, bis 20 mm langen, bauchig aufgeblasenen, glocken- oder trichterförmigen, weißlichen S c h e i d e n, die mit 8–12 schmalen, dunkelbraunen, nicht gesäumten, spitzig-lanzettlichen, aber nicht begrannten Zähnen versehen sind; Z ä h n e so lang wie die Scheidenröhre und öfter zu 2–3 zusammenfließend. S t r o b i l u s 10–40 mm lang, 6–10 mm dick, stumpf, bis 11 cm lang gestielt. S p o r e n t r a g e n d e S t e n g e l nach dem Ausstäuben ganz absterbend. L a u b s p r o s s e im Mai, 10–50 cm hoch, meist mit astlosem, verlängertem Gipfelteil, S t e n g e l (1–) 3–5 mm dick, grün, schwach rauh, mit 6–20 glatten Rippen. Spaltöffnungen in der Ebene der

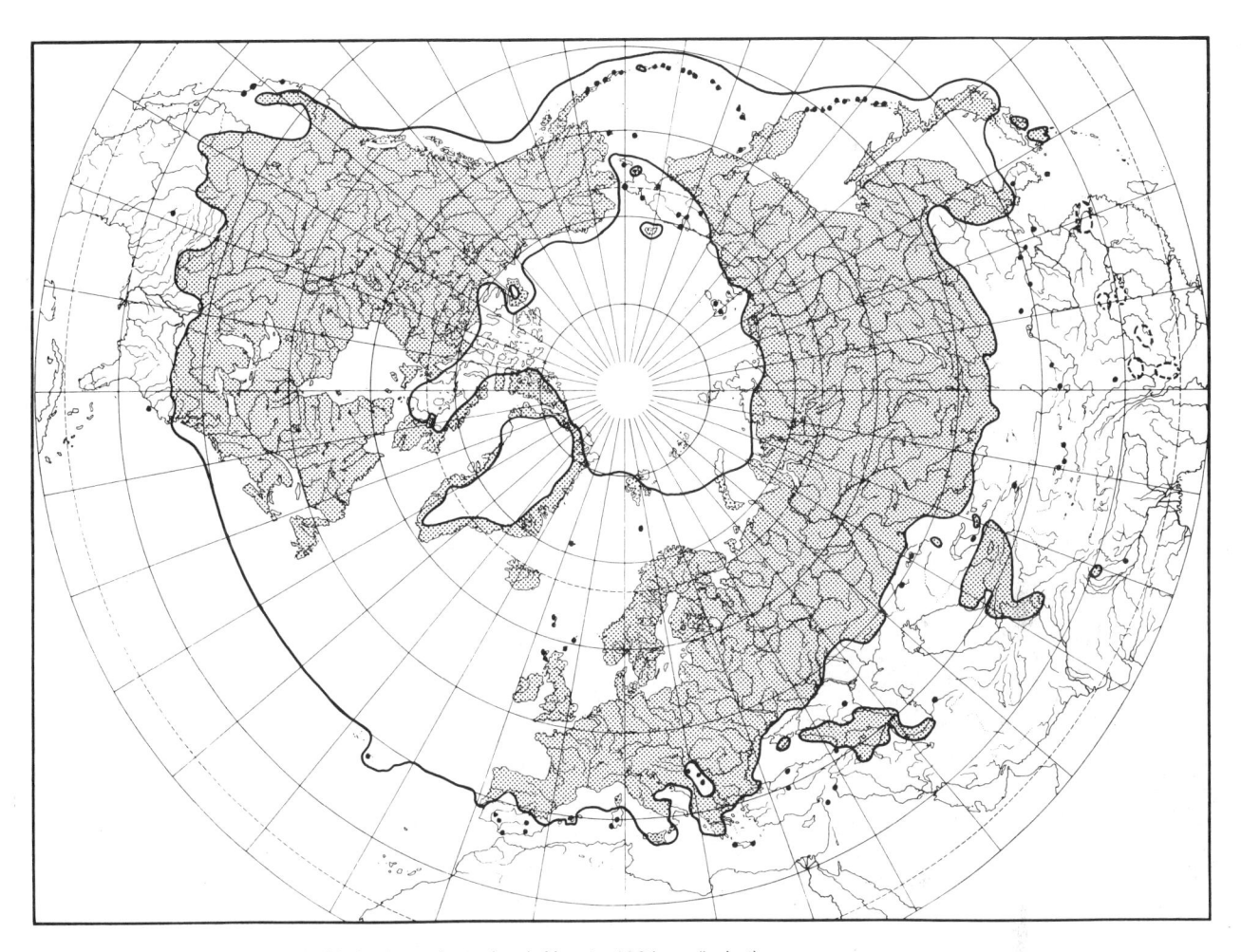

Abb. 56 □ *Equisetum arvense* L. Verbreitungskarte (nach HULTÉN 1964, verändert)

Epidermis, in zwei entfernten, 2–5-zeiligen Bändern; Zentralhöhle eng, ca. ¼ des Stengeldurchmessers; die unteren S t e n g e l s c h e i d e n 10–12 mm lang, eng trichterförmig, hellgrün, mit schwachen Karinal- und Kommissuralfurchen, ihre 6–20 Z ä h n e halb so lang wie die Scheidenröhre, dreieckig-lanzettlich, scharf spitzig, aber nicht begrannt, schwärzlich, weiß berandet, einzeln, nicht zusammenfließend. Ä s t e einfach, selten verzweigt, 4–5-kantig, rauh, aufrecht abstehend, Rippen ohne Karinalrille, das erste Internodium länger als die zugehörige Scheide am Haupttrieb, die Astscheiden grünlich bis braun, mit 4 abstehenden, dreieckigen, lang zugespitzten, sehr schmal berandeten Zähnen, mit stumpfen Zwischeneinschnitten; die Laubsprosse nicht überwinternd. – Chromosomenzahl: $2n = 216$. – Sporenreife: III.–IV. (–V.).

Vorkommen □ Geophyt, Licht- bis Halbschattenpflanze. Ursprünglich an feuchten Ufern, an Anrissen, auf feinerdebedeckten Lücken im Weidensaum, in grundwassernahen Flußauen. Verbreitet als Apophyt auf Äckern und unkultivierten Böden, an Wegrändern, Eisenbahndämmen und Gräben, auch auf Wiesen und in Föhrenwäldern und Gebüschen. Vor allem auf offenen, gern grundfeuchten, nährstoff- und basenreichen, kalkarmen wie kalkreichen, feuchten Ton- und Lehmböden, auch auf lehmigen Schotter- und Sandböden. In Unkraut-Pioniergesellschaften. Rhizomkriecher und Rohbodenpionier. Lästiges, fast unausrottbares Unkraut, bis 160 cm tief wurzelnd. Phytozönologisch gehört es vor allem zu den Gesellschaften des Convolvulo-Agropyrion-Verbandes, auch im Agropyro-Rumicion und in Artemisietea- und Chenopodietea-Gesellschaften. In den Alpen ausnahmsweise auch in Vaccinio-Calluneten mit *Lycopodium clavatum* beobachtet. Vom Tiefland bis in die alpine Vegetationsstufe über 2000 m, in

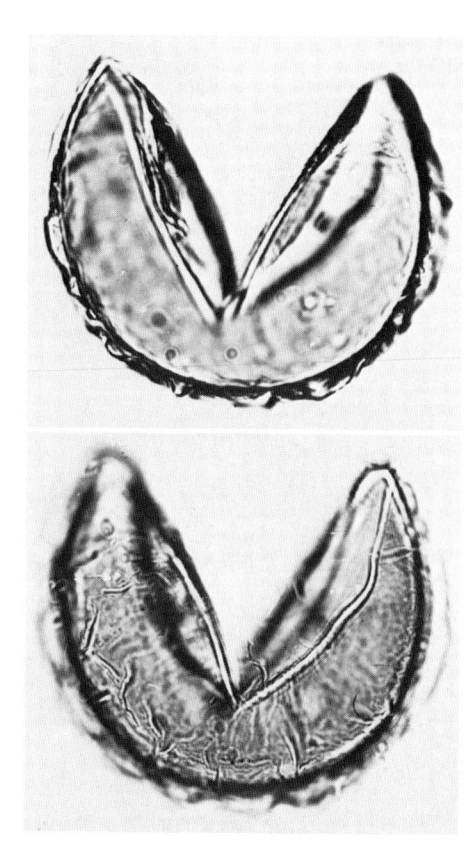

Abb. 57 ☐ *Equisetum arvense* L. Aufgerissene, azetolysierte Spore, × 1000, oben hohe, unten tiefere Einstellung (optischer Schnitt) (Original STRAKA)

Südtirol bis 2500 m, in den Bayerischen Alpen noch in 1550 m beobachtet, im Wallis bis 2606 m (Fluralp ob Zermatt), in Graubünden (Arosa) bis 2000 m, und in Krain in 1700 m; in der Hohen Tatra bis 1214 m, in Südnorwegen bis 1500 m.

Allgemeine Verbreitung ☐ Holarktisches (zirkumpolares) Breitgürtelareal von den Gebirgen der warmen Zone durch die warm-gemäßigten, gemäßigten und kühlen Zonen bis weit in die Arktis. Ganz Europa, bis zu den Azoren[1], von Spitzbergen bis Südspanien, Italien und Griechenland (auch auf Kreta); in Asien in der ganzen UdSSR, südwärts bis zur Türkei, Iran, Himalaja, Mittel- und Nordchina, Japan; fehlt in Nordafrika, in Südafrika nur eingeschleppt. In Nordamerika von Alaska und Grönland südwärts bis Texas.

☐ Karten: MEUSEL, JÄGER, WEINERT 1965, S. 7; JALAS & SUOMINEN 1972, Karte 38.

Arealdiagnose ☐ (merid/montan) – submerid – arct Circpol.

Florenelement ☐ (medit) – submedit – pont – mitteleurop – nordeurop – lappon – samojed.

Verbreitung im Gebiet ☐ In Mitteleuropa ist sie die verbreitetste Art und wächst in allen Gebieten, meistens als Ruderal- und Segetalunkraut.

Volksnamen ☐ Die Art *E. arvense* hat eine Menge von Volksnamen, welche zum Teil auch für andere ähnliche *Equisetum*-Arten gebraucht werden. Die Namen S c h a c h t e l h a l m , S c h a r f - h a l m , S c h a f t h e u hat die Pflanze nach den schaftartig ausziehbaren Stengelgliedern erhalten. Das Wort hat vielleicht auch Beziehung zu »schaben« nach der Verwendung der Schachtelhalme zum Putzen (s. unten); vgl. S c h a w r u s c h (Lübeck) für *E. hyemale*. Der gegliederte Stengel wird auch mit einem Pfeifenrohr verglichen, daher P i p e n s t a l (= Pfeifenstiel) in Mecklenburg und der Altmark, H o l l p i e p e n (= Hohlpfeifen) in Ostfriesland, D r u n k e l p f e i f e n (ehem. Ostpreußen); oder mit einer N a d e l - b ü c h s e (»Spengel«, vom lat. spina ›Dorn‹, bedeutet ›Nagel‹) S p e n d e l b ü s c h e (Hunsrück) oder mit K n i e n : N e g e n k n e e (= Neunknie, Holstein); auch der plattdeutsche Name B r ä c k - b e e n (von »Bein« und »Brechen«, Hannover) hängt wohl mit der Form des gegliederten Stengels zusammen. Die Sprosse werden nach ihrer Form gern mit dem Schwanz gewisser Tiere, besonders der Katze, verglichen (mittelhochdeutsch »sterz« oder »zagel«, englisch »start« bedeutet ›Schwanz‹): K a t t e n s t e e r t , K a t - t e n s w a n s (Altmark), K a t t s t a r t (Pommern), K a t z e n z a h l (vormals im Riesengebirge und in Schlesien), K a t z e n w e d e l (Schwaben), K a t z e n s c h w o a f (Österreich, Steiermark), C h a t z ä s c h w a n z , C h a t z ä s t i e l (Schweiz). – Im frühen Mittelalter: Katzenzagil, Rosszagil, Schafhove. – Weitere Namen: R a t t e n s c h w a n z (Hannover), R a t z e n s c h w a f (Nieder- Österreich), R a t t ä s c h w a n z (Schweiz: Waldstätten), F u c h s - z a g e l (ehem. Ostpreußen), F u c h s s c h w a n z (rheinisch), F u c h s s c h w a f (Nieder-Österreich), G e i s s b a r t (rheinisch). – Der Name Z i n n k r a u t rührt davon her, daß die Schachtelhalme wegen ihres hohen Gehalts an Kieselsäure zum Putzen von Geschirr, besonders von Zinnkannen, Zinntellern und Weberschiffchen (Zürcher Oberland) gebraucht wurden; Z i n n g r a s (Bayern, Tirol, vormals in Nordböhmen), Z i n n h e u (Steiermark), S c h e u e r k r a u t (vielfach); von »reiben« (vom Reiben des zu putzenden Geschirrs mit der Pflanze) leiten sich ab: R i e b e l (Thurgau in der Schweiz), R e i b i s c h , G r e i b s c h (vormals im Riesengebirge); aus letzterem Namen verderbt ist wohl die Benennung P r e i s b u s c h (Leipzig), K a n n e l g r a s (vormals in Nordböhmen), P f a n n e n b u t z e n (Thurgau), K a n n e n k r a u t (Eifel, Thüringen, Schwaben), C h a n t e b u t z e r (Siblingen bei Schaffhausen). – Die Art ist in ganz Mitteleuropa allgemein bekannt, vor allem als ein lästiges Unkraut. – In manchen Gegenden glaubt man, daß die Pflanze den Kühen tödlich sei, den Pferden jedoch nicht schade: daher sagt man von ihr: »Der Pferde Brot – der Kühe Tod«, und davon K o o d o o d (Kuhtod; Gebiet der unteren Weser). Im ehem. Westpreußen (im Weichseldelta) wurden die unschädlichen *Equisetum*-Arten K u h m u s s , die schädlichen (besonders *E. palustre*) H e r r m u s s genannt. Während *E. arvense* dem Vieh sicherlich unschädlich ist, wurde in neuester Zeit in *E. palustre* (in geringerem Maße auch in *E. sylvaticum*) ein giftiges Alkaloid, das Equisetin, nachgewiesen. Der Name H e r r - m u s s , der übrigens im ganzen Norddeutschland für *Equisetum*-Arten verbreitet ist, enthält in seinem ersten Bestandteil wahrscheinlich die Wurzel Heerherde (wegen des massenhaften Vorkommens), während der zweite Bestandteil »muss« das verderbte Moos ist; H a r r m o o s (Holstein). In Norddeutschland ist die allgemeinste Bezeichnung für die *Equisetum*-Arten D u w o c k , D o w e n w o k -

---

[1] Dort kürzlich gefunden (WILMANNS, O. and H. RASBACH, Brit. Fern Gaz. **10**, 315–329, 1973).

ken oder Duwerock (Schmalkalden); der zweite Bestandteil leitet sich vielleicht von niederdeutsch »Wocken« (= Rocken, Spinnrocken) nach der Gestalt der Sporangienstände ab; Duwupp (um Hamburg), Tauberock (Oberhessen), Dauberwocken (Westfalen). – Gleichfalls hierher zu stellen wären dann die Benennungen Spindling (früher um Eger [Cheb] in Westböhmen), Spinnlich (von »Spindel«), Zöpfling (von »Zopf«), die sich beide auf die Form des Strobilus beziehen. Wegen der Ähnlichkeit mit Binsen (Rusch, Rüske = Binse, *Juncus):* Lidrüske (mittelhochdeutsch »lit« = Glied; Ostfriesland), Hollrutsch, Hilbrusk (Hannover). – Andere Benennungen: Rugen (wohl zu »rauh«; Mecklenburg), Unnet (Ostfriesland), Kroskeln, Kröckeln (Westfalen), Schohrscht (Eifel), Padderak (Flensburg; vgl. den dänischen Namen), Koscht (Kärnten). – Im Rätoromanischen heißen die Equiseten cua d'giat (Engadin), cuevas gat (Heizenberg).

Bastarde

Wichtige Literatur □ Kümmerle, J. B. 1931: Equiseten-Bastarde als verkannte Artformen; Magy. Bot. Lap. **30:** 146–160.

10. x 5. Equisetum x litorale

Equisetum x *litorale*[1] Kühlewein in Ruprecht Beitr. Pflanzenk. Russ. Reichs **4:** 91 (1845) pro spec. = *E. arvense* L. x *fluviatile* L.; cf. Krok in Rosendahl Ark. Bot. Stockholm **15/3:** 33 (1918). – Syn.: *E. inundatum* Lasch Bot. Zentralbl. (ed. Rabenhorst) **2:** 25 (1846). – Strand-Schachtelhalm. – Abb. 40 (7).

Rhizom schwarz oder rötlich, glänzend, mit enger Zentralhöhle; Laubsproß strobilustragend, nicht überwinternd; Stengel bis 1 m hoch und 5 mm dick, grün, mit 12–14 (6–16) Rippen, rauh, einfach oder ästig, oben stets einfach, schwach rauh, die Zentralhöhle ⅙–½ des Stengeldurchmessers, die Vallecularhöhlen ebenso groß oder enger. Die Spaltöffnungen unregelmäßig in den Furchen verteilt. Die unteren Stengelscheiden anliegend, die mittleren trichterförmig, die oberen glockenförmig abstehend, bis 12 mm lang, mit 6–16 grünen, an der Spitze schwarzen, scharfspitzigen Zähnen, die untersten Astscheiden braun, die Äste einfach, aufrecht, rauh, 4–5 (3–7)-rippig, das erste Internodium der unteren Äste kürzer, der oberen etwas länger als die zugehörige Stengelscheide. Strobili selten entwickelt, lang gestielt, schmal zylindrisch, stumpf, stets geschlossen bleibend. – Sporen taub, ohne Hapteren. – Chromosomenzahl: 2n = 216.
□ Diese Hybride entsteht in der Gegenwart wahrscheinlich nicht; vielleicht entstand sie in klimatisch günstigen Zeiten und verbreitet sich jetzt nur vegetativ.[2] Sie wächst auf nassen Sandfeldern, in feuchten Wiesen, Wassergräben und am Ufer der Flüsse und Teiche; auf nassen Standorten nähert sie sich dem *E. fluviatile*, an trockenen dem *E. arvense*[3]. Die sehr zahlreich beschriebenen Formen und Mißbildungen entbehren irgendeines systematischen Wertes.
□ Bisher bekannt aus dem atlantischen und mittleren Europa, aus Nordasien und Nordamerika. In Mitteleuropa von Belgien, den Niederlanden, Dänemark und Polen, südwärts über ganz Deutschland (Mecklenburg, Hamburg, Oldenburg, Brandenburg, Westfalen, Hessen, Niedersachsen, Rheinland, Baden und Bayern) und die Tschechoslowakei (Mittel- und Nordböhmen, Nordmähren, Südwestslowakei) bis in die nordöstliche Schweiz (Seeried bei Lachen) und Österreich (Vorarlberg, Ober- und Niederösterreich, Kärnten) zerstreut bis verbreitet, aber in den meisten Teilgebieten bis jetzt nicht beobachtet, vermutlich aber verkannt und mit den Elternarten verwechselt. Fehlt in den Südalpen.

10. x 6. Equisetum x torgesianum

Equisetum x *torgesianum* Rothmaler Fedde Rep. **54:** 77 (1944); *E.* x *rothmaleri* Page Watsonia **9:** 229 (1973) = *E. arvense* L. x *palustre* L.

Bisher beobachtet in Deutschland; in Österreich vielleicht bisher übersehen.

10. x 9. Equisetum x dubium

Equisetum x *dubium* Dostál Biológia (Bratislava) (1983) = *E. arvense* L. x *telmateia* Ehrh.

Aus Nordmähren (Bílý Vrch bei Kopřivnice unweit Nový Jičín) angegeben, aber nicht bestätigt.

10. x 1. Equisetum x hybridum

Equisetum x *hybridum* Huter Österr. bot. Zeitschr. **58:** 34 (1908) = *E. arvense* L. x *variegatum* Schleich.

Von *E. variegatum* durch stumpfe Strobili und kaum gefurchte Scheidenzähne, von *E. arvense* durch völlig gleichartige Stengel verschieden. Bis jetzt nur in Tirol (Antholz im Pustertal, Obertaler Bergwiesen vor dem See, Bahndamm südlich der Station Brenner). Vgl. R. Huter Österr. Bot. Zeitschr. **58:** 34 (1908). Die Existenz dieser Hybride bedarf noch der Bestätigung.

3. x 4. Equisetum x moorei

Equisetum x *moorei*[4] Newman The Phytologist **5:** 19 (1854) pro spec. = *E. hyemale* L. x *ramosissimum* Desf.; cf. Samuelsson Vierteljahrschr. Naturf. Ges. Zürich **67:** 230 (1922); Kümmerle Magy. Bot. Lap. **30:** 147 (1931). – Syn.: *E. hyemale* L. var. *moorei* (Newm.) Hook. & Walker-Arnott Brit. Fl., ed. 8: 601 (1860). – *E. schleicheri* Milde Ann. Mus. Lugd.-Batav. **1/3:** 68 (1863). – *E. intermedium* Schur Enum. pl. Transsilv. 822 (1866). – *Hippochaete* x *samuelssonii* (W. Koch) Rothmaler Fedde Rep. **54:** 81 (1944), nom. inval. – *Hippochaete moorei* (Newm.) H. P. Fuchs Acta Bot. Ac. Sci. Hungar. **9/13** (1963). – Moores Schachtelhalm. – Abb. 40 (8).

Sommergrün oder (unterer Teil) wintergrün, Rhizom stielrund, nicht gefurcht, schwarz, matt, astlos oder oben verzweigt, am Gipfel mit einer schwarzen Spitze (die zusammengeneigten Zähne der obersten Scheide); die Internodien blaßgrün, unter den Knoten nicht eingeschnürt, mit 12–14 (5–26) länglichrunden oder flachen rauhen Rippen, welche nur eine seichte Karinalrille besitzen, Zentralhöhle bis ¾ des Stengeldurchmessers, Vallekularhöhlen kleiner, Stengelscheiden 8–10 mm lang, oben erweitert, also zylindrisch-trichterförmig, die untere mit schwarzem Rand und Basalrand, die obere grünlich bis rotbraun, im Alter längs Kommissuralrillen zerschlitzt, Zähne dunkelbraun, glänzend, so lang wie die Scheidenröhre, schmaldreieckig, mit einer gekrümmten Granne, die der oberen Scheiden nicht abfallend, die der unteren abfallend; das erste Astinternodium sehr kurz, die unter-

---

[1] litoralis (lat.) = küstenbewohnend.
[2] Ottilie Wilmanns (in K. & Helga Rasbach u. Wilmanns: Die Farnpflanzen Zentraleuropas 160; 1968) beschrieb eine wahrscheinlich rezente Entstehung des *E.* x *litorale*.
[3] Vgl. Laubenburg Jahresber. Nat. Ver. Elberfeld **9:** 95 ff. (1899).
[4] Nach dem Entdecker David Moore (1807–1879), Curator des botanischen Gartens in Dublin, einem um die Flora Irlands verdienten Botaniker.

ste Astscheide auf zwei Zipfel reduziert. S t r o b i l i sehr selten entwickelt, Sporen ohne Hapteren, taub. – Chromosomenzahl: 2n = ? 216. – Sporenreife: VII.–VIII. (an den vorjährigen Stengeln V.–VI.).

☐ Die Hybride ist sehr variabel, und ihre Formen bilden eine Hybridenreihe zwischen beiden Eltern. – Nm. *viride* (MILDE) nähert sich dem *E. ramosissimum* und nm. *fallax* (MILDE) dem *E. hyemale*, wogegen nm. *rabenhorstii* (MILDE) in der Mitte steht.

Allgemeine Verbreitung ☐ Diese Hybride ist in sandigen Föhrenwäldern, in sandigen Halbsteppen und Dünen und auch auf Weiden, längs Wegen und Bahndämmen verbreitet, in der Rheinniederung vor allem im Querco-Ulmetum (Alno-Ulmion). Mehrmals wurde sie in allen Gebieten Mitteleuropas gefunden. In der Umgebung von Hamburg, Lübeck, Lauenburg, in Brandenburg und im Rheingebiet, in Hessen und Sachsen; in Südbaden (Herderwald und Landbachmündung bei Herdern gegenüber Rheinfelden) und in der Oberrheinebene. – In der Schweiz: Yvonand (Waadt), Wasterkinger Berg (Zürich), Roccabella (Thurgau), Rheindamm bei Rüdlingen, Isola Grande bei Brissago (Tessin) und Lumino in Misox (Graubünden). – In Österreich in Vorarlberg (Höchst). – In Slowenien einmal bestätigt. – In der Tschechoslowakei in Böhmen (Elbeniederung), in Mähren (Haná-Ebene, Südmähren, Niederes Marchbecken), in der Slowakei in der südwestlichen Ebene; angegeben auch aus Polen (Schlesien); neuerdings nicht bestätigt.

☐ Nach KÜMMERLE (1931) entstand sie in den kühleren Postglazialzeiten in Gebieten, wo beide Eltern zusammen wuchsen und aus denen *E. hyemale* in den folgenden, wärmeren Zeiten verdrängt wurde, so daß jetzt der Bastard nur mit *E. ramosissimum* zusammen vorkommt. In den Auenwäldern der Oberrheinebene allerdings trifft man *E.* x *moorei* und *E. hyemale* nahe beieinander an; hier ist *E. ramosissimum* die seltenste Art, z. B. im Naturschutzgebiet »Taubergießen«.

3. x 1. Equisetum x trachyodon

Equisetum x *trachyodon*[1] A. BRAUN Flora **22**: 305 (1839) = *E. hyemale* L. x *variegatum* SCHLEICHER; vgl. KUPFFER Acta Hort. Bot. Univ. Latv. **4**: 247 (1829). – Syn.: *Hippochaete trachyodon* (A. BRAUN) BÖRNER Fl. f. d. dt. Volk 283 (1912). – *Equisetum hyemale* var. *trachyodon* (A. BRAUN) DÖLL Rhein. Fl. 32 (1843). – Abb. 58.

S t e n g e l überwinternd, 20–45 cm hoch, einfach oder unten mit einigen rauhen, bis 3 mm dicken Ästen, diese mit 7–14 Rippen und breiten Furchen, Zentralhöhle ¼ bis ⅓ des Stengeldurchmessers, S c h e i d e n eng anliegend, 6–8 mm lang, die unteren schwarz, die oberen nur mit einem schwarzen Querband, die Z ä h n e lanzettlich-pfriemenförmig, schwarzbraun, weiß gesäumt, nicht abfallend, mit tiefer Karinalrille; Sporangien im April auf dem vorjährigen Stengel, auf dem diesjährigen im Sommer; S t r o b i l i spitzig. – Von dem ähnlichen *E.* x *moorei* durch nicht abfallende, gerade, breit weißberandete Scheidenzähne unterschieden; Sporen taub. – Chromosomenzahl: 2n = 216; die Meiosis unregelmäßig; s. S. S. BIR: Chromosome numbers of some *Equisetum* species from the Netherlands, Acta Bot. Neerl. **9**: 224–234 (1960).

Allgemeine Verbreitung ☐ Diese Hybride hat ein disjunktes Areal wegen der polytopen Entstehung: nur vegetative Vermehrung bekannt. Sie ist von Kiesgruben, aufgeschütteten Böschungen, aus Streuwiesen (Molinieten), aus lockeren Kiefernbeständen mit austrocknendem Ober- und feuchtem Unterboden bekannt. In Deutschland: Oberrheingebiet zwischen Straßburg-Kehl und Mainz zerstreut, südlich Kehl selten (Kappel, Ichenheim), in Hessen, in der Pfalz (Mundenheim und Neuhofener Altrhein bei

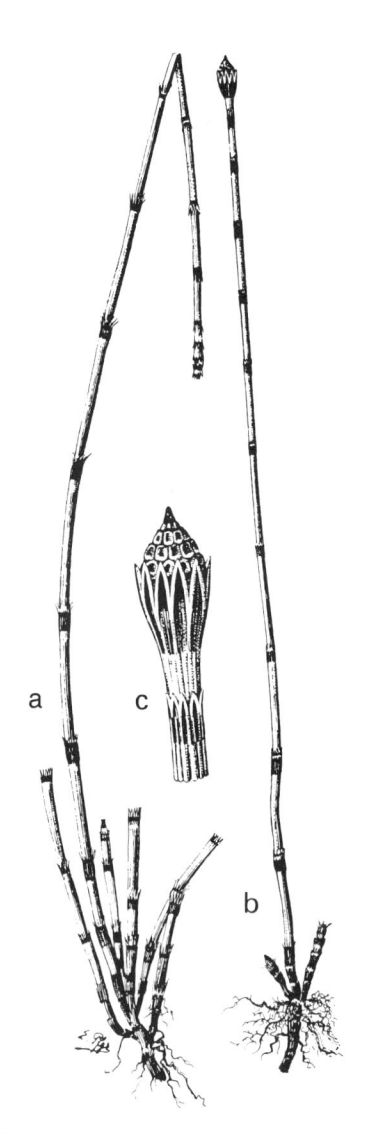

Abb. 58 ☐ *Equisetum* × *trachyodon* A. BRAUN ☐ *a, b* Habitus (verkleinert) ☐ *c* Sproßspitze mit Strobilus (etwas vergr.)

Ludwigshafen, Speyer, Wörth); Südbaden (Herdern gegenüber Rheinfelden), bei Konstanz; in Württemberg bei Wolfegg, Waldsee, bei Weissenbrunnen im Oberland, Donaugebiet. – In der Schweiz an den Flußläufen von Aare, Emme, Rhein, Thur und Glatt; Bremgartenwald bei Bern, an der Einmündung des Glasbrunnenbaches in die Aare, Aareufer bei Dotzingen und Büren, Emmenschachen (zwischen Gerlafingen und Biberist), Emmenufer bei Derendingen; von unterhalb Basel (Neudorf) den Rhein hinauf zerstreut bis an den Bodensee, so bei Laufenburg, Koblenz, Eglisau, Dachsen, Flaach, Schaffhausen und Konstanz. An der Thur bei Andelfingen, an der Glatt bei Oberbüren. – In der Tschechoslowakei und in Österreich fraglich. Außerdem aus Grönland, Island, England, den Niederlanden, Skandinavien und Frankreich angegeben. Als Varietäten werden folgende Nothomorphen beschrieben: nm. *viride* (MILDE) (sub *E. hyemale*): bis 60 cm hoch, auch getrocknet lebhaft grün, Stengel mit 13–16 schmalen Rippen, welche durch 2 unregelmäßige Reihen von runden Kieselhöckern rauh sind, Rippen der Scheiden dreifurchig, Zähne glatt, ungefurcht; näher dem *E. hyemale*. – Nm. *doellii*

---

[1] *trachys* (griech.) τραχύς = rauh; *odon* (griech.) ὀδων = Zahn.

(MILDE) (sub *E. hyemale;* Synon.: *E. hyemale* var. *paleaceum* DÖLL, non *E. paleaceum* SCHLEICHER): Stengel bis 80 cm hoch, Rippen schwach konkav, breiter als bei nm. *viride,* Zähne etwas rauh, gefurcht (näher der typischen Form von *E. trachyodon* oder dem *E. variegatum*). Die von FUCHS und GEISSERT aus dem Elsaß (zwischen Drusenheim und Dalhunden) als intermediär zwischen *E. trachyodon* A. BR. und *E. hyemale* L. beschriebene *Hippochaete alsatica* (Bauhinia **7**: 7–12; 1980) gehört vermutlich hierher, ebenso wie die dort zur Art aufgewertete *H. fuchsii* (GEISSERT) FUCHS & GEISSERT (*E. trachyodon* A. BR. f. *fuchsii* GEISSERT).

8. x 7. Equisetum x mildeanum
Equisetum x *mildeanum* ROTHMALER Fedde Rep. **54**: 81 (1944) = *E. pratense* EHRH. x *sylvaticum* L.

Bisher nur aus Deutschland angegeben (Rügen).

4. x 1. Equisetum x meridionale
Equisetum x *meridionale*[1] (MILDE) CHIOVENDA Fl. Alpi Lepont. occid. **2**: 14 (1929) = *E. ramosissimum* DESF. x *variegatum* SCHLEICH. – Basion.: *E. variegatum* var. *meridionale* MILDE Bot. Zeit. **19**: 458 (1862). – Syn.: *Hippochaete* x *meridionalis* (MILDE) HOLUB Preslia **44**: 120 (1972). – *Hippochaete* x *naegeliana* (W. KOCH) ROTHMALER in Fedde Rep. **54**: 81 (1944), nom. inval. – Süd-Schachtelhalm. – Abb. 40 (12).

Rhizom fast schwarz, Stengel kräftig, 40–50 (–100) cm hoch, nicht überwinternd, mit 1–3 Ästen, die Internodien mit 8 (6–9) stumpfen, rauhen Rippen, auf demselben Stengel auch Rippen mit Karinalrille, die Zentralhöhle ¼ bis ⅓ des Stengeldurchmessers einnehmend, die Vallecularhöhlen viel kleiner; Stengelscheiden schmal trichterförmig, bis 6 mm lang und 4 mm breit, die unteren schwarzbraun, die oberen grün, unter den Zähnen mit schmalem schwarzem Band, oder ganz braungrün, mit Karinal- und tiefen Kommissuralrillen, die Zähne nicht abfallend, schmal-dreieckig bis eiförmig-lanzettlich, pfriemenförmig zugespitzt, mit Karinalrille, am Grunde schwarz, sonst weiß, dünnhäutig, die unterste Astscheide schwarzbraun, glänzend, das erste Astinternodium kürzer als die zugehörige Stengelscheide, Äste 6–7 (–8)-rippig; Strobilus sehr selten entwickelt, Sporen taub.

□ Dieser Bastard steht mit seinen morphologischen Eigenschaften zwischen den angenommenen Elternarten *E. ramosissimum* und *E. variegatum,* aber einige Formen nähern sich der ersten, andere der zweiten Art. Unterscheidet sich von *E. ramosissimum* durch die Stengelrippen mit Karinalrille und durch die nicht abfallenden Scheidenzähne; von *E. variegatum* durch die flachen, rauhen Stengelrippen und schmalen Scheidenzähne.

Allgemeine Verbreitung □ Bis jetzt nur an moorigen Stellen in Norditalien (ehem. Südtirol): Gratsch und Algund bei Meran; in der Schweiz, an der Aare bei Meienried, am Rheinufer bei Dachsen im Kant. Zürich, in der Umgebung des Schlößchens Wörth am Rheinfall und bei Ascona im Kant. Tessin; in Böhmen zwischen Mělník, Všetaty, Roudnice (Raudnitz) und Terezín (Theresienstadt); in der Slowakei im Marchfeld (Záhorí), bei Kralovany (Stankovany) und am Ufer des Dunajec-Flusses in den Pieninen.

1. x 2. Equisetum x gamsii[2]
Equisetum x *gamsii* JANCHEN Catal. Fl. Austr. **1**: 64 (1956) = *E. scirpoides* MICHX. x *variegatum* SCHLEICH. – Syn.: *E. arcticum* (ROTHMALER) HYLANDER, Nord. Kärlväxtfl. **1**: 14 (1953), non RUPRECHT (1845), nec HEER (1868) Fl. foss. Arctica **1**: 156 (1845). – *Hippochaete arctica* ROTHMALER Fedde Rep. **54**: 81 (1944).

Wahrscheinlich irrtümlich aus Nordwestkärnten und Nordtirol angeführt.

Klasse Pteropsida Echte Farne

Syn.: *Filicopsida, Polypodiopsida.*

Wichtige Literatur □ ASCHERSON, P. & P. GRAEBNER, 1912: Synopsis der mitteleuropäischen Flora. Ed. 2, **1**: 7–153. – BERGDOLT, F. O. 1936: *Pteridophyta.* In: HEGI, Illustrierte Flora von Mitteleuropa. Band **1**, 2. Aufl. München. – BERTI, G. & F. BOTTARI 1968: Constituents of ferns, in: REINHOLD, L. & Y. LIWSCHITZ (eds.): Progress in Phytochemistry **1**, London/New York/Sydney. – BITTMANNOVÁ-NOGOVÁ, J. 1962: Die Entwicklung des Gametophyten unserer Farne der Familie *Polypodiaceae.* Acta Univ. Palackiyanae Olomucensis, fac. rer. nat. **11**: 33–128. – BOWER, F. O. 1923–1928: The Ferns *(Filicales).* Cambridge. – CHRISTENSEN, C.: Index Filicum, Hafniae (1905–1906) Suppl. I, Hafniae (1913). II. Hafniae (1917). III. Hafniae (1934). – COPELAND, E. B. 1947: Genera Filicum. Waltham, Mass. – FUCHS, H. P. 1963: Nomenklatorische Liste der in Ungarn vorkommenden Gefäßkryptogamen. Acta botanica Acad. Sci. Hungar. **9**: 11–20. – HAIDER, K. 1954: Zur Morphologie und Physiologie der Sporangien leptosporangiater Farne. Planta **44**: 370–411. – HOLTTUM, R. E. 1946: A revised classification of leptosporangiate ferns. Journ. Linn. Soc. London, Botany **53**: 123–158. – HOLTTUM, R. E. 1949: The classification of ferns. Biol. Res. Cambr. Soc. **24**: 267–296. – JERMY, A. C., J. A. CRABBE & B. A. THOMAS (eds.) 1973: The phylogeny and classification of the ferns. Bot. J. Linn. Soc. London, **67**, Suppl. 1. – KNOX, E. 1951: Spore morphology of British ferns. Trans. Proc. Bot. Soc. Edinb. **35**: 437–449. – LOVIS, J. D. 1977: Evolutionary patterns and processes in ferns. Adv. Bot. Res. **4**: 229–415. – LUERSSEN, CH. 1889: Die Farnpflanzen oder Gefäßbündelkryptogamen. In RABENHORST: Kryptogamenflora von Deutschland, Österreich und der Schweiz. ed. 2, vol. **3**. – MEYER, D.: Systematik der Farnpflanzen. Fortschritte der Botanik **24**: 81–89 (1961) usw. – NAYAR, B. K. & S. KAUR 1971: Gametophytes of homosporous ferns. Bot. Rev. **37**: 295–396. – PICHI-SERMOLLI, R. E. G.: The nomenclature of some fern genera. Webbia **9** (2): 387–454 (1953) & Webbia **26**: 491–543 (1972). – PICHI-

---

[1] *meridionalis* (lat.) = südlich.
[2] Nach H. GAMS (1893–1976), Professor für Systematische Botanik und Pflanzengeographie an der Universität Innsbruck.

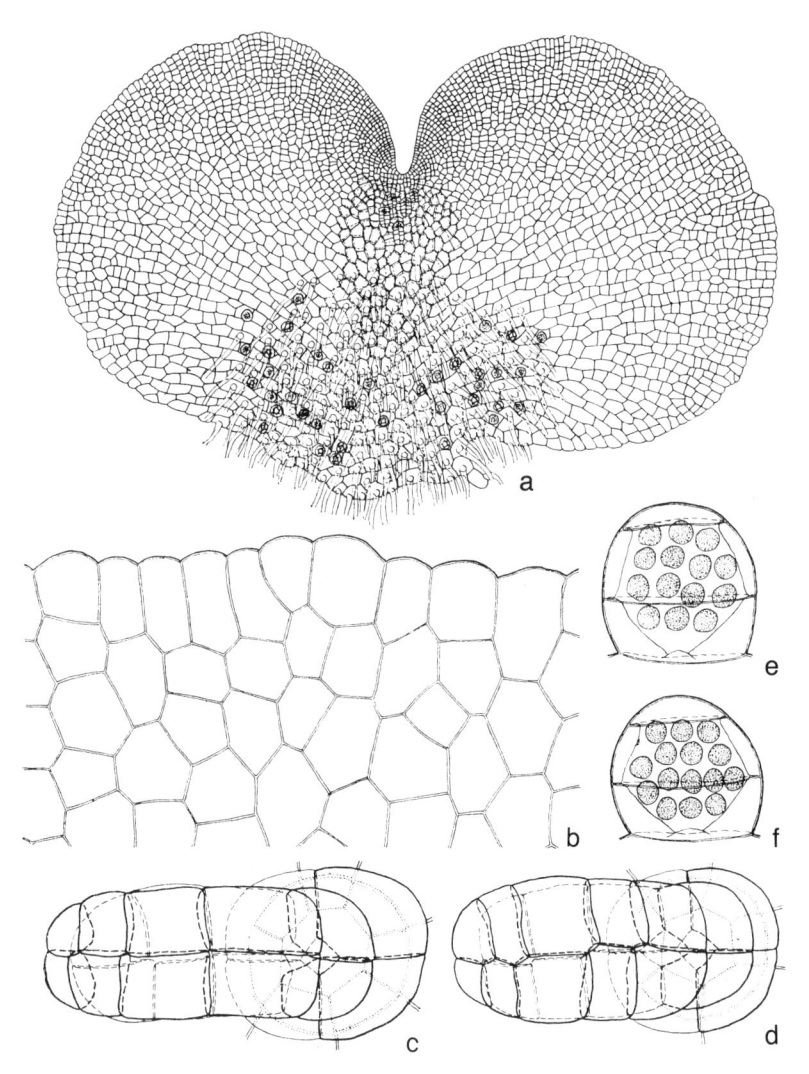

Abb. 59 □ *Asplenium trichomanes* L. Prothallium □ *a* im Ganzen (etwa × 20) □ *b* Zellstruktur am Rand □ *c, d* Archegonienhälse von oben □ *e, f* Antheridien von der Seite (*b–f* stark vergr.) (nach MOMOSE 1967)

SERMOLLI, R. E. G. 1958: The higher taxa of the *Pteridophyta* and their classification. Uppsala Univ. Årskr. 1958 (6): 70–90. – PICHI-SERMOLLI, R. E. G. 1959: *Pteridophyta*. In: TURRILL, W. (ed.): Vistas in botany. London. – PICHI-SERMOLLI, R. E. G. 1969: Index Filicum. Supplementum IV. Utrecht. – SCHNARF, K. 1904: Beiträge zur Kenntnis des Sporangienwandbaues der *Polypodiaceae* und der *Cyatheaceae* und seiner systematischen Bedeutung. Sitzungsber. Kais. Ak. Wiss. Wien, Mat.-nat. Kl. **113**/1: 1–25. – SORSA, P. 1964: Studies on the spore morphology of Fennoscandian fern species. Ann. Bot. Fennici **1**: 179–201. – TROLL, W. & C. WETTER 1952: Beiträge zur Kenntnis der Radikationsverhältnisse von Farnen. Akad. Wiss. Lit. Mainz Abh. Math.-Nat. Kl. **1952** (1): 4–84. – TRYON, R. M. 1952: A sketch of the history of fern classification. Ann. Missouri Bot. G. **39**: 255–262. – VERDOORN, F. (ed.) 1938: Manual of Pteridology. The Hague.

Gefäßpflanzen mit Verbreitung durch Sporen und mit antithetischem Generationswechsel, beide Generationen meist autotroph. Farnpflanze (Sporophyt) meist ausdauernd, krautig (in wärmeren Gebieten auch schopfbaumförmig), mit Adventivwurzeln. S t a m m ungegliedert, nicht hohl, ohne sekundäres Dickenwachstum, mit Tracheiden im Xylem, bei den mitteleuropäischen Arten ± unterirdisch. B l ä t t e r groß (gegenüber den Lycopsida), meist geteilt (»Wedel«), bei aufrechtem Rhizom meist schraubig, bei kriechendem häufig zweizeilig angeordnet, in der Jugend schneckenförmig nach der Oberseite eingerollt, mit ein- bis mehrfach gabeliger oder fiedriger, freier oder auf verschiedene Weise netziger Nervatur, in letzterem Falle mit oder ohne eingeschlossene freie Adern, unterseits und am Blattstiel oft mit schuppigen Epidermisanhängseln (»Spreuschuppen«), daneben oder statt ihrer häufig mit echten Haaren. Sporophylle den Trophophyllen gleich oder

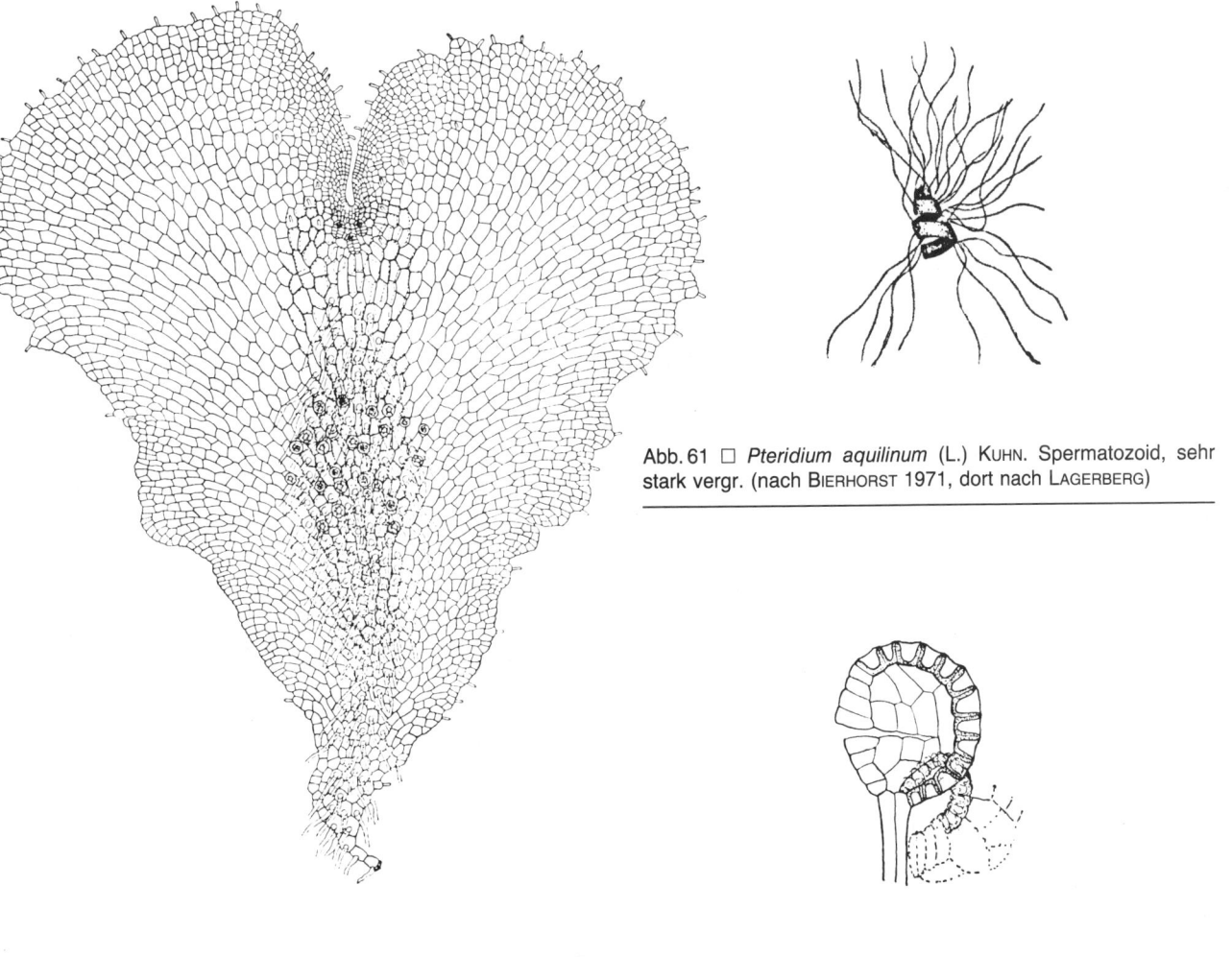

Abb. 61 □ *Pteridium aquilinum* (L.) KUHN. Spermatozoid, sehr stark vergr. (nach BIERHORST 1971, dort nach LAGERBERG)

Abb. 60 □ *Phegopteris connectilis* (MICHX.) WATT. Prothallium, etwa × 20 (nach MOMOSE 1967)

Abb. 62 □ *Dryopteris filix-mas* (L.) SCHOTT. Entleertes Sporangium, *rechts* die Position des Anulus und anhaftender Sporangiumteile bei vollständiger Öffnung (stark vergr.) (nach HYDE & WADE 1969, dort nach BOWER)

anders gestaltet (Blattdimorphismus), dann meist ± stark zusammengezogen. S p o r a n g i e n meist in Gruppen (»Sori«) auf der Blattunterseite, meist mit Ring. S p o r e n isospor, nur bei den »Hydropteridinen« heterospor. Prothallien relativ groß, grün, meist flach, oft herzförmig, Gametangien meist an ihrer Unterseite (Abb. 59, 60). Antheridien kugelig, Spermatozoiden vielgeißelig (Abb. 61). Archegonien halb eingesenkt, mit nur einer Halskanalzelle. Keimwurzel des Embryos sofort in den Boden eindringend.
□ Die Blattstellung der Farne ist entweder multilateral oder bilateral bis dorsiventral. Im ersten Falle stehen die Blätter meist dicht gedrängt und bilden am Ende des Rhizoms eine allseitig ausgebreitete, fast trichterförmige Blätterkrone (besonders schön bei *Matteuccia struthiopteris,* aber auch bei *Dryopteris filix-mas* und anderen), entsprechend am Stammgipfel der Baumfarne. Zweizeilig oder dorsiventral beblättert sind die waagerechten Rhizome (deutlich z. B. bei *Pteridium aquilinum* und *Polypodium vulgare*). Die Sporangien gehen aus der Epidermis meist an besonderen Stellen des Blattes hervor, die mit Leitbündeln in Verbindung stehen und öfters eine bedeutende Vergrößerung erfahren (»Receptacula«). Wenn sie von Anfang an aus mehreren Epidermiszellen entstehen, bekommen sie mehrschichtige Sporangienwände (»eusporangiate Farne«), wenn aus einer, dann dünne Wände aus einer Zellschicht (»leptosporangiate Farne«, die Mehrzahl). Sie stehen zumeist in Gruppen (»Sori«), welche oft von verschiedenartigen Schutzorganen bedeckt sind. Als sol-

che dienen der umgebogene Blattrand oder besondere Emergenzen der Blattunterseite (Indusien, Schleier). Zuweilen finden sich im Sorus, zwischen den Sporangien, schuppen- oder haarartige, in letzterem Fall oft drüsentragende, sterile Organe, die Paraphysen genannt werden und besonders dann vorhanden sind, wenn ein Indusium fehlt. Im allgemeinen bestehen die Sporangien, abgesehen von dem Stiel, aus einer Wand, innerhalb davon den vergänglichen Tapetumzellen und dem sporogenen Gewebe, das unter Reduktionsteilung Tetraden von je 4 haploiden Sporen liefert. Eine ringförmige Zellgruppe der Sporangienwand fällt durch stark U-förmige Verdickung der Innen- und Seitenwände auf. Sie bildet den Ring (Anulus). Beim Austrocknen werden durch den Kohäsionszug des schwindenden Wassers die unverdickten Außenwände aller Ringzellen verkürzt und gefaltet, so daß sich der Ring im ganzen nach außen streckt. Dadurch reißt die Sporangienwand an einer vorgebildeten Stelle (»Stomium«) auf und entläßt die Sporen (Abb. 62). Das Öffnen und Schließen kann sich bei wechselnder Feuchtigkeit wiederholen.

□ Die früher übliche Einteilung der rezenten Farne in Eusporangiatae (ohne Stützgewebe, Sporangienwand mehrschichtig), Leptosporangiatae (mit Stützgewebe, Sporangienwand einschichtig, homospor) und Hydropteridinae (heterospor, »Wasserfarne«) ist veraltet. Die nähere Verwandtschaft der beiden Eusporangiaten-Familien Ophioglossaceae und Marattiaceae ist umstritten; die beiden Ordnungen der »Wasserfarne«, Marsileales und Salviniales, sind nicht näher verwandt, und über den Grad der Verwandtschaft der Leptosporangiaten sowie eine Einteilung in natürliche Ordnungen herrscht keinerlei Übereinstimmung. Es ist üblich, die Osmundaceae als besondere Ordnung Osmundales abzutrennen. Die Verteilung der übrigen leptosporangiaten Farne auf Familien und Ordnungen ist so unsicher und wird von verschiedenen Autoren so verschieden beurteilt, daß von einer Einteilung in Ordnungen im folgenden ganz abgesehen wird und hervorgehoben werden muß, daß die angenommenen Familien mit gewissen Ausnahmen (Hymenophyllaceae) als provisorisch zu betrachten sind.

□ Die Mehrheit der Farne sind Waldbewohner, feuchtigkeitsliebende Humus- und Schattenpflanzen; nur eine verhältnismäßig kleine Anzahl sind Xerophyten, bewohnen Felsen und Mauern und besitzen rosettig stehende Blätter, welche nicht selten auf der Unterseite mit einem dichten Belag von trockenen Spreuschuppen oder Haaren bedeckt sind (*Ceterach*, *Woodsia*, einige *Asplenium*-Arten). Die meisten unserer Waldfarne beginnen sich gleichzeitig im Frühjahr mit dem Laub der Holzgewächse zu entfalten und ziehen dann nach dem Laubfall ein. Nur wenige Arten (in den Gattungen *Polystichum*, *Phyllitis*, *Polypodium*, *Blechnum*, *Asplenium*) sind wintergrün.

□ Gegen die chemische Beschaffenheit des Substrats verhalten sich unsere Farne – als Humuspflanzen der Wälder – ziemlich indifferent. Einige Felsenpflanzen treten jedoch nur auf ganz bestimmten Mineralböden auf, z. B. *Asplenium adulterinum*, *A. cuneifolium* und *Notholaena marantae* meist nur auf Serpentin- und Magnesitgestein, *Blechnum spicant*, *Woodsia ilvensis*, *Cryptogramma crispa* und *Asplenium septentrionale* sind streng kalkfliehend, während *Asplenium viride*, *A. fontanum*, *A. fissum*, *A. lepidum*, *A. seelosii*, *Gymnocarpium robertianum*, *Phyllitis scolopendrium*, *Cystopteris montana*, *Woodsia glabella* als Kalkfarne zu bezeichnen sind. Der Adlerfarn (*Pteridium aquilinum*) ist im allgemeinen eine kalkfeindliche Sandpflanze, paßt sich aber auch dem sandarmen Kalklehmboden sehr gut an.

□ Während die meisten Farnpflanzen über große Gebiete verbreitet sind und einige sogar kosmopolitischen Charakter tragen (z. B. *Pteridium aquilinum*), besitzen andere ein äußerst kleines Areal und können als endemische Taxa bezeichnet werden, z. B. *Asplenium seelosii*, mit reliktartiger Verbreitung als subsp. *glabrum* (N.-Afrika und Spanien), als subsp. *seelosii* (südl. Dolomiten und Oberbayern); *A. majoricum* Lit. (Mallorca) und auch andere *Asplenium*-Arten. Manche Farne besitzen auch eine disjunkte Verbreitung, wie z. B. *Woodsia ilvensis*.

Künstlicher Schlüssel zu den mitteleuropäischen Farngattungen bzw. deren mitteleuropäischen Vertretern[1]

1	Blätter mit vier aus einem Punkt entspringenden Fiederblättchen; Adern gegen den Rand netzförmig verbunden . . . . *Marsilea* (S. 287)
1*	Blätter mit einfacher oder zusammengesetzter Spreite, aber nicht mit vier aus einem Punkt entspringenden Fiederblättchen 2
2	Wurzelnde Sumpf- oder Wasserpflanzen mit schmal gras- bzw. fadenförmigen Blättern . . . . *Pilularia* (S. 285)
2*	Blätter nicht schmal gras- oder fadenförmig 3
3	Frei schwimmende Wasserpflanzen 4
3*	Landpflanzen oder wurzelnde Sumpf- oder Wasserpflanzen 5
4	Blätter klein (bis 1½ mm), zweireihig, mehr oder weniger dachziegelig . . . . *Azolla* (S. 292)
4*	Blätter größer, nicht dachziegelig, am Knoten zwei Schwimmblätter und ein untergetauchtes wurzelartiges Organ . . . . *Salvinia* (S. 289)
5	Sporangien zu Sori vereinigt; sterile und fertile Blätter oder Blattabschnitte gleich gestaltet 14
5*	Sporangien zu Sori vereinigt oder nicht, auf von den Laub-

---

[1] Von K. U. Kramer

	blättern oder sterilen Abschnitten verschieden gestalteten Blättern bzw. Abschnitten 6
6	Sporangien nicht zu Sori vereinigt, auf besonderen Abschnitten nur teilweise Sporangien tragender, sonst steriler Blätter 7
6*	Sporangien zu Sori vereinigt, auf besonderen, ganz fertilen, von den Laubblättern verschieden gestalteten Blättern . . 9
7	Sporangien dünnwandig, auf dem Gipfelteil des Blattes auf fast spreitenlosen Fiedern stehend ..... *Osmunda* (S. 99)
7*	Sporangien dickwandig, auf einem an oder unter der Basis der sterilen Spreite entspringenden fertilen Abschnitt des Blattes 8
8	Adern der Blattspreite netzförmig verbunden; Sporangien in die unverzweigte Achse des fertilen Abschnittes eingesenkt . ... *Ophioglossum* (S. 85)
8*	Adern der Blattspreite frei; Sporangien der verzweigten Achse des fertilen Abschnittes einzeln aufsitzend .... *Botrychium* (S. 87)
9	Sumpf- oder Wasserpflanzen; Ring des Sporangiums rudimentär .... *Ceratopteris* (S. 112)
9*	Landpflanzen; Ring des Sporangiums gut entwickelt . . . 10
10	Sterile Blattspreite mit netzförmig verbundenen Adern . ... *Onoclea* (S. 210)
10*	Sterile Blattspreite mit freien Adern 11
11	Sori unter stark konvexen Lappen des Blattrandes verborgen; Pflanzen mit unterirdischen Ausläufern .... *Matteuccia* (S. 208)
11*	Sori nicht unter konvexen Lappen des Blattrandes verborgen; Pflanzen ohne Ausläufer 12
12	Blattspreite zum Grunde hin allmählich verschmälert; Sori der Mittelrippe der fertilen Abschnitte parallel; stark rosettenbildende Farne .... *Blechnum* (S. 275)
12*	Blattspreite zum Grunde hin kaum verschmälert; Sori unter dem flachen, umgeschlagenen Blattrand verborgen; keine Blattrosetten 13
13	Blätter einfach gefiedert oder die untersten Fiedern gegabelt .... *Pteris* (S. 103)
13*	Blätter mehrfach gefiedert ...... *Cryptogramma* (S. 109)
14	Rand der fruchtbaren Blätter zurückgeschlagen die Sori bedeckend oder tragend 15
14*	Rand der fruchtbaren Blätter nicht zurückgeschlagen oder, falls zurückgeschlagen, nicht als Deckschleier der Sori fungierend 18
15	Blätter einfach gefiedert oder die untersten Fiedern gegabelt; Sori sehr lang, den ganzen Rand des Blattabschnittes einnehmend .... *Pteris* (S. 103)
15*	Blätter mehrfach gefiedert 16
16	Rhizom sehr lang, die sehr großen (mehrere Dezimeter bis wenige Meter) Blätter entfernt voneinander tragend .... *Pteridium* (S. 117)
16*	Rhizom kurz, die kleinen bis mittelgroßen Blätter genähert 17
17	Blattstiel braun; Laub drüsig, duftend; Sori u n t e r den umgeschlagenen Lappen des Blattrandes .... *Cheilanthes* (S. 106)
17*	Blattstiel schwarz, glänzend; Blatt nicht drüsig und duftend; Sori a u f den umgeschlagenen Lappen des Blattrandes . . . . *Adiantum* (S. 115)
18	Blätter sehr zart, neben den Adern aus nur einer Zellschicht bestehend; Sori randständig, mit zweilippigem Schleier . . . . *Hymenophyllum* (S. 121)
18*	Blätter mehrschichtig, meist derber; Sori meist deutlich flächenständig 19
19	Sori verlängert, den Blattadern folgend, ohne Schleier; oder die Blätter unterseits von einem dichten Schuppenkleid bedeckt, das Adern und Sori verbirgt 20
19*	Sori kurz oder, falls verlängert und den Blattadern folgend, mit Schleier 22
20	Blätter zart, einjährig, kahl .... *Anogramma* (S. 113)
20*	Blätter derb, mehrjährig, unterseits dicht beschuppt . . . 21
21	Schuppen der Blattunterseite schmal; Blatt gefiedert und fiederschnittig .... *Notholaena* (S. 107)
21*	Schuppen der Blattunterseite breit; Blatt fiederschnittig .. .. *Ceterach* (S. 266)
22	Sori verlängert, den Blattadern folgend, mit Schleier (dieser bei völliger Reife zuweilen von den Sporangien ± verdeckt) 23
22*	Sori kurz, ungefähr rund, mit oder ohne Schleier 25
23	Blätter groß, eine Rosette bildend, mehrfach gefiedert; ein Teil der Sori kurz, hakenförmig über die Blattader greifend . ... *Athyrium* (S. 187)
23*	Blätter unter 10 cm lang oder keine Rosette bildend oder einfach; Sori verlängert, niemals über die Blattader greifend 24
24	Blätter einfach; Schleier sich paarweise gegen einander öffnend .... *Phyllitis* (S. 270)
24*	Blätter fiederschnittig bis mehrmals gefiedert; Schleier sich nicht paarweise gegeneinander öffnend . *Asplenium* (S. 211)
25	Blattstiel am Grunde gegen das kriechende Rhizom gegliedert[1]; Sori ohne Schleier; Blattspreite tief fiederschnittig bis einfach gefiedert .... *Polypodium* (S. 279)
25*	Blattstiel nicht oder weit über dem Grunde gegliedert[1], oder das Rhizom nicht kriechend; Sori mit oder ohne Schleier; Fiedern meist zerschnitten 26
26	Sori rund, ohne Schleier; Blattstiel ungegliedert[1] 27
26*	Sori rund, mit deutlichem, ober- oder seitenständigem Schleier; Blattstiel ungegliedert[1] 29
26**	Sori rund, mit allseitigem, unterständigem, stark zerschnittenem, wenig auffälligem Schleier; Blattstiel weit über seiner Basis gegliedert[1] .... *Woodsia* (S. 201)
27	Blätter doppelt oder dreifach gefiedert, eine Rosette bildend, unbehaart .... *Athyrium* (S. 187)
27*	Blätter einfach gefiedert und fiederschnittig, dem Rhizom einzeln entspringend 28
28	Unterste Fiedern schräg abwärts gerichtet, ungegliedert; Blattspreite behaart .... *Phegopteris* (S. 124)
28*	Unterste Fiedern nicht abwärts gerichtet, am Grunde ihres Stieles gegliedert; Blattspreite kahl oder mit gestielten Drüsen .... *Gymnocarpium* (S. 132)
29	Schleier einseitig, an der Basalseite des runden Sorus angeheftet; Blattspreite zart, kahl ...... *Cystopteris* (S. 192)
29*	Schleier oberständig, rund oder nierenförmig; Blattspreite ± derb, häufig behaart oder beschuppt 30
30	Blattstiel am Grunde mit 2 Leitbündeln; Achsen des Blattes wenigstens in der Furche an ihrer Oberseite kurz und zerstreut bis dicht behaart; Adern bis zum Blattrand laufend; Blattabschnitte (fast) ganzrandig 31
30*	Blattstiel am Grunde mit mehreren Leitbündeln; Blatt häufig schuppig, aber niemals mit echten Haaren; Adern vor dem Blattrand endend; Blattabschnitte fast immer deutlich gekerbt bis gezähnt 32
31	Blattstiel etwa so lang wie die Spreite; Blätter entfernt, Blattspreite am Grunde schwach verschmälert; unterseits fast kahl, die fruchtbaren Abschnitte mit umgerolltem Rand; Sori zuletzt zusammenfließend ...... *Thelypteris* (S. 126)
31*	Blattstiel sehr viel kürzer als die Spreite; Blätter genähert, eine Krone bildend; Blattspreite am Grunde stark und allmählich verschmälert; unterseits behaart, mit schwach oder

---

[1] d. h. mit präformierter Abgliederungsstelle, äußerlich sichtbar als strukturelle Diskontinuität, evtl. als Einschnürung.

nicht umgerolltem Rand; Sori nicht zusammenfließend . . . . *Oreopteris* (S. 129)

32 Schleier hufeisen- oder nierenförmig . . *Dryopteris* (S. 136)
32* Schleier schildförmig . . . . *Polystichum* (S. 169)

Unterklasse Filices eusporangiatae
Eusporangiate Farngewächse

Sporangien aus mehreren Epidermiszellen entstehend, mit mehrschichtiger Wand, ohne Ring, mit einem Loch, Längs- oder Querriß unvollständig aufspringend. Pflanzen (fast) ohne mechanisches Stützgewebe.

Familie Ophioglossaceae Rautenfarngewächse

Typus-Gattung: *Ophioglossum* L.

Wichtige Literatur ☐ CLAUSEN, R. T. 1938: A monograph of the Ophioglossaceae. Mem. Torrey Bot. Club **19** (2): 1–177. – NISHIDA, M. 1952: A new system of Ophioglossales. Journ. Jap. Bot. **27**: 271–278. – PRANTL, K. 1883: Systematische Übersicht der Ophioglosseen. Ber. Deutsch. Bot. Ges. **1**: 348–353.

Niedrige, ausdauernde Krautgewächse mit (bei unseren Gattungen) sehr kurzen, seltener verzweigten, unterirdischen, etwas fleischigen Rhizomen, welche immer nur ein oder wenige gleichzeitig entwickelte oberirdische Blätter tragen. B l ä t t e r in der Knospenlage aufrecht oder hakenförmig eingekrümmt, in der Jugend nicht eingerollt, etwas fleischig, aus zwei Teilen bestehend: einem assimilierenden, ungeteilten oder gefiederten Abschnitt und einem an der Basis der Laubfläche senkrecht zu deren Ebene entspringenden fertilen Abschnitt. S p o r a n g i e n ohne Indusium, relativ groß, randständig, ins Blattgewebe mehr oder weniger eingesenkt, mit mehrschichtiger Wand, ohne Ring, mit einem Querriß zweilappig halb aufspringend, isospor; S p o r e n kugelig, trilet (Abb. 64, 66). Prothallium unterirdisch, grün oder chlorophyllfrei, knollenförmig, mit endotropher Mykorrhiza (Abb. 63). Antheridien und Archegonien eingesenkt. Spermatozoiden vielgeißelig.
☐ Der Embryo lebt unterirdisch und saprophytisch mehrere Jahre, bevor er Blätter und Wurzeln entwickelt.

1. Ophioglossum

Ophioglossum[1] LINNÉ Sp. pl. 1062 (1753); Gen. pl. ed. **5**: 484 (1754). – N a t t e r z u n g e. Holl.: addertong; fläm.: slangetonge; wallon.: yebe-aus-muraukes, linwe-di-serpint; dän.: slangetunge; engl.: adder's tongue; franz.: langue de serpent, herbe sans couture; ital.: erba luccia; tschech.: jazyk hadí; poln.: nasięzrzal; russ.: ужовник (užovnik).

Typus-Art: *Ophioglossum vulgatum* L. (1753).

Wichtige Literatur □ LÖVE, Á. & B. M. KAPOOR: An alloploid *Ophioglossum*. The Nucleus **9** (2): 132–138 (1966). – Id.: The highest plant chromosome number in Europe. Svensk Bot. Tidskr. **61** (1): 29–32 (1967). – VERMA, S. C. 1958: Cytology of *Ophioglossum vulgatum*. Acta Bot. Neerl. **7**: 629–634.

Kleine Pflanzen. Grundachse meist unterirdisch, sehr kurz, selten verzweigt, mit zahlreichen fleischigen, unverzweigten, z. T. Adventivsprosse treibenden Adventivwurzeln ohne Wurzelhaare. B l ä t t e r dicht spiralig gestellt, aber jährlich nur 1–3 über den Boden tretend, jedes Jahr nach der Sporenreife absterbend, in der Knospenlage aufrecht, der sporenlose Teil an den Rändern eingerollt, am Grunde von einer scheidenartigen, am Rande ihrer engen Mündung behaarten Hülle umgeben. Sporenloser B l a t t a b s c h n i t t (bei unseren Arten) ungeteilt, mit netzverbundenen Adern. S p o r a n g i e n an beiden Seiten des Mittelnervs des sporentragenden Blattabschnittes, durch Parenchymgewebe verbunden, ein lineales, ährenförmiges Gebilde darstellend.

Artenzahl und Verbreitung □ Ca. 30–55 Arten, über den größten Teil der Erde verbreitet. Unter den tropischen Arten gibt es einige Epiphyten mit gelappter oder gabelig geteilter oder riemenförmiger, steriler Blattspreite. In Europa 3 Arten. *O. lusitanicum* L. kommt im Mediterrangebiet und der Atlantikküste entlang nordwärts bis zu den Kanalinseln und Scilly-Inseln, ferner auf den Azoren, Madeira, den Kanaren und Kapverdischen Inseln vor (unterscheidet sich von *O. vulgatum* durch lanzettlichen, spitzigen sterilen Blattabschnitt); die beiden mitteleuropäischen Arten wurden öfter als Subspezies von *O. vulgatum* gewertet.

Nutzen und Verwendung □ In Belgien benutzte man die Pflanze gegen Schlangenbiß, wegen der Ähnlichkeit des Sporangiumstandes mit der Schlangenzunge (Volksmedizin »per signaturam«).

Bestimmungsschlüssel für die Arten

1 Blätter einzeln; steriler Abschnitt mindestens 3 × 2 cm groß . . . . 1. *O. vulgatum*
1* Blätter jährlich 2–3 entwickelt; steriler Abschnitt schmäler, oval bis lanzettlich, am Grunde keilförmig verschmälert . . . . 2. *O. azoricum*

---

[1] ophis (griech.) ὄφις = Schlange, glossa (griech.) γλῶσσα = Zunge, wegen der Form des sporentragenden Blatteils.

1. Ophioglossum vulgatum

Ophioglossum vulgatum LINNÉ Sp. pl. 1062 (1753) emend. LUERSSEN Farnpflanzen 551 (1887). – Syn.: *Ophioglossum ovatum* SALISB. Prodr. stirp. 401 (1796). – G e m e i n e N a t t e r z u n g e. – Taf. 8 Fig. 1 nach S. 240. – Abb. 63, 64.

Ausdauernde, kleine, 10–20 (–30) cm hohe Pflanzen; R h i z o m (Grundachse) unterirdisch, mit Blattresten besetzt, sehr kurz, nur selten verzweigt, mit zahlreichen fleischigen, unverzweigten Wurzeln, welche oft Adventivsprosse treiben. B l ä t t e r am Rhizom schraubig gestellt, in der Knospenlage aufrecht, jährlich einzeln über den Boden tretend, nach der Sporenreife absterbend, kahl; S t i e l etwa so lang wie die Spreite, weit über den Boden hervortretend, am Grunde, unter dem Boden, mit oben regelmäßig zerschlitzten, braunen, am Rande behaarten Hüllschuppen besetzt und von 5–8 in einem Kreis stehenden Leitbündeln durchzogen. Steriler Blattabschnitt gelbgrün, fettig glänzend, eiförmig, ganzrandig, stumpf, am Grunde kurz scheidenförmig, über den Stiel herablaufend und den dort entspringenden fertilen Abschnitt umfassend; Nervatur ein feines Adernetz mit teilweise frei endigenden Zweigen. S p o r a n g i e n s t a n d den sterilen Abschnitt meist weit überragend, 2–5 cm lang, 3–4 mm breit, jederseits der Mittelrippe mit 12–40 (–50) reif gelben, durch Parenchymgewebe miteinander verbundenen Sporangien, am Ende in eine stielrundliche Spitze ausgehend, nicht stets vorhanden. Prothallium unterirdisch, langlebig (bis 20 Jahre). – Chromosomenzahl: $2n = 480$ (32-ploid?). – Sporenreife: VI.–VII.

Vorkommen □ Geophyt, Licht- bis Halbschattenpflanze. Selten bis vereinzelt, an einigen günstigen Standorten aber massenhaft auftretend; in Moorwiesen und feuchten, lückenhaften Magerwiesen, an Ufern, auf wechselnassen bis feuchten, basenreichen, meist kalkhaltigen, humosen, dichten Tonböden, vor allem in Agropyro-Rumicion-Gesellschaften, auch als Molinion-Verbandscharakterart angegeben, selten auch in lichten und feuchten Hainen (Carpinion) und Erlenbrüchen (Alnion), in Dünentälern, auf Waldwiesen, häufiger in gestörten oder initialen Gesellschaften der Flutmulden, z. B. in Gesellschaft von *Colchicum autumnale* oder *Gymnadenia conopsea;* durch Austrocknung stellenweise eingegangen. Vom Tiefland bis in die untere Voralpenstufe, in Bayern bis 1030 m, in Tirol bis 1400 m, in der Tatra bis 950 m.

Allgemeine Verbreitung □ Von den Gebirgen der warmen bis in die gemäßigten und teilweise (Nord-

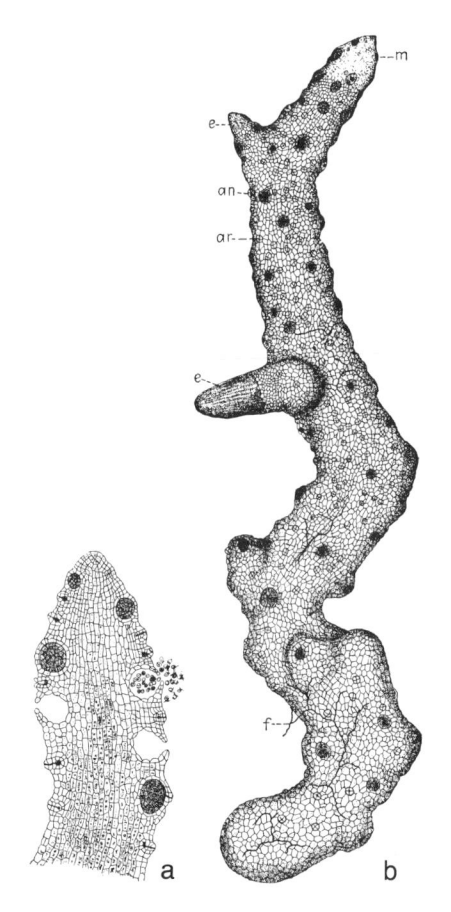

Abb. 63 □ *Ophioglossum vulgatum* L. Prothallium □ *a* ein Teil im Längsschnitt □ *b* ganzes Prothallium (nach EAMES 1936, dort nach BRUCHMANN)

asien, Kamtschatka) bis in die kühlen Breiten, in ozeanischer Disjunktion in Europa, Ostasien (wenige Fundorte in Südsibirien), im östlichen und (selten) im westlichen Nordamerika. Verbreitet im größten Teil von Europa, selten in der pannonischen Tiefebene und im osteuropäischen Steppengebiet.
□ Karten: HULTÉN 1964, Karte 91; MEUSEL, JÄGER, WEINERT 1965, S. 10; JALAS & SUOMINEN 1972, Karte 42.

Arealdiagnose □ (merid/montan) – submerid/(montan) – temperat – (boreal) · $oz_{1-(3)}$ Europa – Ostamerika + (Westamerika) + Ostasien.

Florenelement (europäisches Teilareal) □ (medit/montan) – submedit – (pont – sarm) – atlant – (boreatlant) – bottn – (subboreoross).

Verbreitung im Gebiet □ Deutschland: von den Nordsee-Inseln bis zu den Alpen zerstreut. Pfalz, Rheinebene und Oberrheinisches Hügelland, Vorland der Schwäbischen Alb, Schwäbisch-Bayerische Hochebene, Bodenseegebiet; Württemberg (am Federsee); Südbayern (Harburg bei Pilsting, Amperauen bei Herbertshausen, bei Arzbach und Ellbach bei Tölz, Deininger Filz), Alpenvorland (Schrainbachalpe in den Salzburger Alpen bis 940 m). – In der Schweiz: im Jura vereinzelt, im Mittelland früher häufig, heute noch in den Kantonen Luzern, Aargau und Zürich und im Bodenseegebiet verbreitet; im Wallis vereinzelt im Haupttal vom Genfersee bis Brig; im Tessin vereinzelt; in Graubünden in den trockenen Gebieten fehlend. – In Österreich: in Vorarlberg bei Gaissau und Letze bei Tisis; fehlt in Salzburg; in Steiermark zerstreut, bei Admont, Seckau, Graz, im Sulmtale, bei Windisch-Feistritz, Bad Neuhaus, Windisch-Graz; bei Seefeld und in den Talebenen; in Kärnten ob Bodensdorf, 1200 m; in Niederösterreich bei Lunz am See, St. Andrä-Wördern, Tullnerbach, in der Umgebung von Wien (Prater, Krieau, Lobau); im Burgenland bei Pillingsdorf; in Tirol bei Stuls im Passeiertal, 1100 m. – In Slowenien südlich Celje (Cilli) und bei Kameni Most (Ratschach) und Bistrica. – Tschechoslowakei: zerstreut, mit Ausnahme der pannonisch-pontischen Tieflagen; dort nur stellenweise in basenreichen Moorwiesen und feuchten Hainen (so in der mittleren Elbe-Niederung und dem unteren Marchfeld = Záhorí). – Polen: in niederen Lagen im ganzen Gebiet zerstreut, im Osten selten.

Variabilität der Art □ Var. *polyphyllum* A. BRAUN (= f. *engleranum* ULBRICH), steriler Blattabschnitt klein, schmal-keilförmig-lanzettlich bis schmal-lanzettlich oder lineal-lanzettlich, stumpflich oder spitzlich, Blätter 4–12 cm lang und 15–25 mm breit; in Brandenburg (Uckermark, Rühlfenn bei Brodowin), auf Mergelwiese mit *Botrychium lunaria* und *Platanthera bifolia;* ähnliche Pflanzen

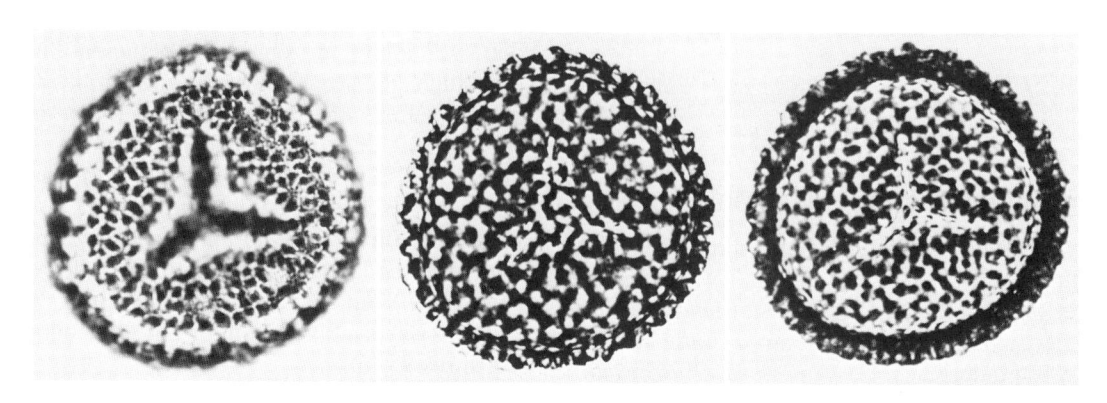

Abb. 64 □ *Ophioglossum vulgatum* L. Sporen vom proximalen Pol gesehen, *links* hohe, *Mitte* etwas tiefere, *rechts* noch tiefere Einstellung, optischer Schnitt, Tetradenmarke (× 1000) (Original STRAKA)

2. Ophioglossum azoricum

Ophioglossum azoricum C. B. PRESL Abhandl. kön. böhm. Ges. Wiss. Prag 1845–1846, 5. Folge, **4**: 309 (1847). – Syn.: *O. vulgatum* L. var. vel subsp. *polyphyllum* auct. (e. g. WARNSTORF in HALLIER et BRAND in KOCHS Syn. **3**: 2895; 1908), non A. BRAUN. – *O. vulgatum* subsp. *ambiguum* (COSS. et GERM.) E. F. WARBURG, Fl. Brit. Isl. 44 (1962). – *O. vulgatum* L. subsp. *ambiguum* (COSS. et GERM.) WARB. var. *islandicum* Á. et D. LÖVE Opera Botanica Lund **5**: 18 (1961). – Azorische Natterzunge. – Abb. 65a.

Kleine, 4–10 cm hohe Pflanze. Blätter meist zu 2–3, steriler Abschnitt oval-lanzettlich, am Grunde in einen kurzen Stiel keilförmig verschmälert, stumpf zugespitzt, lanzettlich, 1,5–3 (–5) × 0,2–2 (–3) cm groß, schief abstehend. Nervatur sehr fein, mit länglichen Maschen der Seitenadern und freien Adernenden. Fertiler Abschnitt mit beiderseits je 6–15 Sporangien, Sporen mit höckerigem Exospor. – Chromosomenzahl: 2n = 720 (allopolyploid); nach Á. LÖVE und B. M. KAPOOR (Nucleus **9**: 132–138; 1966) aus einer Kreuzung von *O. lusitanicum* und *O. vulgatum* entstanden. – Sporenreife: VI.–VII.

Vorkommen □ Geophyt. Fast ausnahmslos auf vulkanischen Böden, in nördlichen Gebieten nur in der Nähe von Sprudeln und warmen oder heißen Quellen.

Allgemeine Verbreitung □ Sehr zerstreut im Bereich des Atlantik von Portugal bis zu den Shetland-Inseln, auf den Azoren und Madeira, außerdem isolierte Fundorte im Gebiet der oberen und mittleren Weichsel, im Vorland der Nordkarpaten, auf Korsika und Sardinien.
□ Karte: JALAS & SUOMINEN 1972, Karte 41.

Arealdiagnose □ submerid – temp – (boreal) · oz$_{1-(2)}$ Europa.

Florenelement □ westsubmedit – aquit – armoric – westbrit – island – azor + nordcarpat/praealp.

Verbreitung im Gebiet □ Nordböhmen, Schlesien (Rejvíz bei Lázně Jeseník = Reihwiesen bei Gräfenberg unweit Freiwaldau, Ropičník und Komorní Lhotka bei Těšín = Teschen).

Ophioglossum lusitanicum

Ophioglossum lusitanicum LINNÉ Sp. pl. 1063 (1753). – Portugiesische Natterzunge.

Von dem ähnlichen *O. azoricum* verschieden durch am Grunde allmählich verschmälerte Blätter ohne freie Endnerven; Blätter zu 2–3, Blattspreite 10–30 × 2–7 mm groß, aufrecht, sitzend oder gestielt, lanzettlich oder lineal-lanzettlich, am Grunde allmählich verschmälert, am Ende stumpf, Adern eng, ohne Sekundär- und freie Endnerven; fertiler Abschnitt beiderseits mit je 5–10 Sporangien. – Chromosomenzahl: 2n = 240 oder 480.

Allgemeine Verbreitung □ Areal mediterran-atlantisch. Verbreitet von den Azoren bis Südengland, Westfrankreich, Italien, Istrien und Dalmatien. Im Mittelmeergebiet vor allem auf kalkarmen, aber basenreichen sandigen Böden, in Therophytengesellschaften der Helianthemetalia guttati-Ordnung. Im Gebiet der mitteleuropäischen Flora nur an deren Südgrenze in Norditalien.
□ Karte: JALAS & SUOMINEN 1972, Karte 40.

2. Botrychium

Botrychium[1] SWARTZ in SCHRADER Journ. Bot. 1800/**2**: 110 (1802). – Mondraute, Rautenfarn. Holl.: maanvaren, druifkruid, maankruid; dän.: maanerude; engl.: moonwort; franz.: botrique à croissants; ital.: erba lunaria; slowen.: mješinac; tschech.: vratička; poln.: podejzrzon; russ.: гроздовник (grozdovnik).

Typus-Art: *Botrychium lunaria* (L.) Sw. = *Osmunda lunaria* L. var. α LINNÉ (1753).

Wichtige Literatur □ HOLUB, J. 1973: A note on the classification of *Botrychium*. Preslia (Praha) **45**: 275–277. – MILDE, J. 1869: Index Botrychiorum. Verh. zool.-bot. Ges. Wien **19**: 55 ff.

Ausdauernde, kleine bis mittelgroße Pflanzen; Rhizom unterirdisch, senkrecht, meist kurz, 5–20 cm lang, selten verzweigt, mit zahlreichen, fleischigen, oft verzweigten, aber keine Adventivknospen tragenden Wurzeln; Blätter dicht gestellt, mehrzeiligschraubig oder zweizeilig, in der Knospe aufrecht oder der sterile wie fertile Blattabschnitt mit hakig abwärts gekrümmter Spitze, oder beide zurückgeschlagen. Steriler Blattabschnitt sitzend oder gestielt, fast immer geteilt, einfach bis mehrfach gefiedert bis zur Ähnlichkeit mit Umbelliferenblättern. Adern gabelig, frei. Fertiler Abschnitt beiderseits mit schmalen Abschnitten; Sporangien kugelig, mit Querspalte aufspringend; Sporen sehr zahlreich, in Tetraden, gelblich, mit netzartigem oder warzigem Exospor (Abb. 66). Prothallium unterirdisch, zylindrisch oder länglich, einfach.

□ Alljährlich entwickelt sich meist nur ein Blatt, welches mit seinem scheidenartigen, meist völlig geschlossenen Grunde das folgende Blatt einschließt. Die braunen, faserigen Reste einer oder zweier

---

[1] botrychion (griech.), Diminutiv von bótrychos (griech.) βότρυχος = Traubenstiel; botrys (griech.) βότρυς = Traube; nach der Gestalt der fruchtbaren Blattabschnitte.

Blattstielscheiden früherer Jahre umhüllen das diesjährige Blatt.

Arealdiagnose ☐ merid – submerid (temp) · $oz_{1-(2)}$ Europa.

Florenelement ☐ west – (ost)medit – aquitan – amorican · litoral.

Artenzahl und Verbreitung ☐ Die Gattung umfaßt ca. 35 Arten, die über den größten Teil der Kontinente verbreitet sind. In Europa 7 Arten, von denen *B. boreale* MILDE nur im arktischen und subarktischen Europa wächst. In Mitteleuropa hat nur *B. lunaria* eine größere Verbreitung; die anderen fünf Arten gehören zu den Seltenheiten und sollten möglichst geschont und niemals ausgegraben werden.

Systematik ☐ Neuerdings (vgl. R. E. G. PICHI-SERMOLLI, Webbia **26**: 497; 1971, und J. HOLUB l. c. 1973) wurde die Gattung *Botrychium* in drei kleinere Gattungen aufgeteilt, vor allem auf Grund der Verschiedenheiten in der Morphologie des Gametophyten; weil die Chromosomenzahlen nicht verschieden sind (x = 45, nur bei *B. virginianum* wurde x = 46 gefunden) und die morphologischen Merkmale des Sporophyten nicht grundsätzlich verschieden sind, ist eine Abtrennung der Arten *B. multifidum* und *B. virginianum* in selbständige Gattungen kaum berechtigt, und wir folgen der klassischen Auffassung der Gattung mit drei Untergattungen.

Nutzen und Verwendung ☐ Im Mittelalter wurde die Mondraute (meistens nur *Botrychium lunaria,* von FUCHS und MATTIOLI »Lunaria minor« genannt) in geheimnisvolle Beziehung zum Mond gesetzt (»Kraut des Mondes«); wegen der Halbmondform der Blattabschnitte, welche eine »signatura rerum« darstelle, sollten die Fiedern mit dem Monde ab- und zunehmen und nachts leuchten. Dieser Pflanze wurden Wunderkräfte zugeschrieben, z. B. unedle Metalle in edle zu verwandeln oder verborgene Edelmetalle anzuzeigen. Diese Traditionen haben sich dann bei den Alchimisten des Mittelalters weiter fortgesetzt (vgl. CONRAD GESSNER'S Schrift »De raris et admirandis herbis, quae sive quod noctu luceant, sive alias ob causas lunariae nominantur«; 1555).

Volksnamen ☐ Noch heute gilt die Mondraute im Volk als Zauber- und Hexenkraut, wie die folgenden Benennungen andeuten: A n k e h r k r ä u t l (Oberösterreich), W a l p u r g i s k r a u t (Hessen). Die durch Zauberei versiegte Milch der Kühe soll bei Anwendung der Mondraute wieder kommen: W e l l e r k o m m (Thüringen), W i e d e r k o m (Gotha), W i e d e r b e k e h r (ehem. in Nordböhmen), W i d a k e r n (Oberösterreich). In Oberbayern (Aidach) gibt man dem Vieh zuweilen einige Blätter vom N u t z k r a u t (Mondraute), dann kann niemand den Nutzen des Viehs (die Milch) schmälern. In Belgien glaubt man, daß die Pferde das Hufeisen verlieren, wenn sie die Mondraute überschreiten. Weil die Sporangienstände um Peter und Paul (29. Juni) zur Entwicklung kommen (?), heißt die Pflanze in Oberösterreich P e t e r g s t a m m. – R i n d e r c h r u t (in der Schweiz: Waldstätten) bezieht sich darauf, daß man die Pflanze den Kühen als Aphrodisiacum gibt. – G e i s s t ö d i (Schweiz: Waldstätten) weist auf die giftigen Eigenschaften hin. – In Belgien gilt sie als Heilpflanze bei Magenkrankheiten, in Luxemburg bei Milzkrankheiten. In Böhmen wurde sie als Heilmittel äußerlich an Wunden benutzt und auch als Zauberpflanze zum Schutz des Viehes gegen Hexen; im Volksaberglauben gilt die Mondraute als Zauberpflanze für Wiederkehr der Geliebten (»vratička« oder »vrať se zase«, d. h. komm wieder zurück). – Namen wie P e t e r s c h l ü s s e l (Salzburg und Niederösterreich), auch T e u f e l s s c h l ü s s e l, vergleichen den vegetativen Blattabschnitt mit einem sehr altertümlichen Schlüssel, wie ihn NORDHAGEN noch in Gebrauch an alten, einsamen

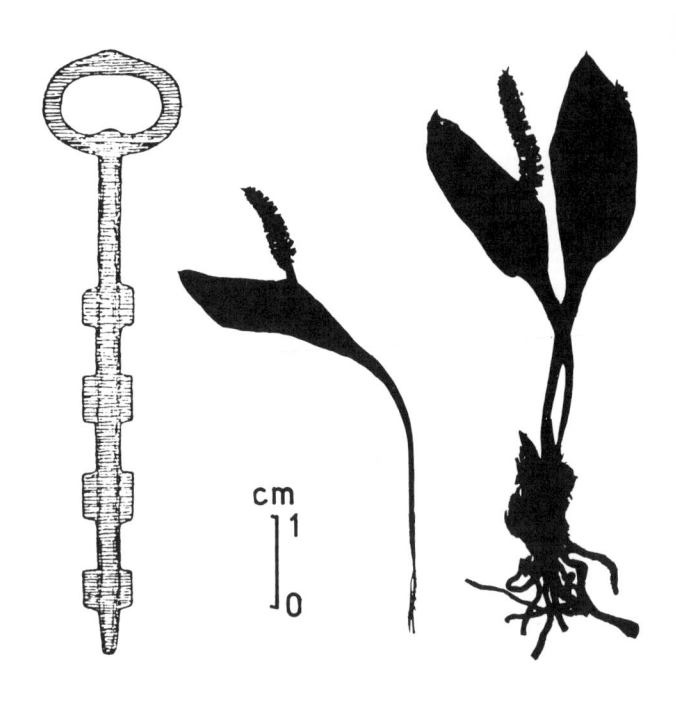

Abb. 65 (links) ☐ Alter Schlüssel von Naustdal, Sunnfjord (aus NORDHAGEN, nach H. TAMBS-LYCHE)

Abb. 65a (rechts) ☐ *Ophioglossum azoricum* C. PRESL, Lobos (Kanaren) G. KUNKEL 1827. Silhouetten von 2 Pflanzen (Original REICHSTEIN)

Almhäusern in Norwegen gefunden hat. Davon leitet sich die Sage ab, daß die Pflanze Zauberkraft habe, Schlösser zu öffnen, verborgene Schätze und Eisenerzlager anzuzeigen usw. (NORDHAGEN in Bergens Museum Årbok, Historisk-Antikvarisk Raekke (1946) Nr. **3**, S. 26–40) (s. Abb. 65).

Bestimmungsschlüssel für die Arten

1 Steriler Blattabschnitt im Umriß länglich-eiförmig oder dreieckig-eiförmig, länger als breit, ganz kahl – 1. Subgen. *Botrychium* 2
1* Steriler Blattabschnitt im Umriß breit-dreieckig, breiter als lang, 2–4fach gefiedert, in der Jugend behaart – Subgen. *Phyllotrichium* und *Osmundopteris* 5
2 Steriler Blattabschnitt in oder über der Mitte der Blattlänge sich vom fruchtbaren trennend; Blätter mehrzeilig 3
2* Steriler Blattabschnitt deutlich gestielt, meist weit unter der Mitte der Blattlänge sich vom fruchtbaren trennend . . . . 4. *B. simplex*
3 Fertiler Blattabschnitt meist lang gestielt, einfach fiederteilig, den sterilen weit überragend; Fiedern ohne Mittelrippe . . . . 1. *B. lunaria*
3* Fertiler Blattabschnitt kurz oder sehr kurz gestielt, den sterilen wenig überragend oder kürzer als dieser; Fiedern mit deutlicher Mittelrippe 4

4 Steriler Blattabschnitt und seine Fiedern stumpf oder abgerundet; Fiedern fiederspaltig . . . . .2. *B. matricariifolium*
4* Steriler Blattabschnitt und seine Fiedern spitz, gesägt oder fiederspaltig . . . . 3. *B. lanceolatum*
5 Steriler Blattabschnitt lang gestielt, fleischig – 2. Subgen. *Phyllotrichium* . . . . . 5. *B. multifidum*
5* Steriler Blattabschnitt sitzend, nicht fleischig – 3. Subgen. *Osmundopteris* . . . . 6. *B. virginianum*

1. Subgen. Botrychium

Syn.: *Botrychium* SWARTZ sect. *Eubotrychium* MILDE Verh. zool.-bot. Ges. Wien **19**: 101 (1869) p. p.; PRANTL Ber. Deutsch. Bot. Ges. **1**: 348 (1885). HAYEK Fl. Steierm. **1**: 8 (1908). – *Botrychium* subgen. *Eubotrychium* (MILDE) CLAUSEN Mem. Torrey Bot. Club **19 (2)**: 60 (1938).

Unfruchtbarer B l a t t a b s c h n i t t beiderseits mit Spaltöffnungen, im Umriß länglich bis dreieckigeiförmig, länger als breit, stets ganz kahl, gefiedert. K n o s p e n kahl, ganz in der Scheide des nächstjährigen Blattes eingeschlossen. Prothallium flach, oben und seitlich die primäre Wurzel treibend; Embryo ohne Suspensor.

1. Botrychium lunaria

Botrychium lunaria[1] (LINNÉ) SWARTZ in SCHRADER Journ. Bot. 1800/2: 1100 (1802). – Basion.: *Osmunda lunaria* (var.) α LINNÉ Sp. pl. 1064 (1753). – Syn.: *Ophioglossum pennatum* LAM. Fl. Franc. **1**: 9 (1778). – G e m e i n e M o n d r a u t e. – Taf. 8 Fig. 2 nach S. 240. – Abb. 66.

Ausdauernde, 2–30 cm hohe, gelbgrüne Pflanze, terminale Knospe kahl, in der Scheide des vorjährigen Blattes völlig eingeschlossen. B l a t t fettglänzend, Blattstiel 2–13 (–15) cm lang, 2–3 (–5) mm dick, meist grün, ungefähr so lang wie oder etwas kürzer oder länger als der sporentragende Blattabschnitt (mit Blattstiel gemessen), s t e r i l e r B l a t t a b s c h n i t t fast sitzend, im Umriß länglich, oben abgerundet oder gestutzt, 1–6 cm lang, 1–3 cm breit, gefiedert, meist höchstens den Grund des rispenförmigen Sporangienstandes erreichend, Segmente (Fiedern) des sterilen Blattabschnittes jederseits 2–9, miteinander abwechselnd, meist sich oberschlächtig deckend, die unteren sehr kurz gestielt, nieren-halbmondförmig, die oberen sitzend, aus keilförmigem Grunde schief trapezförmig, alle mit kreisbogenförmigem, ganzrandigem oder gekerbtem Außenrande; Nervatur fächerförmig, ohne eigenen Mittelnerv. F e r t i l e r B l a t t a b s c h n i t t auf der Ventralseite des sterilen, eine 1–6 cm lang gestielte, 0,5–9 cm lange Rispe bildend, 2–3fach gefiedert, zuletzt zusammengezogen; Sporangien zuletzt gelb- oder zimtbraun; Sporen in Masse schwefelgelb. Prothallium braun oder gelblich, mit Rhizoiden; Gametangien an der Oberseite. – Chromosomenzahl: $2n = 90$. – Sporenreife: VI.–VII.

Vorkommen □ Geophyt, lichtliebende Pflanze. Meist zerstreut, zuweilen sogar vereinzelt, gelegentlich auch in kleinen Kolonien in trockenen Wiesen, Halbtrockenrasen, Magerrasen und Magerweiden, in mageren Bergwiesen, an Wegrainen und Böschungen, in grasigen, lichten Wäldern, auf mäßig frischen bis mäßig trockenen, basenreichen, meist kalkarmen oder entkalkten, sauren, humosen und sandigen Lehmböden, aber auch in schwerer Ton- und Kalkerde, auf Sand oder Lößlehm. Bevorzugt Nordlagen. Die Art gilt als schwache Charakterart der Nardetalia-Ordnung, auch in Bromion-Gesellschaften, z. B. im Aveno-Botrychietum mit *Avenula pubescens* und *Asperula cynanchica* auf kalkhaltigen Sandböden, in Corynephoretalia-Gesellschaften und Gesellschaften der Ordnung Seslerietalia calcariae, im Seslerio-Festucion glaucae, im Calamagrostion, im Nardo-Agrostion tenuis-Verband in der Gesellschaft von *Deschampsia flexuosa, Agrostis capillaris, Festuca ovina, Anthoxanthum odoratum, Phleum alpinum, Luzula campestris, Carex pilulifera, Viola lutea, Soldanella hungarica, Potentilla aurea* und *Hypochoeris uniflora*. Von der Ebene (wo sie aber stellenweise selten ist oder, wie im schweizerischen Mittelland und in Südtirol unter 1400 m, fehlt) steigt sie bis in die alpine Vegetationsstufe, am Piz Languard im Oberengadin bis etwa 3000 m, im Wallis am Oberrothorn bis 3100 m, in Tirol bis 2500 m, in Bayern bis 2330 m, in der Tatra bis 2040 m. – In feuchten Jahren oft reichlich, bei ungünstiger Witterung (Frühjahrsdürre) oft ausbleibend. Die Pflanze stellt in sonnigen Lagen ihre Blätter in die Nord-Süd-Richtung, gehört also zu den Kompaßpflanzen.

Allgemeine Verbreitung □ Auf der nördlichen Halbkugel zirkumpolar, von den Gebirgen der warmen Zone (zerstreut) über die warm-gemäßigte und gemäßigte bis in die kühle und stellenweise (z. B. Grönland) bis in die kalte Zone, bei einer ozeanisch-subozeanischen Verbreitungstendenz. Europa, West- und Nordasien bis Japan, nördliches und mittleres Nordamerika, Südchile und Patagonien, Au-

---

[1] Vom mittelalterlichen Namen dieser Pflanze »Lunaria minor« FUCHS, nach der Halbmondform der sterilen Fiedern.

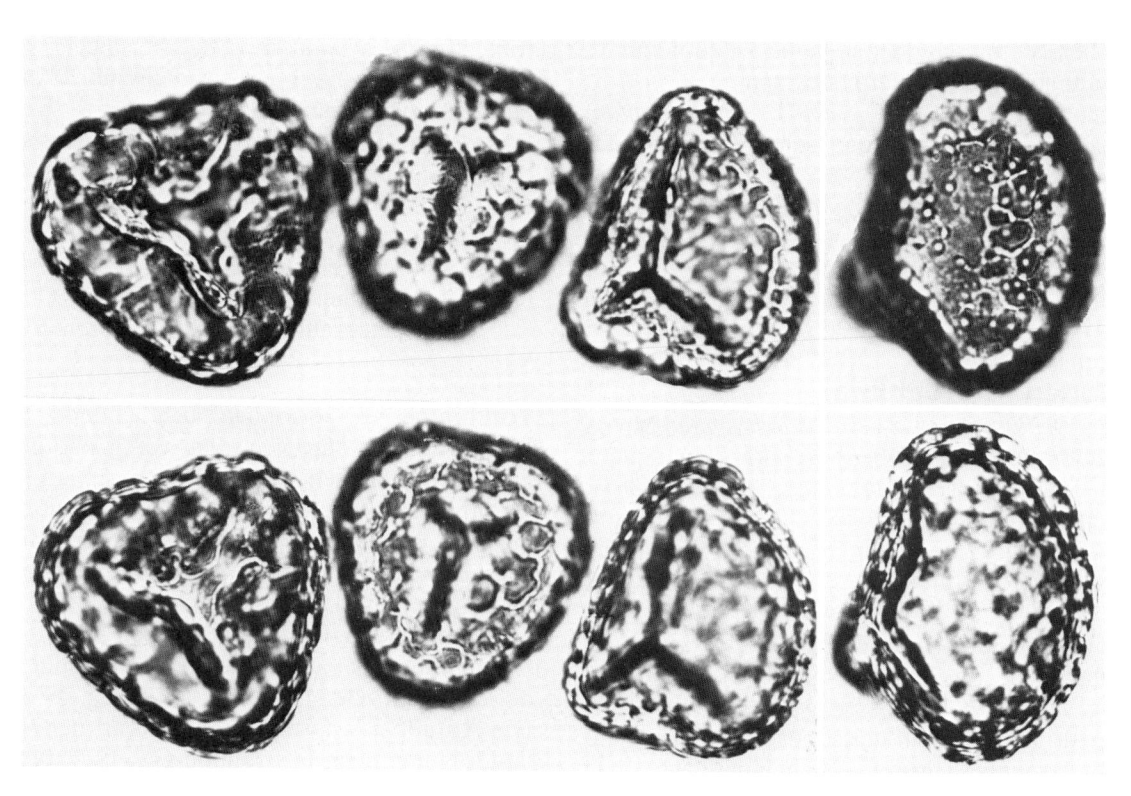

Abb. 66 □ *Botrychium lunaria* (L.) SWARTZ. Sporen (× 1000), *oben* jeweils hohe, *unten* tiefere Einstellung (z. T. optischer Schnitt). Ansicht vom proximalen *(links)* und distalen *(Mitte links)* Pol, schräg seitliche Ansicht *(Mitte rechts)* und Äquatoransicht *(rechts)* (Original STRAKA)

stralien, Tasmanien, Neuseeland. In Mitteleuropa durch das ganze Gebiet, aber nur stellenweise verbreitet, fehlt an der Mittelmeerküste und in der ungarischen Tiefebene (Alföld).

□ Karten: HULTÉN 1964, Karte 103; MEUSEL, JÄGER, WEINERT 1965, S. 10; JALAS & SUOMINEN 1972, Karte 44.

Arealdiagnose □ austral Amerika – Australien – Neuseeland – (merid/montan) – submerid/montan – temperat – boreal – (arktisch) · ozean$_{1-3}$ Circpol.

Florenelement (europäisches Teilareal) □ (west – zentralmedit/montan) – submedit – (pont) – mitteleurop – nordeurop – lappon – nordural.

Verbreitung im Gebiet □ In Deutschland von den Nordseeinseln bis in die Alpen zerstreut: Mecklenburg, Brandenburg, Südniedersachsen, Nordhessen, Thüringen, Sachsen, Rhöngebiet, Franken, Pfalz, Odenwald, Jura, Schwäbisches Albvorland, Oberrheinisches Hügelland, Schwarzwald, Schwäbisch-Bayerische Hochebene, Bodenseegebiet, Bayern (Wolfsau bei Windsbach, Rosstal, Ober-Gailnaer Schloßberg), in den Bayerischen Alpen bis 2330 m, Gunzenhausen, Ergoldsbach (460 m). – In Frankreich in den Vogesen. – In der Schweiz zerstreut (vgl. H. BRUNNER Bull. Cercle Vaud. Bot. **2**: 14 ff.; 1951). – In Österreich zerstreut, besonders in der Voralpenstufe der Alpen. – In Slowenien in den Alpen verbreitet, in Krain und Istrien sehr selten. – In der Tschechoslowakei und Polen selten, aber zerstreut im ganzen Gebiet.

Variabilität der Art □ Die europäischen Pflanzen gehören zu der typischen subsp. *lunaria* (= var. *normale* ROEPER) und variieren namentlich in der Beschaffenheit des Außenrandes der Segmente des sterilen Blattabschnittes, in der Zahl der von einem Rhizom entspringenden Blätter und im Grade der Entwicklung der fertilen und sterilen Blattabschnitte (vgl. MILDE: Monographie der Ophioglossaceen, 1856; F. WIRTGEN: Formen, Unterformen und Monstrositäten von *Botrychium lunaria*; Beitr. zu einer Monographie d. Art; Naturhist. Ver. Rheinlande u. Westfalens **8**: 16–46; 1924).

□ Die nordamerikanischen Pflanzen gehören meistens zu der subsp. *occidentale* Á. et D. LÖVE et KAPOOR (1971).

2. Botrychium matricariifolium[1]

Botrychium matricariifolium (RETZ.) A. BRAUN ex W. D. J. KOCH Syn. fl. Germ. Helv., ed. 2, **3**: 792 (1845). – Basion.: *Osmunda lunaria* δ *matricariaefolia* RETZ. Prodr. fl. Scandin. 203 (1779). – Syn.: *Osmunda lunaria* (var.) γ LINNÉ Fl. Suec. ed. 2: 369 (1755). – *Osmunda lunaria* (var.) β WILLD. Prodr. Fl. Berolin. 288 (1787). – *Osmunda lunaria* β *ramosa* ROTH Tent. fl. Germ. **3**: 32 (1799), non *Osmunda ramosa* auct., non ROTH Tent. fl. Germ. **1**: 444 (1788), vgl. CHRISTENSEN Ind. Filic. Suppl. **1**: 99

---

[1] Von lat. matricaria = Kamille, wegen des fein zerteilten Blattes.

(1913). – *Botrychium rutaceum* WILLD. Sp. pl. **5**: 62 (1810) p. p., non SWARTZ (1802). – *B. lunaria* var. *incisa* et var. *rutaefolia* ROEPER Zur Fl. Mecklenb. **1**: 111 (1843). – *B. (lunaria) lanceolatum* RUPR. Distr. crypt. vasc. Ross. 33 (1845), non Ångstr. – *B. tenellum* ÅNGSTR. Bot. Notis. 1854: 69 (1854). – *B. lunaria* β *ramosa* F. SCHULTZ Pollichia **20/21**: 286 (1863). – *B. ramosum* (ROTH) ASCHERS. Fl. Brandenb. **1**: 906 (1864). – Ästige Mondraute. – Taf. 8 Fig. 3 nach S. 240. – Abb. 67–69.

Ausdauernd, bis 20 cm hoch, öfters graugrün. B l ä t t e r am kurzen Rhizom mehrzeilig, jährlich einzeln sich entwickelnd; B l a t t s t i e l im unteren Abschnitt braunrot überlaufen, bis 12 cm lang und auffallend (bis 4 mm) dick, meist mehrmals länger als der fertile Blattabschnitt; s t e r i l e r B l a t t a b s c h n i t t fast sitzend, im Umriß eiförmig bis länglich, stumpf oder gestutzt, einfach oder doppelt fiederteilig mit fiederspaltigen Segmenten; Segmente erster Ordnung gegenständig, jederseits 2–6, voneinander entfernt, rechtwinklig- bis aufrecht-abstehend, meist ei-länglich, stumpf, mit deutlichem Mittelnerv, Segmente zweiter Ordnung rundlich bis länglich, stumpf oder gestutzt, an der Spitze oft 2–3-lappig gekerbt. F e r t i l e r B l a t t a b s c h n i t t 2–3fach gefiedert, kurz gestielt, den sterilen Blattabschnitt nur wenig oder gar nicht überragend. Sporangien und Sporen wie bei *B. lunaria*. – Chromosomenzahl: 2n = 180. – Sporenreife: VI.–VII.

Vorkommen □ Geophyt; Licht- bis Halbschattenpflanze. In mageren Bergwiesen, Borstgrasrasen, sandigen Trockenrasen auf Heideplätzen und Bergweiden, an steinigen Bergabhängen, in lichten, trockenen Wäldern, auf feuchten Sandplätzen und auf

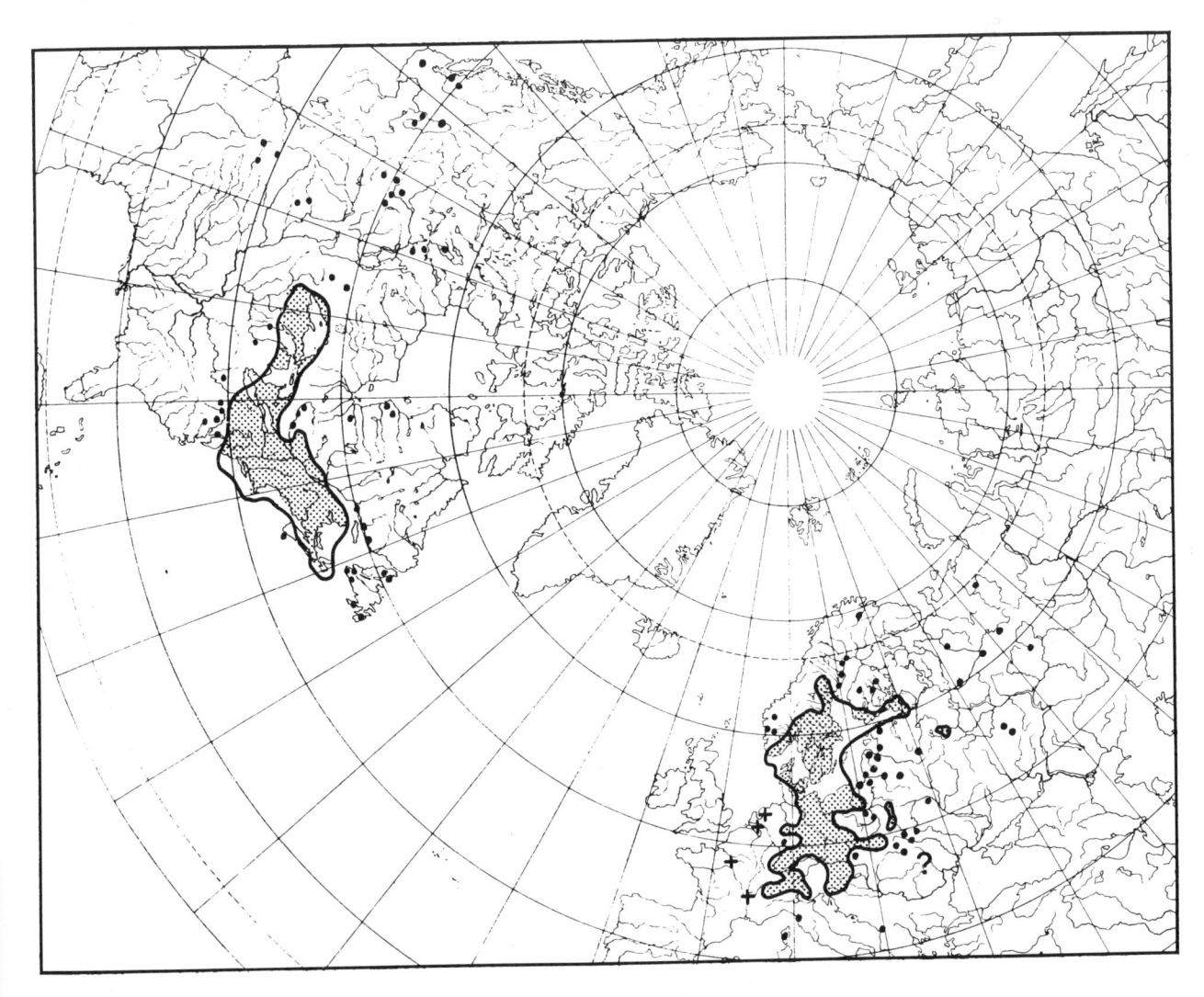

Abb. 67 □ *Botrychium matricariifolium* A. BRAUN. Verbreitungskarte (nach HULTÉN 1958, verändert)

Abb. 69 □ *Botrychium matricariifolium* A. BRAUN. Zillertal, Tirol

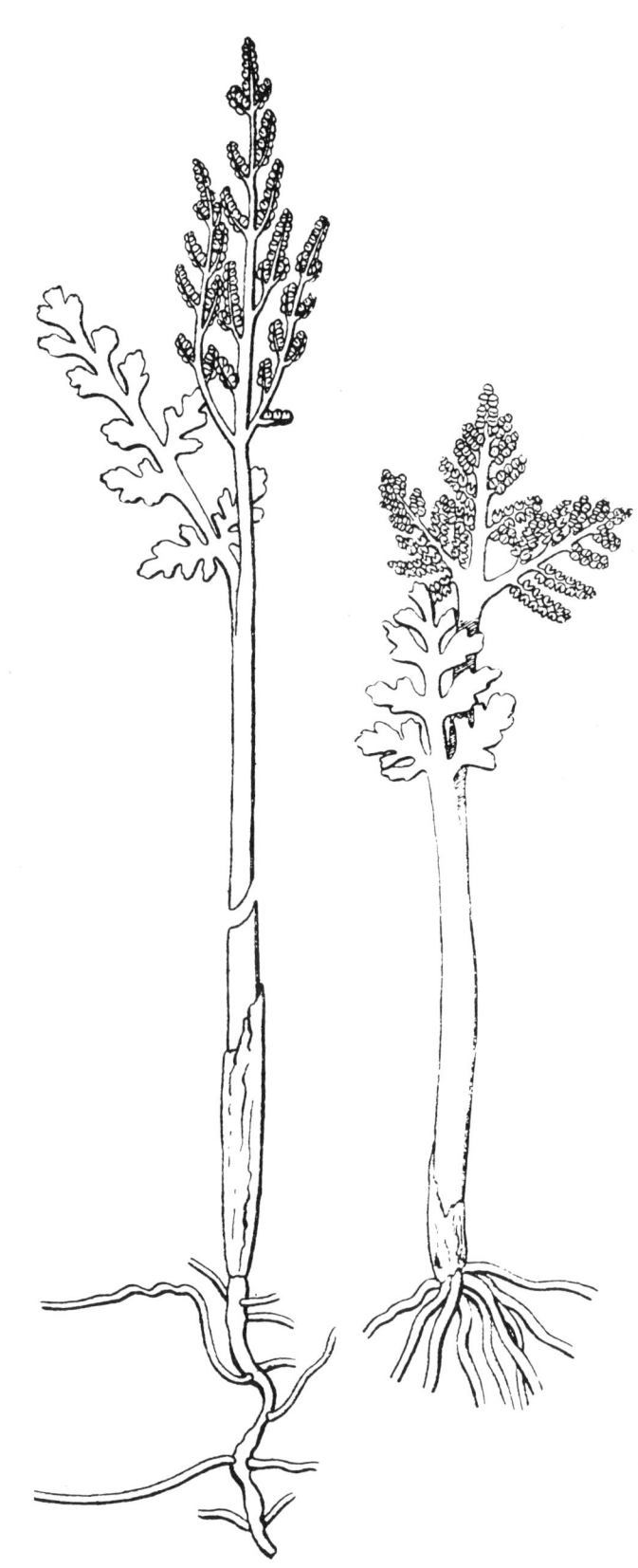

Abb. 68 □ *Botrychium matricariifolium* A. BRAUN (nach LUERSSEN 1884/89)

frischen bis wechselfeuchten oder ± trockenen, basenreichen, kalkarmen, mäßig sauren, humosen Lehmböden. In Gesellschaften der Nardetalia (Nardo-Agrostion tenuis), öfter mit *Nardus* und *Molinia*, auch in Sedo-Scleranthetea-Gesellschaften. Von der Ebene (im nördlichen Flachland) bis in die montane Stufe; in den Alpen bis 1100 m, in der Tatra bis 1130 m. Vorkommen meist einzeln in Gesellschaft von *Botrychium lunaria*.

Allgemeine Verbreitung □ Überwiegend an beiden Seiten des Atlantik (amphiatlantisch) in der gemäßigten und südlichen kühlen (kühlgemäßigten) Zone, bei subozeanischer Verbreitungstendenz. In Europa von Skandinavien bis in den Apennin und von Ost-Frankreich und den Vogesen bis Mittel- und Nord-Rußland; im Mittelmeergebiet nur vereinzelt auf Korsika, im nördlichen Apennin und in Nord-Albanien; Nordamerika.

□ Karten: HULTÉN 1965, S. 65; MEUSEL, JÄGER, WEINERT 1965, S. 10; JALAS & SUOMINEN 1972, Karte 46.

Arealdiagnose ☐ temperat – (boreal) · ozean₍₁₋₃₎ Europa – Ostamerika – (Westamerika).

Florenelement (europäisches Teilareal) ☐ nordalpisch – nordcarpat/demontan – subatlant – zentraleuropäisch – balt – (sarmat).

Verbreitung im Gebiet ☐ In Deutschland am häufigsten im nordöstlichen Flachland (in Mecklenburg bei Grabow, Lenzen, Perleberg, Prenzlau, Granitz auf Rügen sowie früher an etwa 25 weiteren Fundorten; in Brandenburg, besonders im südöstlichen Teil, sehr zerstreut), seltener im Nordwesten sowie in Mittel- und Süddeutschland (Westfalen; Harz: Wernigerode, Dreiannen, Stolberg, Oberharz; Thüringen: bei Ebersdorf, Spechtsbrunn, Klosterlausnitz; Sachsen-Anhalt: Eckartsberga); Bodenseegebiet, Ravensburg, Fränkischer Jura, Württemberg: bei Ellwangen, Mariaberg und Weingarten; Schwarzwald: Kandel (1964), früher auch Feldberg; Baiersbronn; Bayern: Neustadt bei Coburg, Rhön, Bayerischer Wald, Dutzendteich und Altenfurth bei Nürnberg. – In der Schweiz: Kanton Uri (Bannwald über Altdorf und im Maderanertal); Berner Oberland: Handegg im Haslital; bei Pontresina fraglich; Wallis: Bellegen im Zwischbergental (Simplon); Tessin: Val Verzasca bei Sonogno, Val Bavona oberhalb Caverpio. – Österreich: Niederösterreich (Flyschzone des Wienerwaldes bei Kaltenleutgeben); Kärnten; Burgenland; Steiermark (bei Judenburg, Göschneralp, Graz und Groß-Florian); Vorarlberg (Rellstal, 1100 m); Nordtirol (Plumserjoch und Pertisau am Achensee), Zillertal. – Südtirol (Alpe Malgarra). – In Slowenien in den Julischen Alpen und in der Komarisker Alpe; in Krain (Gure). – In der Tschechoslowakei sehr selten, in Böhmen: Erzgebirge, Böhmerwald, Brdy-Gebirge (in der Umgebung von Příbram), Blatná, Böhmisch-Mährisches Hügelland; in Mähren im Gesenke im Mährischen Schlesien (Dolní Lípová = Niederlindewiese, unweit Bad Jeseník = Gräfenberg, im Moorwalde Rejvíz); in den Beskiden (Lysá und Javorina); in der Slowakei bei Záhorská Bystrica und Borinka unweit Bratislava (Preßburg), Bošáca-Tal unweit Trenčín, am Berge Velká Hola bei Spišská Nová Ves, Červený Kláštor im Pieniny-Gebirge, am Fuße der Hohen Tatra (Bielovodská-Tal); irrtümlich vom Vihorlat in der Ost-Slowakei angeführt. – In Polen selten in den Gebirgen, sonst vereinzelt.

Variabilität der Art ☐ Diese Art hat wegen des dicken Blattstieles gewissermaßen ein monströses Aussehen und neigt auch zu Mißbildungen, welche zu Verwechslungen mit mißgebildeten oder verkümmerten Formen von *Botrychium lunaria* führen.

3. Botrychium lanceolatum

Botrychium lanceolatum[1] (S. G. GMELIN) ÅNGSTRÖM Bot. Notis. **1854**: 68 (1854) et ib. **1866**: 36 (1866). – Basion.: *Osmunda lanceolata* S. G. GMELIN Nov. comment. Acad. Petrop. **12**: 516 (1768). – Syn.: *Botrychium matricariaefolium* FRIES Summa veget. **1**: 252 (1846), non A. BRAUN. – *Botrychium palmatum* C. B. PRESL Tentamen Pteridogr. Suppl. 43 (1847). – Lanzettliche Mondraute. – Abb. 70.

Steht der vorigen Art sehr nahe und unterscheidet sich durch folgende Merkmale: B l a t t 5–25 cm lang, B l a t t s t i e l bis 18 cm lang, grün, s t e r i l e r B l a t t a b s c h n i t t fast sitzend, eiförmig bis dreieckig-eiförmig, spitz, einfach bis doppeltfiederteilig, gelbgrün, dünnfleischig, getrocknet etwas durchscheinend, Segmente erster Ordnung beiderseits je 3–4, aufrecht-abstehend, länglich bis lanzettlich, oft beiderseits verschmälert, spitz, gesägt bis fiederteilig, mit länglichen bis lanzettlichen Segmenten zweiter Ordnung; f e r t i l e r A b s c h n i t t kurz gestielt, rispenförmig, etwas länger als der sterile Abschnitt. – Chromosomenzahl: 2n = 90 (bestimmt an nordamerikanischem Material). – Sporenreife: VII.–VIII.

Vorkommen ☐ Geophyt. Lichtpflanze. Auf trockenen Grashängen im Gebirge.

Allgemeine Verbreitung ☐ Zirkumpolar, ozeanisch, disjunkt, in den Gebirgen der südlich-gemäßigten Breiten sowie in den kühlen Breiten, in Grönland auch arktisch. Von Nordeuropa (Island, Skandinavien, Nordrußland) bis Nordostasien (Sibirien, Kamtschatka, Sachalin), Nordamerika und Grön-

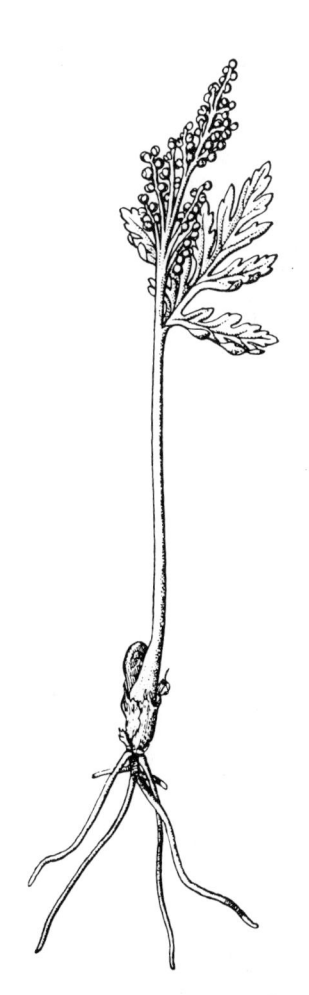

Abb. 70 ☐ *Botrychium lanceolatum* (S. G. GMELIN) ÅNGSTRÖM. Habitus (etwa × ⅗)

---

[1] Lat. lanceolatus = lanzettlich.

land, südlich in der zentralen Alpenkette und den Beskiden.

☐ Karten: HULTÉN 1958, S. 257; MEUSEL, JÄGER, WEINERT 1965, S. 10; JALAS & SUOMINEN 1972, Karte 47.

Arealdiagnose ☐ (Submerid/montan + temperat) + boreal – (arct) · ozean $_{(1-3)}$ Circpol.

Florenelement (europäisches Teilareal) ☐ nordalpisch – (nordcarpat) + nordeurop – island.

Verbreitung im Gebiet ☐ Nur in den Alpen der Schweiz, Norditaliens und Österreichs. Auf französischem Gebiet ehemals am Mont Blanc (Chamonix) und am Col de Balme. – In der Schweiz im Wallis: Hungerberg bei Oberwald, Grand Combire (Nordhang des Mont-Rouge) zwischen Val de Nendaz und Val d'Hérémence, 2100 m; in Graubünden: am Scopi bei 2100 m, San Bernardino beim kleinen See und im Oberengadin bei Pontresina. – Norditalien: Flaggeralpe bei Brixen, Alpe Malgazza bei Cles im Val Bresimo, Val di Non, 1575 m, Bormio (Veltlin). – Österreich: Südseite der Saile bei Innsbruck und bei Gmünd in Kärnten. – Polen: Gorce-Gebirge (Ost-Beskiden).

4. Botrychium simplex

Botrychium simplex[1] E. HITCHCOCK in SILLIMAN Amer. Journ. Sci. Arts **6**: 103 (1823). – Syn.: *B. lunaria cordatum* FRIES Summa Veget. **1**: 251 (1846). – *B. kannenbergii* KLINSMANN Bot. Zeit. **10**: 378 (1852). – *B. reuteri* V. PAYOT Cat. foug. env. Montblanc 15 (1860). – Einfache Mondraute. – Abb. 71.

Ausdauernde, bis 8 (–15) cm hohe, gelbgrüne Pflanze; Rhizom sehr kurz, mit zweizeiligen Blättern. B l a t t s t i e l 5–15 (–25) mm lang und 1–3 mm dick, von den abgestorbenen braunen Scheiden vorjähriger Blätter umhüllt; Knospe kahl, in der Blattscheide eingeschlossen. B l ä t t e r alljährlich einzeln sich entwickelnd, sommergrün, stets kahl. S t e r i l e r B l a t t a b s c h n i t t deutlich gestielt, Stiel 5–20 mm lang, weit unter der Mitte der Blattlänge sich vom fertilen Abschnitt trennend, rundlich bis verkehrteiförmig oder eiförmig, oben abgerundet, 1–4 × 0,5–3 cm groß, ungeteilt oder dreiteilig oder einfach, selten doppelt fiederteilig, ziemlich dünnfleischig, mit beiderseits je 2 (3–4) rundlichen, nierenförmigen oder eiförmigen, oben gekerbten Segmenten; f e r t i l e r B l a t t a b s c h n i t t 1–8 cm lang gestielt, einfach

Abb. 71 ☐ *Botrychium simplex* E. HITCHC. Habitus, verschiedene Größenformen (nach LUERSSEN 1884/89)

[1] Lat.: simplex = einfach.

bis doppelt gefiedert, 0,5–5 cm lang, den sterilen weit überragend, selten nur eine einfache, aus 5–12 Sporangien bestehende Ähre darstellend. Sporangien gelb, zuletzt rotbraun, Sporen wie bei *B. lunaria*, aber 40–51 μm groß. – Chromosomenzahl: 2n = 90. – Sporenreife: VI.–VII., in den Alpen VIII.

Vorkommen ☐ Geophyt; lichtliebende Pflanze. – In sauren Magerrasen, Borstgrasrasen oder *Calluna*-Heiden, in kurzgrasigen Triften, besonders an Fluß- und Seeufern, seltener in feuchten Wiesen und im lichten Gebüsch; auf frischen, mäßig trockenen, basenarmen, sandigen Lehmböden, z. B. über Buntsandstein, in Gesellschaften der Nardo-Callunetea-Klasse; vom Tiefland bis in die Gebirge, in Tirol bis 2300 m. An manchen Lokalitäten zeigt sie ein ephemeres Auftreten. Die Art ist überall stark gefährdet.

Allgemeine Verbreitung ☐ Von der gemäßigten bis in die kühl-gemäßigte (südliche kühle) Zone, mit ozeanischer Disjunktion in Mittel- und Nordeuropa, fraglich im nördlichen Japan; im südlichsten Grönland und im östlichen und westlichen Nordamerika. Verbreitet von Island und Skandinavien über Mitteleuropa bis Norditalien und Korsika und vom Baltisch-Karelischen Gebiet über Nordwest-Rußland bis Polen. – Die Art hat zwei europäische Teilareale: ein nordisches, meistens litorales Areal in Island, Skandinavien, im Baltischen Gebiet und in Nord-Rußland, südlich bis Dänemark (ehemals Belgien), Norddeutschland und Thüringen; das zweite Teilareal enthält die mitteleuropäischen Gebirge, südlich bis zu den Pyrenäen, bis Norditalien, Korsika und Slowenien, wo diese Art ein Glazialrelikt darstellt und recht selten ist.
☐ Karten: HULTÉN 1958, S. 213; MEUSEL, JÄGER, WEINERT 1965, S. 11; JALAS & SUOMINEN 1972, Karte 43.

Arealdiagnose ☐ (submerid/montan) – temperat – (boreal) · ozean$_{(1)-2}$ Europa + Amerika + (Ostasien).

Florenelement (europäisches Teilareal) ☐ (cors) – ostpyr/montan) – nordalp – hercyn – sund – balt – subboreofenn.

Verbreitung im Gebiet ☐ Deutschland (überall erloschen bzw. verschollen!): Ostfriesische Inseln (angeblich 1867 auf Norderney gefunden, nie mehr beobachtet); Mecklenburg (am Rande der Barnsdorfer Tannen bei Rostock, Ludwigslust), Burg bei Magdeburg; Brandenburg (Brandenburg/Havel, Krangensbrück und Zippelsförde bei Neu-Ruppin); Thüringen (1892 ein Exemplar bei Klosterlausnitz zwischen Jena und Gera). – In der Schweiz: Wallis (Hinteres Lötschental bei »Ane«, Gugginalp, 2300 m); Graubünden (San Bernardino im Misox, 1640–1700 m, »Cavril« ob Cassaccia, Bergell, 1560 m); angeblich auch Engelberg, im Aatal (Gerschnialp, Unterwalden). – Französisches Grenzgebiet bei Chamonix au Couveret. – In Österreich: in Tirol selten im Ötztal, bei Windisch-Matrei, Bergalpe bei Virgen, Praegraten. – In Norditalien: Campivolo Levi bei Pejo, 2150 m, Alpe Malgazza, Molvenosee und bei Nauders. – In Slowenien in den Julischen Alpen, am Triglav (Malopolje) und in Krain. – Tschechoslowakei: Böhmerwald (Borová Lada = Ferchenhaid), im Hohen Gesenke (Dolní Lípová = Nieder-Lindewiese). – Polen: Treuenbrietzen, Schwiebus (Świebodzin), Stawinsee, Gerdorfsee, Ihnawiesen, Neudamm (Dębuc) und Arnswalde (Choszczno), Sopoty (Pommern), Gdansk (Danzig), Wongorziner See bei Karthuzy (Karthaus in der Kaschubei), Szczecin (Stettin), Stolzenburger Schloß-See; Posen (Meserzicz = Meseritz).
☐ Diese zierliche Pflanze ist, besonders wenn sie sich mit dem oft nur wenig verzweigten Sporenblatt-Teil kaum 1–2 cm über den Boden erhebt, im Grase äußerst schwer zu bemerken und sehr leicht zu übersehen; dementsprechend dürfte sie noch hier und da neu zu finden sein.

Variabilität der Art ☐ Die Art ist hauptsächlich nach der Größe sowie durch die Form und Teilung des sterilen Blattabschnittes veränderlich. Stärker verschieden scheint zu sein: *B. simplex* E. HITCHC. var. *tenebrosum* (A. A. EATON) R. T. CLAUSEN Bull. Torrey Bot. Club **64**: 275 (1937); Basion.: *B. tenebrosum* A. A. EATON Fern Bull. **7**: 8 (1899); zarte Pflanze, deren steriler Blattabschnitt gestielt ist und oberhalb der Mitte des Blattes, meist nahe der Spitze, eingefügt ist. Bei Windisch-Matrei in Tirol gefunden; sonst verbreitet in Nordamerika.

2. Subgen. Phyllotrichium

(PRANTL) LUERSSEN Farnpfl. in RABENHORST Kryptogamenfl. Deutschl. ed. 2, **3**: 555 (1889). – Basion.: *Botrychium* sect. *Phyllotrichium*[1] PRANTL Ber. Deutsch. Bot. Ges. **1**: 348 (1885) p. p. – *B.* sect. *Osmundopteris* MILDE Verh. Zool.-bot. Ges. Wien **19**: 176 (1869) p. p. – *Sceptridium*[2] LYON Bot. Gaz. **40**: 457 (1905). – *Botrychium* subgen. *Sceptridium* (LYON) CLAUSEN Mem. Torrey Bot. Club **19** (2): 60 (1938).

Unfruchtbarer Blattabschnitt nur unterseits mit Spaltöffnungen, im Umriß breiter als lang, dreifach gefiedert, gestielt; junge Blätter und Knospen behaart, Knospe der nächstjährigen Blätter in die Scheide völlig eingeschlossen; Prothallium flach, dorsiventral, nur am Grunde mit Wurzeln, Embryo mit Suspensor.

5. Botrychium multifidum

Botrychium multifidum[3] (S. G. GMELIN) RUPRECHT Beitr. Pfl. Russ. Reichs **11**: 40 (1859). – Basion.: *Osmunda multifida* S. G. GMELIN Nov. Comment. Acad. Petropol. **12**: 517 (1768). – Syn.: *Osmunda*

---

[1] phyllon (griech.) φύλλον = Blatt; thrix, gen. trichós (griech.) θρίξ, τριχός = Haar; junge Blätter behaart.
[2] skeptron (griech.) σκῆπτρον = Szepter, weil der fertile Blattabschnitt vor der Entfaltung einem Szepter ähnelt.
[3] multifidus (lat.) = vielspaltig.

Tafel 3 □ Erklärung der Figuren

Links □ *Gymnocarpium robertianum* (HOFFM.) NEWM.
Mitte □ *Phegopteris connectilis* (MICHX.) WATT

Rechts □ *Gymnocarpium dryopteris* (L.) NEWM.
(Original C. M. BÄNZIGER)

---

lunaria δ LINNÉ Fl. Suec., ed. 2: 369 (1755), non L. Sp. pl. 1064 (1753). – *Osmunda matricariae* SCHRANK Baier. Fl. **2:** 419 (1789). – *Botrychium rutaceum* (LILJEBL.) SWARTZ in SCHRADER Journ. Bot. **1800/2:** 111 (1802) excl. syn., non WILLD. (1810). – *Botrychium matricarioides* WILLD. Sp. pl. **5:** 62 (1810). – *B. matricariae* (SCHRANK) SPRENG. Syst. Veg. **4:** 25 (1827). – *B. rutaefolium* A. BRAUN in DÖLL Rhein. Fl. 24 (1843). – *B. silesiacum* KIRSCHL. Fl. Als. **2:** 401 (1857). – *B. ternatum* HOOK. et BAKER Syn. Filic. 448 (1868) p. p. – *B. ternatum* (var.) A. *europaeum* MILDE Fil. Europ. 199 (1867). – *B. ternatum* var. *matricariae* CHRIST Farnkr. Schweiz 174 (1900). –

Lunaria silesiaca TREW Nova Acta Leop.-Carol. **1:** 56 (1757), nom. invalid.; s. CLAUSEN 1938, S. 10. – *Sceptridium multifidum* (S. G. GMEL.) TAGAWA Acta Phytotax. Geob. **9:** 87 (1940). – *Osmunda bavarica* SCHMID in HOPPE Bot. Taschenb. 7 (1803). – *Botrychium breynii* E. FRIES Summa Veget. 252 (1846). – **Vielteiliger Rautenfarn.** – Abb. 72.

Ausdauernde, 5–25 cm hohe Pflanze. Rhizom zweizeilig beblättert. B l ä t t e r jährlich 2 (zuweilen 3–4) sich entwickelnd, von denen aber meist nur eines einen fertilen Abschnitt besitzt (oft wird die Zahl der gleichzeitig vorhandenen Blätter noch durch Überwintern einzelner steriler Blätter vermehrt), Blätter mindestens in unentfaltetem Zustande weißlich, dicht mit Gliederhaaren bedeckt, erwachsen mit spärlichen Haarresten. B l a t t s t i e l bis zur Trennung der beiden Abschnitte nur 1–4 cm lang, oft ganz von Scheidenteilen der vorjährigen Blätter umhüllt. S t e r i l e r B l a t t a b s c h n i t t 5–10 cm lang, gestielt, dreieckig, breiter als lang, doppelt gefiedert, nur unterseits mit Spaltöffnungen, Segmente (Fiedern und Fiederchen) mit deutlichem Mittelnerv, die unteren Segmente gestielt, die oberen sitzend, die letzten rundlich bis länglich-eiförmig, ganzrandig oder schwach gekerbt. F e r t i l e r B l a t t a b s c h n i t t lang gestielt, den sterilen weit überragend, 2–3fach gefiedert. Sporangien gelbbraun, zuletzt rotbraun. – Chromosomenzahl: $2n = 90$. – Sporenreife: VII.–VIII.; im Hochgebirge bis IX.

Vorkommen □ Geophyt, mäßig lichtliebend. In mageren, kurzgrasigen Bergwiesen und Bergweiden, an lichten Waldstellen und grasigen, trockenen und sonnigen Abhängen. Auf frischen, wechselfeuchten, basenreichen (aber kalkarmen), mäßig sauren humosen Lehmböden. Eine Art der Nardetalia-Gesellschaften (Nardo-Agrostion tenuis), oft mit *Nardus* und *Molinia* zusammen, im ganzen Areal sehr selten, oft mit *Botrychium lunaria* und *B. matricariifolium*, aber viel seltener, meistens in einzelnen Exemplaren vorkommend. Von der Ebene bis in die Gebirge, besonders in der Berg- und Voralpenstufe, in Tirol bis 1740 m, in der Tatra bis 1560 m.

Allgemeine Verbreitung □ Zirkumpolar, von der gemäßigten bis in die kühle Zone, mit ozeanisch-subozeanischer, in Europa subozeanischer Verbrei-

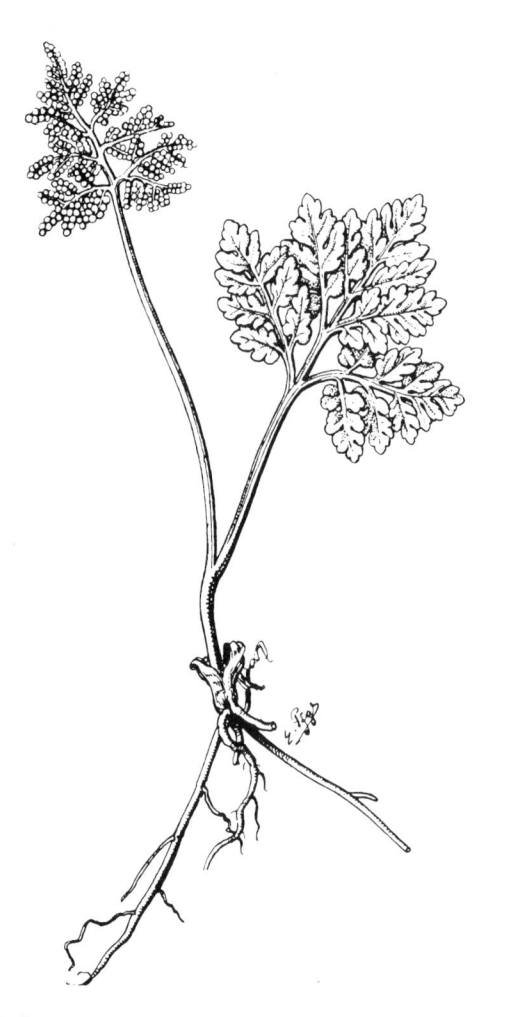

Abb. 72 □ *Botrychium multifidum* (S. G. GMELIN) RUPR. Habitus (etwa × ⅗)

Tafel 3

tungstendenz. Von Nordnorwegen durch ganz Skandinavien bis Dänemark, Deutschland, Österreich und Rumänien ostwärts über die Ukraine, Mittel- und Nordrußland bis Sibirien und Japan, sowie in Nordamerika; auch vom Himalaja angegeben.
□ Karten: HULTÉN 1958, S. 273; MEUSEL, JÄGER, WEINERT 1965, S. 11; JALAS & SUOMINEN 1972, Karte 48.

Arealdiagnose □ (submerid/montan) – temperat/(demontan) – boreal · (ozean$_{(1)-3}$) Circpol.

Florenelement (westeurasisches Teilareal) □ alpisch – carpat/demont – zentraleurop – sarmat – mittelsibir – subboreoross – scandinav.

Verbreitung im Gebiet □ Am meisten verbreitet im östlichen Gebiet (in Mecklenburg 16 Fundorte, in Brandenburg selten: Berlin mehrfach, Birkenwerder mehrfach, Hangelsberg, Nauen, Neuruppin, Pritzwalk), westlich bis Dänemark; Ost-Thüringen (bei Bollberg unweit Stadtroda, Greiz, Schleiz); Elbsandsteingebirge (Gr. Winterberg); alle diese Fundorte erloschen oder verschollen. Im südlichen Deutschland selten; im Fränkischen Jura, Württemberg (früher bei Neunheim und Függerhölzle unweit Ellwangen), Bayern (unweit Nürnberg und im Hagforste, bei Hadersbach um Regensburg, aber schon lange Zeit nicht bestätigt, Wunsiedel, auf moosigen Wiesen bei Waldmünchen im Oberpfälzer Wald und am Tischberg bei Beuerberg). – In der Schweiz bisher im Kanton Uri im Maderanertal am Kerstelenbach, im Kant. Tessin (Val Onsernone zwischen Ponte Oscuro und Gresso, bei Sonogno im Val Verzasca, im Valle Marobbia, Alpe La Valletta bei Alto Pisciarotto, 1150 m). – In Österreich: in Oberösterreich ausgestorben, in Niederösterreich im Waldviertel bei Weitra; zwischen Gutenbrunn und Pertheuschlag bei Alt-Melon; Gerotter Wald bei Zwettl und Auerberg im Rosaliengebirge; in Kärnten bei Mallnitz ob Stapitzer See, 1280 m, auf Weidenmatte (früherer *Alnus*-Au) mit *Nardus stricta, Ranunculus nemorosus* und *Viola palustris*: Steiermark (bei Turrach, Judenburg, Leoben, Graz, St. Wolfgang); in Tirol im Stubaital. – An vereinzelten Orten in den Alpen von Savoyen und Norditalien: Andermatten (= Formazza) 1300 m (italien. Seite), Tessiner Alpen. – In Slowenien selten in den Karnischen Alpen, Karawanken und im Bachergebirge (Pohorie); in Krain und Istrien nicht beobachtet. – In der Tschechoslowakei im Böhmischen Erzgebirge, Riesengebirge, Brdy-Gebirge (bei Příbram), Eisengebirge (bei Čáslav), im Böhmisch-Mährischen Hügelland [unweit Havlíčkův Brod, Svitavy (Zwittau), Jihlava (Iglau), Třebíč und Humpolec], südlicher Böhmerwald; im Mährischen Karst, im Gesenke, den Beskiden und den Weißen Karpaten; Slowakei, selten. – In Polen im ganzen Gebiet sehr selten (im Westen neuerdings öfters gefunden).

Variabilität der Art □ Nach CLAUSEN kommt in Europa nur die holarktische subsp. *multifidum* (»subsp. *typicum*«) vor, in Nordamerika außerdem die subsp. *silaifolium* (C. B. PRESL) CLAUSEN. Die Art variiert nur in der Größe und dem davon abhängigen Teilungsgrad der Blätter; zwei von MILDE beschriebene Formen sind nur Wuchsformen und keine taxonomischen Einheiten; Mißbildungen sind sehr selten.

3. Subgen. Osmundopteris
(MILDE) CLAUSEN Mem. Torrey Bot. Club **19** (2): 68 (1938). – Basion.: *Botrychium* sect. *Osmundopteris* MILDE Verh. Zool.-bot. Ges. Wien **19**: 177 (1896) p. p. – Syn.: *Botrychium* sect. *Phyllotrichium* PRANTL Ber. Deutsch. Bot. Ges. **1**: 349 (1885) p. p. – *Japanobotrychium* MASAMUNE, Journ. Soc. Trop. Agric. Form. **3**: 246 (1931). – *Botrypus* MICHAUX Fl. Bor. Amer. **2**: 274 (1803), emend. RICH.

Unfruchtbarer Blattabschnitt nur unterseits mit Spaltöffnungen, im Umriß dreieckig, breiter als lang, mehrmals gefiedert, ungestielt. Knospen behaart, nur seitlich in der Scheide des nächstjährigen Blattes halb verhüllt. Prothallium kurz zylindrisch, oben und seitlich wurzelnd, Embryo ohne Suspensor.

6. Botrychium virginianum
Botrychium virginianum (LINNÉ) SWARTZ in SCHRADER's Journ. Bot. 1800/**2**: 111 (1802). – Basion.: *Osmunda virginiana* LINNÉ Sp. pl. ed. 2: 1064 (1763). – Syn.: *Botrychium anthemoides* C. B. PRESL Abh. Böhm. Ges. Wiss. Prag **5** (ser. 5): 323 (1848). – *B. cicutarium* SWARTZ Syn. Fil. 171 (1806). – *B. virginicum* WILLD. Sp. pl. **5**: 64 (1810). – *Botrypus virginianus* (L.) HOLUB Preslia **45**: 277 (1973). – Virginische Mondraute. – Abb. 73.

Ausdauernde, 15–80 cm hohe Pflanze. Blätter am Rhizom mehrzeilig, alljährlich nur ein Blatt sich entwickelnd, vor der Entfaltung dicht mit Gliederhaaren besetzt, ausgewachsen oft völlig kahl, sommergrün. Stiel bis 35 cm lang und 3 mm dick, so lang wie oder etwas länger als der fertile Blattabschnitt mit Stiel, oft rötlich oder rotbraun überlaufen, von 3–10 Leitbündeln durchzogen. Steriler Blattabschnitt fast ungestielt, dreieckig, oft breiter als lang, bis 40 cm breit, abnehmend 2–4fach gefiedert, spitz, ziemlich dünnhäutig, zuweilen fast durchscheinend; Segmente (Fiedern) jederseits 5–14, schief abstehend, gegenständig oder abwechselnd, die unteren kurz gestielt, die oberen sitzend, die untersten öfter so groß, daß die Spreite dreizählig erscheint; Fiedern letzter Ordnung länglich, eingeschnitten-gezähnt bis fiederspaltig, Zipfel spitz oder stumpf gezähnt; fertiler Blattabschnitt verhältnismäßig klein, lang gestielt, den sterilen oft weit überragend, 2–3fach gefiedert. Sporangien zuletzt rotbraun. Der sterile Blattabschnitt besitzt eine gewisse Ähnlichkeit mit *Cystopteris montana*. – Chromosomenzahl: $2n = 184$. – Sporenreife: VI.–VIII., die Sporangien oft jahrelang ganz ausbleibend.

Vorkommen □ Geophyt, mäßig lichtliebende Pflanze. In Bergheiden und Magerrasen mit *Nardus stricta, Vaccinium myrtillus* und *Erica herbacea*, in Berg-

Abb. 73 □ *Botrychium virginianum* (L.) SWARTZ. Eibsee, Oberbayern

Nordamerika (Kanada bis Mexiko) von den Gebirgen der nördlichen Subtropen, der warmen und der warm-gemäßigten bis in die kühl-gemäßigte Zone. In Europa von Skandinavien und Nordrußland bis in die Alpen und Karpaten.
□ Karten: HULTÉN 1964, Karte 1979; JALAS & SUOMINEN 1972, Karte 49.

Arealdiagnose □ boreosubtrop/montan – merid/montan – temp · ozean$_{1-2}$ Ostasien + Ostamerika – submerid/montan – temp – (boreal) · ozean$_{2-3}$ Europa – Westsib.

Florenelement □ nordalpisch – sarmat – subboreoross – subboreosuec.

Verbreitung im Gebiet □ Sehr selten; da alle Angaben erst in den letzten Dezennien erfolgten, wohl auch an manchen Orten übersehen. – In Deutschland nur in den Bayerischen Alpen: Eibsee bei Garmisch[1], am Steinberg bei Ramsau unweit Berchtesgaden, 975 m, auf einer Waldlichtung mit *Lysimachia nemorum*, *Mnium undulatum* und *Cladonia chlorophaea*. – In der Schweiz: im Berner Oberland [Axalp, 1250 m, im Gwigi (Hasliberg) bei Reuti, 1350 m, südl. Zweilütschinen]; im Kant. St. Gallen (Simel bei Vättis im Calfeisental, 1000–1100 m, mit *Malaxis monophyllos*); in Graubünden [Prättigau, Catratscha bei Conters, am Weg nach Fideris, 1000–1100 m auf einer bemoosten Mauer, bei Egschi und Sculms (1250 m) im Safiental, am Caumasee bei Flims, bei Tschiertschen (1250 m), Kaescherlialp ob Vals, um Serneus eingegangen durch Vermurung]; im Kanton Glarus am Sackberg. – In Österreich: in Niederösterreich im Schneeberggebiet (Thalhofriese bei Reichenau und Plateau des Saurüssels); in Steiermark am Pyhrn über Lietzen an der Grenze gegen Oberösterreich am Hochschwab (ob noch?); in Kärnten im unteren Gailtal (Garnitzenklamm); in Osttirol (Kerschbaumer Alp bei Lienz); für Oberösterreich fraglich. – In Slowenien selten in den Steiner Alpen. – In der Slowakei am Berge Popová bei Vernár zwischen Poprad und Dobšiná. – In Polen vereinzelt im ehemaligen Ostpreußen [am Schwedenwall zwischen Źimna Woda und Wały (Wallendorf), im Korpellener Forst bei Nidzica (Neidenburg), im Puppener Forst bei Szczytno (Ortelsburg), im Kreise Olsztyn (Allenstein) am Ustrichsee].

Variabilität der Art □ Diese Art kommt in Europa vor in der subsp. *europaeum* (ÅNGSTR.) JÁVORKA Magy. Flora 18 (1924); R. CLAUSEN Mem. Torrey Bot. Club 19: 101 (1038); syn. *B. virginianum* var. *europaeum* ÅNGSTR. Bot. Notis. 1854: 68 (1854), emend. WEATHERBY Amer. Fern Journ. 25: 97 (1938); *B. anthemoides* C. B. PRESL Abh. Böhm. Ges. Wissensch. 5/5: 323 (1848).
□ Die typische Unterart, subsp. *virginianum*, wächst nur in Nordamerika.

waldlichtungen, an Waldwegen, im Humus schattiger Wälder in Gesellschaft von Waldpflanzen wie *Maianthemum bifolium*, *Moneses uniflora*, *Malaxis monophyllos* und *Botrychium lunaria*. Auf mäßig frischen, basenreichen, entkalkten, mäßig sauren, modrig humosen, steinigen Lehmböden, in montaner bis subalpiner Vegetationsstufe. In den Alpen zuweilen bis über die Waldgrenze steigend.

Allgemeine Verbreitung □ Zirkumpolar; in Eurasien sehr disjunkt; geschlossenere Vorkommen in

Unterklasse **Protoleptofilicinae**

Große Farne mit starkem, hartem Rhizom und reichem Blätterschopf. Blätter gefiedert, Fiedern ganzrandig, gewisse Zonen dieser Blätter sporentragend und stärker zusammengezogen. Sporangien aus mehreren Epidermiszellen entstehend, aber mit einschichtiger Wand, mit Ring am oberen Pol (Abb. 76).

---

[1] EBERLE in Ber. Bayer. Bot. Ges. **30**: 164 (1954).

Josef Dostál   Osmundaceae 99

Familie **Osmundaceae** Rispenfarngewächse

Wichtige Literatur □ BOBROV, A. E. 1967: The family Osmundaceae (R. BR.) KAULF., its taxonomy and geography. Botan. Žurn. **52**: 1600–1610 (russ.). – HEWITSON, W. 1962: Comparative morphology of the Osmundaceae. Ann. Missouri Bot. Gard. **49**: 57–93. – MILLER, C. N. 1971: Evolution of the fern family Osmundaceae based on anatomical studies. Contr. Mus. Paleontol. Univ. Michigan **23**: 105–169.

Ausdauernde Stauden mit kurzem, aufrechtem, schuppenlosem Rhizom (in den Tropen auch kleine Bäume). B l ä t t e r groß, am Ende des Rhizoms dicht schraubig gehäuft, nicht abgegliedert, zuweilen behaart, ohne Spreuschuppen, mit einem kräftigen, rinnenförmigen Leitbündel. S p r e i t e ein- bis vierfach katadrom gefiedert, in der Knospenlage eingerollt. Sporangien ohne Indusium, bei unserer Art an den oberen Teilen des Blattes, an den Rändern der Unterseite der zusammengezogenen Fiedern, aus mehreren Epidermiszellen entstehend, aber mit einschichtiger Wand, mit lateralem »Ring«. S p o r e n ziemlich groß, grün, kugeltetraedrisch; Prothallien herzförmig, später lappig, dunkelgrün, oberirdisch, mehrere Jahre lebend.

□ Die Familie Osmundaceae zeigt zweifellos Beziehungen zu den eusporangiaten Farnen und trägt alle Merkmale eines uralten, primitiven Typs an sich. Solche sind der wenig differenzierte Bau des Sporangiums, sein Aufspringen am Scheitel, sein unvollkommener Ring und die regellose Verteilung der fertilen Abschnitte des Blattes bei den verschiedenen Arten. Die Osmundaceen sind schon aus dem Karbon bekannt. In der Kreidezeit bildeten sie einen wichtigen Bestandteil der damaligen Flora *(Todites, Osmundites)*. Im Tertiär wuchsen sie auch in Spitzbergen.

□ Die meisten Autoren unterscheiden etwa 15 rezente Arten in drei Gattungen; das BOBROVsche System mit 5 Gattungen und 40 Arten beruht zweifellos auf viel zu starker Aufsplitterung. *Todea* WILLD., Elefantenfarn, mit bis 1 m dickem, kurzem Stamm und mit bis 2 m langen, dicken Blättern, die auf der ganzen Unterseite mit Sporangien bedeckt sind; zwei Arten, die wichtigste, *T. barbara* (L.) MOORE, in Südafrika, Australien und Neuseeland.[1] – Die Gattung *Leptopteris* C. B. PRESL hat einen schmalen, schlanken Stamm und zarte Blätter ohne Spaltöffnungen, Sporangien in kleinen Gruppen an der unteren Seite; 6 Arten in Melanesien, Australien und Neuseeland. Einige Arten werden selten in Glashäusern kultiviert [*L. superba* (COL.) C. B. PRESL, *L. wilkesiana* (BRACK.) CHRIST u. a.]. – Die Gattung *Osmunda* L. hat 7 Arten, in den wärmeren Gebieten aller Kontinente verbreitet.

1. Osmunda

Osmunda[2] LINNÉ Sp. pl. 1065 (1753); Gen. pl. ed. 5: 484 (1754). – R i s p e n f a r n. Holl.: koningsvaren; fläm.: watervaren, pluimvaren, sint-jansvaren; wallon.: floriye-fetschère; dän.: kongelsbregne; engl.: royal fern; franz.: fougère fleurie; ital.: felce florida; tschech.: podezřeň; sorb.: pujanik; poln.: długosz; russ.: чистоуст (čistoust).

Typus-Art: *Osmunda regalis* L. (1753)

Wichtige Literatur □ MILDE, J. 1868: Monographia generis Osmundae; Wien.

Rhizom ± unterirdisch, verholzt; B l ä t t e r einfach oder doppelt gefiedert, mit zuletzt sich abgliedernden Fiedern und Fiederchen; S p o r o p h y l l e 1–2 Grade weiter geteilt als die Laubblatt-Anteile, S p o r a n g i e n sorusartig geknäuelt am Rande der im ganzen eine Art Rispe darstellenden fertilen Blattabschnitte. – Chromosomenzahl: $n = 22$.

Artenzahl und Verbreitung □ Die Gattung enthält nach BOBROV (einschl. hier zu *Osmunda* gestellter Nachbargattungen) 32, nach HEWITSON 7 (!) Arten mit fast kosmopolitischem Areal. In Mitteleuropa nur die Art, *O. regalis* L.; *O. cinnamomea* L. und *O. claytoniana* L. (beide aus Ostasien und Nordamerika) werden neben unserer *O. regalis* als dekorative Freilandfarne kultiviert. – Die drahtigen Wurzeln werden abgestochen und als Orchideenpflanzstoff unter der Bezeichnung »Osmundafasern« verwendet.

1. Osmunda regalis

Osmunda regalis[3] LINNÉ Sp. pl. 1065 (1753). – Syn.: *Struthiopteris regalis* (L.) BERNHARDI in SCHRADER Journ. Bot. 1800/2: 126 (1802). – K ö n i g s f a r n. – Taf. 7 Fig. 3 nach S. 224. – Abb. 74–78.

Ausdauernd. Rhizom reich verzweigt, jährlich meh-

---

[1] In verschiedenen botanischen Gärten befinden sich uralte, oft viele Zentner schwere Exemplare, die ihnen im Anfang des vorigen Jahrhunderts vom australischen Regierungsbotaniker Baron FERD. V. MÜLLER geschenkt wurden. Sie werden als Kalthauspflanzen behandelt, die im Sommer im Freien an schattigen Plätzen aufgestellt werden.

[2] Der Name *Osmunda* kommt zuerst bei L'OBEL (LOBELIUS) vor und stammt vielleicht aus dem Deutschen nach dem germanischen Donnergott Thor, dessen Beiname Osmunder war; bei BRUNNSWYG (1500) heißt die Pflanze »osmundi« oder »Santchristoforuskrut«.

[3] regalis (lat.) = königlich, von rex (Genitiv regis) = König, wegen des stattlichen Aussehens.

rere 60–160 (200) cm lange, sommergrüne Blätter treibend. Blätter langgestielt, doppelt gefiedert, katadrom, anfangs am Grunde und am Ansatz der Fiedern braunwollig, zuletzt fast völlig kahl. Über den obersten Blättern am Rhizom einige Niederblätter, die im Winter die Endknospe einhüllen. Blattstiel kürzer als die Spreite, am Grunde 10 mm, sonst bis 6 mm dick, bräunlichgelb, oberseits rinnig. Blattspreite im Umriß eiförmig bis länglicheiförmig; fertile und sterile Blätter und Blatteile verschieden gestaltet. Die untersten Fiederpaare des Blattes kürzer und so zusammenneigend, daß sich in der Höhlung Wasser ansammeln kann. Fiedern am sporenlosen Blatt jederseits 7–9, wie die beiderseits zu 7–13 vorhandenen Fiederchen kurz gestielt, paarweise genähert oder gegenständig. Fiederchen länglich, bis 8 cm lang und 1,5 cm breit, am Grunde schief gestutzt, besonders rückwärts öfter geöhrt, stumpflich, zuweilen am Grunde seicht gelappt, meist oberwärts stumpf oder geschweift, klein-gesägt. Seitennerven schon am Grunde gegabelt, die Gabeläste meist wieder gegabelt, die Nervenäste in die Zahnbuchten des Blattrandes auslaufend. Endblättchen des sporenlosen Blattes und der Fiedern bis zum nächsten Fiederpaar, mitunter noch weiter, herablaufend. An den fertilen Blättern, mit 1–5 unteren sterilen Fiederpaaren, meist nur 5–9 obere, viel kürzere, aufrechte Fiederpaare, die an den fiederspaltigen Fiederchen mit vielen, am Rande sitzenden, geknäuelten und ährig angeordneten, zuletzt braunen Sporangien dicht besetzt sind. Sporen grün, chlorophyllhaltig, 40–75 μm im Durchmesser (Abb. 77, 78). – Das assimilierende fleischige Prothallium ist ausdauernd und kann Knospen zu vegetativer Fortpflanzung liefern (IRENE MANTON berichtet, daß es gelang, einzelne Prothallien über 20 Jahre lang in Kultur zu halten). Die ersten Blätter an der Keimpflanze nierenförmig, die nächsten dreilappig. – Chromosomenzahl: 2n = 44. – Sporenreife: VI.–VII.

Vorkommen □ Geophyt (Hemikryptophyt), Halbschattenpflanze. In Erlenbruchwäldern oder in Weiden-Bruchwald-Gebüschen, an Gräben und in Waldquellmooren, auf stau- und sickernassen, basenreichen, kalkarmen, sauren, torfig-humosen Sand- und Tonböden in luftfeuchter, wintermilder Klimalage. Charakterart des Carici laevigatae-Alnetums (Verband Alnion) mit *Sphagnum squarrosum*, *Frangula alnus* oder *Molinia* zusammen, an der Küste der Nordsee mit *Myrica gale* und an feuchten, schattigen Stellen des Betulo-Salicetums. Von der Ebene bis in die kolline Stufe.

Allgemeine Verbreitung □ In ozeanischer Disjunktion in Amerika, Azoren, Madeira, Kapverden, Afrika und Eurasien, vor allem in den Subtropen sowie in den warmen und gemäßigten Breiten weit verbreitet (»fast kosmopolitisch«). In der australen

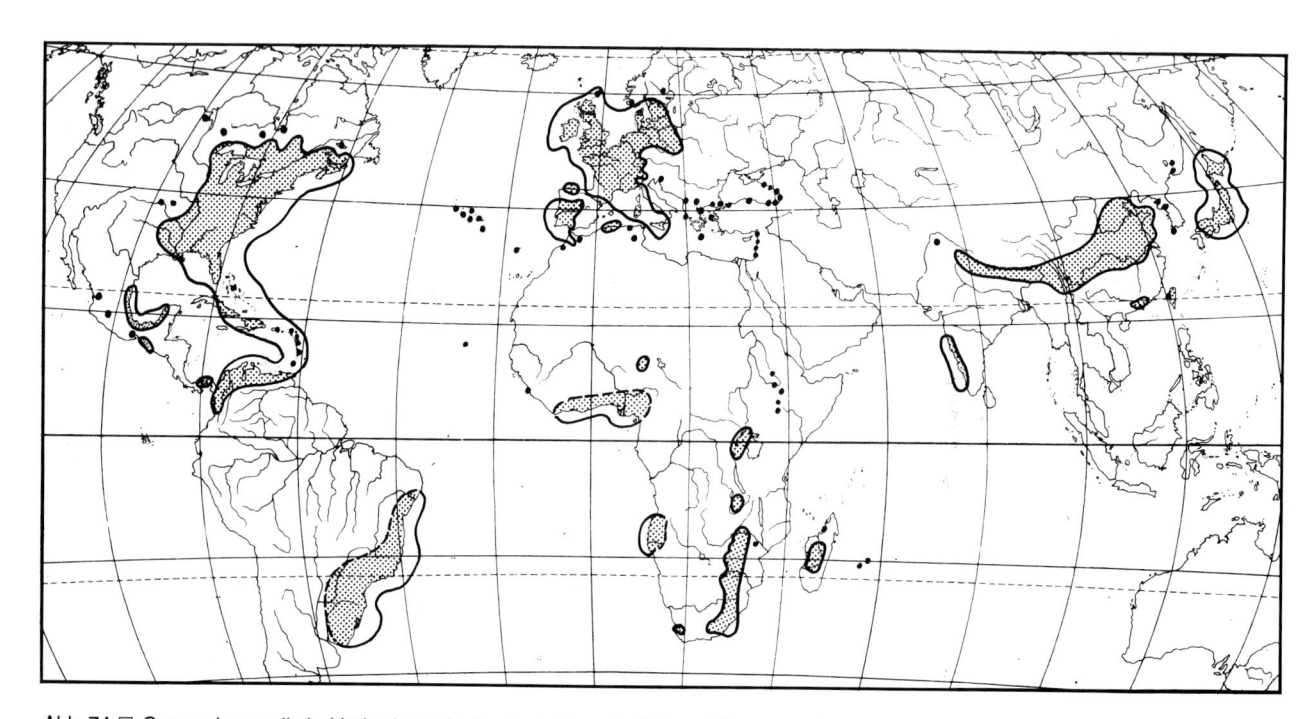

Abb. 74 □ *Osmunda regalis* L. Verbreitungskarte der Art i. w. S. (Original RAUSCHERT)

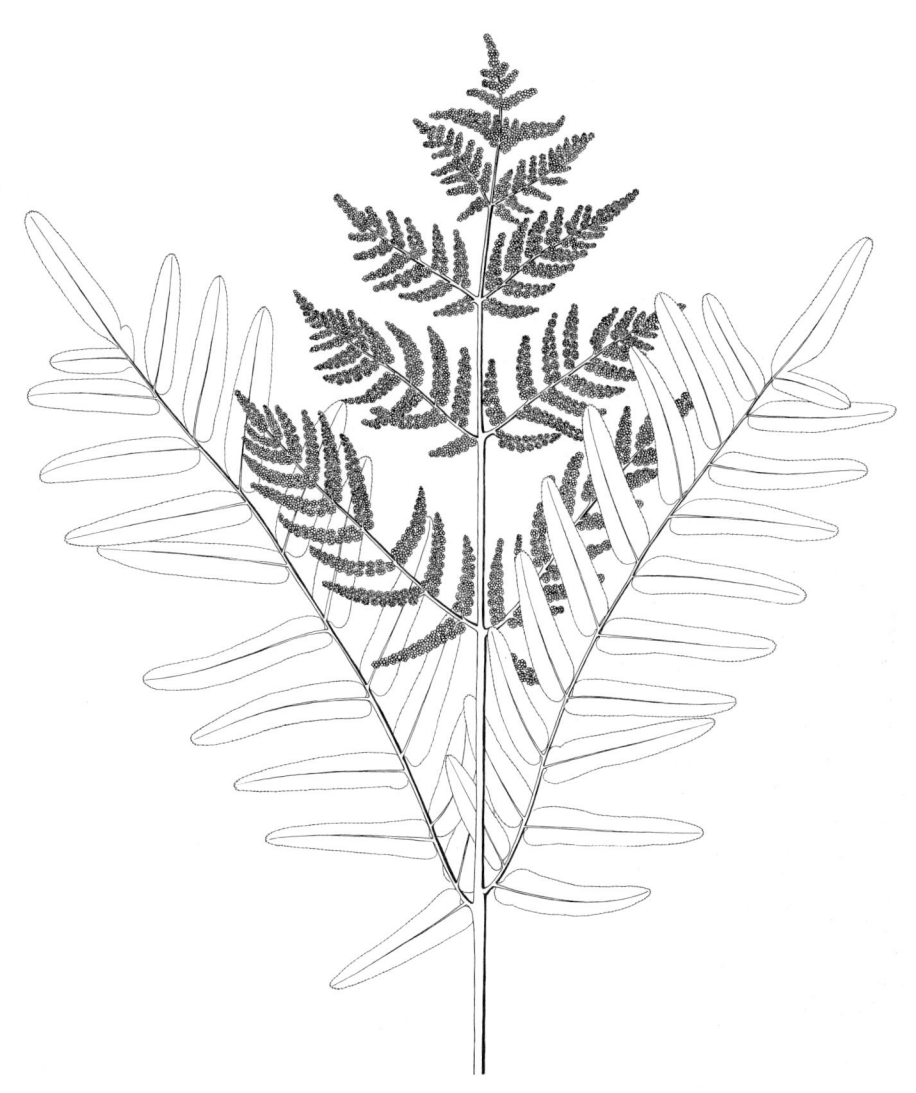

Abb. 75 □ *Osmunda regalis* L. Oberster Teil eines fertilen Blattes (etwa × ⅖) (nach HIRZEL in HESS & LANDOLT 1967)

Zone nur in Südafrika, in den Subtropen der Südhemisphäre vor allem in den Bergländern des östlichen Südamerika (Uruguay, Brasilien) und Ostafrikas, in den humiden Tropen nur in Afrika, in der boreosubtropischen Zone im Umkreis des Karibischen Meeres und des Golfs von Mexiko sowie in den Bergländern Äthiopiens und der Western Ghats (Südindien); in der Holarktis von der meridionalen bis in die temperate Zone, streng ozeanisch (-subozeanisch) im östlichen Amerika und in Eurasien. Verbreitet im atlantischen Europa bis Südskandinavien und Polen, südlich bis Spanien, Sizilien und Kreta; in der UdSSR nur auf der Südseite des Kaukasus.
□ Karten: HULTÉN 1958, Karte 244; MEUSEL, JÄGER, WEINERT 1965, S. 11; JALAS & SUOMINEN 1972, Karte 50. – Die Populationen außerhalb Europas gehören zumeist regionalen Unterarten bzw. Varietäten an, die von einigen Autoren, besonders BOBROV (1967), als selbständige Arten gewertet werden.

Arealdiagnose □ austrAfr – austrosubtrop – (trop) – boreosubtrop · humid OAm-Afr-Ind – merid – temp · oz_{1-2} OAm – Euras.

Florenelement (europäisches Teilareal) □ azor – west-(ost)-medit – euxin – atlant – subatlant – (polon).

Verbreitung im Gebiet □ Selten in der montanen Stufe; fehlt in den Hochgebirgen; im nordwestdeutschen Tiefland ziemlich häufig, im Osten (Polen) selten. In der Norddeutschen Tiefebene ziemlich häufig, doch überall durch Meliorationen stark zurückgegangen. Zerstreut im Pfälzer Bergland, im Odenwald (bei Heidelberg), in der Oberrheinebene selten (Mooswald bei Freiburg, Bühl, Bienwald in der Südpfalz), in Württemberg nur früher bei Wildbad an der Enz (noch 1884); in Westfalen; im östlichen Mitteldeutschland viel seltener; in Brandenburg sehr zerstreut, vereinzelt in Sachsen (Doberschütz und Dahlener Heide bei Eilenburg, mehrfach in der Lausitz, Sächsische Schweiz: Krippenbachtal), Coswig, Waldau bei Osterfeld (Bez. Halle, noch vorhanden), früher Thüringen (Stadtroda, Paulinzella, Troistadter Forst bei

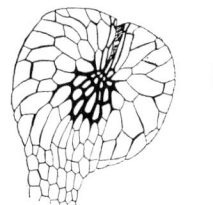

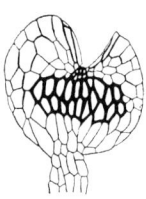

Abb. 76 □ *Osmunda regalis* L. Sporangien (stark vergr.), *links* gerade aufgerissen, *rechts* weit geöffnet (nach EAMES 1936, dort nach WILLIAMS)

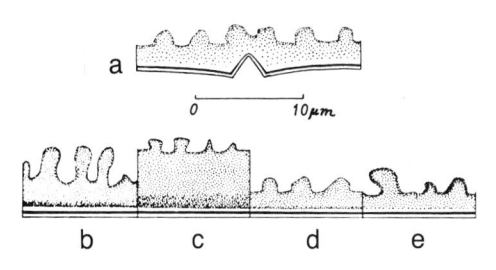

Abb. 78 □ *Osmunda* spp. Schichtung der Sporenwandung □ *a O. cinnamomea* L., proximale Seite □ *b O. regalis* L. □ *c O. banksiifolia* (C. B. PRESL) KUHN □ *d O. cinnamomea* L. □ *e O. claytoniana* L., alle distale Seite (nach ERDTMAN 1957)

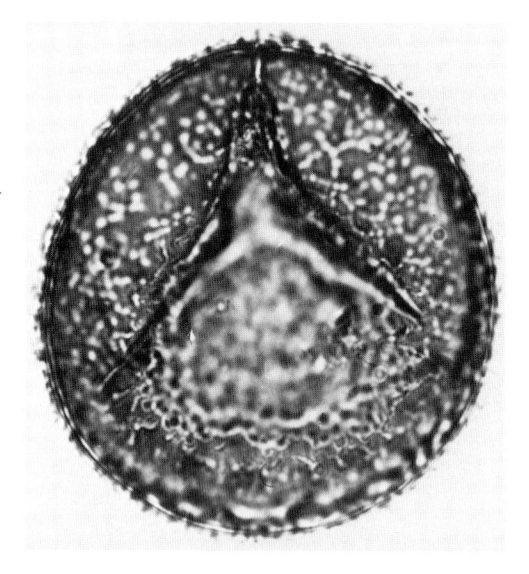

Abb. 77 □ *Osmunda regalis* L. Spore (× 1000), proximaler Pol etwas oberhalb der Mitte (Original STRAKA)

Bad Berka), in Franken bei Bayreuth (ursprünglich?), in Südbayern bei Weilheim. – In der Schweiz: im südlichen Tessin (u. a. bei Locarno), nördlich bis Biasca. – In Südtirol nur im Valsugana (fraglich). – Am Südhang der Alpen von der Provence bis Venetien; Veltlin (Val Malenco) und im Kastanienwald bei Triasso und Sondrio, bei Domodossola, in den Bergamasker Alpen, in Kroatien. – In der Tschechoslowakei früher in Nordböhmen im Lausitzer Gebirge, wahrscheinlich durch Waldbrand vernichtet. – In Nordpolen selten.

Variabilität der Art □ Die Art ist in der Form der Fiederchen und in der Verteilung der Sporangien sehr veränderlich. Die europäischen Pflanzen gehören zur var. *regalis*, die nordamerikanischen zur var. *spectabilis* (WILLD.) A. GRAY: die ostasiatischen [var. *japonica* (THUNB.) MILDE] haben alle Fiedern mit Sporangien besetzt.

Nutzen und Verwendung □ Das Rhizom des Königsfarns wird in der Volksmedizin gegen Schwielen und Rhachitis und als Adstringens und Emmenagogum benützt (in Belgien). Im Mittelalter galt der Königsfarn als eine Zauberpflanze, und die in der Walpurgisnacht gesammelten Sporen dienten als Orakel oder zur Entdeckung eines Schatzes. Mit *Adiantum capillus-veneris* und anderen Pflanzen bildete er einen Trost-Balsam.
□ Die Art ist in Deutschland geschützt; aber das bloße Pflück- und Beschädigungsverbot nützt nichts, wenn nicht auch für die Erhaltung der notwendigen Umweltbedingungen Sorge getragen wird. Die Gefahr ist groß, daß eine der prächtigsten Pflanzen der mitteleuropäischen Flora indirekt durch die Zerstörung ihres sehr spezifischen Standortes durch Entwässerung ausgerottet wird.

Unterklasse Leptofilicinae
Leptosporangiate Farngewächse

Wichtige Literatur □ SCHNARF, K. 1904: Beiträge zur Kenntnis des Sporangienwandbaues der Polypodiaceae und der Cyatheaceae und seiner systematischen Bedeutung. Sitzungsber. Kais. Akad. Wiss. Wien, math.-nat. Kl. **113 (1):** 1–25.

Große bis kleine Farne mit hartem Rhizom. B l ä t t e r gefiedert, gefingert oder ungeteilt, S p o r a n g i e n auf der Unterseite oder am Rande in verschiedener Verteilung oder an besonderen, ganzen Blättern, die häufig mehr zusammengezogen sind. Sporangien aus einer einzigen Epidermiszelle entstehend, mit einschichtiger Wand, mit longitudinalem bis fast äquatorialem Ring.
□ In Gewächshäusern werden einige Vertreter in Europa nicht vertretener Farnfamilien kultiviert. Aus der Familie der Schizaeaceae sind zu erwähnen die Gattung *Lygodium*, mit windender Blattspindel und gegabelten primären Fiedern, sowie *Anemia* (»*Aneimia*«), deren Sporangien auf den zwei stark

modifizierten Basalfiedern des Blattes gehäuft stehen. Die Gleicheniaceae zeichnen sich durch runde, schleierlose Sori mit wenigen, großen Sporangien aus; ihre Blätter sind meist mehrfach gegabelt. Zu den Dicksoniaceae gehören Baumfarne mit randständigen Sori und Haaren (keine Schuppen) auf Stamm und Laub; gewisse Arten von *Cibotium* und *Dicksonia* sind in Kultur. Die andere Baumfarnfamilie, die Cyatheaceae, hat flächenständige Sori und Schuppen. Die häufigste kultivierte Art ist *Cyathea cooperi* (HOOKER & F. V. MUELL.) DOMIN aus Australien, fast immer fälschlich als *Alsophila australis* bezeichnet.
□ Biologisch ist sehr interessant, daß die ersten Anlagen der Blätter dieser Farne bereits viele Jahre vor der Entfaltung als Knospen am Rhizom vorgebildet sind; bei unseren Arten (z. B. der Gattung *Dryopteris*) sollen die Blätter 6 Jahre, bei manchen tropischen Baumfarnen 20 Jahre bis zu ihrer vollen Entwicklung brauchen. Nahezu alle Zellen der Blätter sind bereits in dem der Entfaltung vorangehenden Herbst angelegt; nur so ist es verständlich, daß sie sich im nächsten Frühling rasch strecken und ausdifferenzieren können. Zuerst eilt die Unterseite im Wachstum voraus; daher bilden sich die für fast alle Farne so typischen »Bischofsstäbe«; danach aber holt die Oberseite auf, und ihre Streckung bewirkt das Entrollen (nach O. WILMANNS).

Familie **Pteridaceae** Saumfarngewächse

Ausdauernde Farne mit kriechendem oder fast aufrechtem Rhizom mit netzförmigem Gefäßbündelsystem und Spreuschuppen. B l ä t t e r ungegliedert, ein- bis mehrfach gefiedert, mit freien oder netzförmig verbundenen Adern. S o r i langgestreckt, auf einer mehrere bis sehr viele Adernenden verbindenden Kommissur, fast randständig, der modifizierte, zurückgeschlagene Blattrand als Schleier fungierend; häufig sterile Organe (Paraphysen) im Sorus.

Typus-Gattung: *Pteris* L.

Die Familie enthält ca. 300 Arten, in allen wärmeren Erdteilen, besonders in den Tropen. Bis Mitteleuropa reicht nur eine Art, *Pteris cretica* (s. unten).

Artenzahl und Verbreitung □ Etwa 280 Arten, fast ausschließlich in wärmeren Gegenden. Einige Arten werden in Gewächshäusern und zuweilen auch als Zimmerpflanzen kultiviert. Vgl. T. R. WALKER: Species of *Pteris* commonly in cultivation. Brit. Fern Gaz. **10** (3): 143–151 (1970), mit Figuren und Schlüssel für die am häufigsten kultivierten Arten. Dazu gehören außer *P. cretica* L. und *P. vittata* L. (wärmere Gegenden der Alten Welt bis Südeuropa) mit einfach gefiederten Blättern mit ungeteilten Fiedern, vor allem *P. longifolia* L. (trop. Amerika, sehr ähnlich *P. vittata*), *P. multifida* POIRET (meist fälschlich *P. serrulata* L. fil. genannt), Ostasien, mit gegabelten Basalfiedern ähnlich *P. cretica*, *P. tremula* R. BR. (Australien, dreifach fiederspaltig), *P. semipinnata* L. (Malaya bis Japan, nur unterste Fiedern fiederschnittig, sehr auffallend, weil sie die Abschnitte nur auf der basiskopen Seite tragen), *P. quadriaurita* RETZ. (Indien und Ceylon, unterstes Fiederpaar gegabelt, alle fiederspaltig), *P. umbrosa* R. BR. (Australien). Dagegen ist *P. serrulata* FORSK. (= *P. arguta* AIT.) in Nordafrika (Marokko), auf den Azoren und den Makaronesischen Inseln und in Europa (Südspanien) heimisch.

1. Pteris

Pteris[1] LINNÉ Sp. pl. 1073 (1753); Gen. pl. ed. **5**: 484 (1754) p. p., emend. NEWM. Phytol. **2**: 278 (1845); LUERSSEN Farnpfl. 92 (1889). – S a u m f a r n.

Ausdauernde Farne mit kriechender oder aufgerichteter Grundachse mit ungegliedert angehefteten Blättern, mit Schuppen; B l ä t t e r meist langgestielt, ein- bis mehrfach gefiedert, mit freien oder netzförmig verbundenen Adern; S o r i fast randständig, auf einer viele Adernenden verbindenden Kommissur, lang und schmal, vom mehr oder weniger modifizierten Blattrand bedeckt, der einen falschen Schleier bildet (Abb. 80a).

Typus-Art: *Pteris longifolia* L. (1753).

1. Pteris cretica

Pteris cretica[2] LINNÉ Mant. pl. **1**: 130 (1767). – K r e tischer Saumfarn. – Abb. 79–81.

Ausdauernd, 50–70 cm hoch; G r u n d a c h s e kriechend, an der Spitze einige dicht gestellte, überwinternde, bis 1 m lange Blätter tragend; B l a t t s t i e l bis 60 cm lang und 2–3 mm dick, strohgelb, kahl, nur am Grunde bräunlich und mit Spreuschuppen bedeckt, halbzylindrisch, unterhalb der Mitte von 2 Leitbündeln durchzogen. B l a t t s p r e i t e ebenso lang oder bis dreimal kürzer als der Stiel, im Umriß

---

[1] pteris (griech.) πτέρις = Farn.
[2] cretica (lat.) = von Kreta; LINNÉ nahm irrtümlich diese Herkunft seiner Pflanze an.

Abb. 79 □ *Pteris cretica* L. Habitus (ca. × ½) (nach Hirzel in Hess & Landolt 1967)

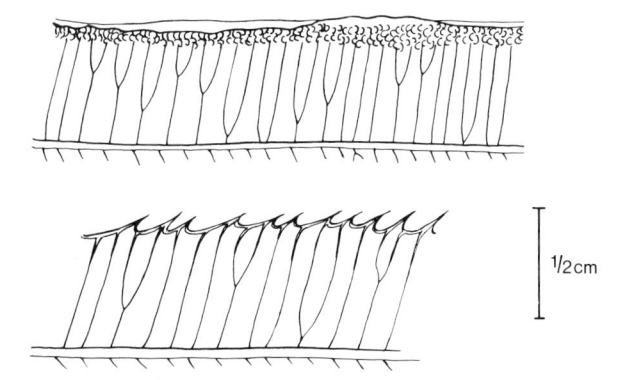

Abb. 81 □ *Pteris cretica* L. Bei Chiavenna, Norditalien

länglich-eiförmig, meistens einfach gefiedert, dünn lederartig, hellgrün, etwas glänzend, unterseits anfangs zerstreut behaart, sonst kahl; Fiedern jederseits 2–9, gegenständig, entfernt, schmal lanzettlich, mit keilförmigem Grund sitzend, lang zugespitzt, die untersten am Grunde rückwärts mit je einem ihnen an Größe fast gleichkommenden Fiederchen, also anscheinend zweispaltig, die obersten kurz herablaufend; sporenlose Blattabschnitte breit linealisch, am knorpelig verdickten Rande scharf gesägt, die fertilen schmäler, ganzrandig, so weit die Sori (die vor der Spitze aufhören) reichen, Sori ohne Schleier, anfänglich vom Blattrande bedeckt; Sporen rotbraun, mit unregelmäßigen, groben, warzigen oder leistenförmigen Exospor-Verdickungen. – Chromosomenzahl: n = 2n = 58, 87, 116, 174, 232, im Gebiet apomiktisch. – Sporenreife: VI.–VII.

Abb. 80 □ *Pteris cretica* L. Rand einer sterilen *(unten)* und einer fertilen *(oben)* Fieder (Original C. M. Bänziger)

Vorkommen □ An bewaldeten und schattigen, felsigen Abhängen, an luftfeuchten und wintermilden Standorten, gern in der Spritzzone von Wasserfällen, in Felsspalten oder im gut durchlüfteten Schutt lockerer Schuttwälder.

Allgemeine Verbreitung □ Verbreitet in den humiden Tropen der Alten Welt sowie in Mexiko und auf Hawaii, südwärts ausstrahlend nach Südafrika und nordwärts bis in das submeridionale ozeanische Eurasien. In Europa nur ganz zerstreut im submediterranen Raum und im Mittelmeergebiet, wo die Art die Nordgrenze der Gattung darstellt: Nordostspanien, Südfrankreich, Nord- und Süditalien, im äußersten Süden der Schweiz, Korsika und Griechenland (sehr selten; nicht auf Kreta!).
□ Karte: JALAS & SUOMINEN 1972, Karte 59.

Arealdiagnose □ australAfr – trop · humid Mexiko + OAfr – As – medit – submedit · oz_{1-2} (Eur)–OAs.

Florenelement (europäisches Teilareal) □ insubr – provenc cors – ligur – calabr – nordsicil + (westaeg) + soeuxin – colch – hyrc.

Verbreitung im Gebiet □ In der Schweiz nur im Kanton Tessin am Ufer des Luganer Sees (Gandria, Melide) und am Lago Maggiore (Brissago), bei Gordola; Norditalien noch spärlich bei Cannero, am Comersee (Varenna, Como, Brienno) und am Gardasee (am Südufer und bei Gargnano), sowie bei Piuro (Wasserfall der Aqua Fraggia bei Borgo Nuovo) oberhalb Chiavenna. Fehlt in Deutschland und Österreich.

Krankheiten □ Bei diesem Farn treten bisweilen auf der Unterseite der Blätter schwarze Streifen auf, wodurch solche Blätter fruktifizierenden Wedeln ähnlich sehen; diese Erscheinung wird hervorgerufen durch den parasitierenden Ascomyceten *Cryptomyces pteridis* (REBENT.) REHM (*Cryptomycina pteridis* HÖHNEL).

Von fremden Arten werden im mitteleuropäischen Florengebiet verwildert gefunden: *P. multifida* POIRET (= *P. serrulata* L. f., non FORSSK.) aus Ostasien, mit langem Blattstiel und lang linealischen, scharf gesägten Fiedern; er wurde an einer Mauer in Breganzona und in Via Marzini bei Lugano 1961 gefunden; einmal auch am Forsthause Schleif bei Kleinbach (Unter-Elsaß) verwildert festgestellt. – *P. longifolia* L. aus dem wärmeren Amerika; Blattstiel und Blattspreite mit Spreuschuppen bedeckt, Stiel viel kürzer als die länglich-lanzettliche Spreite, mit zahlreichen, abwechselnden Fiedern; sie wurde angeblich an Mauern am Seeufer in Lugano gefunden. Es ist nicht unwahrscheinlich, daß es sich um Verwechslung mit *P. vittata* handelt. – *P. vittata* L. (aus den Paläotropen bis zum Mittelmeergebiet) mit einfach gefiederten, im Umriß lanzettlichen Blättern, mit jederseits 10 oder mehr am Grunde herzförmigen Fiedern; er wurde beim Belvedere am See in Lugano-Paradiso subspontan (und auch einmal in Eger in Ungarn) festgestellt (Abb. 82).

Abb. 82 □ *Pteris vittata* L. Habitus (etwa × ⅔) (nach HIRZEL in HESS & LANDOLT 1967)

Familie **Sinopteridaceae** Schuppenfarngewächse

Ausdauernde Stauden mit kriechendem oder aufsteigendem, dicht spreuschuppigem Rhizom. B l ä t t e r gleichgestaltet (Trophosporophylle), spiralig oder zweizeilig am Rhizom stehend. B l a t t s t i e l braun oder schwarz, unten mit einem, oben mit 2–3 Leitbündeln. Blätter 1–3fach gefiedert. Sorustragende Adern frei endigend oder durch eine Kommissur nahe dem Blattrand verbunden. S o r i auf einzelnen Blattadern, auf deren Ende oder auf ihrem äußeren Teil oder, falls vorhanden, die Kommissur einnehmend, ohne echten Schleier, aber häufig von dem modifizierten, umgeschlagenen Blattrand bedeckt, der einen falschen Schleier bildet. Sporen trilet.
□ Neben der Gattung *Notholaena* kommt in Europa nur die mediterrane Gattung *Cheilanthes* vor, die sich durch endständige Sori mit lappenförmigem, kurzem, falschem Schleier (Blattrand) unterscheidet. *Notholaena* wird häufig zu *Cheilanthes* gezogen, doch ist dies noch umstritten.

1. Cheilanthes

Cheilanthes[1] SWARTZ Syn. Filic. 126 (1806). – S c h u p p e n f a r n.

Kleinere xerophile Farne; Rhizom kurz kriechend oder aufsteigend, spreuschuppig, mit 2–4fach gefiederten, 10–15 (–20) cm langen, überwinternden Blättern; Blattstiel ungegliedert. Sori rundlich, am Ende der hier verdickten Adern, ohne Indusium, von dem umgerollten Fiederrande bedeckt. – Chromosomengrundzahl: x = 30.

Typus-Art: *Cheilanthes micropteris* SWARTZ

Artenzahl und Verbreitung □ Etwa 150 Arten in den Subtropen und Tropen, meist in trockenen Lagen. – Von *Notholaena* schwer abzugrenzen. Im Gebiet der Nordatlantischen Inseln (Azoren, Madeira, Kanaren) und des Mittelmeers (Nordafrika, Südeuropa, Anatolien) wachsen insgesamt 7 Arten, alle mit der Chromosomen-Grundzahl x = 30. Verwandtschaft vgl. G. VIDA, C. N. PAGE, S. WALKER & T. REICHSTEIN. Bauhinia 4 (2): 223–253 (1970); T. REICHSTEIN & G. VIDA. Candollea 28: 83–91 (1973); H. RASBACH, K. RASBACH & T. REICHSTEIN. Ber. Deutsch. Bot. Ges. 90: 527–530 (1977). E. NARDI, H. RASBACH & T. REICHSTEIN. Webbia 33: 1–18 (1978). G. VIDA, A. MAJOR & T. REICHSTEIN. Acta Bot. Malacitana 8: 101–126 (1983).
□ Im Gebiet der mitteleuropäischen Flora findet sich nur die nachfolgende Art.

1. Cheilanthes pteridioides

Cheilanthes pteridioides[2] (REICHARD in LINNÉ f.) C. CHRISTENSEN Ind. Filic. 178 (1905). – Basion.: *Polypodium pteridioides* REICHARD in LINNÉ f. Syst. Veget. ed. 4: 424 (1780). – Syn.: *Polypodium fragrans*[2] L. Mant. plant. 2: 307 (1771), non L. Sp. pl. ed. 1: 1089 (1753). – *Adiantum fragrans*[3] in LINNÉ fil. Suppl. plant. System. Veget. ed. 13, 4: 447 (1781). – *Cheilanthes fragrans* (L.) SWARTZ Syn. Filic. 127 (1806) excl. descr. et loc., em. WEBB et BERTHELOT Hist. nat. Iles Canar. 3: 452 (1850). – *Cheilanthes odora*[3] SWARTZ Syn. Filic. 127, 327 (1806). – *Ch. suaveolens* SWARTZ ibid.: 127. – *Allosorus pusillus* BERNH. in SCHRAD. Journ. Bot. 1806, 1/2: 36 (1805). – Über Nomenklatur vgl. W. GREUTER Boissiera 13: 26–28 (1967); R. E. G. PICHI-SERMOLLI Webbia 23: 167–168 (1968). – W o h l r i e c h e n d e r S c h u p p e n f a r n.

Ausdauernd; R h i z o m kurz kriechend, mehrköpfig, mit rotbraunen Spreuschuppen; Blätter dicht büschelig gehäuft, überwinternd, wohlriechend; B l a t t s t i e l starr, 2–7 cm lang, kastanienbraun, reich spreuschuppig; B l a t t s p r e i t e starr, bläulich- bis dunkelgrün, oberseits kahl, im Umriß eiförmig-länglich, stumpf, 2–3fach gefiedert, 3–7 cm lang, Fiedern breit eiförmig, stumpf, gegenständig, kurz gestielt, Blattabschnitte oval bis länglich, stumpf, am Rande schleierartig verdünnt, kurz zerschlitzt, gewimpert, umgerollt und die zuletzt zu einer Linie zusammenfließenden S o r i bedeckend; Sporen braun, fast kugelförmig, ca. 48–51 µm i. Durchm. – Chromosomenzahl: 2n = 120, allotetraploid, entstanden durch Chromosomenverdoppelung aus einer diploiden Hybride von *C. maderensis* LOWE × *C. persica* (BORY) METT. ex KUHN. – Sporenreife: V.–X.

Vorkommen □ In Spalten sonniger Felsen und Mauern auf allen Gesteinsarten (Kalk, Granit, Serpentinit etc., jedoch kalkhaltige Gesteine bevorzugend) in wärmeren Lagen.

Allgemeine Verbreitung □ Mittelmeergebiet (von Spanien, Nordafrika, Kapverden bis Anatolien) über Persien bis in den Westhimalaja. Angaben über das Vorkommen auf den Makaronesischen Inseln (Azoren, Madeira und Kanaren) beruhen auf Verwechslung mit der diploiden *C. maderensis* oder anderen Arten.

---

[1] cheilos (griech.) χεῖλος = Lippe, zurückgerollter Rand; anthos (griech.) ἄνθος = Blüte, hier Sorus, vom umgerollten Blattrande bedeckt.

[2] pteridioides (griech.) πτεριδιοειδής = dem Adlerfarn *(Pteridium)* gleichend.

[3] fragrans (lat.) = odora (lat.) = duftend.

☐ Karte: JALAS & SUOMINEN 1972, Karte 52.

Arealdiagnose ☐ merid – submerid · oz$_{1-2}$ Eur + WAs.

Florenelement ☐ medit – nordlusit – catalon – provenc – (südalpisch + circadriat) + westhimal.

Verbreitung im Gebiet ☐ Norditalien (bei Susa und im oberen Aostatal). Die Pflanze erreicht hier ihre Nordgrenze, fehlt in der Schweiz, in Österreich, Deutschland und Slowenien.

2. Notholaena

Notholaena[1] R. BROWN Prodr. Fl. Nov. Holl. 145 (1810). – Syn.: *Cheilanthes* SWARTZ Syn. Filic. 126 (1806), p. p. – *Nothochlaena* auct. – Pelzfarn. Slow.: plievka; tschech.: podmrvka.

Typus-Art: *Acrostichum marantae* L. = *Notholaena marantae* (L.) DESV.

Mittelgroße ausdauernde Pflanze trockener Gegenden mit kurz kriechendem spreuschuppigem Rhizom; Blätter einfach- oder doppelt-fiederspaltig oder -fiederschnittig, oben kahl oder (bei *N. lanuginosa*) dicht wollig behaart, unten dicht mit Schuppen oder Haaren bedeckt, von fester Struktur; Sori in kleineren Reihen auf den Adern nahe des gelegentlich umgebogenen, aber grünen Blattrandes, von diesem jedoch nicht voll bedeckt, anfangs rundlich-länglich, später zusammenfließend, schleierlos. – Chromosomengrundzahl für Vertreter in Europa: $x = 29$.

☐ Die Gattung ist nach DOMIN (1915), COPELAND (1947) und H. P. FUCHS (1956) mit *Cheilanthes* SWARTZ zu vereinigen; da die Gattungsbegrenzung im Gebiet genügend scharf und bestimmt ist, behalten wir den Gattungsnamen *Notholaena* bei.

Artenzahl und Verbreitung ☐ Etwa 70–80, sämtlich xerophile Arten von mannigfaltigem Habitus, in wärmeren, trockenen Gebieten, besonders im westlichen Nordamerika und südlichen Afrika; in Europa zwei Arten, nebst *N. marantae* noch *N. lanuginosa* (DESF.) DESV. ex POIR. [Syn. *N. vellea* (AITON) DESV., *Cheilanthes vellea* (AITON) F. V. MUELL., *C. catanensis* (COSENT.) H. P. FUCHS] mit beidseitig rötlich-wollig behaarten Blättern. Es sind zwei Cytotypen bekannt ($n = 29$ und $n = 58$), beide vermehren sich sexuell; die Pflanze zeigt eine Besonderheit, indem gelegentlich pro Sporangium nicht 64, sondern nur 32 oder 16 Sporen gebildet werden.

☐ Einige tropische Arten mit lineal-lanzettlichen, einfach gefiederten Blättern werden gelegentlich in Glashäusern gezogen.

1. Notholaena marantae

Notholaena marantae[2] (LINNÉ) DESVAUX Journ. Bot. Appl. **1:** 92 (1813)[3]. – Basion.: *Acrostichum marantae* LINNÉ Sp. pl. 1071 (1753). – Syn.: *Ceterach marantae* (L.) DC. in LAM. et DC. Fl. Franc. **2:** 567 (1805). – *Cincinalis marantae* (L.) DESV. Berl. Mag. **5:** 312 (1814). – *Polystichum marantae* (L.) ROTH Tent. Fl. Germ. **3:** 92 (1830). – *Gymnogramme marantae* (L.) METTEN. Fil. hort. Lips. 43 (1856). – *Cheilanthes marantae* (L.) DOMIN Bibl. Bot. (Stuttgart) **20:** 133 (1915). – *Gymnopteris marantae* (L.) CHING Acta Phytotax. Sin. **10:** 304 (1965). – M a r a n t a s P e l z f a r n. – Abb. 83, 84.

Wichtige Literatur ☐ FUCHS, H. P. 1961: The genus *Cheilanthes* Sw. and its European species. Brit. Fern Gaz. **9:** 3–12. – VIDA, G., C. N. PAGE, T. G. WALKER & T. REICHSTEIN 1970: Cytologie der Farn-Gattung *Cheilanthes* in Europa und auf den Kanarischen Inseln. Bauhinia **4:** 223–253.

Ausdauernd; Rhizom kurz kriechend, verzweigt, dicht mit lichten, zuletzt rostroten, schmal-lanzettlichen Spreuschuppen bedeckt; Blätter 10–35 (–50) cm lang, dicht büschelig, zweizeilig gestellt, aufrecht überwinternd; Blattstiel ungefähr so lang oder länger als die Spreite, wie die Blattspindel glänzend dunkel rotbraun und zerstreut spreuschuppig, stielrund, von einem rinnenförmigen Leitbündel durchzogen. Blattspreite im Umriß lineal- oder länglich-lanzettlich, zugespitzt, 2–5 cm breit, doppelfiederschnittig, derb lederartig, oberseits dunkelgrün, nur auf dem Mittelstreifen der Fiedern Spreuschuppen, unterseits dicht mit glänzenden, weißlichen, später kupferroten Spreuschuppen bedeckt, welche die Sori anfangs völlig verbergen. Fiedern jederseits 12 bis 20, gegenständig, die unteren kurzgestielt, alle eiförmig bis schmal-länglich, stumpf, Abschnitte 2. Ordnung länglich bis lineal-länglich, vorn abgerundet, die untersten geöhrt oder fiederlappig. Sori am kaum verdickten Ende der Adern unbedeckt, öfter nur aus einem Sporangium bestehend, bei stärkerer Entwicklung eine längere Strecke der Adern oder die ganzen Adern einnehmend. Sporen ca. 45–48 µm im Durchm., kugelig. – Chromosomenzahl: $2n = 58$. – Sporenreife: VI.–VII.

Vorkommen ☐ Hemikryptophyt; licht- und trockenheitsliebende Pflanze. An trockenen, sonnigen Felsen oder steinigen Abhängen, selten an Mauern, von der Ebene bis in die montane Stufe (bei Bozen bis 1020 m) aufsteigend. Vorwiegend auf Serpentinit, gelegentlich auch auf Urgestein; vgl. W. S. ILJIN: Aus-

---

[1] nothos (griech.) νόϑος = unecht; chlaina (griech.) χλαῖνα = Oberkleid, Mantel; wegen der dichten Schuppenbekleidung, die das Indusium ersetzt.
[2] Nach dem venezianischen Arzt BARTOLOMEO MARANTA (geb. 1570), welcher diese Art zum ersten Male beschrieb.
[3] Dieses Binomen ist bei R. BROWN (Prodr. Fl. Nov. Holl. 145; 1810) nur angedeutet, daher dort nomen invalidum.

Abb. 83 □ *Notholaena marantae* (L.) Desv. Ganze Pflanze mit Blatt von der Unterseite (a) und von der Oberseite (c); Sekundärfieder von unten (b) (Original C. M. Bänziger)

trocknungs-Resistenz des Farnes *Notholaena marantae*. Protoplasma **13**: 322–330 (1931).

Allgemeine Verbreitung □ Das Gesamtareal ist in drei Teilareale aufgegliedert: 1) Äthiopisches Bergland, 2) mediterrane Florenregion einschließlich der Kapverden, Kanaren und Madeiras, 3) Persien bis Himalajagebiet einschließlich Südwestchina.

Abb. 84 □ *Notholaena marantae* (L.) Desv. Schuppe von der Blattunterseite (Original R. Passow)

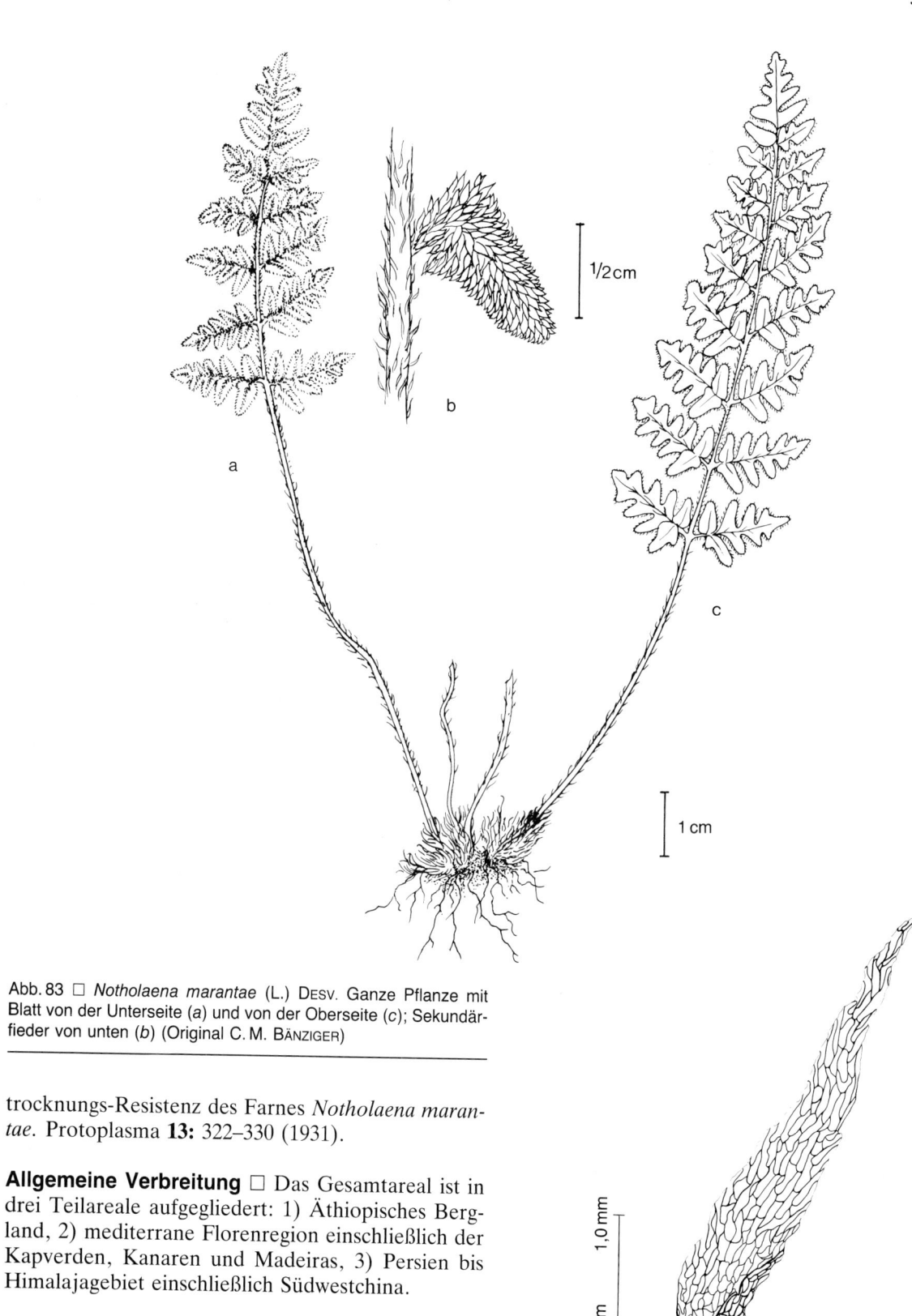

☐ Karte: Pichi-Sermolli, Lav. Soc. Ital. Biogeogr. N.S. **1**: 88–126, Fig. 5; 1971. – Auf Madeira und den Kanarischen Inseln als subsp. *subcordata* (Cav.) Kunkel (s. u.) (ebenfalls n = 29, Blätter breiter und mit kürzerem Stiel). Die subsp. *marantae* durch das Mittelmeergebiet (von Spanien bis zum Balkan. Karte: Jalas & Suominen 1972, Karte 51), Abessinien, Südwestasien bis zum Himalaja.

Arealdiagnose ☐ boreosubtrop/montan OAfr + merid – submerid · $oz_{(1)-3}$ Eur – W(-O)As.

Florenelement (europäisches Teilareal) ☐ macar – medit disj – nordiber – ostsubmedit – (pannon).

Verbreitung im Gebiet ☐ Fehlt in Deutschland. In der Schweiz im Centovalli (Kant. Tessin) auf Serpentinitfelsen ob Verdasio, bei Camedo und bei Borgnone. Bis 1960 auch noch auf einer Mauer (Gneisgestein) unter der Straße von Cavigliano gegen Intragna, dort durch Verbreiterung der Straße zerstört. Italien: bei Como, bei Chiavenna, im Veltlin (Ardenno, Morbegno, Sassella und Triano), bei Bozen (mit *Opuntia vulgaris*), Terlan, Atzwang, Brixen usw., Castelbell, Galsaun und Latsch, bei Meran. – In Österreich: Gurhofgraben bei Aggsbach unweit Melk; Steiermark: im mittleren Murtal in der Gulsen bei Kraubath oberhalb Leoben auf Serpentin; im Burgenland. – In der Tschechoslowakei in Mähren im Jihlavka-Tal bei Mohelno unweit Třebíč; die angegebene Lokalität bei Spálený mlýn unweit Pernštýn wurde nie bestätigt. – An den mährischen und österreichischen Serpentinfelsen mit *Asplenium cuneifolium*, *A. adulterinum*, *A. ruta-muraria*, *A. trichomanes*, oft auch *A. viride*, *Festuca valesiaca*, *F. varia*, *Chrysopogon gryllus*, *Dichanthium ischaemum*.

Variabilität der Art ☐ Auf den Kanaren, Kapverden und auf Madeira vertreten durch die subsp. *subcordata* (Cav.) Kunkel, Cuad. Bot. Can. **V**: 45–51 (1969). Im übrigen Gebiet ist die subsp. *marantae* wenig veränderlich.

Familie **Cryptogrammaceae** Rollfarngewächse

Ausdauernde Stauden mit kriechendem, spreuschuppigem Rhizom mit röhren- oder netzartigem Leitbündelsystem; B l a t t s t i e l mit einem einzigen zylindrischen Leitbündel. B l ä t t e r auffallend verschieden: die Abschnitte der fertilen Blätter anfangs durch den zurückgerollten Blattrand halbstielrund, kurz und dick gestielt, die sterilen Blätter 2–4fach gefiedert, mit freien Adern; S o r i submarginal, schleierlos, anfangs einzeln, später zu einem einzigen Sorus am Ende der Adern zusammenfließend und vom zurückgerollten Blattrand bedeckt (Abb. 86). S p o r e n tetraëdrisch.
☐ In Europa nur eine einzige Gattung: *Cryptogramma*, die Typus-Gattung.

1. Cryptogramma

Cryptogramma[1] R. Brown ex Richardson Bot. App. Franklin's Journey Polar-Sea 767 (1823). – Syn.: *Allosorus*[2] Bernh. in Schrader Neu. Journ. Bot. 1805, **1/2**: 30 (1806), p. p.; em. J. Smith Hist. Filic. 166 (1875). – R o l l f a r n . Engl.: parsley fern; tschech.: jinořadec; poln.: zmienka.

Typus-Art: *Osmunda crispa* L. (1753) = *Cryptogramma crispa* (L.) R. Br.

Wichtige Literatur: ☐ Prantl, K. 1883: Die Farngattungen *Cryptogramme* und *Pellaea*; Bot. Jahrb. **3**: 403–430.

Beschreibung – siehe die Familie und die einzige europäische Art.

Artenzahl und Verbreitung ☐ Die Gattung schließt 4 Arten ein. Sie ist in der nördlichen gemäßigten Zone von Eurasien und Nordamerika, südwärts bis zum Kaukasus, dem Himalaja und Neumexiko verbreitet, sowie disjunkt im südlichen Südamerika.

1. Cryptogramma crispa

Cryptogramma crispa[3] (Linné) R. Brown ex Richardson in Franklin's Journ. Polar-Sea, Bot. App. 767 (1823). – Basion.: *Osmunda crispa* Linné Sp. pl. 1067 (1753). – Syn.: *Allosorus* ›*Allosurus*‹ *crispus* (L.) [Bernh. in Schrad. Neu. Journ. Bot. **1/2**: 30 (1806), nom. inval.] Röhling Deutschl. Fl. ed. 2,**3**: 31 (1813). – *Pteris crispa* (L.) All. Fl. Pedem. **2**: 284 (1785). – *Blechnum crispum* (L.) Hartm. Handb. Skand. Fl.: 372 (1820). – *Struthiopteris crispa* (L.) Wallr. in Bluff et Fingerh. Comp. fl. Germ. **3**: 27 (1831). – K r a u s e r R o l l f a r n . – Taf. 6 Fig. 1 nach S. 192. – Abb. 85–88.

Ausdauernd; R h i z o m unterirdisch, verzweigt, spreuschuppig; B l ä t t e r in einem dichten Büschel, sommergrün, zart, fast kahl, lang gestielt, 3–4fach gefiedert, die äußeren, älteren Laubblätter, die inneren, jüngeren Sporenblätter. L a u b b l ä t t e r 15 bis 30 cm lang; B l a t t s t i e l so lang bis doppelt so lang

---

[1] kryptos (griech.) κρυπτός = bedeckt, verdeckt; gramme (griech.) γραμμή = Linie, wegen linealischer Sori, die durch den nach unten umgerollten Blattrand bedeckt sind.
[2] allos (griech.) ἄλλος = anders, verschieden; soros (griech.) σωρός = Haufen; wegen der mannigfaltigen Form der Sori.
[3] crispus (lat.) = kraus.

110 Cryptogrammaceae   Josef Dostál

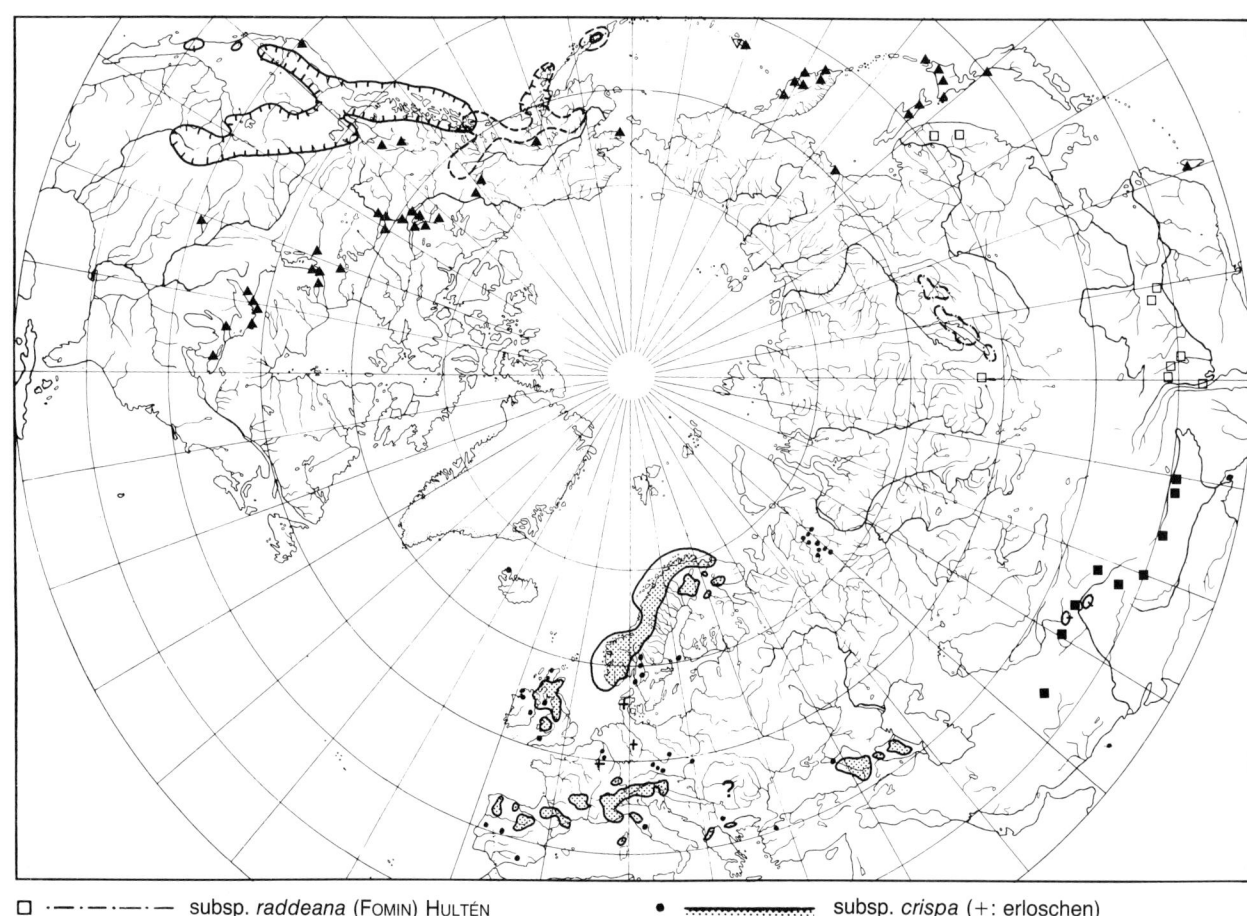

| □ —·—·—·— subsp. *raddeana* (Fomin) Hultén | ● ▬▬▬▬ subsp. *crispa* (+: erloschen) |
| ■ +++++++ subsp. *brunoniana* (Wall.) Hultén | ▲ subsp. *acrostichoides* (R. Br.) Hultén |

Abb. 85 □ *Cryptogramma crispa* (L.) R. Br. Verbreitungskarte der vier Unterarten (nach Hultén 1958, verändert)

---

wie die im Umriß dreieckig-eiförmige, bis 7 cm breite, stumpfliche Spreite, blaßgrün, nur am Grunde spreuschuppig; Fiedern, Fiederchen und letzte Abschnitte abwechselnd, gedrängt; F i e d e r n jederseits 5–9, eiförmig, stumpf, letzte Abschnitte schmal eiförmig, am Grunde keilförmig, oben 3–4-spaltig, mit stumpflichen Zipfeln. S p o r e n b l ä t t e r bis 35 cm lang, S t i e l mindestens doppelt so lang wie die im Umriß längliche Spreite, die wegen der mehr vorwärts gerichteten Fiedern schmäler scheint; letzte Abschnitte lineal-länglich, 2–10 mm lang und 1–2 mm breit, halbwalzenförmig, stumpf, am eingerollten Rande schwach wellig. S o r i kurz elliptisch, anfänglich durch den zurückgerollten Blattrand völlig bedeckt, später durch Ausrollen nackt. Sporen kugeltetraëdrisch mit konkaven Seiten und vorspringenden stumpfen Ecken, 47–60 µm groß (KOH); Tetradenmarke bis an den Rand reichend; Exospor mit niedrigen, ± unregelmäßig geformten Warzen, die bis ca. 5 µm hoch sind. Fossil ganz vereinzelt aus inter-, spät- und frühpostglazialen Schichten be-

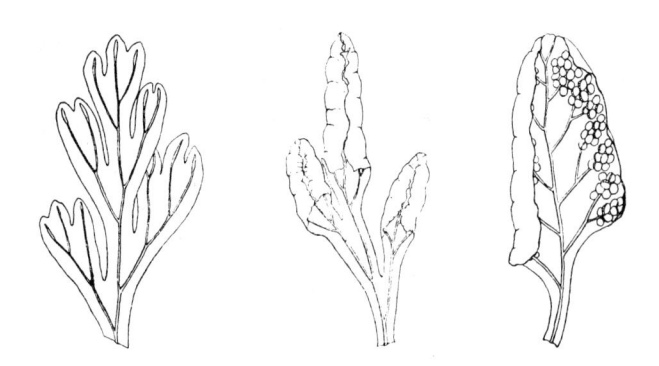

Abb. 86 □ *Cryptogramma crispa* (L.) R. Br. □ *Links* Fiederchen eines sterilen Blattes (× 5) □ *Mitte* Fiederchen eines fertilen Blattes von unten (× 5) □ *Rechts* fertiler Blattabschnitt von unten, rechts der Schleier zurückgeschlagen (× 9) (nach Hyde & Wade 1969)

kannt. – Zwischen sterilen und fertilen Blättern sind die mannigfaltigsten Übergänge zu beobachten. – Chromosomenzahl: 2n = 120. – Sporenreife: VI—VIII.

Vorkommen ☐ Hemikryptophyt. Selten, aber gesellig, in Grobschutthalden und im Steingeröll oder auf locker stehenden Blockhalden und Felsen des Urgesteingebirges, seltener auf begrastem Boden, in der hochmontan-subalpinen bis alpinen Stufe, in der Schweiz bis 2800 m (Wallis), in Tirol bis 2700 m, selten unter 1000 m herabsteigend, besonders in steilen, schattigen, feuchten Schluchten, z. B. im Tessin bei Locarno bis 250 m. – Charakterart des Allosorion-Verbandes und der *Cryptogramma*-Assoziation (Androsacion alpinae).

Allgemeine Verbreitung ☐ In mehreren (zuweilen als Arten gewerteten) Unterarten bzw. Varietäten disjunkt weit verbreitet in der Holarktis in den (meridional-)submeridional-temperaten Gebirgen, stellenweise, besonders im westlichen Nordamerika und in Europa, bis in die boreale Zone vordringend. In Asien im Himalaja und im südwestchinesischen Bergland, in Japan, auf Taiwan und Kamtschatka; in Europa in boreal-subalpiner Disjunktion, einerseits in den mittel- und südeuropäischen und nordanatolischen Hochgebirgen und im Kaukasus, andererseits in Irland und Schottland sowie im westlichen und südlichen Skandinavien und im nördlichen Ural. Dazwischen nur wenige Vorkommen in den mitteleuropäischen Mittelgebirgen.

☐ Karten: HULTÉN 1958, S. 245; MEUSEL, JÄGER, WEINERT 1965, S. 12; JALAS & SUOMINEN 1972, Karte 61.

Arealdiagnose ☐ (m) – sm – temp/sämtlich subalp – boreal/demontan · oz$_{1-2}$ Euras + WAm.

Florenelement (europäisches Teilareal) ☐ submed – alpisch – (burgund – herc)/sämtlich subalp + boreoatl + nordural/demontan.

Verbreitung im Gebiet ☐ Im Alpenzuge von den See-Alpen bis Steiermark und Kärnten häufig bis zerstreut, sonst meist selten; fehlt in den Kalkalpen in Bayern, Nieder- und Oberösterreich und Krain. – In Luxemburg: Scheinschloß bei Rambruch. – Elsaß: Hochvogesen (Hohneck, Sulzer Belchen). – In Deutschland: Hohes Venn (Perlenbachtal), südlicher Schwarzwald (zwischen St. Wilhelm und Hofsgrund, 850 m, Herzogenhorn); Harz (Königskutsche bei Goslar, aber seit hundert Jahren nicht wieder beobachtet), Bayerischer Wald (Keitersbergrücken, 1000–1040 m, Arbergipfel, 1380–1430 m). – In der Schweiz auf Urgestein nicht selten, besonders in den Südalpen: im Wallis bis 2800 m (Gornergrat bei Zermatt); im Berner Oberland bis 2300 m (am Hohgant noch bei 2080 m); im Kant. St. Gallen bei 2250 m (Weißtannental ob Valtüsch); in Graubünden bis 2730 m (Piz dels Lejs). – In Österreich in den Alpen zerstreut: in Vorarlberg auf der Versailspitze, 2000–2400 m; in Salzburg zerstreut; in Tirol zerstreut, unterhalb des Furgler Eissees im Oberinntal bis 2700 m aufsteigend; in Steiermark von 1500–2200 m bei Wald, Schladming, Sölk, Oberwölz und häufig in den Seckauer Alpen; in Kärnten zerstreut, für Niederösterreich sehr zweifelhaft. – In der Tschechoslowakei: in Böhmen: Böhmerwald (Seewand), Riesengebirge

Abb. 87, 88 ☐ *Cryptogramma crispa* (L.) R. BR. Südschwarzwald

(Brunnberg, Kotel), Hojná Voda bei Nové Hrady in Südböhmen; Gesenke in Nordmähren; in der Slowakei (Ďumbier, 1800–2000 m, Niedere Tatra). – In Polen nur im Riesengebirge.

Variabilität der Art ☐ Die europäische Form, die ein alpines Areal besitzt und sich bis in die skandinavischen Gebirge erstreckt, gehört zur var. *crispa*. Im nordwestlichen Amerika erscheint die var. *acrostichoides* (R. BROWN) CLARKE und in den südlichen Anden von Chile die var. *chilensis* (PHIL.) CHRIST, die beide von der europäischen Form etwas abweichen.

Familie **Parkeriaceae** Hornfarngewächse

Wichtige Literatur ☐ LLOYD, R. M. 1974: Systematics of the genus *Ceratopteris* BRONGN. (Parkeriaceae), II. Taxonomy. Brittonia 26: 139–160.

Tropische Wasserfarne mit im Schlamm kriechendem Rhizom, einfacheren Wasserblättern und stärker zerteilten, gefiederten, in den letzten Segmenten jedoch gegabelten, aufrechten Luftblättern, die die Sporangien einzeln dorsal auf den Nerven über die Unterseite zerstreut (nicht in Sori vereinigt) tragen, in der Jugend geschützt durch einen breit umgerollten Blattrand. Indusium fehlt. Nervatur maschig. Sporangien fast sitzend, nahezu kugelig, mit senkrecht gestelltem Ring, der aus sehr zahlreichen breiten, schwach verdickten Zellen gebildet wird. Häufig vegetative Sprossung mit auf der sterilen Blattspreite gebildeten Brutknospen.
☐ Nur eine Gattung mit 4 Arten.

1. Ceratopteris

Ceratopteris[1] BRONGNIART Bull. Soc. Philom. Paris 3, **8**: 186 (1821). – Wasserhornfarn.

Typus-Art: *Acrostichum thalictroides* LINNÉ (1753) = *Ceratopteris thalictroides* (L.) BRONGN. (1821).

Gattungsbeschreibung: s. unter der Familie. Im Gebiet nur eine, eingeschleppte Art:

1. Ceratopteris thalictroides

Ceratopteris thalictroides[2] (L.) BRONGN. Bull. Sci. Soc. Philom. Paris 3, **8**: 186 (1821). – Basion.: *Acrostichum thalictroides* LINNÉ Sp. pl. 1070 (1753). – Wasser-Hornfarn.

Einjähriger, weichkrautiger Farn mit schwach ausgebildetem Rhizom und zahlreichen Wurzeln, die in den Schlamm eindringen; junge Pflanzen schwimmend auf der Wasseroberfläche; breite, gelappte Schwimmblätter allmählich in die feiner zerteilten fertilen Luftblätter übergehend. Blattstiel bis 30 cm lang, aufgeblasen, mit großen, lufthaltigen Interzellularräumen. Die ausgewachsenen Luftblätter 40 cm lang, 2–3fach gefiedert mit linealen, schotenförmig angeschwollenen Abschnitten. – Chromosomenzahl: $2n = 156$.

Allgemeine Verbreitung ☐ Tropische und warmgemäßigte Gebiete der ganzen Welt.

Verbreitung im Gebiet ☐ Eingebürgert in Kärnten im Warmbach (Abfluß der Thermen) von Warmbad Villach; seit mehreren Jahren (mit starker vegetativer Vermehrung durch Brutknospen) beobachtet.

Vorkommen ☐ Hydrophyt. In seichten, stillen, warmen Wassertümpeln, in den Tropen und Subtropen beider Erdhälften, oft auch auf periodisch überschwemmten Böden und in Reisfeldern. In Warmhäusern und Zimmeraquarien oft gepflanzt.

Nutzen und Verwendung ☐ In der Heimat werden die Laubblätter als Spinat zubereitet.

Familie **Gymnogrammaceae** Nacktfarngewächse

Ausdauernde oder einjährige Kräuter; das Rhizom mit solenostelischem Leitbündel ist von einfachen, dunklen Haaren oder Spreuschuppen bedeckt; Blattstiel mit 2 Leitbündeln; Blätter einfach und gelappt oder gefiedert, schuppig, behaart, mit wachsartiger Substanz bedeckt oder kahl; Blattrand flach, nicht umgerollt; Sori länglich bis lineal, wenigstens anfangs voneinander getrennt, längs der Adern entspringend, stets unbedeckt, schleierlos.

---

[1] keras (griech.) κέρας = Horn; pteris (griech.) πτέρις = Farn.
[2] thalictroides (griech.) θαλικτροειδής = wiesenrautenartig.

Artenzahl und Verbreitung □ 14 Gattungen der wärmeren Erdgürtel, am zahlreichsten und in der größten Mannigfaltigkeit in den Anden von Südamerika entwickelt. Einige Arten der Gattungen *Pityrogramma*, *Coniogramme* und *Hemionitis* werden in Glashäusern gezogen. *Pityrogramma sulphurea* (Sw.) Maxon (Goldfarn) von den Antillen, Blätter unterseits goldgelb bestäubt. *P. argentea* (Willd.) Domin (Silberfarn) aus Afrika, Blätter unterseits dicht mit weißem Wachsmehl bedeckt. *Pityrogramma calomelanos* (L.) Link aus dem tropischen Amerika, Blattstiel und Spindel schwarz glänzend, und die reichgeteilte Spreite unterwärts weiß oder goldgelb bepudert. *Hemionitis arifolia* (Burm.) Moore aus Südostasien hat pfeilförmige Blätter, *H. palmata* L. aus dem tropischen Amerika handförmig-gelappte Blätter; beide werden als Topfpflanzen gezogen.
In Europa eine einzige Gattung.

1. Anogramma

Anogramma[1] Link Filic. sp. 137 (1841). – Syn.: *Gymnogramma*[2] Desv. Mag. Ges. Naturf. Fr. Berlin **5**: 305 (1811), emend. Luerssen Farnpfl. 61 (1889). – Nacktfarn.

Typus-Art: *Polypodium leptophyllum* L. (1753) = *Anogramma leptophylla* (L.) Link.

Einjährige, bis 25 cm hohe Pflanzen; Gametophyt (immer?) durch knöllchenartige Adventivsprosse ausdauernd; Rhizom kurz, schwach spreuschuppig. Blätter spiralig, dicht büschelig gestellt, die sporentragenden und sterilen Blätter fast gleich gestaltet; Blattstiel von einem im Querschnitt am Grunde rundlichen, oben quer breiteren Leitbündel durchzogen. Spreite sehr dünnhäutig, am Rande flach, die Adern frei; Sori länglich, dem Rande genähert oder, wenn den Adern weit abwärts folgend, die Sporangien zuletzt fast den ganzen Blattabschnitt bedeckend. Sporen kugeltetraëdrisch, dunkelbraun, auf den Flächen netzartig verdickt, die Kanten durch Doppelleisten gezeichnet.
□ Das Prothallium stirbt nicht frühzeitig ab, sondern überdauert die trockene Sommerzeit in Knöllchen eingezogen, während die zarten Blätter in der nächsten Regenperiode erscheinen und nach der Sporenreife verdorren.

Artenzahl und Verbreitung □ Sechs Arten, zerstreut über die ganze Welt.
□ In Europa nur eine Art.

1. Anogramma leptophylla

Anogramma leptophylla[3] (L.) Link Filic. sp. 137 (1841). – Basion.: *Polypodium leptophyllum* Linné Sp. pl. 1092 (1753). – Syn.: *Acrostichum leptophyllum* (L.) DC. in Lam. et DC. Fl. Franc. **2**: 565 (1805). – *Grammitis leptophylla* (L.) Swartz Syn. Filic. 218 (1806). – *Gymnogramma leptophylla* (L.) Desv. Mag. Ges. Naturf. Fr. Berl. **5**: 305 (1811). – Dünnblättriger Nacktfarn. – Abb. 89–91.

Ein- bis zweijährig; Rhizom sehr kurz; Blätter dicht büschelig, größtenteils kahl; Blattstiel so lang wie oder länger als die Spreite, glänzend, unten dunkel-, oben hell rötlichbraun, nur ganz am Grund gliederhaarig, auf der Bauchseite schwach rinnig; Spreite sehr dünnhäutig, an den gleichzeitig vorhandenen Blättern sehr verschieden: an den unteren rundlich-nierenförmig, handförmig eingeschnitten, an den folgenden eiförmig, am Grunde zuweilen herzförmig, kürzer, einfach bis doppelt gefiedert mit schmäleren Abschnitten, an den größten Blättern eiförmig bis länglich-lanzettlich, dreifach gefiedert, stumpf. Fiedern jederseits bis 7, eiförmig bis dreieckig-eiförmig, stumpf, die unteren gestielt, letzte Abschnitte keilförmig-verkehrt-eiförmig, öfter gelappt, eingeschnitten-gekerbt oder gesägt. – Chromosomenzahl: $2n = 58$, vgl. G. J. Gastony et J. G. Baroutzis: Chromosome numbers in the genus *Anogramma*. Amer. Fern J. **65**: 71–75 (1975). – Sporenreife: V.–VI.

Vorkommen □ Hapaxanthische, frostempfindliche Schattenpflanze. An feuchten und schattigen Felsen und Abhängen, an vor Frost geschützten, etwas überwölbten Stellen, unter Hecken, in Hohlwegen, öfter mit *Selaginella denticulata;* meidet den Kalk. Von der Ebene bis in die montane Stufe. Vgl. G. Eberle: Beobachtungen am Frühlings-Nacktfarn *(Anogramma leptophylla)* am Wuchsort und in der Kultur. Natur u. Museum **103**: 93–97 (1973).

Allgemeine Verbreitung □ Weltweit disjunktes ozeanisches Areal, vom australen Amerika, Afrika, Australien und Neuseeland, über humide Tropengebirge (ganz zerstreut im malaiischen Archipel, Vorderindien und Westafrika, etwas geschlosseneres Vorkommen in Ostafrika und dem westlichen Amerika) nördlich bis Mexiko und zum Mediterrangebiet i. w. S. Hier ± zusammenhängendes, aber eng an humide Landschaften und Sonderstandorte gebundenes Vorkommen auf den nordatlantischen Inseln (Azoren, Kanaren, Madeira, Kapverden), in der westlichen mediterranen Unterregion (und von hier im ozeanischen Mitteleuropa bis in die Bretagne)

---

[1] ano (griech.) ἄνω = oben; gramme (griech.) γραμμή = Strich, Linie; wegen linienförmiger Sori.
[2] gymnos (griech.) γυμνός = nackt, unbedeckt; wegen unbedeckter Sori.
[3] leptos (griech.) λεπτός = dünn; phyllon (griech.) φύλλον = Blatt; wegen der sehr dünnhäutigen Blattspreite.

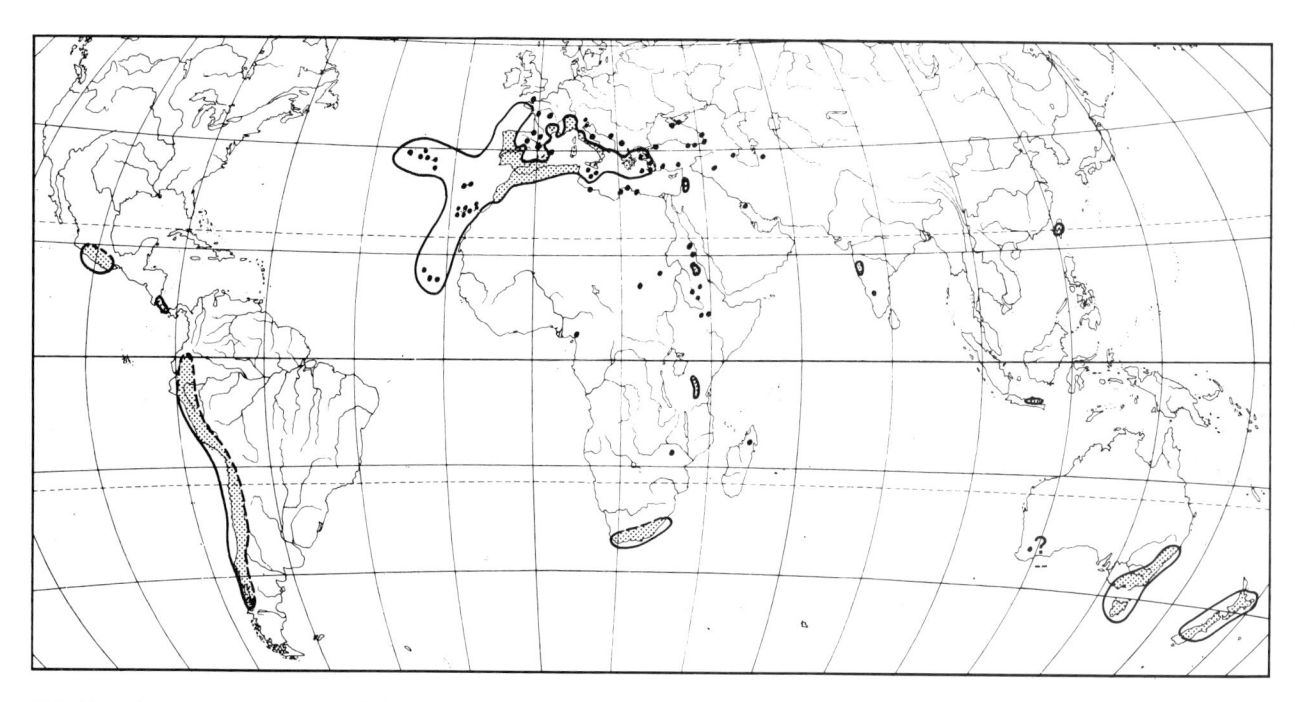

Abb. 89 □ *Anogramma leptophylla* (L.) LINK. Verbreitungskarte (nach PICHI-SERMOLLI 1971, verändert)

und – unter starker Auflockerung – auch in den östlichen mediterranen Unterregionen (bis zur Krim, Kolchis und Nordpersien).
□ Karte: JALAS & SUOMINEN 1972, Karte 64.

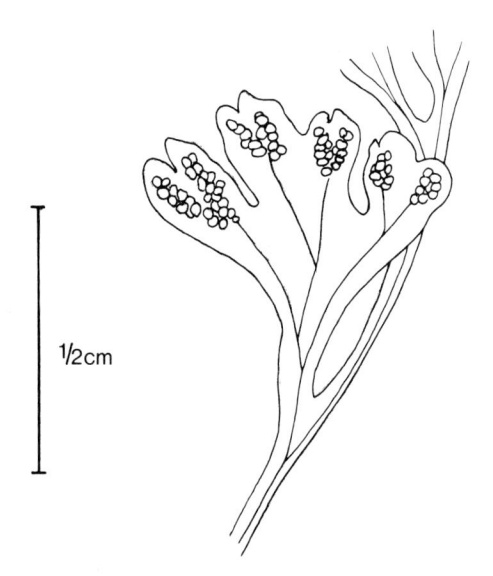

Arealdiagnose □ austral · circpol – trop/montan WAM – (W)– OAfr – (OAs) – m – sm · oz_{1-2} Eur.

Abb. 90 □ *Anogramma leptophylla* (L.) LINK. Fertiler Blattabschnitt von unten (Original C. M. BÄNZIGER)
Abb. 91 □ *Anogramma leptophylla* (L.) LINK. Korfu

Florenelement (europäisches Teilareal) ☐ macar – west-(ost) medit – westsubmedit – (aquit) + euxin – hyrc.

Verbreitung im Gebiet ☐ Nur an wenigen vereinzelten Fundorten vom Mittelmeergebiet weit bis in das Innere der Südalpen in Südlagen vordringend. – In der Schweiz im Tessin: bei Indemini am Monte Gambarogno, bei Chiasso und bei Bignasco im Val Maggia, am Wege nach der Madonna di Monte; neuerdings noch zwischen Ronco und Brissago unterhalb des Weilers Fontana-Martina, ca. 300 m, und ob Osogna (Riviera) nordöstlich Gaggio, 620 m; im Wallis oberhalb Branson, 1060 m (die höchste Lokalität in den Alpen); zwischen Lalden und Eggerberg, 850 m; in einer Balme bei Wiler (zwischen Guttet und Feschel). – Andere benachbarte Fundorte: Savoyen (früher bei Albertville); Norditalien [Aosta-Tal, Veltlin und in kleinen geschützten Felshöhlen neben dem Waal (Wasserleitung) über dem Dorf bei Algund bei Meran; Prov. Novara: Val d'Antrona (zwischen Boschette und Ca-dei-Conti in der Gem. Villadossola), westlich von Calice bei Domodossola im Val d'Ossola, ca. 325 m; Valle di Bognanco unter Cisore; Lombardei (ob Maccagno-Inferiore am Lago Maggiore)].

Familie **Adiantaceae** Frauenhaargewächse

Ausdauernde Stauden; R h i z o m unterirdisch, mit diktyo- oder solenostelischen Leitbündeln, dunkel spreuschuppig. B l ä t t e r gleichgestaltet, B l a t t s t i e l dunkel gefärbt und glänzend, am Grunde mit 2 Leitbündeln, die oben in ein Leitbündel zusammenfließen, B l a t t s p r e i t e meist geteilt, Sori auf der Unterseite zurückgeschlagener Randlappen, ohne Schleier. S p o r e n tetraëdrisch, glatt.

Nur eine Gattung:

1. Adiantum

Adiantum[1] LINNÉ Sp. pl. 1094 (1753); Gen. pl. ed. 5: 483 (1754). – L a p p e n f a r n , F r a u e n h a a r . Engl.: maidenhair, lady's hair; franz.: capillaire de Montpellier, cheveux de Vénus, capillera; ital.: capelvenere; slowen.: gospina kosa, paprica; tschech.: netík.

Typus-Art: *Adiantum capillus-veneris* L.

R h i z o m kriechend, mit schmalen, braunen Spreuschuppen bedeckt. B l ä t t e r schraubig oder zweizeilig gestellt; B l a t t s t i e l nebst der Blattspindel und deren Verzweigungen glänzend schwarzbraun, am Grunde spreuschuppig, oben meist kahl; B l a t t s p r e i t e fast immer gefiedert, dünn, meist kahl. A d e r n frei oder seltener netzförmig verbunden. S p o r a n g i e n auf, seltener auch zwischen den Enden der Adern auf zurückgeschlagenen Lappen des Randes der Fiedern (Abb. 93), zuweilen der ganze Rand der Fiedern ununterbrochen zurückgeschlagen.

Artenzahl und Verbreitung ☐ Die Gattung enthält etwa 200 Arten von meist tropischer und subtropischer Verbreitung, besonders in Amerika, von denen nur wenige in die gemäßigte Zone vordringen. Außer der einzigen europäischen Art, *A. capillus-veneris,* befinden sich mehrere Arten in Gartenkultur: *A. pedatum* L. (aus Nordamerika und Ostasien) ist die einzige völlig winterharte ausländische Art. Sie hat fußförmig gegabelte Blätter, deren Abschnitte nur an der vorderen Seite mit Fiedern besetzt sind. – Zu den beliebten Topfpflanzen gehören besonders folgende: *A. reniforme* L. von den Kanarischen Inseln, mit einfachen, nierenförmigen Blättern; *A. philippense* L. (*A. lunulatum* BURM. fil.) aus dem tropischen Asien, Afrika und Australien, mit oval-rautenförmigen Blattfiedern; *A. caudatum* L. aus dem tropischen Asien, mit peitschenförmig ausgezogener Blattspitze; *A. macrophyllum* SWARTZ aus dem tropischen Amerika, mit einfach gefiederten Blättern und großen, breiten Fiedern; *A. trapeziforme* L. aus dem tropischen Amerika, mit doppelt gefiederten Blättern und großen, rhombischen Fiedern; *A. raddianum* C. B. PRESL (*A. cuneatum* LANGSD. et FISCH., non FORST.) aus dem tropischen Amerika, mit vierfach gefiederten Blättern und kleinen schmal-keiligen Blättchen, und *A. tenerum* SWARTZ aus Westindien, mit abfallenden, rund-keiligen Blättchen.

1. Adiantum capillus-veneris

Adiantum capillus-veneris[2] LINNÉ Sp. pl. 1096 (1753). – F r a u e n h a a r . – Abb. 92–94.

Ausdauernd, schwach aromatisch; R h i z o m kriechend, B l ä t t e r zweizeilig, dicht gestellt, zart, aber doch meist überwinternd, fast kahl, 10–50 (–60) cm lang, B l a t t s t i e l bis 20 cm lang, meist nicht über 1 mm dick, so lang wie oder etwas kürzer als die Spreite, glänzend schwarz, nur am Grunde spreuschuppig, halbstielrund oder oberwärts seichtrinnig; B l a t t s p r e i t e im Umriß eiförmig bis länglich-eiförmig, 2–4fach gefiedert, hellgrün; A b s c h n i t t e haardünn gestielt, aus schief keilförmigem Grunde rhombisch-verkehrt-eiförmig, am oberen Rande mehr oder minder handförmig gelappt, kerbig gezähnt, an den Seiten ganzrandig. Adern der sterilen Fiedern in (nicht zwischen) den Zähnen des Randes endigend. S o r u s tragende Randläppchen fast qua-

---

[1] Von ἀ privativum = nicht, und ›diaino‹ (griech.) διαίνω = ich benetze, also ›unbenetzt‹, weil Wasser nicht an der Pflanze haftet; die viel gebrauchte Schreibweise »*Adianthum*« ist ganz unrichtig.
[2] capillus Veneris (lat). = Venus-Haar; capillus (lat.) = Haar; Venus (Genitiv Veneris) = Göttin Venus, s. S. 117.

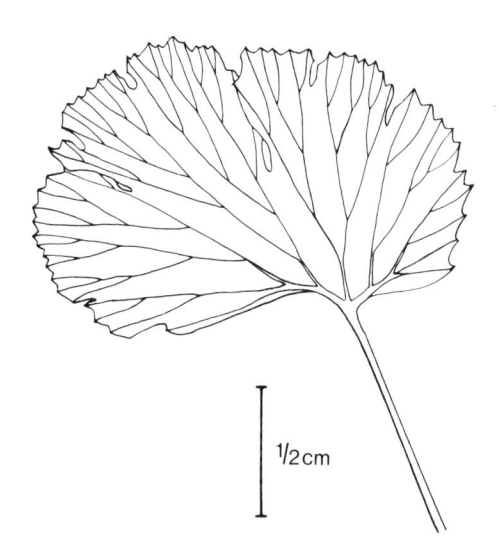

Abb. 92 □ *Adiantum capillus-veneris* L. Steriles Fiederchen mit Aderung (Original C. M. BÄNZIGER)

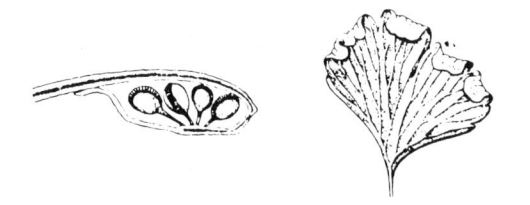

Abb. 93 □ *Adiantum capillus-veneris* L. □ *Links* Schnitt durch den Rand eines fertilen Fiederchens mit Sorus *(oben)* □ *Rechts* fertiles Fiederchen von unten (beide vergr.)

dratisch bis nieren- oder halbmondförmig, zuletzt dunkelbraun, am hellen Saume ganzrandig oder ausgeschweift. Sporen 40–47 μm (KOH) bzw. 53 μm (azetol.); E x o s p o r feinkörnig, Tetradenmarken bis an den Rand reichend. Nur ganz selten fossil gefunden. – Chromosomenzahl: $2n = 60$. – Sporenreife: VI.–IX.

Vorkommen □ Chamaephyt; kalkliebende Licht- bis Halbschattenpflanze. Eine Charakterpflanze der humiden Vegetation des Mittelmeergebietes, bewohnt meistens überrieselte, besonders mit Tuff bedeckte Felsen, aber auch um Quellen, bei Brunnen und in Grotteneingängen, im Mediterrangebiet in der Assoziation Lunario-Selaginelletum, auch in der Klasse der Adiantetea im Eucladio-Adiantion, mit *Cratoneuron commutatum, Eucladium verticillatum* u. a., in den Gesellschaften des Verbandes Polypodion australis.

Allgemeine Verbreitung □ Zerstreut in den Tropen der Neuen und Alten Welt (Nordargentinien, westliches Südamerika, Antillen, Polynesien, Neukaledonien, Indomalesien, Hinter- und Vorderindien). Häufiger in vielen Gebieten Afrikas, von Südafrika bis Marokko. In der Holarktis bis ins südliche Nordamerika, unter extrem ozeanischen Klimabedingungen in Eurasien an den Rändern des Kontinents bis ins mittlere Japan vordringend. Vom Himalajagebiet bis Mittelasien ausstrahlend. Im westlichen Eurasien besonders im Umkreis des Mittelmeeres (nördlich bis Mittelfrankreich, Südschweiz, Norditalien, Slowenien, Kroatien, Südbulgarien, Krim) sowie an der Atlantikküste bis in gemäßigte Breiten (Irland).
□ Karte: JALAS & SUOMINEN 1972, Karte 58.

Arealdiagnose □ australAfr – trop · semihumid disj – merid – submerid · oz_{1-2} Circpol – (temp · oz_1 Eur).

Florenelement (europäisches Teilareal) □ west-(ost)medit – westsubmedit – südatl – brit – euxin – hyrc.

Verbreitung im Gebiet □ Die Art dringt vom Mittelmeer her, wo sie besonders in den Küstenländern verbreitet ist, stellenweise weit in die Alpentäler ein; in Bormio im nördlichen Veltlin (Oberitalien) steigt sie bis 1500 m hinauf. Hier hat sie die klimatische Grenze weit überschritten und verdankt ihr Dasein dem beständig durchwärmten Tuff der großen Thermen der Bagni Vecchi. – Im nördlichen Europa, in Deutschland und Österreich fehlt die Art gänzlich. In der Schweiz ist sie besonders im südlichen Tessin: bei Locarno am Lago Maggiore [Brione (340 m), Ponte Brolla, Solduno, Ascona, Höhe von Cevio östlich der Maggia (480 m) und gegen Voipo (400 m) im Maggiatal]; bei Lugano [zwischen Castagnola und Gandria, Arogno (590 m), Val Solda] auch noch im Bleniotal auf dem Sinter der Mineralquelle von Acquarossa; im

Abb. 94 □ *Adiantum capillus-veneris* L. Bei Locarno, Kt. Tessin

Kanton Waadt vereinzelt (La Sarraz) und am Neuenburger See (Tuffsteingrotte zwischen St. Aubin und Sauge). – In Savoyen; an vielen Stellen in Oberitalien (tiefe Täler des Piemont, Aosta-Tal bei St. Vincent, 500 m, und bei Silloé, 650 m, Comer-See-Gebiet (bei einem Brunnen in Veleira in der Umgebung von Chiavenna), Veltlin, Bormio, Bergamasker Alpen, Bergamo, Gardasee bei Riva und Arco, Mezzolombardo, Nonsberg, Dosino, Brenta, Bozen, im Etschtal bis Meran hinauf, in Judicarien (Val Buona bei Tione, bei der Busa della Bastia und an der Straße nach Montagna und im Val Vestino). – In Slowenien zerstreut im Küstenland und Istrien, in Oberkrain bei Virkce.

Variabilität der Art ☐ Die Art ist im Aussehen sehr plastisch unter Einfluß der Umweltverhältnisse.

Nutzen und Verwendung ☐ Dieser Farn fand besonders früher als Sirup und Tee (Expectorans) gegen Brustleiden arzneiliche Verwendung (jetzt noch in Belgien). Im Altertum wurden die Blatt- und Fiederstiele mit dunklen Frauenhaaren verglichen und diesen Pflanzen nach der Lehre von der »Signatura rerum« Heilkräfte zur Förderung des Haarwuchses bzw. Erhaltung von dessen dunkler Farbe zugeschrieben; daher auch die Synonyme ›Kallitrichon‹, ›Polytrichon‹ (griech.) und ›Capillaris‹ (latein.). Offizinell: Folium Adianti seu Herba capilli Veneris (Pharmacop. Austr. et Helv.).

Familie **Dennstaedtiaceae (Hypolepidaceae)** Adlerfarngewächse

Rhizom kriechend, verzweigt, mit solenostelisch angeordneten Leitbündeln und mit mehrzelligen Haaren bekleidet. Blätter kurz oder lang gestielt; Blattstiel mit mehreren Leitbündeln, die oben zu einem U-förmigen Bündel zusammenfließen. Blattspreite ein- bis mehrfach gefiedert. Sori überwiegend (sub)marginal, auf dem Ende oder den durch eine Kommissur verbundenen Enden der Seitenadern mit zweilappigem Schleier (Indusium), dessen Oberlappen einem zuweilen modifizierten Randlappen der Blattspreite entspricht, nicht selten einer der beiden Lappen reduziert.

Artenzahl und Verbreitung ☐ 8 Gattungen, meistens in der tropischen Zone. – *Dennstaedtia punctilobula* (MICHX.) MOORE (Atlantisches Nordamerika) mit drüsig behaarten, doppelt gefiederten Blättern, wird als Freilandfarn in Gärten gezogen. ☐ In Europa eine einzige Gattung.

1. Pteridium

Pteridium[1] SCOPOLI Fl. Carniol. 169 (1760). – Syn.: *Pteris* L. Gen. pl. ed. 5: 484 (1754), p. p. – *Eupteris* NEWMAN Phytol. **2**: 278 (1845), p. p. min. – Adlerfarn. Holl.: adelaarsvaren; vläm.: adelvaren; dän.: ørnebregne; engl.: brake, bracken, braken; franz.: fougère impériale, grande fougère; südfranz.: feouzé; ital.: felce aquilina, felce da ricotte, felce capannaja; slowen.: vali paprad, paprat duduja, bujad; tschech.: hasivka; sorb.: paproš; poln.: zgasievka; russ.: орляк (orljak).

Typus-Art: *Pteris aquilina* L. = *Pteridium aquilinum* (L.) KUHN.

Wichtige Literatur ☐ PERRING, F. H. & G. B. GARDINOR (eds.) 1977: The biology of bracken. Bot. J. Linn. Soc. **73** (1, 2, 3) I–VI. 1–302, i–xx. Darin besonders: C. N. PAGE: The taxonomy and phytogeography of bracken, a review: 1–34; sowie: G. COOPER-DRIVER: Chemotaxonomy and phytochemical ecology of bracken:

35–46. – TRYON R. M. JR., 1941: A revision of the genus *Pteridium*. RHODORA **43**: 1–70.

Rhizom unterirdisch, lang kriechend, verzweigt; Blätter entfernt, langgestielt; sporentragende und sporenlose Blatteile fast gleichgestaltet; Spreite dreifach gefiedert, die unteren Fiedern mit 1–2 Nektarien am Grunde; Fiederchen zahlreich, eiförmig bis lineal. Sori auf einer fast randständigen, die fertilen Adernenden verbindenden Kommissur, vom zurückgerollten Blattrand bedeckt, der eigentliche (innere) Schleier meist rudimentär und undeutlich. Sporangienring aus ca. 13 Zellen bestehend.

Artenzahl und Systematik ☐ Die Gattung, die nur eine, nach anderen Autoren 6 oder mehr Arten enthält, wurde von vielen Systematikern in die Familie Pteridaceae oder Polypodiaceae subfam. Pteridoideae eingereiht, aber auf Grund der Gliederung der Familie Polypodiaceae von ALSTON (Taxon **5**: 23–25; 1956) und von PICHI-SERMOLLI (in TURRILL, Vistas in Botany 474; 1959) ist die Zugehörigkeit dieser Gattung zur Familie Dennstaedtiaceae (Hypolepidaceae) wahrscheinlicher.

1. Pteridium aquilinum

Pteridium aquilinum[2] (LINNÉ) KUHN in V. D. DEKKEN's Reisen Ost-Afr. Bot. **3/3**: 11 (1879). – Basion.: *Pteris aquilina* LINNÉ Sp. pl. 1075 (1753). – Syn.: *Eupteris aquilina* (L.) NEWMAN Phytol. **2**: 278 (1845). – *Asplenium aquilinum* (L.) BERNH. in SCHRAD. Journ. Bot. 1799, **1/2**: 310 (1799). – *Polypodium austriacum*[3] JACQUIN Obs. Bot. **1**: 45 (1764). –

---

[1] pteridion (griech.) πτερίδιον = Farn.
[2] Von aquila (lat.) = Adler; die Anordnung der Leitbündel zeigt im Querschnitt des unteren Blattstieles und des Wurzelstockes etwa die Gestalt eines heraldischen Doppeladlers.
[3] Für die Anwendung dieses Synonyms, das lange Zeit für eine Art von *Dryopteris* [heute *D. dilatata* (HOFFM.) A. GRAY] verwendet wurde, s. C. FRASER-JENKINS, Nomenclatural notes on *Dryopteris*: 4, Taxon **29**: 607–612 (1980).

118 Dennstaedtiaceae　　　　　　　　　　　　　　　　　　　　　　　　　　Josef Dostál

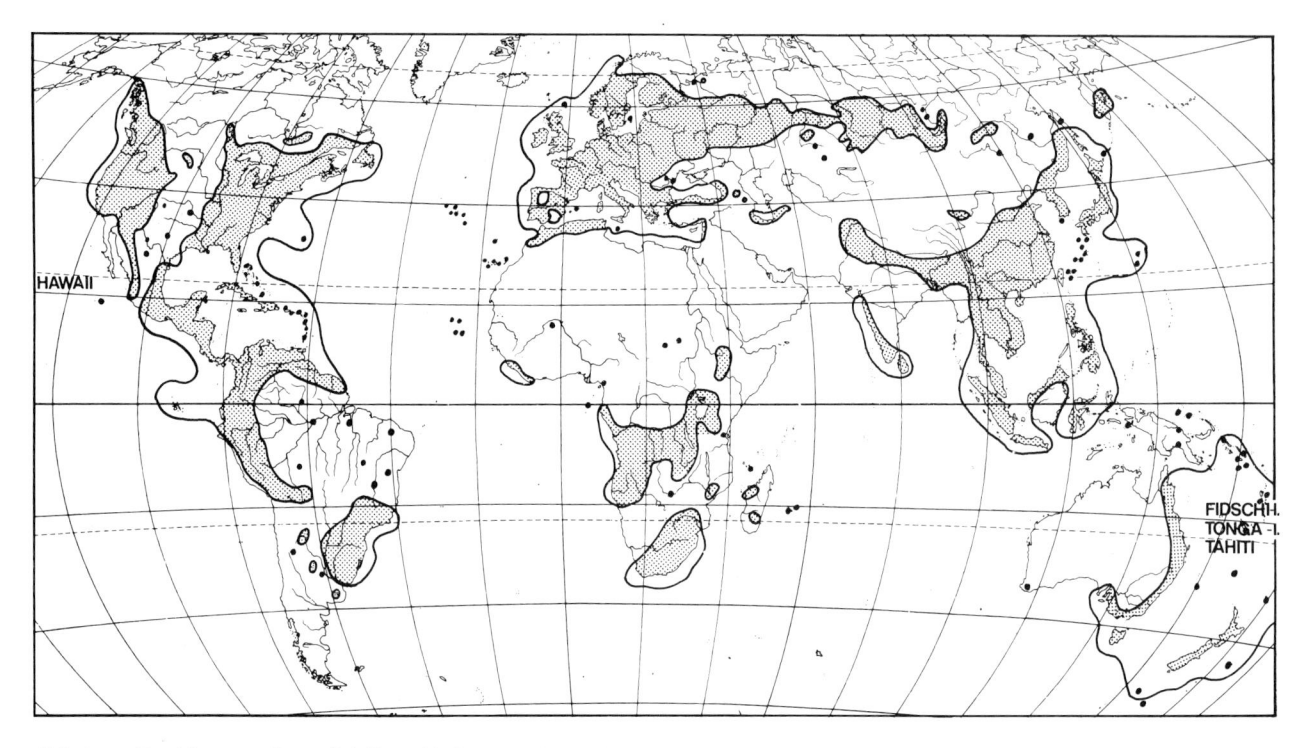

Abb. 95 □ *Pteridium aquilinum* (L.) KUHN. Verbreitungskarte der Art i. w. S. (nach MEUSEL, JÄGER & WEINERT 1965, verändert)

Gemeiner Adlerfarn. – Taf. 7 Fig. 1 nach S. 224. – Abb. 95–100.

Ausdauernd, 30–200 cm hoch (doch wurden ausnahmsweise bis 4 m hohe Pflanzen als Spreizklimmer beobachtet); Rhizom verzweigt, 5–50 cm tief kriechend, 3–10 mm dick, am Ende schwarz behaart, jährlich nur ein Blatt entwickelt; Blätter bis 4 m hoch, sommergrün; Blattstiel 1–2 (–3) m lang, so lang wie oder etwas länger (selten kürzer) als die Spreite, bis 1 cm dick, aufrecht, nur an dem schwärzlichen, verdickten Grundteil braunwollig, sonst kahl, gelblich, oberseits seichtrinnig, neben der Rinne mit zwei Leisten; Spreite bogenförmig geneigt, zuweilen fast horizontal, im Umriß dreieckig-eiförmig, derb krautartig, hellgrün, unten mehr oder minder flaumig; Fiedern meist genähert, gegenständig, länglich, zugespitzt, die unteren gestielt, die oberen sitzend; Fiederchen abwechselnd, lanzettlich, die Abschnitte letzter Ordnung abwechselnd, kammförmig gedrängt, aus breitem Grunde länglich, stumpf oder fiederig gelappt bis fiederspaltig, sonst ganzrandig, Blattrand umgerollt; beide Schleier bewimpert. An der Unterseite der Blattspindel, an der Ansatzstelle der primären Fiedern, findet sich je ein »extraflorales« Nektarium, das während der Entwicklung des noch nicht voll ausgebildeten Blattes Tröpfchen einer zuckerhaltigen Flüssigkeit absondert. Die Anatomie dieser Nektarien wurde von F. E. LLOYD (Science N. Ser. **13**: 885, 1901) beschrieben (Hypothesen zur Funktion: vgl. auch C. N. PAGE, Fern Gaz. **12** (4): 233–240, 1982). Von unten nach oben im Blatt werden sie kleiner, und nach TRYON (1941) nimmt ihre Funktionsfähigkeit in diesem Sinne ab. Am ausgewachsenen Blatt sind sie als kleine, kallöse, zuweilen dunkel verfärbte Schwellungen zu erkennen und erleichtern die Erkennung

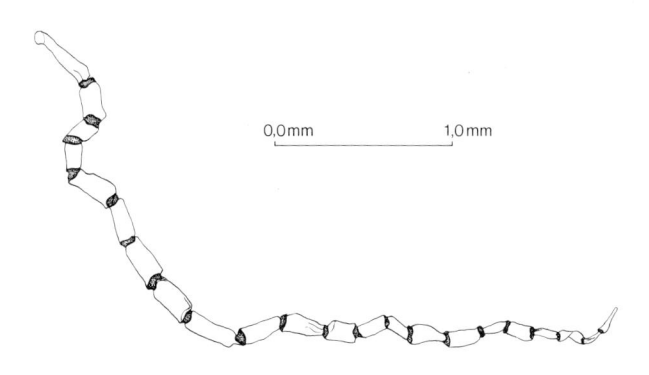

Abb. 96 □ *Pteridium aquilinum* (L.) KUHN. Rhizomhaar (Original R. PASSOW)

des Adlerfarnes in vegetativem Zustand. – Chromosomenzahl: 2n = 104 (in Südspanien subsp. *heradiae* CLERMONDS ex COLMEIRO = *P. heradiae* (CLERMONDS ex COLMEIRO) LÖVE et KJELLQUIST: 2n = 52[1]). – Sporenreife: VII.–IX.

Vorkommen ☐ Rhizomgeophyt, Tiefwurzler (5 bis 50 cm tief), kalkfeindliche Licht- bis Halbschattenpflanze. – In artenarmen, lichten Eichen- und Kiefernwäldern, selten im Waldschatten unter Buchen und Fichten, auf Waldblößen, vernachlässigten Weiden (Weideunkraut), in Hochstaudenwiesen, an Waldrändern und Böschungen. – Auf mäßig trockenen, frischen oder wechselfrischen, in der Tiefe meist wasserzügigen oder zeitweilig wasserstauenden, meist basenarmen, sauren, modrig-humosen, aber gut durchlüfteten, sandig-steinigen Lehmböden oder bindigen Sandböden, auf Kalkboden nur da, wo die oberen Schichten ausgelaugt und kalkarm geworden sind.[2] An vielen Orten bedeckt der Adlerfarn den Boden auf weite Strecken hin und bezeichnet fast

[1] MOLESWORTH ALLEN, B. 1968: Brit. Fern Gaz. **10:** 34–36, und LÖVE, Á. et D. 1969: Syn. Fl. Eur. Sevilla 290.
[2] Vgl. POEL, L. W. 1981: Soil aeration as a limiting factor in the growth of *Pteridium aquilinum;* Journ. Ecol. **49:** 107–111.

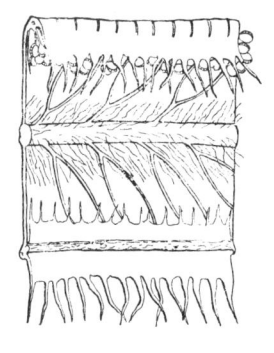

Abb. 97 ☐ *Pteridium aquilinum* (L.) KUHN. Teil eines fertilen Blattabschnittes von unten ☐ *Oben* Schleier in normaler Lage ☐ *Unten* äußerer Schleier zurückgeschlagen und Sporangien entfernt, innerer Schleier sichtbar (etwa × 10) (nach HYDE & WADE 1969)

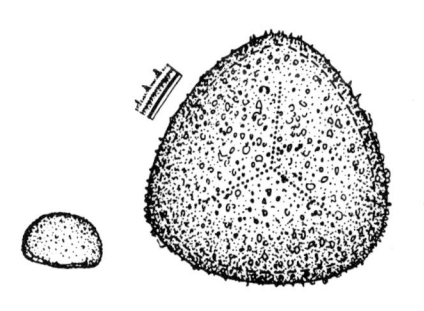

Abb. 99 ☐ *Pteridium aquilinum* (L.) KUHN. Sporen ☐ *Rechts* Ansicht auf die distale Seite (× 1000) ☐ *Links oben* Schichtung der Wandung (× 2000) ☐ *Links unten* Äquatoransicht (× 250) (nach ERDTMAN 1957)

Abb. 98 ☐ *Pteridium aquilinum* (L.) KUHN. Schwarzwald

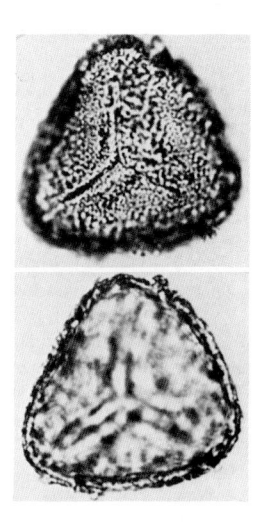

Abb. 100 ☐ *Pteridium aquilinum* (L.) KUHN. Spore (× 1000), Ansicht auf den proximalen Pol, *oben* hohe, *unten* tiefe Einstellung (optischer Schnitt) (Original STRAKA)

immer ehemaligen Waldboden. Wächst vor allem in den Gesellschaften der Verbände Quercion roboris, Sarothamnion, aber auch im Luzulo-Fagion oder in Vaccinio-Piceetalia-Gesellschaften. – Von der Ebene bis in die Gebirge, steigt in den Alpen bis 2100 m. Als Magerkeitszeiger wird er durch Düngung verdrängt. Fruktifizierend meist nur in sonnigen Lagen, an manchen Lokalitäten bleibt er langjährig steril, ohne entwickelte Sporangien, und vermehrt sich nur vegetativ durch Verzweigung der Grundachse. Die bis 30 cm tief wurzelnden Rhizome enthalten viel Kieselsäure (Asche bis 68 % SiO_2) und widerstehen dem Feuer; der Adlerfarn bildet deshalb auf gerodeten Waldböden dichte Bestände; in den Tropen tritt er besonders stark nach Brandrodungen auf.

Allgemeine Verbreitung □ Areal kosmopolitisch; gänzlich fehlt die Art nur in den Polarländern, in den ausgesprochenen Wüsten- und Steppengebieten und in den Gebirgen oberhalb der Baumgrenze. Sonst ist die Verbreitung weltweit, in fast allen humiden bis semihumiden Gebieten, in der australen Zone, über die Tropen bis in die gemäßigte und weite Teile der kühlen Zone. In Europa in den Mittelmeerländern und auf den atlantischen Inseln oft ± montan. Sehr verbreitet im mitteleuropäischen Laub- und im größten Teil des nordeuropäischen Nadelwaldgürtels; fehlt dagegen in den pontischen und pannonischen Steppenlandschaften.
□ Karten: MEUSEL, JÄGER, WEINERT 1965, S. 12; JALAS & SUOMINEN 1972, Karte 67.

Arealdiagnose □ austral · humid-semihumid – trop/montan – merid/montan – temp – (b) · oz_{1-3} Circpol.

Florenelement (europäisches Teilareal) □ medit – mitteleur – scand – subboreoross.

Verbreitung im Gebiet □ Mit Ausnahme der Hochgebirge und der xerothermen Steppenzone verbreitet, in Kalkgebieten regional fehlend; im Wallis bis 1550 m, in Graubünden bis 1800 m, in Tirol bis 1790 m, in Bayern bis 1140 m, in Kärnten bis 1820 m, in den West-Karpaten bis 1750 m, in Norditalien bis 2100 m.

Variabilität der Art □ Eine formenreiche Art, von der etwa 100 Formen und Varietäten beschrieben wurden. Nach COPELAND (Genera Filicum, Waltham, Mass., 1947) ist sie am besten in sechs oder mehr selbständige Arten aufzulösen. Der Monograph R. M. TRYON unterscheidet dagegen nur eine einzige Art mit zwei Unterarten und zwölf Varietäten. In Europa kommt nach ihm nur subsp. *aquilinum* vor, mit zwei Varietäten, var. *aquilinum* (»var. *typicum*«) mit behaarter Blattspindel und behaartem (»fertilem« und »sterilem«) Schleier und die mehr nördlich verbreitete var. *latiusculum* (DESV.) UNDERWOOD, bei der Blattspindel und Schleier kahl sind. Dazu kommt in Südspanien auf Kalk die diploide ssp. *heradiae* (s. o.).

Nutzen und Verwendung □ Der Adlerfarn wird, wo er weite Strecken bekleidet und Farnweiden bildet, als Streumaterial oder zur Winterbedeckung von Kartoffeln oder Zuckerrüben, aber auch zur Herstellung von Strohdächern verwendet. Das Rhizom wird wegen seines Gehaltes an Stärke in manchen Ländern als Nahrungsmittel verwendet (z. B. in Japan). Namentlich bildete es für die Maoris von Neuseeland einst in Hungerzeiten ein Hauptnahrungsmittel[1]. Auch der Kaligehalt der Pflanzen wird ab und zu als Düngemittel oder in Glashütten ausgebeutet. – Man glaubt auch, daß das Schlafen auf einem mit getrockneten Blättern von Adlerfarn gefüllten Strohsack gegen Rachitis und Rheumatismus hilft. Das Volk sieht auf dem Querschnitt des Wurzelstockes die Buchstaben J. C. (Jesus Christus), daher Jesus-Christus-Wurzel (Marbach in Württemberg); auch in Vorarlberg sagt man, daß man auf diesem Querschnitt den Namen Jesus sehe, wenn man ihn am »Userfrauatig« (Mariä Himmelfahrt) durchschneide. Im Aberglauben verschiedener Gegenden sagt man, daß dieser Farn in der Walpurgisnacht blüht. – Im Mittelalter glaubte man, daß »Samen« dieses Farnes unsichtbar mache.

Krankheiten □ Auf der Blattunterseite treten nicht selten schwarze, dem Adernlauf folgende Streifen auf, welche Zönosori ähneln. Sie werden vom Askomyzeten-Pilz *Cryptomycina pteridis* (REBENT.) HÖHNEL gebildet.

Volksnamen □ Die Formen Pfarm, Ferlach (Kärnten), Falum (Holzgau bei Reute in Tirol) gehören wohl zu Farn. Die Bezeichnung Paprutsch, Papruz (Nordpolen), Papisch (Brandenburg) gehören zum gleichbedeutenden russischen paporoti (Farn, vgl. *Dryopteris filix-mas*). Nach der Verwendung heißt die Art Streufarn (Österreich); Chrützfaarä (St. Gallen) bezieht sich vielleicht darauf, daß der Farn Kreuzschmerzen heilen soll. Zu den Namen Flöhkraut (Sachsen), Wanzenkraut (Kärnten), Schlangenleiter (Baden), Snaokenkrut (plattdeutsch), Gehannsbarbe (Johannisbart, ehem. in Nordböhmen) vgl. *Dryopteris filix-mas*. Das westpreußische Minutenkraut bezieht sich auf den alten Aberglauben, daß der Farn (in der Johannisnacht) nur eine Minute »blühen« soll.

Verwendung als Zierpflanzen □ Zu der Familie Davalliaceae gehören meist epiphytische Pflanzen mit gefiederten Blättern. Arten der tropischen Gattung *Nephrolepis* (Indusium fast schild- bis nierenförmig) werden als Handelsfarne kultiviert, nämlich Kulturvarietäten (meist somatisch sterile Mutationen) der Arten *N. cordifolia* (L.) C. B. PRESL und *N. exaltata* (L.) SCHOTT. – Die Gattung *Davallia* (Indusium bildet mit dem Blattrand einen schüsselförmigen Behälter) hat eine europäische Art, *D. canariensis* (L.) J. E. SMITH (Madeira, Kanaren, Marokko, Portugal, Süd- und Westspanien). Einige Arten werden in Glashäusern gezogen, z. B. *D. pentaphylla* BLUME (tropisches Asien), *D. solida* (FORST.) SWARTZ (Malesien und Polynesien), *D. bullata* WALL. ex HOOKER (tropisches Ostasien) und andere.

---

[1] MÜLLER-STOLL, W. R. 1949: Die Wurzelstöcke des Adlerfarns, *Pteridium aquilinum* und ihre Verwertung als Nahrungs- und Futtermittel: Die Pharmazie (Berlin) **4**: 122–137.

Familie **Hymenophyllaceae** Hautfarngewächse

Wichtige Literatur ☐ BENL, G. 1974: Zur Nomenklatur der in Europa vertretenen Hautfarne. Hoppea **33**: 311–314. – COPELAND, E. B.: Trichomanes. Philip. J. Sci. **51** (2): 119–280 (1933); *Hymenophyllum*. Philip. J. Sci. **64** (1): 1–188 (1937); Genera Hymenophyllacearum. Philip. J. Sci. **67** (1): 1–110 (1938). – DUNK, K. v. d. 1973: Tropische Hautfarne in Europa. Hoppea **31**: 205–234. – MORTON, C. V. 1968: The genera, subgenera, and sections of the Hymenophyllaceae. Contrib. U. S. Nat. Herb. **38** (5): 153–214.

Im Gebiet nur die Typus-Gattung (s. unten).

Kleine, ausdauernde Stauden; R h i z o m kriechend oder aufrecht, zuweilen wurzellos, mit protostelischem Leitbündel und mit zarten, einzellschichtigen B l ä t t e r n ohne Spaltöffnungen, mit freier Nervatur und öfter mit »Scheinnerven« (d. h. mit den Adern verbundene oder freie Sklerenchymstränge ohne Leitelemente). Junge B l ä t t e r meist spiralig eingerollt. S p o r a n g i e n sitzend oder sehr kurz gestielt, Ring quer oder schräg verlaufend (Abb. 101); S o r i blattrandständig, mit einem die Fortsetzung der Blattadern bildenden, oft stark verlängerten Stiel (Kolumella); I n d u s i u m zweiklappig oder becherförmig. P r o t h a l l i u m einzellschichtig, bandartig oder fadenförmig, reich verzweigt, Archegonien und Antheridien auf seitlichen Lappen.

☐ Die Gattungen dieser artenreichen Familie sind vorwiegend in den Tropen und auf der südlichen Hemisphäre verbreitet.

☐ Bei der ausgezeichnet abgegrenzten Familie, zu welcher die am einfachsten gebauten Formen unter den Leitbündelkryptogamen gehören, ist schwer zu entscheiden, welche Merkmale primitiv und welche reduziert sind. Doch dürfte der einfache Bau der Stele und der Blätter, sowie das Fehlen der Wurzeln bei den kleinen Formen als Anpassung an den meist immerfeuchten Standort anzusehen sein.

Artenzahl und Verbreitung ☐ Diese Familie ist besonders in den Nebelwäldern der tropischen und subtropischen Gebirge artenreich entwickelt, mit etwa 450–650 Arten, die je nach der Auffassung auf 4 oder 34 Gattungen verteilt werden. Das Zentrum der geographischen Verbreitung liegt in den Tropen und auf der Südhemisphäre, wo die Hautfarne namentlich an feuchten Waldstellen der Gebirge in einer reichlichen Zahl von Arten auftreten. Zahlreiche, teils südliche, teils endemische Vertreter finden sich in den feucht-gemäßigten Teilen von Australien, Neuseeland und Chile.

☐ Die meisten Arten leben epiphytisch an Baumstämmen und Ästen oder epilithisch an moosigen Felsen. Nur wenige Hautfarne kommen von den Tropen bis in die kälteren Gebiete vor; in Europa finden sich nur drei Arten der Gattungen *Hymenophyllum* und *Trichomanes*, aber ihr Bestand ist sehr stark zurückgegangen. Die atlantischen Küsten sind die letzten nordöstlichen Ausläufer, mit denen die jetzt zerstreuten Vorkommen von *Hymenophyllum tunbrigense* in Mittel- und Südeuropa ursprünglich in Verbindung gestanden haben mögen. Dieses Beispiel ist deshalb von besonderem Interesse, weil es die Bedeutung des »Lokalklimas« über die theoretische Klimagrenzen hinaus deutlich erkennen läßt. CHRIST (Geographie der Farne, 1910) schreibt darüber: »Gerade bei so ausnahmsweise weiten Sprüngen von Arten über ihre allgemeine Grenze nach Norden zeigt sich die strenge Auswahl der Örtlichkeiten: es sind in der Tat kleine ›atlantische‹ Nester, wunderbar geschützte Stellen, wo diese Zeugen der vorglazialen Periode sich – kümmerlich – erhalten.«

☐ Neben der unten angeführten Gattung *Hymenophyllum* werden einige Arten der Gattung *Trichomanes* J. E. SMITH (Dünnfarn) und Nachbargattungen in Glashäusern kultiviert. Es sind sehr zarte Pflanzen mit verschiedengestaltigten Blättern, mit oft ins Blatt eingesenkten Sori und röhrigen Schleiern; längliche, oft gelappte Blätter hat das afrikanische *T. erosum* WILLD., kreisrunde, sehr dünne, am Rande mit scheibenförmigen Schuppen besetzte Blätter hat das südamerikanische *T. membranaceum* L., und die einzige europäische Art, *T. speciosum* WILLD. (= *T. europaeum* J. E. SMITH, *T. radicans* auct., vix SWARTZ) mit schwarz behaartem Rhizom, 3–4fach gefiederten Blättern, deren letzte Abschnitte länglich-eiförmig und symmetrisch sind (2n = 144); wächst bei Wasserfällen an Felsen und ähnlichen nassen Stellen in Westeuropa von Irland bis Spanien; in Steingärten wird diese Art zuweilen gepflanzt. Das eigenartige neuseeländische *Cardiomanes reniforme* (FORST.) C. B. PRESL (*Trichomanes reniforme* FORST.) hat nierenförmige, mehrschichtige Blätter.

1. Hymenophyllum

Hymenophyllum[1] J. E. SMITH Mém. Acad. Turin **5**: 418 (1793). – H a u t f a r n.

Typus-Art: *Trichomanes tunbrigense* L. = *Hymenophyllum tunbrigense* (L.) J. E. SMITH.

Ausdauernde, kleine, zuweilen laubmoosähnliche Pflanzen; R h i z o m horizontal kriechend, sehr dünn bis fadenförmig, bewurzelt, mit dichten, zweizeiligen, einfachen bis vierfach fiedrig geteilten, dünnhäutigen, einzellschichtigen, ausdauernden B l ä t t e r n, mit oft asymmetrischen, gelappten bis mehrmals gefiederten Abschnitten. S o r i einzeln, rund, am Grund der vorderen Abschnitte des Blattes; I n d u s i u m bis zum Grunde zweiteilig oder doch über die Mitte zweispaltig (Abb. 104); Rezeptakulum kopf- oder fadenförmig, am Grunde zuweilen mit Paraphysen. S p o r e n kugel-tetraëdrisch. P r o t h a l l i u m bandförmig, an das Protonema der Moose erinnernd. – Chromosomenzahl: n = 11, 13, 18, 21, 36, usw.

Artenzahl und Verbreitung ☐ Etwa 300, überwiegend tropische Arten. In Europa, außer der folgenden nur noch eine Art, *H. wilsonii* HOOKER (= *H. peltatum* auct., vix DESV.) mit ganzrandi-

---

[1] hymen (griech.) ὑμήν = dünne Haut, Membran; phyllon (griech.) φύλλον = Blatt; wegen der zarten Beschaffenheit der Blätter.

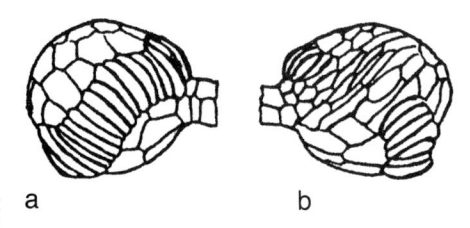

Abb. 101 ☐ *Hymenophyllum* spec. Sporangium, Ansicht auf den Anulus *(links)* und auf das Stomium *(rechts)* (stark vergr.) (nach BIERHORST 1971, dort nach BOWER)

gem Indusium; Azoren und Nordwesteuropa. – In Glashäusern werden einige tropische Arten gezogen, z. B. das pantropische *H. polyanthos* (SWARTZ) SWARTZ mit ovalen, dreifach fiederspaltigen Blättern.

1. Hymenophyllum tunbrigense

Hymenophyllum tunbrigense[1] (LINNÉ) J. E. SMITH in SOWERBY Engl. Bot. **3**: 162 (1794) (›tunbridgense‹). – Basion.: *Trichomanes tunbrigense* LINNÉ Sp. pl. 1098 (1753). – E n g l i s c h e r H a u t f a r n. – Taf. 2 Fig. 1 nach S. 64. – Abb. 102–105.

Ausdauernde, zierliche, 2–6 cm hohe Pflänzchen von moosähnlichem Aussehen; R h i z o m 0,2–0,4 mm dick, reich verzweigt, drahtartig, dunkelbraun, in der Jugend nebst den Blättern bräunlich behaart, zuletzt kahl, an Felswänden oder Bäumen kriechend. B l ä t t e r bei den europäischen Pflanzen 2–6 (–8) cm lang, matt dunkelgrün. B l a t t s t i e l bis 3 cm lang, oberwärts wie die Blattspindel geflügelt, halb so lang wie die länglich-eiförmige, doppelt-fiederteilige Spreite; Blattabschnitte jederseits 7–15, abwechselnd, genähert, die unteren beiderseits, die oberen nur auf der Vorderseite fiederteilig, mit lineal-länglichen, einnervigen, zuweilen zweispaltigen, entfernt scharf gesägten Zipfeln, die an der Spitze gestutzt oder abgerundet sind. S o r i meist nur an der oberen Blatthälfte entwickelt, rundlich, den sehr kurzen untersten Seitennerv eines Abschnittes beschließend. Lappen des Indusiums halbkreisrund bis verkehrt-eiförmig, eingeschnitten-gesägt. Rezeptakulum mit kurzen Paraphysen, nicht über die Sporangien hinaus verlängert. Sporen etwa 30–35 µm (KOH) bzw. 40–48 µm (azetol.) groß, die Tetradenmarke bis an den Rand reichend; E x o s p o r zart, dünnwandig, mit dreieckigen Emergenzen, durch die der Rand gezähnt aussieht. – Chromosomenzahl: $2n = 26$. – Sporenreife: VIII.

Vorkommen ☐ Chamaephyt und Epiphyt. In Europa an feuchten, beschatteten Sandsteinfelsen in luftfeuchten Lagen, in epilithischen Kryptogamen-Gesellschaften, zwischen Moosen und Lebermoosen kriechend, oft mit dem atlantischen Moos *Plagiochila spinulosa* zusammen. – Charakterart des Verbandes Hymenophyllion mit *Polytrichum formosum, Rhytidiadelphus loreus, Mnium hornum* u. a., anderwärts auch epiphytisch lebend. Die spärlichen, zähen Würzelchen dienen wohl mehr der Befestigung als der Wasseraufnahme, denn diese wird durch die Blätter besorgt.

Allgemeine Verbreitung ☐ Die Art im weiteren Sinne kommt weit zerstreut vor in humiden Bergstufen Süd- und Mittelamerikas, der Antillen, Süd- und Ostafrikas sowie im Norden von Madagaskar, auf Mauritius, Tristan da Cunha und Juan Fernández. Nächstverwandte Sippen in Australien, auf Tasmanien und Neuseeland. Auf der Nordhemisphäre nördlich des Wendekreises in Mexiko, einigen nordatlantischen Inseln sowie an einigen disjunkten, extrem ozeanischen Fundorten in der Submediterraneis von der Galecisch-Cantabrischen bis in die Kolchische Provinz. In der Atlantischen Provinz in größerer Häufung auf der Westseite der Britischen Inseln. In Europa nahezu auf die vom Golfstrom erwärmten atlantischen Küstengebiete beschränkt: die Britischen Inseln, Nordwestfrankreich und die westlichen Pyrenäen, Ardennen; außerdem nur in den

---

[1] Nach dem Städtchen Tunbridge Wells (Grafschaft Kent), wo diese Art zuerst in England festgestellt wurde. SMITH und andere schreiben »tunbridgense«, aber zu Unrecht, da LINNÉ die bereits von PETIVER (um 1700) angewendete Schreibweise »tunbrigense« beibehielt.

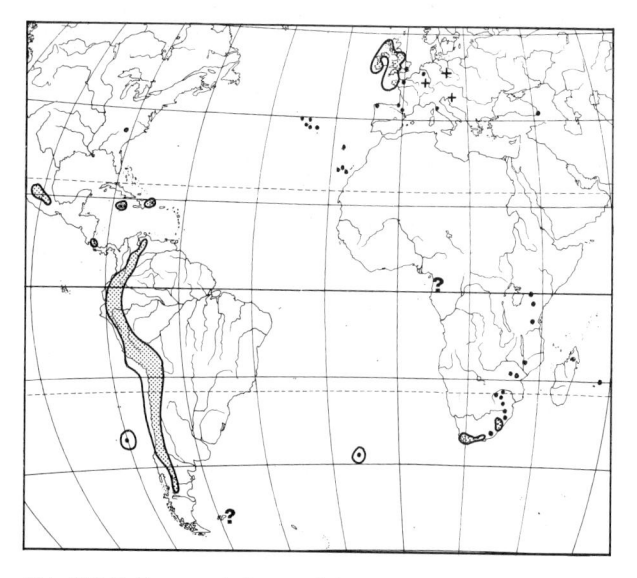

Abb. 102 ☐ *Hymenophyllum tunbrigense* (L.) J. E. SMITH. Verbreitungskarte (nach PICHI-SERMOLLI 1971, verändert). + = verschollen

Westeuropa nordwärts bis zu den Färöern und Westnorwegen durch das verwandte *H. wilsonii* Hook. f. (*H. peltatum* auct., vix Desv.) vertreten.

Arealdiagnose □ austral · humid – tropisch · humid/montan WAm + OAfr + merid – temp · oz_1 Eur.

Florenelement (europäisches Teilareal) □ galec – cantabr – ligur – colch + flaem – westbrit – westhibern.

Verbreitung im Gebiet □ Sehr selten. Belgien: in den Ardennen in der Umgebung von Laroche (neuerdings nicht bestätigt), zwischen Nisramont und Ollomont bei Hérou, Vielsalm. – Im Großherzogtum Luxemburg in der Nähe von Echternach unweit der Schwarzen Ernz (Ehrems) an einem Seitenbache gegen Beaufort, in Seitenschluchten auf Liassandstein unter Berdorf (Ratzbachheid, Aalbach, Heddersbach, Schnellert, Siewenschlef). – In Ostfrankreich in den Nordvogesen bei Allarmont, westlich der früheren deutsch-französischen Grenze auf Vogesensandstein, 1922 von Walter entdeckt. – In Deutschland: Bollendorf bei Trier in der Nähe der Luxemburgischen Fundorte, neuerdings wieder bestätigt; in der Sächsischen Schweiz (Elbsandsteingebirge) im Uttewalder Grund erstmals 1847 aufgefunden, in der Umgebung von Wehlen im J. 1905 noch vorhanden, neuerdings verschwunden. Im angrenzenden Gebiet in Nordböhmen in einem Tal unweit Hřensko (Herrnskretschen) durch Waldbrand vernichtet.

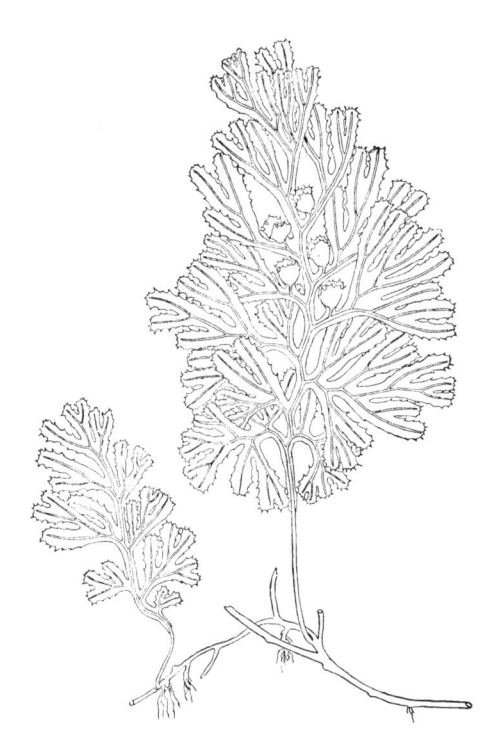

Abb. 103 □ *Hymenophyllum tunbrigense* (L.) J. E. Smith. Rhizom mit sterilem und *(rechts)* fertilem Blatt (etwas mehr als × 2) (nach Hyde & Wade 1969)

Apuanischen Alpen in Norditalien; Azoren, Madeira, Kanarische Inseln; ein Vorkommen wurde auch aus Kroatien (Samobor bei Gradišče) gemeldet (erloschen).
□ Karten: Meusel, Jäger, Weinert 1965, S. 11; Jalas & Suominen 1972, Karte 69. – Nächst verwandte, oft bei der Art *H. tunbrigense* eingereihte Arten wachsen in Südafrika, Mittel- und Südamerika, in Australien, Neuseeland und Polynesien; in

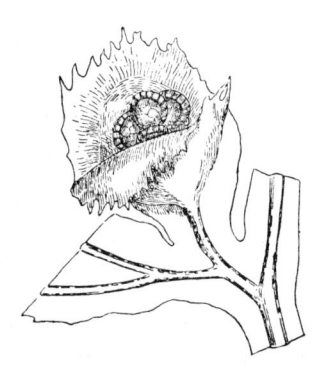

Abb. 104 □ *Hymenophyllum tunbrigense* (L.) J. E. Smith. Reifer Sorus, eine Lippe des Indusiums zurückgeschlagen (etwa × 16) (nach Hyde & Wade 1969)

Abb. 105 □ *Hymenophyllum tunbrigense* (L.) J. E. Smith. Bei Berdorf, Luxemburg

Familie **Thelypteridaceae** Lappenfarngewächse

Wichtige Literatur ☐ Holttum, R. E. 1971: Studies in the family Thelypteridaceae III. A new system of genera in the Old World. Blumea **19:** 17–52. – Iwatsuki, K.: Taxonomy of the Thelypteroid ferns, with special reference to the species of Japan and adjacent regions, I, II, III; Mem. Coll. Sci. Univ. Kyoto Ser. B **30:** 21–51 (1963); **31:** 1–10, 11–40 (1964). – Iwatsuki, K. 1964: Taxonomic studies of Pteridophyta VIII. 10. Classification of the genus *Thelypteris* s. lat.: Acta Phytotax. Geobot. **21:** 35–42. – Morton, C. V. 1963: The classification of *Thelypteris*. Am. Fern J. **53:** 149–154.

Ausdauernde Landpflanzen; R h i z o m lang kriechend oder kurz aufsteigend, spreuschuppig, mit dictyostelischen Leitbündeln. B l ä t t e r meist gleichgestaltet, einfach bis doppelt gefiedert, seltener dreifach gefiedert oder dreizählig geteilt oder einfach; B l a t t s t i e l unten mit 3–7 Leitbündeln, welche sich bald zu 2 bandförmigen Bündeln vereinigen. S o r i an der Unterseite der Blätter auf dem Rücken der Endnerven, rund oder länglich; I n d u s i u m einfach, klein, nierenförmig, zuweilen abfallend oder fehlend. S p o r e n fast immer monolet.

Artenzahl und Verbreitung ☐ Ungefähr 500 Arten, in Europa 5 Gattungen mit je einer Art.

Systematik ☐ Die Arten dieser Familie, ursprünglich für Arten der Gattung *Dryopteris* (oder *Aspidium*) gehalten, wurden später in eine selbständige Gattung *Thelypteris* eingereiht und neuerlich als eigene Familie Thelypteridaceae bewertet, da die anatomischen Merkmale, die der Sporangien und Sori und die Chromosomenzahl die Selbständigkeit dieser Gruppe bezeugen. Die mitteleuropäischen Arten der Gattung *Thelypteris* Schmidel s. l., ursprünglich auf 3 Sektionen verteilt, gehören nach Ansicht vieler neuerer Farnsystematiker richtiger in vier Gattungen, von denen *Phegopteris*, *Thelypteris* und *Oreopteris* in die Familie Thelypteridaceae und *Gymnocarpium* in die Familie Aspidiaceae gehören.

1. Phegopteris

Phegopteris[1] (C. B. Presl) Fée Gen. Filic. 242 (1852) s. str. Basion.: *Polypodium* sect. *Phegopteris* C. B. Presl Tent. Pteridogr. 179 (1836). – Syn.: *Dryopteris* Adanson Fam. pl. **2:** 20 (1763), p. p. min. – *Nephrodium* Rich. in Marthe Cat. Jard. méd. Paris 120 (1801), p. p. – *Gymnocarpium* Newm. Phytolog. **4:** 37 (1851), p. p. – *Nephrodium* sect. *Decursivae* Diels in Engler et Prantl Nat. Pflanzenfam. **1/4:** 170 (1899). – *Dryopteris* sect. *Decursivae* (Diels) Hayek Fl. Steierm. **1:** 32 (1908). – Vgl. G. v. Beck Österr. Bot. Zeitschr. **67:** 60–63 (1918). – L a p p e n f a r n .

Typus-Art: *Polypodium phegopteris* Linné (1753) = *Phegopteris connectilis* (Michx.) Watt.

Wichtige Literatur ☐ Holttum, R. E. 1969: Studies in the family Thelypteridaceae. The genera *Phegopteris*, *Pseudophegopteris*, and *Macrothelypteris*; Blumea **17:** 5–32. – Holttum, R. E. 1983: The family Thelypteridaceae in Europe. Acta Bot. Malacitana **8:** 47–58.

Mittelgroße Farne mit kriechendem Rhizom. B l ä t t e r doppelt fiederschnittig, mit dünnen, bleichen Spreuschuppen und mit ein- oder mehrzelligen Haaren besetzt; A d e r n frei; zwischen den primären B l a t t a b s c h n i t t e n ein Lappen von Blattgewebe, der direkt von der B l a t t s p i n d e l aus innerviert wird; S o r i rund, nahe dem Ende der Adern, ohne oder mit sehr kleinem Schleier; Sporangien häufig behaart. – Chromosomengrundzahl: x = 30.

Artenzahl und Verbreitung ☐ Drei Arten, außer unserer noch je eine im östlichen Nordamerika und in Ost- und Südostasien.

1. Phegopteris connectilis

Phegopteris connectilis[2] (Michx.) Watt Canad. Nat. (1870) 29. – Basion.: *Polypodium connectile* Michaux Fl. Bor. Am. **2:** 271 (1803). – *Polypodium phegopteris* Linné Sp. pl. 1089 (1753). – Syn.: *Polystichum phegopteris* (L.) Roth Tent. fl. Germ. **3:** 72 (1799). – *Lastrea phegopteris* (L.) Bory Dict. class. hist. nat. **9:** 233 (1826). – *Aspidium phegopteris* (L.) Baumg. En. stirp. Transs. **4:** 28 (1846). – *Gymnocarpium phegopteris* (L.) Newman Phytolog. **4:** 23 (1851). – *Phegopteris polypodioides* Fée Gen. Filic. 243 (1852), non Metten. (1889). – *Phegopteris vulgaris* Metten. Fil. horti Lips. 83 (1856). – *Nephrodium phegopteris* (L.) Prantl Exc.-Fl. Bayern 23 (1884). – *Dryopteris phegopteris* (L.) Christens. Ind. Filic. **5:** 284 (1905). – *Thelypteris phegopteris* (L.) Slosson in Rydberg Fl. Rocky Mts. 1069 (1918). – Nomenkl. vgl. C. V. Morton, Amer. Fern. J. **57:** 177 (1967); R. E. Holttum, Taxon **17:** 259 (1963); Blumea **17:** 10 (1969). – B u c h e n f a r n . – Taf. 3, Fig. 3 nach S. 98. – Abb. 60, 106–108.

Ausdauernd; R h i z o m kriechend, dünn, 1–2,5 mm dick, verzweigt, anfangs mit lichtbraunen, lanzettlichen Spreuschuppen; B l ä t t e r entfernt, nicht büschelig gehäuft, 10–50 cm lang; Blattstiel bis 30 cm lang, 1–1,5 mm dick, strohgelb, öfter gebogen, zerstreut spreuschuppig, länger als die Blattspreite. B l a t t s p r e i t e 7–22 × 5–15 cm groß, im Umriß dreieckig-eiförmig, lang zugespitzt, zart, matt hell-

---

[1] phegós (griech.) φηγός = Eiche; ursprünglich vielleicht der Name der Kastanie bei den Griechen, von Linné nach Analogie des Namens »*Dryopteris*« gebildet; pteris (griech.) πτέρις = Farn.
[2] connectilis (lat.) = verbindlich, wegen der durch Zwischenlappen verbundenen Fiedern.

Abb. 106 □ *Phegopteris connectilis* (MICHX.) WATT. Dritte Seitenfieder, etwas vergr. (nach HYDE & WADE 1969)

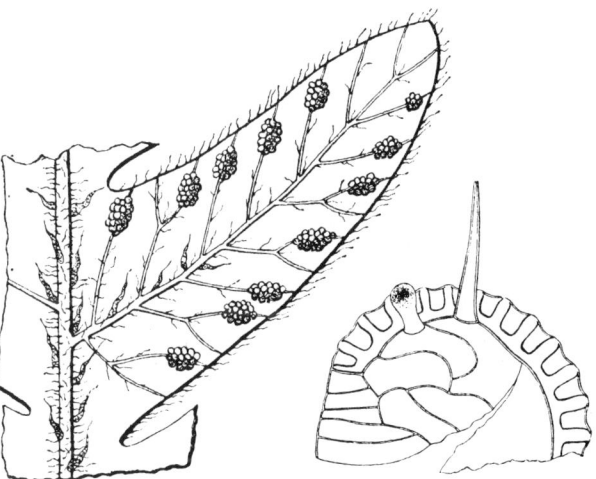

Abb. 107 □ *Phegopteris connectilis* (MICHX.) WATT □ *Links* fertiler Blattabschnitt (× 5) □ *Rechts* Spitze der Sporangiumkapsel mit Haar (× 120) (nach LUERSSEN 1884/89)

grün. Haupt- und Seitenachsen unterseits zerstreut spreuschuppig, beide Seiten zerstreut behaart, doppelt fiederschnittig oder am Grunde gefiedert und fiederschnittig. F i e d e r n jederseits 12–20, ziemlich genähert, gegenständig, das unterste Paar abwärts gerichtet, nicht größer als die übrigen, die an der Spitze aufwärts gebogen sind; alle Fiedern lanzettlich, zugespitzt, fiederspaltig, mit länglichen, stumpfen, ganzrandigen oder gekerbten Abschnitten. Die unteren Abschnitte, mit Ausnahme der 2 untersten Paare, bilden an der Blattspindel dreieckige Flügel. S o r i näher dem Blattrande, schleierlos, oft bis zur Berührung genähert; Sporen bohnenförmig, 20–25 × 30–40 µm (KOH) bzw. 47–50 × 55–75 µm (azetol.), Perispor mit wenigen, weit abstehenden, bis 10 µm hohen Falten. – Chromosomenzahl: 2n = 90 (triploid), bei Sporophyt und Gametophyt gleich; die Pflanze vermehrt sich apomiktisch. In Japan fand H. HIRABAYASHI [J. Jap. Bot. **44 (4):** 112–119 (1969)] eine diploide Sippe (n = 30, sexuell), die möglicherweise ein Vorfahre unserer Pflanze ist. – Sporenreife: VII.–IX.

Vorkommen □ Geophyt; Schattenpflanze. In kraut- und farnreichen, schattigen, feuchten Buchen- (seltener Tannen-) oder Fichtenmischwäldern, in Gebüschen auch im Alnetum incanae, an Mauern und Böschungen, vor allem im Gebirge an quelligen Orten (aber Staunässe meidend) und in Knieholzbeständen. Auf sickerfrischen, etwas feuchten, nährstoff- und basenreichen, kalkarmen, mäßig humosen, lockeren und steinigen Lehmböden, Mull- und Moderwurzler. In montanen Fagion-Waldgesellschaften, auch im Adenostylion oder in staudenreichen Vaccinio-Piceion-Gesellschaften. Von der Ebene (hier selten) bis in die Berg- und Voralpenstufe, aber in den Alpen bis 2400 m aufsteigend.

Abb. 108 □ *Phegopteris connectilis* (MICHX.) WATT (mit *Gymnocarpium dryopteris* [L.] NEWM., *unten*). Schwarzwald

Allgemeine Verbreitung □ Areal zirkumpolar. Verbreitet in den gemäßigten und kühlen Breiten Europas und Nordamerikas, mit Auflockerungen und großen Lücken in den kontinentalen Gebieten (Ostsibirien, zentrales Nordamerika). Verbreitet in Nord- und Mitteleuropa, im Süden vom Kantabrischen Gebirge über Korsika, den nördlichen Apennin, Dalmatien, Nordgriechenland, zum nordöstlichen Kleinasien und zum Kaukasus.
□ Karten: HULTÉN 1964, Karte 107; MEUSEL, JÄGER, WEINERT 1965, S. 16; JALAS & SUOMINEN 1972, Karte 74.

Arealdiagnose □ (sm/mo) – temp/demo – b – (arct) · oz_{1-3} Circpol.

Florenelement (europäisches Teilareal) □ (submedit/mo) – (atl) – sarm – nordeurop – boreoatl – lappon.

Verbreitung im Gebiet □ Im ganzen Gebiet ziemlich häufig bis vereinzelt, im Nordwesten sehr selten, fehlt auf den Ostfriesischen Inseln, im Süden mehr im Gebirge, im Norden auch im Flach- und Hügelland. In den Bayerischen Alpen bis 1680 m, in Vorarlberg bis etwa 2500 m (Montafon, Vergoldner Jöchl), in Tirol bis 1900 m, in der Tatra bis 1780 m, im Wallis (Saastal) bei 2120 m.
□ Beschattung und große Feuchtigkeit sagen der Art besonders zu, daher das vorherrschende Auftreten in Nord-, Nordwest- und Westlagen und in Inversionslagen in den xerothermen Gebieten, z. B. im Zadiel-Tal im südslowakischen Karst (200 m ü. M.).

Variabilität der Art □ Der Buchenfarn ist wenig veränderlich in der Form, Zerteilung und Behaarung der Blätter. Die Blätter des Buchenfarnes werden häufig vom Pilz *Uredinopsis filicina* (NIESSL) MAGN. (Uredinaceae) befallen.

2. Thelypteris

Thelypteris[1] SCHMIDEL Icon. pl. anal. part. (ed. KELLER) **1**: 45 (1762), s. str., nom. cons. – Syn.: *Lastrea* BORY Dict. class. hist. nat. Bot. **6**: 588 (1824), p. p. – *Dryopteris* ADANSON Fam. pl. **2**: 20 et 551 (1763), p. p. min. – *Nephrodium* sect. *Furcatoveniae* DIELS in Engl. et PRANTL Nat. Pfl.-Fam. **1/4**: 172 (1899). – *Dryopteris* sect. *Furcatoveniae* (DIELS) HAYEK Fl. Steierm. **1**: 32 (1908). – S u m p f f a r n .

Typus-Art: *Acrostichum thelypteris* L. = *Thelypteris palustris* SCHOTT.

Wichtige Literatur □ TRYON, A. F. 1971: Structure and variation in spores of *Thelypteris palustris;* Rhodora **73**: 444–460. – TRYON, A. F., R. M. TRYON & F. BADRÉ 1980: Classification, spores, and nomenclature of the Marsh Fern; Rhodora **82**: 461–474.

Ausdauernd; mittelgroß, mit kriechendem Rhizom und mit entfernten Blättern. B l a t t s t i e l mit 2 bandförmigen Leitbündeln; B l ä t t e r sommergrün, gefiedert, mit fiederspaltigen Fiedern; S o r i rücken- ständig, beide Gabeläste der Seitennerven des B l a t t a b s c h n i t t e s einen Sorus tragend; I n d u s i u m nierenförmig, zuweilen hinfällig oder fehlend, oft drüsig.

Artenzahl und Systematik □ Wenn die Gattung *Thelypteris* auf den Sumpffarn und seine nächsten Verwandten beschränkt wird, zählt sie 3 oder 4 Arten, die zuweilen auch als Varietäten einer einzigen Art aufgefaßt werden, welche dann *Thelypteris confluens* (THUNBERG) MORTON heißen muß.

Nomenklatur □ Der Name *Thelypteris* SCHMIDEL (1762) ist nach Ansicht neuerer Autoren (z. B. SOÓ 1964) nicht als Gattungsname gültig veröffentlicht; er wäre daher durch *Lastrea* BORY (1824) zu ersetzen. Vgl. R. E. G. PICHI-SERMOLLI, Webbia **9**: 387–454 (409–417) (1953); da aber ein Antrag, den Gattungsnamen *Lastrea* BORY (1824) im Sinne von COPELAND anstelle von *Thelypteris* SCHMIDEL (1762) als nomen conservandum zu erklären, vom Internationalen Nomenklatur-Komitee für Pteridophyten abgelehnt wurde, bleibt *Thelypteris* (Typus *Thelypteris palustris* SCHOTT) gültig (vgl. MORTON, Am. Fern Journ. **54**: 149–154; 1963). Nach RAUSCHERT (Taxon **15**: 180–184; 1966) und HOLUB (Fol. Geobot. Phytotax. **4**: 33–53; 1969) liegt im übrigen kein Grund vor, an der gültigen Veröffentlichung des Namens *Thelypteris* SCHMIDEL zu zweifeln; er ist nomen conservandum.

1. Thelypteris palustris

Thelypteris palustris SCHOTT Gen. Fil. adnot. t. 10 (1834). – Basiert auf: *Acrostichum thelypteris* L. Sp. Pl. 1071 (1753). – *Polypodium thelypteris* (L.) F. G. WEISS Pl. cryptog. fl. Gotting. 307 (1770). – *Polystichum thelypteris* (L.) ROTH Tent. Fl. Germ. **3**: 77 (1799). – *Aspidium thelypteris* (L.) SWARTZ in SCHRAD. Journ. Bot. 1800/**2**: 40 (1802). – *Nephrodium thelypteris* (L.) STREMPEL Filic. Berolin.: 76 (1822). – *Lastrea thelypteris* (L.) C. B. PRESL Tent. Pteridogr. 76 (1836). – *Dryopteris thelypteris* (L.) A. GRAY Man. Bot. North. U.S.: 630 (1848). – *Aspidium palustre* S. F. GRAY Nat. Arr. Brit. Pl. **2**: 9 (1821), nom. illeg. superfl.[2] – *Polypodium pterioides* LAM. Fl. Franc. **1**: 18 (1778). – *Thelypteris thelypterioides* sensu HOLUB Taxon **21**: 332 (1972) [»thelypteroides«]; non *Nephrodium thelypterioides* MICHAUX[3] Fl. Bot. Am. **2**: 267 (1803). – S u m p f f a r n . – Abb. 1 (8), 109–114.

Im Gebiet nur:

---

[1] thelys (griech.) θῆλυς = weiblich; pteris (griech.) πτέρις = Farn; thelypteris, der Name eines Farns bei THEOPHRASTOS und DIOSCORIDES.

[2] Wie TRYON, TRYON & BADRÉ (1980) gezeigt haben, ist dieser Name illegitim, weil zum Zeitpunkt der Publikation überflüssig, und kann deshalb nicht als Basionym des Namens *Thelypteris palustris* betrachtet werden.

[3] TRYON, TRYON & BADRÉ (1980) haben darauf hingewiesen, daß sich MICHAUX' Name auf *Th. noveboracensis* und nicht auf *Th. palustris* bezieht, wie schon bei CHRISTENSEN Ind. Fil.: 451 (1906) angegeben.

var. palustris
[Syn. *Thelypteris thelypterioides* (MICHX.) HOLUB ssp. *glabra* HOLUB Taxon **21**: 332 (1972)].

Ausdauernd; R h i z o m bis über 50 cm lang, 2,5 mm dick, kriechend, schwarz, verzweigt, mit entfernten, 15–100 cm langen, sommergrünen, dimorphen Blättern, B l a t t s t i e l beim Laubblatt meist etwas länger, beim Sporenblatt so lang wie die Spreite, nur am Grunde sparsam spreuschuppig, jedes seiner 2 Leitbündel im Querschnitt oval, sich oberwärts zu einem im Querschnitt hufeisenförmigen verbindend; B l a t t s p r e i t e im Umriß länglich bis lanzettlich, am Grunde nicht oder wenig verschmälert, 9–50 × 5–16 cm groß, hellgrün, meist zart, unterseits in der Jugend spärlich mit weißlichen, kurzen, 1-zelligen Haaren und gelblichen Drüsen besetzt. F i e d e r n jederseits 10–30, etwas entfernt, wechselständig, oft z. T. paarweise genähert, seltener genau gegenständig, fast sitzend, lineal-lanzettlich, 5–9 (2–12) × 1–2,5 cm groß, fiederteilig; Blattabschnitte länglich, ganzrandig oder schwach gezähnelt, stumpf bis spitzlich, die sporenlosen ca. 5 mm breit, die sporentragenden schmäler, nach unten eingerollt, die untersten oft größer als alle anderen. Die fertilen Blätter entfalten sich mehrere Wochen später als die sterilen. S o r i in der Mitte zwischen Mittelrippe und Rand, zuletzt bis zur Berührung genähert, meist den ganzen, zuletzt durch Zurückrollung des Randes dreieckig oder sichelförmig werdenden Abschnitt bedeckend; Indusium bald abfallend, am Rande drüsigbewimpert. – Chromosomenzahl: $2n = 70$ (diploid). – Sporenreife: VII.–IX.

Vorkommen ☐ Geophyt, Halbschattenpflanze. In Erlenbrüchen, im Weidenbruch-Gebüsch, in Torfmooren, an Moorrändern und Gräben, in Torfsümpfen, Sumpfwiesen, Bachufern, öfter zwischen Schilfrohr, auch an trockenen Stellen, dann aber im Schat-

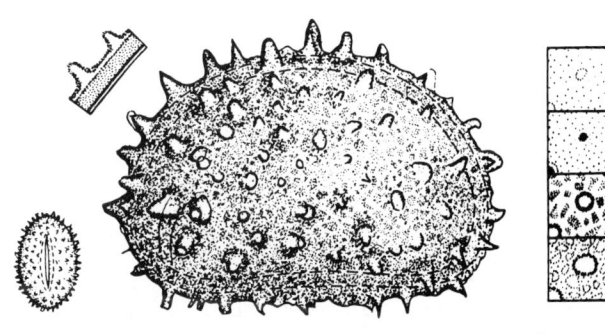

Abb. 109 ☐ *Thelypteris palustris* SCHOTT. Sporen ☐ *Mitte* Äquatoransicht (× 1000) ☐ *Links oben* Schichtung der Wandung (× 2000) ☐ *Links unten* Ansicht vom proximalen Pol (× 250) ☐ *Rechts von oben nach unten* immer tiefere Einstellungen bei der Aufsicht (LO-Muster, s. STRAKA, H. 1975: S. 26 f.) (nach ERDTMAN 1957)

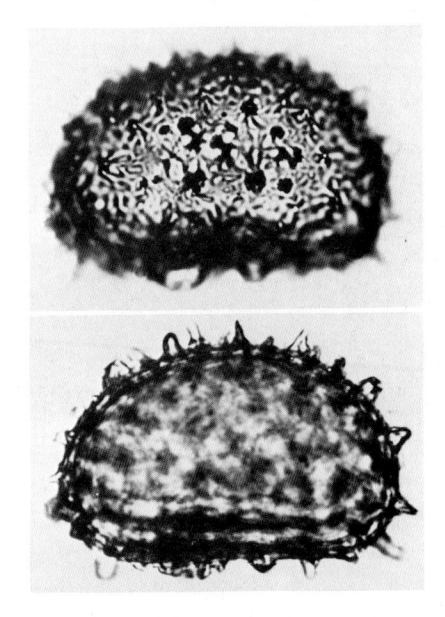

Abb. 110 ☐ *Thelypteris palustris* SCHOTT. Spore (× 1000) in Äquatoransicht, *oben* höhere, *unten* tiefere Einstellung (Original STRAKA)

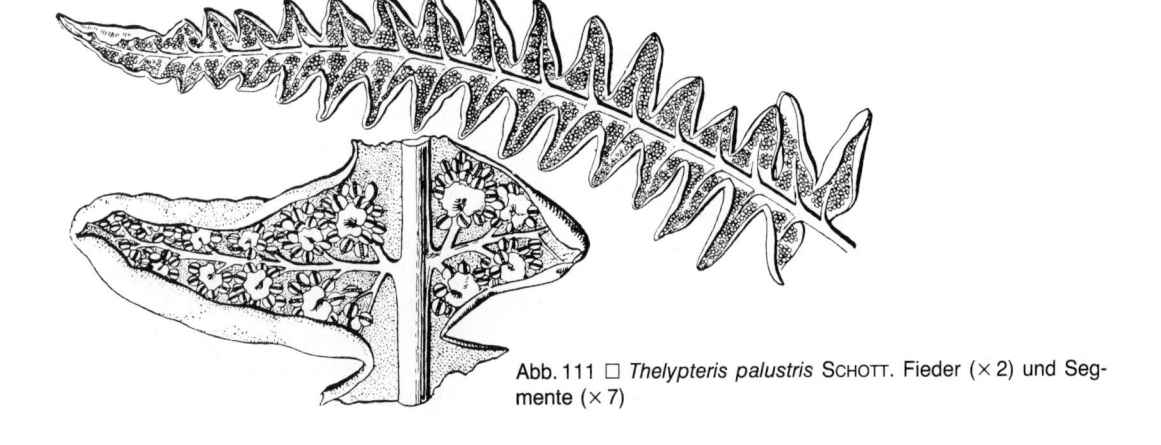

Abb. 111 ☐ *Thelypteris palustris* SCHOTT. Fieder (× 2) und Segmente (× 7)

128 Thelypteridaceae   Josef Dostál

Tafel 4 □ Erklärung der Figuren

Fig. 1 □ *Polystichum lonchitis* (L.) Roth
Fig. 1 a □ Fertile Fieder von unten
Fig. 1 b □ Schleier von der Seite

Fig. 2 □ *Polystichum aculeatum* (L.) Roth
Fig. 2 a □ Fertile Fieder von unten
Fig. 2 b □ Schleier von unten

Abb. 112 □ *Thelypteris palustris* Schott. Schreckensee, Oberschwaben

Abb. 113 □ *Thelypteris palustris* Schott. Mooswald bei Freiburg i. Br.

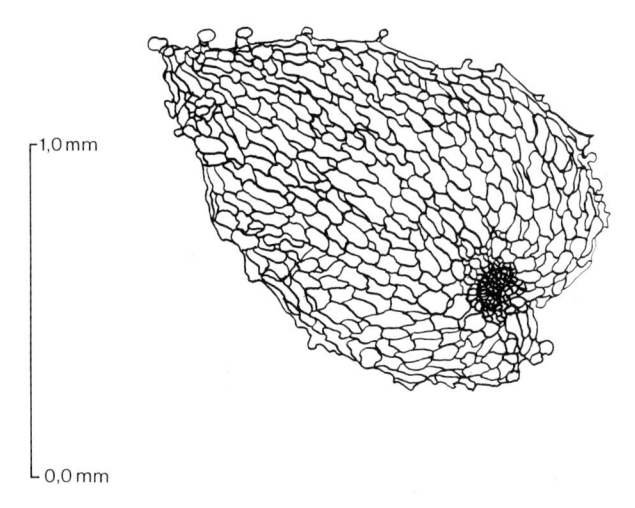

Abb. 114 □ *Thelypteris palustris* Schott. Rhizomschuppe (Original R. Passow)

ten und Schutz kleiner Baumgruppen oder zwischen Gebüsch mit *Alnus-, Frangula-* und *Salix*-Arten. Verschwindet mit Trockenlegung der Sümpfe. Auf staunassen, nährstoffreichen, eutrophen, mäßig sauren, modrig-humosen Tonböden, Bruchtorfböden (Glei). – Charakterart des Alnion-Verbandes, meistens im Carici elongatae-Alnetum und im Betulo-Salicetum. In der Ebene verbreitet, selten bis in die Voralpenstufe, in Tirol bis 1200 m. – Die höchsten Fundorte: Osttirol (Wildhaus am Hinteren Schwedisee bis 1148 m; am Tristacher See bei ungefähr 1200 m); Kärnten: bei Ober-Fellach bei Villach ca. 1200 m; in der Tatra bis 800 m.

Allgemeine Verbreitung □ Die in Europa vertretene Varietät findet sich disjunkt in den meridionalen Gebirgen von Nordwest-Afrika bis Turkestan sowie in einem mehr oder weniger geschlossenen Gebiet in der temperaten und subborealen Zone von der Atlantikküste bis Baikalien. Nach Tryon, Tryon &

Tafel 4

BADRÉ (1980) kommt eine zweite Varietät, var. *pubescens* (LAWSON) FERNALD, in Nordamerika und Ostasien vor; eine nahe verwandte, aber deutlich getrennte Art, *Th. confluens* (THUNB.) MORTON, in Afrika, Madagaskar, Süd- und Südostasien, Neuseeland und Südamerika.

☐ Karten: HULTÉN 1964, Karte 170; JALAS & SUOMINEN 1972, Karte 73.

Arealdiagnose ☐ [(m/mo) − sm/mo · oz_{1-3}] − temp − boreal · $oz_{(1)-3}$ Eur − WAs − Sib.

Florenelement (europäisches Teilareal) ☐ (medit/mo + turcest/mo) − mitteleurop − ostscandinav − (subboreoross).

Verbreitung im Gebiet ☐ Ziemlich selten, aber gesellig im ganzen Gebiet, öfters nur steril, durch Landkultur zurückgehend.

Variabilität der Art ☐ In Europa, Nordwestafrika und West- und Zentralasien kommt die typische var. *palustris* [Syn. *T. thelypterioides* HOLUB ssp. *glabra* HOLUB Taxon 21: 332 (1972)] vor.

3. Oreopteris

Oreopteris[1] HOLUB Fol. Geobol. Phytotax. **4**: 33–53 (1969). − Syn.: *Dryopteris* ADANSON Fam. pl. **2**: 20 (1763), sensu auctt. div.; p. p. − *Lastrea* BORY Dict. class. Hist. Nat. **6**: 588 (1824), s. str. − *Dryopteris* Sect. *Furcatoveniae* (DIELS) HAYEK Fl. Steierm. **1**: 32 (1908), p. p. − B e r g f a r n.

Wichtige Literatur ☐ BECHERER, A. 1959: Beiträge zur Flora des Misox. Jahresber. Naturf. Ges. Graub. **88**: 3–26. − FUCHS, H. P. 1959: The correct name of the mountain fern. Am. Fern J. **48**: 142–145. − HOLTTUM, R. E. 1981: The genus *Oreopteris* (Thelypteridaceae). Kew Bull. **36**: 223–226. − HOLUB, J. 1961: Bemerkungen über wenig bekannte Pflanzen der Flora der ČSSR. Preslia **33**: 402–404. − HOLUB, J. 1969: *Oreopteris*, a new genus of the family Thelypteridaceae. Fol. Geobot. Phytotax. **4**: 33–53.

R h i z o m dick, kurz, am Gipfel mit dicht gehäuften, einen Trichter bildenden B l ä t t e r n; B l a t t s t i e l mit 2 bis zur Spreite getrennt verlaufenden, im Querschnitt leicht S-förmigen Leitbündeln. B l a t t s p r e i t e gefiedert, mit fiederspaltigen Fiedern; S o r i nahe dem Blattrande, Indusium am Rande bewimpert, bald abfallend.

Artenzahl und Verbreitung ☐ Drei Arten (vgl. HOLTTUM 1981 und LÖVE, LÖVE & PICHI-SERMOLLI 1977: 294–306, sub *Lastrea*), verbreitet in den gemäßigten Zonen der Nordhemisphäre. In Europa nur eine einzige Art.

1. Oreopteris limbosperma

Oreopteris limbosperma[2] (ALL.) HOLUB Fol. Geobot. Phytotax. **4**: 48 (1969). − Basion.: *Polypodium limbospermum* BELLARDI ex ALLIONI Auct. Fl. Pedem.: 49 (1774). − Syn.: *Polypodium oreopteris* EHRH. Beitr. Naturk. **4**: 44 (1789). − *Polystichum montanum* ROTH Tent. Fl. Germ. **3**: 74 (1799). − *Aspidium oreopteris* (EHRH.) SWARTZ in SCHRADER Journ. Bot. 1800/2: 279 (1802). − *Polystichum oreopteris* (EHRH.) DC. ex LAM. et DC. Fl. Franc. **2**: 563 (1805). − *Nephrodium oreopteris* (EHRH.) DESV. Prodr. fam. Foug.: 257 (1827). − *Lastrea oreopteris* (EHRH.) C. B. PRESL Tent. Pteridogr.: 76 (1836). − *Lastrea montana* (ROTH) MOORE Handb. Brit. Ferns, ed. **2**: 100 (1853). − *Aspidium montanum* (ROTH) ASCHERS. Fl. Brandenb. **3**: 133 (1859). − *Polypodium approximatum* KIT. ex KANITZ Linnaea **32**: 266 (1863). − *P. contiguum* KIT. ex KANITZ Linnaea **32**: 266 (1863). − *Nephrodium montanum* (ROTH) BAKER in HOOK. et BAKER Syn. Filic.: 271 (1874). − *Dryopteris montana* (ROTH) O. KUNTZE Rev. Gen. **2**: 813 (1891). − *Dryopteris oreopteris* (EHRH.) MAXON Proc. U. S. Nat. Mus. **23**: 638 (1901). − *Thelypteris oreopteris* (EHRH.) SLOSSON in RYDBERG Fl. Rocky Mts.: 1043 (1917). − *Thelypteris limbosperma* (ALL.) H. P. FUCHS Amer. Fern Journ. **48**: 144 (1959). − *Dryopteris limbosperma* (ALL.) BECHERER Jahresber. Naturf. Ges. Graub. **88**: 6–7, 27 (1959). − *Lastrea limbosperma* (ALL.) HEYWOOD Catal. pl. vasc. Hisp. **1**: 7 (1961). − B e r g f a r n. − Abb. 115–117.

Ausdauernd; R h i z o m kurz, aufsteigend, mit dicht gedrängten, einen Trichter bildenden, 60–100 cm langen, sommergrünen Blättern; B l a t t s t i e l kurz, sparsam spreuschuppig; B l a t t s p r e i t e im Umriß länglich-lanzettlich, beiderseits (auch am Grunde) verschmälert, weich, gelbgrün, unterseits mit gelben Drüsen und weißen, kurzen, einzelligen Härchen bestreut; F i e d e r n jederseits 18–30, fast sitzend, die untersten kurz, dreieckig, die übrigen lanzettlich, zugespitzt, ziemlich genähert, die untersten gegenständig, die oberen meistens abwechselnd; Fiederabschnitte länglich, stumpf, flach, sich berührend, ganzrandig oder schwach ausgeschweift; die fertilen Fiederchen schmäler, da sie randlich etwas herabgekrümmt sind; S o r i nahe dem Rande, unter sich genähert, aber nicht bis zur Berührung; Indusium bald abfallend, am Rande gewimpert. Sporen bohnen- bis eiförmig, 25–30 × 40–50 µm (KOH), mit dünnem, locker gefaltetem Perispor, dessen Ränder als breite Lappen erscheinen und fein gezähnt sind. − Chromosomenzahl: $2n = 68$. − Sporenreife: VII.–IX.

Vorkommen ☐ Hemikryptophyt; Schatten- bis Halbschattenpflanze. In staudenreichen Berg- und

---

[1] oros (griech.) ὄρος = Berg; pteris (griech.) πτέρις = Farn.
[2] limbus (lat.) = Saum; sperma (griech.) σπέρμα = Same; hier Sporangien; wegen der submarginalen Sori.

Voralpenwäldern, in schattigen Eichenwäldern, in Erlenbrüchen, feuchten Waldgräben und Wald-Quellnischen, an Böschungen und Gräben, auf Bergweiden. Auf sickerfrischen, stau- oder wechselfeuchten, meist nährstoff- und basenreichen, kalkarmen, sauren, modrig-torfigen, humosen, sandigen oder steinigen Lehmböden in luftfeuchter, schnee- und regenreicher Standortslage; kieselliebend und daher häufig auf Molasse, Flysch, Seewenmergel, Gault, Buntsandstein. – In Tieflagen in feuchten Eichenwäldern (Quercion roboris) oder Erlenbrüchen (Al-

nion), im Gebirge in Betulo-Adenostyletea-Gesellschaften und im Vaccinio-Piceion oder Luzulo-Fagion, gern mit *Dryopteris-, Athyrium-, Blechnum-* und *Sphagnum*-Arten, oder mit *Luzula sylvatica*. In der Ebene selten, in den Gebirgen zerstreut, häufiger in hochmontaner und subalpiner Stufe, bis über 2000 m aufsteigend (in den Bayerischen Alpen bis 1650 m, im Wallis bis 2100 m).

Allgemeine Verbreitung ☐ Zirkumpolar, in ausgesprochen ozeanischer Disjunktion, Azoren,

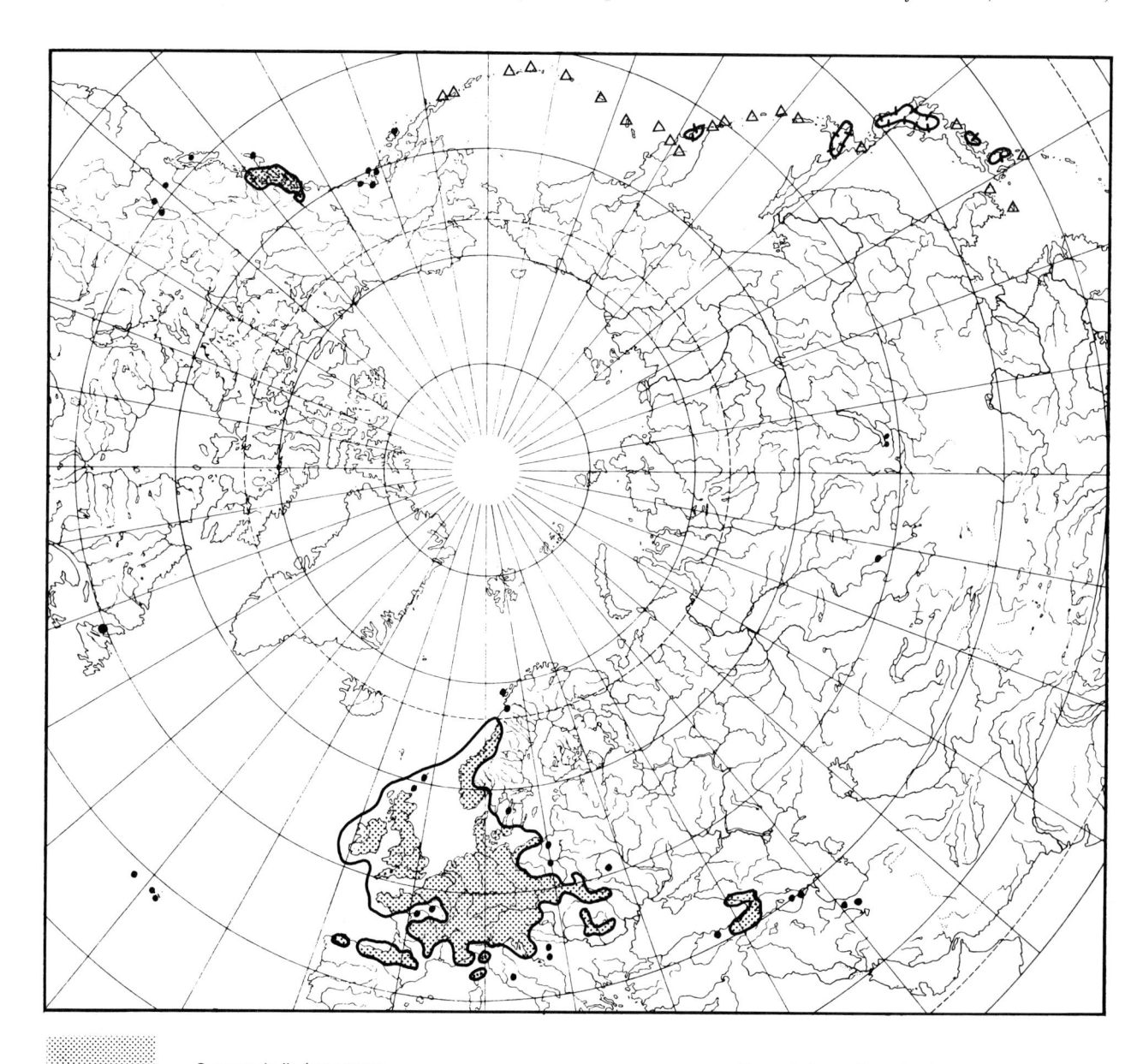

• *Oreopteris limbosperma*   △ *Oreopteris quelpaertensis*

Abb. 115 ☐ *Oreopteris limbosperma* (ALL.) HOLUB und *O. quelpaertensis* (CHRIST) HOLUB. Verbreitungskarte (nach HULTÉN 1964, verändert)

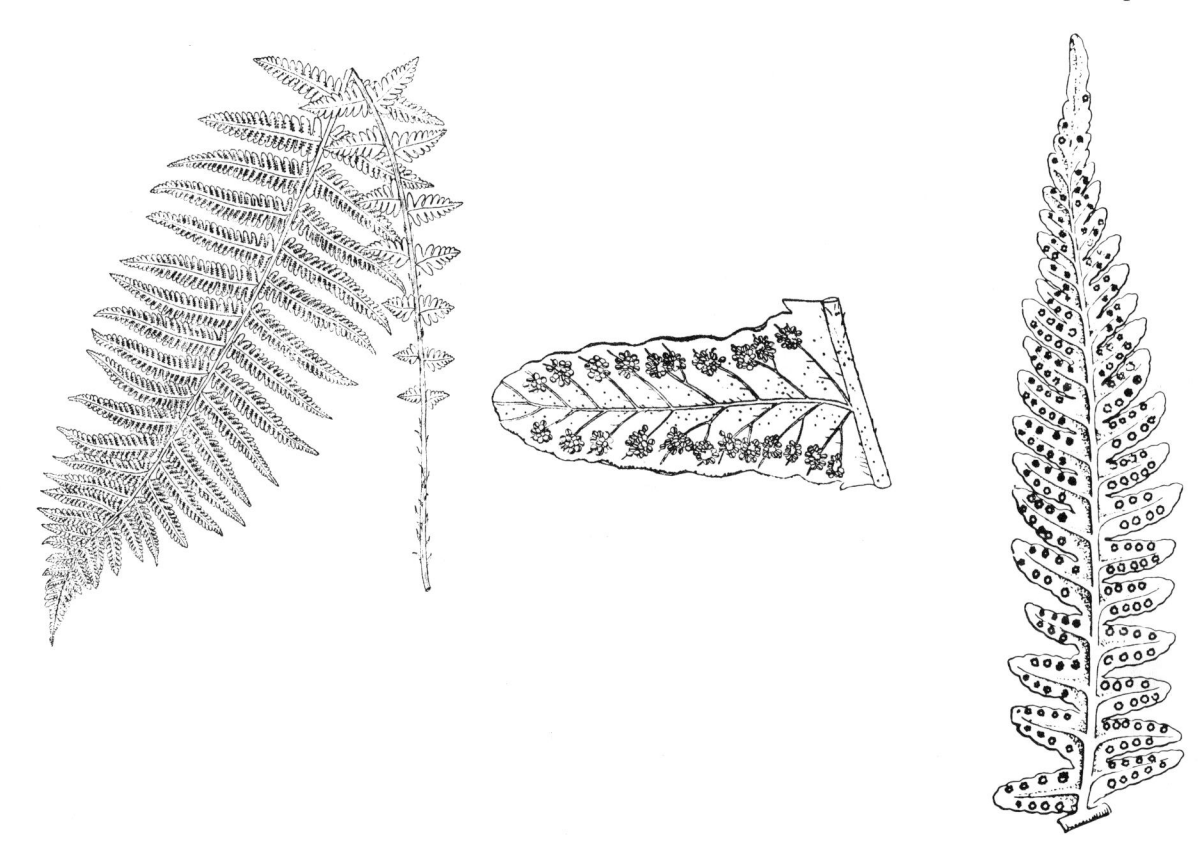

Abb. 116 ☐ *Oreopteris limbosperma* (ALL.) HOLUB ☐ *Links* Einzelblatt (× ¼) ☐ *Rechts* fertiles Segment einer mittleren Fieder, von unten (× 5½) (nach HYDE & WADE 1969)

Abb. 117 ☐ *Oreopteris limbosperma* (ALL.) HOLUB. Fertile Fieder von unten (schwach vergr.)

Madeira, im westlichen und zentralen Europa, in Nordjapan, Südkamtschatka, auf den Aleuten und im westlichen Nordamerika. Wenige Fundorte in Zentralsibirien, ein einziger Standort im östlichen Nordamerika. In Europa in den submeridionalen Gebirgen von der Galecisch-Cantabrischen Provinz bis in die Kolchische und Hyrkanische Provinz. In der temperaten Zone an der Atlantikküste von Nordwestspanien bis Westnorwegen sowie in den westlichen mitteleuropäischen Bergländern und dem benachbarten Flachland. Eine nahe verwandte Art, *O. quelpaertensis* (CHRIST) HOLUB, in Ostasien.
☐ Karten: HULTÉN 1964, Karte 144; MEUSEL, JÄGER, WEINERT 1965, S. 17; JALAS & SUOMINEN 1972, Karte 72.

Arealdiagnose ☐ (submerid/mo) – temperat/demo – (boreal) · oz_{1-2} Eur + OAs – WAm.

Florenelement ☐ (submedit/mo) – hyrcan – atl – zentraleur/demo – westnorveg.

Verbreitung im Gebiet ☐ Im ganzen Gebiet zerstreut, im norddeutschen und polnischen Tiefland selten, in der Ebene, z. B. in Schleswig-Holstein, Hamburg, Bremen, Mecklenburg, Darß bei Prerow, Rügen, in den Gebirgen häufiger, z. B. in den Vogesen, im Weserbergland, Harz, Schwarzwald, im Bayerischen Wald und Böhmerwald (bis 1400 m), im Alpenvorland und in den bayer. Alpen (bis 1500 m), in den Sudeten bis 1450 m; – In der Schweiz: im Jura zerstreut; im Mittelland selten (in den Kantonen Zürich und Aargau etwas häufiger); in den Alpen verbreitet, jedoch in den trockeneren Gebieten auf weite Strecken fehlend (in den südlichen Ketten der Walliser Alpen, in Mittelbünden und im Oberengadin). Steigt in Graubünden bis 1850 m. Im Tessin verbreitet, am Pizzo di Zucchero (Val Onsernone, Val Vergeletto) noch bei 1899 m! – In Österreich und Slowenien zerstreut. – In der Tschechoslowakei in Gebirgen zerstreut (im Riesengebirge bis 1450 m), ostwärts sehr selten in den West- und Ost-Beskiden (Babia Gora und im Orava-Gebiet); sonst nur vereinzelt (Weiße Karpaten). – In Polen nur im Gebirge.

Erkennnung und Variabilität der Art ☐ Dieser schöne und angenehm nach Obst riechende Farn hat im Blattschnitt viel Ähnlichkeit mit *Dryopteris filix-mas*, von dem er sich aber durch die drüsigen, meist völlig oder nahezu ganzrandigen Abschnitte der Fiedern und durch die dem Rande genäherten Sori unterscheidet. Ändert ab in der Form der Blätter und ihrer Abschnitte.

Familie **Aspidiaceae** Wurmfarngewächse

Syn. Dryopteridaceae

Wichtige Literatur ☐ CRANE, F. W. 1953: Spore studies in *Dryopteris*; Amer. Fern J. **43:** 159–169. – KARPOWICZ, W. 1960: Vergleichende Studie über die in Polen vorkommenden Arten der Gattungen *Dryopteris* und *Thelypteris*; Acta Soc. Bot. Polon. **29:** 175–198.

Ausdauernde, mittelgroße bis stattliche Stauden mit einem kriechenden oder dicken, kurz aufsteigenden bis aufrechten R h i z o m , mit dunkelbraunen Spreuschuppen, L e i t b ü n d e l diktyostel; B l a t t s t i e l mit (2–) 5–7 Leitbündeln, B l a t t s p i n d e l n oberseits rinnig; B l a t t s p r e i t e 1–4fach gefiedert, zuweilen nur gelappt, seltener einfach; S o r i flächenständig, meist weit vom Blattrande entfernt. I n d u s i u m schild- oder nierenförmig oder fehlend; Sporen monolet, mit starker Skulptur.

Artenzahl und Verbreitung ☐ Etwa 30 Gattungen mit mehr als 1000 Arten von kosmopolitischer Verbreitung.

1. Gymnocarpium

Gymnocarpium[1] NEWMAN Phytolog. **4:** 371 (1851) et Syn. Brit. Ferns 23 (1851) amplif. CHING Contr. Biol. Lab. Sci. Soc. China **9:** 30 (1933). – Syn.: *Dryopteris* ADANSON Fam. pl. **2:** 20 (1763) sensu auctt., p. p. min. – *Lastrea* BORY Dict. class. hist. nat. **9:** 233 (1826), p. p. – *Phegopteris* (C. B. PRESL) FÉE Gen. Filic. (1850), p. p. – *Nephrodium* sect. *Decompositae* DIELS in ENGL. et PRANTL Nat. Pfl.-Fam. **1/4:** 175 (1899). – *Dryopteris* sect. *Decompositae* (DIELS) HAYEK Fl. Steierm. **1:** 39 (1908). – *Carpogymnia* LÖVE et LÖVE Univ. Colorado Stud., Ser. Biol. **24:** 8 (1966) et Taxon **16:** 191 (1967), nom. illeg. superfl. – E i c h e n f a r n. Holl.: beukvaren; dän.: egebregne; engl.: oak-fern; tschech.: doubravník; slow.: peračina; poln.: zachyłka; russ.: щитовик (ščitovik).

Typus-Art: *Polypodium dryopteris* L. (1753) = *Gymnocarpium dryopteris* (L.) NEWMAN.

Wichtige Literatur ☐ CHING, R. C. 1933: On the nomenclature and systematic position of *Polypodium* and *Dryopteris*. Contrib. Biol. Labor. Sci. Soc. China **9:** 30–43. – SARVELA, J. 1978: A synopsis of the fern genus *Gymnocarpium*. Ann. Bot. Fenn. **15:** 101–106. – WAGNER Jr., W. H. 1966: New data on North American oak ferns, *Gymnocarpium*. Rhodora **68:** 121–138.

Ausdauernd; R h i z o m dünn, verzweigt, kriechend, anfangs mit licht- bis rostbraunen, breit eiförmigen, am Rande papillösen S p r e u s c h u p p e n ; B l ä t t e r sommergrün, zweizeilig, einzeln, aufrecht; B l a t t stiel 1,5- bis 3-fach länger als die S p r e i t e , unten braunschwarz, oben gelbbraun, mit 2 im Querschnitt ovalen L e i t b ü n d e l n , die sich oberwärts zu einem, im Querschnitt hufeisenförmigen, vereinigen; S p r e i t e im Umriß dreieckig, schnell abnehmend doppelt gefiedert, das unterste Fiederpaar größer als die übrigen, an der Basis gegliedert (Abb. 121); A d e r n frei. S o r i rundlich oder länglich, klein, vom Blattrande entfernt, beiderseits auf dem Rücken der zuführenden Adernäste symmetrisch aufsitzend; I n d u s i u m fehlend.

Verbreitung und Artenzahl ☐ 6 Arten (vgl. SARVELA 1978); verbreitet in der temperierten Zone der nördlichen Hemisphäre.

Systematik ☐ Die zwei mitteleuropäischen Arten wurden zur Gattung *Dryopteris* (oder *Nephrodium*), später auch zur Gattung *Phegopteris* gestellt, aber wegen der gegliedert eingefügten untersten Fiedern, dem Mangel an Haaren und der abweichenden Chromosomenzahl als eigene Gattung betrachtet. Neuerdings wird diese häufig in die Verwandtschaft von *Athyrium* und *Cystopteris* gestellt. – Eine dritte, sonst nordasiatisch-nordamerikanisch verbreitete Art, *G. jessoense* (KOIDZ.) KOIDZ., wurde kürzlich aus Finnland und Nord-Rußland angegeben (SARVELA, 1978).

Krankheiten ☐ Die Arten dieser Gattung werden manchmal vom Rostpilz *Hyalospora polypodii-dryopteridis* (MONG. et NESTL.) MAGN. (Uredinaceae) befallen, der auf der Blattunterseite hellgelbe Flecken verursacht.

Bestimmungsschlüssel für die Arten

1 Blattspindel nicht drüsig; die untersten Fiedern etwa so groß wie die übrige Blattspreite . . . . . .
. . . . 1. *G. dryopteris*
1* Blattspindel reichdrüsig (Lupe!); die untersten Fiedern viel kleiner als der Rest der Blattspreite
. . . . 2. *G. robertianum*

1. Gymnocarpium dryopteris

Gymnocarpium dryopteris[2] (L.) NEWMAN Phytolog. **4** (App.: 24): 371 (1851). – Basion.: *Polypodium dryopteris* LINNÉ Sp. pl. 1095 (1753). – Syn.: *Polystichum dryopteris* (L.) ROTH Tent. Fl. Germ. **3:** 80 (1799). – *Nephrodium dryopteris* (L.) MICHAUX Fl. Bot. Amer. **2:** 270 (1803). – *Lastrea dryopteris* (L.)

---
[1] gymnos (griech.) γυμνός = nackt, unbedeckt; karpos (griech.) καρπός = Frucht, hier Sorus; wegen der nackten Sori.
[2] Siehe bei der Gattung *Dryopteris*.

Newm. Nat. Alm. **1844:** 17 (1844). – *Aspidium dryopteris* (L.) Baumg. En. pl. Transsilv. **4:** 29 (1846). – *Phegopteris dryopteris* (L.) Fée Gen. Filic.: 243 (1850). – *Dryopteris linnaeana* C. Chr. Ind. Filic. 275 (1905). – *Dryopteris pulchella* Hayek Fl. Steierm. **1:** 39 (1908). – *Thelypteris dryopteris* (L.) Slosson in Rydberg Fl. Rocky Mts. 1044 (1917). – *Polypodium vulgare* L. var. [»γ«] *disjunctum* Ruprecht Distr. Cr. Vasc. Russ. 52 (1845). – *Dryopteris disjuncta* (Ruprecht) C. V. Morton Rhodora **43:** 217 (1941), non Schur. – *Currania dryopteris* (L.) Wherry Bartonia **21:** 15 (1942). – *Gymnocarpium disjunctum* (Rupr.) Ching Acta Phytotax. Sin. **10:** 304 (1965); Á. Löve et R. E. G. Pichi-Sermolli Atlas: 272–273 (1977). – *Carpogymnia dryopteris* (L.) Á. et D. Löve Univ. Colorado Stud., Ser. Biol. **24:** 8 (1966). – Vgl. Á. et D. Löve Taxon **16:** 191–192 (1967); R. E. Holttum Taxon **17:** 529–530 (1968); C. V. Morton ibid. **18:** 661–662 (1969). – E c h t e r   E i c h e n f a r n. – Taf. 3 Fig. 2 nach S. 98. – Abb. 118.

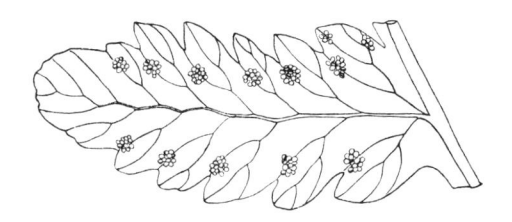

Abb. 118 □ *Gymnocarpium dryopteris* (L.) Newm. Fiederchen der 2. Fieder (× 5½) (nach Hyde & Wade 1969)

Ausdauernd; 10–45 cm hoch; R h i z o m dünn, 1–2 mm dick, glänzend schwarz, lang kriechend; B l ä t t e r entfernt, in der Jugend zu dreiteiligen Knäueln eingerollt; B l a t t s t i e l nur ganz am Grunde zerstreut spreuschuppig, sonst kahl, strohgelb, 2–3mal so lang wie die fast horizontal überbogene, im Umriß dreieckige, bis 30 cm breite, kahle, zarte, lebhaft grüne Blattspreite; B l a t t f i e d e r n gegenständig, jederseits 6–9, die unteren entfernt, die zwei untersten Fiederpaare gestielt, die folgenden sitzend, die obersten zusammenfließend; jede der untersten, etwas abwärts geneigten Fiedern fast so groß wie der übrige Teil der Blattspreite; Fiederchen länglich bis länglich-lanzettlich, am untersten Paar fiederspaltig, an den übrigen Paaren nur eingeschnitten bis gekerbt, die untersten Fiederchen des untersten Paares gestielt, das vordere länger als die übrigen vorderen, das hintere an Größe und Teilung etwa der dritten Fieder (von unten) des ganzen Blattes entsprechend, letzte Abschnitte länglich, ganzrandig oder gekerbt, flach. S o r i submarginal, stets getrennt; Indusium fehlend. Sporen eiförmig, 20–25 × 30–35 μm (KOH) bzw. 30–38 × 47–55 μm (azetol.), das gefaltete Perispor unregelmäßige Lappen bildend. – Chromosomenzahl: $2n = 160$; im Norden (Alaska) eine diploide Sippe $2n = 80$, die von Löve, Löve et Pichi-Sermolli (1977): 272 als eigene Art, *G. disjuncta* (Rupr.) Ching, abgetrennt wird, von Sarvela (1978) aber als Unterart betrachtet wird. – Sporenreife: VII.–VIII.

Vorkommen □ Geophyt; Schattenpflanze. In krautreichen, schattigen Buchen-, Tannen- oder Fichtenwäldern und Mischwäldern, auch in Spalten von schattigen Felsen und Mauern, auf Silikatgestein, vor allem in den Gebirgen. Auf sickerfrischen, mäßig sauren, humosen, lockeren, meist steinigen Lehmböden. Mull- oder Moderwurzler. In farnreichen Gesellschaften des Fagion-Verbandes, auch in Adenostylion- oder staudenreichen Vaccinio-Piceion-Gesellschaften. In der montanen Stufe allgemein, steigt in den Alpen bis über 2800 m hinauf (in der Tatra bis 1800 m), seltener an schattigen Standorten im Hügelland (Südslowakischer Karst), wo diese Art auf Kalkverwitterungsböden übergeht, da hier eine saure Moderschicht den Kalkfelsen aufliegt.

Allgemeine Verbreitung □ Zirkumpolar, zerstreut in den Gebirgen der warm-gemäßigten Zone, häufig in den gemäßigten und kühlen Zonen Eurasiens und Nordamerikas, arktisch auch in Lappland und auf Grönland.
□ Karten: Hultén 1964, Karte 108; Meusel, Jäger, Weinert 1965, S. 16; Jalas & Suominen 1972, Karte 135.

Arealdiagnose □ (sm/mo) – temp – boreal – (arct) · (oz$_{1-3}$) Circpol.

Florenelement (europäisches Teilareal) □ (submedit/mo – (atlant) – sarmat – nordeurop – boreoatl – lappon.

Verbreitung im Gebiet □ Fast allgemein verbreitet im ganzen Gebiet; fehlt auf den Nordseeinseln. In den Bayerischen Alpen bis 1680 m, auf dem Ewigschneehorn im Berner Oberland noch bei 2850 m; Waldkogel bei Gams nächst Frohnleiten in Steiermark auf Serpentinit, am Moltersberg bei Spital am Pyhrn auf Werfener Schiefer. In der Tschechoslowakei, Slowenien und Polen besonders in den Gebirgen häufig.

Variabilität der Art □ Die Art ist sehr wenig veränderlich. Eine unter Einfluß stärkerer Besonnung entstandene Form wurde von Zimmermann von Halden des höheren Schwarzwaldes beschrieben (Allg. Bot. Zeitschrift **22:** 54; 1916); sie hat kleine, in der Richtung des Stengels aufgerichtete Spreitenabschnitte.

2. Gymnocarpium robertianum

Gymnocarpium robertianum[1] (G. F. Hoffmann) Newman Phytolog. **4** (App.: 24): 371 (1851). – Basion.: *Polypodium robertianum* G. F. Hoffmann Deutschl. Fl. oder Botan. Taschenbuch **2** (App.): 10 (1796). – Syn.: *Polypodium calcareum* J. E. Smith Fl. Brit. 1117 (1804). – *Lastrea robertiana* (Hoffm.) Newman Natur. Alm. 17 (1844). – *Lastrea calcarea* (J. E. Smith) [Bory Dict. class. hist. nat. **9**: 233 (1826) ex] Newm. Nat. Alm. 17 (1844). – *Polypodium dryopteris* β *glandulosum* Neilr. Fl. Wien **6** (1846). – *Aspidium calcareum* (J. E. Smith) Baumg. Enum. pl. Transsilv. **4**: 29 (1846). – *Phegopteris calcarea* (J. E. Smith) Fée Gen. Filic. 243 (1850). – *Phegopteris robertiana* (›*robertianum*‹) (Hoffm.) A. Braun ex Aschers. Fl. Prov. Brandenb. **2**: 198 (1859). – *Polypodium disjunctum* Schur Fl. Transsilv. 831 (1866). – *Polypodium dryopteris* β *robertiana* (Hoffm.) Hook. et Baker Syn. Filic. 309 (1868). – *Nephrodium robertianum* (Hoffm.) Prantl Exc. Fl. Bayern: 29 (1884). – *Aspidium robertianum* (Hoffm.) Luerss. in Aschers. et Graebn. Syn. **1**: 22 (1896). – *Dryopteris robertiana* (Hoffm.) Christens. Ind. Filic. 289 (1905). – *Thelypteris robertiana* (Hoffm.) Slosson in Rydberg Fl. Rocky Mts. 1044 (1917). – *Gymnocarpium obtusifolium* (»Schrank«) Schwarz Mitt. Thür. Bot. Ges. **1**: 84 (1949), non *Polypodium obtusifolium* Schrank Naturh. Br. **2**: 296 (1785), quod nom. dubium. – *Currania robertiana* (Hoffm.) Wherry Bartonia **21**: 15 (1942). – *Lastrea dryopteris* (L.) Bory var. *robertiana* (Hoffm.) Lawalrée Bull. Jard. Bot. État Brux. **19**: 238 (1949). – *Lastrea obtusifolia* Janchen Phyton (Horn) **2**: 63 (1950). – *Carpogymnia robertiana* (Hoffm.) Á. et D. Löve Taxon **16**: 191 (1967). – Ruprechts-Eichenfarn. – Taf. 3 Fig. 1 nach S. 98. – Abb. 119–121.

Ausdauernd; 15–60 cm hoch; Rhizom kurz, verholzt, dunkelbraun, reich verzweigt, glanzlos, 1–3 mm im Durchmesser; Blattstiel kürzer, nur 1,5mal so lang wie die Spreite, oben drüsig; junge Blattspreite in ein einziges Knäuel zusammengerollt, später aufrecht, im Umriß dreieckig-eiförmig, derber, gelblich-dunkelgrün, mit kurzen Drüsenhaaren besetzt; jede der untersten Fiedern kleiner als der Rest der Spreite; Fiederchen stumpf, von den untersten Fiederchen der unteren Fiedern das vorderste nicht länger als die übrigen vorderen, das hintere der vierten Fieder des ganzen Blattes entsprechend; die letzten Blattabschnitte länglich-lanzettlich, zuletzt an den Rändern zurückgerollt. Sori mitunter (an kräftigen Pflanzen) bis zur Berührung genähert. Sporen bohnen- bis eiförmig, 20–25 × 35–43 µm (KOH), mit tief gefaltetem Perispor, dieses vorspringende bis blattartige Falten bildend. Jeder Rhizomast bildet jährlich nur ein Blatt oder wenige Blätter; da die Rhizome aber reich verzweigt sind, können lockere, aber großflächige Bestände entstehen. – Chromosomenzahl: $2n = 160$. – Sporenreife: VII.–VIII.

Vorkommen □ Geophyt; kalkholde Halbschattenpflanze. In Steinschuttgesellschaften, in lichten Steinschutt- oder Gebüschwäldern, an beschatteten wie sonnigen Felsen und Mauern, in luftfeuchten Lagen. Auf frischen, kalkreichen, humosen, feinerdearmen, lockeren Steinböden. Rieselschutt-Zeiger. Charakterart der Assoziation Dryopteridetum robertianae bzw. der Ordnung Thlaspietalia rotundifolii; öfters auch in Gesellschaften des Potentillion caulescentis und Tilio-Acerion. Von der Ebene bis (im Süden) in die alpine Stufe (bis 2330 m) aufsteigend. – *G. robertianum* ist eine kalkholde Art, ein Vikariant des humusliebenden *G. dryopteris*. Diesen edaphischen Parallelismus zeigen die Arten in ihrem ganzen Verbreitungsgebiet.

Allgemeine Verbreitung □ Zirkumpolar; sehr zerstreut in den Gebirgen der warmen und warm-gemäßigten Zone, stellenweise häufig in der gemäßigten und kühlen Zone. Fast völlig fehlend in dem extrem ozeanisch-amphiatlantischen und amphipazifischen Gebiet. Deutliche Konzentration in Gebieten mit anstehendem, kalkreichem Gestein; man beachte die Lücken im westlichen Frankreich, in Irland, Nord-England, im östlichen Fennoskandien sowie in der norddeutschen, polnischen und russischen Niederung einerseits, die Häufung im Alpen-Karpatenraum, in der nordöstlichen Baltischen Unterprovinz und im zentralen Norwegen andererseits.
□ Karten: Hultén 1964, Karte 16; Meusel, Jäger, Weinert 1965, S. 16; Jalas & Suominen 1972, Karte 136.

Arealdiagnose □ submerid/montan disj – temperat/montan–collin – boreal · (oz$_{(1–3)}$) Circpol.

Florenelement (europäisches Teilareal) □ submedit/montan disj – (atlant) – zentraleurop/demo – zentralnorveg – (boreoruss) – ural.

Verbreitung im Gebiet □ Im südlichen Gebiet häufig, im mittleren zerstreut; im nördlichen Flachlande nur vereinzelt und meistens mit Bruchstein und auf alten Mauern eingeschleppt. In Deutschland führt die Nordwestgrenze durch Westfalen und Niedersachsen, ungefähr am Rande der Mittelgebirge; einzelne Vor-

---

[1] Wegen der Ähnlichkeit des Laubes mit dem des Ruprechtskrautes und wegen des eigentümlichen, von den Drüsenhaaren herrührenden Geruches, der von Hoffmann mit dem von *Geranium robertianum* verglichen wurde.

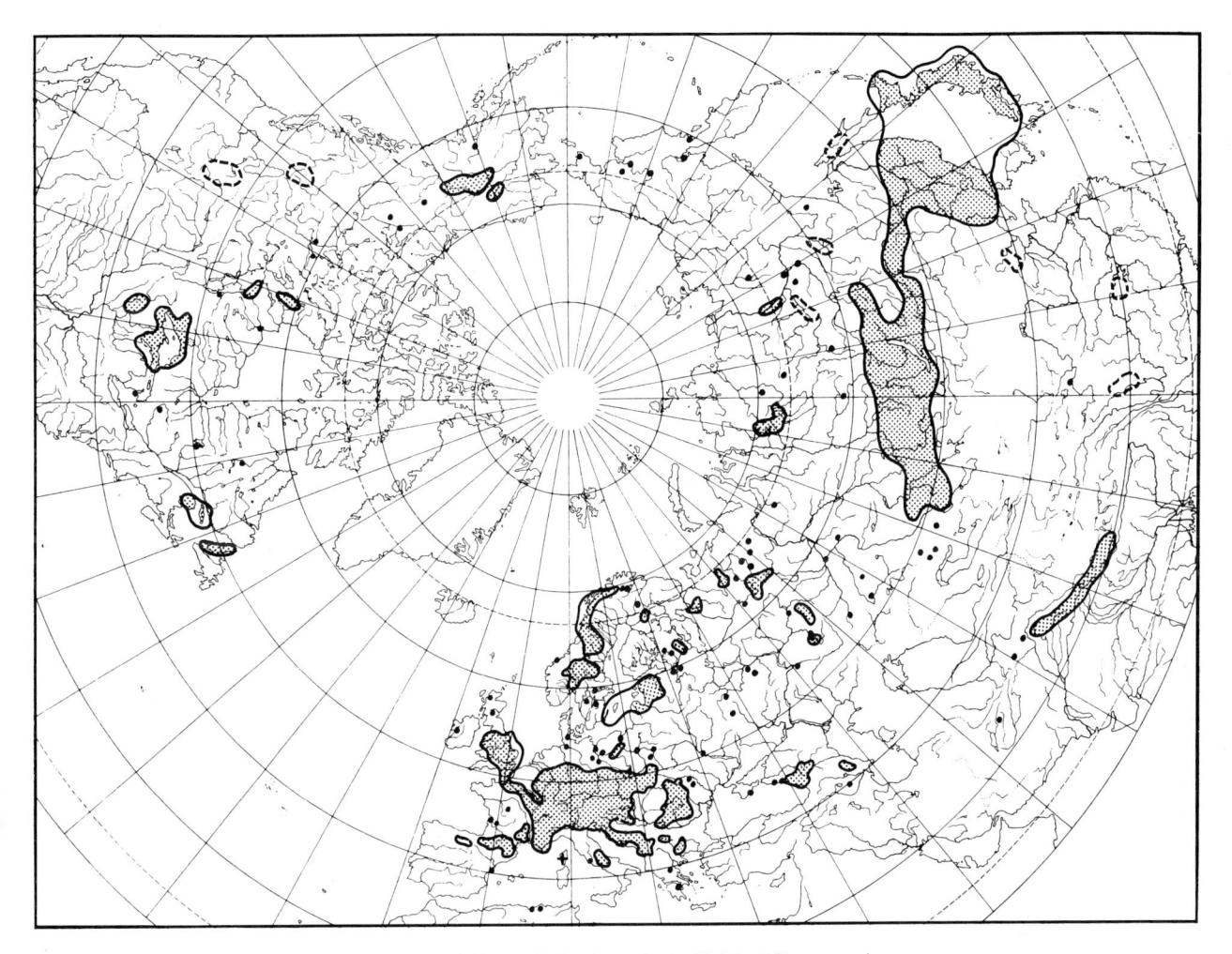

Abb. 119 □ *Gymnocarpium robertianum* (HOFFM.) NEWM. Verbreitungskarte (Original RAUSCHERT)

postenstandorte in Ostfriesland, Schleswig-Holstein (nur Hüttener Berge), im Weserbergland, Harz, Nordhessen; fehlt in Mecklenburg und Pommern; sonst im Nordosten selten in Mauerritzen und an künstlichen Felsen, ausnahmsweise an Erlenstubben, im Alpenvorland; in den Bayerischen Alpen bis 2330 m. – In der Schweiz, in Österreich und in Slowenien zerstreut, besonders in der montanen Stufe. – In der Tschechoslowakei im ganzen Gebiet auf alkalischen Böden zerstreut, bis in den Knieholzgürtel (in der Tatra bis 1700 m) aufsteigend; in Polen in den südlichen und südwestlichen Gebieten selten, in den Gebirgen häufiger, auch in der Umgebung von Warschau und im nördlichen Tiefland.

Variabilität der Art und Bastardierung □ Die Art ist nur unwesentlich variabel. Der Bastard von *G. dryopteris* und *G. robertianum*, *G.* × *heterosporum* W. H. WAGNER, wurde aus Nordamerika beschrieben. Er soll dort nicht selten sein; vgl. W. H. WAGNER: Rhodora **68**: 132 (1966). Nach SARVELA (1978) handelt es sich aber um *G. jessoense* × *robertianum;* er beschreibt *G. dryopteris* × *robertianum* neu als *G.* × *achiosporum* SARVELA (= *G.* × *hybridum* ROTHMALER); einmal in Schweden gefunden.

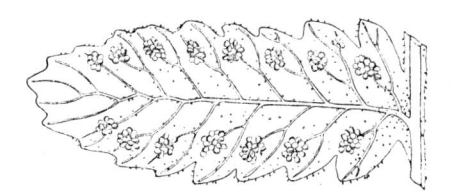

Abb. 120 □ *Gymnocarpium robertianum* (HOFFM.) NEWM. Fiederchen der 2. Fieder (× 5½) (nach HYDE & WADE 1969)

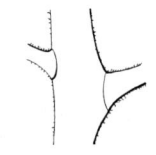

Abb. 121 □ *Gymnocarpium robertianum* (HOFFM.) NEWM. Ansatz der untersten Fiedern (nach HIRZEL in NÄGELI 1978)

2. Dryopteris

Dryopteris[1] ADANSON, Fam. pl. **2**: 20 (1763), nom. cons. – Syn.: *Polypodium* LINNÉ, Gen. pl. ed. **5**: 485 (1754), p.p. – *Polystichum* ROTH, Tent. Fl. Germ. **3** (1): 69 (1799), p.p. – *Nephrodium* RICH. in MARTHE Catal. Jard. med. Paris 120 (1801), p.p., nom. inval.; MICHAUX Fl. Bor. Amer. **2**: 266 (1803). – *Aspidium* SWARTZ in SCHRADER Journ. Bot. 1800-**2**: 4, 29 (1802), p.p. – *Lastrea* BORY, Dict. class. Hist. Nat. **6**: 588 (1824), p.p. – *Lophodium* NEWM. Phytolog. **4**: 371 (1851). – *Dichasium* (A. BR.) FÉE Gen. Fil.: 302 (1852). – *Pycnopteris* MOORE Gardn. Chron.: 468 (1855). – Wurmfarn. Holl.: niervaren; fläm.: varenmanneke; wallon.: fetchi; dän.: hanbregne, mangeløv; engl.: buckler-fern; franz.: fougère; ital.: felce (maschia); slowen.: paprat; tschech.: kaprad'; wend.: navala; poln.: narecznica; sorb.: paproć; russ.: щитовник (ščitovnik).

Wichtige Literatur □ BANGE, C. 1952: Nomenclature de quelques genres de fougères 1: *Dryopteris*. Bull. Soc. Bot. France **99**: 290–293. – DÖPP, W. 1939: Cytologische und genetische Untersuchungen in der Gattung *Dryopteris*. Planta **29**: 481–533. – FRASER-JENKINS, C. R.: *Dryopteris*. In: K. H. RECHINGER (edit.): Flora Iranica (in Vorbereitung); ders. ca 1983: *Dryopteris* in Spain, Portugal and Macaronesia. Bol. Soc. Brot. II. **55**: 175–335 (»1982«). – GÄTZI, W. 1961: Über den heutigen Stand der *Dryopteris*-Forschung. Ber. St. Gall. Naturw. Ges. **77**: 3–73. – LOVIS, J. D. 1977: Evolutionary patterns and processes in Ferns. Adv. Botan. Res. **4**: 229–415. – MANTON, I. 1950: Problems of cytology and evolution in the Pteridophyta. Cambridge. – WALKER, S. 1960: Evolution within the genus *Dryopteris*. Proc. Linn. Soc. London **3**: 93–132. – GIBBY, M. 1983: The Dryopteris dilatata complex in Macaronesia and the Iberian peninsula. Acta Bot. Malacitana **8**: 59–72.

Ausdauernde Stauden. Rhizom kurz, senkrecht oder aufsteigend, dicht mit ± breiten, weichen, oft bewimperten Spreuschuppen bedeckt. Blätter dicht gedrängt; Stiel von 5–17 Leitbündeln durchzogen; Spreite ein- bis vierfach gefiedert, mit freien Adernenden. Sori rund, rückenständig; Indusium nierenförmig, meist bleibend. – Chromosomen-Grundzahl n = 41.

Artenzahl und Verbreitung □ Etwa 240 Arten, besonders in der nördlich-gemäßigten Zone und in den Gebirgen der Tropen und Subtropen verbreitet; eine große Farngattung, welche in der älteren (gegenwärtig zuweilen noch gebrauchten) Auffassung unter den Namen *Polystichum* ROTH, *Nephrodium* RICH., *Aspidium* SWARTZ, *Lastrea* BORY oder *Lophodium* NEWM. angeführt wurde. Sie wurde früher mit den heute zur *Thelypteris*-Verwandtschaft gestellten Gattungen vereinigt, mit denen sie aber nach neueren Auffassungen nicht einmal nahe verwandt ist. Sie enthält ungewöhnlich polymorphe Formenkreise und ist von manchen verwandten Gattungen nicht überall scharf abzugrenzen.

Systematik □ Weil auch die innere Taxonomie dieser umfangreichen Gruppe noch nicht endgültig geklärt ist und manche Arten nach verschiedenen Ansichten der Systematiker in verschiedene Gattungen eingereiht wurden, ist auch die Nomenklatur durch eine enorme Zahl von Synonymen erschwert und unübersichtlich. Oft unverantwortliche Ausgrabungen von alten, ungenügend definierten Namen belasten die Nomenklatur und die Taxonomie der Farngewächse dieser Gruppe.

□ Aus der Gattung *Dryopteris* werden einige exotische Arten zuweilen in Gärten und Gewächshäusern kultiviert, z. B. *D. goldiana* (HOOKER) A. GRAY aus Nordamerika mit großen, fast gefiederten Fiedern, verkürzten Basalfiederchen und gekerbten Abschnitten; und die asiatischen Arten *D. cycadina* (FR. et SAV.) C. CHR. mit einfach gefiederten Blättern, ± tief gekerbten Fiedern und schwärzlich beschuppten Blattachsen; *D. crassirhizoma* NAKAI und *D. wallichiana* (SPRENG.) HYL., ähnlich *D. affinis*, ebenfalls mit dicht dunkelbraun beschuppten Blattspindeln, und *D. erythrosora* (EATON) O. KTZE. mit doppelt gefiederten Blättern und beiderseits verschmälerten Fiederchen; usw. Auch einige der einheimischen Arten sind als Gartenpflanzen geeignet und verbreitet.

Volksnamen □ Das Wort Farn (ahd. farn) ist verwandt mit dem altindischen ›parna‹ (Flügel, Feder, Laub; russisch páporoti, lettisch paparnite, slowen. paprat, tschech. kaprad'). Mundartliche Formen sind z. B. Farm (Tirol; vgl. ahd. farani), Formbt (früher in Nordböhmen), Forme (früher in Nordmähren). Oft werden die Arten dieser Gattung (und auch der Gattung *Athyrium*, welche die Leute meistens nicht unterscheiden) mit Schlangen (Nattern, Ottern; niederdeutsch Snakken) in Verbindung gebracht, wohl wegen des Standortes (Aufenthalt von Schlangen), vielleicht auch wegen der schlangenförmig gewundenen jungen Blätter: Schlangenkraut (Oberhessen), Schlangenchrut (Schweiz), Natternfarn (Böhmerwald), Otterfarn (vormals im Riesengebirge), Otterkrätsch (Erzgebirge), Snakenbläder (Ostfriesland), Snakenskrut (Schleswig-Holstein). Auch gegen Ungeziefer wird der Farn (besonders *Athyrium*) gebraucht: Wanzenkraut (Thüringen), Wäntelechrut (Schaffhausen), Lauskrauda (vormals in Südmähren), Flöhkraut (Eifel), Schabel (von Schabe?; Thüringen). Auf die Form der Blätter beziehen sich: Leiterlikrut (Baden), Adderledder (Schlangenleiter; Ostfriesland), Geisseleitere (Aargau), Teufelsleiter (Eifel), Toifelsfeda (Oberösterreich).

□ Früher spielte der Farn im Aberglauben der Johannisnacht eine große Rolle, daher Johanneswörtel (Göttingen), Johannigraud (Oststeiermark). Nach einem alten Aberglauben konnte man sich in der Johannisnacht (24. Juni) des geheimnisvollen »Farnsamens« bemächtigen. Dieser sollte die Macht haben, seinen Träger unsichtbar und gegen Hieb und Stich gefeit zu machen. Auch sollte dieser »Farnsame« zum Heben von Schätzen dienlich sein.

Bestimmungsschlüssel für die Arten[2]

1 Blätter einfach gefiedert mit tief fiederteiligen Fiedern, oder zweifach gefiedert 3
1* Blätter zweifach gefiedert mit fiederspaltigen Fiederchen, oder drei- bis vierfach gefiedert 2
2 Blätter zweifach gefiedert, mit fiederspaltigen Fiederchen 6
2* Blätter drei- bis vierfach gefiedert 8

---

[1] Aus drys (griech.) δρῦς = Eiche, pteris (griech.) πτέρις = Farn; »dryopteris« bei DIOSKORIDES Name eines auf alten Eichen wachsenden Farns.

[2] Von C. R. FRASER-JENKINS & T. REICHSTEIN.

3 Sporangien tragende Blätter länger und aufrechter als die sporangienlosen, mit 10–20 Fiederpaaren; Blattstiel dünn (1,5–2 mm), spärlich spreuschuppig, ± so lang wie Blattspreite; Spreite schmal lanzettlich, am Grunde wenig verschmälert . . . . 6. *D. cristata*

3* Fertile und sterile Blätter gleich gestaltet, mit 20–35 Fiederpaaren; Blattstiel dick (3–4 mm), dicht spreuschuppig, kürzer als die Blattspreite; Spreite lanzettlich, am Grunde meist verschmälert 4

4 Blätter lederig, dunkelgrün (nur beim Austrieb gelbgrün), überwinternd; Stiel und Blattspindel mit langen, fadenförmig zugespitzten, an der Basis oft bis zur Spitze dunklen Spreuschuppen besetzt; Fiederspindeln am Grunde 3–7 mm violettschwarz gefärbt; letzte Abschnitte meist schief gestutzt, mit ± parallelen, ganzrandigen Seiten, an der Spitze fein gezähnt, am Grunde verbunden; Sporen groß, unregelmäßig; Exospor (30–)36–56(–66) μm lang, neben abortiertem Material; maximal 32 gute Sporen pro Sporangium . . . . 2. *D. affinis*

4* Blätter weicher, teilweise nur sommergrün. Stiel und Blattspindel mit breiten, hellen Spreuschuppen besetzt; Fiederspindeln am Grunde nicht schwarzviolett; letzte Abschnitte ringsum gezähnt, gekerbt oder gelappt, abgerundet oder stumpf zugespitzt, am Grunde verschmälert, die größten fast gestielt. 64 gute Sporen pro Sporangium 5

5 Blätter meist bis in den Winter grün. Stiel und Blattspindel mit bleichen Spreuschuppen ± dicht besetzt; Blattfläche und Spindeln ohne Drüsenhaare. Zähne der Fiedersegmente spitz und am Segmentende nicht fächerförmig ausgebreitet. Indusium dünn, meist drüsenlos, den Sorus nicht umfassend (außer bei Pflanzen trockener Standorte); Exospor (34–)36–44(–46) μm lang . . . . 1. *D. filix-mas*

5* Blätter meist im November–Dezember völlig absterbend. Stiel und Blattspindel mit hell rötlichbraunen Spreuschuppen dicht bekleidet; Blattfläche und Spindeln oft mit Drüsenhaaren. Zähne der Fiedersegmente stumpf und am Segmentende meist fächerförmig ausgespreizt. Indusium lederartig, wenigstens am Rand oft drüsig, vor der Reife gewölbt, am Rand nach unten und innen geschlagen (den Sorus umfassend), später abgehoben; Exospor (30–)32–36(–40) μm lang . . . . 3. *D. oreades*

6 Blätter hellgrün, mindestens unterseits und auf den Spindeln dicht gelbdrüsig; Fiederchen fiederspaltig, die 3–4 untersten des basalen Fiederpaares beiderseits ± gleich lang; Blattstiel kräftig, ¹⁄₁₀–⅓ (–½) so lang wie die Spreite . . 4. *D. villarii*

6* Blätter dunkelgrün und höchstens spärlich bedrüst oder hellgrün und drüsenlos. Das basiskope (bodennähere) unterste Fiederchen des untersten Fiederpaares deutlich länger als das akroskope (obere); Blattstiel ± so lang wie die Spreite . . 7

7 Blattstiel und Rhachis mit einfarbigen blassen Spreuschuppen spärlich besetzt; Spreite gelbgrün; Fiederspindeln am Grunde nicht violettschwarz; Segmente der Fiederchen nahe aneinander stehend, lang-stachelspitzig gezähnelt, flach, drüsenlos; die der Sekundärrhachis zugekehrte Seite des ersten Abschnittes am untersten Fiederchen meist deutlich gezähnt. Indusium drüsenlos; Exospor (27–)33–39(–42) μm lang; meist 64 gute Sporen pro Sporangium . . . . . 7. *D. carthusiana*

7* Blattstiel und Rhachis mit zweifarbigen, an der Basis rötlich dunkelbraunen bis schwärzlichen, am Rande hellbraunen Spreuschuppen bekleidet; Blattspreite dunkelgrün (nur in der Jugend hellgrün); Fiederspindeln am Grunde 2–8 mm violettschwarz; Fiederchen leicht gelappt, die Abschnitte gestutzt, die größeren gezähnt. Die der Sekundärrhachis zugekehrte Seite des ersten Abschnittes am untersten Fiederchen meist ungezähnt. Maximal 32 gute Sporen pro Sporangium. Exospor (30–)36–48(–54) μm lang; daneben abortiertes Material . . . . 5. *D. remota*

8 Blätter meist bis in den Winter grün; das unterste basiskope Fiederchen des untersten Fiederpaares meist kürzer als die Hälfte dieser Fieder. Spreite dick, dunkelgrün; Abschnitte letzter Ordnung rechteckig im Umriß. Sporen dunkelbraun, mit zusammenfließenden, stumpfen Höckern . . . . 8. *D. dilatata*

8* Blätter schon im Oktober–November absterbend; das unterste Fiederchen oft länger als die Hälfte seiner Fieder. Spreite dünn, hellgrün; Abschnitte letzter Ordnung zugespitzt. Sporen hellbraun, mit getrennten, stachelartigen Höckern . . . . 9. *D. expansa*

1. Dryopteris filix-mas

Dryopteris filix-mas[1] (L.) SCHOTT Gen. Filic. **1**: 9 (1834). – Basion.: *Polypodium F. mas* LINNÉ Sp. pl. 1090 (1753); ed. 2: 1551 (1763). – Syn.: *Polypodium nemorale* SALISB. Prodr. Stirp.: 403 (1796), nom. invalid. – *Polypodium heleopteris* BORCKHAU-

---

[1] filix-mas (lat.) =»Farnmännlein«, zuerst bei FUCHS, wegen der robusteren und stärker beschuppten Blätter im Vergleich zu »filix-femina« (= Farnweibchen).

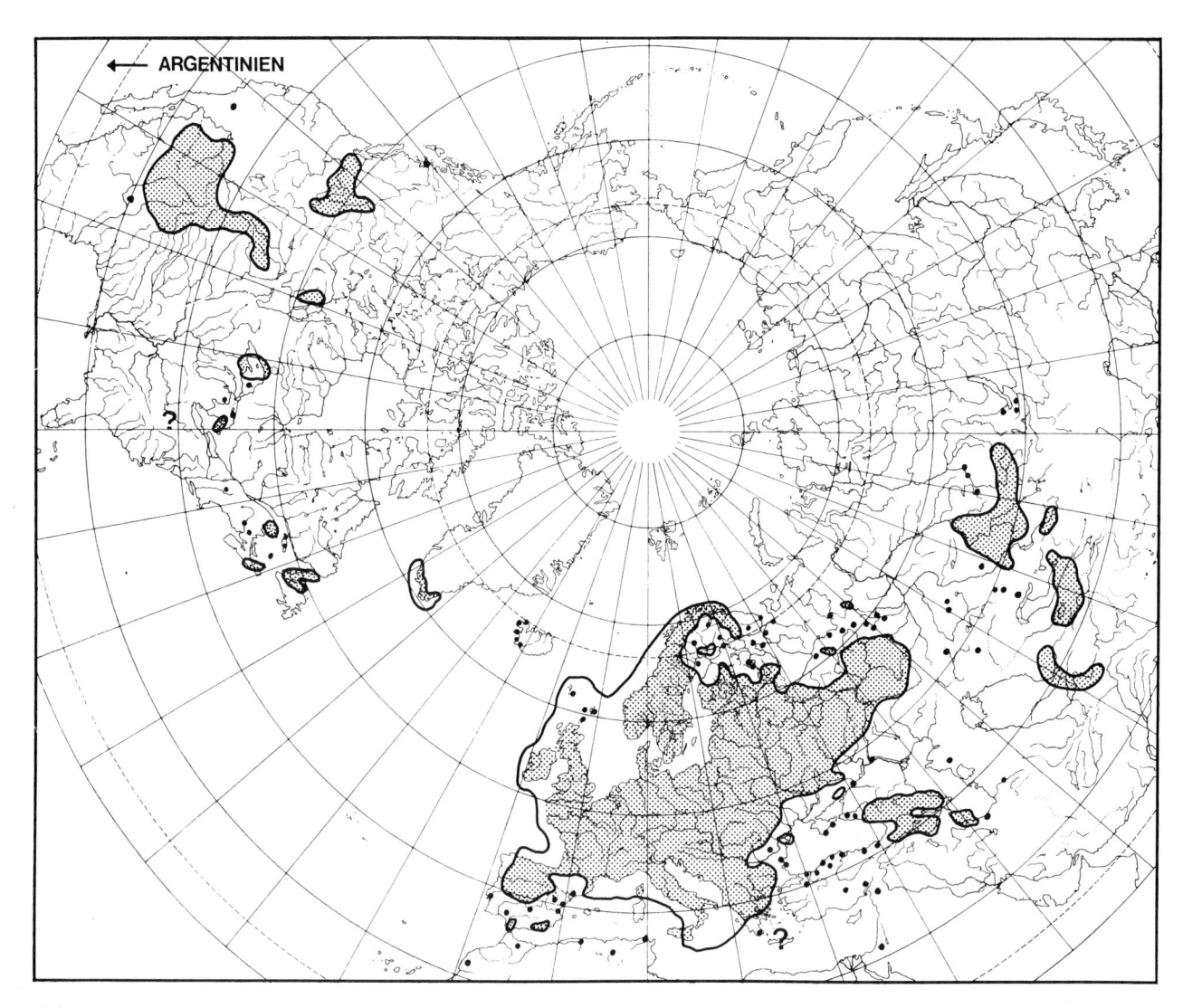

Abb. 122 □ *Dryopteris filix-mas* (L.) Schott. Verbreitungskarte (Original Rauschert)

sen in Roemer, Bot. Arch. **1** (3): 319 (1798). – *Polystichum filix-mas* (L.) Roth Röm. Arch. **2-1:** 106 (1799). – *Aspidium filix-mas* (L.) Swartz in Schrader Journ. Bot. **1800/2:** 44 (1801). – *Nephrodium filix-mas* (L.) Rich. in Marthe Cat. jard. méd. Paris: 129 (1801). – *Polypodium umbilicatum* Poiret, Encycl. **5:** 528 (1804). – *Aspidium erosum* Schkuhr, Kryptog. Gew. **1:** 46, Tab. 45 (1809). – *A. depastum* Schkuhr ibid. t. 51. – *Nephrodium crenatum* Stokes, Bol. Mat. Med. **4:** 606 (1812), nom. inval. – *Nephrodium nemorale* Gray, Nat. Arr. Brit. Pl. **2:** 7 (1821), nom inval. – *Aspidium expansum* Dietr., Fl. Jenensis s. pag. (1826). – *Aspidium filix-mas* (L.) Swartz var. *blackwellianum* Tenore, Mem. sulle felci, Atti R. Ist. Incorag. Napoli **5:** 133 (1832). – *Lastrea filix-mas* (L.) Presl, Tent. Pterid.: 76 (1836). – *Aspidium opizii* Wierzbicky, Flora **23:** 370 (1840). – *Aspidium mildeanum* Goeppert, Denkschr. 50 Jahre Best. vat. Ges. Schles.: 193 (1853). – *Polystichum polysorum* Todaro, Syn. Pl. Acot. Sic.: 35 (1866). – *Dryopteris* x *bohemica* Domin, Věstn. Kr. čes. spol. nauk., Tř.-mat. přír. 1941: 2–3 (1942). – *Aspidium veselskii* Hazl. ex Domin, ibid. 1941, **21:** 4 (1942). – *Dryopteris patagonica* Diem, Darwiniana **12:** 70 (1960). – Gemeiner Wurmfarn. – Abb. 1 (7), 122–124, 126a, 127b, 128a.

Wichtige Literatur □ Fraser-Jenkins, C. R. & H. V. Corley 1973: *Dryopteris caucasica* – an ancestral diploid in the male fern aggregate. Brit. Fern Gaz. **10 (5):** 221–231 (1972). – Fraser-Jenkins, C. R. 1976: *Dryopteris caucasica* and the cytology of its hybrids. Fern Gaz. **11 (4):** 263–267. – Hyde, H. A. & A. E. Wade & S. G. Harrison 1978: Welsh Ferns ed. 6: 105. – Manton, I.

1950: Problems of cytology and evolution in the Pteridophyta, 44 ff. – MANTON, I. & S. WALKER 1954: Induced apogamy in *Dryopteris dilatata* and *D. filix-mas* and its significance for interpretation of the two species. Ann. Bot. N. S. **18**: 377–383.

Ausdauernd; 30–140 (–160) cm hoch. R h i z o m kurz, dick, aufsteigend, dicht mit Blattresten, am Ende mit Schuppen und trichterförmig angeordneten Blättern besetzt. Blätter sommergrün; B l a t t s t i e l 6–30 cm lang, 2–3mal kürzer als die Spreite, bis 5 mm dick, hellbraun, mit 6–8 Leitbündeln, oben schwach rinnig, mit braunen Spreuschuppen bedeckt. B l a t t s p r e i t e im Umriß länglich, (15–) 30–130 (–150) × 5–25 cm groß, derb, gefiedert, nach der Spitze allmählich verschmälert, nach dem Grunde weniger, aber doch auch deutlich verschmälert, oberseits dunkelgrün, kahl, unterseits blasser, spreuschuppig; F i e d e r n jederseits 20–35, wechselständig, die untersten zuweilen gegenständig, rechtwinklig abstehend, die unteren und mittleren oft etwas aufwärts gekrümmt, sehr kurz gestielt, zugespitzt, lanzettlich; die oberen länglich-lanzettlich, bis 12,5 × 3 cm groß, tief fiederspaltig oder unterwärts gefiedert, Fiederabschnitte länglich oder länglich-lanzettlich, schief aufwärts-abstehend, mit Ausnahme der untersten am Grunde miteinander zusammenfließend, abgerundet, gezähnt; Zähne scharf-, aber nicht stachel-spitzig und vorne nicht fächerförmig auseinanderstrebend. S o r i im oberen Teile des Blattes auf den unteren Teilen der Abschnitte, zweireihig, den Mittelrippen näher, mindestens 3 (öfters 5–6) an einem Abschnitt, oft bis zur Berührung genähert, aber nicht zusammenfließend. Indusium nierenförmig, kahl, flach oder mit schwach eingebogenem Rand, nur an trockenen oder sonnigen Stellen den Sorus merklich umfassend, bei der Reife schrumpfend, zuweilen bleibend. Exosporium (30–) 40–42 (–46) µm lang, Perisporium braun, mit langen und kurzen Falten und Flügeln (Abb. 124). Erste Blätter des Keimlings einfach, spätere 2–3teilig. – Sporenreife: VII.–IX. – Chromosomenzahl: 2 n = 164 (segmental-allotetraploid).

Vorkommen □ Hemikryptophyt. Schattenpflanze. In kräuterreichen, schattigen Laub-, Misch- und Nadelwäldern, auch in montanen Hochstaudenfluren, in subalpinen Hochstaudengebüschen oder auf Bergweiden und in Steinschutthalden, auch auf beschatteten Felsen und Mauern, schattige Nordlage bevorzugend. Auf grund- und sickerfrischen, nährstoffreichen, kalkarmen wie kalkreichen, lockeren, humosen, steinigen oder sandigen Lehmböden; Mullboden-Wurzler. Meidet arme Sandböden und auch Staunässe. Anzeiger guter Mineral- und Lehmböden. In den mitteleuropäischen Wäldern häufig, besonders im Buchenhochwald, oft faziesbildend. Charakterart der Fagetalia-Ordnung. Das Vorkommen des Wurmfarns in Föhrenwäldern deutet auf frühere Laubholzbeimischung. Häufig kultivierte Zierpflanze. – Von der Ebene bis in die alpine Vegetationsstufe (bis über 2600 m). In Waldblößen und an trockenen, warmen Orten nur in ausgeprägten Kümmerformen.

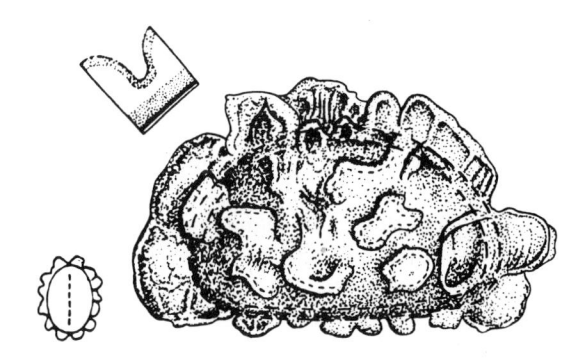

Abb. 123 □ *Dryopteris filix-mas* (L.) SCHOTT. Sporen □ *Rechts* Äquatoransicht (× 1000) □ *Links unten* Schema der Ansicht auf den proximalen Pol (optischer Schnitt) (× 250) □ *Links oben* Schichtung der Wandung (× 2000) (nach ERDTMAN 1957)

Allgemeine Verbreitung □ Areal eurasiatisch-subozeanisch bis submeridional; Gesamtareal zirkumboreal (mit großen Lücken). Verbreitet in ganz Europa

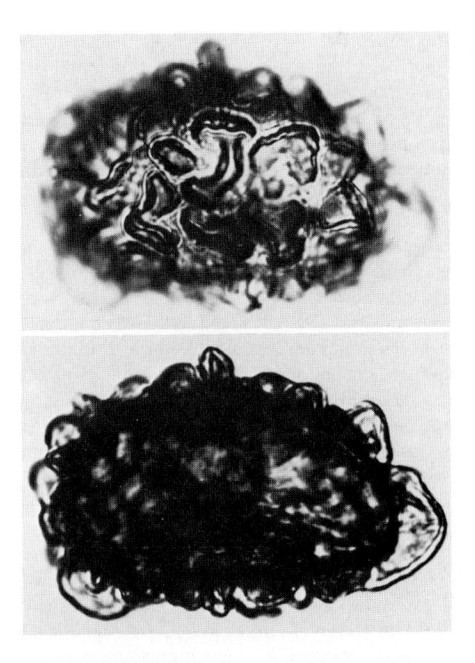

Abb. 124 □ *Dryopteris filix-mas* (L.) SCHOTT. Spore (× 1000), Äquatoransicht, *oben* hohe, *unten* tiefe Einstellung (optischer Schnitt) (Original STRAKA)

außer im Nordosten des europäischen Rußland, zunehmend seltener gegen den äußersten Süden Europas. Im temperierten Asien, der nördlichen und mittleren Türkei, dem Kaukasus und dem Ural östlich durch Kasachstan zum Altai, dem Sajan und bis Irkutsk, südlich bis zum Elburz in Nordpersien (selten; oft verwechselt mit *D. caucasica* und *D. affinis*), dem Ustjurt, Kaschmir und Nordpakistan, Tadschikistan, Usbekistan, dem Tian-Shan und der Dzongarei, Sinkiang. Fehlt auf den atlantischen Inseln (Azoren, Kanaren, Madeira) sowie im Fernen Osten, wo sie oft mit *D. sichotensis* KOMAROV Bull. Jard. Bot. Petrop. **16** (1): 148 (1916) verwechselt wurde. Ferner in Nordwestafrika (selten); Nordamerika: in den Rocky Mountains von British Columbia südlich bis Arizona, Neumexiko, Süddakota, Oklahoma, Texas und Kalifornien; auch im Osten von Neufundland bis New York, Michigan und Ontario, wo sie morphologisch leicht abweicht, außer in Neuschottland. In Südamerika in den argentinischen Anden, von wo sie als *D. patagonica* DIEM neu beschrieben wurde.

□ Alte Angaben aus dem tropischen Asien, Afrika und Südamerika beziehen sich auf andere Arten, meist Verwandte von *D. affinis* wie *D. wallichiana* (SPRENG.) HYL.

□ Karte: JALAS & SUOMINEN 1972, Karte 123.

Arealdiagnose □ zonal: trop/montan Am – merid/mo – submerid – temp – (boreal) · ozean $_{(1)-3}$ Am – Eur – Sib. – regional: (in Eurasien) west – zentralmedit/mo – (hyrcan) – westhim – turcest – altai – sajan – submedit – mitteleur – scand – boreoatl.

Verbreitung im Gebiet □ Häufig bis gemein, auch auf den Nordseeinseln (auf Juist und Borkum wohl nur angepflanzt). In den Bayerischen Alpen bis 1700 m, in Liechtenstein bis 1600 m. In der Schweiz im Tessin bei Campolungo bis 2640 m, in Graubünden bis 2600 m. In Österreich, Slowenien, der Tschechoslowakei und Polen allgemein verbreitet von der Ebene bis in die Voralpenstufe, in der Tatra bis 2080 m.

Abstammung □ Die Gruppe *D. filix-mas* s. lat. enthält einige morphologisch ähnliche Kleinarten, die der cytologischen und chemotaxonomischen Untersuchung unterworfen wurden. So haben MANTON & WALKER (1954) durch künstlich induzierte Apogamie aus *D. filix-mas* eine diploide sterile Pflanze (2n = 82) erhalten können, die bei der Meiose vorwiegend Einzelchromosomen zeigte. Sie schlossen daraus, daß *D. filix-mas* eine allotetraploide Sippe darstellen muß, die einmal durch Chromosomenverdoppelung aus einer sterilen Hybride von zwei diploiden Arten entstanden sein muß. Der eine dieser Vorfahren ist von MANTON (1950) als *D. oreades* ermittelt worden, denn es gelang ihr, die Hybride *D. filix-mas* x *oreades* (»abbreviata«) in Großbritannien in der Natur zu finden und auch künstlich zu erzeugen. Die Hybride erwies sich als triploid und gab bei der Meiose ca. 42 bivalente und univalente Chromosomen. Der damals unbekannte zweite Vorfahre von *D. filix-mas* ist kürzlich als *D. caucasica* (A. BR.) FRASER-JENKINS & CORLEY (1973) ermittelt worden. Diese diploide Sippe hat Fiedern mit rechteckig-lanzettlichen Abschnitten und langen, spitzen Zähnen sowie flach ausgebreitete Indusien. Sie wächst in einem relativ beschränkten Gebiet (Osteuropa selten, Kaukasus, Türkei, Iran) teilweise zusammen mit *D. filix-mas* und *D. oreades*. Dort, wo sie zusammentreffen, bilden *D. caucasica* (Genomformel CC) und *D. oreades* (Genomformel OO) eine diploide Hybride, *D.* x *initialis* FRASER-JENKINS & CORLEY (1973), die durch Vereinigung eines Gameten C und eines Gameten O entstanden ist und die Genomformel (CO) besitzt. Sie hat vorwiegend abortierte Sporen, bildet aber auch eine kleine Anzahl großer, guter Diplosporen, die wahrscheinlich aus Restitutionskernen entstanden sind und dieselbe Chromosomenzahl (Genomformel CO) besitzen wie der Sporophyt. Sie liefern bei der Keimung Prothallien, und durch Vereinigung von zwei Gameten (CO) bildet sich ein allotetraploider Embryo (CCOO), der zur fertilen Pflanze von *D. filix-mas* heranwächst. Der Vorgang der Chromosomenverdoppelung konnte auch unter experimentellen Bedingungen beobachtet werden. Dichte Aussaat des Sporangieninhalts von natürlicher *D.* x *initialis* lieferte eine merkliche Anzahl von Prothallien und daraus Sporophyten, die von natürlicher *D. filix-mas* nicht zu unterscheiden waren (GIBBY, FRASER-JENKINS & REICHSTEIN unpubl.). Neubildung von *D. filix-mas* kann demnach auch heute noch gelegentlich stattfinden. Die Art ist vermutlich einmal im Kaukasus oder nicht weit davon entstanden. Während ihre Vorfahren heute relativ beschränkte Areale bewohnen, hat sich *D. filix-mas* über fast die ganze nördliche Hemisphäre verbreitet und ist im Gebiet einer der häufigsten Waldfarne. Diese Erscheinung ist auch bei einigen anderen allotetraploiden Farnen zu beobachten.

Variabilität der Art □ Dieser stattliche Farn ist reich an Formen, die aber teilweise unter Einfluß von Umweltfaktoren stehen und von einem Jahr zum anderen, oft auf der gleichen Pflanze, wechselnd gefunden werden können oder unter Einfluß von Frost, Viruskrankheiten usw. entstehen können. Es ist nützlich, die wichtigeren dieser Formen und Mißbildungen zu kennen, um *D. filix-mas* auch in schwierigeren Fällen identifizieren zu können. Es sind dies die folgenden:

V a r . c r e n a t a (MILDE) □ Kleiner, 40–60 cm hoher Farn; Fiederabschnitte länglich, am Seitenrande wenig gekerbt, mit kleinen Zähnen an der Spitze; ziemlich häufig im ganzen Gebiet.

V a r . d e o r s i l o b a t a (MOORE) □ Blätter meist aufrecht, sehr groß, 100–200 × 25 cm; Blattstiel 30–50 cm lang, nebst der Blattspindel dicht spreuschuppig, die untersten Fiederpaare verkürzt, zuweilen entfernt stehend, am Grunde verbreitet; Fiederchen der untersten Fiedern länglich, tief gelappt; mittlere und obere Fiedern lanzettlich zugespitzt, dicht stehend, 3 cm breit, bis zur Spindel fiederspaltig; Fiederchen lanzettlich, stumpflich, unregelmäßig gekerbt-gezähnt, die Zähne oft unten gegen die Blattspindel herablaufend, mit stumpfen Öhrchen breit angewachsen. Diese stattliche Varietät tritt besonders in der Fichtenregion (von etwa 1000 m) der feuchten Gebirgswälder auf, meist in Gesellschaft von *Petasites paradoxus*, *Streptopus amplexifolius* und *Cicerbita alpina*, und im ganzen Gebiet zerstreut.

V a r . i n c i s a (MOORE) p.p. = var. u m b r o s a (MILDE), var. d e n t a t a (FORMÁNEK) □ Blätter schlaff, 60–120 cm lang; Blattstiel ziemlich lang, dicht spreuschuppig, Blattspindel spärlich spreuschuppig; das unterste Fiederpaar oft entfernt, länglich, bis 7 cm breit, mit länglichen bis lanzettlichen, unten tief fiederspaltigen bis fast gefiederten Fiederchen; mittlere und obere Fiedern breit lanzettlich, 3–4 cm breit, gefiedert, mit meist etwas entfernten, am Grunde nicht geöhrten Fiederchen, die untersten Fiedern nicht herablaufend, sondern gegen die Basis hin oft verschmälert, auch nach der Spitze zu verschmälert, oft spitz zulaufend, sämtlich tief eingeschnitten. Vereinzelt in schattigen und feuchten Gebirgswäldern im ganzen Gebiet.

Abb. 125 □ Keimpflanzen an Prothallien mit Wurzel und erstem Blatt von zwei Arten der Wurmfarngruppe □ a *D. filix-mas* (sexuell, tetraploid) □ b *D. affinis* (apomikt, triploid). Der Unterschied ist bereits in diesem Stadium deutlich (nach MANTON 1950:58)

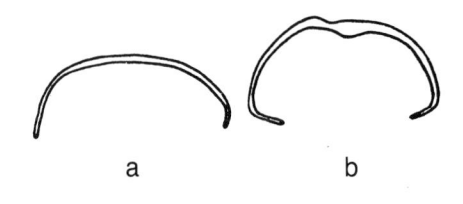

Abb. 128 □ Indusien unreifer Sori der Wurmfarngruppe im Querschnitt □ a *D. filix-mas* (L.) SCHOTT □ b *D. affinis* (LOWE) FRASER-JENKINS (stark vergr.) (nach DÖPP 1932)

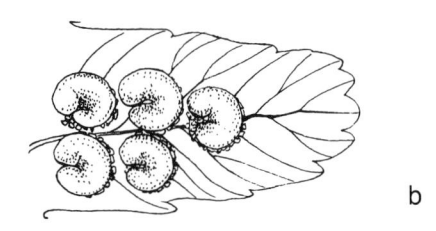

Abb. 126 □ Fiederchen von zwei Arten der Wurmfarngruppe von unten, zeigen Umriß und Sori (etwa × 5) □ a *D. filix-mas* (L.) SCHOTT □ b *D. affinis* (LOWE) FRASER-JENKINS (nach HIRZEL in NÄGELI 1978)

Var. setosa (CHRIST) p.p. □ Blätter etwa 40 cm lang und 25 cm breit; Fiederabschnitte schmal, 1 cm lang, dicht stehend, fast ganzrandig oder fein gesägt; Blätter durchwegs von feinen, zum Teil drüsigen Spreuschuppen weichschuppig; Sori klein, blaß; Indusium klein, ganzrandig. Eine hochalpine Zwergform, an einigen Lokalitäten in der Schweiz festgestellt.

Var. dolomitica (CHRIST) □ Blätter ca. 30 cm lang; Fiedern wenig eingeschnitten; Fiedersegmente ganzrandig oder wenig eingeschnitten, ohne Zähne oder mit nur wenigen rundlichen Auskerbungen; Sori klein; Indusium gewölbt und den Sorus umgreifend. Wurde mit *D. oreades* verwechselt. Trockene Stellen auf Kalkgestein im nördlichen Zentraleuropa, Sillberg bei Berchtesgaden und vermutlich an anderen Orten.

Var. recurva (FRANCIS) □ Blätter bis 30 cm lang; Fiedern abwärts (in Richtung der Basis) gekrümmt; Fiedersegmente wenig eingeschnitten, mit spitzen Zähnchen. Wurde mit *D. oreades* verwechselt. An trockenen Stellen.

Var. pseudorigida (CHRIST) □ Fiedern bis 80 cm lang; Fiederchen beidseitig eingeschnitten, die Abschnitte mit Doppelzähnchen, erinnert an *D. villarii*. Trockene Stellen im Schwarzwald und an anderen Orten.

Von wenig wichtigen Formen nennen wir nur:

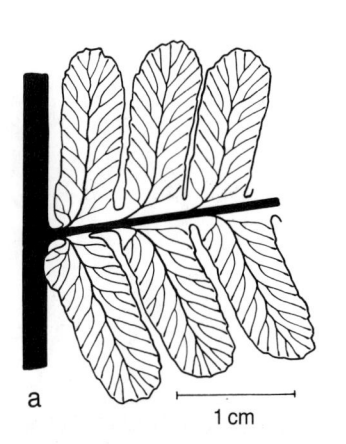

Abb. 127 □ Fiederbasis in der Wurmfarn-Gruppe, zeigt Umriß und Aderung □ a *Dryopteris affinis* (LOWE) FRASER-JENKINS □ b *D. filix-mas* (L.) SCHOTT (nach REICHLING 1953

f. heleopteris (BORCKHAUSEN) (= *Aspidium erosum* SCHKUHR, *Aspidium depastum* SCHKUHR) ☐ Blätter bis 80 cm lang, Blattspindel spärlich beschuppt, Blattfiedern gedrängt, Fiederchen dreieckig mit breiter Basis und stark verschmälerter Spitze, unregelmäßig, oft tief eingeschnitten, voneinander entfernt, meist steril; eine Frostform in feuchten Wäldern im ganzen Gebiet vereinzelt.

f. barnesii (MOORE) ☐ Eine Waldform mit sehr schmal-lanzettlichen Blättern und tief eingeschnittenen Fiedern mit rundlichen, gekerbten bis doppelt gezähnten Lappen; Riesengebirge. Aus Sporen von f. *barnesii* kann sich f. *filinearis* (MOORE) entwickeln, trotz der großen morphologischen Unterschiede zwischen diesen Formen. Zahlreiche andere Formen bzw. Monstrositäten werden oft in Gärten kultiviert.

2. Dryopteris affinis

Dryopteris affinis (LOWE) FRASER-JENKINS, Fern Gaz. **12 (1):** 56 (1979). – Basion.: *Nephrodium affine* LOWE, Trans. Camb. Phil. Soc. **6:** 525 (1838), non *Aspidium affine* BLUME (1828), nec FISCHER et MEYER in HOHENACKER (1838), nec *Dryopteris filix-mas* var. *affinis* (F. et M.) NEWMAN (1854) (= »*Dryopteris affinis* NEWMAN«, comb. inval.). – Syn.:[1] *Polystichum abbreviatum* DC. in LAM. et DC. Flor. Franc., ed. 3, **2:** 560 (1805), non *Dryopteris filix-mas* var. *abbreviata* (DC.) NEWMAN sensu NEWMAN (1854) (= »*Dryopteris abbreviata* (DC.) NEWMAN« auct., sensu auct. brit., comb. inval.) nec *Dryopteris abbreviata* (SCHRADER) O. KTZE. (1891), nec *D. abbreviata* (DC.) NEWM. ex MANTON sensu MANTON (1950). – *Dryopteris paleacea* (MOORE) f. *rubiginosa* FOMIN, Vestn. Tiflis. Bot. Sada **20:** 46 (1911). – *Dryopteris borreri* (NEWM.) NEWM. ex v. TAVEL, *D. borreri* var. *atlantica*, var. *insubrica*, var. *melanothrix*, f. *aurea*, var. *pseudodisjuncta*, var. *robusta*, nomina nuda, var. *tenuis* v. TAVEL, Verh. Schweiz. Naturf. Ges. **118:** 153–154 (1937). – *Dryopteris pseudomas* (WOLLASTON) HOLUB et POUZAR in HOLUB, Fol. Geobot. Phytotax. Praha **3:** 330 (1967). – Schuppiger Wurmfarn. – Abb. 125 b, 126 b, 127 a, 128 b, 129, 130, 131.

Wichtige Literatur BORNMÜLLER, A. 1949: Mitt. Thüring. Bot. Ges. **1:** 70. – DÖPP, W. 1941: Über *Dryopteris paleacea* CHRISTENS. (*D. borreri* NEWM.). Ber. dt. bot. Ges. **59:** 423–426. – DÖPP, W. 1954: Cytologische und genetische Untersuchungen an *Dryopteris paleacea* CHRISTENS. (*D. borreri* NEWM.). VIII. Congr. Intern. Bot. Rapp. Sect. **4:** 22. – DÖPP, W., W. GÄTZI & E. OBERHOLZER 1963: *Dryopteris borreri* NEWMAN var. *pseudodisjuncta* v. TAVEL. Ber. dt. bot. Ges. **76:** 49–118. – DÖPP, W. 1960: Zur Problematik von *Dryopteris paleacea* (Sw.) C. CHR. und ihres Formen- und Verwandtschaftskreises. Ber. dt. bot. Ges. **62:** 61–68. – DÖPP, W. (posthum) 1967: Apomixis bei Archegoniaten. In: W. RUHLAND (Herausg.): Handbuch der Pflanzenphysiologie **18:** 531–550. – EUW, J. v., M. LOUNASMAA, T. REICHSTEIN & C.-J. WIDÉN, 1980:

Chemotaxonomy in *Dryopteris* and related genera. Studia Geobotanica **1:** 275–311. – FRASER-JENKINS, C. R. 1980: Nomenclatural notes on *Dryopteris* ADANS. 4. Taxon **29:** 607–612. – FRASER-JENKINS, C. R. 1980: *Dryopteris affinis*: a new treatment for a complex species in the European pteridophyte flora. Willdenowia **10:** 107–115. – FRASER-JENKINS, C. R. ca. 1983: *Dryopteris* in Spain, Portugal and Macaronesia. Bol. Soc. Brot. II. **55:** 175–335 (1982). – GÄTZI, W. 1961: Über den heutigen Stand der *Dryopteris*-Forschung unter besonderer Berücksichtigung von *Dryopteris borreri* NEWMAN. Ber. üb. Tätigkeit d. St.-Gallischen Naturwiss. Ges. **77:** 3–73. – KNABEN, G. 1948: Kromosomtall og generasjonsveksel hos *Dryopteris paleacea* (Sw.) C. CHR. i Norge. Blyttia **6:** 17–32. – LAWALRÉE, A. 1957: *Dryopteris borreri* NEWM. en Belgique. Bull. Soc. Roy. Bot. Belge **90:** 25–27. — MANTON, I. 1950: Problems of cytology and evolution in the Pteridophyta, Cambridge. – NORDHAGEN, R. 1947: *Dryopteris paleacea* (Sw.) C. CHR. og dens utbredelse i Norge. Blyttia **5:** 98–118. – PICHI-SERMOLLI, R. E. G. 1960: The identification of *Aspidium distans* VIV. Am. Fern J. **50:** 133. – PIĘKOŚ-MIRKOWA, H. 1981: *Dryopteris affinis* (Lowe) Fraser-Jenkins – a new species in the flora of Poland. Fragmenta Floristica Geobotanica **27:** 359–370. – REICHLING, L. 1953: *Dryopteris paleacea* (Sw.) HAND.-MAZZ. et *D. x tavelii* ROTHM. au Grand-Duché de Luxembourg et en Belgique. Bull. Soc. Bot. Belge **86:** 39–57. – ROTHMALER, W. 1943: Über *Dryopteris paleacea* (Sw.) HAND.-MAZZ. Boissiera **7:** 166–181. – ROTHMALER, W. 1945: Der Formenkreis von *Dryopteris paleacea* (Sw.) HAND.-MAZZ. Candollea **10:** 91–101. – SCHNELLER, J. J.: Untersuchungen an einheimischen Farnen, insbesondere der *Dryopteris filix-mas*-Gruppe. 1. Teil. Ber. Schweiz. Bot. Ges. **84:** 195–217 (1974). 2. Teil. Cytologische Untersuchungen: ibid. **85 (1):** 1–17 (1975). 3. Teil, Ökologische Untersuchungen: ibid **85 (2):** 110–159 (1975). – TAVEL, F. VON 1937: *Dryopteris borreri* NEWM. und ihr Formenkreis. Verh. Schweiz. Naturf. Ges. **118:** 153–154.

D. affinis ist eine Sammelart (Komplex) verschiedener diploider und triploider Sippen, die alle apomiktisch sind (vgl. Variabilität). Wir beschreiben

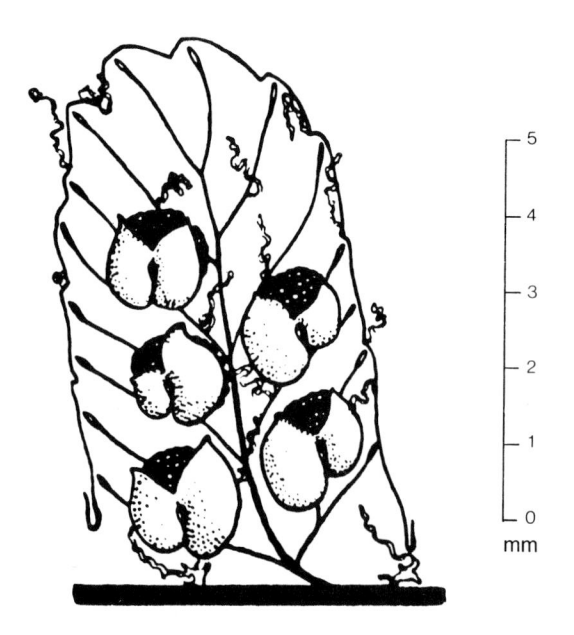

Abb. 129 ☐ *Dryopteris affinis* (LOWE) FRASER-JENKINS. Fiederchen von unten, Indusien eingerissen (nach REICHLING 1953)

---

[1] Weitere Synonyme bei den betreffenden Unterarten und Varietäten.

Abb. 130 □ *Dryopteris affinis* (LOWE) FRASER-JENKINS. Schuppen vom Blattstiel, *links* zwei ganze, *rechts* Ausschnitt mit Zell- und Randstruktur (Original R. PASSOW)

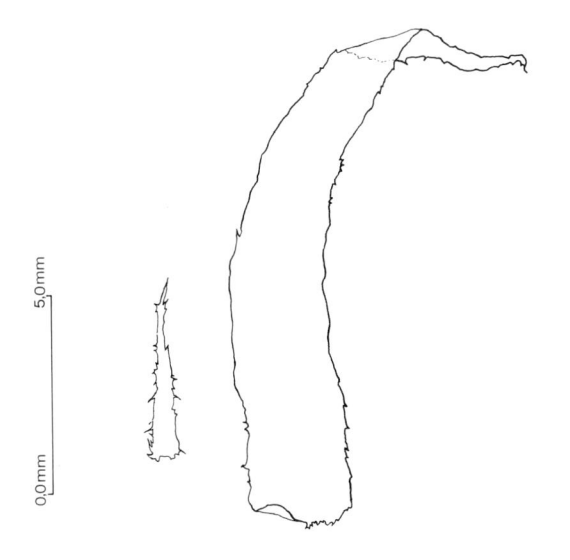

zunächst die Merkmale und die Verbreitung für die ganze Sammelart.

Ausdauernd; von *Dryopteris filix-mas* verschieden durch folgende Merkmale: R h i z o m oft ein- oder wenigköpfig, aufsteigend und bis 20 cm über die Erde auswachsend. B l ä t t e r überwinternd, dunkelgrün, aber auffallend gelbgrün wenn jung, derber, fast lederig, drüsenlos, 60–160 cm lang, erst am Ende des Winters welkend; B l a t t s t i e l und Blattspindel dicht spreuschuppig, Spreuschuppen rot- bis dunkelkastanienbraun, meist mit dunkler bis schwarzer Basis, sogar an den meisten der zahlreichen haarförmigen Schuppen der Blattspindel. Blattstiel kürzer als ¼ der Spreite, Basis der Fiederspindeln auf 2–8 mm Länge, teilweise auch Blattspindel an der Ansatzstelle der Fiederspindeln in frischem Zustand schwarzbraun bis violettschwarz. B l a t t s p r e i t e im Umriß länglich-lanzettlich, einfach oder doppelt gefiedert. B l a t t f i e d e r n lineal-lanzettlich, meist lang zugespitzt, tief fiederspaltig bis (am Grunde) gefiedert, oft nahezu oder völlig gegenständig. Abschnitte lineal-länglich, flach, meist, aber nicht immer stumpf oder schief gestutzt, an den Seiten ganzrandig, an der Spitze mit wenigen kleinen Zähnen; Adern meist einfach gegabelt, bald parallel verlaufend (bei *D. filix-mas* mehr auseinanderstrebend), vgl. Abb. 126; die Mehrzahl der Abschnitte mit etwa 6 S o r i; Indusium lederig, hart, meistens drüsenlos, gewölbt, den jungen Sorus umfassend, seine Ränder nicht nur niedergebogen, sondern eingeschnürt, unter den Sorus geschoben (Abb. 128 b), bei vielen Formen zuletzt vom freien Rande her nach der Anheftungsstelle einreißend (Abb. 129), auch im Herbst deutlich erkennbar. Sporenreife: VII.–IX. Die Sporangien enthalten teilweise abortiertes Material, zur Hauptsache aber große gute Sporen, Exospor (30–) 36–49 (–55) μm lang; Perispor braun, mit Falten und Flügeln. In den Sporangien mit guten Sporen finden sich nur 32 davon, während sexuelle Arten deren 64 haben. Die Prothallien tragen keine Archegonien, wohl aber funktionsfähige Antheridien. – Chromosomenzahl: 2n = 82 (diploid) und 123 (triploid); beide Cytotypen sind apomiktisch, enthalten in der Spore und im Gametophyten dieselbe Zahl (vgl. Einleitung S. 14). Die Vorgänge, die dazu führen, sind von DÖPP (1939, 1967) und MANTON (1950: 54–62; 186–195) genau beschrieben worden. – Sporenreife: VII.–IX.

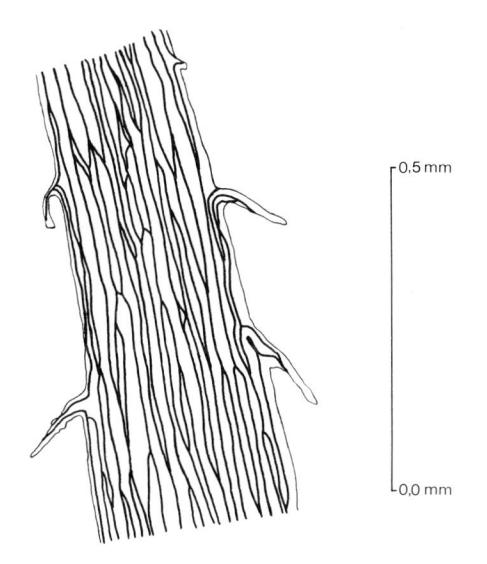

Vorkommen □ Hemikryptophyt. In montanen, feuchtschattigen Buchen- und Tannenwäldern, an schattigen Abhängen und Böschungen, auf sickerfeuchten, nährstoffreichen, kalkarmen, humosen, sandig-steinigen Lehm- und Mullböden, in luftfeuchter Standortslage. Charakterart der Fagetalia, in Südeuropa in Carpinion- und Alno-Ulmion-Gesellschaften. Von der Ebene (selten) bis in die subalpine Stufe (in den Alpen bis ca. 2000 m). Die Art ist besonders schön und eindrucksvoll im April und Mai, wenn sich die jungen Blätter wie »Bischofsstäbe« mit ihrem gold- bis kastanienbraunen Spreuschuppenpelz eben entrollen.

Allgemeine Verbreitung □ Areal subatlantisch (submeridional); Gesamtareal europäisch-westasia-

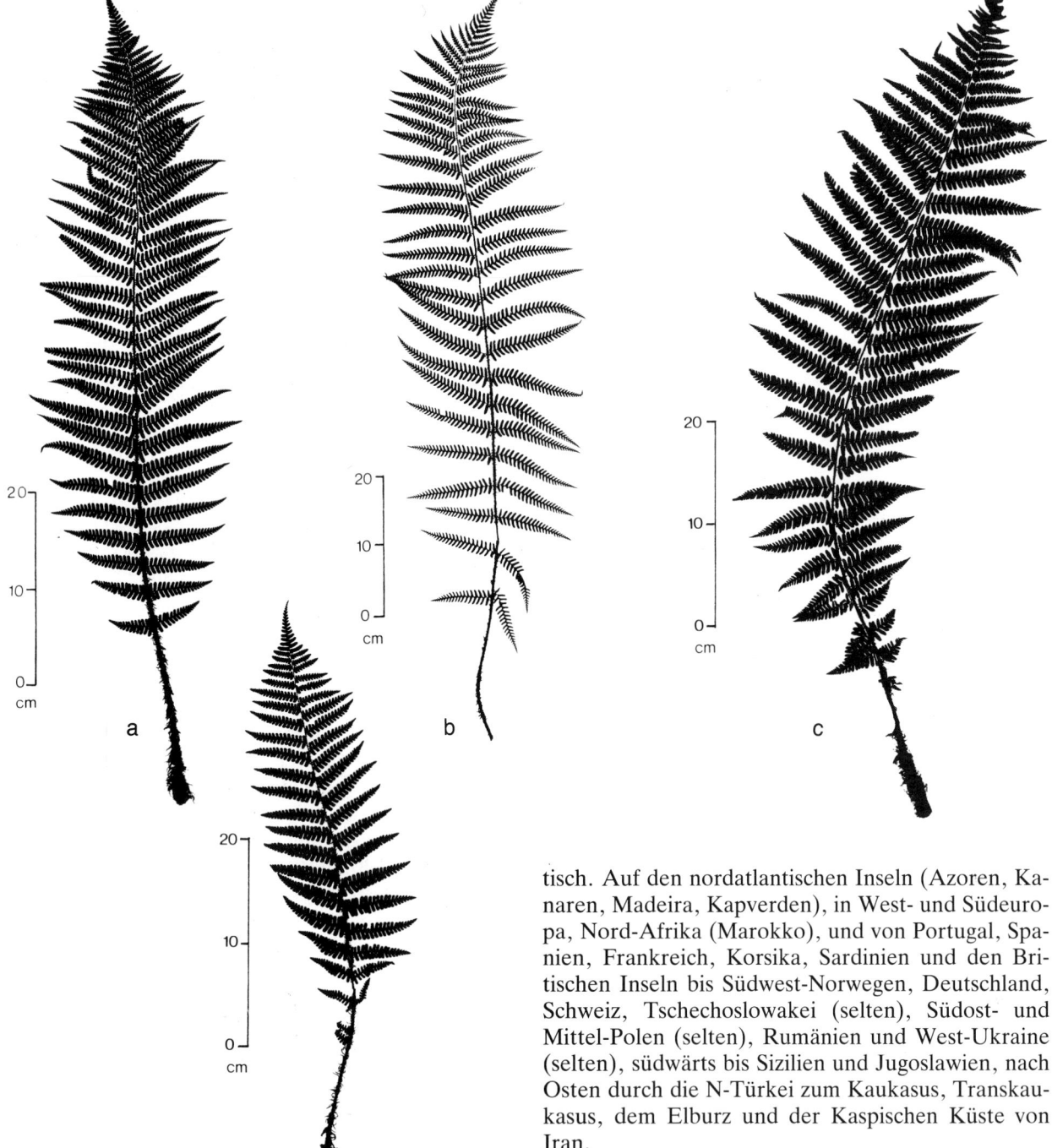

Abb. 131 □ *Dryopteris affinis* (LOWE) FRASER-JENKINS. Blattsilhouetten von vier verschiedenen Unterarten bzw. Varietäten □ *a* subsp. *affinis* var. *affinis* (von Madeira) □ *b* subsp. *affinis* var. *disjuncta* (FOMIN) FRASER-JENKINS (aus dem Südschwarzwald) □ *c* subsp. *borreri* (NEWM.) FRASER-JENKINS var. *pseudodisjuncta* FRASER-JENKINS (bei Abtwil, Kt. St. Gallen) □ *d* subsp. *stilluppensis* (SABRANSKI) FRASER-JENKINS (Val Antabbia, Kt. Tessin) (Original, alle von kultivierten, cytologisch kontrollierten Pflanzen)

tisch. Auf den nordatlantischen Inseln (Azoren, Kanaren, Madeira, Kapverden), in West- und Südeuropa, Nord-Afrika (Marokko), und von Portugal, Spanien, Frankreich, Korsika, Sardinien und den Britischen Inseln bis Südwest-Norwegen, Deutschland, Schweiz, Tschechoslowakei (selten), Südost- und Mittel-Polen (selten), Rumänien und West-Ukraine (selten), südwärts bis Sizilien und Jugoslawien, nach Osten durch die N-Türkei zum Kaukasus, Transkaukasus, dem Elburz und der Kaspischen Küste von Iran.
□ Karte: JALAS & SUOMINEN 1972, Karte 124.

Arealdiagnose □ zonal: (merid) – submerid – temp · ozean-$_{1-(2)}$Eur-Vordas. – regional: macar + sicil + west – zentralsubmed – euxin – hyrc – süd – (nord)carp – alpisch – (hercyn) – südsubatl – atl.

Verbreitung im Gebiet □ Diese ist erst seit kurzer Zeit bekannt, da die Art früher in Florenwerken nicht von *D. filix-mas* unterschieden wurde. Verbreitet in den Vogesen. – In Deutschland: Schleswig-Holstein, Gebirge im Rheingebiet, Hannover (im Süntel), Pfälzer Wald, Hessen: Odenwald, Spessart, Schwarzwald, Bayerische Alpen, Bayerischer Wald, Harz, Thüringen (Hildburghausen, Stadtroda, usw.), Sachsen (Elbsandsteingebirge). – Verbreitet in allen Kantonen der Schweiz und allen Ländern Österreichs, häufig in Norditalien, Slowenien, W- und N-Böhmen, N- und Zentral-Mähren, selten in Südost- und Mittel-Polen und in den Sudeten.

Vorkommen □ Untersuchungen von J. J. SCHNELLER (1974 und 1975) haben ergeben, daß *D. affinis* wenigstens in der Schweiz, aber wohl auch in den übrigen Gebieten, immer im Areal von *D. filix-mas* zu finden ist. Jedoch ist die Verbreitung enger begrenzt. Vor allem ist die Bindung an ausgesprochen atlantische Klimagebiete, oder doch zum mindesten an ein milderes Lokalklima, offensichtlich. Das ergibt sich auch aus der Gesamtverbreitung (vgl. Arealangaben). Die stärkere Frostempfindlichkeit von *D. affinis* konnte nachgewiesen werden. Bei der Besiedelung spezieller Standorte, vor allem bei Neubesiedelung, z. B. aufgeforsteter Wälder und neu entstandener Unterlagen, kann *D. affinis* dank seiner Apogamie gegenüber *D. filix-mas* im Vorteil sein.

Cytologie □ SCHNELLERS cytologische Untersuchungen (1975) ergaben, daß die triploiden Sippen von *D. affinis* in der Schweiz weitaus am häufigsten anzutreffen sind; dagegen treten die diploiden Pflanzen nur vereinzelt auf. Dasselbe, nicht ganz so ausgesprochen, fand schon MANTON (1950: 189–190) für Großbritannien und den europäischen Kontinent. Innerhalb der triploiden Sippe kann eine Variabilität beobachtet werden; diese ist zwar nicht sehr auffällig, beruht aber größtenteils auf genetischen Unterschieden.
□ Bei sexuellen Arten teilt sich das zunächst aus einer Zelle bestehende Archesporgewebe durch vier Mitosen in 16 Zellen. Diese lösen sich aus dem Verband, runden sich ab und stellen die Sporenmutterzellen dar, die nach Reduktionsteilung je 4 Sporen (total 64) liefern; jede enthält nur halb so viele Chromosomen wie der Sporophyt. Bei *D. affinis* und vielen anderen apomiktischen Arten tritt die letzte Teilung im 8-zelligen Archespor nicht in allen Fällen ein. Bei Typ I (der überwiegt) teilen sich die Chromosomen zwar, bleiben aber in einem Kern (Restitutionskern) vereinigt, der daher die doppelte Chromosomenzahl besitzt. Er geht normale Meiose ein (Bildung von 82 bzw. 123 Paaren), und durch Reduktionsteilung entstehen vier Sporen (total 4 × 8 = 32), von denen jede wieder genauso viele Chromosomen besitzt wie der Sporophyt (82 bzw. 123). Durch Keimung liefern sie das Prothallium und daraus apomiktisch den Sporophyten. Er zeigt schon als Keimpflanze deutlich verschiedene Form im Vergleich zu *D. filix-mas* (vgl. Abb. 125).
□ Außer Typus I produziert *D. affinis* noch eine relativ kleine Anzahl von zwei oder drei anderen Typen von Sporenmutterzellen, die nur abortiertes Material liefern. Von Interesse ist besonders der 16-zellige Typus III mit stark gestörter Meiose und vielen Einzelchromosomen. MANTON (1950: 191 ff.) hat die Bedeutung der (teilweise ganz abwesenden) Chromosomenpaarung in diesem Typ für die mögliche Entstehung der verschiedenen Formen von *D. affinis* diskutiert. Vieles spricht dafür, daß die triploiden Sippen von *D. affinis* durch Kreuzung aus dem ♂ diploiden Gameten von diploider *D. affinis* mit dem ♀ haploiden Gameten einer sexuellen diploiden Art entstanden sind. Für die letzteren kommen vor allem *D. oreades* und *D. caucasica* in Frage, aber auch *D. villarii* und *D. pallida* wären möglich. Nach DÖPP sowie nach MANTON ist es sogar wahrscheinlich, daß die diploide *D. affinis* einmal aus einer Kreuzung von zwei diploiden sexuellen Arten entstanden und dann später apomiktisch geworden ist.
□ Beide Cytotypen von *D. affinis* können als männliche Partner mit sexuellen *Dryopteris*-Arten Hybriden bilden; von diesen sind besonders diejenigen mit *D. filix-mas* bekannt (s. u. *D.* x *tavelii*).

Variabilität der Art □ *D. affinis* zeigt eine erhebliche Variationsbreite. Da sich alle Formen apomiktisch fortpflanzen, besteht die Möglichkeit zur Ausbildung besonderer lokaler Populationen, die sich wie Klone verhalten, sich durch leicht abweichende Morphologie von anderen etwas unterscheiden, und denen wir keine systematische Bedeutung beimessen. Es gibt aber auch relativ gut umgrenzte, teilweise weit verbreitete Formen, deren Unterschiede höchst wahrscheinlich genetisch bedingt sind. Die meisten sind bisher von verschiedenen Autoren als Varietäten beschrieben worden. Die wichtigsten davon werden hier als Unterarten behandelt.

2. I. Dryopteris affinis

(LOWE) FRASER-JENKINS subsp. **affinis**. Syn.: *Polystichum abbreviatum* DC. in LAM. et DC., Flor. Franc. ed. 3, **2**: 560 (1805), non *Dryopteris abbreviata* (SCHRADER) O. KTZE. (1891). – *Aspidium filix-mas* (L.) SWARTZ var. *subintegra* DÖLL, Fl. Bad. **1**: 27 (1857). – *Lastrea filix-mas* (L.) C. B. PRESL var. *crispa* SIM, Cat. Ferns: 10 (1859) (zwergig). – *Aspidium filix-mas* var. *paleaceum* subsp. *merinoi* CHRIST, Bull. Acad. Int. Géogr. Bot. (Mans) **8**: 80 (1904). – *D. borreri* (NEWM.) NEWM. ex v. TAVEL var. *atlantica* v. TAVEL, Verh. Schweiz. Naturf. Ges. **118**: 153–154 (1937), nom. nud. – *D. resendeana* RESENDE DE PINTO, Portug. Acta Biol. B **9**: 319–320 (1969) (monstr.). – Abb. 131 a, b.

B l ä t t e r fest, ledrig, aufrecht, S t i e l kurz, wie die Blattspindel dicht mit schmalen braunen, an der Basis dunklen Spreuschuppen besetzt; B l a t t s p r e i t e dunkel- oder gelblich-grün, gegen den Grund allmählich verschmälert; Fiedern gedrängt, sich gelegentlich berührend; Abschnitte 2. Ordnung länglich, dicht gedrängt und meist am Grunde nicht völlig voneinander getrennt, parallelrandig mit ungezähnten Seiten, am Ende stark gestutzt, aber meist leicht gekrümmt, mit wenigen Zähnen; unterste Fiedern sehr kurz, ihr unterster basiskoper Abschnitt klein und meist nur auf der rhachisnahen Seite von der Fiederspindel ganz abgetrennt, auf der anderen Seite meist ganz angewachsen (Abb. 127 a). Indusium ± groß, dick, braun, selten bei der Reife sich spaltend, abgehoben, aber ± bleibend. – Chromosomenzahl: 2n = 82 (diploid), apomiktisch, mit 82 Paaren bei der Meiose.
□ Beschrieben von Madeira. Auf den Kanaren und Madeira nur diese Sippe (var. *affinis*), auf den Azoren als var. *azorica* FRASER-JENKINS. Weitere Verbreitung: Marokko (selten), häufiger in Spanien, Portugal und Nordwestfrankreich, zerstreut in Irland und in kleinen Populationen in Westgroßbritannien (bis Westmoreland), wahrscheinlich auch in Südwestnorwegen. Das Vorkommen der typischen Unterart in Mitteleuropa ist fraglich; wäre im Westen Deutschlands zu suchen.

☐ Bisher sind aus Mitteleuropa nur zwei Varietäten dieser diploiden Unterart bekannt.

2. II. A. II. Dryopteris affinis
(LOWE) FRASER-JENKINS subsp. **affinis** var. **disjuncta** (FOMIN) FRASER-JENKINS, Willdenowia **10**: 110 (1980). Basion.: *Dryopteris paleacea* (MOORE) FOMIN f. *disjuncta* FOMIN Mon. Jard. Bot. Tiflis **20**: 44–46 (1911). – Syn.: *D. mediterranea* FOMIN f. *disjuncta* (FOMIN) FOMIN in KOMAROV (ed.), Flora SSSR **1**: 35 (1934). – *D. pseudomas* (WOLL.) HOLUB & POUZAR var. *disjuncta* (FOMIN) ASKEROV & BOBROV Bot. Žurn. Akad. Nauk SSSR **57**: 1296 (1972). – Abb. 131 b.

Eine sehr auffallende Pflanze, die wichtigste diploide Sippe von *D. affinis* in Zentraleuropa. Blätter groß, bis 140 cm lang, meist 80–100 cm lang, weit trichterförmig angeordnet; Stiel und Blattspindel dicht mit schmalen, glänzenden, braunen, an der Basis dunkleren Spreuschuppen bekleidet; Blattspreite derb lederig, matt glänzend dunkelgrün, meistens über den Winter bleibend, gegen die Basis leicht verschmälert; Fiedern deutlich getrennt; Abschnitte der Fiedern deutlich (bis 2 mm) voneinander getrennt, nur an der Basis miteinander verbunden (Zwischenräume U-förmig), lang ausgezogen mit geraden, gelegentlich leicht gekerbten, ± parallelen Seiten und abgerundeten Enden mit kleinen spitzen Zähnen; unterster basiskoper Abschnitt des untersten Fiederpaares meist etwas länger als die folgenden, auf den Seiten oft gelappt oder leicht gezähnt und am Grunde beidseitig frei (fast gestielt), vgl. Abb. 131 b. Sori relativ klein; Indusien lederig, bei der Reife bleibend, sehr viele vom Rande her sich spaltend. – Chromosomenzahl: $2n = 82$ (diploid und apomiktisch, mit 82 Paaren in den 8-zelligen Sporenmutterzellen vom Typus I und 82 fast ausschließlich Einzelchromosomen in den 16-zelligen Sporenmutterzellen vom Typus III).

Verbreitung und Ökologie ☐ Beschrieben vom Kaukasus; auch in der nordöstlichen Türkei. Verbreitung in Europa nur teilweise bekannt; sichere Funde stammen aus Norditalien, den Vogesen, dem Schwarzwald, der Schweiz (mehrere Kantone), Österreich. Relativ häufig nur im N-Schwarzwald (Umgebung von Baden-Baden), sonst überall selten und auf lange Strecken fehlend. Bevorzugt kalkarmen Boden, Urgesteinsschutt, humosen Waldboden und kalkfreien Lehm, in montanen Fichten-Weißtannen- sowie Mischwäldern, im Süden in Flaumeichen-Kastanienwäldern.

2. II. B. Dryopteris affinis
(LOWE) FRASER-JENKINS subsp. **affinis** var. **punctata** OBERHOLZER & VON TAVEL ex FRASER-JENKINS Willdenowia **10**: 110 (1980). – Syn.: *D. borreri* (NEWM.) NEWM. var. *punctata* v. TAVEL ex BECHERER Ber. Schweiz. Bot. Ges. **60**: 469–470 (1950), nom. nud.

In der Tracht ähnlich der var. *disjuncta*, aber die Fiederabschnitte stärker gezähnt, oft auch seitlich merklich etwas eingeschnitten, auf ihrer oberen (adaxialen) Seite mit auffallenden Vertiefungen (»Punkten«) über jedem Sorus. – Chromosomenzahl: $2n = 82$, auch diploid und apomiktisch (mit 82 Paaren bei der Meiose).

Verbreitung im Gebiet ☐ Nur aus der Schweiz, aus den Kantonen St. Gallen, Luzern, Obwalden, Uri und Zürich bekannt, überall selten. Vgl. T. REICHSTEIN & J. SCHNELLER, Farnblätter (Zürich) **9**: 9–21 (1983).

2. III. Dryopteris affinis
(LOWE) FRASER-JENKINS subsp. **stilluppensis** (SABRANSKI) FRASER-JENKINS Willdenowia **10**: 112 (1980). Basion.: *Aspidium filix-mas* (L.) SWARTZ var. *stilluppense* SABRANSKI Österr. Bot. Zeitschr. **52**: 144, 287 (1902). – Syn.: *Dryopteris borreri* (NEWM.) NEWM. var. *insubrica* v. TAVEL Verh. Schweiz. Naturf. Ges. **118**: 153–154 (1937), nom. nud. – Abb. 131 d.

Rhizom gelegentlich vielköpfig, rasig. Blätter meist 40–80 (–100) cm lang; Stiel und Spindel dicht mit rostbraunen, schmalen Schuppen bekleidet; haarförmige Schuppen, teilweise auch Drüsenhaare, auf den Fiederspindeln und auf der ganzen Unterseite der Spreite; letztere verleihen den jungen Blättern einen süßlichen Geruch; Spreite laubig, gelblich-grün bis dunkelgrün, nach unten allmählich stark verschmälert; Fiedern ± gedrängt, Abschnitte 2. Ordnung gedrängt, parallelrandig, am Ende abgerundet mit zahlreichen auswärts gerichteten, spitzen Zähnen; Sori groß, gedrängt, sich weitgehend berührend; Indusium oft bedrüst, bei der Reife leicht abgehoben, bleibend und sich gelegentlich spaltend. Tracht erinnert oft etwas an *D. ardechensis* und südeuropäische Formen von *D. oreades*. – Chromosomenzahl: $2n = 123$ (triploid und apomiktisch mit 123 Paaren bei der Meiose in Zellen vom Typus I).

Verbreitung und Ökologie ☐ Beschrieben aus Österreich (Zillertal); besonders häufig südlich der Alpen. Frankreich: Vogesen, ferner Cevennen, Zentralmassiv, Alpes-Maritimes; Korsika und Sardinien; Norditalien; Schweiz: Unterwallis, Tessin (sehr häufig), Uri, Schwyz, Graubünden; Deutschland: Schwarzwald, Allgäu; Österreich: Tirol und Kärnten. Großbritannien: Wales, Schottland; Irland. Verbreitung noch ungenügend bekannt. Bevorzugt saure Böden.

2. IV. A. II. Dryopteris affinis
(LOWE) FRASER-JENKINS subsp. **borreri** (NEWMAN) FRASER-JENKINS Willdenowia 10: 110 (1980). Basion.: *D. filix-mas* (L.) SCHOTT var. *borreri* NEWMAN (= »D. borreri NEWM.«, comb. inval.), Hist. Brit. Ferns ed. 2: 189 (1854). – Syn.: *Aspidium distans* VIVIANI App. ad Fl. Cors. Prodr.: 8: (1845) (pl. juv.), non *Dryopteris distans* (HOOKER) O. KTZE. (1891). – *Lastrea filix-mas* (L.) C. B. PRESL var. *paleacea* MOORE Handb. Brit. Ferns ed. 2: 110 (1853); non *Aspidium paleaceum* SWARTZ (1806) [= *D. paleacea* HAND.-MAZZ. (1908)]. – *Lastrea pseudomas* WOLLASTON, Phytol. N.S. 1: 172 (1855). – *Aspidium filix-mas* (L.) SWARTZ var. *trapezioides* LAUBENBURG, Jahresber. Naturf. Ver. Elberfeld 9: 61 (1899). – *Aspidium filix-mas* (L.) SWARTZ var. *ursinum* ZIMMERMANN, Allg. Bot. Zeit. 22: 53 (1916). – *Dryopteris mediterranea* FOMIN in KOMAROV (ed.), Flora SSSR. 1: 35–36 (1934). – *Dryopteris borreri* (NEWM.) NEWMAN ex v. TAVEL var. *pseudodisjuncta* et f. *aurea* v. TAVEL, nom. nud., et var. *tenuis* v. TAVEL, Verh. Schweiz. Naturf. Ges. 118: 153–154 (1937). – Abb. 131c.

Blätter groß, aufrecht, ledrig; Stiel und Spindel dicht mit hellbraunen, an der Basis dunklen Spreuschuppen bekleidet; Spreite dunkelgrün, gegen die Basis verschmälert; Fiedern meist gedrängt; Fiedersegmente dicht gedrängt, meist an der Basis nicht völlig voneinander getrennt, lang, parallelseitig, am Ende gestutzt, aber leicht gerundet, mit spitzen Zähnen; unterstes Fiederpaar kurz, sein unterstes basiskopes Segment oft lang und an der Seite etwas gelappt und fast oder ganz kurz gestielt. Sori ziemlich groß, Indusium dick, bei der Reife abgehoben, schrumpfend, teilweise bleibend oder abfallend. – Chromosomenzahl: 2n = 123 (triploid und apomiktisch; mit 123 Paaren bei der Meiose in Zellen vom Typus I).

Verbreitung ☐ Beschrieben aus England. Die häufigste Sippe im ganzen Areal der Art außer in Makaronesien; in Portugal und Nordwest-Spanien ist sie weniger häufig als die diploide subsp. *affinis*.

2. IV. B. Dryopteris affinis
(LOWE) FRASER-JENKINS subsp. **borreri** (NEWM.) FRASER-JENKINS var. **pseudodisjuncta** FRASER-JENKINS, var. nov.[1]. – Syn.: *D. borreri* var. *pseudodisjuncta* v. TAVEL, Verh. Schweiz. Naturf. Ges. 118: 153–154 (1937), nom. nud. – Abb. 131c.

Holotypus: Schweiz, Kant. Zug, Bostadel bei Finstersee am Hohen Rohn, E. OBERHOLZER, August 1937 (Bern). In der Tracht an ssp. *disjuncta* erinnernd, aber Spreuschuppen matt (bei *disjuncta* glänzend); Abschnitte 2. Ordnung weniger stark entfernt, die Zwischenräume V-förmig (bei *disjuncta* U-förmig), die Indusien zwar dick, aber bei der Reife schrumpfend, nicht einreißend und oft abfallend (vgl. Abb. 28–30 bei GÄTZI 1961); Blätter im Winter früher absterbend. – Chromosomenzahl: 2n = 123 (triploid und apomiktisch mit 123 Paaren bei der Meiose in Zellen vom Typus I).

Verbreitung im Gebiet ☐ Zerstreut in der Schweiz (Kantone St. Gallen, Zug, Zürich, Schwyz). Bevorzugt nährstoff- und basenreiche bis kalkhaltige, vorzugsweise sandig-steinige Böden, Molasse- und Kalkgebiete, auch Verrucano, in feuchten Buchen-Ahorn- oder Ahorn-Eschen-Wäldern.

2. IV. C. Dryopteris affinis
(LOWE) FRASER-JENKINS subsp. **borreri** (NEWM.) FRASER-JENKINS var. **splendens** FRASER-JENKINS Willdenowia 10: 111 (1980). – Syn.: *D. borreri* (NEWM.) NEWM. var. *punctata* v. TAVEL ex BECHERER (nom. nud.) subvar. *splendens* EHRLER in BECHERER, Ber. Schweiz. Bot. Ges. 60: 469–470 (1950), nom. inval.

Blätter bis 1 m lang, Spreite länglich oval, selten fast dreieckig-lanzettlich, ledrig, Oberseite stark fettig glänzend, Spreuschuppen hellbraun matt glänzend; Abschnitte 2. Ordnung breit aufsitzend, am Ende deutlich gestutzt mit starken Zähnen, am Grunde merklich gelappt, auf der Oberseite mit starken Vertiefungen (»Punkten«) an den Stellen, wo sich darunter die Sori befinden. – Chromosomenzahl: 2n = 123 (triploid und apomiktisch).

Verbreitung im Gebiet ☐ Beschrieben aus der Schweiz, vom Birreggwald bei Luzern, 460–470 m, und Haltiwald, Horw-Hergiswil, 460 m. Nicht selten in der montanen Stufe auf der Nordseite der Alpen.

2. V. Dryopteris affinis
(LOWE) FRASER-JENKINS subsp. **robusta** OBERHOLZER et v. TAVEL ex FRASER-JENKINS, Willdenowia 10: 110 (1980). – Syn.: *D. borreri* (NEWM.) NEWM. var *robusta* v. TAVEL, Verh. Schweiz. Naturf. Ges. 118: 154 (1937), nom. nud. – *D.* x *tavelii* ROTHM. sensu REICHLING et sensu LAWALRÉE, p. p. max., non ROTHMALER (1943).

---

[1] ssp. disjunctam in mentem vocans sed paleae impolitae nec nitentes, segmenta secundaria minus remota, interstitiis forma litterae V nec U; indusia crassa, haud incisa, saepe decidua.

Kräftige Pflanze, in der Tracht zwischen *D. filix-mas* und *D. affinis* stehend, also der *D.* x *tavelii* ähnlich und oft mit ihr verwechselt. Die Fiederabschnitte am Ende abgerundet oder zugespitzt und auf der Seite etwas eingeschnitten; Indusium dick, bei der Reife abgehoben und meistens abfallend; Schuppen am Stiel und an der Blattspindel schmäler und meist dunkler als bei *D.* x *tavelii;* die reifen Sporangien enthalten vorwiegend gute Sporen. – Chromosomenzahl: 2n = 123 (triploid und apomiktisch mit 123 Paaren bei der Meiose).

Vorkommen □ Meist in zerstreuten Populationen oder auch vermischt mit anderen Unterarten oder Varietäten der *D. affinis*, vermutlich durch fast das ganze Areal der Art; bekannt aus Großbritannien, dem Alpenraum und dem Schwarzwald.

Die Pflanzen aus dem tropischen Asien, Amerika und Afrika gehören zu der verwandten *Dryopteris wallichiana* (SPRENG.) HYLANDER, Bot. Not. 1953: 352 (1953).

3. Dryopteris oreades

Dryopteris oreades FOMIN Mon. Jard. Bot. Tiflis **18**: 20 (1910). – Syn.: *Lastrea filix-mas* (L.) C. B. PRESL var. *abbreviata* (DC.) MOORE sensu MOORE Handb. Brit. Ferns: 49 (1848), non *Polystichum abbreviatum* DC. (1805). – *Lastrea propinqua* WOLLASTON Phytologist N.S. **6**: 415 (1863), non J. SMITH (1841) nec C. B. PRESL (1849). – *Aspidium filix-mas* (L.) Sw. var. *duriaei* MILDE, Fil. Eur. Atlant.: 123 (1867). – *Aspidium filix-mas* (L.) Sw. var. *glandulosum* MILDE, Fil. Eur. Atlant.: 123 (1867). – *Aspidium filix-mas* (L.) Sw. var. *maackii* MILDE, Fil. Eur. Atlant.: 123 (1867), p.p. – *Polystichum pyrenaicum* MIÉGEV., Rev. Cath. Diocèse Tarbes **41**: 763/64 (1873), nom. provis. invalid. – *Polystichum filix-mas* (L.) ROTH var. *pyrenaicum* MIÉGEV. Bull. Soc. Bot. France **21**: 33 (1874). – *Aspidium filix-mas* (L.) SWARTZ var. *setosum* CHRIST, Krypt. Schweiz: 137 (1900), p.p., non *Dryopteris filix-mas* (L.) SCHOTT var. *setosa* CHRIST, Bull. Acad. Géogr. Bot. (Le Mans): 164 (1909). – *Nephrodium rupestre* SAMPAIO, Man. Fl. Portug.: 8 (1909); non *Dryopteris rupestris* (Kl.) C. CHR. (1905). – *Nephrodium filix-mas* (L.) RICH. »Race« III. *rigidoformis* [sic] ROUY, Fl. France **14**: 408 (1913), p.p. – *Dryopteris litardierei* ROTHMALER, Candollea **10**: 94 (1945). – *Dryopteris abbreviata* (LAM. ex DC.) NEWMAN ex MANTON sensu MANTON, Probl. Cytol. Evol. Pterid.: 48 (1950), non *D. abbreviata* (SCHRADER) O. KTZE. (1891), nec *Polystichum abbreviatum* DC. (1805). – G e r ö l l - W u r m f a r n. – Abb. 132, 133.

Wichtige Literatur □ FRASER-JENKINS, C. R. ca. 1983: *Dryopteris* in Spain, Portugal and Macaronesia. Bol. Soc. Brot. II. **55**: 175–335

Abb. 132 □ *Dryopteris oreades* FOMIN. Blattsilhouette (aus dem Sauerland, kultiviert) (Original)

(1982). – FRASER-JENKINS, C. R. & A. C. JERMY 1978: Nomenclatural notes on *Dryopteris* ADANS. Taxon **25**: 659–665 (1976); Taxon **27**: 129–130. – MANTON, I. 1950: 46–54. – REICHSTEIN, T. 1962: *Dryopteris abbreviata* (DC.) NEWM. im Apennin. Bauhinia **2**: 95–113. – SCHUMACHER, A. 1970: Die Farne im Kreis Olpe. Heimatst. aus dem Kreise Olpe **81**: 147–157; 1971: Über eine farnreiche Halde im Sauerland (Kreis Olpe). Decheniana **123** (1/2): 253–256. – VIVANT, J. 1976: *Dryopteris oreades* FOMIN (= *D. abbreviata* auct. non DC.) et *Asplenium csikii* KÜMMERLE et ANDRASZOVSKI dans les Pyrénées orientales franco-espagnoles. Bull. Soc. bot. Fr. **123**: 83–88.

Ähnlich dem Gemeinen Wurmfarn *(D. filix-mas)*, aber oft kleiner, 20–80 (–120) cm hoch; R h i z o m im Alter vielköpfig, mit 2–3 oder mehr Blattkronen, und oft von zahlreichen rotbraunen, verdorrten, letztjährigen Blättern umgeben; frische B l ä t t e r starr aufrecht, elliptisch-lanzettlich, nach unten meist stark verschmälert; Blattstiel 2–5mal kürzer als die Spreite; Blattstiel und B l a t t s p i n d e l dicht mit hell rötlichbraunen Spreuschuppen besetzt; B l a t t -

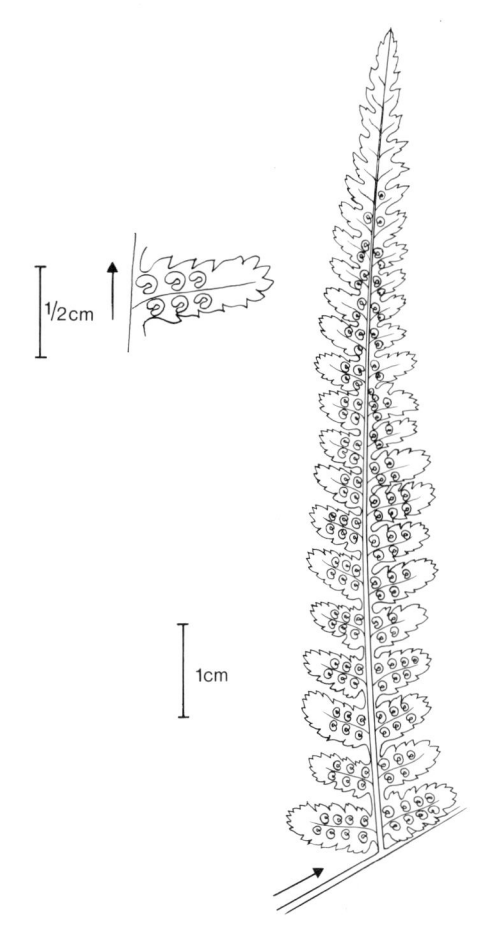

Abb. 133 □ *Dryopteris oreades* FOMIN. Fieder und Fiederchen von unten (Original C. M. BÄNZIGER)

spreite in der Jugend meist drüsig, später, besonders unterseits am Grunde, nur spärlich kurzdrüsig, meistens in der Jugend mit schmalen, haarförmigen Schuppen auf der Unterseite und am Rande; Fiedern lineal-lanzettlich, am Grunde gefiedert; Fiederchen (bzw. Abschnitte 2. Ordnung) in frischem Zustand meist aufwärts (gegen die Blattachse) gekrümmt, so daß die Fiedern wellig oder kraus erscheinen, am Ende ± abgerundet, kerbig gelappt oder stumpf gezähnt; Zähne an der Spitze der Abschnitte meist fächerförmig ausgerichtet; fertile Abschnitte je (2–) 4–8 (–12) Sori tragend; Sori meist 1 mm, gelegentlich mehr im Durchmesser, fast kugelförmig; Indusium blaß, am Rande kurz drüsig behaart, den Sorus umfassend. – Chromosomenzahl: $2n = 82$ (diploid, sexuell). – Sporen relativ groß, Exospor (30–) 32–36 (–40) µm lang, Perispor mit langen Flügeln und einigen kürzeren Lappen. – Sporenreife: VI.–IX.

Vorkommen □ Hemikryptophyt; meist auf Felsen, Blockhalden und Geröll, an Wasserläufen auf Silikatgesteinen, besonders Granit, Gneis etc. Häufig in lichten montanen Buchen- und Nadelwäldern, größtenteils in der subalpinen Zone nahe oder oberhalb der Baumgrenze. In Spanien wird die Art in Gesellschaften der Klasse Androsacetalia alpina und der Ordnung Cryptogrammo-Dryopteridion abbreviatae angeführt.

Allgemeine Verbreitung □ Areal subozeanisch-eurasiatisch. Verbreitet in West- und im ozeanischen Südeuropa, Schottland, Irland (selten), England und Wales, Mittel-, Südwest-Frankreich, Nord- und Mittelspanien, Zentral-Portugal (selten), ostwärts bis Korsika, Sardinien, Elba und in einem kleinen Gebiet nördlich von Pisa in Italien. Ferner verbreitet in den Küstengebirgen der nördlichen Türkei und im Großen Kaukasus. Irrtümlich für Skandinavien, Island, die Faeroer und Grönland angegeben.
□ Karte: JALAS & SUOMINEN 1972, Karte 125.

Arealdiagnose □ zonal: submerid – temp · ozean$_{1-(2)}$ Eur disj. – regional: euxin + corsard/mo – westsubmedit + brit – scot – (hibern).

Verbreitung im Gebiet □ Diese Art wurde irrtümlich aus den Vogesen, Österreich, der Tschechoslowakei und von mehreren Standorten in Deutschland (Schwarzwald, Bayerische Alpen, Oberlausitz, Umg. von Hannover) und aus Nordwest-Italien angegeben. In Mitteleuropa war sie nur von einem einzigen Sekundär-Standort (im Bereich des atlantischen Klimas) im Kreis Olpe bei Köln bekannt, wo sie heute wieder erloschen ist. Pflanzen aus dem Fernen Osten gehören zu einer verwandten Art, die als *Dryopteris sichotensis* KOMAROV (Syn. *D. coreano-montana* NAKAI) beschrieben wurde. Sie ist ebenfalls diploid und unterscheidet sich durch flachere Sori, dünnere, herabgekrümmte, aber nicht bleibende Indusien, oft spitzere Zähne der Blattabschnitte und die am Grunde meist weniger verschmälerte Blattspreite. In mancher Hinsicht ist sie intermediär zwischen *D. oreades* und *D. caucasica*, steht ersterer aber näher.

Dryopteris villarii-Gruppe

Der Name *Dryopteris villarii* (BELL.) WOYNAR wurde früher oft (teilweise noch heute) für einen Komplex von mehreren Sippen verwendet, deren europäische Vertreter heute in drei Unterarten oder Arten gegliedert werden (siehe unten). Wir benützen hier die letztgenannte Methode, also die Nomenklatur nach FRASER-JENKINS (1977). Die im Gebiet bisher einzig aufgefundene Sippe wird danach als *D. villarii* subsp. *villarii* bezeichnet, um sie von der in Asien wachsenden verwandten subsp. *mindschelkensis* (PAVLOVSKY) FRASER-JENKINS abzugrenzen. Hier wird zunächst *D. villarii* genauer beschrieben, anschließend werden kurz die verwandten Arten, die außerhalb des Gebietes heimisch sind, besprochen.

Wichtige Literatur ☐ Fraser-Jenkins, C. R., T. Reichstein & G. Vida 1975: *Dryopteris tyrrhena* nom. nov. – a misunderstood Western Mediterranean species. Fern Gaz. **11**: 177–198. – Fraser-Jenkins, C. R. & A. C. Jermy 1977: The tetraploid subspecies of *Dryopteris villarii*. Fern Gaz. **11** (5): 338–340. – Fraser-Jenkins, C. R. 1977: Three species in the *Dryopteris villarii* aggregate. Candollea **32**: 305–319. – Fraser-Jenkins, C. R. & M. Gibby 1980: Two new hybrids in the *Dryopteris villarii* aggregate (Pteridophyta, Dryopteridaceae) and the origin of *D. submontana*. Candollea **35**: 305–310. – Gilbert, O. L. 1966: *Dryopteris villarii* in Britain. Brit. Fern Gaz. **9**: 263–268. – Manton, I. 1950: 65. – Nardi, E. 1976: La distribuzione italiana di »*Dryopteris pallida*« (Bory) Fomin. Webbia **30**: 3–32. – Nardi, E. 1977: Commentaria Pteridologica. De nonnullis filicibus palaeomediterraneae regionis. Webbia **32**: 95–100. – Panigrahi, G. 1965: Preliminary studies in the cytotaxonomy of the *Dryopteris villarii* (Bell.) Woynar complex. Amer. Fern J. **55**: 1–8. – Rasbach, H., T. Reichstein & J. Schneller 1982: Cytological examination of *Dryopteris villarii* (Bell.) Woynar ex Schinz & Thellung from the *locus classicus* (type locality). Botan. Helv. **92**: 33–40. – Roy, S. K. 1967: Chromosomes and fern taxonomy. Bull. Nat. Inst. Sci. India **34**: 147–148. – Vida, G. 1969: Tetraploid *Dryopteris villarii* (Bellardi) Woynar ex Schinz & Thell. in Rumania. Bot. Közlem. **56**: 11–15. – Widén, C. J., G. Vida, J. von Euw & T. Reichstein 1971: Die Phloroglucide von *Dryopteris villarii* (Bell.) Woynar und anderer Farne der Gattung *Dryopteris* sowie die mögliche Abstammung von *D. filix-mas* (L.) Schott. Helv. Chim. Acta **54**: 2824–2850.

4. Dryopteris villarii

Dryopteris villarii[1] (Bellardi) Woynar ex Schinz et Thell. Vierteljahrsschr. Naturf. Ges. Zürich **60**: 339 (1915). – Basion.: *Polypodium villarii* Bellardi Mem. Acad. Turin. **5**: 255 (1790–91); »App. ad Fl. Pedem.« 49 (1792). – Syn.: *Polypodium fragrans* sensu Hudson Fl. Angl.: 388 (1762); Villars Hist. Pl. Dauph. **1**: 292 (1786), **3**: 843 (1789), non L. (1753). – *Polypodium rigidum*[2] G. F. Hoffm. Deutschl. Fl. (Bot. Taschenb.) **2**: 6 (1795), non Aublet (1775). – *Polystichum strigosum* Roth Tent. Fl. Germ. **3**: 86 (1800). – *Aspidium rigidum* Hoffm. ex Swartz Schrad. Journ. Bot. **1800/2**: 37 (1802). –

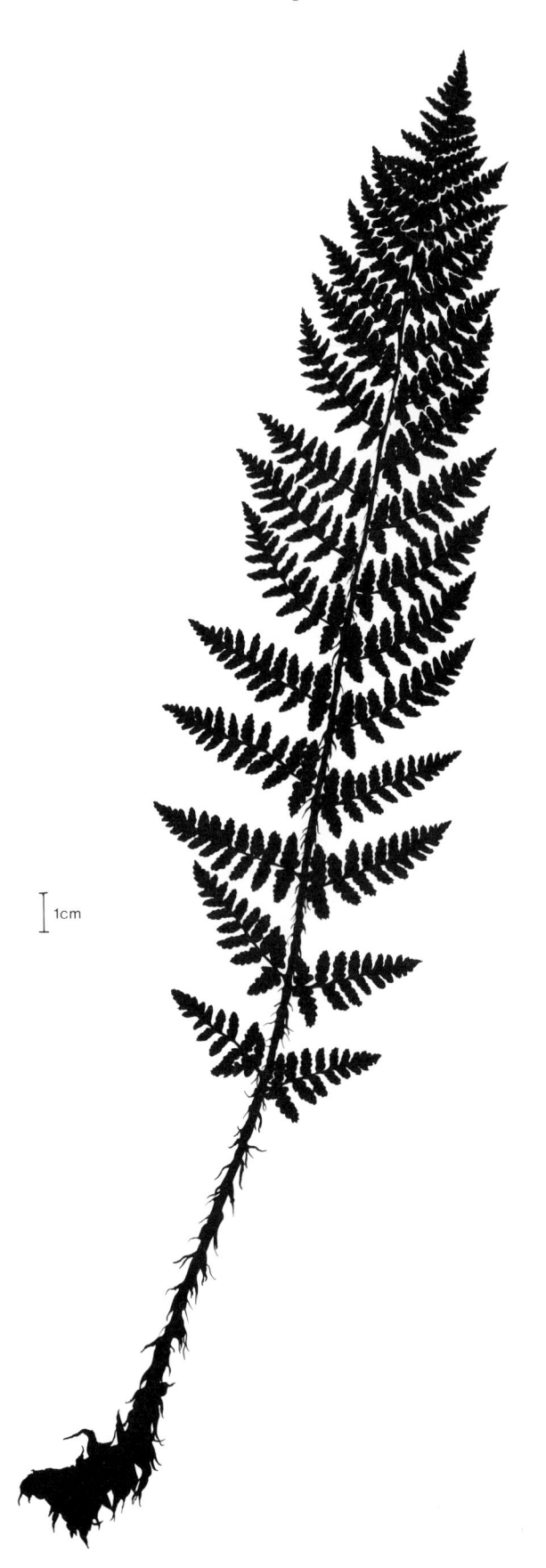

Abb. 134 ☐ *Dryopteris villarii* (Bell.) Woynar subsp. *villarii*. Blattsilhouette (aus dem Lattengebirge, Bayerische Alpen) (Original)

---

[1] Nach dem französischen Botaniker Dominique Villars, Arzt und Professor in Grenoble (1745–1814), zuletzt in Straßburg, Autor des für die Flora der Westalpen grundlegenden Werkes »Histoire des plantes du Dauphiné«, Grenoble (1786–1789). Er hieß ursprünglich Villar, schrieb aber seinen Namen schon lange vor 1792 und bis zu seinem Tode immer als Villars. Da nicht nachzuweisen ist, daß Bellardis Schreibweise »*villarii*« auf einem Druckfehler beruht, muß sie beibehalten werden.

[2] Wegen der starren Blätter wäre die illegitime Artbezeichnung »*rigida*« sehr treffend.

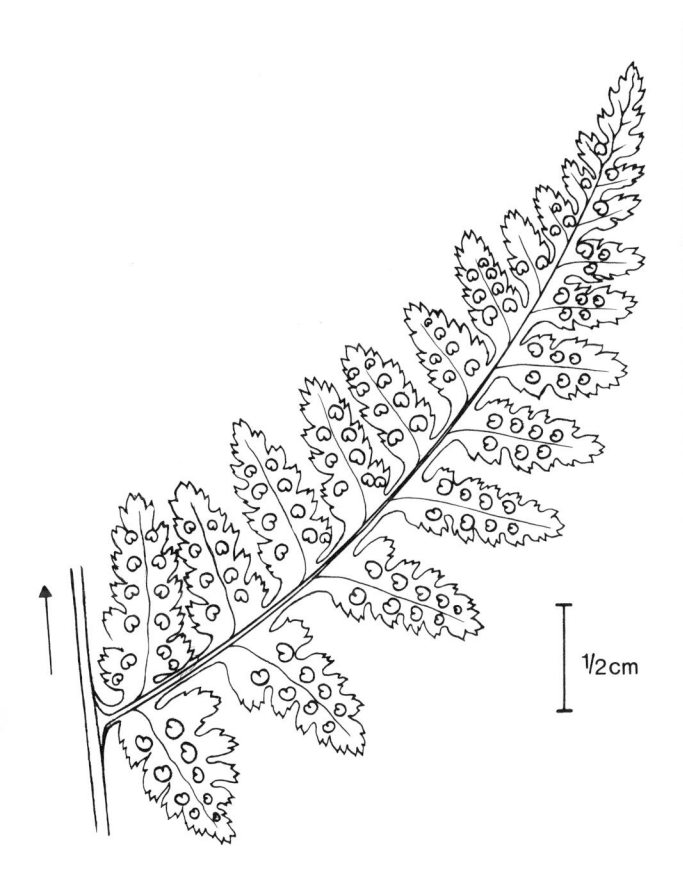

Abb. 135 □ *Dryopteris villarii* (BELL.) WOYNAR subsp. *villarii*. Mittlere Blattfieder von unten (Original C. M. BÄNZIGER)

Abb. 136 □ *Dryopteris villarii* (BELL.) WOYNAR subsp. *villarii*. Lattengebirge, bei Bad Reichenhall, Oberbayern

Polypodium odoratum POIRET Encycl. Bot. **5:** 541 (1804). – *Aspidium fragrans* GRAY Nat. Arr. Brit. Pl. **2:** 9 (1821), non SWARTZ (1801). – *Aspidium rigidum* HOFFM. ex SWARTZ var. *alpinum* TENORE Flor. Neap. Syll.: 139 (1830). – *Aspidium rigidum* HOFFM. ex Sw. f. *fallax*, f. *major*, f. *minor* et lus. *daedaleum* MILDE Verh. Zool.-Bot. Ges. Wien **14:** 12 (1864). – *Aspidium rigidum* HOFFM. ex Sw. »forma *bipinnatisecta*« MILDE Fil. Eur. Atlant.: 127 (1867), nom. invalid., p.p. – *Aspidium rigidum* HOFFM. ex Sw. »forma *bipinnatisecta* sf. *germanica*« MILDE Fil. Eur. Atlant.: 127 (1867), nom. invalid., p.p. – *Polystichum rigidum* (HOFFM. ex Sw.) DC. var. *vulgare* et var. *hypodematium* TREVIS. Syll. Spor. It.; Atti Soc. It. Sci. Nat.: 230 (1874), p.p. – *Aspidium rigidum* HOFFM. ex Sw. f. *pusillum* GOIR. N. Giorn. Bot. It. **14:** 47 (1882). – *Nephrodium rigidum* (HOFFM. ex Sw.) DESV. var. *typicum* FIORI in FIORI et PAOL. Fl. Anal. d'It. **1:** 9 (1896). – *Dryopteris x burnatii*[1] CHRIST et WILCZEK, Ann. Cons. Jard. Bot. Genève **15–16:** 345 (1913), pro hybr. – S t a r r e r W u r m f a r n. – Abb. 134–136.

Ausdauernd; R h i z o m kriechend oder aufsteigend; B l ä t t e r aufrecht, in einem einzigen trichterförmigen Büschel gehäuft, mit gelblichen Drüsenhaaren besetzt, wohlriechend, graugrün, 15–50 (–62) cm lang, 5–15 (–20) cm breit; B l a t t s t i e l kräftig, 6–10 (–20) cm lang, bis 3,5 mm dick, meist ½–⅓ so lang wie die Spreite, von 5–6 Leitbündeln durchzogen, drüsig, am Grunde schwarz, sonst blaß- oder gelbgrün, mit hell-rotbraunen gleichfarbigen Spreuschuppen bekleidet; B l a t t s p r e i t e im Umriß meist schmal-lanzettlich, selten dreieckig-lanzettlich, am Grunde meist wenig verschmälert, meist doppelt, gelegentlich bis dreifach gefiedert, ziemlich derb, matt graugrün, beiderseits (besonders unterseits) drüsenhaarig; Spreuschuppen am Blattstiel und an der Blattspindel dicht, an den Fiedern spärlich; F i e -

---

[1] Nach EMILE BURNAT (1828–1920), Schweizer Ingenieur, Industrieller, Magistrat und Amateur-Botaniker, Herausgeber der »Flore des Alpes Maritimes«, die späteren (posthumen) Bände mit J. BRIQUET und F. CAVILLIER.

d e r n genähert, jederseits 17–25, wechselständig oder die untersten gegenständig, sehr kurz gestielt oder fast sitzend, ± horizontal abstehend, die untersten etwas voneinander entfernt, dreieckig-eiförmig gefiedert, die folgenden länglich-lanzettlich, länger zugespitzt, fiederschnittig; Fiederchen länglich-lanzettlich, tief gelappt, nur an der Basis der großen Fiedern ganz frei und oft fast gefiedert, die folgenden weniger tief eingeschnitten, die oberen am Grunde zusammenfließend; letzte Abschnitte halbkreisrund bis länglich mit spitzen Zähnen, besonders an der Vorderseite und an der Spitze jedes Fiederchens, zuweilen schwach mukronat. S o r i ca. 1–1,5 (–2) mm im Durchmesser, zweireihig, den Einschnitten genähert, oft nur am oberen Teil des Blattes; Indusium drüsig mit umgeschlagenem Rand, nierenförmig. Sporen bohnenförmig, 25–35 × 35–45 μm (KOH), mit tief gefaltetem, lappigem Perispor, kaum von denen von *D. filix-mas* zu unterscheiden. Exospor unbehandelter Sporen in Balsam (27–) 30–36 (–39) μm lang. – Chromosomenzahl: 2n = 82 (diploid, sexuell). – Sporenreife: VII.–VIII.

□ Beschrieben vom Col du Mt. Cenis, auf der Südseite des Passes.

□ Unterscheidet sich von *D. filix-mas* durch die stärkere Zerteilung der Blätter und die kleineren, dornig gezähnten Fiederchen, von *D. carthusiana* und *D. dilatata* durch die schmäleren Blätter und die reichlichere Bekleidung mit Spreuschuppen, von allen übrigen Arten der Gattung durch die drüsige Behaarung und den davon herrührenden Geruch, durch die tief gefurchte Rhachis und die muschelförmig gewölbten Fiederchen.

Vorkommen □ Hemikryptophyt. In Kalk- und Dolomit-Schuttgesellschaften, besonders in Karrenfeldern und Karfluren der subalpin-alpinen Region bei (900–) 1200–2500 m. Charakterart des Valeriano-Dryopteridetum villarii im Petasition paradoxi-Verband.

Allgemeine Verbreitung □ Verbreitet in den Hochgebirgen von Zentral- bis Südosteuropa, in Ostfrankreich von den höheren Teilen der Seealpen durch den Jura auch auf Schweizer Seite, den Schweizer und Norditalienischen Alpen, Dolomiten, Toskaner Apennin, Abruzzen, Süddeutschland (Bayerische Alpen), in Österreich ostwärts bis zur Oststeiermark, in Krain, den höheren Teilen der Dalmatinischen Gebirge bis nach Albanien und Griechenland (höhere Teile des Pindus-Gebirges bis zum Parnass und vielleicht bis zu den höchsten Bergen des Nord-Peloponnes).

□ Karte: JALAS & SUOMINEN 1972, Karte 126.

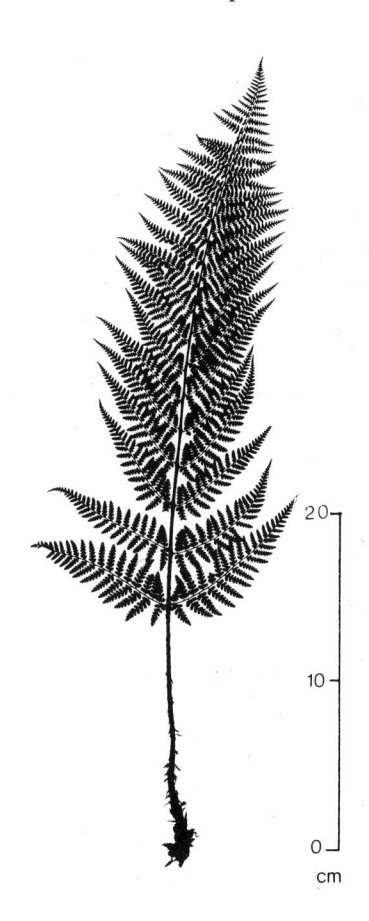

Abb. 137 □ *Dryopteris submontana* (FRASER-JENKINS & JERMY) FRASER-JENKINS. Blattsilhouette (von Caussols, Dépt. Alpes-Maritimes) (Original H. & K. RASBACH). Die untersten Fiedern dieser Art sind nicht immer am längsten, wie bei diesem Blatt

Arealdiagnosen □ zonal: submerid – temp/subalp · ozean$_2$ Eur + MAs. – regional: alpisch – appen – illyr – hellen/sämtl. subalp + ostturcm – westpamir/subalp.

Verbreitung im Gebiet □ Selten bis zerstreut. In Deutschland nur in den Bayerischen Alpen zwischen 1170 und 2150 m (Zugspitzgebiet im oberen Höllental, am Hochgern im Chiemgau, Haldenwangeralpe im Allgäu, häufiger in den östlichen Bayerischen Alpen). Im Schweizer Jura (an der Dôle, am Mt. Suchet ob Yverdon, am Chasseral). In den Savoyer Alpen (am Mt. Salève bei Genf). In den Schweizer Kalkalpen in den Kantonen Wallis (zwischen 1400–2200 m), Waadt, Fribourg, Bern, Luzern, Nidwalden, Obwalden, Schwyz, Glarus, St. Gallen, Appenzell und Graubünden (Val Tasna, Unterengadin, am Julier im Oberhalbstein bei 2050–2180 m); fehlt in den eigentlichen Zentralalpen und im insubrischen Gebiet der Schweiz. In Liechtenstein bis 1700 m. In den österreichischen Alpen auf Kalk mäßig häufig, besonders in Tirol und Kärnten. In Norditalien (Ligurien, Piemont, Lombardei, Südtirol, Trentino, Veneto). In Slowenien in den Voralpen, in Krain bis ins südliche Küstenland, selten. Fehlt in den Sudeten.

Verwandtschaftliche Beziehungen □ Zwei weitere (hier als Arten behandelte) Sippen gehören zur *D. villarii*-Gruppe; sie sind von *D. villarii* morphologisch und ökologisch etwas verschieden, teilweise auch geographisch getrennt, vor allem aber cytologisch unterscheidbar. Es handelt sich um die ebenfalls diploide *D. pallida* (BORY) FOMIN und die tetraploide *D. submontana* (FRASER-JENKINS & JERMY) FRASER-JENKINS (Abb. 137), die oft als Unterarten von *D. villarii* behandelt wurden. Die drei Sippen bilden zusammen einen Komplex, und ihre Verwandtschaft ist heute weitgehend aufgeklärt. Auf Grund der experimentellen cytotaxonomischen Arbeiten von MANTON (1950), PANIGRAHI (1965), ROY (1967) und VIDA (1969) sowie chemischer Analysen von WIDÉN et al. (1971) war zu vermuten, daß *D. submontana* eine allotetraploide Art darstellt, die einmal durch Chromosomenverdoppelung aus einer diploiden Hybride von *D. pallida* x *villarii* entstanden ist. FRASER-JENKINS & GIBBY (1980) fanden, daß diese Hybride von ALSTON bereits 1957 in Jugoslawien gesammelt worden war und sich noch lebend im Botan. Garten in Leeds in Kultur befand. Sie haben sie als *D.* x *vidae* FRASER-JENKINS & GIBBY bezeichnet und cytologisch untersucht. Sie war diploid und gab bei der Meiose fast nur Einzelchromosomen, was zur Genomformel (PV) paßt und gleichzeitig zeigt, daß *D. pallida* und *D. villarii* gar nicht sehr nahe miteinander verwandt sind. Die zwei triploiden Hybriden *D. submontana* x *villarii* (= *D.* x *graeca* FRASER-JENKINS & GIBBY, in Griechenland gefunden mit vermutlicher Genomformel PVV) sowie *D. pallida* x *submontana* (vermutliche Genomformel PPV) sind von ROY (1967) sowie PANIGRAHI (1965) experimentell erzeugt worden; beide zeigten ca. 41 Paare und ca. 41 Einzelchromosomen bei der Meiose, was mit der vermuteten Abstammung von *D. submontana* (entsprechend Genomformel PPVV) gut in Einklang stand. Es fehlt zwar immer noch ein sicherer Beweis dafür, daß *D. submontana* wirklich eine allo- (nicht eine auto-) tetraploide Art darstellt; die vermutete Abstammung darf aber als sehr gut begründet gelten.

5. Dryopteris remota

Dryopteris remota[1] (A. BR. in DÖLL) DRUCE, List of Brit. Plants, Sperm., Pterid. Charads: 87 (1908); HAYEK, Fl. Steiermark **1**: 35 (1908) [non HAYATA (1911)]. – Basion.: *Aspidium rigidum* HOFFM. ex SWARTZ var. *remotum* A. BR. in DÖLL, Rhein. Fl.: 16 (1843). – *Aspidium filix-mas* x *spinulosum* A. BR. et DÖLL, Gefäßkryptog. Fl. Baden **1**: 30 (1855). – *Nephrodium filix-mas* (L.) RICH. var. *elongatum* HOOKER, Spec. Fil. **4**: 117 (1862), p.p. – *Aspidium remotum* A. BR. var. *subalpinum* BORBÁS, Verh. zool.-bot. Ges. Wien, 1875, **26**: 791 (1876). – *Polystichum carthusianorum* SANIO, Verh. Bot. Ver. Prov. Brandenburg, 1883, **25**: 84–87 (1884) [non *Polypodium carthusianum* VILL. (1786)]. – *Aspidium wierzbickii* A. BR. et LUERSSEN in RABENHORST, Farnpfl. **3**: 402 (1889), nom. nud. – *Aspidium filix-mas* x *dilatatum* CHRIST, Farnkr. d. Schweiz: 138 (1900). – *Lastrea remota* (A. BR.) MOORE *hybrida* (STANSFIELD et BOYD) BOYD, Trans. Bot. Soc. Edinburgh **6** (2): 85–92 (1909). – *Dryopteris dilatata* x *paleacea* FOMIN, Übersicht d. *Dryopteris*-Arten d. Kaukasus. Mon. Jard. Bot. Tiflis **20**: 61–63 (1911). – *Nephrodium jordanii* ROUY, Fl. France **14**: 411 (1913). – *Lastrea dilatata* (HOFFM.) C. B. PRESL *boydii* STANSFIELD, Brit. Fern Gaz. **6** (11): 281 (1934). – *L. borreri* x *spinulosa* V. TAVEL, Brit. Fern Gaz. **6** (12): 308–311 (1934). – *L. propinqua* x *spinulosa* V. TAVEL, ibid. – *L. propinqua* x *dilatata* V. TAVEL, ibid. – *Lastrea elata* V. TAVEL, ibid. – *L. elata boydii* V. TAVEL, ibid. – *L. nitens* V. TAVEL, ibid. – *Dryopteris* x *doeppii* ROTHMALER, Candollea **10**: 93 (1945). – *D.* x *woynarii* ROTHM., ibid. – *Dryopteris assimilis* x *borreri*; GÄTZI, Ber. Tätig. St. Gallisch. Naturwiss. Ges. **77**: 3–73 (1961). – *D. carthusiana* x *tavelii*; JANCHEN, Catal. Fl. Austr. II. Erg.: 12 (1964). – *D. assimilis* S. WALKER x *filix-mas* (L.) SCHOTT; JERMY & WALKER in STACE (ed.): Hybridization in the Flora of the British Isles: 114 (1975). – Entferntfiedriger Wurmfarn. – Abb. 138 d.

Wichtige Literatur □ BENL, G. & A. ESCHELMÜLLER 1973: Über »*Dryopteris remota*« und ihr Vorkommen in Bayern. Ber. bayr. bot. Ges. **44**: 101–141. – DÖPP, W. 1923: Die Apogamie bei *Aspidium remotum* AL. BR. Planta **17**: 86–152. – DÖPP, W. 1967 (posthum): Apomixis bei Archegoniaten. In: Handb. der Pflanzenphysiol. (Hrsg. W. RUHLAND) **18**: 531–550. – FISCHER, H. 1909: Über *Aspidium remotum* AL. BR.: Kreuzung oder Mutation? Ber. deutsch. bot. Ges. **27**: 495–502; 1919: Apogamie bei Farnbastarden; ibid. **37**: 286–292. – FRASER-JENKINS, C.R. 1982, l.c. – FRASER-JENKINS, C.R. & T. REICHSTEIN 1977: *Dryopteris* x *brathaica* FRASER-JENKINS & REICHSTEIN hybr. nov., the putative hybrid of *D. carthusiana* x *D. filix-mas*. Fern Gaz. **11** (5): 337. – FRASER-JENKINS, C.R., T. REICHSTEIN & G. VIDA: *Dryopteris remota* (A. BR.) DRUCE and *D.* x *brathaica* FRASER-JENKINS et REICHST. (= putative hybrid of *D. carthusiana* x *D. filix-mas*): (in Vorbereitung). – GÄTZI, W. 1961: Über den heutigen Stand der *Dryopteris*-Forschung unter besonderer Berücksichtigung von *Dryopteris borreri* NEWMAN, zugleich ein Beitrag zur Farnflora des Südabhanges des Tannenbergs. Ber. Tätig. St. Gall. Naturwiss. Ges. **77**: 3–73. – LUERSSEN, C. 1889: Farnpflanzen. In: L. RABENHORST (ed.): Krypt. Flora **3**: 394–403 (mit guten Fig.). – MANTON, I. 1938: Hybrid *Dryopteris* (*Lastrea*) in Britain. Brit. Fern Gaz. **7** (6): 165–167. – MANTON, I. 1950: Problems of cytology and evolution in the Pteridophyta: 71–75 etc. (Cambridge). – ROTHMALER, W. 1945: Der Formenkreis von *Dryopteris paleacea* (Sw.) HAND.-MAZZ. Candollea **10**: 91–101. – SANIO, G. 1884: Nachtrag zu Gefäßkrypt. Characeen Fl. Lyck Preussen. Verh. Bot. Ver. Prov. Brandenburg 1883, **25**: 84–87. – WIDÉN, C.J., J. v. EUW & T. REICHSTEIN 1970: *Trispara-Aspidin*, ein neues Phloroglucid aus dem Farn *Dryopteris remota* (A. BR.) HAYEK. Helv. Chim. Acta **53**: 2176–2188. – WIDÉN, C.J., M. LOUNASMAA, A.C. JERMY, J. v. EUW & T. REICHSTEIN 1976: Die Phloroglucide von zwei Farnhybriden aus England und Schottland, von authentischem »*Aspidium remotum*« A. BRAUN und von *Dryopteris aemula* (AITON) O. KUNTZE aus Irland. Helv. Chim. Acta **59**: 1725–1744.

Ausdauernd. R h i z o m kurz, aufsteigend. B l ä t t e r teilweise wintergrün, büschelig angeordnet, 20–90 cm lang, 10–25 cm breit, aufrecht oder unbedeutend bogig überhängend, höchstens spärlich bedrüst; B l a t t s t i e l bis 4 mm dick, mehr als halb so lang wie die Spreite, manchmal bis über ¾ so lang, strohgelb bis hell-gelbbraun, dicht mit lanzettlichen bis schmal

---

[1] Von remotus (lateinisch) = entfernt, wegen der gelegentlich (nicht immer) entfernt stehenden Fiedern.

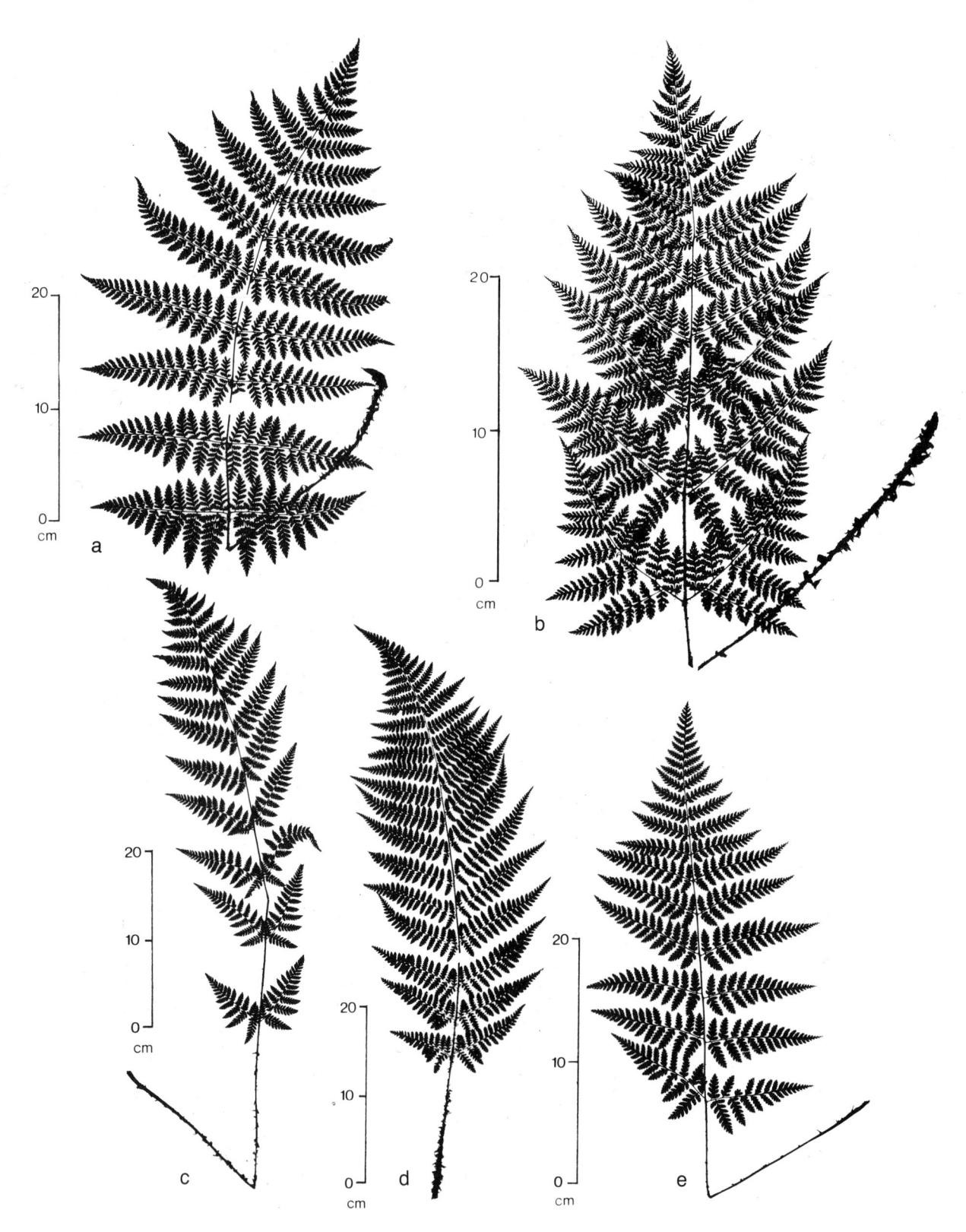

Abb. 138 □ Vier Arten aus der *Dryopteris carthusiana*-Gruppe. Blattsilhouetten □ a *D. dilatata* (Hoffm.) A. Gray (Grümpeli, Kt. Aargau) □ b *D. expansa* (C.B. Presl) Fraser-Jenkins & Jermy (Lassnitzklause, Steiermark) □ c *D. carthusiana* (Vill.) H. P. Fuchs) (Sporen aus England) □ d *D. remota* (A. Br.) Druce (b. Quarten, Kt. St. Gallen) □ e *D. carthusiana* (Vill.) H. P. Fuchs (Tannenberg, Kt. St. Gallen) (Original)

lanzettlichen, blassen, an der Basis meist dunkelbraunen bis schwärzlichen Spreuschuppen besetzt; B l a t t s p r e i t e im Umriß schmal-lanzettlich bis deltoid-lanzettlich, meist wenig über der Basis am breitesten, im Alter dunkelgrün, aber jung auffallend gelblichgrün, doppelt gefiedert; F i e d e r n oft gegenständig, beiderseits 12–22, am Grunde des Blattes meist deutlich voneinander abgerückt, lanzettlich; unterstes Paar dreieckig-lanzettlich, gefiedert, oft horizontal gestellt, auch bei aufrechten Blättern; in frischem Zustand jede Sekundärrhachis an ihrer Ansatzstelle auf 3–10 mm Länge violettschwarz gefärbt wie bei *D. affinis*; Fiederchen parallelrandig, vorne zugespitzt oder fast gestutzt, nur das unterste Paar an jeder Fieder deutlich gestielt, die folgenden mit geflügeltem Stiel oder direkt der Sekundärrhachis aufsitzend, diejenigen des untersten Fiederpaares an der basiskopen Seite der Fieder deutlich länger als an der akroskopen, das unterste basiskope Fiederchen am längsten; Fiederchen leicht gelappt, die Einschnitte selten weiter reichend als halbwegs zur Mittelrippe, außer bei den untersten Fiederchen der 2–3 untersten Fiederpaare; letzte Abschnitte ± rechteckig, mit gestutztem Ende und 1–5 eiförmig-lanzettlichen oder dreieckigen, zugespitzten (manchmal fast stachelspitzigen) Zähnen; Zähne gegen das Ende des Fiederchens gerichtet, der Zahn am Ende des Fiederchens am längsten. S o r i ca. 1 mm im Durchmesser, in zwei Reihen, je eine Reihe auf jeder Seite der Mittelrippe jedes Fiederchens, nur die größten, untersten Lappen des untersten Fiederchens können bei großen Blättern auch mehr Reihen von Sori tragen; Indusium dick, bleibend, blaß-braun, am Rande niedergebogen, aber bei der Reife aufgebogen, drüsenlos. Sporen teilweise abortiert, in Größe und Form verschieden; abortierte entweder kleine, braune, unregelmäßig geformte Fragmente oder verklumpte Tetraden mit dickem, schwarzem Perispor und viel kleinen Trümmern; gut ausgebildete keimfähige Sporen maximal 32 per Sporangium, Exospor (30–) 36–48 (–54) µm lang, Perispor braun mit hellen Leisten und spärlichen kleinen Stacheln. Die guten Sporen fallen zuerst aus und sind in alten Herbarstücken oft nicht mehr vorhanden. – Chromosomenzahl: $2n = 123$ (triploid), apomiktisch, vermutlich allotriploid. – Sporenreife: VII.–VIII.

Vorkommen □ Hemikryptophyt. Liebt Moderhumus an wasserzügigen Stellen, oft nahe von Bächen in ungestörten Wäldern in tiefem Schatten, meist unter Buchen, Tannen und Fichten, gelegentlich auch in Lichtungen der subalpinen Stufe von (260–) 400–1200 m Höhe. Zerstreut, gelegentlich in Einzelexemplaren, meist in kleinen Gruppen.

Allgemeine Verbreitung □ Vorwiegend in Europa (subatlantisch und subalpin, besonders auf der N-Seite der Alpen), nach Osten bis in den Kaukasus und in die Nordosttürkei. Westirland (vermutlich erloschen, fälschlich für Nordostirland angegeben); Westschottland (vermutlich erloschen, fälschlich für andere Stellen in Schottland und England angegeben); Nordspanien (Zentral-Pyrenäen); Frankreich (Basses-Pyrénées, Haute-Garonne, Gironde, Aveyron, Corrèze, Zentral-Jura, Vogesen); südliches und westliches Deutschland (fälschlicherweise für Mittel- und Ostdeutschland angegeben); Schweiz (außer Südwesten); angegeben für Norditalien (vermutlich irrtümlich); Österreich; Westungarn; Jugoslawien (Slowenien und Westkroatien); Tschechoslowakei (bei Brno; fälschlicherweise für Böhmen und Mähren angegeben als *D.* x *bohemica* DOMIN); zerstreut in Polen (fälschlicherweise für Schlesien); Karpaten der Südwest-UdSSR; Rumänien; Türkei (Schwarzmeerküste, Rize); West- und Zentralkaukasus. Zerstreut, oft auf weite Strecken fehlend.

Verbreitung im Gebiet □ Frankreich: Vogesen. – Deutschland: im Süntelgebirge bei Hannover, bei Aachen (vermutlich erloschen), im Saargebiet, durch den ganzen Schwarzwald, ostwärts bis zum Bodensee, im Allgäu und in den Bayerischen Alpen. – Schweiz: in allen Kantonen außer Genf, Waadt, Wallis, Tessin und dem südlichen Graubünden. – Zwei Angaben aus Norditalien (Lepontinische Alpen) sind fraglich. – Durch ganz Österreich, außer den nördlichen Teilen von Ober- und Niederösterreich. – Im westlichsten Zipfel von Ungarn bei Vas, in Nord- und Westslowenien, in der Tschechoslowakei [nördlich von Brno (selten)]; auf dem Bieszczady-Gebirge bei Przemysl in Südostpolen.

Abstammung □ Es ist wiederholt die Vermutung ausgesprochen worden, *D. remota* könnte aus einer Kreuzung von *D. expansa* ♀ x *D. affinis* (diploider Cytotyp) ♂ hervorgegangen sein. Ein Genom würde dabei vom Gameten der diploiden *D. expansa* und zwei von *D. affinis* stammen. Es ist bekannt, daß letztere als Apomikt keine weiblichen Gameten bildet, wohl aber funktionstüchtige, diploide männliche, die Kreuzungen einzugehen vermögen (z. B. *D.* x *tavelii* = *D. filix-mas* ♀ x *D. affinis* ♂, siehe diese). Die Apomixis von *D. affinis* wird dabei auf *D.* x *tavelii* vererbt. Dasselbe könnte bei der Bildung von *D. remota* erfolgt sein. Jedenfalls würde sowohl die Morphologie von *D. remota* als auch ihre Cytologie und ihre apomiktische Natur durch eine solche Annahme gut erklärt. Hingegen passen die chemischen Befunde über die Zusammensetzung ihrer Phloroglucide (vgl. WIDÉN et al. 1970; 1976) nur schlecht zu einer solchen Annahme. Außerdem haben verschiedene, in der experimentellen Erzeugung von Farnhybriden geübte Forscher (W. DÖPP, M. GIBBY, G. VIDA sowie T. REICHSTEIN) mehrmals, unabhängig voneinander, versucht, die Kreuzung von *D. expansa* ♀ x *D. affinis* subsp. *affinis* var. *disjuncta* oder var. *affinis* (beide diploid) ♂, experimentell herzustellen. Trotz wiederholter Versuche ist dies bisher nie gelungen. Wenn die genannte Hybride überhaupt entstehen kann, so bildet sie sich schwer. Es ist zwar anzunehmen, daß *D. remota* wie alle apomiktischen Farne einmal aus einer Kreuzung hervorgegangen ist. Aufgrund der Blattform, der schwarzen Flecken an der Fiederbasis und der Apomixis ist es auch höchst wahrscheinlich, daß eine diploide

Sippe von *D. affinis* (oder einer nahe verwandten Art) als männlicher Partner dabei beteiligt war. Ob *D. expansa* als weiblicher Partner gewirkt hat, muß aber zum mindesten als fraglich angesehen werden; es könnte sich auch um eine andere diploide Art gehandelt haben, vielleicht um eine solche, die in Europa gar nicht (oder nicht mehr) wächst. – *D. remota* ist jedenfalls keine Hybride im üblichen Sinne, die dort entsteht, wo man sie findet. Sie ist höchst wahrscheinlich einmal durch einen Kreuzungsvorgang entstanden; dies kann vor sehr langer Zeit geschehen sein. Heute pflanzt sie sich normal durch Sporen fort und ist als gute Art anzusehen. Es hat darum wenig Sinn, bei einem Fund von *D. remota* jeweils in der Umgebung nach möglichen Eltern zu suchen und der Pflanze dann eine entsprechende Hybridformel zuteilen zu wollen, wie dies bis heute so oft geschehen ist (vgl. Liste der Synonyma).

☐ Im Gegensatz zu den erwähnten negativen Versuchen ist es Döpp [Ber. dt. bot. Ges. **53**: 630–636 (1935)] gelungen, auf experimentellem Weg die zwei Hybriden *D. carthusiana* x *remota* und *D. filix-mas* x *remota* herzustellen. In der Natur sind diese beiden noch nicht beobachtet worden.

Variabilität der Art ☐ Wie andere *Dryopteris*-Arten zeigt die Art oft merkliche Unterschiede im Umriß der Blätter (lang-lanzettlich bis deltoid), der Tiefe der Einschnitte am Rand der Fiederchen, sowie der Färbung der Schuppen. Die verschiedenen Formen sind zu Unrecht vielfach als verschiedene Hybriden gedeutet und teilweise mit besonderen Namen belegt worden. Pflanzen mit schmalen Blättern, wenig eingeschnittenen Fiederchen und hellen Schuppen wurden als *D. carthusiana* x *filix-mas* oder *D. carthusiana* x *affinis* gedeutet, und es wurden ihnen verschiedene Binomina zugeordnet wie: *D. remota* (A. Br.) Druce, *D. boydii* (Stansfield) Manton, *D. kemulariae* Mikh., *D.* x *doeppii* Rothm., *D.* x *lawalreei* Janchen, u. a. Pflanzen mit mehr deltoiden Blättern und tiefer eingeschnittenen Fiederchen wurden als Hybriden von *D. dilatata* x *filix-mas* oder *D. dilatata* x *affinis* gedeutet und z. T. ebenfalls mit Binomina versehen, so z. B. *D. subalpina* (Borbás) Domin, *D.* x *subaustriaca* Rothm., *D.* x *borbasii* Litard., *D.* x *woynarii* Rothm. Bei allen diesen Formen handelt es sich um *D. remota* (A. Br.) Druce, die triploide, apomiktische Pflanze.

6. Dryopteris cristata

Dryopteris cristata[1] (Linné) Asa Gray, Man. Bot. North U. S. ed. **1**: 631 (1848). – Basion.: *Polypodium cristatum* Linné, Sp. pl. 1090 (1753). – Syn.: *Aspidium cristatum* (L.) Swartz in Schrad. Journ. Bot. **1800/2**: 37 (1801). – *Nephrodium cristatum* Michx. Fl. Bor. Am. **2**: 269 (1803). – *Lastrea cristata* (L.) C. B. Presl Tent. Pterid. 77 (1836). – *Polypodium callipteris* Ehrh. Hannov. Magaz. **8–9**: 127 et 138 (1784). – K a m m - W u r m f a r n . – Abb. 139–141.

Wichtige Literatur ☐ Piękoś, H. 1976: Perispore structure of *Dryopteris cristata* and those in the *D. dilatata* complex in Poland. Bull. Acad. Polon. Sci. Cl. 2., **23**: 755–759. – Walker, S. 1955: Cytogenetic studies in the *Dryopteris spinulosa* complex 1. Watsonia **3**: 193–209. – Walker, S. 1969: Identification of a diploid ancestral genome in the *Dryopteris spinulosa* complex. Brit. Fern Gaz. **10** (2): 97–99.

---

[1] cristatus (lat.) = kammartig, gekämmt; wegen des kammartigen Schnittes der Fiedern.

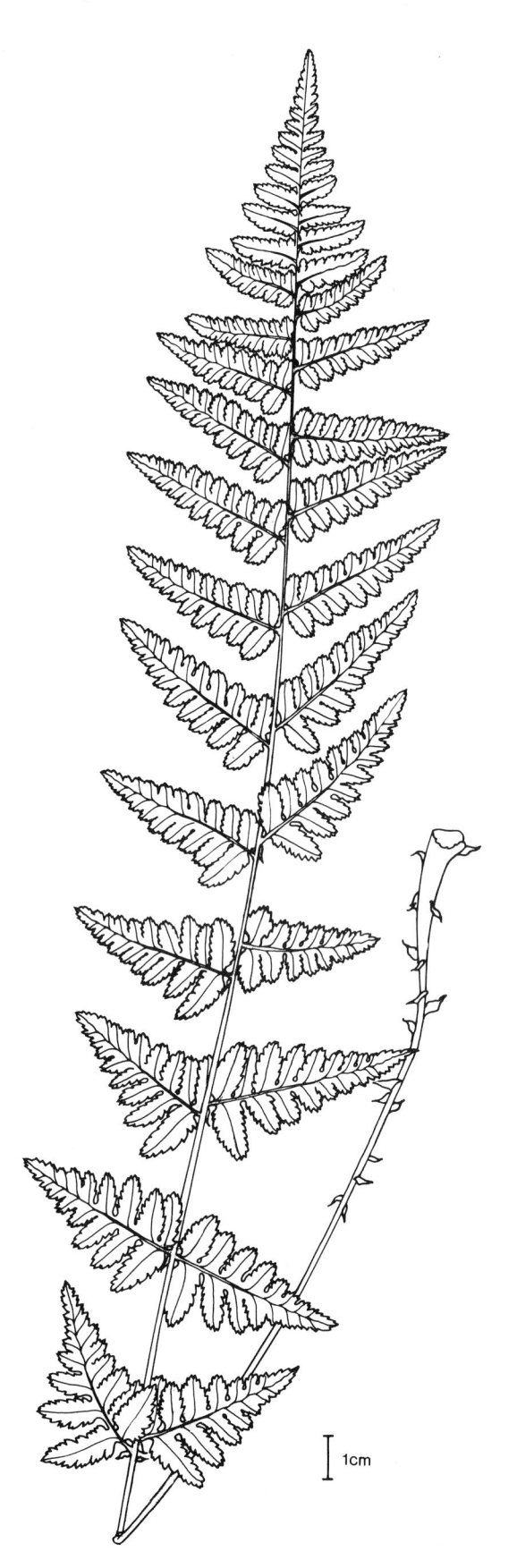

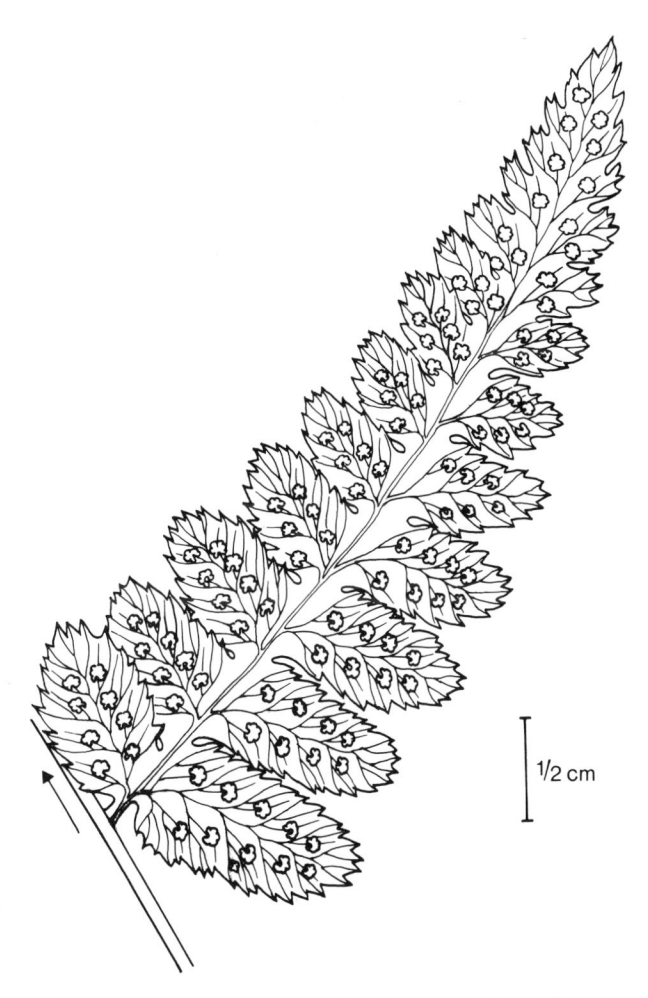

Abb. 139 □ *Dryopteris cristata* (L.) A. GRAY □ *Links* fertiles Blatt von oben □ *Oben* fertile Fieder von unten (Original C. M. BÄNZIGER)

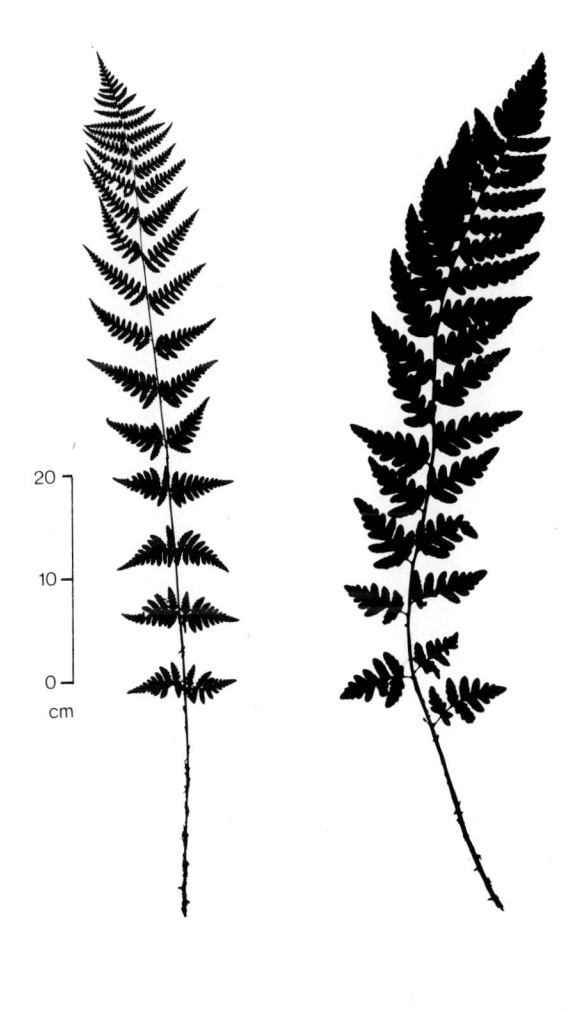

Abb. 140 □ *Dryopteris cristata* (L.) A. GRAY. Silhouette je eines fertilen *(links)* und sterilen Blattes *(rechts)* derselben Pflanze (nördl. Freiburg i. Br., jetzt dort erloschen) (Original REICHSTEIN)

Ausdauernd. Rhizom lang kriechend oder niederliegend, gestreckt. Blätter ein lockeres Büschel bildend, die sporenlosen Laubblätter und die Sporophylle etwas verschieden gestaltet; Laubblätter auswärts abstehend, 15–30 (–45) × 5–10 cm groß, mit schmal-länglicher, am Grunde wenig verschmälerter, einfach bis doppelt gefiederter, zugespitzter, meist ziemlich derber, kahler, hellgrüner Spreite; Blattstiel dünn, zerbrechlich, nur halb so lang wie die Spreite, am Grunde braun, mit hellbraunen Spreuschuppen, sonst strohgelb oder grünlich, tief rinnig; Fiedern jederseits (10–) 17–20, wechselständig oder die untersten gegenständig, kurz gestielt, dreieckig-eiförmig bis länglich-lanzettlich, stumpf, tief fiederschnittig, meist genähert, nur das unterste oder die zwei untersten Paare entfernt, diese Fiedern aus herzförmigem Grunde dreieckig, 4,5 × 3 cm groß, beiderseits mit 5–7 sehr genäherten Abschnitten, von denen die hinteren länger als die vorderen sind; die folgenden Fiedern länglich, beiderseits mit 8–10 stumpfen, flachen, seicht gelappten oder gezähnten Abschnitten. Sporophylle zahlreich, 20–60 × 10–15 cm, aber zuweilen bis 1 m lang, steif aufrecht, ihr Stiel fast so lang wie die verlängerte, lanzettliche, meist derbere Spreite. Zahl, Gestalt und Teilung der Fiedern wie bei den Laubblättern, aber die oberen, Sori tragenden Fiedern durch Drehung der Stiele rechtwinklig gegen die Blattfläche gestellt, ihre Unterseite häufig sogar nach oben wendend, aufrecht abstehend. Sori groß, zweireihig, zuletzt bis zur Berührung genähert. Indusium klein, ganzrandig, drüsenlos. Sporen dunkelbraun, eiförmig, 30–30 × 45–55 µm (KOH), bzw. 30 × 64 × 50 µm (acetol.) mit tief gefaltetem, lappigem Perispor, breiter als bei *D. filix-mas,* dicht mit feinsten Stacheln besetzt, daher am Rand gefranst erscheinend. Exospor unbehandel-

Abb. 141 □ *Dryopteris cristata* (L.) A. GRAY. Bei Bad Wurzach, Oberschwaben

ter Sporen in Balsam (30–) 39–48 (–51) µm lang. – Chromosomenzahl: 2n = 164 (tetraploid). – Sporenreife: VII.–IX.

Vorkommen □ Hemikryptophyt; Halbschatten- bis Schattenpflanze. In Erlen- und Birkenbrüchen, in Weidenbruch-Gesellschaften, an Moorrändern und Waldsümpfen, auch an Wurzeln von Erlen und anderen Holzpflanzen (Birken) mit *Mnium hornum*, oft zwischen *Frangula alnus* und *Salix repens* in Gesellschaft von *Thelypteris palustris*. – Auf staunassen, nährstoff- und basenreichen, mäßig sauren, modrigtorfigen, sandigen Tonböden und Bruchböden. Charakterart des Carici elongatae-Alnetums (Alnion). In den Zwischenmoorstreifen des Gallerfilzes bei Bernried am Würmsee (Oberbayern) mit *Dryopteris carthusiana, Lycopodiella inundata, Trichophorum alpinum, Agrostis canina, Calamagrostis canescens, Viola palustris, Drosera intermedia, Utricularia intermedia, Peucedanum palustre, Lysimachia thyrsiflora, Oxycoccus palustris, Salix aurita* und *Betula pubescens*. Zuweilen in Sphagneten mit *Oxycoccus*-Arten und *Liparis loeselii*. – Von niederen Lagen bis in die untere Voralpenstufe; im Hochgebirge fehlend. In den Alpen und in der Tatra nur in Tälern.

Allgemeine Verbreitung □ Nord- und Mitteleuropa von Südnorwegen, Nordfrankreich ostwärts bis zum Baikalsee, südwärts bis Norditalien, Slowenien, Ungarn (erloschen), Rumänien und Mittelukraine; Nordamerika. – Ähnlich wie verschiedene andere boreale oder subboreale Pflanzen, wie z. B. *Salix myrtilloides, Trientalis europaea, Betula humilis, Ledum palustre*, meidet diese Art die Alpenkette und tritt nur bis an den Nordfuß der Alpen heran. Nur an ganz wenigen Stellen reicht das Areal über die Alpen und hat sich die Art im Piemont und in den Provinzen Bergamo und Verona erhalten. – In Europa verläuft die Südwestgrenze ihrer Verbreitung.

□ Karten: HULTÉN 1958, S. 59; MEUSEL, JÄGER, WEINERT 1965, S. 17; JALAS & SUOMINEN 1972, Karte 128.

Arealdiagnose □ zonal (submerid) – temp – (boreal) · ozean$_{2-3}$ Eur – Sib + OAm. – regional: (noiber) – nordalpisch – nordcarp / beide periomo – sobrit – subatlant – sarmat – subboreofenn – subboreoross – mittel – sibir.

Verbreitung im Gebiet □ Im nördlichen Tiefland, besonders gegen Osten ziemlich verbreitet, seltener in den mitteldeutschen Mittelgebirgen, auf der bayerischen Hochebene und im Schweizer Mittelland, noch seltener in den Alpen, südwärts bis Mittel-Slowenien und im Küstenland. – In Deutschland im nördlichen Flachland verbreitet (Schleswig-Holstein, Mecklenburg, Brandenburg), selten in Sachsen (Lausitzer Niederung, Grimma, früher Eibenstock), Thüringen (z. B. Rockhäuser Forst bei Erfurt, Hanfsee bei Schlotheim, Zeitzgrund bei Stadtroda, früher Bebraer Forst bei Sondershausen), Anhalt (Tangerhütte, Haldensleben) und im Harz; vereinzelt in Süddeutschland, z. B. im Gallerfilz, Pfohrener Ried bei Donaueschingen, Federsee, Benninger Ried bei Singen, Mooswald westl. Freiburg i. Br. (erloschen), bei Bernried südwestlich von München (Starnberger See); im bayerischen Alpenland bei Kufstein. – In der Schweiz sehr zerstreut und spärlich auf den im Verschwinden begriffenen Mooren des Schweizerischen Mittellandes und als Seltenheit im Jura und im unteren Rhônetal (Muraz, Vionnaz und Vouvry); im Kanton Freiburg: Sales bei Vaulruz, Gruyères, 835 m; im Kanton Zürich: »Wildert« (zwischen Unter-Illnau und Gutenswil) und im Robenhauserried; im Kanton Obwalden (Gerzensee); im Kanton Luzern im Wauwiler Moos (verschwunden); im Thurgau im Barchetsee zwischen Gisenhart und Oberneudorf. – In Liechtenstein vereinzelt. – In Österreich sehr selten in Vorarlberg (im Göffnerwald durch Entsumpfung ausgestorben; Bodenseeried bei Bregenz), in Salzburg bei Mittersill und bei Zell am See; in Oberösterreich (Ibmer Moor, Almsee); in Nordsteiermark bei Trieben (erloschen) und bei Rotlenmann, in Kärnten bei Hermagor und im Keutschacher Moor, sw. von Klagenfurt (alte Angaben); in Tirol bei Lienz und Kitzbühel (?). – In den italienischen Alpen in Piemont, bei Bergamo und Verona. – Im nordwestlichen Slowenien, z. B. Pettau (Ptuj). – In der Tschechoslowakei in Böhmen selten (Böhmerwald, Südböhmisches Teichgebiet, Ostböhmen), Tatra in Tälern, vereinzelt in Südmähren. – In Polen in der Ebene.

Abstammung □ *D. cristata* ist als allotetraploide Art erkannt worden. Zwei ihrer vier Genome stammen von der diploiden *D. ludoviciana* (KUNZE) SMALL, die im Südosten der Vereinigten Staaten beheimatet ist. Ihr zweiter Vorfahre (»*D. semicristata*«) ist unbekannt; er ist vermutlich auch an der Entstehung von *D. carthusiana* beteiligt.

Variabilität der Art □ Die Art ist durch die kurzen unteren Fiedern und durch die eigentümliche Stellung der soritragenden oberen Fiedern sehr gut erkennbar. Sehr wenig veränderlich.

7. Dryopteris carthusiana

Dryopteris carthusiana[1] (VILL.) H. P. FUCHS, Bull. Soc. Bot. France **105**: 339 (1959). – Basion.: *Polypodium carthusianum* VILLARS, Hist. Pl. Dauphin. **1**: 292 (1786), emend. ib. id. **3**: 842 (1789). – Syn.: *Polypodium spinulosum* O. F. MÜLLER, Fl. Fridrichsd. 193 (1767), non BURMANN (1768). – *Polypodium filix-femina spinosa* WEISS, Pl. Crypt. Fl. Göttingen: 316 (1770). – *Polypodium spinosum* (WEISS) SCHRANK, Bayer. Fl. **2**: 424 (1789), non L. (1753). – *Polypodium lanceolato-cristatum* HOFFMANN, Mag. Bot. ed. ROEMER & USTERI **9**: 9 (1790). – *Polystichum spinulosum* O. F. MÜLLER ex ROTH, Tent. Fl. Germ. **3**: 9 (1799). – *Polystichum muelleri* SCHUMACHER, Enum. Pl. Saell. **2**: 20 (1803). – *Polystichum conifolium* SCHUM., ibid.: 22 (1803). – *P. angustatum* SCHUM., ibid. – *Nephrodium spinulosum* (F. O. MÜLLER) STREMPEL var. *genuinum* ROEPER, Zur Fl. Mecklenb. **1**: 82 (1843), p.p. – *Lastrea spinosa* (WEISS) NEWMAN, Nat. Alm.: 1 (1844). – *Dryopteris spinulosa* (MÜLLER) O. KUNTZE, Rev. Gen. Pl. **2**: 813 (1891). – *Polystichum spinulosum* F. O. MÜLLER ex ROTH [var.] α *vulgare* KOCH, Syn. ed. 2: 978 (1845). – *Aspidium spinulosum-cristatum* LASCH, Bot. Ztg. **14**: 435 (1856). – *Aspidium spinulosum* (MÜLL. ex ROTH) SWARTZ subsp. *genuinum* MILDE, Filic. Europ. Atl.: 132 (1867). – *Aspidium spinulosum* (MÜLL. ex ROTH) SWARTZ var. *typicum* STROBL, Fl. Admont. **2**: 63 (1882). – *Aspidium spinulosum* (MÜLL. ex ROTH) SWARTZ subsp. *euspinulosum* ASCHERS. in ASCHERS. et GRAEBN., Syn. ed. 1, **1**: 32 (1896). – **Dorniger Wurmfarn**. – Abb. 138 c, e, 142.

Wichtige Literatur □ BRITTON, D. M. 1972: Spinulose wood ferns, *Dryopteris*, in Western North America. Canad. Field-Nat. **86**: 241–247. – BRITTON, D. M. 1972: Spore ornamentation in the *Dryopteris spinulosa* complex. Canad. J. Bot. **50**: 1617–1621. –

---

[1] Nach dem von VILLARS angegebenen Fundort, der Grande Chartreuse (Carthusia) bei Grenoble, dem Stammsitz des Kartäuser-Ordens. Das Typusexemplar existiert nicht mehr, aber die Beschreibung (1786) paßt auf unsere Sippe, die am locus classicus auch heute noch reichlich wächst. Die richtige Anwendung des Namens *D. carthusiana* wurde von H. P. FUCHS (1959) begründet und von C. R. FRASER-JENKINS (1980) erweitert.

FRASER-JENKINS, C. R. 1980: Nomenclatural notes on *Dryopteris*: 4. Taxon **29**: 607–612. – GIBBY, M. & S. WALKER 1977: Further cytogenetic studies and re-appraisal of the diploid ancestry in the *D. carthusiana* complex. Fern Gaz. **11** (5): 315–324. – JANSEN, J. 1932: *Aspidium spinulosum* MÜLL. Nederl. Kruidk. Arch. 1932: 289–300. – PIĘKOŚ, H. 1976: Perispore sculpture of *Dryopteris cristata* and those in the *D. dilatata* complex in Poland. Bull. Acad. Polon. Sci. Cl. 2, **23**: 755–759. – PIĘKOŚ-MIRKOWA, H. 1979: Paprocie z grupy *Dryopteris dilatata* w Polsce. Monogr. Bot. **59**: 1–75. – WALKER, S.: Cytogenetic studies in the *Dryopteris spinulosa* complex. I. Watsonia **3**: 193–209 (1955). II. Amer. Journ. Bot. **48**: 607–614 (1961). – WIDÉN, C. J., J. SARVELA & T. AHTI 1967: The *Dryopteris spinulosa* complex in Finland. Acta Bot. Fenn. **77**: 1–24. – WOYNAR, H. 1918: Betrachtungen über *Polypodium austriacum* JACQ. Österr. Bot. Zeitschr. **67**: 267–275.

Ausdauernd. R h i z o m kurz kriechend oder aufsteigend. B l ä t t e r ein dichtes Büschel bildend, 15–60 (–90) cm lang und 5–25 cm breit, aufrecht, etwas derb, hell- bis gelblichgrün, kahl; B l a t t s t i e l dünn, tief rinnig, grünlich bis strohgelb, unterwärts mit 5–11, oberwärts mit 3–6 Leitbündeln, unten dicht, oben nebst der Blattspindel spärlich mit hellbraunen, eiförmig-lanzettlichen, 5–8 mm langen Spreuschuppen besetzt, etwa so lang wie die im Umriß längliche oder eiförmig-lanzettliche, kurz zugespitzte Spreite; S p r e i t e erst gelb-, später graugrün, abnehmend-gefiedert, am Grunde doppelt bis dreifach, oben doppelt bis nur einfach gefiedert, unterseits drüsenlos oder sehr selten zerstreut kurzdrüsig; F i e d e r n flach, ± waagrecht gestellt, am Ende aufwärts gebogen, beiderseits 15–25, kurzgestielt, dreieckig-eiförmig bis -lanzettlich, zugespitzt, gefiedert, die untersten 1–2 Fiederpaare gegenständig, abgerückt, ungleichhälftig, ei-lanzettlich, meist ohne Sori. F i e d e r c h e n etwas entfernt, länglich, nur die untersten vorderen der untersten Fiedern länglich-lanzettlich, schon an den untersten Fiedern jederseits 10–15; die vorderen Fiederchen der unteren Fiedern länger als die hinteren, und das unterste vordere länger als die folgenden, nicht sehr tief eingeschnitten und Abschnitte an den untersten Fiederchen einander genähert, in Stachelspitzen auslaufend, besonders am Ende der Fiederchen. S o r i auf den Fiederchen (oder größeren Abschnitten) zweireihig, der Mittelrippe genähert, ziemlich klein (0,1–1 mm breit); Indusium gezähnelt, ± drüsenlos. Sporen braun, eiförmig, 20–30 × 40–45 μm (KOH) bzw. 35 × 55 × 47 μm (acetol.) mit dünnem, locker gefaltetem Perispor mit stehenden, feinen borstigen Emergenzen (ähnlich *D. cristata* und *D. dilatata*). – Exospor bei unbehandelten Sporen in Balsam (27–) 33–39 (–42) μm lang, mit stacheligem Perispor. – Chromosomenzahl: $2n = 164$, allotetraploid und sexuell. – Sporenreife: VII.–VIII.

Vorkommen □ Hemikryptophyt. Humuswurzler,

Tafel 5 □ Erklärung der Figuren

Fig. 1 □ *Asplenium adulterinum* MILDE. Fertiles Blatt von unten
Fig. 2 □ *Asplenium viride* HUDSON
Fig. 2a □ Fertile Fieder von unten
Fig. 3 □ *Asplenium trichomanes* L.
Fig. 3a □ Fertile Fieder von unten
Fig. 4 □ *Asplenium viride* HUDSON. Fertiles Blatt von unten
Fig. 5 □ *Asplenium septentrionale* (L.) HOFFM.
Fig. 5a □ Fertiles Blattsegment von unten
Fig. 5b □ Fertiles Blattsegment im Querschnitt
(1 und 4 Original C. M. BÄNZIGER)

Halbschattenpflanze. In artenarmen Eichen- und Kiefernwäldern, in Erlenbrüchen, in Heiden und an Moorrändern, seltener in Buchenwäldern. Auf staufeuchten, frischen oder wechselfrischen, nährstoff- und basenarmen, sauren, modrig-torfig-humosen, sandigen oder reinen Lehm- und Tonböden, auf modernden Baumstümpfen, zuweilen auch auf Baumstämmen epiphytisch. Vor allem im Alnion, Alno-Ulmion, im Quercion roboris, auch im Luzulo-Fagion. Von der Ebene bis in die Gebirge (in montaner, seltener bis subalpiner Vegetationsstufe), in den Alpen bis 2660 m.

Allgemeine Verbreitung □ Areal amphiatlantisch-ozeanisch-subozeanisch, von der submeridionalen bis in die subboreale Zone: gemäßigtes Nordamerika, Europa von Skandinavien bis in die Gebirge des nördlichen Mittelmeergebietes, Norditalien, Nord-Jugoslawien, Albanien und Bulgarien, nördliches Kleinasien, ostwärts in Nordasien bis zum Tian Shan und Baikalsee. Angaben für weiter östlich gelegene Fundorte beziehen sich auf *D. expansa*. In Spanien zerstreut und nur in den Pyrenäen, Nordostkastilien und den nördlichen Gebirgsketten; fehlt auf den Makaronesischen Inseln, in Portugal, Sardinien, Korsika, Süditalien, Griechenland sowie in der zentralen und südlichen Türkei.

□ Karten: S. HULTÉN 1958, S. 175; MEUSEL, JÄGER, WEINERT 1965, S. 18; JALAS & SUOMINEN 1972, Karte 129.

Arealdiagnose □ zonal: (submerid/montan) − temp − (boreal) · ozean$_{1-3}$ Eur–Sib + O–(W)Am. − regional: (in Eurasien): (submedit/montan) − mitteleurop − (nordpont) − subboreoscand − subboreoross − mittelsibir.

Verbreitung im Gebiet □ Ziemlich häufig und fast überall verbreitet, auch auf den Nordseeinseln; in der Ungarischen Tiefebene selten. − In Deutschland durch das ganze Gebiet verbreitet. In der Schweiz und in Österreich überall häufig, in Slowenien zerstreut, in der Tschechoslowakei und Polen häufig.

Abstammung □ Zwei ihrer vier Genome entstammen der diploiden *D. intermedia* (MÜHL. ex WILLD.) A. GRAY, die im Osten der Vereinigten Staaten und Kanada verbreitet ist und cytologisch mit *D. maderensis* ALSTON von Madeira und *D. azorica* (CHRIST) ALSTON von den Azoren übereinstimmt, sich aber, entgegen früheren Angaben, von *D. expansa* (C. B. PRESL) FRASER-JENKINS & JERMY eindeutig unterscheidet. Die zwei weiteren Genome von *D. carthusiana* sind unbekannt; sie entsprechen vermutlich den zwei unbekannten (»*D. semicristata*«) von *D. cristata*.

Variabilität der Art □ Die Art ist in der Form der Blätter ziemlich stark veränderlich, aber von den beschriebenen Abänderungen sind nur einige systematisch etwas wichtiger. Neben der typischen var. *carthusiana* mit eiförmig-lanzettlicher Spreite wurden beschrieben: var. *exaltata* (LASCH.) mit größerer, im Umriß ovaler, dunkelgrüner, dünner Blattspreite und etwas entfernten Fiedern; Schattenform, häufig im ganzen Gebiet, Gesenke, Baden, Bran-

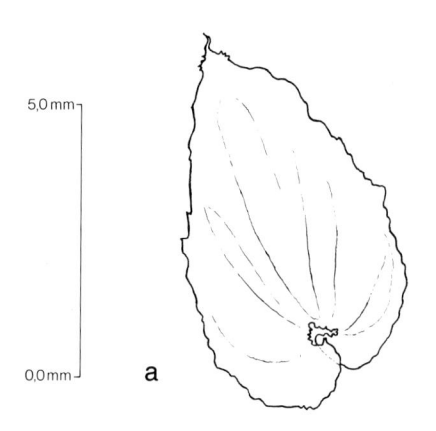

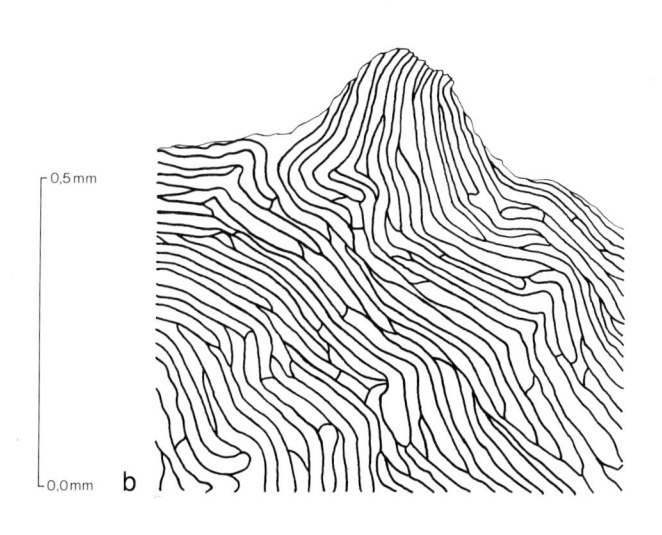

Abb. 142 □ *Dryopteris carthusiana* (VILL.) H. P. FUCHS. Blattstielschuppe □ a im Ganzen □ b Randstruktur, stark vergr. (Original R. PASSOW)

Tafel 5

denburg. – Var. *elevata* (A. BRAUN) mit im Umriß lanzettlicher oder schmal elliptischer, hellgrüner, fast lederiger Spreite und sich berührenden Fiedern; eine lichtliebende Form. – Var. *angustiloba* (WARNSTORF) mit kurzgestielter, gleichschenkelig-dreieckiger 2–3fach gefiederter Blattspreite und auffallend schmalen Abschnitten der unteren Fiedern; Riesengebirge. – Var. *verrucosa* (G. BECK) mit drüsig-gezähntem Indusium; Steiermark (Selztal), Mähren (Lysáhora in den Beskiden), hybridogen?

[handwritten note: 25.09.1987 FtA EIGISTÄT, FoRST RAPPERSZELL K 2a EICZWASCH]

8. Dryopteris dilatata

Dryopteris dilatata[1] (G. F. HOFFMANN) ASA GRAY, Man. Bot. North. U.S.: 631 (1848) em. S. WALKER, Amer. Journ. Bot. **48**: 607 (1961). – Basion.: *Polypodium dilatatum* G. F. HOFFMANN, Deutschlands Fl. oder Bot. Taschenbuch **2**: 7 (1796), p.p. – Syn.: *Polypodium aristatum* VILL., Hist. Pl. Dauph. **3**: 944 (1789), non FORSTER (1786), nec *Dryopteris aristata* (FORSTER) O. KTZE. (1891). – *Polypodium tanacetifolium* HOFFM., Deutschl. Fl. oder Bot. Taschenb. **2**: 7 (1796). – *Polypodium multiflorum* ROTH, Catalect. Bot. **1**: 135 (1797). – *Aspidium dumetorum* J. E. SMITH, Engl. Fl. **4**: 281 (1828). – *Lastrea collina* NEWM., Hist. Brit. Ferns ed. 2: 244 (1844). – *Lastrea maculata* DEAKIN, Fl. Brit. **4**: 110, Tab. 1612 (1848). – *Lastrea dilatata* (HOFFM.) C. B. PRESL var. *angusta* MOORE, Ferns Gr. Brit. Irel. Nat. Print.: t. 22 (1855). – *L. dilatata* (HOFFM.) C. B. PRESL var. *chanteriae* MOORE, ibid. t. 24. – *L. dilatata* (HOFFM.) C. B. PRESL var. *lepidota* MOORE, Handb. Brit. Ferns ed. 3: 136 (1857). – *Aspidium dilatatum* (HOFFM.) J. E. SMITH var. *recurvatum* LASCH, Verh. Bot. Ver. Prov. Brandenb. **2**: 80 (1860). – *Nephrodium aristatum* VILL. ex ARC., Atti Soc. Critt. Ital. **3**: 148 (1884). – *Dryopteris alexeenkoana* FOMIN, Mon. Jard. Bot. Tiflis **20**: 63–65 (1911). – *D. austriaca* (JACQ.) WOYNAR (et subsp. *austriaca*) sensu WOYNAR, Mitt. Naturf. Ver. Steierm. **49**: 166 (1913); WOYNAR ex SCHINZ & THELL., Vierteljahrsschr. Naturf. Ges. Zürich **60**: 339 (1915), non *Polypodium austriacum* JACQUIN, Obs. Bot. **1**: 15 (1764) [= *Pteridium aquilinum* (L.) KUHN].[2] – **Breiter Wurmfarn.** – Abb. 138a, 143.

Wichtige Literatur ☐ DÖPP, W. & W. GÄTZI 1964: Der Bastard zwischen tetraploider und diploider *Dryopteris dilatata*. Ber. Schweiz. Bot. Ges. **74**: 45–53. – FRASER-JENKINS, C. R. 1980: Nomenclatural notes on *Dryopteris* 4. Taxon **29**: 607–612. – GÄTZI, W. 1961: Über den heutigen Stand der *Dryopteris*-Forschung. Ber. Tätigk. St. Gall. Naturwiss. Ges. **77**: 3–73. – GIBBY, M. & S. WALKER 1977: Further cytogenetic studies and a reappraisal of the diploid ancestry in the *Dryopteris carthusiana* complex. Fern Gaz. **11** (5): 315–324 (1978). – MANTON, I. & S. WALKER 1954: Induced apogamy in *Dryopteris dilatata* and *D. filix-mas* and its significance for the interpretation of the two species. Ann. Bot. n.s. **18**: 377–383. – PIĘKOŚ, H. 1976: Perispore sculpture of *Dryopteris cristata* and those in the *D. dilatata* complex in Poland. Bull. Acad. Polon. Sci. Ser. Biol. Cl. 2, **23**: 755–759. – PIĘKOŚ-MIRKOWA, H. 1977: Notes on the taxonomy and distribution of the *Dryopteris dilatata* complex in the Caucasus, Siberia and the Far East. Acta Soc. Bot. Polon. **46**: 577–585. – PIĘKOŚ-MIRKOWA, H. 1979: Paprocie z grupy *Dryopteris dilatata* w Polsce. Monogr. Bot. (Warsz.) **59**: 1–75. – WALKER, S.: Cytogenetic studies in the *Dryopteris spinulosa* complex I. Watsonia **3** (4): 193–209 (1955). II: Amer. J. Bot. **48**: 607 (1961). – WIDÉN, C. J., V. SORSA & J. SARVELA 1970: *Dryopteris dilatata* s.l. in Europe and Madeira, chromatographic and cytological study. Acta Bot. Fenn. **91**: 1–30.

Ausdauernd. R h i z o m aufsteigend oder aufrecht, kurz; B l ä t t e r in einem Büschel, 10–150 × 4–40 cm groß, schlaff, bogig überhängend, dunkelgrün, mit gelblichen Drüsenhärchen besetzt; B l a t t s t i e l bis 5 mm dick, halb so lang bis so lang wie die Spreite, strohgelb bis hell-gelbbraun, dicht mit eiförmig-lanzettlichen, hellbraunen, in der Mitte dunkelbraun gefärbten, 16–20 mm langen Spreuschuppen besetzt; B l a t t s p r e i t e dick, eiförmig-länglich bis dreieckig, am Grunde 3–4fach gefiedert, lang zugespitzt, dunkelgrün, unten spärlich drüsig; F i e d e r n beiderseits 15–25, sämtlich in fast gleichmäßigen Abständen einander genähert oder nur das unterste Paar abgerückt, kurz gestielt, dreieckig-eiförmig bis -lanzettlich, lang zugespitzt, gefiedert; F i e d e r c h e n länglich-eiförmig bis -lanzettlich, fiederschnittig oder gefiedert; unterstes basiskopes Fiederchen des untersten Fiederpaares meist viel kürzer als die ganze Fieder; letzte Abschnitte ± rechteckig länglich, stachelspitzig, flach, gezähnt oder gelappt, am Rande oft zurückgerollt. S o r i 0,5–1 mm im Durchm., meist auf allen Fiedern zweizeilig, meist größer als bei *D. carthusiana;* Indusium groß, besonders am Rande drüsig. Sporen dunkelbraun, bohnen- bis eiförmig, 30–35 × 54–53 µm (KOH); Perispor dünn und zart mit einigen breit vorspringenden Falten und mit dicht stehenden, borstigen, 2–3 µm langen Emergenzen. Exospor bei unbehandelten Sporen in Balsam (27–) 33–39 (–42) µm lang, Perispor dunkelbraun mit stacheligen Höckern, deren Stacheln sich am Grunde oft berühren. – Chromosomenzahl: 2n = 164, allotetraploid und sexuell. – Sporenreife: VII.–VIII.

Vorkommen ☐ Hemikryptophyt. Moder-Mullhumusfarn, Schattenpflanze. In kraut- und grasreichen, schattigen Buchen-, Tannen- und Fichtenwäldern der Gebirge, oft faziesbildend. Auf sickerfrischen, nährstoffreichen, kalkarmen, mäßig sauren, lockeren, modrig-humosen, meist sandig-steinigen Lehmböden oder Steinschuttböden. Vor allem in hochmontanen Buchenwäldern und Tannen-Fichtenmischwäldern

---

[1] *dilatatus* (lat.) = verbreitert; wahrscheinlich wegen der langen unteren Fiedern (im Gegensatz zu *D. filix-mas*).

[2] Für die richtige Anwendung dieses Namens, der sich auf *Pteridium aquilinum* (L.) KUHN bezieht, s. C. R. FRASER-JENKINS, Nomenclatural notes on *Dryopteris:* 4. Taxon **29**: 607–612 (1980).

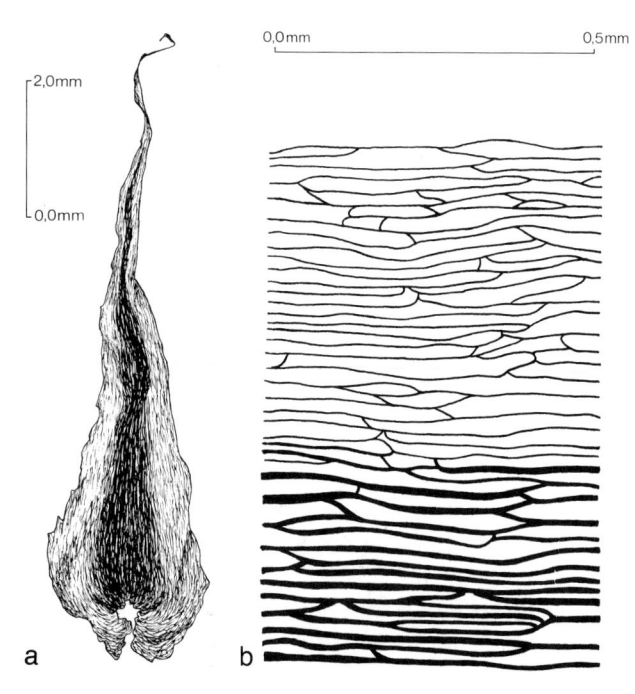

Abb. 143 ☐ *Dryopteris dilatata* (HOFFM.) A. GRAY. Blattstielschuppe ☐ *a* im Ganzen ☐ *b* Zellstruktur, stärker vergr. (Original R. PASSOW)

(Fagion, Vaccinio-Abietion), auch in Fichtenwäldern (Vaccinio-Piceion) und in Hochstauden-Gesellschaften (Adenostylion). Im westlichen Mittelmeergebiet in Fagion-, Galio-Abietion-, Rhododendro-Vaccinion- und Adenostylion-Assoziationen. – Von der Ebene bis in die Gebirge aufsteigend, vor allem in der hochmontanen Buchen- und Fichtenregion, in den Alpen bis 1900–2000 m aufsteigend; in der Ebene weniger häufig, in xerothermen Gebieten selten.

Allgemeine Verbreitung ☐ Areal holarktisch, subozeanisch-nordisch. Auf den Atlantischen Inseln nur auf Pico (Azoren); in der Vergangenheit oft mit anderen Arten verwechselt. Fehlt in Island. Verbreitet in der ganzen westlichen gemäßigten Zone Europas von den Färöern, Südnorwegen, Südschweden, Südwestspitze von Finnland, Großbritannien und Irland, Süddänemark, Frankreich, Nordspanien, Portugal, Korsika und Norditalien, gegen Osten zunehmend zerstreut; westliches und zentrales Mitteleuropa, submediterrane Gebirge, Kaukasus und Nordwestiran (selten); zunehmend zerstreut in Nord- und Zentralpolen, Rußland (nur Ostkarpaten, Ostseegebiet und Kaukasus), Süditalien und Griechenland. Im südlichen Mittelmeergebiet nur in den Gebirgen.
☐ Karten: HULTÉN 1958, S. 175; MEUSEL, JÄGER, WEINERT 1965, S. 18; JALAS & SUOMINEN 1972, Karte 130.

Arealdiagnose ☐ zonal: submerid/montan – temperat · ozean$_{1-2}$. – regional: submedit/montan – atlant – zentraleurop.

Verbreitung im Gebiet ☐ Im ganzen Gebiet verbreitet, in den nördlichen Gebirgsgegenden nur zerstreut, in den südlichen häufiger, bis Slowenien. Die Art ähnelt durch die Kleinheit der letzten Abschnitte *Athyrium filix-femina,* unterscheidet sich durch den längeren Stiel und durch die am Grunde nicht verschmälerte Spreite und fast immer durch stachelspitzige Zähne.

Abstammung ☐ Zwei ihrer vier Genome stammen wieder von *D. intermedia* (heimisch im Osten der Vereinigten Staaten und Kanada), die cytologisch mit denjenigen von *D. maderensis* (aus Madeira) und *D. azorica* (von den Azoren) homolog sind. Die zwei weiteren Genome stammen von der diploiden *D. expansa* (vgl. M. GIBBY & S. WALKER 1978), womit frühere andere Befunde korrigiert wurden. *D. dilatata* muß somit einmal durch Chromosomenverdoppelung aus einer diploiden Hybride *D. expansa* x *D. intermedia* (oder homologer Sippe) entstanden sein. Prinzipiell gleiche Vorfahren wurden von M. GIBBY für *D. campyloptera* (KUNZE) CLARKSON (heimisch in Nordamerika) ermittelt, die auch morphologisch große Ähnlichkeit mit *D. dilatata* zeigt; vgl. M. GIBBY: The origin of *Dryopteris campyloptera*. Can. J. Bot. **55**: 1419 (1977).

Verwandtschaftliche Beziehungen ☐ Die nordamerikanische *D. campyloptera* (KUNZE) CLARKSON [= *D. dilatata* (HOFFM.) A. GRAY var. *americana* (FISCH.) BENEDICT] ist ebenfalls allotetraploid und besitzt nach M. GIBBY (1977), wie oben erwähnt, prinzipiell gleiche Vorfahren wie die europäische *D. dilatata*, steht aber morphologisch der *D. expansa* noch etwas näher als diese. Möglicherweise ist dies durch Unterschiede bei einem der Vorfahren bedingt. Bei *D. campyloptera* dürfte *D. intermedia* als ein solcher fungiert haben, bei *D. dilatata* vielleicht eine Form, die der *D. azorica* näher steht. Die Genome von *D. intermedia*, *D. maderensis* und *D. azorica* lassen sich cytologisch nicht unterscheiden (S. WALKER 1955, 1961; S. WALKER & M. GIBBY 1978); die Pflanzen zeigen aber trotzdem merkliche morphologische Unterschiede.

9. Dryopteris expansa
Dryopteris expansa (C. B. PRESL) C. R. FRASER-JENKINS et JERMY, Fern Gaz. **11** (5): 338 (1977). Basion.: *Nephrodium expansum* C. B. PRESL, Rel. Haenk. **1**: 38 (1825), non DESV. (1827), nec *Aspidium expansum* WILLDENOW (1810), etc. – Syn.: *Polystichum tanacetifolium* (HOFFM.) DC. in LAM. et DC. Flore France **2**: 562 (1805), sensu DC., non *Polypodium tanacetifolium* HOFFM. (1796). – *Dryopteris dilatata* (HOFFM.) A. GRAY var. *alpina* MOORE, Nat. Print. Brit. Ferns 2. ed. **1**: 225 (1859). – *Dryopteris assimilis* S. WALKER, Amer. J. Bot. **48** (7): 607 (1961). – *Dryopteris austriaca* (JACQ.) WOYNAR ex SCHINZ et THELL., sensu auct. japon., non sensu auct. eur., nec *Polypodium austriacum* JACQUIN (1765). – B l a ß g r ü n e r   W u r m f a r n. – Abb. 138 b.

Wichtige Literatur ☐ CRABBE, J. A., A. C. JERMY & S. WALKER

1970: The distribution of *Dryopteris assimilis* S. WALKER in Britain. Watsonia **8**: 3–15. – GÄTZI, W. 1966: Zur Kenntnis von *Dryopteris assimilis* WALKER. Ber. Schweiz. Bot. Ges. **76**: 146–156. – GIBBY, M. & S. WALKER 1977: Further cytogenetic studies and reappraisal of diploid ancestry in the *D. carthusiana* complex. Fern Gaz. **11 (5)**: 315–324 (1978). – NARDI, E. 1976: *Dryopteris assimilis* S. WALKER in Italia. Webbia **30**: 457–478. – PIĘKOŚ, H. & PASSAKAS, T. 1973: The chromosome number of *Dryopteris assimilis* S. WALKER from the West Bieszczady Range (East Carpathian Mts.). Fragm. Flor. Geobot. **19** (3): 305–308. – PIĘKOŚ-MIRKOWA, H. 1977: Notes on taxonomy and distribution of species of the *Dryopteris dilatata* complex in the Caucasus, Siberia and the Far East. Acta Soc. Bot. Polonia **46** (4): 577–585. – SIMON, T. & G. VIDA 1966: Neue Angaben zur Verbreitung der *Dryopteris assimilis* in Europa. Ann. Univ. Budapest Sect. Biol. **8**: 275–284. – WALKER, S.: Cytogenetic studies in the *Dryopteris spinulosa* complex I. Watsonia **3–4**: 193–209 (1955); II; Amer. J. Bot. **48**: 607–614 (1961). – WIDÉN, C. J., SARVELA & T. AHTI 1967: The *Dryopteris spinulosa* complex in Finland. Acta Bot. Fenn. **77**: 5–6. – WIDÉN, C. J. & V. SORSA 1969: Intraspecific variability in *Dryopteris assimilis* and *D. spinulosa*, chromatographic and cytological study. Hereditas **62**: 1–13. – WIDÉN, C. J., V. SORSA & J. SARVELA 1970: *Dryopteris dilatata* s. lat. in Europe and the Island of Madeira, a chromatographic and cytological study. Acta Bot. Fenn. **91**: 1–30. – WIDÉN, C. J. & D. M. BRITTON 1971: A chromatographic and cytological study of *Dryopteris dilatata* in North America and Eastern Asia. Canad. Journ. Bot. **49**: 247–258.

Sehr ähnlich der *Dryopteris dilatata*, von ihr durch folgende Merkmale verschieden: Spreuschuppen am Stielgrund breiter, meist mit weniger dunklem Mittelstreif, oft rotbraun mit leicht dunklerer Mitte; B l ä t t e r hellgrün, zarter, im Herbst frühzeitig (Okt.–Nov.) absterbend; Fiederchen auf der basiskopen Seite der unteren, großen Fiedern deutlich länger als auf der akroskopen Seite, unterstes basiskopes Fiederchen des untersten Fiederpaares oft halb so lang wie die ganze Fieder; letzte Abschnitte weniger rechteckig als bei *D. dilatata*, meist etwas zugespitzt, ± sichelförmig und am Grunde herablaufend, besonders an den basiskopen Fiederchen der zwei untersten Fiederpaare. B l a t t s p r e i t e eiförmig oder, wenn jung, deutlich dreieckig, 20–50 cm lang, bei manchen Pflanzen deutlich drüsig, lang zugespitzt, dreifach fein gefiedert. Fiedern dreieckig-lanzettlich, gerade, sich oft berührend. Sporen blaßbraun, Exospor (27–) 33–39 (–42) μm lang, Perispor relativ stark, mit stacheligen Höckern, wobei sich die Stacheln am Grunde meist nicht berühren. – Chromosomenzahl: 2n = 82 (diploid, sexuell). – Sporenreife: VII.–IX.

Vorkommen □ Hemikryptophyt der niederschlagsreichen hochmontanen bis subalpinen Stufe, unter Bäumen (besonders *Abies* und *Picea*), in Vaccinio-Piceion- und Fagion-Gesellschaften, bevorzugt relativ offene Lagen, steigt in die alpine Stufe, dort im Schutz von Blöcken und Felsen, in den Alpen bis 2660 m. In Südeuropa nur in Gebirgen, aber gegen Norden weiter verbreitet, bis in die Ebene, besonders in der subarktischen Region. Wurde oft mit *D. dilatata* und *D. carthusiana* verwechselt.

Allgemeine Verbreitung □ Mitteleuropa, Nordeuropa und Gebirge des nördlichen Südeuropa: Island, Färöer, Shetlands, Schottland, Nordengland (fehlt in Irland), Norwegen, Schweden, Finnland, Dänemark, nördl. europ. UdSSR nach Osten bis zum Ural, Krim, Portugal (Serra de Estrela), Nord- und Mittelspanien (kantabrisches Gebirge, Pyrenäen, Cordillera Central), Frankreich (Pyrenäen, Zentralmassiv, Alpen inkl. Alpes-Maritimes, Vogesen), Korsika (fehlt in Sardinien), Gebirge von Jugoslawien, Bulgarien und Nordgriechenland, Luxemburg (selten), zerstreut in den Bergen von Süddeutschland, der Schweiz, Norditalien (Ligurien und Nordapennin bis zur Toscana), Österreich, Ungarn, Tschechoslowakei, Polen, östl. Karpaten der UdSSR, Rumänien, Gebirge von Jugoslawien, Bulgarien und Nordgriechenland. Fehlt in Makaronesien, Belgien, Holland, Sardinien, Sizilien und Süditalien. In Asien: Nordosttürkei, Südwesttranskaukasien, West- und Zentralkaukasus, verbreitet vom Ural bis Kamtschatka (zerstreut in schmalem Gürtel bei Irkutsk und Čitinsk), Anadyr, Barents, Kurilen, Sachalin, Sichote Alin, Amur, Ussuriland, Nordmandschurei in China, Japan, Nordkorea, Quelpaert und Taiwan. In Nordamerika von den Aleuten und Gebirgen von Alaska und Yukon nach Süden bis Vancouver, südliches British Columbia, westliches Alberta, durch die Rocky Mountains bis Nordkalifornien, Idaho, Montana und Colorado; im Osten: Lake Superior, East Hudson Bay, Québec, Gaspé, Labrador und Südgrönland. Oft als *D. austriaca* bezeichnet.
□ Karte: JALAS & SUOMINEN 1972, Karte 132.

Arealdiagnose □ zonal: submerid/subalpin – temp/(subalpin) – boreal · ozean$_{1-(3)}$ – Circpol. – regional: (in Europa) submedit/subalpin – carpat – alpisch/subalpin – ceven – rhenan – hercyn/sämtl. montan – nordeurop.

Verbreitung im Gebiet (soweit bekannt) □ Vogesen, Schwarzwald, Allgäuer und Bayerische Alpen, Böhmerwald, Thüringer Wald, verbreitet in der Schweiz, oft bis über 2000 m, alpine Zonen in Norditalien, Österreich außer im Norden von Ober- und Niederösterreich, in der Tschechoslowakei (Mähren bis Ostslowakei und vielleicht weiter nach Nordwesten), Polen, Nordslowenien.

Variabilität der Art und Schwierigkeiten bei der Bestimmung

D. expansa wurde durch die cytologischen Arbeiten von MANTON (1950) als verschieden von *D. dilatata* erkannt und von S. WALKER (1961) als besondere Art, *D. assimilis*, beschrieben. Sie ist unter diesem Namen in letzter Zeit in Europa und Nordamerika bekannt geworden; ältere Binomina wurden erst kürzlich entdeckt. Sie wird auch heute noch viel mit *D. dilatata* verwechselt, und manche

Herbarstücke können auch von Spezialisten nicht immer mit Sicherheit bestimmt werden. Völlig eindeutig ist vor allem die cytologische Kontrolle.

□ Die Morphologie der Blätter kann erhebliche Unterschiede zeigen, von kleinen, sehr fein gefiederten Stücken bis zu sehr großen, relativ grob gefiederten. Aus Skandinavien ist die var. *pseudospinulosa* (ROSENDAHL) beschrieben, mit kleinen, sehr hell gelbgrünen, aufrechten, schmalen Blättern und sehr hellen Schuppen, an *D. carthusiana* erinnernd. Pflanzen aus Japan (aber nicht alle aus dem Fernen Osten) können sehr groß sein und besonders lange unterste Fiederchen zeigen.

Interspezifische Hybriden der Gattung

Zur Erkennung der Hybriden ist es wichtig, die Morphologie genau zu studieren, die am Standort und seiner unmittelbaren Umgebung wachsenden Arten festzustellen, vor allem aber den Inhalt reifer Sporangien unter dem Mikroskop zu untersuchen. Bei allen wirklichen Hybriden ist zumindest die Hauptmenge der Sporen abortiert. Man achte darauf, das abortierte Material nicht mit unreifen Sporen zu verwechseln, die unter dem Mikroskop weißlich erscheinen. In Europa wird die Bildung von Hybriden vor allem zwischen solchen Arten beobachtet, die ein gemeinsames Genom besitzen. Ob dies auch für die relativ häufige Hybride von *D. filix-mas* x *affinis* = *D.* x *tavelii* (s. u.) zutrifft, ist allerdings unsicher, da die Herkunft der Genome der apomiktischen *D. affinis* unbekannt ist. Für die Hybriden sexueller Arten werden hier auch Genomformeln gegeben, wobei wir zur Bezeichnung der Genome (Chromosomensätze) der diploiden Arten die folgenden Buchstaben benützen: (C) = ein Genom von *D. caucasica*; (E) = eines von *D. expansa*; (I) = eines von *D. intermedia*, *D. maderensis* oder *D. azorica*, die sich cytologisch nicht voneinander unterscheiden lassen; (L) = eines von *D. ludoviciana*; (O) = eines von *D. oreades*; (P) = eines von *D. pallida*; (S) = eines der hypothetischen »*D. semicristata*«, einem der zwei Vorfahren der *D. cristata*, und (V) = eines von *D. villarii*. Daraus ergeben sich für die Genome der Prothallien und Gameten der allotetraploiden Arten: *D. carthusiana* (IS): *D. cristata* (LS); *D. filix-mas* (CO) und *D. submontana* (PV), für die allotetraploiden Sporophyten die verdoppelten Formen, also für *D. filix-mas* (CCOO) etc.

Wichtige Literatur □ FRASER-JENKINS, C. R. 1982, l. c. – JERMY, A. C. & S. WALKER 1975: In C. A. STACE (ed.), Hybridization and the flora of the British Isles: 113–118. – KNOBLOCH, I. W. 1977: Pteridophyte hybrids, Publ. Mus. Mich. State Univ., Biol. Ser. **5** (4): 1–352 (East Lansing). – LOVIS, J. D. 1977: Evolutionary patterns and processes in ferns. Advances in Botanical Research **4**: 229–415.

1 × 2 Dryopteris filix-mas (L.) SCHOTT ♀ x D. affinis (LOWE) FRASER-JENKINS ♂ = D. x tavelii[1] ROTHMALER, Candollea 10: 92 (1945) pro *D. filix-mas* (L.) SCHOTT x *paleacea* (Sw.) HAND.-MAZ.-

Syn. *D. borreri* x *filix-mas*, BECHERER, Ber. Schweiz. Bot. Ges. **68**: 199 (1958). – Abb. 144.

Wichtige Literatur □ DÖPP, W. 1939: Cytologische und genetische Untersuchungen innerhalb der Gattung *Dryopteris*. Planta **29**: 481–533. – DÖPP, W. 1955: Experimentell erzeugte Bastarde zwischen *Dryopteris filix-mas* (L.) SCHOTT und *D. paleacea* (Sw.)

---

[1] Nach F. v. TAVEL (1863–1941), Schweizer Botaniker mit sehr vielseitigen Interessen und ausgezeichneter Kenner der einheimischen Farne, der auf diese Hybride wiederholt aufmerksam machte. Sein mustergültiges Herbar liegt in Bern, vgl. Nachruf W. RYTZ, Mitt. Naturf. Ges. Bern **1942**: 218–223.

C. CHR. Planta **46**: 70–91. – FRASER-JENKINS, C. R. 1982, l. c. – LAWALRÉE, A. 1959: Répartition en France et présence en Autriche en et en Yougoslavie de *Dryopteris* x *Tavelii* ROTHM. Bull. Res. Council Israel Sect. D: Botany **7 D** (3–4): 181–183. – LAWALRÉE, A. 1963: Les données acquises sur la distribution en Belgique de *Dryopteris* x *Tavelii* ROTHM. Bull. Jard. Bot. Etat Brux. **33**: 503–510. – MANTON, I. 1950: Problems of cytology and evolution in the Pteridophyta: 185–195 sub *D. borreri* tetraploid et pentaploid. – REICHLING, L. 1953: *Dryopteris paleacea* (Sw.) HANDEL-MAZZETTI et *Dryopteris Tavelii* ROTHMALER au Grand-Duché de Luxembourg et en Belgique. Bull. Soc. Roy. Bot. Belg. **86**: 39–57 + fig. – REICHLING, L. 1954: L'élément atlantique dans la vallée inférieure de l'Ernznoire (Grand-Duché de Luxembourg). Arch. Inst. Gr.-Duch. Luxemb., Sci. Nat. Phys. Math., N. S. **21**: 99–114. – SCHNELLER, J. J. 1974: Untersuchungen an einheimischen Farnen, insbesondere der *Dryopteris filix-mas*-Gruppe. I. Ber. Schweiz. Bot. Ges. **84** (3): 195–217. – SEGAL, S. 1963: Pteridologische aantekeningen 2. *Dryopteris tavelii* in Nederland. Gorteria **1** (11): 121–128.

Bei der Entstehung von *D.* x *tavelii* muß *D. filix-mas* die Eizelle mit 2 Genomen = 82 Chromosomen liefern, da *D. affinis* nur als männlicher Partner fungieren kann. Die apomiktische *D. affinis* produziert funktionstüchtige Gameten, welche dieselbe Chromosomenzahl besitzen wie ihr Sporophyt, d. h. 2 Genome mit 82 oder 3 Genome mit 123 Chromosomen, je nachdem ob die diploide oder triploide Sippe vorliegt. Von *D.* x *tavelii* kann es somit tetraploide (2n = 164, entstanden aus 82 + 82) sowie pentaploide Formen (2n = 205, entstanden aus 82 + 123) geben, die aber morphologisch meistens sehr schwer, oft gar nicht zu unterscheiden sind. In Großbritannien wurden beide Formen beobachtet (MANTON 1950: 185–195, sub *D. borreri*), auf dem Kontinent wurde die tetraploide mit Sicherheit nur einmal gefunden (im Nordschwarzwald, Geißbrunnen, südwestl. Herrenalb, T. REICHSTEIN No. 4020). Die im Gebiet angegebene Verbreitung bezieht sich daher vor allem auf die pentaploide Hybride. Folgende Beschreibung gilt für beide Formen.

□ *D.* x *tavelii* erreicht stattliche Größe und übertrifft ihre Eltern darin oft merklich; sonst nimmt sie eine Mittelstellung zwischen *D. filix-mas* und *D. affinis* ein, steht der ersteren aber näher. Stiel und Rhachis dicht spreuschuppig mit einigen breiten und vielen schmalen Schuppen; Spreite nur wenig lederig, oft dunkler grün als bei *D. filix-mas;* Ansatzstellen der Fiederstiele in frischem Zustand auf 2–8 mm Länge dunkel wie bei *D. affinis;* Abschnitte 2. Ordnung ± parallelrandig, aber am Ende mehr zugespitzt und ringsherum, besonders am Ende, stärker gezähnt als bei *D. affinis;* Indusium den Sorus umfassend wie bei *D. affinis*, aber dünner und bei der Reife abgehoben und schrumpfend. Der Inhalt reifer Sporangien enthält stets eine merkliche Anzahl gut ausgebildeter, sehr großer Sporen relativ stark unterschiedlicher Länge [Exospor ca. (32–) 42–50 (–60) μm lang bei der tetraploiden und ca. (32–) 42–72 (–75) μm lang bei der pentaploiden Hybride]; die Hauptmenge besteht aber aus abortiertem Material in Form amorpher dunkler Massen und kleiner Gebilde, die wie Fragmente von Sporen aussehen. Bei den keimfähigen Sporen handelt es sich um Diplosporen. Sie werden aus Restitutionskernen in 8-zelligen Sporenmutterzellen gebildet, in denen bei der Meiose völlige Paarbildung (164 bzw. 205 Paare) eintritt, was zur Bildung von maximal 32 guten Sporen führt. Das abortierte Material entsteht in 16-zelligen Sporenmutterzellen verschiedener Typen mit stark gestörter Meiose (DÖPP 1939, MANTON 1950). *D.* x *tavelii* bildet sich relativ leicht und findet sich oft an Stellen, an denen die Eltern zusammen wachsen, aber auch dann fast stets in Einzelstücken. Angaben der Literatur (REICHLING 1953, 1963; LAWALRÉE 1959, 1960, 1961, 1962, 1963, 1968 und SEGAL 1963), wonach sie in ganzen Populationen vorkommen soll, und zwar auch an Stellen, an denen *D. affinis* fehlt, beruhen auf Verwechslung mit Formen von triploider *D. affinis,* bei denen die Fiedersegmente weniger gestutzt sind als üblich. Das sicherste Mittel zur Unterscheidung ist die cytologische Untersuchung; üblicherweise genügt die mikroskopische Kontrolle des Sporangieninhalts.

□ Sowohl die tetraploide wie die pentaploide Hybride sind von DÖPP (1955) experimentell erzeugt worden. Beide lassen sich leicht aus Sporen vermehren. In der Natur dürfte die Verbreitung durch Sporen nur in Ausnahmefällen erfolgreich sein. Bei der überwiegenden Anzahl natürlicher Pflanzen von *D.* x *tavelii* handelt es sich offenbar um die F_1-Generation, jeweils als Kreuzung dort entstanden, wo man sie findet. Wir glauben daher, daß es zweckmäßig ist, sie als Hybride und nicht als Art zu behandeln, obwohl es sich um einen Grenzfall handelt.

Allgemeine Verbreitung □ (Soweit bekannt, denn nicht alle Angaben sind gesichert): Spanien, Portugal, Frankreich, Norditalien, Großbritannien, Norwegen, Belgien, Luxemburg, Schweiz, Deutschland, Österreich, Ungarn, Jugoslawien, vermutlich auch weiter gegen Osten.

Verbreitung im Gebiet □ Deutschland: Rheinland, Thüringen, Schwarzwald. – Schweiz: Hürital bei Unter-Ägeri; Schollenbrunnen im Eielen-Wald (Kt. Zug); Egg bei Steinmaur und Horgen; Rossberg bei Winterthur (Kt. Zürich); Giersch bei Tamins; Rüti bei Kunkels (Kt. Graubünden). – Österreich: Niederösterreich: Klausen-Leopoldstadt; westlicher Wienerwald; Steiermark: Lassnitzklause; Nordtirol: Zillertal; Selraintal; zwischen Juifenau und Praxmar; Burgenland: Wallendorf a. d. Lafnitz; nordöstlich von Jennersdorf; Kärnten: St. Lorenzen im Lesachtal. – Jugoslawien: Julische Alpen am Vršić unweit Kranjska Gora.

1 x (1 x 2) Dryopteris filix-mas (L.) SCHOTT **x D. x tavelii** ROTHM.; SEGAL, Gorteria **1 (11):** 127 (1963).

So ist von SEGAL ein Beleg aus dem Herbar VAN OOSTSTROOM gedeutet worden, der 1949 bei Winterswijk (östl. Arnhem), Holland, gesammelt worden war. Es handelt sich aber um *D.* x *tavelii*. Bei den verschiedenen von SEGAL als *D.* x *tavelii* gedeuteten Stücken handelt es sich um *D. affinis*. Theoretisch wäre die genannte Rückkreuzung möglich; sie müßte hexa- oder heptaploid sein. Bisher ist eine solche Pflanze weder gefunden noch experimentell erzeugt worden; in der Natur wäre sie bestenfalls sehr selten.

1 x 3 Dryopteris filix-mas (L.) SCHOTT **x D. oreades** FOMIN = **D. x mantoniae**[1] FRASER-JENKINS & CORLEY, Brit. Fern Gaz. **10 (5):** 221–231 (1973) pro *D. abbreviata* x *filix-mas.* Syn. *D.* x *mixta* ROTHMALER, Exkurs. Fl. IV. Krit. Erg. Bd.: 8 (1963), nom. nud. – *D. filix-mas* f. *perdeorso-lobata* x *oreades*; *D. filix-mas* f. *deorsolobata* x *oreades* (MOORE) FOMIN, Mon. Jard. Bot. Tiflis **20 (12):** 30–31 (1911), p.p.

Die Hybride zeigt Merkmale beider Eltern, ist aber leicht mit *D. filix-mas* zu verwechseln, weil sie meist wenigstens einige spitze Zähne an ihren Fiedersegmenten zeigt; die anderen Zähne sind aber ± stumpf, das unterste basiskope Fiedersegment jeder Fieder ist in frischem Zustand oft aufwärts (gegen die Pflanzenachse) gebogen wie bei *D. oreades.* Der Schleier umfaßt den Sorus wie bei *D. oreades.* Sporen völlig abortiert, neben amorphen braunen

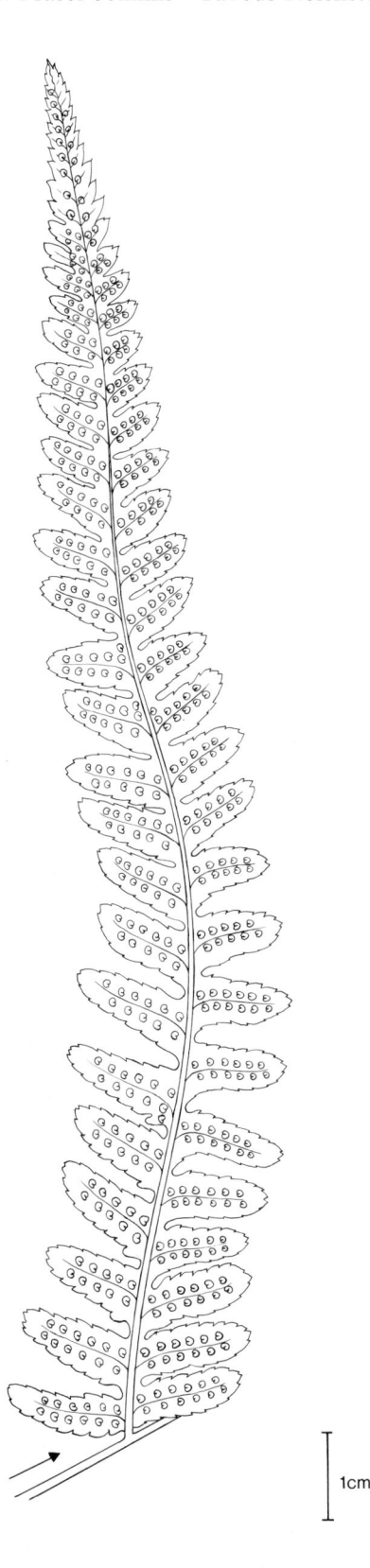

Abb. 144 □ *Dryopteris* × *tavelii* ROTHM. Fertile Fieder von unten (Original C. M. BÄNZIGER)

---

[1] Nach IRENE MANTON, F.R.S., geb. 1904, bis 1969 Professorin für Botanik an der Universität in Leeds, England. Viele Jahre Präsidentin der Linnean Society of London und Begründerin der modernen Farncytologie, vgl. ihr Buch (1950).

Massen oft geschrumpfte unregelmäßige Sporen mit kleinem Exospor und hell rotbraunem Perispor. Chromosomenzahl: $2n = 123$ mit ca. 41 Paaren und ca. 41 Einzelchromosomen bei der Meiose. Zuerst von MANTON (1950) an experimentell erzeugter Hybride festgestellt. Nachdem es ihr gelang, aus *D. filix-mas* durch experimentell induzierte Apogamie eine diploide sterile Pflanze zu erzeugen, die bei der Meiose vorwiegend Einzelchromosomen (mit nur ca. 5 Paaren) zeigte, schloß sie daraus, daß *D. filix-mas* eine allotetraploide Art darstellt, mit *D. oreades* als einem ihrer Vorfahren. Die Genomformel der Hybride wäre dann (COO), wobei (C) ein Genom von *D. caucasica* und (O) ein solches von *D. oreades* bedeutet. Die Hybride bildet sich leicht und findet sich an Stellen, an denen die Eltern zusammen wachsen.

Allgemeine Verbreitung □ Nordspanien, Großbritannien (Schottland, Nordengland, Nordwales), Zentralfrankreich, Korsika, Nordtürkei sowie West- und Zentralkaukasus. Fälschlicherweise aus den Vogesen und der Schweiz angegeben, wo weder *D. oreades* noch die Hybride bekannt sind. Auch die Angabe von ROTHMALER für Deutschland beruht auf einem Irrtum, obgleich *D. oreades* (als Seltenheit im Kreis Olpe) von dort eindeutig belegt ist.

2 × 3 Dryopteris oreades FOMIN **x affinis** (LOWE) FRASER-JENKINS.

ROTHMALER (1963) gab diese Hybride als fraglich für Deutschland an. Eindeutige Belege existieren nicht; auch experimentell sind solche Hybriden bisher noch nie erzeugt worden. JERMY & WALKER (1975: 115) heben mit Recht hervor, daß einzelne Formen von triploider *D. affinis* durch Hybridisierung aus *D. oreades* mit diploider *D. affinis* hervorgegangen sein könnten und sich als Apomikten normal durch Sporen weiter fortpflanzen. Nach DÖPP (1963: 108) [s. auch FRASER-JENKINS, Willdenowia **10**: 107–115 (1980)] ist es sogar wahrscheinlich, daß bereits die diploide *D. affinis* ein Genom von *D. oreades* enthält, wenn sie einmal aus der Kreuzung von zwei diploiden sexuellen Vorfahren entstanden sein sollte. Es gibt dafür bisher allerdings in keinem Fall Beweise; für eine solche Möglichkeit sprechen außer den cytologischen Befunden noch morphologische Gründe; auch die chemischen Resultate von WIDÉN, VIDA, v. EUW & REICHSTEIN, Helv. Chim. Acta **54** (8): 2824–2850 (1971), wären damit vereinbar.
□ Eine Hybride von *D. oreades* mit triploider *D. affinis* sollte tetraploid sein und sich vielleicht von *D. x tavelii* unterscheiden lassen. Es würde sich lohnen, nach dieser Hybride zu suchen und sie experimentell zu erzeugen.
□ Nach R. H. ROBERTS [Proc. Bot. Soc. Brit. Isles **8** (1): 82 (1967)] kommen Bastarde dieser Abstammung, mit größtenteils abortierten Sporen, sporadisch in Großbritannien vor. Nach GIBBY (in FRASER-JENKINS 1982) handelte es sich aber um triploide *D. affinis* subsp. *stilluppensis*.

7 × 1 × 2 Dryopteris carthusiana (VILL.) H. P. FUCHS **x filix-mas** (L.) SCHOTT **x affinis** (LOWE) FRASER-JENKINS = **D. x lawalreei**[1] JANCHEN, Catal. Fl. Austr. Ergänz.-Heft: 121 (1963), pro *D. carthusiana* x *filix-mas* x *borreri* = *D. carthusiana* x *tavelii* JANCHEN, ibid. 2. Ergänz.-Heft: 12 (1964).

Das Typusmaterial dieses Taxons stammt aus Osttirol und ist triploide *D. remota* mit guten Sporen. Eine Hybride der vermuteten Abstammung müßte hexaploid oder heptaploid sein und wegen Beteiligung von Arten mit nicht homologen Chromosomensätzen weitgehend abortierte Sporen zeigen. Die falsche Deutung beruht auf zwei irrigen Annahmen:
1. daß *D. remota* eine Hybride ist, die dort entsteht, wo man sie findet;
2. daß *D. x tavelii* in Populationen mit vielen, hochgradig fertilen Individuen auftritt.

6 × 1 Dryopteris cristata (L.) A. GRAY **x filix-mas** (L.) SCHOTT.

Belege mit dieser Deutung finden sich in mehreren Herbarien. Bei einem Stück aus Deutschland (Erfurt) und einem aus Schweden (Vastery, leg. ROSENDAHL) handelt es sich um *D. cristata*, bei einem weiteren aus Schweden (Malsryd, leg. ULSON) um *D. filix-mas*. Ein Stück aus der Tschechoslowakei: Blaník und Louňovice, leg. STEJSKAL 25. 7. 1905 (det. K. DOMIN) ist *D. filix-mas* f. *erosa*. Die genannte Hybride müßte tetraploid sein, die Genomformel (ISCO) besitzen und wegen Fehlens homologer Chromosomensätze völlig abortierte Sporen zeigen. Sie wurde bisher nie gefunden, und falls sie existiert, dürfte sie äußerst selten sein.

7 × 1 Dryopteris carthusiana (VILL.) H. P. FUCHS **x filix-mas** (L.) SCHOTT = **D. x brathaica**[2] FRASER-JENKINS & REICHSTEIN, Fern Gaz. **11** (5): 337 (1977). – *Dryopteris carthusiana* x *filix-mas* JERMY & WALKER in STACE (ed.), Hybridization and the flora of the British Isles: 114 (1975). – Syn. *Lastrea remota* (A. BR.) MOORE, sensu MOORE, Note on discovery of *Lastrea remota* in England; J. Linn. Soc. **4**: 192–194 (1860); *Lastrea remota*, a new British Fern, Phytologist **4**: 82–83 (1860), non *D. remota* (A. BR. ex DÖLL) DRUCE, sensu CLOWES, Phytologist **4**: 227–229 (1860).

In der Tracht eine Mittelstellung zwischen den Eltern einnehmend und sehr ähnlich der *D. remota*, aber Farbe der Blätter auch im Jugendstadium weniger gelblichgrün. Ansatzstellen der Fiederstiele zeigen auch in frischem Zustand keinen dunklen Fleck (wie bei *D. remota*). Unterstes basiskopes Fiederchen des untersten Fiederpaares immer kürzer als 25 mm (bei *D. remota* gelegentlich länger). Chromosomenzahl: $2n = 164$ (tetraploid) mit fast nur Einzelchromosomen bei der Meiose und völlig abortierten Sporen. Dies würde der Genomformel (ISCO) gut entsprechen.
□ Die voraussichtlich richtig gedeutete Hybride wurde bisher nur einmal (1854) von I. HUDDART in Windermere, Nordengland, gefunden und zur Kultur F. CLOWES übergeben. Sie gelangte nach vegetativer Vermehrung in einige botanische Gärten und ist in einigen noch heute am Leben, daher konnte sie von MANTON (1938, 1950) cytologisch untersucht werden. Angebliche Funde aus dem kontinentalen Europa beruhen auf Fehlbestimmungen, hauptsächlich Verwechslung mit *D. remota*.

8 × 1 Dryopteris dilatata (HOFFMANN) A. GRAY **x filix-mas** (L.) SCHOTT; BENL & ESCHELMÜLLER, Ber. Bayer. Bot. Ges. **44**: 110–141 (1973); JERMY & WALKER in STACE (ed.), Hybridization and the flora of the British Isles: 114 (1975). – Syn. *Aspidium remotum* var. *subalpinum* BORBÁS, Verh. Zool.-Bot. Ges. Wien **1875** (26): 791 (1876). – *Dryopteris x borbasii* LITARDIÈRE, Bull. Soc. Deux-Sèvres 1909: 85 (1910), nom. illeg. – *Dryopteris subaustriaca* ROTHMALER, Candollea **10**: 100 (1945).

Die genannte Hybride sollte tetraploid sein mit fast ausschließlich Einzelchromosomen bei der Meiose und völlig abortierten Sporen, entsprechend der Genomformel (EICO). In Mitteleuropa ist sie noch nie gefunden worden. Alle bisherigen Angaben (unter den oben angegebenen verschiedenen Namen) beruhen auf Fehlbestimmungen, meistens Verwechslungen mit triploider *D. remota*, mit *D. filix-mas* f. *erosa* oder mit *D. dilatata*.

---

[1] Nach ANDRÉ LAWALRÉE (geb. 1921), Abteilungsleiter am Botanischen Garten in Brüssel und bekannter Farnkenner.
[2] Nach dem Fundort: Brathay Wood, Windermere, Westmoreland, Nordengland.

2 × 7 Dryopteris carthusiana (Vill.) H. P. Fuchs **× affinis** (Lowe) Fraser-Jenkins. – Syn. *Lastrea nitens* v. Tavel, Brit. Fern Gaz. **6** (12): 311 (1934). – *Dryopteris* x *doeppii*[1] Rothmaler, Candollea **10**: 91–101 (1945), pro *D. paleacea* x *spinulosa*. *D. austriaca* ssp. *spinulosa* x *borreri* Lawalrée, Fl. Gén. Belg. Ptéridoph.: 128 (1950).

Bei den unter diesen Namen in der Literatur erwähnten Pflanzen handelt es sich um triploide *D. remota* (Frankreich: Vogesen; Deutschland: Schwarzwald; Schweiz; Österreich: Zillertal). Die wirkliche Hybride *D. carthusiana* x *affinis* müßte tetraploid oder pentaploid und höchstwahrscheinlich apomiktisch sein mit weitgehend abortierten Sporen und stark reduzierter Fertilität. Sie wurde bisher noch nie gefunden und dürfte, falls sie existiert, wegen fehlender homologer Genome der Elternarten äußerst selten sein.

2 × 8 Dryopteris dilatata (Hoffm.) A. Gray **× affinis** (Lowe) Fraser-Jenkins. – Syn. *Lastrea elata* Kestner & v. Tavel in v. Tavel, Brit. Fern Gaz. **6 (12)**: 311 (1934). – *Dryopteris* x *woynarii*[2] Rothmaler, Candollea **10**: 91–101 (1945) pro *D. austriaca* x *paleacea*. – *Dryopteris kemulariae* Mikheladze, Not. Syst. Georg. Tbilisi **33**: 56 (1963).

Auch bei den unter diesen Namen beschriebenen Pflanzen handelt es sich um triploide *D. remota* mit vorwiegend guten Sporen (Frankreich: Vogesen; Deutschland: Schwarzwald; Schweiz: Kt. Graubünden, Kt. Zug; Österreich: Tirol). Bei der von Jermy (in Stace) erwähnten *D. dilatata* x *pseudomas* aus Schottland handelt es sich nach Fraser-Jenkins und Jermy um *D. expansa*. Die wirkliche Hybride von *D. dilatata* x *affinis* sollte entweder tetraploid oder pentaploid sein, vermutlich apomiktisch, mit vorwiegend abortierten Sporen und stark reduzierter Fertilität. Sie wurde bisher noch nie gefunden und dürfte, falls sie existiert, äußerst selten sein.

3 × 9 Dryopteris expansa (Presl) Fraser-Jenkins **× affinis** (Lowe) Fraser-Jenkins. – Syn. *Aspidium rigidum* (Hoffm.) Sw. var. *remotum* A. Br. ex Döll, Rhein. Fl.: 16 (1843). – *Dryopteris remota* (A. Br. ex Döll) Druce, List Brit. Plants: 87 (1907), non sensu Druce. – *Dryopteris assimilis* x *pseudomas* Benl & Eschelmüller, Ber. Bayer. Bot. Ges. **44**: 101–141 (1973); Jermy & Walker in Stace (ed.) Hybridization and the flora Brit. Isles: 115 (1975).

Bei den unter diesen Namen beschriebenen Pflanzen handelt es sich um triploide *D. remota*, und es ist durchaus möglich, jedoch keinesfalls sicher, daß *D. remota* einmal aus einer solchen Hybridisierung *D. expansa* ♀ x *affinis* ♂ (diploid) entstanden ist. Heute verhält *D. remota* sich wie eine gute Art, vermehrt sich durch Sporen und entsteht keinesfalls jeweils dort neu, wo man sie findet. Weitere Angaben vgl. unter *D. remota*.

7 × 3 Dryopteris carthusiana (Vill.) H. P. Fuchs **× oreades** Fomin. – Syn. *D. abbreviata* x *spinulosa* Rothmaler, Exk.-Flora Deutschl. IV, Krit. Erg. Bd.: 8 (1963).

Als mögliche Hybride schon von v. Tavel, Brit. Fern Gaz. **6**: 309 (1934) erwähnt. Sie müßte triploid sein und völlig abortierte Sporen zeigen entsprechend der Genomformel (ISO). Sie wurde bisher noch nie gefunden, und falls sie existiert, muß sie äußerst selten sein.

8 × 3 Dryopteris dilatata (Hoffm.) A. Gray **× oreades** Fomin. – Syn. *D. abbreviata* x *dilatata* Rothmaler, Exk.-Flora Deutschl. IV. Krit. Erg. Bd.: 8 (1963).

Als mögliche Hybride erwähnt, aber bisher noch nie gefunden.

8 × 4 Dryopteris dilatata (Hoffm.) A. Gray **× villarii** (Bell.) Woynar ex Schinz et Thell. – Syn. *Dryopteris* x *burnatii*[3] Christ et Wilczek, Ann. Cons. Jard. Bot. Genève **15–16**: 345 et t. (1913), pro *D. dilatata* x *rigida*.

Der Beleg von Christ und Wilczek aus Frankreich (Alpes Maritimes) konnte in den Herbarien in Genf, Paris und Lausanne nicht gefunden werden und ist möglicherweise verloren. Aufgrund der von Christ und Wilczek publizierten Photographie handelt es sich um ein sehr üppiges Exemplar von *D. villarii* ssp. *villarii*. Auch die von Rossi in Norditalien gesammelten und von v. Tavel bestimmten ähnlich großen Pflanzen (BERN) sowie diejenigen von Fiori, Fl. Anal. Ital. **I**: 24 (1932); Fl. Ital. Crypt. V: 123–124 (1943) sind *D. villarii*.
□ Die Hybride wurde bisher noch nie gefunden und dürfte, falls sie existiert, äußerst selten sein.

7 × 6 Dryopteris carthusiana (Vill.) H. P. Fuchs **× cristata** (L.) A. Gray. = **Dryopteris x uliginosa**[4] (A. Br. ex Döll) Druce, List Brit. Plants: 87 (1908) non (Kunze) C. Chr., Ind. Fil. Suppl. 3: 129 (1934). – Basion.: *Aspidium spinulosum* (Müll. ex Roth) Swartz var. b. *uliginosum* A. Br. ex Döll, Rhein. Flora: 17 (1843). – Syn.: *Lastrea uliginosa* (A. Br. ex Döll) Newman, Phytologist **3**: 679 (1849). – *Aspidium spinulosum* (Müll. ex Roth) Swartz ssp. *tauschii*, Čelak., Prodr. Fl. Böhm.: 10 (1869). – *Dryopteris cristata* x *spinulosa* Druce, List Brit. Pl.: 87 (1908). – *Dryopteris tauschii* (Čelak.) Domin, Preslia **13–15**: 8 (1936). – *Dryopteris Laschii* Walter, Pteridoph. Exsicc., Étud. Crit. Fougères Europ. **2**: 36 (1939).

Wichtige Literatur □ Ballard, F. 1960: The correct name for the hybrid *Dryopteris cristata* x *spinulosa*. Amer. Fern Journ. **50**: 106. – Manton, I. 1950: 68–71. – Sorsa, V. & C.-J. Widén 1968: The *Dryopteris spinulosa* complex in Finland. A cytological and chromatographic study of some hybrids. Hereditas **60**: 273–293. – Walker, S. 1955: Cytogenetic studies in the *Dryopteris spinulosa* complex. 1. Watsonia **3**: 193–208. – Walker, S. 1961: 2. Amer. J. Bot. **48**: 607–614.

In Form der Blätter und Ausmaß der Fiederung eine Zwischenstellung zwischen den Eltern einnehmend; wird größer als *D. cristata*. Fertile Blätter erinnern an *D. carthusiana*, zeigen im unteren Teil aber weniger stark eingeschnittene Fiederchen mit mehr abgerundeten Enden. Sporen völlig abortiert; Chromosomenzahl: 2n = 164 mit ca. 41 Paaren und ca. 82 Einzelchromosomen in der Meiose, entsprechend der Genomformel (ILSS). Scheint sich sehr leicht zu bilden und wird fast stets angetroffen, wo die Eltern zusammen wachsen.

Allgemeine Verbreitung und Verbreitung im Gebiet □ Nordamerika [wo sie oft mit der sterilen triploiden *D.* x *boottii* (Tuckerman) Underwood = *D. cristata* x *intermedia* verwechselt wurde, die stärker eingeschnittene Segmente zeigt]; Norwegen; Schweden; Finnland; Großbritannien; Dänemark; Holland; Bel-

---

[1] Nach W. Döpp (geb. 1901, gest. 1963), Professor an der Universität Marburg, dem verdienstvollen Farnforscher und Cytologen, der erstmals die Vorgänge bei der Kernteilung und Sporenbildung apomiktischer *Dryopteris*-Arten genau beschrieb.
[2] Nach Heinrich Woynar (geb. 1865 in Rattenberg, Tirol, gest. 1917 in Graz), Mag. pharm.; Farnspezialist, vgl. Bemerkungen über Farnpflanzen Steiermarks, Mitt. Naturwiss. Ver. Steiermark **49**: 120–200 (1912).
[3] Nach Emile Burnat (1828–1920), s. S. 151.
[4] Von lat. uliginosus = Nässe liebend.

gien; Nordfrankreich; Deutschland (Rheinland, Bremen, Lübeck, Braunschweig, Hannover, Baden, Thüringen, Brandenburg, Sachsen); Schweiz (Kt. Luzern); Österreich (Tirol, Salzburg, Steiermark, Oberösterreich); Ungarn; Tschechoslowakei (Süd- und Nordböhmen, Mähren, Slowakei); Polen; nordeuropäische UdSSR; W-Sibirien.

8 × 6 Dryopteris cristata (L.) A. GRAY **x dilatata** (HOFFM.) A. GRAY. = *Dryopteris* x *hercynica* ROTHMALER, Exk. Fl. Deutschl. IV: Krit. Erg. Bd.: 8 (1963), nom. nud., pro *D. cristata* x *dilatata*.

Bei dem von ROTHMALER so bezeichneten Beleg handelt es sich um *D. carthusiana*. Die genannte Hybride sollte tetraploid sein mit fast ausschließlich Einzelchromosomen bei der Meiose und völlig abortierten Sporen, entsprechend der Genomformel (EILS). Sie ist bisher noch nie gefunden worden und dürfte, falls sie existiert, äußerst selten sein.

8 × 7 Dryopteris carthusiana (VILL.) H. P. FUCHS **x dilatata** (HOFFM.) A. GRAY = **Dryopteris x deweveri**[1] (JANSEN) JANSEN et WACHTER in HEUKELS, Geïll. Schoolfl. Nederl. 11. Aufl.: 93 (1934). – Basion: *Aspidium deweveri* JANSEN, Ned. Kruidk. Arch. **1932**: 289 (1932) [pro *A. eu-spinulosum* (MÜLL. et ROTH) SWARTZ x *A. dilatatum* (HOFFM.) A. GRAY]. – *Lastrea glandulosa* NEWMAN, Phytologist **4**: 258 (1851), non *Dryopteris glandulosa* (BL.) O. KTZE (1891). – *Aspidium dilatatum* (HOFFM.) J. E. SMITH f. *intermedium* WARNST. in WOHLF. et BRAND, KOCHS Syn. **3**: 2882 (1906). – *Dryopteris ambigua* DRUCE, Bot. Soc. Exch. Club Brit. Isles **8**: 877 (1929), nom. nud. – *Dryopteris* x *neglecta* DOMIN, Věstn. Kr. Čes. Spol. Nauk., Tř. Mat.-Přírod. **1941**: 7 (1942) (Typus nicht gesehen), non *D. neglecta* BRADE et RES. (1931). – *Dryopteris dilatata* (HOFFM.) A. GRAY subsp. hybr. *neglecta* (DOMIN) DOSTÁL, Květena Č.S.R.: 39 (1950).

Wichtige Literatur ☐ MANTON, I. 1950: (69–71). – SORSA, V. & C.-J. WIDÉN 1968: The *Dryopteris spinulosa* complex in Finland. A cytological and chromatographical study of some hybrids. Hereditas **60**: 273–293. – WALKER, S. 1955: Cytogenetic studies in the *Dryopteris spinulosa* complex I. Watsonia **3**: 193–209. – WIDÉN, C.-J., J. SARVELA & P. AHTI 1967: The *Dryopteris spinulosa* complex in Finland. Acta Bot. Fenn. **77**: 1–24.

Tracht wie *D. carthusiana*, aber größer werdend und Schuppen mit etwas diffusem dunkelbraunem Mittelstreif oder Basalfleck und die unteren Fiedern etwas stärker eingeschnitten; Sori mit drüsigem Indusium. Sporen völlig abortiert mit dickem, unregelmäßig geformtem Perispor. Chromosomenzahl: 2n = 164 mit ca. 41 Paaren und ca. 82 Einzelchromosomen bei der Meiose, entsprechend der Genomformel (EIIS). Der Typus von Hatert, Holland (Herb. Nederl. Bot. Veren.) hat abortierte Sporen.

Allgemeine Verbreitung und Verbreitung im Gebiet ☐ Findet sich nicht selten an Stellen, an denen die Eltern zusammen wachsen. Bekannt aus Süd- und Westnorwegen, Schweden, Südwest-Finnland, Großbritannien, Irland, Dänemark, den Niederlanden, Belgien, Frankreich, Nordspanien, Deutschland (Rheinland, Schwarzwald, Böhmerwald, Brandenburg, Allgäu), der Schweiz (Kt. St. Gallen), Österreich (Tirol, Steiermark), der Tschechoslowakei (Böhmen, Mähren, Slowakei), Südpolen, der westl. europäischen UdSSR, Nordostküste der Türkei, West- und Zentralkaukasus; sicherlich auch an anderen Orten.

7 × 9 Dryopteris carthusiana (VILL.) H. P. FUCHS **x expansa** (C. B. PRESL) FRASER-JENKINS & JERMY = **D. x sarvelae**[2] FRASER-JENKINS & JERMY, Fern Gaz. **11** (5): 339 (1977). Syn.: *D. assimilis* x *carthusiana* JERMY & WALKER in STACE (ed.) Hybridization and flora of the Brit. Isles: 117 (1975).

Wichtige Literatur ☐ CORLEY, H. V. & M. GIBBY 1981: *Dryopteris* x *sarvelae* in Scotland; a new hybrid for the British Isles. Fern Gaz. **12** (3): 178. – GIBBY, M. & S. WALKER 1977: Further cytogenetic studies and reappraisal of the diploid ancestry in the *D. carthusiana* complex. Fern Gaz. **11** (5): 315–324. – SORSA, V. & C.-J. WIDÉN 1968: The *Dryopteris spinulosa* complex in Finland etc. Hereditas **60**: 273–293. – WIDÉN, C.-J., J. SARVELA & T. AHTI 1967: The *Dryopteris spinulosa* complex in Finland. Acta Bot. Fenn. **77**: 1–24.

Tracht ähnlich *D. carthusiana*, aber mit blassen Schuppen mit braunem Mittelstreif; auch sonst ähnlich der *D.* x *deweveri*, aber Textur des Blattes etwas dünner, Farbe heller grün und Fiederchen feiner eingeschnitten. Kann nur durch cytologische Kontrolle mit Sicherheit von *D.* x *deweveri* unterschieden werden. Sporen völlig abortiert, Chromosomenzahl: 2n = 123 mit fast ausschließlich Einzelchromosomen in der Meiose, entsprechend der Genomformel (EIS).

☐ Erstmals in Südwestfinnland (Espoo) gefunden (ein Klon), seither auch in zahlreichen Exemplaren (vielleicht auch als großer Klon) in Schottland. Die künstliche Herstellung durch experimentelle Hybridisierung gelang nicht (GIBBY & WALKER 1977). Angaben über Funde aus Polen beruhen auf Verwechslung mit *D. expansa* und solche aus der Schweiz mit *D.* x *deweveri*.

8 × 9 Dryopteris dilatata (HOFFM.) A. GRAY **x expansa** (C. B. PRESL) FRASER-JENKINS & JERMY = **Dryopteris x ambroseae**[3] FRASER-JENKINS & JERMY, Fern Gaz. **11** (5): 338–339 (1977). – Syn.: *D. aemula* x *dilatata* aggr. JERMY, Brit. Fern Gaz. **10** (1): 9–12 (1968); JERMY & WALKER in STACE (ed.), Hybridization and the flora of the British Isles: 117 (1975). – *D. aemula* x *assimilis* JERMY & WALKER in STACE (ed.), ibid.: 118 (1975).

Wichtige Literatur ☐ BENL, G. & A. ESCHELMÜLLER 1970: *Dryopteris dilatata* x *assimilis* in Bayern. Ber. Bayer. Bot. Ges. **42**: 185–188. – CRABBE, J. A., A. C. JERMY & S. WALKER 1970: The distribution of *Dryopteris assimilis* in Britain. Watsonia **8**: 3–15. – DÖPP, W. & W. GÄTZI 1964: Der Bastard zwischen tetraploider und diploider *Dryopteris dilatata*. Ber. Schweiz. Bot. Ges. **74**: 45–53. – FRASER-JENKINS, C. R. & A. C. JERMY 1979: *Dryopteris* hybrids: a correction. Fern Gaz. **12** (1): 56. – PIĘKOŚ, H. 1974: Mieszaniec *Dryopteris assimilis* x *dilatata* w Polsce. Fragm. Florist. Geobot. **20**: 333–338. – SORSA, V. & C.-J. WIDÉN 1968: The *Dryopteris spinulosa* complex in Finland, etc. Hereditas **60**: 273–293. – WALKER, S. 1955: Cytogenetic studies in the *D. spinulosa* complex 1. Watsonia **3**: 193–209. – WIDÉN, C.-J., J. SARVELA & T. AHTI 1967: The *Dryopteris spinulosa* complex in Finland. Acta Bot. Fenn. **77**: 1–24.

Sehr ähnlich beiden Eltern; oft merklich größer als diese; Fiederchen meist feiner im Schnitt als bei *D. dilatata* und Spreite etwas dunkler als bei *D. expansa*. Unterstes basiskopes Fiederchen des untersten Fiederpaares meist ebenso lang wie bei *D. expansa*. Sporen völlig abortiert, mit dickem, dunklem, unregelmäßigem Perispor. Chromosomenzahl: 2n = 123 mit ca. 41 Paaren und ca. 41 Einzelchromosomen bei der Meiose, entsprechend der Genomformel (EEI).

---

[1] Nach A. DE WEVER (1874–1947), Arzt in der Provinz Limburg (Niederlande) und Erforscher und Kenner der niederländischen Flora.

[2] Nach dem Finder, J. SARVELA (geb. 1916), dem finnischen Farnforscher.

[3] Nach MARY AMBROSE, jetzt Dr. MARY GIBBY, Cytologin und Taxonomin am British Museum (Natural History), London.

□ Die Hybride bildet sich relativ leicht und findet sich meistens an Stellen, an denen die Eltern zusammen wachsen; sie wurde auch künstlich erzeugt.

Allgemeine Verbreitung und Verbreitung im Gebiet □ Bisher bekannt aus Norwegen, Schweden, Finnland, Großbritannien, Nordspanien, Frankreich, Deutschland (Schwarzwald, Bayerische Alpen), der Schweiz, Österreich (Tirol), der Tschechoslowakei (Tatra), Südpolen, Rumänien, der Nordtürkei, dem West- und Zentralkaukasus, vermutlich auch an anderen Orten.

Dryopteris filix-mas (L.) SCHOTT **x Oreopteris limbosperma** (ALLIONI) HOLUB = *D. x digenea* DOMIN, Preslia **13–15:** 8 (1936), nom. nud. pro *D. filix-mas* (L.) SCHOTT x *oreopteris* (EHRH.) MAXON; DOMIN, Věda Přírodní **10:** 280 (1922).

Wichtige Literatur □ DOMIN, K. 1929: Contribution à la connaissance des Ptéridophytes de Russie subcarpathique. Věda Přírodní **1929:** 277–281. – EWAN, J. 1944: Annotations on West American Ferns III. Amer. Fern J. **34** (4): 115–116. – REED, C. F. 1947: Taxonomy of a *Dryopteris* hybrid. Amer. Fern J. **37:** 53–54. – TAYLOR, C. M. C. 1953: Further observations on the putative hybrid *Dryopteris filix-mas* x *oreopteris*. Amer. Fern J. **43:** 69–70. Danach handelt es sich bei der Pflanze von EWAN um *Oreopteris limbosperma*.

Diese unwahrscheinliche Hybride wurde von DOMIN aus Ruthenien (Svidovec, Ostkarpaten) ohne genaue Beschreibung oder Typus erwähnt. Eine (bigenerische) Hybride der genannten Abstammung wurde nie gefunden, und es ist höchst unwahrscheinlich, daß sie in der Natur vorkommt.

Dryopteris filix-mas (L.) SCHOTT **x Polystichum aculeatum** (L.) ROTH = x *Dryopolystichum mirabile* DOMIN, Věstn. Kr. čes. Spol. nauk, Tř. mat.-přír. 1941: 10 (1942) nom. nud., pro *D. filix-mas* x *P. lobatum;* SCHIDLAY in FUTÁK (ed.): Flora Slovenska **2:** 218–219 (1966).

Diese Hybride wurde von DOMIN für die Tschechoslowakei (Strážov in der Westslowakei) ohne genaue Beschreibung angegeben. Eine solche Hybride mit gesicherter Abstammung wurde noch nie gefunden, und es ist unwahrscheinlich, daß sie in der Natur vorkommt.

5 × 7 Dryopteris carthusiana (VILL.) H. P. FUCHS **x remota** (A. BR. DÖLL) DRUCE

Es ist von erheblichem Interesse, daß es W. DÖPP gelang, diese Hybride experimentell zu erzeugen. Die Pflanzen zeigten aber Zwergwuchs und gingen zugrunde, bevor Sporangien gebildet wurden. Theoretisch sollte diese Hybride pentaploid sein mit 2n = 205. Zählungen an Wurzelspitzen mit der damals üblichen (für solche Zwecke unzureichenden) Schnitt-Technik zeigten, daß es erheblich mehr als 160 gewesen sind, was mit der Erwartung übereinstimmte, vgl. W. DÖPP: Versuche zur Herstellung von Artbastarden bei Farnen I; Ber. Deutsch. Bot. Ges. **53** (7): 630–636 (1935) sowie W. DÖPP: Cytologische und genetische Untersuchungen innerhalb der Gattung *Dryopteris;* Planta **29** (4):429 (1939).

D. caucasica x oreades FOMIN = **D. x initialis** FRASER-JENKINS & CORLEY.

Diploid, Nordtürkei, Kaukasus. Für uns von Interesse als unmittelbare Vorstufe der *D. filix-mas*.

□ Von MANTON, WALKER, VIDA, GIBBY und anderen sind einige andere *Dryopteris*-Hybriden experimentell erzeugt worden.

3. Polystichum

Polystichum[1] ROTH Tent. Fl. Germ. **3:** 69 (1799) p.p., em. SCHOTT Gen. Fil. 9 (1834), und DIELS in ENGL. et PRANTL Nat. Pfl.-Fam. **1/4:** 189 (1899) nom. cons. – Syn.: *Aspidium* subgen. *Polystichum* (ROTH) LUERSSEN Farnpfl. 323 (1889). – *Hypopeltis* MICHAUX Fl. Bor. Amer. **2:** 266 (1803). – *Aspidium* subgen. *Hypopeltis* (MICHX.) ASCHERS. in ASCHERS. et GRAEB. Syn. ed. 1, **1:** 36 (1896). – S c h i l d f a r n. – Holl.: naaldvaren; dän.: skjoldbregne; engl.: shield fern; tschech.: kapradina; poln.: paprotnik; russ.: многорядник (mnogorjadnik).

Typus-Art: *Polypodium lonchitis* L. (1753) = *Polystichum lonchitis* (L.) ROTH

Wichtige Literatur □ EBERLE, G. 1959: Unsere mitteleuropäischen Schildfarne *(Polystichum)* im Lichte neuer Erkenntnisse. Natur und Volk **89:** 407–414. – EBERLE, G. 1961: Die mitteleuropäischen Schildfarne *(Polystichum)* und ihre Mischlinge. Jahrb. Nassauisch. Ver. Naturk. **95:** 15–25. – MANTON, I. 1950: Problems of cytology and evolution in the Pteridophyta. – MANTON, I. & T. REICHSTEIN 1961: Zur Cytologie von *Polystichum braunii* (SPENNER) FÉE und seiner Hybriden. Ber. Schweiz. Bot. Ges. **71:** 370–383. – MAYER, E. 1952: Verzeichnis der Farn- und Blütenpflanzen des Slowenischen Gebietes. Ljubljana. – MAYER, E. 1963: Übersicht der Pteridophyten Jugoslawiens. Sbor. Akad. Znan. Umet. Ljubljana. – MEYER, D. E. 1960: Zur Gattung *Polystichum* in Mitteleuropa. Willdenowia **2** (3): 336–343. – SCHUMACHER, A. 1958: Von den Schildfarnen Deutschlands. Aus der Heimat (Öhringen, Württemberg) **66:** 26–34. – SLEEP, A. 1966: Some cytotaxonomical problems in the fern genera *Asplenium* and *Polystichum*. Ph. D. Thesis, University of Leeds. – SLEEP, A. & T. REICHSTEIN 1967: Der Farnbastard *Polystichum x meyeri* hybr. nov. = *Polystichum braunii* (SPENNER) FÉE x *P. lonchitis* (L.) ROTH und seine Cytologie. Bauhinia (Basel) **3** (2): 299–309 und 363–374. – VIDA, G. 1966: Cytology of *Polystichum* in Hungary. Bot. Közl. **53:** 137–144. – VIDA, G. & T. REICHSTEIN 1975. In: WALTERS, S. M. (ed.): Taxonomic problems in the fern genus *Polystichum* caused by hybridization. Europ. Floristic & Taxon. Studies: 126–135. – WAGNER, D. 1979: Systematics of *Polystichum* in Western North America north of Mexico. Pteridologia I. – WALTER, É. 1937: Fougères de la région voségo-rhénane. Bull. Assoc. Philomat. Alsace Lorr. **8:** 339–361. – WOYNAR, H. 1912: Bemerkungen über Farnpflanzen Steiermarks. Mitt. Naturw. Ver. Steierm. **49:** 171–182 (1913).

Ausdauernde, mittelgroße, ansehnliche Landfarne; R h i z o m kurz kriechend, aufsteigend oder aufrecht, ein Büschel spiralig gestellter, kurzgestielter, einfach bis fast dreifach gefiederter, stachelig gesägtgezähnter Blätter tragend; die letzten Abschnitte mit scharf begrannten Zähnen. Sori rund, oft nur auf der oberen Blatthälfte, rückenständig; Indusium kreisrund, schildförmig, dem Scheitel des Rezeptakulums eingefügt, am Rande ringsum frei; Blattspindel rinnig, nur an der Stelle der Insertion der Fiedern die

---

[1] polys (griech.) πολύς = viel; stichos (griech.) στίχος = Reihe.

Rinne unterbrochen. – Chromosomengrundzahl: x = 41.

Artenzahl und Verbreitung □ Etwa 225 fast kosmopolitisch verbreitete Arten, vorwiegend in den gemäßigten Gegenden der nördlichen Halbkugel und den Gebirgen der Tropen.

Zierpflanzen und adventive Vorkommen □ Manche ansehnlichen, bodenbewohnenden Arten mit meist starren, ledrigen, wintergrünen Blättern werden in Gärten oder Glashäusern gezogen. Als Freilandfarn wird besonders, neben unseren einheimischen Arten, gepflanzt: *Polystichum acrostichoides* (SWARTZ) SCHOTT und *P. munitum* (KAULF.) C. B. PRESL aus Nordamerika, beide mit einfach gefiederten Blättern, Stiel 15–20 cm lang, dicht mit hellbraunen, lanzettlichen Spreuschuppen bedeckt, Blattspreite 40–50 × 12 cm groß, bei ersterer die untersten Fiedern 50–80 × 6 mm groß, nach hinten geöhrt, stachelspitzig gesägt, sporangienlos, die oberen Fiedern schmäler, mit in eine Linie zusammenfließenden Sori. In Gewächshäusern werden aus den tropischen und subtropischen Gebieten gezogen: *Polystichum harpophyllum* (ZENKER ex KUNZE) SLEDGE (*Polystichum auriculatum* auct.) aus Südindien und Ceylon, mit rautenförmigen Blattfiedern und *P. vestitum* (FORST.) C. B. PRESL aus Neuseeland mit starrlederigen Blättern, an der Blattspindel mit dicht dachziegelig gestellten, glänzend schwarzen Spreuschuppen. Aus der nahe verwandten Gattung *Cyrtomium* werden verschiedene Arten in Gewächshäusern und als Zimmerpflanzen gezogen. Sie unterscheidet sich von *Polystichum* hauptsächlich durch die anastomosierenden Adern. *C. falcatum* (L. f.) C. B. PRESL[1], weit verbreitet in Ostasien, mit ledrigen, einfach gefiederten Blättern mit großen, groben dunkelbraunen Spreuschuppen auf dem Blattstiel und großer, gelappter Endfieder. Das nahe verwandte *C. fortunei* J. SMITH kommt in Norditalien und in der Schweiz verwildert vor, z. B. im Tessin bei Brissago und bei Locarno. Mit *Polystichum* nahe verwandt ist auch die hauptsächlich asiatische Gattung *Arachniodes*, aus der ebenfalls mehrere Arten als Zierpflanzen gezogen werden.

Bestimmungsschlüssel für die Arten

1 Blätter einfach gefiedert, Fiedern ungeteilt . . . . 1. *P. lonchitis*
1* Blätter zweifach gefiedert, Fiedern beiderseits in 10–20 (–40) Sekundärfiedern (oder Abschnitte) geteilt 2
2 Sekundärfiedern deutlich ca. 1 mm gestielt, nicht herablaufend. Blattspreite dreieckig-lanzettlich, am Grunde nur wenig oder gar nicht verschmälert. Blattstiel meist mehr als ⅕ so lang wie die Spreite . . . . 3. *P. setiferum*
2* Sekundärfiedern sitzend oder undeutlich kurz gestielt, herablaufend. Blattspreite lanzettlich, am Grunde meist deutlich verschmälert. Blattstiel meist weniger als ⅕ so lang wie die Spreite . . . 3
3 Blätter derb, fest. Fiedern zugespitzt. Sekundärfiedern stachelspitzig gesägt, oberseits nur auf der Mittelrippe schwach mit haarförmigen Schuppen besetzt . . . . 2. *P. aculeatum*
3* Blätter weich, krautig. Fiedern weniger spitz, besonders die unteren stumpflich. Sekundärfiedern kerbig-weichstachelig gesägt, auf der ganzen Oberfläche deutlich mit ca. 5 mm langen, abstehenden, wollig gekräuselten, haarförmigen Schuppen besetzt . . . . 4. *P. braunii*

1. Polystichum lonchitis

Polystichum lonchitis[2] (LINNÉ) ROTH [in ROEM. et USTERI Mag. Bot. **2**: 106 (1789) nom.] Tent. Fl. Germ. **3**: 71 (1799). – Basion.: *Polypodium lonchitis* LINNÉ Sp. Pl. 1088 (1753). – Syn.: *Aspidium lonchitis* (L.) SWARTZ in SCHRAD. Journ. Bot. **1800**/2 30 (1802). – *Dryopteris lonchitis* (L.) O. KUNTZE Rev. Gen. **2**: 813 (1891). – L a n z e n - S c h i l d f a r n. – Taf. 4 Fig. 1 nach S. 128. – Abb. 147–150, 159 a.

Ausdauernd; R h i z o m kurz, mit zerschlitzten Spreuschuppen bedeckt. B l ä t t e r 10–50 (–65) × 2–6 cm groß, sehr derb, lederartig, überwinternd; B l a t t s t i e l 2–7 cm lang, grünlich bis strohgelb, unten schwarz, mit 2–3, oben mit 3–6 Leitbündeln, oberseits flach, braun-spreuschuppig; S p r e i t e 6–10mal so lang wie der Stiel, (lineal-)lanzettlich, nach oben und unten stark verschmälert, einfach gefiedert, Rhachis tief rinnig; F i e d e r n beiderseits (15–) 30–50, wechselständig, sehr kurz gestielt, 30 × 8 mm groß, ungeteilt, die untersten kurz dreieckig (breiter als lang) bis eiförmig, die folgenden aus ganzrandigem, hinten keilförmigem, vorn spitz geöhrtem Grunde lanzettlich, spitz, sichelförmig nach oben gekrümmt, ziemlich dicht stachelig gesägt-gezähnt, an der Spitze eine Stachelborste tragend. S o r i meist nur auf der oberen Blatthälfte, rückenständig, groß, beiderseits etwa in der Mitte zwischen Mittelrippe und Rand der Fieder oder Öhrchen einreihig, zuletzt zusammenfließend; Indusium unregelmäßig schwach gezähnt. Sporen breit eiförmig, 25–30 × 25–35 µm (KOH), mit unregelmäßig geformten, ca. 5 µm langen, im Umriß kegelförmigen oder abgestutzten oder gabeligen Emergenzen. Exospor bei unbehandelten Sporen (30–) 33–36 (–39) µm lang. – Chromosomenzahl: 2n = 82 (diploid). – Sporenreife: VI.–IX.

Vorkommen □ Hemikryptophyt. Licht- bis Halbschattenpflanze. Vorwiegend in den Gebirgen. In

---

[1] Als verwildert am südlichen Alpenrand wird *C. falcatum* (L. f.) C. B. PRESL angegeben, z. B. in Fl. Eur. **1**: 20 (1964) (als *Polystichum falcatum*) und in JALAS & SUOMINEN a. a. O. S. 99 (id.). Das eingesehene Material aus dem Tessin gehört aber zu *C. fortunei* J. SMITH (Z), und vermutlich beziehen sich die meisten oder alle Angaben von verwildertem *C. falcatum* aus dem Gebiet auf *C. fortunei*.

[2] lonchitis (griech.) λογχῖτις = lanzenförmig; bei DIOSKORIDES der Name eines Farns.

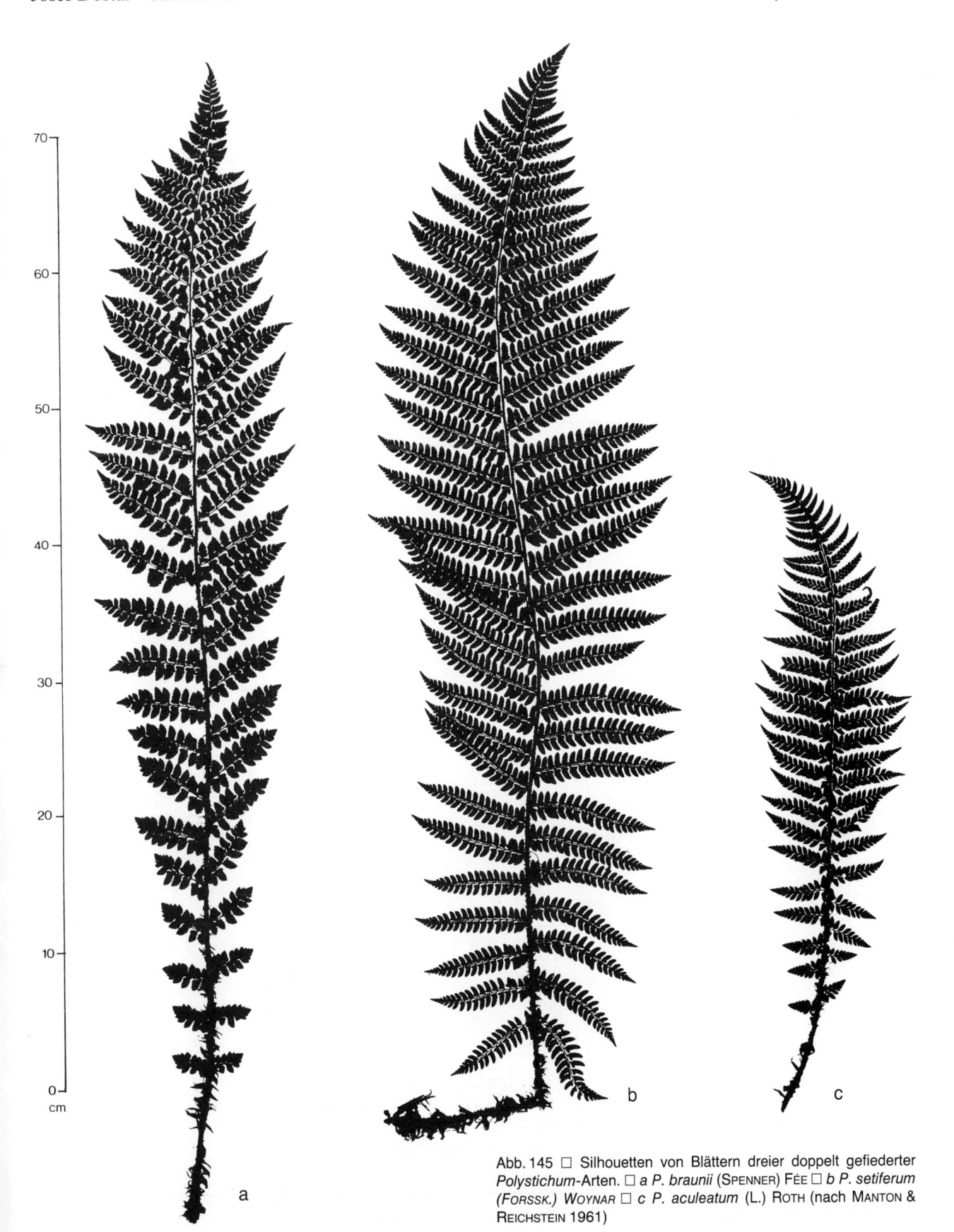

Abb. 145 □ Silhouetten von Blättern dreier doppelt gefiederter *Polystichum*-Arten. □ a *P. braunii* (SPENNER) FÉE □ b *P. setiferum* (FORSSK.) WOYNAR □ c *P. aculeatum* (L.) ROTH (nach MANTON & REICHSTEIN 1961)

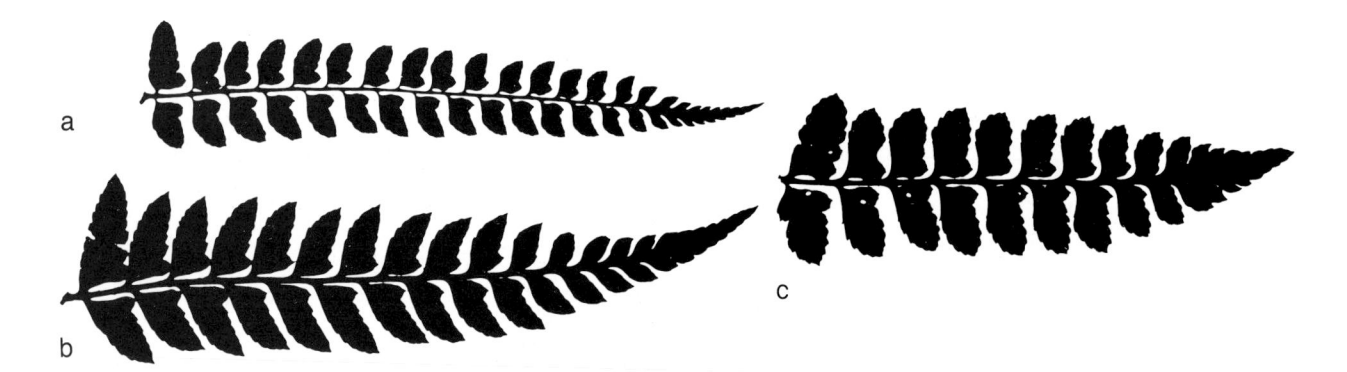

Abb. 146 ☐ Silhouetten von Einzelfiedern dreier doppelt gefiederter *Polystichum*-Arten ☐ a *P. setiferum* (Forssk.) Woynar ☐ b *P. aculeatum* (L.) Roth ☐ c *P. braunii* (Spenner) Fée (nach Manton & Reichstein 1961)

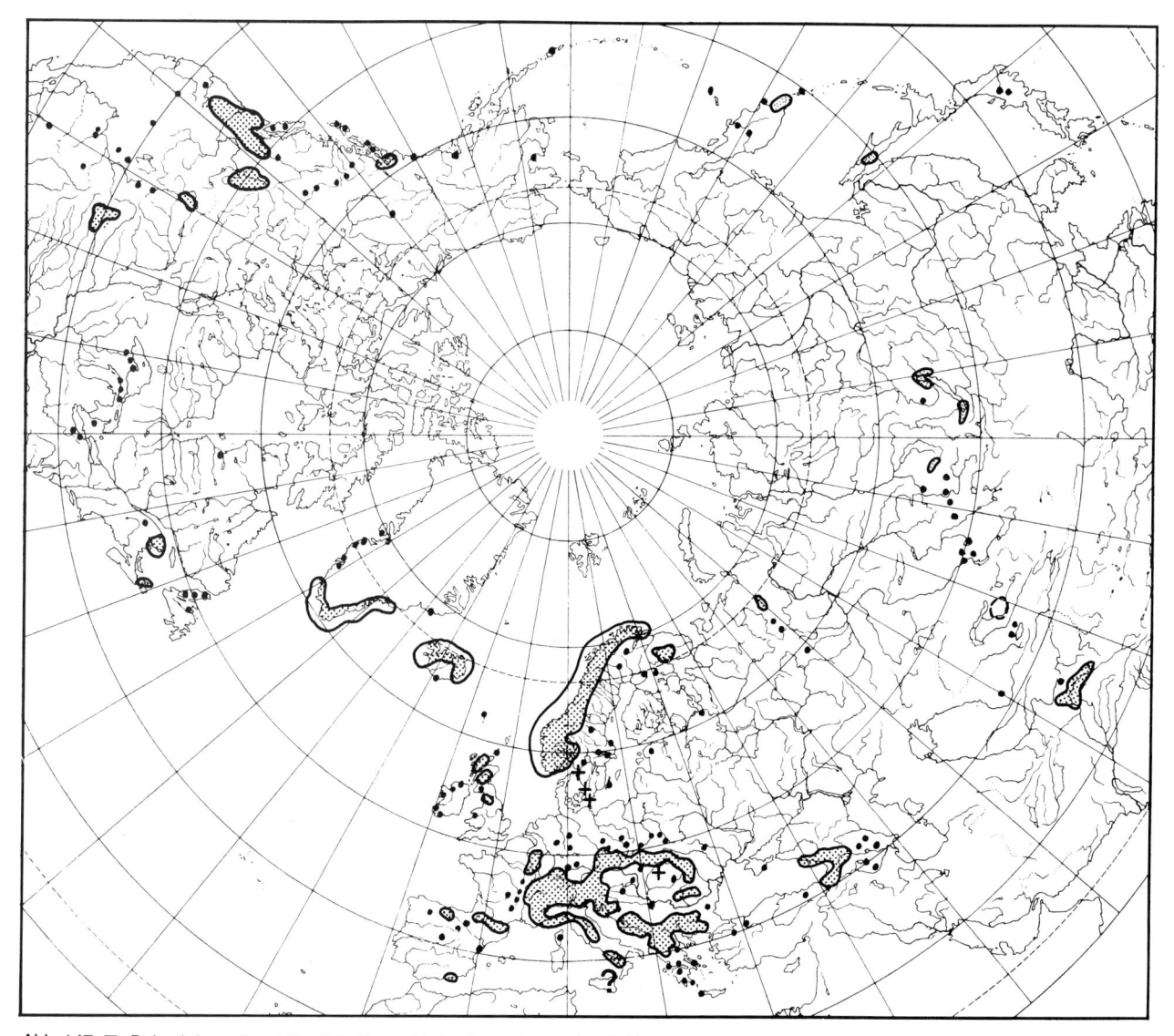

Abb. 147 ☐ *Polystichum lonchitis* (L.) Roth. Verbreitungskarte (nach Hultén 1958, verändert)

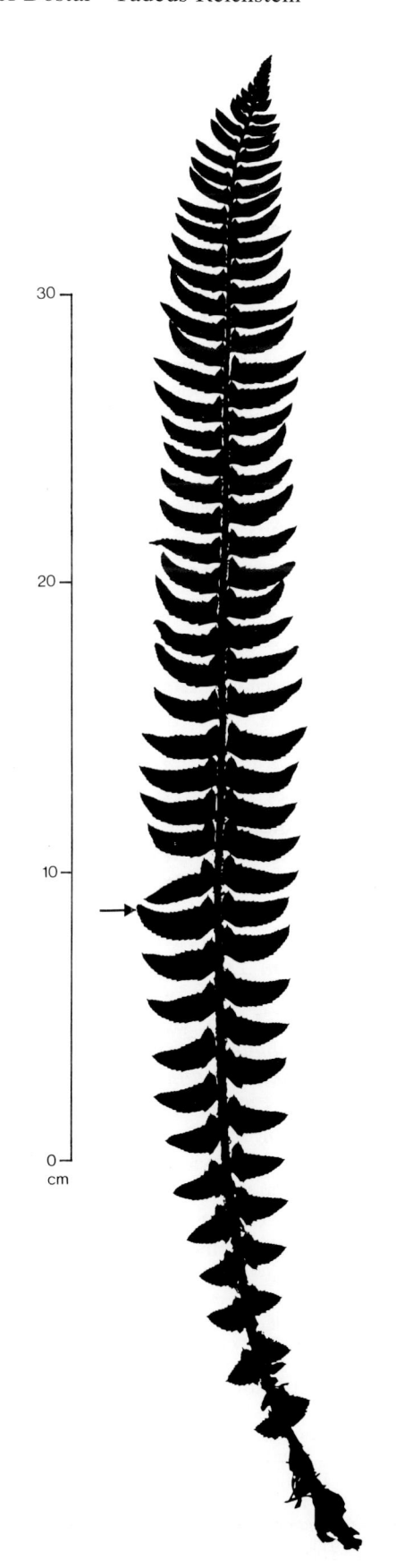

Abb. 149 □ *Polystichum lonchitis* (L.) ROTH. Südschwarzwald

staudenreichen Blockschutt- und Waldgesellschaften, in bebuschten Steinhalden der Knieholzstufe, in lichten Steinschuttwäldern, auch in Fels- und (sekundär) in Mauerspalten. Auf sickerfrischem, feinerdearmem, humosem, meist kalkhaltigem oder sonst basenreichem schneereichem Grobschutt. – Charakterart einer *Polystichum lonchitis*-Assoziation (Thlaspeion rotundifolii). In der Ebene sehr selten, meistens in Inversionslagen (bis 300 m) herabsteigend, öfter vereinzelt und unbeständig. In den Mittelgebirgen selten, nur in der montanen und alpinen Stufe (900–2100 m) verbreitet und häufig, in den Alpen bis 2700 m, in der Tatra von 900–2040 m, in der Sierra Nevada (Spanien) bis 3165 m auf Glimmerschiefer.

Abb. 148 □ *Polystichum lonchitis* (L.) ROTH. Silhouette eines Blattes (Radstätter Tauern, Salzburg) (Original REICHSTEIN)

Abb. 150 □ *Polystichum lonchitis* (L.) ROTH. Antabbia-Tal, Kt. Tessin

Allgemeine Verbreitung □ Zirkumpolar in den Gebirgen von der warmen bis in die kühle Zone, mit ozeanischer Verbreitungstendenz (sehr zerstreut in Ostasien und im östlichen Nordamerika), westliches und zentrales Europa, im Mittelmeergebiet nur in den Hochgebirgen der Halbinseln, auf den Inseln in Korsika, Sizilien (?) und Westkreta, ferner im nördlichen Kleinasien, Kaukasus, Turkestan, Himalaja, südsibirische Gebirge, Sachalin, Kamtschatka, Honshu, Nordamerika und Grönland.

□ Karten: HULTÉN 1958, S. 239; MEUSEL, JÄGER, WEINERT 1965, S. 18; JALAS & SUOMINEN 1972, Karte 119.

Arealdiagnose □ zonal: (merid) – submerid – temp/sämtl. altomontan – boreal/montan · ozean$_{1-2}$ Circpol (Westseitenförderung!). – regional (in Westeurasien): (west – zentralmed) – submed – burg – rhen – herc – scot – norv + nordural – westhimal – (turcest) – altai – sajan/sämtl. montan – altomontan.

Verbreitung im Gebiet □ Zerstreut, nur in den Gebirgen häufiger (Glazialrelikt). – In Frankreich: Vogesen. – In Deutschland: Brandenburg (bei Drebkau, Eberswalde und Prenzlau, wohl nur angepflanzt); Harz; in Thüringen bei Steinheid; früher auf dem Haunberg bei Stadtilm und am Viadukt der Werrabahn bei Kloster Vessra; Haselstein in der Vorderrhön; Fichtelgebirge; Osterwald (Barenberg); Sächsisches Erzgebirge (früher Pöhlberg bei Annaberg); im Rheinischen Schiefergebirge an Dachslöchern bei Betrich (ob noch?), Schmidtburg, zwischen Eupen und Herbestal (Belgien), Hohes Venn (Monschau), im Rhein-Lahngebiet (Marksburg bei Braubach, bei Bad Ems, Dietz und Altenahr); Vogelsberg; Waldeck (auf Zechsteinkalk am Marsberg); Mittelfranken (im Bezirk Coburg bei Tiefenlauter und Mönchröden, Etzelwang bei Hersbruck); Fränkischer und Schwäbischer Jura, spärlich; Bayerischer Wald (bei Bodenmais-Rabenstein); in der Umgebung von Stuttgart und Esslingen; Oberschwaben (bei Adelegg, Schwarzer Grat und Eisenharz); Bodenseegebiet (Regnatshauser Ried bei Salem, Tobel bei der Mainau); Baar (Wutachflühe); Südschwarzwald; Südbaden (Rheinufer bei Laufenburg); Oberbayern (Starnberg; Torfrand im Schwabener Moos östlich von München); Bayerische Alpen bis 2310 m. – In der Schweiz verbreitet und ziemlich häufig, in allen Kantonen, von tiefen Lagen [Sichtern, ob Liestal (Kant. Basselland) 445 m] bis über die Baumgrenze am Parpaner Rothorn (Kant. Graubünden, 2610 m). – In Österreich verbreitet: in Vorarlberg am Blasienberg bei Feldkirch, 500 m; in Nieder- und Oberösterreich zerstreut, in Tirol im Sonnwendgebirge nächst dem Arrez-Joch bei 2050 m, bei Lawens und Schiltach, in Steiermark besonders in den Kalkalpen; fehlt im Burgenland, wo es ausgestorben ist oder ausgerottet wurde. – In Slowenien ziemlich verbreitet. – In der Tschechoslowakei in allen Grenzgebirgen, in Böhmen, im Mittelgebirge recht selten, im Böhmisch-Mährischen Hügelland von der Moldau bis zur March spärlich; Nordmähren (Gesenke), Mährischer Karst; Karpaten. – In Polen nur in den Sudeten und Karpaten, in der Ebene sehr selten.

Variabilität der Art □ Die Art ist wenig veränderlich.

2. Polystichum aculeatum

Polystichum aculeatum[1] (LINNÉ) ROTH Tent. Fl. Germ. **3**: 79 (1799), non C. B. PRESL Tent. Pteridogr. (1836), nec SCHOTT Gen. Filic. (1835–1836); nach JANCHEN nomen ambiguum rejiciendum[2]. – Basion.: *Polypodium aculeatum* LINNÉ Sp. Pl. 1090 (1753), p.p., em. WOYNAR Mitt. Naturw. Ver. Steierm. **49**: 180 (1913) et ALSTON Journ. Bot. **78**: 160 (1940). – Syn.: *Polypodium lobatum* HUDS. Fl. Angl. ed. **1**: 390 (1762). – *Aspidium lobatum* (HUDS.) SWARTZ in SCHRAD. Journ. Bot. 1800/2: 37 (1802). – *Aspidium angulare* WILLD. Sp. pl. **5**: 257 (1810), p.p. – *Polystichum lobatum* (HUDS.) CHEVALL. Fl. gén. env. Paris **2**: 108 (1827); C. B. PRESL Tent. Pteridogr. 83 (1836) em. C. CHR. Index Fil. 583 (1905). – *Aspidium aculeatum* (L.) SWARTZ sensu DÖLL Rhein. Fl. 20

---

[1] aculeatus (lat.) = stachelig, stechend; wegen der stachelspitzigen Blattzähne.

[2] Nach JANCHEN (Catal. Fl. Austr. **1/4**: 74; 1956) ist der Name *Polystichum aculeatum* (L.) ROTH (1799) für ein nomen ambiguum rejiciendum zu halten (der Name ist zu verwerfen, da er in verschiedenem Sinne angewendet wird), was auch D. E. MEYER (1960) bestätigte. Der Name wurde aber von A. H. G. ALSTON [J. Bot. (London) **78**: 160–164 (1940)] eindeutig typifiziert, seither auch von D. H. VALENTINE (Flora Europaea **1**: 20, 1964) sowie in der Liste der Gefäßpflanzen Mitteleuropas (Herausg. F. EHRENDORFER) 2. Aufl. (1973) benützt. Wir folgen diesen Autoren.

(1843), p.p. − *Aspidium pseudolonchitis* (BELLYNCKX) DUMORT. Bull. Soc. Roy. Bot. Belg. **4:** 346 (1865). − *Aspidium aculeatum* (L.) DÖLL subsp. *lobatum* (L.) MILDE Sporenpfl. 63 (1865). − *Dryopteris aculeata* (L.) O. KUNTZE Rev. gen. pl. **2:** 812 (1891). − *Aspidium lobatum* (HUDS.) METTEN. var. *genuinum* LUERSS. Farnpfl. 331 (1886). − *Aspidium aculeatum* A. *lobatum* (SWARTZ) WARNST. in HALLIER et BRAND KOCH's Syn. **3:** 2864 (1907), p.p. − *Dryopteris lobata* (HUDS.) SCHINZ et THELL. Vierteljahrsschr. Naturf. Ges. Zürich 43: 514 (1909). − Dorniger Schildfarn. − Taf. 4 Fig. 2 nach S. 128. − Abb. 145c, 146b, 151−153, 159b.

Ausdauernd; Rhizom dick, holzig. Blätter 30−90 (−100) cm lang, derb ledrig, überwinternd; Blattstiel 5−20 cm lang, bis 7 mm dick, gerillt, mit kleinen und großen kupferbraunen Spreuschuppen besetzt, von 3−5 Leitbündeln durchzogen; Blattspreite mehrmals länger als der Stiel, dunkelgrün, oberseits glänzend, kahl, unterseits blasser, spreuschuppig, im Umriß lanzettlich bis lineal-lanzettlich, nach dem Grunde deutlich verschmälert, lang zugespitzt, 20−80 × 5−22 cm groß, doppelt (−3fach) fiederschnittig; Blattspindel locker spreuschuppig; Fiedern wechselständig oder die untersten gegenständig, beiderseits 40−50, im Umriß länglich-lanzettlich bis lanzettlich, gespitzt, gefiedert bis fiederschnittig, 30−80 mm lang und 10−18 mm breit; Fiederchen jederseits bis 20, sitzend oder die untersten sehr kurz und breit gestielt und schief herablaufend, 8−15 mm lang, sichelförmig vorwärts geneigt, gesägt-gezähnt bis (selten) fiederschnittig, das unterste vordere Fiederchen deutlich größer als das folgende, die vordere Seite geöhrt, die hintere gerade, am Grunde schief scharfwinklig keilig, Blattzähne kräftig begrannt. Sori groß, zweireihig, auf den zuführenden Nerven rückenständig, zuletzt oft zusammenfließend; Indusium kreisrund, derb, bleibend. Sporen breit eiförmig, 25−35 + 30−45 µm (KOH), mit dicht stehenden, unregelmäßig geformten Emergenzen, dadurch der Rand scheinbar zerfranst. Exospor bei unbehandelten Sporen (30−) 39−42 (−45) µm lang. − Chromosomenzahl: 2n = 164, allotetraploid, nach MANTON (1950), MANTON & REICHSTEIN (1961) sowie SLEEP (1966) durch Chromosomenverdopplung aus der diploiden Hybride *P. lonchitis* x *setiferum* = *P.* x *lonchitiforme* entstanden, siehe diese. − Sporenreife: VI.−X.

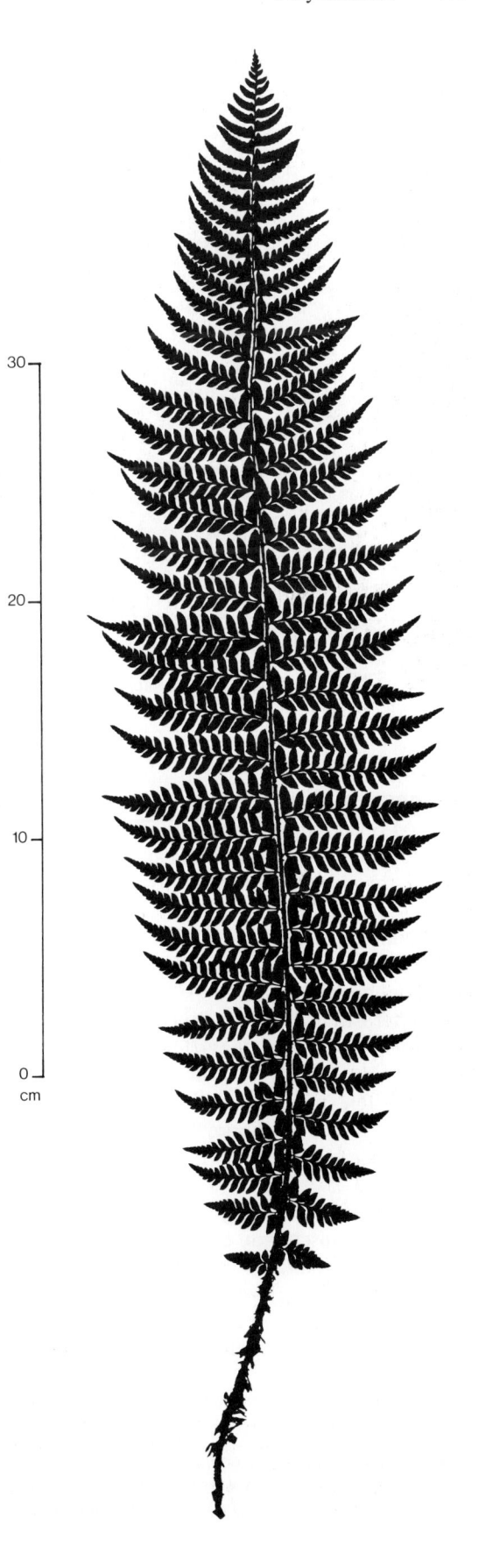

Abb. 151 □ *Polystichum aculeatum* (L.) ROTH. Silhouette eines Blattes (Kreuzberg, Österreich) (Original REICHSTEIN)

Abb. 152, 153 □ *Polystichum aculeatum* (L.) ROTH. Ganze Pflanze und vergrößerter Ausschnitt. Schwarzwald

Vorkommen □ Hemikryptophyt. Bodenvage Halbschatten-Schattenpflanze. – In humosen, schattigfeuchten, steinschuttreichen Laubholz- und Nadelholzmischwäldern, aber auch an absonnigen, offenen Felsen und Geröllfluren. Auf sickerfeuchten, basen- und nährstoffreichen, kalkarmen wie kalkreichen, mild-mäßigen, sauren, locker-humosen, skelettreichen, lehmigen Steinböden in luftfeuchter Lage. Charakterart des Tilio-Acerion-Verbandes, gern mit *Acer pseudoplatanus* oder *Aruncus;* im Süden auch in Fagion- und Galio-Abietion-Gesellschaften. In der Ebene selten, häufiger in den Gebirgen. Allgemein verbreitet in der Buchenregion, steigt aber über die Baumgrenze bis über 2200 m hinauf.

Allgemeine Verbreitung □ Areal eurasiatisch ozeanisch-subozeanisch, von der warmen bis in die gemäßigte Zone. Südliches und westliches gemäßigtes Europa, Nordafrika, von Kleinasien über den Kaukasus bis Nordiran; ob hierzu auch Pflanzen aus den tropischen Gebirgen gehören, ist noch nicht genügend klar.
□ Karte: JALAS & SUOMINEN 1972, Karte 120.

Arealdiagnose □ zonal: (merid/montan) – submerid/montan – temperat/(demo) · ozean$_{1-2}$ Eur – OAs – (WAm) – regional (in Europa): (zentralmed/montan) – submedit/montan – atlant – subatlant/demontan – zentraleurop/demontan – (sund – balt).

Verbreitung im Gebiet □ In Deutschland im ganzen Gebiet, im nördlichen Flachland selten oder vielfach ganz fehlend, sonst zerstreut, besonders in Gebirgswäldern; in den Bayerischen Alpen bis 1500 m aufsteigend. – In der Schweiz verbreitet und ziemlich häufig in allen Kantonen, bes. im Jura und in den Alpen bis 1800 m. – In Österreich und in Slowenien verbreitet. In der Tschechoslowakei und Polen in allen höheren Gebirgen, besonders in den Karpaten.

Erkennung □ *P. aculeatum* wird oft mit *P. setiferum* verwechselt, was bei aufmerksamer Betrachtung (vgl. Schlüssel und Beschreibungen) meistens vermieden werden kann. Gelegentlich gibt es aber Pflanzen, die ein *P. setiferum* völlig vortäuschen können (f. *pseudoangulare* WILCZEK et WIRTGEN, p.p.). Den sichersten Aufschluß ergibt in solchen Fällen die Messung der Sporen oder eine cytologische Untersuchung. Solche abnormen Pflanzen werden gelegentlich (sehr selten), meist als Einzelexemplare, in normalen Populationen gefunden. In einem Falle wurden die Sporen ausgesät und ergaben völlig normales *P. aculeatum*.

Variabilität der Art □ Die Art ist ziemlich veränderlich. Die meisten der beschriebenen Varietäten und Formen sind umweltbedingt. Bei Kultur unter guten Bedingungen oder Aufzucht aus Sporen liefern sie, soweit untersucht, die normale var. *aculeatum*. Eine Reihe von Abnormitäten (vermutlich Mutanten) sind dagegen oft teilweise erblich konstant oder lassen sich auf vegetativem Wege vermehren. Sie werden von Liebhabern als Zierpflanzen kultiviert. Von häufigeren Formen erwähnen wir hier:
V a r . pseudolonchitis BELLYNCKX, Fl. Namur 319 (1855). Syn.: *Aspidium aculeatum* var. *pseudolonchitis* BELLYNCKX Fl. Namur 316 (1855). – Blätter 7–20 cm breit, lederig, Blattspindel sparsam spreuschuppig; Fiederchen 8–15 mm lang, nicht sehr zahlreich. – Verbreitet im ganzen Gebiet der Art.

V a r . aristatum (CHRIST) LAWALRÉE Bull. Jard. Bot. Brux. **19:**

237 (1949). – Basion.: *Aspidium lobatum* var. *aristatum* CHRIST Ber. Schweiz. Bot. Ges. **1**: 85 (1891). – Syn.: *Polystichum lobatum* var. *aristatum* (CHRIST) HAYEK Prodr. Fl. Pen. Balc. **1**: 29 (1927) ☐ Blätter schmal, 4–8 cm breit, weicher, unterseits weißspreuschuppig, Blattstiel dicht spreuschuppig, Fiedern zahlreich, gedrängt, Fiederchen kurz, nur 5–7 mm lang, tief gesägt, die Blattzähne an der Spitze lang stachelborstig, das unterste vordere Fiederchen nicht so auffällig größer als die folgenden. – Das Areal dieser Varietät reicht von den Seealpen über Savoyen und Piemont, die südlichen Gebiete Mitteleuropas bis Kroatien, Bosnien und Siebenbürgen. – Aus der Tschechoslowakei und Polen bisher nicht angeführt.

Gartenformen ☐ *Polystichum aculeatum* wird auch als Zierpflanze in Gärten in einigen Formen kultiviert, besonders cv. *corymbiferum* mit kammartig geteilten, dunkelgrünen Blättern, und cv. *pulcherrimum cristatum,* eine der schönsten Abarten von seidenartigem Aussehen.

3. Polystichum setiferum

Polystichum setiferum[1] (FORSSKÅL) WOYNAR Mitt. Naturw. Ver. Steierm. **49**: 181 (1913). – Basion.: *Polypodium setiferum* FORSSKÅL Fl. Aegypt.-Arab. 185 (1775). – Syn.: *Polypodium aculeatum* L. Sp. Pl. 1090 (1753), emend. HUDS. Fl. Angl. ed. **1**: 459 (1762); L. Sp. Pl. ed. 2: 1552 (1763); p.p. – *Polypodium lobatum* HUDS. Fl. Angl. 390 (1762), p.p. – *Aspidium aculeatum* (L.) SWARTZ in SCHRAD. Journ. Bot. 1800/2: 37 (1802) et Syn. Filic. 53 (1806), excl. basion. – *Aspidium angulare* KIT. in WILLD. Sp. pl. **5**: 257 (1810). – *Polystichum angulare* (KIT.) C. B. PRESL Tent. Pterid. 83 (1836). – *Aspidium aculeatum* (var.) b. *angulare* (KIT.) A. BRAUN in DÖLL Rhein. Fl. 21 (1843). – *Aspidium aculeatum* (var.) β *swartzianum* KOCH Syn. ed. 2: 976 (1845). – *Aspidium lobatum* (var.) β *angulare* (KIT.) METTEN. Filic. Hort. Lips.: 88 (1856). – *Aspidium aculeatum* (L.) SWARTZ var. *aculeatum* MILDE Sporenpfl.: 66 (1865). – *Aspidium aculeatum* subsp. *angulare* (KIT.) ASCHERS. in ASCHERS. et GRAEBN. Syn., ed. 1, **1**: 39 (1896). – *Dryopteris aculeata* (L.) O. KUNTZE subsp. *angularis* (KIT.) SCHINZ et THELL. in SCHINZ et KELLER Fl. Schweiz ed. 3, **1**: 6 (1909); Verh. Zool.-Bot. Ges. Wien **43**: 513 (1909). – *Polystichum aculeatum* (L.) subsp. *angulare* (KIT.) VOLLM. Fl. Bayern: 9 (1914). – *Dryopteris setifera* (FORSSK.) WOYNAR ex SCHINZ et THELL. Vierteljahrsschr. Naturf. Ges. Zürich **6**: 340 (1915). – *Dryopteris aculeata* (L.) BECK Glasnik Zems. Mus. Bosni. Herceg. **28**: 329 (1917), non O. KUNTZE (1891). – Borstiger Schildfarn. – Fig. 145 b, 146 a, 154, 155.

Wichtige Literatur ☐ BECHERER, A. 1943: Synonymie des Farns *Polystichum setiferum* (FORSSK.) MOORE; Fedde Rep. **52**: 125–127.

– VILLARET, P. 1952: Le *Polystichum setiferum* en Valais et dans la région limitrophe française; Bull. Murithienne (Soc. Valais. Sc. Nat.) **69**: 69–75.

Ausdauernd; R h i z o m dick, holzig, mit rotbraunen Spreuschuppen bedeckt. B l ä t t e r 30–120 cm lang, teilweise überwinternd; B l a t t s t i e l 5 bis 30 cm lang und bis 5 mm dick, rinnig, am Grunde braun, nebst Blattrhachis dicht spreuschuppig; B l a t t s p r e i t e 20–100 × 10–25 cm groß, dreieckig-lanzettlich, am Grunde wenig oder nicht verschmälert, gelbgrün, unten spreuschuppig, doppelt bis fast dreifach gefiedert, weich; F i e d e r n beiderseits bis 40, gerade, meist wechselständig, lineal-lanzettlich, 3–12 × 1–1,5 cm groß; F i e d e r c h e n höchstens 10 mm lang, oval, fast gleich groß, rechtwinklig abstehend, die unteren kurz gestielt, am Grunde meist einseitig gegen die Fiederspitze hin und ± parallel zur Fiederrhachis stumpfwinklig keilig geöhrt, vorn abgerundet, nicht herablaufend, gesägt-gezähnt, lang borstig begrannt, das unterste vordere in der unteren Blatthälfte nicht oder wenig größer als das folgende, die größeren oft fiederig eingeschnitten (durch einen tiefen Einschnitt geöhrt), jederseits bis 25; Blattzähne und die stumpfe Spitze der Abschnitte und Fiederchen plötzlich in eine Stachelborste verschmälert. S o r i klein, meist am Ende kurzer Seitenadern, je 2–6; Indusium rund, fast ganzrandig, hinfällig. Exospor (30–) 33–36 (–38) µm lang, mit kleinwarzigem Perispor. – Chromosomenzahl: $2n = 82$ (diploid). – Sporenreife: VII.–VIII., im Süden VI.–VII.

Vorkommen ☐ Hemikryptophyt. Azidophile Schattenpflanze. In schattigen, feuchten Buchen- oder Mischwäldern der submontanen Stufe, vor allem an Abhängen, Einschnitten oder Böschungen in nördlichen oder nordöstlichen Lagen. Auf sickerfeuchten, ± nährstoff- und basenreichen, kalkarmen, neutralen, humosen, nicht zu tiefen, lockeren, steinigen Lehmböden in wintermilden, auch sommers luftfeuchten Lagen. – Charakterart der Fagetalia, z. B. im Melico-Fagetum dryopteridetosum und Aceri-Fraxinetum, in feuchteren Carpinion-Gesellschaften, im Süden im Helleboro-Carpinetum und in Lorbeerwäldern. Besonders in der montanen Stufe; steigt bis 1600 m auf. Einige phytozönologische Aufnahmen der Lokalitäten aus dem Wallis führt P. VILLARET (1952) an.

Allgemeine Verbreitung ☐ Europa, von der warmen bis in die gemäßigte Zone, bei ozeanisch-subozeanischer Verbreitung. Im Mittelmeergebiet und im atlantischen Europa, nördlich bis Irland, Schottland und Belgien, ostwärts bis zum Neandertal, Odenwald, Schwarzwald, Ungarn, Rumänien, Balkan-

---

[1] setifer (lat.) = borstentragend; wegen der in eine Borste auslaufenden Zähne.

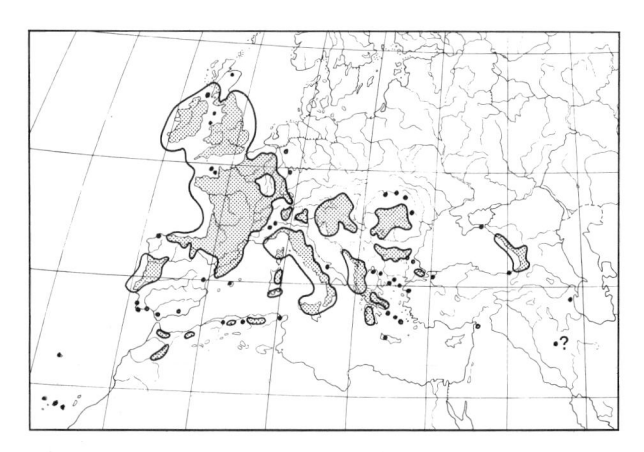

Abb. 154 □ *Polystichum setiferum* (FORSSK.) WOYNAR. Verbreitungskarte (Original RAUSCHERT)

halbinsel, Amanus-Gebirge und Kaukasus, auf den Atlantischen Inseln, in Nordafrika. Angaben aus dem tropischen Asien, Afrika, Australien und Ozeanien beziehen sich auf verwandte Arten.
□ Karte: JALAS & SUOMINEN 1972, Karte 121.

Arealdiagnose □ zonal: merid/montan – submerid/montan – ozean$_{1-2}$ – temp · ozean$_1$ Eur. – regional: macar – west – zentralmedit/montan – westsubmedit/montan – colch – südatlant – brit – burgund – rhen – praenorisch.

Verbreitung im Gebiet □ Nur in tieferen Lagen der Gebirge im westlichen Gebiet und auch dort wenig verbreitet. – In Deutschland im Rheinland, im Saar- und früher im Neandertal, bes. in der Umgebung von Düsseldorf, Rheineck, Hönningen (ob hier noch?), Andernach, im Idarwald, bei Marienburg unweit Bullay an der Mosel und im Possbachtal bei Bingerbrück, Schwarzwald, so z. B. Iberg und im Gunzenbacher-Tal bei Baden-Baden, Günterstal und Rosskopf bei Freiburg i. Br., Belchen, Odenwald (am Fuße des Melibokus, einziger heute bekannter Fundort in Hessen), b. Miltenberg/Main. – In der Schweiz: Nordschweiz relativ selten, nach Süden zunehmend häufiger [vgl. Punktkarte R. SUTTER: Mitt. Naturforsch. Ges. Bern N.F. **33**: 84–90 (1977)]; Kant. Aargau (Grümpeli bei Rheinfelden, Teufelskeller bei Baden); Berner Jura (in der Ajoie, Bressaucourt, Courgenay, Combe-de-Secroux bei Villars-sur-Fontenais); Kant. Zug (Zugerberg, Westhang 430–800 m); Kant. St. Gallen (Buholz am Schäniserberg 870–950 m); Kant. Uri (beim Rütli, am Weg nach Trüb); Kant. Waadt [Vallon de la Tinière ob Villeneuve in Rotbuchenwald 740–920 m, Les Granges 900–930 m, Gorge de Chauderon bei Montreux 470–580 m; vgl. P. VILLARET: Le *Polystichum setiferum* dans le Canton de Vaud, Bull. Cercle Vaud. Bot. **5**: 28–30 (1954)]; Genfersee (Kant. Wallis und Savoyen) (ob St. Gingolph 400–750 m, auch westlich davon gegen Millerie); Südschweiz und italienisches Grenzgebiet (häufig in den Flußgebieten des Tessin und der Adda: Domodossola (Premone südlich von Vagna). Lago Maggiore: rechtsufrig von Cugnasco bis Brissago, linksufrig bei Giubiasco, Quartino und Magadino bis Maccagno und Luino. Nördlich von Bellinzona bei Arbedo (bei Grono im Misox verschwunden), nördlichster Fundort Osogna. Luganer See: Malcantone (Croglio, Miglieglia, Bioggio), Monte Caslano, Cadepiano, Carabbietta, Monte Arbostora, Monte San Salvatore, von Lugano bis Gandria; am Ostufer: Maroggia, Arogno, am Fuß des Monte Generoso (Capolago, Melano), bei Rovio-Piodec bis 1150 m (höchster Fundort in der Schweiz), Valle Muggio, Val Cavargna, Comer See an beiden Ufern. Grigna (gesichert nur Valle dei Molini, HAUSER & REICHSTEIN). Veltlin: Südhang ob Marbegno, Val di Tartano; Nordhang Val Malenco, Culmine di Dazio [BECHERER in Boll. Soc. Ticin. Sc. Nat. **63** (1973) 22–31]. – In Österreich in Steiermark: Gamlitz in den Windischen Büheln, Suha bei Riet, Lassnitz-Klause bei Deutschlandsberg; in Kärnten im Prössinggraben bei Wolfsberg; aus dem Burgenland irrtümlich angeführt. – In Slowenien zerstreut. – Fehlt in der Tschechoslowakei und in Polen. Die Angaben aus Südmähren und aus der Südslowakei beziehen sich auf *P. aculeatum* f. *subtripinnatum* MILDE.

4. Polystichum braunii

Polystichum braunii[1] (SPENNER) FÉE Mém. Fam. Foug. (Gen. Filic.) **5**: 278 (1852). – Basion.: *Aspidium braunii* SPENNER Fl. Friburg. **1**: 9 (1825). – Syn.: *Polystichum paleaceum* SWARTZ in SCHRAD. Journ. Bot. **1800/2**: 30 (1802). – *Aspidium angulare* WILLD. Sp. Pl. **5**: 257 (1810), p.p. – *Aspidium aculea-*

Abb. 155 □ *Polystichum setiferum* (FORSSK.) WOYNAR. Rheinfelden, Kt. Aargau

---
[1] Nach ALEXANDER BRAUN (1805–1877), Professor der Botanik in Karlsruhe, Freiburg, Gießen und in Berlin; einem der hervorragendsten Morphologen und gründlichen Kenner der mitteleuropäischen Flora, der diese Art im Höllental bei Freiburg entdeckte.

tum (var.) c. *braunii* (SPENN.) DÖLL Rhein. Fl. 20 (1843). – *Dryopteris braunii* (SPENN.) UNDERWOOD in BRITTON et BROWN Ill. Fl. North. U. S. **1**: 15 (1896). – Brauns Schildfarn. – Abb. 145a, 146c, 156, 159c.

Wichtige Literatur □ MANTON, I. et T. REICHSTEIN 1961: Zur Cytologie von *Polystichum braunii* (SPENNER) FÉE und seiner Hybriden; Ber. Schweiz. Bot. Ges. **71**: 370–383.

Ausdauernd; B l ä t t e r bis 80 cm lang, im Schatten bis 1 m, sommergrün, weich, schlaffer als bei *P. aculeatum;* B l a t t s t i e l 5–15 cm lang, bis 5 mm dick, mit 3–5 Leitbündeln, blaßgrün, nur am Grunde schwarzbraun, mit glänzenden, ungleich großen, lanzettlichen, an der Spitze haarfein ausgezogenen Spreuschuppen sehr dicht besetzt, Blatt- und Fiedermittelrippen mit gleichen, aber zunehmend schmäleren Spreuschuppen bekleidet; B l a t t s p r e i t e vielmal länger als der Stiel, länglich-lanzettlich, bis 20 cm breit, nach dem Grunde stark verschmälert, doppelt (bis dreifach) gefiedert, dünn, schlaff, oberseits dunkelgrün, frisch etwas glänzend, unterseits blasser, nicht nur auf den Rippen, sondern auch auf der Fläche der Fiederchen deutlich (falls nicht abgerieben) mit weißlichen bis bräunlichen, haarartigen Spreuschuppen bekleidet; F i e d e r n jederseits 15 bis 30 (–40), abwechselnd oder die untersten gegenständig, meist rechtwinklig abstehend, die unteren etwas locker stehend, alle länglich, die unteren stumpflich, die oberen kurz zugespitzt; Fiederchen jederseits bis zu 15, fast rechtwinklig abstehend, sitzend oder kurz gestielt, aus ganzrandigem, vorn gestutztem und stumpf geöhrtem, scharfwinkligem, keilförmigem, schief herablaufendem Grunde trapezoidisch-länglich, stumpf, die untersten vorderen besonders in der unteren Blatthälfte nicht oder nur wenig größer als das folgende, öfter fiederig eingeschnitten bis fiederteilig, am Rande anliegend kerbig, weichstachelig-gesägt. S o r i in der oberen Blatthälfte, auf den Fiederchen zweireihig, bis zuletzt getrennt, groß, meist auf Seitenadern endständig; Indusium zart, hinfällig. Exospor (30–) 36–42 (–46) μm lang – Chromosomenzahl: 2n = 164, allotetraploid; keiner seiner zwei Vorfahren ist bekannt (MANTON & REICHSTEIN 1961, SLEEP & REICHSTEIN 1967), keiner wächst in Europa. Die reliktartige, weltweite Verbreitung mit recht geringer Variabilität spricht dafür, daß es sich um eine recht alte Art handelt, die ihre Evolution weitgehend abgeschlossen hat. – Sporenreife: VI.–IX.

Vorkommen □ Hemikryptophyt. Schattenpflanze. An schattigen, sommers kühlen, farnreichen, feuchten Waldhängen, in Schluchten und Blockfeldern der montanen Buchen-Tannen-Stufe. Auf dauernd sikkerfrischen, nährstoff- und basenreichen, kalkarmen, mäßig sauren, locker-humosen, steinigen Lehmböden. Phytozönologisch zu den Fagion- und Tilio-Acerion-Arten gehörend; im Schwarzwald z. B. im Aceri-Fraxinetum oder im Abieti-Fagetum dryopteridetosum. Größtenteils nur in der montanen Stufe, sehr selten in niedrigere Inversionslagen herabsteigend, in den Alpen in der Voralpenstufe, bis 2000 m aufsteigend.

Abb. 156 □ *Polystichum braunii* (SPENNER) FÉE. Südschwarzwald

Allgemeine Verbreitung □ Zirkumpolar, ozeanisch, disjunkt, vorwiegend in der temperierten Zone der Nordhemisphäre, in Europa von Spanien, Lothringen und Südwestskandinavien ostwärts durch das südliche Mitteleuropa bis Mittelrußland (nordwärts bis zum oberen Wolgagebiet), Kaukasus, Iran, Amurgebiet, China und Japan; Nordamerika.

☐ **Karten:** HULTÉN 1964, Karte 180 (nur teilweise richtig); JALAS & SUOMINEN 1972, Karte 122.

Arealdiagnose ☐ zonal: (submerid/montan) – temp/(montan) – boreal · ozean.$_{1-(3)}$ – regional (in Europa): pyren – alpisch – carpat – (rhen – herc/sämtl. montan + südnorv – sosarmat).

Verbreitung im Gebiet ☐ Meistens in Gebirgswäldern und -schluchten, oft nahe an Bächen, gelegentlich in Auenwäldern, zerstreut von 255 bis 2000 m in kleinen Gruppen oder vereinzelt. Nördlich der Zentralalpen selten, südlich und im Osten häufiger. Vogesen (Vallée du Rahin). – In Deutschland in Hessen (Seesteine am Meissner); früher im Elbsandsteingebirge (Ultenwalder Grund, Amselgrund, Hohnstein); in Württemberg bei Unteressendorf im Oberamt Waldsee; im Schwarzwald (Hirschsprung im Höllental bei Freiburg, Zastlertal, Oberriedertal, Prägtal, Wehratal); in Bayern (am Hochvogel bei der Enzianhütte, im Sauwald bei Hinterstein, Ammergau, Erlachschlucht bei Passau). – In der Schweiz vgl. Punktkarte bei R. SUTTER, Mitt. Naturforsch. Ges. Bern N.F. **33:** 84–90 (1977): Kant. St. Gallen [Böllenbergtobel bei Uznach 520 m, ein Stock; Wandbleiktobel bei Nesslau (Toggenburg) 900 m; Flidaköpfe Oberschan bei Wartau; Schaner Schwemmwald bei Oberschan 1140 m; Seetobel bei Buchs südwestlich von Mels 560 m]. Kant. Glarus (Durnachtal östlich Linthal bei Mittel- und Hinter-Durnach-Alp 1420 m und 1450 m). Kant. Obwalden (bei Herrenrüti und im Goldbodenwald östlich Engelberg). Kant. Graubünden [Oberhalbstein: Serpentinhalde am Südfuß des Motta, westlich über Stausee von Marmorera bei 2000 m, ein Stock, vermutlich höchster bekannter Standort in den Alpen; Bergell: Val Bondasca ca. 1000 m wenig südlich von Bondo; Misox zerstreut (im V. Mesolcina von der Talsohle zwischen S. Vittorio und Lostallo im Auenwald bei 260–400 m bis oberhalb Pian S. Giacomo am Weg nach Andrana 1180 m); im V. Calanca nach Norden bis A. Alögna 1420 m und in zahlreichen Seitentälern beider Flüsse: westlich von Augio (V. Calanca) bis A. di Naucolo 1800 m; östlich von Augio bei A. di Calvaresc 1700 m; zwischen Giova und S. Carlo (ob Roveredo) 1100 m; V. della Forcola (V. Mesolcina) mehrfach von 800–1400 m; Val di Groven (ob Lostallo) mehrfach bis A. d'Ajone 1820 m; Val Grono mehrfach bis 1500 m; V. di March, Seitental des V. Traversagna mehrfach von 640–1050 m]. Kant. Wallis (Saastal ob Her Meiggern, ein Stock, ca. 1750 m; Zwischbergental, Simplon-Südseite ob Grondo, mehrfach 1130–1170 m). Kant. Tessin zerstreut, in sehr vielen Tälern, mit tiefstem bekanntem Wuchsplatz im Auenwald: Boscone unterhalb Prosito (N von Bellinzona) 255 m. – Österreich: in Oberösterreich und Vorarlberg fehlend, sonst ziemlich verbreitet; Niederösterreich (Kranichberg, Aspanger Klause); Salzburg (beim Krimmlfall im Pinzgau); Steiermark: bei St. Jakob, im Walde bei Voraus, Schladming, Judenburg, Pernegg, Voigtberg, Deutschlandsberg, Sulzach u. a.; Tirol: Flaurling, Zillertal. – In Slowenien selten, zerstreut, in Krain im Wocheiner Tal, fehlt in Istrien. – In der Tschechoslowakei in Böhmen ziemlich selten im Isergebirge, Lausitzer Gebirge (Hohe Lausche), Blanský Les bei Krumlov (= Krumau a. d. Moldau), in Schlesien und Mähren zerstreut, besonders im Reichensteinergebirge (Rychlebské hory), im Gesenke, zerstreut in den Beskiden und in den Weißkarpaten (am Javorina), im Mährischen Karst bei Blansko; Karpaten. – In Polen im Glatzer und im Eulengebirge (Hohe Eule) und im Reichensteiner Gebirge (Kesselgrund bei Flądek-Zdrój-Landeck), Tatra-Gebirge; in der Ebene selten: Hügelland in Matopolska (Kleinpolen) und Lubesko, Rostocze, Opole bis West-Wolhynien. – Norditalien: V. Antigorio ca. 580 m; V. di Bognanco (westlich von Domodossola) 950 m; V. Vigezzo (östlich von Domodossola) im V. di Lupo (südwestlich Druogno) 940 und 1020 m; V. Darango (nordwestlich Comersee); Grigna (östlich vom Comersee) über Dolomit Nordwest- und Nordflanke (V. dei Molini ca. 670 m, mit drei Hybriden); Mt. Legnone S-Flanke (V. Varrone): zwischen A. Deleguaccio und A. Piancalado sowie bei A. Barconcelli 1450 m; V. Brembana, östlich von Valleve; Veltlin: Bagni del Màsino 1180 m; westlich von Val Dorizzo im V. d. Cáffro (südlich von Adamello); bei Meran; im Pustertal; Fleimsertal; bei Cortina d'Ampezzo.

Erkennung ☐ *P. braunii* unterscheidet sich von den beiden habituell ähnlichen Arten *(P. aculeatum* und *P. setiferum)* besonders durch die auch auf der Fläche der Fiederchen oberseits haarartige Schuppen tragenden Blätter.

Variabilität der Art ☐ In Anbetracht ihrer weltweiten Verbreitung ist die Art sehr wenig veränderlich. Die im westlichen und östlichen Nordamerika wachsenden Pflanzen werden als var. *purshii* FERNALD, Rhodora **30:** 28–30 (1928) bezeichnet, sind aber nur wenig von den eurasischen verschieden; dasselbe gilt für das Material aus Japan. Bei var. *kamtschaticum* C. CHR. in HULTÉN handelt es sich nach D. WAGNER, Pteridologia **1:** 52 (1979) um *P. microchlamys* (CHRIST) MATSUM., die z. B. in Japan mit *P. braunii* sterile Hybriden bildet; bei var. *alaskense* (MAXON) HULTÉN = *P. alaskense* MAXON um die hexaploide Art *P. setigerum* (C. B. PRESL) C. B. PRESL.

Hybriden

2 × 4 Polystichum x luerssenii[1] (DOERFLER) HAHNE = *Polystichum aculeatum* (L.) ROTH x *braunii* (SPENN.) FÉE. – Abb. 157 a, 158 d, 159 f.
Polystichum x *luerssenii* (DOERFLER) HAHNE Allg. Bot. Zeitschr. **10:** 103 (1904), non *Dryopteris luerssenii* (HARR.) CHRISTENS. (1905). – Basion.: *Aspidium luerssenii* DOERFLER Österr. Bot. Zeitschr. **40:** 227 (1890) pro *A. lobatum* x *braunii;* LUERSSEN in RABENH. Kryptog. Fl. Deutschl. **3:** 356 (1889). – Syn.: *Aspidium lobatiforme* WAISBECKER Magy. Bot. Lap. **1:** 245 (1899), pro *A. lobatum* x *braunii.* – *Dryopteris silesiaca* BECHERER Ber. Schweiz. Bot. Ges. **52:** 481 (1942). – *Polystichum lobatum* x *braunii* JANCHEN Catal. Fl. Austr. **1:** 75 (1956). Literatur vgl. MANTON (1950); MEYER (1960); SLEEP (1966); SLEEP & REICHSTEIN (1967); A. SLEEP in C. A. STACE (ed.), Hybridization and the flora of the British Isles: 118–120 (1975); G. VIDA & T. REICHSTEIN, Taxonomic problems in the fern genus *Polystichum* caused by hybridization. European Floristic and Taxonomic studies ed. S. M. WALTERS (1975).

Stattliche Pflanze, langlebig; Blätter bis 1 m lang. Die Hybride nimmt in ihren Merkmalen eine Mittelstellung zwischen den beiden Elternarten ein, fällt oft auf durch besonders kräftigen Wuchs. Von *P. braunii* verschieden durch mehr lederartige Textur, meist größerer Anzahl und mehr zugespitzte Fiedern, schmälere Fiederchen, von *P. aculeatum* durch breitere, weniger herablaufende Fiederchen, die auf ihrer Fläche deutlich haarförmig beschuppt sind, und von beiden durch die abortierten Sporen. Chromosomenzahl: 2n = 164. Meiose stark gestört mit meist unregelmäßigen Paaren (MANTON & REICHSTEIN 1961 Abb. 16 und 18). Dies zeigt, daß *P. aculeatum* und *P. braunii* kein gemeinsames Genom besitzen, daß es sich in beiden Fällen um allotetraploide Arten handelt. *P.* × *luerssenii* konnte auch experimentell erzeugt werden (SLEEP 1966). Es bildet sich leicht. Das ist auffällig, weil die Eltern, wie oben erwähnt, kein gemeinsames Genom besitzen. Ein solches Verhalten wurde aber auch bei der Bildung einiger anderer

---

[1] Nach CHRISTIAN LUERSSEN (1843–1916), Professor der Botanik in Leipzig, Eberswalde, Königsberg, dem hervorragenden Kenner der mitteleuropäischen Pteridophyten.

Abb. 157 □ Silhouetten von Blättern der drei Hybriden der doppelt gefiederten *Polystichum*-Arten □ a *P.* × *luerssenii* (DOERFL.) HAHNE (= *P. aculeatum* × *P. braunii*) □ b *P. wirtgenii* HAHNE (= *P. braunii* × *P. setiferum*) □ c *P.* × *bicknellii* (CHRIST) HAHNE (= *P. aculeatum* × *P. setiferum*) (nach MANTON & REICHSTEIN 1961)

Polystichum-Hybriden beobachtet (siehe unten). Die Hybride findet sich daher fast stets an Stellen, an denen die Eltern zusammen wachsen.

Verbreitung im Gebiet □ In Deutschland: Meissner, Schwarzwald (Wehratal). – In der Schweiz: Kant. Obwalden (Herrenrüti

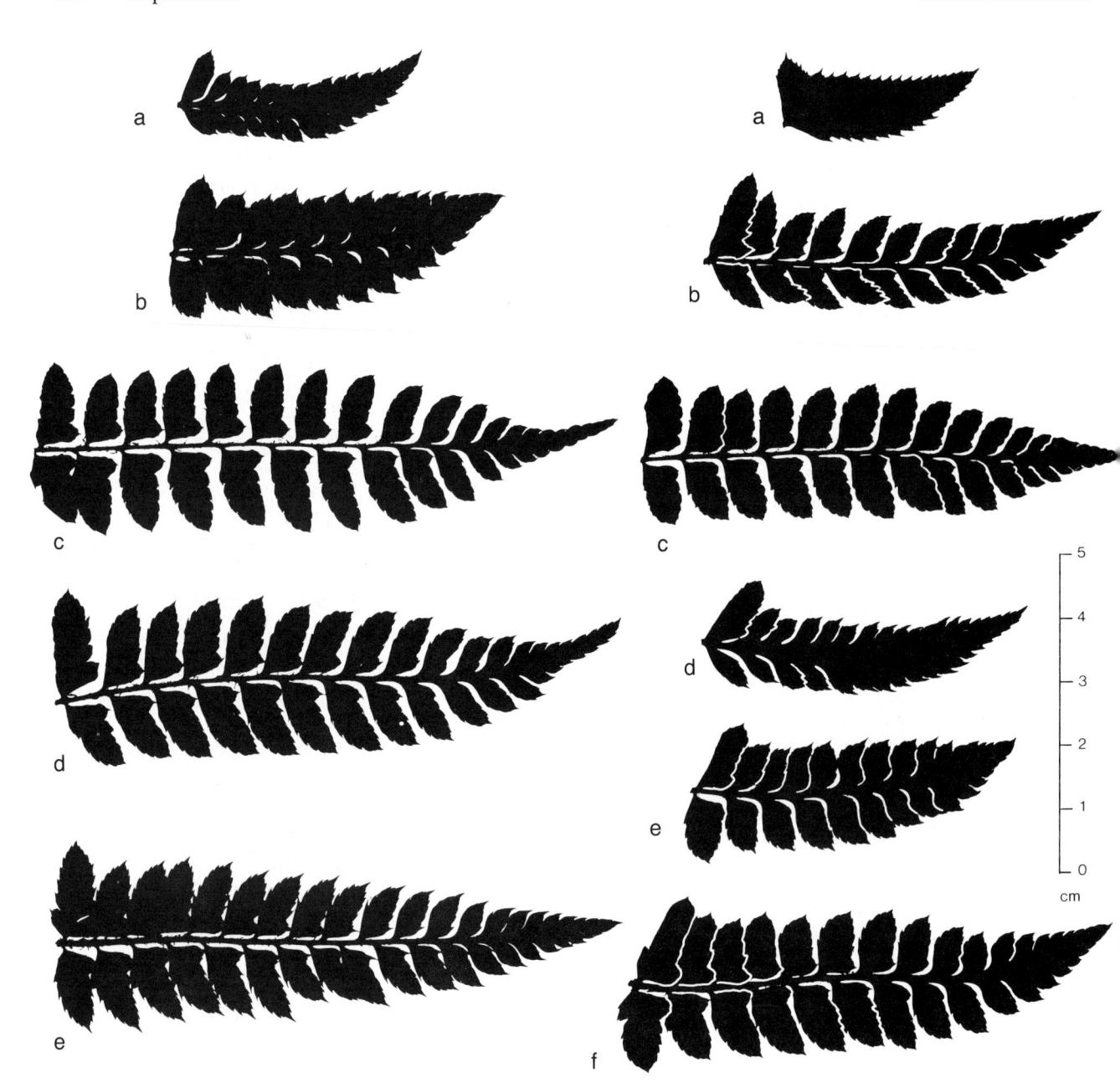

Abb. 158 □ *Polystichum*-Hybriden. Silhouetten einzelner Fiedern □ *a P.* × *illyricum* (Borb.) Hahne (= *P. aculeatum* × *P. lonchitis*) □ *b P.* × *meyeri* Sleep & Reichst. (= *P. braunii* × *P. lonchitis*) □ *c P.* × *wirtgenii* Hahne (= *P. braunii* × *P. setiferum*) □ *d P.* × *luerssenii* (Doerfl.) Hahne (= *P. aculeatum* × *P. braunii*) □ *e P.* × *bicknellii* (Christ) Hahne (= *P. aculeatum* × *P. setiferum*) (nach Sleep 1966)

Abb. 159 □ *Polystichum*-Arten und -Bastarde. Silhouetten einzelner Fiedern □ *a P. lonchitis* (L.) Roth □ *b P. aculeatum* (L.) Roth □ *c P. braunii* (Spenner) Fée □ *d P.* × *illyricum* (Borb.) Hahne (= *P. aculeatum* × *P. lonchitis*) □ *e P.* × *meyeri* Sleep & Reichst. (= *P. braunii* × *P. lonchitis*) □ *f P.* × *luerssenii* (Doerfl.) Hahne (= *P. aculeatum* × *P. braunii*) (nach Sleep & Reichstein 1967)

bei Engelberg); Kant. Glarus (Hinter Durnach Alp); Kant. St. Gallen (Seetobel SW von Mels 650 m); Kant. Tessin (Val Antabbia, Seitental des Val Bavona 1230–1400 m in großer Zahl; Val d'Osogna 850–1220 m). – In Österreich: Tirol (Zillertal, Nikolsdorf und Nörsach); Burgenland (Hammer bei Lockenhaus); Steiermark (Waxenegg bei Anger, Traföss bei Pernegg; in Südsteiermark bei Leutschach, Arnfels und Gamlitz); Salzburg (Krimml);

Kärnten (Heiligenblut, Gailtal, Oberdrauburg, Plöcken und Heiligenstadt, Loibltal in den Karawanken, Trögernklamm bei Eisenkappel, bei St. Lorenzen im Lassachtal mehrmals). – Slowenien: Krain (Wocheiner Tal, Jauerburger Hernatz, Idria). – Norditalien (Ostflanke der Grigna, östlich vom Comersee im Val dei Molini, Pustertal bei Lenberg). – In der Tschechoslowakei: Gesenke (Rothenberg, Hohe Falle, Jeseník) und Beskiden. – In Polen

(Schlesien) im Eulengebirge (Hohe Eule), Czantorz bei Ustron.

2 x 1 Polystichum x illyricum[1] (BORBÁS) HAHNE = *Polystichum aculeatum* (L.) ROTH x *lonchitis* (L.) ROTH. – Abb. 158a, 159d, 160.
Polystichum x *illyricum* (BORBÁS) HAHNE Allg. Bot. Zeitschr. **10**: 103 (1904); HAYEK Fl. Steierm. **1**: 41 (1908) et Prodr. Fl. Pen. Balc. **1**: 28 (1927), pro *P. lobatum* x *lonchitis*. – Basion.: *Aspidium* x *illyricum* BORBÁS Österr. Bot. Zeitschr. **41**: 354 (1891). – Syn.: *Dryopteris* x *illyrica* (BORB.) BECK Glasnik Zems. Mus. Bosni Herceg. **28**: 326 (1917). – *Aspidium lonchitis* x *lobatum* ASCHERS. in ASCHERS. et GRAEBN. Syn. ed. 1, **1**: 42 (1896), ed. 2, **1**: 66 (1913). – *Aspidium lobatum* x *lonchitis* MURB. Beitr. Fl. Südbosn.; Lunds Univ. Årskr. **27**: 16 (1891); Österr. Bot. Zeitschr. **41**: 354 (1891). – *Aspidium* x *murbeckii* REIMANN Wiener Ill. Gartenz. **16**: 416 (1891).

Ausdauernd, B l ä t t e r bis 70 cm lang, derb lederartig, überwinternd; B l a t t s p r e i t e 3–12mal länger als der Stiel, einfach gefiedert, lanzettlich, nach oben und unten stark verschmälert mit breitester Stelle meist oberhalb der Mitte, unterseits schmal-spreuschuppig, oberseits kahl (nur auf den Adern, nicht auf der Fläche der Fiederchen Haarschuppen tragend), die untersten F i e d e r n ± dreieckig, oft gegenständig, so lang wie breit oder wenig länger, die oberen Fiedern genähert, wechselständig, meist sichelförmig aufwärts gekrümmt, die längsten $^1/_{10}$–$^1/_8$ so lang wie die Spreite, aus vorn spitz geöhrtem, hinten keilförmigem Grund lanzettlich, kurz zugespitzt, unterwärts fiederig eingeschnitten, besonders das Öhrchen durch einen oft den Mittelnerv erreichenden Einschnitt frei, gegen die Spitze zu eingeschnitten-stachelig-gesägt, Abschnitte gesägt, obere Fiedern fast ungeteilt, Sägezähne kleiner als bei *P. lonchitis*, kräftiger als bei *P. aculeatum*. S o r i meist nur im oberen Drittel des Blattes, zuletzt zusammenfließend. Sporen abortiert. Chromosomenzahl: $2n = 123$ (triploid). Meiose gestört mit ca. 41 Paaren und 41 Einzelchromosomen (MANTON 1950; SLEEP 1966; SLEEP & REICHSTEIN 1967, Fig. 22–25). Dies entspricht der Genomformel LLS, wenn man mit L eines der zwei Genome von *P. lonchitis* und mit S eines derjenigen von *P. setiferum* bezeichnet (vgl. Einleitung bei Cytologie, Hybridisierung und Polyploidie, S. 13). Sie kommt wie folgt zustande: Der diploide Sporophyt von *P. lonchitis* (LL) liefert haploide Sporen und daraus haploide Prothallien und Gameten, die nur noch ein Genom (L) enthalten. Ebenso produziert der diploide Sporophyt von *P. setiferum* (SS) Gameten der Formel (S). Verschmelzung von (L) mit (S) ergibt die Zygote einer diploiden Hybride (= *P.* x *lonchitiforme*) (LS), aus der durch Chromosomenverdoppelung das allotetraploide *P. aculeatum* (LLSS) entstanden ist. Dieses produziert Gameten der Formel (LS), die bei Verschmelzung mit dem Gameten (L) von *P. lonchitis* (LL) das triploide *P.* x *illyricum* (LLS) liefern. Die beobachteten ca. 41 Chromosomenpaare werden hier also als Paarbildung zwischen den zwei homologen Genomen LL angesehen.

☐ Die Hybride unterscheidet sich von *P. lonchitis* durch stärkere, von *P. aculeatum* durch geringere Teilung der Fiedern, von beiden durch die abortierten Sporen und die Chromosomenzahl. Jugendformen von *P. aculeatum* (f. *plukenetii*) können, wenn sie steril sind, nicht mit Sicherheit von der Hybride unterschieden werden. Die Hybride zeigt eine erhebliche Variationsbreite. Man findet

---

Abb. 160 ☐ *Polystichum* × *illyricum* (BORB.) HAHNE. Silhouette eines ganzen Blattes (Floitental, Zillertal, Tirol) (Original LOVIS, REICHSTEIN & SLEEP)

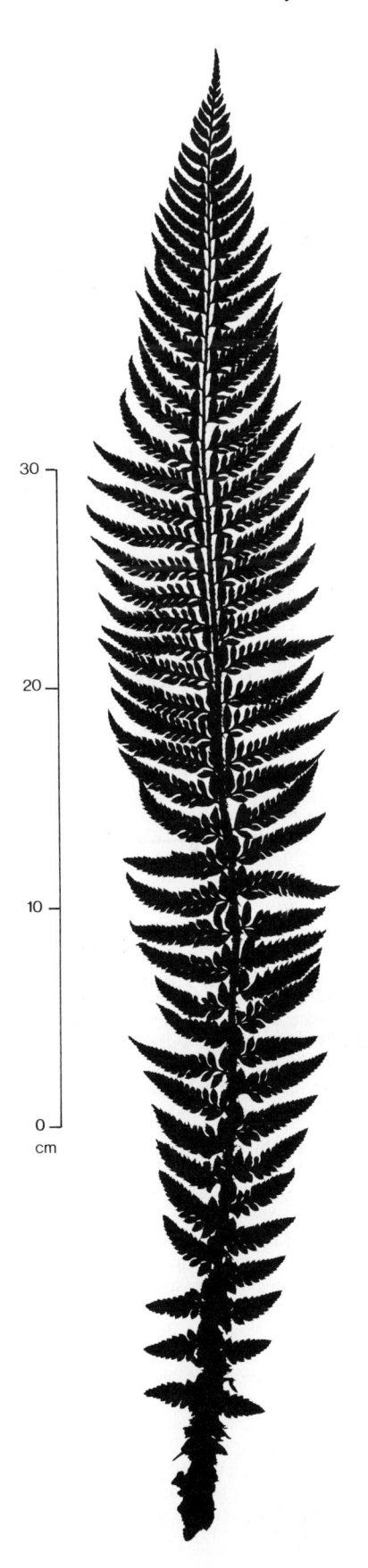

---

[1] illyricus (lat.) von Illyria (Dalmatien).

Formen, die stark an *P. lonchitis* erinnern, bis zu recht breiten, die den Einfluß von *P. aculeatum* stärker erkennen lassen. Die Unterschiede sind teilweise durch Wuchsbedingungen hervorgerufen, teilweise bleiben sie aber auch in Kultur bei gleichen Bedingungen erhalten.
□ Unerwartete, wenn auch beschränkte Fertilität (vgl. VIDA & REICHSTEIN 1975): Der Sporangieninhalt von *P.* x *illyricum* besteht nicht nur aus abortiertem Material, sondern enthält eine kleine, aber merkliche Zahl großer, anscheinend gut ausgebildeter Sporen, die vermutlich Diplosporen darstellen. Aussaat von solchem Material gab stets eine größere Zahl von Prothallien, aus denen teilweise Sporophyten entstanden. Die erhaltenen Pflanzen waren teilweise triploid, starkwüchsig, langlebig, mit auffallend unterschiedlicher Morphologie, teilweise dem *P.* x *illyricum*, teilweise dem *P. aculeatum* ähnlich, aber alle mit abortierten Sporen. Andere Pflanzen erwiesen sich als hexaploid, waren schwach wachsend und gingen früh zugrunde. Es wird vermutet, daß die Diplosporen triploide apomiktische Prothallien erzeugt haben, die teils apomiktisch triploide, teils sexuell hexaploide Sporophyten geliefert hatten (G. VIDA & T. REICHSTEIN 1975). Die Tatsache, daß eine triploide »sterile« Hybride nicht völlig steril zu sein braucht, ist damit gesichert. In der Natur dürfte der Vorgang bestenfalls sehr selten erfolgreich verlaufen können. Es ist anzunehmen, daß praktisch alle Pflanzen von *P.* x *illyricum* in der Natur die F_1-Generation darstellen, also jeweils durch Kreuzung neu entstanden ist.
□ *P.* x *illyricum* bildet sich leicht und wurde auch experimentell erzeugt (SLEEP 1966; SLEEP & REICHSTEIN 1967). Es findet sich in der Natur fast stets an Stellen, an denen die Eltern zusammen wachsen.

Allgemeine Verbreitung und Verbreitung im Gebiet □ Auf den Britischen Inseln. – In Deutschland (Oytal, Allgäuer Alpen, nahe der schweizerischen Grenze, Berchtesgadener Alpen). – In der Schweiz: Neuenburger Jura, Kant. Waadt, Glarus, Schwyz, Nidwalden, Appenzell, Bern, Uri, Tessin. – In Italien. – In Österreich angeführt aus Niederösterreich (Gipfel), Steiermark (Totes Gebirge, Eisenerzer Reichenstein, Prebichl), Kärnten, Salzburg, Tirol und Vorarlberg. – In der Tschechoslowakei nur von einigen Fundorten an Südhängen der Westkarpaten bekannt. Nach O. WILMANNS kann die Hybride von *P. aculeatum* (aus montanen Buchenwäldern) mit *P. lonchitis* (aus offenem Kalkschutt) nur da entstehen, wo durch Rodung und Weidebetrieb Krummholz, Rasen- und Schuttgesellschaften in den Alpen weit in den Wald eingedrungen sind und oft sogar den Nadelwaldgürtel bis in die Laubwaldstufe hinunter durchstoßen haben.

2 × 3 Polystichum x bicknellii (CHRIST) HAHNE = *Polystichum aculeatum* (L.) ROTH x *setiferum* (FORSK.) MOORE. – Abb. 157 c, 158 e.
Polystichum x *bicknellii*[1] (CHRIST) HAHNE Allg. Bot. Zeitschr. **10:** 103 (1905). – Basion.: *Aspidium lobatum* x *aculeatum* = *bicknellii* CHRIST in Fougères Alp. Marit. in BURNAT Fl. Alp. Marit. **1:** 20 (1900). – Syn.: *Aspidium aculeatum* var. *intermedium* BELLYNCKX Fl. Namur 316 (1855). – *Dryopteris* x *bicknellii* (CHRIST) BECHERER Ber. Schweiz. Bot. Ges. **45:** 251 (1936).

Stattliche, langlebige Pflanze, habituell und in fast allen Merkmalen eine Mittelstellung zwischen den Eltern einnehmend, gelegentlich durch größere Dimensionen auffallend, oft aber dem einen oder anderen Elter so ähnlich, daß zur sicheren Erkennung eine Untersuchung des Sporangieninhalts oder eine cytologische Kontrolle unumgänglich ist. Sporangieninhalt abortiert, mit wenigen, anscheinend gut ausgebildeten Sporen (vermutlich Diplosporen).
□ Chromosomenzahl: 2n = 123 (triploid), Meiose stark gestört

mit ca. 41 Paaren und ca. 41 Einzelchromosomen (MANTON 1950, SLEEP & REICHSTEIN 1967), was mit der Genomformel LSS für die Hybride gedeutet werden kann. Dafür hat *P. setiferum* eines seiner zwei Genome (SS) beigesteuert und *P. aculeatum* zwei seiner vier Genome (SSLL), wobei LL von *P. lonchitis* als einem seiner Vorfahren stammt (vgl. die Bemerkungen bei *P.* x *illyricum*).
□ Die Hybride bildet sich leicht; sie findet sich praktisch stets an Stellen, an denen beide Eltern zusammen wachsen.

Allgemeine Verbreitung und Verbreitung im Gebiet □ Zerstreut von den Seealpen bis Belgien und von Frankreich und England bis Rumänien und Jugoslawien, angeblich [WALTER Bull. Ass. Philomat. Alsace et Lorraine **8:** 356 (1937)] gelegentlich häufiger als die Art *P. setiferum*, z. B. in den Vogesen, im Rhein- und Rhônetal und in Belgien (LAWALRÉE Fl. Gén. Belg. Ptéridoph. 114–115; 1950). – In der Schweiz im Kanton Waadt (Vallée de l'Eau Froide ob L'Etivaz, 1400 m; Vallon de la Tinière ob Villeneuve); Kant. Neuenburg (Les Brenets), Kant. Zug (Zugerberg, Lethenbachtobel, Schollenbrunnen und Eielenwald westlich Dillibach); Kant. St. Gallen (Schäniser Berg ob Schänis zusammen mit beiden Eltern; Tannenberg bei St. Gallen); Tessin (Luganer See; Locarno; Malcantone; Valle della Grotta; Valle di Muggio); Kant. Wallis (Tobel des Parfieu ob St. Gingolph). – In Deutschland im Südschwarzwald; früher auch im Nutscheid (Bergisches Land). – Luxemburg: Sauertal. – In Österreich: Steiermark (Deutschlandsberg, Leutschach, Arnfels und Gamlitz). – Oberitalien: Grigna, Valle dei Molini. – In der Tschechoslowakei und Polen noch nicht gefunden. Auch *P.* x *bicknellii* ist experimentell erzeugt worden (MANTON 1950, SLEEP 1966), und auch diese Hybride produziert eine geringe Anzahl keimfähiger Sporen (vermutlich Diplosporen), die erhaltenen Pflanzen sind aber noch nicht genau untersucht (VIDA & REICHSTEIN 1975).

1 × 4 Polystichum x meyeri SLEEP et REICHSTEIN = *Polystichum braunii* (SPENN.) FÉE x *lonchitis* (L.) ROTH. – Abb. 158 b, 159 e, 161.
Polystichum x *meyeri*[2] SLEEP et REICHSTEIN, Bauhinia **2:** 299 (1967).

Im Habitus, dem aufrechten Wuchs mit schmalen langen Blättern, dem *P.* x *illyricum* etwas ähnlich. Der Einfluß von *P. braunii* zeigt sich im Blattschnitt mit stumpferen Fiedern, besonders im unteren Teil, und breiteren Fiederchen, in der dichten Beschuppung vom Stiel und der Spindel, vor allem aber durch die vereinzelten, aber deutlichen Haarschuppen auf der Oberfläche der Fiederchen. Sporen abortiert.
□ Chromosomenzahl: 2n = 123 (triploid), Meiose gestört und mit relativ wenigen abnorm geformten, bivalenten und vorwiegend univalenten Chromosomen (SLEEP & REICHSTEIN 1967). Dies bestätigt die allotetraploide Abkunft von *P. braunii* und zeigt, daß *P. lonchitis* keinen seiner zwei Vorfahren darstellt. Aussaat des Sporangieninhalts gab bisher keine Prothallien.

Allgemeine Verbreitung □ *P.* x *meyeri* bildet sich sehr schwer; alle Versuche, diese Hybride auch experimentell zu erzeugen, sind bisher erfolglos geblieben (ein zunächst scheinbar positives Resul-

---
[1] Nach CLARENCE BICKNELL (1842–1918), Engländer, Arzt in Bordighera, einem Erforscher der Ligurischen Flora (Flora of Bordighera and San Remo, Bordighera, 1896).
[2] Nach DIETER E. MEYER (1926–1982), Oberkustos am Herbar in Berlin-Dahlem, Farnforscher und Verfasser vieler wichtiger Arbeiten über Cytotaxonomie und Bastardierung europäischer Farne.

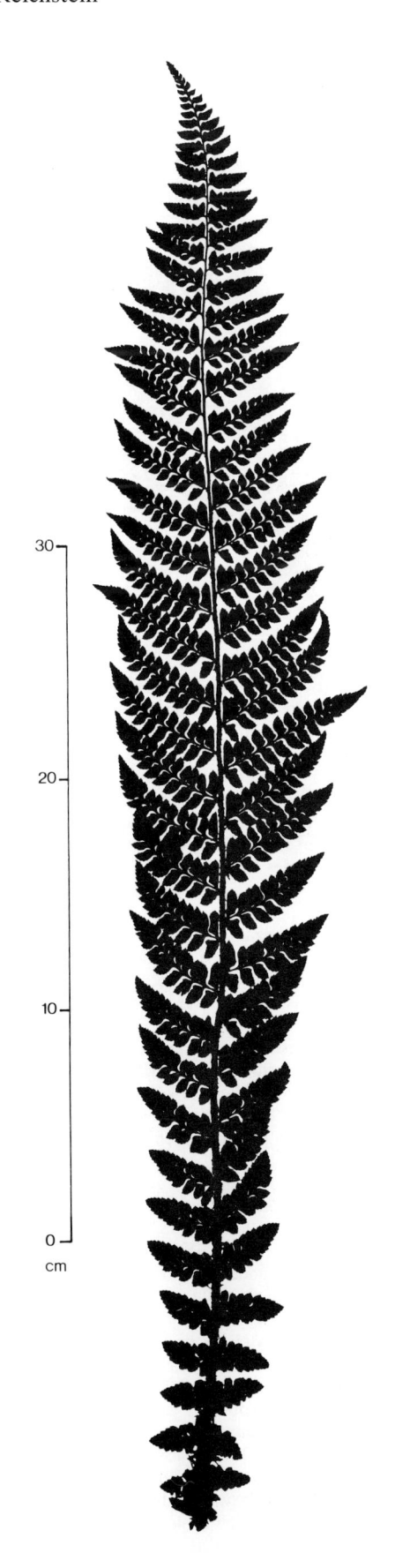

tat mit *P. braunii* aus Japan und *P. lonchitis* aus Nordamerika, vgl. SLEEP & REICHSTEIN 1967: 301, hat sich nicht bestätigt). In der Natur konnte die Hybride bisher nur in Österreich (Floitental, Stilluptal, Seitentäler des Zillertals, Tirol) vereinzelt gefunden werden, wo beide Eltern in Hunderten von Exemplaren teilweise unmittelbar zusammen wachsen, wo aber auch *P. aculeatum* meistens in der Nähe ist. – In der Schweiz finden sich ähnliche Stellen im Val Antabbia, Seitental des Val Bavona (Tessin) sowie mit merklich weniger Individuen, aber auch mit viel *P. braunii* und *P. lonchitis* zusammen, neben *P. aculeatum*, im Durnachtal, Kant. Glarus. Trotz intensiver Suche konnte dort kein *P.* x *meyeri* gefunden werden, während die zwei anderen Hybriden wieder reichlich vertreten waren.

3 × 4 Polystichum x wirtgenii HAHNE = *Polystichum braunii* (SPENN.) FÉE x *setiferum* (FORSK.) MOORE. – Abb. 157 b, 158 c.
Polystichum x *wirtgenii*[1] HAHNE, Allg. Bot. Zeitschr. **10**: 103 (1904).

Die Hybride ist eine stattliche, langlebige Pflanze und kann merklich größer werden als beide Eltern, mit Blättern bis zu 120 cm Länge. In Habitus, Blattschnitt und der Beschuppung nimmt sie eine Mittelstellung zwischen den Eltern ein und ist relativ leicht zu erkennen. Von *P. braunii* verschieden durch länger zugespitzte Fiedern, längere Blattstiele und teilweise kurz gestielte und kurz gezähnte Fiederchen, von *P. setiferum* verschieden durch weniger deutlich gestielte Fiederchen und besonders durch die vereinzelten, aber deutlichen Haarschuppen auf der Oberfläche der Fiederchen, von beiden durch die völlig abortierten Sporen.
☐ Chromosomenzahl: 2n = 123 (triploid) mit gestörter Meiose, die nur eine geringe Anzahl abnorm geformter Paare, sonst nur Einzelchromosomen zeigt (vgl. Abb. 15 und 17 in MANTON & REICHSTEIN 1961). Dieses Resultat bestätigt, daß *P. braunii* eine allotetraploide Pflanze ist und daß *P. setiferum* keiner seiner zwei Vorfahren ist. *P.* x *wirtgenii* bildet sich leicht und ist auch experimentell erzeugt worden (SLEEP 1966). Es ist in der Natur nur darum selten, weil es nur wenige Stellen gibt, an denen die Eltern zusammen wachsen. Dort, wo dies der Fall ist, findet sich die Hybride fast stets.

Allgemeine Verbreitung und Verbreitung im Gebiet ☐ In der Schweiz im Kanton Tessin (Val d'Osogna, ca. 800 m, im Kastanien-Buchenwald). – In Österreich in der Steiermark (Lassnitzklause bei Deutschlandsberg, im Raume von Leutschach, Arnfels und Gamlitz). – In Norditalien (Val dei Molini, Nordostseite des Grigna-Massivs, östl. vom Comersee). – Irrtümlich aus der Tschechoslowakei angegeben; beschrieben aus dem Kaukasus.

1 × 3 Polystichum x lonchitiforme (HALÁCSY) BECHERER = *Polystichum lonchitis* (L.) ROTH x *setiferum* (FORSK.) MOORE. – Abb. 162.
Polystichum x *lonchitiforme*[2] (HALÁCSY) BECHERER, Boll. Soc. Ital. Sc. Nat. **36**: 17 (1941). – Basion.: *Aspidium* x *lonchitiforme* HALÁCSY, Verh. Zool.-Bot. Ges. Wien **54**: 129 (1904).

Abb. 161 ☐ *Polystichum* × *meyeri* SLEEP & REICHST. Silhouette eines ganzen Blattes (Floitental, Zillertal, Tirol) (Original REICHSTEIN)

---

[1] Nach FERDINAND PAUL WIRTGEN (1848–1924), Apotheker in St. Johann, später Bonn, dem seinerzeit besten Kenner der Flora der Rheinprovinz und der europäischen Farnpflanzen, Herausgeber von Pteridophyta exsiccata (1895–1909).
[2] lonchitiformis (lat.) = mit der Tracht von *P. lonchitis*, was für diese Hybride allerdings nicht zutrifft.

Diese Hybride wurde aus Griechenland (Taygetos-Gebirge) beschrieben, und zwar nach einem einzigen Herbarstück, und nur aufgrund der an sich wohl begründeten Annahme, daß in jener Gegend von *Polystichum*-Arten außer *P. lonchitis* nur *P. setiferum*, nicht aber *P. aculeatum* wächst. *P.* x *lonchitiforme* zeigt nämlich die Besonderheit, daß es weder makroskopisch noch mikroskopisch eindeutig von *P.* x *illyricum* unterschieden werden kann. Zur Unterscheidung ist einzig die cytologische Kontrolle zuverlässig. Lebendes Material für die Untersuchung ist erstmals von SLEEP (1966) experimentell erzeugt worden. Sie zeigte, daß die Hybride in beiden Richtungen erstaunlich leicht entsteht, und konnte eine große Anzahl Pflanzen erhalten, die sich cytologisch alle gleich verhielten und auch morphologisch sehr ähnlich waren, auch wenn einzelne sich als kräftiger, andere als schwächer erwiesen. Die Hybride ist in der Natur nur selten, weil es wenig Stellen gibt, an denen die Eltern zusammen wachsen. In Griechenland ist sie seit der Erstbeschreibung nie mehr gefunden worden. Aufgrund von Literaturstudien hat ANNE SLEEP vermutet, daß in NW-Irland eine geeignete Stelle sein könnte. Dies hat sich bei einem Besuch am 5. VII. 1974 bestätigt (SLEEP, SCANNELL & REICHSTEIN unpubl.). Es wurden mehrere Exemplare gefunden. Die Hybride entsprach den Erwartungen; sie war von den stärker geteilten Formen des *P.* x *illyricum* nicht zu unterscheiden, produzierte Blätter bis zu 40 cm Länge, erwies sich aber als diploid, Chromosomenzahl 2n = 82, zeigte unregelmäßige Meiose mit einer wechselnden, kleinen, aber merklichen Anzahl von unregelmäßigen Paaren, während die anderen Chromosomen als Univalente verblieben. Genau gleich verhielten sich die experimentell erzeugten Pflanzen. Die Hybride wurde 1975 von VIDA auch in Ungarn gefunden und durch cytologische Untersuchung erkannt (S. PINTÉR & C. VIDA, in Vorber.).

□ *P.* x *lonchitiforme* als vermutliche Vorstufe des *P. aculeatum*. Der Sporangieninhalt von *P.* x *lonchitiforme* zeigte neben viel abortiertem Material einzelne große, gut ausgebildete Sporen (vermutlich Diplosporen). Die Aussaat von solchem Material (aus experimentell erzeugten sowie aus natürlichen Hybriden) gab stets eine kleine, aber merkliche Anzahl von Prothallien und daraus einige Sporophyten, die von *P. aculeatum* nicht zu unterscheiden

Abb. 162 □ *Polystichum* × *lonchitiforme* (HALACSY) BECHERER (= *P. aculeatum* × *P. setiferum*) (Glenade, Co. Leitrim, Irland) (Original SLEEP, SCANNEL & REICHSTEIN)

waren. Sie erzeugten auch gute Sporen und waren tetraploid. Diese Ergebnisse (SLEEP & REICHSTEIN, in Vorbereitung) müssen noch mit Pflanzen von *P.* x *lonchitiforme* wiederholt werden, die unter sicher sterilen Bedingungen gehalten wurden, um jede Möglichkeit des Eindringens fremder Sporen zu vermeiden. Sie zeigten aber, daß die Bildung des allotetraploiden *P. aculeatum* aus seinen Vorfahren merklich anders verläuft als diejenige des *Asplenium adulterinum* (siehe dieses). Bei letzterem erfolgt die Bildung der diploiden Vorstufe [Hybride von *A. trichomanes* (2x) x *A. viride*] sehr schwer. Ist sie aber einmal entstanden, so produziert sie das allotetraploide *A. adulterinum* sehr leicht und in großer Zahl. Bei *P. aculeatum* scheint es umgekehrt zu sein. Das *P.* x *lonchitiforme* als Vorstufe bildet sich sehr leicht, die Chromosomenverdopplung erfolgt aber relativ schwer.

Familie **Athyriaceae** Frauenfarngewächse

Stauden. Rhizom mit diktyostelen Leitbündeln; Blätter einfach bis dreifach gefiedert; Blattstiel rinnig, mit zwei oben zusammenfließenden Gefäßbündeln; Sori auf der Unterseite, zur Seite oder auf dem Rücken oder am Ende der Adern entspringend; Indusium unterständig oder dem Rücken der Adern angeheftet, zuweilen rudimentär bis fehlend.

Typus-Gattung: *Athyrium* ROTH

Artenzahl und Verbreitung □ Etwa 15 Gattungen mit ca. 560 Arten von kosmopolitischer Verbreitung. Die systematische Abgrenzung dieser Familie ist bisher nicht genügend geklärt. Sie ist sehr nahe mit den Aspidiaceae verwandt, von denen sie nur schwer abzugrenzen ist, und wird neuerdings mit dieser Familie vereinigt; vgl. W. A. SLEDGE: Generic and family boundaries in the Aspidiaceae and Athyriaceae; Bot. J. Linn. Soc. **67**, Suppl. **1**: 203–210 (1973). Dagegen werden *Matteuccia* und ihre Verwandten zuweilen als eigene Gruppe abgetrennt oder ebenfalls zu den Aspidiaceae gestellt.
□ Einige Arten werden in Gärten und die tropischen in Glashäusern zuweilen kultiviert. Außer den zahlreichen Formen des einheimischen *Athyrium filix-femina* (s. unten) und der nordamerikanischen *Cystopteris bulbifera* (L.) BERNH. wird *Diplazium silvaticum* (BORY) SWARTZ, von Mauritius bis zum Pazifik, als ein schnellwachsender Kalthausfarn gezogen. – *Diplazium esculentum* (RETZ.) SWARTZ, aus dem tropischen Asien, ist ein kleiner Baumfarn mit fast 2 m langen, doppelt gefiederten Blättern; zuweilen in Warmhäusern gepflanzt, auf den Azoren gelegentlich nahe von warmen Quellen verwildert. Die jungen Sprosse werden in der Heimat wie Spargel gegessen. – *Diplazium sibiricum* (TURCZ ex G. KUNZE) JERMY [= *Athyrium crenatum* (SOMMERF.) RUPRECHT; *Allantodia crenata* (SOMMERF.) CHING] mit dreieckig-eiförmigen 30–60 x 20–30 cm großen, doppelt gefiederten Blättern und lanzettlichen Fiedern mit rundlich-stumpfen Fiederchen, kleinen oblongen Sori und bald abfallendem Indusium; wächst in nordeuropäischen Fichtenwäldern (Taiga) und reicht südwärts bis Mittelnorwegen. In Europa (Azoren und Südspanien) ist auch *D. caudatum* (CAV.) JERMY heimisch.

1. Athyrium

Athyrium[1] [ROTH in MERTENS, RÖMERS Arch. Bot. **2**: 105 (1799)]; ROTH Tent. Fl. Germ. **3**: 58 (1799), emend. MILDE Bot. Ztg. **24**: 373 (1866) et LUERSS. Farnpfl. 129 (1889). – F r a u e n f a r n. Holl.: wijfjesvaren; dän.: fjerbregne; engl.: ladyfern; franz.: fougère femelle; tschech.: papratka; poln.: wietlica; russ.: кочедижник (kočedišnik).

Ansehnliche Farne; R h i z o m (bei den europäischen Arten) aufrecht, verzweigt, mit zartwandigen, breit- bis lineal-lanzettlichen, zugespitzten Spreuschuppen bedeckt; B l ä t t e r am Gipfel des Rhizoms trichterförmig spiralig gestellt, gleichförmig; B l a t t s t i e l oberseits rinnig, mit zwei im Querschnitt plattenförmigen, oft nach innen konvexen Leitbündeln, diese oberwärts zu einem hufeisenförmigen Bündel vereinigt; Blattstiel am Grunde oberhalb der Insertion verdickt und schwarzbraun-glänzend. B l a t t s p r e i t e im Umriß breit-lanzettlich, doppelt gefiedert, am Grunde verschmälert, F i e d e r n fiederig geteilt oder fiederschnittig; Adern frei. S o r i länglich oder fast rundlich, die unteren Sori auf den untersten Abschnitten der kräftiger und stärker geteilten Blätter hufeisenförmig oder halbmondförmig; Indusium seitlich, bleibend oder verkümmert und meistens bald abfallend. – Chromosomengrundzahl: $x = 40$[2].

Typus-Art: *Polypodium filix-femina* L. = *Athyrium filix-femina* (L.) ROTH.

Artenzahl und Verbreitung □ Etwa 200 Arten, fast kosmopolitisch, besonders in den Gebirgen Asiens reich vertreten. Die Abgrenzung dieser Gattung gegen ihre Nachbargattungen (*Diplazium, Lunathyrium* usw.) sowie die Begrenzung und Zahl der Arten sind heute sehr unsicher und bedürfen noch weitgehend der Klärung.

Verwendung □ Unsere Arten der Gattung *Athy-*

---

[1] a (griech.) ἄ = ohne; thyreos (griech.) θυρεός = der Schild oder Türstein vor dem Ausgang, weil die Sori keine oder seitliche kleine Indusien (Schleier) haben, also zum Teil ohne Bedeckung sind; oder von ›athyro‹ (griech.) ἀθύρω = spiele, ändere ab; wegen der mannigfaltigen Form der Sori; oder von ›athyros‹ (griech.) ἄθυρος = ohne Tür, weil das Indusium oft rudimentär und nur in der Jugend vorhanden ist.
[2] Die nahe verwandte (und früher sogar mit *Athyrium* vereinigte) Gattung *Diplazium* hat n = 41 Chromosomen, was ein wesentliches Unterscheidungsmerkmal zu sein scheint.

rium riechen beim Welken stark, vertreiben Flöhe und wurden darum auf dem Lande, besonders in Hirtenhütten, benützt.

Bestimmungsschlüssel für die Arten

1 Sori länglich oder hakenförmig, Indusium bleibend; Sporen warzig bis glatt . . 1. *A. filix-femina*
1* Sori rund, Indusium rudimentär, bald abfallend oder fehlend; Sporen netzartig geflügelt . . . . . .
 . . . . 2. *A. distentifolium*

1. Athyrium filix-femina

Athyrium filix-femina[1] (LINNÉ) ROTH Tent. Fl. Germ. **3**: 65 (1799). – Basion.: *Polypodium filix-femina* LINNÉ Sp. pl. 1090 (1753). – Syn.: *Polypodium rhaeticum* L. Sp. pl. 1091 (1753), p.p., excl. synon. – *Aspidium filix-femina* (L.) SWARTZ in SCHRAD. Journ. Bot. **1800/2**: 41 (1802). – *Asplenium filix-femina* (L.) BERNHARDI in SCHRAD. Neu. Journ. Bot. **1/2**: 26 (1806). – W a l d - F r a u e n f a r n . – Taf. 6 Fig. 1e nach S. 192. – Abb. 163–165.

Wichtige Literatur □ BRUNNER, H. 1952: Comment différencier l'*Athyrium filix-femina* de l'*alpestre*? Bull. Cercle Vaud. Bot. **3**: 26–28.

Ausdauernd; R h i z o m kurz, aufsteigend, oft verzweigt, mit hell- bis dunkelbraunen Spreuschuppen besetzt; B l ä t t e r nicht sehr zahlreich, zart, licht- bis gelbgrün; B l a t t s t i e l am verdickten Grunde schwarzbraun, mit dunkelbraunen, lanzettlichen Spreuschuppen dicht besetzt, oben gelblichgrün, 2–4mal kürzer als die Spreite, oberseits weitrinnig; B l a t t s p r e i t e 50–100 (bis fast 200) cm lang, im Umriß länglich-lanzettlich, beiderseits verschmälert, zwei- bis dreifach gefiedert; B l a t t s p i n d e l grün oder auch rosa (anthozyanhaltig), unterwärts spärlich spreuschuppig, auf adaxialer Seite rinnig; F i e d e r n wechselständig, beiderseits bis 40, die größten bis 25 cm lang, länglich-lanzettlich, fiederig geteilt bis fiederschnittig, die unteren allmählich sich verkürzend, die oberen verschmälert, bespitzt. Rhachis, Costae und Costulae auf der Bauchseite, oft nur im oberen Blattdrittel, oder auch auf der ganzen Blattspreite, mit vielen einzelligen, keulenförmigen, etwa 0,7 mm langen Haaren versehen; im frischen Zustand, vor allem bei jungen Blättern, erscheinen diese Teile dadurch leicht mehlig. Gelegentlich auch die ganze Pflanze auf Ober- und Unterseite mit sol-

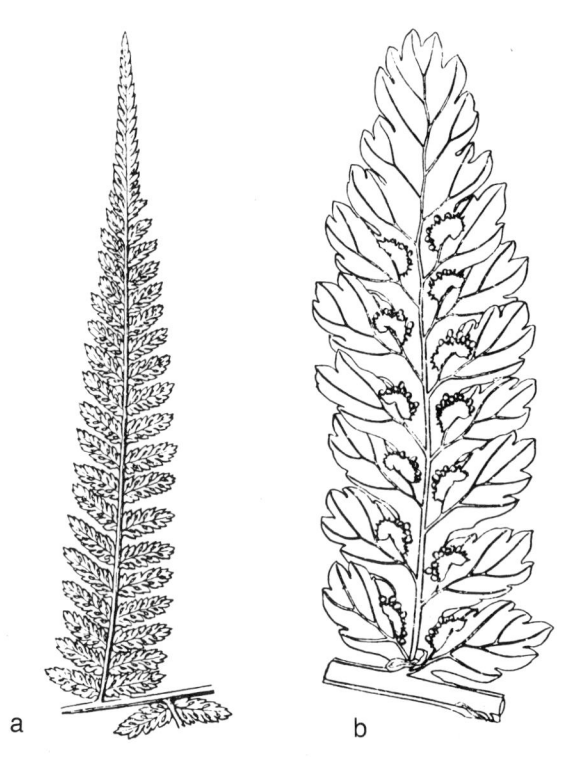

Abb. 163 □ *Athyrium filix-femina* (L.) ROTH □ *a* Primärfieder von unten (nat. Gr.) □ *b* Sekundärfieder von unten (× 5) (letztere nach HYDE, WADE & HARRISON 1969)

chen Haaren versehen. S o r i etwa 1 mm breit, ± länglich; Indusium bleibend. Sporen hell gelbbraun, fein körnig-warzig bis fast glatt, 37–44 µm lang. – Chromosomenzahl: $2n = 80$ (diploid). – Sporenreife: VII.–IX.

Vorkommen □ Hemikryptophyt, Schatten- bis Halbschattenpflanze. In krautreichen Laub- und Nadelwäldern, besonders in Buchenwäldern, auch in Gebüschen und Bergweiden, Hochstaudenfluren oder im Steinschutt. Auf grund- und sickerfrischen, meistens feuchten, nährstoff- und basenreichen, meist kalkarmen, neutralen bis mäßig sauren, humos-sandigen, steinigen oder reinen Lehmböden und

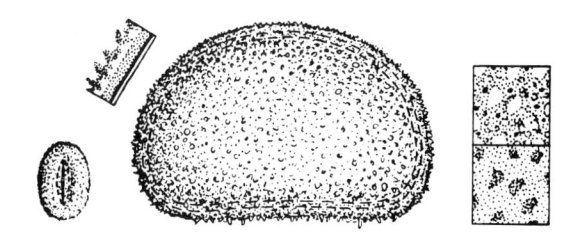

Abb. 164 □ *Athyrium filix-femina* (L.) ROTH. Sporen □ *Links unten* proximale Seite (× 250) □ *Links oben* Schichtung der Außenwand (× 2000) □ *Mitte* seitliche Ansicht (× 1000) □ *Rechts* LO-Muster (nach ERDTMAN 1957)

---

[1] Filix femina (lat.) = Farnweiblein, wegen zarterer Tracht als »filix-mas« – Farnmännlein.

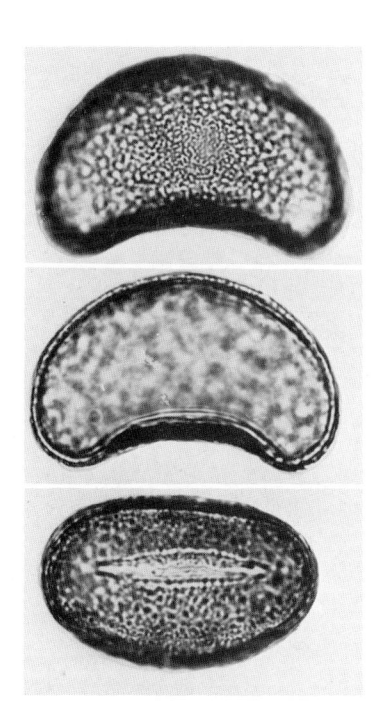

Abb. 165 □ *Athyrium filix-femina* (L.) ROTH. Spore (× 1000), *oben* hohe, *Mitte* tiefere Einstellung (optischer Schnitt) der Äquatoransicht; *unten* Ansicht vom proximalen Pol, tiefere Einstellung nahe dem optischen Schnitt (Original STRAKA)

Tonböden, Mull-Moderböden, in regenreichen, besonders gebirgigen Lagen, vor allem in Fagion-Gesellschaften, auch im Adenostylion oder in feuchten Vaccinio-Piceion-Beständen; in trockenen warmen Tieflagen fast nur in Alno-Ulmion- oder in feuchten Carpinion-Gesellschaften. Glei- und Pseudoglei-Zeiger. Von der Ebene bis an die Baumgrenze, in den Gebirgen zuweilen bis in die alpine Stufe, in den Alpen bis 2500 m steigend.

Allgemeine Verbreitung □ Gesamtareal für die Art in weiterem Sinne nordhemisphärisch-zirkumpolar, ozeanisch-subozeanisch; in den Tropen nur in der Bergwaldstufe. Nord- und Mittelamerika südwärts bis Mexiko, auch Peru, Nordatlantische Inseln, in ganz Europa verbreitet, nur in der immergrünen Region des Mittelmeeres seltener, Nordafrika (Algerien), West- und Nordasien.
□ Karten: HULTÉN 1964, Karte 168 A + B; MEUSEL, JÄGER, WEINERT 1965, S. 15; JALAS & SUOMINEN 1972, Karte 105.

Einige nordamerikanische Sippen (z. B. var. *californicum* BUTTERS, var. *sitchense* RUPR. u. a.) verdienen vielleicht Artrang. Weitere Studien sind nötig, vgl. LIEW FAH SEONG: Numerical taxonomic studies on North American Ladyferns and their allies, Taiwania **17**: 190–220 (1972).

Arealdiagnose □ zonal: merid/montan − submerid − boreal · ozean$_{1-3}$ Circpol. − regional (in Europa): west − (ost)medit/montan − submedit/(montan) − mitteleurop − nordeurop.

Verbreitung im Gebiet □ Meist allgemein verbreitet, selten bis fehlend in trockenen und regenarmen Gebieten. Auf den Nordseeinseln nicht einheimisch. Besonders häufig in der Berg- und Voralpenstufe, in Bayern bis 1800 m (Feldkogelalm, Funtensee), in Tirol bis 2200 m, in Graubünden bis 2400 m, im Wallis bis 2000 m, in der Tatra bis 1730 m.

Variabilität der Art □ Die Art ist äußerst veränderlich, aber ihre sich überschneidenden Formen lassen sich selten scharf abgrenzen. Alle diese Formen unterscheiden sich von *Dryopteris filixmas* vor allem durch den Umstand, daß sie am Stiel nur zwei, dafür sehr kräftige, Leitbündel haben, sowie durch stärkere Teilung der Blätter, auch durch die Form der Sori und die sehr spärlich spreuschuppige Blattspindel; von *Dryopteris dilatata* durch die meist viel kleineren Abschnitte, durch die nicht stachelspitzigen Blattzähne und besonders durch die verschmälerte Blattbasis.

Krankheiten und Schädlinge □ Die Pflanzen werden von Larven der Fliege *Chortophila (Anthomyia) signata* (BRISCHKE) befallen, welche Zusammenrollen der Fiedern verursachen. Die Heteropteren (Wanzen) *Bryocoris pteridis* FALLEN und *Monalocoris filicis* L. werden zuweilen auf ihnen gefunden.

Nutzen und Verwendung □ Das Rhizom wird vom Volk als harntreibendes Mittel und gegen Hydrops benützt.

2. Athyrium distentifolium

Athyrium distentifolium[1] TAUSCH ex OPIZ Tentamen fl. cryptog. Boëmiae, Kratos **2 (1)**: 14 (1820). − Syn.: *Polypodium rhaeticum* L. Sp. Pl. 1091 (1753), p.p., excl. specim. − *Aspidium alpestre* HOPPE Bot. Taschenb. 216 (1805). − *Polypodium alpestre* (HOPPE) HOPPE Flora (Regensb.) **4**: 48 (1821). − *Pseudoathyrium alpestre* (HOPPE) NEWMAN Phytolog. **4**: 370 (1851). − *Phegopteris alpestris* (HOPPE) METTEN. Filic. Hort. Lips. 83 (1856). − *Athyrium alpestre* (HOPPE) RYLANDS in MOORE Nat. Print. Ferns Gr. Brit. Irl. 224 (1856), non CLAIRV. (1811). − *Athyrium polypodioides* SCHUR Österr. Bot. Zeitschr. **8**: 194 (1858). − *Asplenium alpestre* (HOPPE) METTEN. Abh. Senckenb. Ges. **3**: 198 (1859). − *Asplenium rhaeticum* (L.) BRÜGGER Naturg. Beitr. Chur 47 (1874). − *Athyrium rhaeticum* (L.) GREMLI Exc. Fl. Schweiz ed. 3: 427 (1878), non ROTH (1800). − G e b i r g s - F r a u e n f a r n. − Abb. 166–168.

Ausdauernd; der vorigen Art *(A. filix-femina)* sehr ähnlich, unterscheidet sich aber durch folgendes: B l ä t t e r 60–160 (–200) cm lang, am Grunde mit breiteren Spreuschuppen besetzt; B l a t t s t i e l 14–40 cm lang; B l a t t s p r e i t e länglich-lanzettlich,

---

[1] *distentus* (lat.) = zerstreut, zerteilt; *folium* (lat.) = Blatt; wegen der stark zerteilten Blätter.

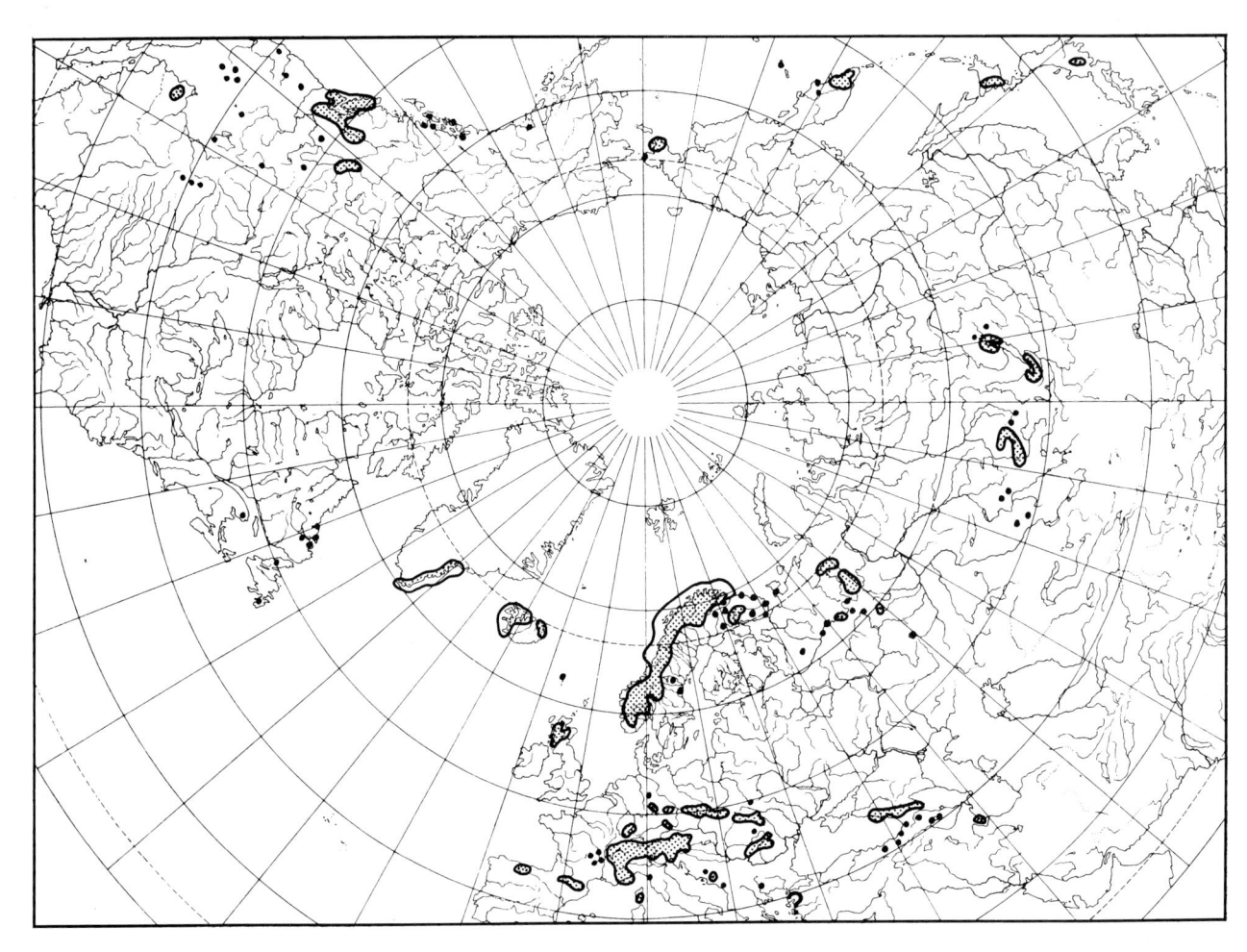

Abb. 166 □ *Athyrium distentifolium* TAUSCH ex OPIZ. Verbreitungskarte (Original RAUSCHERT)

doppelt gefiedert, dunkelgrün, unterseits heller; B l a t t s p i n d e l grünlich, zuletzt strohgelb; untere F i e d e r n breit-lanzettlich, bis 22 cm lang, mit beiderseits bis 26 länglichen F i e d e r c h e n, letzte Abschnitte eiförmig-länglich, an der Spitze stumpf, dreizählig; Keulenhaare fehlend. S o r i klein, in den Winkeln der Zipfel, aus weniger Sporangien bestehend, in der Jugend hufeisenförmig, später ziemlich kreisrund; Indusium rudimentär, wenigzellig, bewimpert, bald abfallend oder überhaupt fehlend. Sporen dunkelbraun, bohnenförmig, mit dünnem, gefaltetem Perispor, das bis 2–3 μm breite lappige Ränder bildet. – Chromosomenzahl: $2n = 80$. – Sporenreife: VII.–IX.

Vorkommen □ Hemikryptophyt; Schattenpflanze. In staudenreichen Bergmischwäldern oder Hochstaudenfluren der subalpinen und alpinen Stufe, selten an buschigen Hängen und Holzschlägen. Auf sickerfrischen, nährstoff- und ± basenreichen, kalkarmen, mäßig sauren, humosen, locker steinigen Lehmböden und Mullböden in schneereichen Schattenlagen. Charakterart der Betulo-Adenostyletea-Klasse (Adenostylion, in Skandinavien Aconition septentrionalis), z. B. im Cicerbitetum alpinae, im Alnetum viridis, auch im Aceri-Fagetum (Fagion) oder in Vaccinio-Piceion-Gesellschaften. – Verbreitet nur in den Gebirgen, in der subalpinen bis alpinen Vegetationsstufe, in den Alpen von 1400 bis 2400 (–2700) m, in der Tatra bis 2200 m; selten bis 800 m ü. M. herabsteigend. – Stellenweise, besonders im Krummholzgürtel und in der Ebereschen-Region (z. B. im Gesenke) große Bestände bildend, mit *Adenostyles alliariae, Cicerbita alpina, Ranunculus platanifolius, Prenanthes purpurea, Doronicum austriacum, Carduus personata, Delphinium elatum, Aconitum* spp., *Dryopteris* spp. und *Athyrium filix-femina*.

Allgemeine Verbreitung □ Zirkumpolar, ozeanisch, in den Hochgebirgen der warm-gemäßigten

und der gemäßigten sowie in der kühlen Zone. In Europa von Island, Schottland und den Färöer, Skandinavien bis Nordrußland (Ural) und von Nordspanien (Asturisch-Kantabrisches Gebirge, Pyrenäen), Zentralfrankreich ostwärts über die Alpen, Sudeten und Karpaten bis in die Balkanhalbinsel, die nordöstliche Türkei und den Kaukasus, westliches und östliches Nordamerika, Grönland, Japan, Kamtschatka und südsibirische Gebirge.
□ Karten: HULTÉN 1958, S. 243; MEUSEL, JÄGER, WEINERT 1965, S. 15; JALAS & SUOMINEN 1972, Karte 106.

Arealdiagnose □ zonal: (submerid/subalpin) – temp/montan – boreal (montan) · ozean$_{1-2}$ Circpol (Westseitenförderung!). – regional (in Westeurasien): submedit disj – cauc – carp – alpisch – (herc) + scot – norv – nordural – altai – sajan/sämtl. montan.

Verbreitung im Gebiet □ In allen Gebirgen zerstreut bis häufig. – In Deutschland: Harz (Brocken, Bodetal, Okertal, verschollen); Thüringer Wald (Zentralkamm von 650 m an); Frankenwald (bei Steben); Schwarzwald (Hornisgrinde, Schwarzkopf, Rossbühl, Hinterlangenbach, Kandel, gesamtes Feldberggebiet, Schauinsland, Belchen); Bayerischer Wald und Böhmerwald, Hohes Erzgebirge, Württemb. Allgäu (Ibergkugel, Schwarzer Grat). – In den Alpen von Südwesten (Savoyen) bis Niederösterreich, Obersteiermark (Rottenmanner Tauern) und Kärnten; Tirol und Südtirol ziemlich verbreitet. – In der Schweiz allgemein verbreitet auf Ur- und Schiefergebirge, z. B. (niedrigste Fundorte) Leiterfluh bei Unterägeri, 1400 m (Kant. Zug); Wildspitz ob Urzenboden, 1300 m, und Gnippen im Schlegelbann, 1550 m (Kant. Schwyz); Kreuzegg-Gruppe, Poalp und Färch am Welschenberg und Schwarzenberg bis 1100 m herab (Kant. St. Gallen). – In Österreich mäßig häufig. – In Slowenien in den Alpen und Voralpen zerstreut. – In der Tschechoslowakei in allen Gebirgen zwischen 800–1800 m, besonders häufig im Gesenke (Altvater), häufig im Riesengebirge und im Isergebirge. In niedrigeren Inversionslagen selten, z. B. im Mährischen Karst. – In Polen nur in den Sudeten und Karpaten.

Variabilität der Art □ Die Art ändert in bezug auf die Teilung und Zähnung der Blätter. Bemerkenswert ist nur die var. *flexile* (NEWMAN) JERMY = *Pseudoathyrium flexile* NEWMAN Phytolog. 4: 394 (1851); *Athyrium flexile* (NEWMAN) MOORE: Ind. 185 (1860). Blätter nur bis 25 cm lang, Blattstiel nur 1–2 cm lang, dicht spreuschuppig, Fiedern nur 35–40 mm lang, sehr kurz zugespitzt, mit beiderseits nur 5–9 Fiederchen; beschrieben von Schottland.

Hybride

1 × 2 Athyrium × cassum CHIOVENDA Fl. Alp. Lep. Occid. **2:** 46 (1929) = *Athyrium distentifolium* TAUSCH ex OPIZ x *filix-femina* (L.) ROTH. – Syn.: *Athyrium filix-femina* x *alpestre* CHRIST Farnkr. d. Schweiz: 113 (1900).

Steht in der Tracht und den Merkmalen zwischen beiden Elternarten, ist auch diploid, hat aber abortierte Sporen und zeigt gestörte Meiose mit nur (oder fast nur) Univalenten (SCHNELLER, unpubl.). Am Feldberg im Schwarzwald sowie in der Schweiz am Ricken, Kt. St. Gallen. Am Feldberg fanden RASBACH & SCHNELLER (unpubl.) daneben auch triploide Hybriden, die noch weiter untersucht werden müssen. Die Anwendbarkeit des CHIOVENDAschen Namens auf obigen Bastard wird neuerdings in Zweifel gezogen.

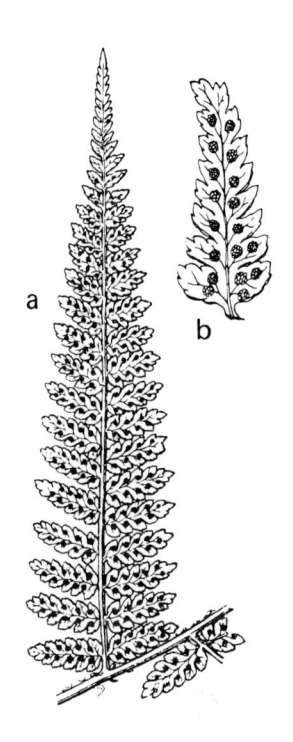

Abb. 167 □ *Athyrium distentifolium* TAUSCH ex OPIZ □ a Primärfieder von unten (nat. Gr.) □ b Sekundärfieder von unten (etwa × 1½)

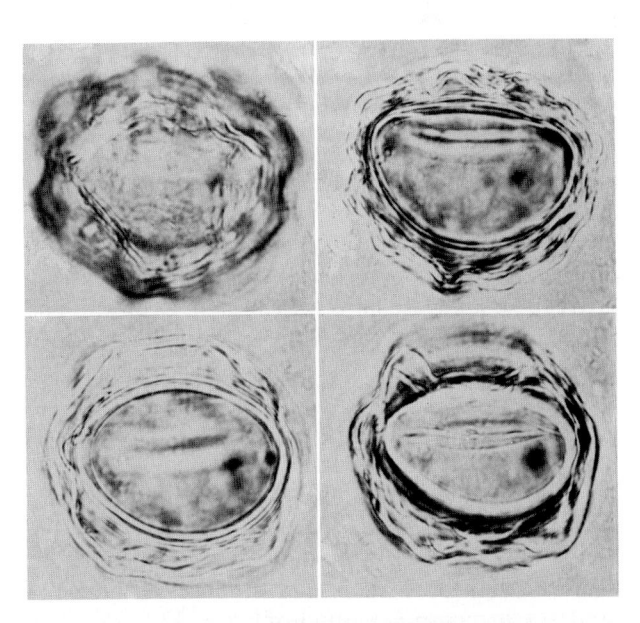

Abb. 168 □ *Athyrium distentifolium* TAUSCH ex OPIZ. Sporen (× 1000) □ *Oben* Äquatoransicht □ *Unten* Polansicht □ *Links* hohe Einstellung (optischer Schnitt) □ *Rechts* optischer Schnitt □ *Rechts unten* Durchsicht auf das Leptoma (Original STRAKA)

Athyriaceae — Josef Dostál

Tafel 6 □ Erklärung der Figuren

Fig. 1 □ *Cryptogramma crispa* (L.) R. Br. Ganze Pflanze mit
Fig. 1 a □ sterilem Blatt
Fig. 1 b □ fertilem Blatt
Fig. 1 c □ Fertile Blattsegmente von unten
Fig. 1 d □ Ausgebreitetes fertiles Blattsegment von unten
Fig. 1 e □ *Athyrium filix-femina* (L.) Roth. Einzelner Sorus (vergr.) mit *Asplenium*-artigem Schleier

Fig. 2 □ *Blechnum spicant* (L.) Roth. Ganze Pflanze mit sterilen und einem fertilen Blatt
Fig. 2 a □ Fertile Fieder von unten
Fig. 2 b □ Fertile Fieder im Querschnitt
Fig. 3 □ *Phyllitis scolopendrium* (L.) Newm.
Fig. 3 a □ Teil eines fertilen Blattes von unten
Fig. 3 b □ Längsschnitt durch einen Teil eines fertilen Blattes mit zwei benachbarten Sori

2. Cystopteris[1]

Cystopteris Bernhardi in Schrader Journ. Bot. 1805 **1/2**: 26 (1806), nomen conservandum. – Syn.: *Cyclopteris* A. Gray Nat. Arrang. Brit. Fl. **2**: 8 (1821). – *Cystea* J. E. Smith Engl. Fl., ed. 2, **4**: 285 (1823). – *Filix* Adans. Fam. Pl. **2**: 20, 558 (1763), non Séguier (1754). – B l a s e n f a r n . – Holl.: blaasvaren; dän.: baegerbregne; engl.: bladder-fern; tschech.: puchýřník; poln.: paprotnica; russ.: пузырник (puzyrnik).

Typus-Art: *Polypodium fragile* L. = *Cystopteris fragilis* (L.) Bernh.

Wichtige Literatur □ Blasdell, R. F.: A monographic study of the fern-genus *Cystopteris*; Mem. Torrey Bot. Club **21**: 1–102 (1963) (Die europäischen Taxa werden teilweise sehr willkürlich behandelt; *C. alpina* wird als *C. fragilis* × *montana* und *C. regia* als *C. diaphana* × *fragilis* angesehen). – Jermy, A. C. & Linda Harper: Spore morphology in the *Cystopteris fragilis* complex; Brit. Fern Gaz. **10** (4): 211–213 (1971). – Pearman, R. W.: A scanning electron microscope investigation of the spores of the genus *Cystopteris*; Fern Gaz. **11** (4): 221–230 (1976). – Vida, G.: Genome analysis of the European *Cystopteris fragilis* complex. Acta Bot. Acad. Sci. Hung. **20** (1–2): 181–192 (1974). – Ders.: Cytophotometric DNA studies in polyploid series of the fern genus *Cystopteris* Bernh. Acta Bot. Sci. Acad. Hung. **26** (3–4): 455–461 (1980).

Kleine bis mittelgroße Erd- oder Felspflanzen mit schwärzlichem R h i z o m und spiralig gestellten, langgestielten, mehrfach gefiederten, meist sommergrünen, zarten, durchscheinenden, gleichförmigen B l ä t t e r n und kleinen Abschnitten; Rhizom und Blattstiel unten mit zarten Spreuschuppen bedeckt. B l a t t s t i e l zerbrechlich, oberseits flachrinnig, von zwei im Querschnitt ovalen, nach der abaxialen Rückseite konvergierenden Leitbündeln durchzogen. S o r i rund, rückenständig auf den Adern, die bis zum Rande auslaufen und deren Enden nicht verdickt sind. Indusium unterständig, lanzettlich, gewölbt, quer auf den Adern unter den Sori angeheftet, später zurückgeschlagen und schließlich schrumpfend. – Chromosomengrundzahl: x = 42.

Artenzahl und Verbreitung □ Etwa 12 Arten mit fast kosmopolitischer Verbreitung.

Systematik □ Die systematische Stellung der Gattung war lange problematisch; die schrittweise Sporangienentwicklung und die Ontogenie des Indusiums weisen auf die Aspidiaceae hin. Neuere Autoren halten die Verwandtschaft mit *Athyrium* für sicher, mit *Woodsia* für sehr wahrscheinlich. Die europäischen *Cystopteris*-Arten gliedern sich in zwei Komplexe. Der erste umfaßt *C. fragilis*, *C. diaphana*, *C. dickieana* und *C. regia*, unter denen teilweise noch verschiedene tetraploide, hexaploide und octoploide Cytotypen bekannt sind. Einige dieser Sippen scheinen gemeinsame Genome zu enthalten (G. Vida 1974, 1980), ihre genaue Verwandtschaft ist aber noch unbekannt. Die Abklärung auf experimentellem Wege durch Hybridisierungsversuche (wie es so erfolgreich in den Gattungen *Asplenium*, *Cheilanthes*, *Dryopteris* und anderen geschah) stößt hier auf große Schwierigkeiten, da in Europa keine diploiden Sippen bekannt sind, die als Vorfahren in Frage kämen. In Nordamerika sind die diploiden Arten *C. bulbifera* und *C. protrusa* bekannt, die aber nach Vida (1974) an der Bildung der europäischen Arten offenbar nicht beteiligt waren. Eine in dieser Beziehung sehr interessante Sippe ist die von Blasdell (1963) erstmals beschriebene diploide Cytotype von *C. diaphana* aus Chile. Sie scheint aber dort sehr selten zu sein und konnte bisher nicht nochmals beschafft werden. Der zweite Komplex umfaßt bei uns *C. montana* und *C. sudetica*, beide in Europa tetraploid, doch ist nach Blasdell die asiatische *C.* [*sudetica* subsp.] *moupinensis* Franch. diploid. Kreuzungsversuche mit dieser interessanten Sippe konnten noch nicht durchgeführt werden.

Bestimmungsschlüssel für die Arten

1 Rhizom kurz, dick; Blätter büschelig gehäuft; Blattspreite lanzettlich, meistens länger als der Blattstiel 2
1* Rhizom kriechend, schlank; Blätter einzeln; Blattspreite dreieckig-eiförmig, meistens kürzer als der Blattstiel 5
2 Sporen mit Stacheln bedeckt 3
2* Sporen von unregelmäßigen Leisten runzelig . . . . 2. *C. dickieana*
3 Letzte Blattabschnitte eiförmig bis lanzettlich, spitz oder zugespitzt, die Endadern in die Spitze auslaufend . . . . 1. *C. fragilis*
3* Letzte Abschnitte ausgerandet, die Adern in den Ausrandungen endigend 4
4 Letzte Abschnitte schmal, fast linealisch . . . . 3. *C. regia*

---

[1] kystis (griech.) κύστις = Blase; pteris (griech.) πτέρις = Farn; wegen des gewölbten Indusiums.

Tafel 6

4* Letzte Abschnitte breit, eiförmig . . . .
. . . . 4. *C. diaphana*
5 Blattspreite dreieckig, Blattstiel drüsig; unterstes Fiederchen der unteren Fiedern das längste, länger als das folgende; Indusium drüsig . . . .
. . . . 5. *C. montana*
5* Blattspreite breit-eiförmig; Blattstiel kahl; unterstes Fiederchens der unteren Fiedern kürzer als die folgenden . . . . 6. *C. sudetica*

1. Cystopteris fragilis

Cystopteris fragilis[1] (LINNÉ) BERNHARDI in SCHRAD. Journ. Bot. 1805 **1/2**: 26 (1806). – Basion.: *Polypodium F.-fragile* LINNÉ Sp. Pl. 1091 (1753)[2]. – Syn.: *Polypodium fragile* L. Sp. Pl. ed. 2: 1553 (1763). – *Polypodium polymorphum* VILL. Hist. pl. Dauph. **3**: 847 (1789). – *Cyathea fragilis* (L.) SMITH Mém. Acad. Turin **5**: 417 (1793). – *Aspidium fragile* (L.) SWARTZ in SCHRAD. Journ. Bot. **1800/2**: 40 (1802). – *Aspidium tenue* SWARTZ Syn. Filic. 58 (1806). – *Cystopteris fragilis* (var.) β *rupestris* NEILR. Nachtr. Fl. Wien 68 (1851). – *Cystopteris fragilis genuina* BERNOULLI Gefäßpfl. Schweiz 42 (1857). – *Cystopteris fragilis* (L.) BERNH. subsp. *fragilis* BERNH. et MILDE Sporenpfl. 67 (1865). – *Cystopteris fragilis* (L.) BERNH. (var.) α *lobulatodentata* STROBL Fl. Admont **2**: 64 (1882). – *Cystopteris fragilis* subsp. *eu-fragilis* ASCHERS. in ASCHERS. et GRAEBN. Syn. ed. 1, **1**: 15 (1896), ed 2, **1**: 20 (1913). – Z e r b r e c h l i c h e r B l a s e n f a r n . – Taf. 2 Fig. 2 nach S. 64. – Abb. 169 a–c, 170 a, 171, 172.

Ausdauernd. R h i z o m kurz, dick, liegend oder aufsteigend, ein Büschel aufrechter Blätter tragend; B l ä t t e r nicht zahlreich, 10–50 cm lang; B l a t t s t i e l ca. 2 mm dick und bis 25 cm lang, unten kastanienbraun, sonst strohgelb oder selten bis zur Spreite braun; B l a t t s p r e i t e länglich-eiförmig bis lanzettlich, 2–3fach gefiedert, lebhaft grün bis gelbgrün, selten dunkelgrün, meist kahl; F i e d e r n fiederig geteilt, jederseits 7–18, kurzgestielt, länglich-eiförmig bis länglich, stumpflich bis zugespitzt, etwas

---
[1] fragilis (lat.) = brüchig, zerbrechlich.
[2] Diejenigen Autoren [z. B. BORBÁS, Balat. Fl. **2** (2): 314; 1900], welche den Namen *Cystopteris filix-fragilis* als gültig annehmen, stützen sich dabei auf *Polypodium F. fragile* L. Sp. pl. 1091 (1753). Nun hat aber E. D. MERRILL (Amer. Fern Journ. **25**: 137; 1935) darauf aufmerksam gemacht, daß LINNÉ in seinem Handexemplar der Species plantarum (1. Aufl.) das »F.« ausgestrichen hat, weil offenbar er selbst dieses »F.« als Irrtum betrachtet hat. Dementsprechend ist dann auch in der 2. Aufl. das »F.« weggeblieben. Bezeichnend ist auch, daß in der 1. Aufl. nicht »F. fragilis« (analog wie F. femina), sondern »F. fragile« steht (an *Polypodium* angeglichen; nach JANCHEN 1956).

Abb. 169 □ *Cystopteris*-Arten □ a–c *C. fragilis* (L.) BERNH. □ d *C. montana* (LAM.) DESV. □ e *C. regia* (L.) DESV. □ f *C. dickieana* R. SIM. □ a, d ganze Blätter (etwa × ½) □ b, e Fiederchen (× 2) □ c, f Sporen (× 200) (nach HIRZEL in HESS & LANDOLT 1967)

entfernt, die unteren gegenständig, etwas abwärts gerichtet, das unterste Paar fast stets kürzer als das folgende; F i e d e r c h e n meist länglich, stumpflich, das unterste hintere kürzer als das folgende; B l a t t - und F i e d e r s p i n d e l nach der Spitze zu geschlängelt; Abschnitte einfach gezähnt, Zähne der Abschnitte ungeteilt, die letzten Adern in die Spitzen der Zähne auslaufend. – Chromosomenzahl: $2n = 168$ (tetraploid), $2n = 252$ (hexaploid); $2n =$ ca. 336 (octoploid). – Die drei Ploidiestufen haben merklich verschieden große Sporen. Exosporlänge (ohne Stacheln gem.) $(27–) 33–42 (–48)$ μm (tetrapl.), $(28–) 36–48 (–54)$ μm (hexapl.) und $(33–) 39–54 (–60)$ μm (octopl.). – Sporenreife: VII.–IX.

Vorkommen □ Hemikryptophyt; Halbschatten-

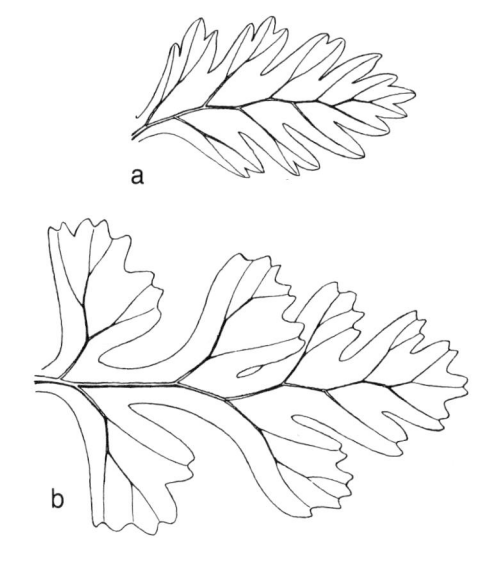

Abb. 170 □ *Cystopteris* spp. Fiederchen (etwa × 6) □ *Oben C. fragilis* (L.) BERNH. □ *Unten C. regia* (L.) DESV. (nach HIRZEL in NÄGELI 1978)

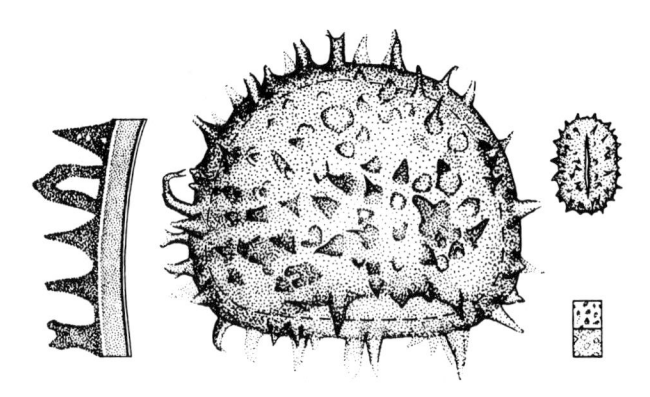

Abb. 171 □ *Cystopteris fragilis* (L.) BERNH. Sporen □ *Mitte* in Äquatoransicht (× 1000) □ *Links* Schichtung der Sporenwand (× 2000) □ *Rechts oben* Ansicht vom proximalen Pol (× 250) □ *Rechts unten* höhere und tiefere Einstellung bei Aufsicht (LO-Muster) (nach ERDTMAN 1957)

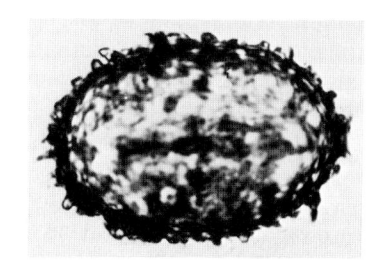

Abb. 172 □ *Cystopteris fragilis* (L.) BERNH. Spore in Polansicht, optischer Schnitt (× 1000) (Original STRAKA)

pflanze. Bodenvag, doch vorzugsweise an kalkhaltigen oder auch nur neutral reagierenden Stellen, auf Kalk, Dolomit, Granit, Gneis, Serpentinit etc. In Spaltengesellschaften an sickerfeuchten, meist beschatteten, basenreichen, neutralen Felsen und Mauern und in alten Brunnen, auch in Steinschuttwäldern an Baumwurzeln und in tiefen Gräben, vor allem in der montanen bis subalpinen Stufe[1]. – Charakterart des Asplenio-Cystopteridetum (Cystopteridion), aber auch in steinigen Tilio-Acerion-Gesellschaften. In der Ebene zerstreut, in Gebirgen häufiger, in den Alpen bis 3125 m aufsteigend (Wallis: Gornergrat).

Allgemeine Verbreitung □ Sehr weit verbreitet in der gesamten extratropischen Nordhemisphäre mit nur wenigen großen Areallücken (südosteuropäisch-mittelasiatisches Wüstensteppengebiet, zentralasiatisches Hochland, westsibirische Niederung). Außerdem sehr zerstreut in den Tropen (Afrika, Mittel- und Südamerika) und im südhemisphärisch extratropischen Gebiet (Südafrika, Australien, Tasmanien, Neuseeland, Antarktis). Kommt in einigen Gebieten, besonders in Amerika, zusammen mit der nahe verwandten Art *C. diaphana* (BORY) BLASDELL vor; dort existieren Zwischenformen.
□ Karten: HULTÉN 1964, Karte 55; JALAS & SUOMINEN 1972, Karte 110.

Arealdiagnose □ zonal: (austr – trop disj) – merid – submerid · oz_{1-3} – temp – arct Circpol. – regional (in Europa): medit – submedit – (pont) – mitteleurop – nordeurop – lappon.

Verbreitung im Gebiet □ Im Flachlande zerstreut bis selten, in den Gebirgen verbreitet und meist gesellig vom nördlichen Flachland bis an die Südgrenze des Gebietes. Form und Größe der Stacheln der Sporen variieren beträchtlich (vgl. JERMY & HARPER 1971), doch ließ sich dies bisher taxonomisch nicht auswerten. Kleine Unterschiede in der makroskopisch feststellbaren Morphologie sind vorhanden, aber alle Cytotypen variieren selbst so beträchtlich, daß eine sichere Zuordnung bisher kaum möglich war. VIDA vermutete, daß die octoploide Cytotype mit der var. *huteri* (siehe unten) übereinstimmt, was sich aber als unrichtig erwies.

Variabilität der Art □ Nach dem Grade der Teilung und nach dem Umriß der Blätter werden von dieser Art eine Reihe von Formen unterschieden, welche sich aber zu schwer voneinander abgrenzen lassen.

var. **huteri** HAUSMANN et MILDE Filic. Europ. 149 (1867); LUERSSEN (1889): 459–460. □ Blätter bis 18 cm lang, Blattstiel oft kürzer (oft nur ⅓–½ so lang) als die längliche, fiederteilige Spreite; Sekundärabschnitte klein, die größeren fiederspaltig, fein gezähnt, an Blattspindel und Adern mit fadenförmigen, gegliederten Spreuhaaren und auf der Ober- und Unterseite sowie besonders am Rande mit kurzen, einzelligen Drüsenhärchen besetzt. –

---

[1] Vgl. A. MUSSACK Beih. Bot. Centr. Bl. 1. Abt., **51**: 204–254 (1933).

Beschrieben von Dolomitabhängen ob Prags im Pustertal (Südtirol). Pflanzen aus der Umgebung des Pragser-Sees (ca. 1525 m) erwiesen sich als tetraploid (RASBACH, REICHSTEIN & SCHNELLER, unpubl.). In den Dolomiten in Südtirol vom Schlern bis Sexten häufig und oft die dominierende Form. Die folgenden außerhalb dieses Gebietes liegenden Angaben bedürfen teilweise der Bestätigung: In der Schweiz in den Berner Alpen (Kandersteg, Gemmi und Lötschental zwischen 1200 und 2000 m), in der Großen Gemsenbalm bei Wolfjos an der Südostecke des Vättnerberges (Kt. St. Gallen); Drusberg (Kt. Schwyz); Braunwald-Kneugrad, 1840 m (Kt. Glarus). – Am Mont Cenis. – In der Tatra (fraglich).

var. dentata (DICKSON) HOOK. Spec. Filic. **1:** 198 (1846) = var. *pontederae* (ALL.) FIORI = var. *lobulato-dentata* KOCH □ Blätter 20–30 cm lang; Blattspreite einfach gefiedert, lanzettlich; Fiedern fiederteilig, Abschnitte genähert, nicht gelappt; auf sonnigen Felsen.

var. pinnatipartita KOCH Syn. ed. 2: 980 (1845) □ Blätter 20–50 cm lang, doppelt bis dreifach gefiedert.

f. anthriscifolia (HOFFM.) □ Blätter mit gespitzten Fiedern und eiförmigen, tief fiederteiligen, stumpfen, kurz gestielten, am Grunde abgerundeten Fiederchen; in feuchten Schluchten und Felsen.

Krankheiten und Schädlinge □ Die Art wird zuweilen von einem Pilz, *Hyalospora polypodii* (PERS.) MAGN. (Uredinaceae), befallen, der gelbe Tüpfelchen auf der Blattunterseite hervorruft.

2. Cystopteris dickieana

Cystopteris dickieana[1] R. SIM Gard. Farm. Journ. **2 (20):** 308 (1848). – Syn.: *Cystopteris fragilis* (L.) BERNH. subsp. *dickieana* (SIM) MOORE Nat. Print. Ferns **2:** 256 (1855). – *Cystopteris baenitzii* DOERFLER in BAENITZ Herb. Europ. no. 6510 (1891) (nom.); SAMZELIAS Bot. Notiz. 1891: 17 (1891). – *Cystopteris fragilis* (L.) BERNH. var. *baenitzii* (DOERFL.) WARNST. in ASCHERS. et GRAEBN. Syn. ed. 1, **1:** 17 (1896). – Dickie's Blasenfarn. – Abb. 169 f.

Wichtige Literatur □ DAMBOLDT, J. 1963: *Cystopteris dickieana* SIM und ihr Vorkommen in den Alpen. Ber. Bayer. Bot. Ges. **36:** 64–66. – MANTON, I. 1950 (l. c.): 117–118. – MANTON, I. & T. REICHSTEIN 1965: Die Chromosomenzahlen von *Cystopteris sudetica* A. BR. et MILDE von Berchtesgaden (Bayern) sowie von *Cystopteris dickieana* SIM s. l. vom Foostock (Kant. Glarus, Schweiz). Bauhinia (Basel) **2:** 307–312; 331–333. – NARDI, E. 1974: Problemi sistematici e distributivi di »*Cystopteris dickieana*« s. l. in Italia. Webbia **29:** 329–360. – OBERHOLZER, E., E. SULGER-BÜEL & T. REICHSTEIN 1962: *Cystopteris dickieana* SIM am Foostock (Kanton Glarus). Ber. Schweiz. Bot. Ges. **72:** 286–288. – VIDA, G. 1974: (s. b. d. Gattung).

C. dickieana unterscheidet sich von *C. fragilis* in der groben Morphologie nur wenig. In der Regel überlappen die Fiedern und Fiederchen stärker, doch sind solche Formen (z. B. var. *dentata* oder forma *cynapiifolia*) auch bei *C. fragilis* bekannt. Zur sicheren Unterscheidung ist die Untersuchung der Sporen unerläßlich. Sporen mit stumpfen, schmalen Warzen; vgl. den Schlüssel. – Sporenreife: VI.–IX.

C. dickieana wurde zuerst aus Schottland (Grotte wenig über dem Meeresspiegel, ca. 3 Meilen südlich Aberdeen) beschrieben. Pflanzen von dort erwiesen sich als tetraploid, n = 84 (MANTON 1950). Eine hexaploide Sippe (n = ca. 126) wurde zuerst in der Schweiz (vom Foostock, Kant. Glarus) beschrieben, wo sie selten ist (MANTON & REICHSTEIN 1965). In Skandinavien wachsen beide Cytotypen; Pflanzen von dort wurden zuerst als *C. baenitzii* beschrieben und aufgrund der stachellosen Sporen von den meisten Autoren als Synonym zu *C. dickieana* gestellt, während NARDI (1974) sie unterscheiden möchte. Die tetraploide Cytotype läßt sich auch hier von der hexaploiden durch die Sporengröße einigermaßen unterscheiden: Exosporlänge (30–) 36–42 (–48) µm (tetrapl.), (30–) 42–48 (–54) µm (hexapl.).

□ Über die Frage, welchen Rang man den Sippen mit stachellosen Sporen überhaupt zuerkennen soll, herrschten lange unterschiedliche Meinungen, und BLASDELL (1963) ging so weit, ihnen überhaupt jeden Rang abzusprechen und sie in die Synonymie zu *C. fragilis* s. l. zu stellen. Da aber VIDA (1974) zeigte, daß tetraploide *C. dickieana* mit der tetraploiden *C. fragilis* eine tetraploide sterile Hybride liefert, die abortierte Sporen produziert und eine gestörte Meiose zeigt, halten wir es für zweckmäßig, die beiden spezifisch zu trennen. Eine sichere Unterscheidung bereitet auch nie Schwierigkeiten, solange Sporen zur Kontrolle vorliegen. Die von wenigen Autoren gemachten Angaben, daß sie in seltenen Fällen Übergänge feststellen konnten, wurden für Material aus Europa nie bestätigt.

Vorkommen □ Ähnlich *C. fragilis*.

Allgemeine Verbreitung □ Nicht in allen Einzelheiten bekannt; zirkumpolar, in Nordamerika sowie in großen Teilen Asiens viel häufiger als in Europa, wo sie im Norden etwas häufiger ist als in Zentral- und Südeuropa. Aber auch in Spanien, Italien, Sardinien und Korsika gefunden.

□ Karten: JALAS & SUOMINEN 1972, Karte 111 (damals »Korsika« noch nicht bekannt) sowie HULTÉN 1964, Karte 65.

Verbreitung im Gebiet □ Nur teilweise bekannt. Deutschland: Vorderbrand bei Berchtesgaden. – Schweiz: Wallis, vereinzelt in der penninischen Kette; Foostock (Kant. Glarus) ca. 2420 m. – Norditalien: vgl. Karte bei NARDI (1974) und frühere Lit. daselbst.

3. Cystopteris regia

Cystopteris regia[2] (L.) DESVAUX Ann. Soc. Linn. Paris **6:** 264 (1827). – Basion.: *Polypodium regium* LINNÉ Sp. Pl. 1091 (1753). – Syn.: *Aspidium regium* (L.) SWARTZ in SCHRAD. Journ. Bot. **1800/2:** 41

---

[1] Benannt nach GEORGE DICKIE (1812–1882), Professor der Botanik an der Universität in Aberdeen, Verfasser einer Flora Abredonensis (1839), The botanist's guide to the counties of Aberdeen (1860), Flora of Ulster (1864). Entgegen vieler Literaturangaben hat er nicht die Pflanze zuerst entdeckt, sondern hat nur einige lebende Pflanzen an Züchter gesandt. Der Entdecker dieser Art ist Professor KNIGHT.

[2] regius (lat.) = königlich, aber auch prachtvoll, herrlich; VAILLANTIUS nennt diese Art »Filix regia«. – Nach H. P. FUCHS ist

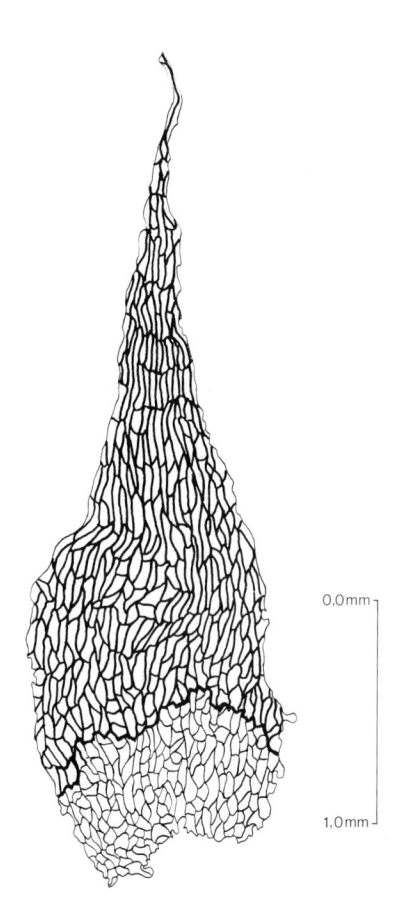

Abb. 173 □ *Cystopteris regia* (L.) Desv. Rhizomschuppe (Original R. Passow)

(1802). – *Athyrium regium* (L.) Spreng. Anl. Gewächse **3**: 139 (1804). – *Cystopteris fragilis* (L.) Bernh. [subsp.] *regia* (L.) Bernoulli Gefäßcrypt. Schweiz 44 (1857). – *Cystopteris fragilis* (L.) Bernh. (var.) B. *regia* Aschers. in Aschers. et Graebn. Syn. ed. 1, **1**: 17 (1896). – *Cystopteris alpina* var. *regia* (L.) Rossi Magy. Bot. Lap. **10**: 23 (1911). – Alpen-Blasenfarn. – Abb. 169e, 170b, 173–175.

Abb. 174 □ *Cystopteris regia* (L.) Desv. Silhouette eines Blattes (Monte Arera, Bergamasker Alpen, Norditalien) (Original)

Fortsetzung von Fußnote 2 von Seite 195:
der korrekte Name dieser Art *Cystopteris crispa* (Gouan) H. P. Fuchs Diss. Basel (1956), Basion.: *Polypodium crispum* Gouan 1773, Syn.: *Polypodium alpinum* Lam. 1778; Wulf. in Jacquin 1788; *Polypodium regium* auct. non Linné (1753), quod ad *Asplenium forisiense* pertinet; eine Ansicht, der wir nicht folgen können. Derselbe Autor betrachtet später (Feddes Rep. **90**: 531–533, 1980) *C. atrovirens* C. B. Presl als den korrekten Namen.

Von *C. fragilis* verschieden durch folgende Merkmale: **Blattspreite** immer doppelt bis dreifach gefiedert, **Fiederchen** und Abschnitte dritter Ordnung aus keilförmigem Grunde eiförmig bis schmal länglich oder fast lineal, eingeschnitten gezähnt bis fiederteilig, die Zähne an der stumpfen oder gestutzten Spitze ausgerandet bis eingeschnitten, die letzten Adernäste in die Endbuchten auslaufend. Sporen bohnenförmig 23–30 × 40–50 µm groß und mit zartem, faltigem Perispor mit feinen, spitzen Stacheln. Exospor unbehandelter Sporen in Balsam (39–) 42–48 µm lang, meist 45 µm. – Chromosomenzahl: 2n = 252 (immer nur hexaploid gefunden). – Sporenreife: VII.–VIII.

Vorkommen □ Hemikryptophyt. Halbschattenpflanze. Fast stets in Felsspalten und im Geröll der Kalkgebirge, in feuchten Kalkstein-Schutt-Gesellschaften. Charakterart des Heliospermo-Cystopteridetum (Cystopteridion), auch im Thlaspion rotundifolii; in den Urgesteinformationen kommt sie nur auf feuchten, mylonitisierten Granitböden vor. In niederen Lagen nur ausnahmsweise, z. B. bei Berchtesgaden bei 600 m, bei Regensdorf im Kanton Zürich bei 465 m; zerstreut bis häufig meistens nur in der subalpinen und alpinen Region, in den Alpen meistens zwischen 1200 und 2400 m, im Wallis bis 3000 m aufsteigend.

Allgemeine Verbreitung □ Hochgebirge Süd- und Mitteleuropas (Pyrenäen, Alpen, Jura, Bayerischer Wald, Karpaten, Balkan-Halbinsel, Kaukasus), Klein- und Mittelasiens (Kurdistan) sowie Skandinavien.

Arealdiagnose □ zonal: submerid/subalp – temp/subalp + boreal/montan · ozean$_2$ EUR. – regional: submedit – alpisch – herc – carp/sämtl. subalp – alp + norv/montan.

Verbreitung im Gebiet □ In den Alpen (besonders Kalkalpen) von der Dauphiné bis Niederösterreich und vom Val Stura (Cottische Alpen) bis Krain und Kroatien. – Bayerische Alpen, Bayerischer Wald (Arber), Böhmerwald. In der Schweiz auch im Jura, im Kant. Thurgau bei Arbon, 403 m mit *C. fragilis,* im Kant. St. Gallen auf der Alp Oberbütz im Murgtal, 1590 m. In den Karpaten nur Tatra und Tatra-Gebirge.

Variabilität der Art □ In Europa können die zwei folgenden Varietäten unterschieden werden (von einigen Autoren als Unterarten bewertet):

var. regia (= *Cystopteris regia* var. *fumariiformis* KOCH Syn. ed. 2: 980; 1845. – *Cystopteris fragilis* subsp. *regia* var. *fumariiformis* ASCHERS. in ASCHERS. et GRAEBN. Syn. ed. 2, **1:** 24; 1912) □ Fiederchen dritter Ordnung eiförmig bis länglich, Zähne kurz, gedrängt. Meistens in subalpinen Lagen.

var. alpina (WULFEN) KOCH Syn. ed. 2: 980 (1845). – Basion.:

Abb. 175 □ *Cystopteris regia* (L.) DESV. var. *alpina* (WULFEN) KOCH. Lattengebirge bei Bad Reichenhall, Oberbayern

Polypodium alpinum WULFEN in JACQUIN Collect. **2:** 171 (1788). – Synon.: *Cyathea alpina* (WULF.) ROTH Tent. Fl. Germ. **3:** 99 (1799). – *Cystopteris fragilis* var. *alpina* (WULF.) DESV. Ann. Soc. Linn. Paris **6:** 264 (1827); MILDE Sporenpfl. 68–69 (1865). – *C. fragilis* (L.) BERNH. subsp. *alpina* (WULF.) C. HARTMAN Handb. Skand. Fl., ed. 7: 315 (1858). □ Fiederchen dritter Ordnung länglich bis schmal länglich bis fast lineal, etwas voneinander entfernt; die linealen Zähne entfernt. – Hochalpenform, besonders im feuchten Steingeröll und auf Karrenfeldern auf Granit wie auf Kalk, bis 3000 m im Wallis, bis 2800 m in Graubünden, bis 2500 m in Tirol, bis 2360 m in den Bayerischen Alpen und bis 2100 m in der Tatra aufsteigend.

4. Cystopteris diaphana

Cystopteris diaphana (BORY) BLASDELL Mem. Torrey Bot. Club **21:** 47 (1963). – Basion.: *Polypodium diaphanum* BORY Voy. Iles Mers Afr. **1:** 328 (1804). – *Asplenium diaphanum* (BORY) LOJACONO Fl. Sic. **3:** 402, tab. VI (1909). – *Cystopteris fragilis* (L.) BERNH. subsp. *diaphana* (BORY) LITARD. Bull. Soc. Bot. Deux-Sèvres **1909 (10):** 88 (1912). – *Cystopteris canariensis* C. B. PRESL Tent. Pterid.: 93 (1836). – *C. fragilis* (L.) BERNH. var. *canariensis* (C. B. PRESL) MILDE Fil. Eur.: 152 (1867). – *C. fragilis* (L.) BERNH. var. *nigrescens* HOOKER Sp. Fil. **1:** 198 (1846). – *C.*

azorica FÉE Gen. Fil.: 300 (1852). – *C. fragilis* (L.) BERNH. var. *azorica* (FÉE) MOORE Ind. Fil.: 282 (1861). – *C. fragilis* (L.) BERNH. var. *sempervirens* MOORE ibid. 282 (1861). – Zarter Blasenfarn.

Eine von *C. fragilis* nur schlecht abgetrennte Art. Oft noch zarter; B l ä t t e r bis 30 cm lang und bis 14 cm breit, eiförmig-lanzettlich, zwei- bis dreifach gefiedert, mit breiten, eiförmigen F i e d e r c h e n ; Zähne am Ende ausgerandet; die Adern in die Buchten ausmündend. Nach BLASDELL soll zwischen *C. fragilis* und *C. diaphana* Introgression (Bildung fruchtbarer Hybridenschwärme) möglich sein. Wenn das zutrifft, kann reine *C. diaphana* nur an Stellen erwartet werden, in deren Umgebung keine *C. fragilis* wächst.

Allgemeine Verbreitung □ Vor allem auf der Südhemisphäre; ursprünglich beschrieben von der Insel Réunion (Indischer Ozean); Südamerika, Mexiko, Ostafrika, auf den Makaronesischen Inseln häufig, in Europa nur im Süden (Spanien, Korsika). Im Gebiet unserer Flora nicht mit Sicherheit bekannt, aber im insubrischen Gebiet möglich. BLASDELL hat diploide, tetraploide und hexaploide Cytotypen beschrieben. Von den Makaronesischen Inseln und Südeuropa ist bisher nur der hexaploide Cytotypus bekannt (REICHSTEIN & SCHNELLER, unpubl.).

5. Cystopteris montana

Cystopteris montana[1] (LAM.) DESVAUX Mém. Soc. Linn. Paris **6:** 264 (1827). – Basion.: *Polypodium montanum* LAMARCK Fl. Franc. ed 1, **1:** 23 (1778). – Syn.: *Polypodium myrrhidifolium* VILL. Prosp. Hist. Dauph.: 52 (1779). – *Aspidium montanum* (LAM.) SWARTZ in SCHRAD. Journ. Bot. **1800/2:** 42 (1802). – *Cyathea montana* (LAM.) J. E. SMITH Mém. Ac. Roy. Turin **5:** 417 (1793). – Vgl. BECHERER Ber. Schweiz. Bot. Ges. **38:** 24 (1929). – Berg-Blasenfarn. – Abb. 169 d.

Wichtige Literatur □ NORDHAGEN, R. 1955: Ett bidrag till differensialdiagnosen mellem *Cystopteris sudetica* og *C. montana*; Acta Soc. Fauna Fl. Fenn. **72 (17):** 1–8.

Ausdauernd. R h i z o m kriechend, schlank, dunkelbraun, fast glanzlos, bis 20 cm lang und bis 4 mm dick; B l ä t t e r einzeln, entfernt, 10–45 cm lang; B l a t t s t i e l 1–3mal länger als die Spreite, bis 25 (–30) cm lang und 1,5 mm dick, unterwärts dunkelbraun, oberwärts strohgelb, mit am Rande drüsigen Spreuschuppen bedeckt; B l a t t s p r e i t e dunkelgrün, 3–4fach gefiedert, im Umriß dreieckig-eiförmig (drei- bis fünfeckig), unterseits, besonders auf der Blattspindel und den Adern, spärlich bis reichlich kurz- und kleindrüsenhaarig. F i e d e r n beiderseits bis je 13, fast gegenständig, sehr kurz gestielt, die untersten sehr ungleichhälftig-eiförmig, deren untere Fiederchen größer, das unterste länger als die folgenden, an Größe und Teilung der 3.–4. Fieder des Blattes entsprechend, die größeren Fiedern zugespitzt, aufwärtsgerichtet, oft etwas gekrümmt, die übrigen (oberen) Fiedern fast gleichhälftig, die obersten kleiner, stumpflich; F i e d e r c h e n dritter Ordnung fiederteilig, mit gezähnten Abschnitten, oder bis eingeschnitten gezähnt. Zähne kurz, oft ausgerandet, mit in die Bucht verlaufender Ader. S o r i klein, zuletzt entfernt oder genähert; Indusium kahl oder sparsam drüsig. Sporen bohnen- bis eiförmig, 20–25 × 30–40 µm groß, mit breiten, stumpfen, 3–4 µm hohen, 2–3 µm entfernt stehenden Emergenzen. Exospor für unbehandelte Sporen in Balsam (24–) 30–36 (–42) µm lang, ohne Zähne gemessen. – Von *C. sudetica* auch durch den deutlichen Blausäuregeruch unterschieden. – Chromosomenzahl: $2n = 168$ (tetraploid). – Sporenreife: VII.–VIII.

Vorkommen □ Geophyt bis Hemikryptophyt. In feuchten, oft beschatteten, hochmontanen und subalpinen Kalksteinschutt- und Felsspalten-Gesellschaften, an schattigen, feuchten, steinigen Plätzen in Wäldern. Hochmontane Kalkpflanze. Charakterart des Cystopteridetum montanae (Petasition paradoxi), auch im Asplenio-Piceetum (Vaccinio-Piceion), mit *Gymnocarpium robertianum* und oft auch mit *Corallorrhiza trifida*, *Listera cordata* und *Veronica montana*. – In der hochmontanen und subalpinen, seltener bis alpinen Stufe von etwa 1000 bis 2400 m, in den Alpen bis 2500 m, in der Tatra bis 1900 m aufsteigend.

Allgemeine Verbreitung □ Zirkumpolar, subozeanisch-subkontinental in den Gebirgen der warm-gemäßigten und der gemäßigten Zonen, sowie in der kalten Zone in Europa, Sibirien und Nordamerika, sehr wenig in Ostasien. – In Europa zwei Verbreitungszentren, ein südliches in den Pyrenäen, im Toskanischen Apennin, in den Alpen, im Jura, in den Karpaten, im Illyrischen Bergland und im Kaukasus; ein nördliches in Schottland, Skandinavien und Nord-Rußland, Sibirien bis zum Jenissej.
□ Karten: HULTÉN 1958, S. 245; MEUSEL, JÄGER, WEINERT 1965, S. 15; JALAS & SUOMINEN 1972, Karte 112.

Arealdiagnose □ zonal: submerid/subalp – temp/subalp + boreal/

---

[1] montanus (lat.) = gebirgsbewohnend.

(montan) · ozean$_{2-3}$ Circpol (wenig in Ostasien). – regional (in Europa): (submedit/subalp)disj – alpisch/subalp – (süd) – nordcarp/subalp – zentralnorv/montan – boreoross – ural.

Verbreitung im Gebiet □ Im nördlichen Flachland fehlend; in Deutschland nur als Seltenheit im südlichen Teil der Schwäbischen Alb im schattigen Geröll des Tannenwaldes am Ortenberg, Plettenberg und Dielinger Berg, nur 850 m, bei Spaichingen; häufiger in den Bayerischen Kalkalpen, im französischen und Schweizer Jura. In den Alpen von der Dauphiné bis Niederösterreich und von den Cottischen Alpen bis Slowenien (Krain). – In der Schweiz: im Jura in höheren Lagen zerstreut (von Westen bis in den Solothurner Jura); in den Nordalpen verbreitet; in den zentralen und südlichen Alpen zerstreut und eher selten, in der alpinen Stufe sehr selten oder fehlend. – Norditalien: Grigna-Massiv. – In den Österreichischen Alpen verbreitet im Oberinntal nächst der Schiltachalpe, bei Spital am Pyhrn auf der Fuchalpe und im Klausgraben bei Mitterndorf in Steiermark. – In Slowenien und Kroatien. – In den Karpaten nur in der Tatra und Fatra.

Variabilität der Art □ Die Art ist nicht veränderlich.

6. Cystopteris sudetica

Cystopteris sudetica A. BRAUN et MILDE Jahresber. Schlesisch. Ges. Vaterländ. Kult. **33:** 92 (1855). – Syn.: *Aspidium montanum* SCHOLTZ Enum. Filic. Siles. 43 (1836), non SWARTZ (1803). – *Cystopteris alpina* WIMM. Fl. Schles. ed. 2: 1505 (1844), non DESV. – *Cystopteris montana* MILDE Denkschr. 50jähr. Besteh. Schles. Ges. 1853; WIMM. Fl. Schles. ed. 3: 19 (1857), non (LAM.) DESV. (1827). – *Cystopteris montana* (var.) *B. sudetica* (A. BRAUN et MILDE) WARNST. in WOHLF. et BRAND KOCHS Syn. **3:** 2887 (1908). – ? *Cystopteris leucosoria* SCHUR Österr. Bot. Zeitschr. **7:** 328 (1858). – S u d e t e n - B l a s e n f a r n. – Abb. 176–178.

Ähnlich der *C. montana,* aber etwas robuster, unterscheidet sich durch folgendes: B l a t t s t i e l und Blattspindel mit am Rande drüsenlosen Spreuschuppen bedeckt; B l a t t s p r e i t e eiförmig bis dreieckig-eiförmig, gelbgrün; untere F i e d e r n länglich bis lanzettlich oder länglich-eiförmig, weniger ungleichhälftig; das unterste Fiederchen kürzer (oder doch nicht länger) als die folgenden, in Größe und Teilung der 6.–7. Fieder des Blattes entsprechend; Abschnitte dritter Ordnung fiederspaltig bis nur gezähnt, stumpf; Zähne aller Blattabschnitte ausgerandet, mit in die Bucht verlaufende Ader; Indusium lappig, dicht papillös oder mit ein- oder mehrzelligen Haaren besetzt. Sporen dick- und stumpfstachelig oder (selten) warzig, klein. Exospor (32–) 34–36 (–38) µm (ohne Stacheln gemessen). – Chromosomenzahl: 2n

Abb. 176 □ *Cystopteris sudetica* A. BR. & MILDE. Blatt und Teil des Rhizomes (etwa × ½) (nach HIRZEL in HESS & LANDOLT 1967)

Abb. 177 □ *Cystopteris sudetica* A. BR. & MILDE. Fiederchen von unten (etwa × 4)

Abb. 178 □ *Cystopteris sudetica* A. BR. & MILDE (mit dem weniger fein zerteilten *Gymnocarpium dryopteris*). Bei Berchtesgaden, Oberbayern

= 168 (tetraploid) [vgl. MANTON et REICHSTEIN; Bauhinia (Basel) **2**: 307–336; 1965]. – Sporenreife: VII.–VIII.

Vorkommen □ Geophyt. Schattenpflanze. In feuchten, leicht beschatteten, moosig-humosen Wäldern auf Kalksteinschutt und in Steinschutt-Mischwäldern, »Asplenio-Piceetum«, oft in reinen Beständen oder mit *Cystopteris montana, C. fragilis* und *Gymnocarpium robertianum* im Petasition paradoxi; auch in Felsspalten, in der montanen Stufe, in den Alpen bis 1000 m.

Allgemeine Verbreitung □ Areal eurasisch-arktisch-alpin-kontinental. In den Bayerischen Alpen, Sudeten, Karpaten, Norwegen, Nordrußland (oberes Wolgagebiet), Kaukasus, Ostsibirien, Japan. Überall selten.
□ Karte: JALAS & SUOMINEN 1972, Karte 113.

Arealdiagnose □ zonal: temperat/montan – (boreal) · kont$_{(1)-3}$ Euras. – regional (in Europa): ostalpisch – carp – sudet/sämtl. altomontan + (zentralnorv – nobalt) – nosarmat.

Verbreitung im Gebiet □ Überall sehr selten; in Deutschland nur auf Schiefersandstein im Alpeltal bei Berchtesgaden (Vorderbrand, ca. 1000 m und am Göll). – In der Schweiz und Österreich heute fehlend. Nach MURR (1923) im Jahre 1917 bei Vandans gefunden, seither nie mehr gesehen, vermutlich wegen Verbauungen des Rellbaches eingegangen. – In der Tschechoslowakei in den Ostsudeten (Gesenke), Beskiden (Radhošt', Hostýn). – In Polen nur in den Karpaten; die Angaben aus dem Tiefland sind sehr zweifelhaft.
□ In Sibirien, China, Korea, Taiwan und Japan die verwandte *C. moupinensis* FRANCHET = *C. sudetica* var. *moupinensis* (FRANCH.) BLASDELL, die nach BLASDELL diploid sein soll, doch ist dies nur eine aufgrund der kleinen Sporen aufgestellte Vermutung.

Hybriden
1 × 1 = Intraspezifische pentaploide Hybride von *C. fragilis* (4x) x *C. fragilis* (6x) □ Manchmal auffallend durch besonders kräftigen Wuchs; Sporen abortiert; sonst wie *C. fragilis*. Chromosomenzahl: 2n = 210. Relativ häufig, cytologisch gesichert aus Korsika, der Schweiz und der Türkei.

1 × 2 = *C. fragilis* x *C. dickieana* □ Bisher nur aus Norwegen bekannt (MANTON & REICHSTEIN 1965). Verschiedene Kombinationen von Cytotypen sind möglich. Von besonderem Interesse ist die tetraploide Hybride *C. fragilis* (4x) x *C. dickieana* (4x), die von VIDA (1974) erzeugt wurde und wie erwähnt steril ist, mit abortierten Sporen.

1 × 3 = *C. fragilis* x *C. regia* □ Von den drei Möglichkeiten ist nur die pentaploide Hybride von *C. fragilis* (4x) x *C. regia* sicher bekannt. Morphologie intermediär, letzte Abschnitte etwas breiter als bei *C. regia*, am Ende meist leicht ausgerandet, Ader in die Ausbuchtung führend, Sporen abortiert. Chromosomenzahl: 2n =

210 mit ca. 84^{II} und 42^{I} bei der Meiose (VIDA 1974). Relativ häufig, wo die Eltern zusammen wachsen. Cytologisch gesichert bisher nur aus der Schweiz (Lac Taney, Kant. Wallis, vermutlich auch im Schwarzenbachtobel ob Kandersteg, Kant. Bern).

1 × 5 = *Cystopteris × christii*[1] HAHNE Allg. Bot. Zeitschr. **10:** 103 (1904) = *Cystopteris fragilis* (L.) BERNH. x *C. montana* (LAM.) DESV. – Syn.: *Cystopteris fragilis* x *deltoidea* SHUTTLEWORTH in GODET Fl. Jura 856 (1853), non MILDE Verh. Zool.-Bot. Ges. Wien **14:** 10 (1864). – *Cystopteris fragilis* x *montana* CHRIST Farnkr. Schweiz 162 (1900). □ Rhizom kurz und dick. Blätter sehr zart; Blattstiel sehr dünn, etwa 10 cm lang; Spreite ebenso lang, breitoval bis dreieckig-oval, die untersten Fiederpaare am breitesten, die oberen allmählich kürzer; Fiedern aus breitem Grunde eiförmig, zugespitzt; Fiederchen geschweift-keilförmig mit lanzettlichen, schmalen, etwas herablaufenden Abschnitten, ihre Lappen an der Spitze kurz gezähnt.
□ Diese Pflanze wurde nur einmal in der Schweiz am Creux du Van im Jura gefunden. Ein Beweis, daß wirklich eine Hybride vorlag, ist nicht erbracht. Einige Autoren halten sie für die Hybride *C. fragilis* x *montana* oder *C. montana* x *C. regia*, andere für eine monströse Form von *C. fragilis* oder *C. regia*.
□ Ob die von MILDE und LUERSSEN als *C. fragilis* var. *deltoidea* bezeichneten Pflanzen, und ob *C. fragilis* subsp. *regia* var. *deltoidea* ASCHERSON aus den Dolomiten (Schlernklamm und Alp Innerfeld bei Sexten) und von CHRIST aus der Schweiz (Cresta im Avers) angeführt, hierher gehören, ist ohne Studium der Originalbelege nicht zu entscheiden.

3. Woodsia

Woodsia[2] R. BROWN [»Woodia«] Prodr. Fl. Nov.-Holl. **1:** 158 (1810) corr. R. BROWN Trans. Linn. Soc. Lond. **11:** 170 (1815). – W i m p e r f a r n .

Typus-Art: *Woodsia ilvensis* (L.) R. BROWN = *Acrostichum ilvense* L.

Wichtige Literatur □ BROWN, D. E. M. 1964: A monographic study of the fern genus *Woodsia*. Beih. Nova Hedwigia **16:** 1–154. – NARDI, E. 1974: Due nuove stazioni italiani del genere »Woodsia« R. Br. Webbia **29:** 317–328.

Kleine Farne mit kurz kriechendem oder aufsteigendem, rasenförmig verzweigtem, dicht schraubig beblättertem, mit Spreuschuppen und bleibenden Blattresten dicht bedecktem Rhizom mit dictyostelischem Leitbündel; B l ä t t e r gleichgestaltet, büschelig gestellt, sommergrün, einfach bis mehrfach gefiedert; B l a t t s t i e l oberwärts wie die Blattspindel tief rinnig, kürzer als die S p r e i t e . Abgliederungsstelle unter der Mitte als ein feiner, oft schief verlaufender Ringwulst sichtbar; B l a t t s p r e i t e mit fiederspaltigen, am Grunde zuweilen fast gefiederten, mindestens größtenteils gegenständigen Fiedern; A d e r n frei. S o r i rundlich, beiderseits symmetrisch auf dem Rücken der zuführenden Ader, einem Receptaculum aufsitzend; Indusium krugförmig, rings um den Sorus angeheftet, (bei den europäischen Arten) in haarförmige Fransen geteilt, welche in der Jugend den Sorus spinnwebartig bedecken. – Chromosomenzahl: Bisher wurden in der Gattung *Woodsia* die folgenden Chromosomengrundzahlen gefunden (vgl. LÖVE, LÖVE & PICHI-SERMOLLI, Atlas 1977: 266–268): x = 33, 38, 39, 40–41 und 41. Dabei ist zu berücksichtigen, daß die genaue Zählung in dieser Gattung oft schwierig ist. Möglicherweise ist für alle europäischen Arten die Zahl x = 39 richtig.

Artenzahl und Verbreitung □ Nach D. BROWN 23 Arten, meistens auf der Nordhalbkugel in den temperierten und kühlen Zonen der Alten und Neuen Welt verbreitet, vereinzelt bis Südafrika und Argentinien reichend.

Bestimmungsschlüssel für die Arten

1 Blattstiel unten schwarz, oben braun, nebst der Blattspindel spreuschuppig 2
1* Blattstiel am Grunde schwarz, sonst grünlich bis strohgelb, nebst der Blattspindel kahl oder mit wenigen Spreuschuppen oder Haaren besetzt . . . . 3. *W. glabella*
2 Blattstiel rotbraun; Blattspindel und Fiedern unterseits dicht spreuschuppig und behaart; die längsten Fiedern beiderseits 4–8 lappig . . . . 1. *W. ilvensis*
2* Blattstiel oberhalb des schwarzen Grundes bräunlich; Blattspindel und Fiedern unterseits spärlich spreuschuppig und nur zerstreut behaart; die längsten Fiedern beiderseits mit 1–4 stumpfen Lappen . . . . 2. *W. alpina*

1. Woodsia ilvensis

Woodsia ilvensis[3] (LINNÉ) R. BROWN Trans. Linn. Soc. London (Bot.) **11:** 173 (1816), emend. BABINGTON Man. Brit. Bot., ed. 1: 384 (1843). – Basion.: *Acrostichum ilvense* LINNÉ Sp. pl. 1071 (1753). – Syn.: *Acrostichum marantae* sensu HAENKE in JACQUIN Collect. **2:** 5 (1788), p.p. – *Polypodium marantae* sensu HOFFM. Deutschl. Fl. **2:** 5 (1791), excl. syn. – *Polystichum marantae* sensu ROTH Tent. Fl. Germ. **3:** 92 (1799). – *Nephrodium rufidulum* MICHAUX Fl. Bor. Amer. **2:** 269 (1803). – *Aspidium rufidulum* (MICHAUX) SWARTZ Syn. Filic. 58 (1806). – *Woodsia rufidula* (MICHX.) BECK North Mid. St.: 452 (1833). –

---

[1] Nach HERMANN CHRIST (1833–1933), dem bedeutenden Basler Botaniker, der sich besonders mit Farnen beschäftigte, Verfasser von weit über hundert Arbeiten über Farne sowie von »Die Farnkräuter der Erde« und »Die Geographie der Farne«.
[2] Nach dem englischen Botaniker JOSEPH WOODS (1776–1864), Verfasser von »The tourist's flora of the British Islands« (1850).
[3] Von Ilva (lat.) = Elba; dieser Name beruht auf einer Verwechslung, da dieser Farn auf Elba nicht vorkommt.

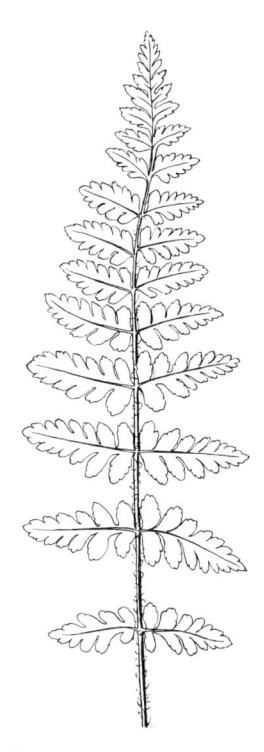

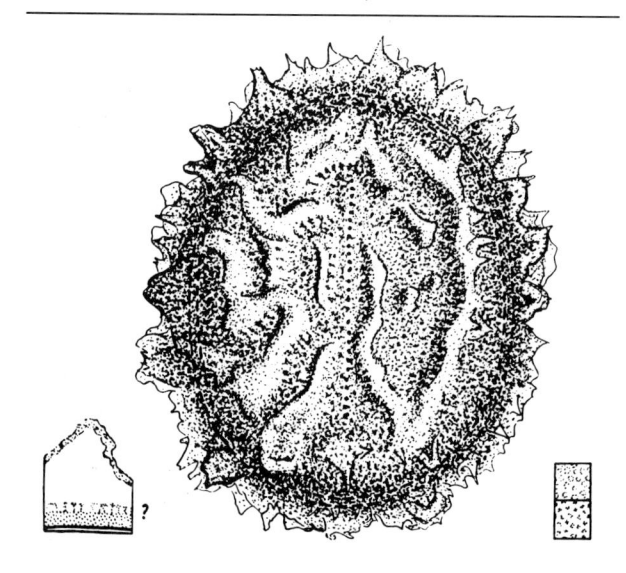

Lastrea rufidula (MICHAUX) C. B. PRESL Tent. Pteridogr. 76 (1836). – *Woodsia hyperborea* (R. BROWN) KOCH var. β *rufidula* (MICHAUX) KOCH Syn. ed. 2, **2**: 975 (1845); MILDE Filic. Europ. 164 (1867). – *Woodsia ilvensis* (L.) R. BR. subsp. *rufidula* (MICHAUX) ASCHERS. in ASCHERS. et GRAEBN. Syn. ed. 1, **1**: 45 (1896). – *Woodsia ilvensis* (L.) R. BR. subsp. *ilvensis* SCHIDLAY Fl. Slovenska **2**: 175 (1966). – S ü d l i c h e r W i m p e r f a r n. – Abb. 179–182.

Ausdauernd. R h i z o m kräftig und viel- (bis 20-) köpfig, dicht mit den Überresten von Blattstielen besetzt; B l a t t s t i e l 1,5 bis 11 cm lang und 1 mm dick, unten schwarz und mit lanzettlichen Spreuschuppen, oben glänzend rotbraun und mit pfriemenförmigen Spreuschuppen besetzt, deutlich kürzer als, selten so lang wie die Spreite, am Grunde mit zwei getrennten, im Querschnitt länglichen Leitbündeln, die sich bald zu einem im Querschnitt nieren- bis hufeisenförmigen Leitbündel vereinigen; B l ä t t e r 5–20 cm lang, in allen Teilen mit bleibenden, pfriemenförmigen, 2–3 mm langen Spreuschuppen und gebogenen Gliederhaaren ziemlich dicht besetzt, in der Jugend außerdem noch mit kurzen, einzelligen Härchen bekleidet; B l a t t s p r e i t e im Umriß länglich-lanzettlich, bräunlich oder schmutzig-grün, dünn oder etwas derb krautig, kurz und stumpf zugespitzt oder völlig stumpf, gefiedert; F i e d e r n jederseits 7–20, gefiedert, die unteren Fiedern etwas entfernt, kurz gestielt, meist alle 1,5–2mal länger als breit, eiförmig länglich, gleichlang oder seltener die untersten kürzer; die letzten Abschnitte länglich, stumpf, jederseits 4–8, meist genähert, besonders am vorderen Rande deutlich, mitunter fast fiederspaltig gekerbt; Adern deutlich verdickt. S o r i meist dem Rande genähert, zuletzt zusammenfließend. Exospor (30–) 36–45 (–49) µm lang. – Chromosomenzahl: vermutlich 2n = 78, nicht 2n = 82 und nicht 2n = 84, wie früher angenommen wurde, vgl. Á. LÖVE et D. LÖVE, Taxon **25**: 484–486 (1976). – Sporenreife: VII.–VIII.

Vorkommen ☐ Hemikryptophyt. Lichtliebende Pflanze. An trockenen, gegen Licht exponierten oder leicht beschatteten, kalkarmen Urgesteins- oder Vulkanfelsen und Geröllhalden (auf Granit, Gneis, Basalt, Phonolith, Andesit oder Schiefer), besonders in der Voralpenstufe. Charakterart des Woodsio-Asplenietum septentrionalis (Androsacion vandel-

Abb. 179 ☐ *Woodsia ilvensis* (L.) R. BR. Blattspreite (nat. Gr.) (nach HIRZEL in NÄGELI 1978)

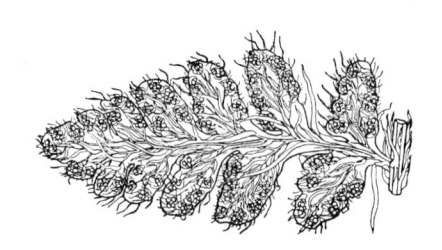

Abb. 180 ☐ *Woodsia ilvensis* (L.) R. BR. Einzelne Fieder von unten (etwa × 3) (nach HYDE & WADE 1969)

Abb. 181 ☐ *Woodsia ilvensis* (L.) R. BR. Spore ☐ *Mitte* Ansicht vom distalen Pol (× 2000) ☐ *Links* Schichtung der Sporenwand (× 2000) ☐ *Rechts* höhere und tiefere Einstellung bei der Aufsicht (LO-Muster) (nach ERDTMAN 1957)

Abb. 182 □ *Woodsia ilvensis* (L.) R. Br. Südschwarzwald

lii), auch in Felsband-Gesellschaften mit *Festuca pallens*.

Allgemeine Verbreitung □ Zirkumpolar mit subozeanisch-subkontinentaler Verbreitungstendenz, in den Gebirgen der gemäßigten Zone, vor allem aber in der kühlen (borealen) Zone und teilweise bis in die kalte (arktische) Zone vordringend. Verbreitet in Nordeuropa (Island, Skandinavien, Finnland, Großbritannien); in Mitteleuropa zerstreut in den Zentralalpen und West- und Ostkarpaten bis zum Dnjepr, in den hercynischen Mittelgebirgen, dem Kaukasus, Sibirien, Altai, Nordamerika, Grönland.
□ Karten: Hultén 1964, Karte 49; Meusel, Jäger, Weinert 1965, S. 15; Jalas & Suominen 1972, Karte 114.

Arealdiagnose □ zonal: (submerid/altomontan) – temp/altomontan – boreal – (arct) · (ozean$_{(1)-3}$) Circpol. – regional (in Europa): zentralalpisch – nordcarp – herc/sämtl. altomontan – (brit – scot) – scand – (boreoross) – ural.

Verbreitung im Gebiet □ Im nördlichen Flachlande fehlend; in Deutschland als Glazialrelikt zerstreut in bergigen Mittel- und Südgebieten: früher in Süd-Niedersachsen (bei Bodenwerder an der Weser, erloschen); im Harz: Oker- und Bodetal, Rappbodetal; in Niederhessen (Burghasunger Berg bei Wolfshagen unweit Kassel), Rhöngebiet (Milseburg, Bieberstein bei Klein-Sossen, Beilstein, Rabenstein bei Gersfeld, Bubenbaderstein, Kreuzberg), in Südostthüringen an der oberen Saale (Röhrenstieg und Großes Bleiloch bei Burgk, Ossagrund und Luchsloch bei Zoppoten, Neuhammer, Heinrichstein bei Ebersdorf, Blankenstein), früher in Sachsen (Muldeland: Rochsburg; Zittauer Gebirge; Tollenstein, Hochwald); Bayern (Hof, Presseck im Frankenwald); Schwarzwald (Höllental bei Freiburg, erloschen, bei Utzenfeld im Wiesental); fehlt in den Bayerischen Alpen. – In der Schweiz: nur im Wallis (auf der Simplon-Südseite, zwischen Gabi und Simplon-Dorf) und in Graubünden (im Misox, im Unterengadin zwischen Zernez und Ramosch und im Puschlav). – Im Veltlin: Ardenno. – In Österreich vorwiegend in den Zentralalpen, vereinzelt auch in den nordöstlichen Kalkalpen, in Oberösterreich vielleicht bereits ausgestorben, in Salzburg selten, in Tirol irrtümlich bei Sölden, Lengenfeld und Umhausen im Ötztal angeführt (dort wurde aber nur *W. alpina* gefunden), in Steiermark (Thörlgraben bei Aflenz und bei Seewiesen). – In der Tschechoslowakei besonders in den Basalt- und Phonolithbergen von Nord-Böhmen: Erzgebirge, bei Marienbad, Luž und Hvozd (Lusch und Hochwald) und am Tollstein bei Warnsdorf; Isergebirge, Riesengebirge, Milleschauer, im südlichen Teil selten: Železné hory, Brdy-Gebirge, bei Křivoklát (Pürglitz), bei Sušice (Schüttenhofen), Krumlov (Krummau), vormals in Felsen bei Zvíkov (Klingenburg); in Mähren im Gesenke (Brünnelheide), Hasensprung am Jihlavka-Fluß bei Jihlava (Iglau) und bei Adamov im Mährischen Karst; zerstreut in den ganzen Karpaten. – In Polen nur in Schlesien (bei Wałbrzych-Waldenburg) und (ursprünglich?) bei Masowicze bei Miąstko (Rummelsburg in Pommern).

2. Woodsia alpina

Woodsia alpina (Bolton) S. F. Gray Nat. Arr. Brit. Pl. **2**: 17 (1821), p.p., emend. Tausch Flora (Regensb.) **22**: 480 (1839). – Basion: *Acrostichum alpinum* Bolton Filic. Britan. 76 (1790). – Syn.: *Acrostichum hyperboreum* Liljeblad Vet. Akad. Nya Handl. Acta Holm. 201 (1793). – *Polypodium hyperboreum* (Lilj.) Swartz in Schrad. Journ. Bot. **1800/2**: 21 (1802). – *Polypodium arvonicum* Withering Arr. Brit. Pl. ed. 3, **3**: 774 (1796). – *Woodsia hyperborea* (Lilj.) R. Brown Trans. Linn. Soc. Lond. **11**: 173 (1815). – *Woodsia pilosella* Rupr. Beitr. Pfl.-K. Russ. Reiches **3**: 54 (1845). – *Woodsia ilvensis* (L.) R. Brown subsp. *arvonica* (Wither.) Milde Höhere Sporenpfl.: 74 (1865). – *Woodsia ilvensis* (L.) R. Brown subsp. *alpina* (Bolt.) Aschers. in Aschers. et Graebner Syn. ed. 1, **1**: 46 (1896). – Alpen-Wimperfarn. – Abb. 183, 184.

Etwas ähnlich der *W. ilvensis*, nur schwächer und zarter, weniger dichtrasig; Blätter 2–17 cm lang, hell- bis gelbgrün, unterseits weniger dicht behaart, öfters im Alter verkahlend; Blattstiel 1–7 cm lang, 0,5–1 mm dick, spärlich spreuschuppig und behaart, verkahlend, meist viel kürzer als die längliche oder schmal-längliche Spreite; Blattspindel spärlich mit pfriemenförmigen oder selten lanzettlichen, 1–2 mm langen Spreuschuppen und Haaren beklei-

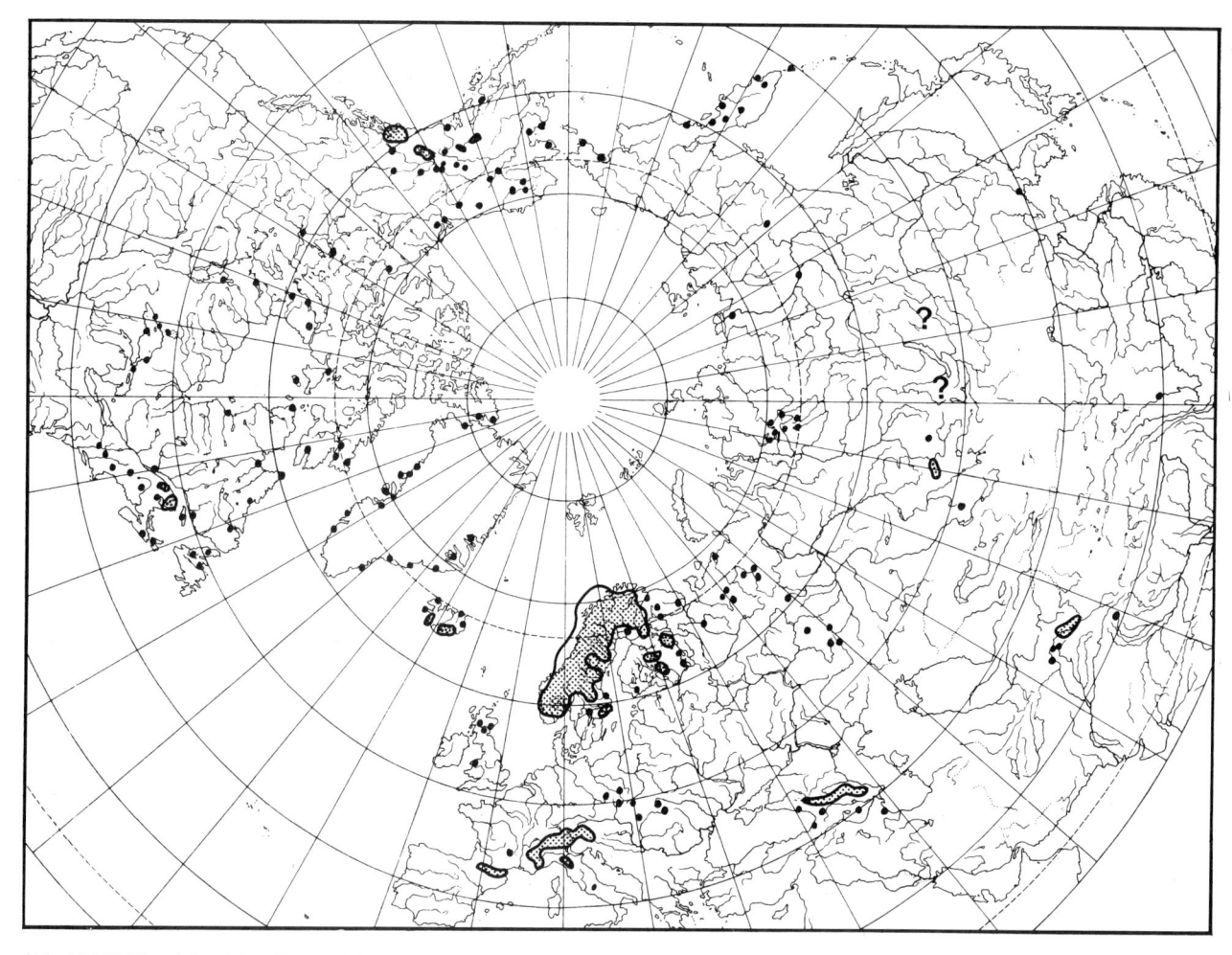

Abb. 183 □ *Woodsia alpina* (BOLTON) S. F. GRAY. Verbreitungskarte (nach HULTÉN 1958, verändert)

det; F i e d e r n jederseits 7–14, die unteren rundlich bis dreieckig-eiförmig, die folgenden dreieckig-eiförmig bis eiförmig-länglich, abgerundet-stumpf, gelappt bis fiederspaltig, mit jederseits 1 oder 2, höchstens bis 4 keilförmig-verkehrt-eiförmigen, ganzrandigen oder höchstens wellenförmig ausgeschweiften stumpfen Abschnitten; Adernenden meist unverdickt. S o r i kleiner als bei *W. ilvensis*. Exospor (30–) 39–45 (–51) µm lang. – Chromosomenzahl: 2n = 156 [LÖVE et LÖVE in LÖVE, Taxon **25**: 486–487 (1976)] (allotetraploid), vielleicht durch Kreuzung und anschließende Polyploidisierung von *W. ilvensis* und *W. glabella* subsp. *glabella* oder subsp. *pulchella* entstanden. – Sporenreife: VII.–IX.

Vorkommen □ Hemikryptophyt. An ähnlichen Standorten wie *W. ilvensis*, in Androsacion vandellii-Gesellschaften, bevorzugt Felsspalten an sonnigen Stellen und Geröllhalden, auf Urgestein, selten auf Andesit, Basalt oder sogar Kalkschiefer und Dolomit (in Lappland), in den Gebirgen von 660 bis 2600 m; im Tatra-Gebirge meistens auf mylonitisiertem Granit mit einigen kalkliebenden Pflanzen zusammen, bis 1480 m.

Allgemeine Verbreitung □ Zirkumpolar mit subozeanisch-subkontinentaler Verbreitungstendenz in der kühlen (borealen) und kalten (arktischen) Zone, in den Gebirgen der warmgemäßigten und gemäßigten Zone nur in Asien (hier nur wenige Fundorte), Nordeuropa und in den Alpen, südwärts bis zu den Pyrenäen und im Apennin, vereinzelt in den Sudeten und Karpaten; in Asien im Ural, im Westhimalaja und im Altai und auf Kamtschatka; im arktischen und östlichen Nordamerika und auf Grönland.
□ Karten: HULTÉN 1958, S. 228; MEUSEL, JÄGER, WEINERT 1965, S. 16; JALAS & SUOMINEN 1972, Karte 115.

Arealdiagnose □ zonal: (submerid/subalpin) – temp/subalpin-Eur

– (As) – boreal/(montan) – arct · (ozean$_{(1)-3}$) Circpol. – regional (in Europa): pyr + (apen) + cauc – nordcarp – sudet – alpisch/sämtl. subalpin – (scot) – norv – boreoross – ural/sämtl. (montan).

Verbreitung im Gebiet □ Als arktisch-alpines Glazialrelikt nur in den Alpen von 540 m im Misox bis 3050 m, im Wallis (Saas-Tal), Sudeten und Westkarpaten. In Deutschland nur in Bayern (Südwest-Abfall der Höfats im Allgäu). – In der Schweiz mehrfach: im Wallis im Aletschgebiet verbreitet, zerstreut in den südlichen Ketten; im mittleren und nördlichen Tessin verbreitet; in Obwalden im Gebiet von Engelberg; in den Urner und Glarner Alpen zerstreut; in Graubünden verbreitet, jedoch in Mittelbünden streckenweise fehlend; im Kanton St. Gallen in den südlichen Teilen. – In Österreich vorwiegend in den Zentralalpen; in Vorarlberg (Velbertal, Ammertal); Steiermark (Eisenhut ob dem Diesingsee bei Turrach, bei Einach auf Schiefer, 1000 m, Fraualpe bei Murau, ca. 2000 m); bei Predlitz in den Karawanken; in Salzburg (bei Gastein, Radstätter Tauern); Kärnten (Luggau, Wasserfälle im Maltatale zwischen Mörtschach und Sagritz; bei Heiligenblut); Tirol (Geißstein und Thorsee, Aurach bei Kitzbühel; Sölden, Lengenfeld, Umhausen). – Slowenien: östliche Karawanken. – In Polen: im Riesengebirge (auf Basalt in der Kleinen Schneegrube) und im Tatra-Gebirge. – In der Tschechoslowakei: im Riesengebirge (Melzergrund), im Gesenke (Großer Kessel, verschollen?) und im Tatra-Gebirge.

Variabilität der Art □ Die Art ist nur schwach variabel, obwohl Übergangsformen (oder Hybriden?) zu *W. ilvensis* hin und wieder vorkommen. In den Herbarien häufig falsch bestimmt; die Angaben in der Literatur sind deshalb nicht immer zuverlässig (HULTÉN in MEUSEL, JÄGER und WEINERT, 1965). Eine Form, die an *W. glabella* erinnert, ist var. *pseudoglabella* CHRIST, eine kleine Pflanze mit etwas spreuschuppiger Blattspindel und wenigen Fiedern; vereinzelt in den Schweizer Alpen im Wallis (Simplon, Gondo, Mattmark-Saas), Engadin, Innfälle bei St. Moritz, unterhalb Cresta, bei Bevers); im Veltlin (in den Weingärten ob Tirano) und in Tirol (Seiseralpe).

3. Woodsia glabella

Woodsia glabella[1] R. BROWN in RICHARDSON: Narrative of a journey to the shores of the polar sea by Captain FRANKLIN; Botany: 745 (1823). – Syn.: *W. pulchella* BERTOLONI Fl. Ital. crypt. **1:** 111 (1858), p.p. – Zierlicher Wimperfarn. – Abb. 185–187.

Wichtige Literatur □ BECHERER, A. 1973: Über die Verbreitung der *Woodsia glabella* R. BR. in der Schweiz. Bauhinia (Basel) **5:** 17–12. – MAYER, E. 1959: Die Gattung *Woodsia* in Jugoslawien. Slovensk. Ak. Znan. Umj., Razr. Prir. Medic. **5:** 7–21. – MEYER, D. E. 1959: Chromosomenzahl der *Woodsia glabella* R. BR. Mitteleuropas. Willdenowia **2 (2):** 214–217. – NARDI, E. 1974: Due nuove stazioni italiane del genere ›Woodsia‹ R. BR. Webbia **29:** 317–328. – POELT, J. 1954: *Woodsia pulchella* BERTOL., eine verkannte Art der Alpen. Ber. Bayer. Bot. Ges. **30:** 168–169.

B l a t t s t i e l nur am Grunde schwarz, sonst gelblich oder grünlich, unten schwach beschuppt oder behaart, bis ⅓ so lang wie die Spreite; B l a t t s p r e i t e gelbgrün, lanzettlich-linear, gefiedert, die F i e d e r n gelappt bis fiederspaltig mit 1–7 stumpfen bis fast spitzen Seitenlappen auf jeder Seite; Blattspindel und -unterseite meist unbeschuppt und unbehaart.

Woodsia glabella ist eine Art mit weltweiter zirkumpolarer Verbreitung und zeigt dementsprechend eine gewisse Variabilität. In Europa besiedelt sie zwei getrennte Areale, ein subarktisches und ein alpines, und es ist berechtigt, die alpine Sippe von der nordischen auch taxonomisch zu unterscheiden. Einige Autoren gehen so weit, diese Sippen als Arten zu trennen. Zu diesem Vorgehen hat die lange vorherrschende Ansicht beigetragen, daß diese Sippen auch verschiedene Chromosomenzahlen besitzen. Nachdem sich das als Irrtum erwiesen hat, scheint es uns richtiger, sie als Unterarten zu behandeln. Der letzte Monograph der Gattung (D. F. M. BROWN 1964) will sie höchstens als Varietäten anerkennen.

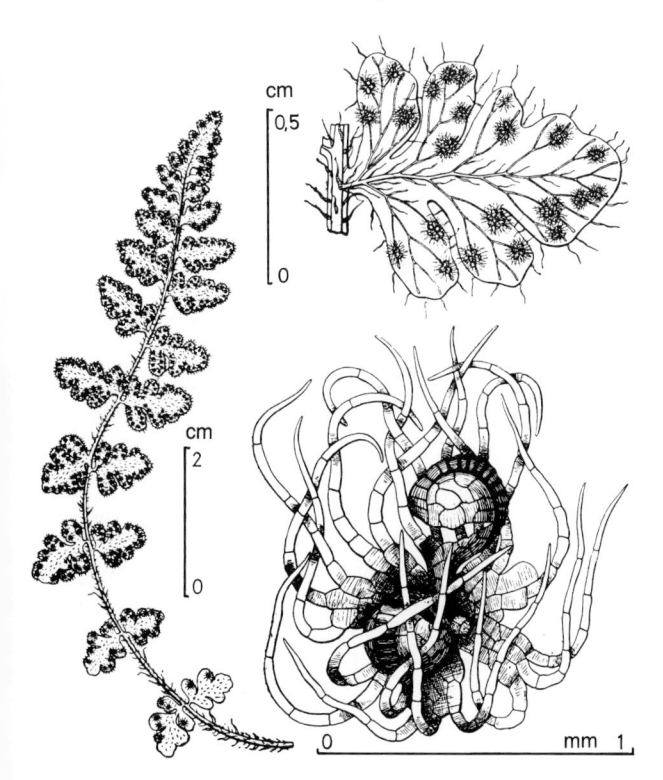

Abb. 184 □ *Woodsia alpina* (BOLTON) S. F. GRAY. Blatt mit Sori, Einzelfieder und abgelöster Sorus mit Schleier und zwei Sporangien, die anderen wurden entfernt (nach LUERSSEN 1889: 496 und 504)

---

[1] glabellus (lat.), von glaber = kahl, glatt, wegen der kahlen Blätter.

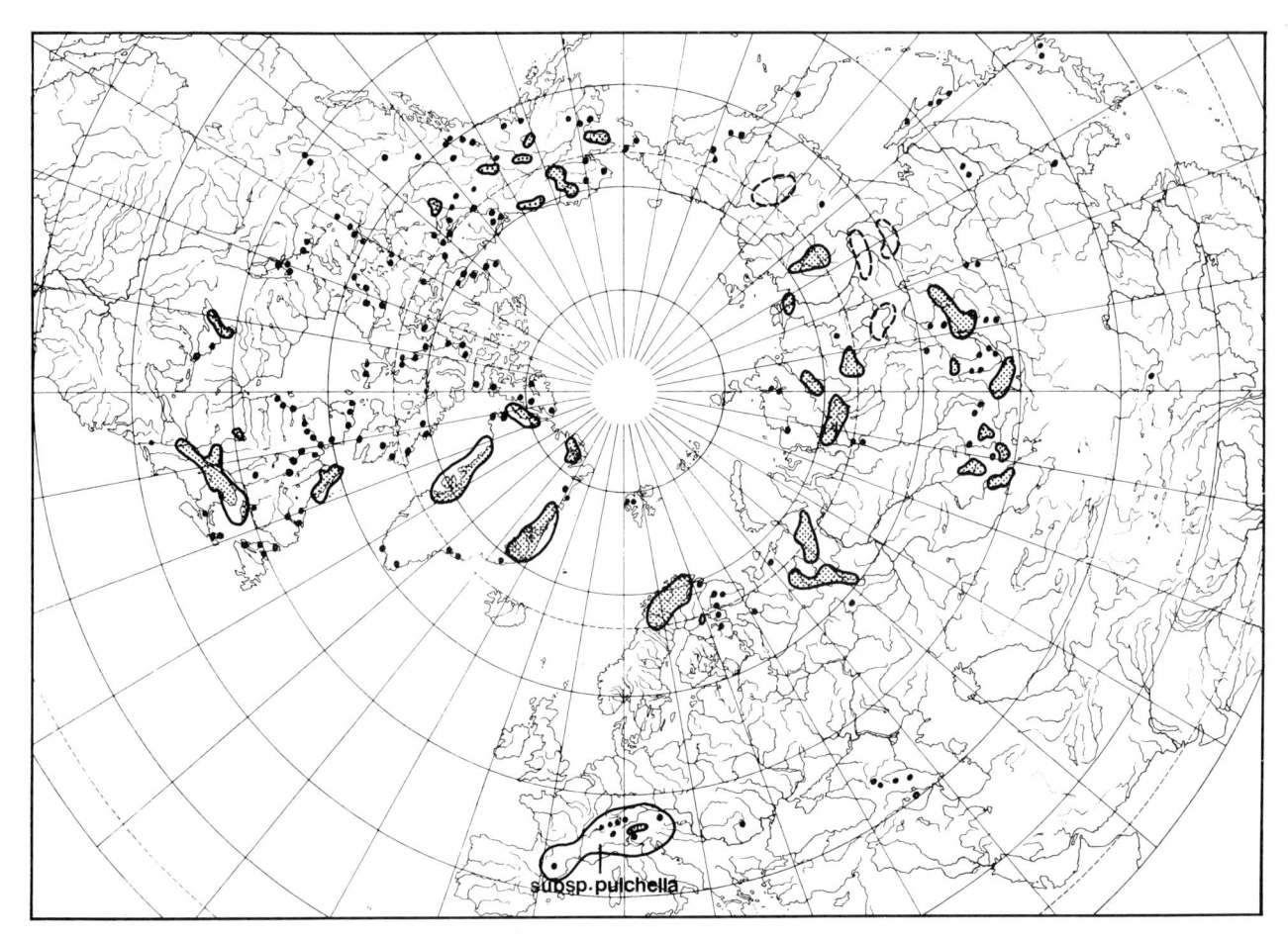

Abb. 185 □ *Woodsia glabella* R. Br. Verbreitungskarte der beiden Unterarten: subsp. *pulchella* (Bertol.) Á. & D. Löve (Alpen, Pyrenäen) und subsp. *glabella* (übrige) (Original Rauschert)

3. A. Woodsia glabella subsp. glabella

(Die nordamerikanische und skandinavische Sippe) (Abb. 185). Ausdauernder, kleiner Farn, in der Tracht etwas an *Asplenium viride* erinnernd. R h i - z o m oft rasenartig verzweigt; B l ä t t e r 1,5–8 cm lang, oben kahl, gelblich-hellbraun; S p r e i t e lineal-lanzettlich; F i e d e r n beiderseits 5–16, gelappt bis fiederig geteilt, mit je 1–5 stumpfen Abschnitten. – Chromosomenzahl: $2n = 78$ (vgl. Löve, Löve & Pichi-Sermolli 1977: 266)[1]. Erster, klassischer Fundort liegt in der Umgebung des Großen Bärensees (NW-Kanada). – Sporenreife: VII.–IX. Exospor (30–) 39–45 (–51) μm lang, also von der tetraploiden *W. alpina* durch die Sporengröße nicht zu unterscheiden; dasselbe gilt für *W. ilvensis*.

Vorkommen □ Hemikryptophyt. In Kalk- und Dolomitfelsspalten der subarktischen und nördlichen Gebirge von Nordamerika, Nordeuropa (Skandinavien bis Lappland und Spitzbergen), Kaukasus, Zentralasien, Nordsibirien, Kamtschatka. Auch für die

---

[1] Andere frühere Angaben beruhen auf Irrtum: die erste richtige Zahl für *W. glabella* publizierte D. E. Meyer (1959) für die subsp. *pulchella* aus den Dolomiten. Für subsp. *glabella* aus Schweden gaben Á. Löve & D. Löve: Opera Bot. (Suppl. Bot. Notiser) **5**: 22 (1961) $2n = $ ca. 80 und für solche aus Finnisch Lappland gab V. Sorsa: Hereditas **49**: 341 (1963) $n = $ ca. 82, was offensichtlich auf einem Versehen beruhen muß. Die richtige Zahl für Material aus Kanada $n = 39$ publizierte zuerst Britton in Fabbri: Caryologia **16**: 237–245 (1963) und Can. J. Bot. **42**: 1349–1354 (1964). Für Material aus Island fand Á. Löve: Islénzk ferðaflora (1970) ebenfalls $2n = 78$ und für solches aus Kanada dieselbe Zahl [vgl. IOPB chromosome number reports LIII. Taxon **25**: 487 (1976)]. Auch für Material aus Finnisch Lappland und aus Japan fand G. Vida (unpubl.) $n = 39$.

rumänischen Karpaten angegeben. Fehlt im Gebiet der mitteleuropäischen Flora.
□ Karte: JALAS & SUOMINEN 1972, Karte 116.

Arealdiagnose □ zonal: (submerid)/subalpin – temperat/subalpin – boreal – arct · kont$_{1-3}$ Circpol. – regional (in Europa): (südcarp) – cauc/subalpin + nordzentralnorv – euboreoross – nordural.

3. B. Woodsia glabella subsp. pulchella
(BERTOL.) Á. et D. LÖVE Bot. Notis. **114**: 49 (1961) (die alpine Sippe). – Basion: *Woodsia pulchella*[1] BERTOLONI, Fl. Ital. Crypt. **1**: 111 (1858). – Abb. 185–187.

Von subsp. *glabella* durch folgende Merkmale verschieden: Tracht erinnert mehr an kleine *Cystopteris fragilis*; Blätter bis 12 cm lang; Spreite breiter, länglich-lanzettlich; Fiedern oft nur bei den 1–2 untersten Paaren abgerundet bis eiförmig, die folgenden schief eiförmig-rhombisch (akroskope Seite größer als basiskope), alle ± stumpf, am Grunde fast gefiedert, oben fiederig gelappt, die längsten Fiedern 4–7 (–10) mm lang, beiderseits mit 2–7 keilförmig-verkehrt-eiförmigen bis länglichen, meist nur an der angerundeten Spitze gekerbten Abschnitten. – Chromosomenzahl: ebenfalls 2n = 78. – Sporenreife: VII.–VIII.
□ Übergangsformen zu subsp. *glabella*, die sich schwer einordnen lassen, sind bekannt.

Vorkommen □ Hemikryptophyt. An mäßig frischen bis feuchten, oft leicht beschatteten Dolomit- und Kalkfelswänden und in Klammen, in Felsspaltengesellschaften. Charakterart des Potentillion caulescentis- bzw. Cystopteridion-Verbandes. In Gebirgen zwischen 900 und 2270 m.

Allgemeine Verbreitung □ Zirkumpolar mit kontinental-subkontinentaler Verbreitungstendenz, vorwiegend in der kühlen (borealen) und kalten (subarktischen) Zone, sehr zerstreut in den Hochgebirgen der warm-gemäßigten und gemäßigten Zone (hier Häufung in den südsibirischen Gebirgen).
□ Karte: JALAS & SUOMINEN 1972, Karte 116.
□ In Europa erst 1848 am Kreuzberg bei Sexten (Südtirol) entdeckt. Wird von vielen Autoren als europäischer Endemit angesehen, dürfte aber weiter verbreitet sein. Pflanzen aus Japan sind von solchen aus den Dolomiten auch nach Kultur unter gleichen Bedingungen nicht zu unterscheiden und gaben bei der Meiose ebenfalls n = 39^{II} (G. VIDA unpubl.).

Arealdiagnose □ zonal: submerid – temp/subalpin · ozean Eur. – regional: (pyren + insubr) – carn – nordhelv – (nordnorisch)/sämtl. subalpin.

Verbreitung im Gebiet □ In Deutschland nur in der Breitach-

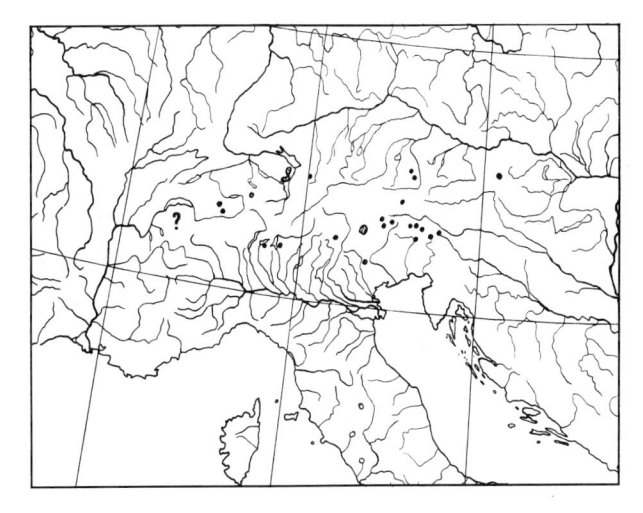

Abb. 186 □ *Woodsia glabella* R. BR. subsp. *pulchella* (BERTOL.) Á. & D. LÖVE. Verbreitungskarte (Original RAUSCHERT)

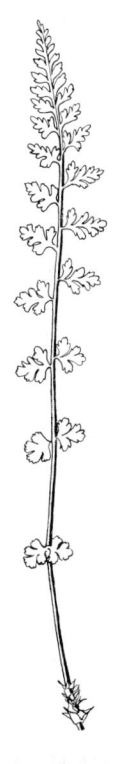

Abb. 187 □ *Woodsia glabella* R. BR. subsp. *pulchella* (BERTOL.) Á. & D. LÖVE. Einzelnes Blatt (nat. Gr.) (nach HIRZEL in NÄGELI 1978)

---

[1] pulchellus (lat.) = anmutig, schön.

klamm, in der Weißbachschlucht bei Bad Reichenhall sowie am Funtensee bei Berchtesgaden etwa 1600 m, mit *Cystopteris fragilis* und *Grimmia andreaeoides*. – In der Schweiz: im Kanton Bern bei Kandersteg 1350–1810 m (auf Kreidekalk) mit *Saxifraga caesia*, *Primula auricula*, *Asplenium ruta-muraria* und *Cystopteris fragilis*; Obwalden (Gentidossen ob Engelberg); Appenzell (Alpstein 1260–1600 m; Gartenalp westlich der Ebenalp 1730 m); St. Gallen (Alvierkette, Alp Naus ob Grabs 1480 m und Gamserugg 1890 m, Flürentobel ob Wildhaus im Toggenburg 1310 m); im Tessin (am Mte. Generoso). – In Österreich in Kärnten: Plöcken, Valentins-Tal, Gailtal, Raibersee, Gamswurzgraben, Gössering bei Weißbriach zwischen Hermagor und Greifenburg. – In Tirol im Dolomitgebiet zwischen 1600–2000 m, Seiseralpe, Schlernklamm, Ratzes, Pragser Wildsee im Pustertal, Cortina d'Ampezzo, Kreuzberg im Sextental, Tauerntal bei Matrei; weitere vereinzelte Fundstellen in Norditalien; vgl. Punktkarte bei NARDI (1974). – In Jugoslawien in den Julischen Alpen.

Erkennung □ Die Pflanze wächst oft zwischen *Cystopteris fragilis* und ist wegen ihrer habituellen Ähnlichkeit mit einem kleinen Blasenfarn leicht zu übersehen.

4. Matteuccia

Matteuccia[1] TODARO Syn. Pl. Acot. Vasc. Sicilia; Giorn. Sci. Nat. Econ. Palermo **1:** 235 (1866), nomen conservandum. – Syn.: *Osmunda* LINNÉ Sp. pl. 1063 (1753) et Gen. pl. ed. 5: 484 (1754), p.p. – *Struthiopteris* WILLD. Berl. Mag. Ges. Naturf. Freunde **3:** 160 (1810), non WEISS (1770). – *Pteretis* RAFIN. Amer. Monthly Mag. **2:** 268 (1818). – S t r a u ß f a r n , besser S t r a u ß e n f a r n . – Holl.: struisvaren; dän.: strudsvinge; tschech.: pérovník; poln.: plóropucznik; russ.: страусопер (strausoper).

Typus-Art: *Osmunda struthiopteris* L. (1753) = *Matteuccia struthiopteris* (L.) TODARO (1866).

Wichtige Literatur □ LLOYD, R.M. 1971: Systematics of the Onocleoid ferns; Univ. Calif. Publ. Bot. **61:** 1–86.

Ansehnliche Erdfarne mit kurzem, beschupptem R h i z o m und einem Büschel von dimorphen, großen B l ä t t e r n ; sporenlose Blätter (Trophophylle) einfach bis doppelt gefiedert, zart, lichtgrün; sporentragende Blätter (Sporophylle) einfach gefiedert, derb. S o r i am Ende der Endnerven zweireihig, durch den zurückgerollten Blattrand bedeckt; S p o r a n g i e n groß. Indusium unregelmäßig zerschlitzt. S p o r e n chlorophyllhaltig. – Diese Gattung wird, mit *Onoclea*, von LLOYD (s.o.) in eine besondere Unterfamilie Onocleoideae der Aspidiaceae gestellt. – Chromosomenzahl: n = 39 oder 40.

Artenzahl und Verbreitung □ Drei Arten der nördlichen Hemisphäre. *M. orientalis* (HOOK.) TREV. aus Ostasien mit kleineren, unten nicht verschmälerten Blättern wird neben der einheimischen *M. struthiopteris* in Gärten und Parkanlagen als dekorativer Zierfarn verwendet.

1. Matteuccia struthiopteris

Matteuccia struthiopteris[2] (L.) TODARO Syn. Pl. Acotyl. Vasc. Sicilia; Giorn. Sci. Nat. Econ. Palermo **1:** 235 (1866). – Basion.: *Osmunda struthiopteris* LINNÉ Sp. Pl. 1066 (1753). – Syn.: *Onoclea struthiopteris* (LINNÉ) ROTH in USTERI Ann. Bot. **10:** 54 (1794); HOFFM. Deutschl. Fl. **2:** 12 (1795). – *Struthiopteris filicastrum* ALL. Fl. Pedem. **2:** 283 (1785). – *Struthiopteris germanica* WILLDENOW Enum. Pl. Horti Berol. **2:** 1071 (1809). – *Onoclea germanica* (WILLD.) HOOK. et BAKER Syn. Filic. 46 (1868). – *Pteretis struthiopteris* (L.) NIEUWLAND Amer. Midland Natur. **3:** 197 (1914). – D e u t s c h e r S t r a u ß e n f a r n . – Taf. 2 Fig. 3 nach S. 64. – Abb. 188.

Wichtige Literatur □ NOVÁK, F.A. 1952: Der legitime Name des Straußfarns; Preslia (Praha) **24:** 253–266.

Ausdauernd. R h i z o m kurz, aufrecht, später über den Boden (bis 20 cm) hervortretend, neben den Blattansätzen schlanke, kriechende, schwarze, mit schraubig gestellten, entfernten Niederblättern besetzte, bis 60 cm lange und 8 mm dicke unterirdische Ausläufer treibend, die am Ende über den Boden treten und einen neuen Blatt-Trichter bilden; in der Mitte dieses Trichters kürzere, steif aufrechte Sporenblätter, die die überwinternde Gipfelknospe aus Niederblättern umhüllen. L a u b b l ä t t e r (Trophophylle) bis 170 × 35 cm groß, sommergrün, sehr kurz gestielt; B l a t t s t i e l und B l a t t s p i n d e l rinnig, Stiel 2–12 cm lang und ca. 5 mm dick, am verbreiterten, schwarzbraunen Grunde spreuschuppig; Blattspindel, besonders an der Einfügung der Fiedern, braunfilzig, zuletzt meist ganz kahl. S p r e i t e der Laubblätter länglich-lanzettlich, sehr stark nach dem Grunde verschmälert, kurz und plötzlich zugespitzt, hellgrün; Fiedern jederseits 30–70, wechselständig, sitzend, lineal-lanzettlich, zugespitzt, fiederspaltig bis fiederteilig; Abschnitte länglich, stumpf oder gestutzt, ganzrandig oder undeutlich gekerbt, der erste obere über die Oberseite, der hintere über die Unterseite der Blattspindel hinübergreifend. S p o r e n b l ä t t e r (Sporophylle) 50–60 × 5–6 cm groß, anfangs grünlich, zuletzt dunkelbraun, trocken überwinternd, im Umriß lineal-lanzettlich, nach dem Grunde allmählich verschmälert, kurz zugespitzt. F i e d e r n steif, anfangs zylindrisch zusammengerollt, an den Rändern durchscheinend-häutig, zuletzt sich aufrollend und lappig. S o r i zu 3–5 auf den

---

[1] Nach CARLO MATTEUCCI (1811–1868), ital. Gelehrter und Politiker.
[2] struthos (griech.) στρουθός = Strauß; pteris (griech.) πτέρις = Farn; wegen der Ähnlichkeit der fruchtbaren Blätter mit einer Straußenfeder.

Abb. 188 □ *Matteuccia struthiopteris* (L.) TODARO. Zillertal, Tirol

Endadern, zuletzt zusammenfließend. Sporen monolet, mit stark entwickeltem, runzeligem Perispor, chlorophyllhaltig. – Chromosomenzahl: vermutlich 2n = 78 [F. FABBRI et MANICANTE: Caryologia **23**: 673–676 (1970)], und nicht 2n = 80, wie lange vermutet. – Sporenreife: VII.–IX., aber die Sporen werden erst im Frühjahr aus den überwinternden Sporophyllen ausgestreut.

Vorkommen □ Hemikryptophyt. Halbschattenpflanze. In Auenwäldern und Quellgebüschen, an Ufern von Waldbächen und Flüssen, seltener auf feuchten Wiesen; auf sickernassen, nährstoff- und basenreichen, meist kalkarmen, locker humosen, sandig-kiesigen Tonböden und Schwemmböden. Vegetative Vermehrung durch lange, dünne, unterirdische, stolonenartige Verzweigungen des Hauptrhizoms. – Charakterart des Alno-Ulmion, z. B. im Stellario-Alnetum glutinosae. Meist mit Eschen und Erlen zusammen. In der Ebene selten, aber oft gesellig, in den Gebirgen nur in Quellmulden, selten am Ufer größerer Gebirgsbäche, gelegentlich in Populationen von mehreren km Länge. In den Alpen bis in die voralpine Stufe, in Tirol bis 1500 m.

□ Dieser stattliche Farn wird häufig in Gärten, zuweilen auch auf Kirchhöfen angepflanzt und verwildert manchmal an feuchten, schattigen Stellen. Die Ausläufer, die flach unterirdisch kriechen, krümmen sich nach einigen Dezimetern aufwärts und bilden eine neue Pflanze. Diese Ausläufer sind mit schwarzen Spreuschuppen und Niederblättern besetzt und reichlich mit Stärke gefüllt, so daß ein rasches Austreiben im Frühling möglich ist. Im Gegensatz zu anderen Waldfarnen kriecht die Hauptachse der Pflanzen nicht im Boden, sondern steht senkrecht und wächst von Jahr zu Jahr höher über die Oberfläche hinaus. Diese »Stämmchen« sind noch mit den alten Blattbasen besetzt. Der Straußenfarn ist also im Wuchs vergleichbar mit den kleineren tropischen Baumfarnen.

Allgemeine Verbreitung □ Für die Art in weiterem Sinne zirkumpolar mit subozeanisch-subkontinentaler Verbreitungstendenz in den Gebirgen und im Gebirgsvorland der warm-gemäßigten und südlichen gemäßigten Zone (auch in der Ebene der nördlichen gemäßigten und der südlichen kühlen = subborealen Zone). Die nordamerikanische Sippe wurde von MORTON als var. *pensylvanica* (WILLD.) MORTON behandelt; gewisse amerikanische Autoren erkennen sie als eigene Art an: *M. pensylvanica* (WILLD.) RAYMOND; LLOYD unterscheidet sie nicht einmal als Varietät. Schließt man sie aus, so ist das Areal eurasisch. Fehlt in England und den Niederlanden; in Mitteleuropa zieht sich die Westgrenze des Areals von Norwegen südwärts über Dänemark, Belgien, das Niederrheingebiet und über die Westalpen nach Piemont. Die Südgrenze läuft durch die Poebene, Slowenien, Rumänien bis in die Südukraine. Eine isolierte Lokalität in Sizilien (am Ätna) nicht bestätigt; ostwärts durch das temperierte Asien bis China, Amurgebiet, Sachalin und Kamtschatka verbreitet; fehlt in Steppengebieten, z. B. auch in der Ungarischen Ebene.
□ Karten: HULTÉN 1964, Karte 115; JALAS & SUOMINEN 1972, Karte 117.

Verbreitung im Gebiet □ In Deutschland in der Oberrheinebene (Rastatt), Sieg-, Brol-, Dhänntal usw., im Schwarzwald bei Rötenbach (Tal der Kleinen Kinzig), Renchtal, im Murgtal und bei Freiburg i. Br., Odenwald, Bayerischer Wald, Frankenwald und Fichtelgebirge, Westharz, Oberweser, Erzgebirge, Sächsische Schweiz, Elbhügelland, Muldeland, Ober- und Niederlausitz; in Brandenburg in jüngerer Zeit mehrfach an Seeufern verwildert und z. T. eingebürgert (Berlin mehrfach, Pritzwalk, Kyritz, Königswusterhausen, Beeskow). – In der Schweiz nur im südlichen Tessin; im Kanton Aargau eingebürgert. – In Österreich in Vorarlberg fehlend, sonst zerstreut; in Oberösterreich im Pyhrner Moos bei Spital am Pyhrn; in Niederösterreich am Gudenus-Steig bei Hartenstein im kleinen Kremstal; in Steiermark in den Schladminger Tauern, Bischofsfeld, Ennstal, Murtal, Judenburg, Leoben und Pernegg; Beigirtl, Pöllau, Voitsberg, Spielfeld, Feistritz, Weitenstein; Klausgraben bei Mitterndorf und im Miesslingtal; in Kärnten bei Völkermarkt, auch im Gitschtal bei Weißbriach. – Norditalien: Val di Bognanco (westlich Domodossola), Val di Venita (südöstlich Sondrio, Veltlin) u. a. – In Slowenien längs der Selzacher Zeier bei Bischofsflack und an der Save bei Podnart. – In der Tschechoslowakei in Böhmen selten, in Südböhmen längs Kamenice und Sázava-Fluß, bei Vimperk (Winterberg), Krumlov (Krummau), Humpolec, Přibyslav, in Westböhmen bei Teplá, Chomutov (Komotau), in Nordböhmen, Česká Kamenice (Böhmisch Kamnitz), Malá Skála; in Mähren bei Jihlava (Iglau), Velké Meziříčí, Zábřeh, Hukvaldy und im Gesenke. – In Polen meistens nur im Westen, am Fuße der Sudeten und Karpaten, im Südosten

(Ost-Beskiden) und im Küstengebiet. – Die Art steht in fast allen mitteleuropäischen Ländern unter Naturschutz.

Erkennung □ Der Straußenfarn entwickelt stellenweise nur sterile Blätter, verbreitet sich nur vegetativ und kann dann mit *Dryopteris filix-mas* und *Athyrium filix-femina* verwechselt werden; er unterscheidet sich von beiden durch das abweichende Verhältnis der Verschmälerung der Blätter nach dem Grunde und der Spitze, durch die meist ganzrandigen Fiederabschnitte, sowie durch das eigentümliche Übergreifen der obersten Fiederabschnitte, von der ebenfalls ähnlichen *Oreopteris limbosperma* außerdem durch die fehlende Drüsenbekleidung. – Die Art variiert nur wenig. Übergänge von fruchtbaren zu unfruchtbaren Blättern kommen vor, welche man auch künstlich durch Entfernung der unfruchtbaren Blätter im Anfang der Vegetationszeit hervorrufen kann. Vgl. K. GOEBEL: Über künstliche Vergrünung der Sporophylle von *Onoclea struthiopteris;* Ber. Deutsch. Bot. Ges. **5**: 69–74 (1887).

Verwendung □ Die jungen fertilen Blätter stellen gekocht ein schmackhaftes Gemüse dar.

5. Onoclea
Onoclea[1] L. Sp. Pl. 1062 (1753). – P e r l f a r n . – Holl.: bolletjesvaren; engl.: sensitive fern.

Typus und einzige Art: *Onoclea sensibilis* L.

1. Onoclea sensibilis
Onoclea sensibilis[2] L. Sp. Pl. 1062 (1753). – P e r l f a r n . – Literatur s. unter *Matteuccia*.

R h i z o m lang-kriechend, verzweigt, kaum spreuschuppig. B l ä t t e r einzeln am Rhizom entspringend, stark dimorph; s t e r i l e B l ä t t e r tief fiederteilig oder am Fuße gefiedert, mit nach oben zunehmend breiter geflügelter Spindel und fiederspaltiger Spitze. F i e d e r n krautig, mit hartem Rand, die größeren mehr oder weniger gelappt; Adern netzförmig verbunden, ohne freie Adern. F e r t i l e B l ä t t e r schmäler, doppelt gefiedert, die Abschnitte perlenartig um die Sori eingerollt, braun bis schwarz bei der Reife. Sporen monolet, chlorophyllhaltig, mit stark entwickeltem Perispor. Sporenreife im Herbst, aber die Sporen kommen erst im nächsten Frühling frei. – Chromosomenzahl: $n = 37$.

Allgemeine Verbreitung □ Dieser in feuchten Wäldern in Ostasien (Nordostsibirien, China, Korea,

---

[1] Von griech. onokleia ὀνοκλεία = Eselszunge; dieser klassische, auf andere Pflanzen angewandte Name wurde von LINNÉ für den Perlfarn gewählt.

[2] sensibilis (lat.) = empfindlich; wegen angeblicher Frostempfindlichkeit des Laubes.

Japan) und im östlichen Nordamerika verbreitete Farn wird bei uns vielfach als winterharte Gartenpflanze gezogen. Er kommt an einigen Stellen in Großbritannien eingebürgert vor und ist auch in Mitteleuropa hie und da verwildert gefunden worden (z. B. im Glienicker Park in Berlin/West).
□ Karte (nur für Großbritannien) bei JALAS & SUOMINEN 1972, Karte 118.

Familie **Aspleniaceae** Streifenfarngewächse

Kleine bis mittelgroße Farne mit kurzem Rhizom. Leitbündel diktyostelisch; Spreuschuppen gegittert. Blattstiel mit 2 Leitbündeln, die oben zu einem x-förmigen Leitbündel zusammenfließen. Blattspreite ungeteilt, gelappt oder ein- bis mehrfach gefiedert oder handförmig geteilt; Sori unterständig, auf einer, seltener auf beiden Seiten längs der Endadern; Indusium seitlich angefügt, zuweilen fehlend.

Typus-Gattung: *Asplenium* L.

Etwa 10 Gattungen, ursprünglich in die Familie Polypodiaceae s.l. eingereiht, werden neuerdings u. a. auf Grund der Stele-Anatomie und der Beschaffenheit der Schuppen als selbständige Familie abgetrennt.
□ Verbreitung weltweit, von den Tropen bis zu den Polarkreisen.

Neben den unten angeführten drei mitteleuropäischen Gattungen ist in Europa noch *Pleurosorus* bekannt, der sich von *Asplenium* vor allem durch das fehlende Indusium unterscheidet. Einige neuere Autoren (z. B. J. D. LOVIS & G. VIDA, Brit. Fern Gaz. **10**: 53–67, 1969, weitere Lit. daselbst) stellen *Ceterach* und *Phyllitis* wieder zu *Asplenium* und wollen sie nur als Untergattungen oder Sektionen behandeln, weil Übergänge existieren und weil *Asplenium*, *Ceterach* und *Phyllitis* miteinander Hybriden bilden können. Eine natürlich vorkommende allotetraploide Art, *Phyllitis hybrida* (MILDE) C. CHR. = *Phyllitopsis hybrida* (MILDE) REICHSTEIN, ist sogar, wie VIDA (Evol. Biol., Praha, 1976: 267–294) eindeutig zeigen konnte, durch Chromosomenverdoppelung aus der diploiden Hybride des diploiden Cytotyps von *Ceterach officinarum* (= *Asplenium javorkeanum* VIDA) mit *Phyllitis sagittata* hervorgegangen. Es ist daher willkürlich, diese Pflanze zu *Phyllitis* zu stellen, wie dies üblicherweise getan wird, und nur dadurch begründet, daß sie äußerlich einer *Phyllitis* ähnlicher ist als einem *Ceterach*. Auch von *Pleurosorus* konnte bisher, allerdings nur künstlich, eine Hybride mit *Asplenium trichomanes* erzeugt werden (LOVIS, unpubl.). Ähnliches gilt für die Gattung *Camptosorus*, von der *C. rhizophyllus* (L.) LINK in Nordamerika und *C. sibiricus* RUPR. in Ostasien heimisch sind, beide mit lang ausgezogener Spitze, die Brutknospen produziert. Beide Arten sind diploid, hybridisieren mit Vertretern der Gattung *Asplenium* s. str. und haben unter Beteiligung diploider Asplenien zur Bildung allopolyploider Arten geführt, die wieder sterile Rückkreuzungen bilden können. Es ist ebenfalls nicht ganz logisch, solche alloploide Arten als Asplenien zu bezeichnen, solange man einen ihrer Vorfahren zu *Camptosorus* stellt. In Amerika sind die Verhältnisse sehr genau untersucht [vgl. W. H. WAGNER, Jr.: Reticulate evolution in the Appalachian Aspleniums. Evolution **8** (2): 103–118, 1954]. In Japan wurde die sterile diploide Hybride *Asplenium incisum* THUNB. x *Camptosorus sibiricus* mit ihren Eltern und die fertile, durch Chromosomenverdoppelung daraus entstandene allotetraploide Art *Asplenium kobayashii* TAGAWA[1] auf einem einzigen Berg zusammen wachsend gefunden (A. SLEEP, unpubl.). Es ist daher durchaus vertretbar, alle diese Gattungen unter *Asplenium* zusammenzufassen. Wenn wir für Mitteleuropa darauf verzichten, so hauptsächlich aus historischen Gründen und um mit der Nomenklatur der Flora Europaea (1964) sowie den Florenlisten (Liste der Gefäßpflanzen Mitteleuropas 2. Aufl. F. EHRENDORFER, Herausg. 1973) in Einklang zu bleiben.

1. Asplenium

Asplenium[2] LINNÉ Sp. pl. 1078 (1753); Gen. pl. ed. 5: 485 (1754); emend. LUERSS. Farnpfl. in RABENHORST Kryptog.-Fl. 148 (1889). – Syn.: *Asplenum* ASCHERS. in ASCHERS. et GRAEBN. Syn. ed. 1, **1**: 53 (1896). – S t r e i f e n f a r n , M i l z f a r n . – Holl.: streepvaren; dän.: radeløv; engl.: spleenwort; franz.: doradille; ital.: erba ruginina; slow.: slezenica; tschech.: sleziník; poln.: zanokcica; russ.: костенец (kostenec).

Typus-Art: *Asplenium trichomanes* L.

Wichtige Literatur □ BOUHARMONT, J. 1977: Patterns of chromosome evolution in Aspleniaceae. The Nucleus **20** (1–2): 65–70. – BOUHARMONT, J. 1977: Cytotaxonomie et évolution chez les *Asplenium*. La Cellule **72** (1–2): 57–74. – EBERLE, G. 1958: Braunstieliger und Nordischer Streifenfarn und ihre Mischlinge. Natur und Volk **88**: 312–320. – EBERLE, G. 1959: Streifenfarne in den Alpen und die Aufklärung der Entstehung ihrer bemerkenswertesten Mischlinge. Jahrb. d. Ver. z. Sch. d. Alpenpfl. u. -tiere **24**: 25–35. – EBERLE, G. 1967: *Asplenium eberlei* D. E. MEYER – eine neue Farnart in der europäischen Flora. Natur und Museum **97** (9): 341–346. – LÖVE, Á., D. LÖVE & R. E. G. PICHI-SERMOLLI 1977: Cytotaxonomical atlas of the *Pteridophyta*. Vaduz. – LOVIS, J. D.

---

[1] Nach R. C. CHING & K. IWATSUKI J. Japan. Bot. **57**: 129 (1982) ein Synonym von *A. castaneo-viride* BAKER.
[2] ἀ (Alpha privativum) = ohne; σπλήν = die Milz; wegen Anwendung gegen Krankheiten dieses Organs, vgl. den deutschen Namen Milzfarn; die Blätter werden mit dem Tier »skolopendra« (Tausendfuß) verglichen. Die Pflanze heißt bei DIOSKORIDES »Asplenon«.

1977: Evolutionary patterns and processes in ferns. Adv. Bot. Res. **4**: 229–415. – MANTON, I. 1950: l.c., 89–109. – MEYER, D. E. 1957: Zur Cytologie der Asplenien Mitteleuropas (I–XV). Ber. dtsch. Bot. Ges. **70**: 57–66. – MEYER, D. E. 1958: Die Chromosomenzahlen der Asplenien Mitteleuropas. Willdenowia **2 (1)**: 41–52. – MEYER, D. E. 1958: Zur Cytologie der Asplenien Mitteleuropas (XVI–XX). Ber. dtsch. Bot. Ges. **71**: 11–20. – MEYER, D. E. 1959: Id. (XXI–XXIII). Ibid. **72**: 37–48. – MEYER, D. E. 1960: Id. (XXIV–XXVIII). Ibid. **73**: 386–394. – MEYER, D. E. 1962: Id. (XXIX. Abschluß.). Ibid. **74**: 449–461. – MEYER, D. E. 1962: Über neue und seltene Asplenien Europas. Ibid. **75**: 24–34. – MEYER, D. E. 1963: Id. 2. Mitteilung. Ibid. **76**: 13–22. – MEYER, D. E. 1964: Id. 3. Mitteilung. Ibid. **77**: 3–13. – MEYER, D. E. 1967: Id. 4. Mitteilung. Ibid. **80**: 28–39. – MEYER, D. E. 1968: Id. 5. Mitteilung. Ibid. **81**: 92–106. – MEYER, D. E. 1969: Id. 6. Mitteilung. Ibid. **82**: 535–551. – REICHSTEIN, T. 1981: Hybrids in European Aspleniaceae (Pteridophyta). Botanica Helvetica **91**: 89–139. – Id. 1982: Id. Addenda et corrigenda. Ibid. **92**: 41–42. – SLEEP, A. 1966: Some cytotaxonomic problems in the fern genera *Asplenium* and *Polystichum*. Diss., Univ. of Leeds, typescr. Acta Bot. Malacitana **8**: 11–46 (1983). – WAISBECKER, A.: Die Farne des Eisenburger Comitats in West-Ungarn. Magy. Bot. Lap. **1**: 144–147; **2**: 172–178; **3**: 207–210; **4**: 242–248 (1902–1905).

Kleine bis mittelgroße Farne. R h i z o m kurz, mehr oder weniger verzweigt, aufrecht oder kurz kriechend, an der Spitze mit meist dunklen, länglich-linealen oder dreieckig-lanzettlichen oder fadenförmig zugespitzten, gegitterten Spreuschuppen bekleidet; B l ä t t e r einzeln oder in einem am Rhizom endständigen, dichten Büschel stehend, meist überwinternd; B l a t t s t i e l mindestens am Grunde dunkel gefärbt; B l a t t s p r e i t e einfach oder gefiedert, gabelig oder handförmig geteilt; Adern frei. S o r i rückenständig, länglich bis lineal, freiliegend an der Seite der sie tragenden Adern angeordnet, selten zweireihig als »Doppelsori«; Indusien so groß und geformt wie die Sori, ihr freier Rand fast immer der Mittelrippe zugewendet. Sporen eiförmig, mit dünnem, lappig, netzig, oder unregelmäßig gefaltetem Perispor. – Chromosomengrundzahl: n = 36 für alle bekannten Arten, außer *A. unilaterale* LAM., für das bisher n = 36–40 gefunden wurde; vgl. LÖVE, LÖVE et PICHI-SERMOLLI 1977.

Artenzahl und Verbreitung □ Etwa 700 Arten, in den Tropen und temperierten Zonen aller Kontinente verbreitet, die tropischen Arten zuweilen Epiphyten.

Zierpflanzen □ Die europäischen Arten werden bisweilen in Steingärten gezogen (auch *A. platyneuron* OAKES aus Nordamerika). In Glashäusern treffen wir öfters ansehnliche Arten, die entweder als Epiphyten oder Erdfarne gepflanzt werden. Zu ersteren gehört *A. nidus* L., Nestfarn (aus den Tropen der Alten Welt), mit einer trichterförmigen Krone von großen, ungeteilten Blättern, und *A. longissimum* BLUME (aus Malaya) mit einfach gefiederten Blättern. Zu den Erdfarnen gehören folgende drei oft kultivierte Arten: *A. viviparum* C. B. PRESL (aus Mauritius) mit dreifach gefiederten Blättern, aufwärts gerichteten Fiedern und zahlreichen vegetativen, schon an der Mutterpflanze keimenden Brutknospen; *A. bulbiferum* FORST. (aus Australien) mit vierfach gefiederten Blättern, horizontal gestellten Fiedern und spärlichen Brutknospen, und *A. dimorphum* KUNZE (Norfolk-Insel) mit bis 100 × 50 cm großen, verschieden geformten sporenlosen und sporentragenden Blättern, auf der Oberfläche mit zahlreichen Knospensprossungen. Diese drei Arten werden vielfach miteinander verwechselt und unter falschem Namen in den Gärten geführt.

Bestimmungsschlüssel für die Arten

1 Blätter gabelig oder handförmig geteilt, selten löffelförmig, nicht oder nur ganz kurz gefiedert 2
1* Blätter einfach oder mehrfach deutlich gefiedert 4
2 Blätter ungleich gabelig geteilt, mit linearen Abschnitten . . . . 10. *A. septentrionale*
2* Blätter handförmig trichotom geteilt oder ganz kurz gefiedert 3
3 Blätter beidseitig dicht behaart; Stiel viel länger als die dreispaltige oder dreiteilige, selten löffelförmige, ca. 5–15 mm lange Spreite . . . . 11. *A. seelosii*
3* Blätter nur unterseits sowie auf der Rhachis kurz behaart; Stiel 1–2mal so lang wie die handförmig geteilte oder ganz kurz gefiederte, bis ca. 25 mm lange Spreite . . . . 12. *A. eberlei*
4 Blätter einfach gefiedert 5
4* Blätter wenigstens am Grunde doppelt bis dreifach gefiedert 7
5 Blattstiel nur am Grunde braun, sonst wie die Blattspindel grün . . . . 3. *A. viride*
5* Blattstiel und mindestens die untere Hälfte der Blattspindel rotbraun oder schwarzbraun gefärbt 6
6 Blattstiel und mindestens die untere Hälfte der Blattspindel in reifem Zustand rotbraun oder schwarzbraun gefärbt, Spitze grün . . . . 2. *A. adulterinum*
6* Blattstiel und Blattspindel in reifem Zustand bis zur Spitze rotbraun oder schwarzbraun . . . . 1. *A. trichomanes*
7 Blattspreite im Umriß dreieckig; Blattstiel braun, am Grunde knollig verdickt 8
7* Blattspreite im Umriß eiförmig, elliptisch oder lanzettlich; Blattstiel grün oder braun, am Grunde nicht knollig verdickt 10
8 Blätter weich, glanzlos, meist nicht überwinternd, die letzten Blattabschnitte rautenförmig oder fächerförmig mit keiliger Basis, vorne oft gestutzt, stumpf gezähnt . . . 8. *A. cuneifolium*
8* Blätter derb, oft silberglänzend, überwinternd, die letzten Blattabschnitte eiförmig bis lang lanzettlich, scharf gezähnt 9
9 Blattspreite und Fiedern am Ende geschwänzt; Fiedern gegen die Blattspitze gekrümmt, alle

Fiederchen spitz, mit gegen die Spitze gerichteten Zähnen. Exospor ca. (26–) 28–32 (–34) µm lang . . . . 9. *A. onopteris*

9* Blattspreite und Fiedern am Ende nicht geschwänzt; Fiedern nur wenig gegen Blattspitze zu gekrümmt, die letzten Abschnitte am Grunde oft abgerundet und oben weniger spitz, oft rundlich, scharf gezähnt. Exospor (32–) 34–40 (–44) µm lang . . . . . . 7. *A. adiantum-nigrum*

10 Blattspreite am Grunde doppelt gefiedert; letzte Abschnitte mehr als 2 mm breit, rundlich oder polyedrisch, aber nicht linealisch 11

10* Blattspreite doppelt bis dreifach gefiedert; letzte Abschnitte linealisch, gegen die Spitze gerichtet, meist nicht über 0,5 mm breit . . 15. *A. fissum*

11 Rhizom reich verzweigt, dicht rasenartig; Fiedern meist trichotom geteilt, die letzten Abschnitte im Umriß fächerförmig oder rautenförmig 12

11* Rhizom spärlich verzweigt; Fiedern gefiedert, die letzten Abschnitte im Umriß eiförmig oder polyedrisch 13

12 Alle Teile des Blattes stark drüsig behaart, meist gelblichgrün; letzte Abschnitte fächerförmig, vorne ± gestutzt und gekerbt. Sori grundständig, auch in reifem Zustand den vorderen Teil des Fiederchens freilassend . . . 14. *A. lepidum*

12* Blätter in reifem Zustand meist fast kahl, gelegentlich, besonders in jungem Zustand, auch drüsig behaart, graugrün; letzte Abschnitte rautenförmig oder oval und fein gezähnt. Sori mittelständig, in reifem Zustand das Fiederchen oft ganz bedeckend . . . . . . 13. *A. ruta-muraria*

13 Umriß der Spreite schmal lanzettlich, nach unten stark verschmälert; Blattstiel nur am Grunde schwarzbraun . . . . . . 4. *A. fontanum*

13* Umriß der Spreite breit lanzettlich, nach unten nur wenig oder gar nicht verschmälert; Blattstiel bis fast zur Spindel oder ganz braun 14

14 Unterstes Fiederpaar oft abwärtsgerichtet; letzte Abschnitte rundlich, mit scharfen, aber weniger dicht gestellten Zähnen und oft etwas geschweiften Buchten; Sori näher an der Mittelrippe . . . . 5. *A. foreziense*

14* Unterstes Fiederpaar meistens rechtwinklig abstehend, oft verkümmert, gelegentlich so lang wie das folgende; letzte Abschnitte länglich, regelmäßig gezähnt, ohne geschweifte Buchten; Sori näher dem Blattrande . . . . . 6. *A. billotii*

1. Asplenium trichomanes

Asplenium trichomanes[1] LINNÉ Sp. pl. 1080 (1753), emend. HUDSON Fl. Angl. ed. **1**: 385 (1762). – Syn.:

Asplenium melano caulon WILLD. Enum. Pl. Horti Berol. 1072 (1809). – Taf. 5 Fig. 3 nach S. 160. – Abb. 59, 189, 190.

Wichtige Literatur ☐ BOUHARMONT, J. 1968: Les formes chromosomiques d'*Asplenium trichomanes* L. Bull. Jard. Bot. Belg. **38**: 103–114. – BOUHARMONT, J. 1972: Meiosis and fertility in an apogamously produced diploid plant of *Asplenium trichomanes*. Chromosomes Today **3**: 253–258, sowie 1977a, b, loc. cit. sub *Asplenium*. – DAMBOLDT, J. 1964: Ein Beitrag zur Kenntnis von *Asplenium trichomanes* L. em. HUDS. in Bayern. Ber. Bayer. Bot. Ges. **37**: 5–9. – LOVIS, J. D. 1955: The problem of *Asplenium trichomanes*. In: LOUSLEY, J. E. (edit.): Stud. Brit. Fl. 99–103. – LOVIS, J. D. 1964: The taxonomy of *Asplenium trichomanes* in Europe. Brit. Fern Gaz. **9**: 147–160. – TIGERSCHIÖLD, EVA 1981: The *Asplenium trichomanes* complex in East Central Sweden. Nord. J. Bot. **1**: 12–16.

Ausdauernd; R h i z o m kurz, dick, dicht rasenartig verzweigt, mit lanzettlichen, bis 5 mm langen, borstenförmigen, zugespitzten und gewimperten, meist mit einem dunklen Scheinnerven versehenen Spreuschuppen; B l ä t t e r dicht rasig, einfach gefiedert, im Umriß fast lineal, überwinternd, 5–20 (–35) cm lang; B l a t t s t i e l höchstens ¼ so lang wie die Spreite, 0,5–7 cm lang, wie die ganze Blattspindel (bis zur Spitze) glänzend rot- bis schwarzbraun, elastisch gebogen, zuletzt meist kahl, auf der Oberseite flach, beidseitig geflügelt, von einem stielrundlichen Leitbündel mit im Querschnitt 3- (nur ganz unterwärts 4-)flügeligem Holzkörper durchzogen; F i e d e r n 2–12 mm lang, jederseits 15–40, alle ziemlich in einer Ebene stehend, abwechselnd oder paarweise genähert, sehr kurz aber deutlich gestielt, ungleichseitig (die Vorderhälfte größer), stumpf kerbzähnig oder fast ganzrandig; die untersten Fiedern meist deutlich kleiner, mehr rundlich, voneinander entfernt, die oberen mehr einander genähert, aus keilförmigem Grunde länglich, zuletzt einzeln, erst im nächsten Frühjahr von der stehenbleibenden, schmalhäutig geflügelten Blattspindel abfallend; Sekundäradern vorn 3–6, hinten 3, gegabelt, die untersten wiederholt gegabelt, die meist unverdickten Endadern in die Kerbzähne auslaufend, aber vor dem Rande aufhörend. S o r i klein, länglich, auf den unteren Gabelästen, von der Mittelrippe bis zum Rande reichend, zuletzt zusammenfließend und auf der ganzen Unterseite der Fieder sich ausbreitend; Sporen hellbraun, 25–36 × 33–45 µm (KOH), mit ziemlich zarten, nicht gezähnten, ein unregelmäßiges Maschennetz bilden-

---

[1] trichomanes bei THEOPHRASTOS und DIOSKORIDES Name von Farnkräutern mit glänzenden, schwarzen (haarähnlichen) Blattstielen; thrix (griech.) ϑρίξ = Haar; mainomai (griech.) μαίνομαι = unsinnig sein; bedeutet eine Pflanze, die unsinnig viele Haare hat.

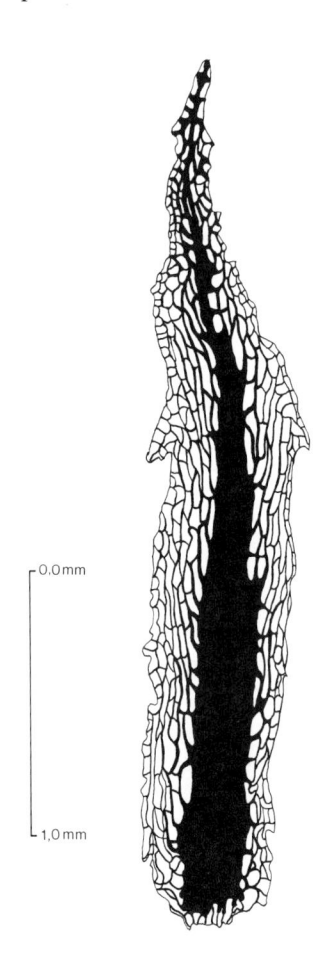

Abb. 189 □ *Asplenium trichomanes* L. Rhizomschuppe (Original R. PASSOW)

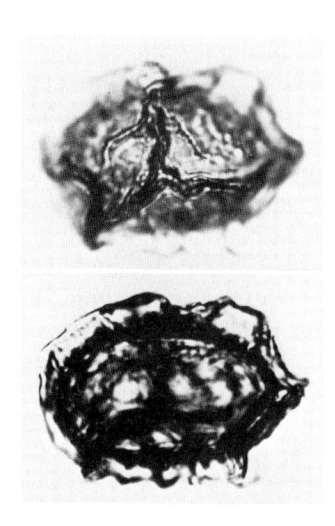

Abb. 190 □ *Asplenium trichomanes* L. Spore (× 1000), Ansicht vom distalen Pol, *oben* hohe, *unten* tiefe Einstellung (optischer Schnitt) (Original STRAKA)

den, zuweilen ganz vereinzelten, bis 5 µm hohen Perisporleisten (Abb. 190). – Dieser auffallende, zierliche Farn hat einen eigentümlichen aromatischen Geruch. – Chromosomenzahl: 2n = 72, 144, 216. – Sporenreife: VII.–VIII. (in der Nordhemisphäre).

Vorkommen □ Hemikryptophyt, Licht- oder Halbschattenpflanze. In Felsritzen und Mauern, auf verschiedensten Gesteinen, auf Baumwurzeln, aber auch an feucht-schattigen Felsen und Hängen, vor allem in frischen, etwas beschatteten Standortslagen. – Asplenietea rupestria-Klassencharakterart. – Von niederen Lagen bis in die Voralpen; im Flachlande selten, im Berglande häufiger, in den Alpen bis 2200 m vereinzelt aufsteigend.

Allgemeine Verbreitung □ Weltweites Areal mit zerstreuten Vorkommen in der australen Zone (extratropische Gebiete der Südhemisphäre: Südaustralien, Tasmanien, Neuseeland, Südafrika, Südamerika) und in den tropischen Gebirgen (Amerika, Afrika, Neuguinea, Hawaii); Hauptverbreitung nordhemisphärisch, zirkumpolar mit ozeanisch-subozeanischer Verbreitungstendenz von den Gebirgen der warmen (meridionalen) Zone bis in die gemäßigte (temperate) Zone, in Schottland und Westnorwegen bis in die kühle (boreale) Zone. Nur sehr zerstreut in Ostasien. In Europa nordwärts bis zu den Färöer, Norwegen, südliches bis mittleres Finnland, südwärts bis Nordafrika, Nordatlantische Inseln, Westasien, ostwärts bis zum Himalaja, China und Japan; in Amerika von Kanada bis Südperu.
□ Karten: HULTÉN 1962, Karte 130; MEUSEL, JÄGER, WEINERT 1965, S. 13; JALAS & SUOMINEN 1972, Karte 81 (ohne Trennung der Unterarten).

Arealdiagnose □ zonal: (austral – trop/montan disj) – merid/montan – submerid/montan) – temp · $oz_{1-(3)}$ Circpol. – regional (in Europa): macar – medit/montan – submedit – atlant – zentraleurop – (swpont + südural) – scot – westnorv.

Verbreitung im Gebiet □ In Deutschland weit verbreitet, jedoch ziemlich selten im Norddeutschen Tiefland. – In der Schweiz häufig, besonders im Tessin. – In Österreich häufig. – In Slowenien, in der Tschechoslowakei und Polen verbreitet.

Variabilität der Art □ Von den meist seltenen, besonderen Formen, die in der Literatur beschrieben sind, seien hier die folgenden genannt, wobei es ungewiß ist, von welcher der unten genannten Unterarten sie sich ableiten. In vielen Fällen dürfte es sich um Formen handeln, die durch Standorteinflüsse oder Frost und andere Schäden bedingt sind:

f. m i c r o p h y l l u m (MILDE) □ Fiedern sehr klein, länglich-oval, 3–4mal länger als breit, fast ganzrandig; Zwergform der sonnigen Orte.

f. pulcherrimum (ZIMMERMANN) (= f. *incisocrenatum* ASCHERS.) ☐ Fiedern rundlich, scharf- und tief- (bis zu ⅓) gekerbt; Schwarzwald.

f. lobatocrenatum (LAM. et DC.) ☐ Fiedern mit wenigen rundlichen, tiefen Lappen, die untersten keilig und bloß dreilappig.

f. incisum (MOORE) ☐ Fiedern groß, breit keilig-rautenförmig, tief, am Grunde bis zur Costa eingeschnitten und die Abschnitte tief gekerbt; in den Alpen selten; auch in Belgien und England gefunden; fast stets steril; eine Pflanze aus dem Kt. Tessin war diploid.

f. umbrosum (MOORE) ☐ Blätter schlaff, niederliegend, Fiedern länglich, grob gekerbt, mit jederseits höchstens zwei kleinen Sori; an sehr schattigen Orten.
☐ Es wurden auch zahlreiche Mißbildungen beschrieben, meistens nach der Form und Teilung der Fiedern wie nach Gabelung der Blattspindel.

Asplenium trichomanes ist eine Sammelart, von der es diploide, tetraploide und hexaploide Cytotypen gibt; der letztgenannte zuerst aus Neuseeland bekannt, dort dominierend, seither als Seltenheit auch in Australien, Frankreich und Belgien (überall selten) gefunden (BOUHARMONT 1968). Im folgenden werden hier vier der in Europa vorkommenden Sippen als Unterarten behandelt; mindestens zwei davon zeigen weltweite Verbreitung. Es dürfte noch mehr Sippen geben, die diesen Status verdienen. Bei der Ausbildung des ganzen Komplexes hat Autopolyploidie eine große Rolle gespielt (LOVIS 1964). Es ist daher verständlich, daß die Unterscheidung der verschiedenen Sippen auf Grund makroskopischer morphologischer Merkmale schwer ist. Bei Herbarmaterial kann sogar der Spezialist nicht immer eine sichere Entscheidung treffen. Zur Identifizierung isolierter Populationen ist es zweckmäßig, wenigstens bei Stichproben Material für genaue Sporenmessungen zu sammeln oder eine cytologische Bestimmung durchzuführen.
☐ Wir benützen hier die Systematik von LOVIS (1964), wonach die verschiedenen morphologisch und cytologisch (manchmal nur mühsam) unterscheidbaren Sippen als Unterarten geschieden werden. Die Kategorie der Subspecies ist zwar ursprünglich für andere Zwecke geschaffen worden und für die Unterscheidung von Cytotypen nicht ideal geeignet. Es gibt aber bisher keine bessere, und sie wird heute bevorzugt; vgl. CRABBE, JERMY & LOVIS in Flora Europaea 1, 1964; JALAS & SUOMINEN 1972, F. EHRENDORFER (ed.), Liste der Gefäßpflanzen Mitteleuropas, 2. Aufl. 1972.

Volksnamen ☐ Nebst den Volksnamen der Gattung *Asplenium* kommen auch weitere Namen dieser verbreitetsten Art vor: Brauner Streifenfarn, Steinfeder, holl.: steenbreekvaren; flämisch: steenbreekvaren, wederdood, wallon.: capulere, creke, yebe-pol-rate; dän.: rundfinnet; engl.: maidenhair spleenwort; franz.: capillaire rouge, polytric; ital.: erba rugginina; slowen.: papratka mala; tschech.: sleziník červený; poln.: zanokcica skalna. – Im Bayerisch-Österreichischen wird dieser Farn zuweilen als Widertot, Widritot, Widertad, Wiederthon bezeichnet. Der Name rührt vielleicht daher, daß der Farn »wider das Antun« (der Hexen) gebraucht wurde. Der Name Widertot (usw.) wird auch noch Moosen (z. B. *Polytrichum commune*) und anderen kleinen Farnen (z. B. *Asplenium ruta-muraria*) beigelegt. Schon bei den Botanikern des XVI. Jahrhunderts (BRUNFELS, BOCK) ist »Widertot« die Bezeichnung für kleine Farne.

1. I. Subsp. trichomanes
Syn.: *A. trichomanes* subsp. *bivalens* D. E. MEYER Ber. Deutsch. Bot. Ges. **74**: 456 (1962). – *A. trichomanes* s.s. ROTHMALER Exkurs.-Fl. Ergänz.-Band: 5 (1963). – *A. linnaei* SOÓ Symp. Syst.-Geob. Fl. Veg. Hungar. **1**: 531 (1964). – *A. trichomaniforme* H. P. FUCHS Acta Bot. Ac. Sci. Hungar. **9**: 19 (1963), nomen superfluum.

Rhizomschuppen lanzettlich, nicht über 3,5 mm lang, mit rotbraunem Mittelstreifen und mehrzelligen Anhängseln am Rande; fertile Blätter 5–20 cm lang, lineal-lanzettlich, nach oben und unten verschmälert, jederseits mit 10–25 Fiedern; Blattfiedern 2,5–7,5 mm lang-rundlich, seltener oval, leicht gekerbt, dünn, besonders die oberen voneinander entfernt und meist deutlich gegen die Blattspitze gerichtet; Endfieder meist schmal und relativ spitz; Exospor (23–) 29–36 (–42) µm lang (in Balsam gemessen). – Chromosomenzahl: $2n = 72$ (diploid).

Vorkommen ☐ Auf Silikatgestein (bes. Granit, Gneis, Serpentinit, kalkfreiem Schiefer etc.) sowie in Trockenmauern aus solchem Gestein. Von der Ebene bis in die alpine Region. Im Gebiet Charakterart der Androsacetalia vandellii.

Allgemeine Verbreitung ☐ Teilweise noch unbekannt, mit Sicherheit aber auf der ganzen nördlichen Hemisphäre: in Nordamerika von British Columbia in Kanada zum Osten der USA, fehlt auf Bermuda, den Azoren, Kanaren und Madeira, verbreitet in ganz Europa, außer dem Mittelmeergebiet, in dem sie noch nicht nachgewiesen wurde, weiter im Kaukasus (dort morphologisch leicht verschieden) und in Japan (durch Vergleich und cytologische Kontrolle gesichert), Papua (Neuguinea) bei 3500–3600 m (Sporenmessung), Neuseeland und Australien (Cytologie).

Verbreitung im Gebiet ☐ In Deutschland weit verbreitet, ziemlich selten im Norddeutschen Tiefland; im Harz am Glockenberg; in Bayern (Oberpfalz, Oberfranken, Niederbayern) auch auf Serpentinit des Peterlesteins bei Kupferberg, in den Bayerischen Alpen bis 1400 m. – In der Schweiz häufig, besonders im Tessin auf Gneis. – In Österreich im Gurhofgraben bei Melk auf Serpentinit und im Kamptal; auf Magnesit bei Groß-Riefling und bei St. Michael und auf Serpentinit bei Kraubath in Steiermark. – In Slowenien und in der Tschechoslowakei und Polen verbreitet.

1. II. Subsp. quadrivalens
D. E. MEYER Ber. Deutsch. Bot. Ges. **74**: 456 (1962), emend. LOVIS Brit. Fern Gaz. **9**: 152 (1964). – Syn.: *A. lovisii* ROTHM. Exkursionsfl. Krit. Ergänz.-Band:

Abb. 191 □ *Asplenium trichomanes* L. subsp. *quadrivalens* D. E. MEYER. Schwarzwald

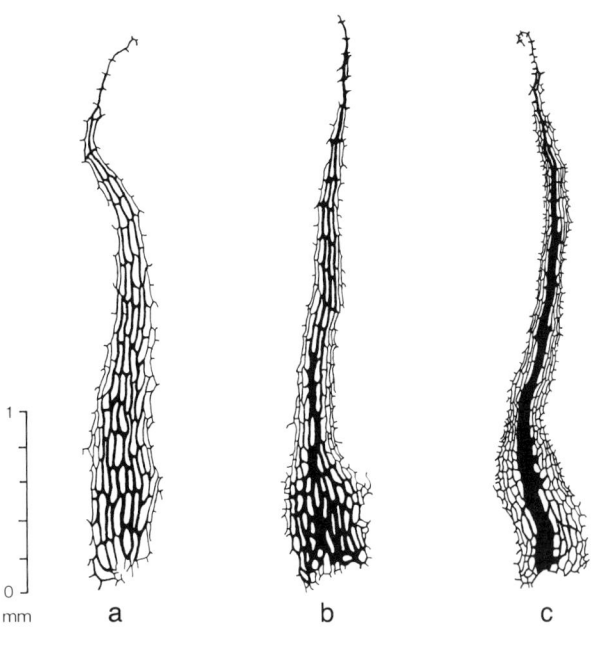

Abb. 193 □ Rhizomschuppen zweier *Asplenium*-Arten und ihres Bastardes □ a *A. viride* HUDS. □ b *A.* × *adulteriniforme* LOVIS, MELZER & REICHST. □ c *A. trichomanes* L. subsp. *inexpectans* LOVIS (alle von Gutenstein, Piestingtal, Niederösterreich) (nach LOVIS, MELZER & REICHSTEIN 1965)

5 (1963), nom. nud. – *A. trichomanes* subsp. *lovisii* ROTHM. in Feddes Rep. **67:** 11 (1963). – *A. trichomanes* sensu H. P. FUCHS (1963) und SOÓ (1963). – Abb. 191.

R h i z o m mit lineal-lanzettlichen, bis 5 mm langen Spreuschuppen mit dunkelbraunem Mittelstreifen, am Rande meistens ohne Anhängsel; B l ä t t e r 10–20 cm lang, im Umriß lanzettlich, spitz, mit jederseits 16–30 Fiedern; F i e d e r n 4–12 mm lang, länglich, dichter gestellt, meistens derber, und mehr rechtwinklig abstehend, nur die obersten etwas schief aufwärts gerichtet. – Exospor (Abb. 192) (32–) 34–42 (–50) µm lang. – Chromosomenzahl: 2n = 144 (autotetraploid) J. D. LOVIS (1964); vgl. J. D. LOVIS et T.

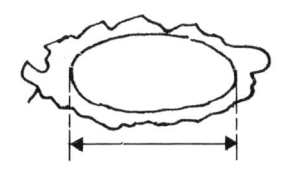

Abb. 192 □ Spore eines *Asplenium* im Umriß, schematisch. Exospor unter dem Mikroskop meist deutlich, mit scharfer Kontur, sichtbar (Pfeil). Art und Dicke des Perispors (äußerste Schicht) wichtig, zur Messung der Sporengröße aber weniger geeignet (Original REICHSTEIN)

REICHSTEIN Ber. Schweiz. Bot. Ges. **79:** 341 (1969). J. BOUHARMONT (1968, 1972, 1977).

Vorkommen □ Bodenvag, auf den verschiedensten Gesteinsarten (Gneis, Granit, Lava, Serpentinit, Kalk, Dolomit, Schiefer, Lehm etc.), besonders auf Felsen und Mauern (mit und ohne Mörtel), gelegentlich auch auf offener Erde und Schutt, von der Ebene bis in die alpine Zone, teilweise in voller Sonne, aber gelegentlich bis in tiefem Schatten. Asplenietea rupestria-Klassencharakterart.

Allgemeine Verbreitung □ Nicht sicher bekannt. Sicher im Westen und Osten von Nordamerika verbreitet, in ganz Europa (vielleicht außer dem äußersten Norden), besonders häufig und formenreich im ganzen Mittelmeergebiet inkl. Nordafrika, in der Türkei, in Persien, weiter durch Asien, in teilweise abweichenden Formen bis Japan (dort auch cytologisch gesichert) sowie in Neuseeland und Australien.

Verbreitung im Gebiet □ Nur teilweise bekannt. – In Deutschland im nördlichen Tiefland selten (an Mauern), häufig im Jura, in Franken, der Oberpfalz, Schwaben und in den Bayerischen Kalkalpen (am Kienberg bei Ruhpolding wurden die Typus-Belege gesammelt). – In der Schweiz verbreitet in fast allen Kantonen von den tiefsten Lagen (Tessin bei ca. 200 m) bis über 2000 m in den Alpen, häufig im Jura. – In Österreich und Slowenien verbreitet, besonders in den Kalkalpen, in Böhmen wahrscheinlich in den Karstgebieten, in der Slowakei, in Polen in der Tatra.

1. III. Subsp. inexpectans

J.-D. LOVIS Brit. Fern Gaz. **9**: 155–156 (1964). – Syn.: *A. trichomanes* subsp. *inexpectata* [sic]. JANCHEN Catal. Fl. Austr., 3. Erg.-Heft: 11 (1966). – Abb. 193 c, 194.

Rhizom mit lanzettlichen, bis 3,5 mm langen Spreuschuppen, in der Mitte mit dunkel rostbraunem Mittelstreifen; Blattspreite 7 bis 10 (–12) cm lang, Endfieder meist breit (2–3 mm) und stumpf; Blattspindel dunkel-rotbraun; Fiedern waagrecht abstehend, beiderseits 10–24, zart, länglichbreit-oval, mit parallelen Seiten, 0,4–0,8 cm lang, die oberen Fiedern etwas entfernt. Exospor (29–) 33–37 (–42) µm lang. – Chromosomenzahl: 2n = 72 (diploid).

Vorkommen ☐ Schattige Kalkfelsen in wärmeren Gebieten.

Allgemeine Verbreitung ☐ In Südeuropa nur teilweise bekannt (vermutlich Spanien, inkl. Mallorca, Frankreich, Österreich, Tschechoslowakei, Jugoslawien, Griechenland).

Verbreitung im Gebiet ☐ In Österreich zerstreut, z. B. Steiermark: Nordseite des Lichtensteiner Berges bei Judenburg, Hohe Wand, Bärenschützklamm am Rötelstein; Niederösterreich: an der langen Brücke bei Gutenstein im Piestingtal; oft zusammen mit subsp. *quadrivalens* und der triploiden Hybride (siehe unten). Aus Deutschland, der Schweiz und Italien nicht bekannt.

1. IV. Subsp. pachyrachis

(CHRIST) LOVIS et REICHST. in GREUTER Med. Checklist Notulae, 1. Willdenowia **10**: 18 (1980). – Syn.: *A. trichomanes* lusus *harovii*, sublusus *pachyrachis* CHRIST Farnkr. Schweiz: 92–93 (1900).

Fertile Blätter 2–12 (–15) cm lang, 0,5–2 cm breit, seesternartig direkt dem Fels angeschmiegt, mit 10–30 meist gegenständigen, teilweise wechselständigen Fiederpaaren. Stiel und Spindel oft sichel- bis S-förmig gekrümmt, rötlich-braun, 0,5–1 mm dick, brüchig. Fiedern 2–4mal länger als breit, mit keiligem Grund meist doppelt geöhrt (spießförmig), beidseitig gesägt-gelappt, mit 2–4 gegen die Spitze gerichteten stumpfen Zähnen, dicht gestellt und oft mit den Öhrchen sich berührend oder dachziegelartig deckend. Fiederoberseite meistens unbehaart, Unterseite meistens deutlich mit kurzen, 0,1–0,2 mm langen Drüsenhaaren besetzt. Sporen wie bei subsp. *quadrivalens*. Chromosomenzahl 2n = 144 (tetraploid). Die auffallenden Merkmale bleiben in Kultur nach Aufzucht aus Sporen bestehen. Bedrüsung und Form der Fiedern variieren etwas, je nach Standort. Nach LOVIS et REICHSTEIN (im Druck) sind typische Formen der subsp. *pachyrachis* (z. B. von der Lenzburg) von *A. csikii* KÜMM. et ANDR. (Magy. Bot. Lap. **21**, 1–5, 1922) aus Albanien nicht zu unterscheiden.

Vorkommen ☐ Meistens sehr lokal, aber dann gelegentlich in großer Zahl in Spalten von vorwiegend N-exponierten, gelegentlich leicht beschatteten, senkrechten oder überhängenden Kalkfelsen oder Höhlen sowie Mauern.

Allgemeine Verbreitung ☐ Bisher aus Spanien, Frankreich, Italien, der Schweiz, Deutschland, Albanien und Kreta bekannt.

Verbreitung im Gebiet ☐ In Deutschland: Fränkische Alb (bei Essing), in der Fränkischen Schweiz mehrfach, z. B. bei Gößweinstein, Pottenstein, Obertrubach usw., Kloster Weltenburg (bei Kehl a. d. Donau), Bad Liebenstein in Thüringen, in der Schweiz im Aargau (Ramsfluh ob Erlisbach, Lenzburg, Felsen an der

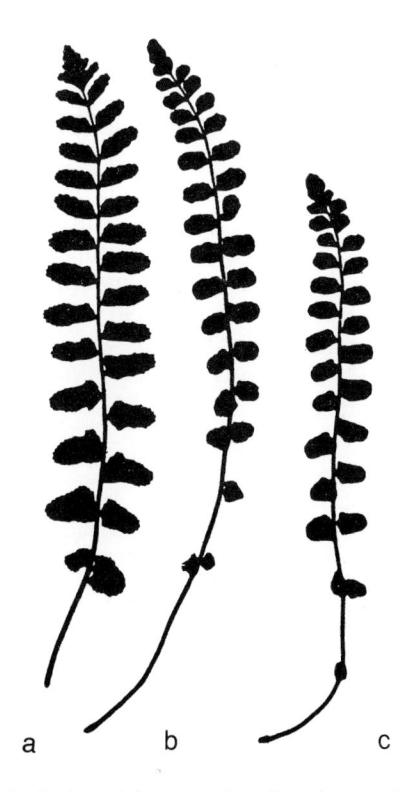

Abb. 194 ☐ *Asplenium trichomanes* L. subsp. *inexpectans* LOVIS. Silhouetten von Einzelblättern ☐ *a* Poljesac-Halbinsel, Jugoslawien ☐ *b, c* Gutenstein, Niederösterreich (nach LOVIS 1964)

Nordseite des Schlosses); Wallis (St. Maurice Erémitage; Westseite des Burghügels von Raron); Italien (Buco di Vela, westl. Trento); Tschechoslowakei (im Mährischen Karst bei Brno).

Intraspezifische Hybriden von *A. trichomanes* (interspezifische, vgl. S. 243 am Schluß von *Asplenium*). Von den genannten vier Unterarten wurden vier Hybriden in der Natur gefunden, eine fünfte von Lovis experimentell erzeugt. Sie wurden alle cytologisch untersucht (Lovis, Publ. in Vorbereitung). Wir geben hier das Resultat, weil es die Verwandtschaftsverhältnisse klarstellt.

1. *A. trichomanes* subsp. *trichomanes* x subsp. *inexpectans* □ Nur experimentell erzeugt. Diploid, zeigte bei der Meiose vollständige Paarung (36^{II}) und produzierte fertile Sporen. Die zwei Unterarten sind somit cytologisch nicht zu unterscheiden; sie sind miteinander sehr nahe verwandt und können in der Natur vermutlich nur bestehen, weil sie ökologisch andere Ansprüche stellen und sich nie begegnen.

2. *A. trichomanes* subsp. *trichomanes* x subsp. *quadrivalens* = *A.* x *lusaticum* D. E. Meyer Ber. Deutsch. Bot. Ges. **74**: 456 (1961); Synon.: *A. lovisii* x *trichomanes* = *A.* x *saxonicum* Rothm. Exkurs.-Fl. Ergänz.-Bd. 5 (1963) nom. nud. □ Triploid (2n = 108), zeigte bei der Meiose ca. 36^{II} und 36^{I}. Obgleich drei praktisch homologe Genome vorliegen, unterbleibt die Bildung von Trivalenten; es liegt somit ein Mechanismus vor, der dies verhindert, genau wie bei der subsp. *quadrivalens* selbst. Daß diese Sippe tatsächlich vier weitgehend homologe Genome enthält, folgt aus dem Paarungsverhältnis bei Hybriden der subsp. *quadrivalens* mit artfremden Asplenien (vgl. diese). Diese Hybride findet sich in der Natur relativ häufig an Stellen, an denen die Eltern zusammen wachsen, also praktisch nur auf Silikatgestein und entsprechenden Trockenmauern, z. B. in Deutschland im Schwarzwald, in der Schweiz im Tessin, in Frankreich im Rhonetal etc. Sie fällt oft auf durch Riesenwuchs und ist kenntlich an den abortierten Sporen. Nach Bouharmont (1968) produziert sie aber doch eine geringe Anzahl guter Sporen und liefert bei Aussaat fertile hexaploide Nachkommen, die er gelegentlich auch in der Natur beobachten konnte. Sie scheinen wenig ausbreitungsfähig und daher selten zu sein. Diese hexaploide Sippe ist zuerst aus Neuseeland beschrieben, wo sie den dominierenden Cytotyp darstellt.

3. *A. trichomanes* subsp. *inexpectans* x subsp. *quadrivalens* (bisher nicht beschrieben) □ Triploid (2n = 108), zeigte bei der Meiose ca. 36^{II} und 36^{I}. Diese Hybride ist vor allem in Österreich nicht selten, weil dort die Eltern häufig zusammen wachsen, dementsprechend bisher nur auf schattigen Kalk- oder Dolomitfelsen gefunden. Zeigt ebenfalls oft Riesenwuchs und abortierte Sporen; die Blätter sind etwas schlaffer als bei Hybride Nr. 2, bei der sie meist aufrecht stehen.

4. *A. trichomanes* subsp. *pachyrachis* x subsp. *quadrivalens* □ Das Typusexemplar dieser tetraploiden Hybride (2n = 144) wurde auf schattigen Kalkfelsen in der Schweiz, im Kt. Aargau an der Ramsfluh bei Erlinsbach genau am Rand der Population von subsp. *pachyrachis* (unter Überhang) und subsp. *quadrivalens* (außerhalb des Überhangs) neben letzteren gefunden (mehrere Exemplare) sowie auch bei Schloß Lenzburg, ferner bei Bad Liebenstein in Thüringen, im Mährischen Karst bei Brno. Morphologie intermediär; Sporen abortiert, unregelmäßige Meiose mit ca. 60 Paaren und Rest als Einzelchromosomen. Dies zeigt, daß die subsp. *pachyrachis* mit den anderen drei Unterarten weniger nahe verwandt ist als diese unter sich. Dies kommt auch in der Morphologie zum Ausdruck, indem die subsp. *pachyrachis* ohne jede Schwierigkeit von den normalen Formen der drei anderen Unterarten zu unterscheiden ist.

Bemerkung zur Evolution □ Zusammenfassend läßt sich sagen, daß *A. trichomanes* s.l. ein Komplex ist, von dem einzelne Glieder sich noch in aktiver Evolution befinden. Zwei davon (subsp. *trichomanes* und subsp. *quadrivalens*) zeigen weltweite Verbreitung, wobei die erstgenannte wenig Variation zeigt; sie dürfte ihre Entwicklung weitgehend abgeschlossen haben.

Verwandte Arten □ Außerhalb des europäischen Kontinents kennt man eine ganze Reihe von Arten, die mit *A. trichomanes* die schwarze Blattspindel gemeinsam haben und auch sonst im Bau Ähnlichkeiten aufweisen. Die drei folgenden sind auf den Azoren, teilweise auch auf den Kanaren und auf Madeira heimisch:

A. monanthes L., weit verbreitet im tropischen und subtropischen Amerika und Afrika, findet sich auf den nordatlantischen Inseln.

A. anceps Lowe ex Hook. et Grev. mit drittem Flügel auf abaxialer Seite der Rhachis, ein Endemit der nordatlantischen Inseln (Azoren, Kanaren und besonders Madeira).

A. azoricum Lovis et al. (1977), ein Endemit der Azoren.

2. Asplenium adulterinum

Asplenium adulterinum[1] Milde Höhere Sporenpfl. Deutschl. Schweiz 40 (1865). – Syn.: *Asplenium viride* Huds. var. *fallax* Heufl. Verh. Zool.-Bot. Ges. Wien **6**: 347 (1856). – *A. viride* Huds. (var.) c. *adulterinum* (Milde) Wünsche Filic. Sax. 9 (1871). – B r a u n g r ü n e r   S t r e i f e n f a r n. – Taf. 5 Fig. 1 nach S. 160. – Abb. 195.

Ausdauernd. Tracht wie *A. trichomanes*, aber R h a c h i s mit grüner Spitze; Rhizomschuppen mindestens zum Teil mit dunklem Mittelstreif. B l ä t t e r 8–20 (–25) cm lang, mit bis zu 20 Fiederpaaren. S t i e l und unterer Teil der Rhachis schwarzbraun oder purpurbraun, oben zu 10–50 % der Länge grün, ungeflügelt; F i e d e r n 3–8 mm lang, rundlich, gekerbt-gezähnt, unterseits etwas drüsenhaarig, mit deutlichen, grünen Stielchen, die unteren kaum kleiner, im Spätherbst von der überwinternden Spindel abfallend. S o r i meistens nicht den Rand erreichend, aber in der Mitte der Abschnitte gehäuft. Sporen groß, Exospor (27–) 33–39 (–42) µm lang. – Chromosomenzahl: 2n = 144. – Sporenreife: VII.–VIII.

Abstammung □ Allotetraploid, nach J. D. Lovis (Proc. Bot. Soc. Brit. Isles **1**: 388, 1955) durch Chromosomenverdoppelung aus einer diploiden Hybride von *A. trichomanes* x *viride* entstanden. Diese konnte inzwischen in der Natur gefunden werden = *A.* x *protoadulterinum* Lovis et Reichstein (Naturwiss. **55**: 117–120, 1968; vgl. dieselben Bauhinia **4**: 53–63, 1968), Syn. *A.* x *mendelianum* D. E. Meyer (Ber. Deutsch. Bot. Ges. **81**: 92–106, 1968). Sie konnte von J. D. Lovis auch experimentell erzeugt werden (Nature **217**: 1163–1165, 1968). Sie bildet sich sehr schwer und wurde in der Natur bisher nur zweimal gefunden. Hingegen ver-

---

[1] Von adulter (lat.) = Ehebrecher; der Farn steht in seinen Merkmalen zwischen *A. trichomanes* und *A. viride*. – Andere deutsche Namen: Bastard-Milzfarn, täuschender Milzfarn.

doppelt sie ihre Chromosomen mit größter Leichtigkeit, produziert neben sehr viel abortiertem Material eine merkliche Anzahl gut geformter Diplosporen, die bei der Aussaat tetraploides *A. adulterinum* gaben, das von der natürlichen Pflanze nicht zu unterscheiden ist und voll fertil war. Es besteht daher die Möglichkeit, daß *A. adulterinum* nicht nur einmal vor langer Zeit an einem einzigen Ort entstanden ist, wie man dies für andere allotetraploide Farne vermuten muß, sondern daß es sich möglicherweise an mehreren Stellen seiner heutigen disjunkten Verbreitung unabhängig voneinander neu gebildet hat und gelegentlich heute noch bildet. Kleine morphologische Unterschiede zwischen verschiedenen voneinander entlegenen Populationen sprechen für diese Möglichkeit.

Vorkommen □ Hemikryptophyt. Fast ausschließlich auf Serpentinit und Magnesit oder Mischgesteinen, die diese Materialien enthalten, auf Felsen, Mauern und Geröll, sehr selten auf Dunit, Granit oder Sandstein, von 300 bis über 1800 m, oft in voller Sonne, aber auch im Schatten. Oft in Gesellschaft von *A. cuneifolium, A. trichomanes*, vor allem der subsp. *quadrivalens*, gelegentlich auch der diploiden subsp. *trichomanes, A. viride, A. ruta-muraria*, manchmal auch *Notholaena marantae*. Charakterart des Asplenietum serpentini.

Allgemeine Verbreitung □ Europäischer Endemit. Zerstreut im Alpengebiet und in den Mittelgebirgen der südöstlichen Hercynischen Provinz; isolierte Lokalitäten in Norwegen, Schweden, Finnland und in Ungarn und Bosnien. Über die Verbreitung vgl. L. LÄMMERMAYR: *Asplenium adulterinum*, Pflanzenareale, Reihe 1, Heft 8, Karte 80/b, Seite 95–96 (1928); weitere Karten bei MEUSEL, JÄGER, WEINERT 1965, S. 13; JALAS & SUOMINEN 1972, Karte 82.

Arealdiagnose □ zonal: (submerid) – temp – (boreal) · ozean-Eur disj. – regional: (alban) – noillyr – süd – nordalpisch disj – tatr – herc/sämtl. (montan) – swnorv + (subboreofenn).

Verbreitung im Gebiet □ Nur im südöstlichen Mitteldeutschland, in den Sudeten zwischen 300 und 1100 m und in den östlichen Alpen. In Deutschland: im Frankenwald (Kupferberg, am Peterlestein auf Serpentinfelsen), Fichtelgebirge, Schwarzenbach a. d. Saale; Wurlitzer Leite westlich Rehau, Presseck, Föhrbau im Walde, Gottmannsgrün; Oberpfalz (N-Bayern): Oberwentach; Erzgebirge: Hohenstein-Ernstthal 570 m; Zöblitz auf Halden der Serpentinbrüche, 580–630 m, Schandau und Dohna. – In der Schweiz: Tessin: auf Ofenstein bei Bosco-Gurin (das Vorkommen heute durch Sammler dezimiert); Centovalli: Serpentinfelsen ob Verdasio, 815–860 m, mit *A.* x *bechereri;* am Pignello bei Costa, Gemeinde Borgnone und in der Val di Bordei zwischen 800–1200 m mit *A. cuneifolium;* Val del Boschetto auf Grobschutt, 850–1100 m, Val di Front bei Val di Capolo, 960–1000 m; Val di Capolo auf Serpentinfelsen, 1000–1150 m; Monti di Ravecchia ob Giubiasco auf Serpentinit, 985 m; im Kanton Graubünden: Serpentinfelsen im Oberhalbstein bei Mulegns, 1540 m sowie 1880 m (HEITZ et WENIGER) (frühere Angabe von WOLFGANG bei Davos in neuerer Zeit nie bestätigt). – Italien: Prov. Novara: Valle Vigezzo bei Druogno, in der Schlucht des Ragno, 900–940 m, Val di Lupo,

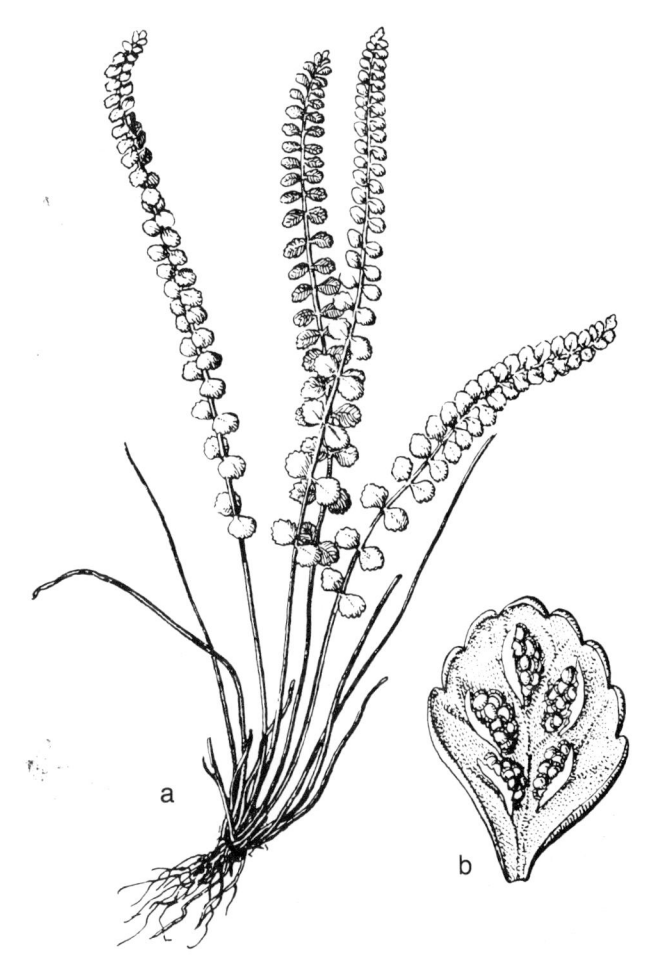

Abb. 195 □ *Asplenium adulterinum* MILDE □ a Habitus (etwa × ⅔) □ b Einzelfieder von unten (etwa × 6)

1180 m auf serpentinhaltigem Fels, Val Antoliva, 1350 m, in einer Blockschutthalde von serpentinhaltigem Gestein, Valle Vigezzo zwischen dem Monte Ziccher und dem Pizzo Formalone (nahe der Bocchetta di S. Antonio, 1850 m); Valle Cannobina bei Finero auf serpentinhaltigem Mischgestein, bei Stresa am Lago Maggiore. – In Österreich: Niederösterreich am Eichberg am Klamm-Schottwein auf Magnesit; nicht im Gurhofgraben (wo sie angegeben war); am Semmering bei 700 m; in Steiermark auf Serpentinit am Waldkogel bei Gams nächst Frohnleiten, am Lärchkogel bei Trieben bei 1500 m und in der Gulsen bei Kraubath im Murtale unweit Leoben mit *Sempervivum pittonii, Armeria alpina* und *Alyssum montanum* var. *preissmannii;* auf Magnesit bei Oberdorf und Tragöss (Tragössberg bei Kurchhof) und im Arzbachgraben bei Neuberg an der Mürz; Burgenland: bei Bernstein am Kienberg bei Stuben und am Fuß des Gaisriegels bei Schlainig. – Slowenien: Rajkova grapa bei Slovenska Bistrica am Südfuß des Gebirges Pohorje (= Pachergebirge). – In der Tschechoslowakei in Böhmen im Erzgebirge, im Kaiserwald: Mnichov (Einsiedl), Rauschenbacher Heide bei Mariánské Lázně (Marienbad), im Böhmerwald; in Mähren am Berg Žďár bei Ruda (Eisenberg), Raškov bei Šumperk, Rojetín bei Tišnov, Hrubšice bei Moravský Krumlov (Mährisch Kromau), Mohelno bei Třebíč. – In Polen nur in Niederschlesien am Fuße der Sudeten.

3. Asplenium viride

Asplenium viride[1] HUDSON Fl. Angl., ed. 1: 385 (1762). – Syn.: *Asplenium trichomanes* β LINNÉ Sp. Pl. 1080 (1753). – ? *A. intermedium* C. B. PRESL Delic. Prag. **1:** 232 (1822). – Grüner Streifenfarn. – Taf. 5 Fig. 2, 4 nach S. 160. – Abb. 193 a, 196, 197.

Ausdauernd. In der Tracht an *A. trichomanes* und *A. adulterinum* erinnernd, aber ganze Rhachis grün; Rhizom rasenartig verzweigt; Blätter 5–15 (–20) cm lang, zuweilen überwinternd; Rhizomschuppen ohne dunklen Scheinnerv; Blattstiel ⅕–½ so lang wie die Spreite, bis 6 cm lang, nur am Grunde glänzend, rot- bis purpurbraun, nach oben plötzlich grün werdend; Blattspindel grün und weich, nicht geflügelt, zuweilen zerstreut drüsig behaart, auf der Oberseite ziemlich tief rinnig mit wulstigen Rändern, in der Rinne öfters gekielt; Leitbündel mit im Querschnitt 4-schenkligem Xylem, das erst im obersten Teil der Blattspindel 3-schenklig wird. Blattspreite im Umriß lineal bis lineal-lanzettlich; Fiedern jederseits bis 30, ca. 5 mm lang, deutlich grün gestielt, die jungen gewölbt, am Grunde breit keilig, rund oder halbkreisförmig, gröber gekerbt bis eingeschnitten, hellgrün, kahl, dünn, die untersten kaum kleiner als die folgenden, nicht von der Blattspindel abfallend. Sori klein, länglich, der Mittelrippe genähert, vom Rande entfernt, reif die ganze Unterseite der Fiedern bedeckend. Sporen klein, Exospor (27–) 30–33 (–36) µm lang mit hervortretenden Perisporleisten. – Chromosomenzahl: 2n = 72. – Sporenreife: VII.–VIII.

Vorkommen □ Hemikryptophyt, Spaltenwurzler (Chasmophyt). – Felsenpflanze, besonders auf frischen bis feuchten, durchsickerten, kalk- oder basenreichen Böden in luftfeuchten Lagen, vor allem im Gebirge, zuweilen auch sekundär auf alten Mauern und an Baumwurzeln. – Charakterart des Asplenio-Cystopteridetum (Cystopteridion); wächst oft auch in den montanen Seslerieten und im Festucetum pallentis. In tiefen Lagen sehr selten, meist nur in Inversionslagen (z. B. im Slowakischen Karst bis 200 m) und im Wallis bis 390 m herabsteigend; steigt in den Alpen bis 3050 m. Meist auf Kalk, Dolomit oder Serpentinit.

Allgemeine Verbreitung □ Zirkumpolar mit ozeanisch-subozeanischer Verbreitungstendenz, vorwiegend in den Gebirgen der warmen bis gemäßigten Zonen und in der kühlen (borealen) Zone, bis Lapp-

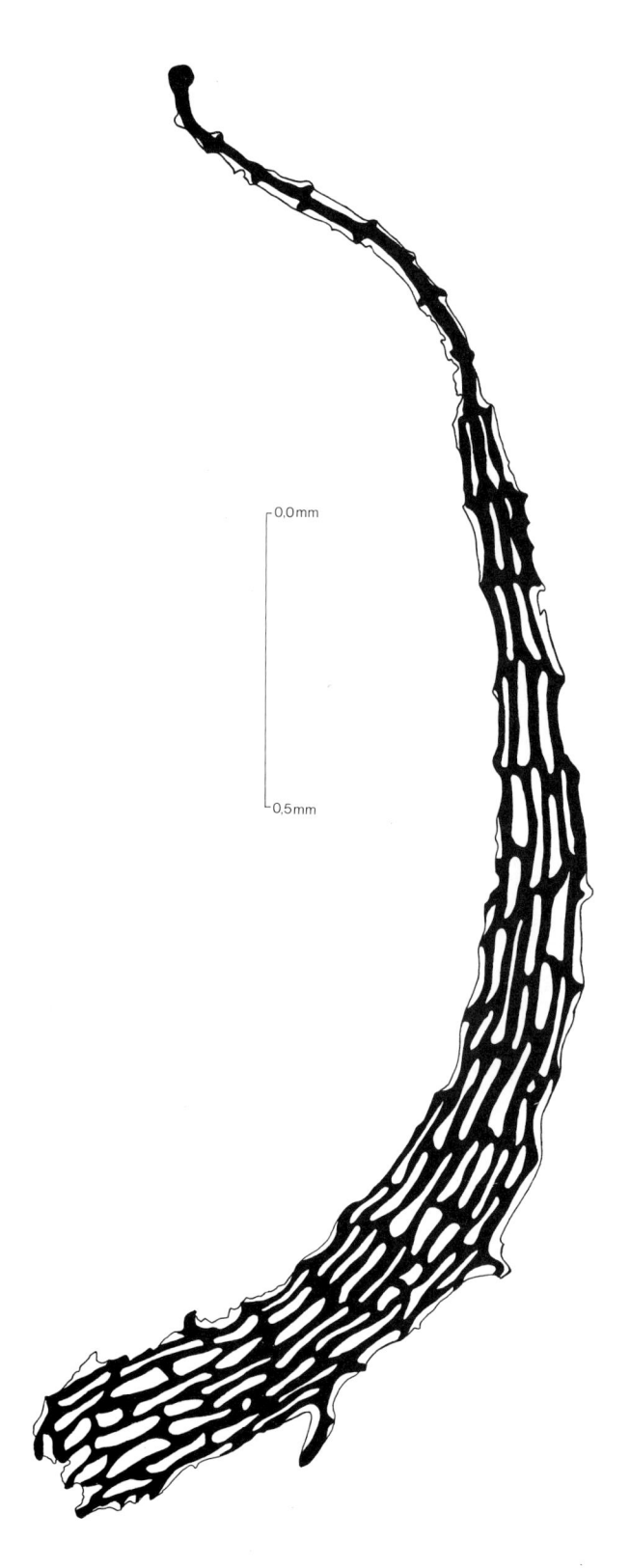

Abb. 196 □ *Asplenium viride* HUDS. Rhizomschuppe (Original R. PASSOW)

---

[1] viridis (lat.) = grün.

Abb. 197 ☐ *Asplenium viride* HUDS. Südschwarzwald

land und Südgrönland. In Eurasien besonders in der Alpenkette von den Seealpen bis Krain und Niederösterreich und in den Karpaten von Mähren bis Rumänien; Vorderasien, Kaukasus, zentralasiatische Gebirge, Himalaja. Fehlt in manchen Flachländern, kann aber gelegentlich in alten Steinbrüchen, an Türmen und Mauern durch Sporenverbreitung auftreten (z. B. Breslau, mitten in der Stadt, 1930).
☐ Karten: HULTÉN 1964, S. 92; MEUSEL, JÄGER, WEINERT 1965, S. 13; JALAS & SUOMINEN 1972, Karte 83.

Arealdiagnose ☐ zonal: merid/altomontan – submerid/montan – temperat/(montan) – boreal · ozean$_{1-(3)}$. – regional: medit/subalpin disj – westsubmedit – colch – carpat – alpisch/sämtl. altomontan – herc – rhenan + brit – scot – norv/sämtl. montan – ostfenn + ural.

Verbreitung im Gebiet ☐ Vor allem in den Kalksteingebieten. Aalbach und Bergdorf in Luxemburg. – In Deutschland im mitteldeutschen Berglande sehr zerstreut, meist an sekundären Standorten: bei Trier, bei Bergisch Gladbach und im Eupener Walde auf Buntsandstein (südliches Rheingebiet), Rüthen und Hölle bei Winterberg, Brilon und am Wasserfall bei Ramsbeck (östl. Westfalen), Hameln südwestlich Hannover zwischen Koppenbrügge und Brunkensen; Weserbergland: sehr zerstreut; Harz: Münchhof bei Seesen, bei Goslar, Odertal, Rübeland und Wendefurth; Thüringen; Brandenburg: Fürstenwalde, Potsdam; Schwäbische Alb; in den Bayerischen Alpen bis 2300 m auf Kalk nicht selten; im Schwarzwald selten. – Im Französischen und Schweizerischen Jura verbreitet. – In der Schweiz auch in den Alpen, besonders auf Kalk, steigt in Graubünden (Fuoncia Tavru) bis 2870 m, im Wallis bis 3000 m (Col du Zaté), Val d'Hérens – Val de Moiry bei 2870 m, am Hinteren Allalin im Saastal bei 3050 m. – In Österreich in der Voralpenstufe bis in die Krummholzstufe in den ganzen österreichischen Kalkalpen verbreitet, in Vorarlberg (Heimspitze) bis 2700 m, tiefster Fundort am Westfuß des Ardetzenberges bei 460 m; in Tirol bis 2530 m, in Steiermark häufig auf Kalkfelsen bis 2200 m. – In Slowenien ebenso. – In der Tschechoslowakei selten, im Iser- und Riesengebirge und Adlergebirge (auch auf polnischer Seite), sonst sehr vereinzelt, zuweilen wohl als sekundäres Auftreten, bei Sušice, České Budějovice (Budweis), Jindřichův Hradec, Semily, Bělá p. Bezd., Česká Třebová (Böhmisch Trübau); im Böhmisch-Mährischen Hügellande auch auf Serpentinit bei Sklené und Rožná bei Nové Město na Moravě (Mährisch Neustadt), selten im Gesenke (Kesselgrube), Mährischer Karst, Beskiden (Javornik). – In Polen in Schlesien, in höheren Lagen des Kleinpolnischen Hügellandes und am Nordfuß des Tatra-Gebirges und in den Pieninen.

Variabilität der Art ☐ Die Art ändert hauptsächlich nur in dem Grade der Kerbung bzw. Teilung der Blätter ab.

4. Asplenium fontanum

Asplenium fontanum[1] (L.) BERNHARDI in SCHRAD. Journ. Bot. **1799/1**: 314 (1799). – Basion.: *Polypodium fontanum* LINNÉ Sp. pl. 1089 (1753), p.p.,

---

[1] fontanus (lat.) = quellenbewohnend; fons (lat.) = Quelle, Brunnen.

Abb. 198 □ *Asplenium fontanum* (L.) BERNH. Waldenburg, Schweizer Jura

emend. L. Syst. Nat. ed. 12, **2**: 693 (1767). – Syn.: *Athyrium halleri*[1] ROTH Tent. Fl. Germ. **3**: 59 (1799). – *Aspidium halleri* (ROTH) WILLD. Sp. Pl. **5**: 274 (1810). – *Asplenium halleri* (ROTH) DC. in LAM. et DC. Fl. Franc. ed. 3, **5**: 240 (1815). – Zur Nomenklatur vgl. H. P. FUCHS (1963) und E. JANCHEN: Catal. Fl. Austr., 1. Erg.-Heft: 12–13 (1963). – Jura-Streifenfarn. – Abb. 198, 199.

Ausdauernd; Rhizom schief oder aufsteigend, an der Spitze mit dunkelbraunen, lanzettlichen, borstenförmigen, zugespitzten Spreuschuppen besetzt; Blätter 12–15 (5–25) cm lang, strahlig zur Rosette ausgebreitet, überwinternd, meist kahl; Blattstiel halbstielrund, grün, nur am Grunde schwarzbraun, nach oben (selten bis zur Spreite) etwas purpurbraun überlaufen, 1–8 cm lang, 1 mm dick, von zwei getrennten Leitbündeln durchzogen, ¼–½ so lang wie die lanzettliche bis lineal-lanzettliche, am Grunde stark verschmälerte, hellgrüne, doppelt gefiederte Spreite; Blattspindel strohgelb oder grün, halbstielrund, auf der Unterseite gewölbt, schmal flügelig-berandet und zuweilen spärlich drüsenhaarig; Fiedern jederseits 12 bis 24, gegenständig oder wechselständig, sehr kurz gestielt, 5–15 mm lang, die unteren meist deutlich nach abwärts gerichtet, die untersten entfernt und etwas kleiner, eiförmig, drei-

---

[1] Nach ALBRECHT VON HALLER (1708–1777), Professor an der Universität Göttingen, später in Bern, dem hervorragenden Physiologen, Botaniker und Dichter, der diese Pflanze in seiner Flora Helvetica beschrieben hat.

teilig, die übrigen eiförmig-länglich; Fiederchen jederseits 3–8, gedrängt, fiederteilig mit stachelspitzigen Lappen, das endständige Fiederchen ¼ so lang wie die ganze Fieder oder noch kürzer. S o r i kurz oval, der Mittelrippe genähert. Sporen relativ groß, Exospor (30–) 33–36 (–40) µm lang. – Chromosomenzahl: 2n = 72. – Sporenreife: VII.–IX.

Vorkommen □ Hemikryptophyt. Vereinzelt oder gesellig in trockenen, sonnigen, südexponierten, aber auch in feuchten und schattigen Felsspalten, kalkhaltigen Gesteinen und Mauern, aber nicht an Quellen. An der nördlichen Verbreitungsgrenze Charakterart des Asplenio-Cystopteridetum (Cystopteridion), überwiegend Potentilletalia caulescentis-Ordnungscharakterart; meist vergesellschaftet mit *Asplenium trichomanes, A. ruta-muraria* oder (im Schweizer Jura) mit *Sesleria, Valeriana tripteris, Saxifraga paniculata, Kernera saxatilis, Daphne alpina* und *A. viride*. In den Alpen bis 1500 m steigend.

Allgemeine Verbreitung □ Areal nordwestmediterran-praealpin-boreal. In Kalkgebirgen des südwestlichen Europas, in Spanien und Südfrankreich, Mittel- und Norditalien, Jura von Frankreich und der Schweiz bis Deutschland, westliche Kalkalpen und Rhonetal.
□ Karten: MEUSEL, JÄGER, WEINERT 1965, S. 13; JALAS & SUOMINEN 1972, Karte 85.
□ Das europäische Areal findet heute in der Walenseegegend seine Ostgrenze. Wenig weiter östlich (Kt. Graubünden, zwischen Igis und Marschlins bei 800 m) fand H. SEITTER 1955 noch eine Einzelpflanze in einer Mauer. Solche Vorkommen, vielleicht durch Sporenanflug entstanden, sind meistens nicht sehr langlebig. Eine kleine, völlig isolierte Population fand sich bis ca. 1966 im Vértesgebirge in Ungarn, vgl. S. JÁVORKA, Math. Naturwiss. Anz. Ungar. Akad. Wiss. **59**: 998–1003 (1940), wo G. VIDA 1966 noch ein Stück gesehen hat. Das Vorkommen dürfte heute erloschen sein.

In einem weit entfernten größeren asiatischen Areal (Afghanistan, sowjetisches Mittelasien, Pamir-Alai, Himalaja bis Kaschmir) wachsen Pflanzen, die mit *A. fontanum* recht nahe verwandt sind, aber besser als *A. fontanum* subsp. *pseudofontanum* (Koss.) REICHST. & SCHNELLER bezeichnet werden (Candollea **37**: 117–128 [1982]).

Arealdiagnose □ zonal: (merid/montan) – submeridional/(montan) – (temp) · ozean$_2$ Eur. – regional: (baet) + noiber – südgall – burgund – west – (mittel)alpisch + (appen) + rhenan/sämtl. (montan) E.

Verbreitung im Gebiet □ In Deutschland heute nur noch an zwei Stellen in Württemberg, auf Kalkfelsen der Schwäbischen Alb bei

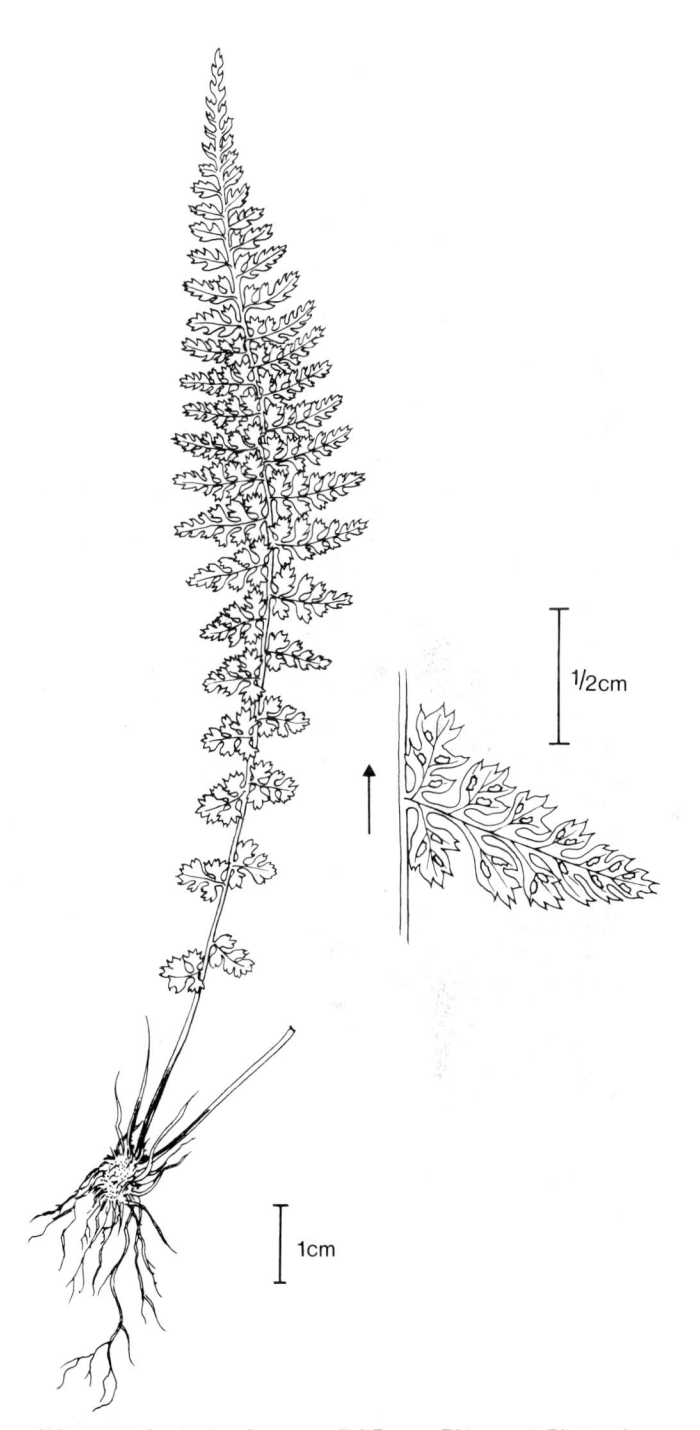

Abb. 199 □ *Asplenium fontanum* (L.) BERNH. Rhizom mit Blatt und *(rechts)* Einzelfieder von unten (Original C. M. BÄNZIGER)

Überkingen sowie bei Geislingen. Frühere Vorkommen, z. B. Schwarzwald (Höllental, auch an Mauern), sind schon lange erloschen. Ein Vorkommen auf einer Sandsteinmauer der Eisenbahnbrücke zwischen Cappel und Gisselberg bei Marburg bestand noch sicher bis 1950, ist aber zerstört worden, vgl. W. DÖPP: Ber. Oberhess. Ges. f. Natur- u. Heilkunde **25,** 11–15 (1954). In Savoyen und in den Flühen des Jura verbreitet, aber nicht häufig; in Frankreich (Thoirette, Val d'Ain; St. Claude, Val de la Bienne,

Tafel 7 □ Erklärung der Figuren

Fig. 1 □ *Pteridium aquilinum* (L.) KUHN.
Oberer Teil eines Blattes von oben
Fig. 1 a □ Fertiles Blattsegment von unten
Fig. 1 b □ Ein solches im Querschnitt, die Sori mit äußerem und innerem Schleier
Fig. 1 c □ Querschnitt durch den Blattstiel mit Leitbündeln und (dunkel) Stützgewebe

Fig. 2 □ *Polypodium vulgare* L.
Fig. 2 a □ Querschnitt durch einen Teil eines fertilen Blattsegmentes mit Sorus
Fig. 3 □ *Osmunda regalis* L. Oberster Teil eines fertilen Blattes
Fig. 3 a □ Teil eines fertilen Segmentes, vergr.

Arguel) und in der Schweiz von den Kantonen Genf (Défilé de l'Ecluse) bis Baselland (Richtifluh u. Schloßberg bei Waldenburg) und Aargau (östlich bis zur Ramsfluh ob Erlinsbach und den Lägern bei Baden), in den nördlichen Kalkalpen der Kantone Fribourg, Bern und St. Gallen bis zu den Churfirsten am Nordufer des Walensees, dort auf S-exponierten Kalkfelsen bis 1500 m (Föhngebiet). Vereinzelte Fundorte (wie oben erwähnt) weiter östlich in Mauern; ferner im Rhonetal vom Genfersee, Kant. Waadt, bis ins Mittelwallis. In Liechtenstein, Österreich und Slowenien sind heute keine Fundstellen bekannt.

Variabilität der Art □ Die Art ist ziemlich vielgestaltig, gegen andere Arten aber gut abgegrenzt. Als Formen seien genannt: f. *pedicularifolium* (HOFFM.) Fiedern mit 4–8 Paaren von eiförmigen bis länglich-eiförmigen Fiederchen, diese in 2 Paare von länglichen bis dreieckig-eiförmigen, stachelspitzigen Abschnitten geteilt; im Jura, Waadt und Wallis; diese Form hat die Tracht von *Cystopteris regia*, von der sie sich durch die stachelspitzigen Blattzähne und die gegitterten Rhizomschuppen unterscheidet.

5. Asplenium foreziense

Asplenium foreziense[1] [HÉRIBAUD in MAGNIER Fl. Select. Exsicc. no. 743, in schedis distr. 1884 ex C. MAGNIER Scrinia Florae Selectae **3**: 65 (1884);] LE GRAND in GIRAUDIAS Soc. Dauph. Ech. Pl. **12**: 501 (1885). – *A. forisiense* LE GRAND Ann. Soc. Sci. Loire **17**: 378 (1873), nom. inval. – Syn.: *Asplenium halleri* ROTH var. *foresiacum* LE GRAND Bull. Soc. Bot. France **16**: 61 (1869). – *A. refractum* FOURNIÈRE Bull. Bot. France **28**: 135 (1881) non *A. refractum* MOORE (1855, 1859), nec. *A.* x *refractum* (T. MOORE) LOWE. – *A. foresiense* [LE GRAND in MAGNIER Fl. Select. Exsicc. no. 743 bis, in schedis distr. 1892 ex. C. MAGNIER Scrinia Florae Selectae **11**: 237 (1892);] LE GRAND ex SUDRE Rev. Bot. Bull. Mens. **12**: 29 (1894). – *A. fontanum* (var.) c. *macrophyllum* ST.-LAGER in CARIOT Etude des fleurs, ed. 8, **3**: 963 (1889). – *A. foresiacum* (LE GRAND) CHRIST Farnkr. d. Schweiz 84 (1900) et in BURNAT Matér. Fl. Alp. Marit. 14 (1900). – *A. fontanum* (var.) *insubricum* (L.) BERNH. var. *insubricum* CHRIST Farnkr. d. Schweiz 83 (1900) et in BURNAT Matér. Fl. Alp. Marit. 83 (1900). – *A. fontanum* (L.) BERNH. ssp. *foresiacum* (LE GRAND) CHRIST Foug. Alpes Marit. 14 (1900). – *A. lanceolatum* HUDS. subsp. *foresiacum* (LE GRAND) MATTIROLO in FIORI & BÉGUINOT [Sched. Fl. Ital. Exsic., in] Nuovo Giorn. Bot. Ital. 2, **17**: 565 (1910). – *A. fontanum* (L.) BERNH. var. *foresiacum* (CHRIST) FIORI Fl. Ital. Crypt. **5**: 170 (1943). – *A. regium* (L.) H. P. FUCHS (Diss. Basel 1956), basion.: *Polypodium regium* LINNÉ (1753), teste H. P. FUCHS, non al. – Foreser Streifenfarn. – Abb. 200, 201.

In der Tracht *A. fontanum* ähnlich, aber Rhizom ± 3 mm dick, mit 5–10 Blättern, am Ende mit schmalen fadenförmig auslaufenden, braunen, gegitterten Spreuschuppen; Blätter 10–25 cm lang; Blattstiel ¼–½ so lang wie die Spreite, rotbraun, aber Blattspindel grün; Blattspreite im Umriß eiförmig-lanzettlich bis lanzettlich, 2–7 cm breit, zugespitzt, derber, doppelt gefiedert, am Grunde nicht oder wenig verschmälert; Fiedern jederseits 15–20, länglich-lanzettlich, stumpf, 1–3 cm lang, die unteren oft deutlich nach abwärts gerichtet; Fiederchen in je 1–3 (–4) Paaren, rund oder rundlich oval, 6–8,5 mm lang und etwas schmäler, am Grunde breit keilig, grob gezähnt, nicht gelappt; das Endfiederchen oft so lang wie die halbe Fieder. Zähne jederseits 3–4, nicht oder kaum begrannt. Sori klein, vom Rande entfernt, aber später die ganze Unterseite bedeckend; Indusium zerschlitzt. – Chromosomenzahl: $2n = 144$, allotetraploid, nach SLEEP (1966) durch Chromosomenverdopplung aus einer diploiden Hybride von *A. fontanum* x *A. obovatum* entstanden, vgl. auch BOUHARMONT (1977 a, b). Sporen groß, Exospor (33–) 39–42 (–45) μm lang. – Sporenreife: VI.–IX.

Vorkommen □ Hemikryptophyt. Auf sonnigen bis schattigen Gneis- und Granitfelsen und Mauern oder auf anderen Silikatgesteinen von der Ebene bis in die montane Stufe (in Frankreich bis ca. 860 m, in Spanien bis 1500 m).

Allgemeine Verbreitung □ Südwestliches Europa von Nordspanien über Mittel- und Südwestfrankreich, in der insubrischen Schweiz, selten in Nord- und Westitalien (Cinqueterre), Korsika und Sardinien (?).

---

[1] Zuerst im Forezgebirge in Zentralfrankreich gefunden.

Tafel 7

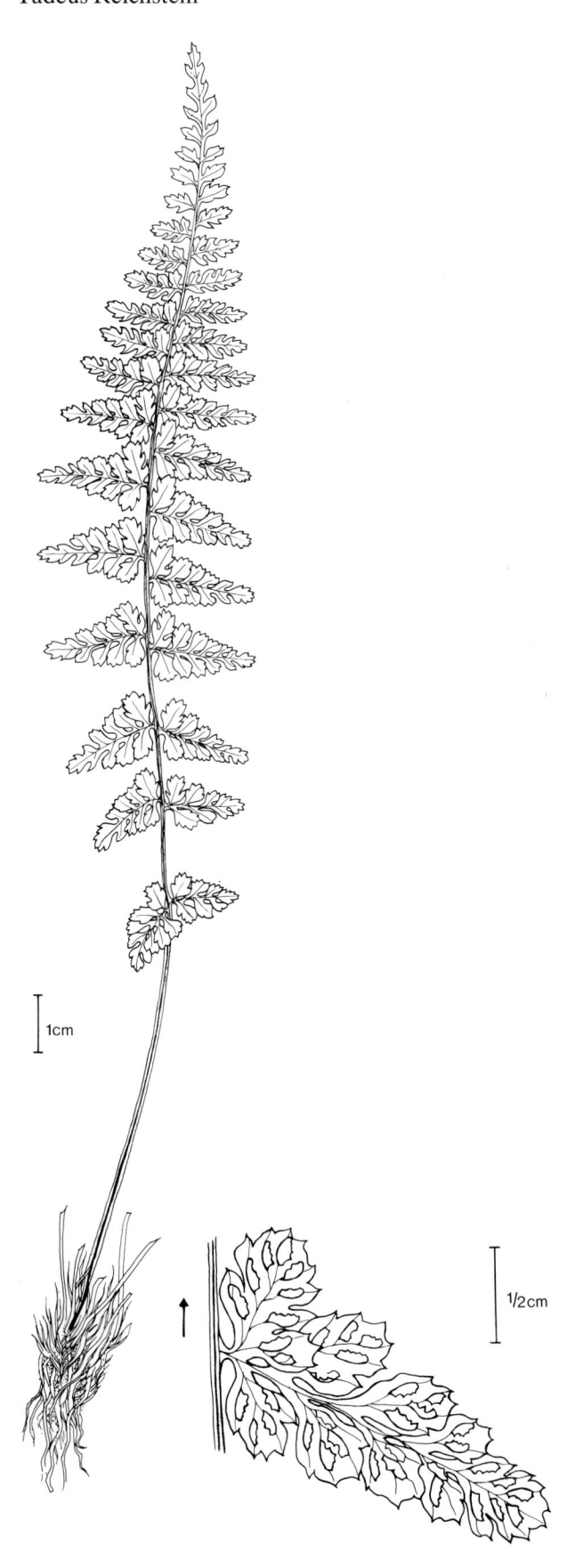

Abb. 201 □ *Asplenium foreziense* LeGrand. Brissago, Lago Maggiore, Kt. Tessin

□ Karte: Jalas & Suominen 1972, Karte 87.

Arealdiagnose □ zonal: submeridional/montan – (temperat/montan) · ozean$_2$ Eur. – regional: (galec) + südgall – cev – insubr – ligur – cors/sämtl. (montan).

Verbreitung im Gebiet □ In der Schweiz: Tessin, am Lago Maggiore erst 1935 von P. Kestner erkannt, zwischen Brissago und Piodina sowie zwischen Brissago und Incella 1977 noch mehrfach, früher auch bei Fontana Martini häufig, wegen fortschreitender Überbauung aber stark im Rückgang begriffen. Im benachbarten italienischen Grenzgebiet fraglich; sicher aber selten an der ligurischen Küste und in Korsika. Fehlt in Deutschland, Liechtenstein und Österreich.

□ Eine sehr nahe verwandte Art ist *A. macedonicum* Kümmerle Bot. Közl. **15:** 145 (1916), Syn. *A. bornmuelleri* Kümmerle Bot. Közl. **19:** 8 (1921), das sehr lokal im südlichen Jugoslawien wächst und in allen Teilen robuster und etwas tiefer gezähnt ist. Nach Sleep (1966) ist es ebenfalls eine allotetraploide Sippe, die von denselben Vorfahren abstammt, also ebenfalls durch Chromosomenverdoppelung aus einer diploiden Hybride von *A. fontanum* x *A. obovatum* entstanden ist. Die geringen morphologischen Unterschiede müssen durch die lange geographische Isolierung im Laufe der Zeit oder durch Beteiligung etwas verschiedener Rassen bei ihrer Entstehung verursacht worden sein. *A. foreziense* und *A. macedonicum* lassen sich experimentell sehr leicht kreuzen. Die Hybriden zeigen völlig normale Meiose und liefern keimfähige Sporen.

Abb. 200 □ *Asplenium foreziense* LeGrand. Rhizom mit Blatt und *(rechts)* Einzelfieder von unten (Original C. M. Bänziger)

6. Asplenium billotii

Asplenium billotii[1] F. W. SCHULTZ Flora (Regensb.) **28**: 738 (1845). – Syn.: *Asplenium lanceolatum* HUDS. Fl. Angl. **2**: 454 (1778), non FORSSKÅL Fl. Aeg.-Arab. (1775). – *Asplenium obovatum* VIVIANI Fl. Ital. Fragm. **1**: 16 (1802), p.p.; FÉE Gen. Filic. 186 (1852). – *Asplenium rotundatum* KAULFUSS Flora (Regensb.) **13**: 341 (1830). – *Asplenium cuneatum* F. W. SCHULTZ Flora (Regensb.) **27**: 807 (1844), non LAM. (1786). – *Asplenium obovatum* VIV. emend. BECHERER var. *billotii* (F. SCHULTZ) BECHERER Ber. Schweiz. Bot. Ges. **38**: 29 (1929). – *A. fontanum* BERNH. var. *billotii* FIORI, Fl. Ital. Crypt. **5**: 171 (1943). – *A. obovatum* VIV. emend. BECHERER subsp. *lanceolatum* PINTO DA SILVA Agron. Lusit. **20**: 217 (1959). – Billots Streifenfarn. – Abb. 202.

Wichtige Literatur □ MANTON, I. & T. REICHSTEIN 1962: Diploides *Asplenium obovatum* VIV.; Bauhinia **2**: 79–91, mit weiteren Literaturangaben. – SCHULZE, G. & D. KORNECK 1971: Zur Ökologie und Soziologie des *Asplenium billotii* F. W. SCHULTZ in Mitteleuropa; Mitteil. Pollichia 3, **18**: 184–195.

Ausdauernd; R h i z o m kriechend, oberwärts dicht mit braunen, lanzettlichen, borstenförmig zugespitzten Spreuschuppen besetzt; B l ä t t e r 15–25 (–40) cm lang, doppelt gefiedert; B l a t t s t i e l 4–10 (–20) cm lang, bis 2– (2,5) mm dick, von 2 getrennten Leitbündeln durchzogen, glänzend rotbraun, wenigstens an jungen Blättern sehr spärlich mit braunen, lanzettlichen, lang zugespitzten bis haarförmigen Spreuschuppen bedeckt, halbstielrund, schwach gekielt-berandet, etwas kürzer als die Spreite; der untere Teil der oben grünen Blattspindel glänzend rotbraun, spärlich spreuschuppig; B l a t t s p r e i t e im Umriß länglich bis eiförmig-lanzettlich, am Grunde oft kaum verschmälert, kahl, dunkelgrün; F i e d e r n jederseits 12–20, wechsel- oder fast gegenständig, sehr kurz gestielt, eiförmig-länglich bis lanzettlich, die unteren entfernt, die untersten meistens nur wenig kleiner, aber gelegentlich verkümmert; F i e d e r c h e n genähert, kurz gestielt, aus schief keilförmigem Grunde rundlich bis länglich-verkehrt-eiförmig, scharf gezähnt. S o r i kurz länglich bis eiförmig, alle dem Rande genähert. – Chromosomenzahl: $2n = 144$ autotetraploid, vgl. A. SLEEP (1966); P. J. GIRARD & J. D. LOVIS (1968), Brit. Fern Gaz. **10** (1): 1–8, J. BOUHARMONT (1977). Sporen groß, Exospor (30–) 33–42 (–48) μm lang. – Sporenreife: VIII.–IX.

Vorkommen □ Hemikryptophyt. In Felsspalten und alten Mauern, an steinigen Abhängen, auf Silikatgestein (Granit, Gneis, Lava, Buntsandstein) in nicht zu trockenen, beschatteten Standortlagen. An der östlichen Verbreitungsgrenze Charakterart des Crocynio-Asplenietum billotii (Asarinion procumbentis), auch im Asplenietum septentrionali-adianti-nigri (Androsacion vandellii), vor allem im südwestlichen Europa und gehäuft im luftfeuchten Küstengebiet.

Allgemeine Verbreitung □ Areal west-mediterran-atlantisch. Von den Azoren, Kanaren, Madeira, Nordafrika, Irland, England, Portugal, Spanien, vom westlichen und südlichen Frankreich mit isolierten Populationen bis fast zum Rhein und dort Deutschland erreichend. Auf dem italienischen Festland nur im Nordwesten (selten), häufig auf den Inseln, bes. Elba, Korsika, Sardinien und Ischia.
□ Karten: SCHULZE & KORNECK Mitt. Pollichia 3, **18**: 184–195 (1971); JALAS & SUOMINEN 1972, Karte 89.

Arealdiagnose □ zonal: merid – submerid – temp · ozean$_{1-(2)}$ Eur. – regional: azor – canar – westmedit – corsard – westsubmedit – südatlant – brit – (burgund – rhenan).

Verbreitung im Gebiet □ Das Gebiet unserer Flora liegt an der Nord- und Ostgrenze des ganzen Areals, beherbergt aber auch den locus classicus (zwischen Bitsch und Weißenburg) in den nördlichen Vogesen. In seiner Nähe bei Ober- und Niedersteinbach sowie auf deutscher Seite in der Pfalz (Buntsandsteinfelsen bei Schönau sowie westlich von Annweiler, G. SCHULZE Mitt. Pollichia 3, **14**: 139–141, 1967; **17**: 190–191, 1970) liegen heute noch seltene Fundstellen. 1981 von H. REINHARD als Seltenheit auch im Nord-Schwarzwald entdeckt. In der Schweiz wurde die Art im Tessin 1916 von A. SCHNYDER bei Brissago entdeckt (1934 noch dort, heute erloschen), 1917 auch bei Ronco (südwestl. Ascona), wo 1962 drei Wuchsplätze bekannt waren. Die zwei oberen (auf Gneisfelsen und Mauern) wurden wenig später durch Bauarbeiten zerstört. Am dritten (Mauer auf Privatgrundstück) hat der kürzlich verstorbene A. BECHERER noch ca. 20 große Stöcke gesehen, von denen er mehrere Pflanzen für das Tessiner Herbar entnahm (in litt. 7. 5. 1967). Im Sommer 1980 waren dort noch 4–5 kümmerliche Stöcke zu sehen und die Mauer verändert. Dafür wurden 1979 in der Umgebung auf Trockenmauern vorwiegend auf Privatgrund noch ca. 30 Stöcke bekannt, davon ca. 25 kräftige auf neu zugänglicher Stelle von R. SCHWEIZER entdeckt. Die Art muß für die Schweiz als äußerst gefährdet gelten.
□ Das verwandte, diploide *Asplenium obovatum* VIVIANI Fl. Ital. fragm. **1**: 16 (1802) p.p.; Fl. Lybica spec. 68 (1824) s. str., ein noch stärker ausgesprochener Kalkflieher, fehlt auf den Makaronesischen Inseln, in Portugal und auf den britischen Inseln und findet sich im Mittelmeerraum von Spanien und Nord-Afrika bis in die Türkei, bevorzugt auf den Inseln. Es erreicht das Gebiet unserer Flora nicht, hat aber als Vorfahre des *A. foreziense*, *A. balearicum* und vielleicht auch des *A. billotii* Bedeutung. Mit dem letztgenannten bewohnt es ein charakteristisches Areal: Mediterranatlantisch (= *Ruscus*-Typ nach JÄGER 1970).

Abstammung □ Diese ist unsicher. Es wird meistens angenommen, *A. billotii* sei durch Chromosomenverdoppelung aus dem diploiden *A. obovatum* VIV. entstanden; die zwei Taxa zeigen aber morphologische Unterschiede, die merklich größer sind als sie

---
[1] Nach PAUL CONSTANT BILLOT (1796–1863), Professor in Hagenau, welcher sich Verdienste um die Flora des Unterelsaß erwarb und ein Exsikkatenwerk herausgegeben hat.

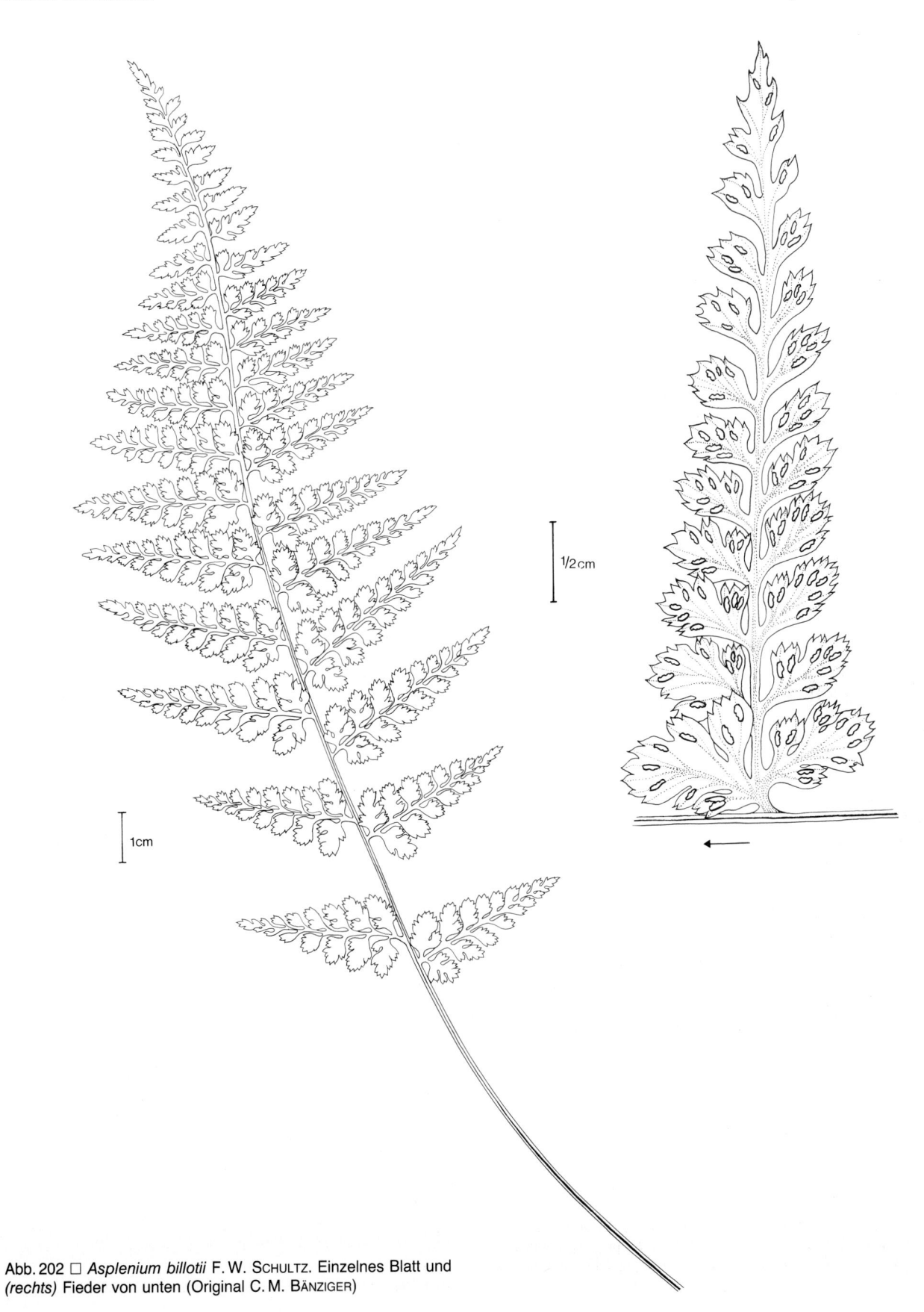

Abb. 202 □ *Asplenium billotii* F. W. Schultz. Einzelnes Blatt und *(rechts)* Fieder von unten (Original C. M. Bänziger)

bisher zwischen anderen autotetraploiden Asplenien (z. B. *A. trichomanes, A. ruta-muraria, A. septentrionale, A. petrarchae*) und ihren diploiden Vorfahren beobachtet wurden. Es ist möglich, daß die zwei Taxa sich im Laufe der Zeit differenziert haben, aber auch, daß eine morphologisch abweichende Rasse des *A. obovatum* den Vorfahren von *A. billotii* darstellt. Eine recht stark gezähntblättrige Rasse des diploiden *A. obovatum* ist (neben der normalen Form) aus der Türkei bekannt (DEMIRIZ, LOVIS & REICHSTEIN, unpubl.). Zunächst wäre aber experimentell abzuklären, ob die vier homologen Genome des *A. billotii* tatsächlich auch mit demjenigen von *A. obovatum* homolog sind, was recht mühsam wäre und bisher nie geschehen ist.

7. Asplenium adiantum-nigrum

Asplenium adiantum-nigrum[1] LINNÉ Sp. pl. 1081 (1753), s. str., emend. LINNÉ Sp. pl. ed. 2: 1541 (1763) et NYMAN Consp. Fl. Europ. 863 (1883). – Syn.: *Asplenium nigrum* BERNHARDI in SCHRAD. Journ. Bot. 1799/**1**: 313 (1799). – *Asplenium trichomanoides* LUMNITZER Fl. Poson. 1020 (1791). – *A. adiantum-nigrum* L. var. *vulgare* GUSS. Syn. Fl. Sic. II – **2**: 662 (1844). – *Asplenium adiantum-nigrum* L. subsp. *nigrum* (BERNH.) HEUFLER Verh. Zool.-Bot. Ges. Wien **6**: 310 (1856). – *Asplenium adiantum-nigrum* L. subsp. *adiantum-nigrum* HULTÉN K. Svensk Vet.-Akad. Handl. Ser. 4, **8**: (1962). – S c h w a r z e r   S t r e i f e n f a r n. – Taf. 1 Fig. 2 nach S. 32. – Abb. 203, 204.

Ausdauernd; R h i z o m kurz kriechend oder aufsteigend, manchmal stark verzweigt, mit schmal-lanzettlichen, oberwärts mit schwarzbraunen, borstenförmig zugespitzten, meist ganzrandigen Spreuschuppen ohne Scheinadern bedeckt; B l ä t t e r dicht büschelig bis rasig gehäuft, 10–45 (–50) cm lang, überwinternd; B l a t t s t i e l ungefähr so lang wie oder länger, selten kürzer als die Spreite, am Grunde bis 5 mm verdickt, auf Oberseite mindestens im unteren Teil, auf Unterseite meist ganz, oft mitsamt einem Teil der Rhachis schwarzpurpurn oder dunkelbraun, oben grün, mit schmalen Spreuschuppen, oberseits, selten beiderseits grün; oberseits seicht bis flach rinnig, am Grunde von zwei Leitbündeln durchzogen, die sich in veränderlicher Höhe zu einem einzigen vereinigen, dessen Xylem im Querschnitt unten 3-schenklig, oben trapezoidisch 4-schenklig ist. Die S p r e i t e im Umriß dreieckig-eiförmig, bis 25 × 10 cm groß, 2–3fach gefiedert, kurz zugespitzt, dunkelgrün, leicht silberglänzend, kahl, ledrig; junge Blätter ungeteilt, herz- bis nierenförmig; F i e d e r n jederseits 6 bis 15, wechselständig oder z. T. gegenständig, die unteren gestielt, dreieckig-eiförmig bis dreieckig-lanzettlich, 25–70 mm lang, die unteren oft etwas aufwärts gekrümmt; größere Fiederchen fiederig eingeschnitten, die letzten Abschnitte lanzettlich oder am Grunde keilförmig, vorne abgerundet und spitz gezähnt. S o r i jederseits meist nur 2–3 (–5), mehr oder weniger verlängert. Indusium ganzrandig oder seicht gezähnt. Sporen eiförmig, 25–32 × 33–40 µm (KOH) bzw. 39–45 × 47–63 µm (acetol.); Perispor tief gefaltet, geflügelt, 5–7 µm über den Sporenrand unregelmäßig buchtig vorspringend. Exospor bei unbehandelten Sporen in Balsam (30–) 34–38 (–44) µm lang. – Chromosomenzahl: 2n = 144, allotetraploid. – Sporenreife: VI.–X.

Vorkommen □ *A. adiantum-nigrum* L. s. str. Hemikryptophyt. Wärmeliebende Licht- bis Halbschattenpflanze. An Felsen, Mauern und auf Geröll, vorwiegend auf kalkarmen, silikatischen Unterlagen (Granit, Gneis, Buntsandstein, Phonolith usw.), selten auch auf Kalk; in lichten, felsigen, artenarmen Eichenwäldern, zuweilen an Baumwurzeln auf mäßig trockenen, sauer-humosen Steinböden, in wintermilder Klimalage. Charakterart des Asplenietum septentrionali-adianti-nigri (Verband Androsacion vandellii), auch in felsigen Quercion roboris-Gesellschaften; verbreitet meistens in der Hügel- und Bergstufe; nur ausnahmsweise über die montane Stufe aufsteigend.

Allgemeine Verbreitung □ Die Art im weiteren Sinne zeigt eine weite Verbreitung, mit einzelnen Vorkommen in der australen Zone (Südafrika, Australien) und in einigen Bergländern der Tropen und Subtropen (Ostafrika, Yemen); die Hauptverbreitung konzentriert sich auf ein europäisch-westasiatisches Areal von den Kanaren bis zum Himalaja in der meridionalen Zone und ganz auf das wintermilde Europa; beschränkte Vorkommen in der nördlichen temperaten Zone; einige Fundorte auch im meridionalen westlichen Nordamerika. In Europa vom südlichen Schweden und Norwegen, den Färöern und den Britischen Inseln südwärts bis Frankreich; im Mittelmeergebiet seltener, ostwärts bis Bulgarien, Rumänien, Krim, Westasien von den Kaukasus-Ländern und Persien bis Afghanistan und zum Himalaja. Die unter diesem Namen von Hawaii und Porto Rico angeführten Pflanzen bedürfen näherer Untersuchung.

□ Karten: HULTÉN 1964, Karte 142, und SHIVAS (1969), JALAS & SUOMINEN 1972, Karte 90.

Arealdiagnose □ zonal: austral – trop/montan Afr – Ind – Austr –

---

[1] adianton (griech.) ἀδίαντον – von ἀ (Alpha privativum) = ohne, und diaino (griech.) διαίνω = ich benetze; also unbenetzt, weil Wasser an der Pflanze nicht haftet; der Name ursprünglich für *Adiantum capillus-veneris* von THEOPHRAST und DIOSKORIDES benützt.

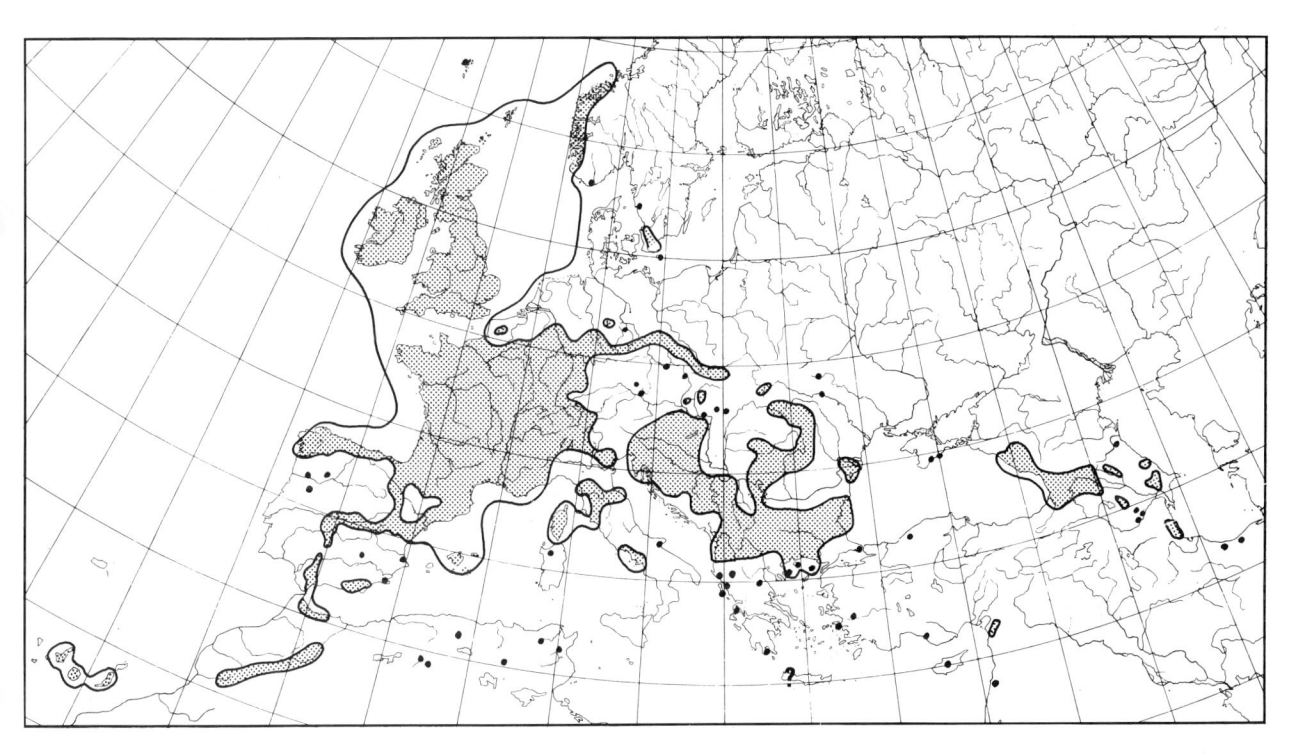

Abb. 203 □ *Asplenium adiantum-nigrum* L. (i. e. S.). Verbreitungskarte (Original RAUSCHERT)

merid – submerid · ozean$_{1-2}$ – temp · ozean$_1$ Eur – (WAs + WAm). – regional: canar – medit – (turcest – himal) – submedit – atlant + (sund) – burgund – rhenan – (herc – matr – carp/perimontan).

Verbreitung im Gebiet □ Im westlichen und südlichen Gebiet verbreitet, nach Norden und Osten abnehmend. Die früher im Norddeutschen Tiefland angegebenen Fundorte [Dötlingen in Oldenburg; Holstein, Westfalen (Kr. Minden), zwischen Neumühlen und Oppendorf; Potsdam; Golssen und zwischen Luckau und Sonnewalde in der Nieder-Lausitz] sind neuerdings nicht bestätigt. Die nördlichsten bzw. nordöstlichsten sicheren Fundorte im Gebiet: – In Deutschland: Rheinprovinz (Trier, Siebengebirge); Erkrath; Kettwig an der Ruhr; Westfalen: Ruhrtalung, z. B. Hohensyburg, Lipper Bergland (Brakelsick, Blomberg, Wennenkamp); Niedersachsen: Waake, Bremke, Eckberg bei Bodenwerder an der Weser; Rhön: Stoppelsberg bei Schwarzenfels, am Pilster bei Kothen; Hessen: Werratal bei Witzenhausen; Waldeck (Rhoden); Harz: Blankenburg, Gernrode; früher am Giebichenstein bei Halle/Saale; Thüringen (Eisenach, Kloster Allendorf bei Bad Salzungen, Maua bei Jena, Rothenstein bei Kahla, Stadtroda, Schwarzatal zwischen Bad Blankenburg und Schwarzburg mehrfach, Eichicht, Ziegenrück, Wünschensdorf, Endschütz), Sachsen (Lössnitzgrund bei Dresden, Liebethaler Grund in der Sächsischen Schweiz, Landeskrone bei Görlitz, überall verschollen). – In Bayern auf Schilfsandstein bei Unternesselbach und bei Wertheim, im Maintal und im unteren Taubertal vielfach; in Baden am Hohentwiel; Schwarzwald: Schloßberg bei Freiburg u. a. – In der Schweiz auf der Nordseite der Alpen selten und bis ca. 1000 m steigend, häufiger bis verbreitet auf der Südseite; in den Kantonen Genf; Wallis (hier bis 1910 m); Waadt: Concise am Neuenburgersee; Aargau: Fullhalde ob Full zwischen Laufenburg und Siggental; Luzern: Meisterkappel südöstlich von Böschenrot auf dem Kiemen nahe der Kantonsgrenze Luzern–Schwyz, 485 m; Zürich: Rüti, an einem Mäuerchen der Schloßberg-Anlagen; Schaffhausen: Hasenberg bei Neunkirch; Berner Oberland: Gadmental an der alten Sustenstraße bei Schwendi vor Nesseltal; Glarus: Hermannsegg ob Auen-Linthal, 1060 m; St. Gallen: Gavortsch bei Berschis, 750 m; Labria bei Trübbach, 1460 m; Berneggwald bei St. Gallen; in den Kantonen Unterwalden, Uri, Zug selten; Graubünden: im Churer- und Vorderrheintal selten, ebenso im Engadin, aber bei Morteratsch auf 1970 m (Höhenrekord) ein kräftiger Stock [A. GERBER-CLAVUOT 1969, schon von SOLMS-LAUBACH »an der Berninastraße zwischen 1700–2000 m« angegeben, vgl.

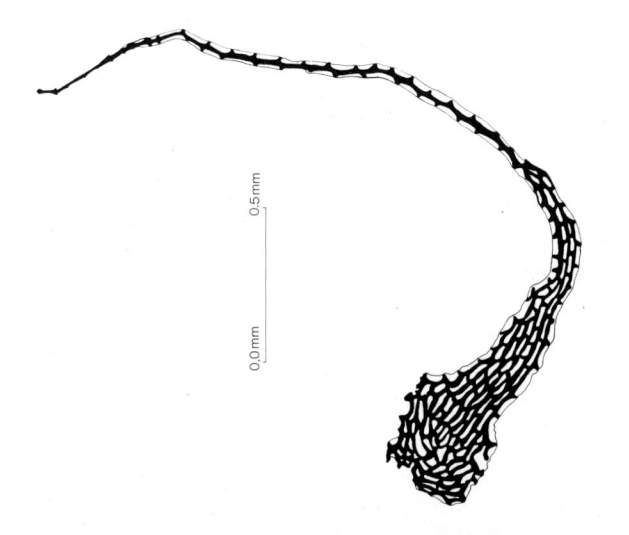

Abb. 204 □ *Asplenium adiantum-nigrum* L. Rhizomschuppe (Original R. PASSOW)

ASCHERSON in ASCHERS. & GRAEBN. Syn. **1:** 72 (1896)], häufiger im Bergell, verbreitet im Misox und Puschlav (bis ca. 1300 m); im Tessin (bis 1750 m) sehr häufig in allen Tälern. – In Norditalien verbreitet in allen kalkfreien Gebieten vom Mt. Blanc-Massiv bis Bozen und Meran. – In Österreich in Vorarlberg mäßig häufig, ostwärts seltener, in Steiermark und Kärnten zerstreut, im östlichen Niederösterreich (Sievering bei Wien, Kohlgraben bei Zügen) und im südlichen Burgenland sehr selten. – In Slowenien zerstreut. – In der Tschechoslowakei in Böhmen: Kaiserwald, östlicher Böhmerwald, Eisengebirge, im Mittelgebirge: Milleschauer, Raspenava, im Isergebirge, Sloup bei Česká Lípa (Böhmisch Leipa); in Mähren im Mährischen Karst, Krumperk bei Šumperk, Gesenke (?), Beskiden (?), Holyňa bei Opava (Troppau) und Pyšná bei Těšín (Teschen) (?), in der Slowakei ehemals in der Umgebung von Bratislava (Preßburg), selten bei Devín, Kováčov, Hajnáčka, Pezinok, Modra, Pukanec, Belaer Tatra, Ostslowakei. – In Polen selten in Schlesien und bei Zawoja am Fuße der Babia Góra.

Abstammung □ Nach M. G. SHIVAS [Brit. Fern Gaz. **10 (2)** 68–80, 1969] entstanden durch Chromosomenverdopplung aus der diploiden Hybride von *A. cuneifolium* x *onopteris*, die bisher nur experimentell erzeugt wurde und die bei der Meiose nur oder fast nur univalente Chromosomen zeigt. Dies beweist, daß *A. cuneifolium* und *A. onopteris* trotz ihrer morphologischen Ähnlichkeit gar nicht nahe miteinander verwandt sind, vgl. auch BOUHARMONT (1977 a, b). Die Ähnlichkeit in der Morphologie hat zur Folge gehabt, daß sie lange Zeit nur als Unterarten von *A. adiantum-nigrum* behandelt wurden. Das hat gelegentlich praktische Vorteile, denn die drei Taxa sind manchmal wirklich sehr schwer voneinander zu unterscheiden. Es stellt aber eine zu einfache Umgehung von Schwierigkeiten dar, und schon LINNÉ hat *A. onopteris* spezifisch von *A. adiantum-nigrum* getrennt. Die Arten werden auch in dieser Flora so behandelt. Es muß aber hervorgehoben werden, daß es bei den drei Taxa dieser Gruppe (*A. adiantum-nigrum*, *A. onopteris* und *A. cuneifolium*) Fälle geben kann, in denen auch dem erfahrenen Spezialisten eine sichere Bestimmung nicht möglich ist, wenn nur Herbarmaterial ohne Sporen vorliegt. Für den Mittelmeerraum kommt als weitere Erschwerung hinzu, daß es noch eine weitere Art gibt, die *A. adiantum-nigrum* vortäuschen kann. Es ist dies *A. balearicum* SHIVAS [Brit. Fern Gaz. **10 (2):** 75 (1969)]; es war lange nur von einem einzigen Fund bekannt (Balearen, ohne nähere Bezeichnung der Stelle), aber in Kultur lebend erhalten. Es ist eine allotetraploide Art, entstanden aus der diploiden Hybride von *A. obovatum* x *onopteris*, vgl. auch J. D. LOVIS, P. J. BROWNSEY, A. SLEEP & M. G. SHIVAS, Brit. Fern Gaz. **10 (5)** 263–268 (1972). Es ist dem *A. adiantum-nigrum* sehr ähnlich und nur durch sehr sorgfältigen Vergleich von ihm zu unterscheiden. Vielleicht ist es nur deshalb an Orten, wo man es erwarten sollte, z. B. in Korsika u. Sardinien, wo seine zwei Vorfahren oft zusammen wachsen, noch nie gefunden worden. Es wurde kürzlich von E. NARDI (im Druck) auf der Insel Pantelleria bei Sizilien entdeckt. Der *A. adiantum-nigrum*-Komplex wurde neuerdings auch chemotaxonomisch untersucht, vgl. F. M. RICHARDSON & E. LORENZ-LIBURNAU [Am. Fern J. **72:** 103–106 (1982)].
□ Dazu kommt, daß es im Mittelmeerraum noch andere Sippen gibt, die noch genauer untersucht werden müssen. So wurden kürzlich in Korsika sowie in Irland und Schottland Pflanzen gefunden, die morphologisch von *A. cuneifolium* kaum zu unterscheiden sind, die auch auf Serpentinit wachsen, sich aber als tetraploid erwiesen (DESCHATRES, SCHNELLER & REICHSTEIN 1979 sowie SLEEP, ROBERTS, SOUTER & STERLING 1979). Nach SLEEP (1980) sind sie allotetraploid und als besondere Form zu *A. adiantum-nigrum* zu stellen. Zur eindeutigen Unterscheidung von diploidem *A. cuneifolium* ist die cytologische Kontrolle das sicherste Mittel.

Ermittelung der Sporengröße ergibt bei Einzelblättern hier meistens keine zuverlässigen Resultate. Im Tessin sowie bei Chiavenna (also im Gebiet unserer Flora) wurden Pflanzen gefunden, die sich, ohne Berücksichtigung von Mikromerkmalen, auf Grund ihrer Morphologie von bestentwickeltem *A. onopteris* nicht unterscheiden lassen, aber größere Sporen enthalten und tetraploid sind (unpubliziert). Dies zeigt, daß noch mehr experimentelle Arbeit nötig sein wird, um diese kritische Gruppe besser kennenzulernen.

Variabilität der Art □ *A. adiantum-nigrum* s. str. ist sehr vielgestaltig. Aus den vielen beschriebenen Formen sind erwähnenswert: f. *lancifolium* (HEUFLER) mit schmal- bis länglich-lanzettlicher Blattspreite, länglichen bis eiförmigen, am Grunde verschmälerten, spitz gezähnten Abschnitten; die am meisten verbreitete Form. – f. *argutum* (KAULF.) mit eiförmig-lanzettlicher Blattspreite und breit-eiförmigen, stachelspitzig gezähnten Abschnitten; selten in Belgien, Deutschland, der Schweiz und Österreich; auch auf Serpentinit in Nordmähren. – f. *obtusum* (MILDE) [Synon.: *A. adiantum-nigrum* subsp. *obtusum* (MILDE) SCHIDLAY] mit eiförmig-lanzettlicher bis breit-eiförmiger, 2–3fach gefiederter Blattspreite; letzte Abschnitte verkehrt-eiförmig, kurz und stumpflich gezähnt; auf Serpentinit in Nordmähren (Schlesien); in der Belaer Tatra (Holubyho důl = Drechslerhäuschen) und am Holik-Berg bei Prenčov unweit Banská Štiavnica; in Deutschland angeführt in Thüringen (Roda bei Jena), in Baden (Heidelberg), in Norditalien bei Bozen, Meran, Brixen; in Polen (südwestliche Gebirge). – f. *serpentinoides* (CHRIST), in der Tracht dem *A. cuneifolium* äußerst ähnlich; Blätter sehr breit-eiförmig, etwa 15 × 10 cm groß, stumpf, fast vierfach gefiedert; Fiederchen zahlreich, dünn gestielt, keilig-verkehrt-eiförmig, obere rhombisch, mit seitlich etwas auswärts gebogenen Zähnen, kurz zugespitzt. In der Schweiz über dem Ort Neuchâtel.

8. Asplenium cuneifolium
Asplenium cuneifolium[1] VIVIANI Fl. Ital. Fragm. **1:** 16 (1806). – Syn.: *Asplenium forsteri* SADLER Descr. Pl. Epiphyll. Hungar.; Diss. inaug. Budapest 29 (1820)[2]. – *A. adiantum-nigrum* L. var. *cuneifolium* (VIV.) POLLINI, Fl. Veron. **2:** 228 (1824). – *A. multicaule* SCHOLTZ Enum. Filic. Siles. 48 (1836), non C. B. PRESL (1836). – *A. serpentini* TAUSCH Flora (Regensb.) **22:** 477 (1839). – *A. davallioides* TAUSCH Flora (Regensb.) **22:** 479 (1839). – *A. fissum* WIMM. Fl. Schles. ed. 2: 500 (1844), non KIT. 1810. – *A. adiantum-nigrum* L. subsp. *serpentini* (TAUSCH) KOCH Syn. ed. 2: 983 (1845); HEUFLER Verh. Zool.-Bot. Ges. Wien **6:** 315 (1856). – *A. silesiacum* MILDE 33. Jahrb. Schles. Ges.: 93 (1855). – *A. adiantum-*

---

[1] cuneifolius (lat.) = keilblättrig; wegen der Form der Blattabschnitte.
[2] E. JANCHEN (Catal. Fl. Austr. **1:** 69; 1956), übereinstimmend mit den ungarischen Botanikern (Soó, JÁVORKA), ist der Meinung, daß die in Italien heimische, echte sommergrüne Art *A. cuneifolium* VIVIANI nicht identisch ist mit dem aus dem österreichischen Burgenland beschriebenen wintergrünen *A. forsteri* SADLER, später *A. serpentini* TAUSCH genannt. Der richtige Name für die mitteleuropäische Pflanze wäre also *A. forsteri* SADLER. ROTHMALER und die Autoren der Flora Europaea halten beide Taxa für identisch.

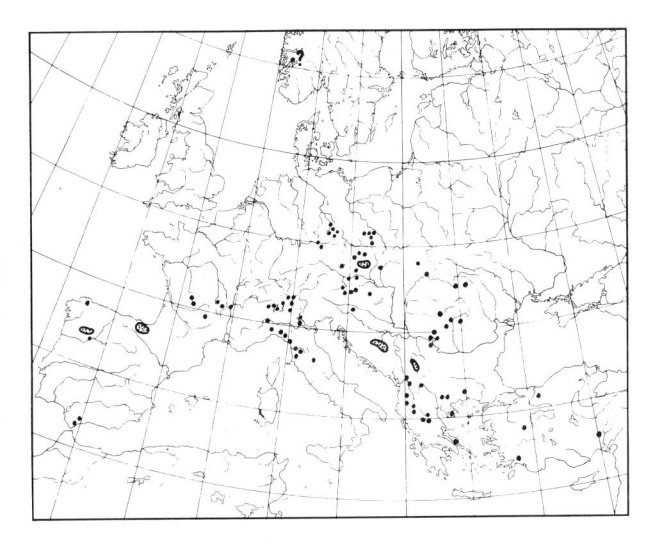

Abb. 205 □ *Asplenium cuneifolium* Viv. Verbreitungskarte (Original Rauschert)

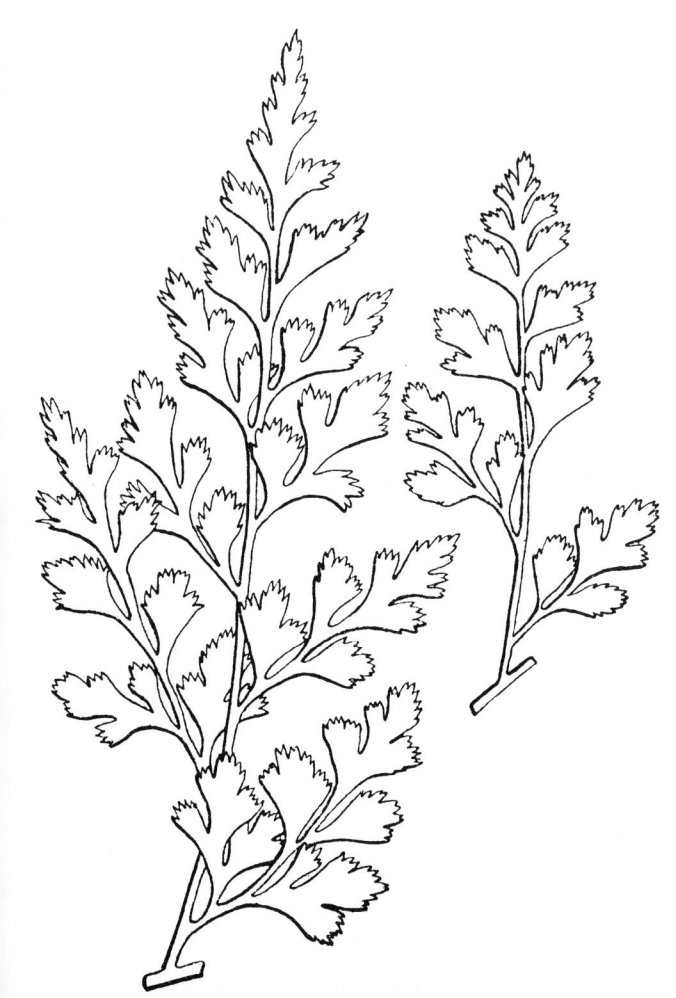

Abb. 206 □ *Asplenium cuneifolium* Viv. Einzelfiedern (etwa × 1½) (nach Luerssen 1884/89)

nigrum (var.) β *angustisectum* Neilreich Fl. Nieder-Österreich 17 (1859). – *Asplenium adiantum-nigrum* L. (subsp.) *A. cuneifolium* (Viv.) Aschers. in Aschers. et Graebn. Syn. ed. 1, **1:** 71 (1896). – *A. onopteris* L. subsp. *silesiacum* Milde teste Weihe in Garcke Ill. Fl. Deutschl. ed. 23: 62 (1972). – *A. cuneifolium* Viv. subsp. *serpentini* (Tausch) Soó Feddes Rep. **83:** 141 (1972). – S e r p e n t i n - S t r e i f e n f a r n. – Taf. 1 Fig. 1 nach S. 32. – Abb. 205–207.

Von *A. adiantum-nigrum* s. str. durch folgende Merkmale verschieden: B l ä t t e r glanzlos, meistens nicht überwinternd; B l a t t s t i e l oberseits (zuweilen beiderseits) grün; B l a t t s p r e i t e breit dreieckig-eiförmig, kurz zugespitzt oder stumpflich, an der Spitze nicht geschwänzt, 3–4fach gefiedert, hellgrün; F i e d e r n meist gerade abstehend, selten etwas aufwärtsgebogen, letzte Abschnitte fächerförmig, aufrecht-abstehend oder zurückgekrümmt, keilförmig bis keilförmig-verkehrt-eiförmig oder rhombisch, oder am Grunde keilförmig und oben gestutzt oder leicht abgerundet, öfter dreilappig bis dreispaltig, unten ganzrandig, oben stumpflich gezähnt. Sporen klein, Exospor (27–) 30–34 (–36) µm lang. – Sporenreife: VII.–X.

Vorkommen □ Hemikryptophyt. An Felsen und Geröll und an steinigen Abhängen, ausschließlich auf Serpentinit und Magnesit oder Mischgesteinen, die solches Material enthalten. Charakterart des Asplenietum serpentini: im Hügelland und in der montanen Stufe; in den Alpen zwischen 300 und 2000 m, in der Türkei ebenfalls bis 2000 m.

Allgemeine Verbreitung □ Areal eurasiatisch-submediterran-subatlantisch. Angaben von Portugal, Spanien und Mittelfrankreich sind fraglich. Sicher von Nord- und Mittelitalien, ostwärts über die Schweiz, Mitteldeutschland, Österreich, die Tschechoslowakei, Jugoslawien bis Rumänien und vermutlich südwärts bis Albanien, Griechenland, Bulgarien und die Türkei; die Angaben von Transkaukasien und von Ostasien (China) werden nicht einhellig anerkannt. Neuerdings aus Norwegen angegeben; s. R. H. Roberts Bull. Brit. Pteridol. Soc. **2 (1):** 22 (1979); bei der dortigen Sippe handelt es sich aber vermutlich um eine Form von *A. adiantum-nigrum* (vgl. A. Sleep 1980).
□ Karten: Lämmermayr Pflanzenareale Reihe 1 Heft 8 Karte 80 a (1928); Meusel, Jäger, Weinert 1965, S. 14; Jalas & Suominen 1972, Karte 92.

Arealdiagnose □ zonal: submerid/montan – temperat/(montan) · ozean$_{(1)-2}$ Eur. – regional: west – (ost)submedit – ceven + insubr – herc/sämtl. montan – carp/perimontan?

Abb. 207 □ *Asplenium cuneifolium* Viv. Kupferberg, Frankenwald, Bayern

Verbreitung im Gebiet □ Fehlt im nördlichen Flachland. – Deutschland: in Bayern; Frankenwald (Presseck, Kupferberg), Fichtelgebirge (Wurlitzer Leite), Oberpfalz (Nordbayern), Oberviechtach; in Ost-Thüringen (Vogtland: Bingenlöcher der Silbergruben bei Niederreinsdorf bei Greiz, 300 m, mit *Orthilia secunda*) und Sachsen (zwischen Zwickauer und Freiberger Mulde neun Fundorte). – In der Schweiz: Tessin (Serpentinschutt oberhalb Verdasio, Centovalli, an vielen Orten, z. B. Borgnone, am Tries, 550–570 m, und am Pignello bei Costa, Val di Bordei und Val del Boschette, Val di Capolo); Monti di Ravecchia ob Giubiasco, 985 m; Graubünden (Oberhalbstein, ob Marmorera, 1720–2050 m, und in einer Serpentinschutthalde am Südhang von Motta über dem Stausee; auf Serpentinit bei Klosters, Wolfgang-Davos, am Weg nach Parsenn, 1750 m, an Serpentinfelsen im *Pinus mugo*-Wald; auf Serpentingeröll bei Selfranga bei Klosters-Platz). – Italienisches Grenzgebiet, Prov. Novara: Veltlin (Polaggio, Prato, Val Malenco); bei Druogno im Valle Vigezzo, 900–945 m; Monte Ziecher und Pizzo Formalone; Finero im Valle Cannobina. – In Österreich: Niederösterreich (auf Serpentinit an Bründelleiten bei Rosenburg am Kamp; Steinegg am Kamp und am Manhartsberge bei Horn im Waldviertel; Gurhofgraben und Wolfsteinbachgraben bei Aggsbach); Oberösterreich (Hausenbach in der Gegend von Melk; am Zusammenfluß des Kleinen und Großen Ipser im Bezirke Persenbeug zwischen Oberholz an Elsarn am Manhartsberge); Steiermark (in der Gulsen bei Kraubath, Sommergraben, Hoch-Grössen bei Oppenberg, Lärchkogel bei Trieben auf Serpentinit; Satterkogel in der Veitsch auf Magnesit; St. Michael; Pernegg;

Windisch Feistritz); Burgenland (reicht bis ins Eisenburger Komitat in West-Ungarn); angeblich in Kärnten am Millstättersee. – Im nordöstlichen Slowenien. – In der Tschechoslowakei selten an den Serpentingesteinen in Böhmen bei Marienbad (Mnichov = Einsiedl) und bei Borek unweit Chotěboř, Ránsko bei Křížová (Krucemburk), Dolní Královice am Želivka-Fluß unweit Ledeč, bei Křemže und Chroboty (auch auf Granulit), České Budějovice (Budweis), bei Krumperk (?); in Mähren: Žďár, Sklenné und Věchov nördlich von Nové Město na Moravě, Mohelno unweit Třebíč, Rojetín bei Tišnov, Raškov bei Šumperk. – In Polen: Schlesien, am Zobten (Sobótka) und im Eulengebirge = Gory Sowie.

Variabilität der Art □ Die Art ist nach Form und Größe sehr veränderlich. Var. *anthriscifolium* (MILDE): Blattspreite lanzettlich; Fiedern spitzwinklig vorwärts gerichtet, letzte Abschnitte schmal bis lineal, 2–3lappig, kerbig gezähnt; selten auf trockenen Felsen bei Mohelno in Mähren.
A. silesiacum MILDE aus Schlesien (Zobten = Sobótka) ist eine stark an *A. onopteris* erinnernde Form.

9. Asplenium onopteris

Asplenium onopteris[1] LINNÉ Sp. pl. 1081 (1753). – Syn.: *Asplenium adiantum-nigrum* L. subsp. *onopteris* (L.) HEUFLER Abh. Zool.-Bot. Ges. Wien **6**: 310 (1856). – Spitzer Streifenfarn. – Taf. 1 Fig. 3 nach S. 32.

Von *A. adiantum-nigrum*[2] verschieden durch kräftigeren Wuchs: bis 50 cm hoch; Blattspreite eiförmig bis eiförmig-zugespitzt, dunkelgrün, dünn lederig, stark glänzend, 2–4fach gefiedert, an der Spitze wie an allen Fiedern und den größeren Fiederchen länglich bis linealisch verlängert (geschwänzt), Fiedern meist aufwärts gekrümmt und zusammenneigend, die letzten Blattabschnitte lanzettlich bis lineal, am Grunde schmal-keilig, scharf grannenartig gezähnt. – Exospor (26–) 28–32 (–34) μm lang. – Chromosomenzahl: 2n = 72 (diploid). – Sporenreife: V.–X.

Vorkommen □ Hemikryptophyt. Halbschattenpflanze. In lichten Wäldern, im Süden im Quercion ilicis-Verband, an der Nordgrenze in felsigen Quercion roboris-Gesellschaften, auf basenarmen, sauren, trockenen Böden, gelegentlich auch über Kalk. Von der Ebene bis in die submontane Stufe (in südlich geneigten Lagen) aufsteigend.

---

[1] onos (griech.) ὄνος = Esel, pteris (griech.) πτέρις = Farn; der Name zuerst von TABERNAEMONTANUS benützt.
[2] Im insubrischen Gebiet (bei Chiavenna und im Tessin) wurden Pflanzen beobachtet, die morphologisch mit *A. onopteris* übereinstimmen, die aber größere Sporen hatten [Exospor (30–) 33–38 (–42) μm lang] und sich als tetraploid erwiesen. Sie stellen eine extreme Form des *A. adiantum-nigrum* dar (T. REICHSTEIN unpubl.).

Allgemeine Verbreitung ☐ Areal mediterran-atlantisch. Von den Makaronesischen Inseln und Irland durch das ganze Mittelmeergebiet bis zur Türkei, vermeintlich weiter ostwärts; vgl. HULTÉN 1964 map 142; JALAS & SUOMINEN 1972, Karte 91.

Arealdiagnose ☐ zonal: merid – submerid · ozean$_{1-(3)}$ – (temp · oz$_1$) Eur. – regional: macar – medit – west – zentralsubmedit – galec + hibern.

Verbreitung im Gebiet ☐ Franken: Wernfeld bei Gemünden am Main, Hasloch im Spessart (bedürfen der Bestätigung), Südschwarzwald, Kaiserstuhl (selten), Lausitz. – Schweiz: Misox (Kastanienwald ob San Vittore); Puschlav: Campolongo, 610 m, Campascio, 630 m, Brusio, 740–780 m, Roncase, 1200 m^1; Tessin: bei Ronco Brissago und bei Lugano mehrfach. – Im angrenzenden italienischen Gebiet: bei Chiavenna, Veltlin (zwischen Castello Bianco und Castello Grumello bei Sondrio), verbreitet bis Tirano, Comer See: Bellagio, Tremezzo, San Abbondio, San Gregorio bei Gravedona, Gardasee: Arco u. a. – Südtirol: Meran, Bozen, Tramin. – In Slowenien: Kaštel und im südlichen Küstenland.

10. Asplenium septentrionale

Asplenium septentrionale^2 (LINNÉ) HOFFMANN Bot. Taschenbuch Deutschl. Fl. (Krypt.) **2**: 12 (1795). – Basion.: *Acrostichum septentrionale* LINNÉ Sp. pl. 1068 (1753). – Nördlicher Streifenfarn. – Taf. 5 Fig. 5 nach S. 160. – Abb. 208, 209.

Ausdauernd; Rhizom kurz kriechend, rasenartig verzweigt, oberwärts mit schwarzbraunen, borstenförmig-zugespitzten, öfter bewimperten Spreuschuppen ohne dunklen Scheinnerv besetzt. Blätter 5–15 (–17) cm lang, wintergrün; Blattstiel 2–3mal länger als die Spreite, gerade, nur ganz am Grunde glänzend rotbraun und schon unten plötzlich grün werdend, besonders unterwärts mit kleinen einzelligen Härchen (Lupe!) besetzt, gefurcht, mit im Querschnitt dreischenkeligem Xylem des Leitbündels; Blattspreite stark reduziert, ungleich 1–3fach gabelteilig oder abwechselnd dreizählig geteilt, ledrig, schwach glänzend, kahl, dunkelgrün; Fiedern am Grunde keilförmig, lineal-lanzettlich ± gestielt, ca. 1–2 mm breit, an der Spitze ungleich eingeschnitten, am Rande verdickt, oben etwas verbreitert, in 2–4 (–6) lineal-lanzettliche, zugespitzte Zähne ausgehend. Junge Blätter zweilappig, verkehrt dreieckig. Mittelrippe undeutlich. Sori verlängert lineal, die ganze Unterseite bedeckend; Indusium ganzrandig, zurückgeschlagen. Sporen groß, eiförmig, 27–35 × 35–45 μm (KOH), Perispor unregelmäßig gefaltet. Exospor bei unbehandelten Sporen in Balsam (30–) 36–45 (–48) μm lang. – Chromosomenzahl: 2n = 144, autotetraploid [(J. D. LOVIS, Nature **203**: 324–325, 1964); J. BOUHARMONT, Brit. Fern Gaz. **10** (5): 237–240, 1972 (1973)]. – Sporenreife: VII.–X.

Vorkommen ☐ Hemikryptophyt. In Felsspalten und Trockenmauern, auf kalkarmen Silikatgesteinen (Gneis, Granit, Porphyr, Buntsandstein, Schiefer usw.), in vorwiegend trockenen, lichtexponierten Standortslagen, seltener auf erratischen Blöcken in bewaldeten feuchten Bachtobeln. Charakterart der Androsacetalia vandellii; im Woodsio-Asplenietum septentrionalis, Asplenietum septentrionali-adiantinigri, u. a. Die Art ist der kalkflüchtigste unserer Farne und ist an vielen Orten, wie im Schweizerischen Mittelland, im Jura-Gebiet und in Oberbayern eine Leitpflanze der erratischen Urgebirgsblöcke mit *Asplenium trichomanes* und seltener *A. adiantumnigrum*. – SCHIDLAY (Flóra Slovenska **2**: 130; 1966) führt diese Art von einigen Lokalitäten auf Kalkstein an (Beckov, Pieninen); es handelt sich vielleicht um entkalkte, basenarme Böden auf Kalksteinunterlage, wo auch z. B. *Nardus stricta* und *Dichanthium ischaemum* eindringen. In der Ebene selten, im Hügelland ziemlich häufig, steigt in den Gebirgen bis in die alpine Stufe (im Wallis noch bei 2500 m).

Allgemeine Verbreitung ☐ Verbreitet in fast allen Urgesteinsgebieten von Europa und Westasien; Madeira, Kanaren; in der immergrünen Region des Mittelmeergebietes und in der ungarischen Tiefebene selten, in großen Gebieten fehlend. Durch Vorderasien über den Kaukasus zum Himalaja, Altai, Nordchina und Taiwan (fehlt in Japan); in Nordamerika in den Rocky Mts., in Kalifornien (sehr selten) und in Mexiko. – In Europa zwei Verbreitungszentren: südliches Skandinavien sowie südliches Mitteleuropa, wo der Farn sehr häufig ist, bis Transsilvanien und Bulgarien.
☐ Karten: HULTÉN 1958, S. 247; MEUSEL, JÄGER, WEINERT 1965, S. 14; JALAS & SUOMINEN 1972, Karte 93.

Arealdiagnose ☐ zonal: (merid/montan) – submerid/montan – temp/perimontan – (boreal) · (oz$_{(1)-3}$) Eur – W–(O) As + W – (O)AM. – regional (in Europa): (medit disj) – submedit – westhimal – turcest – altai/sämtl. montan – (atlant) – zentraleurop – westpont – subboreoscand/sämtl. perimontan + süd – mittelural.

Verbreitung im Gebiet ☐ In der nördlichen Ebene lokal, nur im Nordosten, im Hügel- und Berglande ziemlich verbreitet. In Schleswig-Holstein selten; Trittau, Großer See, Rotenberg, zwi-

---

^{1} FORNACIARI, Flora e Vegetazione delle Valli della Mera e dell' Adda, Le Felci, Udine, S. 41 (1952).
^{2} septentrionalis (lat.) = nördlich (in der tropisch-subtropischen Gattung *Acrostichum* LINNÉ war diese Art ihr nördlichster Vertreter).

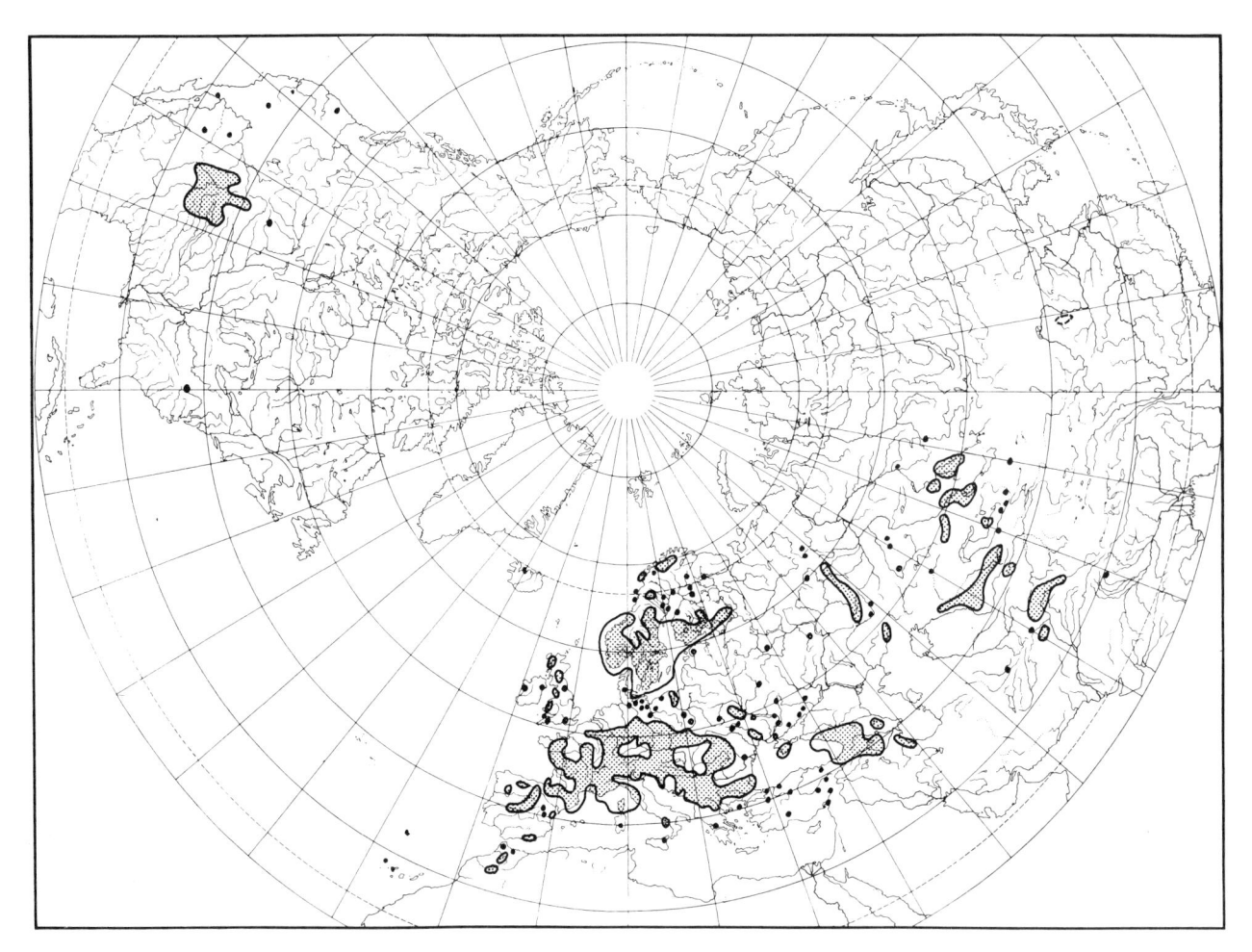

Abb. 208 □ *Asplenium septentrionale* (L.) HOFFM. Verbreitungskarte (nach HULTÉN 1958, verändert)

schen Reinberg und Friedrichsruh; nördliches Weserbergland zerstreut, Harz häufiger; Sachsen; Thüringen; Mecklenburg: bei Beseritz; auf Rügen; in Brandenburg selten: Priegnitz, Spreewald, Uckermark; Pommern: Amalienhof; Niederlausitz: Drebkau u. a.; Westfalen: Hochsauerland; Unterfranken: Adelsberg bei Gemünden, an Mauern von Kreutzwertheim bis unterhalb Hasloch; im Schwarzwald, am Hohentwiel und in Oberbayern verbreitet. Im Dietersbachtal bei Oberstdorf, Bärgündele, 1500 m. – In der Schweiz verbreitet, aber oft zerstreut; im Tessin, Misox und Puschlav an Felsen und auf Trockenmauern sehr häufig, oft in Gesellschaft von *A. trichomanes* (beide Unterarten), *A. adiantumnigrum*, teilweise auch mit *Ceterach*, in den norditalienischen Gneis-Gebieten ebenso. – In Österreich zerstreut, auch auf Serpentinit im Gurhofgraben bei Melk und im Kamptal. – In Slowenien zerstreut in Krain und Küstenland. – In der Tschechoslowakei mäßig verbreitet. – In Polen in den Sudeten und den Karpaten-Vorgebirgen selten, vereinzelt in der Schlesischen Ebene, in Bergen Sw. Kryz (Heiligkreuz), bei Gdańsk (Danzig) und Kartuzy (Karthaus).

Außerhalb des Gebietes unserer Flora, im Kaukasus und in der Türkei, findet sich eine diploide Sippe, die subsp. *caucasicum* FRASER-JENKINS & LOVIS, Notes Roy. Bot. Gard. Edinb. **38:** 281 (1980), aus der die tetraploide vermutlich durch Chromosomenverdoppelung entstanden ist. Sie zeigt meistens deutlich schmälere

Abb. 209 □ *Asplenium septentrionale* (L.) HOFFM. Schwarzwald

Fiedern, oft kleinere, gelegentlich aber fast gleich große Sporen. Zur sicheren Unterscheidung ist die Zählung der Chromosomen das beste Mittel.

11. Asplenium seelosii
Asplenium seelosii[1] LEYBOLD Flora (Regensb.) **38**: 81 (1855). – Syn.: *Acropteris seelosii* (LEYB.) HEUFLER Verh. Zool.-Bot. Ges. Wien **6**: 345 (1856). – *Asplenium septentrionale* (L.) HOFFM. var. *tripartitum* SEELOS et HEUFLER Verh. Zool.-Bot. Ges. Wien **6**: 236 (1856). – Dolomiten-Streifenfarn. – Abb. 210, 211.

Ausdauernd. R h i z o m kurz kriechend, rasenartig verzweigt, an der Spitze mit glänzend schwarzbraunen, borstenförmig gespitzten, kurzbewimperten Spreuschuppen bekleidet; B l ä t t e r 3–10 cm lang; B l a t t s t i e l deutlich von der Spreite abgesondert, 2–3 (–5)mal länger als die Spreite, nur am Grunde glänzend rotbraun, oben grün, oberseits rinnig, zerstreut gliederhaarig, nach außen gekrümmt, so daß die Blattspreiten rosettenartig ausgebreitet oder ganz zurückgeschlagen sind; Xylem des Leitbündels im Querschnitt dreischenkelig. B l a t t s p r e i t e lederartig, glanzlos, an jungen Pflanzen dreispaltig, später in der Regel gefingert- oder abwechselnd gefiedertdreizählig, beiderseits und am Rande drüsig-gliederhaarig, unregelmäßig gezähnt; B l a t t a b s c h n i t t e am Grunde keilförmig kurzgestielt, rhombisch-eiförmig, der mittlere etwas größer, zuweilen 2–3spaltig; Mittelrippe undeutlich. S o r i je 3–5 auf jedem Abschnitt, breit lineal, schräg nach dem Rande verlaufend, zuletzt die ganze Unterseite bedeckend; Indusium angefressen-gezähnelt. Sporen für eine diploide Art auffallend groß, Exospor (30–) 37–40 (–43) µm lang. – Chromosomenzahl: $2n = 72$ (diploid). – Sporenreife: VII.–VIII.

Allgemeine Verbreitung □ Areal disjunkt, westmediterran und südostalpin.
□ Karten: MEUSEL, JÄGER, WEINERT 1965, S. 14; JALAS & SUOMINEN 1972, Karte 94.

Die Art gliedert sich in zwei Unterarten:

11. I. Subsp. seelosii
Spreite behaart, meistens deutlich dreiteilig. Ostalpin, europäischer Endemit. Im Gebiet unserer Flora nur diese.

---

[1] Nach dem Entdecker der Art, GUSTAV SEELOS (1832–1911), Oberingenieur der Südbahn in Innsbruck.

Abb. 210 □ *Asplenium seelosii* LEYBOLD. Habitus (nat. Gr.) und fertile Blattspreite von unten (etwa × 2)

Arealdiagnose □ zonal: merid – submerid – (temp)/sämtl. montan · oz$_2$ Eur disj. – regional: atlas + nordiber + ostpyren + carn + nordnorisch/sämtl. montan.

Abb. 211 □ *Asplenium seelosii* LEYBOLD. Valganna nördl. Varese, Norditalien.

Verbreitung im Gebiet ☐ In Deutschland (Bayern) nur bei Karlstein, westlich Bad Reichenhall. – Fehlt in der Schweiz. – In Österreich [nach W. GUTERMANN & H. NIKLFELD in litt. 12. 5. 1977] in den nördlichen Kalkalpen sehr zerstreut; in Oberösterreich im Toten Gebirge beim Almsee und am Öttlberg (bei Hinterstoder), bei Windischgarsten, an den Kamper Mauern bei Oberlassa; in der Steiermark im Gesäuse im Johnbachgraben, an der Steinwand bei Landl sowie an der Südseite der Hochschwab-Gruppe an der Rohrmauer, der Messnerin und Hundswand; in Niederösterreich einzig im Gebiet des Göllers bei Kernhof. In den südlichen Kalkalpen bis in die Lienzer Dolomiten (auf Tiroler wie Kärntner Boden); in Kärnten ferner an der Südseite des Dobratsch bei Villach und in den östlichen Karawanken in der Trögener Klamm. In Norditalien [vgl. A. BECHERER, Bauhinia (Basel) **2**: 55–58, 1962] in der Lombardei bei Valganna 410–425 m (entdeckt 1967 von F. MOKRY) und am Monte Campo dei Fiori nördlich Varese bei 850 m (selten, entdeckt 1904 von M. CALEGARI, lange verschollen, 1956 wieder gefunden von H. DÜBI), Judikarische Alpen, Prov. Brescia (Val Vestino, Cingal Rosso, Monte Tombea), Val di Non, Geier und bei Salurn, in Südtirol und den Trientiner Dolomiten am häufigsten (Buco di Vela, Castel Pietra, Umgebung von Cortina d'Ampezzo, Pustertal, Schluderbach (Carbonin), Pragser See, Prov. Belluno (bei Primiero, bei Cimolais), Prov. Udine und in Krain. – Slowenien [nach E. MAYER in litt. 15. 1. 1978]: Reklanica (Raccolana-Tal) in den westlichen Julischen Alpen; Beli potok unter den Kriški podi, oberhalb des Trenta-Tales in den östlichen Julischen Alpen; Belica-Tal am Westfuß des Berges Kepa in den Karawanken; zwischen Čepovan und Trebuša im nördlichen Küstenland, Iška-Schlucht, südlich von Ljubljana, Mitovšek bei Trbovlje Veliko Kozje, oberhalb von Briše bei Zidani most, Kopitnik, oberhalb Rimske Toplice. Sowohl in den Julischen Alpen wie in den Karawanken jeweils zusammen mit *Phyteuma* (= *Physoplexis*) *comosum*, wofür von E. & S. PIGNATTI die Assoziation Asplenio seelosii-Phyteumatetum comosi aufgestellt wurde.

Vorkommen ☐ Hemikryptophyt. An mäßig lichtexponierten Dolomitfelsen (gilt als Dolomit-Spezialist), wächst aber gelegentlich auch auf Kalkfelsen, gern in Ritzen und Grübchen unter Überhängen; vgl. L. DIELS, Zur Ökologie des *Asplenium seelosii;* VERH. Bot. Ver. Prov. Brandenb. **56**: 178–183 (1914). – Charakterart des Potentillion caulescentis. Von 190 bis 2350 m, oft mit *A. rutamuraria* und epi- und endolithischen Algen der Südtiroler Dolomitriffe (*Scytonema, Trentepohlia* und *Gloeocapsa*-Arten).

11. II. Subsp. glabrum
(LITARD. & MAIRE) ROTHM. in CADEVALL & FONT QUER, Fl. Catal. **6**: 339 (1937). Basion.: *A. seelosii* LEYBOLD var. *glabrum* LITARD. & MAIRE in MAIRE [Bull. Soc. Sc. Nat. Maroc **8**: 143 (1929)]. – Syn.: *Asplenium celtibericum* RIVAS-MARTINEZ, Bull. Jard. Bot. Nat. Belg. **37**: 329–334, 1967.

Spreite kahl, oft löffelförmig oder nur wenig dreiteilig. Areal westmediterran; Kalkgebirge von Marokko und Nordost-Spanien. Lovis (Publ. in Vorbereitung) hat die Hybride *A. seelosii* subsp. *seelosii* x subsp. *glabrum* experimentell erzeugt; sie zeigte intermediäre Morphologie, aber ganz oder fast regelmäßige Meiose und produzierte gute Sporen. Die zwei Sippen sind offenbar nur durch die geographische Trennung bleibend geschieden und würden sich sonst vermischen.

12. Asplenium eberlei
Asplenium eberlei[1] D. E. MEYER, Ber. Deutsch. Bot. Ges. **75**: 29 (1962) [als »x *eberlei*«]; ibid. **80**, 28–32 (1967). – E b e r l e s   S t r e i f e n f a r n. – Abb. 212.

Abb. 212 ☐ *Asplenium eberlei* D. E. MEYER. Nachkomme des Typus-Stockes, cult. T. REICHSTEIN

Rhizom kurz, später rasig verzweigt. Reife B l ä t t e r 3–7 cm lang; S t i e l ca. 2,5 cm, so lang wie oder wenig länger als die Spreite, nur an der Basis braun, oben grün. S p r e i t e graugrün, 1–2,5 cm lang, 0,7–2 cm breit, auffallend großflächig, unregelmäßig handförmig bis kurz fiederteilig (ca. 4–6mal) nur eingeschnitten oder (bei kultivierten Exemplaren) unten gefiedert, im Umriß rhombisch-eiförmig. A b s c h n i t t e (bzw. Fiedern) rhombisch im Umriß, die untersten deutlich dreiteilig, bis 1 cm lang und ebenso breit, gelegentlich mit kurzem (ca. 1 mm langem) und 1–2 mm breitem Stielchen. Stiel und Blattunterseite deutlich drüsig behaart. S o r i lang, endständig bis fast zu den Spitzen der Abschnitte vordringend. Indusien gefranst. Blätter anscheinend wintergrün. – Chromosomenzahl: $2n = 144$.

---

[1] Nach GEORG EBERLE (geb. 1899), Biologe, guter Kenner der Pteridophytenflora der Alpen und Entdecker der Art, Verfasser der »Farne im Herzen Europas« (1954) und anderer sehr schön illustrierter Bücher und Aufsätze.

Allgemeine Verbreitung ☐ Bisher nur an einer einzigen Stelle in den Dolomiten (Südtirol) gefunden; der Fundort wurde, wohl aus Schutzgründen, nicht angegeben. S. auch: G. EBERLE: Eine neue Farngestalt in der Flora Europas: *Asplenium* × *eberlei* D. E. MEYER. Natur u. Museum **92**: 111–114 (1962).
☐ Karte: JALAS & SUOMINEN 1972, Karte 95.

Auf Grund der Morphologie und der Tatsache, daß es im Gebiet der mutmaßlichen Vorfahren gefunden wurde, nimmt D. E. MEYER (1967) an, daß es durch Chromosomenverdoppelung aus einer diploiden Hybride von *A. ruta-muraria* subsp. *dolomiticum* × *A. seelosii* entstanden ist. Die Art scheint sehr geringe Verbreitungskraft zu besitzen. Möglicherweise ist dies durch weitgehende Selbststerilität bedingt. REICHSTEIN konnte aus den Sporen von zwei Blättern des Typusexemplars leicht eine Anzahl von Sporophyten aufziehen, von denen einer längere Zeit kultiviert wurde. Er produzierte gut ausgebildete Sporen, die aber bei wiederholten Aussaatversuchen während dreier Jahre keine Prothallien ergaben.

13. Asplenium ruta-muraria

Asplenium ruta-muraria[1] LINNÉ Sp. pl. 1081 (1753). – Syn.: *Asplenium murorum* LAM. Fl. Franc. **1**: 28 (1778). – *A. muraria* BERNH. in SCHRAD. Journ. Bot. 1799/**1**: 311 (1799). – *Scolopendrium ruta-muraria* (L.) ROTH Tent. Fl. Germ. **3**: 52 (1799). – *Acrostichum ruta-muraria* (L.) LAM. in LAM. et POIR. Encycl. méth., Bot., Suppl. **4**: 730 (1816). – *Asplenium multicaule* C. B. PRESL Verh. Vaterländ. Mus. Prag 65 (1836). – *Amesium ruta-muraria* (L.) NEWM. Hist. Brit. Ferns ed. 2: 10 (1844). – *Tarachia ruta-muraria* (L.) C. B. PRESL Epimel. bot. 81 (1849). – M a u e r - S t r e i f e n f a r n , M a u e r r a u t e . – Holl.: muurvaren, muurruit, miltkruid, steenruit; wallon.: p'tites pires, soveveye, reuwe-dimeur, mourade, movire; dän.: murrude; engl.: wall-rue; franz.: rue de muraille, capillaire blanc, sauvevie; ital.: ruta di mure; tschech.: sleziník zední; russ.: женский волос билий (ženskij volos bilij). – Abb. 213, 214.

Wichtige Literatur ☐ BOUHARMONT, J. 1972: Origine de la polyploïde chez *Asplenium ruta-muraria* L. Bull. Jard. Bot. Nat. Belg. **42**: 375–383. – BOUHARMONT, J. 1977 a, b, s. unter *Asplenium*. – CHRIST, H. 1903: Die Varietäten und Verwandten des *Asplenium Ruta muraria* L. Hedwigia **42**: 157–177. – LOVIS, J. D.: loc. cit. sub *Asplenium*. – MEYER, D. E.: loc. cit. sub *Asplenium*. – VIDA, G. 1971: The nature of polyploidy in *Asplenium ruta-muraria* L. and *A. lepidum* C. PRESL. Caryologia **23** (4): 525–547.

Ausdauernd; R h i z o m kurz kriechend, verzweigt, am Ende mit schwarzbraunen, lineal-lanzettlichen, borstenförmig zugespitzten Spreuschuppen ohne Scheinader besetzt. B l ä t t e r überwinternd, 4–15 (3–25) cm lang, 2-(-3)fach gefiedert; B l a t t s t i e l so lang wie oder länger als die Spreite, nur am Grunde schwarz- oder dunkelbraun, sonst grün, meistens drüsig behaart, gefurcht, von einem Leitbündel mit schwarzwandigem Sklerenchymstrang und zweiteiligem Xylem durchzogen; B l a t t s p r e i t e im Umriß dreieckig bis eiförmig, selten länglich bis eiförmig-lanzettlich, 1–3 cm breit, an jungen Pflanzen rundlich-nierenförmig, anfangs zerstreut spreuschuppig und drüsig (Lupe!), später meist kahl, in den südlichen Ostalpen bis Rumänien oft merklich bis dicht mit Drüsenhaaren besetzt; F i e d e r n jederseits 4 oder 5, wechselständig oder seltener gegenständig, etwas voneinander entfernt, gestielt, einfach bis doppelt gefiedert, die obersten ungeteilt; letzte Abschnitte aus keilförmigem, stielartigem Grunde rhombisch-verkehrt-eiförmig, seltener länglich-keilförmig, 2–3 mm lang, oben meist abgerundet, gekerbt oder gezähnt, durchscheinend gesäumt. S o r i auf den Fiederchen jederseits 1–3, spitzwinklig bis fast parallel zur Mittelrippe gestellt, lineal, zuletzt die ganze Unterseite bedeckend. Indusium gefranst. Sporen dunkelbraun, eiförmig, 30–45 × 43–55 µm (KOH). Perispor einen ± welligen Rand bildend mit feinen Borsten darauf. – Chromosomenzahl: $2n = 72$ (diploid), 144 (tetraploid), 212 (hexaploid, Japan). – Sporenreife: VII.–VIII.

Vorkommen ☐ Hemikryptophyt; kalkliebende Lichtpflanze. In Felsspalten-Gesellschaften an Kalk- oder Dolomitfelsen oder sonst basenreichen oder kalzitführenden Gesteinen, an mörtelgefügten alten Mauern, in meist trockenen oder mäßig trockenen, lichtexponierten Standortslagen. Charakterart des Potentilletalia caulescentis-Verbandes. Von der Ebene bis in die Krummholzstufe in den Gebirgen.

Allgemeine Verbreitung ☐ Areal zirkumpolar-nordisch-eurasiatisch, in Europa atlantisch-submeridional. Verbreitet in ganz Europa, Nordafrika, im temperierten Asien von Klein- und Vorderasien bis Afghanistan und bis zum östlichen Himalaja und Japan, Nordamerika.
☐ Karte: JALAS & SUOMINEN 1972, Karte 96.

Arealdiagnose ☐ zonal: (merid/montan) – submerid/montan – temp – (b) · $ozean_{1-(3)}$ Eur – W–(O) As + OAm. – regional (in Europa): (medit/montan) – submedit/montan – atlant – zentraleurop – (westpont – südsarmat) – scot – zentralnorv – ural.

Verbreitung im Gebiet ☐ Allgemein verbreitet, im Tiefland zerstreut bis ziemlich selten, sonst meist häufig; vielerorts nur sekundär auf Mauern; in den Alpen bis 3050 m (Hinter Allalin ob Saastal, Wallis).

Von dieser Sammelart wurden vier Unterarten beschrieben, von

---

[1] Der Name »ruta muraria« wurde schon von BRUNFELS benützt, wegen der Ähnlichkeit der Blätter mit *Ruta*-Blättern und wegen des Vorkommens auch an Mauern (lat. murus = Mauer).

Abb. 213 □ *Asplenium ruta-muraria* L. Verschiedene Blattformen
(schwach vergr.) (nach Christ 1903)

Abb. 214 □ *Asplenium ruta-muraria* L. Schwarzwald

denen vermutlich nur zwei diesen Rang verdienen. Weltweit verbreitet ist nur:

13. I. Subsp. ruta-muraria
Syn.: *A. ruta-muraria* L. subsp. *typicum* GRINȚ. Fl. Reip. Pop. Român. **1**: 634 (1952).

Sporen groß; Exospor (40–) 42–50 (–58) µm lang, Perispor oft dunkel mit groben Leisten. – Chromosomenzahl: $2n = 144$.

Autotetraploid, vermutlich durch Chromosomenverdoppelung aus der subsp. *dolomiticum* entstanden. Zum Unterschied von den meisten anderen autopolyploiden Asplenien ist bei dieser Unterart der Mechanismus zur Ausbildung einer regelmäßigen Meiose nicht immer wirksam (G. VIDA, Caryologia **23**: 525–547, 1970). Im allgemeinen werden zwar regelmäßig 72 Chromosomenpaare und anschließend gute Sporen gebildet. Gelegentlich wurden bei der Meiose aber Unregelmäßigkeiten mit vielen Univalenten sowie auch Tri- und Polyvalenten beobachtet, was zur Bildung abortierter Sporen führt. Meistens werden in demselben oder einem anderen Blatt aber noch genügend gute Sporen produziert, um Nachkommen zu erzeugen. Das Auftreten von abortierten Sporen ist bei tetraploidem *A. ruta-muraria* gar nicht so selten und somit nicht immer ein Zeichen, daß eine Hybride vorliegt.

Variabilität der Unterart □ Diese Sippe ist äußerst formenreich und zeigt große Unterschiede im Grad der Teilung sowie in der Form der Spreite und der Fiederchen, vgl. L. LAUBENBURG in W. LORCH & K. LAUBENBURG: Die Kryptogamen des Bergischen Landes, Jahresber. Naturf. Ver. Elberfeld **9**: 38–40 (1899). – H. CHRIST: Die Varietäten und Verwandten des *Asplenium Ruta muraria* L., Hedwigia **42**: 153–177 (1903). – F. v. TAVEL: Saisondimorphismus bei *Asplenium ruta-muraria*, Mitt. Naturf. Ges. Bern **32** (1923) Sitzungsber. Bern. Bot. Ges. (1922). Sehr viele der beschriebenen Formen sind standortbedingt und gleichen sich in Kultur bei identischen Bedingungen weitgehend aus; dies gilt aber nicht für den Grad und die Art einer eventuellen Bedrüsung, die offenbar genetisch bedingt ist.

Ökologie □ Vorwiegend auf Kalk- und Dolomitfelsen und Mauern, aber gelegentlich auch auf anderen Gesteinen, im ganzen Gebiet der Art.

13. II. Subsp. dolomiticum
LOVIS et REICHSTEIN, Brit. Fern Gaz. **9** (5): 143 (1964). – Syn.: *Asplenium dolomiticum* (LOVIS et REICHSTEIN) Á. LÖVE & D. LÖVE, Preslia **46**: 125 (1974). $2n = 72$ (diploid).

Von subsp. *ruta-muraria* durch die kleineren Sporen (nicht immer sicher) zu unterscheiden, Exospor (30–) 34–40 (–50) µm lang.

Verbreitung im Gebiet □ Südfrankreich (Gorge du Verdon, Cluses du Riolan, Gorge du Loup); Deutschland: vermutlich in den Bayerischen Alpen; in der Schweiz und in Österreich noch nicht gefunden; Norditalien: Bergamasker Alpen und besonders in den Trientiner Dolomiten häufig, teilweise stark drüsenhaarig; Jugoslawien: Vrbas-Schlucht, nördl. Jaice.

Ökologie □ Vorwiegend auf Kalk- und Dolomitfelsen, gelegentlich auf Mauern.

Die zwei folgenden Sippen bedürfen weiterer Untersuchung.

13. III. Subsp. grammitioides
GRINȚESCU Fl. Reip. Pop. Român. **1**: 634 (1952) wurde nur in SW-Rumänien (bei Herkulesbad im Banat) gefunden.

13. IV. Subsp. ponticum
GRINȚESCU Fl. Reip. Pop. Român. **1**: 635 (1952) wurde aus den Ostkarpaten beschrieben und zu *A. haussknechtii* GODET et REUTER gestellt.

Intraspezifische Hybride

A. ruta-muraria subsp. *dolomiticum* x subsp. *ruta-muraria* = *Asplenium* x *baldense* SLEEP, VIDA et REICHSTEIN Botanica Helvetica **91**: 116 (1981) □ Bildet sich leicht, wurde auch experimentell mehrfach erzeugt von J. D. LOVIS (unpubl.), G. VIDA, Caryologia **23**: 525–547 (1970), und J. BOUHARMONT (1972, 1977). Sie findet sich fast stets an Stellen, an denen die Eltern zusammen wachsen. Triploid ($2n = 108$) mit vielen Trivalenten bei der Meiose. Kenntlich an den völlig abortierten Sporen. Typus (in G) beschrieben von Norditalien: Mt. Baldo, Ostflanke neben Fahrweg von S. Zeno zur Costabella, 1400–1800 m, mehrfach. Im Gebiet: Bayerische Alpen, Pötsch-Alm bei Reit im Winkel, von dort beschrieben als vermeintliche Hybride von *A. ruta-muraria* x *viride*, zu einer Zeit, als die diploide subsp. *dolomiticum* noch nicht bekannt war, vgl. D. E. MEYER, Ber. Deutsch. Bot. Ges. **71** (1): 11–20 (1958), Syn. *A.* x *meyeri* ROTHM., Exkurs. Fl. 4 Krit. Bd.: 5 (1963), nom. nud. Ost-Tirol: bei Mittewald a. d. Drau (gefunden von MELZER, RASBACH, RASBACH, REICHSTEIN 1981).

Tafel 8 □ Erklärung der Figuren

Fig. 1   □ *Ophioglossum vulgatum* L.
Fig. 2   □ *Botrychium lunaria* (L.) SWARTZ
Fig. 2a □ Schnitt durch ein Sporangium
Fig. 3   □ *Botrychium matricariifolium* A. BR.
Fig. 4   □ *Salvinia natans* (L.) ALL.
Fig. 4a □ Einzelner Blattquirl mit Luftblättern, Wasserblatt und Sporokarpen
Fig. 4b □ Längsschnitt durch Sporokarpe mit Mikrosporangien
Fig. 4c □ Querschnitt durch junges Sporokarp mit Megasporangien
Fig. 4d □ Längsschnitt durch Megasporangium mit Megaspore
Fig. 4e □ Längsschnitt durch Mikrosporangium mit Mikrosporen
Fig. 4f □ Mikrosporangium von außen
Fig. 5   □ *Marsilea quadrifolia* L. Fertile Pflanze
Fig. 5a □ Sporokarp von der Seite
Fig. 5b □ Sporokarp schräg von unten, mit Stielansatz
Fig. 5c □ Sporokarp im Querschnitt
Fig. 5d □ Aufgesprungenes Sporokarp mit der herausgequollenen Gallertmasse, die die Sori trägt
Fig. 5e □ Sorus mit Mikro- und Megasporangien
Fig. 5f □ Megasporangium mit Megaspore
Fig. 5g □ Mikrosporangium mit Mikrosporen
Fig. 6   □ *Pilularia globulifera* L. Fertile Pflanze
Fig. 6a □ Sporokarp im Längsschnitt, oben mit Mikro-, unten mit Megasporangien
Fig. 6b □ Oberer Teil eines Sporokarps im Querschnitt
Fig. 6c □ Unterer Teil eines Sporokarps im Querschnitt
Fig. 6d □ Mikrosporangium mit Mikrosporen
Fig. 6e □ Megasporangium mit Megaspore
Fig. 7   □ *Isoëtes lacustris* L.
Fig. 7a □ Sporophyllbasis von innen mit »Grube« und Ligula
Fig. 7b □ Dasselbe von außen
Fig. 7c □ Dasselbe im Längsschnitt mit Ligula, Sporangium und sterilen Strängen (trabeculae)

14. Asplenium lepidum

Asplenium lepidum[1] C. B. PRESL Verh. Vaterl. Mus. Prag (1836): 65. – Syn.: *A. brachyphyllum* GASPARRINI Rendic. Real. Napoli **3**: 108 (1845). – *Athyrium cuneatum* HEUFLER var. *lepidum* (C. B. PRESL) HEUFLER Verh. Zool.-bot. Ges. Wien **6**: 346 (1856). – *Asplenium fissum* KIT. var. *lepidum* (C. B. PRESL) MOORE Ind. Filic.: 150 (1859). – *A. ruta-muraria* L. subsp. *lepidum* (C. B. PRESL) MALY Verh. Zool.-Bot. Ges. Wien **54**: 171 (1904). – *A. fissum* KIT. var. *latifolium* RABENH. Deutsch. Kryptog. Fl. ed. 1, **2**: 318 (1848). – D r ü s i g e r   S t r e i f e n f a r n. – Abb. 215, 216.

Wichtige Literatur □ BROWNSEY, P. J. 1976: The origin of *Asplenium creticum* and *A. haussknechtii*. New Phytol. **76**: 523–542. – BROWNSEY, P. J. 1976: A biosystematic investigation of the *Asplenium lepidum* complex. Bot. J. Linn. Soc. **72** (4): 236–267. – NARDI, E. 1979: Commentaria pteridologica III. Webbia **33** (2): 435–447. – REICHSTEIN, T. & E. HAUSER 1962: Ein neuer Standort von *Asplenium lepidum* PRESL in Norditalien. Bauhinia **2**: 92–94; frühere Lit. daselbst. – VIDA, G. 1970: The nature of polyploidy in *Asplenium ruta-muraria* L. and *A. lepidum* PRESL. Caryologia **23**: 525–547.

Ausdauernd; R h i z o m kurz kriechend, dicht verzweigt, an der Spitze mit schwärzlichen, lineal-lanzettlichen, zugespitzten Spreuschuppen dicht oder spärlich besetzt; B l ä t t e r denen von *A. ruta-muraria* ähnlich, dicht gebüschelt, 4–9 (–13) cm lang, zart, aber überwinternd, in allen Teilen mit einzelligen, drüsigen Haaren besetzt, licht-grün; B l a t t s t i e l schlaff, nur 0,5 mm dick, drahtartig, so lang wie oder länger als die Spreite, nur am Grunde hellbraun, halbstielrund, auf der Oberseite gefurcht; Leitbündel im Querschnitt oberseits gefurcht, unten mit zwei Xylemkörpern, diese oben zu einem 3–4schenkeligen Xylemkörper vereinigt. B l a t t s p r e i t e im Umriß dreieckig bis breit-eiförmig, 2-(–3)fach gefiedert, sehr dünn krautig, durchscheinend; F i e d e r n jederseits 3–5, etwas entfernt, meist wechselständig, die unteren langgestielt, eiförmig, einfach bis doppelt gefiedert, die oberen kürzer gestielt, einfach gefiedert; Fiederchen und letzte Abschnitte mit keiligem Grund breit fächerförmig, oben abgerundet, halbkreisförmig, dreispaltig, gekerbt. S o r i grundständig, länglich-lineal, je 2–6 auf den Abschnitten, von der Mittelrippe spitzwinkelig abstehend, auch in reifem Zustand den vorderen Teil der Abschnitte nicht bedeckend. Sporen hellbraun, im optischen Schnitt dicht fein gekörnt erscheinend, Exospor (32–) 36–40(–46) μm lang. – Chromosomenzahl: $2n = 144$. Allotetraploid, nach P. J. BROWNSEY entstanden durch Chromosomenverdoppelung aus der diploiden Hybride von *A. aegaeum* REICHSTEIN, LOVIS, GREUTER & ZAFFRAN Ann. Mus. Goulandris **1**: 133 (1973) mit *A. ruta-muraria* subsp. *dolomiticum*. – Sporenreife VII.–IX.; die Sporen werden bei der Reife meist nicht aus dem Sporangium geschleudert.

Vorkommen □ Hemikryptophyt; kalkliebende Schattenpflanze. An Kalk- und Dolomitfelsen der Ebene und der montanen Region, besonders in teilweise beschatteten Felsspalten und am Eingang von Höhlen.

---

[1] lepidus (lat.) = zierlich. – Die Art wurde aus »Böhmen« beschrieben, was aber auf Verwechslung der Lokalität mit Exemplaren aus Sizilien beruht (C. B. PRESL, tschechischer Autor der Flora Sicula, botanisierte auch auf dieser Insel).

Tafel 8

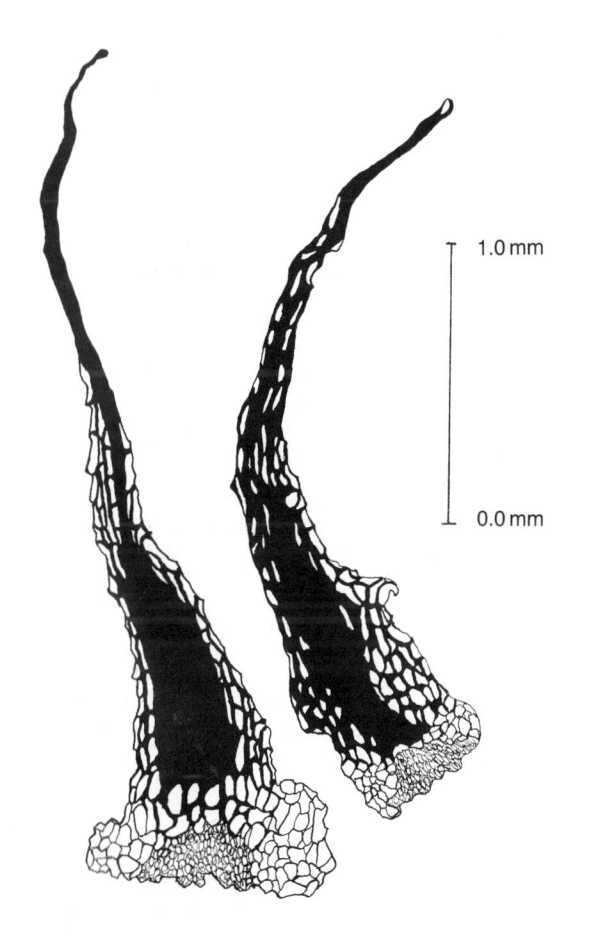

Abb. 217 □ *Asplenium fissum* Kit. ex Willd. Rhizomschuppe (Original R. Passow)

Abb. 218 □ *Asplenium fissum* Kit. ex Willd. Bei Ruhpolding, Oberbayern

pitzten, mit schwarzer Scheinader versehenen, gegitterten Spreuschuppen; Blätter 5–22(–32) cm ang, überwinternd, starr, zerbrechlich, zuletzt kahl; Blattstiel so lang oder bis zweimal so lang wie die preite, am Grunde glänzend kastanien- oder rotraun, später fast schwarz, sonst grün, oberseits gefurcht; Leitbündel unten mit 2 Xylemkörpern, die ch oben zu einem einzigen vierschenkeligen Körper ereinigen. Blattspreite dünn krautig, nicht urchscheinend, im Umriß eiförmig-länglich bis länglich-lanzettlich, abnehmend dreifach (bis vierfach) efiedert; Fiedern jederseits 5–12, wechselständig, gestielt, im Umriß eiförmig, stumpf, die unteren twas entfernt, mit jederseits 3–6 doppelt-gefiederten, im Umriß eiförmigen bis fächerförmigen Fiederhen; die letzten Abschnitte aus keilförmigem Grund 2–3 oft fächerförmige bis breit-lineale, 2–3-kerbige ipfel gespalten. Sori je 1–3, grundständig, länglich-lineal, zuletzt nebst dem zurückgeschlagenen, nfangs ganzrandigen, später gekerbten Indusium eit über den Rand hervorragend. Sporen klein, Exospor (24–)30–36(–38) µm lang. – Chromosomenzahl $2n = 72$. – Sporenreife VII.–IX.

Vorkommen □ Hemikryptophyt. Kalkliebender Chasmophyt. In Felsspalten- und Steinschuttgesellschaften auf frischen, kalk- oder dolomithaltigen Unterlagen. In Gesellschaften des Petasition paradoxi, z. B. mit *Gymnocarpium robertianum*, auch im Cystopteridion, in der montanen bis alpinen Zone zwischen 800 und 1400 m, selten bis 2400 m aufsteigend. Das Rhizom durchdringt den Schutt in jener Tiefe, in der sich ein wenig Feinmaterial gesammelt hat; es verzweigt sich reich.

Allgemeine Verbreitung □ Süd- und Nordostalpen, Apennin, Illyrische Bergländer, Albanien, Mazedonien. Die Angaben aus dem Banat und Siebenbürgen sind unrichtig; vgl. H. Marzell: Ein seltener Farn der Alpen, *Asplenium fissum;* Jahrb. Ver. z. Schutze d. Alpenpflanzen u. -tiere **6:** 26–28 (1934).

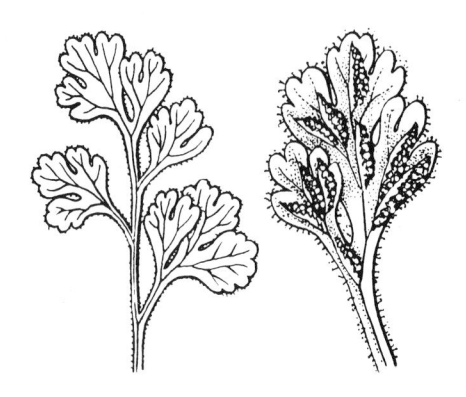

Abb. 215 □ *Asplenium lepidum* C. B. PRESL □ *Links* Einzelfieder (etwa × 2) □ *Rechts* fertiles Fiederchen von unten (etwa × 5)

Allgemeine Verbreitung □ Frankreich (Dépt. Isère, Drôme); auf Sizilien und Kreta, im südlichen und mittleren Apennin sowie im Umkreis des pannonischen Beckens, in den östlichen Alpen, den illyrischen Bergländern, im Balkan und im Bihargebirge;

Abb. 216 □ *Asplenium lepidum* C. B. PRESL. Bei Mixnitz, Steiermark

vgl. H. MELZER Verh. Zool.-Bot. Ges. 103–104: 182 (1964) sowie JALAS & SUOMINEN 97, für Italien Punktkarte bei NARDI (1979): Fig. 1.

Arealdiagnose □ zonal: (merid/montan) – submerid/m ozean$_{2-(3)}$ Eur. - regional: sicil + westcret + appen – ostnorisch – illyr – balc – bihar/sämtl. montan.

Verbreitung im Gebiet □ In den Ostalpen in Österreich den Kalk-Voralpen Niederösterreichs bei Oed im Piesting Dürnbach, an der Hohen Wand und bei Emmerberg, west Wiener Neustadt sowie im Talgebiet der Schwarza bei Ti am Falkenstein, im Gr. Höllental, in der Eng und an der G ten sowie im Semmering-Gebiet im Adlitzgraben und Falkensteinwand; in der Steiermark am Süd-Abfall de schwab-Gruppe im Bereich Pribitz-Messnerin; im Oberen graben nordwestlich von Leoben; im Grazer Bergland be des Murdurchbruchs (von der Ranerwand und Bärenschü bei Mixnitz bis Rötelstein, um Frohnleiten und Peggau bis der Hohen Rannach und an der Kanzel bei Graz) sow Raabklamm südöstlich von Arzberg (Punktkarte: H. Atlas der Steiermark **2**: 21, 1967); nicht am Dobratsch in Sonst sehr zerstreut in den Südalpen in Norditalien, in (Val di Non bei Tuenno, 950 m); Trient (Buco di Rovereto); Julische Alpen (Pontebba). Slowenien: südli stenland (Sv. Gabrijel bei Gorica, Osp, Crni kal.). Deutschland und in der Schweiz.

Variabilität der Art □ Die Art variiert in ihrer Form Besonders auffallend ist die var. *fissoides* RITTER et SCH (in REICHSTEIN et al. Ann. Mus. Goulandris **1**: 138, 1973) geschlitzten Abschnitten, leicht mit *A. aegaeum* zu ver □ Vom Ostteil der Insel Kreta durch die Türkei, den (Abchasia) bis Afghanistan wird *A. lepidum* durch ein nahe verwandte, vikariierende Art vertreten, *A. ha* GODET & REUTER in MILDE [*A. hermannii-christii* F *lepidum* subsp. *haussknechtii* (GODET & REUTER) BROW J. Linn. Soc. **72** (4): 261 (1976)]. Es unterscheidet s *lepidum* vor allem durch die fehlenden Drüsenhaare.

15. Asplenium fissum

Asplenium fissum[1] KITAIBEL ex WILLDENOW 348 (1810). – Syn.: *Aspidium cuneatum* Kryptog. Gew. **1**: 198 (1808), non LAM. *Asplenium tenuifolium* GUSSONE Pl. Rar.: (1826), non DON (1825). – *A. angustifolium* TENORE (1826), non JACQ. (1786) nec MICHX – *Asplenium trettenerianum* JAN Flora (R **18**: 32 (1835). – *Athyrium cuneatum* HEUFL Zool.-Bot. Ges. Wien **6**: 346 (1856). schlitzter Streifenfarn. – Abb. 217,

Ausdauernd, 10–25 cm hoch; R h i z o m v kurz kriechend, aufsteigend, oberwärts mit braunen bis schwärzlichen, lanzettlichen bis gen, unregelmäßig gezähnten, borstenförm

---
[1] fissus (lat.) = zerschlitzt, gespalten.

☐ **Karten:** MEUSEL, JÄGER, WEINERT 1965, S. 14; JALAS & SUOMINEN 1972, Karte 98.

Arealdiagnose ☐ zonal: submerid/montan-(temperat/montan) · ozean$_2$Eur. – regional: appen-carn-nordnorisch-illyr-alban-maced/sämtl. montan.

Verbreitung im Gebiet ☐ Deutschland (Bayern) nur in den Chiemgauer Voralpen am Hochkienberg und am Rauschberg südwestlich und südöstlich von Ruhpolding. – In der Schweiz (1966) in Graubünden (Unterengadin: in der Val Plavna, 1750 m) einmal ein Stock gefunden, seither nie mehr. – In Österreich in den nordöstlichen Kalkalpen Ober- und Niederösterreichs und der Steiermark: am Traunstein bei Gmunden, an den Abhängen des Toten Gebirges zerstreut von Alt-Aussee bis Hinterstoder, bei Windischgarsten, am Grimmig, in den Ennstaler Alpen und der Umgebung von Eisenerz bis zur Eisenerzer Höhe sowie bei Wildalpen und Weichselboden im Salza-Tal, ferner nordöstlich von Altenmarkt bei St. Gallen und bei Hollenstein a. d. Ybbs, am Dürrenstein und Ötscher bei Lunz. In den südlichen Kalkalpen in Österreich, in Kärnten am Loibl und vielleicht auch anderwärts. – Slowenien: Julische Alpen (Konsjka Škrbina am Morež, Lipnica-Špik oberhalb des Krnica-Tales, Planina na Kraju-Bogatinska vratca, Planina Jezerca-Lazovški preval, Crno jezero oberhalb der Komarča, Konjska dolina oberhalb Ukanc, Studor bei Stara Fužina, Jama und Sv. Janez bei Bohinsjko jezero, Lepence, Nomenj, Črna prst); Karawanken (Ljublej-Loibl); Kamniške Alpe = Steiner und Sanntaler Alpen (Storžič, Okreselj unter der Mrzla gora, Kokrško sedlo); Norditalien: Borgo di Valsugana östl. Trento sowie in den venezianischen Alpen.

Unterscheidungsmerkmale ☐ Diese seltene Art erinnert in der Tracht an *Cystopteris regia*, von welcher sie sich durch die keilförmigen, 2–3-spaltigen Abschnitte sowie die gegitterten Rhizomschuppen unterscheidet; sehr auffällig ist auch das weite Hervorragen der Sori über den Blattrand und auch der Zickzackwuchs der Blattrhachis.

Interspezifische Hybriden in der Gattung Asplenium

Erläuterung zu den Figuren: Aus Kostengründen mußte auf Strichzeichnungen verzichtet werden. Die meisten Hybriden sind durch eine Silhouette abgebildet; sie gibt den Umriß sehr genau wieder, doch sind Form und Größe der Sori nicht sichtbar. Um die oft wichtige Dunkelfärbung von Stiel oder Rhachis anzudeuten, wird die Grenze zwischen brauner und grüner Färbung durch Pfeile angedeutet. Ausgezogener Pfeil für Oberseite, gestrichelter für Unterseite, auf der die Braunfärbung fast stets etwas höher hinauf reicht.

Wichtige Literatur ☐ ALSTON, A. H. G. 1940: Notes on the supposed hybrids in the genus *Asplenium* found in Britain. Proc. Linn. Soc. London **152**: 132–144. – EBERLE, G. 1959: Streifenfarne in den Alpen und die Aufklärung der Entstehung ihrer bemerkenswertesten Mischlinge. Jahrb. Ver. z. Schutze Alpenfl.- u. -tiere **24**: 25–34 (frühere Lit. daselbst). – HYDE, H. A., A. E. WADE & S. G. HARRISON 1978: Welsh ferns etc. ed. 6 (Cardiff). – KNOBLOCH, I. W.: Pteridophyte hybrids. Publ. Mus. Michigan State Univ. Biol. Ser. **5 (4)**: 273–352 (1976) and Addendum et Corrig. (10 p. phostat. 1977). – LOVIS, J. D. 1963: Fern hybrids and fern hybridization at the University of Leeds. Brit. Fern Gaz. **10**: 13–20. – LOVIS, J. D. 1975: In: STACE, D. A. (ed.): Hybridization and the flora of the British Isles (London). – LOVIS, J. D. 1977: Evolutionary patterns and processes in ferns. Adv. Bot. Res. **4**: 229–415. – MANTON, I. 1950: (loc. cit.). – MEYER, D. E. 1952: Untersuchungen über Bastardierung in der Gattung *Asplenium*. Bibl. Bot. **123**: 1–34. – MEYER, D. E. 1960a: Hybrids in the genus *Asplenium* found in Northwestern and Central Europe. Amer. Fern J. **50**: 138–145. – MEYER, D. E. 1960b: Über Typus-Exemplare von *Asplenium*-Bastarden Mitteleuropas. Willdenowia **2**: 514–531 (erschienen 1961). – NIESCHALK, A. & CH. NIESCHALK 1961: *Asplenium*-Bastarde in Nordhessen. Hess. Florist. Briefe **10 (1)**: 9–12. – REICHSTEIN, T. 1981: Hybrids in European Aspleniaceae. Botan. Helv. **91**: 89–139. – SLEEP, A. 1966: Some cytotaxonomic problems in the fern genera *Asplenium* and *Polystichum*. Ph. D. Thesis Univ. of Leeds. – SLEEP, A. 1983: On the genus *Asplenium* in the Iberian Peninsula, Acta Bot. Malacitana **8**: 11–46.

In der Gattung *Asplenium* ist eine große Zahl interspezifischer Hybriden bekannt, von denen viele zwar selten, die meisten aber recht gut untersucht sind. Die Hybriden haben immer wieder das Interesse der Pteridologen geweckt, und man kann sagen, daß ein Experte die reinen Arten erst dann richtig kennt, wenn er auch die Hybriden zu erkennen vermag. Bei den meisten *Asplenium*-Hybriden wurde ihre Abstammung von sachkundigen Farnkennern schon bald aufgrund ihrer oft auffälligen Morphologie und aufgrund genauer Beobachtung der in der Umgebung wachsenden Arten richtig erkannt. Gelegentlich blieb eine zunächst falsche Deutung viele Jahrzehnte lang bestehen. In einzelnen Fällen ergab sich die heute als richtig befundene Deutung erst nach Untersuchung der Chromosomenzahl und der Paarungsverhältnisse der Chromosomen bei der Meiose. Die cytologische Untersuchung der natürlichen und experimentell erzeugten Hybriden ist eine mühsame Arbeit und eine genaue Analyse oft nur sehr erfahrenen Spezialisten möglich; sie hat aber wertvolle Aufschlüsse über eventuelle Verwandtschaft der Elternarten und über die vermutliche Entstehung allopolyploider Arten geliefert. In Abb. 219 werden die 136 möglichen Kombinationen aus 17 Taxa gegeben, wobei wir von den verschiedenen Sippen des *A. trichomanes* nur die diploide subsp. *trichomanes* und die tetraploide subsp. *quadrivalens* berücksichtigen. Von diesen 136 theoretisch möglichen Hybriden wurden in der Natur bisher 38 aufgefunden. Zwei davon, in Abb. 219 mit ⊕ bezeichnet, sind intraspezifische Kombinationen und wurden schon besprochen. Die 36 verbleibenden werden im folgenden kurz beschrieben. Die meisten davon, nämlich 29, in Abb. 219 mit ⊗ bezeichnet, sind cytologisch untersucht. Die 7 restlichen sind nicht so gesichert; von diesen wurden 5 mit ∅ bezeichnet und die zwei sehr fraglichen mit ⊙ versehen.

Bei der Benennung geben wir zuerst das Binomen (soweit ein solches existiert) und daneben die Formel, also z. B. *A.* x *alternifolium* WULFEN = *A. septentrionale* x *trichomanes* subsp. *trichomanes*. Das Binomen stellt nämlich die einzig sichere Benennung dar, die beim Typus bleibt, auch wenn die Deutung, die in der Formel dargestellt wird, sich als falsch erweisen sollte, was früher häufig der Fall war, aber auch heute noch leicht möglich ist. Ferner geben wir die Genomformel, die folgendermaßen abgeleitet wird. Für die Genome (Chromosomensätze) der im Gebiet wachsenden diploiden und autotetraploiden Sippen werden die folgenden Abkürzungen benützt: *A. trichomanes* ssp. *trichomanes* (TT); *A. trichomanes* subsp. *quadrivalens* (TTTT); *A. viride* (VV); *A. fontanum* (FoFo); *A. billotii* (BBBB); *A. cuneifolium* (CC); *A. onopteris* (OnOn); *A. septentrionale* (SpSpSpSp); *A. seelosii* (SeSe); *A. ruta-muraria* subsp. *dolomiticum* (RR); *A. ruta-muraria* subsp. *ruta-muraria* (RRRR); *A. fissum* (FiFi). Bei den verbleibenden allotetraploiden Arten geben wir die von den Vorfahren stammenden Genome. Für *A. adiantum-nigrum*, entstanden aus $2\times(C+On)$, somit (CCOnOn); *A. adulterinum*, entstanden aus $2\times(T+V)$ somit (TTVV); *A. foreziense* (FoFoObOb), entstanden aus $2\times(Fo+Ob)$, wobei Ob = *A. obovatum* nicht im Gebiet vorkommt; ferner *A. eberlei* (RRSeSe); *A. lepidum* (AgAgRR), wobei (AgAg) für das diploide *A. aegaeum* (nicht im Gebiet) steht. Das Verhalten der Hybriden bei der Meiose zeigt oft, ob die in der Formel ausgedrückte Zuordnung richtig war. Die genaue Analyse der Meiose ist allerdings oft schwierig.

1. I. × 2. Asplenium x trichomaniforme WOYNAR, Mitt. Naturw. Ver. Steiermark **49**: 153 (1913) = *A. adulterinum* x *trichomanes* subsp. *trichomanes* (Abb. 220). Syn.: *A.* x *samuelssoni* LID, Norsk Flora: **8** (1944) Oslo, vgl. MEYER 1960 b.

Aussehen wie *A. trichomanes* (insbesondere wie die subsp. *trichomanes*), aber mit kurzer grüner Spitze (Blattspindel an der Spitze ca. 3–6 mm grün), Sporen abortiert, triploid 2n = 108, mit ca. 36 Paaren und ca. 36 Einzelchromosomen bei der Meiose [LOVIS, MELZER & REICHSTEIN Botanica Helvetica **91**: 122 (1981)]. Dies ist gut erklärlich mit der Genomformel (TTV), wobei TV dem Gameten von *A. adulterinum* entspricht und T einem solchen von *A. trichomanes*. Die ca. 36 Paare würden somit den zwei TT entsprechen und die ca. 36 Einzelchromosomen dem V. Zwischen den Eltern, also praktisch stets auf Serpentinit an ± schattigen Felsen oder Mauern. Die Hybride ist auch experimentell erzeugt worden (J. D. LOVIS. Proc. Bot. Soc. Brit. Isles **1**: 389–390, 1955). Ein sorgfältiger Vergleich des Typusexemplars (in Graz, GJO, vgl. Abb. bei D. E. MEYER 1960 b, 521) durch LOVIS mit beiden experimentell erzeugten Hybriden zeigte, daß der Typus tatsächlich die

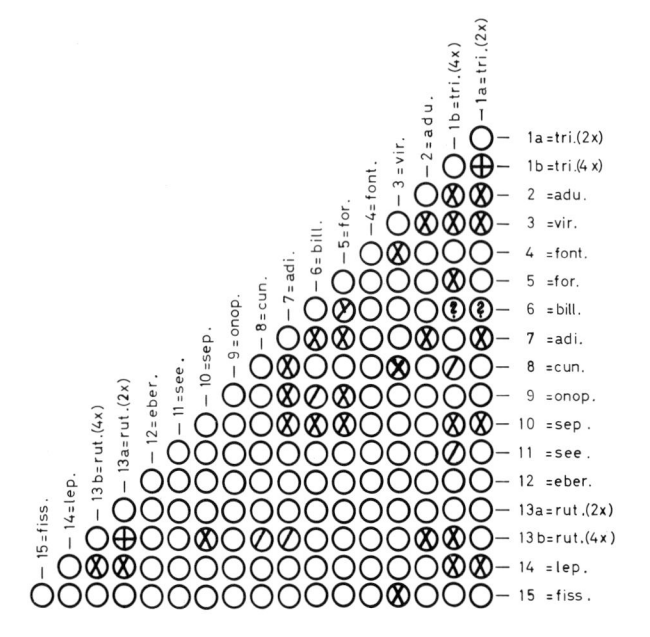

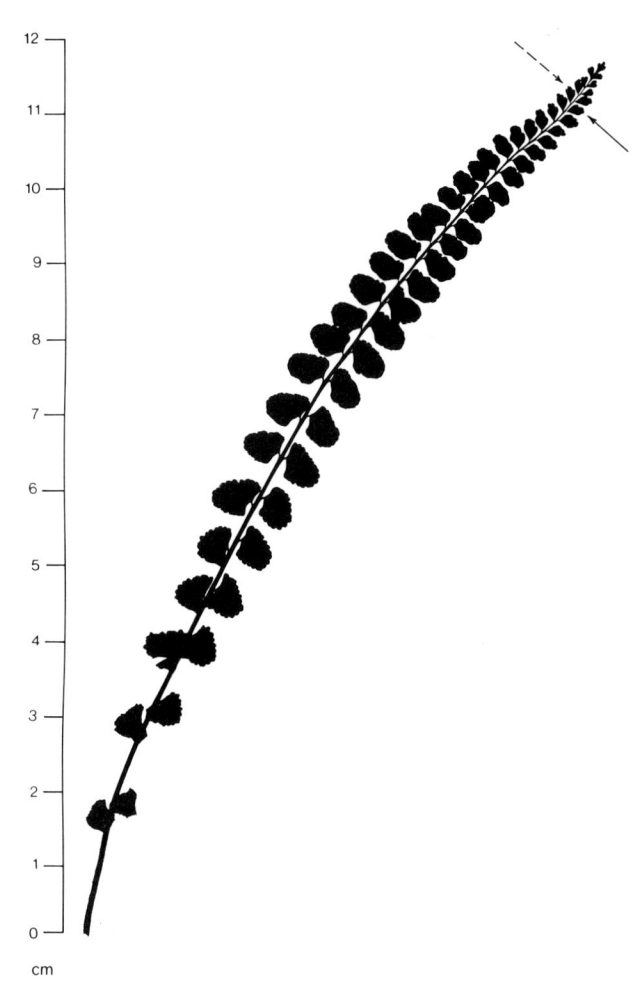

Abb. 220 □ *Asplenium* × *trichomaniforme* WOYNAR (= *A. adulterinum* × *A. trichomanes* subsp. *trichomanes*). Silhouette eines Blattes. Kienberg bei Bernstein, Burgenland, dann cult. (Original REICHSTEIN)

Die $\frac{17 \cdot (17-1)}{2}$ = 136 möglichen Kreuzungen aus 17 Taxa (das *A. trichomanes* subsp. *inexpectans* ist nicht berücksichtigt) im Dreieckschema nach D. E. MEYER (1960). In der Natur aufgefunden:

⊕ = intraspezifische Hybride, cytologisch gesichert;
⊗ = interspezifische Hybride, cytologisch gesichert;
⊘ = interspezifische Hybride, aber cytologisch nicht gesichert;
⦵ = Existenz sehr fraglich;
○ = in der Natur nicht beobachtet.

Abb. 219 □ *Asplenium*. Hybridisierungsschema; Erklärung s. Text (Original REICHSTEIN)

triploide Hybride (nicht die viel häufigere tetraploide, siehe unten) darstellt. Ohne cytologische Kontrolle ist aber die Entscheidung immer schwierig. Genaue Beobachtung der in unmittelbarer Nähe wachsenden Sippe von *A. trichomanes* ist wichtig. Sehr selten, nur an Stellen, an denen *A. adulterinum* und *A. trichomanes* subsp. *trichomanes* zusammen wachsen. Zwei sichere Exemplare (cytologisch kontrolliert von J. D. LOVIS) fand MELZER am Kienberg bei Bernstein (Burgenland) 1965, obwohl *A. adulterinum* dort selten ist. Zwei weitere in Norditalien (TR-2361 und 2362): Valle Cannobina ca. 830 m, Mauer neben Straße ca. 1,2 km östl. Finero, auf serpentinhaltigem Mischgestein, zwischen den Eltern, gefunden von H. u. K. RASBACH & T. REICHSTEIN (1968).

1. II. × 2. Asplenium x praetermissum LOVIS, MELZER & REICHST. Botanica Helvetica **91**: 114 (1981) = *A. adulterinum* x

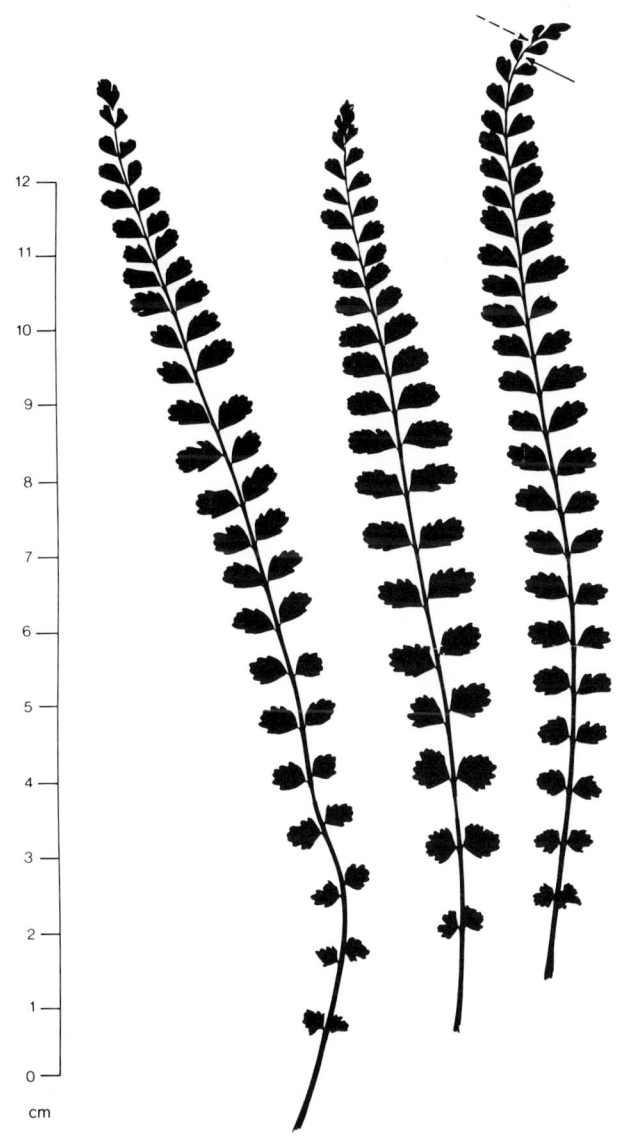

Abb. 221 □ *Asplenium* × *praetermissum* Lovis, Melzer & Reichst. (= *A. adulterinum* × *A. trichomanes* subsp. *quadrivalens*). Silhouetten von Blättern. Serpentinitfels bei Trafös, Steiermark, dann cult. (Original Reichstein)

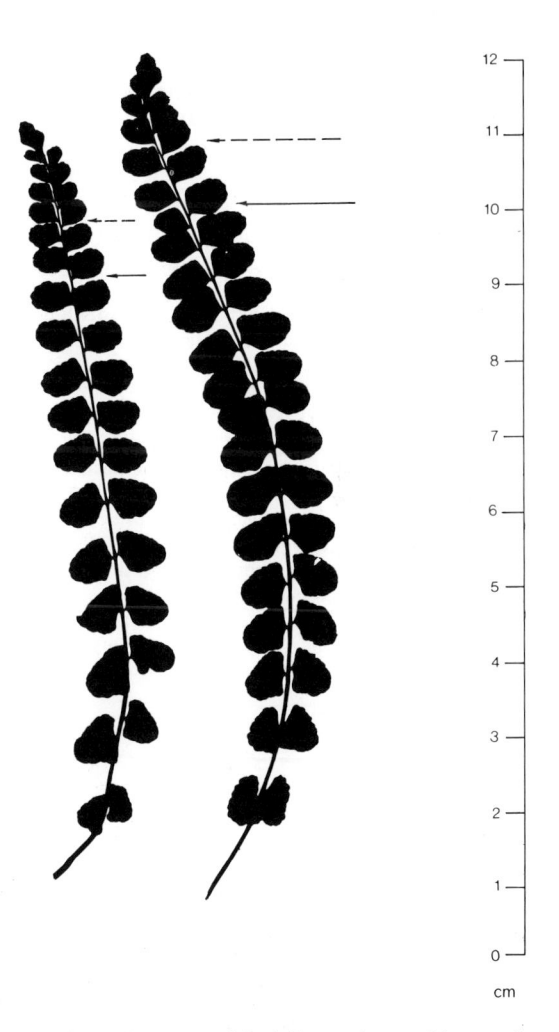

Abb. 222 □ *Asplenium* × *adulteriniforme* Lovis, Melzer & Reichst. (= *A. trichomanes* subsp. *inexpectans* × *A. viride*). Silhouetten von Blättern. Vom Typus-Exemplar bei Gutenstein, Niederösterreich, dann cult. (Original Reichstein)

trichomanes subsp. *quadrivalens* (Abb. 221), die relativ häufige tetraploide Hybride.

Aussehen wie *A. trichomanes* subsp. *quadrivalens*, aber mit kurzer grüner Spitze (Blattspindel an der Spitze auch in reifem Zustand 2–5 mm grün), Sporen abortiert; tetraploid, 2n = 144, mit ca. 34–36 Paaren und ca. 72–76 Einzelchromosomen bei der Meiose, was mit der Genomformel (TTTV) verträglich ist, wenn man annimmt, daß zwei TT die Paare liefern und je ein T und ein V die Einzelchromosomen. Relativ häufig zwischen den Eltern, also praktisch stets auf Serpentinit, auf schattigen, gelegentlich auf stark sonnigen Felsen und Mauern. Auch diese Hybride ist experimentell erzeugt worden (Lovis 1955). In Österreich und Norditalien in den Serpentinit-Gebieten, in denen *A. adulterinum* wächst, mehrmals, vermutlich auch an anderen Stellen.

1. l. × 3. Asplenium x protoadulterinum Lovis & Reichstein, Naturwiss. **55 (3):** 117–120 (1968), vgl. iidem: Bauhinia (Basel) **4 (1):** 53–63 (1968) = *A. trichomanes* subsp. *trichomanes* x *viride*. Syn.: *A* x *mendelianum* D. E. Meyer, Ber. Deutsch. Bot. Ges. **81:** 92–106 (1968).

Aussehen wie *A. adulterinum*, aber Sporen größtenteils abortiert; Chromosomenzahl 2n = 72, mit ausschließlich oder fast nur Einzelchromosomen bei der Meiose. Genomformel (TV). Sehr seltene Hybride, in der Natur bisher nur in zwei Exemplaren, jeweils zwischen den Eltern, gefunden: ein Stück in der Schweiz auf rotem Verrucano bei etwa 980 m ob Quarten (Walensee), ein weiteres in Österreich in den Zillertaler Alpen auf Gneis bei 1300 m. Die Hybride ist von J. D. Lovis auch experimentell erzeugt worden, Nature (London) **217** (5134): 1163–1165 (1968). Sowohl die natürliche wie die experimentell erzeugte Hybride produziert in ihren Sporangien neben vorwiegend abortiertem Material auch eine merkliche Anzahl gut geformter Diplosporen. Aussaat von solchem Material gab stets eine große Anzahl von Prothallien, und daraus entstanden tetraploide fertile Sporophyten, die von natürlichem *A. adulterinum* nicht zu unterscheiden waren.

1. III. × 3. Asplenium x adulteriniforme LOVIS, MELZER & REICHSTEIN, Bauhinia (Basel) **2 (3):** 233, Abb. 315–321 (1965) sowie LOVIS & REICHSTEIN daselbst **4** (1): 53–63 (1968) = *A. trichomanes* subsp. *inexpectans* × *A. viride* (T'V) (Abb. 193 b, 222).

Aussehen wie *A. protoadulterinum*, also auch wie *A. adulterinum*, aber Wuchs schlaffer, Blätter oft niederliegend, unregelmäßig gewellt, Fiedern teilweise überlappend, Rand wenig oder gar nicht gekerbt, vereinzelte Fiedern unregelmäßig eingeschnitten, Endfieder 4–7 mm breit, oft dreilappig; oberster Lappen meist stumpf, 2,5–4 mm breit (bei *A.* x *protoadulterinum* Endfieder 1–5 mm breit, meit 3–5-lappig, oberster Lappen oft spitz, 1–2 mm breit). Sporen größtenteils abortiert; Chromosomenzahl 2n = 72, mit ausschließlich oder fast nur Einzelchromosomen. Bisher nur in Österreich in ca. 20 Exemplaren auf schattigen Kalkfelsen zwischen den Eltern gefunden, alle von H. MELZER, Mitt. Naturwiss. Ver. Steiermark **96:** 82–96 (1966). Die Hybride ist von J. D. LOVIS auch experimentell erzeugt worden (LOVIS & REICHSTEIN 1968). Ihre Sporangien erzeugen neben viel abortiertem Material auch eine merkliche Anzahl guter Diplosporen. Aussaat von solchem Material gab ebenfalls fertile tetraploide Pflanzen, die der diploiden Hybride weitgehend glichen; in der Natur wurden solche erst kürzlich beobachtet (MOKRY et al., Publ. in Vorber.).

1. II. × 3. Asplenium x bavaricum D. E. MEYER, Ber. Deutsch. Bot. Ges. **76:** 16 (1958) = *A. trichomanes* subsp. *quadrivalens* x *viride* (Abb. 223).

Aussehen wie *A. trichomanes*, aber mit kurzer grüner Spitze (Spindel oben 2–10 mm weit grün). MEYER fand, daß dies nur für den Jugendzustand gilt. Dies mag für eine von ihm beobachtete Pflanze zutreffen, die dann von *A.* x *lusaticum* D. E. MEYER (siehe S. 218) kaum zu unterscheiden wäre, vgl. aber LOVIS, MELZER & REICHSTEIN, Bauhinia (Basel) **1 (3)** 231–237 und 315–321 (1965) Fußnote 4. Bei den drei Pflanzen, die LOVIS & REICHSTEIN sahen und anschließend in Kultur beobachten konnten, sowie bei experimentell erzeugten Exemplaren blieben die Spitzen der Spindeln auch in völlig reifem Zustand auf 5–10 mm Länge grün. Sporen abortiert; Chromosomenzahl 2n = 108 (triploid), mit ca. 36 Paaren und ca. 36 Einzelchromosomen bei der Meiose. Genomformel (TTV). Die Paare werden als Autosyndese zwischen den zwei Genomen von *A. trichomanes* (TT) gedeutet, und die Einzelchromosomen entsprechen denen von *A. viride* (V). Beschrieben von den Bayerischen Alpen: Hutzalm nahe Reit im Winkel und im bayerisch-tirolischen Grenzgebiet nahe Taubensee, Pötschalm und am Achensee bei Kössen. In Österreich [Steiermark, Tanzmeistergraben bei St. Stefan ob Leoben, rechtes Murufer, Gleinalpengebiet an schattigen Serpentinit-Felsen in einem klammartigen Seitental, ca. 750 m (leg. H. MELZER)]; Kärnten, unter Grades im Metnitztal auf Grünschiefer, 760 m (leg. H. MELZER); Norditalien, Karnische Alpen, ca. 28 km östl. von Belluno neben Sträßchen nach Andréis, wenig oberhalb der Abzweigung von Straße von Montereale nach Cimolais, ca. 400 m, N.N. (leg. H. MELZER, H. KUNZ & T. REICHSTEIN). Überall selten, auch an Stellen, an denen die Eltern in großer Zahl zusammen wachsen. Diese Hybride hat dieselbe Genomformel (TTV) wie das triploide *A. trichomaniforme*. Es ist demnach begreiflich, daß *A.* x *bavaricum* und triploides *A.* x *trichomaniforme* weder morphologisch

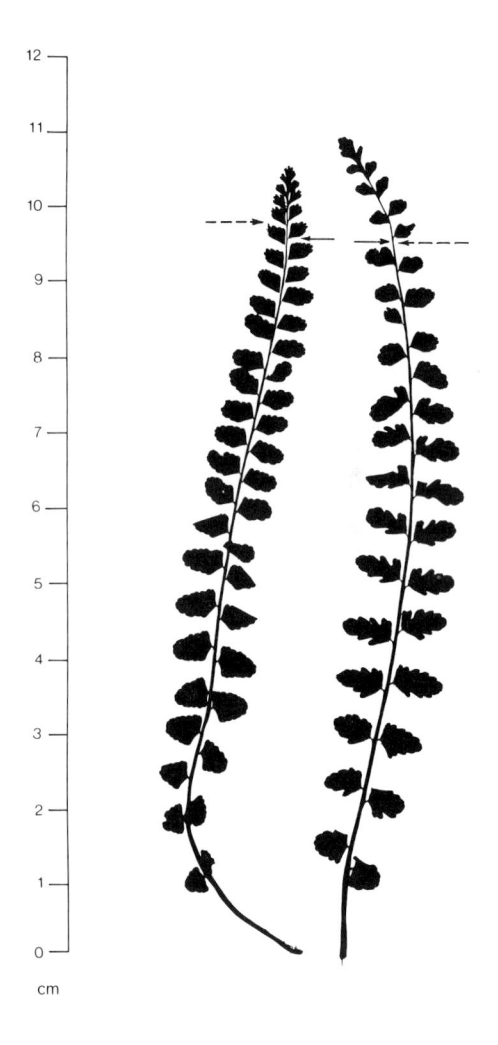

Abb. 223 □ *Asplenium* × *bavaricum* D. E. MEYER (= *A. trichomanes* subsp. *quadrivalens* × *A. viride*). Silhouetten von Blättern. Östl. Belluno, Karnische Alpen, Norditalien, dann cult. (Original REICHSTEIN)

noch cytologisch zu unterscheiden sind. Sie unterscheiden sich nur durch ihre Geschichte bzw. durch die Art ihrer Entstehung, einmal aus TV + T und einmal aus TT + V.

□ Ob *A. trichomanes* x *viride* MILDE, Sporenpfl. 166 (1865) und *A. fallax* DÖRFLER, Herb. norm. Nr. 1368 hierher gehören, konnten wir bisher nicht entscheiden.

2. × 3. Asplenium x poscharskyanum[1] (HOFM.) PREISSMANN, Mitt. Naturwiss. Ver. Steiermark **33:** 179 (1896). Basion.: *A. viride* ssp. *adulterinum* var. *poscharskyanum* HOFMANN, Allg. Bot. Zeitschr. **1:** (1895), vgl. I. DÖRFLER 1898, Herb. norm. No. 3670. Schedae 234. = *A. adulterinum* x *viride* (Abb. 224).

---

[1] Nach GUSTAV ADOLPH POSCHARSKY (1832–1917), dem Entdecker dieser Hybride, Garteninspektor am Botan. Garten Dresden, Schellerhau (Sachsen), einem der ersten botanischen Gärten seiner Zeit, vgl. G. DUTSCHMANN: Geschichte des Botan. Gartens zu Dresden. Sitzungsber. & Abh. der Flora in Dresden, N. F. **43/44:** 27–77, 1938/39 (1940), bes. p. 64.

Syn.: *A.* x *gautieri* (*A. viride* x *fontanum*) CHRIST in BURNAT, Matér. Fl. Alp. Marit. **15** (1900), non W. J. HOOKER (1860); H. CHRIST: Farnkräuter der Schweiz 88 (1900). Neue Lit.: J. D. LOVIS 1970: The synthesis of a new *Asplenium*, Brit. Fern Gaz. **10:** 153–157. D. E. MEYER 1957: Zur Cytologie der Asplenien Mitteleuropas (I–XV), Ber. Deutsch. Bot. Ges. **72:** 57–66.

In der Tracht dem *A. viride* etwas ähnlich, aber mit ausgebuchtet gelappten und scharf gezähnten Fiedern. Sporen weitgehend abortiert. Chromosomenzahl 2n = 72, mit fast ausschließlich Einzelchromosomen bei der Meiose (LOVIS 1970), entsprechend der Genomformel (FoV). Selten auf Kalkfelsen zwischen den Eltern, beschrieben aus Südfrankreich (Dépt. Aude). In der Schweiz (Kt. Baselland, Lauchfluh bei Waldenburg). Diese Hybride ist von LOVIS (1970) auch künstlich erzeugt worden. Die Sporangien enthalten neben vorwiegend abortiertem Material auch einzelne gute Sporen. Bei ihrer Aussaat wurden tetraploide fertile Pflanzen erhalten, im Aussehen der Mutterpflanze entsprechend, aber mit guten Sporen, die leicht weitere Generationen gaben. In der Natur wurden solche Pflanzen bisher noch nie beobachtet.

1. II. × 5. Asplenium x pagesii[2] R. DE LITARDIÈRE, Bull. Géogr.-Bot. **20:** 204 (1910) = *A. foreziense* x *trichomanes* subsp. *quadrivalens*. Syn.: *A.* x *guichardii*[3] R. LIT. (= *A. perforesiacum* x *trichoma-*

---

[1] Nach GASTON GAUTIER (1841–1911), Narbonne, einem um die Flora des Languedoc und Roussillon hochverdienten Botanikers, Autor des »Catalogue raisonné de la Flore des Pyrénées Orientales« (Perpignan 1897) und mit ARVET-TOUVET Herausgeber der Exsikkaten-Sammlung »Hieraciotheca Gallica et Hispanica« (1887–1910).
[2] Nach EUGEN PAGES (1857–?), Lehrer in St. Laurent-des-Nières (Hérault), erster Finder dieser Hybride (24. 4. 1910) und anderer seltener Farne.
[3] Nach ABBÉ GUICHARD, der diese angeblich andere Hybride (auch 1910) in gleicher Gegend fand.

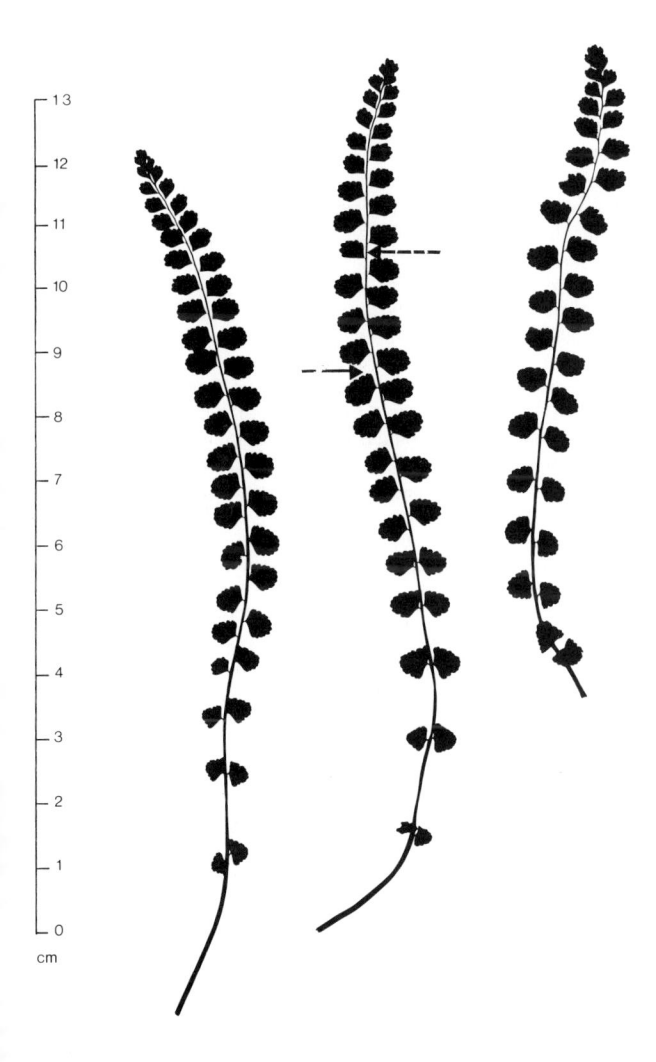

Abb. 224 □ *Asplenium × poscharskyanum* (HOFM.) PREISSMANN (= *A. adulterinum* × *A. viride*). Silhouetten von Blättern. Gulsen bei Kraubath, Steiermark (Original REICHSTEIN)

Aussehen ähnlich wie *A. adulterinum*, aber mit längerer grüner Spitze, Rhachis im oberen Teil ⅓ oder ½ der Länge grün; Farbe der Spreite gelblich-grün; Sporen abortiert; Chromosomenzahl 2n = 108, triploid, mit ca. 36 Paaren und ca. 36 Einzelchromosomen bei der Meiose, was der Genomformel (TVV) entspricht. Zu dieser haben die zwei Genome (TV) eines Gameten von *A. adulterinum* beigetragen sowie ein Genom eines Gameten von *A. viride* (V). Diese Hybride ist auch experimentell erzeugt worden (J. D. LOVIS, Proc. Bot. Soc. Brit. Isles **1:** 389–390, 1955); sie ist relativ häufig und findet sich fast stets an Stellen, an denen die Eltern zusammen wachsen, also meist auf schattigen Serpentinit-Felsen, vgl. H. MELZER, Verh. Zool.-bot. Ges. Wien **103–104:** 108 (1964). Beschrieben aus Sachsen (Serpentinit-Geröllhalden, ca. 700 m, bei Ansprung unweit Zöblitz, noch heute reichlich); Österreich (in den Gulsen bei Kraubath, oberhalb Kirchdorf bei Pernegg etc.); Norditalien (Prov. Novara, bei Druogno); Nordmähren (Bei Raškov unweit Šumperk).

3. × 4. Asplenium x gastoni-gautieri[1] R. DE LITARDIÈRE Bull. Géogr.-Bot. **21:** 274 (1911) = *A. fontanum* x *viride* (Abb. 225).

Abb. 225 □ *Asplenium × gastonii-gautieri* LITARD. (= *A. fontanum* × *A. viride*). Silhouetten von Blättern. Lauchfluh, Kt. Baselland (Original REICHSTEIN)

nes) ibid. **21:** 75–77 (1911). – *A.* x *verbanense*[1] v. TAVEL (= *A. fontanum* var. *insubricum* x *trichomanes*), Ber. Schweiz. Bot. Ges. **26–29:** 165 (1920), vgl. F. W. STANSFIELD Brit. Fern Gaz. **6:** 307 (1934) mit Abb., und P. KESTNER, ibid. **7:** 19 (1935) mit Abb.

In der Tracht recht vielgestaltig; kleinere Blätter oder solche junger Pflanzen ca. 5–10 cm lang, ähnlich einem *A. adulterinum* mit relativ langer grüner Spitze, aber die untersten Fiedern meist etwas eingeschnitten, dreilappig; größere Blätter bis 20 cm lang, im Umriß auch lang lanzettlich-lineal, bis 3 cm breit, mit stärker eingeschnittenen Fiedern, wie sie von DE LITARDIÈRE 1911 p. 76 für *A.* x *guichardii* beschrieben sind. Die Entwicklung von der einen Form zur anderen an derselben Pflanze ließ sich besonders in Kultur genau verfolgen. Sporen abortiert; Chromosomenzahl 2n = 144 (tetraploid, erwähnt von MEYER, Ber. Deutsch. Bot. Ges. **80:** 28–39 (1967), mit ca. 33 Paaren und ca. 78 Einzelchromosomen bei der Meiose, vgl. LOVIS & REICHSTEIN, Botanica Helvetica **91:** 124 (1981), entsprechend der Genomformel (FoObTT). Dabei wird angenommen, daß die Paare durch Autosyndese der zwei Genome (TT) von *A. trichomanes* gebildet werden und die Einzelchromosomen den zwei verschiedenen Genomen (Fo, Ob) eines Gameten von *A. foreziense* entsprechen, das sich von *A. fontanum* (Fo) und *A. obovatum* (Ob) ableitet. *A.* x *pagesii* ist leicht kultivierbar, langlebig und läßt sich durch Teilung vermehren.

□ Relativ selten auf Silikatfelsen zwischen den Eltern, erstmals beschrieben aus Frankreich (Dép. Hérault, bei St. Laurent-des-Nières, ca. 500 m, auf Schiefer), Typus nicht gesehen. In der Schweiz (Kt. Tessin, am Fußweg von Brissago gegen Piodina, Standorte heute durch Bauarbeiten zerstört), Spanien. Soweit feststellbar, handelt es sich bei den bisher gefundenen Pflanzen stets um die tetraploide Hybride. Theoretisch wäre auch die triploide denkbar, entsprechend *A. foreziense* x *trichomanes* subsp. *trichomanes*, besonders weil die diploide Sippe des *A. trichomanes* häufiger mit *A. foreziense* zusammen wächst als die tetraploide subsp. *quadrivalens*. Diese triploide Hybride müßte die Genormformel (FoObT) besitzen und daher dem *A. foreziense* merklich näher stehen. Eine dem *A.* x *pagesii* recht ähnliche Hybride ist das *A.* x *refractum* MOORE, Nature-printed British Ferns **2:** 65–66 (1859), dessen Herkunft aber unbekannt ist.

5. × 6. Asplenium x sleepiae BADRÉ & BOUDRIE in BADRÉ, BOUDRIE, PRELLI & SCHNELLER Bull. Mus. Nation. Histoire Natur. Paris 4e sér. **3** (1981b) Adansania no 4: 473–481 = *Asplenium billotii* x *foreziense*.

Diese Hybride ist 1979 von F. BADRÉ in Herbarbelegen von verschiedenen Stellen in Frankreich gefunden und seither auch lebend entdeckt sowie cytologisch untersucht worden. Die Form der Blätter zeigt eine Mittelstellung zwischen den Elternarten; die Sporen sind abortiert. Die Hybride ist von SLEEP auch experimentell erzeugt worden (1966, sowie im Druck). Sie könnte auch im Gebiet vorkommen.

1. l. × 7. Asplenium x dolosum[2] MILDE, Verh. Zool.-Bot. Ges. Wien **14:** 165 (1864) pro *A. adianto-nigro* x *trichomanes* = *A. adiantum-nigrum* x *trichomanes* subsp. *trichomanes*.

Tracht wie sehr schmales *A. adiantum-nigrum*, aber Stiel und untere Rhachishälfte schwarzbraun. Blätter überwinternd, 5–15 cm lang; Rhizomschuppen gegittert, ohne dunklen Mittelstreif; Blattstiel meistens kürzer als die Spreite, wie die untere Hälfte (bis ¾) der Blattspindel schwarzbraun, ungeflügelt; Blattspreite lanzettlich, einfach bis doppelt gefiedert, lederartig, glanzlos; unterstes Fiederpaar oft etwas kürzer, sonst nur wenig länger als die folgenden; Fiedern jederseits etwa 10, die unteren breit dreieckig-eiförmig bis lanzettlich, fiederspaltig bis gefiedert, die oberen länglich, verkehrt-eiförmig, letzte Abschnitte kurz gezähnt. Sporen abortiert. Chromosomenzahl: 2n = 108 mit ausschließlich oder fast nur Einzelchromosomen bei der Meiose (G. VIDA & T. REICHSTEIN, Botanica Helvetica **91:** 122 (1981) für Material aus der Schweiz: Tessin), entspricht der Genomformel (COnT). Die sehr seltene Hybride ist von Südtirol beschrieben (Küchelberg bei Meran, ca. 500 m, 1863, J. MILDE), seither wieder nahe von Meran (Waldschlucht bei Algund, 1886, F. SÜNDERMANN; die Stelle war 1897 von Geröll verschüttet) sowie 1972 in der Schweiz (Kant. Tessin, neben Straße von Agarone ob Cugnasco gegen Medoscio, bei 450 m NN, zwischen den Eltern) gefunden worden. Die Form der Blätter der Tessiner Pflanze entsprach sehr genau den Abbildungen bei MILDE (1864) und LUERSSEN (1889: 258) sowie dem Typusexemplar in Marburg (MB), vgl. Abb. 4 bei D. E. MEYER 1960 b: 529 sowie Abb. 8 D bei REICHSTEIN 1981: 120. Wir glauben deshalb, daß die Typuspflanze und die untersuchte triploide Hybride sich entsprechen. Theoretisch wäre noch eine tetraploide denkbar: *A. adiantum-nigrum* x *trichomanes* subsp. *quadrivalens*. Eine solche müßte dem *A. trichomanes* noch ähnlicher sein. Bei *A.* x *reichlingii* LAWALRÉE [Bull. Soc. Belg. **83:** 236, t. 1 (1951); Fl. Gén. Belg. Ptéridoph.: 179 (1950)] handelt es sich nach heutiger Ansicht von A. LAWALRÉE (in litt. 1978) um *A. trichomanes* f. *incisum* MOORE, einer seltenen, recht auffallenden Mißbildung, die immer steril ist. Dies ist schon von D. E. MEYER (1960 b: 528) festgestellt worden. Bei *A.* x *dolosum* var. *uginense* BEAUVERD [Bull. Soc. Bot. Genève 2. ser. **3:** 297 (1911)] (Typus in G) handelt es sich um *A. adiantum-nigrum*; schon D. E. MEYER (1960 b: 528) hat auch dieses Material angezweifelt.

2. × 7. Asplenium x bechereri[3] D. E. MEYER, Ber. Deutsch. Bot. Ges. **81:** 101–102 (1968) = *A. adiantum-nigrum* x *adulterinum* (Abb. 226) [nach J. D. LOVIS, H. & K. RASBACH & T. REICHSTEIN, Botanica Helvetica **91:** 118 (1981)].

Diese sehr auffallende Hybride ist nach dem ersten von BECHERER & MOKRY in der Schweiz (serpentinhaltiges Gestein ob Verdasio im Centovalli, Tessin, ca. 860 m) gesammelten Exemplar beschrieben worden. Es handelt sich um ein gepreßtes Stück, so daß eine cytologische Untersuchung nicht möglich war. Nach Angaben der Finder wuchs es zwischen *A. adulterinum* und *A. cuneifolium*; es war daher naheliegend, eine Hybride dieser zwei Arten zu vermuten, was mit der auffallenden Morphologie (vgl. Abb. 1E bei MEYER 1968: 94 sowie Abb. 5 A, B in REICHSTEIN 1981: 115) gut vereinbar schien. Wenig später wurden von R. GUMPRECHT, H. & K. RASBACH und O. WILMANNS, dann von H. & K. RASBACH und T. REICHSTEIN [Ergänzende Beobachtungen zu den neuen Funden der Serpentinfarne im insubrischen Gebiet, Bauhinia **4:** 137 (1969)] im benachbarten italienischen Grenzgebiet (Prov. Novara, Valle Cannobina, Umgebung von Finero) zwischen *A. adulterinum*, *A. cuneifolium* und anderen *Asplenium*-Arten und -Hybriden noch drei Stöcke von *A.* x *bechereri* entdeckt und zwei davon von J. D. LOVIS cytologisch genau untersucht. Beide waren tetraploid, 2n = 144, mit fast nur Einzelchromosomen bei der Meiose. Es wird daher angenommen, daß es sich um die Hybride von *A. adiantum-nigrum* x *adulterinum* handelt; sie enthält vier ver-

---

[1] Nach der Herkunft: Lago Maggiore = Lacus Verbanus der Römer.
[2] *dolosus* (lat.) = täuschend.
[3] Genannt nach einem der Finder, Dr. A. BECHERER (1897 bis 1977), dem bekannten Schweizer Botaniker, Verfasser zahlreicher floristischer Arbeiten, langjährigem Redaktor der »Fortschritte in der Systematik und Floristik der Schweizerflora« und seit 1957 als Nachfolger von A. BINZ Herausgeber der »Schul- und Exkursionsflora für die Schweiz«.

Abb. 226 □ *Asplenium* × *bechereri* D. E. MEYER (= *A. adiantum-nigrum* × *A. adulterinum*). Valle Cannobina beim Lago Maggiore, Norditalien

schiedene Genome entsprechend der Formel (COnTV). Die auffallende Morphologie ist mit dieser Annahme ebenso gut vereinbar. An allen Fundorten von *A.* x *bechereri* waren auch einzelne Stöcke von *A. adiantum-nigrum* vorhanden. Sie waren tetraploid, wie erwartet, während das daneben wachsende *A. cuneifolium* sich als diploid erwies (det. J. J. SCHNELLER). Damit wird auch erklärlich, warum *A.* x *bechereri* in den großen Serpentinit-Gebieten von Österreich, in denen *A. adulterinum* oft reichlich zusammen mit *A. cuneifolium* wächst, bisher nicht aufgefunden wurde. Soweit bekannt, fehlt dort *A. adiantum-nigrum*.

5. × 7. Asplenium x brissaginense[1] D. E. MEYER, Ber. Deutsch. Bot. Ges. **73** (Jahrgang 1960): 389–391 mit Abb. (publ. 1961) = *A. adiantum-nigrum* x *foreziense*.

Die Form der Blätter zeigt eine Mittelstellung zwischen den Elternarten. Sporen abortiert. Chromosomenzahl: 2n = 144, mit ausschließlich oder fast nur Einzelchromosomen bei der Meiose, was der Genomformel (COnFoOb) gut entspricht, vgl. auch D. E. MEYER, Ber. Deutsch. Bot. Ges. **81**: 92–106 (1968). Diese Hybride ist unseres Wissens noch nie experimentell erzeugt worden. Selten auf Silikatfelsen zwischen den Eltern. Beschrieben aus der Schweiz (Kant. Tessin, oberhalb Brissago), 1972 von W. C. BENNERT auch in Frankreich gefunden (Dép. Ardèche, bei Lamastre).

6. × 7. Asplenium x sarniense[2] A. SLEEP, Brit. Fern Gaz. **10** (4): 209–211 (1971) = *A. adiantum-nigrum* x *billotii*. Weitere Literatur:

A. SLEEP & P. RYAN, The Guernsey Spleenwort – a new fern hybrid, La Soc. Guernesiaise, Guille-Allées Library **1972**: 212–223 (1973) mit guten Abb. und Verbreitungskarte auf der Insel.

Dem *A. adiantum-nigrum* viel ähnlicher als dem *A. billotii*. Von ersterem verschieden durch folgende Merkmale: Textur dünner, Blätter oft etwas unregelmäßig (machen dann unordentlichen Eindruck), matt, nicht glänzend; Stiel ca. ⅓–½ so lang wie die Spreite. Letzte Abschnitte im mittleren Teil des Blattes stehen gedrängt, teilweise überlappend und bis relativ weit gegen die Spitze der Fiedern deutlich gestielt, oval, vorn ± halbkreisförmig abgerundet und kurz gezähnt, Zähne relativ breit mit kleiner Stachelspitze. Sporen abortiert. Tetraploid; Genomformel: COnBB; ca. 36^{II} und 72^{I} bei der Meiose.

□ Beschrieben von Guernsey (Kanalinseln), bei St. Peter's Church, Les Prés, St. Peter-in-the-Wood, B. MAKIN & A. SLEEP 1971. Auch an anderen Stellen, besonders im Südwesten der Insel, immer zwischen den Eltern. Auch in NW-Frankreich gefunden, könnte ebenso auf den Atlantischen Inseln, im Mittelmeergebiet sowie in Mitteleuropa vorkommen, da *A. billotii* fast stets von *A. adiantum-nigrum* begleitet ist. Vermutlich gehört folgendes Taxon dazu:

Asplenium trojanii[3] R. DE LITARDIÈRE (vel hybr.?), Contributions à l'étude de la Flore de Corse, Ann. Soc. Linn. Lyon 1923, **70**: 127 (1924).

Beschrieben von Korsika: »Asco, rochers porphyriques à Cerviareccio, rive gauche du Stracianone, 780 m env., 26 juillet 1921«.

---

[1] Nach dem Fundort Brissago im Tessin (Schweiz).
[2] Nach der Herkunft: Sarnia (lateinisch) = Insel Guernsey.
[3] Nach dem Finder: J.-B. TROJANI aus Asco.

Typus in P. Das Stück zeigt geschrumpfte Sporangien und abortierte Sporen.

1. × 8. Asplenium x wachaviense[1] ASCHERSON et GRAEBNER, Syn. ed. 2, **1**: 125 (1913, ausgegeben 1912) = *A. cuneifolium* x *trichomanes*. Syn.: *A. forsteri* x *trichomanes* JANCHEN, Catal. Fl. Austr. **1**: 70 (1956). *A. cuneifolium* sensu H. CHRIST, Allg. Bot. Zeitschr. **9** (Jahrg. 1903) 28–31 (1904).

In der Tracht mehr dem *A. cuneifolium* als dem *A. trichomanes* ähnlich; Blätter bis 30 cm lang, Blattstiel ½ bis ebenso lang wie die Spreite, dunkel rotbraun; Blattspreite bis 15 × 4 cm groß, lineallanzettlich, am Grunde kaum verbreitert, dünnhäutig, lebhaft grün, doppelt gefiedert; Blattspindel bis zur Mitte der Spreite dunkelbraun, Fiedern jederseits etwa 12, bis 25 × 12 mm groß, nur die untersten kurz gestielt, die übrigen sitzend, gefiedert; Fiederchen jederseits bis 3 oder 4, rundlich keilförmig, stumpf abgerundet, aber tief geschlitzt, gezähnt, Zähne oft gesägt.
□ Beschrieben vom Gurhofgraben bei Aggsbach (Wachau, Niederösterreich) auf Serpentinit, leg. KERNER. An dieser Lokalität soll kein *A. adulterinum* vorkommen (teste H. MELZER). Bisher war nur das Typusexemplar bekannt; es scheint heute verschollen. Abb. bei HEUFLER Verh. Zool.-Bot. Ges. Wien **6**: 235–354 Tab. II, Fig. 1 u. 2, vgl. auch CHRIST (1904) und D. E. MEYER (1960b). Cytologisch nicht kontrolliert; infolgedessen ist die vermutete Abstammung nicht gesichert. Falls sie zutrifft, so muß aufgrund der Morphologie angenommen werden, daß die diploide subsp. *trichomanes* beteiligt war, weil der Einfluß des *A. cuneifolium* so stark hervortritt.

3 × 8 Asplenium x woynarianum[2] ASCHERS. et GRAEBN. Syn. ed. 2, **1**: 126 (1913, ausgeg. 1912): *A. cuneifolium* x *viride*. Syn.: *A. forsteri* x *viride* JANCHEN, Catal. Fl. Austr. **1**: 70 (1956), vgl. H. WOYNAR: Bemerkungen über Farnpflanzen Steiermarks, Mitt. Naturwiss. Ver. Steiermark (Jahrg. 1912) **49**: 120–200 (1913), bes. p. 155–156, sowie D. E. MEYER (1960b: 522–525 mit Abb. 2 u. 3). Typus in Graz (GZU).

Je nach Entwicklungsgrad sehr verschieden gestaltet (vgl. D. E. MEYER 1960b Abb. 2 u. 3). Kleine reife Blätter ca. 5 cm lang und oft nur einfach gefiedert, stark an *A. viride* erinnernd, aber unterstes Fiederpaar größer, breit dreieckig und fiederspaltig, in 2 oder 3 Lappen geteilt; größere Blätter bis 30 cm lang, doppelt gefiedert und Fiederchen noch tief fiederspaltig. Blattstiel meist ± so lang wie die Spreite, gelegentlich aber nur ⅓ so lang oder etwas länger als diese, oberseits bis zur Mitte, unterseits oft bis zur Spreite rotbraun; Blattspreite im Umriß verlängert-lanzettlich, im unteren Teil ± parallelrandig, 3–12 cm lang und 1,5–6 cm breit, nach oben allmählich verschmälert, mit 6–10 Fiederpaaren, von diesen die 3–4 untersten ungefähr gleich lang, das unterste gelegentlich etwas kürzer oder länger als die anderen; Blattspindel meist ganz grün, selten im untersten Teil noch rotbraun. Letzte Abschnitte stumpf gezähnt. Sporen völlig abortiert. Chromosomenzahl: 2n = 72 (für Material aus Steiermark), mit ausschließlich oder fast nur Einzelchromosomen bei der Meiose, was der Genomformel (CV) entspricht; gelegentlich wurden vereinzelte Paare beobachtet (J. D. LOVIS, unpubl., vgl. REICHSTEIN 1981: 110; 123).
□ Beschrieben aus der Steiermark, Pernegg bei Kirchdorf, auf Serpentinit, vgl. Abb. bei D. E. MEYER (1960b: 523); Abb. 10B, C bei REICHSTEIN (1981: 123). Bisher nur aus Österreich bekannt, jeweils zwischen den Eltern. Niederösterreich (Gurhofgraben bei Aggsbach), Steiermark (bei Kraubath, im Gebiet des Gulsenberges, ca. 700 m; im Wintergraben, ca. 850 m; Chromwerkgraben; Sommergraben; Tanzmeistergraben; Hinterlombing im Gleinalpengebiet), vgl. H. MELZER, Mitt. Naturwiss. Ver. Steierm. **93**: 276 (1963); **94**: 108–125 (1964). Neuerdings in Sachsen (Zöblitz) gefunden (JESSEN).
□ Diese Hybride scheint völlig steril zu sein und keine nachweisbaren Diplosporen zu bilden. Wiederholte Aussaaten (J. E. LOVIS sowie T. REICHSTEIN) haben bisher keine Prothallien geliefert. Experimentell wurde sie nie erzeugt.

7. × 8. Asplenium x centovallense[3] D. E. MEYER, Ber. Deutsch. Bot. Ges. **81**: 102–104 (1968) = *A. adiantum-nigrum* x *cuneifolium* (Abb. 6A. in REICHSTEIN 1981: 117).

Tracht wie *A. adiantum-nigrum*, aber meist breiter, oft von stattlicher Größe und gelegentlich an *A. onopteris* erinnernd; Sporen abortiert. Chromosomenzahl: 2n = 108, mit ca. 36 Paaren und ca. 36 Einzelchromosomen in der Meiose, was der Genomformel (CCOn) entspricht; vgl. J. D. LOVIS, H. & K. RASBACH & T. REICHSTEIN, Botanica Helvetica **91**: 119–122 (1981). Die Hybride findet sich fast stets an gemeinsamen Wuchsstellen der Eltern, also bevorzugt auf serpentinhaltigem Mischgestein und dann gelegentlich häufiger als die reinen Arten, z. B. in Italien. Beschrieben aus der Schweiz (ob Verdasio, Centovalli, Tessin 840 m). Auch im italienischen Grenzgebiet (Val Vigezzo bei Druogno, Valle Cannobina bei Finero). In vielen Serpentinit-Gebieten (z. B. in der Steiermark), in denen *A. cuneifolium* reichlich wächst, fehlt *A. adiantum-nigrum* und demzufolge auch diese Hybride, genau wie *A.* x *bechereri*. *A.* x *centovallense* ist wiederholt experimentell erzeugt worden, vgl. M. G. SHIVAS: A cytotaxonomic study of the *Asplenium adiantum-nigrum* complex, Brit. Fern Gaz. **10** (2): 68–80 (1969).

5. × 9. Asplenium x ruscinonense[4] NIESCHALK, LOVIS & REICHSTEIN = *A. foreziense* x *onopteris* (Abb. 227).

In der Tracht an *A. adiantum-nigrum* erinnernd. Sporen abortiert. Chromosomenzahl: 2n = 108, mit ausschließlich oder fast nur Einzelchromosomen bei der Meiose, was der Genomformel (FoObOn) entspricht. Bisher nur einmal in Südfrankreich gefunden, aber auch experimentell erzeugt (A. SLEEP 1966); die erhaltenen Hybriden zeigten bei der Meiose genau dasselbe Verhalten. Im Gebiet vor allem in der Südschweiz (Tessin) zu suchen.

6. × 9. Asplenium x joncheerei[5] D. E. MEYER Willdenowia **2**: 332 (1960) = *A. billotii* x *onopteris*.

Bisher nur aufgrund eines Herbarexemplars aus Madeira beschrieben, cytologisch noch nicht untersucht. Diese Hybride scheint sich sehr schwer zu bilden; sie ist aber auch experimentell erzeugt worden, konnte jedoch cytologisch noch nicht untersucht werden (A. SLEEP 1966). Im Gebiet allenfalls in der Südschweiz zu suchen.

7. × 9. Asplenium x ticinense[6] D. E. MEYER, Ber. Deutsch. Bot. Ges. **73** (Jahrgang 1960): 391 (1961) = *A. adiantum-nigrum* x *onopteris* (Abb. 228).

In der Tracht stark an *A. onopteris* erinnernd, Abb. bei

---
[1] Nach der Lokalität Wachau (Niederösterreich).
[2] Nach dem Entdecker HEINRICH WOYNAR. Mag. pharm., war wie sein Vater ein Farnspezialist, vgl. »Bemerkungen über Farnpfl. Steiermark«, Mitt. Naturwiss. Ver. Steiermark **49** (1912): 120–200 (1913).
[3] Nach dem Fundort im Centovalli (Schweiz, Kant. Tessin).
[4] Nach dem Fundort, im Roussillon, latinisiert.
[5] Nach dem Finder, G. J. DE JONCHEERE, Wassenaar, Holland, Kaufmann und guter Kenner der Farne.
[6] Nach dem Fundort im Schweizer Kanton Tessin = Ticino.

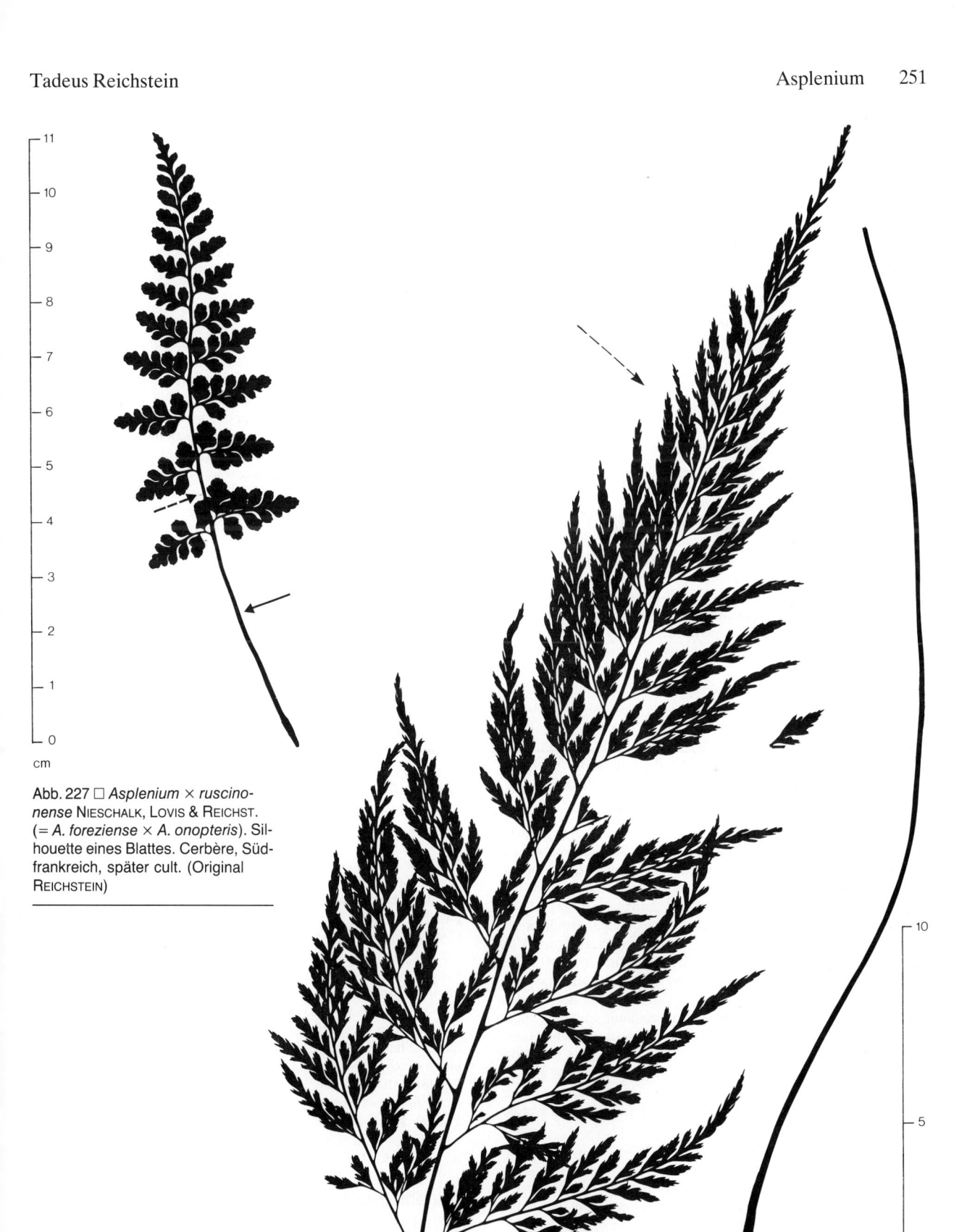

Abb. 227 □ *Asplenium* × *ruscinonense* Nieschalk, Lovis & Reichst. (= *A. foreziense* × *A. onopteris*). Silhouette eines Blattes. Cerbère, Südfrankreich, später cult. (Original Reichstein)

Abb. 228 □ *Asplenium* × *ticinense* D. E. Meyer (= *A. adiantum-nigrum* × *A. onopteris*). Silhouette von Blattstiel und -spreite. Arogno, Kt. Tessin (Original Reichstein)

D. E. Meyer (1961: 390) und Abb. 7 bei Reichstein (1981: 119), Sporen abortiert; Chromosomenzahl: 2n = 108, mit ca. 36 Paaren und ca. 36 Einzelchromosomen [vgl. Reichstein & Vida Botanica Helvetica **91**: 122 (1981) für Material aus Korsika], entspricht der Genomformel (COnOn), wobei ein Gamet von *A. adiantum-nigrum* die Genome C und On beiträgt; ein weiteres On-Genom stammt vom Gameten des *A. onopteris*. Beschrieben aus der Schweiz (Kant. Tessin, bei Brissago; auch westlich Arogno östlich Campione, Luganersee, ca. 650 m, leg. E. Attinger, November 1972). Etwas häufiger in Korsika, vermutlich auch sonst im Mittelmeergebiet zwischen den Eltern. Auch diese Hybride ist mehrfach experimentell erzeugt worden und zeigte bei der Meiose das oben genannte Verhalten [M. G. Shivas, Brit. Fern Gaz. **10** (2): 68–80 (1969)].

1. l. × 10. Asplenium x alternifolium Wulfen

A. x *alternifolium* F. X. Wulfen in N. J. Jacquin, Misc. austr. Bot. Chem. Hist. Nat. Spect. **2**: 51, t. 5, f. 2 (1789) = *A. septentrionale* x *trichomanes* subsp. *trichomanes* (triploide Hybride) (Abb. 229, 230). Syn.: *A. septentrionale* x *trichomanes* P. Ascherson, Fl. Prov. Brandenb. **1**: 916 (1864). – *Phyllitis heterophylla* Moench, Methodus: 729 (1794). – *Scolopendrium alternifolium* (Wulf.) Roth, Bot. Mag. (Römer & Usteri) **2** (1): 105 (1799): Fl. Germ. **3**: 53 (1800). – *Asplenium murale β* Bernh. in Schrad. Journ. Bot. 1799. **1**: 311. – *A. breynii* Koch, Syn. ed. 2: 983 (1845), non Retz. (1779), nomen invalid. in synon. – *A. germanicum* Aschers. & Graebn., Syn. ed. 1, **1**: 75 (1896); ed. 2, **1**: 117 (1913) pro *A. trichomanes* x *septentrionale*, non *A. germanicum* F. G. Weis, Pl. Crypt. Fl. Gotting. 299 (1770) welches nach Hieronymus [Hedwigia **61**: 29–30 (1919)] zu *A. rutamuraria* gehört; cf. Janchen [Catal. Fl. Austr. I. Erg.: 14 (1963)][1]. – *A. hansii* Aschers. et Graebn., Syn. ed. 1. **1**: 78 (1896); ed. 2, **1**: 122 (1913) pro *A. trichomanes* x *per-septentrionale*. – *A. germanicum* Weis var. *alternifolium* (Wulf.) Christ, Farnkr. Schweiz 96 (1900). Weitere Synonyme vgl. Aschers. et Graebn., Syn. ed. 2, **1**: 117 ff. (1913). –

Wichtige Literatur ☐ Becherer, A. 1929: Ber. Schweiz. Bot. Ges. **38**: 178. – Bouharmont, J. 1966: Note sur *Asplenium* x *alternifolium* Wulfen. Bull. Jard. Bot. Brux. **36**: 383–391. – Bouharmont, J. 1977: Cytotaxonomie et évolution chez les *Asplenium*. La Cellule **72**: 57–74. – Eberle, G. 1957: Deutscher Streifenfarn und Heuflers Streifenfarn etc. Jahrb. Nassauisch. Ver. Naturk. **93**: 6–20 + 11 Abb. – Eberle, G. 1958: Braunstieliger und Nordischer Streifenfarn und ihre Mischlinge. Natur und Volk (Ber. Senckenb. Naturf. Ges.) **88**: 312–320. – Guétrot, (M.) 1926: Histoire de l'*Asplenium (germanicum) Breynii*. Bull. Soc. Bot. Deux-Sèvres: Band 15–31 [gibt die Geschichte seit der Entdeckung im Sept. 1664 und der ersten Beschreibung mit Fig. durch Jacob Breyn (1678)]. – Hyde, H. A., A. E. Wade & S. G. Harrison 1969: Welsh ferns. ed. 5: 148. – Luerssen, Chr. 1889: (238–250) mit Abb. – Manton, I. 1950: (100–106). – Meyer, D. E. 1952: Untersuchungen über Bastardierung in der Gattung *Asplenium*. Bibl. Bot. **30**: Fasc. 123. – Meyer, D. E. 1958: Zur Cytologie der Asplenien Mitteleuropas XVI–XX. Ber. Deutsch. Bot. Ges. **71**: 11–20 und 1959: XXI–XXII **72**: 37–48. – Rasbach, K., H. Rasbach & O. Wilmanns 1976: Die Farnpflanzen Zentraleuropas ed. 2: 36. – Reichstein, T. 1981: Hybrids in European Aspleniaceae (Pteridophyta). Botanica Helvetica **91**: 89–139.

R h i z o m dicht rasig verzweigt; Rhizomschuppen ohne dunklen Mittelstreif; B l ä t t e r bis 17 cm lang, völlig oder fast kahl; Blattstiel so lang wie oder wenig länger als die Spreite, bis zur Mitte (selten bis zur Spreite) glänzend kastanienbraun; B l a t t s p r e i t e lanzettlich, einfach oder am Grunde oft doppelt gefiedert; Blattspindel grün, ungeflügelt; F i e d e r n jederseits 2–5, die unteren 1–2 Paare weit voneinander entfernt, kurz gestielt, bis 2 cm lang. Fiedern je nach Größe der Blätter im unteren Blatteil fiederspaltig, mit 2–3 Abschnitten, im mittleren Blatteil wenig eingeschnitten und mit einem linearen Lappen, im oberen Blatteil Fiedern ungeteilt; letzte Abschnitte 10–15 mm lang, sitzend, lineal-keilförmig, oft etwas sichelartig aufwärts gekrümmt, am stumpfen Ende gekerbt, die 3–5 obersten zu einem linealen, fiederspaltigen Endblättchen zusammenfließend. Sporen abortiert. Chromosomenzahl: 2n = 108, mit ca. 36 Paaren und ca. 36 Einzelchromosomen bei der Meiose [I. Manton 1950: 103–105; D. E. Meyer 1952; J. D. Lovis & M. G. Shivas, Proc. Bot. Soc. Br. Isl. **1**: 97 (1954); J. Bouharmont 1966; 1977]. Dies entspricht der Genomformel (TSS), wobei T von einem Gameten des diploiden *A. trichomanes* stammt und SS von einem Gameten des autotetraploiden *A. septentrionale*. Es wird angenommen, daß diese zwei S-Genome durch Autosyndese die Paare liefern.

☐ *A.* x *alternifolium* ist lange als Art angesehen worden. Es ist nicht nur eine der auffallendsten, sondern auch eine der häufigsten *Asplenium*-Hybriden, und es lohnt sich, der Geschichte ihrer Entdeckung (vgl. Guétrot 1926) kurz nachzugehen. Die Pflanze ist erstmals im September 1664 gesammelt und 1678 von J. Breyn [Plantarum exoticarum aliarumque minus cognitarum centuria prima in fol. (1678): 189–190 et tab. 97] beschrieben worden. Erstmals hat wahrscheinlich Bory de Saint-Vincent die Vermutung ausgesprochen, daß es sich um eine Hybride handelt: Voyage souterrain ou description du plateau de Saint Pierre de Maestricht et de ses vastes cryptes: 271 (1821); Note sur l'hybridité chez les Fougères [C. R. Acad. Sci. 1837: 125–128 (1837)]. Er glaubte, es sei die Kreuzung von *A. ruta-muraria* x *septentrionale*. Dies wurde von verschiedenen Pteridologen akzeptiert, so auch von Heufler [Aspl. sp. Europ. 297 (1856)], während Milde [Fil. Eur. et Atl. 83 (1867)] die hybride Abstammung ablehnte. Die prinzipiell richtige Deutung gab Ascherson (1864) sowie unabhängig davon Abbé Chaboissons in H. Loret: Nouvelles herborisations dans l'Hérault en 1865, Bull. Soc. Bot. France **13**: 20 (1866). I. Manton (1950: 103–105) klärte die letzte Einzelheit, daß für die Bildung des *A. alternifolium* das diploide *A. trichomanes* nötig ist. Noch 1900 hatte Christ (Farnkr. Schweiz 93–94) geglaubt, daß es sich um einen »völlig fixierten und zur Species gewordenen Bastard« handle, der sich durch Sporen vermehren und Rückkreuzungen mit *A. trichomanes* wie mit *A. septentrionale* bilden könne. Dasselbe glaubte Rouy [Fl. Fr. **14**: 450 (1913)]. Deutlich ausgesprochen wurde dies wohl erstmals von A. Kerner: Können aus Bastarden Arten werden?, Österr. Bot. Zeitschr. **21**: 40 (1871).

Allgemeine Verbreitung ☐ Zerstreut durch fast ganz Europa und in Asien bis Kaschmir, vorwiegend auf Silikatfelsen und -mauern von der Talsohle bis 1500 m, selten höher. Immer zwischen den Eltern oder nahe bei ihnen.

Verbreitung im Gebiet ☐ Viele Einzelangaben in Luerssen

---

[1] Janchen (1963) schreibt in der Fußnote zu *A.* x *germanicum* Weis: »Soll nach Prüfung des Originalexemplares sicher hierher [gemeint ist *A. septentrionale* x *trichomanes*] gehören und daher gültig sein, sowohl nach H. P. Fuchs, als auch nach D. E. Meyer.« Dies beruht auf einem Irrtum; beide Herren haben (in litt. an T. Reichstein) bestätigt, daß es sich bei dem Beleg von Weis (in B) um *A. ruta-muraria* handelt, daß sie den Namen *A. germanicum* Weis daher nicht für diese Hybride verwendbar halten und *A.* x *alternifolium* Wulfen empfehlen. Janchen, Erg.-Bd. **2**: 10 (1964) hat dies nur teilweise richtiggestellt.

Abb. 229 □ *Asplenium* × *alternifolium* Wulfen in Jacquin (= *A. septentrionale* subsp. *septentrionale* × *A. trichomanes* subsp. *trichomanes*). Silhouetten einzelner Blätter □ *a* Wittelsbachertal, Südschwarzwald □ *b* östl. Finero, Norditalien (Original Reichstein)

(1889: 245–250). Punktkarten für Mitteleuropa bei Meyer (1952: 4). Fehlt im Flachland. Besonders häufig in den insubrischen Silikatgebieten der Alpen-Südseite (Tessin, Misox, Puschlav), meist einzeln, gelegentlich auch in Gruppen von bis zu 20 Exemplaren. Hierin liegt der Hauptgrund, warum viele frühere Autoren die Pflanze als Art angesehen haben, die sich durch Sporen fortpflanzt. In der Literatur finden sich auch Angaben, daß Aussaaten gekeimt seien; über die Natur der angeblichen Nachkommen konnten wir aber keine Angaben finden. Reichstein (1981: 98) erhielt bei wiederholten Aussaaten keine Keimung. Trotzdem ist es nicht ausgeschlossen, daß *A*. x *alternifolium* eine gewisse, sehr geringe Fertilität besitzt (Lovis in litt.). Es wäre von Interesse festzustellen, ob eventuell hexaploide Nachkommen entstehen können oder ob Apomixis auftritt. In der Natur dürften solche Vorgänge bei *A*. x *alternifolium* kaum eine Rolle spielen, und es ist anzunehmen, daß jede Pflanze an dem Ort, an dem man sie findet, durch Hybridisierung neu entstanden ist, daß es sich somit durchwegs um die F_1-Generation handelt. Angaben, nach denen *A*. x *alternifolium* an Stellen angetroffen werden kann, in deren Nähe die Eltern (oder einer von beiden) fehlen, haben sich nicht bestäti-

Abb. 230 □ *Asplenium* × *alternifolium* Wulfen in Jacquin mit den Elternarten, *A. trichomanes* und *A. septentrionale*. Südschwarzwald

gen lassen. Die Hybride ist auch wiederholt experimentell erzeugt worden, so von P. KESTNER [More on the Brissago hybrid and on hybrid ferns in general, Brit. Fern Gaz. **7**: 19–24 (1935), ohne Beleg]; D. E. MEYER (1952); J. D. LOVIS & M. G. SHIVAS, Proc. Bot. Soc. Br. Isles **1**: 97 (1954).

□ Wie alle Farnhybriden zeigt auch *A. x alternifolium* eine gewisse Variationsbreite. Leicht abweichende Formen haben gelegentlich einen besonderen Namen erhalten, z. B. *A. hansii* = *A. trichomanes* x *per-septentrionale* ASCHERS. Zu dieser schmalfiederigen Form können die folgenden Synonyme gestellt werden: *A. intercedens* = *A. septentrionale* x *subgermanicum* WAISBECKER, Österr. Bot. Zeitschr. **49**: 62 (1899); Magy. Bot. Lap. **1**: 174 (1902), **3**: 100 (1904); *A. germanicum* x *per-septentrionale* CHRIST, Farnkr. Schweiz 101 (1900); *A.* x *luerssenii* = *A. septentrionale* x *germanicum* WAISBECKER, Magy. Bot. Lap. **2**: 71 (1903); *A. dresdense* W. KRIEGER, Hedwigia **46**: 255 (1906); *A. germanicum* a. *breynii* (RETZ.) WARNSTORF in HALLER et BRAND KOCH's Syn. ed. 3, **3**: 2842 (1907). Solche Formen sind teilweise durch unterschiedliche Standortsverhältnisse bedingt und gleichen sich bei Kultur unter standardisierten Bedingungen aus. Gewisse kleine Unterschiede bleiben aber bestehen; sie sind erblich bedingt, teilweise durch leicht abweichende Formen des einen Elters (z. B. stark gegabeltem *A. septentrionale*). Als besonderen Fall erwähnen wir noch das »*Asplenium Germanicum* var. *Kneuckeri*[1]« CHRIST (1900:96). Bisher nur einmal bei Heidelberg gefunden. Typus nicht gesehen. Nach der Zeichnung bei CHRIST könnte es sehr wohl eine extreme Form von *A.* x *alternifolium* sein. Die erwähnte Braunfärbung der Rhachis bis zur Hälfte wird in seltenen Ausnahmefällen bei *A.* x *alternifolium* beobachtet.

1. II. × 10. Asplenium x heufleri[2] REICHARDT = *A. septentrionale* x *trichomanes* subsp. *quadrivalens*, die tetraploide Hybride (Abb. 231, 232). Nomenklatur vgl. A. HEUFLER & H. W. REICHARDT: Eine Hybride zwischen *Asplenium germanicum* WEIS und *A. Trichomanes* L., Verh. Zool.-Bot. Ges. Wien **9**: 93–96 + Tab. IV (1860) I. DÖRFLER, *A. Baumgartneri*[3], die intermediäre Form der Hybriden *Asplenium septentrionale* (L.) HOFFM. x *Trichomanes* HUDS. Österr. Bot. Zeitschr. **45**: 169–171; 221–224 + Tab. 9 (1895). – *A. per-trichomanes* x *septentrionale* ASCHERS. in ASCHERS. & GRAEBN. Syn. **1**: 77 (1896) u. ed. 2, **1**: 120 (1913). – *A. germanicum* b. *Heufleri* WARNST. in WOLFARTH et BRAND KOCH's Syn. 2843 (1906). – *A. breynii* KOCH f. *heufleri* (REICHARDT) LAWALRÉE, Bull. Jard. Bot. Brux. **19**: 241 (1949). – *A. septentrionale* x *trichomanes* subsp. *quadrivalens* D. E. MEYER, Zur Cytologie der Asplenien Mitteleuropas (XVI–XX), Ber. Deutsch. Bot. Ges. **71 (1)**: 11–20 (1958) und XXI–XXIII **72 (1)**: 37–48 (1959). – *A. lovisii* x *septentrionale* ROTHMALER, Exkurs.-Fl. Krit. Ergänz. Band 4: 5 (1963) u. ed. 2: 11 (1976). Abb. bei REICHARDT (1860), LUERSSEN 251 (1889), DÖRFLER (1895), MEYER (1958), EBERLE (1957, 1958, 1959), RASBACH, RASBACH & WILMANNS ed. 2: 37 (1976). Weitere Lit. mit Fundortsangaben vgl. H. ROTHMALER: Die Pteridophyten Thüringens, Mitt. Thür. Bot. Ges. **38** (N.F.): 92–118 (1929). – A. LÖSCH: Badische Farne **I**. Beitrag Mitt. Bad. Landesver. Naturk. u. Naturschutz N.F. **3**: 15–16; 214–215 (1936). – A. & CH. NIESCHALK: *Asplenium*-Bastarde in Nordhessen. Hess. Florist. Briefe **10**: 10 (1961). – W. LUDWIG: Neues Fundorts-Verzeichnis zur Flora von Hessen, Jahrb. Nassauisch. Ver. Naturk. **96**: 45 (1962).

A. x *heufleri* ist eine seltene und wenig bekannte, aber sehr auffallende Hybride. Von *A.* x *alternifolium* ist sie durch folgende Merkmale verschieden: Ganzer Blattstiel (fast immer) und meist auch der untere Teil der Rhachis bis ca. zur Hälfte kastanienbraun; Fiedern jederseits 3–9(–12), oft ± gegenständig, sehr kurz gestielt, breit obovat-rhombisch, ohne lange schmale Lappen und tiefe Zahneinschnitte; Endfieder breiter, einfacher und mehr wie

Abb. 231 □ *Asplenium* × *heufleri* REICHARDT (= *A. septentrionale* subsp. *septentrionale* × *A. trichomanes* subsp. *quadrivalens*). Blattsilhouetten von zwei verschiedenen Standorten □ a Puschlav, Kt. Graubünden □ b id., nach Kultur □ c Umg. von Meran, Südtirol (Original REICHSTEIN)

---

[1] Nach ANDREAS KNEUCKER (1862–1946), Lehrer, später Kustos an den Landessammlungen für Naturkunde in Karlsruhe, Herausgeber der Allg. Bot. Zeitschr. (seit 1895), Verfasser eines Führers durch die Umgebung von Karlsruhe (1886), einem bewährten Kenner der Gattung *Carex* und Herausgeber der Glumaceen-Exsiccaten (seit 1890) und Erforscher der Sinai-Flora.

[2] Nach LUDWIG RITTER VON HEUFLER (1817–1885), dem Finder der Hybride und Monographen der Gattung *Asplenium*: Asplenii Species Europaeae, Verh. Zool.-Bot. Ges. Wien **6**: 235–354 + Tab. (1856); ein heute noch ausgezeichnetes Werk.

[3] Nach dem Entdecker JULIUS BAUMGARTNER (1870–1955), Jurist, zuletzt Oberfinanzrat und Hofrat. Sehr gründlicher Florist, vgl. Nachruf von K.-H. RECHINGER, Ann. Naturhist. Mus. Wien **60**: 12–16 + tab. (1955).

die Seitenfiedern geformt; unterste Fiedern wie bei *A.* x *alternifolium* mit zunehmender Größe und Entwicklung der Blätter zunehmend tief dreiteilig fiederschnittig bis gefiedert und etwas länger gestielt. Der Sporangieninhalt besteht zwar vorwiegend aus abortiertem Material, enthält aber vereinzelt gut ausgebildete und teilweise keimfähige Sporen (siehe unten). Chromosomenzahl: 2n = 144, mit einer hohen Zahl (durchschnittlich ca. 60–70, also wesentlich mehr als 36) von Paaren; der Rest der Chromosomen (ca. 4–24) liegt in Form von Univalenten vor. Selten wurde auch vollständige Paarung (72 Bivalente) beobachtet. Dieses Verhalten wird mit einer Genomformel (SSTT) oder genauer (SS'TT') gedeutet, wobei die Paare durch weitgehende, aber meist nicht ganz vollständige Autosyndese der weitgehend, aber meist nicht vollständig homologen Chromosomen S und S' sowie T und T' gebildet werden, die aus den Gameten der im wesentlichen autopolyploiden Elternarten stammen. Von LOVIS (1977) als »verzögerte Alloploide« bezeichnet, vgl. *A.* x *clermontae* und *A.* x *murbeckii*.

Allgemeine Verbreitung □ *A.* x *heufleri* ist beschrieben aus Südtirol (Granitmauer am Saumweg von Vilpian nach Mölten zwischen Botzen und Meran bei 3300' Höhe, 1858) und als *A.* x *baumgartneri* aus Niederösterreich (auf Gneis bei Rothenhof nächst Stein a.d. Donau, 1894). Es ist überall selten und findet sich in vielen Ländern Europas (außer Skandinavien) zerstreut in Einzelexemplaren, sehr selten in kleinen Gruppen von 2 oder 3 Stück, vorwiegend auf Silikatfelsen und in Trockenmauern, meist in tiefen Lagen (im Süden bis 1200 m). Außerhalb des Gebietes in Frankreich verschiedentlich, in Ungarn und Rumänien.

Verbreitung im Gebiet □ Deutschland. Rheinprovinz: Ahrtal (Saffenburg bei Altenahr, an der Ahrburg). Hessen: Bergstraße, Bensheim (Felsen in Schönberg). Lahngebiet. Felsen südlich Weilburg; Niederbiel. Eder-Bergland: zw. Frankenberg und Herzhausen. Werra-Gebiet. Albungen (am Bilstein im Höllental). Odenwald (verschwunden, vgl. NIESCHALK 1963). Nordbayern (Kreuzwertheim; Spessart). Baden: Schwarzwald (im Kapplertal, Wittelsbachtal westl. Oberried). Hohentwiel im Hegau. Harz (bei Goslar, vgl. LÖSCH 1936; Rabenklippen oberh. Oker); Thüringen (Spalten des Ottiliensteines am Domberg bei Suhl auf Porphyr; Blankenberg a.d. Saale, am rechten Saaleufer gegenüber Blankenstein, 1981 am Stufels bei Lebenstein; bei Zeulenroda). Sachsen (Tal der Wilden Weisseritz bei Tharandt, früher Dresden, Plauenscher Grund bei Potschappel). – Schweiz. Kant. Graubünden (Bergell, Stampa, auf Mauer bei der Brücke über die Maira, rechtes Ufer 26. 6. 1977, H. NÄGELI); Puschlav (Wiesenstützmauer bei Ginetto nördl. Brusio 890 m, G. EBERLE); Misox (V. Calanca Piezzo, 4000–5000', BRÜGGER); Kant. Tessin [Muzzano bei Lugano, F. v. TAVEL; Mauer bei Tesserete, F. WIRTGEN (Abb. 18 bei CHRIST); bei Tenero, A. Lösch Herb. E. WALTER; unter Mt. Verità b. Ascona (auf Mauer nordexponiert, mit *A. septentrionale, A. trichomanes* subsp. *quadrivalens, A. ruta-muraria* und *Ceterach officinarum*, 1970 T. REICHSTEIN). Dagegen zeigt Abb. 17 bei CHRIST (1900: 99) sub »*A. Germanicum x trichomanes*«, Barbengo, kein *A.* x *heufleri*, sondern *A.* x *murbeckii*. – Österreich: Tirol (Zell am Ziller, 1885 WOYNAR; Mühlbach bei Spinges, v. EICHENFELD; Brandberg östl. Mayrhofen). – Norditalien: Val Divedro, Simplon (Trasquera, Mauer bei ca. 1050 m, 1961, J.-L. TERRATAZ et C. CONVERS); V. Cannobina, Prov. Novara (2 km östl. Finero, ca. 830 m, 1968, H. & K. RASBACH & T. REICHSTEIN). Veltlin (Sondrio, bei der Kirche S. Antonio, östl. des Castello Grumello, 1965 A. BECHERER). Vintschgau (bei Außer-Sulden, nordöstl. des Ortler, 1964 J. KOCH). Südtirol [bei Meran, Granitmauer zwischen Mölten und Vilpian, 1100 m, 1858 L. v. HEUFLER, Typus; Wassermauer bei Gratsch nördl. Meran, 1891 W. HAUCHECORNE; Felsen über Algund bei Meran, E. ROSENSTOCK, Deutsch. Bot.

Abb. 232 □ *Asplenium* × *heufleri* REICHARDT (= *A. septentrionale* subsp. *septentrionale* × *A. trichomanes* subsp. *quadrivalens*). Südschwarzwald

Monatsschr. 7: 168 (1889); bei Meran zw. Gratsch und Thurnstein, 1958 K. TENIUS]. – Tschechoslowakei: Mähren (im Tal zwischen Schloß Veveří (Eichhorn) und der Zuckerfabrik bei Veveří Bitýška, 1863 v. NIESSL; bei Veveří-Bitýška); Adamov bei Brno (Brünn); Gesenke in Schlesien; Slowakei (Spitaler Wald bei Bratislava, 1894 BÄUMLER; Prievidza in der Mittelslowakei, ca. 600 m, 1923 SCHEFFER).

Die Hybride konnte von LOVIS sowie von VIDA auch experimentell erzeugt werden (vgl. REICHSTEIN 1981: 133). Sie ist in sehr beschränktem Grade fertil, was mit dem oben erwähnten Verhalten der Chromosomen bei der Meiose leicht verständlich ist. Bei dichter Aussaat des Sporangieninhalts wurden von LOVIS (unpubl.) eine Anzahl Prothallien und daraus auch ein Sporophyt erhalten. Letzterer zeigte die Morphologie des *A.* x *heufleri*, war aber schwachwüchsig und ging nach wenigen Jahren zugrunde. In der Natur dürfte eine solche direkte Vermehrung durch Sporen kaum eine Rolle spielen. Natürliches *A.* x *heufleri* entsteht vermutlich überall neu, wo man es findet. Die Hybride ist leicht kultivierbar und relativ langlebig, wenn sie vor Schädlingen (besonders Nematoden und Schnecken) bewahrt wird (vgl. die besser untersuchte Fertilität bei *A.* x *clermontae* und *A.* x *murbeckii*).

□ *A.* x *heufleri* und *A.* x *baumgartneri*. Die meisten Farnspezialisten waren bisher der Meinung, daß es sich bei diesen zwei Formen um zwei verschiedene Hybriden handelt. Wir haben diese Meinung lange geteilt, sie jetzt aber aufgegeben. Da beide Formen von denselben Eltern (*A. septentrionale* und *A. trichomanes* subsp. *quadrivalens*) abstammen und da sie sich nur durch relativ geringe morphologische Merkmale unterscheiden, cytologisch aber nicht unterscheidbar sind (auch Paarungsverhältnisse bei der Meiose sind nach J. D. LOVIS innerhalb der Fehlergrenze genau gleich), so nahm D. E. MEYER (1958, 1959, 1960) an, daß das mütterliche Cytoplasma die Unterschiede bedingt. Danach wäre *A.* x *heufleri* die Hybride *A. septentrionale* ♀ x *A. trichomanes* ♂ und *A. baum-*

Tafel 9 □ Erklärung der Figuren

Fig. 1   □ *Equisetum sylvaticum* L. Ergrünender fertiler Sproß
Fig. 1a □ Stengelquerschnitt
Fig. 2   □ *Equisetum telmateia* EHRH. Links steriler, rechts fertiler Sproß
Fig. 2a □ Steriler Stengel im Querschnitt

Fig. 3   □ *Equisetum arvense* L. Links steriler, rechts fertiler Sproß
Fig. 3a □ Steriler Stengel im Querschnitt
Fig. 3b □ Sporangiophor mit Sporangien
Fig. 3c, d, e □ Sporen (stark vergr.) mit »Elateren«
Fig. 4   □ *Equisetum palustre* L. Sproß mit Strobilus
Fig. 4a □ Stengelquerschnitt

---

gartneri die reziproke Hybride *A. trichomanes* ♀ x *A. septentrionale* ♂[1]. Ob dies zutrifft, sollte sich experimentell entscheiden lassen; dies ist aber noch nie geschehen. In vielen Fällen konnten jedoch bei anderen *Asplenium*-Arten reziproke Hybriden derselben Eltern experimentell erzeugt werden (LOVIS teilw. unpubl., SLEEP 1966, SHIVAS 1969), also A♀ x B♂ und B♀ x A♂, wobei die erhaltenen Hybriden keine merklichen Unterschiede zeigten. Da-

zu kommt, daß zwei Pflanzen von *A.* x *heufleri* aus der Schweiz (Fragment einer solchen von Ginetto aus dem Puschlav und die Pflanze unter Mt. Verità, Tessin) die ursprünglich genau die von REICHARDT (1860) beschriebene Morphologie zeigten (relativ wenige Fiedern, auch die untersten wenig eingeschnitten), nach mehrjähriger Kultur (REICHSTEIN 1981: 133 u. Abb. 15 D, E) sich so weit entwickelten (9 Fiederpaare, die untersten gefiedert, weitere tief dreigeteilt), daß sie dem *A.* x *baumgartneri* von DÖRFLER (1895) völlig entsprachen. Dies hat uns dazu bewogen, unsere frühere Meinung zu korrigieren und die bisher als *A.* x *baumgartneri* beschriebenen Formen in erster Linie als üppigere, stärker entwickelte Exemplare von *A.* x *heufleri* zu betrachten. Es ist daher auch leicht verständlich, daß es Zwischenformen gibt, bei denen man kaum sagen kann, ob sie nach bisheriger Benennung als *A.* x *heufleri* oder *A.* x *baumgartneri* zu bezeichnen wären. *A.* x *heufleri* besitzt, wie alle *Asplenium*-Hybriden, eine merkliche Variationsbreite; die morphologischen Unterschiede zwischen einzelnen Exemplaren sind in erster Linie durch Standortsbedingungen hervorgerufen. Gewisse kleine genetische Unterschiede, die auch bei Kultur unter gleichen Bedingungen bleiben, können kleinen Unterschieden bei einem der Eltern zugeschrieben werden, z. B. besonders stark gegabeltem *A. septentrionale* (mit bis zu 5 Lappen pro Fieder).

5. x 10. Asplenium x costei[2] R. DE LITARDIÈRE: Bull. Acad. Int. Géogr. Bot. Le Mans **21:** 150 (1911) = *A. foreziense* x *septentrionale* (Abb. 233). Abgrenzung gegenüber ähnlichen Hybriden mit Abb. etc. vgl. J. J. CALLÉ, J. D. LOVIS & T. REICHSTEIN, Candollea **30;** 189–201 + tab. (1975).

In der Tracht an ein sparriges *A. adiantum-nigrum* erinnernd, ± wintergrün. Reife Blätter 3–12–(18) cm lang, ca. 2–5 cm breit, Stiel ± so lang wie die Spreite, nur an der Basis (¹/₂₀–¹/₅ seiner Länge) braun, Stiel und Rhachis tragen mehrzellige braune Haare, die später abfallen; Spreite im Umriß deltoid bis deltoid-lanzettlich; kleine Blätter doppelt fiederschnittig, größere am Grunde doppelt gefiedert, Fiedern jederseits 4–5(–6), untere Fiedern ca. 2–3 mm gestielt, oft fast rechtwinklig abstehend; Fiederchen kurz gestielt aus keiligem Grund, obovat-fächerförmig, am Ende mit kurzen stachelspitzen Zähnen; Endfieder bei größeren Blättern lang subparallel, tief fiederschnittig, mit ca. 40° gegen die Spitze gerichteten Abschnitten (s. die Abb.!). Sporen abortiert. Chromosomenzahl: $2n = 144$, mit ca. 36 Paaren und ca. 72 Einzelchromosomen bei der Meiose, entsprechend der Genomformel (FoObSS), wobei

Abb. 233 □ *Asplenium* × *costei* LITARD. (= *A. foreziense* × *A. septentrionale*). Blattsilhouetten von verschiedenen Standorten □ *a* kleine Pflanze vom Val Vizésy bei Montbrison, Dépt. Loire □ *b* mittelgroße Pflanze von Empyrany bei Lamastre, Dépt. Ardèche □ *c* große Pflanze von Montbrison, Dépt. Loire (Original REICHSTEIN)

---

[1] Dasselbe haben CHR. LUERSSEN, Ber. Deutsch. Bot. Ges. **4:** 428–430 (1886) und DÖRFLER (1895) angenommen, um die Bildung von *A.* x *alternifolium* und *A.* x *heufleri* bzw. *A.* x *baumgartneri* aus scheinbar gleichen Eltern zu erklären.
[2] Nach HIPPOLYTE JACQUES COSTE (1858–1924), dem Finder der Hybride, Domherr, berühmter Botaniker, Herausgeber der dreibändigen »Flore descriptive et illustrée de la France etc.« Paris 1900–1906.

Tafel 9

die Paare als Autosyndese der zwei Chromosomensätze eines Gameten von *A. septentrionale* (SS) gedeutet werden, die Einzelchromosomen den zwei Genomen (Fo) und (Ob) eines Gameten des allotetraploiden *A. foreziense*, die von *A. fontanum* (Fo) und *A. obovatum* (Ob) abstammen (vgl. CALLÉ et al. 1975). Die Hybride ist erstmals aus Frankreich beschrieben aus dem Dépt. Aveyron (Balagier-de-Saint Sernin, in rupibus schistosis vallis rivi Rance, 350 m s. m., cum *Aspl. septentrionali* et *foresiaco*, H. COSTE; 16. Jun. 1910). Die Hybride ist seither verschiedentlich in Frankreich und Spanien gefunden worden; im Gebiet könnte sie in der Schweiz (bei Brissago, Tessin) auftreten, wurde aber bisher dort noch nicht gefunden.

6. × 10. Asplenium x souchei[1] R. DE LITARDÌERE, Bull. Soc. Bot. Deux-Sèvres **1909**: 100 (1910) = *A. billotii* x *septentrionale* (Abb. 234). Lit. und Abb. vgl. CALLÉ et al., Candollea **30**: 189–201 + tab. (1975).

Blätter zahlreich, überwinternd, 3–15 cm lang; Blattstiel ± so lang wie die Spreite, oberseits nur am Grunde, auf abaxialer Seite bis fast zur Hälfte kastanienbraun, sonst wie die Rhachis grün. Spreite im Umriß deltoid, bei kleinen Blättern doppelt fiederschnittig, bei größeren im unteren Teil doppelt gefiedert, die untersten Fiedern ± 2–3 mm gestielt, letzte Abschnitte länglich oval, in ungleich lange Zähne gespalten, diese gegen die Spitze gerichtet. Sporen abortiert. Chromosomenzahl: 2n = 144, mit sehr vielen (66–69) Paaren bei der Meiose; die übrigen 6–12 Chromosomen blieben ungepaart (CALLÉ et al. 1975). Dies wurde als Beweis angesehen, daß es sich um eine Hybride zwischen zwei im wesentlichen autotetraploiden Arten handelt; von denen, die hier in Betracht kommen, kann es sich nur um *A. billotii* (BBBB) und *A. septentrionale* (SSSS) handeln. Der Hybride wurde die Genomformel (BBSS) bzw. (BB'SS') zugeschrieben, mit je zwei homologen oder nahezu homologen Genomen. Dies wird von LOVIS (1977: 365–366) als verzögerte Allopolyploidie ("delayed allopolyploidy") bezeichnet; sie ist etwas genauer bei *A.* x *clermontae* und *A.* x *murbeckii* untersucht (siehe dort). Es wird auch hier vermutet, daß die vielen Paare durch Autosyndese der BB- und SS-Genome zustande kommen. Im Sporangieninhalt des *A.* x *souchei* fanden sich dementsprechend neben viel abortiertem Material auch vereinzelte, anscheinend gute Sporen, und es besteht die Möglichkeit, daß auch diese Hybride, ähnlich wie *A.* x *heufleri*, *A.* x *clermontae* und *A.* x *murbeckii* (siehe unten), eine geringe, aber merkliche Fertilität besitzt. LITARDÌERE (1910) glaubte, daß bei seinem *A.* x *souchei* die Hybride von *A. adiantum-nigrum* x *septentrionale* vorliegt, hat aber die Kombination *A. billotii* x *septentrionale* nicht ausgeschlossen. An der Fundstelle wuchsen *A. adiantum-nigrum*, *A. billotii* und *A. septentrionale*. Der genaue Vergleich mit authentischem *A. adiantum-nigrum* x *septentrionale* = *A.* x *contrei* (siehe unten) und die cytologische Analyse zeigten, daß es sich bei *A.* x *souchei* um die Kombination *A. billotii* x *septentrionale* handeln muß. Die Untersuchung war nur möglich, weil der Originalstock von SOUCHÉ trotz wiederholter Entnahme von Blättern durch die französischen Botaniker mit beispielhaftem Respekt geschont wurde.

□ Auf Granitfelsen im Dépt. Deux-Sèvres gefunden (Tines de Chobert, Vallon de Magnerolles).

□ Theoretisch könnte die Hybride auch in der Südpfalz sowie in der Schweiz (Tessin) vorkommen, wo die Eltern zusammen wachsen.

7 × 10. Asplenium x contrei[2] CALLÉ, LOVIS et REICHSTEIN, Candollea **30**: 193 (1975) = *A. adiantum-nigrum* x *septentrionale* (Abb. 235).

Dem *A. souchei* sehr ähnlich, aber meist nur 3 Fiedern jederseits;

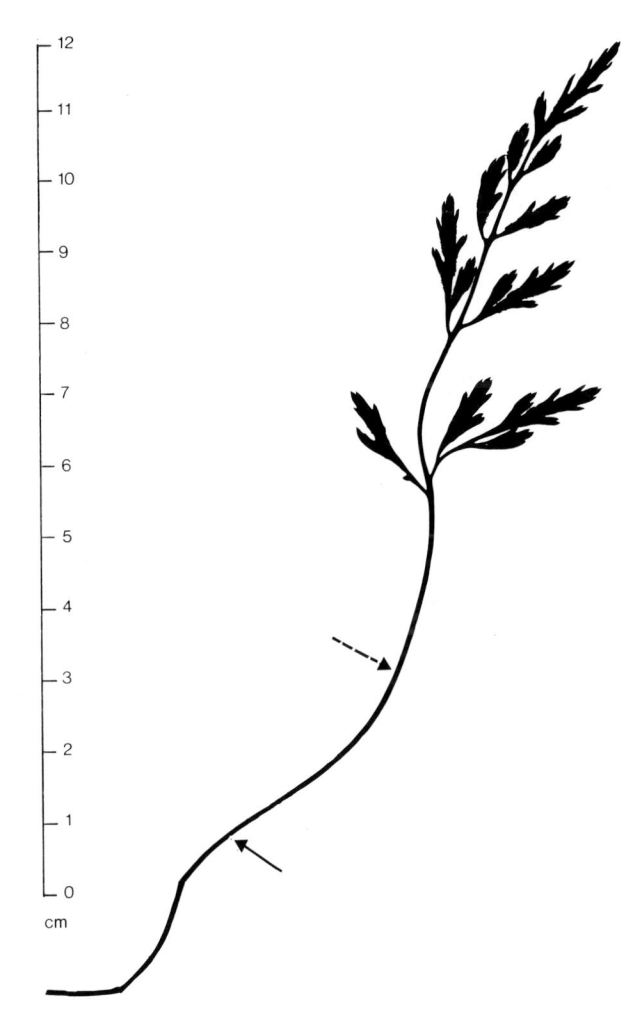

Abb. 234 □ *Asplenium* × *souchei* LITARD. (= *A. billotii* × *A. septentrionale*). Silhouette eines Blattes. Bei St. Maixent, Dépt. Deux-Sèvres (Typus-Material) (Original REICHSTEIN)

Stiel auf Oberseite bis etwa zur Hälfte braun; unterste Fiedern (3–) 5 (–10) mm gestielt und fast halb so lang wie die Spreite; letzte Abschnitte lang schmal-lanzettlich, lang gezähnt, aber Zähne nicht stachelspitzig. Sporen abortiert, ohne sichtbare gute Sporen. Chromosomenzahl: 2n = 144, aber nur mit ca. 36 Paaren und ca. 72 Einzelchromosomen bei der Meiose. Dies steht im Einklang mit der Genomformel (COnSS), wobei die Genome C (= *A. cuneifolium*) und On (= *A. onopteris*) vom Gameten des *A. adiantum-nigrum* stammen und SS vom Gameten des *A. septentrionale*. Letztere bilden durch Autosyndese die ca. 36 Paare.

---

[1] Nach dem Entdecker, Abbé BAPTISTE SOUCHÉ (1846–1914), Lehrer und bekannter Florist, Gründer und langjähriger Präsident der Soc. bot. des Deux-Sèvres.
[2] Nach EMILE CONTRÉ, geb. 1915 in Paizay-le-Tort, Lehrer daselbst und ausgezeichneter Kenner der Farne.

1. II. x 11. Asplenium x valgannense[1] E. ATTINGER, Ber. Schweiz. Bot. Ges. **75:** 92–95 (1965) = *A. seelosii* x *trichomanes* subsp. *quadrivalens*.

In der Tracht dem *A.* x *clermontae* ähnlich, aber Stiel doppelt so lang wie die Spreite und nur 2–3(–4) Fiedern auf jeder Seite. Sporen abortiert. Beschrieben aus der Schlucht von Valganna (schattiger, ostexponierter, deutlich überwölbter Dolomitfels, beim Eingang der »Grotte di Valganna«, ca. 15 km südl. der Schweizer Grenze bei Ponte Tresa, 15. Sept. 1964 E. ATTINGER). Daneben wuchsen *A. ruta-muraria, A. seelosii* und *A. trichomanes* subsp. *quadrivalens*. Bisher nur vom Typusexemplar bekannt (ZT); eine cytologische Kontrolle war nicht möglich.

Asplenium Ruta muraria L. var. pseudo-Seelosii ROSENSTOCK, Allg. Bot. Zeitschr. **8:** 116 (1902).

Vom Autor als Hybride von *A. seelosii* x *ruta-muraria*, (11 x 13) gedeutet; ist sehr unsicher.

I. II. × 13. I. Asplenium x clermontae[2] SYME, Engl. Bot. ed. 3. **12:** 132 (1886) = *A. ruta-muraria* subsp. *ruta-muraria* x *trichomanes* subsp. *quadrivalens* (Abb. 236). Syn.: *Asplenium trichomanes* x *ruta-muraria* E. PREISSMANN, Mitt. Nat. Ver. Steierm. **1895:** 118 (1895). – *A.* x *preissmannii*[3] ASCHERS. et LUERSS. ASCHERS in ASCHERS. et GRAEBN. Syn., ed. 1, **1:** 79 (1896), ed. 2, **1:** 123–125 (1913), pro *A. trichomanes* x *ruta-muraria*. – *A.* x *reicheliae*[4] ASCHERS. et DÖRFLER in Verh. Bot. Ver. Brandenb. **37:** XLVII (1896), ASCHERS. et GRAEBN. Syn. ed. 1, I: 79 (1896) et ed. 2, **1:** 124 (1913). – *A.* x *hauchecornei*[5] ASCHERS. in ASCHERS. et GRAEBN. Syn. ed. 1, **1:** 80 (1896).

Wichtige Literatur ☐ ALSTON, A. H. G. 1940: Proc. Linn. Soc. London **152:** 132–144, mit Fig. 2 E. – CHRIST, H. 1900: Farnkr. Schweiz: 97–99 mit Fig. 15. – HAYEK, A. v. 1905: Verh. Zool.-bot. Ges. Wien **55:** 12–13, mit Fig. – LOVIS, J. D., H. MELZER & T. REICHSTEIN 1966: Bauhinia **3 (1):** 87–101, mit Fig. 5. – LOVIS, J. D., H. MELZER & T. REICHSTEIN 1981; Botanica Helvetica **91:** 126. – LOVIS, J. D. 1977: Evolutionary patterns and processes in ferns. Adv. Bot. Res. **4:** 229–415. – PREISSMANN, E. 1895: *Asplenium Trichomanes* x *Ruta muraria* PREISSM. (*A. Preissmannii* ASCHERS. et LUERSS. Allg. bot. Zeitschr. 1895, Nr. 11). Mitt. Naturwiss. Ver. Steierm. **32:** 118 + fig.

Tracht ähnlich *A. trichomanes,* aber mindestens oberer Teil der Rhachis grün und unterste Fiedern meist ± geteilt. Eine sehr seltene Hybride, was auffallend ist, da die Eltern oft zu Hunderten eng zusammen wachsen, z. B. auf Mauern. Die Hybride ist wie fast alle Farnhybriden recht formenreich. Die teilweise mit verschiedenen Namen bezeichneten Formen (siehe oben) sind größtenteils nur durch unterschiedliche Standortsbedingungen hervorgerufen oder stellen verschiedene Entwicklungsstadien der Pflanze dar. Sie

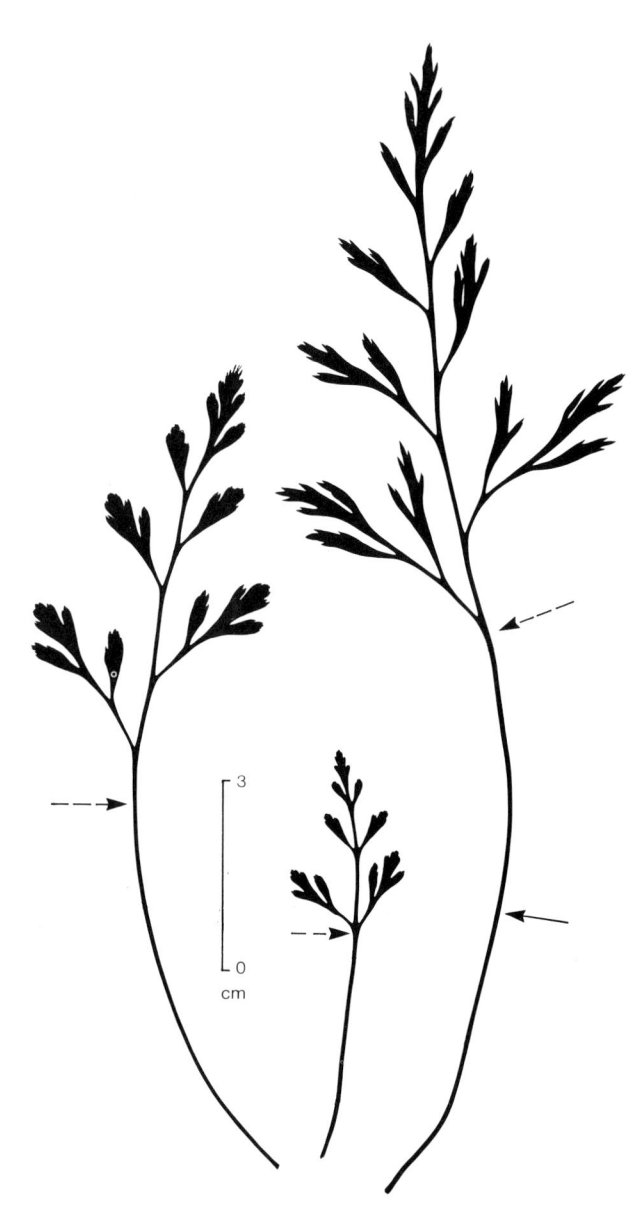

Abb. 235 ☐ *Asplenium* × *contrei* CALLÉ, LOVIS & REICHST. (= *A. adiantum-nigrum* × *A. septentrionale*). Silhouetten dreier Blätter vom gleichen Exemplar. Östl. Col d'Aspin, Dépt. Hautes-Pyrénées (später cult.) (Original REICHSTEIN)

☐ Beschrieben vom Col d'Aspin, Dépt. Hautes-Pyrénées (schieferiger Silikatfels, ca. 200 m östlich der Paßhöhe zwischen den Eltern, 3. 8. 1961, H. KUNZ & T. REICHSTEIN). Dort wuchs weder *A. billotii* noch *A. forisiense*. Ein weiteres Exemplar fand E. CONTRÉ im Dépt. Corrèze. Die Hybride ist von Rev. T. BUTLER bereits 1870 in England (Wales) gefunden, aber erst kürzlich als diese erkannt worden (J. D. LOVIS & T. REICHSTEIN 1968: *Asplenium adiantum-nigrum* x *septentrionale*: A hybrid new to Britain. Brit. Fern Gaz. **10 (1):** 37). Die Hybride könnte sehr wohl im Gebiet und anderswo einmal gefunden werden, denn es gibt sehr viele Orte (besonders am Südfuß der Alpen), an denen die Eltern zusammen wachsen; sie scheint sich sehr schwer zu bilden.

---

[1] Nach der Fundstelle im Valganna (Italien, nördlich Varese).
[2] Nach Lady CLERMONT, der Finderin.
[3] Nach dem Entdecker ERNST PREISSMANN (1844–1928), Ingenieur in Wien, am Bau einiger wichtiger Eisenbahnlinien beteiligt, daneben ein um die Erforschung der Ostalpen sehr verdienter Botaniker. Nachruf in der Wiener »Neuen Freien Presse« vom 14. Januar 1928.
[4] Nach der Entdeckerin, Fräulein MARIE REICHEL (1876–?), der Braut von I. DÖRFLER.
[5] Nach dem Entdecker, DR. WILHELM HAUCHECORNE (1828 bis 1900), lange Direktor der Bergakademie Berlin und vorzüglicher Kenner der einheimischen Farne. Seine Sammlungen sind jetzt in Berlin.

gleichen sich bei Kultur unter einheitlichen Bedingungen weitgehend aneinander an (REICHSTEIN, 1981: 111–112; 129 Abb. 15 A, B). Gewisse kleine Unterschiede bleiben aber bestehen; sie sind somit erblich bedingt. Der Grund dafür ist in den bereits bei den Eltern vorhandenen morphologischen Unterschieden zu suchen, z. B. beim formenreichen tetraploiden *A. trichomanes*.

□ Rhizom kurz aufrecht, später dicht verzweigt, vielköpfig, an der Spitze mit schwarzbraunen, borstenförmig zugespitzten, gegitterten Spreuschuppen besetzt, die keinen deutlichen Mittelstreif tragen; reife Blätter 3–12 cm lang, dichtrasig, überwinternd; Stiel ⅛ bis so lang wie die Spreite, in der Jugend nur im untersten Teil, bei reifen Blättern auf der ganzen Länge glänzend rotbraun, ungeflügelt, von einem Leitbündel durchzogen, dem auf adaxialer Seite ein schwarzwandiger Sklerenchymstrang vorgelagert ist, Xylem unten aus zwei Strängen bestehend, weiter oben zu einem im Querschnitt dreischenkligen Körper vereinigt; Blattspreite in Umriß lineal-lanzettlich, bis über die Mitte ± gleich breit, nach unten nicht oder wenig verschmälert, oben zugespitzt, derb krautartig, glanzlos, 1–2fach gefiedert mit 4–12 Fiederpaaren; unterste Fiedern bei kleinen Blättern deltoid, später dreizählig, etwas eingeschnitten, bei größeren Blättern drei-(fünf-)zählig gefiedert, mit obovaten Seiten- und keilförmig-rhombischen Endabschnitten, obere Fiedern ungeteilt; Rhachis bei jungen Blättern oft ganz grün, später im unteren Teil zu ½ bis ⅕ ihrer Länge braun. Sori jederseits (1–)2–3(–4), länglich-lineal, zuletzt die ganze Unterseite deckend; Indusium unregelmäßig geschweift bis gefranst; Sporen weitgehend abortiert, aber stets auch eine gewisse Anzahl gut ausgebildeter Sporen sichtbar (REICHSTEIN 1981: 99 Abb. 2 A). Chromosomenzahl: 2n = 144, mit sehr vielen, meist ca. 68–70 Paaren bei der Meiose, wobei gelegentlich das theoretisch mögliche Maximum von 72 Paaren beobachtet wurde [nach J. D. LOVIS, H. MELZER & T. REICHSTEIN 1981: Botanica Helvetica **91**: 126 an Material aus der Steiermark sowie aus Valganna (nördl. Varese), das in Basel und Leeds kultiviert wurde]. Die Hybride ist leicht kultivierbar, sehr langlebig und läßt sich durch Teilung vermehren. Die weitgehende, aber meistens nicht vollständige Paarbildung bei der Meiose entspricht der Genomformel (RRTT) oder genauer (RR′TT′), wobei angenommen wird, daß die Paare durch Autosyndese entstehen.

Entsprechend dem Bild bei der Meiose sowie der Bildung vereinzelter Sporen ist diese Hybride teilweise fertil. Sowohl in Basel als auch in Leeds konnten bei Aussaaten Prothallien erhalten werden, die auch Sporophyten lieferten. Diese zeigten weitgehend die Morphologie der ursprünglichen Hybride, und einige davon waren gut wüchsig und langlebig; eine größere Anzahl zeigte aber merkliches oder sehr stark verzögertes Wachstum und lieferte Kümmerformen. Der Sporangieninhalt der guten Stücke lieferte bei Aussaat wieder eine dritte Generation. Es ist also kein Zweifel möglich, daß diese Hybride in beschränktem Umfang fertil ist. In der Natur dürfte eine Vermehrung durch Sporen nur in günstigen Ausnahmefällen vorkommen. Theoretisch wären auch Rückkreuzungen, z. B. mit den Eltern möglich. Solche sind in diesem Fall aber auch experimentell noch nie erzeugt worden (vgl. Rückkreuzungen bei *A.* x *murbeckii*).

□ Die Entstehung von Hybriden wie dieser wird von LOVIS (1977: 365–367) als verzögerte Allopolyploidie (delayed allopolyploidy) bezeichnet. Das *A.* x *clermontae* verhält sich nur fast, aber eben nicht ganz, wie eine gute allotetraploide Art. Eine solche könnte entstehen, wenn die diploide Hybride von *A. ruta-muraria* subsp. *dolomiticum* x *A. trichomanes* subsp. *trichomanes* (die nicht bekannt ist und der die Genomformel RT zukommen müßte) ihre Chromosomen verdoppeln würde. Die so erhaltene Pflanze hätte ebenfalls die Genomformel (RRTT), wobei aber alle RR und alle TT völlig homolog wären. Sie sollte bei der Meiose ausschließlich Paare bilden und nur gute Sporen produzieren. Im Laufe der

Abb. 236 □ *Asplenium* × *clermontae* SYME (= *A. ruta-muraria* subsp. *ruta-muraria* × *A. trichomanes* subsp. *quadrivalens*). Silhouetten dreier Blätter vom gleichen Exemplar. St. Gotthard bei Graz, Steiermark (später cult.) (Original REICHSTEIN)

langen Zeit, während der vermutlich sowohl das tetraploide *A. ruta-muraria* als auch *A. trichomanes* existieren, haben sich ihre Genome soweit differenziert (RRR′R′) und (TTT′T′), daß R und R′ sowie T und T′ zwar noch weitgehend, aber nicht vollständig homolog sind. Daher ist das Resultat merklich verschieden, wenn einerseits zwei diploide Arten eine Hybride bilden und diese ihre Chromosomen verdoppelt, oder andererseits jede Art für sich zuerst verdoppelt und die Hybridisierung erst dann (meist viel später) eintritt. Zu den Hybriden, die das Phänomen der verzögerten Allopolyploidie zeigen, gehört außer *A.* x *clermontae*, *A.* x *heufleri* und *A.* x *souchei* auch *A.* x *murbeckii*, sowie die nur künstlich erhaltene Hybride von *A. billotii* mit dem autotetraploiden *A. petrarchae* (SLEEP 1968), vermutlich auch *A.* x *nieschalkii* (= *A. petrarchae* x *trichomanes* subsp. *quadrivalens*) und x *Asplenoceterach badense* = *A. ruta-muraria* subsp. *ruta-muraria* x *Ceterach officinarum* subsp. *officinarum*.

□ Die Hybride ist von Nordirland beschrieben (Gartenmauer bei Flurry Bridge, Ravensdale/Park, Newry Co. Down, 1863 Lady CLERMONT); Typus in BM.

Verbreitung im Gebiet □ Wurde gefunden: Deutschland: Rheinland (Saarburg, Herb. KÖRNICKE). – Schweiz: Kant. Tessin (bei Lugano). – Österreich: Steiermark (St. Gotthard bei Graz, 1964 MELZER, 2 Stöcke; Bärenschützgraben bei Mixnitz; zwischen Leutsch u. Podvolovleg); Niederösterreich (am Fuß des Hundsheimer Berges bei Hainburg; Aspang bei Gloggnitz); Südliches Bur-

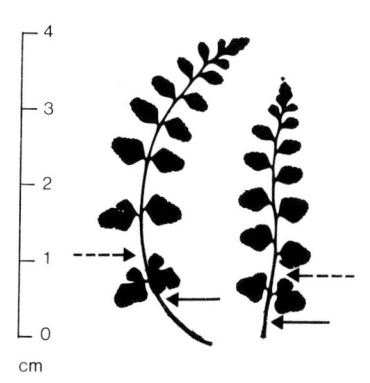

Abb. 237 □ *Asplenium* × *lobmingense* MELZER, LOVIS & REICHST. (= *A. adulterinum* × *A. ruta-muraria* subsp. *ruta-muraria*). Silhouetten von Blättern vom Typus-Exemplar von Lobming ob St. Stefan a. d. Mur, Steiermark (Original REICHSTEIN)

genland (Satzenriegel bei Rechnitz auf Phyllit); Kärnten (Mauer bei Weißbriach nächst Hermagor). – Norditalien: Lombardei (Valganna nördl. Varese); Südtirol (in der Burg Rafenstein bei Bozen). – Tschechoslowakei: Mähren (Mährischer Karst). – Slowenien: Julische Alpen (Valle Trenta, 650 m, 1981). – Ferner in Nordamerika gefunden (s. W. H. & F. WAGNER, Ohio J. Sci. **76**: 99–102 [1976]).

2. × 13. l. Asplenium × lobmingense[1] MELZER, LOVIS & REICHSTEIN, Botan. Helv. **91**: 114 (1981) = *A. adulterinum* × *ruta-muraria* subsp. *ruta-muraria* (Abb. 237).

Dem *A.* × *clermontae* sehr ähnlich, aber Stiel nur im untersten Teil braun, auch in reifem Zustand die ganze Rhachis grün, und Sporen, soweit feststellbar, vollständig abortiert. Chromosomenzahl: 2n = 144 mit ca. 30–36 Paaren und ca. 72–84 Einzelchromosomen bei der Meiose. Bisher nur in einem einzigen Exemplar gefunden: Steiermark, Murtal, SO oberhalb St. Stefan, auf steilen Serpentinitfelsen neben Steinbruch, bei ca. 800 m Höhe und ca. 1,7 km NNW der Kirche von Lobming zwischen den Eltern, leg. H. MELZER 20. 6. 1964. Die Pflanze wurde für cytologische Untersuchung in Kultur genommen (TR-1236) und ein Beleg als Typus in G hinterlegt. Die Hybride ist von LOVIS auch experimentell erzeugt worden; die so erhaltenen Pflanzen zeigten gleiche Morphologie und bei der Meiose gleiches Verhalten wie die natürliche Hybride. Es kann ihr die Genomformel (RRTV) zugeschrieben werden, wobei die Paare bei der Meiose von den zwei RR-Genomen des *A. ruta-muraria* stammen.

7. × 13. l. Asplenium × perardi[2] R. DE LITARDIÈRE, Bull. Soc. Bot. Deux-Sèvres **21**: 109 (Juin 1910) (nomen) = *A. adiantum-nigrum* × *ruta-muraria* subsp. *ruta-muraria*.

Diese in der Literatur mehrfach aufgeführte und unter verschiedenen Synonymen genannte Hybride ist angeblich an den verschiedensten Orten Mitteleuropas gefunden worden. Sie ist weder cytologisch untersucht, noch liegen zuverlässige Sporenbefunde vor; sie wird hier deshalb nur kurz erwähnt. Bei dem von S. SEGAL, Gorteria **1**: 56–59 (1962) beschriebenen Stück (Beleg in L) handelt es sich um *A. adiantum-nigrum*.

8. × 13. l. Asplenium murariaeforme[3] A. WAISBECKER Österr. Bot. Zeitschr. **49**: 63 (1899), pro *A. germanicum* × *A. ruta-muraria*, corr. 1902 *A. Ruta muraria* × *Forsteri* (?) in Magy. Bot. Lap. **1**: 175 (1902). – *A. cuneifolium* × *Ruta muraria* CHRIST: Die Asplenien des HEUFLER'schen Herbars, Allg. Bot. Ztschr. **9**: 29 (1903). – *A. Forsteri* x *A. Ruta-muraria*, JANCHEN Catal. Fl. Austr. **1**: 70 (1956). Falls diese Hybride existiert, wäre sie als *A. cuneifolium* x *ruta-muraria* subsp. *ruta-muraria* zu bezeichnen.

Sie ist aus Sachsen und aus Ungarn angegeben; ihr Status ist nicht gesichert.

10. × 13. l. Asplenium × murbeckii[4] DÖRFLER, Österr. Bot. Zeitschr. **45**: 223 (1895) = *A. ruta-muraria* subsp. *ruta-muraria* x *septentrionale* (Abb. 238)□ Die richtige Deutung als *A. ruta-muraria* L. x *septentrionale* (L.) HOFFM. (ohne Beschreibung) gab erstmals MURBECK [Bot. Centralbl. **31**: 322 (1887)]. Die Beschreibung mit Abbildungen gab er in : Tvenne Asplenier deras affiniteter och genesis, Lunds Univ. Årsskr **27**: 36–45 + tab. I–II (1892). Synonymie: *A. Ruta muraria* var. β *angustatum* E. COSSON, Description des espèces nouvelles pour les environs de Paris [Notes sur quelques plantes ent. II. 1849: 82 (1850)]; E. Cosson et E. GERMAIN DE SAINT-PIERRE [Fl. Env. Paris ed. 2: 864 (1861)], vermutl. auch *A. Ruta muraria* f. *pseudo-germanicum* HEUFLER (1856: 338) (non auct.) – *A. Ruta muraria* var. *cuneatum* MOORE, The nature printed British ferns 8° ed. 2: 124 + tab. 79 A (1867) mit ausgezeichneter Abb. – *A. septentrionale* x *ruta-muraria* ASCHERS. in ASCHERS. & GRAEBN. Syn. ed. 1.**1**: 75 (1896) ed. 2, **1**: 116–117 (1913). – *A.* x *suevicum* K. BERTSCH ex D. E. MEYER Ber. Dtsch. Bot. Ges. **72**: 40 (1959).

Wichtige Literatur □ ALSTON, A. H. G. 1940: Notes on the supposed hybrids in the genus *Asplenium* found in Britain. Proc. Linn. Soc. London **152**: 132–144 (mit Abb.). – BOUHARMONT, J. 1972: Origine de la polyploidie chez *Asplenium ruta-muraria* L. Bull. Jard. Bot. Nat. Belg. **42**: 375–383. BOUHARMONT, J. 1977: Patterns of chromosome evolution in Aspleniaceae. The Nucleus **20** (1–2): 65–70. – BOUHARMONT, J. 1977: Cytotaxonomie et évolution chez des *Asplenium*. La Cellule **72** (1–2): 57–74 mit Abb. – CHRIST, H. 1900: Die Farnkräuter der Schweiz. [Seine Fig. 6 gibt ein Blatt mit sehr langem Stiel, vermutl. aus tiefer Spalte, aber auch die Fig. 17 zeigt vermutl. junges *A.* x *murbeckii* (sub *A. Germanicum* x *Trichomanes* aus Barbengo)]. – GUÉTROT, M. 1919: Stations del l'x *Asplenium* Mürbeckii. Monde des Plantes No. 2 (No 117): 4. – GUÉTROT, (M.) 1936: Histoire d'une fougère hybride de la France, *Asplenium* (*Cossonianum*) *Murbeckio*. Bull. Soc. Nat. Archéol. Ain **50**: 210–233 [mit ausgezeichneter Beschreibung der Geschichte und guten Figuren]. – LOVIS, J. D. 1963: Meiosis in *Asplenium* x *murbeckii* from Borrowdale. Brit. Fern Gaz. **9** (4): 110–113. – LOVIS, J. D. 1964: Autoploidy in *Asplenium*. Nature **203** (4942): 324–325. – LUDWIG, W. 1962: Neues Fundorts-Verzeichnis zur Flora von Hessen. Jahrb. Nassauisch. Ver. f. Naturk. **96**: 6–45. – MEYER, D. E. 1952: Bibl. Bot. **123**: 23–24. – MEYER, D. E. 1959: Ber. Deutsch. Bot. Ges. **72**: 37–48 mit Abb. – MEYER, D. E. 1962: Ber. Deutsch. Bot. Ges. **74**: 449–461. – NIESCHALK, A. & CH. 1961: *Asplenium*-Bastarde in Nordhessen. Hess. Florist. Briefe **10** (110): 9–12. – REICHSTEIN, T. 1981: Botanica Helvetica **91**: 111. – VIDA, G. 1965: Ursprung und Systematik der tetraploiden *Asplenium*-Arten. Bot. Közlem. **52**

---

[1] Nach dem Fundort bei Lobming, Steiermark, Gleinalpengebiet ob St. Stefan a. d. Mur.
[2] Nach M. PERARD (1835–1887).
[3] An *A. ruta-muraria* erinnernd.
[4] Nach SVANTE S. MURBECK (1859–1946), Professor der Botanik an der Universität Lund, einem der besten Kenner der europäischen, besonders der mediterranen Flora, Monograph der Gattung *Verbascum*. Er hat auch erstmals diese seltene Hybride sehr sorgfältig beschrieben und richtig gedeutet.

(3): 166. – VIDA, G. 1970: The nature of polyploidy in *Asplenium ruta-muraria* L. and *A. lepidum* PRESL. Caryologia **23** (4): 525–547.

In der Tracht zwischen beiden Eltern stehend. Rhizom kurz aufrecht, bei größeren Pflanzen verzweigt, an der Spitze mit schwarzbraunen, schmal-lanzettlichen, borstenförmig zugespitzten, gegitterten, drüsig gezähnten Spreuschuppen ohne Mittelstreif besetzt; Blätter überwinternd, 2–14 cm lang; Blattstiel länger als die Spreite, nur am Grunde glänzend schwarzbraun, unterwärts spärlich behaart, gefurcht, von einem Leitbündel durchzogen, dem auf der adaxialen Seite einige schwarzwandige Sklerenchym-Zellreihen vorgelagert sind und dessen Xylem am Grunde aus zwei Strängen besteht, die sich nach oben zu einem dreischenkligen Strang vereinigen; Blattspreite unregelmäßig deltoid bis eiförmig, ein- bis zweifach gefiedert, graugrün, zuletzt kahl; Fiedern wechselständig, jederseits nur 1 oder 2, bei größeren Blättern die unteren vorwiegend in drei Abschnitte geteilt; letzte Abschnitte aus keiligem Grund schmal fächerförmig, seltener obovat, oben eingeschnitten, schmal und spitz gezähnt. Sori jederseits 1–3, lineal, der undeutlichen Mittelrippe ± parallel; Indusium ganzrandig. Sporangieninhalt besteht vorwiegend aus dunklen amorphen Massen, enthält aber auch eine merkliche Menge guter Sporen. Chromosomenzahl: 2n = 144, mit sehr vielen normalen Paaren bei der Meiose; gelegentlich wird sogar die theoretisch mögliche Höchstzahl von 72 Paaren gefunden, vgl. J. D. LOVIS (1963, 1964, 1977), G. VIDA (1970). Dies entspricht der Genomformel (RRSS) bzw. (RR'SS'), wobei angenommen wird, daß die Paare durch Autosyndese der R- und R'- sowie S- und S'-Genome der im wesentlichen autotetraploiden Eltern entstehen. Die Hybride besitzt dementsprechend eine geringe, aber merkliche Fertilität. J. D. LOVIS konnte durch Aussaat von Material aus Hessen eine größere Anzahl von Nachkommen aufziehen, die sich cytologisch gleich verhielten wie die ursprünglichen Hybriden. In der Morphologie zeigten sie aber große Unterschiede; bei einzelnen überwog die Ähnlichkeit mit *A. ruta-muraria,* andere standen deutlich dem *A. septentrionale* näher. Es gelang auch, Rückkreuzungen mit beiden Elternarten zu erzeugen; beide zeigten die erwartete Morphologie und waren tetraploid. Bei der Kreuzung *A.* x *murbeckii* x *ruta-muraria* (RRRS) wurden bei der Meiose etwa 36 polyvalente Chromosomen (Bi- und sehr viele Trivalente) beobachtet. Die Kreuzung *A.* x *murbeckii* x *septentrionale* (RSSS) zeigte nur ca. 8–10 Trivalente sowie ca. 27–32 Paare und ca. 54–59 Einzelchromosomen. Das deutlich verschiedene Verhalten der zwei Rückkreuzungen bei der Meiose entspricht früheren Beobachtungen, nach denen Hybriden, die drei Genome von *A. ruta-muraria* enthalten, (z. B. *A.* x *javorkae,* siehe unten), in der Regel sehr viele Tri- und gelegentlich sogar 1–2 Tetravalente zeigen, während das bei Hybriden mit drei Genomen anderer Arten weniger ausgeprägt oder gar nicht der Fall ist. So gab *A.* x *sollerense* = *A. majoricum* x *petrarchae* = FoPPP [vgl. J. D. LOVIS, A. SLEEP & T. REICHSTEIN Ber. Schweiz. Bot. Ges. **79:** 369–375 (1969)] ca. 8–13 Trivalente, ähnlich wie obige Rückkreuzung (RSSS) und das natürliche *A.* x *hungaricum* (siehe unten). Dagegen zeigen Hybriden mit drei T-Genomen (z. B. *A.* x *lusaticum* = TTT oder *A.* x *praetermissum* = TTTV) überhaupt keine Trivalenten bei der Meiose. Es scheint ein Mechanismus am Werk, der dies verhindert.

Allgemeine Verbreitung □ *A.* x *murbeckii* ist eine seltene Hybride, was begreiflich ist, da es relativ wenig Standorte gibt, an denen

---

Abb. 238 □ *Asplenium* × *murbeckii* DÖRFLER (= *A. ruta-muraria* subsp. *ruta-muraria* × *A. septentrionale* subsp. *septentrionale*). Silhouetten von Blättern von verschiedenen Standorten, beide tetraploid □ *a* Billstein, Hessen □ *b* Kt. Tessin (Orig. REICHSTEIN)

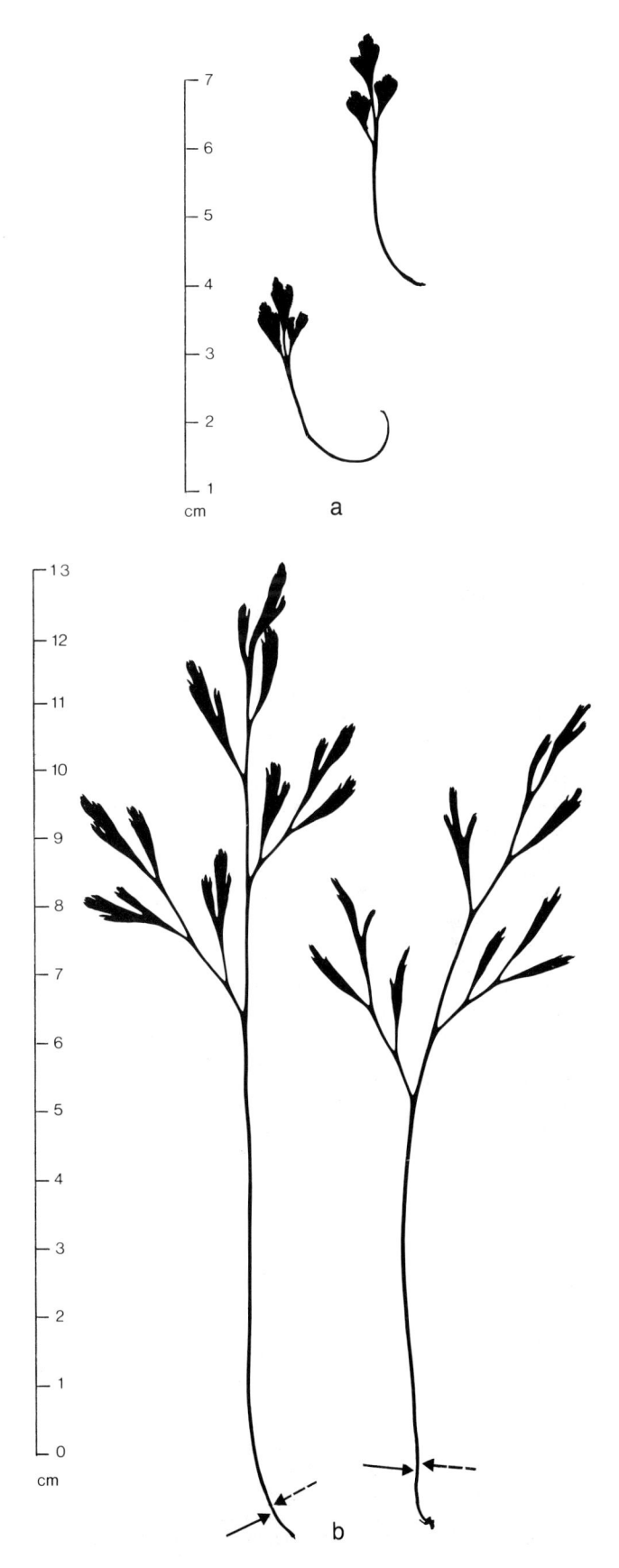

das kalkfliehende *A. septentrionale* mit dem kalkholden *A. ruta-muraria* zusammen zu finden ist; gelegentlich ist dies an Mauern der Fall. Die Hybride ist aber doch in vielen Ländern Europas (Spanien, Frankreich, England, Schottland, Schweden, Norwegen, Deutschland, Österreich, Schweiz, Ungarn und Rumänien) sowie im Kaukasus gefunden worden. Überall fand man sie zwischen den Eltern, meist als Einzelstücke.

Verbreitung im Gebiet □ Die früheren Funde sind meist erloschen; gelegentlich treten an denselben Stellen neue Hybriden auf. Elsaß (am Merlenberg bei Odern, nördl. Wesserling, Tal der Thur, Issler). – Deutschland: Hessen, Nord-Waldeck (Adorf); Eder-Bergland (Diabasfelsen bei Bad Wildungen; Schieferfelsen bei Giflitz); Werra-Gebiet (Bilstein im Höllental bei Albungen); Baden (Hohentwiel im Hegau, auf Phonolith, dort 1961 noch gefunden); Thüringen: Heinrichstein bei Ebersdorf. – Schweiz: Kant. Bern (Gadmental, Straßenmauer zw. Nessental und Schaftelen); Kant. Zürich (Richterswil, zerstört); Kant. Schwyz (bei Goldau); Kant. Graubünden (Haderegg bei Pany nördl. Küblis im Prättigau, 1300 m; Muottas b. Zernez); Kant. St. Gallen (bei Mels am Eingang zum Weißtannental); Kant. Wallis (Vallée de Salvan, aux Marécottes); Kant. Tessin (zw. Melide u. Morcote; Lavorico bei Ronco d'Ascona; Gneismauer vor dem Kloster Bigorio ob Tesserete, zerstört). – Österreich: Tirol (Eingang des Ötztals); Salzburg (Murwinkel im Lungau westl. Tamsweg a. d. Mur, 1080 m); südl. Burgenland (Satzenriegel bei Rechnitz auf Phyllit); Kärnten (Eggen am Kraigerberg bei St. Veit a. d. Glan).
□ Bei den genannten Funden dürfte es sich in den meisten Fällen um die F_1-Generation handeln, also um Hybriden, die dort entstanden sind, wo man sie findet. Die Pflanzen scheinen an geeigneten Plätzen sehr langlebig zu sein, wenn sie nicht zerstört werden. Völlig einzigartig sind die fünf von A. und Ch. Nieschalk in Hessen entdeckten Kolonien, wo verschiedentlich 5–25 Stück auf relativ engem Raum zusammen wachsen; dort dürften auch durch Sporenaussaat entstandene Pflanzen (F_2-Generation und eventuell folgende) dabei sein. Es ist zu hoffen, daß verantwortungsvolle Liebhaber dieses seltene Phänomen gebührend respektieren und, falls sie unbedingt Herbarstücke (statt Foto) benötigen, sich mit einem Einzelblatt begnügen, das als zuverlässiger Beleg völlig ausreicht.

Experimentelle Erzeugung □ *A.* x *murbeckii* ist vielleicht bereits von A. Heilbronn [Apogamie, Bastardierung und Erblichkeitsverhältnisse bei einigen Farnen, Flora **101**, N. F. **1**: 1–42 (1910)] experimentell erzeugt worden. Eindeutig gelang dies in neuerer Zeit erstmals D. E. Meyer (1952, 1959, 1962) dann G. Vida (1965, 1970) und Bouharmont (1977). Vida hat auch bei der experimentellen Hybride die Meiose genau analysiert.

Variationsbreite □ Meyer (1952, 1959) wies zunächst darauf hin, daß die Form, die er als *A.* x *suevicum* Bertsch et Meyer (1959) bezeichnet, in der Morphologie dem *A. septentrionale* näher steht als die Form, die er *A.* x *murbeckii* s. str. nannte. Er glaubte, daß es sich bei *A.* x *murbeckii* s. str. um *A. ruta-muraria* ♀ x *A. septentrionale* ♂ handelt und *A.* x *suevicum* um die reziproke Hybride, wobei das mütterliche Cytoplasma eine für die Morphologie dominante Rolle spielen soll. Dies ist theoretisch möglich, aber nicht bewiesen. Später stellte Meyer (1962) fest, daß die Unterschiede der Formen zum großen Teil durch äußere Faktoren bedingt sind und sich bei Kultur unter einheitlichen Bedingungen weitgehend ausgleichen; dies steht in voller Übereinstimmung mit Beobachtungen von Lovis, Reichstein und Vida (unpubl.). Es gibt auch alle Übergänge zwischen den Extremen; wir müssen dem *A.* x *murbeckii* eine merkliche Variationsbreite zuerkennen, wie sie allen *Asplenium*-Hybriden und auch den reinen Arten zukommt. Meyer (1962) hat daher empfohlen, von der Verwendung

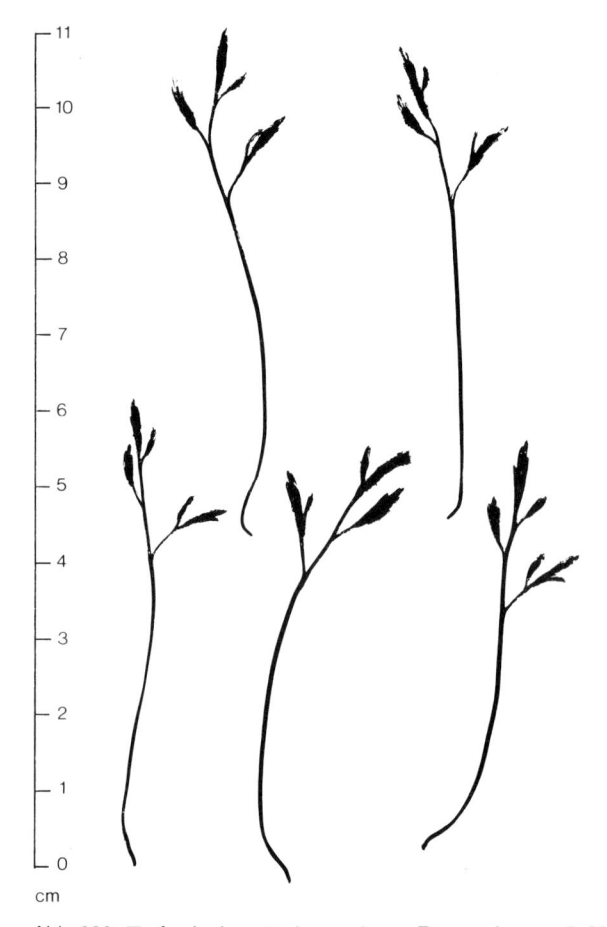

Abb. 239 □ *Asplenium* × *hungaricum* Fraser-Jenkins & Vida (= *A.* × *murbeckii* × *A. septentrionale* subsp. *septentrionale*). Silhouetten von Blättern vom Typus-Material. Gabbrofels bei Bátor, Umg. von Eger, Ungarn (Original Reichstein)

des Namens *A.* x *suevicum* abzusehen und alle in der Natur gefundenen Hybriden der Kreuzung von *A. ruta-muraria* x *septentrionale* als *A.* x *murbeckii* zu bezeichnen. Dies entspricht auch durchaus unserer Meinung.

10. × (10. × 13. l). Asplenium × hungaricum Fraser-Jenkins et Vida in Reichstein, Botanica Helvetica **91**: 118 (1981) = *A.* x *murbeckii* x *septentrionale* (Abb. 239).

Von großem Interesse ist, daß es C. R. Fraser-Jenkins und G. Vida im Sept. 1969 gelang, bei Bátor (Umgebung von Eger, N.-Ungarn) diese natürliche Rückkreuzung zu finden. Die Pflanze zeigte die erwartete Morphologie, vgl. Abb. 239, hatte völlig abortierte Sporen und zeigte bei der Meiose ca. 6–13 Trivalente, 23–30 Paare und 59–66 Einzelchromosomen, verhielt sich also genau wie die von Lovis experimentell erzeugte Rückkreuzung. Das bei Bátor neben der genannten Pflanze wachsende *A.* x *murbeckii* zeigte praktisch vollständige Paarbildung (70–72^{II} mit höchstens vereinzelten Einzelchromosomen). Die Natur dieser einmaligen Hybride dürfte damit gesichert sein. Es ist dies der erste eindeutige Fund einer solchen Rückkreuzung einer natürlichen *Asplenium*-Hybride in der Natur. Sie muß als seltener Ausnahmefall gelten. An den von Nieschalk entdeckten Fundstellen, an denen *A.* x *murbeckii* in großer Zahl mit viel *A. ruta-muraria* und *A. septentrionale* zusammen wächst, wurde trotz gezielter gemeinsamer Suche (J. D. Lovis, A. & Ch. Nieschalk und T. Reichstein) während zweier Tage, an denen viele Fixierungen und Einzelblätter im Feld gesammelt wurden, kein Stück einer solchen Rückkreuzung entdeckt. Hingegen hat Bertsch schon 1897 am Hohentwiel (Baden) eine Pflanze gefunden, die er 1950 als *Asplenium* x *murbeckii* x *septentrionale* K. Bertsch, Jahresh. Ver. Vaterl. Naturk. Württemb. **102–105**: 82, f. 8 (1950) beschrieben und von der er drei Blätter abgebildet hat (Typus: Herb. Bertsch, nicht gesehen). Danach scheint es uns nicht ausgeschlossen, daß tatsächlich diese Rückkreuzung vorgelegen hat. Die anderen von D. E. Meyer (1959) später als *A.* x *suevicum* K. Bertsch ex Meyer beschriebenen und teilweise experimentell erzeugten Pflanzen gehören aber nicht dazu. Aufgrund morphologischer Merkmale sind früher bei Farnhybriden viele Rückkreuzungen postuliert worden, die vermutlich nicht existieren. Dazu gehören *A.* x *alternifolium* x *trichomanes*, *A.* x *alternifolium* x *septentrionale* u. a.

1. III. × 14. Asplenium x stiriacum[1] D. E. Meyer, Ber. Deutsch. Bot. Ges. **75**: 27–29 (1962); emend. J. D. Lovis, H. Melzer & T. Reichstein, Bauhinia (Basel) **3**: 87–101 (1966) = *A. lepidum* x *trichomanes* subsp. *inexpectans* vgl. D. E. Meyer, Ber. Deutsch. Bot. Ges. **76**: 13–22 (1963) (Abb. 240).

Rhizom kurz aufrecht, bei größeren Stücken verzweigt, an der Spitze mit braunen Schuppen besetzt, die keinen Scheinnerv besitzen. Reife Blätter 2–8–(10) cm lang. Stiel ¼ bis so lang wie die Spreite, braun; Blattspindel bei jungen Pflanzen ganz grün, bei reifen auf adaxialer Seite von der Basis bis auf höchstens ⅓ ihrer Länge braun, auf abaxialer Seite jeweils noch etwas höher hinauf. Spreite im Umriß schmal deltoid, unterstes Fiederpaar also fast stets am größten. Unterste Fiedern deutlich gestielt, unsymmetrisch fiederspaltig oder gefiedert, mit unregelmäßig stumpf gekerbten Segmenten. Obere Fiedern weniger eingeschnitten, Rand gekerbt. Sporen abortiert. Chromosomenzahl: 2n = 108, mit ausschließlich oder fast nur Einzelchromosomen bei der Meiose, entspricht der Genomformel (AgRT), wobei Ag und R dem Gameten von *A. lepidum* entsprechen, das von *A. aegaeum* (Ag) und *A. ruta-muraria* subsp. *dolomiticum* (R) abstammt.

Vorkommen □ Beschrieben ist die Hybride aus der Steiermark [Bärenschützklamm bei Mixnitz, 1933 M. Salzmann. Typus in GZU, vgl. Abb. bei Meyer (1962). Weitere Abb. bei Lovis et al. (1966)]. Bisher nur aus Österreich bekannt; auf ± schattigen Kalkfelsen, an denen *A. lepidum* und *A. trichomanes* subsp. *inexpectans* zusammen wachsen: Steiermark (Bärenschützklamm bei Mixnitz mehrfach, am Rötelstein neben der Drachenhöhle bei 700–1070 m). Niederösterreich [Hohe Wand, westl. Wiener Neustadt; Gahnsleiten bei Payerbach, vgl. H. Melzer, Verh. Zool.- Bot. Ges. Wien **103–104**: 182–190 (1964)].

1. II. × 14. Asplenium x aprutianum[2] Lovis, Melzer et Reichstein, Bauhinia (Basel) **3**: 89 (1966) = *A. lepidum* x *trichomanes* subsp. *quadrivalens*, vgl. D. E. Meyer, Ber. Deutsch. Bot. Ges. **76**: 13–22 (1963), mit sehr instruktiven Figuren (Abb. 241).

Von *A. stiriacum* verschieden durch kräftigeren Wuchs; Stiel meist kürzer als die Spreite; Blattspindel meist bis zur Hälfte braun; unterstes Fiederpaar selten größer als die 1–2 folgenden und nur sehr kurz (ca. 1 mm) gestielt, gelegentlich fast sitzend, vgl. Figuren bei Meyer (1963: 19), wobei A und B auf Abb. 2 *A.* x *stiriacum*, die vier weiteren Blätter (C, D) das *A.* x *aprutianum* darstellen.

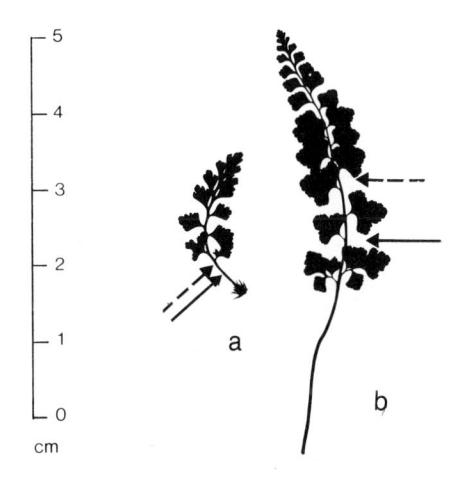

Abb. 240 □ *Asplenium* × *stiriacum* D. E. Meyer (= *A. lepidum* × *A. trichomanes* subsp. *inexpectans*) □ a Blattsilhouette von einer kleinen Pflanze, Hohe Wand □ b Silhouette eines größeren Blattes. Drachenhöhle ob Mixnitz, Steiermark; beide triploid (Original Reichstein)

Ferner Figuren bei Lovis et al. (1966). Sporen abortiert wie bei *A.* x *stiriacum*, aber Chromosomenzahl 2n = 144, mit ca. 26–33 Paaren und ca. 78–92 Einzelchromosomen bei der Meiose. Dies entspricht der Genomformel (AgRTT), wobei angenommen wird, daß die Paare durch weitgehende, aber nicht vollständige Autosyndese der zwei T-Genome des *A. trichomanes* gebildet werden. Beschrieben aus den Abruzzen in Italien (zwischen Anversa und Scanno).
□ Im Gebiet bisher nur aus Österreich: Steiermark (Bärenschützklamm bei Mixnitz); Niederösterreich (Gahnsleiten bei Payerbach, ca. 850 m, Semmeringgebiet, an der Falkensteinwand bei

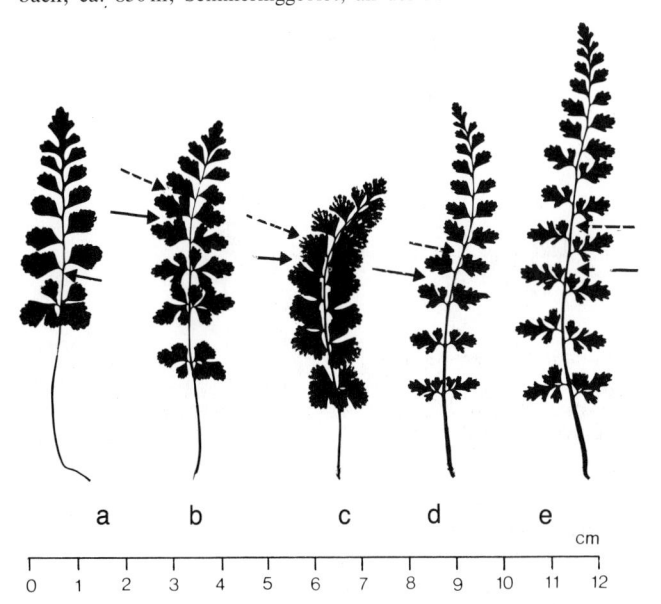

Abb. 241 □ *Asplenium* × *aprutianum* Lovis, Melzer & Reichst. (= *A. lepidum* × *A. trichomanes* subsp. *quadrivalens*). Blattsilhouetten verschiedener Exemplare □ a vom Typus-Exemplar aus den Abruzzen □ b, c dass., länger kultiviert □ d, e von Gansleiten bei Payerbach, Niederösterreich, später cult.; alle tetraploid (Original Reichstein)

---

[1] Nach dem Fundort in der Steiermark.
[2] Nach dem Fundort in den Abruzzen.

experimentell erzeugt worden. Morphologie und Verhalten bei der Meiose entsprechen völlig den in der Natur gefundenen Pflanzen, vgl. G. VIDA, Caryologia **23**: 525–547 (1970).

13. II. × 14. Asplenium × eglii[1] LOVIS et REICHSTEIN, Botan Helv. **91**: 116 (1981) = *A. lepidum* x *ruta-muraria* subsp. *dolomiticum* (Abb. 242).

In Tracht und Farbe (in frischem Zustand gelblich-grün) dem *A. lepidum* sehr ähnlich und relativ zart wie dieses, aber weniger oder gar nicht drüsenhaarig. Sori ebenfalls sehr tief gestellt, aber Sporen abortiert. Chromosomenzahl: 2n = 108, mit ca. 36 Paaren und ca. 36 Univalenten bei der Meiose, entsprechend der Genomformel (AgRR), wobei die Paare als Autosyndese der zwei R-Genome gedeutet werden, eines davon aus dem Gameten (AgR) des allotetraploiden *A. lepidum* (AgAgRR) und eines aus der diploiden Mauerraute (RR).

Vorkommen □ Diese unerwartete Hybride wurde von TH. EGLI in der Buco di Vela (bei Trient, Norditalien) als vermeintliches *A. lepidum* lebend gesammelt und in Kultur genommen und gab den Anlaß zur Entdeckung der diploiden Mauerraute. Dürfte auch an anderen Stellen vorkommen, an denen die Eltern zusammen wachsen.
□ Die Hybride ist auch experimentell erzeugt worden vgl. P. J. BROWNSEY, A biosystematic investigation of the *Asplenium lepidum* complex. Bot. J. Linn. Soc. **72**: 236–267 (1976). Die künstlich hergestellte Pflanze zeigte gleiche Morphologie wie natürliches Material und in der Meiose gleiches Verhalten, vgl. Fig. 14 (p. 254 a. a. O.).

13. I. × 14. Asplenium × javorkae[2] KÜMMERLE, Magy. Bot. Lap. **21**: 1–3 (1923) = *A. lepidum* x *ruta-muraria* subsp. *ruta-muraria* (Abb. 243).

In der Tracht dem *A. ruta-muraria* sehr ähnlich; Konsistenz derb; Farbe graugrün; reife Blätter 2–20 cm lang, meist kahl oder nur schwach mit Drüsenhaaren besetzt. Letzte Abschnitte oft am Grunde stärker keilig als bei *A. ruta-muraria,* nach oben oft mehr fächerförmig ausgebreitet und vorne mehr gestutzt, oft fast halbkreisförmig, kerbig gezähnt. Sporen abortiert. Chromosomenzahl: 2n = 144, mit ca. 36 Polyvalenten bei der Meiose, wobei sich neben Paaren vorwiegend Tri- und gelegentlich 1–2 Tetravalente finden; der Rest der Chromosomen bleibt ungepaart; die genaue Analyse wird durch die Polyvalenten sehr erschwert; REICHSTEIN, LOVIS, GREUTER & ZAFFRAN (1973; Fig. 26, 27) sowie G. VIDA, unpubl. vgl. REICHSTEIN (1981: 111).

Allgemeine Verbreitung □ Beschrieben aus Albanien (bei Kula Lums, 1918), aber bereits 1873 von BORBÁS im Banat gefunden, vgl. MEYER 1959. Die Hybride bildet sich äußerst leicht und wird praktisch überall angetroffen, wo die Eltern zusammen wachsen; das ist an fast allen Fundorten von *A. lepidum* der Fall. Sie ist bekannt aus Frankreich, Italien, Österreich, Ungarn, Jugoslawien und Kreta und ist sowohl von J. D. LOVIS wie von G. VIDA auch experimentell erzeugt worden (unpubl.). Morphologisch äußerst

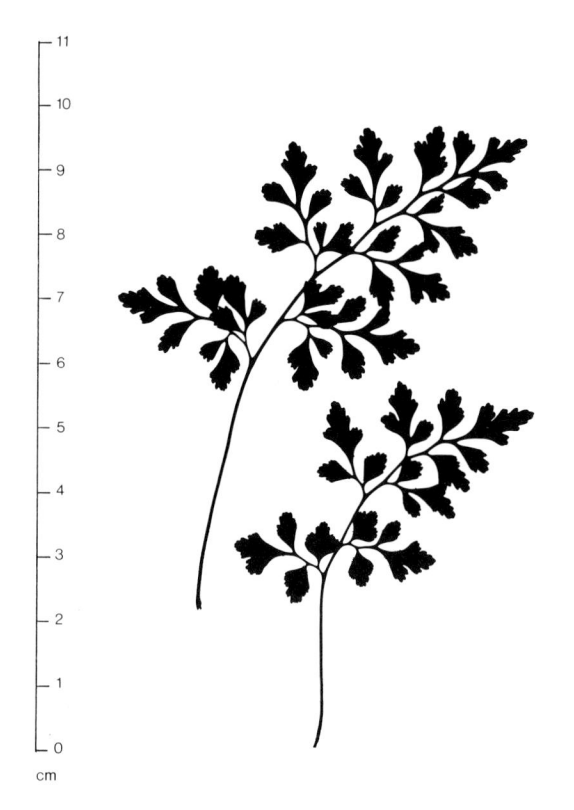

Abb. 242 □ *Asplenium* × *eglii* LOVIS & REICHST. (= *A. lepidum* × *A. ruta-muraria* subsp. *dolomiticum*). Blattsilhouetten. Von Buco di Vela, Südtirol (Original REICHSTEIN)

Orthof; Hochschwabgebiet, an der Südseite der Meßnerin bei Tragös-Oberort). Diese Hybride ist seltener als *A.* x *stiriacum,* aber weiter verbreitet, auch in Süd-Ungarn (heute vernichtet), sowie in Kreta gefunden. Die Hybride ist von G. VIDA auch

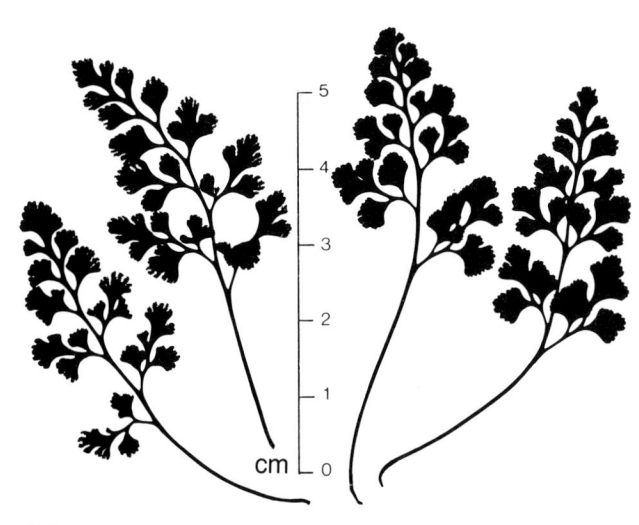

Abb. 243 □ *Asplenium* × *javorkae* KÜMMERLE (= *A. lepidum* × *A. ruta-muraria* subsp. *ruta-muraria*). Blattsilhouetten von einer Pflanze. Bärenschützklamm, Steiermark (Original REICHSTEIN)

---

[1] Nach dem Finder, THEODOR EGLI (1912–1978), der mit seiner Frau viele Jahre einen kleinen privaten botanischen Garten für Alpenpflanzen betrieb und hervorragend pflegte und viele botanische Gärten mit Samen belieferte.

[2] Nach SÁNDOR JÁVORKA (1883–1961), dem großen Florenforscher Ungarns, Verfasser der »Magyar flóra« (Flora von Ungarn), vgl. Nachruf von B. ZÓLYOMI, Ann. Hist.-Nat. Mus. Nat. Hung. **54**: 7–26 (1962).

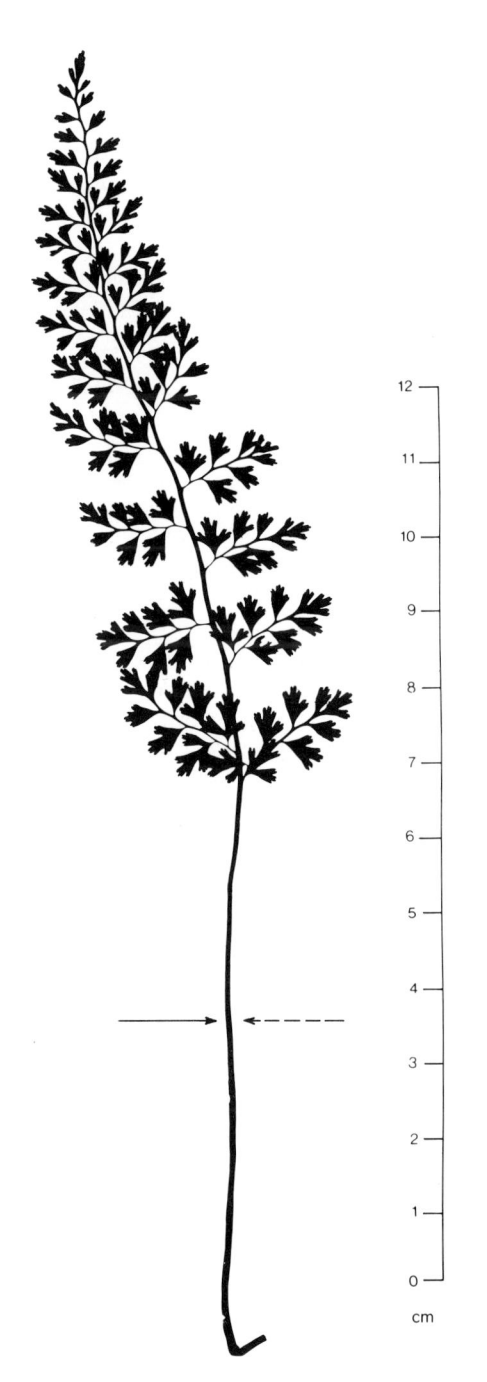

Abb. 244 □ *Asplenium* × *lessinense* VIDA & REICHST. (= *A. fissum* × *A. viride*). Blattsilhouette vom Typus-Material. Monti Lessini, Norditalien (Original REICHSTEIN)

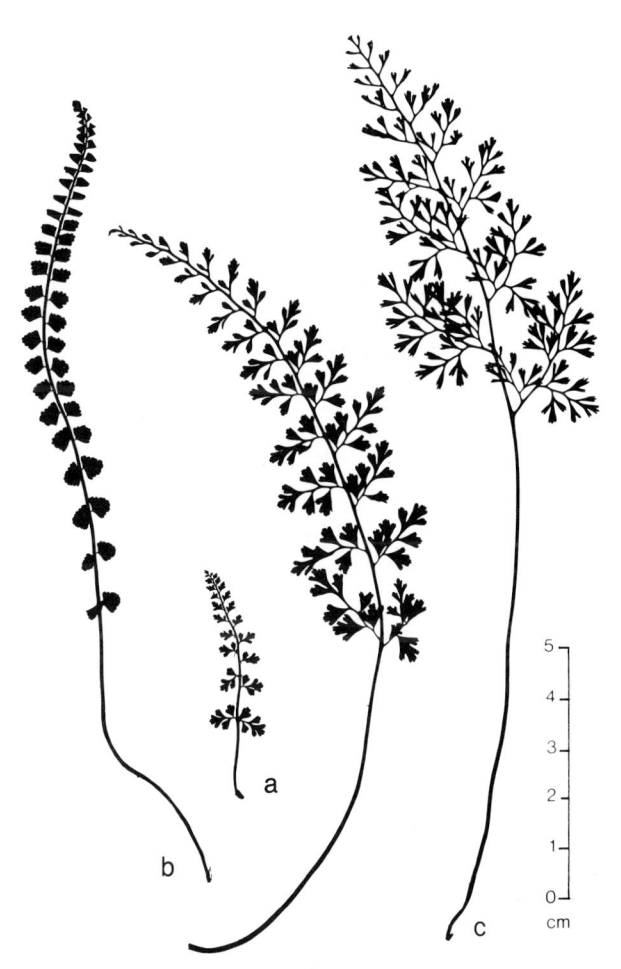

Abb. 245 □ *Asplenium* × *lessinense* VIDA & REICHST. Silhouetten von zwei Blättern des Bastards (*a*) zwischen denen der Elternarten, *A. viride* (*b*) und *A. fissum* (*c*). Monti Lessini, Italien (Original REICHSTEIN)

ähnlich ist die Hybride *A. haussknechtii* x *ruta-muraria* subsp. *ruta-muraria*, die bisher nur aus Kreta angegeben wurde (REICHSTEIN et al. 1973: 151).

Verbreitung im Gebiet □ Norditalien [bei S. Colombano, südl. Rovereto, vgl. T. REICHSTEIN & E. HAUSER, Bauhinia (Basel) **2**: 92–94 (1962)]. Österreich, vgl. H. MELZER, Mitt. Naturwiss. Ver. Steierm. **92**: 80 (1962); Verh. Zool.-Bot. Ges. Wien **103–104**: 182 (1964); Mitt. Naturwiss. Ver. Steierm. **100**: 240 (1970) und **104**: 143 (1974) sowie E. JANCHEN, Cat. Flor. Austr. 1. Erg.-Bd. 14 (1963). Niederösterreich (Hohe Wand); Schnalzwände und Talhofenge oberh. Reichenau; W-Wände des Emmerbergs; Enge bei Reichenau (ostwärts bis in die Abstürze der Gahnsleiten bei Payerbach); Semmeringgebiet, in der Klamm bei Schottwein; im Andlitzgraben an der Pfefferwand und Weinzettelwand. Steiermark (St. Peter-Freienstein nw. Leoben; Peggau); Grazer Bergland bei Arzberg; Hochschwabgruppe (bei Tragös mehrfach, 900–1200 m).

3. × 15. Asplenium × lessinense[1] VIDA et REICHSTEIN, Candollea **26**: 192 (1971) = *A. fissum* x *viride* (Abb. 244, 245).

In der Tracht dem *A. fissum* ähnlicher als dem *A. viride*, aber Blätter weitgehend überwinternd; Blattstiel kürzer als die Spreite, letztere im Umriß lanzettlich, bei reifen Blättern 2–8(–10) cm lang, 0,8–2,5(–4) cm breit und nur zweifach gefiedert. Fiederchen sehr kurz gestielt, oft fast sitzend, bis 5 mm breit, mit keilförmigem Grund, fächerförmig, vorn mehrfach eingeschnitten, mit längerem

---

[1] Nach dem Fundort, Monti Lessini in Italien.

Mittellappen. Sporen weitgehend abortiert. Der Sporangieninhalt zeigt jedoch neben amorphem, dunklem Material auch eine merkliche Anzahl relativ großer, guter Sporen, vermutlich Diplosporen (siehe unten). Chromosomenzahl: 2n = 72, mit fast oder ganz ausschließlich Einzelchromosomen bei der Meiose.

Allgemeine Verbreitung □ Beschrieben von Norditalien. Auch in Oberbayern gefunden.

Verbreitung im Gebiet □ Oberbayern südl. Ruhpolding am Rauschberg, H. RASBACH, K. RASBACH, T. REICHSTEIN, J. J. SCHNELLER & G. VIDA: *Asplenium* x *lessinense* in den Bayerischen Alpen und seine Fähigkeit zur spontanen Chromosomenverdoppelung, Ber. Bayer. Bot. Ges. **50:** 23–27 (1979).

Fertilität □ *A.* x *lessinense* ist eine langlebige Hybride, die sich leicht kultivieren läßt. Sie zeigt das Phänomen der spontanen Chromosomenverdoppelung (vermutlich Bildung von Diplosporen), zwar lange nicht so ausgeprägt wie *A.* x *protoadulterinum*, aber in etwa gleichem Maße wie *A.* x *gastoni-gautieri* (siehe dort). Aussaat des Sporangieninhalts gab sowohl bei G. VIDA in Budapest wie bei T. REICHSTEIN in Basel eine geringe Zahl von Prothallien und daraus einige Sporophyten, die völlig normale, gute und große Sporen produzierten und die sich als tetraploid erwiesen, 2n = 144 mit 72 regulären Paaren bei der Meiose. Durch weitere Aussaat der von diesen Pflanzen erzeugten Sporen ließ sich leicht eine große Anzahl weiterer Nachkommen (F_3-Generation) erhalten. Alle waren recht einheitlich und dem ursprünglichen *A.* x *lessinense* sehr ähnlich. In der Natur sind solche Pflanzen, die eine neue allotetraploide Art darstellen würden, bisher noch nicht gefunden worden.

Aus Europa, aber außerhalb des Gebietes, sind noch Hybriden bekannt, an denen *A. creticum* LOVIS, REICHSTEIN & ZAFFRAN, *A. haussknechtii* GODET et REUTER, *A. majoricum* R. LIT. und *A. petrarchae* (GUERIN) DC. beteiligt sind.

2. Ceterach

Ceterach[1] WILLDENOW Anleit. Selbststud. Bot.: 578 (1804), nom. cons., non A. P. DECANDOLLE (1805) nec *Ceterac* ADANSON (1763). – Syn.: *Asplenium* LINNÉ Sp. pl. 1078 (1753), p. p. – *Asplenium* Sectio *Ceterach* (WILLD.) G. VIDA Acta Bot. Acad. Sci. Hung. **9:** 197 (1963). – Milzfarn, Schriftfarn. – Holl.: schubvaren; engl.: rust-back fern; franz.: doradille, erba daourada (Südfrankreich); ital.: erba ruggine; slowen.: zlatinjak; tschech.: kyvor; poln.: sledzionka; russ.: скребница (skrebnica).

Typus-Art: *Asplenium ceterach* LINNÉ = *Ceterach officinarum* WILLDENOW.

Ausdauernde, kleine, xerophytische Farne. Rhizom kurz; Blätter dicht rasig, fiederteilig, überwinternd, dick; Blattstiel kurz, mit bis zur Spreite getrennt verlaufenden Leitbündeln; Blattspreite oberseits kahl, unterseits dicht spreuschuppig; Abschnitte mit gabelig gefiederten, am Blattrande anastomosierenden Adern. Sori lineal; Indusium rudimentär oder fehlend. Chromosomen-Grundzahl: $x = 36$.

Artenzahl und Verbreitung □ Die Gattung enthält etwa 4–6 Arten, verbreitet in den trockenen und warmen Gebieten der temperierten Zonen der Alten Welt. In Europa nur die Sammelart *C. officinarum*, von der zwei Cytotypen bekannt sind, die hier als Unterarten behandelt werden. Auf den Kanaren wächst das mächtige tetraploide *C. aureum* (CAV.) BUCH (= *C. canariense* WILLD.) im Bereich der Lorbeerwälder sowie eine weitere, wieder mehr xerophile Sippe, *C. aureum* var. *parvifolium* BENL & KUNKEL (1967). Diese Sippe erwies sich nach VIDA et REICHSTEIN (unpubl.) als allo-octoploid und wird besser als eigene Art eingestuft. »*C. aureum*« von Madeira ist hexaploid (LOVIS & MANTON, unpubl.) und bedarf weiterer Untersuchung.

1. Ceterach officinarum

Ceterach officinarum WILLDENOW Anleit. Selbststud. Bot.: 578 (1804), basiert auf: *Asplenium ceterach* LINNÉ, Sp. pl. 1080 (1753). – Syn.: *Asplenium vulgare* HILL Brit. Herb. 516 (1756). – *Gymnopteris ceterach* (L.) BERNH. in SCHRAD. Journ. Bot. **1 (2):** (1805). – *Grammitis ceterach* (L.) SWARTZ Syn. Filic. 23 (1806). – *Gymnogramma ceterach* (L.) SPRENG. Syst. Veget. **4:** 38 (1827). – *Ceterach ceterach* (L.) NEWM. Phytol. App. 5, Observ. vor 105 (1851). – *Ceterach vulgare* DRUCE Bot. Exch. Club Rep. **1913:** 440 (1913). – Spreuschuppiger Milzfarn. – Abb. 246–251.

Wichtige Literatur □ BLAŽKOVA, D. 1971: Charakter der Verbreitungsgrenze des Milzfarnes, *Ceterach officinarum* DC. Preslia **43:** 112–119. – EBERLE, G. 1959: Altes und Neues vom Schriftfarn (*Ceterach officinanum*). Natur u. Volk **89:** 229–236. – PICHI-SERMOLLI, R. E. G. 1971: Lav. Soc. Ital. Biogr. **1:** 105. – VIDA, G. 1963: A new *Asplenium* (sectio *Ceterach*) species and the problem of the origin of *Phyllitis hybrida* (MILDE) C. CHRIST. Acta Bot. Acad. Sci. Hungar. **9:** 197–215.

Ausdauernd. Rhizom kurz, mit schwarzbraunen, gewimperten, fadenförmig zugespitzten Spreuschuppen ohne Scheinnerv bedeckt. Blätter dicht büschelig, 6–20(3–35) cm lang, überwinternd; Blattstiel bedeutend kürzer als die Spreite, bis 6 cm lang, am Grunde schwarz, wenigstens unten mit dunklen, herz-eiförmigen, buchtig gezähnten, zugespitzten, anfangs silberglänzenden, zuletzt hellbraunen, nicht mit Mittelstreif versehenen Spreuschuppen besetzt; Blattspreite fiederteilig, im Umriß lineal bis länglich-lanzettlich, stumpf, lederartig, oberseits graugrün, glanzlos, kahl, unterseits mit dachziegelartig sich deckenden, am Blattrande wim-

---

[1] Schon im mittelalterlichen Latein gebräuchlich. Wahrscheinlich von cetra (lat.) = kleiner Lederschild; cetratus (lat.) = leicht beschildet, in bezug auf die Schuppenbekleidung der Blätter; von den arabischen Ärzten »cheterak« genannt.

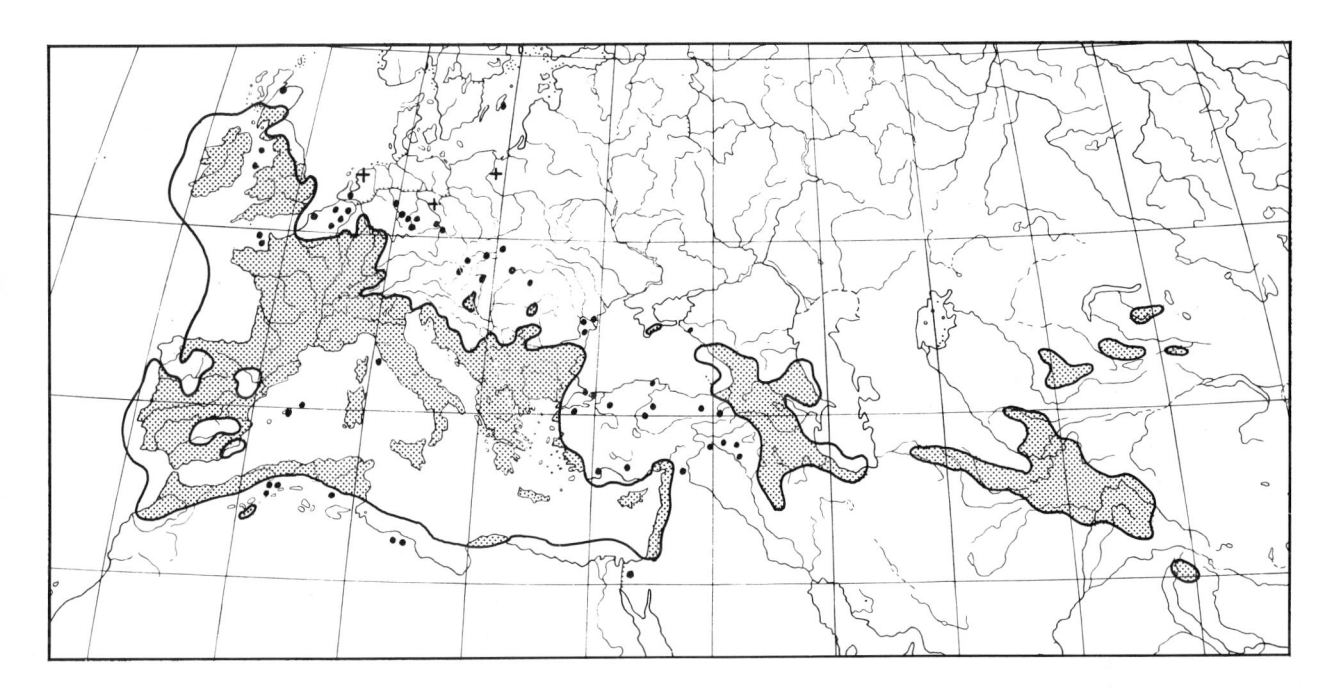

Abb. 246 □ *Ceterach officinarum* WILLD. subsp. *officinarum*. Verbreitungskarte (nach MEUSEL, JÄGER & WEINERT 1965, verändert)

perartig hervorragenden, gegitterten, blaßbraunen, glänzenden Spreuschuppen bedeckt; B l a t t a b s c h n i t t e jederseits 9–12, wechselständig, länglich bis halbkreisrund, ganzrandig, voneinander gesondert, nur die oberen Abschnitte mit dem Hinterrande bogenförmig bis zum Vorderrande des nächst unteren Abschnittes herablaufend; Adern mehrmals gegabelt, ihre Endverzweigungen anastomosierend, schwach verdickt. S o r i lineal, auf den Abschnitten zweireihig, schräg zur Mittelrippe verlaufend und ihr genähert, anfangs unter der dichten Spreuschuppenbekleidung versteckt. Indusium rudimentär, zuweilen gänzlich fehlend. Sporen warzig, dunkelbraun. Abb. 250. – Chromosomenzahl: $2n = 72$ bzw. 144, vgl. Unterarten. – Sporenreife im Süden V.–VI.; im Norden VII.–X. oder später.

Die Art zerfällt in zwei Cytotypen, meist als Unterarten eingestuft; die tetraploide subsp. *officinarum* und die diploide subsp. *bivalens* D. E. MEYER. Sie sind nur durch cytologische Kontrolle ganz eindeutig zu unterscheiden. Sofern der Sporangieninhalt aber nicht verloren ist, läßt sich auch aufgrund der Sporengröße eine relativ zuverlässige Zuordnung treffen.

Vorkommen □ Hemikryptophyt; Licht und Wärme liebender Chasmophyt, der auch viel Trockenheit verträgt [poikilohydrisch; vgl. H. R. OPPENHEIMER & A. H. HALEVY, Bull. Res. Counc. Isr. **11 (D3)**: 127–147 (1962)]. Die mit einer dicken Kutikula versehenen Blätter rollen sich bei starkem Wasserverlust ein, so daß das isolierende Schuppenkleid nach außen gekehrt wird. Steigt die Luftfeuchtigkeit an oder regnet es, so entrollen sich die Blätter wieder. Bevorzugt kalkreiche Fels- und Mauerspalten in licht- und wärme-exponierten Lagen, findet sich aber auch auf Silikatgestein. Charakterart der Asplenietea rupestris. Vor allem in Tieflagen in der Region des

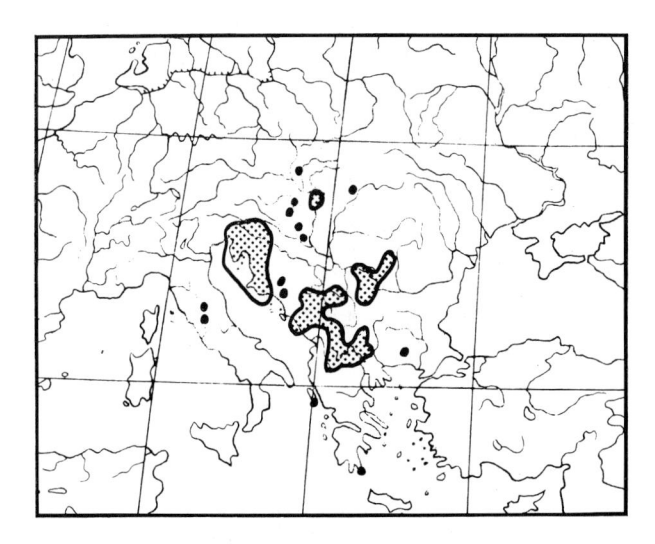

Abb. 247 □ *Ceterach officinarum* WILLD. subsp. *bivalens* D. E. MEYER. Verbreitungskarte (nach JALAS & SUOMINEN 1972, verändert)

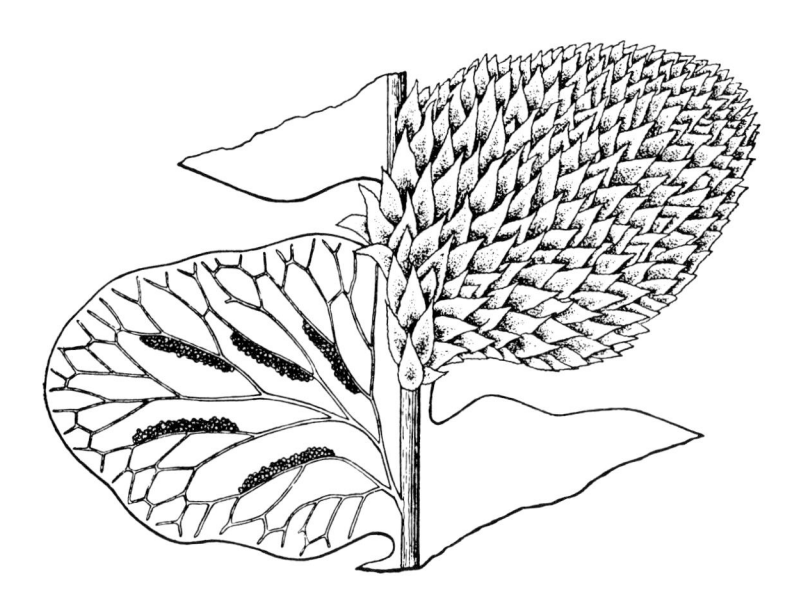

Abb. 248 □ *Ceterach officinarum* WILLD. Zwei fertile Blattsegmente von unten, beim linken die Schuppen entfernt und die Sori sichtbar (etwa × 8) (nach LUERSSEN 1884/89)

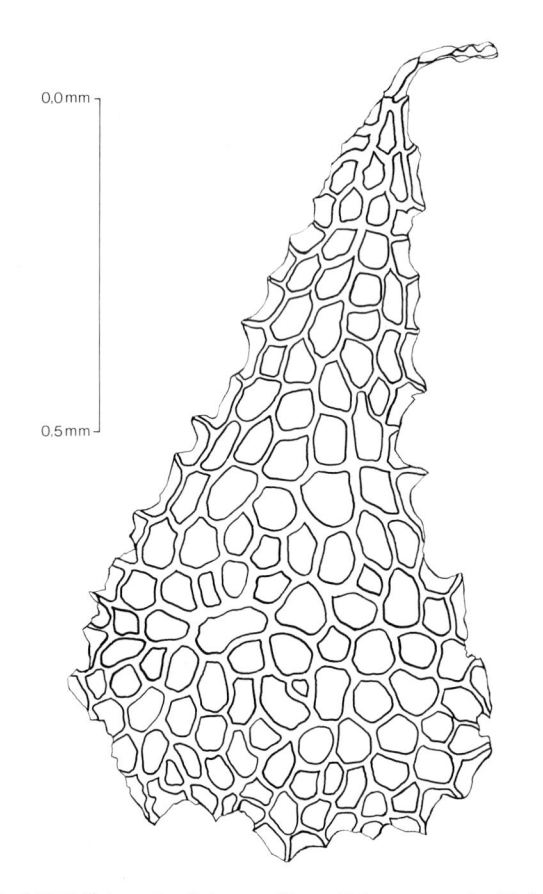

Abb. 249 □ *Ceterach officinarum* WILLD. Schuppe von der Blattunterseite (Original R. PASSOW)

Weinbaues, seltener in höheren Lagen, so an der Bernina-Straße bis fast gegen 2000 m und an der Stilfser Joch-Straße bis 2456 m aufsteigend.

Subsp. officinarum
Sporen groß, Exospor $(30-)36-45(-48)\,\mu$m lang. Chromosomenzahl: $2n = 144$. Die weit verbreitete tetraploide Sippe.

Allgemeine Verbreitung □ Areal mediterran-turkestanisch-atlantisch (vgl. MEUSEL, JÄGER & WEINERT 1965: 14; *Scandix*-Typ nach JÄGER 1970), fehlt aber vermutlich auf den Atlantischen Inseln. Findet sich in Nordafrika, Europa, Vorder- und Mittelasien, vor allem im Mittelmeergebiet, von Spanien bis Israel, Syrien, der Türkei, und von der Krim über den Kaukasus bis zum Himalaja und China. Im Norden von England, Frankreich, Belgien, Deutschland, der Schweiz, Österreich bis Böhmen mit isolierten Vorkommen in den Niederlanden, Gotland (Schweden) und Polen. Weiterhin im Sudan.

Arealdiagnose □ zonal: merid/(montan)-submerid · ozean$_{1-3}$-temp · ozean$_1$ Eur-WAs. – regional: medit-orient-turcest / montan-submedit-südatlant-brit-südsubatlant-(matr).

Verbreitung im Gebiet □ Frankreich: Elsaß, Lothringen. – Deutschland: Im nördlichen Flachland sehr vereinzelt. Im mittleren und südlichen Gebiet zerstreut, im Rheingebiet abwärts bis Düsseldorf und in den großen Nebenflußtälern (Neckar-, Main- und Lahntal am rechten, Nahe- und Moseltal am linken Ufer); in Nassau; in Westfalen an Mauern (Albaxen bei Höxter, Hagen, Altenhunden, Vormholz zwischen Witten und Hattingen); in Süd-Niedersachsen am Minkenstein (Süntel) bei Hameln; in Hessen im Werragebiet (Bilstein im Höllental auf Diabas) usw., in der Rhön (Steinwand), Amöneburg unweit Marburg, im Eder-Bergland (Bilstein bei Bad Wildungen auf Diabas); in der Umgebung von

Kassel bei Holzhausen im Reinhardswald; früher im Harz; Thüringen: Heinrichstein bei Ebersdorf, früher Sitzendorf, Gleitsch bei Saalfeld, Schwarzburg und Wartburg bei Eisenach; früher Clausberge in Halle-Trotha; im Taubertal bei Wertheim; in Württemberg auf der Schwäbischen Alb, in der Umgebung von Stuttgart und Heumaden; im oberen Neckargebiet von Heilbronn bis Esslingen, Vaihingen a. d. E. und Schorndorf; Bodenseegebiet (Konstanz); Oberrheingebiet zerstreut; in Bayern bei Hausstein unweit Lauingen und in Unterfranken auf Weinbergmauern von Kreuzwertheim bis Hasloch und bei Rothenfels; in Nürnberg auf den Stadtmauern und an der Burg gepflanzt, scheint sich dort zu erhalten. – In der Schweiz ziemlich häufig im westlichen und südlichen Teil. Durch den Jura, auch auf französischem Gebiet von Savoyen bis Basel, allmählich seltener werdend. Im Mittelland der Kantone Freiburg, Bern, Aargau, Zürich, Glarus und St. Gallen vereinzelt, im nördlichen Teil des Kant. Graubünden ebenfalls. Häufiger, besonders auf Mauern, in den Kantonen Waadt, Wallis, Tessin und den südlichen Tälern des Kt. Graubünden (Bergell, Misox, Puschlav). – Ebenso in Norditalien, Lombardei bis Südtirol nicht selten. – In Österreich sehr selten: Vorarlberg bei Kennelbach nächst Bregenz; Burgenland, an Mauern der Burg Bernstein. – In Slowenien selten (Kotečnik bei Cilly; Weinbergmauer in der Gemeinde Großberg bei Sauritsch = Zavrč), mehrfach in Istrien. – In der Tschechoslowakei in Böhmen sehr selten: Střekov (ob Aussig a. d. Elbe), vormals am Dreikreutzberg ob Žernoseky bei Litoměřice (Leitmeritz) und am Říp-Berg unweit Roudnice (Raudnitz), in Südböhmen bei Chýnov; verschleppt am Bahndamm bei Roztoky, Beroun und Křivoklát; fehlt in Mähren. – In Polen verwildert an den Festungsmauern von Graudenz (Grudziądz).

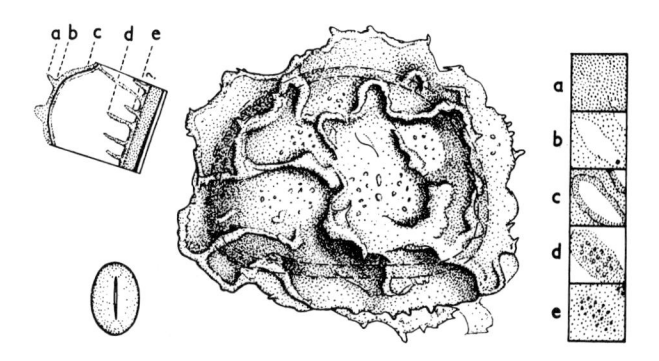

Abb. 250 □ *Ceterach officinarum* WILLD. Sporen □ *Mitte* in Äquatoransicht (× 1000) □ *Links unten* Ansicht vom proximalen Pol (× 250) □ *Links oben* Schichtung der Wandung (× 2000) □ *Rechts von oben nach unten* immer tiefere Einstellungen bei der Aufsicht, die Buchstaben entsprechen denen in der Figur links oben (nach ERDTMAN 1957)

Triploide Hybride, von den Eltern nur durch Mikromerkmale und die abortierten Sporen zu unterscheiden; gelegentlich besonders starkwüchsig. Chromosomenzahl: 2n = 108, mit gestörter Meiose. Beschrieben: »In monte Szentgyörgyhegy prope Tapolca (Balatonicum, Hungaria)«. Nicht selten, wo die Eltern zusammen wachsen, auch in der Türkei. Auffinden der Hybride zeigt, daß die diploide Sippe in der Nähe sein muß.

Subsp. bivalens
D. E. MEYER Ber. Deutsch. Bot. Ges. **77**: 8 (1964). Syn.: *Asplenium javorkeanum* VIDA Acta Bot. Acad. Sci. Hung. **9**: 202 (1963) = *Ceterach javorkeanum* (VIDA) Soó Acta Bot. Acad. Sci. Hung. **9** (3/4): 419 (1963).

Sporen klein, Exospor ca. (24–)30–36 (–39) μm lang. Chromosomenzahl: 2n = 72 (diploid).

Allgemeine Verbreitung □ Nur ungenau bekannt: Italien, Jugoslawien, Tschechoslowakei, Ungarn, Rumänien, Griechenland, Bulgarien und Türkei (dort nur indirekt erschlossen, durch Auffinden der triploiden Hybride).

Verbreitung im Gebiet □ Bisher noch nicht aufgefunden.

Intraspezifische Hybride
Ceterach x mantoniae[1] (VÁRÓCZKY et VIDA) Soó, Acta Bot. Acad. Sci. Hung. **9 (3–4):** 419 (1963) = *C. officinarum* x *javorkeanum*. Basionym: *Asplenium* x *mantoniae* E. Cs. VÁRÓCZKY et G. VIDA, Bot. Közl. **50:** 89 (1963) sowie VIDA, Acta Bot. Acad. Sci. Hung. **9:** 202 (1963).

---

[1] Nach IRENE MANTON, der Begründerin der modernen Farncytologie, vgl. ihr Buch, Cambridge 1950.

Abb. 251 □ *Ceterach officinarum* WILLD. Kaiserstuhl bei Freiburg i. Br.

3. Phyllitis

Phyllitis[1] HILL, Brit. Herb. 525 (1756). Syn.: *Scolopendrium*[2] ADANS., Fam. Pl. **2**: 20 (1763), p. p. – *Asplenium* LINNÉ, Sp. Pl. 1079 (1753), p. p. min. – H i r s c h z u n g e. Holl. u. fläm.: tongvaren; wallon.: laiwe di ciere, linro dicier; dän.: hjortetunge; engl.: hart's tongue fern; franz.: langue de cerf; ital.: lingua da pozzi; slowen.: jelenak; tschech.: jelení jazyk; poln.: lezcnik; russ.: листовик (listovik).

Typus-Art: *Asplenium scolopendrium* LINNÉ = *Phyllitis scolopendrium* (L.) NEWM.

Mittelgroße Farne; R h i z o m kurz, B l ä t t e r büschelig gestellt, überwinternd, ungeteilt, ganzrandig oder fiederlappig; B l a t t s t i e l am Grunde mit zwei Leitbündeln, die sich schon in geringer Höhe zu einem einzigen, im Querschnitt schmetterlingförmigen Leitbündel (viereckig mit eingebuchteten Seiten) vereinigen; Spreuschuppen ohne Mittelstreif, am Rande mit einigen langen, fadenförmigen, eine Drüsenzelle tragenden Wimpern. S o r i länglich lineal, in Paaren auf zwei nahe aneinander liegenden Adern. Indusien lineal, je eines auf einer Seite des Rezeptakulums angeheftet und sich gegeneinander (auf der Mittellinie) öffnend, zuletzt scheinbar in einen einzigen Sorus zusammenfließend. Chromosomengrundzahl: x = 36.

Artenzahl und Verbreitung □ Nur drei Arten auf der Nordhemisphäre bekannt; neben *Ph. scolopendrium* sind es die seltene mediterrane *Phyllitis sagittata* (DC.) GUINEA et HEYWOOD = *Ph. hemionitis* (LAGASCA) O. KUNTZE, zuweilen auch in Kalthäusern gepflanzt, sowie die noch seltenere *Phyllitopsis hybrida* (MILDE) REICHST. (1981) = *Phyllitis hybrida* (MILDE) C. CHR. = *Scolopendrium hybridum* MILDE = *Asplenium hybridum* (MILDE) A. J. BANGE = x *Ceterophyllitis hybrida* (MILDE) PIC. SER. Sie ist ein Endemit weniger Quarnerischer Inseln (NW-Dalmatien) und stand schon seit MILDE im Verdacht, ein intergenerischer Bastard zwischen *Ceterach* und *Phyllitis* zu sein. Das Rätsel um diese Pflanze ist erst von VIDA (1963, 1976) eindeutig gelöst worden. Es ist eine allotetraploide Sippe, entstanden durch Chromosomenverdoppelung aus der diploiden Hybride *Ceterach officinarum* subsp. *bivalens* x *Phyllitis sagittata*; VIDA konnte sie auf gleichem Wege experimentell erzeugen (VIDA 1976: 274).

Wichtige Literatur □ EMMOTT, J. I. 1964: A cytogenic investigation in stet *Phyllitis-Asplenium* complex. New Phytol. **63**: 306–318. – FENAROLI, L. 1967: Die europäischen Hirschzungen. Jahrb. Ver. Schutz. Alp. Pfl. u. -tiere **32**: 49–56. – KOTLABA, F. 1962: Records of the fossil *Phyllitis scolopendrium* (L.) NEWM. in Czechoslovakia with notes on the recent distribution. Preslia **34**: 255–267; (tschech.; engl. Zsfssg.). – MEYER, D. E. 1981: *Phyllitis hybrida* (MILDE) C. CHRISTENSEN (Berlin). – PICHI-SERMOLLI, R. E. G. 1979: Survey of the pteridological flora of the Mediterranean Region, Webbia **33**: 175–242. – VIDA, G. 1963: A new *Asplenium* (sectio *Ceterach*) species and the problem of the origin of *Phyllitis hybrida* (MILDE) C. CHRIST. Acta Bot. Acad. Sci. Hung. **9**: 197–215. – VIDA, G. 1976: The role of polyploidy in evolution. Evol. Biol. Praha: 267–294.

1. Phyllitis scolopendrium

Phyllitis scolopendrium[2] (LINNÉ) NEWMAN, Hist. Brit. Ferns ed. 2: 10 (1844). Basion.: *Asplenium scolopendrium* LINNÉ, Sp. Pl. 1079 (1753). – Syn.: *Phyllitis vulgaris* HILL, Brit. Herb. 525 (1756). – *Scolopendrium vulgare* J. E. SMITH, Mém. Acad. Turin **5**: 421 (1793). – *Scolopendrium scolopendrium* (L.) KARST., Deutsche Fl. 278 (1880–1883). – *Scolopendrium officinarum* SWARTZ in SCHRADER Journ. Bot. **1800/2**: 61 (1802). – *Scolopendrium phyllitis* ROTH, Tent. Fl. Germ. **3**: 46 (1799). – G e m e i n e H i r s c h z u n g e. – Taf. 6 Fig. 3 nach S. 192. – Abb. 252–254.

Ausdauernd; R h i z o m aufrecht oder aufsteigend, bis 6 cm lang, dicht spreuschuppig. B l ä t t e r 10–60(–100) cm lang; B l a t t s t i e l ⅓–½ so lang wie die Spreite, selten etwas länger, am Grunde purpurbraun, sonst grün, Oberseite flach oder schwach gewölbt, am Grunde dicht, oberwärts locker spreuschuppig; B l a t t s p r e i t e aus tief herzförmigem Grunde länglich bis breit-lineal-lanzettlich (zungenförmig), ganzrandig, stumpf bis kurz zugespitzt, krautig-lederartig, schwach glänzend, unterseits wenigstens in der Jugend zerstreut fein spreuschuppig; Sekundäradern schräg verlaufend, 2–3-mal gegabelt, Endadern frei, ohne Anastomosen, mit plötzlicher Verdickung vor dem Rande endigend. S o r i lineal, schräg zur Mittelrippe, oft längere und kürzere abwechselnd. Exospor (24–)27–30(–33) μm lang. – Chromosomenzahl: 2n = 72 (diploid) für Pflanzen von den Atlantischen Inseln, Europa und Asien bis mindestens nach Persien. In Japan und Nordamerika wurden bisher nur tetraploide Sippen gefunden, vgl. EMMOTT 1964. – Sporenreife: VII.–IX.

Vorkommen □ Hemikryptophyt; schattenliebender Spaltenwurzler. In feuchten, schattigen Felsspalten und in Schluchtwäldern, öfter in Steinritzen an schattigen Mauern und früher in offenen Brunnenschächten, vorzugsweise, aber nicht ausschließlich, auf kalkreichem Substrat. Auf sickerfeuchten, nährstoff- und basenreichen, mäßig humosen, lockeren, flachgründigen, steinigen Lehm- oder Steinböden, auch auf Löß, in luftfeuchter, wintermilder Klimalage, oft mit *Cystopteris fragilis* im Cystopteridion. Auch Differentialart des Aceri-Fraxinetum (Phyllitido-Acere-

---

[1] phyllitis (griech.) φυλλῖτις = Name der Hirschzunge bei DIOSKORIDES.

[2] Skolopendrion (griech.) σκολοπένδριον = bei DIOSKORIDES der Name eines *Asplenium* im LINNÉ'schen Sinne, wahrscheinlich für Hirschzunge, wegen der Sori, die mit dem Tausendfüßler (skolopendra) verglichen wurden.

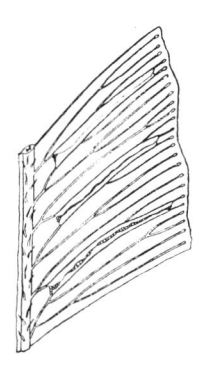

Abb. 252 □ *Phyllitis scolopendrium* (L.) NEWM. Fragment der Blattspreite von unten mit Aderung und Sori (etwa nat. Gr.) (nach HYDE & WADE 1969)

Nordafrika, in Vorderasien bis zum nördlichen Iran. In Japan und dem östlichen Nordamerika durch tetraploide Sippen vertreten, von denen erst die amerikanische einen besonderen Namen erhalten hat: *P. scolopendrium* var. *americana* FERN. Nach EMMOTT (1964) sind die zwei tetraploiden Sippen vermutlich verschieden, aber in makroskopischer Morphologie von unserer Hirschzunge kaum zu unterscheiden. Fossil wurde die Hirschzunge in diluvialen Süßwassertuffen von Mittel-Böhmen (St. Johann bei Karlštejn) vom Atlanticum bis zum Subboreal und bei Jablonica in den Kleinen Karpaten (Pleistozän) gefunden.

□ Karten: HULTÉN 1964, Karte 147; EMMOTT 1964, S. 315; MEUSEL, JÄGER, WEINERT 1965, S. 12; JALAS & SUOMINEN 1972, Karte 102.

tum) (Tilio-Acerion). Von der Ebene bis in die montane Stufe, in den Alpen bis 2000 m, in der Tatra bis 1300 m aufsteigend.

Allgemeine Verbreitung □ Areal disjunkt zirkumpolar – ozeanisch-subozeanisch, von der warmen bis in die gemäßigte Zone, in Europa mediterran-atlantisch-zentraleuropäisch. Verbreitet in ganz Europa mit Ausnahme des Nordens und Ostens, auf den Azoren, Kanaren, auf Madeira (sehr selten), in

Arealdiagnose □ zonal: (merid/montan)-submerid (montan)-temp · ozean$_{1-2}$ Eur + Jap + (OAm). – regional (in Europa): macar + west-zentralmedit/montan-hyrcan-submedit/(montan)-atlant-subatlant-carpat/perimontan.

Verbreitung im Gebiet □ In der nördlichen Ebene selten und weithin fehlend. – In Deutschland: Selten im nordwestlichen Flachland (Oldenburg, Hannover, Braunschweig); in Mecklenburg fehlend, in Brandenburg nur gelegentlich an Mauern und in Schluchten verwildert (z. B. Potsdam, Buckow, Erkner); im südlichen Teil des Rheinlandes und im Weserbergland zerstreut; in Westfalen mäßig häufig; selten in der Rheinpfalz (Schloßbrunnen

Abb. 253 □ *Phyllitis scolopendrium* (L.) NEWM. Kaiserstuhl bei Freiburg i. Br.

Abb. 254 □ *Phyllitis scolopendrium* (L.) NEWM. Junge, sich entfaltende Blätter. Gottenheim bei Freiburg i. Br.

Tafel 10 □ Erklärung der Figuren

Fig. 1   □ *Equisetum fluviatile* L. Sproß mit Strobilus
Fig. 1a □ Stengelknoten mit Scheide (vergr.)
Fig. 1b □ Stengelquerschnitt
Fig. 2   □ *Equisetum ramosissimum* DESF. Sproß mit Strobilus
Fig. 2a □ Stengelquerschnitt
Fig. 3   □ *Equisetum hyemale* L. Sproß mit Strobilus
Fig. 3a □ Stengelknoten mit Scheide (vergr.)
Fig. 4   □ *Equisetum variegatum* SCHLEICH. Sproß mit Strobili
Fig. 4a □ Stengelknoten mit Scheide (vergr.)
Fig. 4b □ Sproßspitze mit Strobilis (vergr.)
Fig. 4c □ Stengelquerschnitt

zu Hardenberg bei Dürckheim und am Eschelberg bei Kusel); Hessen, Harz (Bodetal, Osterode, Morungen), Odenwald (selten), Schwäbische Alpenvorland, im Württembergischen Unterland und auf der Schwäbischen Alb; Bodenseegebiet; Süd- und Nordschwarzwald (Teufelsloch), östliches Schwarzwaldvorland (Baar, Wutachflühe); in Bayern: bayerisches Alpenvorland, in den Bayerischen Alpen (bis 1500 m) und im nördlichen Bayern (im Altmühltal bei Kelheim, ferner bei Hohenaschau, am Geigelstein, im Wapperbach-Tal sw. von Ruhpolding; an Mauern am Kesselberg (bei Kochel angesiedelt); im Hochrheingebiet und im südlichen oberrheinischen Kalkhügelland (Tuniberg, Kaiserstuhl und Dinkelsberg); Thüringen (Lichtebühl im Eichsfeld); Sachsen. – In der Schweiz verbreitet von der Ebene bis 1700 m [im Wallis bis 2000 m (Gemmi), vgl. A. BECHERER, Ber. Schweiz. Bot. Ges. **78**: 213, 1968], in vielen Alpentälern selten. – In Österreich am Arlberg, im Großen und Kleinen Walsertal (1218 m), bei Bürs und zwischen Bremsohl und Alpe Gavalina; in Oberösterreich selten, in der Steiermark (1800 m) bis in die Krummholzregion; im Mießlingtal zerstreut; in Niederösterreich zwischen Türnitz und Ulrichsberg (800 m); im Inntal nur bis in die Gegend von Kufstein und Brandenberg mit einem westlich vorgeschobenen Fundort bei Georgenberg nächst Schwaz; in Tirol und in Kärnten vereinzelt. – In Slowenien selten bis zerstreut, im Süden sehr selten. – In der Tschechoslowakei im Mährischen Karst bei Hranice (Höhle Macúška bei Teplice nad Bečvou) und am Trojaćka-Berg in den Beskiden. Selten in Brunnen (z. B. bei Kaplice, Kutná Hora, Čáslav, Mimoň und Ústí nad Orlicí in Böhmen) eingeschleppt. – Polen: Tatragebirge.

Variabilität der Art □ Von der Hirschzunge, die mitunter in Gärten angepflanzt wird, sind zahlreiche, meist monströse, oft kultivierte Formen bekannt. In der Natur werden sie nur selten beobachtet. Einige bleiben bei Vermehrung durch Sporen konstant. Beschrieben sind z. B. f. *corniculata* (MURR.) mit eingeschnitten-gezähnten Blättern (Ruine Tosters in Vorarlberg); f. *lobata* CHRIST mit tief breitlappigen Blättern (Villeneuve im Kant. Waadt, Schweiz); m. *crispa* (WILLD.) mit am Rande wellig gekräuselten und gezähnten Blättern; m. *daedalea* (WILLD.) mit mehrmals gabelig geteilter Blattspitze.
□ Eine Besonderheit ist *Phyllitis scolopendrium* subsp. *antri-jovis* (KÜMMERLE) G. VIDA, Evolutionary Biology (Praha) 1976: 276. Basion.: *Biropteris antri-jovis* KÜMMERLE, Magy. Bot. Lap. **1920**: 2–7 (1922). – Syn.: *Asplenium scolopendrium* L. subsp. *antri-jovis* (KÜMMERLE) P. J. BROWNSEY & A. C. JERMY, Brit. Fern Gaz. **10** (6): 331–348 (1973) mit Abb. und genauer Begründung der Zuordnung zu *A. scolopendrium* (= *Phyllitis scolopendrium*) = *Phyllitis antri-jovis* (KÜMM.) W. SEITZ, Jahresber. Ver. Schutz Bergwelt **43**: 199 (1978). Beschrieben von Kreta, und die einzige Sippe von *Phyllitis*, die man von dieser Insel kennt; ist aber auch noch von Amorgos (Cycladen) sowie aus der Türkei bekannt. Sie ist nach Kreuzungsversuchen (VIDA) nicht, wie früher vermutet, am nächsten mit *P. sagittata*, sondern mit *P. scolopendrium* verwandt und verträgt Winterfrost wie diese. Fast gleiche Formen wurden auch auf den Britischen Inseln (Levens Park, Yorks.) gefunden, vgl.

BROWNSEY & JERMY (1973 mit Abb. p. 342), und könnten auch im Gebiet auftreten. Sie ist wie folgt zu charakterisieren: Relativ kleine Pflanze; Blätter kurz gestielt, ca. 2–16 cm lang, eiförmig bis lanzettlich, am Grunde herzförmig, gelegentlich pfeilförmig, ± regelmäßig 3–10 mm tief eingeschnitten; Sporangien in 3–10 mm langen, linealen Sori in den Einschnitten der Blätter.

Volksnamen □ Der Name H i r s c h z u n g e , der bereits bei der hl. Hildegard (gest. 1179) als »hirtzunge« vorkommt, bezieht sich auf die Gestalt der Blätter. Entsprechende Benennungen sind: O c h s ä - , R i n d e r - , H a s ä z ü n g ä (Schweiz: Waldstätten). Früher waren die Blätter auch unter der Bezeichnung Herba linguae cervinae seu phyllitidis vel herba scolopendrii als Wundmittel offizinell, bereits von GALEN genannt. Der Farn steht in allen Staaten Mitteleuropas unter Naturschutz.

Intergenerische Hybriden

Gemeint sind hier neu entstehende, bei uns immer sterile Pflanzen der F_1-Generation, also nicht etwa allopolyploide Arten, die in besonderen Fällen (wie *Phyllitopsis hybrida*, siehe oben) einmal daraus entstanden sind. Von intergenerischen Hybriden sind im Gebiet nur die Kreuzungen zwischen *Asplenium* und *Ceterach* sowie *Asplenium* und *Phyllitis* bekannt. Die Kreuzung von *Ceterach* und *Phyllitis* (z. B. der diploide Vorfahre der *Phyllitis hybrida*) konnte experimentell erzeugt werden und eine vermutlich triploide Hybride wurde kürzlich auf der Insel Cavallo bei Korsika gefunden. Das Auffinden bzw. die Möglichkeit der Bildung solcher Hybriden hat verschiedentlich als Argument dafür gedient, daß die betreffenden Gattungen (*Ceterach, Phyllitis* u. a.) wieder unter *Asplenium* vereinigt werden sollten.

x Asplenoceterach D. E. MEYER, Ber. Deutsch. Bot. Ges. **70**: 61 (1957) [*Asplenium* x *Ceterach*].
Nimmt eine intermediäre Stellung zwischen beiden Gattungen ein. Im Gebiet nur ein Vertreter einer solchen Kombination bekannt.

x Asplenoceterach badense D. E. MEYER, Ber. Deutsch. Bot. Ges. **70**: 61 (1957) = *Asplenium ruta-muraria* x *Ceterach officinarum* D. E. MEYER, vgl. auch idem, ibid. **72**: 37–48 (1959). Syn.: *Asplenium* x *badense* (D. E. MEYER) ROTHM., Exkurs.-Fl. Krit. Ergänz.-Band: 5 (1963), pro *Asplenium ceterach* L. x *A. ruta-muraria* L.

In der Tracht an einen zerfressenen *Ceterach* erinnernd; vgl. Abb. 255; Unterseite der B l ä t t e r mit Schuppen bedeckt wie dieser. Nervatur ungefähr eine Zwischenstellung einnehmend, mit einigen Anastomosen, aber nicht so vielen wie bei *Ceterach*. Indusien deutlich ausgebildet, aber nur bei nicht zu alten Blättern erkennbar. Sporen weitgehend abortiert, daneben aber auch gute Sporen. Chromosomenzahl 2n = 144. Typus (in B) von Mauer in einem Dorf im Kaiserstuhl (Baden) zwischen den Eltern (Standort

Tafel 10

Abb. 255 □ × *Asplenoceterach badense* D. E. MEYER (= *Asplenium ruta-muraria* × *Ceterach officinarum*). Silhouetten von drei Blättern einer Pflanze vom Typusstandort. Kaiserstuhl bei Freiburg i. Br. (Original REICHSTEIN)

heute durch Bauarbeiten, Abgraben der Erde hinter der Mauer, zerstört). Sonst noch bei Neuchâtel (Schweiz) gefunden (MEYER 1959).
□ Analyse der Meiose erfolgte nicht. Die großteils abortierten, teilweise guten Sporen würden zu der erwarteten Genomformel (CCRR) passen, da jeder der beiden vermutlichen Eltern autotetraploid ist. Die Hybride könnte somit eine gewisser Fertilität zeigen, wie *A.* × *murbeckii* (verzögerte Allopolyploidie).

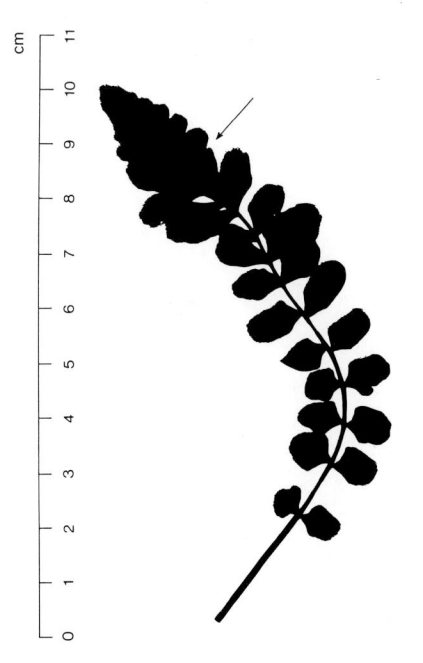

Abb. 256 □ × *Asplenophyllitis confluens* (T. MOORE & LOWE) ALSTON (= *Asplenium trichomanes* × *Phyllitis scolopendrium*). Blattsilhouette. Bei Divača, Slowenien (Original REICHSTEIN)

□ Außerhalb des Gebietes sind noch zwei weitere Vertreter von x *Asplenoceterach* gefunden worden; es sind dies:

x *Asplenoceterach newmanii* (BOLLE) D. E. MEYER, Ber. Deutsch. Bot. Ges. **81:** 92; WILLDENOWIA **5:** 221–229 (1969) von Palma (Kanar. In.) und (1968).

x *Asplenoceterach barrancense* W. BENNERT & D. E. MEYER, Willdenowia **6:** 461–470 (1972) von Mallorca.

x Asplenophyllitis ALSTON, Proc. Linn. Soc. **152:** 139 (1940) [*Asplenium* x *Phyllitis*].

Auch diese Hybriden zeigen die Merkmale beider Gattungen; oft ähnelt die Spitze der Blätter der *Phyllitis,* der untere Teil mehr dem *Asplenium.* Sie sind äußerst selten, und zu ihrer Erkennung muß auf die Originalarbeiten und Abbildungen verwiesen werden.

Wichtige Literatur □ ALSTON (1940, l. c., sub hybr. *Aspl.*). – EMMOTT (1964 l. c., sub *Phyllitis*). – VIDA, G. (1963, 1976 l. c., sub *Phyllitis*). – GIRARD, P. J. & J. D. LOVIS 1968: The rediscovery of x *Asplenophyllitis microdon,* with a report on its cytogenesis. Brit. Fern Gaz. **10** (1): 1–8 mit Abb. – LOVIS, J. D. & G. VIDA 1969: The resynthesis and cytogenetic investigation of x *Asplenophyllitis microdon* and x *A. jacksonii* Brit. Fern Gaz. **10 (2):** 53–67 (mit Abb.). – VIDA, G. 1963 Cytogenetik der ungarischen *Asplenium*-Bastarde. Bot. Közlem. **50 (4):** 235. – VIDA, G. 1965: Ursprung und Systematik der tetraploiden *Asplenium*-Arten. Bot. Közlem. **52 (3):** 166. – VIDA, G. 1970: The nature of polyploidy in *Asplenium ruta-muraria* L. and *A. lepidum* PRESL. Caryologia **23:** 525–543, mit Abb.; H. A. HYDE, A. E. WADE & S. G. HARRISON, Welsh Ferns etc. 6th ed. (Cardiff 1978).

Im Gebiet wurde bisher nur eine dieser Hybriden gefunden. Die anderen könnten theoretisch auch vorkommen, da die Eltern gelegentlich zusammen wachsen.

x Asplenophyllitis confluens (T. MOORE et LOWE) ALSTON Proc. Linn. Soc. Lond. 152: 139 (1940), mit fig. 1 A = *A. trichomanes* x *Phyllitis scolopendrium.* Basion.: *A. trichomanes* var. *confluens* MOORE & LOWE, Our Native Ferns **2:** 207, fig. 560 (1867). Syn.: *Asplenium* x *confluens* (TH. MOORE & LOWE) LAWALRÉE, Fl. Gén. Belg. Ptérid. 178 (1950) (Abb. 256).

Sehr auffallende, äußerst seltene Hybride. Das Stück aus Slowenien hatte ca. 10 cm lange Blätter, im unteren Teil wie ein großes *Asplenium trichomanes* gefiedert, nach oben die Abschnitte mit zunehmend breiterer Basis aufsitzend, überlappend; Spitze breit, nur noch etwas gelappt. Stiel und Rhachis bis fast zur Spitze schwarzbraun. Sporen abortiert. Beschrieben aus England von drei Stellen (vgl. ALSTON 1940), auch aus Ungarn. Ist durch Zufall auch in Kultur entstanden (ALSTON 1940, LOVIS & VIDA 1969). Von LOVIS auch experimentell erzeugt (STACE 1975: 105), wodurch die Beteiligung der subsp. *quadrivalens* begründet wird, vgl. REICHSTEIN, Botanica Helvetica **91:** 113 (1981). Verbreitung im Gebiet □ Slowenien (Jugoslavien): Skocijanske jame prope Divača, inter parentes ca. 350 m, 18. 9. 1961, E. MAYER [vgl. Übersicht der Pteridophyten Jugoslawiens: Acad. Sci. Art. Slov. Cl. IV: Hist. Nat. et Med. **7:** 58 (1963) 1 Stück].

Von Westeuropa (Kanal-Inseln und England) sind noch die folgenden Vertreter von x *Asplenophyllitis* bekannt geworden:

x *Asplenophyllitis jacksonii* ALSTON (= *A. adiantum-nigrum* x *Phyllitis scolopendrium*) und x *Asplenophyllitis microdon* (TH. MOORE) ALSTON (= *A. billotii* x *Phyllitis scolopendrium*); ALSTON,

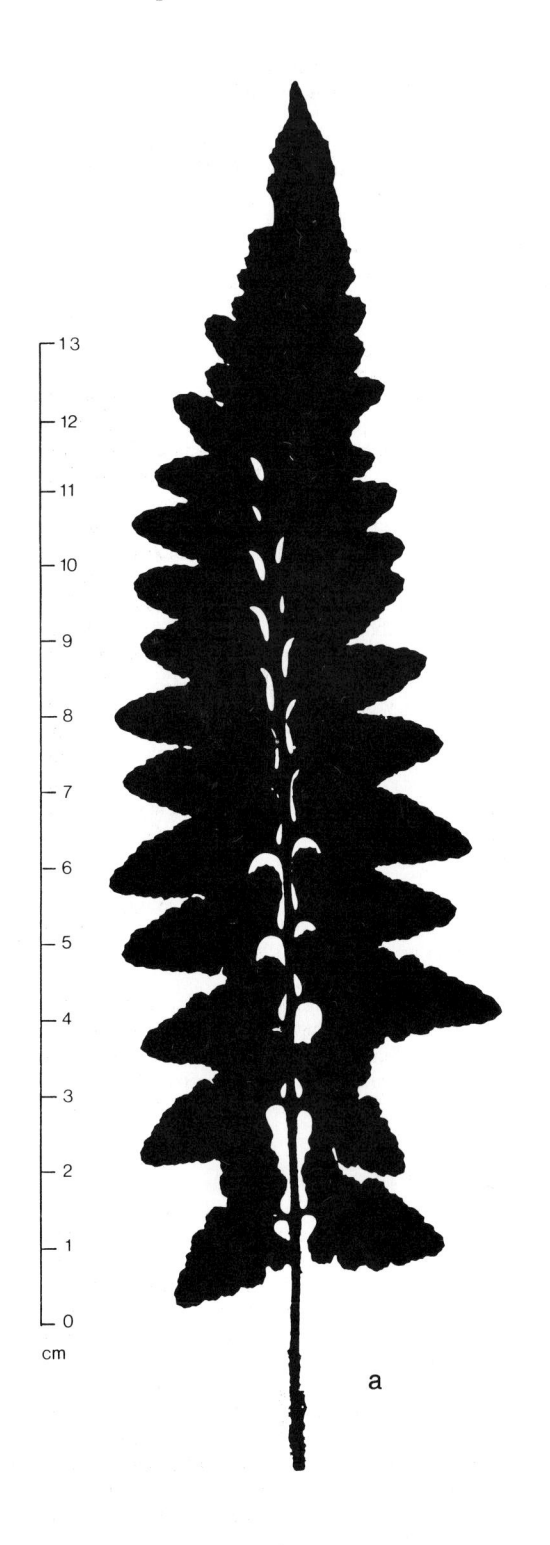

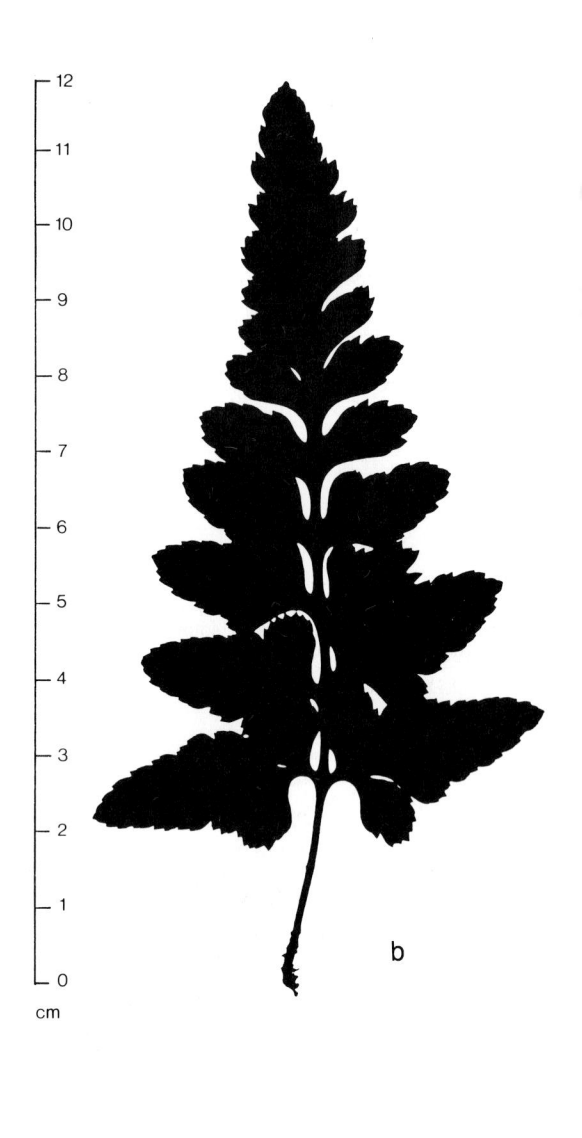

Proc. Linn. Soc. London **152** (2): 140, 142, Fig. 2D, 2B (1940) (Abb. 257).

Das Auffinden dieser Hybriden ist in Mitteleuropa theoretisch möglich.

Abb. 257 □ *a* × *Asplenophyllitis microdon* (T. Moore) Alston (= *Asplenium billottii* × *Phyllitis scolopendrium*) □ *b* × *Asplenophyllitis jacksonii* Alston (= *Asplenium adiantum-nigrum* × *Phyllitis scolopendrium*). Blattsilhouetten; beide Pflanzen experimentell erzeugt (Original Reichstein)

× *Asplenophyllitis kuemmerlei*[1] G. VIDA, Acta Bot. Hungar. **6**: 427–432 (1960) mit Abb. Syn.: *Asplenium* × *kuemmerlei* (VIDA) Soó, Acta Bot. Acad. Sci. Hungar. **9** (3–4): 419 (1963) (Abb. 258).

Zuerst als Hybride von *Asplenium ruta-muraria* × *Phyllitis scolopendrium* angesehen, später (VIDA 1963, 1965, 1970) als *Asplenium lepidum* × *Phyllitis scolopendrium* erkannt; dann auch experimentell erzeugt (VIDA 1965, 1970 mit Abb.). Triploid mit fast ausschließlich Einzelchromosomen bei der Meiose. bisher nur in Süd-Ungarn bei Pécs gefunden. Standort durch Industriebauten zerstört.

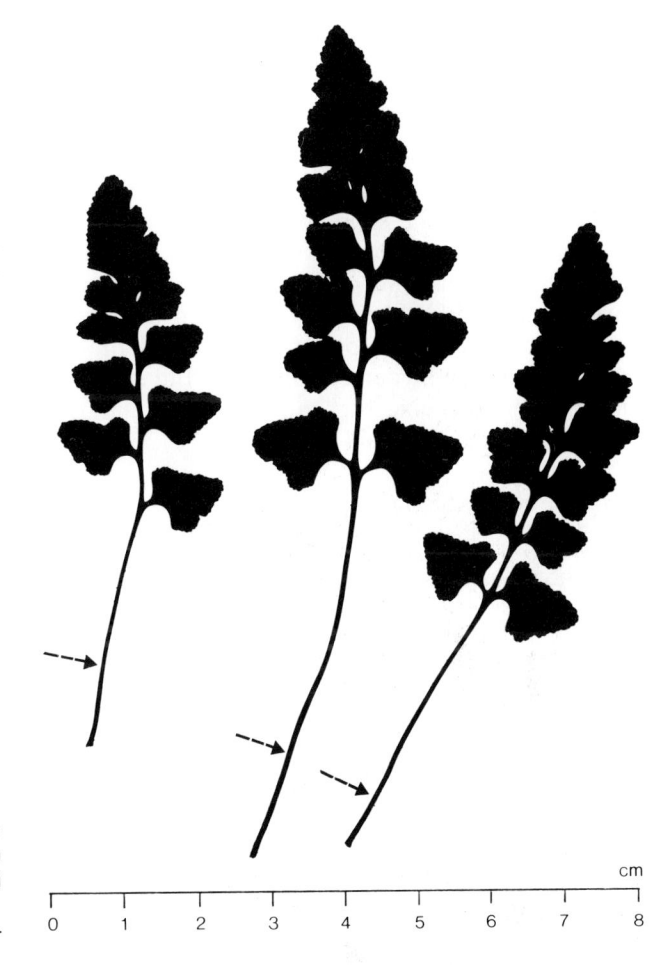

Abb. 258 ☐ × *Asplenophyllitis kuemmerlei* VIDA (= *Asplenium lepidum* × *Phyllitis scolopendrium*). Silhouetten von Blättern vom Typus-Exemplar. Bei Pécs, Südungarn, später cult. (Original REICHSTEIN)

Familie **Blechnaceae** Rippenfarngewächse

Erdfarne mit kriechendem oder aufrechtem oder (bei den tropischen Arten) öfter kurz baumförmigem Rhizom mit dictyostelisch gestalteten Leitbündeln und mit Spreuschuppen. Sori auf einer Adernkommissur, der Mittelrippe oder ihren Hauptästen parallel, zuweilen *(Blechnum)* über die ganze Länge der Fiedern kontinuierlich; Schleier fast immer vorhanden, lang und schmal, seitlich angeheftet, sich gegen die Mittelrippe öffnend. Sporen monolet, mit deutlichem Perispor.

Artenzahl und Verbreitung ☐ Die Familie enthält 6 meist in den Tropen und Subtropen der Alten und Neuen Welt, vor allem auf der Südhemisphäre, verbreitete Gattungen. Außer den Arten der Gattung *Blechnum* werden zuweilen *Woodwardia radicans* (L.) J. E. SMITH aus Südeuropa und *Doodia caudata* (CAV.) R. BROWN aus Australien in Kalthäusern gezüchtet.

In Mitteleuropa nur die Typus-Gattung:

1. Blechnum

Blechnum[2] LINNÉ Sp. pl. 1077 (1753); Gen. pl. ed. **5**: 485 (1754). – Syn.: *Osmunda* L. Sp. pl. 1066 (1753), p. p. – *Lomaria* WILLD. Mag. Ges. Naturf. Freunde Berlin **3**: 160 (1810), p. p. – *Struthiopteris* WEIS Plant. Crypt. Fl. Gotting. 286 (1770), non BERNHARDI (1801) [= *Osmunda*], nec WILLDENOW (1809) [= *Matteuccia*]. Rippenfarn.

Typus-Art: *Blechnum occidentale* L.

Ausdauernde, mittelgroße Erdpflanzen, in den Tro-

---

[1] Nach EUGEN BÉLA KÜMMERLE (1876–1931), bekannter Botaniker des Ungarischen Nationalmuseums, vgl. Nachruf von G. MOESZ, Bot. Közlem. (Budapest) **33**: 1–22 (1933).

[2] βλῆχνον, blechnon, ein Name der Farne bei DIOSKORIDES (Mat. med. **4**: 184).

pen auch kleine Bäume, mit dickem R h i z o m und zweizeilig oder dicht schraubig gestellten B l ä t t e r n ; Spreuschuppen zart, aus dünnwandigen Zellen gebaut; B l a t t s t i e l von zwei größeren Leitbündeln durchzogen, von denen sich ein bis mehrere schwächere Leitbündel abzweigen und in den Zwischenraum verlaufen; sporentragende und sporenlose B l ä t t e r gleich oder etwas bis stark verschieden gestaltet, meist einfach fiederteilig bis gefiedert. Sori auf einer der Mittelrippe parallelen und genäherten Kommissur der sonst freien Blattadern, die ganze Länge der Fieder einnehmend; Indusium an dieser Kommissur eingefügt, zur Mittelrippe hin frei. – Chromosomengrundzahl x = 28, 31, 32, 33, 34.

Artenzahl und Verbreitung □ Etwa 180–200 Arten, meist in tropischen, subtropischen und besonders südlich-gemäßigten Zonen der ganzen Welt, besonders auf der Südhemisphäre verbreitet. Neben der europäischen Art, *B. spicant*, werden auch einige fremde Arten in Gärten und Glashäusern gezogen, besonders das winterharte *B. penna-marina* (POIRET) KUHN (aus den gemäßigten Zonen der Südhalbkugel und den Anden), unserem Rippenfarn ähnlich, aber kleiner, mit kriechendem Rhizom; von tropischen Arten öfters das schwach baumförmige *B. brasiliense* DESV. (aus Südamerika) mit ledrigen, bis 1 m langen und 30 cm breiten Blättern; *B. gibbum* (LABILL.) METTEN. (aus Neukaledonien) mit zierlichen Blättern; *B. discolor* (FORST.) KEYS. (aus Australien) mit unterwärts blaßgrünen Blättern, und *B. occidentale* L. (aus dem tropischen Amerika), mit ledrigen, beim Austreiben roten, später mattgrünen Blättern, neuerdings auf den Azoren (São Miguel) (verwildert?) gefunden.

1. Blechnum spicant

Blechnum spicant[1] (L.) ROTH Ann. Bot. (USTERI) **10**: 56 (1794). – Basion.: *Osmunda spicant* LINNÉ Sp. pl. 1066 (1753). – Syn.: *Struthiopteris spicant* (L.) WEIS Pl. Cryptog. Fl. Gotting. 286 (1770). – *Onoclea spicant* (L.) HOFFM. Deutschl. Fl. **2**: 11 (1791). – *Blechnum boreale* SWARTZ in SCHRAD. Journ. Bot. 1800 **(2)**: 75 (1802). – *Asplenium spicant* (L.) BERNH. in SCHRAD. Journ. Bot. **1800**/1: 17 (1803). – *Lomaria spicant* (L.) DESV. Mag. Ges. Naturf. Freunde Berlin **5**: 325 (1811). – *Lomaria borealis* (Sw.) LINK Enum. Pl. Hort. Berol. **2**: 80 (1822). – J. E. SMITH (Mém. Ac. Turin **5**: 411; 1790) hat keine Artkombination gebildet, sondern sie (*Blechnum spicant*) nur angedeutet; vgl. JANCHEN Catal. Fl. Austr. **1**: 67 (1956) et 4: 894 (1959). – G e m e i n e r R i p p e n f a r n . – Taf. 6 Fig. 2 nach S. 192. – Abb. 259–262.

Ausdauernd; R h i z o m aufsteigend, an der Spitze spreuschuppig; B l ä t t e r in dichter Rosette, einfach fiederteilig; s t e r i l e L a u b b l ä t t e r überwinternd, meist horizontal ausgebreitet; B l a t t s t i e l mehrmals kürzer als die Spreite, dunkelbraun, am Grunde spreuschuppig, oberseits rinnig; B l a t t s p r e i t e im Umriß lanzettlich, 5–50 × 3–7 cm groß, beiderseits verschmälert, lebhaft grün, oberseits dunkler, glänzend, kahl; Blattspindel rinnig, braun; A b s c h n i t t e jederseits 30–60, 3–5 mm breit, kammartig genähert, oft etwas sichelförmig, schmal länglich, vorn am Grunde verbreitert bis schwach geöhrt, gleich breit, ganzrandig, mit schief aufgesetzter Stachelspitze (nur die untersten zuweilen eiförmig), mit gegabelten Sekundäradern, die vor dem Rande mit einer etwas verdickten, durchscheinenden Spitze aufhören; S p o r e n b l ä t t e r in der Mitte der von den Laubblättern gebildeten Rosette aufrecht, sommergrün, meist viel länger (20–75 cm) als die Laubblätter; Stiel und Blattspindel braun; A b s c h n i t t e entfernt, aus breiterem Grunde schmal linealisch, bis 4 cm lang und 1–2 mm breit, mit Ausnahme der Spitze ganz von den Sori bedeckt. – Chromosomenzahl 2n = 68 [vgl. Á. et D. LÖVE: Cytotaxonomy of *Blechnum spicant*; Collect. Bot. **7** (2): 665–676 (1968)]. – Sporenreife VII.–IX.

Vorkommen □ Hemikryptophyt; Humuswurzler; Schattenpflanze. In Fichtenwäldern, auch in schattigen, artenarmen Tannen- und Birken-Eichen-Wäldern oder in Erlenbrüchen (Blechno-Alnetum), an schattigen Böschungen, auf frischen bis feuchten, nährstoff- und basenreichen, sauren, modrig-torfigen, humosen, sandig-steinigen Lehmböden, besonders auf Urgestein, auf ausgelaugtem Kalk, Flysch, Molasse, Gault, Lias; in luftfeuchter, schnee- oder regenreicher Standortslage. Die Art ist zwar nicht außerordentlich frostempfindlich, aber sie erträgt keine starken Wasserverluste. Dies aber ist kaum vermeidbar, wenn die Frühlingssonne hohe Blatt- und Lufttemperaturen bewirkt, der Wurzelboden aber noch gefroren und Wassernachschub daher unmöglich ist. Der Gefahr dieser sog. Frosttrocknis entgehen die Pflanzen nur in wintermilden, ozeanischen Gebieten oder im Gebiete dort, wo eine zeitige Schneedecke tiefes Gefrieren des Bodens verhindert und nicht jeder winterliche Sonnentag zu unersetzbaren Wasserverlusten der freien, ungeschützten Blätter führt. So ist auch verständlich, daß *B. spicant* im kontinentalen Osten und im Osten von Nordamerika fehlt und an die küstennahen Gebiete gebunden ist (WILMANNS). – Charakterart des Vaccinio-Piceion-Verbandes, wächst auch in feuchteren Gesellschaften des Quercion roboris-Verbandes (Querco roboris-Betuletum); oft verschleppt in Fichtenpflanzungen.

---

[1] spica (lat.) = Ähre; spicant = ährentragend, vielleicht wegen der schmalen Sporophyllbüschel. Der Name soll auch aus dem Schwedischen stammen; C. BAUHIN (1671) leitet ihn ab von »Spica indica« (Narde), wegen der ähnlichen Wurzeln.

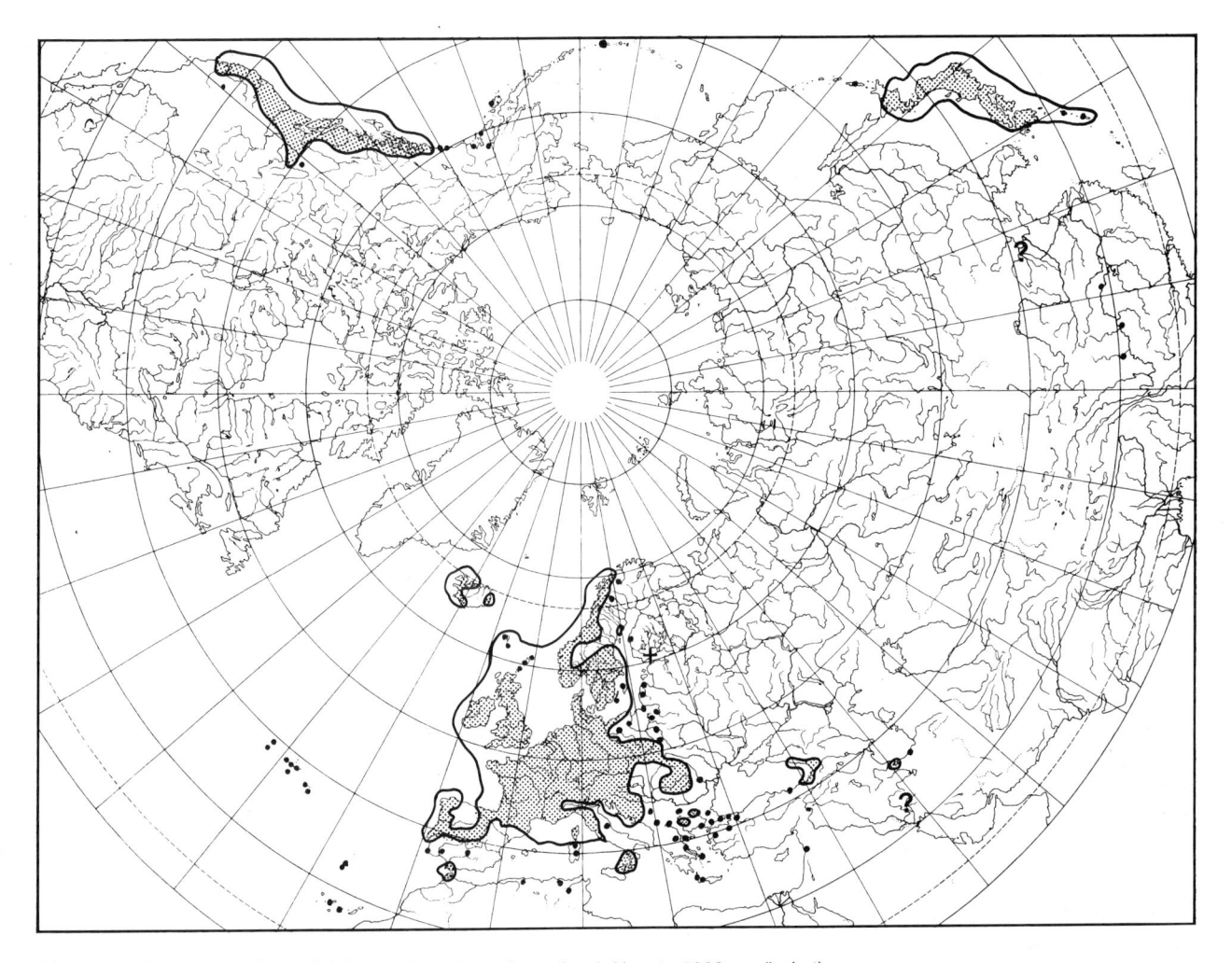

Abb. 259 □ *Blechnum spicant* (L.) Roth. Verbreitungskarte (nach Hultén 1962, verändert)

Von der Ebene bis in die Gebirge (in den Alpen bis 2400 m).

Allgemeine Verbreitung □ Zirkumpolar-ozeanisch bis (schwach) subozeanisch, disjunkt (in Europa,

Abb. 260 □ *Blechnum spicant* (L.) Roth □ *Links* sterile Fieder □ *Rechts* zwei fertile Fiedern von unten (etwa × 3) (nach Hyde & Wade 1969)

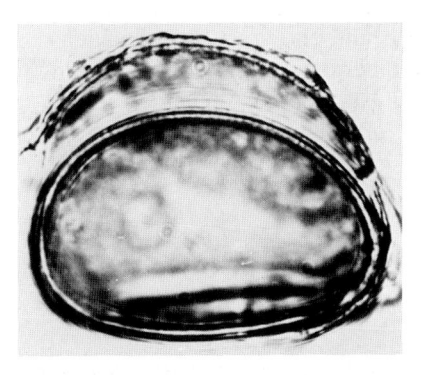

Abb. 261 □ *Blechnum spicant* (L.) Roth. Spore (× 1000), Äquatoransicht, optischer Schnitt, acetolysiert; oben löst das Perispor sich ab (Original Straka)

biet von Portugal und Spanien bis Kleinasien und dem Kaukasus; Nordafrika (Marokko); disjunkt in Zentralchina und Japan, wo auch nahe verwandte Arten auftreten; westliches Nordamerika.

□ Karten: HULTÉN 1964, KARTE 143; MEUSEL, JÄGER, WEINERT 1965, S. 12; JALAS & SUOMINEN 1972, Karte 139.

Arealdiagnose □ zonal: (merid/montan)-submerid/montan-temp(-boreal) · ozean$_{1-2}$Eur+OAs+WAm. – regional (in Europa): west-(ost)medit / montan-westsubmedit / montan-colch-hyrcan-atlant-boreoatlant-subatlant-zentraleurop / demontan.

Verbreitung im Gebiet □ Durch den größten Teil des Gebietes verbreitet. – In Deutschland im Westen häufiger als im Osten, im Bergland häufiger als in der Ebene, in den Bayerischen Alpen bis 1900 m, aber auch auf den Nordseeinseln Sylt und dem dänischen Röm. – In der Schweiz allgemein verbreitet, am Gipfel Pizzo Zucchero (Valle Onsernone), Val di Vergeletto, im Tessin noch bei 1899 m, in Graubünden bis 1980 m. – In Österreich und Slowenien auch allgemein verbreitet. – In Böhmen und Mähren in allen Gebirgen verbreitet, selten in der Ebene. – In Polen nur in den Sudeten häufiger, in den Karpaten und im nordöstlichen Tiefland selten.

Variabilität der Art □ Die europäischen Pflanzen gehören zur Unterart *B. spicant* (L.) ROTH subsp. *spicant*, mit 3 Varietäten: var. *spicant* mit verschiedenen fertilen und sterilen Blättern (Makaronesische Inseln, Europa, Kaukasus, Nordafrika). Var. *fallax* LANGE Fl. Danica 50, no. 2983 Fig. 2–3 (1880) mit gleichförmigen fertilen und sterilen Blättern, welche lanzettlich, nur 2–5 (–8) cm lang, fiederteilig, an der Bodenoberfläche angepreßt sind, die fertilen Fiedern sind am Rande etwas zurückgerollt; nur in Island. Var. *homophyllum* Á. et D. LÖVE Bot. Tidskr. **62:** 194 (1966), Synon.: *Homophyllum blechniforme* MERINO Contr. Fl. Galic. Suppl. **1:** 7–8 (1898), auch mit gleichförmigen Blättern, welche 8–20 cm lang, nicht niederliegend, eng lanzettlich, fiederig geteilt sind, die fertilen Fiedern etwas enger als die sterilen; nur in der nördlichen Iberischen Halbinsel. Die ostasiatischen Pflanzen werden zur Unterart subsp. *niponicum* (KUNZE) Á. et D. LÖVE gestellt, die häufig auch als eigene Art, *B. niponicum* (KUNZE) MAKINO, betrachtet wird. Die var. *spicant* ist sehr wenig veränderlich, und alle beschriebenen Abänderungen sind nur Mißbildungen oder fluktuierende Ökomorphosen (vgl. LÖVE, Bot. Tidskr. **62:** 186–196; 1966).

Volksnamen □ Deutsch: Doppel-Lof (Doppellaub) (Geldern), Geissleiterli, Leiterlifarä, Waldfarä (Schweiz, Waldstätten); holl.: dubbelloof; fläm.: slootvaren; wallon.: fetscherotes; dän.: kanelbraegne; engl.: hard-fern; slowen.: rebraca; tschech.: žebrovice; poln.: podrzeń; russ.: дербянка (derbjanka).

Abb. 262 □ *Blechnum spicant* (L.) ROTH. Südschwarzwald

Ostasien und im westlichen Nordamerika), von den Gebirgen der warmen und warmgemäßigten bis in die gemäßigte und teilweise in die kühle Zone. In Europa im südlichen und besonders im westlichen Teil; von Island und West-Skandinavien südwärts bis ins Mittelmeergebiet, ostwärts bis Südfinnland, Lettland und Ostkarpaten, im Süden nur in Gebirgen; auf den Nordatlantischen Inseln, im Mittelmeerge-

Familie **Polypodiaceae** Tüpfelfarngewächse

Kleine bis große, meist epiphytische oder auf Felsen, seltener auf der Erde wachsende Farne von kosmopolitischer, hauptsächlich tropischer Verbreitung. Rhizom kriechend, diktyostelisch, mit meist gitterartigen Spreuschuppen. Blätter dem Rhizom gegliedert angefügt, meist auf niedrigen Auswüchsen (Phyllopodien) angeheftet, häufig von derber Textur, meist wenig zerschnitten; Adern meist netzförmig, sehr häufig mit eingeschlossenen freien Adern. Sori flächenständig, endständig oder rückenständig auf einer Ader oder häufiger am Treffpunkt einiger Adern, rund oder länglich, zuweilen zu linealischen Sori zusammenfließend, stets ohne Indusium, nicht selten mit sterilen Organen (Drüsenhaare, Schuppen; »Paraphysen«) im Sorus. Sporen monolet, ohne starke Oberflächenstruktur.

Artenzahl und Verbreitung □ Etwa 1200 Arten, die früher größtenteils in der Riesengattung *Polypodium* zusammengefaßt wurden, jetzt je nach Auffassung auf 10 bis 65 Gattungen verteilt werden. Ihre natürliche Gliederung ist schwierig, weil eine beträchtliche Zahl der kleinen Gattungen auf zwar auffallenden, aber durch Übergangsformen in ihrer systematischen Bewertung beeinträchtigten Merkmalen beruht.

Verwendung als Zierpflanzen □ Viele Formen werden besonders in Glashäusern gezogen. Nebst vielen Gartenformen des europäischen *Polypodium vulgare* besonders die Arten *Polypodium aureum* L. [*Phlebodium a.* (L.) J. SMITH] mit großen, fiederschnittigen, bei Gartenformen häufig unterseits mit bläulichem Belag bedeckten Blättern und Sori in einfacher Reihe; *P. crassifolium* L. [*Niphidium c.* (L.) LELLINGER] mit derben, zungenförmigen, ganzrandigen Blättern und Sori in vielen Reihen den Sekundäradern entlang, beide aus dem tropischen Amerika; *P. musifolium* BL. [*Microsorium m.* (BL.) CHING] aus Südostasien, mit großen, zungenförmigen, am Grunde schwach herzförmigen Blättern und sehr komplizierter, netzförmiger Aderung und zahlreichen kleinen, zerstreuten Sori; verschiedene Arten der hauptsächlich südostasiatischen Gattung *Pyrrosia* (*Cyclophorus, Niphobolus*) mit meist zungenförmigen, sternhaarigen Blättern; *Aglaomorpha*-Arten aus Südostasien [z. B. *A. heraclea* (KUNZE) COPEL.] mit bis 2½ m langen, fiederschnittigen Blättern, deren verbreiterte Basis als Humussammelorgan dient; Arten der Gattung *Drynaria* aus den Tropen der Alten Welt mit ungestielten, schwach gelappten, mehr oder weniger an trockenes Eichenlaub erinnernden humussammelnden „Nischenblättern" und gestielten fiederteiligen Laubblättern, und Arten der Gattung *Platycerium* (meist paläotropisch), ebenfalls mit Nischen- oder Mantelblättern als Humussammelorgane, die mehr oder weniger unregelmäßig gelappt und dem Substrat angepreßt sind, und meist gabelig verzweigten Laubblättern mit Sternhaaren und in größeren oder kleineren, nicht sorusartigen Gruppen stehenden Sporangien. Die bekanntesten aus letzterer Gattung sind das afrikanische *P. elephantotis* SCHWEINF. und die südostasiatisch bis australisch verbreiteten *P. grande* (FÉE) KUNZE, *P. bifurcatum* (CAV.) C. CHR., *P. coronarium* (KOENIG) DESV. und *P. willinckii* MOORE.

In Europa nur die Typus-Gattung:

1. Polypodium

Polypodium[1] LINNÉ Sp. Pl. 1082 (1753); Gen. Pl. ed. 5: 485 (1754), p. p. min., emend. MILDE Sporenpfl. 7 (1865). – Tüpfelfarn, auch Engelwurz, Engelsüß; holl.: eikvaren, engelzoet; dän.: engelsøld; engl.: polypody; franz.: réglisse de muraille, réglisse sauvage; ital.: felce dolce; slow.: sladka paprat; tschech.: osladič; poln.: papratka; russ.: многоножка (mnogonožka).

Typus-Art: *Polypodium vulgare* L.

Wichtige Literatur □ CHRISTENSEN, C. 1928: On the systematic position of *Polypodium vulgare*. Dansk Bot. Ark. **5**: 1–10. – FERNANDES, R. B. 1968: O gênero *Polypodium* L. em Portugal. Bol. Soc. Brot. II. **42**: 35–158. – HYDE, H. A., A. E. WADE & S. G. HARRISON 1978: Welsh Ferns, 6th ed. Cardiff. [2.6] – JESSEN, S. 1982: Beitrag zur Kenntnis der Tüpfelfarne in der DDR. Mitt. florist. Kartierung Halle **8** (2): 14–54. – LENSKI, J., 1964: Merkmalsprüfungen an den europäischen Zytotypen von *Polypodium vulgare*. Flora **154**: 245–266. – MANTON, I. 1968: The concept of the aggregate species *Polypodium vulgare*. Uppsala Univ. Årskr. **6**: 104–112. – NARDI, E. & A. TOMMEI 1976: Osservazioni biosistematiche sul genere ›*Polypodium*‹ L. in Italia. Webbia **30** (2): 219–256. – ROBERTS, R. H. 1970: A revision of some of the taxonomic characters of *Polypodium australe* FÉE. Watsonia **8**: 121–134. – Id. 1980: *Polypodium macaronesicum* and *P. australe*: a morphological comparison. Fern Gez. **12** (2): 69–74. – ROTHMALER, W. & U. SCHNEIDER 1962: Die Gattung *Polypodium* in Europa. Die Kulturpflanze, Beih. **3**: 234–248. – SHIVAS, M. G. 1961: Contributions to the cytology and taxonomy of species of *Polypodium* in Europe and America I–II. Journ. Linn. Soc. London (Bot.) **58**: 13–25, 27–38. – VILLARET, P. 1960: Le *Polypodium vulgare* L. subsp. *serratum* (WILLD.) CHRIST en Suisse. Bull. Soc. Vaud. Sci. Nat. **67**: 323–331. – ZENNER, G. 1972: Beitrag zur Unterscheidung der Arten von *Polypodium vulgare* s. l. in Europa. Götting. Flor. Rundbriefe **6**: 23–62.

Rhizom kriechend, zweizeilig beblättert; Blattstiel am Grunde abgegliedert, von 2 (1–3) oberseitigen und einigen schwächeren rückenseitigen Leitbündeln durchzogen, die sich aufwärts zu einem einzigen, dreischenkeligen Leitbündel vereinigen; Blattspreite fiederspaltig bis gefiedert, unbehaart, ohne oder mit Spreuschuppen. Sori rund oder länglich bis elliptisch, (fast) endständig auf einer freien Ader, zwischen dem Blattrande und der Mittelrippe stehend. Indusium fehlt. Sporen monolet. – Chromosomenzahl: $x = 37$.

Artenzahl und Verbreitung □ Etwa 100 Arten, meist in den Tropen und Subtropen über den größten Teil der Erde verbreitet, besonders zahlreich im tropischen und subtropischen Amerika. Die Gattung ist in Europa durch einen Komplex von drei Sippen vertreten, die besonders aus cytogenetischen Gründen zweckmäßig als drei Arten behandelt werden, obgleich sie nicht immer leicht voneinander zu unterscheiden sind (vgl. LENSKI 1964, HYDE, WADE & HARRISON 1978, ZENNER 1972). Sie werden oft als *P. vulgare*-Komplex oder als *P. vulgare* s. l. bezeichnet, und einzelne Autoren ziehen es vor, sie nur als Unterarten zu trennen. Alle drei Arten haben bis 50 cm lange, tief fiederschnittige Blätter, Blattstiel kürzer als die Blattspreite und mit jederseits 5–28 wechselständigen, lineal-länglichen Blattabschnitten, mit in zwei Reihen längs der Mittelrippe auf die Blattoberseite durchgeprägten Sori. Alle drei Arten bewohnen schattige Felsen und Mauern, und in

---

[1] Polypodion (griech.) πολυπόδιον ein Name eines Farnkrautes bei THEOPHRASTOS; polys (griech.) πολύς = viel; podion (griech.) πόδιον = Füßchen, vielleicht nach dem reichverzweigten Rhizom oder dessen Phyllopodien, oder weil man die Fiedern des Blattes mit Füßchen verglichen hatte.

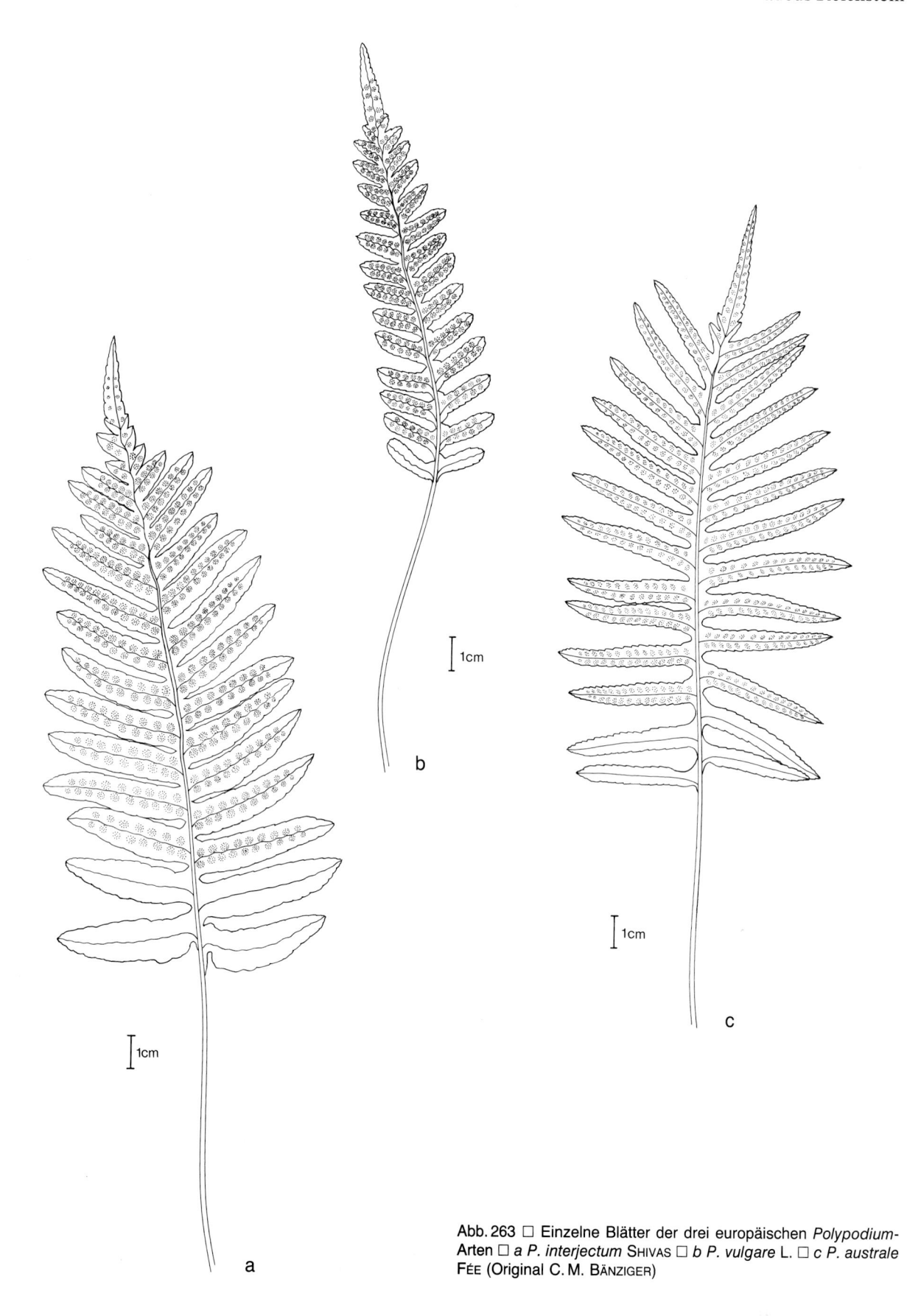

Abb. 263 □ Einzelne Blätter der drei europäischen *Polypodium*-Arten □ a *P. interjectum* SHIVAS □ b *P. vulgare* L. □ c *P. australe* FÉE (Original C. M. BÄNZIGER)

Gegenden mit feuchterem Klima wachsen sie auch als Epiphyten auf Bäumen.

Volksnamen □ Der süß schmeckende Wurzelstock des Tüpfelfarnes wurde früher als eine primitive Leckerei und als ein Heilmittel besonders gegen Husten verwendet und heißt deshalb E n g e l s ü ß (Büchername), E n g e l s o i t e (Südhannover) s ö t E n g e l k e n (Lübeck), S ü ß w u r z e l (Ober- und Mitteldeutschland), S e e h o l z (Eifel), S ü e ß h o l z (Schweiz). Die Namen S t e i n l a x e (= S t e i n l a k r i t z e, früher in Nordböhmen), S t e i n l e c k e r z e (Lausitz), S t e i n w u r z e l (früher in Schlesien), S t e i n w ü r z e (Böhmerwald), S ö ß e S t e i n w u r z e l (Thüringen) gehen auf den Standort der Pflanze zurück. Die thüringischen Namen G ö m c h e n, G ö u m l i c h (Ruhla), G ö n i c h e n gehören angeblich zu mittelhochdeutsch »g o u m e l« (= Schützer), also hier etwa ein Schutzmittel (E n g e l s ü ß wegen der großen Heilkraft). Auch H ö m e (Eifel) dürfte hierher zu stellen sein. Allgemeine Namen des gemeinen Tüpfelfarns sind F a r e f ä d e r e (Schaffhausen), R o ß f a r n (bergisch), T e u f e l s l e i t e r (Eifel), G a i s b a r t (Niederösterreich); A d d e r m a i (Westfalen). Ferner werden noch angegeben: H e r r s c h z a n g e (= H i r s c h z u n g e), K a n k e r w u r z e l (nach der Gestalt des Wurzelstockes; Gotha), e d l e s L e b e r k r a u t (Kärnten). Volksnamen in Frankreich: r é c l i s s e; flämisch: e i k v a r e n, e n g e l z o e t, d u i v e l s p u i m, g e m e n e n a a k t v a r e n; wallonisch: r é c o l i s s e d i m e û r, p è l é y e - f è t c h e r e, h ô m e, n â k e. –

Verwendung □ Das Rhizom war früher als Rhizoma (seu Radix) Polypodii offizinell. Es diente als Diureticum bei Leberleiden und Gicht. Als Volksheilmittel liefert es Tee gegen Husten und Heiserkeit und wurde als Laxativum, Tonicum und Febrifugum und gegen Asthma und Katarrh benützt. Die Rhizome und Wurzeln werden in der Gärtnerei als Pflanzstoff für Orchideen benützt.

Unterscheidung □ Zur Unterscheidung der drei Arten des Komplexes spielen die Paraphysen eine wichtige Rolle; es sind dies mikroskopisch sichtbare, verzweigte, fadenartige Gebilde in den Sori zwischen den Sporangien, vgl. Abbildungen bei: P. MERTENS: Les organes glanduleux des *Polypodium virginianum*, Bull. Jard. Bot. Brux. **17** (1): 1–14 (1943). – P. MERTENS & N. PIRARD: Les organes glanduleux de *Polypodium virginianum* L. II. La Cellule **49** (3): 385–406 (1943). – N. PIRARD: Sporanges, paraphyses et organes connexes chez les fougères, La Cellule **51** (2): 155–184 (1947). – P. MERTENS: Les paraphyses de *Polypodium vulgare* et la sous-espèce *serratum*, Bull. Soc. Roy. Bot. Belg. **82**: 225–261 (1950). – P. MERTENS: Les organes glanduleux de *Polypodium virginianum* L. III. La Cellule **53** (2): 187–212 (1950) sowie H. E. HESS, E. LANDOLT & R. HIRZEL: Flora der Schweiz **1**: 106 (1967), sub *P. virginianum*. Auch die Anzahl der dickwandigen Zellen im Anulus (Ring am Sporangium) hat Bedeutung.

Bestimmungsschlüssel für die Arten

1 Sori rund oder elliptisch, meist ohne Paraphysen. Pflanze ± immergrün, neue Blätter im Frühsommer sich entwickelnd. Spreite lineal-lanzettlich bis eiförmig-lanzettlich. Rhizom mit 3–6 mm langen Spreuschuppen 2

1* Sori länglich-elliptisch, mit Paraphysen. Blätter im Frühling absterbend, neue Blätter im Herbst sich entwickelnd. Spreite dreieckig bis eiförmig. Rhizom mit 5–11 mm langen Spreuschuppen . . . . 3. *P. australe*

2 Sori rund; Anulus mit 10–15 dickwandigen Zellen. Blattspreite lanzettlich bis lineal-lanzettlich, das unterste Paar der Blattabschnitte nicht verlängert; Sekundäradern 1–2(–3)mal gegabelt. Spreuschuppen am Grunde wenig verbreitet. Sporen im Mittel weniger als 70 μm lang . . . . 1. *P. vulgare* (s. str.)

2* Sori oft etwas länglich-elliptisch; Anulus mit 6–10 dickwandigen Zellen. Blattspreite eiförmig-lanzettlich, das unterste Paar der Blattabschnitte oft verlängert; Sekundäradern 3–4mal gegabelt. Spreuschuppen am Grunde sehr breit. Sporen im Mittel mehr als 74 μm lang . . . 2. *P. interjectum*

1. Polypodium vulgare

Polypodium vulgare LINNÉ Sp. pl. 1085 (1753), s. str. – Syn. *P. vulgare* L. subsp. *vulgare* JANCHEN Catal. Fl. Austr. **1**: 67 (1965). – *Polypodium vulgare* L. var. *boreale* BECK Glasn. Zems. Muz. Bosn. Herceg. **28**: 317 (1917). – G e m e i n e r T ü p f e l f a r n, E n g e l s ü ß. Taf. 7 Fig. 2 nach S. 224. – Abb. 1 (9), 263 b, 264–266.

Ausdauernd, 10–35 cm hoch; R h i z o m oberirdisch oder flach unterirdisch, dicht mit braunen, lanzettlichen oder borstenförmigen, borstenartig zugespitzten, ungleich gezähnten, 3,5–4 mm langen Spreuschuppen besetzt; B l ä t t e r wintergrün, im Frühling absterbend, neue Blätter sich im Frühsommer entwickelnd; am Rhizom zweizeilig, steif aufrecht, kahl, bis 60 cm lang; B l a t t s t i e l strohgelb oder grünlich, meist kürzer als die Spreite, bis 3 mm dick, auf der Unterseite stärker, auf der Oberseite flacher gewölbt und schmal flügelrandig; Leitbündel sich meist schon in der unteren Hälfte des Blattstieles vereinigend; B l a t t s p r e i t e im Umriß lineal bis lineal-lanzettlich, vom Grund bis über die Mitte ziemlich gleich breit, dann plötzlich zugespitzt, tief fiederteilig, am breiten Grund gestutzt, lederartig, unterseits heller; A b s c h n i t t e jederseits 7 bis 28, meist wechselständig, lineal-länglich, stumpf bis abgerundet, kleinge-

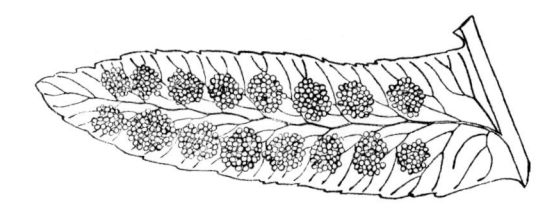

Abb. 264 □ *Polypodium vulgare* L. Fertile Blattfieder von unten (× 2) (nach HYDE & WADE 1969)

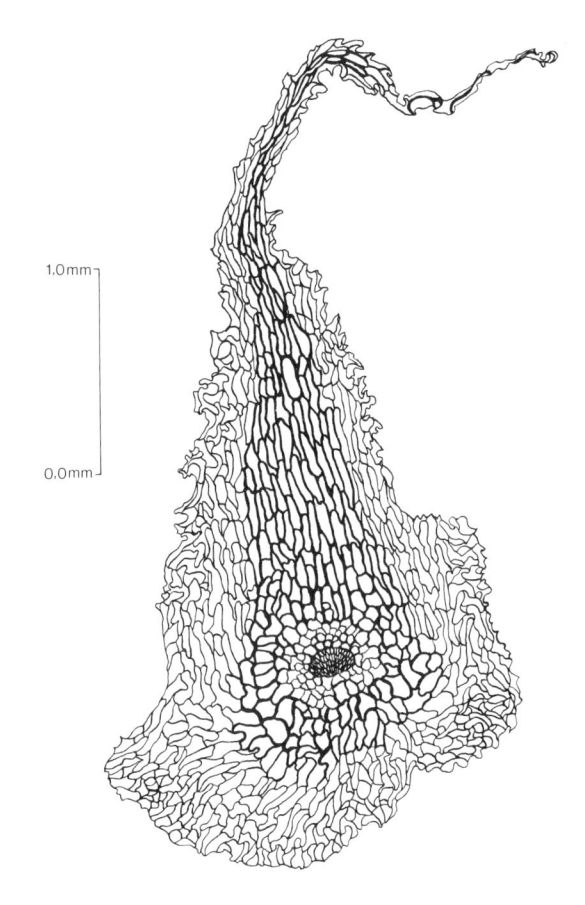

Abb. 265 □ *Polypodium vulgare* L. Rhizomschuppe (Original R. PASSOW)

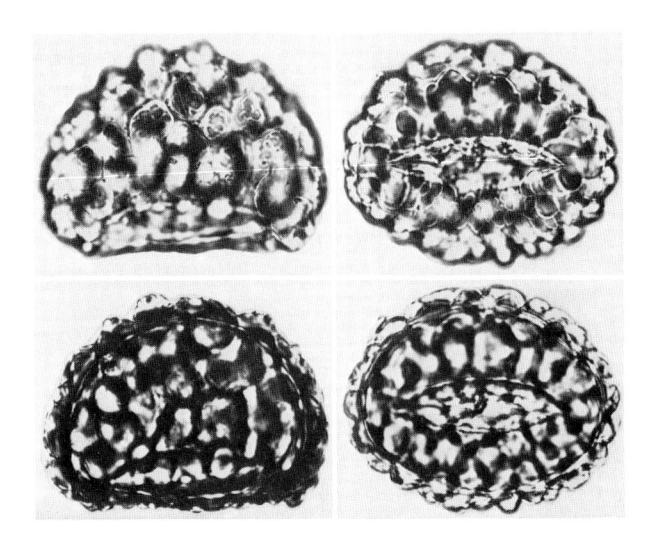

Abb. 266 □ *Polypodium vulgare* L. Spore (× 500) □ *Links* Äquatoransicht □ *Rechts* Ansicht vom proximalen Pol; *oben* hohe, *unten* tiefe Einstellung (optischer Schnitt) (Original STRAKA)

sägt, Endabschnitt kurz; Sekundäradern zweimal, selten 1–4-mal gegabelt, der unterste vordere Adernast auf seinem (wie bei den übrigen Adernästen) kolbenförmig verdickten Ende einen meist rundlichen Sorus tragend. S o r i rund, meist ohne Paraphysen (sterile vielzellige Fäden zwischen den Sporangien); Sporangienring aus 11–14(–20)dickwandigen Zellen, am Grunde mit nur einer oder keiner unverdickten Zelle; Sporen hellgelb, 60–75 µm lang (Abb. 266). – Chromosomenzahl: 2n = 148. – Sporenreife: VII.–VIII.

Allotetraploid; keiner seiner zwei Vorfahren lebt in Europa. Nach SHIVAS (1961) höchst wahrscheinlich einmal durch Chromosomenverdopplung aus der diploiden Hybride von *P. virginianum* L. x *P. glycyrrhiza* D. C. EATON entstanden. (Es fehlt lediglich ein sicherer Beweis, daß diese zwei Arten cytologisch wirklich verschieden sind. Die Wahrscheinlichkeit, daß sie gleich sind, ist aber schon wegen der deutlich verschiedenen Morphologie sehr gering.) Von diesen zwei vermutlichen Vorfahren wächst *P. virginianum* im nw. Nordamerika (selten), nö. Nordamerika, dann wieder in Ostasien (inklusive Japan). *P. glycyrrhiza* ist heimisch im nw. Nordamerika (vgl. Fig. bei T. M. C. TAYLOR: Pacific Northwest ferns and their allies, Toronto & Buffalo 1970). *P. vulgare* s.str. dürfte auf dem genannten Wege daher vermutlich außerhalb Europas entstanden und dann in dieses eingewandert sein. Wegen seiner fast weltweiten Verbreitung dürfte dies schon vor sehr langer Zeit geschehen sein.

Vorkommen □ Geophyt, zuweilen auch Epiphyt; Moderhumuswurzler, fakultativer Chasmophyt. – In lichten, artenarmen Eichenwäldern, an schattigen Felsen und Mauern, oft zwischen Efeu am moosigen Fuß alter Bäume, auf mäßig trockenen, kalkarmen, modrig-humosen, meist flachgründig-steinigen Lehmböden, auch auf sandigen oder grobsteinigen Böden über Kalk in Humusauflagen (wenn die Humusschicht so dick geworden ist, daß das Wurzelwerk vom basisch verwitternden Gestein isoliert ist); in wintermild-luftfeuchten Standortlagen. – Differentialart der Quercetalia roboris, öfters im Violo-Quercetum (Quercion roboris), auch (in Holland und Belgien) im Hippophaëto-Salicetum arenariae (Salicion arenariae), an Felsen in den Gesellschaften der Asplenietea rupestria oder epiphytisch. Von der Ebene bis in die montane Stufe, in den Alpen bis über 2700 m (Bützistock im Kant. Glarus), im Wallis bis 2250 m, im Oberengadin bis 2470 m, bei Arosa bei 2500 m, Zinkenhorn im Berner Oberland bis 2780 m; in Tirol bis 2260 m, in den Bayerischen Alpen bis 1360 m, in der Tatra bis 1800 m.

Allgemeine Verbreitung □ Areal zirkumpolar, teilweise zerrissen: Nordamerika (relativ selten); ganz Europa außer den südlichen Teilen der Mittelmeerländer, bis in die hohen Norden (Island, Lappland); in Asien in den südsibirischen Gebirgen, in China und Japan; Südafrika. Die genaue Verbreitung ist unsicher, weil die Art nicht immer von den zwei morphologisch ähnlichen Sippen des Komplexes unterschieden wurde.

Arealdiagnose □ zonal: merid/montan-submerid-temp(-borealarct) · (ozean$_{1-3}$)Circpol. – regional (in Europa): macar-medit/(montan)-submedit-atlant-boreo-atlant-scand-lappon-zentral-europ-westpont-ural.

Verbreitung im Gebiet □ Im ganzen Areal zerstreut bis häufig, jedoch in trockenen warmen Gebieten selten oder ganz fehlend.

Variabilität der Art □ Die Pflanzen dieser und der beiden folgenden Arten sind im Umriß der Blattfläche sowie in der Form und Berandung der Blattabschnitte sehr veränderlich, und viele, bes. in ASCHERSON et GRAEBNER (Syn. 2. Aufl., 1913) ausführlich angeführte Formen, Spielarten und Mißbildungen kommen bei allen drei Arten vor; diese Abänderungen haben aber kaum irgendeinen taxonomischen Wert.

2. Polypodium interjectum

Polypodium interjectum[1] SHIVAS Journ. Linn. Soc. London (Bot.) **58**: 28 (1961). – Syn.: *Polypodium vulgare* L. var. *acutilobum* LEJ. et COURT. Compl. Fl. Belg. **3**: 304 (1836). – *Polypodium vulgare* L. (f.) *serratum* (WILLD.) WOLLASTON in MOORE Ferns Gr. Brit. and Irl. 5 (1855), p.p. – *P. vulgare* L. var. *pennatifidum* BELLYNCKX Fl. Namur 312 (1855). – *P. vulgare* L. var. *attenuatum* MILDE (f.) b. *prionodes* ASCHERS. in ASCHERS. et GRAEBN. Syn. ed. 1, **1**: 94 (1896). – *P. vulgare* L. subvar. *stenosorum* CHRIST Farnkr. Schweiz 50 (1900). – *P. vulgare* L. subsp. *prionodes* (ASCHERS.) ROTHMALER Mitt. Thüring. Bot. Ver. **38**: 106 (1929). – *P. australe* auct. non WILLD.; HESS, LANDOLT und HIRZEL, Flora der Schweiz **1**: 106 (1967). – Gesägter Tüpfelfarn. – Abb. 263 a.

Der vorigen Art ähnlich, wie folgt verschieden: R h i z o m mit eiförmigen oder eiförmig-lanzettlichen, am Grunde sehr breiten, 4–6 mm langen, lang zugespitzten Spreuschuppen bedeckt; neue B l ä t t e r im Spätsommer und im Herbst sich entwickelnd; Leitbündel erst in der oberen Hälfte des Blattstieles sich vereinigend; B l a t t s p r e i t e eiförmig bis eiförmig-lanzettlich, am Grunde gestutzt, 20–70 cm lang; B l a t t a b s c h n i t t e spitz, oft scharf gesägt, die Sekundäradern der untersten Blattabschnitte meist 2–4-mal gegabelt. S o r i oval oder elliptisch, ohne oder mit Paraphysen, Sporangienring mit 6–12(4–20) dickwandigen Zellen, am Grunde 2–4 unverdickte Zellen; Sporen 75–90 μm lang. – Chromosomenzahl: 2n = 222. – Sporenreife: VIII.–XII.

Hexaploid. Nach SHIVAS (1961) entstanden durch Chromosomenverdoppelung aus der triploiden Hybride von *P. australe* x *P. vulgare*. Letztere ist in Europa bekannt (siehe unten). *P. interjectum* könnte sehr wohl einmal in Europa entstanden sein und sogar heute gelegentlich noch entstehen. Experimentell ist dies noch nicht durchgeführt worden.

Vorkommen □ Chamaephyt, Chasmophyt. In Spalten von Felsen, Steinen und Mauern und auch an steinigen Abhängen, oft auf Schiefer oder Urgestein, aber meistens nicht auf Kalk.

Allgemeine Verbreitung □ West-(zentral-) submediterran-atlantisch. Verbreitet von England und Irland über Belgien, Holland bis Dänemark und von Portugal bis Ungarn, südwärts bis Korsika und Italien (vgl. Punktkarte bei NARDI 1976). S. JALAS & SUOMINEN Karte 142.

Arealdiagnose □ zonal: submerid/(montan)-temp · ozean$_{1-(2)}$ Eur. – regional: lusit-südgall-cors-appen-carn-matr-atlant-südsubatlant-(herc).

Verbreitung im Gebiet □ Im nördlichen Küstengebiet in Belgien, Holland und Dänemark; in Deutschland selten in Mecklenburg, im Rheintal und seinen Seitentälern, am Hohentwiel, im Harz (4 Fundorte), in Sachsen im Elbsandsteingebirge (Königstein), Thüringen (bisher 20 Fundorte bekannt, die meisten auf Zechsteinkalk), Niederbayern (Kelheim), Mittel- und Oberfranken, im Fränkischen Jura, bei Regensburg, in den Bayerischen Alpen (Valepp südlich vom Spitzingsee). – In der Schweiz in den Kantonen Waadt, Neuenburg, Bern, Solothurn, Basel, St. Gallen und Graubünden, vermutlich auch in anderen. – In Österreich in Vorarlberg (im Samina-Tal), in Niederösterreich (Adlitzgraben im Semmeringgebiet), Steiermark (Mixnitzgraben bei Mixnitz, Badlgraben bei Peggau, Ruine Peggau, Gsollerberg zwischen Stiebing und Gratwein), in Nordtirol (Amraser Schloßpark, in der Sellrainer Schlucht). – In Slowenien selten. – In der Tschechoslowakei sehr selten: Šárka-Tal bei Prag, bei Klatovy (Klattau), in Nordböhmen, Mittelmähren (Mährischer Karst) und in der südlichen Slowakei (Pezinok, Hnilec, Vtáčnik-Gebirge, Südslowakischer Karst). – In Polen im Ostseegebiet in der Umgebung von Stettin.

3. Polypodium australe

Polypodium australe[2] FÉE Mém. Fam. Foug. **5**: 236 (1852). – Syn.: *Polypodium cambricum* L. Sp. pl. 1086 (1753), p.p., emend. ROTHMALER (1961) ?[3] –

---

[1] interjectus (lat.) = mittelständig, wegen der Mittelstellung zwischen *P. vulgare* und *P. australe*.

[2] australis (lat.) = südlich.

[3] Nachdem der Artikel über die Ungültigkeit auf Monstrositäten basierender Namen aus dem Internationalen Code für die botanische Nomenklatur gestrichen worden ist, hat NARDI [Webbia **33** (2): 425–433 (1979)] neuerdings den Namen *P. cambricum* für diese Art wieder aufgegriffen. Da die als *P. cambricum* bezeichnete Form aber niemals fertil ist und gewisse, für die Identifizierung wesentliche Merkmale der Art in den Sporangien, Sporen und Paraphysen liegen, und somit die Identität von *P. australe* mit *P. cambricum* nicht sicher bewiesen werden kann, lehnen wir letzteren Namen nach wie vor ab. Es handelt sich nach unserer Meinung ohnehin nicht um die gleichen Sippen. Eventuell könnte der Name *P. cambricum* L. subsp. *australe* (FÉE) GREUTER & BURDET [Willdenowia **17**: 29 (1981)] verwendet werden.

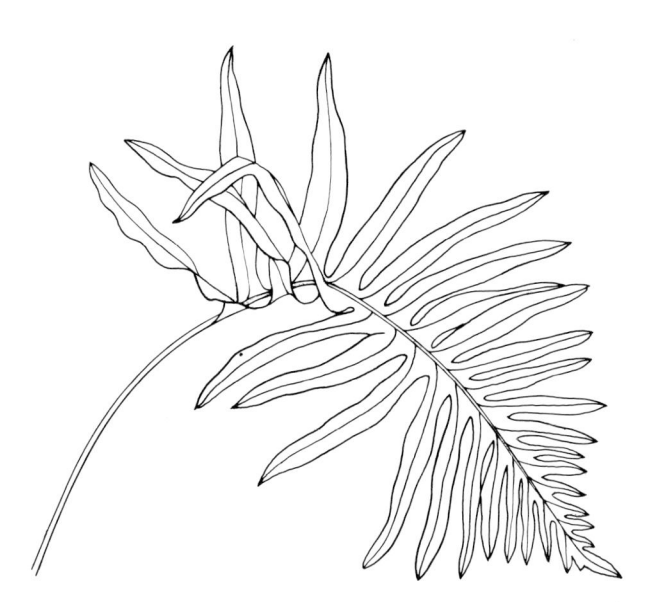

Abb. 267 □ *Polypodium australe* FÉE. Blatt von Gewächshauspflanze (etwa × ⅓) (Original C. M. BÄNZIGER)

P. serrulatum SCHLEICHER Cat. Pl. Helv. ed. (1800–1821), non SWARTZ (1801) nec (SWARTZ) METT. (1856.) – *P. vulgare* L. (var.) γ *serratum* WILLD. Sp. Pl. **5**: 173 (1810). – *P. vulgare* L. f. *serratum* (WILLD.) WOLLASTON in MOORE Ferns Gr. Brit. Irel. 5 (1855), p. p. – *P. serratum* (WILLD.) SAUTER in KERNER Sched. Fl. Exs. Austro-Hungar. **2**: 150 (1882), emend. FUTÓ Hedwigia **44**: 106–111 (1905), non AUBLET (1775). – *P. vulgare* L. var. *australe* (FÉE) CHRIST Ber. Schweiz. Bot. Ges. **1**: 88 (1891). – *P. vulgare* L. subsp. *serratum* (WILLD.) CHRIST Farnkr. Schweiz: 52 (1900). – *P. vulgare* L. subsp. *serrulatum* ARCANGELI Comp. Fl. Ital.: 809 (1882). – *P. virginianum* auct. non L.; HESS, LANDOLT und HIRZEL, Flora der Schweiz **1**: 105 (1967). – Südlicher Tüpfelfarn. – Abb. 263 c, 267.

Den beiden vorigen Arten ähnlich, durch folgende Merkmale verschieden: Rhizom mit 5–11 mm langen, lineal-lanzettlichen Spreuschuppen bedeckt; Blätter wintergrün, im Frühsommer absterbend, im Herbst neue Blätter sich entwickelnd; Blattspreite dreieckig-eiförmig oder eiförmig, am Grunde bis 15 cm breit; Blattabschnitte schmallanzettlich, oft von der Mitte oder ⅔ der Länge an spitz zulaufend, gesägt, das unterste Paar oft von der Blattfläche weg nach oben gerichtet; Sekundäradern 3–4(–6)mal gegabelt; Sori schon im Frühling entwickelt, länglich-elliptisch, mit sterilen verzweigten Fäden (Paraphysen) zwischen den Sporangien; Sporangienring mit 4–7 dickwandigen Zellen. – Chromosomenzahl: 2n = 74 (diploid). – Sporenreife: V.–VI.

Vorkommen □ In Fels- und Mauerspalten auf Silikatgestein, Schiefer und auch auf Kalk; zuweilen auch epiphytisch. Die Art zeigt deutliche Sommerruhe.

Allgemeine Verbreitung □ Areal mediterran-atlantisch. In Süd- und Westeuropa, nordwärts bis Schottland (57° n. Br.), von den Kanaren und Portugal durch das ganze Mittelmeergebiet bis Jugoslawien und Griechenland und bis zur Südküste des Schwarzen Meeres und vermutlich weiter.
□ Karten: MEUSEL, JÄGER, WEINERT 1965, S. 18; JALAS & SUOMINEN 1972, Karte 140.

Auf den Azoren durch das verwandte, ebenfalls diploide *P. azoricum* (VASC.) R. FERNANDES, Bol. Soc. Brot. **42**: 241–247 (1968) [= *P. vulgare* subsp. *azoricum* VASC., Bol. Soc. Brot. **42**: 159–160 (1968) = *P. australe* FÉE subsp. *azoricum* (VASC.) NARDI, Webbia **31**: 92 (1977)], vertreten. Dieses ist immergrün und zeigt auch morphologisch kleine, aber deutliche Unterschiede. Dagegen läßt sich *P. macaronesicum* A. BOBROV, Rev. Bot. URSS, **49** (4): 541 (1964) nur schwer von großen Formen des *P. australe* abgrenzen. Bestes Merkmal dafür gibt ROBERTS 1980.

Arealdiagnose □ zonal: merid-submerid · ozean$_{1-2}$-temp · ozean$_1$ Eur. – regional: medit-westsubmedit-euxin-südatlant-burgundbrit.

Verbreitung im Gebiet □ Fehlt in Deutschland. In der Schweiz im unteren Rhonetal (von Vionnaz bis Vernayaz) und im südlichen Tessin, um den Luganer See (Gandria, Val Solda) und den Lago Maggiore (Locarno, Ascona, Brissago). – In Österreich wahrscheinlich fehlend (JANCHEN 1956), eingeführt auf einen Bergahorn in Vorarlberg im Saminatal. – Norditalien bei Chiavenna, in Südtirol im Pustertal bei Bozen, Meran und Brixen. – Südwest-Slowenien. – Aus der Umgebung von Bratislava (Preßburg) irrtümlich angeführt.

Variabilität der Art □ Eine sehr auffallende Form ist *P. australe* ›Cambricum‹ = *P. cambricum* L. = *P. vulgare* var. *cambricum* (L.) LIGHTF. (= ›Welsh Polypody‹) vgl. HYDE, WADE & HARRISON 1978: 157 kurze Entdeckungsgeschichte und Abb. Zur Nomenklatur vgl. S. G. HARRISON: Our nameless cultivars, Brit. Fern Gaz. **10** (1): 36–37 (1968). Schon 1690 beschrieben und heute noch am ursprünglichen Standort in Wales und seiner Umgebung, sowie in Kultur, erhalten. Vgl. S. G. HARRISON (1980): Welsh *Polypodium* resurrected, Bull. Brit. Pteridol. Soc. **2** (2) 82–83.
□ Da es diploid ist (SHIVAS 1961), dürfte es sich um eine Mutante von *P. australe* handeln, die in Kultur noch erhalten ist. Ähnliche, wenn auch weniger stark geteilte Formen werden gelegentlich auch im Mittelmeergebiet gefunden.

Interspezifische Hybriden von Polypodium

P. × rothmaleri[1] SHIVAS Brit. Fern Gaz. **10** (3) 152 (1970) (=

---

[1] Nach WERNER ROTHMALER (1908–1962), zuletzt Professor der Botanik an der Universität in Greifswald; beschäftigte sich mit der Taxonomie der Pteridophyten und mit anderen Gebieten der Botanik; Verfasser einer Gefäßpflanzen-Flora von Deutschland.

P. australe FÉE x *P. interjectum* SHIVAS) = 3 × 2 *P.* x *shivasiae*[1] ROTHM. in W. ROTHMALER und U. SCHNEIDER, Die Kulturpfl. Beiheft **3**: 234–248 (1962).

Tetraploide Hybride, zeigte gestörte Meiose mit ca. 37^{II} und 74^{I} (SHIVAS 1961), was der Genomformel AAGV entspricht, wenn man A eines der zwei Genome von *P. australe* und mit G und V je eines von *P. glycyrrhiza* und *P. virginianum* (den mutmaßlichen Vorfahren von *P. vulgare*) bezeichnet. Die Hybride wurde bisher in Spanien, Italien, auf den Britischen Inseln und in der Türkei, jeweils zwischen den Eltern, gefunden. Sie zeigt intermediäre Morphologie und abortierte Sporen. Sie wurde von SHIVAS (1961) auch experimentell erzeugt.

P. x mantoniae[2] (ROTHM.) SHIVAS Brit. Fern Gaz. **10** (3): 152 (1970) = 1 × 2 (= *P. interjectum* x *P. vulgare*). Synon.: *Polypodium vulgare* L. subsp. hybr. x *mantoniae* (ROTHM.) SCHIDLAY Fl. Slov. **2**: 225, 1966.

Pentaploide Hybride, der man die Genomformel AGGVV zuschreiben muß. Dieser entsprechend zeigte sie gestörte Meiose mit ca. 37^{I} und 74^{II} (SHIVAS 1961). Sie produziert ebenfalls abortierte Sporen und wurde auch experimentell erzeugt. In der Natur findet sie sich relativ häufig, manchmal in großen Kolonien, die sich vegetativ vermehren und die Eltern verdrängen können, so daß man gelegentlich große Klone antrifft (z. B. in der Steiermark), ohne daß die Eltern mehr aufgefunden werden können. Bisher erwähnt von den Britischen Inseln, der Schweiz, Italien, Österreich, der Slowakei und Ungarn. Neuerdings im Elbsandsteingebirge (Königstein), im Harz (11 Fundorte) und in Thüringen (16 Fundorte) entdeckt.

P. x font-queri[3] ROTHM. in CADEVALL & FONT-QUER, Flora de Catalunya **6**: 353 (1936) = 1 × 3 (= *P. australe* x *P. vulgare*).

Triploide Hybride, der man die Genomformel AGV zuteilen muß. Sie zeigt ebenfalls gestörte Meiose mit wenigen unregelmäßigen Paaren, während die Hauptzahl der Chromosomen ungepaart bleibt (SHIVAS 1961). Auch experimentell erzeugt. Gefunden bisher in Spanien, Frankreich, der Schweiz, Italien und Großbritannien, jeweils zwischen den Eltern. Die Hybride scheint neben abortiertem Material in den Sporangien auch einige gute Sporen zu produzieren. Aussaatversuche sind nicht beschrieben. Doch muß angenommen werden, daß aus ihr einmal durch Chromosomenverdoppelung das hexaploide *P. interjectum* (Genomformel AAGGVV) entstanden ist.

Familie **Marsileaceae** Kleefarngewächse

Ausdauernde Rhizomstauden. Rhizom kriechend, in regelmäßigen Abständen nach oben Blätter in zwei alternierenden Reihen, nach unten Wurzeln treibend, an den Knoten gabelig verzweigt. Am Grunde der Blätter Sporokarpien, darin zwei oder mehr Sori, aus Mikro- und Megasporangien gemischt. Sporangien ohne Ring. Gametophyten stark reduziert, aus den Sporen nicht frei werdend. Megaprothallium mit nur einem Archegonium mit nur einer großen Eizelle und Halskanalzelle. Mikroprothallium mit Rhizoidzelle und 2 Antheridien. Spermatozoiden vielgeißelig.
□ Die Sporokarpien entsprechen ihrer Anlage nach einem assimilierenden Blatteil. Sie springen durch Quellen einer eingeschlossenen Gallerte zwei- bis vierklappig auf. Dadurch geraten die Sporangien mit umgebendem Wasser in Berührung, bleiben aber fest an der Pflanze sitzen (Abb. 271).
□ Die Familie zeigt gewisse Ähnlichkeit mit der tropischen Familie Schizaeaceae; aber die Unterschiede sind doch zu groß, als daß man sie in deren Nähe stellen könnte.

Wichtige Literatur □ REED, C. F. 1954: Index Marsileata et Salviniata. Bol. Soc. Brot. II. **28**: 5–61. – SCHMIDT, K. D. 1978: Ein Beitrag zum Verständnis der Morphologie und Anatomie der Marsileaceae. Beitr. Biol. Pfl. **54**: 41–91.

Artenzahl und Verbreitung □ Die Familie enthält 3 Gattungen mit ca. 80 Arten von fast kosmopolitischer Verbreitung. Die Gattung *Pilularia* wird zuweilen als selbständige Familie abgetrennt. Außer den zwei in Europa vertretenen Gattungen gehört hierher noch *Regnellidium diphyllum* LINDMAN aus Südbrasilien und Nordargentinien, mit zweizähliger Blattspreite.

Typus-Gattung: *Marsilea* L.

Schlüssel für die Gattungen

1   Blätter binsenartig, borstig, jung schneckenförmig eingerollt; Sporokarpien fast sitzend, kugelig . . . . 1. *Pilularia*
1* Blätter lang-gestielt, vierzählig; Blättchen (Fiedern) verkehrt ei-keilförmig; Sporokarpien gestielt, bohnenförmig . . . . 2. *Marsilea*

1. Pilularia

Pilularia[4] LINNÉ Sp. pl. 1099 (1753); Gen. pl. ed. 5: 486 (1754). – Pillenfarn. – Holl.: pilvaren; fläm.: pilkruid; dän.: pilledrager; engl.: pillwort; franz.:

---

[1] Nach M. G. SHIVAS in Leeds (jetzt Mrs. TREVOR WALKER), die *Polypodium vulgare* cytologisch und taxonomisch bearbeitet hat.
[2] Nach Frau IRENE MANTON, Autorin grundlegender Arbeiten über Cytotaxonomie der Pteridophyten (s. S. 11, 263).
[3] Nach PIUS FONT-QUER (1888–1964), erfolgreicher Erforscher der Katalanischen Flora.
[4] Von pilula (lat). = Kügelchen, Pille; wegen der kugeligen Form der Sporokarpien.

pilulaire; ital.: pepe di palude; tschech.: míčovka; poln.: gałuszka; russ.: пилюлница (piljulnica).

Typus-Art: *Pilularia globulifera* L.

Wichtige Literatur □ BONNET, A. L. M. 1955: Contribution à l'étude des Hydroptéridées. I. Recherches sur la *Pilularia globulifera* L. et *P. minuta* Dur. La Cellule **57**: 131–239.

R h i z o m kriechend; B l ä t t e r stielrund, binsenartig, stets ohne Blattfläche, in der Knospenlage spiralig eingerollt; S p o r o k a r p i e n einzeln, am Grunde eines Blattes sehr kurz gestielt, 2–4-fächerig, in jedem Sorus (Fach) an einem Rezeptakulum oben mehrere Mikrosporangien, unten ein oder mehrere Megasporangien; weiblicher Gametophyt bei der Anlage des Archegoniums ergrünt, vielzellig. – Chromosomenzahl: n = 10, 13.

Artenzahl und Verbreitung □ Die Gattung umfaßt 6 fast nur extratropische Arten, von denen in Europa 2 Arten wachsen, außer der folgenden noch *P. minuta* DUR. et A. BRAUN im Mittelmeergebiet.

Abb. 268 □ *Pilularia globulifera* L. Verbreitungskarte (Original RAUSCHERT)

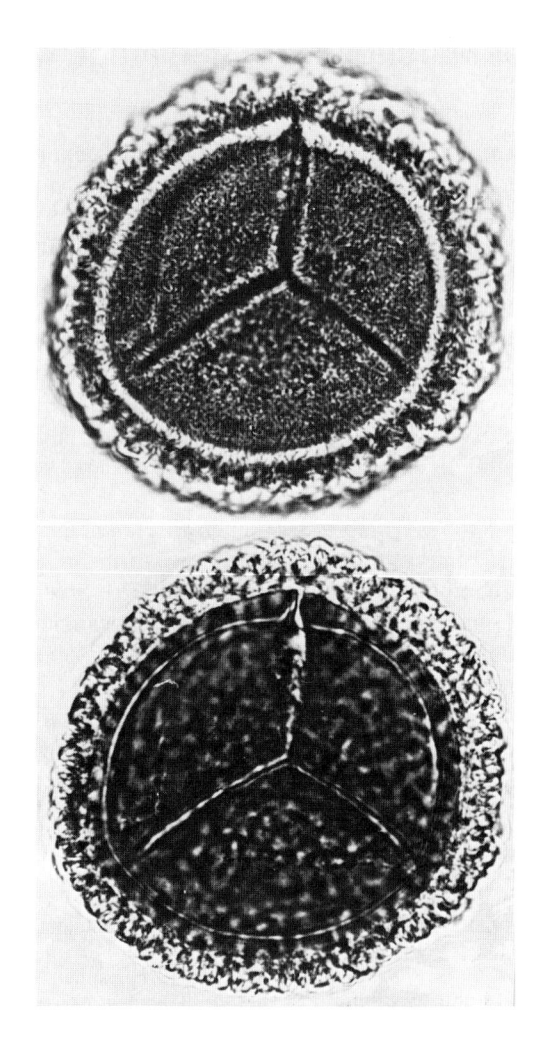

1. Pilularia globulifera
Pilularia globulifera LINNÉ Sp. pl. 1100 (1753). – Kugel-Pillenfarn. – Taf. 8 Fig. 6 nach S. 240. – Abb. 268–270.

Ausdauernd; S p r o ß a c h s e kriechend, bis höchstens 1,5 mm dick, spärlich verzweigt an den Knoten; B l ä t t e r aufrecht, anfangs spiralig eingerollt, dicht gedrängt (auf jedem Knoten 1–5 Blätter), dunkelgrün, stielrund, binsenartig zugespitzt, 3–10 cm lang und nur 1 mm dick, an Wasserformen, die keine Sporokarpien tragen, bis 20 cm lang und sehr zart; S p o r o k a r p i e n an der Basis der Blätter, kugelig, ± 3 mm im Durchmesser, auf sehr kurzem (bis 1 mm langem), aufrechtem Stiel, anfangs anliegend behaart, nur an der Spitze abstehend behaart, anfangs gelbgrün, zuletzt schwarzbraun, 4-fächerig. Jedes Fach enthält einen Sorus. – Chromosomenzahl: 2n = 26. – Sporenreife: VII.–VIII.

Bei der Keimung des Sporokarps quillt im Innern das Gewebe zu einer hyalinen Schleimmasse auf, und die Wand des Sporokarps weicht in Klappen auseinander. Die Schleimmasse führt die durch die Quellungsvorgänge frei gewordenen Mikro- und Megasporangien mit sich heraus und bildet außerhalb der Sporokarpwand einen Tropfen, in dem die Entwicklung der Prothallien mit den

Abb. 269 □ *Pilularia globulifera* L. Mikrospore (× 1000), Ansicht vom proximalen Pol, *oben* hohe, *unten* tiefere Einstellung (optischer Schnitt) (Original STRAKA)

Antheridien und Archegonien und schließlich auch die Befruchtung vor sich geht. Erst hernach zerfließt der Schleim.

Vorkommen □ Hydrophyt. An zeitweise unter Wasser stehenden Orten, an Teichrändern und Seeufern, in schlammigen Gräben, Torfstichen, seltener an nassen Heidestellen und in Tümpeln. Auf offenen, nassen, zeitweise überschwemmten, mesotrophen, kalkarmen, mäßig sauren, humosen und sandigen Schlammböden. In Strandlingsgesellschaften, gern mit *Juncus bulbosus*, in Gräben mit *Utricularia minor*, *Potamogeton oblongus* und *Anagallis tenella*. – Charakterart des Pilularietum (Hydrocotylo-Baldellion), meist in der Ebene, oft sehr gesellig, aber nur stellenweise verbreitet und heute stark zurückgehend; gefährdete Art.

Allgemeine Verbreitung □ Areal atlantisch-subatlantisch. Zerstreut im mittleren und südlichen Westeuropa, nördlich bis Skandinavien (bis 61° n. B.), südlich bis Portugal und Italien, östlich bis Polen und ?Podolien (Südwestrußland), angeführt auch aus dem Süd-Ural. Meist im Flachland.
□ Karten: MEUSEL, JÄGER, WEINERT 1965, S. 19; JALAS & SUOMINEN 1972, Karte 147.

Arealdiagnose □ zonal: (merid-submerid)-temp · ozean$_{1-(2)}$ Eur. – regional: lusit-padan-atlant-subatlant-westbalt-(nordherc).

Verbreitung im Gebiet □ Am häufigsten im nördlichen Heidegebiet westlich der Elbe. In Deutschland in Schleswig-Holstein und auf den Nordseeinseln, in Oldenburg, bei Hamburg und Hannover, früher in Mecklenburg (Grabow, Schwerin mehrfach, Barnstorfer Tannen bei Rostock, Malchin, Templin), in Brandenburg (in der Niederlausitz verbreitet, neuerdings vielfach auf Sekundärstandorte, Ton- und Lehmgruben, Tagebaurestlöcher übergehend); sehr selten in der Altmark; Sachsen (Lausitzer Niederung mehrfach); Braunschweig; Westfalen; Rheinisches Schiefergebirge (Malmédy, Belgien), in der Umgebung von Koblenz, Seeburger Weiher bei Freilingen im Westerwald; Oberrheingebiet zwischen Freiburg und Frankfurt a. M. selten, so bei Holzhausen b. Freiburg, Unzhurst bei Bühl, Offenbach, früher bei Kehl, Rastatt und Karlsruhe; in der Pfalz bei Neustadt a. d. H., Hassloch, Speyer, bei Kaiserslautern und bei Landstuhl; Württemberg: Mainhardt und Adelmannsfelden (verschollen); in einem Tümpel 45 km nordöstlich von Stuttgart (der genaue Ort wurde aus Gründen des Naturschutzes nicht angegeben); in Thüringen im Teichgebiet von Plothen mehrfach, zwischen Köthnitz und Auma, früher auch mehrfach zwischen Schleusingen und Hildburghausen, bei Veßra, Klosterlausnitz, Schwarza bei Blankenhain (angepflanzt) und Pößneck; früher bei Artern; Bayern: Kahl bei Aschaffenburg, Dinkelsbühl, Frankener Höhe, bei Erlangen; Werdensteiner Moor bei Immenstadt. – Elsass: bei Dachstein. – In der Schweiz nur im Teichgebiet von Bonfol bei Pruntrut; im französischen Grenzgebiet bei Belfort (Teich bei Novelat und Weiher zwischen Faverois und Suarce). – In Österreich fehlend. – In Slowenien nur im Küstenland. – In der Tschechoslowakei sehr selten in Südböhmen [Teichgebiet um Třeboň und Jindřichův Hradec an Ufern von gesömmerten Teichen, früher auch in Nordböhmen und in der Umgebung von Litomyšl (Leitomischl)]. – In Polen vereinzelt in Schlesien.

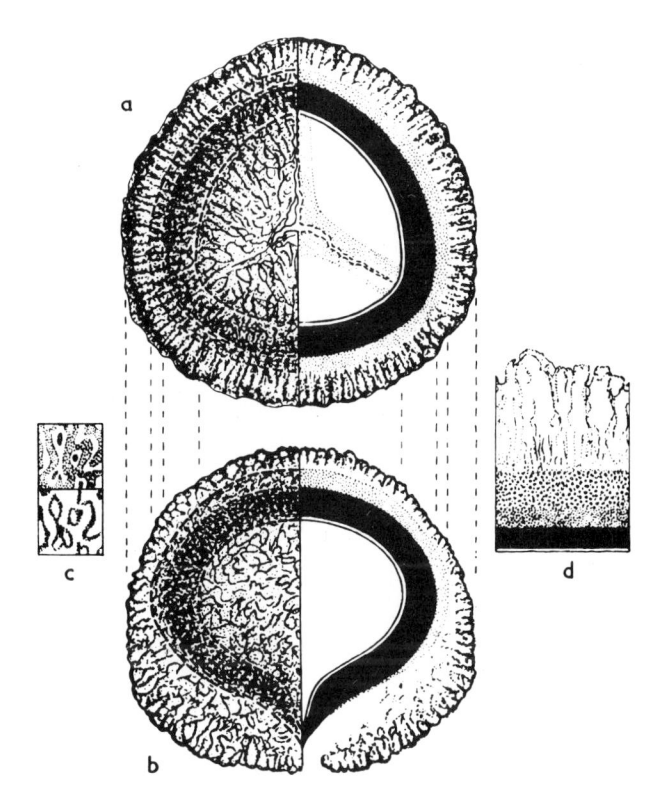

Abb. 270 □ *Pilularia globulifera* L. □ *a–c* Mikrospore □ *a* Ansicht der proximalen Seite □ *b* Äquatoransicht, jeweils linke Hälfte in Aufsicht, rechte im optischen Schnitt (× 1000) □ *c* hohe und tiefere Einstellung der Aufsicht auf die Sporenwandung (LO-Muster) □ *d* Makrospore, Schichtung der Wandung (× 2000) (nach ERDTMAN 1957)

Variabilität der Art □ Die Art ist sehr wenig variabel.

Erkennung □ Der Pillenfarn bildet oft ganze Bestände, wie die in der Tracht ähnlichen *Eleocharis acicularis* und *Juncus bulbosus*, mit denen er öfter gemeinsam vorkommt. Die Blätter lassen sich aber von denen der letzteren und den Stengeln der ersteren Art leicht dadurch unterscheiden, daß sie in der Jugend an der Spitze spiralig eingerollt sind.

2. Marsilea

Marsilea[1] LINNÉ Sp. pl. 1099 (1753); Gen. pl. ed. 5:

---

[1] Nach dem Grafen LUIGI FERDINANDO MARSIGLI (1658–1730), welcher in seinem Prachtwerk ›Danubius Pannonico-Mysicus‹ (1726) ein Verzeichnis der an den Ufern der Donau vorkommenden Pflanzen gab. – Die Gattung ist nicht benannt nach GIOVANNI MARSIGLI († 1804), Professor der Botanik und Direktor des Botanischen Gartens in Padua. – Der Name *Marsilea* ist anscheinend von der Latinisierung des Namens MARSIGLI zu Marsileus abgeleitet. Da nichts darauf hinweist, daß die Schreibweise »*Marsilea*« auf einem Druckfehler beruht, muß sie beibehalten werden und darf nicht zu »*Marsilia*« »verbessert« werden; wollte man die Schreibung des Namens von MARSIGLI beibehalten, so müßte die Gattung ja auch »*Marsiglia*« heißen.

Tafel 11 □ Erklärung der Figuren

Fig. 1 □ *Huperzia selago* (L.) BERNH.
Fig. 2 □ *Lycopodium annotinum* L.
Fig. 3 □ *Lycopodium clavatum* L.
Fig. 4 □ *Lycopodiella inundata* (L.) HOLUB
Fig. 5 □ *Diphasiastrum complanatum* (L.) HOLUB
Fig. 6 □ *Diphasiastrum alpinum* (L.) HOLUB
Fig. 7 □ *Selaginella selaginoides* (L.) LINK
Fig. 8 □ *Selaginella helvetica* (L.) SPRING

---

485 (1754), p. p., emend. BAUMGARTEN Enum. pl. Transsilv. **4:** 8 (1846) et LUERSSEN Farnpflanzen 607 (1889). – K l e e f a r n. – Ital.: quadrifoglio, trifoglio dei laghi; slow.: raznorodka; tschech.: marsilka; poln.: marsylia.

Typus-Art: *Marsilea quadrifolia* L.

Wichtige Literatur □ GUPTA, K. M. 1962. *Marsilea.* Council of scientific and industrial research, New Delhi, Botan. Monogr. **2.**

Ausdauernde, in der Jugend behaarte, ausgewachsen oft kahle, kleine Pflanzen; R h i z o m weithin kriechend, ziemlich dünn, verzweigt, mit zentralem hohlzylindrischem Leitbündel (Solenostele) und peripheren Luftgängen; B l ä t t e r langgestielt, gedrängt oder entfernt, mit dünnem, von einem im Querschnitt abgerundet-dreiseitigen Leitbündel durchzogenen Blattstiel; B l a t t s p r e i t e aus zwei sehr nahe beieinanderstehenden Fiederblattpaaren bestehend, mit sehr kurzer Blattspindel; B l ä t t c h e n (Fiedern) in der Knospenlage gefaltet, später quirlartig ausgebreitet, unteres Paar das obere in der Knospenlage deckend; Blättchen am Grunde keilförmig, oben abgerundet, gestutzt, gekerbt oder ausgerandet, mit fächerförmiger, nach dem Rande zu netzförmiger Nervatur. S p o r o k a r p i e n 1 oder mehrere am oder über dem Grunde des Blattstiels, mit jederseits 2–12 horizontalen, übereinander gestellten Fächern, darin je ein Mikro- und Megasporangien gemischt enthaltender Sorus, zuletzt longitudinal zweiklappig aufspringend und einen Gallertring entlassend, dem die Sori, in eine zarte Membran gehüllt, seitlich anhaften. Megasporen 400–700 µm, groß, ± kugelig, glatt, mit hartem, dickem Exospor und gallertigem Perispor, am Scheitel mit rundlicher, dünnwandiger Papille. Mikrosporen 55–60 µm, kugelig, mit Tetradenmarke, dickwandig, mit rauhem Perispor. Fossil nicht bekannt. Weiblicher Gametophyt (♀ Prothallium) auf das Archegonium beschränkt. Erst bei der Entwicklung des Embryos wächst der Gametophyt als zweischichtige Hülle um den Embryo in die Höhe und bildet einige Rhizoiden. – Chromosomengrundzahl: $x = 19, 20$ (u. höher?).

Artenzahl und Verbreitung □ Über 70 Arten, über die Tropen (besonders in Australien) und einen großen Teil der gemäßigten Zonen verbreitet. In Europa außer der folgenden noch 2 Arten: die mediterrane *M. strigosa* WILLD. (= *M. pubescens* TENORE) und die nordafrikanisch-südwestasiatische *M. aegyptiaca* WILLD., die gerade noch Südost-Rußland erreicht, beide mit sehr disjunktem Areal. In Mitteleuropa nur eine Art.

1. Marsilea quadrifolia

Marsilea quadrifolia LINNÉ Sp. pl. 1099 (1753). – Syn.: *Marsilea quadrifoliata* L. Sp. pl. ed. 2: 1563 (1763). – V i e r b l ä t t r i g e r K l e e f a r n. – Taf. 8 Fig. 5 nach S. 240. – Abb. 271.

Ausdauernd; R h i z o m bis 50 cm lang, Wasserformen bis über 1 m lang, spärlich verzweigt; B l ä t t e r 5–10(–12) cm (an Wasserformen bis 50 cm) lang, ausgewachsen kahl; B l ä t t c h e n breit-keilförmig, bis 12 mm lang und breit (an Wasserformen bis 30 mm breit und lang), vorn abgerundet. S p o r o k a r p i e n 2–3, selten 1 oder 4, dem Blattstiel weit über seinem Grunde eingefügt, auf aufrechten, meist teilweise verwachsenen, das Sporokarp etwa dreimal an Länge übertreffenden Stielen, bohnenförmig, ca. 6 mm lang, auf dem Rücken am Grunde mit 2 fast gleich großen, niedrigen, stumpfen Zähnen, bei der Reife fast oder völlig kahl, schwärzlich; ihre Adern mit bis zum Bauchrande getrennt verlaufenden Adernästen. S o r i jederseits 7–9. Chromosomenzahl: $2n = 40$. – Sporenreife: IX.–X.

Vorkommen □ Hydrophyt. An schlammigen Ufern von Sümpfen, Teichen und Gräben, Kiesgruben oder Tümpeln, auf alten Schweineweiden, in Lehmgruben und Flachsrösten, auf nassen Triften. Auf offenen, nassen, zeitweise überschwemmten, nährstoffreichen, humosen, zuweilen kalkarmen, sandig-tonigen, meist zuletzt austrocknenden Schlammböden. In Zwergbinsen-Gesellschaften, gern mit *Juncus bulbosus,* auch mit *Chara, Eleocharis acicularis* oder *Lindernia,* in Eleocharition acicularis- und Nanocyperion-Gesellschaften; nur in der Ebene.

Allgemeine Verbreitung □ Areal eurasisch-ozeanisch bis subkontinental, in sommerwarmen Niede-

Tafel 11

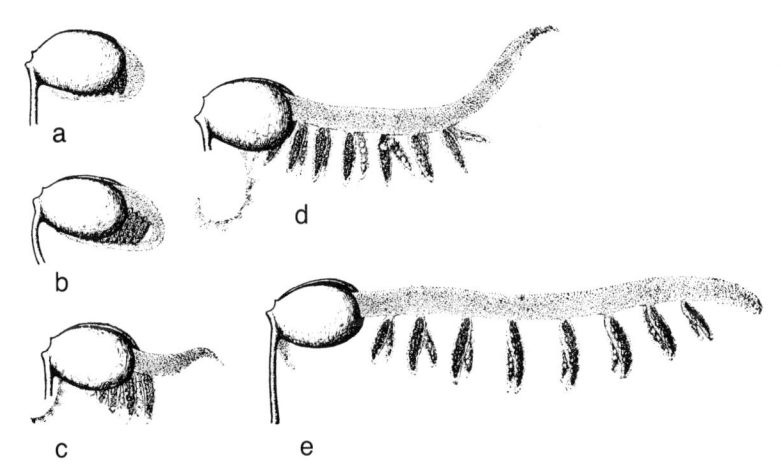

Abb. 271 □ *Marsilea quadrifolia* L. Dehiszenz des Sporokarps □ a–e Fortschreitende Stadien der Dehiszenz des Sporokarps (nach EAMES 1936)

rungen der warmen bis gemäßigten Zonen. In Europa von der Mündung des Douro und dem Tal der Loire über die Po- und Donauniederungen bis zur Wolgamündung; s. JALAS & SUOMINEN 1972, Karte 143.

Arealdiagnose □ zonal: (merid)-submerid-temp · (ozean$_{(1)-3}$) Euras. – regional (in Europa): (submedit disj)-(aralocasp)-danub-pannon-padan-burgund-armorican-(rhenan).

Verbreitung im Gebiet □ Die Art erreicht hier ihre europäische Nordgrenze. – In Deutschland schon verschwunden (letzte Beobachtung 1965); ehemals angeführt im Rheingebiet (oberrheinische Tiefebene von Hüningen / Elsaß bis Astheim bei Mainz); in Bayern (zwischen Rosenheim und Kloster Rott bei Schechem). – In der Schweiz erloschen; früher im Kanton Waadt (Rhoneebene zwischen Villeneuve und Roche) und im Kanton Bern (Maret d'Anet bei Erlach); im heutigen Kanton Jura im Teichgebiet von Bonfol bei Pruntrut bei Miécourt (bis 1972 beobachtet); im französischen Grenzgebiet im Etang Sire Claude bei Faverois und im Tschassweiher, Bez. Belfort. – Im französischen Sundgau (nahe Belfort) noch vorhanden; im italienischen Grenzgebiet (Comersee) erloschen, teilweise noch reichlich in Reisfeldern bei Vercelli (Po-Ebene). – In Österreich in Kärnten (bei Klagenfurt und Waidmannsdorf, aber vielleicht ausgestorben); fehlt in Vorarlberg und Salzburg; sehr selten in Steiermark (bei Rabenhof nächst Weinburg, unweit Mureck in einem kleinen Teich bei Ponigl nächst Wundschuh, schon ausgestorben); in Oberösterreich (früher angegeben um Mondsee, am hinteren Langbathsee und um Guttau im unteren Mühlviertel, an allen Fundorten wahrscheinlich erloschen), neuerdings im südlichen Burgenland in Fischteichen bei Güssing (W. NAGEL 1966, Österr. Bot. Ztschr. **113**: 299–301) und bei Lacken unweit Nikitsch in Menge beobachtet. – In Slowenien in Unter-Krain. – In der Ostslowakei. – In Polen ehemals in Schlesien (Rybnik).

□ Die Pflanze ist durch die Tracht einer vierblättrigen Kleepflanze sehr ähnlich.

□ Die Ausbreitung des Kleefarns erfolgt durch Sumpf- und Wasservögel, an deren Beinen und Gefieder sich Schlamm festsetzt, mit dem auch die harten Sporokarpien verkleben. Diese behalten ihre Keimfähigkeit lange Zeit (bei der südeuropäischen *M. strigosa* keimten sie nach 32 Jahren Lagerung im Laboratorium!). Gelangen sie in Wasser, so platzen sie, wenn die Schale verletzt oder verwittert ist, rasch; Prothallienbildung und Befruchtung vollziehen sich im Verlauf einiger Stunden bis weniger Tage (WILMANNS).

□ Die jungen Blätter leben untergetaucht und durchwachsen in entfaltetem Zustand die Wasserschicht. *Marsilea* ist die einzige Farnpflanze, deren Blätter Schlafbewegungen zeigen, indem sie die Fiederpaare in Gelenken hochklappen.

Familie **Salviniaceae** Schwimmfarngewächse

Beschreibung: s. unten.

Allgemeine Verbreitung □ Die Familie enthält eine einzige Gattung, *Salvinia*, mit fast kosmopolitischer Verbreitung. Mehrere fossile Salvinien sind aus dem Tertiär bekannt.

1. **Salvinia**

Salvinia[1] SÉGUIER Pl. Veron. **3**: 52 (1754). – Syn.: *Marsilea* L. Sp. pl. 1099 (1753), p. p. – S c h w i m m - f a r n . – Holl.: vlotvaren; ital.: erba-pesce; slow.: nepačka; tschech.: nepukalka.

---

[1] Nach ANTONIO MARIA SALVINI († 1729), Professor der griechischen Sprache in Florenz.

Typus-Art: *Marsilea natans* L. = *Salvinia natans* (L.) ALL.

Kleine, auf der Wasseroberfläche schwimmende, ein- oder mehrjährige Pflanzen; S t e n g e l schwach verzweigt; W u r z e l n fehlend; dicht gestellte B l ä t t e r in abwechselnden, dreizähligen Wirteln, in jedem Wirtel die beiden oberen Blätter als auf der Wasseroberfläche schwimmende, sitzende, ungeteilte, assimilierende, in der Knospenlage gefaltete Schwimmblätter ausgebildet, das dritte, untere, ein Wasserblatt, in feine, wurzelähnliche Zipfel zerteilt, die fehlenden Wurzeln ersetzend und an der Basis die Sporokarpien tragend. S c h w i m m b l ä t t e r mit fiederig verzweigter Mittelrippe, oben mit Spaltöffnungen, ihre Oberfläche durch Papillen oder Haare unbenetzbar. S p o r o k a r p i e n gleich groß, mit zarter, zweischichtiger Wand, entweder mit zahlreichen Mikrosporangien an langen Stielen auf einem stielartigen Rezeptakulum (Microsori) oder mit weniger zahlreichen kurzgestielten Megasporangien (Megasori). Megasporen kugelig bis schwach kugeltetraedrisch, 400–700 µm, glatt, ohne Tetradenmarke, mit braunem Exospor und schaumigem Perispor. Mikrosporen um 20 µm, glatt, kugeltetraëdrisch, mit Tetradenmarke, in schaumig erhärtete Zwischensubstanz eingebettet. In Interglazialablagerungen vereinzelt Mega- und Mikrosporen fossil gefunden. Mikrosporen im Mikrosporangium keimend, nur die Vorderenden der männlichen Prothallien durch kleine Öffnungen der Sporangienwand heraustretend; das männliche, ellipsoidische oder schlauchförmige Prothallium hat außer der Rhizoidzelle und den Wandzellen auf dem Vorderende 1 oder 2 Antheridien; weiblicher Gametophyt am Scheitel aus der Megaspore heraustretend, in zwei lang herabhängende Lappen auswachsend, ohne Rhizoiden, mit einem bis mehreren Archegonien. Keimling mit schildförmigem Keimblatt. – Chromosomenzahl: 2n = 18, 45, 63.

Artenzahl und Verbreitung □ 10 Arten, besonders im tropischen Amerika und Afrika verbreitet. In Mitteleuropa nur eine Art.

Die ausdauernde tropische *S. molesta* MITCHELL (hybridogen) wird oft in Botanischen Gärten, meist als *S. auriculata* AUBL., kultiviert und kann gelegentlich verwildern, so z. B. in der Steiermark in einem Fischteich bei Wundschuh südlich von Graz, wo sie 1958–1959 reichlich vegetierte, aber bald wieder verschwand (vgl. MELZER Mitt. Naturw. Ver. Steiermark **92**: 82; 1962).

1. Salvinia natans

Salvinia natans (L.) ALLIONI Fl. Pedem. **2**: 289 (1785). – Basion.: *Marsilea natans* LINNÉ Sp. pl. 1099 (1753). – G e m e i n e r S c h w i m m f a r n. – Taf. 8 Fig. 4 nach S. 240. – Abb. 272.

Wichtige Literatur □ HERZOG, R. 1934: Anatomische und experimentalmorphologische Untersuchungen über die Gattung *Salvinia*. Planta **22**: 490–514. – HERZOG, R. 1939: Geographische Verbreitung der Gattungen *Salvinia* und *Azolla*. Bot. Arch. **39**: 219–225. – MÖBIUS, M. 1916: Beitrag zur Kenntnis der Gattung *Salvinia*. Ber. Deutsch. Bot. Ges. **34**: 250–256. – SCHNELLER, J. J. 1976: The position of the megaprothallus of *Salvinia natans*. Fern Gaz. **11** (4): 217–219.

Einjährige, kleine, schwimmende Wasserfarne ohne echte Wurzeln. S t e n g e l 3–20 cm lang und ca. 1 mm dick, einfach oder spärlich verzweigt; B l ä t t e r in dreizähligen Quirlen, aus zwei schwimmenden Blättern und einem untergetauchten Blatt bestehend; Schwimmblätter bis 13(10–14) mm lang und 6–9 mm breit, sehr kurz gestielt, mit 3–5 Aderpaaren und großen Luftkammern, aus schwach herzförmigem Grund breit elliptisch, sich mit den Rändern deckend, stumpf bis schwach ausgerandet, unterseits dicht behaart, zuletzt braun oder gerötet, oberseits bläulich grün, mit in schrägen Zeilen angeordneten laternenförmigen Haaren besetzt (Schutzmantel gegen Benetzung). Untergetauchtes Blatt (Wasserblatt) ins Wasser hinabhängend, kurzgestielt, in 9–13, bis 6 (2–7) cm lange, wurzelähnliche, mit langen Haaren besetzte Abschnitte geteilt. S p o r o k a r p i e n am Grunde des Wasserblattes zu 3–8 geknäuelt, abgeplattet-kugelig, bis 3 mm im Durchm., mit 9–14 hohlen, sich berührenden Längsrippen, behaart, die untersten 1–2 Megasporangien, die übrigen Mikrosporangien enthaltend. Mikro- und Megasporen gelblichweiß. – Chromosomenzahl: 2n = 18. – Sporenreife: VIII.–X.

Vorkommen □ Hydrophyt; Wasserschwimmer. In Schwimmdecken mit *Lemna* oder *Hydrocharis* in ruhigen oder stehenden, windgeschützten, oft von Wald oder Gebüsch umstandenen Altwasserbuchten der größeren Flüsse, oft massenhaft, besonders in Ufernähe, zwischen vordringendem Röhricht und zwischen Floßholz (meist verschleppt); im Ostteil des europäischen Areals in den Steppenseen. – In nährstoffreichen, eutrophen, zum Teil kalkarmen Gewässern in sommerwarmen Klimalagen. Charakterart des Spirodelo-Salvinietum (Lemnion); nur in der Ebene und auch dort nicht allgemein verbreitet.

Allgemeine Verbreitung □ Areal eurasiatisch; in den sommerwarmen Niederungen des subozeanisch-subkontinentalen Europa und Westasien und des ozeanisch-subozeanischen Ostasien von der warmen bis in die gemäßigte Zone, an der Westgrenze der

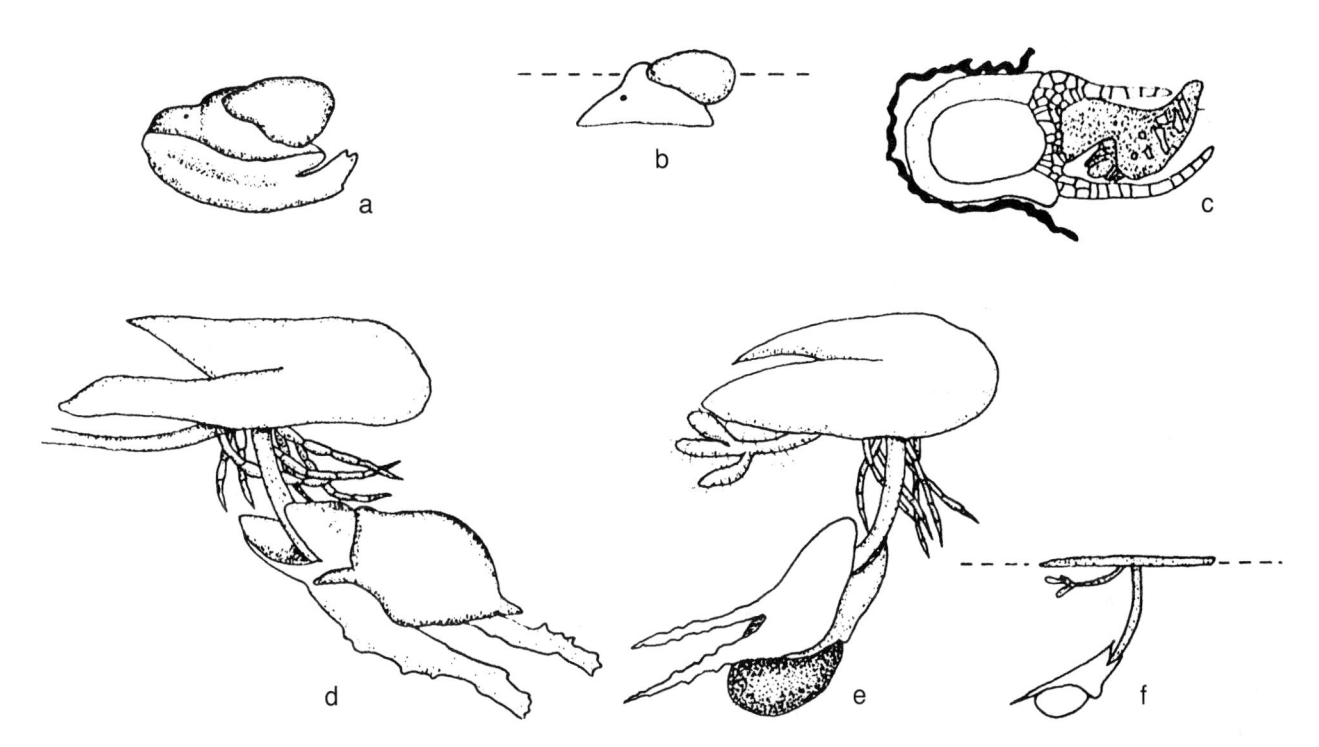

Abb. 272 □ *Salvinia natans* (L.) ALL. Entwicklung des jungen Sporophyten aus dem Makroprothallium □ *a* junges Makroprothallium, aus der Spore hervortretend □ *b* älteres Makroprothallium mit sich entwickelnden Flügeln □ *c* Längsschnitt durch Spore, Makroprothallium und Embryo mit sich entwickelndem Scutellum □ *d* Makroprothallium und junger Sporophyt mit gut entwickeltem Scutellum □ *e* Makroprothallium und ausgewachsenes Scutellum (erstes Blatt des Sporophyten) □ *f* Lage des Sporophyten und des Gametophyten im Wasser (nach SCHNELLER 1976)

Verbreitung, von Südfrankreich und Nordostspanien (Ebromündung) nordwärts bis Belgien, Niederlande, Norddeutschland und Polen, entlang der Ostseeküste bis Königsberg (Kaliningrad), auf den ukrainischen Flüssen und der Wolga bis zum Kaspischen Meer, südwärts bis Italien (bei Neapel), Mazedonien, Südrußland, Südost-Kleinasien, Kaukasus, Nordpersien, ostwärts bis China und Japan; eingeschleppt in Algerien und in Nordamerika.
□ Karten: MEUSEL, JÄGER, WEINERT 1965, S. 19; JALAS & SUOMINEN 1972, Karte 148.

Arealdiagnose □ zonal: subtrop-merid-temp · ozean$_{1-3}$OAs-(merid)-submerid-temp. · (kont$_{(61)-3}$)Eur-WAs. – regional (in Europa): provenc-appen-padan-pannon-danub-(thrac)-pont-polon-(rhenan).

Verbreitung im Gebiet □ In Deutschland verschleppt bei Hamburg, sonst sehr selten: Oberrheinische Tiefebene von Karlsruhe bis Mainz, in den letzten Jahren noch an vier Fundstellen bestätigt: Linkenheim und Rußheim bei Karlsruhe, Rheinsheim–Huttenheim, Berghausen bei Speyer, Brühl bei Mannheim; in Mecklenburg an der oberen Havel und bei Grabow, bei Lübeck (verschleppt), längs der Elbe bei Torgau, von Wörlitz bei Dessau bis Magdeburg und von Lauenburg bis Stade; am häufigsten in Brandenburg, bes. an Spree, Havel oder Finow und Finow-Havel, neuerdings auch um Berlin bei Rüdersdorf in Seen, die neu in verlassenen Kalkbrüchen entstanden sind. Fehlt in Württemberg; in Bayern verschleppt bei Nürnberg. – In der Schweiz früher bei Mühlegg bei St. Gallen und im Altlauf der Rhone nördlich Cartigny (Kant. Genf) noch 1966, bei Vessy (Kant. Genf) noch 1968, sonst fehlend; öfters im italienischen Grenzgebiet: Aosta-Tal in Piemont, Halbinsel Sirmione im Gardasee, Etschtal von Burgstall unterhalb Meran bis Verona. – In Österreich als fehlend betrachtet, da die Angabe eines Vorkommens in Niederösterreich (Altwässer der March zwischen Stilfried und Dürnkrut) niemals bestätigt wurde (vgl. JANCHEN 1956), aber neuerdings im Mauther-Wasser im Wiener Prater gefunden. – In Slowenien im Mura-Gebiet. – In der Tschechoslowakei: Böhmen bei Vysoké Mýto (Hohenmauth) und Lomnice nad Nežárkou, in Nordmähren bei Opava (Troppau) und Ostrava; Süd- und Ostslowakei [Schüttinsel, bei Velky Meder und Komárno (Komorn), unterer Hron, längs Tisa (Theiss), Latorica und Bodrog]; durch experimentelle Reiskulturen an manchen Orten neu eingeschleppt. – In Polen in der ganzen Ebene spärlich zerstreut (bes. längs Neisse und Weichsel), bei Szczecin (Stettin), von Schlesien und Galizien bis zur Ostsee.

Lebenszyklus □ *S. natans* kann zwar mehrjährig kultiviert werden, aber im Gelände ist sie einjährig und stirbt im Herbst ab. Die Megasporen sinken nach Befruchtung zu Boden, und im nächsten Frühjahr steigen neue Jungpflanzen zum Wasserspiegel empor, verzweigen sich reichlich und schließen sich rasch zu Teppichherden zusammen. Die älteren Äste brechen sehr leicht ab und ermöglichen die vegetative Vermehrung.

Familie **Azollaceae** Algenfarngewächse

Nur eine Gattung, *Azolla*, enthaltend. Beschreibung s. dort.

1. Azolla[1]

Azolla LAMARCK Encycl. Méth. Botan. **1**: 343 (1783). – A l g e n f a r n. – Holl.: kroosvaren; ital.: grasa di guano.

Typus-Art: *Azolla filiculoides* LAM.

Wichtige Literatur ☐ BANGE, A.-J., & CHR. BANGE 1955: Sur la distribution des *Azolla* en France et dans les pays voisins. Bull. Soc. Linn. Lyon **24**: 129–133. – BONNET, A. L. M. 1957: Contribution à l'étude des Hydroptéridées. III. Recherches sur *Azolla filiculoides* LAMK. Rev. Cyt. Biol. Végét. **18**: 1–86. – FOLLIERI, M. 1977: Classification and phylogeny of living and fossil water ferns of the genus »*Azolla*«. Webbia **31**: 97–104. – JAEGER, P. 1951/52: Note provisoire sur le comportement de l'*Azolla filiculoides* dans le système du confluent de l'Ill. Le Monde des Plantes **283/284**: 61–62. – JAEGER, P. & R. CARBIENER 1956: Les *Azolla* du confluent de l'Ill, observations et expérimentations. Bull. Ass. Philomath. Als. Lorr. **9**: 183–190. – PIETERSE, A. H., L. de LANGE & P. VAN VLIET 1977: A comparative study of *Azolla* in the Netherlands. Acta Bot. Neerl. **26**: 433–449. – SVENSON, H. K. 1944: The New World species of *Azolla*. Am. Fern Journ. **34**: 69–84, 121–125. – TRALAU, H. 1959: Extinct aquatic plants of Europe, on the fossil and recent distribution of *Azolla filiculoides* etc. Bot. Notis. **112**: 385–406.

Zarte, an der Wasseroberfläche schwimmende, einem Lebermoos ähnliche Pflanze mit echten einzelnen Wurzeln mit abstehenden, zarten Wurzelhaaren. S t e n g e l reich verzweigt; B l ä t t e r sehr dicht gestellt, tief zweilappig gefaltet, auf der Oberseite des Stämmchens alternierend in 2 Reihen. Die größeren dicken Oberlappen einander dachziegelartig deckend, auf der Wasseroberfläche schwimmend; P a p i l l e n unbenetzbar; beiderseits mit Spaltöffnungen. Die kleineren Unterlappen untergetaucht und einzellschichtig. S p o r o k a r p i e n zu 2–4 an den Unterlappen der ersten Blätter eines Seitenastes (mit einem Sorus und einem Indusium), entweder mit mehreren gestielten Mikrosporangien oder mit einem einzigen ungestielten Megasporangium. Reife Megaspore mit grobnetzigem Exospor, samt dem weiblichen Gametophyten schwimmend, im oberen Teil mit 3–9 luftgefüllten Schwimmkörpern, von einem kapuzenförmigen Rest des Indusiums und der Sporangienwand als Schutzorgan bedeckt. Reife Mikrosporen bei der Reife zu 4–8 Ballen (Massulae) vereinigt, frei im Wasser schwimmend, mit Widerhaken (Glochidien), mit diesen sich an der Megasporenwand anhängend. Männlicher Gametophyt mit nur einem Antheridium, weiblicher meist mit einem Archegonium. – Am Grunde der Blattoberlappen sind bis auf eine winzige Öffnung geschlossene Gruben, die von *Anabaena azollae* (Cyanophycee) bewohnt werden. Die Fäden dieser Blaualge dringen durch die Öffnung in junge Blätter ein. Die Zellen der Alge binden Luftstickstoff, den die *Azolla* zum Aufbau von körpereigenem Eiweiß verwertet. Algenfreie *Azolla*-Kulturen werden frostempfindlicher, vermehren sich vegetativ langsamer und bleiben steril. – Chromosomenzahl: n = 22,24.

Artenzahl und Verbreitung ☐ Fast kosmopolitische Gattung mit 6 Arten, deren Verbreitungszentrum in den Tropen liegt. Dieser kleine Farn verbreitet sich durch Wasservögel und kommt oft auch als aus Botanischen Gärten verwilderte Pflanze vor. Am Ort verbreitet er sich vegetativ unter günstigen Bedingungen sehr rasch durch Teilung der Sprosse und bedeckt dann während einer Vegetationszeit eine große Wasserfläche.

Fossilfunde ☐ In interglazialen Ablagerungen Mitteleuropas finden sich Megasporen, Massulae und Mikrosporen. Sie lassen sich zu *A. filiculoides* stellen oder müssen als ausgestorbene Arten (*A. tegelensis,* nur bis ins erste Interglazial, oder *A. pyrenaica*) betrachtet werden.

Wichtige Literatur ☐ FLORSCHÜTZ, F. & J. MENÉNDEZ AMOR: Une *Azolla* fossile dans les Pyrénées Orientales. Pollen & Spores **2**: 285–292 (1960). – VON ROCHOW, M.: *Azolla filiculoides* im Interglazial von Wunstorf bei Hannover und das wahrscheinliche Alter dieses Interglazials. Ber. Deutsch. Bot. Ges. **65**: 315–318 (1952). – TRALAU, H.: Extinct aquatic plants of Europe. Bot. Notis. **112**: 385–406 (1959) (mit Verbreitungskarten für rezente und fossile *A. filiculoides*). – WEST, R. G. The occurrence of *Azolla* in British interglacial deposits. New Phytol. **52**: 267–272 (1953).

Bestimmungsschlüssel für die Arten

1 Haare der Blattoberlappen einzellig; Pflanze fiederig verzweigt, blaugrün; Blattoberlappen stumpf bis abgerundet . . . . . . .1. *A. filiculoides*

1* Haare der Blattoberlappen meist zweizellig; Pflanze gabelig verzweigt, bleichgrün; Blattoberlappen stumpf spitzig . . . . . . 2. *A. caroliniana*

1. Azolla filiculoides

Azolla filiculoides[2] LAMARCK Encycl. Méth. botan. **1**: 343 (1783). – G r o ß e r A l g e n f a r n. – Abb. 273 a; b, 274, 275.

---

[1] Der Name wurde vom Autor nicht erklärt; möglicherweise ist er ein willkürlich gebildetes Wort ohne Bedeutung; nach WITTSTEIN (1845) und GENAUST (1976) ein amerikanischer Name der Pflanze.
[2] filiculoides (lat.) = einem kleinen Farn (filicula) gleichend.

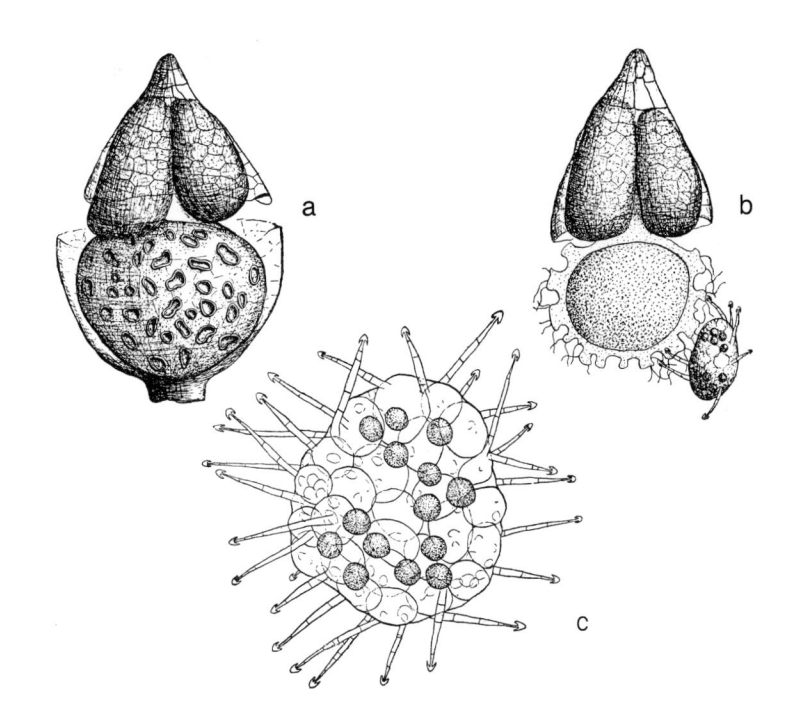

Abb. 273 □ Sporen der zwei in Europa verwilderten *Azolla*-Arten □ *a A. filiculoides* LAM. Aufspringendes Megasporokarp mit Spore und *(oben)* Schwimmkörper □ *b A. filiculoides* LAM., Megaspore im optischen Schnitt mit angehefteter Massula □ *c A. caroliniana* WILLD. Massula mit Mikrosporen und Glochidien (alle stark vergr.) (nach EAMES 1936, dort nach BERNARD)

Einjährig bis ausdauernd, bleich- oder blaugrün, später rötlich. S t e n g e l 7–10(1–25) cm lang, fiederig verzweigt; B l ä t t e r dicht dachziegelartig gelagert, schuppenförmig; Blattoberlappen stumpf, abgerundet, bis 1 × 2,5 mm groß, dicklich, am Rande deutlich farblos dünnhäutig, mit einzelligen, am Grunde verdickten Haaren; Blattunterlappen etwas größer. Mikrosporokarpien rundlich, ca. 2 mm im Durchm., Massulae 5–8, Glochidien ohne Querwände (selten 1 oder 2 Querwände an der Spitze), Megasporangien ellipsoidisch, ca. 1 mm lang. – Chromosomenzahl: unbekannt. – Sporenreife: VIII.–X.

Vorkommen □ Hydrophyt, Wasserschwimmer. In Schwimmdecken mit *Lemna* in ruhigen, windgeschützten Gräben und Altwasserbuchten. In nährstoffreichen, oft kalkarmen Gewässern in sommerwarmen Klimalagen. Charakterart des Lemnion: aus dem Lemno-Spirodeletum, in Südfrankreich aus dem Lemno-Azolletum und in Belgien aus dem Wolffieto-Lemnetum gibbae angegeben. Nur in der Ebene.

Allgemeine Verbreitung □ Areal ursprünglich das pazifisch-subtropische Amerika von Carolina bis Chile und Argentinien, heute in entsprechenden Zonen weltweit verbreitet, verwildert als ein Neophyt in England, den Niederlanden, Frankreich (seit 1879),

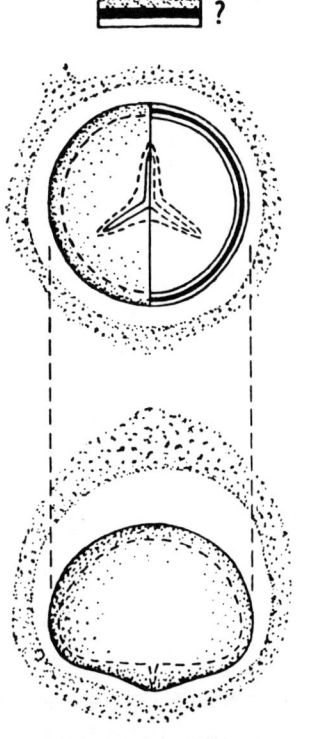

Abb. 274 □ *Azolla filiculoides* LAM. Mikrospore mit Perispor □ *Oben* Schichtung der Sporenwandung (× 2000) □ *Mitte* Ansicht von der proximalen Seite, linke Hälfte hohe Einstellung, rechte Hälfte optischer Schnitt □ *Unten* Äquatoransicht (beide × 1000) (nach ERDTMAN 1957)

Abb. 275 □ *Azolla filiculoides* LAM. Altrhein bei Karlsruhe

Italien (seit 1900), Deutschland, der Tschechoslowakei, Ungarn und Rumänien.
□ Karten: S. JALAS & SUOMINEN 1972, Karte 149.

Verbreitung im Gebiet □ In Deutschland am Oberrhein: unterhalb Straßburg, in manchen Jahren in großen Mengen, insgesamt meist unbeständig, Altrhein bei Lampertheim und am »Kühlkopf« [s. KÜHN, Natur u. Museum **112 (5)** 150–159 (1982)]. In Württemberg am Neckarufer bei Benningen (seit 1915); bei Nürnberg. – In der Schweiz bisher nicht beobachtet. – In Österreich in der Steiermark in einem Fischteich bei Wundschuh südlich Graz, wohl ausgesetzt und bald wieder verschwunden (vgl. MELZER Mitt. Naturw. Ver. Steiermark **92**: 81–82; 1962). – Im Elsaß zwischen Straßburg und Seltz eingebürgert. – In der Südwestslowakei längs des Waag-Flusses und der Donau.

Fossilgeschichte □ Im Tertiär muß die Pflanze auf der Nordhalbkugel weit verbreitet gewesen sein; ihre Sporen sind an verschiedenen Punkten Europas in Sedimenten aus der großen Zwischeneiszeit, dem Mindel-Riß-Interglazial, aufgefunden worden. Die älteren Eiszeiten könnte sie in Europa oder Westasien überlebt haben, dann aber gelang ihr die Flucht vor den andringenden Eismassen der Riß-Eiszeit nicht mehr, und sie starb in Europa aus.

2. Azolla caroliniana
Azolla caroliniana[1] WILLDENOW Sp. pl. **5**: 541 (1810).
– Kleiner Algenfarn. – Abb. 273 c.

Ausdauernd oder (in Europa) einjährig; S t e n g e l gabelig verzweigt, die S p r o s s e eine Fläche von 7–15(–25) mm im Durchm. bedeckend; B l ä t t e r bis 0,5 mm lang, lebhaft- bis bleichgrün bis olivgrün, oberseits bei Kälte gerötet, am unteren Teil der Zweige etwas entfernt, gegen die Zweigspitzen dachziegelartig gedrängt; oberer B l a t t l a p p e n 1,5 × 0,7–1 mm groß, länglich-rhombisch, am Rande sehr schmal dünnhäutig, stumpf-spitzig; papillenartige Haare der Oberseite der Blattoberlappen zweizellig, obere Zelle keulenförmig; Glochidien der (3–6) Mikrosporenballen (Massulae) mit Querwänden; Megasporen mit 3 Schwimmkörpern. – Chromosomenzahl: 2n = 48. Sporenreife: VIII.–IX.

Vorkommen □ Hydrophyt; Wasserschwimmer. Auf stehenden und langsam fließenden, nährstoffreichen Gewässern, häufig mit *Azolla filiculoides, Lemna* oder *Hydrocharis* zusammenlebend, in sommerwarmen Klimalagen.

Allgemeine Verbreitung □ Einheimisch im wärmeren Nordamerika, nördlich bis zum Ontario-See, südlich bis Brasilien. – Die Art wurde 1872 in die botanischen Gärten Europas eingeführt, von wo sie sich bald auch im Freien einbürgerte; in England seit 1883, in Frankreich seit 1879, in Italien seit 1886.
□ Karte: s. JALAS & SUOMINEN 1972, Karte 150.

Verbreitung im Gebiet □ Deutschland: Berlin (zwischen Zehlendorf und Dahlem, längst erloschen, Seen im Grunewald), bei Magdeburg in der Elbe vor über 40 Jahren massenhaft, bei Brechten (Kreis Dortmund), Poppelsdorfer Schloßgarten bei Bonn (früher), Gießen; in Franken bei der Regnitz bei Baiersdorf, in der Rednitz bei Nürnberg; neuerdings größtenteils nicht mehr beobachtet. Viele Angaben unsicher, da bestimmt z. T. mit *A. filiculoides* verwechselt, und neuerdings auch nicht mehr bestätigt. – In der Tschechoslowakei früher bei Plzeň (Pilsen), Litomyšl (Leitomischl), Děčín (Tetschen), Litoměřice (Leitmeritz), Pardubice, Olomouc (Olmütz), Lednice. – Die Fundorte sind unbeständig; an manchen Stellen geht die Pflanze z. B. in einem strengen Winter ein, an anderen erscheint sie neu.

---

[1] Die Art wurde aus Carolina beschrieben.

Register

1. Register der deutschen Pflanzennamen

Adderledder 136
Addermat 281
Adlerfarngewächse 117
Adlerfarn 117
–, Gemeiner 118
Alfkraut 24
Algenfarngewächse 292
Algenfarn 292
–, Großer 292
–, Kleiner 294
Amarischge 74
Ankehrkräutl 88

Backadaas 23
Bäkkengras 23
Bärenmoos 23
Bärlappgewächse 17
Bärlapp 23
–, Flach- 28
–, –, Alpen- 40
–, –, Gemeiner 30
–, –, Isslers 38
–, –, Kabliks 35
–, –, Zeillers 36
–, –, Zypressen- 34
–, Keulen- 25
–, Moor- 21
–, –, Gemeiner 21
–, Purgier- 21
–, Schlangen- 24
Beckabesen 23
Bergfarn 129
Blasenfarn 192
–, Alpen- 196
–, Berg- 198
–, Dickie's 195
–, Sudeten- 199
–, Zarter 198
–, Zerbrechlicher 193
Brachsenkraut 50, 51
–, See- 51
–, Zartes 53
Bräckbeen 67, 76
Buchenfarn 124

Chantebutzer 76
Chatzäschwanz 76
Chatzästiel 76
Chrützfaarä 120

Dauberwocken 77
Dehnkraut 23
Doppel-Lof 278
Dowenwokken 76
Drudengras 24
Drudenkraut 24

Drudenmehl 24
Drunkelpfeifen 76
Düwelsranken 23
Duwerock 77
Duwock 67, 76
Duwupp 77

Eichenfarn, Echter 133
–, Ruprechts 134
Engelsoite 281
Engelsüß 279, 281
Engelwurz 279

Farefädere 281
Farn 136
Farngewächse, Eusporangiate 84
–, Leptosporangiate 102
–, Rauten- 84
Falum 120
Ferlach 120
Flöhkraut 24, 120, 136
Follägris 24
Folläschaub 24
Folläschübel 24
Formbt 136
Frattpulver 24
Frauenfarn 187
–, Gebirgs- 189
–, Wald- 188
Frauenfarngewächse 187
Frauenhaar 115
Frauenhaargewächse 115
Fuchsschwaf 76
Fuchsschwanz 76
Fuchszagel 76

Gäbeli 23
Gaisbart 281
Gehaunsbarbe 120
Geissbart 76
Geisseleitere 136
Geissleiterli 278
Geisstödi 88
Gömchen 281
Gönichen 281
Göumlich 281
Greibsch 76

Harnkraut 24
Harrmoos 76
Hasäzunge 272
Hautfarn 121
–, Englischer 122
Hautfarngewächse 121
Heideranken 23

Herrmuss 76
Herrschzange 281
Hexenkruid 24
Hexenmehl 24
Hexenranken 24
Hexenroade 24
Hilbrusk 76
Hirschgeweih 23
Hirschzunge 270, 272
–, Gemeine 270
Höme 281
Hohlkrökeln 67
Hollpiepen 67, 76
Hollrippe 67
Hollrusch 67
Hollrusk 67
Hollrutsch 76
Hornfarngewächse 112

Jägerkraut 33
Jefelcheskrut 23
Jesus-Christus-Wurzel 120
Johanneswörtel 136
Johannisgraud 136

Kannelgras 76
Kannenkraut 76
Kattensteert 76
Kattenswans 76
Kattstaart 76
Katzenschwoaf 67, 76
Katzenwedel 76
Katzenzahl 76
Kaukerwurzel 281
Kearoch 23
–, Ofen- 23
Ketelkrut 63
Kleefarn 288
–, Vierblättriger 288
Klockensloetel 63
Königsfarn 99
Kolbenmoos 21
Koodood 76
Kornpiepen 67
Koscht 77
Kosen 23
Kothe 23
Krahfuß 33
Kreienfoot 23
Kreuchaus 33
Kroafüss 23
Kroapfute 23
Kroatritt 23
Kröckeln 77
Kromkraut 24

Kroskeln 77
Kuhmuss 76

Lappenfarn 115, 124
Lappenfarngewächse 124
Lauskrauda 136
Lauskraut 21, 24
Leberkraut, Edles 281
Leiterlifarä 278
Leiterlikrut 136
Look 51
Luuschrut 24

Mauerraute 237
Melchen, Fues- 24
–, Heid- 24
–, Nudel 24
Milzfarn 211, 266
–, Spreuschuppiger 266
Minutenkraut 120
Mondraute 87
–, Ästige 91
–, Einfache 94
–, Gemeine 89
–, Lanzettliche 93
Moosfarn 43
–, Dorniger 44
–, Fußloser 49
–, Krauss' 49
–, Schweizer 47
Moospulver 24
Mückenstaub 24
Mürzemau 21
Murzemau 23
Murzemo 23
Mutterkraut 33

Nacktfarn 113
–, Dünnblättriger 113
Nacktfarngewächse 112
Nadeldeisken 67
Natternfarn 136
Natterzunge 85
–, Azorische 87
–, Gemeine 85
–, Portugiesische 87
Negenknee 76
Nudelmehl 24
Nutzkraut 88

Ochsäzunge 272
Ofenwisch 23
Otterfarn 136
Otterkrätsch 136
Otternwurzel 23

Padderak 77
Papisch 120
Paprutsch 120
Papruz 120
Pelzfarn 107
Perlfarn 210
Petergstamm 88
Peterschlüssel 88
Pfannenbutzen 76
Pfarm 120
Pillenfarn, Kugel- 286
Pimperlimpulver 24
Pipanduwik 67
Pipenstal 76
Preisbusch 76
Puddereske 67

Rattäschwanz 76
Rattenschwanz 76
Ratzenschwaf 76
Rautenfarn 87
–, Vielteiliger 96
Reibisch 76
Riebel 76
Rinderchrut 88
Rinderzunge 272
Rippenfarn 275
–, Gemeiner 276
Rispenfarn 99
Rispenfarngewächse 99
Rollfarn 109
–, Krauser 109
Rollfarngewächse 109
Roßfarn 281
Rugen 77

Saumfarn 103
–, Kretischer 103
Saumfarngewächse 103
Saukraut 24
Schabel 136
Schachtelhalm 55, 76
–, Acker- 74
–, Ästiger 64
–, Binsenförmiger 62
–, Bunter 60
–, Moores 77

Schachtelhalm, Riesen- 72
–, Strand- 77
–, Süd- 79
–, Sumpf- 67
–, Teich- 65
–, Wald- 68
–, Wiesen- 70
–, Winter- 63
Schachtelhalmgewächse 54
Schaftheu 76
Scharfhalm 76
Scharpruss 63
Schawrüske 63
Schawrusch 63, 76
Scheuerkraut 76
Schildfarn 169
–, Borstiger 177
–, Brauns 179
–, Dorniger 175
–, Lanzen- 170
Schlangenchrut 136
Schlangengras 23
Schlangenkraut 136
Schlangenleiter 120
Schlangenmoos 23
Schohrscht 77
Schriftfarn 266
Schürkrut 63
Schuppenfarn 106
–, Wohlriechender 106
Schuppenfarngewächse 106
Schwimmfarn 289
–, Gemeiner 290
Schwimmfarngewächse 289
Seeholz 281
Seichkräutl 24
Sienächris 24
Sienämies 24
Sienaschübel 24
Snakenbläder 136
Snakenkrut 136
Snakenmuss 23
Snaokenkrut 120
Söt Engelke 281
Spendelbüchse 76
Spengel 76
Spindling 77

Spinnlich 77
Steinfeder 215
Steinlaxe 281
Steinleckerze 281
Steinwurze 281
Steinwurzel 281
–, Söße 281
Straußfarn 208
Straußenfarn 208
–, Deutscher 208
Streifenfarn 211
–, Billots 226
–, Brauner 215
–, Braungrüner 218
–, Dolomiten- 235
–, Drüsiger 240
–, Eberles 236
–, Foreser 224
–, Grüner 220
–, Jura- 222
–, Mauer- 237
–, Nördlicher 233
–, Schwarzer 228
–, Serpentin- 231
–, Spitzer 232
–, Zerschlitzter 241
Streifenfarngewächse 208
Streufarn 120
Streupulver 24
Stupp 24
–, Nudel- 24
Süßholz 281
Süßwurzel 281
Sumpffarn 126

Tangelkraut 21
Tauberock 77
Teufelshand 21
Teufelshosenband 41
Teufelsklaue 18, 21
–, Tannen- 19
Teufelskrallen 23
Teufelsleiter 136, 281
Teufelsschlüssel 88
Toifelsfeda 136
Tüpfelfarn 279
–, Gemeiner 281

Tüpfelfarn, Gesägter 283
–, Südlicher 284
Tüpfelfarngewächse 278

Unnet 77
Unruhe 24

Waldfarä 278
Walpurgiskraut 88
Wäntelechrut 136
Wanzenkraut 120, 136
Wasserhornfarn 112
Wasser-Hornfarn 112
Wellerkomm 88
Widakern 88
Widertad 215
Widertod 215
Widritot 215
Wiederbekehr 88
Wiederkom 88
Wiederthon 215
Wimperfarn 201
–, Alpen- 203
–, Südlicher 202
–, Zierlicher 205
Wirblockgekräudich 24
Wischgraund 23
Wolfsranke 23
Wulfsklauen 23
Wurmfarn 136
–, Blaßgrüner 163
–, Breiter 161
–, Dorniger 159
–, Entferntfiedriger 153
–, Gemeiner 138
–, Geröll- 148
–, Kamm- 156
–, Schuppiger 142
–, Starrer 151
Wurmfarngewächse 132

Zappelkräutlich 24
Zankkraut 24
Zinngras 76
Zinnheu 76
Zinnkraut 76
Zöpfling 77

2. Register der fremdsprachigen Pflanzennamen

d = dänisch, *e* = englisch, *f* = französisch, *s-f* = südfranzösisch, *fl* = flämisch, *h* = holländisch, *i* = italienisch, *le* = lettisch, *p* = polnisch, *r* = russisch, *rä* = rätoromanisch, *sl* = slowenisch, *so* = sorbisch, *t* = tschechisch, *wa* = wallonisch, *we* = wendisch.

adder's tongue *e* 85
addertong *h* 85
adelaarsvaren *h* 117
adelvaren *fl* 117

babimur *p* 21
babi mur *p* 24
baegerbregne *d* 192

baraněc *r* 18
beukvaren *h* 132
biesvaren *h* 50
blaasvaren *h* 192
bladder-fern *e* 192
bolletiesvaren *h* 210
botrigue à croissants *f* 87
bracken, brake, braken *e* 117

brasenfølde *d* 50
breekbeen *h* 67
buckler-fern *e* 136
bujad *sl* 117

capelvenere *i* 115
capillaire blanc *f* 237
– de Montpellier *f* 115

capillaire blane, rouge *f* 215
capillera *f* 115
capulere *wa* 215
čertův spár *t* 24
cheveux de Venus *f* 115
chvošč *r* 55
čistoust *r* 99
clubmoss *e* 23

Register der fremdsprachigen Pflanzennamen 299

clubmoss, fire *e* 18
–, lesser *e* 43
–, marsh *e* 21
coda di cavallo *i* 55
creke *wa* 215
cua d'giat *rä* 77
cuevas gat *rä* 77

derbjanka *r* 278
długosz *p* 99
doradille *f* 211, 266
doubravník *t* 132
druifkruid *h* 87
dubbelloof *h* 278
duivelspuim *fl* 281
dvaergulvefold *d* 43

egebregne *d* 132
eikvaren *fl* 281
eikvaren *h* 279
Engels mos *h* 43
engelsøld *d* 279
engelzoet *fl* 281
engelzoet *h* 279
erba daourada *f* 266
– luccia *i* 85
– lunaria *i* 87
– -pesce *i* 289
– ruggine *i* 266
– rugginina *i* 215
– ruginina *i* 211
– strega *i* 18, 23

felce aquilina *i* 117
– capannaja *i* 117
– da ricotte *i* 117
– dolce *i* 279
– florida *i* 99
– (maschua) *i* 136
feouzé *s-f* 117
fetchi *wa* 136
fetscherotes *wa* 278
fjerbregne *d* 187
floriye-fetschère *wa* 99
fougère *f* 136
– femelle *f* 187
– fleurie *f* 99
– (grande) *f* 117
– impériale *f* 117

gałuszka *p* 286
gemene naaktvaren *fl* 281
glimkruid *h* 18
gospina kosa *sl* 115
grasa di guano *i* 292
grozdovnik *r* 87

hanbregne *d* 136
hard-fern *e* 278
hart's tongue fern *e* 270
hasivka *t* 117
herbe aux porcs *f* 21
herbe sans couture *f* 85

hjortetunge *d* 270
holpijp *h* 67
hôme *wa* 281
horsetail *e* 55

jana pas *p* 24
jazyk hadí *t* 85
jelení jazyk *t* 270
jelení růžek (?) *t* 24
jelení skok *t* 24
jinořadec *t* 109

kanelbraegne *d* 278
kaprad' *t* 136
kapradina *t* 169
kočedišnik *r* 187
kongelsbregne *d* 99
koningsvaren *h* 99
kostenec *r* 211
kragefold *d* 18
kroosvaren *h* 292
kyvor *t* 266

ladyfern *e* 187
lady's hair *e* 115
laiwe di ciere *wa* 270
langue de cerf *f* 270
langue de serpent *f* 85
lecznik *p* 270
linwe-di-serpint *wa* 85
liuro dicier *wa* 270
lisić *sl* 18, 23, 28
listovik *r* 270
lycopode *f* 23
– sélagine *f* 18

maanerude *d* 87
maankruid *h* 87
maanvaren *h* 87
maidenhair *e* 115, 215
mangeløv *d* 136
maří noha *t* 24
medvedí tlapa *t* 24
míčovka *t* 286
miltkruid *h* 237
mješinac *sl* 87
mnogorjadnik *r* 169
mnogonožka *r* 279
moonwort *e* 87
morzybob *p* 21
mourade *wa* 237
mousse purgative *f* 21
movire *wa* 237
murrude *wa* 237
muurruit *h* 237
muurvaren *h* 237

naaldvaren *h* 169
nâke *wa* 281
narecznica *p* 136
nasięzrzal *p* 85
navala *we* 136
nepačka *sl* 289

nepukalka *t* 289
netáta *t* 24
netík *t* 115
niervaren *h* 136

oak-fern *e* 132
orljak *r* 117
ørnebregne *d* 117
osladič *t* 279

paardestaart *h* 55
padderok *d* 55
paparnite *le* 136
páporoti *r* 136
paprat *sl* 136
– duduja *sl* 117
papratka *p* 279
papratka *t* 187
– mala *sl* 215
paproć *so* 136
paproš *so* 117
paprotnica *p* 192
paprotnik *p* 169
parsley fern *e* 109
pélèye-fètchere *wa* 281
pepe di palude *i* 286
peračina *sl* 132
pérovník *t* 208
piljulnica *r* 286
pilkruid *fl* 285
pilledrager *d* 285
pillwort *e* 285
pilulaire *f* 285
pilvaren *h* 285
plaun *r* 23, 28
– bolotnoj *r* 21
plaunok *r* 43
plavuň *t* 23
plavuník *t* 28
plavuňka *t* 21
plóropucznik *p* 208
pluimvaren *fl* 99
podejzrzon *p* 87
podezřeň *t* 99
podrzeń *p* 278
polušnik *r* 50
polypody *e* 279
polytric *f* 215
poryblin *p* 50
praskac *so* 55
prêle *f* 55
preslica *sl* 55
přeslička *t* 55
p'tites pires *wa* 237
puchýřník *t* 192
pujanik *so* 99
puzyrnik *r* 192

queue de cheval *f* 55
quillwort *e* 50

radeløv *d* 211
rebraca *sl* 278
récolisse di meûr *wa* 281
réglisse de muraille *f* 279
– sauvage *f* 279

reuwe-dimeur *wa* 237
royal fern *e* 99
rundfinnet *d* 215
rue de muraille *f* 237
rust-back fern *e* 266
ruta di mure *i* 237

tongvaren *h/fl* 270

ulvefold *d* 23
–, flad *d* 28
–, liden *d* 21
uzelzanka *p* 24
užovnik *r* 85

vali paprad *sl* 117
varenmanneke *fl* 136
vlotvaren *h* 289
vranec *t* 18
vraneček *t* 43
vrat' se zase *t* 88
vratička *t* 87, 88

sauvevie *f* 237
schaafstro *h* 63
schrijnmakerbiezen *h* 63
schubvaren *h* 266
ščitovik *r* 132
ščitovnik *r* 136
sensitive fern *e* 210
sélaginelle *f* 43
shield fern *e* 169
šídlatka *t* 50
sint-jansvaren *fl* 99
skavgraes *d* 63
skjoldbregne *d* 136
skrebnica *r* 266
skrzyp *p* 55
sladka paprat *sl* 279
slangetonge *fl* 85
slangetunge *d* 85
sledzionka *p* 266
sleženica *sl* 211
sleziník *t* 211
– červený *t* 215
– zední *t* 237
slootvaren *fl* 278
soveveye *wa* 237
špárek *t* 24
spleenwort *e* 211, 215
steenbreekvaren *h/fl* 215
steenruit *h* 237
strausoper *r* 208
streepvaren *h* 211
strudsvinge *d* 208
struisvaren *h* 208

wall-rue *e* 237
watervaren *fl* 99
wederdood *fl* 215
widłak *p* 23, 28
– torfowy *p* 21
wietlica *p* 187
wijfjesvaren *h* 187
wodlíčka *p* 43

wolfsklauw *h* 23
–, kleine *h* 28
–, moeras *h* 21
wroniec *p* 18

yebe-aus-muraukes *wa* 85
yebe-pol-rate *wa* 215

Žabeńc *so* 55

zachyłka *p* 132
zanokcica *p* 211
– skalna *p* 215
żebrovice *t* 278

ženskij volos bilij *r* 237
zgasievka *p* 117
zlatinjak *sl* 266
zmienka *p* 109

3. Register der wissenschaftlichen Pflanzennamen

Halbfette Seitenzahl bezeichnet die Stelle, an der die Pflanze ausführlich behandelt wird

Acropteris seelosii (LEYB.) HEUFLER 235
Acrostichum L. 233
– alpinum BOLTON 203
– hyperboreum LILJEBLAD 203
– ilvense L. 201
– leptophyllum (L.) DC. 113
– marantae HAENKE 201
– marantae L. 107
– ruta-muraria (L.) LAM. 237
– septentrionale L. 233
– thalictroides L. 112
– thelypteris L. 126
Adiantaceae **115**
Adiantum L. 15, 83, **115**
– capillus-veneris L. 102, **115**, 116, 228
– caudatum L. 115
– cuneatum LANGSD. et FISCH. 115
– fragrans 106
– lunulatum BURM. fil. 115
– macrophyllum SWARTZ 115
– pedatum L. 115
– philippense L. 115
– raddianum C. B. PRESL 115
– reniforme L. 115
– tenerum SWARTZ 115
– trapeziforme L. 115
Aglaomorpha 279
– heraclea (KUNZE) COPEL. 279
Allantodia crenata (SOMMERF.) CHING 187
Allosorus BERNH. 109
– crispus (L.) RÖHLING 109
– pusillus BERNH. 106
Allostelites arvense (L.) BÖRNER 74
– maximum BÖRNER 72
– pratense (EHRH.) BÖRNER 70
– sylvaticum (L.) BÖRNER 68
Alsophila australis 103
Amesium ruta-muraria (L.) NEWM. 237
Aneimia 102
Anemia 102
Anogramma LINK 15, 83, **113**
– leptophylla (L.) LINK **113**, 114
Arachniodes 170
Articulatae 54
Aspidiaceae **132**
Aspidium SWARTZ 124, 136
– subgen. Hypopeltis (MICHX.) ASCHERS. 169
– subgen. Polystichum (ROTH) LUERSSEN 169
– aculeatum subsp. angulare (KIT.) ASCHERS. 177
– – var. angulare (KIT.) A. BRAUN 177

Aspidium, var. braunii (SPENN) DÖLL 179
– – var. intermedium BELLYNCKX 184
– – lobatum (SWARTZ) WARNST. 175
– – var. pseudolonchitis BELLYNCKX 176
– – var. swartzianum KOCH 177
– aculeatum (L.) DÖLL subsp. lobatum (L.) MILDE 175
– aculeatum (L.) SWARTZ 174, 177
– – var. aculeatum MILDE 177
– affine BLUME 142
– alpestre HOPPE 189
– angulare KIT. 177
– angulare WILLD. 174, 178
– braunii SPENNER 178
– calcareum (J. E. SMITH) BAUMG. 134
– cristatum (L.) SWARTZ 156
– cuneatum SCHKUHR 241
– depastum SCHKUHR 138, 142
– deweveri JANSEN 168
– dilatatum (HOFFM.) J. E. SMITH f. intermedium WARNST. 168
– – var. recurvatum LASCH 161
– distans VIVIANI 147
– dryopteris (L.) BAUMG. 133
– dumetorum J. E. SMITH 161
– erosum SCHKUHR 138, 142
– expansum DIETR. 138
– expansum WILLD. 162
– filix-femina (L.) SWARTZ 188
– filix-mas (L.) SWARTZ 138
– – var. blackwellianum TENORE 138
– – var. duriaei MILDE 148
– – var. glandulosum MILDE 148
– – var. maackii MILDE 148
– – subsp. merinoi CHRIST 145
– – var. paleaceum 145
– – var. setosum CHRIST 148
– – var. stilluppense SABRANSKI 146
– – var. subintegra DÖLL 145
– – var. trapezioides LAUBENBURG 147
– – var. ursinum ZIMMERMANN 147
– fragile (L.) SWARTZ 193
– fragrans GRAY 151
– halleri (ROTH) WILLD. 222
– x illyricum BORBÁS 183
– lobatiforme WAISBECKER 180
– lobatum var. angulare (KIT.) METTEN. 177
– – var. aristatum CHRIST 177
– lobatum (HUDS.) METTEN. var. genuinum LUERSS. 175
– lobatum (HUDS.) SWARTZ 174
– x lonchitiforme HALÁCSY 185
– lonchitis (L.) SWARTZ 170

Aspidium, luerssenii DOERFLER 180
– mildeanum GOEPPERT 138
– montanum (LAM.) SWARTZ 198
– montanum (ROTH) ASCHERS. 129
– montanum SCHOLTZ 199
– x murbeckii REIMANN 183
– opizii WIERZBICKY 138
– oreopteris (EHRH.) SWARTZ 129
– paleaceum SWARTZ 147
– palustre S. F. GRAY 126
– phegopteris (L.) BAUMG. 124
– pseudolonchitis (BELLYNCKX) DUMORT. 175
– regium (L.) SWARTZ 195
– remotum A. BR. var. subalpinum BORBÁS 153, 166
– rigidum HOFFM. ex SWARTZ 150
– – var. alpinum TENORE 151
– – f. bipinnatisecta MILDE 151
– – lus. daedaleum MILDE 151
– – f. fallax MILDE 151
– – sf. germanica MILDE 151
– – f. major MILDE 151
– – f. minor MILDE 151
– – f. pusillum GOIR. 151
– – var. remotum A. BR. 153
– rigidum (HOFFM.) Sw. var. remotum A. BR. ex DÖLL 167
– robertianum (HOFFM.) LUERSS. 134
– rufidulum (MICHAUX) SWARTZ 201
– spinulosum (MÜLL. ex ROTH) SWARTZ subsp. euspinulosum ASCHERS. 159
– – subsp. genuinum MILDE 159
– – subsp. tauschii ČELAK. 167
– – var. typicum STROBL 159
– – var. uliginosum A. BR. ex DÖLL 167
– spinulosum-cristatum LASCH 159
– tenue SWARTZ 193
– thelypteris (L.) SWARTZ 126
– veselskii HAZL. ex DOMIN 138
– wierzbickii A. BR. et LUERSSEN 153
Aspleniaceae **211**
Asplenium L. 13–15, 82, 83, 192, **211**, 215, 216, 218, 243, 244, 248, 252, 254, 256, 266, 270, 272, 273
– sect. Ceterach (WILLD.) G. VIDA 266
– adiantum-nigrum L. 32, 213, **228**, 229–234, 243, 248–250, 252, 256, 257, 260
– – subsp. adiantum-nigrum HULTÉN 228
– – var. angustisectum NEILREICH 231
– – f. argutum (KAULF.) 230
– – subsp. cuneifolium (VIV.) ASCHERS. 231
– – var. cuneifolium (VIV.) POLLINI 230

Register der wissenschaftlichen Pflanzennamen

Asplenium, f. lancifolium (HEUFLER) 230
– – subsp. nigrum (BERNH.) HEUFLER 228
– – f. obtusum (MILDE) 230
– – subsp. obtusum (MILDE) SCHIDLAY 230
– – subsp. onopteris (L.) HEUFLER 232
– – subsp. serpentini (TAUSCH) KOCH 230
– – f. serpentinoides (CHRIST) 230
– – var. vulgare GUSS. 228
– x adulteriniforme LOVIS, MELZER & REICHST. 216, 245, **246**
– adulterinum MILDE 82, 109, 160, 187, 212, **218,** 219, 220, 243-250
– aegaeum REICHSTEIN, LOVIS, GREUTER & ZAFFRAN 240, 241, 262
– alpestre (HOPPE) METTEN. 189
– x alternifolium WULFEN 243, **252,** 253–256
– anceps LOWE ex HOOK. et GREV. 218
– angustifolium GUSS. 241
– x aprutianum LOVIS, MELZER et REICHSTEIN **263**
– aquilinum (L.) BERNH. 117
– azoricum LOVIS et al. 218
– x badense (D. E. MEYER) ROTHM. 272
– x baldense SLEEP, VIDA et REICHSTEIN 239
– balearicum SHIVAS 226, 230
– x baumgartneri 255, 256
– x bavaricum D. E. MEYER **246**
– x bechereri D. E. MEYER 219, **248,** 249, 250
– billotii F. W. SCHULTZ 213, **226,** 227, 228, 243, 249, 257–259
– bornmuelleri KÜMMERLE 225
– brachyphyllum GASPARRINI 240
– breynii KOCH 252
– – f. heufleri (REICHARDT) LAWALRÉE 254
– x brissaginense D. E. MEYER **249**
– bulbiferum FORST. 212
– castaneno-viride BAKER 211
– celtibericum RIVAS-MARTINEZ 236
– x centovallense D. E. MEYER **250**
– ceterach L. 266
– x clermontae SYME 255, 257, **258,** 259, 260
– x confluens (TH. MOORE & LOWE) LAWALRÉE 273
– x contrei CALLÉ, LOVIS et REICHSTEIN **257,** 258
– x costei R. DE LITARDIÈRE **256**
– creticum LOVIS, REICHSTEIN & ZAFFRAN 266
– csikii KÜMM. et ANDR. 217
– cuneatum F. W. SCHULTZ 226
– cuneifolium CHRIST 250
– cuneifolium VIVIANI 15, 32, 82, 109, 212, 219, **230,** 231, 232, 243, 248–250, 257
– – var. anthriscifolium (MILDE) 232
– – subsp. serpentini (TAUSCH) Soó 231
– davallioides TAUSCH 230
– diaphanum (BORY) LOJACONO 197
– dimorphum KUNZE 212
– dolomiticum (LOVIS et REICHSTEIN) Á. LÖVE & D. LÖVE 239
– x dolosum MILDE **248**
– dresdense W. KRIEGER 254
– eberlei D. E. MEYER 212, **236**
– x eglii LOVIS et REICHSTEIN **264**
– fallax DÖRFLER 246

Asplenium, filix-femina (L.) BERNHARDI 188
– fissum KITAIBEL 15, 82, 213, **241,** 243, 265
– – var. latifolium RABENH. 240
– – var. lepidum (C. B. PRESL) MOORE 240
– fissum WIMM. 230
– fontanum (L.) BERNHARDI 82, 213, **221,** 222–224, 243, 248, 257
– – var. billotii FIORI 226
– – subsp. foresiacum (LE GRAND) CHRIST 224
– – var. foresiacum (CHRIST) FIORI 224
– – var. insubricum CHRIST 224
– – var. macrophyllum ST.-LAGER 224
– – f. pedicularifolium (HOFFM.) 224
– – subsp. pseudofontanum (KOSS.) REICHST. & SCHNELLER 223
– foresiacum (LE GRAND) CHRIST 224
– foresiense LE GRAND ex SUDRE 224
– foreziense LE GRAND 213, **224,** 225, 226, 243, 248, 257
– forisiense LE GRAND 196, 224, 258
– forsteri SADLER 230
– x gastoni-gautieri R. DE LITARDIÈRE **247,** 266
– x gautieri CHRIST 247
– germanicum a. breynii (RETZ.) WARNSTORF 254
– – Heufleri WARNST. 254
– – var. Kneuckeri CHRIST 254
– germanicum ASCHERS. & GRAEBN. 252
– germanicum F. G. WEIS 252
– – var. alternifolium (WULF.) CHRIST 252
– x guichardii R. LIT. 247, 248
– halleri (ROTH) DC. 222
– – var. foresiacum LE GRAND 224
– hansii ASCHERS. et GRAEBN. 252, 254
– x hauchecornei ASCHERS. 258
– haussknechtii GODET et REUTER 239, 241, 266
– hermannii-christii FOMIN 241
– x heufleri REICHARDT **254,** 255, 256, 257, 259
– x hungaricum FRASER-JENKINS et VIDA 261, **262,** 263
– hybridum (MILDE) A. J. BANGE 270
– intercedens 254
– intermedium C. B. PRESL 220
– x javorkae KÜMMERLE 261, **264**
– javorkeanum VIDA 211, 269
– x joncheerei D. E. MEYER **250**
– kobayashii TAGAWA 211
– lanceolatum HUDS. 226
– – subsp. foresiacum (LE GRAND) MATTIROLO 224
– lepidum C. B. PRESL 82, 213, **240,** 241, 262–264
– – var. fissoides RITTER et SCHUMACHER 241
– – subsp. haussknechtii (GODET & REUTER) BROWNSEY 241
– x lessinense VIDA et REICHSTEIN **265,** 266
– linnaei Soó 215
– x lobmingense MELZER, LOVIS & REICHSTEIN **260**
– longissimum BLUME 212

Asplenium, lovisii ROTHM. 215
– luerssenii 254
– x lusaticum D. E. MEYER 218, 246, 261
– macedonicum KÜMMERLE 225
– majoricum R. LIT. 82, 266
– x mantoniae E. CS. VÁRÓCZKY et G. VIDA 269
– x mendelianum D. E. MEYER 218, 245
– x meyeri ROTHM. 239
– monanthes L. 218
– multicaule C. B. PRESL 237
– multicaule SCHOLTZ 230
– murale BERNH. 252
– muraria BERNH. 237
– x murariaeforme A. WAISBECKER **260**
– x murbeckii DÖRFLER 255, 257, 259, **260,** 261, 262, 273
– murorum LAM. 237
– nidus L. 212
– x nieschalkii 259
– nigrum BERNHARDI 228
– obovatum VIVIANI 226, 228, 243, 248, 257
– – var. billotii (F. SCHULTZ) BECHERER 226
– – subsp. lanceolatum PINTO DA SILVA 226
– onopteris L. 32, 213, 230, **232,** 243, 250, 252, 257
– – subsp. silesiacum MILDE 231
– x pagesii R. DE LITARDIÈRE **247,** 248
– x perardi R. DE LITARDIÈRE **260**
– petrarchae (GUERIN) DC. 228, 259, 266
– platyneuron OAKES 212
– x poscharskyanum (HOFFM.) PREISSMANN **246,** 247
– x praetermissum LOVIS, MELZER & REICHST. **244,** 245, 261
– x preissmannii ASCHERS. et LUERSS. 258
– x protoadulterinum LOVIS et REICHSTEIN 218, **245,** 246, 266
– refractum FOURNIÈRE 224
– refractum MOORE 224
– x refractum MOORE 248
– x refractum (MOORE) LOWE 224
– regium (L.) H. P. FUCHS 224
– x reicheliae ASCHERS. et DÖRFLER 258
– x reichlingii LAWALRÉE 248
– rhaeticum (L.) BRÜGGER 189
– rotundatum KAULFUSS 226
– x ruscinonense NIESCHALK, LOVIS & REICHSTEIN **250,** 251
– ruta-muraria L. 13, 109, 208, 213, 215, 219, 223, 228, 236, **237,** 238, 239, 252, 255, 258–262, 264
– – subsp. dolomiticum LOVIS et REICHSTEIN **239,** 240, 243, 262
– – subsp. grammitioides GRINȚESCU 239
– – subsp. lepidum (C. B. PRESL) MALY 240
– – subsp. ponticum GRINȚESCU 239
– – subsp. ruta-muraria **239,** 243
– – subsp. typicum GRINȚ. 239
– Ruta muraria var. angustatum E. COSSON 260
– – var. cuneatum MOORE 260
– – f. pseudo-germanicum HEUFLER 260
– – var. pseudo-Seelosii ROSENSTOCK 258
– x samuelssoni LID 244
– x sarniense A. SLEEP **249**

Asplenium, x saxonicum Rothm. 218
- scolopendrium L. 270, 272
- - subsp. antri-jovis (Kümmerle) P. J. Brownsey & A. C. Jermy 272
- seelosii Leybold 15, 82, 212, **235**, 243, 258
- - subsp. glabrum (Litard. & Maire) Rothm. 82, **236**
- - var. glabrum Litard. & Maire 236
- - subsp. seelosii 82, **235**
- septentrionale (L.) Hoffmann 82, 160, 212, 228, **233**, 234, 243, 252, 254–257, 261, 262
- - var. tripartitum Seelos et Heufler 235
- serpentini Tausch 230
- silesiacum Milde 230, 232
- x sleepiae Badré & Boudrie **248**
- x sollerense 261
- x souchei R. Lit. **257**, 259
- spicant (L.) Bernh. 276
- x stiriacum D. E. Meyer **262**, 263
- x suevicum K. Bertsch ex D. E. Meyer 260, 262
- tenuifolium Gussone 241
- x ticinense D. E. Meyer **250**, 251
- trettenerianum Jan 241
- trichomanes H. P. Fuchs 216
- trichomanes L. 13, 14, 80, 109, 160, 211, 212, **213**, 214, 215, 218–220, 223, 228, 233, 234, 243, 244, 246, 248, 250, 252, 258, 259, 263, 273
- - subsp. bivalens D. E. Meyer 215
- - var. confluens Moore & Lowe 273
- - lusus harovii Christ 217
- - f. incisocrenatum Aschers. 215
- - f. incisum (Moore) 215, 248
- - subsp. inexpectans J. D. Lovis **217**, 244, 263
- - subsp. inexpectans Lovis & Meyer 216, 217
- - subsp. inexpectata Janchen 217
- - f. lobatocrenatum (Lam. et DC.) 215
- - subsp. lovisii Rothm. 216
- - f. microphyllum (Milde) 214
- - sublusus pachyrachis Christ 217
- - subsp. pachyrachis (Christ) Lovis et Reichst. **217**, 218
- - f. pulcherrimum (Zimmermann) 215
- - subsp. quadrivalens D. E. Meyer **215**, 216–219, 243, 245, 248, 255, 258, 273
- - subsp. trichomanes **215**, 218, 219, 243, 244, 250
- - f. umbrosum 215
- trichomanes Rothmaler 215
- trichomaniforme H. P. Fuchs 215
- x trichomaniforme Woynar **244**, 246
- trichomanoides Lumnitzer 228
- trojanii R. Lit. 249
- unilaterale Lam. 13, 212
- x valgannense E. Attinger **258**
- x verbanense v. Tavel 248
- viride Hudson 82, 109, 160, 206, 212, 216, 218, 219, **220**, 221, 223, 243, 246, 247, 250, 265
- - subsp. adulterinum 246
- - var. adulterinum (Milde) Wünsche 218

Asplenium, var. fallax Heufl. 218
- - var. poscharskyanum Hofmann 246
- viviparum C. B. Presl 212
- vulgare Hill 266
- x wachaviense Aschers. et Graebn. **250**
- x woynarianum Aschers. et Graebn. **250**
x Asplenoceterach D. E. Meyer **272**, 273
- badense D. E. Meyer 259, **272**, 273
- barrancense W. Bennert & D. E. Meyer **273**
- newmanii (Bolle) D. E. Meyer **273**
x Asplenophyllitis Alston **273**
- confluens (T. Moore et Lowe) Alston **273**
- jacksonii Alston **273**, 274
- kuemmerlei G. Vida **275**
- microdon (Th. Moore) Alston **273**, 274
Asplenum Aschers. 211
Athyriaceae **187**
Athyrium Roth 15, 83, 130, 132, 136, **187**, 192
- alpestre (Hoppe) Rylands 189
- x cassum Chiovenda **191**
- crenatum (Sommerf.) Ruprecht 187
- cuneatum Heufler 241
- - var. lepidum (C. B. Presl) Heufler 240
- distentifolium Tausch ex Opiz 188, **189**, 190, 191
- - var. flexile (Newman) Jermy 191
- filix-femina (L.) Roth 12, 162, 187, **188**, 189, 190, 192, 210
- - var. californicum Butters 189
- - var. sitchense Rupr. 189
- flexile (Newman) Moore 191
- halleri Roth 222
- polypodioides Schur 189
- regium (L.) Spreng. 196
- rhaeticum (L.) Gremli 189
Azolla Lamarck 13, 82, **292**, 293
- caroliniana Willdenow 15, 292, 293, **294**
- filiculoides Lamarck 15, **292**, 293, 294
- pyrenaica 292
- tegelensis 292
Azollaceae **292**

Biropteris antri-jovis Kümmerle 272
Blechnaceae **275**
Blechnum L. 15, 82, 83, 130, **275**
- boreale Swartz 276
- brasiliense Desv. 276
- crispum (L.) Hartm. 109
- discolor (Forst.) Keys. 276
- gibbum (Labill.) Metten. 276
- niponicum (Kunze) Makino 278
- occidentale L. 275, 276
- penna-marina (Poiret) Kuhn 276
- spicant (L.) Roth 82, 192, **276**, 277, 278
- - var. fallax Lange 278
- - var. homophyllum Á. et D. Löve 278
- - subsp. niponicum (Kunze) Á. et D. Löve 278
- - subsp. spicant 278
- - var. spicant 278
Botrychium Swartz 15, 83, **87**, 88
- subgen. Botrychium 88, **89**

Botrychium, sect. Eubotrychium Milde 89
- subgen. Eubotrychium (Milde) Clausen 89
- sect. Osmundopteris Milde 95, 97
- subgen. Osmundopteris (Milde) Clausen 88, 89, **97**
- sect. Phyllotrichium Prantl 95, 97
- subgen. Phyllotrichium (Prantl) Luerssen 88, 89, **95**
- subgen. Sceptridium (Lyon) Clausen 95
- anthemoides C. B. Presl 97, 98
- boreale Milde 88
- breynii E. Fries 96
- cicutarium Swartz 97
- kannenbergii Klinsmann 94
- lanceolatum (S. G. Gmelin) Ångström 89, **93**
- lanceolatum Rupr. 91
- lunaria (L.) Swartz 86–88, **89**, 90, 92, 93, 95, 96, 98, 240
- - cordatum Fries 94
- - var. incisa Roeper 91
- - subsp. lunaria 90
- - var. normale Roeper 90
- - subsp. occidentale Á. et D. Löve et Kapoor 90
- - var. ramosa F. Schultz 91
- - var. rutaefolia Roeper 91
- matricariae (Schrank) Spreng. 96
- matricariaefolium Fries 93
- matricariifolium (Retz.) A. Braun ex W. D. J. Koch 89, **90**, 91, 92, 96, 240
- matricarioides Willd. 96
- multifidum (S. G. Gmelin) Ruprecht 88, 89, **95**, 96
- - subsp. multifidum 97
- - subsp. silaifolium (C. B. Presl) Clausen 97
- - subsp. typicum 97
- palmatum C. B. Presl 93
- ramosum (Roth) Aschers. 91
- reuteri V. Payot 94
- rutaceum (Liljebl.) Swartz 96
- rutaceum Willd. 91
- rutaefolium A. Braun 96
- silesiacum Kirschl. 96
- simplex E. Hitchcock 88, **94**
- - var. tenebrosum (A. A. Eaton) R. T. Clausen 95
- tenebrosum A. A. Eaton 95
- tenellum Ångstr. 91
- ternatum Hook. et Baker 96
- - var. europaeum Milde 96
- - var. matricariae Christ 96
- virginianum (L.) Swartz 88, 89, **97**, 98
- - subsp. europaeum (Ångstr.) Jávorka 98
- - var. europaeum Ångstr. 98
- - subsp. virginianum 98
- virginicum Willd. 97
Botrypus Michaux 97
- virginianus (L.) Holub 97

Camptosorus 211
- rhizophyllus (L.) Link 211
- sibiricus Rupr. 211

Register der fremdsprachigen Pflanzennamen

Cardiomanes reniforme (FORST.) C. B. PRESL 121
Carpogymnia Á. et D. LÖVE 132
– dryopteris (L.) Á. et D. LÖVE 133
– robertiana (HOFFM.) Á. et D. LÖVE 134
Ceratopteris BRONGNIART 83, **112**
– thalictroides (L.) BRONGN. **112**
Ceterac ADANSON 266
Ceterach WILLDENOW 14, 82, 83, 211, 234, **266,** 270, 272
– aureum (CAV.) BUCH 266
– – var. parvifolium BENL & KUNKEL 266
– canariense WILLD. 266
– ceterach (L.) NEWM. 266
– javorkeanum (VIDA) SOÓ 269
– x mantoniae (VÁRÓCZKY et VIDA) SOÓ **269**
– marantae (L.) DC. 107
– officinarum WILLDENOW 211, 255, **266,** 268, 269
– – subsp. bivalens D. E. MEYER 267, **269**
– – subsp. officinarum 267
– vulgare DRUCE 266
x Ceterophyllitis hybrida (MILDE) PIC. SER. 270
Cheilanthes SWARTZ 15, 83, **106,** 107, 192
– catanensis (COSENT.) H. P. FUCHS 107
– fragrans (L.) SWARTZ 106
– maderensis 106
– marantae (L.) DOMIN 107
– micropteris SWARTZ 106
– odora SWARTZ 106
– pteridioides (REICHARD) C. CHR. **106**
– suaveolens SWARTZ 106
– vellea (AITON) F. V. MUELL. 107
Cibotium 103
Cincinalis marantae (L.) DESV. 107
Coniogramme 113
Cryptogramma R. BROWN ex RICHARDSON 15, 83, **109,** 111
– crispa (L.) R. BROWN ex RICHARDSON 82, **109,** 110, 111, 192
– – var. acrostichoides (R. BROWN) CLARKE 112
– – subsp. brunoniana (WALL.) HULTÉN 110
– – var. chilensis (PHIL.) CHRIST 112
– – subsp. crispa 110
– – var. crispa 112
– – subsp. raddeana (FOMIN) HULTÉN 110
Cryptogrammaceae **109**
Currania dryopteris (L.) WHERRY 133
– robertiana (HOFFM.) WHERRY 134
Cyathea alpina (WULF.) ROTH 197
– cooperi (HOOKER & F. V. MUELL.) DOMIN 103
– fragilis (L.) SMITH 193
– montana (LAM.) J. E. SMITH 198
Cyclophorus 279
Cyclopteris A. GRAY 192
Cyrtomium 170
– falcatum (L. f.) C. B. PRESL 170
– fortunei J. SMITH 15, 170
Cystea J. E. SMITH 192
Cystopteris BERNHARDI 83, 132, **192,** 193, 194
– alpina WIMM. 199

Cystopteris, var. regia (L.) ROSSI 196
– atrovirens C. B. PRESL 196
– azorica FÉE 198
– baenitzii DOERFLER 195
– bulbifera (L.) BERNH. 187, 192
– canariensis C. B. PRESL 197
– x christii HAHNE 201
– crispa (GOUAN) H. P. FUCHS 196
– diaphana (BORY) BLASDELL 192–194, **197,** 198
– dickieana R. SIM 192, 193, **195**
– filix-fragilis (L.) BORBÁS 193
– fragilis (L.) BERNHARDI 64, 192, **193,** 194, 195, 197, 198, 200, 201, 207, 208, 270
– – subsp. alpina (WULF.) C. HARTMAN 197
– – var. alpina (WULF.) DESV. 197
– – f. anthriscifolia (HOFFM.) 195
– – var. azorica (FÉE) MOORE 198
– – var. baenitzii (DOERFL.) WARNST. 195
– – var. canariensis (C. B. PRESL) MILDE 197
– – f. cynapiifolia 195
– – deltoidea SHUTTLEWORTH 201
– – var. deltoidea ASCHERSON 201
– – var. deltoidea MILDE & LUERSSEN 201
– – var. dentata (DICKSON) HOOK. 195
– – subsp. diaphana (BORY) R. LITARD. 197
– – subsp. dickieana (SIM) MOORE 195
– – subsp. eu-fragilis ASCHERS. 193
– – subsp. fragilis BERNH. et MILDE 193
– – var. fumariiformis ASCHERS. 197
– – genuina BERNOULLI 193
– – var. huteri HAUSMANN et MILDE 194
– – var. lobulato-dentata KOCH 195
– – var. lobulatodentata STROBL 193
– – var. nigrescens HOOKER 197
– – var. pinnatipartita KOCH 195
– – var. pontederae (ALL.) FIORI 195
– – subsp. regia (L.) BERNOULLI 196, 197, 201
– – var. regia ASCHERS. 196
– – var. rupestris NEILR. 193
– – var. sempervirens MOORE 198
– leucosoria SCHUR 199
– montana var. sudetica (A. BRAUN et MILDE) WARNST. 199
– montana (LAM.) DESVAUX 82, 97, 192, 193, **198,** 199, 200
– moupinensis FRANCHET 192, 200
– protrusa 192
– regia (L.) DESVAUX 192–194, **195,** 196, 197, 200, 201, 224, 243
– – var. alpina (WULFEN) KOCH 197
– – var. fumariiformis KOCH 197
– – var. regia 197
– sudetica A. BRAUN et MILDE 192, 193, 198, **199,** 200
– – subsp. moupinensis (FRANCH.) 192
– – var. moupinensis (FRANCH.) BLASDELL 200

Davallia 120
– bullata WALL. ex HOOKER 120
– canariensis (L.) J. E. SMITH 120

Davallia, pentaphylla BLUME 120
– solida (FORST.) SWARTZ 120
Dennstaedtia punctilobula (MICHX.) MOORE 117
Dennstaedtiaceae **117**
Dichasium (A. BR.) FÉE 136
Dicksonia 103
Didiclis kraussiana (KUNZE) ROTHMALER 49
Diphasiastrum HOLUB 12, 18, 23, **28,** 29
– alpinum (L.) HOLUB 18, 29, 35, 36, **40,** 41, 42, 288
– complanatum (L.) HOLUB 17, 18, 29, **30,** 31–33, 35, 36, 288
– issleri (ROUY) HOLUB 28, 29, 33, **36,** 38, 39, 41
– kablikianum (DOMIN) DOSTÁL 28, 29, **35**
– tristachyum (PURSH) HOLUB 29, **33,** 34–36
– zeilleri (ROUY) HOLUB 28–30, **36,** 37
Diphasium C. B. PRESL 28
– alpinum (L.) ROTHMALER 40
– anceps Á. et DORIS LÖVE 30
– chamaecyparissus (A. BRAUN) Á. et D. LÖVE 34
– complanatum (L.) ROTHMALER 30
– issleri (ROUY) HOLUB 38
– thyoides O. SCHWARZ 33
– tristachyum (PURSH) ROTHMALER 33
– wallrothii H. P. FUCHS 30
– zeilleri (ROUY) DAMBOLDT 36
Diplazium 187
– caudatum (CAV.) JERMY 187
– esculentum (RETZ.) SWARTZ 187
– sibiricum (TURCZ ex. G. KUNZE) JERMY 187
– silvaticum (BORY) SWARTZ 187
Diplostachyum helveticum (L.) PAL. BEAUV. 47
Doodia caudata (CAV.) R. BROWN 275
Drynaria 279
x Dryopolystichum mirabile DOMIN 169
Dryopteridaceae 132
Dryopteris ADANSON 13, 15, 84, 103, 117, 124, 126, 129, 130, 132, **136,** 145, 153, 156, 167, 169, 190, 192
– sect. Decompositae (DIELS) HAYEK 132
– sect. Decursivae (DIELS) HAYEK 124
– sect. Furcatoveniae (DIELS) HAYEK 126, 129
– abbreviata (DC.) NEWMAN 142
– abbreviata (DC.) NEWMAN ex MANTON 142, 148
– abbreviata (SCHRADER) O. KTZE. 142, 145, 148
– aculeata (L.) BECK 177
– aculeata (L.) O. KUNTZE 175
– – subsp. angularis (KIT.) SCHINZ et THELL. 177
– affinis (LOWE) FRASER-JENKINS 14, 15, 136, 137, 140, 141, **142,** 143–146, 148, 155, 156, 164–166
– – subsp. affinis 144, **145,** 146, 147
– – var. affinis 144, 145
– – var. azorica FRASER-JENKINS 145
– – subsp. borreri (NEWM.) FRASER-JENKINS 144, **147**
– – subsp. disjuncta 147

Dryopteris, var. disjuncta (FOMIN) FRASER-JENKINS 144, **146**
– – var. pseudodisjuncta FRASER-JENKINS 144, **147**
– – var. punctata OBERHOLZER & v. TAVEL ex FRASER-JENKINS 146
– – subsp. robusta OBERHOLZER et v. TAVEL ex FRASER-JENKINS **147**
– – var. splendens FRASER-JENKINS **147**
– – subsp. stilluppensis (SABRANSKI) FRASER-JENKINS 144, **146,** 166
– affinis NEWMAN 142
– alexeenkoana FOMIN 161
– ambigua DRUCE 168
– x ambroseae FRASER-JENKINS & JERMY **168**
– ardechensis 146
– aristata (FORSTER) O. KTZE. 161
– assimilis S. WALKER 162, 163
– austriaca (JACQ.) WOYNAR ex SCHINZ et THELL. 161–163
– – subsp. austriaca 161
– azorica (CHRIST) ALSTON 160, 162, 164
– x bicknellii (H. CHRIST) BECHERER 184
– x bohemica DOMIN 138, 155
– x borbasii LITARDIÈRE 156, 166
– borreri (NEWM.) NEWM. ex v. TAVEL 14, 142, 147
– – var. atlantica v. TAVEL 142, 145
– – f. aurea v. TAVEL 142, 147
– – var. insubrica v. TAVEL 142, 146
– – var. melanothrix v. TAVEL 142
– – var. pseudodisjuncta v. TAVEL 142, 147
– – var. punctata v. TAVEL ex BECHERER 14, 146
– – var. robusta v. TAVEL 142, 147
– – subvar. splendens EHRLER 147
– – var. tenuis v. TAVEL 142, 147
– x boottii (TUCKERMAN) UNDERWOOD 167
– boydii (STANSFIELD) MANTON 156
– x brathaica FRASER-JENKINS & REICHSTEIN **166**
– braunii (SPENN.) UNDERWOOD 179
– x burnatii CHRIST et WILCZEK 151, 167
– campyloptera (KUNZE) CLARKSON 162
– carthusiana (VILL.) H. P. FUCHS 13, 137, 152, 154, 158, **159,** 160, 161, 163, 164, 167, 168
– – var. angustiloba (WARNSTORF) 161
– – var. carthusiana 160
– – var. elevata (A. BRAUN) 161
– – var. exaltata (LASCH.) 160
– – var. verrucosa (G. BECK) 161
– – x affinis (LOWE) FRASER-JENKINS 167
– – x cristata (L.) A. GRAY 167
– – x dilatata (HOFFM.) A. GRAY **168**
– – x expansa (C. B. PRESL) FRASER-JENKINS & JERMY **168**
– – x filix-mas (L.) SCHOTT **166**
– – x filix-mas (L.) SCHOTT x affinis (LOWE) FRASER-JENKINS **166**
– – x oreades FOMIN 167
– – x remota (A. BR.) DRUCE **169**
– caucasica (A. BR.) FRASER-JENKINS & CORLEY 140, 145, 149, 164, 166
– – x oreades FOMIN **169**
– coreano-montana NAKAI 149

Dryopteris, crassirhizoma NAKAI 136
– cristata (L.) ASA GRAY 13, 137, **156,** 157–160, 164, 166, 167
– – x dilatata (HOFFM.) A. GRAY **168**
– – x filix-mas (L.) SCHOTT **166**
– cycadina (FR. et SAV.) C. CHR. 136
– x deweveri (JANSEN) JANSEN et WACHTER **168**
– x digenea DOMIN 169
– dilatata (G. F. HOFFMANN) ASA GRAY 13, 117, 137, 152, 154, 159, **161,** 162, 163, 166, 168, 189
– – var. alpina MOORE 162
– – var. americana (FISCH.) BENEDICT 162
– – subsp. neglecta (DOMIN) DOSTÁL 168
– – x expansa (C. B. PRESL) FRASER-JENKINS & JERMY **168**
– – x filix-mas (L.) SCHOTT **166**
– – x oreades FOMIN **167**
– – x villarii (BELL.) WOYNAR ex SCHINZ et THELL **167**
– disjuncta (RUPRECHT) MORTON 133
– distans (HOOKER) O. KTZE. 147
– x doeppii ROTHM. 153, 156, 167
– erythrosora (EATON) O. KTZE. 136
– expansa (C. B. PRESL) FRASER-JENKINS & JERMY 137, 154–156, 160, **162,** 163, 164, 167, 168
– – var. pseudospinulosa (ROSENDAHL) 164
– – x affinis (LOWE) FRASER-JENKINS 167
– filix-mas (L.) SCHOTT 12–14, 81, 120, 131, **137,** 138–141, 143–145, 148, 152, 157, 161, 164, 166, 169, 189, 210
– – var. affinis (F. et M.) NEWMAN 142
– – var. abbreviata (DC.) NEWMAN 142
– – f. barnesii (MOORE) 142
– – var. borreri NEWMAN 147
– – var. crenata (MILDE) 140
– – var. dentata (FORMÁNEK) 140
– – var. deorsilobata (MOORE) 140
– – var. dolomitica (CHRIST) 141
– – f. erosa 166
– – f. filinearis (MOORE) 142
– – f. heleopteris (BORCKHAUSEN) 142
– – var. incisa (MOORE) 140
– – var. pseudorigida (CHRIST) 141
– – var. recurva (FRANCIS) 141
– – var. setosa (CHRIST) 141, 148
– – var. umbrosa (MILDE) 140
– – x affinis (LOWE) FRASER-JENKINS **164**
– – x oreades FOMIN **165**
– – x tavelii ROTHM. **165**
– – x Polystichum aculeatum (L.) ROTH **169**
– glandulosa (BL.) O. KTZE. 168
– goldiana (HOOKER) A. GRAY 136
– x graeca FRASER-JENKINS & GIBBY 153
– x hercynica ROTHMALER 168
– x illyrica (BORB.) BECK 183
– x initialis FRASER-JENKINS & CORLEY 140
– intermedia (MÜHL. ex WILLD.) A. GRAY 160, 162, 164
– kemulariae MIKHELADZE 156, 167
– Laschii WALTER 167
– x lawalreei JANCHEN 156, **166**
– limbosperma (ALL.) BECHERER 129
– linnaeana C. CHR. 133

Dryopteris, litardierei ROTHMALER 148
– lobata (HUDS.) SCHINZ et THELL. 175
– lonchitis (L.) O. KUNTZE 170
– ludoviciana (KUNZE) SMALL 159, 164
– luerssenii (HARR.) C. CHR. 180
– maderensis ALSTON 160, 162, 164
– x mantoniae FRASER-JENKINS & CORLEY **165**
– mediterranea FOMIN 147
– – f. disjuncta (FOMIN) FOMIN 146
– x mixta ROTHMALER 165
– montana (ROTH) O. KUNTZE 129
– neglecta BRADE et ROS. 168
– x neglecta DOMIN 168
– oreades FOMIN 14, 137, 140, 141, 145, 146, **148,** 149, 164–166
– – x affinis (LOWE) FRASER-JENKINS **166**
– oreopteris (EHRH.) MAXON 129
– paleacea HAND.-MAZZ. 147
– paleacea (MOORE) FOMIN f. disjuncta FOMIN 146
– – f. rubiginosa FOMIN 142
– pallida (BORY) FOMIN 145, 153, 164
– patagonica DIEM 138, 140
– phegopteris (L.) C. CHR. 124
– pseudomas (WOLLASTON) HOLUB et POUZAR 142
– pulchella HAYEK 133
– remota (A. BR.) DRUCE 14, 15, 137, **153,** 154–156, 166, 167
– resendeana RESENDE DE PINTO 145
– – var. disjuncta (FOMIN) ASKEROV & BOBROV 146
– robertiana (HOFFM.) C. CHR. 134
– rupestris (KL.) C. CHR. 148
– x sarvelae FRASER-JENKINS & JERMY **168**
– »semicristata« 159, 160, 164
– setifera (FORSSK.) WOYNAR ex SCHINZ et THELL. 177
– sichotensis KOMAROV 140, 149
– silesiaca BECHERER 180
– spinulosa (MÜLLER) O. KUNTZE 159
– subalpina (BORBÁS) DOMIN 156
– x subaustriaca ROTHM. 156, 166
– submontana (FRASER-JENKINS & JERMY) FRASER-JENKINS 153, 164
– tauschii (ČELAK.) DOMIN 167
– x tavelii ROTHMALER 14, 141, 145, 147, 148, 155, **164,** 165, 166
– thelypteris (L.) A. GRAY 126
– x uliginosa (A. BR. ex DÖLL) DRUCE **167**
– x vidae FRASER-JENKINS & GIBBY 153
– villarii (BELLARDI) WOYNAR ex SCHINZ et THELL. 137, 141, 145, 149, **150,** 152, 153, 164, 167
– – subsp. mindschelkensis (PAVLOVSKY) FRASER-JENKINS 149
– – subsp. submontana FRASER-JENKINS & JERMY 152
– – subsp. villarii 149, 151, 167
– wallichiana (SPRENG.) HYLANDER 136, 140, 148
– x woynarii ROTHM. 153, 156, 167

Equiseta primitiva SCHAFFNER 55
Equisetaceae **54**

Register der wissenschaftlichen Pflanzennamen

Equisetales **54**
Equisetites 56
Equisetopsida 54
Equisetum L. **55**, 56–58, 65, 76
– subsect. Ametabola A. Braun 72
– sect. Equisetum 65
– subgen. Equisetum **65**
– sect. Heterophyadica A. Braun 68
– sect. Hippochaete 60
– subgen. Hippochaete (Milde) Baker 55, **60**
– subsect. Homocormia Pfitzer 60
– sect. Homophyadica A. Braun 67
– subsect. Hyemalia A. Braun 62
– subgen. Malacocaulon Döll 65
– subsect. Metabola A. Braun 68
– subsect. Pratensia Novák 70
– subgen. Sclerocaulon (Döll) Hayek 60
– arcticum (Rothmaler) Hylander 79
– arenarium Opiz 67
– arvense L. 55–59, 68, 72, **74**, 75–77, 256
– boreale Brongn. 74
– braunii Milde 72
– x dubium Dostál **77**
– eburnum Schreber 72
– elongatum Willd. 64
– fluviatile Gouan 72
– fluviatile L. 55, 57–59, **65**, 66, 77, 272
– x gamsii Janchen **79**
– giganteum L. 55
– heleocharis Ehrh. 65
– – var. fluviatile (L.) Aschers. 65
– hiemale tenellum Liljeblad 60, 62
– – variegatum (Web. et Mohr) Newman 60
– x hybridum Huter 60, **77**
– hyemale L. 55, 57, 58, 60, **62**, 63, 64, 76, 78, 79, 272
– – var. hyemale 63
– – var. moorei (Newm.) Hook. & Walker-Arnott 77
– – var. paleaceum Döll. 79
– – var. ramigerum A. Braun 63
– – var. trachyodon (A. Braun) Döll 78
– intermedium Schur 77
– inundatum Lasch 77
– lacustre Opiz 65
– limosum L. 65
– x litorale Kühlewein 57, 59, **77**
– maximum Duval-Jouv. 72
– maximum Lam. 72
– x meridionale (Milde) Chiovenda 57, 58, 60, **79**
– x mildeanum Rothmaler 59, **79**
– x moorei Newman 57, 58, 60, **77**, 78
– – nm. fallax (Milde) 78
– – nm. rabenhorstii (Milde) 78
– – nm. viride (Milde) 78
– nodosum Hoppe 67
– paleaceum Schleicher 79
– palustre L. 55–59, **67**, 68, 76, 256
– – f. polystachyum Weigel 68
– pratense Ehrhart 55–59, **70**, 71
– – m. annulatum Milde 72
– ramosissimum Desfontaines 55–58, 60, **64**, 65, 78, 79, 272

Equisetum, subsp. ramosissimum 65
– ramosum DC. 64
– reptans Wahlenb. 62
– x rothmaleri Page 77
– schleicheri Milde 77
– scirpoides Michaux 58, **62**
– sylvaticum L. 55–59, **68**, 69, 70, 76, 256
– telmateia Ehrhart 55–59, **72**, 73, 74, 256
– – var. braunii Milde 72
– – var. nanum v. Hoek 74
– tenellum Ledeb. 62
– x torgesianum Rothmaler 59, **77**
– x trachyodon A. Braun 57, **78**, 79
– – nm. doellii (Milde) 78
– – f. fuchsii Geissert 79
– – nm. viride (Milde) 78, 79
– umbrosum J. G. F. Meyer 70
– variegatum Schleicher ex Weber et Mohr 56–58, **60**, 61–64, 77, 79, 272
– – var. meridionale Milde 79
– zonatum Kümmerle 63
Eupteris Newman 117
– aquilina (L.) Newman 117

Filices eusporangiatae **84**
Filicopsida 79
Filix Adans. 192

Grammitis ceterach (L.) Swartz 266
– leptophylla (L.) Swartz 113
Gymnocarpium Newman 83, 124, **132**
– x achiosporum Sarvela 135
– disjunctum (Rupr.) Ching 133
– dryopteris (L.) Newman 96, 125, **132**, 133–135
– x heterosporum W. H. Wagner 135
– x hybridum Rothmaler 135
– jessoense (Koidz.) Koidz. 132
– obtusifolium 134
– phegopteris (L.) Newman 124
– robertianum (G. F. Hoffmann) Newman 82, 96, 132, **134**, 135, 198, 200, 242
Gymnogramma Desv. 113
– ceterach (L.) Spreng. 266
– leptophylla (L.) Desv. 113
Gymnogrammaceae **112**
Gymnogramme marantae (L.) Metten. 107
Gymnopteris ceterach (L.) Bernh. 266
– marantae (L.) Ching 107

Hemionitis 113
– arifolia (Burm.) Moore 113
– palmata L. 113
Hippochaete Milde 56, 60
– alsatica 79
– arctica Rothmaler 79
– fuchsii (Geissert) Fuchs & Geissert 79
– hyemalis (L.) Bruhin 63
– x meridionalis (Milde) Holub 79
– moorei (Newm.) H. P. Fuchs 77
– x naegeliana (W. Koch) Rothmaler 79
– ramosissima (Desf.) Börner 64
– x samuelssonii (W. Koch) Rothmaler 77
– scirpoides (Michaux) Farwell 62
– trachyodon (A. Braun) Börner 78
– variegata (Web. & Mohr) Bruhin 60

Homophyllum blechniforme Merino 278
Huperzia Bernhardi 12, 16, **18**, 19, 23
– subgen. Huperzia 19
– subgen. Phlegmaria (Baker) Rothmaler 19
– selago (L.) Bernhardi 18, **19**, 20, 288
– – f. alpestris Berl. 21
– – f. appressa auct. 21
– – subsp. appressa (Desv.) 21
– – f. imbricata (Neilr.) 21
– – f. recurva (Kitaibel) 20
– – f. sarmatica (Wołoszczak) 21
– – subsp. selago 20
– – f. squarrosa (Bodino) 21
Hymenophyllaceae **121**
Hymenophyllum J. E. Smith 83, **121**, 122
– peltatum auct. 121, 123
– polyanthos (Swartz) Swartz 122
– tunbrigense (L.) J. E. Smith 64, 121, **122**, 123
– wilsonii Hooker f. 121, 123
Hypolepidaceae 117
Hypopeltis Michaux 169

Isoëtaceae **50**
Isoëtales **50**
Isoëtes L. **50**, 51, 52
– sect. Cristatae Pfeiffer 51
– sect. Echinatae Pfeiffer 51
– sect. Isoëtes 51
– echinospora Durieu 53
– lacustris L. 50, **51**, 52, 53, 240
– macrospora Dur. 52
– malinverniana Cesati et De Notaris 54
– setacea Lamarck 51, **53**
– tenella Desv. 53

Japanobotrychium Masamune 97

Lastrea Bory 126, 129, 132, 136
– calcarea (J. E. Smith) Newm. 134
– collina Newm. 161
– cristata (L.) C. B. Presl 156
– dilatata (Hoffm.) C. B. Presl var. angusta Moore 161
– – boydii Stansfield 153
– – var. chanteriae Moore 161
– – var. lepidota Moore 161
– dryopteris (L.) Bory var. robertiana (Hoffm.) Lawalrée 134
– dryopteris (L.) Newm. 132
– elata Kestner & v. Tavel 167
– elata v. Tavel 153
– elata boydii v. Tavel 153
– filix-mas (L.) C. B. Presl 138
– – var. abbreviata (DC.) Moore 148
– – var. crispa Sim 145
– – var. paleacea Moore
– glandulosa Newm. 168
– limbosperma (All.) Heywood 129
– maculata Deakin 161
– montana (Roth) Moore 129
– nitens v. Tavel 153, 167
– obtusifolia Janchen 134
– oreopteris (Ehrh.) C. B. Presl 129
– phegopteris (L.) Bory 124

Lastrea, propinqua Wollaston 148
- pseudomas Wollaston 147
- remota (A. Br.) Moore 166
- - hybrida (Stansfield et Boyd) Boyd 153
- robertiana (Hoffm.) Newman 134
- rufidula (Michaux) C. B. Presl 202
- spinosa (Weiss) Newman 159
- thelypteris (L.) C. B. Presl 126
- uliginosa (A. Br. ex Döll) Newman 167
Lepidotis Pal. Beauv. 21
- annotina (L.) Pal. Beauv. 24
- clavata (L.) Pal. Beauv. 25
- incurva Opiz 21
- inundata (L.) Opiz 21
- S. inundatum C. Börner 21
Leptofilicinae **102**
Leptopteris C. B. Presl 99
- superba (Col.) C. B. Presl 99
- wilkesiana (Brack.) Christ 99
Lomaria Willd. 275
- borealis (Sw.) Link 276
- spicant (L.) Desv. 276
Lophodium Newm. 136
Lunaria silesiaca Trew 96
Lunathyrium 187
Lycopodiaceae **17**
Lycopodiales **16**
Lycopodiella Holub 17, 18, **21**
- inundata (L.) Holub 12, 17, 18, **21**, 22, 23, 158, 288
Lycopodioides helveticum (L.) O. Kuntze 47
Lycopodium L. 12, 15, 17, 18, **23,**
- sect. Complanata Victorin 28
- subgen. Diphasium Baker 28
- sect. Inundata Baker ex Pritzel 21
- subgen. Inundatostachys Herter 21
- subgen. Urostachys Herter 18
- alpinum L. 36, 40
- - subsp. cupressifolium (Opiz) Dostál 40
- - subsp. eu-alpinum Domin 40
- - subsp. kablikianum Domin 35
- - var. thellungii Herter 36
- anceps Wallr. 30
- annotinum L. 18, 21, 23, **24**, 46, 288
- - subsp. annotinum 25
- apodum L. 49
- casuarinoides Spring 28
- chamaecyparissus A. Braun 33, 34
- ciliatum Lam. 44
- clavatum L. 12, 18, 21, 23, 24, **25**, 26–28, 75, 288
- - f. appressum Domin 28
- - subsp. clavatum 27
- - f. lagopus Laest. 28
- - subsp. monostachyon (Hook. & Grev.) Soland 28
- - subsp. monostachyum (Hook. & Grev.) Sel. 28
- complanatum L. 28, 30, 36
- - var. adpressifolium Mougeot ex Issler 36
- - subsp. anceps (Wallr.) Aschers. 30
- - var. anceps (Wallr.) Aschers. 30
- - subsp. chamaecyparissus (A. Braun) Čelak. 33, 36

Lycopodium, var. chamaecyparissus (A. Braun) Döll 33
- - var. fallax Čelak. 36
- - var. flabellatum Döll 30
- - var. genuinum fallax Čelak. 36
- - var. intermedium A. Braun 36
- - subsp. issleri (Rouy) Domin 36
- - var. majus Sanio 36
- - sabinaefolium Rupr. 33
- - var. sabinaefolium 36
- - f. subanceps Junge 36
- - subsp. tristachyum (Pursh) Dost. 33
- - r. zeilleri Rouy 36
- complanatum Wallr. 33
- cupressifolium Opiz 40
- helveticum L. 47
- inundatum L. 21
- issleri (Rouy) Domin 36
- juniperifolium Lam. 24
- kraussianum Kunze 49
- lagopus (Laest.) Zinzerl. ex Kuzeneva 28
- officinale Neck. 25
- palustre Lam. 21
- radicans Schrank 47
- recurvum Kit. 20
- scariosum Forst. 28
- selaginoides L. 43, 44
- selago L. 18, 19
- - f. patens Desv. 20
- thyoides Humb. et Bonpl. 33
- tristachyum Pursh 33, 34
- volubile Forst. 28
- vulgare Dill 25
- zeilleri (Rouy) Greuter & Burdet 36
Lycopsida **16**
Lygodium 102

Marsilea L. 13, 14, 82, 285, **287,** 289
- aegyptiaca Willd. 288
- natans L. 290
- pubescens Tenore 288
- quadrifolia L. 240, **288,** 289
- quadrifoliata L. 288
- strigosa Willd. 288, 289
Marsileaceae **285**
Matteuccia 15, 83, 187, **208,** 210, 275
- orientalis (Hook.) Trev. 208
- pensylvanica (Willd.) Raymond 210
- struthiopteris (L.) Todaro 64, 81, **208,** 209
- - var. pensylvanica (Willd.) Morton 210
Microsorium musifolium (Bl.) Ching 279
Mirmau Adans 18
- selago (L.) H. P. Fuchs 19

Nathorstia 50
Nephrodium Rich. 124, 132, 136
- sect. Decompositae Diels 132
- sect. Decursivae Diels 124
- sect. Furcatoveniae Diels 126
- affine Lowe 142
- aristatum Vill. ex Arc. 161
- crenatum Stokes 138
- cristatum Michx. 156

Nephrodium, dryopteris (L.) Michaux 132
- expansum C. B. Presl 162
- filix-mas (L.) Rich. 138
- - var. elongatum Hooker 153
- - rigidoformis Rouy 148
- jordanii Rouy 153
- montanum (Roth) Baker 129
- nemorale Gray 138
- oreopteris (Ehrh.) Desv. 129
- phegopteris (L.) Prantl 124
- rigidum (Hoffm. ex Sw.) Desv. var. typicum Fiori 151
- robertianum (Hoffm.) Prantl 134
- rufidulum Michaux 201
- rupestre Sampaio 148
- spinulosum (F. O. Müller) Strempel var. genuinum Roeper 159
- thelypterioides Michaux 126
- thelypteris (L.) Strempel 126
Nephrolepis 120
- cordifolia (L.) C. B. Presl 120
- exaltata (L.) Schott 120
Niphidium crassifolium (L.) Lellinger 279
Niphobolus 279
Nothochlaena auct. 107
Notholaena R. Brown 15, 83, 106, **107**
- lanuginosa (Desf.) Desv. ex Poir. 14, 107
- marantae (L.) Desv. 82, **107,** 108, 219
- - subsp. marantae 109
- - subsp. subcordata (Cav.) Kunkel 109
- vellea (Aiton) Desv. 107

Onoclea L. 83, 208, **210**
- germanica (Willd.) Hook. et Baker 208
- sensibilis L. **210**
- spicant (L.) Hoffm. 276
- struthiopteris (L.) Roth 208
Ophioglossaceae **84**
Ophioglossum L. 15, 83, 84, **85**
- azoricum C. B. Presl 85, **87**
- lusitanicum L. 85, **87**
- ovatum Salisb. 85
- pennatum Lam. 89
- vulgatum L. **85,** 86, 87, 240
- - subsp. ambiguum (Coss. et Germ.) E. F. Warburg 87
- - f. engleranum Ulbrich 86
- - var. islandicum Á. et D. Löve 87
- - polyphyllum auct. 87
- - var. polyphyllum A. Braun 86
Oreopteris Holub 15, 84, 124, **129**
- limbosperma (All.) Holub **129**, 130, 131, 169, 210
- quelpaertensis (Christ) Holub 130
Osmunda L. 15, 83, **99,** 102, 208, 275
- banksiifolia (C. B. Presl) Kuhn 102
- bavarica Schmid 96
- cinnamomea L. 99, 102
- claytoniana L. 99, 102
- crispa L. 109
- matricariae Schrank 96
- multifida S. G. Gmelin 95
- lanceolata S. G. Gmelin 93
- lunaria L. 87, 89, 90, 96
- - matricariaefolia Retz 90
- - ramosa Roth 90

Register der fremdsprachigen Pflanzennamen

Osmunda, ramosa auct. 90
- regalis L. 12, **99**, 100, 101, 102, 224
- - var. japonica (THUNB.) MILDE 102
- - var. regalis 102
- - var. spectabilis (WILLD.) A. GRAY 102
- spicant L. 276
- struthiopteris L. 208
- virginiana L. 97
Osmundaceae **99**
Osmundites 99

Parkeriaceae **112**
Phegopteris (C. B. PRESL) FÉE 15, 83, **124**, 132
- alpestris (HOPPE) METTEN. 189
- calcarea (J. E. SMITH) FÉE 134
- connectilis (MICHX.) WATT 15, 81, 96, **124**, 125
- dryopteris (L.) FÉE 133
- polypodioides FÉE 124
- robertiana (HOFFM.) A. BRAUN ex ASCHERS. 134
- vulgaris METTEN. 124
Phlebodium aureum (L.) J. SMITH 279
Phlegmariurus (HERTER) HOLUB 19
Phyllitis HILL 14, 82, 83, 211, **270**, 272, 273
- antri-jovis (KÜMM.) W. SEITZ 272
- hemionitis (LAGASCA) O. KUNTZE 270
- heterophylla MOENCH 252
- hybrida (MILDE) C. CHR. 211, 270, 272
- sagittata (DC.) GUINEA et HEYWOOD 211, 270, 272
- scolopendrium (L.) NEWMAN 82, 192, **270**, 271, 272
- scolopendrium var. americana FERN. 271
- - subsp. antri-jovis (KÜMMERLE) G. VIDA 272
- - f. corniculata (MURR.) 272
- - m. crispa (WILLD.) 272
- - m. daedalea (WILLD.) 272
- - f. lobata CHRIST 272
- vulgaris HILL 270
Phyllitopsis hybrida (MILDE) REICHSTEIN 211, 270
Phylloglossum 17
Phyllotheca BRONGN. 72
Pilularia L. 13, 15, 82, **285**
- globulifera L. 240, **286**, 287
- minuta DUR. et A. BRAUN 286
Pityrogramma 113
- argentea (WILLD.) DOMIN 113
- calomelanos (L.) LINK 113
- sulphurea (Sw.) MAXON 113
Plananthus PAL. BEAUV. ex LAM. et MIRB. 18
- fastigiatus OPIZ 19
- recurvus (KIT.) OPIZ 19
- selago (L.) PAL. BEAUV. 19
Platycerium 279
- bifurcatum (CAV.) C. CHR. 279
- coronarium (KOENIG) DESV. 279
- elephantotis SCHWEINF. 279
- grande (FÉE) KUNZE 279
- willinckii MOORE 279
Pleuromeia 50
Pleurosorus 211
Polypodiaceae **278**

Polypodiopsida 79
Polypodium L. 15, 82, 83, 136, 193, **279**
- sect. Phegopteris C. B. PRESL 124
- aculeatum L. 174, 177
- alpestre (HOPPE) HOPPE 189
- alpinum LAM. 196
- alpinum WULFEN 197
- approximatum KIT. ex KANITZ 129
- aristatum VILL. 161
- arvonicum WITHERING 203
- aureum L. 279
- australe auct. 283
- australe FÉE 280, 281, **283**, 284, 285
- - subsp. azoricum (VASC.) NARDI 284
- - Cambricum 284
- austriacum JACQUIN 117, 161, 162
- azoricum (VASC.) R. FERNANDES 284
- calcareum J. E. SMITH 134
- callipteris EHRH. 156
- cambricum L. 283, 284
- - subsp. australe (FÉE) GREUTER & BURDET 283
- carthusianum VILLARS 153, 159
- connectile MICHAUX 124
- contiguum KIT. ex KANITZ 129
- crassifolium L. 279
- crispum GOUAN 196
- cristatum L. 156
- diaphanum BORY 197
- dilatatum G. F. HOFFMANN 161
- disjunctum SCHUR 134
- dryopteris L. 132
- - glandulosum NEILR. 134
- - robertiana (HOFFM.) HOOK. et BAKER 134
- filix-femina L. 187, 188
- - spinosa WEISS 159
- f. mas L. 137
- fontanum L. 221
- x font-queri ROTHM. **285**
- fragile L. 192, 193
- fragrans L. 106, 150
- glycyrrhiza 282, 285
- heleopteris BORCKHAUSEN 137
- hyperboreum (LILJ.) SWARTZ 203
- interjectum SHIVAS 280, 281, **283**, 285
- lanceolato-cristatum HOFFMANN 159
- leptophyllum L. 113
- limbospermum BELLARDI ex ALLIONI 129
- lobatum HUDS. 174, 177
- lonchitis L. 169, 170
- macaronesicum A. BOBROV 284
- x mantoniae (ROTHM.) SHIVAS **285**
- marantae HOFFM. 201
- montanum LAMARCK 198
- multiflorum ROTH 161
- musifolium BL. 279
- myrrhidifolium VILL. 198
- nemorale SALISB. 137
- obtusifolium SCHRANK 134
- odoratum POIRET 151
- oreopteris EHRH. 129
- phegopteris L. 124
- polymorphum VILL. 193
- pteridioides REICHARD 106
- pterioides LAM. 126

Polypodium, regium auct. 196
- regium L. 195, 224
- rhaeticum L. 188, 189
- rigidum G. F. HOFFM. 150
- robertianum G. F. HOFFM. 134
- x rothmaleri SHIVAS **284**
- serratum (WILLD.) SAUTER 284
- serrulatum SCHLEICHER 284
- setiferum FORSSKÅL 177
- x shivasiae ROTHM. 285
- spinosum (WEISS) SCHRANK 159
- spinulosum O. F. MÜLLER 159
- tanacetifolium HOFFM. 161, 162
- thelypteris (L.) F. G. WEISS 126
- umbilicatum POIRET 138
- villarii BELLARDI 150
- virginianum auct. 282, 284, 285
- vulgare L. 12, 81, 224, 279, 280, **281**, 282, 283, 285
- - var. acutilobum LEJ. et COURT. 283
- - var. attenuatum MILDE 283
- - var. australe (FÉE) CHRIST 284
- - subsp. azoricum VASC. 284
- - var. boreale BECK 281
- - var. cambricum (L.) LIGHTF. 284
- - var. disjunctum RUPRECHT 133
- - subsp. x mantoniae (ROTHM.) SCHIDLAY 285
- - var. pennatifidum BELLYNCKX 283
- - f. prionodes ASCHERS. 283
- - subsp. prionodes (ASCHERS.) ROTHMALER 283
- - f. serratum (WILLD.) WOLLASTON 283, 284
- - subsp. serratum (WILLD.) CHRIST 284
- - var. serratum WILLD. 284
- - subsp. serrulatum ARCANGELI 284
- - subvar. stenosorum CHRIST 283
- - subsp. vulgare JANCHEN 281
Polystichum ROTH 13, 15, 82, 84, 136, **169**, 170, 171, 172, 181, 182, 186
- abbreviatum DC. 142, 145, 148
- acrostichoides (SWARTZ) SCHOTT 170
- aculeatum (L.) ROTH 13, 14, 128, 170–172, **174**, 175–177, 179, 180, 182–187
- - var. aculeatum 176
- - subsp. angulare (KIT.) VOLLM. 177
- - var. aristatum (CHRIST) LAWALRÉE 176
- - cv. corymbiferum 177
- - f. plukenetii 183
- - f. pseudoangulare WILCZEK et WIRTGEN 176
- - var. pseudolonchitis BELLYNCKX 176
- - cv. pulcherrimum cristatum 177
- - f. subtripinnatum MILDE 178
- alaskense MAXON 180
- angulare (KIT.) C. B. PRESL 177
- angustatum SCHUM. 159
- auriculatum auct. 170
- x bicknellii (CHRIST) HAHNE 181, 182, **184**
- braunii (SPENNER) FÉE 170, 171, 172, **178**, 179, 180, 182, 184, 185
- - var. alaskense (MAXON) HULTÉN 180
- - var. kamtschaticum C. CHR. 180
- - var. purshii FERNALD 180
- carthusianorum SANIO 153

Polystichum, conifolium Schum. 159
- dryopteris (L.) Roth 132
- falcatum 170
- filix-mas (L.) Roth 138
- - var. pyrenaicum Miégev. 148
- harpophyllum (Zenker ex Kunze) Sledge 170
- x illyricum (Borb.) Hahne 182, **183,** 184, 186
- lobatum (Huds.) Chevall. 174
- - var. aristatum (Christ) Hayek 177
- x lonchitiforme (Halácsy) Becherer 175, 183, **185,** 186, 187
- lonchitis (L.) Roth 13, 128, 169, **170,** 172, 173, 174, 182, 183, 184, 185, 186
- x luerssenii (Doerfler) Hahne **180,** 181, 182
- marantae (L.) Roth 107, 201
- x meyeri Sleep & Reichst. 182, **184,** 185
- microchlamys (Christ) Matsum. 180
- montanum Roth 129
- muelleri Schumacher 159
- munitum (Kaulf.) C. B. Presl 170
- oreopteris (Ehrh.) DC. ex Lam. et DC. 129
- paleaceum Swartz 178
- phegopteris (L.) Roth 124
- polysorum Todaro 138
- pyrenaicum Miégev. 148
- rigidum (Hoffm. ex Sw.) DC. var. hypodematium Trevis. 151
- - var. vulgare 151
- setiferum (Forsskål) Woynar 14, 170, 171, 172, 176, **177,** 178, 180, 183, 184, 185, 186
- setigerum (C. B. Presl) C. B. Presl 180
- spinulosum O. F. Müller ex Roth 159
- - var. vulgare Koch 159
- strigosum Roth 150
- tanacetifolium (Hoffm.) DC. 162
- thelypteris (L.) Roth 126
- vestitum (Forst.) C. B. Presl 170
- x wirtgenii Hahne 181, 182, **185**
Protoleptofilicinae **98**
Pseudoathyrium alpestre (Hoppe) Newman 189
- flexile Newman 191
Pteretis Rafin. 208
- struthiopteris (L.) Nieuwland 208
Pteridaceae **103**
Pteridium Scopoli 15, 83, **117**
- aquilinum (L.) Kuhn 12, 81, 82, **117,** 118, 119, 161, 224
- - subsp. aquilinum 120
- - var. aquilinum 120
- - subsp. heradiae Clermonds ex Colmeiro 119, 120
- - var. latiusculum (Desv.) Underwood 120
- - var. typicum 120
- heradiae (Clermonds ex Colmeiro) Löve et Kjellquist 119
Pteris L. 15, 83, **103,** 117
- aquilina L. 117
- arguta Ait. 103
- cretica L. 15, **103,** 104

Pteris, crispa (L.) All. 109
- longifolia L. 103, 105
- multifida Poiret 103, 105
- quadriaurita Retz. 103
- semipinnata L. 103
- serrulata Forssk. 103
- serrulata L. f. 103, 105
- tremula R. Br. 103
- umbrosa R. Br. 103
- vittata L. 103, 105
Pteropsida **79**
Pycnopteris Moore 136
Pyrrosia 279

Regnellidium diphyllum Lindman 285

Salvinia Séguier 13, 82, **289**
- auriculata Aubl. 290
- molesta Mitchell 290
- natans (L.) Allioni 240, **290,** 291
Salviniaceae **289**
Sceptridium Lyon 95
- multifidum (S. G. Gmelin) Tagawa 96
Scolopendrium Adans. 270
- alternifolium (Wulf.) Roth 252
- hybridum Milde 270
- officinarum Swartz 270
- phyllitis Roth 270
- ruta-muraria (L.) Roth 237
- scolopendrium (L.) Karst. 270
- vulgare J. E. Smith 270
Selaginella Palisot de Beauvois 15, **43**
- subgen. Heterophyllum Hier. & Sadeb. 47
- subgen. Lycopodioides (Boehmer) O. Kuntze 44, 47
- sect. Monostelicae 43
- sect. Pleiostelicae 43
- subgen. Selaginella 43, **44**
- subgen. Stachygynandrum Pal. Beauv. 43, **47**
- apoda (L.) Spring 43, 44, **49**
- azorica Baker 49
- ciliata (Lam.) Opiz 44
- denticulata Brockmüller 49
- denticulata (L.) Link 43, 44, 49, 113
- emmeliana van Geert 43
- helvetica (L.) Spring 43, 44, **47,** 48, 288
- hortensis Metten 49
- kraussiana (Kunze) A. Braun 44, **49**
- lepidophylla (Hooker & Greville) Spring 43
- martensii Spring 43
- pallescens (Presl) Spring 43
- rupestris Underw. 43
- selaginoides (L.) Link 12, 43, **44,** 45, 46, 288
- spinosa Pal. Beauv. 44
- spinulosa A. Braun 44
- tamariscina (Pal. Beauv.) Spring 43
- wallichii Spring 43
Selaginellaceae **43**
Selaginellales **42**
Selago Böhmer 18
Sinopteridaceae **106**
Sphenophyllum 54

Sphenopsida **54**
Stachyophytina 54
Struthiopteris Weis 275
Struthiopteris Willd. 208
- crispa (L.) Wallr. 109
- filicastrum All. 208
- germanica Willdenow 208
- regalis (L.) Bernhardi 99
- spicant (L.) Weis 276
Stylites Amstutz 50, 51

Tarachia ruta-muraria (L.) C. B. Presl 237
Thelypteridaceae **124**
Thelypteris Schmidel 15, 83, 124, **126,** 136
- confluens (Thunberg) Morton 126, 129
- dryopteris (L.) Slosson 133
- limbosperma (All.) H. P. Fuchs 129
- noveboracensis 126
- oreopteris (Ehrh.) Slosson 129
- palustris Schott 12, **126,** 127, 128, 158
- - var. palustris **127,** 129
- - var. pubescens (Lawson) Fernald 129
- phegopteris (L.) Slosson 124
- robertiana (Hoffm.) Slosson 134
- thelypterioides Holub 126
- thelypterioides (Michaux) Holub sensu subsp. glabra Holub 127, 129
Todea Willd. 99
- barbara (L.) Moore 99
Todites 99
Trichomanes J. E. Smith 121
- erosum Willd. 121
- europaeum J. E. Smith 121
- membranaceum L. 121
- radicans auct. 121
- reniforme Forst. 121
- speciosum Willd. 121
- tunbrigense L. 121, 122

Urostachys Herter 18
- selago (L.) Herter 19

Woodia 201
Woodsia R. Brown 82, 83, 192, **201**
- alpina (Bolton) S. F. Gray 201, **203,** 204, 205, 206
- - var. pseudoglabella Christ 205
- glabella R. Brown 82, 201, **205,** 206
- - subsp. glabella 204, **206,** 207
- - subsp. pulchella (Bertol.) Á. et D. Löve 204, 206, **207**
- hyperborea (Lilj.) R. Brown 203
- hyperborea (R. Brown) Koch var. rufidula (Michaux) Koch 202
- ilvensis (L.) R. Brown 82, **201,** 202, 203, 204, 205, 206
- - subsp. alpina (Bolt.) Aschers. 203
- - subsp. arvonica (Wither.) Milde 203
- - subsp. ilvensis Schidlay 202
- - subsp. rufidula (Michaux) Aschers. 202
- pilosella Rupr. 203
- pulchella Bertoloni 205, 207
- rufidula (Michx.) Beck 201
- Woodwardia radicans (L.) J. E. Smith 275

4. Register der Schädlinge

1. Pilze

Cryptomyces pteridis (Rebent.) Rehm 105
Cryptomycina pteridis Höhnel 105, 120

Hyalospora polypodii (Pers.) Magn. 195
– polypodii-dryopteridis (Mong. et Nestl.) Magn. 132

2. Tiere

Bryocoris pteridis Fallen 189

Chortophila (Anthomyia) signata (Brischke) 189

Monalocoris filicis L. 189

Alpenflora

Die wichtigeren Alpenpflanzen Bayerns, Österreich und der Schweiz. Begründet von Gustav Hegi. Von der 9. bis zur 24. Auflage erneuert und herausgegeben von Prof. Dr. Hermann Merxmüller. 25., erweiterte Auflage 1977. Herausgegeben von Prof. Dr. Herbert Reisigl. 194 Seiten mit 283 farbigen Abbildungen und 34 Lichtbildern auf 43 Tafeln sowie einer Karte der Alpen und 48 Verbreitungskarten. Glanzkaschierter Einband DM 27,80

Hegis „Alpenflora" ist der bestbekannte und zuverlässige Führer durch die blühende Bergblumenwelt. Hier sind Abbildungen und erläuternde Texte ausgezeichnet aufeinander abgestimmt und dienen in hervorragender Weise dem Bestimmen unbekannter Pflanzen. Mit den Verzeichnissen der deutschen und lateinischen Namen, Naturschutztafeln, Verbreitungskarten und einer Karte der Gesamtalpen, Schwarzweißfotos und dem mit Farbtafeln reich illustrierten Textteil steht die „Alpenflora" dem Naturfreund für jede sachbezogene Auskunft zur Verfügung. Ein unentbehrlicher Führer durch die blühende Welt der Berge.

Dank ihrer Prägnanz und unerreichten Präzision hat die „Alpenflora" ihren festen Platz im Bücherschrank und im Rucksack all jener, die über die Ästhetik hinaus tiefes Interesse an der Flora der Alpen zeigen.

Vier Jahrzehnte miterlebte Genetik

Von Hans Kappert. Herausgegeben von Prof. Dr. Wolfgang Horn, Freising und Prof. Dr. Günter Wricke, Hannover. 1978. 184 Seiten mit 6 Abbildungen und 13 Schemata. Glanzkaschierter Einband DM 24,—

Hans Kappert gilt als einer der prominenten Vertreter der „klassischen" Genetik. In dem von ihm verfaßten und von seinen Schülern Horn und Wricke aus dem Nachlaß herausgegebenen Buch gibt er eine zusammenfassende Darstellung der Geschichte der Genetik von 1900 bis 1950, einer Zeit, die er unmittelbar erlebt und aktiv mitgestaltet hat.

In seinen Erinnerungen hat Kappert alle wesentlichen Richtungen der Genetik mit der ihm eigenen Objektivität erfaßt. Das Erregende der neuen, für die ganze Biologie fundamentalen Erkenntnisse, die oft schon sehr früh in einfachen Arbeitshypothesen niedergelegt und dann Stein für Stein untermauert wurden, hat auch für den jüngeren Wissenschaftler auf dem Gebiet der Genetik eine spürbare Faszination.

GARCKE Illustrierte Flora

Deutschland und angrenzende Gebiete. Gefäßkryptogamen und Blütenpflanzen. Begründet von August Garcke. Herausgegeben von Prof. Dr. Konrad v. Weihe, Hamburg, unter Mitarbeit von Dr. D. Fürnkranz, Wien, Dr. H. Grebe, Hannover, Studienrat E. Schenk, Mannheim, Dr. A. Seithe, Malsch-Sulzbach, Dr. D. Vogellehner, Freiburg, Prof. Dr. W. Zimmermann, Tübingen. 23., völlig neugestaltete und neu illustrierte Auflage. 1972. 1627 Seiten mit 3704 Einzelbildern in 460 Abbildungen und auf 5 Tafeln. Balacron gebunden DM 124,—

Die Flora der Farn- und Blütenpflanzen erfaßt Wildarten, Einbürgerungen, Verwilderungen und die im Gebiet häufiger kultivierten Arten landwirtschaftlicher und forstlicher Nutzpflanzen. Auch wichtige Adventivarten wurden berücksichtigt. Erstmals sind nun im Text ausführliche Artenschlüssel enthalten. Diese, wie auch die Schlüssel der Familien und Gattungen, stützen sich in erster Linie auf systematische, differentialdiagnostische Merkmale. In den Fällen, in denen die Anwendung solcher Merkmale nicht möglich war, ist ein künstlicher Schlüssel erarbeitet worden.

Neu sind auch pflanzenphysiologische Standortangaben sowie orientierende Angaben über Boden- und Klimaansprüche. Die Beschreibung der Fundorte sowie die Drogenangaben wurden ebenfalls überarbeitet. In einem Anhang ist die in dieser Flora verwendete Terminologie alphabetisch zusammengestellt und erläutert.

In über 100 000 Exemplaren hat der „GARCKE" Schule gemacht; die zukunftsweisende Neubearbeitung wird diesen Erfolg bestätigen.

PAUL PAREY

Handbuch der Laubgehölze

Von Dr. h. c. Gerd Krüssmann. 2., völlig neubearbeitete Auflage in drei Bänden und einem Registerband. 1976/78. 3 Textbände und 1 Registerband mit insgesamt 1585 Seiten und 528 Tafelseiten mit 2492 teils ganzseitigen Abbildungen im Text und auf 480 Schwarzweiß- und 48 Farbtafeln. Ganzleinen. Preis des Gesamtwerkes DM 738,—

Die Nadelgehölze

Von Dr. h. c. Gerd Krüssmann. 3., neubearbeitete Auflage. 1979. 264 Seiten mit 328 Abbildungen im Text und auf 8 Farbtafeln. Ganzleinen DM 98,—

Bibliographie zur Flora von Mitteleuropa

Von Prof. Dr. Ulrich Hamann, Bochum und Prof. Dr. Gerhard Wagenitz, Göttingen. Unter Mitwirkung mehrerer Fachkollegen. 2., ergänzte Auflage. 1977. 374 Seiten. Kartoniert DM 66,—

Die Neuauflage beinhaltet die in ganz Europa vorhandenen Laubgehölze, also auch die im frostfreien Mittelmeerraum angepflanzten Gehölzarten, ebenso wie die der Parks und Gärten der Britischen Inseln. Die Fülle des Materials, die in diesem Umfang von keinem anderen Werk zum gleichen Thema erreicht wird, ist das Ergebnis zahlreicher Studienreisen Gerd Krüssmanns.

Eine besondere Neuerung, die vor allem die fremdsprachigen Benutzer des Werkes begrüßen werden, ist die „Alphabetische Übersicht zur botanischen Terminologie" in fünf Sprachen (Deutsch, Latein, Englisch, Französisch, Niederländisch). So können Leser, die nur geringe deutsche Sprachkenntnisse haben, das Buch ebenfalls erfolgreich benutzen.

Das Schwergewicht dieser Dendrologie liegt auf der exakten, kurzgefaßten, aber alles Wesentliche enthaltenden Darstellung und auf den Hinweisen über die Verwendungsmöglichkeiten und Lebensansprüche der Laubgehölze. Für den großen Kreis der Interessenten aus allen Gebieten des Gartenbaues, der Botanik, des Forstwesens und alle naturkundlich ernsthaft interessierten Menschen wird das „Handbuch der Laubgehölze" ein wertvolles Nachschlagewerk sein und dazu beitragen, die Freude an der Vielseitigkeit dieser Pflanzengruppe vertiefen helfen.

Unter den insgesamt 1244 in diesem Buch behandelten Arten und Formen von Koniferen sind etwa 200, die der Verfasser erst in den letzten Jahren auf zahlreichen Reisen in Nordamerika, Ostasien, Nord- und Südafrika sowie in den wichtigsten europäischen Ländern gefunden und hier erstmalig beschrieben hat. Sie konnten daher in der vorigen Auflage dieses Buches sowie auch im „Handbuch der Nadelgehölze" (1972) noch nicht enthalten sein. Die meisten dieser rund 200 Arten sind bei uns winterhart und werden in Baumschulen vermehrt. Ihre Beschreibung ist daher besonders markiert. Im übrigen beschränkt sich das Buch bewußt auf die Nadelgehölze Deutschlands und der Nachbarländer sowie auf die häufigeren Koniferen des Mittelmeerraumes, um dem Baumschulpraktiker, an den es sich in erster Linie wendet, einen möglichst vollständigen Überblick über ein leicht verfügbares Pflanzen-Sortiment zu geben.

Eine Auswahl der neueren floristischen und vegetationskundlichen Literatur sowie allgemeiner Arbeiten über Geobotanik, Systematik, Morphologie, Anatomie, Cytologie, Biologie, Phytochemie, Geschichte, Namen, Verwendung und Schädlinge mitteleuropäischer Gefäßpflanzen. „Wenn sieben Jahre nach dem Erscheinen der 1. Auflage der vorliegenden ‚Bibliographie' bereits eine zweite erscheinen kann, dann spricht das für deren Notwendigkeit. Allerdings handelt es sich nicht um eine vollständige Neubearbeitung, die angesichts der inzwischen überall gewachsenen Kenntnis von Flora und Vegetation des Gebiets eigentlich zu fordern wäre, sondern um einen ergänzten Neudruck, der dem offensichtlichen Interesse der Benutzer entgegenkommen soll. Die dabei vorgenommene Auswahl der neuen Veröffentlichungen berücksichtigt die Anregungen vieler Fachkollegen." S. J. CASPAR, Jena »Limnologica«

PAUL PAREY